U1019020

中国史学要籍丛刊

左傳

上

〔战国〕左丘明 撰
〔西晋〕杜 预 集解

上海古籍出版社

图书在版编目(CIP)数据

左传 /(战国)左丘明撰;(西晋)杜预集解. —
上海:上海古籍出版社,2015.7(2023.6 重印)
(中国史学要籍丛刊)
ISBN 978-7-5325-7275-5

Ⅰ.①左… Ⅱ.①左… ②杜… Ⅲ.①中国历史—春秋时代—编年体 ②《左传》—注释 Ⅳ.①K225.04

中国版本图书馆 CIP 数据核字(2014)第 100828 号

中国史学要籍丛刊
左 传
(全二册)
[战国]左丘明 撰
[西晋]杜 预 集解
上海古籍出版社出版发行
(上海市闵行区号景路 159 弄 1-5 号 A 座 5F 邮政编码 201101)
(1) 网址:www.guji.com.cn
(2) E-mail:gujil@guji.com.cn
(3) 易文网网址:www.ewen.co
江阴市机关印刷服务有限公司印刷
开本 890×1240 1/32 印张 34.375 插页 4 字数 950,000
2015 年 7 月第 1 版 2023 年 6 月第 8 次印刷
印数:7,751-8,850
ISBN 978-7-5325-7275-5
K·1866 定价:82.00 元
如有质量问题,请与承印公司联系

前言

《左传》亦名《左氏春秋》、《春秋左氏传》。《春秋》是鲁国官修的历史，它按照鲁国十二个君主的次序，简略记录了公元前722年到前481年的史事。相传曾经过孔子的修订，以表达他的"微言大义"，因而被列为儒家经典之一。

《左传》是对《春秋》的解释，对当时一些史事作了较详细的叙述，起自鲁隐公元年（公元前722年），终于鲁悼公十四年（公元前454年），比《春秋》增多27年。《左传》为谁所著，著作年代为何时，历来众说纷纭，莫衷一是。其中较早说法是，相传为鲁国史官左丘明所著，并谓左丘明大致和孔子同时。但后来有的学者却认为，根据传文和结束年代等方面看，本书似应完成于战国初期，并可能不是出于同一时代，同一作者之手。

《左传》包含丰富的历史资料，文字简洁生动，是研究先秦历史的重要资料之一。晋代杜预（公元222年—284年）的《春秋经传集解》汇集了前人对《春秋左传》的注释，有助于阅读原书。1977年上海人民出版社曾据《四部丛刊》影印宋刻本（内附唐陆德明《经典释文》的有关注文，用圈号标出，以资识别）整理标点出版。由于《四部丛刊》所据宋本讹舛衍脱者颇多，在整理标点时参考了有关善本，酌予改正。此次重新出版，参考了各种意见，对原书的一些错误作了订正，本书为简体字本，但对有些容易引起歧义的简化字恢复成繁体，以便读者理解。另外，为了方便读者阅读，原书中人名、地名下的专名线我们也予以保留。

上海古籍出版社

二〇一五年三月

目　录

春秋经传集解第一

○《释文》：解，佳买切。旧夫子之《经》与丘明之《传》各卷，杜氏合而释之，故曰《经传集解》。此不题"左氏传"，《公羊》、《穀梁》二《传》，既显姓别之，此不言自解。

隐　公

○ 隐公名息姑，惠公之子，母声子。《谥法》，不尸其位曰隐。

传

惠公元妃孟子①，孟子卒②，继室以声子，生隐公③。宋武公生仲子，仲子生而有文在其手，曰"为鲁夫人"，故仲子归于我④。生桓公而惠公薨⑤，是以隐公立而奉之⑥。

① 言元妃，明始適夫人也。子，宋姓。○ 惠公名不皇。《谥法》，爱人好与曰惠。其子隐公，让国之君。妃，芳非切。《传》曰，嘉耦曰妃。適，本又作嫡，同，丁历切。　② 不称薨，不成丧也。无谥，先夫死，不得从夫谥。○ 谥，实至切。　③ 声，谥也，盖孟子之姪娣也。诸侯始娶，则同姓之国以姪娣媵。元妃死则次妃摄治内事，犹不得称夫人，故谓之继室。○ 姪，直结切；《字林》，丈一切，兄女也。娣，大计切，女弟也。娶，七住切。媵，以证切，又绳证切。　④ 妇人谓嫁曰归，以手理自然成字，有若天命，故嫁之于鲁。○《释文》：妇人谓嫁曰归。本或无曰字，此依《公羊传》。⑤ 言归鲁而生男。惠公不以桓生之年薨。　⑥ 隐公，继室之子，当嗣

世，以祯祥之故，追成父志，为桓尚少，是以立为大子，帅国人奉之。为《经》元年春不书即位《传》。○ 祯，音贞。少，诗照切。大，音泰，旧太字皆作大。后大子皆放此。为，于伪切。后凡为《经》、为《传》张本、起本之例皆放此，更不音。

经

元年春，王正月[①]。

三月，公及邾仪父盟于蔑[②]。

夏五月，郑伯克段于鄢[③]。

秋七月，天王使宰咺来归惠公、仲子之赗[④]。

九月，及宋人盟于宿[⑤]。

冬十有二月，祭伯来[⑥]。

公子益师卒[⑦]。

① 隐公之始年，周王之正月也。凡人君即位，欲其体元以居正，故不言一年一月也。隐虽不即位，然摄行君事，故亦朝庙告朔也。告朔朝正例在襄二十九年。即位例在隐、庄、闵、僖元年。○ 朝，直遥切，下同。

② 附庸之君未王命，例称名。能自通于大国，继好息民，故书字贵之。名例在庄五年。邾，今鲁国邹县也。蔑，姑蔑，鲁地，鲁国卞县南有姑城。○ 父，音甫，邾子之字。凡人名字皆放此。蔑，亡结切。好，呼报切。邹，侧留切。卞，皮彦切；本或作弁。　③ 不称国讨而言郑伯，讥失教也。段不弟，故不言弟，明郑伯虽失教而段亦凶逆。以君讨臣而用二君之例者，言段强大儁杰，据大都以耦国，所谓"得儁曰克"也。国讨例在庄二十二年，得儁例在庄十一年，母弟例在宣十七年。郑在荥阳宛陵县西南。鄢今颍川鄢陵县。○ 段，徒乱切，郑伯弟名。鄢，於晚切，又於建切，又於然切。弟，音悌，又如字。儁，音俊。杰，音桀。荥，户扃切；本或作荣，非。宛，於阮切，又於元切。

④ 宰，官；咺，名也。咺赠死不及尸，吊生不及哀，豫凶事，故贬而名之。此天子大夫称字之例。仲子者桓公之母。妇人无谥，故以字配姓。来者，自外之文。归者，不反之辞。○ 咺，吁阮切。赗，芳凤切。　⑤ 客主无名，皆微者也。宿，小国，东平无盐县也。凡盟以国地者，国主亦与盟，例在僖十九年。宋，今梁国睢阳县。○ 与，音预，下同。睢，音虽。　⑥ 祭伯，诸侯为王卿士者。祭，国；伯，爵也。《传》曰，非王命也，释其不称使。○ 祭，侧界切；《传》祭仲同。使，如字，又所吏切。　⑦《传》例曰：公不与小敛，故不书日，所以示薄厚也。《春秋》不以日月为例，唯卿佐之丧独记日以见义者，事之得失既未足以褒贬人君，然亦非死者之罪，无辞可以寄文，而人臣轻贱，死日可略，故特假日以见义。○ 敛，力验切。见，贤遍切，下同。

传

元年春，王周正月[①]。不书即位，摄也[②]。

① 言周以别夏、殷。○ 别，彼列切。夏，户雅切，三代之号，可以意求。　② 假摄君政，不修即位之礼，故史不书于策，《传》所以见异于常。○ 见，贤遍切。

三月，公及邾仪父盟于蔑，邾子克也[①]。未王命，故不书爵。曰仪父，贵之也[②]。公摄位而欲求好于邾，故为蔑之盟[③]。

① 克，仪父名。　② 王未赐命以为诸侯，其后仪父服事齐桓以奖王室，王命以为邾子，故庄十六年《经》书邾子克卒。○《释文》：故不书爵，一本无故字。奖，将丈切。　③ 解所以与盟也。○ 好，呼报切。与，如字，又音预。

夏四月，费伯帅师城郎。不书，非公命也①。

① 费伯，鲁大夫。郎，鲁邑。高平方与县东南有郁郎亭。《传》曰：君举必书。然则史之策书，皆君命也。今不书于《经》，亦因史之旧法，故《传》释之。诸鲁事，《传》释不书。他皆放此。○ 费，音祕。郁，于六切。放，甫往切。后此例皆同。

初，郑武公娶于申，曰武姜①。生庄公及共叔段②。庄公寤生，惊姜氏，故名曰寤生，遂恶之③。爱共叔段，欲立之④。亟请于武公，公弗许。

及庄公即位，为之请制。公曰："制，巖邑也，虢叔死焉，佗邑唯命⑤。"请京，使居之，谓之京城大叔⑥。祭仲曰："都城过百雉，国之害也⑦。先王之制，大都不过参国之一⑧，中五之一，小九之一。今京不度，非制也⑨。君将不堪。"公曰："姜氏欲之，焉辟害？"对曰："姜氏何厌之有？不如早为之所⑩，无使滋蔓，蔓，难图也。蔓草犹不可除，况君之宠弟乎？"公曰："多行不义必自毙，子姑待之⑪。"

既而大叔命西鄙、北鄙贰于己⑫。公子吕曰："国不堪贰，君将若之何⑬？欲与大叔，臣请事之；若弗与，则请除之。无生民心⑭。"公曰："无庸，将自及⑮。"大叔又收贰以为己邑⑯，至于廪延⑰。子封曰："可矣，厚将得众⑱。"公曰："不义不暱，厚将崩⑲。"大叔完聚⑳，缮甲兵，具卒乘㉑，将袭郑。夫人将启之㉒。公闻其期，曰："可矣！"命子封帅车二百乘以伐京㉓。京叛大叔段，段入于鄢，公伐诸鄢。五月辛丑，大叔出奔共㉔。书曰："郑伯克段于鄢。"段不弟，故不言弟；如二君，故曰克;称郑伯,讥失教也;谓之郑志,不言出奔,难之也[25]。

遂寘姜氏于城颍[26],而誓之曰:"不及黄泉,无相见也[27]。"既而悔之。颍考叔为颍穀封人[28],闻之,有献于公。公赐之食,食舍肉。公问之,对曰:"小人有母,皆尝小人之食矣,未尝君之羹,请以遗之[29]。"公曰:"尔有母遗,繄我独无[30]!"颍考叔曰,"敢问何谓也[31]?"公语之故,且告之悔。对曰:"君何患焉!若阙地及泉,隧而相见,其谁曰不然[32]?"公从之。公入而赋:"大隧之中,其乐也融融![33]"姜出而赋:"大隧之外,其乐也洩洩[34]!"遂为母子如初。君子曰:"颍考叔,纯孝也[35],爱其母,施及庄公。《诗》曰:'孝子不匮,永锡尔类。'其是之谓乎[36]?"

① 申国,今南阳宛县。○ 娶,七住切。宛,于元切。 ② 段出奔共,故曰共叔,犹晋侯在鄂,谓之鄂侯。○ 共,音恭。共,地名。凡国名、地名、人名字、氏族,音不重。音疑者复出。后放此。鄂,五各切。 ③ 寐寤而庄公已生,故惊而恶之。○ 寤,五故切。恶,乌路切,《注》同。 ④ 欲立以为大子。 ⑤ 虢叔,东虢君也,恃制巖险而不修德,郑灭之。恐段复然,故开以佗邑。虢国,今荥阳县。○ 亟,欺冀切,数也。为,于伪切。巖,本又作嚴,五衔切。虢,瓜伯切。复,扶又切。 ⑥ 公顺姜请,使段居京,谓之京城大叔,言宠异于众臣。京,郑邑,今荥阳京县。○ 大,音泰,《注》及下同。 ⑦ 祭仲,郑大夫。方丈曰堵,三堵曰雉,一雉之墙,长三丈,高一丈。侯伯之城,方五里,径三百雉,故其大都不得过百雉。○ 过,古卧切。后不音者皆同。堵,丁古切。长,直亮切,又如字。高,古报切,又如字。径,古定切。 ⑧ 三分国城之一。○ 参,七南切,又音三。 ⑨ 不合法度,非先王制。 ⑩ 使得其所宜。○ 焉,於虔切。厌,於盐切。 ⑪ 毙,踣也。姑,且也。○ 蔓,音万。毙,婢世切,本又作獘,旧扶设切。

踣，蒲北切。 ⑫ 鄙，郑边邑。贰，两属。 ⑬ 公子吕，郑大夫。 ⑭ 叔久不除，则举国之民当生他心。 ⑮ 言无用除之，祸将自及。 ⑯ 前两属者，今皆取以为己邑。 ⑰ 言转侵多也。廪延，郑邑，陈留酸枣县北有延津。〇 廪，力锦切。 ⑱ 子封，公子吕也。厚谓土地广大。 ⑲ 不义于君，不亲于兄，非众所附，虽厚必崩。〇 暱，女乙切，亲也。 ⑳ 完城郭，聚人民。〇 完，音桓。 ㉑ 步曰卒，车曰乘。〇 缮，市战切。卒，尊忽切，《注》及下同。乘，绳证切，《注》及下同。 ㉒ 启，开也。 ㉓ 古者兵车一乘，甲士三人，步卒七十二人。 ㉔ 共国，今汲郡共县。〇 共，音恭。汲，居及切。 ㉕《传》言夫子作《春秋》，改旧史以明义，不早为之所而养成其恶，故曰失教。段实出奔而以克为文，明郑伯志在于杀，难言其奔。〇 弟，大计切，又如字。难，乃旦切，《注》同。 ㉖ 城颍，郑地。〇 寘，之豉切，置也。 ㉗ 地中之泉，故曰黄泉。 ㉘ 封人，典封疆者。〇 疆，居良切。 ㉙ 食而不啜羹，欲以发问也。宋华元杀羊为羹飨士，盖古赐贱官之常。〇 舍，音捨。遗，唯季切，下同。啜，川悦切。华，户化切。 ㉚ 繄，语助。〇 繄，乌兮切，又乌帝切。 ㉛ 据武姜在，设疑也。 ㉜ 隧，若今延道。〇 语，鱼据切。阙，其月切。隧，音遂。 ㉝ 赋，赋诗也。融融，和乐也。〇 乐，音洛，《注》及下同。融，羊弓切。 ㉞ 洩洩，舒散也。〇 洩，羊世切。 ㉟ 纯，犹笃也。 ㊱ 不匮，纯孝也。庄公虽失之于初，孝心不忘，考叔感而通之，所谓"永锡尔类"。诗人之作，各以情言，君子论之，不以文害意，故《春秋传》引《诗》，不皆与今说《诗》者同。他皆放此。〇 施，以豉切，又式智切。匮，其位切。

秋七月，天王使宰咺来归惠公、仲子之赗。缓，且子氏未薨，故名①。天子七月而葬，同轨毕至②；诸侯五月，同盟至③，大夫三月，同位至④；士踰月，外姻至⑤。赠死不及尸⑥，吊生不及哀⑦。豫凶事，非礼也⑧。

①惠公葬在春秋前，故曰缓也。子氏，仲子也，薨在二年。赗，助丧之物。 ②言同轨，以别四夷之国。○别，彼列切。 ③同在方岳之盟。 ④古者行役不踰时。 ⑤踰月，度月也。姻，犹亲也。此言赴吊各以远近为差，因为葬节。 ⑥尸，未葬之通称。○称，尺证切。⑦诸侯已上，既葬则缞麻除，无哭位，谅闇终丧。○上，时掌切。缞，七雷切。谅，音亮，又音良。闇，如字。 ⑧仲子在而来赠，故曰豫凶事。

八月，纪人伐夷。夷不告，故不书①。

①夷国，在城阳庄武县。纪国，在东莞剧县。隐十一年《传》例曰："凡诸侯有命，告则书，不然则否。"史不书于策，故夫子亦不书于《经》，《传》见其事，以明《春秋》例也。他皆放此。○莞，音官。见，贤遍切。下三见同。

有蜚。不为灾，亦不书①。

①蜚，负蠜也。庄二十九年《传》例曰："凡物，不为灾，不书。"又于此发之者，明《传》之所据，非唯史策，兼采简牍之记，他皆放此。○蜚，扶味切。蠜音烦，又音盘。

惠公之季年，败宋师于黄①。公立而求成焉。九月，及宋人盟于宿，始通也②。

①黄，宋邑。陈留外黄县东有黄城。○败，必迈切，败他也。后放此。 ②《经》无义例，故《传》直言其归趣而已。他皆放此。

冬十月庚申，改葬惠公。公弗临，故不书①。惠公之薨也有宋师，大子少，葬故有阙，是以改葬②。卫侯来会葬。不见公，亦不书③。

① 以桓为大子，故隐公让而不敢为丧主。隐摄君政，故据隐而言。 ② ○ 少，诗照切。 ③ 诸侯会葬，非礼也。不得接公成礼，故不书于策，他皆放此。卫国在汲郡朝歌县。○ 朝，如字。

郑共叔之乱，公孙滑出奔卫①。卫人为之伐郑，取廪延。郑人以王师、虢师伐卫南鄙②。请师于邾。邾子使私于公子豫③。豫请往，公弗许，遂行，及邾人、郑人盟于翼④。不书，非公命也。

① 公孙滑，共叔段之子。○ 滑，于八切，又乎八切。 ② 虢，西虢国也。弘农陕县东南有虢城。○ 为，于伪切。陕，失冉切。 ③ 公子豫，鲁大夫。私，请师。○ 豫，音预。 ④ 翼，邾地。

新作南门。不书，亦非公命也①。

① 非公命不书，三见者皆兴作大事，各举以备文。

十二月，祭伯来，非王命也。

众父卒①。公不与小敛，故不书日②。

① 众父，公子益师字。○ 众，音终。 ② 礼，卿佐之丧，小敛、大敛，君皆亲临之，崇恩厚也。始死，情之所笃，礼之所崇，故以小敛为文，至于但临大敛，及不临其丧，亦同不书日。○ 与，音预。敛，力验切，《注》皆同。

经

二年春，公会戎于潜①。

夏五月，莒人入向②。

无骇帅师入极③。

秋八月庚辰，公及戎盟于唐④。

九月，纪裂𦈡来逆女⑤。

冬十月，伯姬归于纪⑥。

纪子帛、莒子盟于密⑦。

十有二月乙卯，夫人子氏薨⑧。

郑人伐卫⑨。

① 戎、狄、夷、蛮，皆氐、羌之别种也。戎而书会者，顺其俗以为礼，皆谓居中国若戎子驹支者。陈留济阳县东南有戎城。潜，鲁地。〇 氐，都兮切。羌，郤良切。种，章勇切。驹，音拘。济，子礼切，水名。凡地名皆同。
② 向，小国也，谯国龙亢县东南有向城。莒国，今城阳莒县也。将卑师少称人，弗地曰入。例在襄十三年。〇 向，舒亮切。谯，在遥切。亢，音刚，又苦浪切。将，子匠切。 ③ 无骇，鲁卿。极，附庸小国。无骇不书氏，未赐族。赐族例在八年。〇 骇，户楷切。 ④ 高平方与县北有武唐亭。八月无庚辰，庚辰，七月九日也。日月必有误。〇 方，音房。与，音预。
⑤ 裂𦈡，纪大夫。《传》曰，"卿为君逆也"，以别卿自逆也。逆女或称使，或不称使，昏礼不称主人，史各随其实而书，非例也。他皆放此。〇 裂，音列。𦈡，音须。为，于伪切，下为鲁同。别，彼列切。 ⑥ 无《传》。伯姬，鲁女，裂𦈡所逆者。 ⑦ 子帛，裂𦈡字也。莒、鲁有怨，纪侯既昏于鲁，使大夫盟莒以和解之。子帛为鲁结好息民，故《传》曰鲁故也，比之内大夫而在莒子上，称字以嘉之也。字例在闵元年。密，莒邑，城阳淳于县东北有密乡。〇 帛，音白。解，如字，又户买切。好，呼报切。 ⑧ 无《传》。桓未

为君，仲子不应称夫人。隐让桓以为大子，成其母丧以赴诸侯，故《经》于此称夫人也。不反哭，故不书葬，例在三年。 ⑨ 凡师有钟鼓曰伐，例在庄二十九年。

传

二年春，公会戎于潜，修惠公之好也。戎请盟，公辞[①]。

① 许其修好而不许其盟，御夷狄者不壹而足。○ 好，呼报切，《注》及下同。

莒子娶于向，向姜不安莒而归。夏，莒人入向，以姜氏还[①]。

①《传》言失昏姻之义。凡得失小，故《经》无异文而《传》备其事。案文则是非足以为戒，他皆放此。○ 还，音旋，后皆同。

司空无骇入极，费庈父胜之[①]。

① 鲁司徒、司马、司空皆卿也。庈父，费伯也。前年城郎，今因得以胜极，故《传》于前年发之。○ 庈，音琴。

戎请盟。秋，盟于唐，复修戎好也[①]。

① ○ 复，扶又切。

九月，纪裂𦈡来逆女，卿为君逆也[①]。

① 〇 为，于伪切。

冬，纪子帛、莒子盟于密，鲁故也。

郑人伐卫，讨公孙滑之乱也①。

① 治元年取廪延之乱。

经

三年春，王二月己巳，日有食之①。

三月庚戌，天王崩②。

夏四月辛卯，君氏卒③。

秋，武氏子来求赙④。

八月庚辰，宋公和卒⑤。

冬十有二月，齐侯、郑伯盟于石门⑥。

癸未，葬宋穆公⑦。

① 无《传》。日行迟，一岁一周天。月行疾，一月一周天。一岁凡十二交会。然日月动物，虽行度有大量，不能不小有盈缩，故有虽交会而不食者，或有频交而食者。唯正阳之月，君子忌之，故有伐鼓用币之事。今《释例》以《长历》推《经》、《传》，明此食是二月朔也。不书朔，史失之。书朔日例在桓十七年。〇 己，音纪。巳，音祀。食，如字；本或作蚀，音同。量，音亮。缩，所六切。　② 周平王也。实以壬戌崩，欲诸侯之速至，故远日以赴。《春秋》不书实崩日而书远日者，即传其伪以惩臣子之过也。襄二十九年《传》曰：郑上卿有事，使印段如周会葬。今不书葬，鲁不会。　③ 隐不敢从正君之礼，故亦不敢备礼于其母。　④ 武氏子，天子大夫之嗣也。平王丧在殡，新王未得行其爵命，听于冢宰。故《传》曰："王未葬。"释其所

以称父族，又不称使也。鲁不共奉王丧，致令有求。《经》直文以示不敬，故《传》不复具释也。○ 赙，音附。共，音恭。 ⑤ 称卒者，略外以别内也。元年大夫盟于宿，故来赴以名。例在七年。 ⑥ 来告，故书。石门，齐地，或曰，济北卢县故城西南济水之门。 ⑦ 无《传》。鲁使大夫会葬，故书。始死书卒，史在国承赴，为君故，恶其薨名，改赴书也。书葬，则举谥称公者，会葬者在外，据彼国之辞也。书葬例在昭六年。○ 为，于伪切。恶，乌路切。

传

三年春，王三月壬戌，平王崩。赴以庚戌，故书之。

夏，君氏卒。声子也。不赴于诸侯，不反哭于寝，不祔于姑，故不曰薨。不称夫人，故不言葬①。

不书姓，为公故，曰君氏②。

① 夫人丧礼有三：薨则赴于同盟之国，一也；既葬，日中自墓反，虞于正寝，所谓反哭于寝，二也；卒哭而祔于祖姑，三也。若此则书曰夫人某氏薨，葬我小君某氏，此备礼之文也。其或不赴、不祔，则为不成丧，故死不称夫人薨，葬不言葬我小君某氏。反哭则书葬，不反哭则不书葬。今声子三礼皆阙，《释例》论之详矣。○ 祔，音附。 ② 不书姓，辟正夫人也。隐见为君，故特书于《经》，称曰君氏，以别凡妾媵。○ 为，于伪切。见，贤遍切。别，彼列切。

郑武公、庄公为平王卿士①，王贰于虢②。郑伯怨王，王曰"无之"。故周、郑交质，王子狐为质于郑，郑公子忽为质于周③。王崩，周人将畀虢公政④。四月，郑祭足帅师取温之麦。秋，又取成周之禾⑤。周、郑交恶⑥。

君子曰："信不由中，质无益也。明恕而行，要之以礼，虽无有质，谁能间之？苟有明信，涧溪沼沚之毛⑦，蘋蘩薀藻之菜⑧，筐筥锜釜之器⑨，潢汙行潦之水⑩，可荐于鬼神，可羞于王公⑪，而况君子结二国之信，行之以礼，又焉用质⑫？《风》有《采蘩》、《采蘋》⑬，《雅》有《行苇》、《泂酌》⑭，昭忠信⑮也。"

① 卿士，王卿之执政者。言父子秉周之政。 ② 虢，西虢公，亦仕王朝。王欲分政于虢，不复专任郑伯。○ 朝，直遥切。复，扶又切。任，而鸩切，后不音者皆同。 ③ 王子狐，平王子。○ 狐，音胡。质，音致，下同。 ④ 周人遂成平王本意。○ 畀，必二切，与也。 ⑤ 四月，今二月也。秋，今之夏也。麦禾皆未熟，言取者盖芟践之。温，今河内温县。成周，洛阳县。○ 祭，侧界切。芟，所衔切。 ⑥ 两相疾恶。 ⑦ 溪，亦涧也。沼，池也。沚，小渚也。毛，草也。○ 要，於遥切。间，间厕之间。溪，苦兮切。《尔雅》云：山夹水曰涧，山渎无所通曰溪。沼，之绍切。沚，本又作畤，音止，亦音市。 ⑧ 蘋，大蓱也。蘩，皤蒿。薀藻，聚藻也。○ 蘋，音频。蘩，音烦。薀，纡粉切。藻，音早。蓱，蒲丁切。皤，蒲多切。皤蒿，白蒿也。 ⑨ 方曰筐，圆曰筥，无足曰釜，有足曰锜。○ 筐，丘芳切。筥，九吕切。锜，其绮切。 ⑩ 潢汙，停水。行潦，流潦。○ 潢，音黄。汙，音乌。潦，音老。 ⑪ 羞，进也。 ⑫ 通言盟约彼此之情，故言二国。○ 焉，於虔切。约，如字，又於妙切。 ⑬《采蘩》、《采蘋》，《诗·国风》。义取于"不嫌薄物"。 ⑭《诗·大雅》也。《行苇》篇，义取忠厚也。《泂酌》篇，义取虽行潦可以共祭祀也。○ 苇，于鬼切。泂，音迥。共，音恭。 ⑮ 明有忠信之行，虽薄物皆可为用。○ 行，下孟切。

武氏子来求赙，王未葬也。

宋穆公疾，召大司马孔父而属殇公焉，曰："先君舍与夷而立寡人[1]，寡人弗敢忘。若以大夫之灵，得保首领以没，先君若问与夷，其将何辞以对？请子奉之，以主社稷，寡人虽死，亦无悔焉。"对曰："群臣愿奉冯也[2]。"公曰："不可。先君以寡人为贤，使主社稷，若弃德不让，是废先君之举也，岂曰能贤[3]？光昭先君之令德，可不务乎？吾子其无废先君之功[4]。"使公子冯出居于郑[5]。八月庚辰，宋穆公卒。殇公即位。君子曰："宋宣公可谓知人矣。立穆公，其子飨之，命以义夫[6]。《商颂》曰：'殷受命咸宜，百禄是荷。'其是之谓乎[7]？"

① 先君，穆公兄宣公也。与夷，宣公子，即所属殇公。○ 属，章欲切，《注》同。殇，舒羊切。舍，音捨。与，如字，一音余。　② 冯，穆公子庄公也。○ 没，亦作殁。冯，皮冰切，亦作凴。　③ 言不让则不足称贤。　④ 先君以举贤为功，我若不贤是废之。　⑤ 辟殇公也。　⑥ 命出于义也。夫，语助。○ 夫，音符，《注》同。　⑦《诗·颂》言殷汤、武丁受命皆以义，故任荷天之百禄也。帅义而行，则殇公宜受此命，宜荷此禄。公子冯不帅父义，忿而出奔，因郑以求入，终伤咸宜之福，故知人之称唯在宣公也。殷礼有兄弟相及，不必传子孙，宋其后也，故指称《商颂》。○ 颂，似用切。荷，本又作何，河可切，又音河，《注》同。任，音壬。忿，芳粉切。称，尺证切。传，直专切。

冬，齐、郑盟于石门，寻卢之盟也[1]。庚戌，郑伯之车偾于济[2]。

① 卢盟在春秋前。卢，齐地，今济北卢县故城。　② 既盟而遇大风，《传》记异也。十二月无庚戌，日误。○ 偾，弗问切，仆也。

卫庄公娶于齐东宫得臣之妹，曰庄姜[①]，美而无子，卫人所为赋《硕人》也[②]。又娶于陈，曰厉妫，生孝伯，早死[③]。其娣戴妫生桓公，庄姜以为己子[④]。公子州吁，嬖人之子也[⑤]，有宠而好兵。公弗禁，庄姜恶之。

石碏谏曰："臣闻爱子，教之以义方[⑥]，弗纳于邪。骄、奢、淫、泆，所自邪也。四者之来，宠禄过也。将立州吁，乃定之矣，若犹未也，阶之为祸[⑦]。夫宠而不骄，骄而能降，降而不憾，憾而能眕者鲜矣[⑧]。且夫贱妨贵，少陵长，远间亲，新间旧，小加大[⑨]，淫破义，所谓六逆也。君义臣行，父慈子孝，兄爱弟敬，所谓六顺也[⑩]。去顺效逆，所以速祸也。君人者将祸是务去，而速之，无乃不可乎？"弗听。其子厚与州吁游，禁之，不可。桓公立，乃老[⑪]。

① 得臣，齐大子也。大子不敢居上位，故常处东宫。　② 《硕人》，《诗》，义取庄姜美于色，贤于德，而不见荅，终以无子。国人忧之。○ 为，于伪切。　③ 陈，今陈国陈县。○ 妫，九危切。　④ 妫，陈姓也。厉、戴皆谥。虽为庄姜子，然大子之位未定。　⑤ 嬖，亲幸也。○ 吁，况于切。嬖，必计切。贱而得幸曰嬖。　⑥ 石碏，卫大夫。○ 好，呼报切。禁，居鸩切，一音金。恶，乌路切。碏，七略切。　⑦ 言将立为大子，则宜早定，若不早定，州吁必缘宠而为祸。○ 邪，似嗟切，下同。泆，音逸。　⑧ 如此者少也，降其身则必恨，恨则思乱，不能自安自重。○ 夫，音扶，发句之端，后放此。憾，本又作感，同，胡暗切，恨也。五年同。眕，之忍切，重也。鲜，息浅切。　⑨ 小国而加兵于大国，如息侯伐郑之比。○ 妨，音芳。少，诗照切。长，丁丈切。间，间厕之间，下同。比，必二切。　⑩ 臣行君之义。　⑪ 老，致仕也。四年《经》书州吁弑其君，故《传》先《经》以始事。○ 去，起吕切，下同。弑，音试。先，悉荐切。

经

四年春，王二月，莒人伐杞，取牟娄[①]。

戊申，卫州吁弑其君完[②]。

夏，公及宋公遇于清[③]。

宋公、陈侯、蔡人、卫人伐郑。

秋，翚帅师会宋公、陈侯、蔡人、卫人伐郑[④]。

九月，卫人杀州吁于濮[⑤]。

冬十有二月，卫人立晋[⑥]。

① 无《传》。书取，言易也。例在襄十三年。杞国本都陈留雍丘县。推寻事迹，桓六年，淳于公亡国，杞似并之，迁都淳于；僖十四年，又迁缘陵；襄二十九年，晋人城杞之淳于，杞又迁都淳于。牟娄，杞邑，城阳诸县东北有娄乡。○ 杞，音起。牟，亡侯切。易，以豉切。雍，於用切。 ② 称臣弑君，臣之罪也。例在宣四年。戊申，三月十七日，有日而无月。○ 弑，本又作杀，同，音试。凡弑君之例，皆放此，可以意求，不重音。完，音丸。 ③ 遇者，草次之期，二国各简其礼，若道路相逢遇也。清，卫邑，济北东阿县有清亭。 ④ 公子翚，鲁大夫。不称公子，疾其固请强君以不义也。诸外大夫贬，皆称人，至于内大夫贬，则皆去族称名。于记事之体，他国可言某人，而己之卿佐不得言鲁人，此所以为异也。翚溺，去族，《传》曰"疾之"，叔孙豹则曰"言违命"，此其例也。○ 翚，许归切。强，其丈切。去，起吕切，下同。溺，乃历切。 ⑤ 州吁弑君而立，未列于会，故不称君。例在成十六年。濮，陈地，水名。○ 濮，音卜。 ⑥ 卫人逆公子晋而立之，善其得众，故不书入于卫，变文以示义。例在成十八年。

传

四年春，卫州吁弑桓公而立。公与宋公为会，将寻宿之盟。未及期，卫人来告乱。夏，公及宋公遇于清[①]。

① 宿盟在元年。

宋殇公之即位也，公子冯出奔郑，郑人欲纳之。及卫州吁立，将修先君之怨于郑[①]，而求宠于诸侯以和其民[②]，使告于宋曰："君若伐郑以除君害[③]，君为主，敝邑以赋与陈、蔡从，则卫国之愿也[④]。"宋人许之。于是，陈、蔡方睦于卫[⑤]，故宋公、陈侯、蔡人、卫人伐郑，围其东门，五日而还。公问于众仲曰："卫州吁其成乎[⑥]？"对曰："臣闻以德和民，不闻以乱[⑦]。以乱，犹治丝而棼之也[⑧]。夫州吁，阻兵而安忍，阻兵无众，安忍无亲，众叛亲离，难以济矣[⑨]。夫兵犹火也，弗戢，将自焚也。夫州吁弑其君而虐用其民，于是乎不务令德，而欲以乱成，必不免矣[⑩]。"

① 谓二年郑人伐卫之怨。 ② 诸篡立者，诸侯既与之会，则不复讨，故欲求此宠。○ 篡，初患切。复，扶又切，下文复伐同。 ③ 害谓宋公子冯。 ④ 言举国之赋调。○ 从，才用切。调，徒吊切。 ⑤ 蔡，今汝南上蔡县。 ⑥ 众仲，鲁大夫。 ⑦ 乱谓阻兵而安忍。 ⑧ 丝见棼缊，益所以乱。○ 棼，扶云切。缊，於云切。 ⑨ 恃兵则民残，民残则众叛，安忍则刑过，刑过则亲离。 ⑩ ○ 戢，庄立切。

秋，诸侯复伐郑。宋公使来乞师[①]，公辞之[②]。羽父请以师会之[③]，公弗许，固请而行。故书曰"翚帅师"，疾之也。诸侯之师败郑徒兵，取其禾而还[④]。

① 乞师不书，非卿。 ② 从众仲之言。 ③ 羽父，公子翚。 ④ 时郑不车战。

州吁未能和其民，厚问定君于石子[①]。石子曰："王觐为可。"曰："何以得觐？"曰："陈桓公方有宠于王，陈、卫方睦，若朝陈使请，必可得也。"厚从州吁如陈。石碏使告于陈曰："卫国褊小，老夫耄矣，无能为也。此二人者，实弑寡君，敢即图之[②]。"陈人执之而请涖于卫[③]。九月，卫人使右宰丑涖杀州吁于濮，石碏使其宰獳羊肩涖杀石厚于陈。君子曰："石碏，纯臣也，恶州吁而厚与焉。大义灭亲，其是之谓乎[④]。"卫人逆公子晋于邢。冬十二月，宣公即位[⑤]。书曰，"卫人立晋"，众也。

① 石子，石碏也，以州吁不安咨其父。 ② 八十曰耄。称国小已老，自谦以委陈，使因其往就图之。○ 觐，其靳切，见也。朝，直遥切。后不出者皆放此。褊，必浅切，一音必殄切。耄，毛报切。 ③ 请卫人自临讨之。○ 涖，音利，又音类。 ④ 子从弑君之贼，国之大逆，不可不除，故曰大义灭亲。明小义则当兼子爱之。○ 獳，奴侯切。恶，乌路切。与，音预。 ⑤ 公子晋也。○ 邢，音刑，国名。

经

五年春，公矢鱼于棠[①]。

夏四月，葬卫桓公。

秋，卫师入郕[②]。

九月，考仲子之宫，初献六羽[③]。

邾人、郑人伐宋[④]。

螟[⑤]。

冬十有二月辛巳，公子彄卒[⑥]。

宋人伐郑，围长葛[⑦]。

① 书陈鱼，以示非礼也。书棠，讥远地也。今高平方与县北有武唐亭，鲁侯观鱼台。　② 将卑师众，但称师，此史之常也。○ 郕，音成，国名。将，子匠切。　③ 成仲子宫，安其主而祭之。惠公以仲子手文，娶之，欲以为夫人。诸侯无二嫡，盖隐公成父之志，为别立宫也。公问羽数，故书羽。妇人无谥，因姓以名宫。○ 嫡，都历切。为，于伪切。　④ 邾主兵，故序郑上。　⑤ 无《传》。虫食苗心者为灾，故书。○ 螟，亡丁切。⑥ 大夫书卒不书葬。葬者臣子之事，非公家所及。○ 彄，苦侯切。⑦ 颍川长社北有长葛。

传

五年春，公将如棠观鱼者。臧僖伯谏曰："凡物不足以讲大事[①]，其材不足以备器用，则君不举焉[②]。君将纳民于轨物者也。故讲事以度轨量谓之轨，取材以章物采谓之物，不轨不物谓之乱政。乱政亟行，所以败也[③]。故春蒐夏苗，秋狝冬狩[④]，皆于农隙以讲事也[⑤]。三年而治兵，入而振旅[⑥]，归而饮至，以数军实[⑦]，昭文章[⑧]，明贵贱，辨等列[⑨]，顺少长[⑩]，习威仪也。鸟兽之肉不登于俎[⑪]，皮革齿牙、骨角毛羽不登于器[⑫]，则公不射，古之制也。若夫山林川泽之实，器用之资，皂隶之事，官司之守，非君所及也[⑬]。"公曰："吾将略地焉[⑭]。"遂往，陈鱼而观之[⑮]。僖伯称疾，不从。书曰"公矢鱼于棠”，非礼也，且言远地也[16]。

① 臧僖伯，公子彄也。僖，谥也。大事，祀与戎。○ 鱼，本亦作渔。　② 材谓皮革齿牙、骨角毛羽也。器用，军国之器。　③ 言器用众物不入法度，则为不轨不物，乱败之所起。○ 度，待洛切，一音如字。亟，欺冀切，数也。　④ 蒐，索；择取不孕者。苗，为苗除害也。狝，杀也；以杀为名，顺秋气也。狩，围守也；冬物毕成，获则取之，无所择也。○ 蒐，所求切。狝，息浅切；《说文》作玺。《穀梁传》云，春曰田，秋曰蒐。狩，手又切。索，所百切。孕，以证切。为，于伪切。　⑤ 各随时事之间。○ 隙，去逆切。⑥ 虽四时讲武，犹复三年而大习。出曰治兵，始治其事；入曰振旅，治兵礼毕，整众而还。振，整也。旅，众也。○ 振，之慎切。复，扶又切，下同。⑦ 饮于庙，以数车徒、器械及所获也。○ 数，所主切，《注》同。械，户戒切。⑧ 车服旌旗。　⑨ 等列，行伍。○ 辨，如字，又方免切，别也。行，户郎切。　⑩ 出则少者在前，还则在后，所谓顺也。○ 少，诗照切，《注》皆同。长，丁丈切，下《注》同。　⑪ 俎，祭宗庙器。○ 鸟兽之肉，一本作其肉。俎，庄吕切。　⑫ 谓以饰法度之器。　⑬ 士臣皂，皂臣舆，舆臣隶。言取此杂猥之物以资器备，是小臣有司之职，非诸侯之所亲也。○ 射，食亦切。皂，才早切。舆，音余。猥，乌罪切。　⑭ 孙辞以略地。略，总摄巡行之名。《传》曰：东略之不知，西则否矣。○ 行，下孟切。　⑮ 陈，设张也。公大设捕鱼之备而观之。○ 捕，音步，一音搏。　⑯ 矢亦陈也。棠实他竟，故曰远地。○ 从，才用切。竟，音境。

曲沃庄伯以郑人、邢人伐翼[1]，王使尹氏、武氏助之。翼侯奔随[2]。

① 曲沃，晋别封成师之邑，在河东闻喜县。庄伯，成师子也。翼，晋旧都，在平阳绛邑县东。邢国在广平襄国县。○ 沃，乌毒切。　② 尹氏、

武氏皆周世族大夫也。晋内相攻伐，不告乱，故不书。《传》具其事，为后晋事张本。曲沃及翼本末见桓二年。随，晋地。○《传》具，一本作《传》见。见，贤遍切。

夏，葬卫桓公。卫乱，是以缓①。

① 有州吁之乱，十四月乃葬。《传》明其非慢也。

四月，郑人侵卫牧①，以报东门之役②。卫人以燕师伐郑③。郑祭足、原繁、洩驾以三军军其前，使曼伯与子元潜军军其后。燕人畏郑三军而不虞制人④。六月，郑二公子以制人败燕师于北制⑤。君子曰："不备不虞，不可以师。"

① 牧，卫邑。《经》书"夏四月葬卫桓公"，今《传》直言夏而更以四月附郑人侵卫牧者，于下事宜得月，以明事之先后，故不复备举《经》文。三年君氏卒，其义亦同，他皆仿此。○牧，州牧之牧，徐音目。 ② 东门役在四年。 ③ 南燕国，今东郡燕县。○燕，於贤切。 ④ 北制，郑邑，今河南城皋县也，一名虎牢。○洩，息列切。曼，音万。 ⑤ 二公子，曼伯、子元也。

曲沃叛王。秋，王命虢公伐曲沃，而立哀侯于翼①。

① 春，翼侯奔随，故立其子光。

卫之乱也，郕人侵卫，故卫师入郕①。

① 郕,国也,东平刚父县西南有郕乡。○ 父,音甫。

九月,考仲子之宫,将《万》焉[①]。公问羽数于众仲[②]。对曰:"天子用八[③],诸侯用六[④],大夫四[⑤],士二[⑥]。夫舞所以节八音而行八风[⑦],故自八以下[⑧]。"公从之。于是初献六羽、始用六佾也[⑨]。

①《万》,舞也。 ② 问执羽人数。 ③ 八八六十四人。 ④ 六六三十六人。 ⑤ 四四十六人。 ⑥ 二二四人。士有功,赐用乐。 ⑦ 八音,金石丝竹、匏土革木也。八风,八方之风也。以八音之器,播八方之风,手之舞之,足之蹈之,节其制而叙其情。○ 八音,金钟、石磬、丝琴瑟、竹箫管、土埙、木柷敔、匏笙、革鼓也。八方之风,谓东方穀风、东南方清明风、南方凯风、西南方凉风、西方阊阖风、西北方不周风、北方广莫风、东北方融风。匏,白交切。蹈,徒报切。 ⑧ 唯天子得尽物数,故以八为列。诸侯则不敢用八。 ⑨ 鲁唯文王、周公庙得用八,而他公遂因仍僭而用之。今隐公特立此妇人之庙,详问众仲,众仲因明大典,故《传》亦因言始用六佾。其后季氏舞八佾于庭,知唯在仲子庙用六。○ 佾,音逸。僭,子念切。

宋人取邾田。邾人告于郑曰:"请君释憾于宋,敝邑为道[①]。"郑人以王师会之[②]。伐宋,入其郛,以报东门之役[③]。宋人使来告命[④]。公闻其入郛也,将救之,问于使者曰:"师何及?"对曰:"未及国[⑤]。"公怒,乃止,辞使者曰:"君命寡人同恤社稷之难,今问诸使者,曰'师未及国',非寡人之所敢知也[⑥]。"

①释四年再见伐之恨。○道,音导,本亦作导。 ②王师不书,不以告也。 ③郛,郭也。东门役在四年。○郛,芳夫切,下同。④告命,策书。 ⑤忿公知而故问,责穷辞。○使,色吏切,下同。⑥为七年公伐邾《传》。○难,乃旦切。

冬十二月辛巳,臧僖伯卒。公曰:"叔父有憾于寡人[1],寡人弗敢忘。葬之加一等[2]。"

①诸侯称同姓大夫,长曰伯父,少曰叔父。有恨,恨谏观鱼不听。②加命服之等。

宋人伐郑,围长葛,以报入郛之役也。

经

六年春,郑人来渝平[1]。

夏五月辛酉,公会齐侯,盟于艾[2]。

秋七月[3]。

冬,宋人取长葛[4]。

①和而不盟曰平。○渝,羊朱切,变也。 ②泰山牟县东南有艾山。○艾,五盖切。 ③虽无事而书首月,具四时以成岁,他皆放此。④秋取,冬乃告也。上有伐郑围长葛,长葛,郑邑可知,故不言郑也。前年冬围,不克而还。今冬乘长葛无备而取之,言易也。○易,以豉切,《传》同。

传

六年春,郑人来渝平,更成也[1]。

① 渝，变也。公之为公子，战于狐壤，为郑所执，逃归，怨郑。郑伐宋，公欲救宋，宋使者失辞，公怒而止。忿宋则欲厚郑，郑因此而来，故《经》书“渝平”，《传》曰“更成”。○ 壤，如掌切。使，所吏切。

翼九宗五正顷父之子嘉父逆晋侯于随①，纳诸鄂。晋人谓之鄂侯②。

① 翼，晋旧都也。唐叔始封，受怀姓九宗，职官五正，遂世为晋强家。五正，五官之长。九宗，一姓为九族也。顷父之子嘉父，晋大夫。○ 顷，音倾。长，丁丈切，下文及《注》同。　② 鄂，晋别邑。诸地名疑者皆言有，以示不审；阙者不复记其阙。他皆放此。前年桓王立此侯之子于翼，故不得复入翼，别居鄂。○ 鄂，五各切。复，扶又切，下同。

夏，盟于艾，始平于齐也①。

① 春秋前，鲁与齐不平，今乃弃恶结好，故言始平于齐。○ 好，呼报切。

五月庚申，郑伯侵陈，大获。往岁郑伯请成于陈①，陈侯不许。五父谏曰：“亲仁善邻，国之宝也。君其许郑。”②陈侯曰：“宋、卫实难③，郑何能为？”遂不许，君子曰：“善不可失，恶不可长，其陈桓公之谓乎？长恶不悛，从自及也④。虽欲救之，其将能乎？《商书》曰：‘恶之易也，如火之燎于原，不可乡迩⑤，其犹可扑灭⑥？’周任有言⑦曰：‘为国家者，见恶如农夫之务去草焉，芟夷蕴崇之，绝其本根，勿使能殖，则善者信矣⑧。’”

① 成，犹平也。　② 五父，陈公子佗。○ 佗，徒何切，人名皆同。③ 可畏难也。○ 难，乃旦切，《注》同。　④ 悛，止也。从，随也。○ 悛，七全切。　⑤《商书·盘庚》，言恶易长，如火焚原野，不可乡近。○ 燎，力召切，又力吊切。乡，本又作嚮，同，许亮切。近，附近之近。　⑥ 言不可扑灭。○ 扑，普卜切。　⑦ 周任，周大夫。○ 任，音壬。　⑧ 芟，刈也。夷，杀也。蕴，积也。崇，聚也。○ 去，起吕切。芟，所衔切；《说文》作癹，匹末切，云以足蹋夷草。蕴，纡粉切。信，如字，又音申。

秋，宋人取长葛。

冬，京师来告饥。公为之请籴于宋、卫、齐、郑，礼也[①]。

① 告饥不以王命，故《传》言京师而不书于《经》也。虽非王命而公共以称命，已国不足，旁请邻国，故曰礼也。《传》见隐之贤。○ 为，于伪切。籴，直历切。见，贤遍切。

郑伯如周，始朝桓王也[①]。王不礼焉。周桓公言于王曰："我周之东迁，晋、郑焉依[②]。善郑以劝来者，犹惧不蔇[③]，况不礼焉。郑不来矣[④]！"

① 桓王即位，周、郑交恶，至是乃朝，故曰始。　② 周桓公，周公黑肩也。周，采地，扶风雍县东北有周城。幽王为犬戎所杀，平王东徙，晋文侯、郑武公左右王室，故曰晋、郑焉依。○ 焉，如字；或於虔切，非。雍，於用切。左，音佐；右，音祐。又并如字。　③ 蔇，至也。○ 蔇，其器切。④ 为桓五年诸侯从王伐郑《传》。

经

七年春，王三月，叔姬归于纪[①]。

滕侯卒[②]。

夏，城中丘[③]。

齐侯使其弟年来聘[④]。

秋，公伐邾。

冬，天王使凡伯来聘[⑤]。

戎伐凡伯于楚丘以归[⑥]。

① 无《传》。叔姬，伯姬之娣也。至是归者，待年于父母国，不与嫡俱行，故书。○ 嫡，本又作適，同，丁历切。　② 《传》例曰：不书名，未同盟也。滕国在沛国公丘县东南。○ 沛，音贝。　③ 城例在庄二十九年。中丘在琅邪临沂县东北。○ 琅，音郎。沂，鱼依切。　④ 诸聘皆使卿执玉帛以相存问，例在襄元年。　⑤ 凡伯，周卿士。凡，国；伯，爵也。汲郡共县东南有凡城。○ 共，音恭。凡，字本作汎，音凡。　⑥ 戎鸣钟鼓以伐天子之使，见夷狄强虣。不书凡伯败者，单使无众，非战陈也。但言以归，非执也。楚丘，卫地，在济阴城武县西南。○ 使，所吏切，下同。见，贤遍切。虣，蒲报切。陈，直觐切。

传

七年春，滕侯卒。不书名，未同盟也。凡诸侯同盟，于是称名，故薨则赴以名[①]，告终称嗣也，以继好息民[②]，谓之礼经[③]。

① 盟以名告神，故薨亦以名告同盟。　② 告亡者之终，称嗣位之主。嗣位之主，当奉而不忘，故曰继好。好同则和亲，故曰息民。○ 好，呼报切，《注》同。　③ 此言凡例，乃周公所制礼经也。十一年不告之例，又曰不书于策。明礼经皆当书于策。仲尼修《春秋》，皆承策为《经》。丘明之

《传》博采众记，故始开凡例，特显此二句。他皆放此。

夏，城中丘，书不时也。

齐侯使夷仲年来聘，结艾之盟也[①]。

① 艾盟在六年。

秋，宋及郑平。七月庚申，盟于宿。公伐邾，为宋讨也[①]。

① 公距宋而更与郑平，欲以郑为援，今郑复与宋盟，故惧而伐邾，欲以求宋，故曰为宋讨。○ 为，于伪切，《注》为宋同。援，于眷切。复，扶又切。

初，戎朝于周，发币于公卿，凡伯弗宾[①]。冬，王使凡伯来聘。还，戎伐之于楚丘以归[②]。

① 朝而发币于公卿，如今计献诣公府卿寺。　② 《传》言凡伯所以见伐。

陈及郑平[①]。十二月，陈五父如郑涖盟[②]。壬申，及郑伯盟，歃如忘[③]。泄伯曰："五父必不免，不赖盟矣[④]。"郑良佐如陈涖盟[⑤]。辛巳，及陈侯盟，亦知陈之将乱也[⑥]。

① 六年郑侵陈，大获，今乃平。　② 涖，临也。　③ 志不在于歃血。○ 歃，色洽切。忘，亡亮切。服虔云，如，而也。　④ 泄伯，郑泄驾。

〇 洩，息列切。　⑤ 良佐，郑大夫。　⑥ 入其国，观其政治，故总言之也。皆为桓五年、六年陈乱，蔡人杀陈佗传。〇 治，直吏切。

郑公子忽在王所，故陈侯请妻之[①]。郑伯许之，乃成昏[②]。

① 以忽有王宠故。〇 妻，七计切。　② 为郑忽失齐昏援以至出奔《传》。〇 为，于伪切。

经

八年春，宋公、卫侯遇于垂[①]。

三月，郑伯使宛来归祊[②]。

庚寅，我入祊[③]。

夏六月己亥，蔡侯考父卒[④]。

辛亥，宿男卒[⑤]。

秋七月庚午，宋公、齐侯、卫侯盟于瓦屋[⑥]。

八月，葬蔡宣公[⑦]。

九月辛卯，公及莒人盟于浮来[⑧]。

螟[⑨]。

冬十有二月，无骇卒[⑩]。

① 垂，卫地。济阴句阳县东北有垂亭。〇 句，古侯切。　② 宛，郑大夫。不书氏，未赐族。祊，郑祀泰山之邑，在琅邪费县东南。〇 宛，於阮切。祊，必彭切。费，音秘。　③ 桓元年，乃卒易祊田，知此入祊，未肯受而有之。　④ 无《传》。襄六年《传》曰："杞桓公卒，始赴以名，同盟故也。"

诸侯同盟称名者,非唯见在位二君也。尝与其父同盟,则亦以名赴其子,亦所以继好也。蔡未与隐盟,盖春秋前与惠公盟,故赴以名。○见,贤遍切。好,呼报切。 ⑤无《传》。元年宋、鲁大夫盟于宿,宿与盟也。晋荀偃祷河,称齐、晋君名,然后自称名,知虽大夫出盟,亦当先称己君之名以启神明,故薨皆从身盟之例,当告以名也。《传》例曰:赴以名则亦书之,不然则否,辟不敏也。今宿赴不以名,故亦不书名。诸例或发于始事,或发于后者,因宜有所异同,亦或丘明所得记注,本末不能皆备故。○与,音预。下不与同。祷,丁老切,或丁报切。 ⑥齐侯尊宋,使主会,故宋公序齐上。瓦屋,周地。 ⑦无《传》。三月而葬,速。 ⑧莒人,微者,不嫌敌公侯,故直称公,例在僖二十九年。浮来,纪邑。东莞县北有邳乡,邳乡西有公来山,号曰邳来间。○邳,蒲悲切。间,如字。 ⑨无《传》。为灾。 ⑩公不与小敛,故不书日。卒而后赐族,故不书氏。○敛,力验切。

传

八年春,齐侯将平宋、卫[①],有会期。宋公以币请于卫,请先相见[②],卫侯许之,故遇于犬丘[③]。

①平宋、卫于郑。 ②宋敬齐命。 ③犬丘,垂也。地有两名。

郑伯请释泰山之祀而祀周公,以泰山之祊易许田。三月,郑伯使宛来归祊,不祀泰山也[①]。

①成王营王城,有迁都之志,故赐周公许田,以为鲁国朝宿之邑。后世因而立周公别庙焉。郑桓公,周宣王之母弟,封郑,有助祭泰山汤沐之邑在祊。郑以天子不能复巡狩,故欲以祊易许田,各从本国所近之宜。恐鲁以周公别庙为疑,故云已废泰山之祀,而欲为鲁祀周公,孙辞以有求也。许田,近许之田。○泰山,如字,东岳。复,扶又切。守,手又切。近,附近之

近，下同。为，于为切，下为鲁同。

夏，虢公忌父始作卿士于周[①]。

① 周人于此遂畀之政。○ 畀，必二切。

四月甲辰，郑公子忽如陈逆妇妫。辛亥，以妫氏归。甲寅，入于郑。陈鍼子送女。先配而后祖，鍼子曰："是不为夫妇。诬其祖矣，非礼也，何以能育[①]？"

① 鍼子，陈大夫。礼，逆妇必先告祖庙而后行。故楚公子围称告庄、共之庙。郑忽先逆妇而后告庙，故曰先配而后祖。○ 鍼，其廉切。诬，亡符切。共，音恭；一本亦作恭。

齐人卒平宋、卫于郑。秋，会于温，盟于瓦屋，以释东门之役，礼也[①]。

① 会温不书，不以告也。定国息民，故曰礼也。平宋、卫二国忿郑之谋。郑不与盟，故不书。○ 与，音预。

八月丙戌，郑伯以齐人朝王，礼也[①]。

① 言郑伯不以虢公得政而背王，故礼之。齐称人，略，从国辞。上有七月庚午，下有九月辛卯，则八月不得有丙戌。○ 背，音佩。

公及莒人盟于浮来，以成纪好也[①]。

①二年，纪、莒盟于密，为鲁故。今公寻之，故曰以成纪好。○好，呼报切。

冬，齐侯使来告成三国[1]。公使众仲对曰："君释三国之图以鸠其民，君之惠也，寡君闻命矣。敢不承受君之明德[2]。"

①齐侯冬来告，称秋和三国。　②鸠，集也。

无骇卒。羽父请谥与族。公问族于众仲。众仲对曰："天子建德[1]，因生以赐姓[2]，胙之土而命之氏[3]。诸侯以字[4]为谥，因以为族[5]，官有世功，则有官族，邑亦如之[6]。"公命以字为展氏[7]。

①立有德以为诸侯。　②因其所由生以赐姓，谓若舜由妫汭，故陈为妫姓。○汭，如锐切。　③报之以土而命氏曰陈。○胙，才故切。④诸侯位卑不得赐姓，故其臣因氏其王父字。　⑤或便即先人之谥称以为族。　⑥谓取其旧官旧邑之称以为族，皆禀之时君。○称，尺证切。　⑦诸侯之子称公子，公子之子称公孙，公孙之子以王父字为氏。无骇，公子展之孙，故为展氏。

经

九年春，天子使南季来聘[1]。

三月癸酉，大雨震电。庚辰，大雨雪[2]。

挟卒[3]。

夏，城郎。

秋七月。

冬，公会齐侯于防[④]。

① 无《传》。南季，天子大夫也。南，氏；季，字也。 ② 三月，今正月。○ 电，徒练切。雨，于付切。 ③ 无《传》。挟，鲁大夫，未赐族。○ 挟，音协。 ④ 防，鲁地，在琅邪华县东南。○ 华，户化切。

传

九年春，王三月癸酉，大雨霖以震，书始也[①]。庚辰，大雨雪，亦如之。书时失也[②]。凡雨，自三日以往为霖[③]。平地尺为大雪。

① 书癸酉，始雨日。○ 霖，音林；《尔雅》云，久雨谓之淫，淫雨谓之霖。② 夏之正月，微阳始出，未可震电；既震电，又不当大雨雪，故皆为时失。③ 此解《经》书霖也。而《经》无霖字，《经》误。

夏，城郎，书不时也。

宋公不王[①]。郑伯为王左卿士，以王命讨之，伐宋。宋以入郛之役怨公，不告命[②]。公怒，绝宋使。秋，郑人以王命来告伐宋[③]。冬，公会齐侯于防，谋伐宋也。

① 不共王职。○ 共音恭，本亦作供。 ② 入郛在五年，公以七年伐邾，欲以说宋，而宋犹不和也。○ 说，音悦。 ③ 遣使致王命也。伐宋未得志，故复往告之。○ 使，所吏切，《注》同。复，扶又切。

北戎侵郑，郑伯御之。患戎师，曰："彼徒我车，惧其侵轶我也[①]。"公子突曰："使勇而无刚者尝寇，而速去之[②]。君为三覆以待之[3]。戎轻而不整，贪而无亲，胜不相让，败不相救。先者见获必务进，进而遇覆必速奔，后者不救，则无继矣。乃可以逞[4]。”从之。戎人之前遇覆者奔。祝聃逐之[5]。衷戎师，前后击之，尽殪[6]。戎师大奔[7]。十一月甲寅，郑人大败戎师[8]。

① 徒，步兵也；轶，突也。○ 轶，直结切，又音逸。　② 公子突，郑厉公也。尝，试也。勇则能往，无刚不耻退。　③ 覆，伏兵也。○ 覆，扶又切，《注》及下同。　④ 逞，解也。○ 轻，遣政切。逞，敕领切。解，音蟹，或佳买切。　⑤ 祝聃，郑大夫。○ 聃，乃甘切，一音土甘切。　⑥ 为三部伏兵，祝聃帅勇而无刚者先犯戎而速奔，以遇二伏兵，至后伏兵起，戎还走，祝聃反逐之。戎前后及中三处受敌，故曰衷戎师。殪，死也。○ 衷，丁仲切，又音忠。殪，於计切。处，昌虑切。　⑦ 后驻军不复继也。○ 驻，丁住切。　⑧ 此皆春秋时事，虽《经》无正文，所谓必广记而备言之，将令学者原始要终，寻其枝叶，究其所穷。他皆放此。○ 令，力呈切。要，于遥切。

经

十年春，王二月，公会齐侯、郑伯于中丘[1]。

夏，翚帅师会齐人、郑人伐宋[2]。

六月壬戌，公败宋师于菅[3]。辛未，取郜。辛巳，取防[4]。

秋，宋人、卫人入郑。宋人、蔡人、卫人伐戴。郑伯伐取之[5]。

冬十月壬午，齐人、郑人入郕。

①《传》言正月会，癸丑盟。《释例》推《经》《传》日月，癸丑是正月二十六日。知《经》二月误。　② 公子翚不待公命而贪会二国之君，疾其专进，故去氏。齐、郑以公不至，故亦更使微者从之伐宋。不言及，明翚专行，非邓之谋也。及例在宣七年。○ 去，起吕切，《传》同。　③ 齐、郑后期，故公独败宋师。书败宋，未陈也。败例在庄十一年。菅，宋地。○ 菅，音古颜切。陈，直觐切。　④ 郑后至，得郜、防二邑，归功于鲁，故书取，明不用师徒也。济阴城武县东南有郜城。高平昌邑县西南有西防城。○ 郜，古报切；《字林》，又工竺切。　⑤ 三国伐戴，郑伯因其不和，伐而取之。书伐，用师徒也。书取，克之易也。戴国，今陈留外黄县东南有戴城。○ 戴，亦作载。易，以豉切，《传》同。

传

十年春，王正月，公会齐侯、郑伯于中丘。癸丑，盟于邓，为师期[①]。

① 寻九年会于防，谋伐宋也。公既会而盟，盟不书，非后也。盖公还，告会而不告盟。邓，鲁地。

夏五月，羽父先会齐侯、郑伯伐宋[①]。

① 言先会，明非公本期，释翚之去族。

六月戊申，公会齐侯、郑伯于老桃[①]。壬戌，公败宋师于菅。庚午，郑师入郜；辛未，归于我。庚辰，郑师入防；辛巳，归于我[②]。君子谓："郑庄公于是乎可谓正矣。以王命讨不庭[③]，不贪其土，以劳王爵，正之体也[④]。"

① 会不书，不告于庙也。老桃，宋地。六月无戊申；戊申，五月二十三日。日误。　② 壬戌，六月七日。庚午，十五日。庚辰，二十五日。郑伯后期而公独败宋师，故郑频独进兵以入郜、防。入而不有，命鲁取之，推功上爵，让以自替，不有其实，故《经》但书鲁取，以成郑志，善之也。　③ 下之事上，皆成礼于庭中。　④ 劳者，叙其勤以答之。诸侯相朝，逆之以饔饩，谓之郊劳。鲁侯爵尊，郑伯爵卑，故言以劳王爵。○ 劳，力报切，《注》同。饩，许气切。

蔡人、卫人、郕人不会王命①。

① 不伐宋也。

秋七月庚寅，郑师入郊。犹在郊①，宋人、卫人入郑②。蔡人从之，伐戴③。八月壬戌，郑伯围戴。癸亥，克之，取三师焉④。宋、卫既入郑，而以伐戴召蔡人⑤，蔡人怒，故不和而败⑥。

① 郑师还，驻兵于远郊。　② 宋、卫奇兵承虚入郑。　③ 从宋、卫伐戴也。　④ 三国之军在戴，故郑伯合围之。师者，军旅之通称。○ 称，尺证切。　⑤ 伐戴乃召之。　⑥ 言郑取之易也。

九月戊寅，郑伯入宋①。

① 报入郑也。九月无戊寅；戊寅，八月二十四日。

冬，齐人、郑人入郕，讨违王命也。

经

十有一年春，滕侯、薛侯来朝①。

夏，公会郑伯于时来②。

秋七月壬午，公及齐侯、郑伯入许③。

冬十有一月壬辰，公薨④。

① 诸侯相朝，例在文十五年。○ 薛，息列切。 ② 时来，郲也。荥阳县东有釐城，郑地也。○ 郲，音来。釐，音来；王元规，力之切。 ③ 与谋曰及。还使许叔居之，故不言灭也。许，颍川许昌县。○ 与，音预。还，音环。 ④ 实弑书薨又不地者，史策所讳也。

传

十一年春，滕侯、薛侯来朝，争长①。薛侯曰："我先封。"②滕侯曰："我，周之卜正也③。薛，庶姓也，我不可以后之④。"公使羽父请于薛侯曰："君与滕君辱在寡人。周谚有之曰：'山有木，工则度之；宾有礼，主则择之⑤。'周之宗盟，异姓为后⑥。寡人若朝于薛，不敢与诸任齿⑦。君若辱贶寡人，则愿以滕君为请。"薛侯许之，乃长滕侯。

① 薛，鲁国薛县。○ 长，丁丈切。 ② 薛祖奚仲，夏所封，在周之前。○ 夏，户雅切。 ③ 卜正，卜官之长。 ④ 庶姓，非周之同姓。 ⑤ 择所宜而行之。○ 谚，音彦，俗言也。度，大洛切。 ⑥ 盟载书皆先同姓，例在定四年。 ⑦ 薛，任姓。齿，列也。○ 任，音壬，《注》同。

夏，公会郑伯于郲，谋伐许也。郑伯将伐许，五月甲辰，授兵于大宫[①]。公孙阏与颍考叔争车[②],颍考叔挟辀以走[③],子都拔棘以逐之[④],及大逵,弗及,子都怒[⑤]。

秋七月,公会齐侯、郑伯伐许。庚辰,傅于许[⑥]。颍考叔取郑伯之旗蝥弧以先登[⑦]。子都自下射之,颠[⑧]。瑕叔盈又以蝥弧登[⑨],周麾而呼曰:"君登矣[⑩]!"郑师毕登。壬午,遂入许。许庄公奔卫[⑪]。

齐侯以许让公。公曰:"君谓许不共[⑫],故从君讨之。许既伏其罪矣,虽君有命,寡人弗敢与闻。"乃与郑人。

郑伯使许大夫百里奉许叔以居许东偏[⑬],曰:"天祸许国,鬼神实不逞于许君,而假手于我寡人[⑭]。寡人唯是一二父兄不能共亿[⑮],其敢以许自为功乎?寡人有弟,不能和协,而使餬其口于四方[⑯],其况能久有许乎?吾子其奉许叔以抚柔此民也,吾将使获也佐吾子[⑰]。若寡人得没于地[⑱],天其以礼悔祸于许[⑲],无宁兹许公复奉其社稷[⑳]。唯我郑国之有请谒焉,如旧昏媾[㉑],其能降以相从也[㉒]。无滋他族,实偪处此,以与我郑国争此土也。吾子孙其覆亡之不暇,而况能禋祀许乎[㉓]?寡人之使吾子处此,不唯许国之为,亦聊以固吾圉也[㉔]。"

乃使公孙获处许西偏,曰:"凡而器用财贿,无寘于许。我死,乃亟去之。吾先君新邑于此[㉕],王室而既卑矣,周之子孙日失其序[㉖]。夫许,大岳之胤也[㉗],天而既厌周德矣,吾其能与许争乎?"

君子谓:"郑庄公于是乎有礼。礼,经国家,定社稷,序民人,利后嗣者也。许,无刑而伐之,服而舍之[㉘],度德而处之，量力而行之，相时而动，无累后人[29]，可谓知礼矣。”

① 大宫，郑祖庙。○ 大，音泰。 ② 公孙阏，郑大夫。○ 阏，安葛切。 ③ 辀，车辕也。○ 挟，音协。辀，张留切。 ④ 子都，公孙阏。棘，戟也。 ⑤ 逵，道方九轨也。○ 逵，求龟切；《尔雅》云，九达谓之逵；杜云，道方九轨。此依《考工记》。 ⑥ 傅于许城下。○ 傅，音附，《注》同。 ⑦ 蝥弧，旗名。○ 蝥，莫侯切。弧，音胡。 ⑧ 颠队而死。○ 射，食亦切，下及《注》同。队，直类切。 ⑨ 瑕叔盈，郑大夫。⑩ 周，偏也。麾，招也。○ 麾，许危切，又许伪切。呼，火故切。偏，音遍。⑪ 奔不书。兵乱遁逃，未知所在。○ 遁，徒顿切。 ⑫ 不共职贡。○ 共，音恭；本亦作供，音同，《注》及下同。 ⑬ 许叔，许庄公之弟。东偏，东鄙也。○ 与，音预。 ⑭ 借手于我寡德之人以讨许。 ⑮ 父兄，同姓群臣。共，给；亿，安也。○ 亿，於力切。 ⑯ 弟，共叔段也。餬，鬻也。段出奔在元年。○ 餬，音胡；《说文》云，寄食。鬻，本又作粥，之育切，又与六切。 ⑰ 获，郑大夫公孙获。 ⑱ 以寿终。○ 寿，如字，又音授。 ⑲ 言天加礼于许而悔祸之。 ⑳ 无宁，宁也。兹，此也。○ 复，扶又切，又音服。 ㉑ 谒，告也。妇之父曰昏，重昏曰媾。○ 媾，古豆切。重，直龙切。 ㉒ 降，降心也。 ㉓ 絜齐以享，谓之禋祀，谓许山川之祀。○ 覆，芳服切。暇，行嫁切。禋，音因。齐，侧皆切，一本作斋。 ㉔ 圉，边垂也。○ 为，于伪切。圉，鱼吕切。 ㉕ 此，今河南新郑。旧郑，在京兆。○ 贿，呼罪切；《字林》音悔。寘，之豉切，置也。亟，纪力切，急也，下《注》同。 ㉖ 郑亦周之子孙。 ㉗ 大岳，神农之后，尧四岳也。胤，继也。○ 大，音泰。 ㉘ 刑，法也。○ 厌，於艳切。㉙ 我死乃亟去之，无累后人。○ 度，待洛切。量，音良，下同。相，息亮切。累，劣伪切，《注》同。

郑伯使卒出豭，行出犬、鸡，以诅射颍考叔者[①]。君子谓："郑庄公失政刑矣。政以治民，刑以正邪，既无德政，又无威刑，是以及邪[2]。邪而诅之，将何益矣！"

① 百人为卒，二十五人为行，行亦卒之行列。疾射颍考叔者，故令卒及行间皆诅之。○ 卒，尊忽切，《注》同。豭，音加，猪别名。行，户刚切，《注》同。诅，侧虑切。令，力呈切。　② 大臣大睦，又不能用刑于邪人。○ 邪，似嗟切，下及《注》同。

王取邬、刘[1]、蒍、邘之田于郑[2]，而与郑人苏忿生之田[3]：温[4]、原[5]、絺[6]、樊[7]、隰郕[8]、欑茅[9]、向[10]、盟[11]、州[12]、陉[13]、隤[14]、怀[15]。君子是以知桓王之失郑也。恕而行之，德之则也，礼之经也。己弗能有而以与人，人之不至，不亦宜乎[16]。

① 二邑在河南缑氏县，西南有邬聚，西北有刘亭。○ 邬，乌户切。缑，古侯切，又苦侯切。聚，才遇切。　② 蒍、邘，郑二邑。○ 蒍，尤委切。邘，音于。　③ 苏忿生，周武王司寇苏公也。○ 忿，芳粉切。　④ 今温县。　⑤ 在沁水县西。○ 沁，七浸切；《字林》，先衽切；郭璞《三苍解诂》，音狗沁之沁；沈文阿，疏鸩切；韦昭，思金切。水名。　⑥ 在野王县西南。○ 絺，敕之切。　⑦ 一名阳樊，野王县西南有阳城。○ 樊，扶袁切。　⑧ 在怀县西南。○ 隰，详立切。郕，尚征切。　⑨ 在修武县北。○ 欑，才官切。　⑩ 轵县西有地名向上。○ 向，舒亮切，《注》同。轵，音纸。　⑪ 今盟津。○ 盟，音孟。　⑫ 今州县。　⑬ 阙。○ 陉，音刑。　⑭ 在修武县北。○ 隤，徒回切。　⑮ 今怀县。凡十二邑，皆苏忿生之田。欑茅、隤，属汲郡。馀皆属河内。　⑯ 苏氏叛王，十二邑王所不能有，为桓五年从王伐郑张本。

郑、息有违言[①]，息侯伐郑。郑伯与战于竟，息师大败而还[②]。君子是以知息之将亡也。不度德[③]，不量力[④]，不亲亲[⑤]，不征辞，不察有罪[⑥]，犯五不韪而以伐人，其丧师也，不亦宜乎[⑦]！

① 以言语相违恨。 ② 息国，汝南新息县。○ 竟，音境。息，一本作鄎，音息。 ③ 郑庄贤。○ 度，待洛切。 ④ 息国弱。 ⑤ 郑、息同姓之国。 ⑥ 言语相恨，当明征其辞以审曲直，不宜轻斗。 ⑦ 韪，是也。○ 韪，韦鬼切；《苍颉篇》同。丧，息浪切。

冬十月，郑伯以虢师伐宋。壬戌，大败宋师，以报其入郑也[①]。宋不告命，故不书。凡诸侯有命，告则书，不然则否[②]。师出臧否，亦如之[③]。虽及灭国，灭不告败，胜不告克，不书于策。

① 入郑在十年。 ② 命者，国之大事政令也。承其告辞，史乃书之于策。若所传闻行言，非将君命，则记在简牍而已，不得记于典策。此盖周礼之旧制。○ 传，直专切。 ③ 臧否，谓善恶得失也。灭而告败，胜而告克，此皆互言，不须两告乃书。○ 否，音鄙，又方九切，《注》同。

羽父请杀桓公，将以求大宰[①]。公曰："为其少故也，吾将授之矣[②]。使营菟裘，吾将老焉[③]。"羽父惧，反谮公于桓公而请弑之。公之为公子也，与郑人战于狐壤，止焉[④]。郑人囚诸尹氏[⑤]，赂尹氏而祷于其主钟巫[⑥]，遂与尹氏归而立其主[⑦]。十一月，公祭钟巫，齐于社圃[⑧]，馆于寪氏[⑨]。壬辰，羽父使贼弑公于寪氏，立桓公而讨寪氏，有死者[10]。不书葬，不成丧也[11]。

①大宰，官名。○大，音泰，《注》同。　②授桓位。○为，于伪切。少，诗照切。　③菟裘，鲁邑，在泰山梁父县南。不欲复居鲁朝，故别营外邑。○菟，兔都切。裘，音求。父，音甫。复，扶又切，下同。　④内讳获，故言止。狐壤，郑地。○谮，侧鸩切。弑，音试，下同；一本作杀。⑤尹氏，郑大夫。　⑥主，尹氏所主祭。○赂，音路。祷，丁老切，或多报切。巫，亡夫切。　⑦立钟巫于鲁。　⑧社圃，园名。○圃，布古切。　⑨馆，舍也。寪氏，鲁大夫。○寪，于委切。　⑩欲以弑君之罪加寪氏，而复不能正法诛之。《传》言进退无据。　⑪桓弑隐篡立，故丧礼不成。

春秋经传集解第二

桓　公

○《释文》：桓公名轨，惠公之子，隐公之弟，母仲子。《史记》，亦名允。《谥法》，辟土服远曰桓。

经

元年春，王正月，公即位①。

三月，公会郑伯于垂，郑伯以璧假许田。

夏四月丁未，公及郑伯盟于越②。

秋，大水③。

冬十月。

① 嗣子位定于初丧而改元必须踰年者，继父之业，成父之志，不忍有变于中年也。诸侯每首岁必有礼于庙，诸遭丧继位者因此而改元正位，百官以序。故国史亦书即位之事于策。桓公篡立而用常礼，欲自同于遭丧继位者。《释例》论之备矣。○ 篡，初患切。　② 公以篡立而修好于郑，郑因而迎之，成礼于垂，终易二田，然后结盟。垂，犬丘，卫地也。越，近垂，地名。郑求祀周公，鲁听受祊田，令郑废泰山之祀。知其非礼，故以璧假为文，时之所隐。○ 假，举下切。好，呼报切，《传》同。近，附近之近。祊，百庚切。令，力呈切。　③ 书灾也。《传》例曰：凡平原出水为大水。

传

元年春，公即位，修好于郑。郑人请复祀周公，卒易祊田[①]。公许之。三月，郑伯以璧假许田，为周公，祊故也[②]。

① 事在隐八年。〇 复，扶又切。　② 鲁不宜听郑祀周公，又不宜易取祊田。犯二不宜以动，故隐其实。不言祊，称璧假，言若进璧以假田，非久易也。〇 为，于伪切。

夏四月丁未，公及郑伯盟于越，结祊成也[①]。盟曰："渝盟无享国[②]。"

① 结成易二田之事也。《传》以《经》不书祊，故独见祊。〇 见，贤遍切。　② 渝，变也。〇 渝，羊朱切。享，许丈切。

秋，大水。凡平原出水为大水[①]。

① 广平曰原。

冬，郑伯拜盟[①]。

① 郑伯若自来，则《经》不书；若遣使，则当言郑人，不得称郑伯。疑谬误。〇 使，所吏切。

宋华父督见孔父之妻于路[①]，目逆而送之，曰："美而艳[②]。"

① 华父督，宋戴公孙也。孔父嘉，孔子六世祖。○ 华，户化切，大夫氏也。后皆同。督，音笃。　② 色美曰艳。○ 艳，以赡切。

经

二年春，王正月戊申，宋督弑其君与夷，及其大夫孔父①。

滕子来朝②。

三月，公会齐侯、陈侯、郑伯于稷，以成宋乱③。

夏四月，取郜大鼎于宋。戊申，纳于大庙④。

秋七月，杞侯来朝⑤。

蔡侯、郑伯会于邓⑥。

九月，入杞⑦。

公及戎盟于唐。冬，公至自唐⑧。

① 称督以弑，罪在督也。孔父称名者，内不能治其闺门，外取怨于民，身死而祸及其君。○ 闺，音圭。　② 无《传》。隐十一年称侯，今称子者，盖时王所黜。　③ 成，平也。宋有弑君之乱，故为会欲以平之。稷，宋地。　④ 宋以鼎赂公。大庙，周公庙也。始欲平宋之乱，终于受赂，故备书之。戊申，五月十日。○ 郜，古报切。大，音泰，《传》大庙仿此。⑤ 公即位而来朝。　⑥ 颍川召陵县西南有邓城。○ 召，上照切。⑦ 不称主帅，微者也。弗地曰入。○ 帅，所类切，或作师。　⑧《传》例曰：告于庙也。特相会，故致地也。凡公行还不书至者，皆不告庙也。隐不书至，谦不敢自同于正君，书劳策勋。

传

二年春，宋督攻孔氏，杀孔父而取其妻。公怒，督惧，遂弑殇公。君子以督为有无君之心而后动于恶[1]，故先书弑其君。会于稷以成宋乱，为赂故，立华氏也[2]。

宋殇公立，十年十一战[3]，民不堪命。孔父嘉为司马，督为太宰，故因民不堪命，先宣言曰："司马则然[4]。"已杀孔父而弑殇公，召庄公于郑而立之，以亲郑[5]。以郜大鼎赂公[6]，齐、陈、郑皆有赂，故遂相宋公。夏四月，取郜大鼎于宋。戊申，纳于大庙。非礼也。

臧哀伯谏曰[7]："君人者将昭德塞违，以临照百官，犹惧或失之。故昭令德以示子孙。是以清庙茅屋[8]，大路越席[9]，大羹不致[10]，粢食不凿[11]，昭其俭也[12]。衮、冕、黻、珽[13]，带、裳、幅、舄[14]，衡、紞、纮、綖[15]，昭其度也[16]。藻率、鞞、鞛[17]，鞶、厉、游、缨[18]，昭其数也[19]。火、龙、黼、黻[20]，昭其文也[21]。五色比象，昭其物也[22]。锡、鸾、和、铃，昭其声也[23]。三辰旂旗，昭其明也[24]。夫德俭而有度，登降有数[25]。文物以纪之，声明以发之，以临照百官，百官于是乎戒惧而不敢易纪律。今灭德立违[26]，而寘其赂器于大庙，以明示百官，百官象之，其又何诛焉！国家之败，由官邪也，官之失德，宠赂章也。郜鼎在庙，章孰甚焉？武王克商，迁九鼎于雒邑[27]，义士犹或非之[28]，而况将昭违乱之赂器于大庙，其若之何？"公不听。周内史闻之曰："臧孙达其有后于鲁乎！君违，不忘谏之以德[29]。"

① 虽有君，若无也。　② 《经》称平宋乱者，盖以鲁君受赂立华氏，贪纵之甚，恶其指斥，故远言始与齐、陈、郑为会之本意也。《传》言为赂故立华氏，明《经》本书平宋乱，为公讳，讳在受赂立华氏也。犹璧假许田为周

公祊故。所谓婉而成章。督未死而赐族,督之妄也。〇 为,于伪切,《注》除为会一字,并同。恶,乌路切。婉,於阮切。 ③ 殇公以隐四年立,十一战皆在隐公世。 ④ 言公之数战,则司马使尔。嘉,孔父字。〇 大,音泰。数,音朔。 ⑤ 庄公,公子冯也,隐三年出居于郑。冯入宋,不书,不告也。〇 冯,皮冰切,下同。 ⑥ 郜国所造器也,故系名于郜。济阴城武县东南有北郜城。 ⑦ 臧哀伯,鲁大夫僖伯之子。〇 相,息亮切,下《注》、《传》相同。 ⑧ 以茅饰屋,著俭也。清庙,肃然清静之称。〇 著,张虑切,后不音者同。称,尺证切。 ⑨ 大路,玉路,祀天车也。越席,结草。〇 越,户括切。祀天车,本或无天字者非。 ⑩ 大羹,肉汁。不致五味。 ⑪ 黍稷曰粢,不精凿。〇 粢,音咨。食,音嗣,饼也。凿,子洛切;《字林》作毇,子沃切,云,粝米一斛舂为八斗。 ⑫ 此四者皆示俭。⑬ 衮,画衣也。冕,冠也。黻,韦韠,以蔽膝也。珽,玉笏也,若今吏之持簿。〇 衮,古本切。黻,音弗,下同。珽,他顶切。韠,音必。笏,音忽。簿,步古切;徐广云,持簿,手版也。 ⑭ 带,革带也。衣下曰裳。幅,若今行縢者。舄,复履。〇 幅,音逼。舄,音昔。縢,徒登切。复,音福。 ⑮ 衡,维持冠者。紞,冠之垂者。纮,缨从下而上者。綖,冠上覆。〇 紞,多敢切;《字林》,丁坎切。纮,获耕切。綖,音延;《字林》,弋善切。上,时掌切,下上下同。 ⑯ 尊卑各有制度。 ⑰ 藻率,以韦为之,所以藉玉也。王五采,公、侯、伯三采,子、男二采。鞞,佩刀削上饰。鞛,下饰。〇 率,音律。鞞,补顶切。鞛,布孔切。藉,在夜切。削,音笑。 ⑱ 鞶,绅带也,一名大带。厉,大带之垂者。游,旌旗之游。缨,在马膺前,如索帬。〇 鞶,步干切。游,音留,《注》同。膺,于陵切。索,悉各切。 ⑲ 尊卑各有数。⑳ 火,画火也。龙,画龙也。白与黑谓之黼,形若斧。黑与青谓之黻,两己相戾。〇 黼,音甫。戾,力计切。 ㉑ 以文章明贵贱。 ㉒ 车服器械之有五色,皆以比象天地四方,以示器物不虚设。〇 比,并是切。械,户戒切。 ㉓ 钖,在马额。鸾,在镳。和,在衡。铃,在旂。动皆有鸣声。〇 钖,音扬;郑玄云,马面当卢。额,颜客切。镳,彼骄切。旂,勤衣切。㉔ 三辰,日、月、星也。画于旂旗,象天之明。 ㉕ 登降,谓上下尊卑。

㉖ 谓立华督违命之臣。　㉗ 九鼎，殷所受夏九鼎也。武王克商，乃营雒邑而后去之，又迁九鼎焉，时但营洛邑，未有都城。至周公，乃卒营雒邑，谓之王城，即今河南城也。故《传》曰：成王定鼎于郏鄏。○ 寘，之豉切，置也。邪，似嗟切。雒，音洛，本亦作洛。夏，户雅切。郏，古洽切。鄏，音辱。㉘ 盖伯夷之属。　㉙ 内史，周大夫官也。僖伯谏隐观鱼，其子哀伯谏桓纳鼎，积善之家必有馀庆，故曰其有后于鲁。

秋七月，杞侯来朝，不敬。杞侯归，乃谋伐之。

蔡侯、郑伯会于邓，始惧楚也[①]。

① 楚国今南郡江陵县北纪南城也。楚武王始僭号称王，欲害中国。蔡、郑，姬姓，近楚，故惧而会谋。○ 近，附近之近。

九月，入杞。讨不敬也。

公及戎盟于唐，修旧好也[①]。冬，公至自唐，告于庙也。凡公行，告于宗庙。反行，饮至、舍爵，策勋焉，礼也[②]。特相会，往来称地，让事也[③]。自参以上，则往称地，来称会，成事也[④]。

① 惠、隐之好。○ 好，呼报切，《注》同。　② 爵，饮酒器也。既饮置爵，则书勋劳于策，言速纪有功也。○ 舍，音赦，置也；旧音捨。　③ 特相会，公与一国会也。会必有主，二人独会，则莫肯为主，两让，会事不成，故但书地。　④ 成会事。○ 参，七南切，亦音三。上，时掌切。

初，晋穆侯之夫人姜氏以条之役生大子，命之曰仇[①]。其弟以千亩之战生，命之曰成师[②]。师服曰："异哉，君之名子也[3]！夫名以制义[4]，义以出礼[5]，礼以体政[6]，政以正民。是以政成而民听，易则生乱[7]。嘉耦曰妃，怨耦曰仇，古之命也[8]。今君命大子曰仇，弟曰成师，始兆乱矣，兄其替乎[9]？”

惠之二十四年，晋始乱，故封桓叔于曲沃[10]，靖侯之孙栾宾傅之[11]。师服曰：“吾闻国家之立也，本大而末小，是以能固。故天子建国[12]，诸侯立家[13]，卿置侧室[14]，大夫有贰宗[15]，士有隶子弟[16]，庶人工商各有分亲，皆有等衰[17]。是以民服事其上而下无觊觎[18]。今晋，甸侯也，而建国。本既弱矣，其能久乎[19]？”

惠之三十年，晋潘父弑昭侯而纳桓叔，不克[20]。晋人立孝侯[21]。

惠之四十五年，曲沃庄伯伐翼，弑孝侯[22]。翼人立其弟鄂侯。鄂侯生哀侯[23]。哀侯侵陉庭之田[24]。陉庭南鄙启曲沃伐翼。

① 条，晋地。大子，文侯也。意取于战相仇怨。○ 仇，音求。 ② 桓叔也。西河界休县南有地，名千亩，意取能成其众。 ③ 师服，晋大夫。○ 名，如字，或弥政切。 ④ 名之必可言也。 ⑤ 礼从义出。 ⑥ 政以礼成。 ⑦ 反易礼义，则乱生也。 ⑧ 自古有此言。○ 耦，五口切。妃，芳非切。 ⑨ 穆侯爱少子桓叔，俱取于战以为名，所附意异，故师服知桓叔之党必盛于晋以倾宗国，故因名以讽谏。○ 替，他计切，废也。少，诗照切。讽，方凤切。 ⑩ 惠，鲁惠公也。晋文侯卒，子昭侯元年，危不自安，封成师为曲沃伯。 ⑪ 靖侯，桓叔之高祖父，言得贵宠公孙为傅相。○ 靖，才井切。栾，力官切。 ⑫ 立诸侯也。 ⑬ 卿大夫称家。 ⑭ 侧室，众子也，得立此一官。 ⑮ 適子为小宗，次者为贰宗，以相辅贰。○ 適，丁历切。为小宗，本或作为大宗，误。 ⑯ 士

卑，自以其子弟为仆隶。　⑰ 庶人无复尊卑，以亲疏为分别也。衰，杀也。○ 分，扶问切，又如字。亲，七刃切，又如字。衰，初危切，《注》同。复，扶又切。别，彼列切。杀，所界切。　⑱ 下不冀望上位。○ 觊，音冀。覦，羊朱切；《字林》，羊住切；《说文》云，欲也。　⑲ 诸侯而在甸服者。○ 甸，徒练切。　⑳ 潘父，晋大夫也。昭侯，文侯子。　㉑ 昭侯子也。㉒ 庄伯，桓叔子。翼，晋国所都。　㉓ 鄂侯以五年奔随。其年秋，王立哀侯于翼。　㉔ 陉庭，翼南鄙邑。○ 陉，音刑。

经

三年春正月，公会齐侯于嬴①。

夏，齐侯、卫侯胥命于蒲②。

六月，公会杞侯于郕。

秋七月壬辰朔，日有食之，既③。

公子翚如齐逆女④。

九月，齐侯送姜氏于讙⑤。公会齐侯于讙⑥。夫人姜氏至自齐⑦。

冬，齐侯使其弟年来聘。

有年⑧。

① 《经》之首时必书王，明此历，天王之所班也。其或废法违常，失不班历，故不书王。嬴，齐邑，今泰山嬴县。○《释文》：从此尽十七年皆无王，唯十年有。二《传》以为义。或有王字者非。嬴，音盈。　② 申约，言以相命而不歃血也。蒲，卫地，在陈留长垣县西南。○ 约，如字，又於妙切。歃，所洽切。垣，音袁。　③ 无《传》。既，尽也。历家之说，谓日光以望时遥夺月光，故月食。日月同会，月奄日，故日食。食有上下者，行有高下，日光轮存而中食者，相奄密，故日光溢出。皆既者，正相当而相奄间疏也。

然圣人不言月食日，而以自食为文，阙于所不见。 ④ 礼，君有故则使卿逆。 ⑤ 讙，鲁地。济北蛇丘县西有下讙亭。已去齐国故不言女，未至于鲁故不称夫人。○ 讙，音欢。蛇，以支切。 ⑥ 无《传》。 ⑦ 无《传》。告于庙也，不言翚以至者，齐侯送之，公受之于讙。 ⑧ 无《传》。五穀皆熟，书有年。

传

三年春，曲沃武公伐翼，次于陉庭。韩万御戎，梁弘为右[①]，逐翼侯于汾隰[②]，骖絓而止[③]。夜获之，及栾共叔[④]。

① 武公，曲沃庄伯子也。韩万，庄伯弟也。御戎，仆也。右，戎车之右。 ② 汾隰，汾水边。○ 汾隰，扶云切；水名。下湿曰隰。 ③ 骖，騑马。○ 骖，七南切。絓，户卦切。騑，芳非切。 ④ 共叔，桓叔之傅，栾宾之子也，身傅翼侯。父子各殉所奉之主，故并见获而死。○ 共，音恭，《注》同。殉，似俊切。

会于嬴，成昏于齐也[①]。

① 公不由媒介，自与齐侯会而成昏，非礼也。○ 介，音界。

夏，齐侯、卫侯胥命于蒲，不盟也。

公会杞侯于郕，杞求成也[①]。

① 二年入杞，故今来求成。

秋，公子翚如齐逆女。修先君之好，故曰公子[①]。齐侯送姜氏，非礼也。凡公女嫁于敌国，姊妹则上卿送之，以礼于先君；公子则下卿送之；于大国，虽公子亦上卿送之；于天子，则诸卿皆行，公不自送；于小国，则上大夫送之。

① 昏礼虽奉时君之命，其言必称先君以为礼辞。故公子翚逆女，《传》称修先君之好；公子遂逆女，《传》称尊君命。互举其义。○ 好，呼报切，《注》同。

冬，齐仲年来聘，致夫人也①。

① 古者女出嫁，又使大夫随加聘问，存谦敬，序殷勤也。在鲁而出，则曰致女；在他国而来，则总曰聘。故《传》以致夫人释之。○《释文》：齐侯送姜氏，本或作送姜氏于讙。公子则下卿送。公子，公女。

芮伯万之母芮姜恶芮伯之多宠人也，故逐之，出居于魏①。

① 为明年秦侵芮张本。芮国在冯翊临晋县。魏国，河东河北县。○ 芮，如锐切。恶，乌路切。翊，音翼。

经

四年春正月，公狩于郎①。

夏，天王使宰渠伯纠来聘②。

① 冬猎曰狩，行三驱之礼，得田狩之时，故《传》曰：书时，礼也。周之春，夏之冬也。田狩从夏时，郎非国内之狩地，故书地。○ 狩，手又切。夏，

户雅切,下同。 ② 宰,官;渠,氏;伯纠,名也。王官之宰,当以才授位,而伯纠摄父之职,出聘列国,故书名以讥之。国史之记,必书年以集此公之事,书首时以成此年之岁,故《春秋》有空时而无事者。今不书秋冬首月,史阙文。他皆放此。○ 纠,居黝切。

传

四年春正月,公狩于郎。书时,礼也①。

① 郎非狩地,故唯时合礼。

夏,周宰渠伯纠来聘。父在,故名。

秋,秦师侵芮,败焉,小之也①。

① 秦以芮小,轻之,故为芮所败。

冬,王师、秦师围魏,执芮伯以归①。

① 三年,芮伯出居魏,芮更立君。秦为芮所败,故以芮伯归,将欲纳之。

经

五年春正月,甲戌,己丑,陈侯鲍卒①。

夏,齐侯、郑伯如纪②。

天王使仍叔之子来聘③。

葬陈桓公④。

城祝丘⑤。

秋,蔡人、卫人、陈人从王伐郑[6]。

大雩[7]。

螽[8]。

冬,州公如曹[9]。

① 未同盟而书名者,来赴以名故也。甲戌,前年十二月二十一日,己丑,此年正月六日。陈乱,故再赴。赴虽日异而皆以正月起文,故但书正月。慎疑审事,故从赴两书。○ 鲍,步饱切。　② 外相朝皆言如。齐欲灭纪,纪人惧而来告,故书。　③ 仍叔,天子之大夫,称仍叔之子,本于父字,幼弱之辞也。讥使童子出聘。　④ 无《传》。　⑤ 无《传》。齐、郑将袭纪故。　⑥ 王自为伐郑之主,君臣之辞也。王师败不书,不以告。○ 从,如字,又才用切。　⑦《传》例曰:书不时也。失龙见之时。○ 雩,音于,祭名。见,贤遍切。　⑧ 无《传》。蚣蝑之属为灾,故书。○ 螽,音终。蚣,相容切。蝑,相鱼切。　⑨ 不书奔,以朝出也。为下实来书也。曹国,今济阴定陶县。○ 陶,同劳切。

传

五年春正月,甲戌,己丑,陈侯鲍卒,再赴也。于是陈乱,文公子佗杀大子免而代之[1]。公疾病而乱作,国人分散,故再赴。

① 佗,桓公弟五父也。称文公子,明佗非桓公母弟也。免,桓公大子。○ 佗,大何切。免,音问。父,音甫。

夏,齐侯、郑伯朝于纪,欲以袭之。纪人知之。

王夺郑伯政,郑伯不朝[1]。

① 夺不使知王政。○ 袭，音习。

秋，王以诸侯伐郑，郑伯御之。王为中军；虢公林父将右军，蔡人、卫人属焉[①]；周公黑肩将左军，陈人属焉[②]。

郑子元请为左拒以当蔡人、卫人[③]，为右拒以当陈人，曰："陈乱，民莫有斗心，若先犯之，必奔。王卒顾之，必乱。蔡、卫不枝，固将先奔[④]。既而萃于王卒，可以集事。"从之[⑤]。曼伯为右拒[⑥]，祭仲足为左拒，原繁、高渠弥以中军奉公，为鱼丽之陈，先偏后伍，伍承弥缝[⑦]。战于繻葛[⑧]，命二拒曰："旝动而鼓[⑨]。"蔡、卫、陈皆奔，王卒乱。郑师合以攻之，王卒大败。祝聃射王中肩，王亦能军[⑩]。祝聃请从之。公曰："君子不欲多上人，况敢陵天子乎！苟自救也，社稷无陨，多矣[⑪]。"

夜，郑伯使祭足劳王，且问左右[⑫]。

① 虢公林父，王卿士。○ 将，子匠切，下及《注》大将同。 ② 黑肩，周桓公也。 ③ 子元，郑公子。拒，方陈。○ 拒，俱甫切，下同。陈，直觐切，下文之陈，及《注》同。 ④ 不能相枝持也。○ 卒，尊忽切，下同。 ⑤ 萃，聚也。集，成也。○ 萃，似类切。 ⑥ 曼伯，檀伯。○ 曼，音万。 ⑦《司马法》：车战二十五乘为偏，以车居前，以伍次之，承偏之隙而弥缝阙漏也。五人为伍，此盖鱼丽陈法。○ 丽，力知切，《注》同。缝，扶容切。乘，绳证切。 ⑧ 繻葛，郑地。○ 繻，音须。 ⑨ 旝，旃也，通帛为之，盖今大将之麾也，执以为号令。○ 旝，古外切，又古活切；本亦作桧。建大木，置石其上，发机以磓敌。麾，许危切。 ⑩ 虽军败身伤，犹殿而不奔，故言能军。○ 射，食亦切。中，丁仲切。殿，多见切。 ⑪ 郑于此收兵自退。○ 陨，于敏切。 ⑫ 祭足即祭仲之字，盖名仲字仲足也。劳王，问

左右，言郑志在苟免，王讨之非也。○ 劳，力报切，《注》同。名仲字仲足，一本作名仲字足。

仍叔之子，弱也[①]。

① 仍叔之子来聘，童子将命，无速反之心，久留在鲁，故《经》书夏聘，《传》释之于末秋。

秋，大雩，书不时也[①]。凡祀，启蛰而郊[②]，龙见而雩[③]，始杀而尝[④]，闭蛰而烝[⑤]。过则书[⑥]。

① 十二公《传》唯此年及襄二十六年有两秋，此发雩祭之例，欲显天时以指事，故重言秋，异于凡事。○ 重，直用切。　② 言凡祀通下三句天地宗庙之事也。启蛰，夏正建寅之月，祀天南郊。○ 蛰，直立切。正，音征。③ 龙见，建巳之月。苍龙，宿之体，昏见东方，万物始盛，待雨而大，故祭天，远为百穀祈膏雨。○ 见，贤遍切，《注》同。宿，音秀。为，于伪切。④ 建酉之月，阴气始杀，嘉穀始熟，故荐尝于宗庙。　⑤ 建亥之月，昆虫闭户，万物皆成，可荐者众，故烝祭宗庙。《释例》论之备矣。○ 闭，必计切，又必结切；《字林》，芳结切。烝，之承切。　⑥ 卜日有吉否，过次节则书，以讥慢也。

冬，淳于公如曹，度其国危，遂不复[①]。

① 淳于，州国所都，城阳淳于县也。国有危难，不能自安，故出朝而遂不还。○ 度，待洛切。复，音服，后不音者皆同。难，乃旦切。

经

六年春正月，寔来[①]。

夏四月，公会纪侯于成[②]。

秋八月壬午，大阅[③]。

蔡人杀陈佗[④]。

九月丁卯，子同生[⑤]。

冬，纪侯来朝。

① 寔，实也。不言州公者，承上五年冬《经》如曹。间无异事，省文，从可知。〇 寔，时力切。省，所景切。　② 成，鲁地，在泰山巨平县东南。③ 齐为大国，以戎事征诸侯之戍，嘉美郑忽，而忽欲以有功为班，怒而诉齐。鲁人惧之，故以非时简车马。〇 阅，音悦。　④ 佗立踰年不称爵者，篡立未会诸侯也。《传》例在庄二十二年。　⑤ 指公子庄公也。十二公唯子同是適夫人之长子，备用大子之礼，故史书之于策。不称大子者，书始生也。〇 適，丁历切，《传》同。长，丁丈切。

传

六年春，自曹来朝。书曰“寔来”，不复其国也[①]。

① 亦承五年冬《传》淳于公如曹也。言奔则来行朝礼，言朝则遂留不去，欲变文，言实来。

楚武王侵随[①]，使薳章求成焉[②]，军于瑕以待之[③]。随人使少师董成[④]。鬭伯比言于楚子曰：“吾不得志于汉东也，我则使然[⑤]。我张吾三军而被吾甲兵，以武临之，彼则惧而协以谋我，故难间也。汉东之国随为大，随张必弃小国[⑥]，小国离，楚之利也。少师侈，请羸师以张之[7]。”熊率且比曰：“季梁在，何益[8]？”鬥伯比曰：“以为后图，少师得其君[9]。”王毁军而纳少师[10]。

少师归，请追楚师，随侯将许之[11]。季梁止之曰：“天方授楚，楚之羸，其诱我也，君何急焉？臣闻小之能敌大也，小道大淫。所谓道，忠于民而信于神也。上思利民，忠也；祝史正辞，信也[12]。今民馁而君逞欲[13]，祝史矫举以祭，臣不知其可也[14]。”公曰：“吾牲牷肥腯，粢盛丰备，何则不信[15]？”对曰：“夫民，神之主也[16]。是以圣王先成民而后致力于神。故奉牲以告曰，‘博硕肥腯’，谓民力之普存也[17]，谓其畜之硕大蕃滋也，谓其不疾瘯蠡也，谓其备腯咸有也[18]。奉盛以告曰，‘洁粢丰盛’，谓其三时不害而民和年丰也[19]。奉酒醴以告曰，‘嘉栗旨酒’[20]，谓其上下皆有嘉德而无违心也。所谓馨香，无谗慝也[21]。故务其三时，修其五教[22]，亲其九族，以致其禋祀[23]。于是乎民和而神降之福，故动则有成。今民各有心，而鬼神乏主[24]，君虽独丰，其何福之有！君姑修政而亲兄弟之国，庶免于难。”随侯惧而修政，楚不敢伐。

① 随国，今义阳随县。 ② 薳章，楚大夫。○ 薳，于委切。 ③ 瑕，随地。○ 瑕，下加切。 ④ 少师，随大夫。董，正也。○ 少，诗照切，《注》及下同，后仿此。 ⑤ 鬥伯比，楚大夫，令尹子文之父。 ⑥ 张，自侈大也。○ 被，皮寄切，下《注》被甲同。间，间厕之间。张，猪亮切，《注》同；一音如字。侈，昌氏切，又式氏切。 ⑦ 羸，弱也。○ 羸，劣追切，《注》及下同。 ⑧ 熊率且比，楚大夫。季梁，随贤臣。○ 率，音律。且，子余切。 ⑨ 言季梁之谏不过一见从，随侯卒当以少师为计，故

云以为后图。二年，蔡侯、郑伯会于邓，始惧楚。楚子自此遂盛，终于抗衡中国，故《传》备言其事以终始之。○ 抗，苦浪切。　⑩ 从伯比之谋。⑪ 信楚弱也。　⑫ 正辞，不虚称君美。　⑬ 逞，快也。○ 馁，奴罪切，饿也。　⑭ 诈称功德以欺鬼神。○ 矫，居兆切。　⑮ 牲，牛、羊、豕也。牷，纯色完全也。腯，亦肥也。黍稷曰粢，在器曰盛。○ 牷，音全。腯，徒忽切。　⑯ 言鬼神之情，依民而行。　⑰ 博，广也。硕，大也。⑱ 虽告神以博硕肥腯，其实皆当兼此四谓，民力适完，则六畜既大而滋也，皮毛无疥癣，兼备而无有所阙。○ 畜，吁又切，下皆同。蕃，音烦。瘯，七木切；本又作蔟，同。蠡，力果切；《说文》作瘰，云，瘯瘰，皮肥也。疥，音界。癣，息浅切；《说文》云，乾疡。　⑲ 三时，春、夏、秋。　⑳ 嘉，善也。栗，谨敬也。　㉑ 馨，香之远闻。○ 慝，他得切。闻，音问，又如字。㉒ 父义、母慈、兄友、弟恭、子孝。　㉓ 禋，洁敬也。九族谓外祖父、外祖母、从母子、及妻父、妻母、姑之子、姊妹之子、女子之子、并己之同族，皆外亲有服而异族者也。○ 九族，杜释与孔安国、郑玄不同。禋，音因。㉔ 民饑馁也。○ 饑，音飢。

夏，会于成，纪来谘谋齐难也[①]。

① 齐欲灭纪，故来谋之。○ 难，乃旦切，下同。

北戎伐齐，齐侯使乞师于郑。郑大子忽帅师救齐。六月，大败戎师，获其二帅大良、少良，甲首三百，以献于齐[①]。于是，诸侯之大夫戍齐，齐人馈之饩[②]，使鲁为其班，后郑[③]。郑忽以其有功也，怒，故有郎之师[④]。

公之未昏于齐也，齐侯欲以文姜妻郑大子忽。大子忽辞，人问其故，大子曰："人各有耦，齐大，非吾耦也。《诗》

云：'自求多福⑤。'在我而已，大国何为？"君子曰："善自为谋⑥。"及其败戎师也，齐侯又请妻之⑦，固辞。人问其故，大子曰："无事于齐，吾犹不敢。今以君命奔齐之急，而受室以归，是以师昏也。民其谓我何⑧？"遂辞诸郑伯⑨。

① 甲首，被甲者首。○ 帅，所类切。少，诗照切。 ② 生曰饩。○ 馈，其媿切。饩，许既切。牲腥曰饩。 ③ 班，次也。鲁亲班齐馈，则亦使大夫戍齐矣，《经》不书，盖史阙文。 ④ 郎师在十年。 ⑤《诗·大雅·文王》。言求福由己，非由人也。○ 妻，七计切，下及《注》同。 ⑥ 言独洁其身，谋不及国。 ⑦ 欲以他女妻之。 ⑧ 言必见怪于民。 ⑨ 假父之命以为辞，为十一年郑忽出奔卫《传》。

秋，大阅，简车马也。

九月丁卯，子同生。以大子生之礼举之，接以大牢①，卜士负之，士妻食之②。公与文姜、宗妇命之③。

公问名于申𦈡。对曰："名有五：有信，有义，有象，有假，有类④。以名生为信⑤，以德命为义⑥，以类命为象⑦，取于物为假⑧，取于父为类⑨。不以国⑩，不以官，不以山川，不以隐疾⑪，不以畜牲⑫，不以器币⑬。周人以讳事神，名终将讳之⑭。故以国则废名⑮，以官则废职，以山川则废主⑯，以畜牲则废祀⑰，以器币则废礼。晋以僖侯废司徒⑱，宋以武公废司空⑲，先君献、武废二山⑳，是以大物不可以命。"公曰："是其生也，与吾同物，命之曰同㉑。"

① 大牢：牛、羊、豕也。以礼接夫人，重适也。○ 接，如字。郑注《礼

记》作捷，读此者亦或捷音。　② 礼，世子生三日，卜士负之，射人以桑弧蓬矢射四方，卜士之妻为乳母。○ 食，音嗣。弧，音胡。蓬，步工切。射，食亦切。　③ 世子生三月，君夫人沐浴于外寝，立于阼阶，西乡。世妇抱子升自西阶，君命之，乃降。盖同宗之妇。○ 阼，才故切。　④ 申繻，鲁大夫。○ 繻，音须。　⑤ 若唐叔虞，鲁公子友。　⑥ 若文王名昌，武王名发。　⑦ 若孔子首象尼丘。　⑧ 若伯鱼生，人有馈之鱼，因名之曰鲤。○ 鲤，音里。　⑨ 若子同生，有与父同者。　⑩ 国君之子，不自以本国为名也。　⑪ 隐，痛；疾，患。辟不祥也。　⑫ 畜牲，六畜。⑬ 币，玉帛。　⑭ 君父之名，固非臣子所斥；然礼既卒哭，以木铎徇曰："舍故而讳新"，谓舍亲尽之祖而讳新死者，故言以讳事神。名终将讳之，自父至高祖，皆不敢斥言。○《释文》：周人以讳事神名，众家多以名字属下句。铎，待洛切。徇，似俊切，本又作殉，同。舍，音捨，下同。　⑮ 国不可易，故废名。　⑯ 改其山川之名。　⑰ 名猪则废猪，名羊则废羊。⑱ 僖侯名司徒，废为中军。　⑲ 武公名司空，废为司城。　⑳ 二山，具、敖也。鲁献公名具，武公名敖，更以其乡名山。○ 敖，五羔切。㉑ 物，类也。谓同日。

冬，纪侯来朝，请王命以求成于齐，公告不能①。

① 纪微弱，不能自通于天子，欲因公以请王命，公无宠于王，故告不能。

经

七年春二月己亥，焚咸丘①。

夏，穀伯绥来朝②。

邓侯吾离来朝③。

① 无《传》。焚，火田也。咸丘，鲁地。高平巨野县南有咸亭。讥尽物，

故书。○ 焚，扶云切。　②○ 绥，须唯切。　③ 不总称朝者，各自行朝礼也。穀国在南乡筑阳县北。○ 筑，音逐。

传

七年春，穀伯、邓侯来朝。名，贱之也[①]。

① 辟陋小国，贱之。礼不足，故书名。以春来，夏乃行朝礼，故《经》书夏。○ 辟，匹亦切；本又作僻，同。

夏，盟、向求成于郑，既而背之[①]。秋，郑人、齐人、卫人伐盟、向。王迁盟、向之民于郏[②]。

① 盟、向，二邑名，隐十一年王以与郑，故求与郑成。○ 盟，音孟。向，伤亮切。背，音佩。　② 郏，王城。○ 郏，古洽切。

冬，曲沃伯诱晋小子侯，杀之[①]。

① 曲沃伯，武公也。小子侯，哀侯子。

经

八年春正月己卯，烝[①]。

天王使家父来聘[②]。

夏五月丁丑，烝[③]。

秋，伐邾[④]。

冬十月，雨雪[⑤]。

祭公来，遂逆王后于纪[⑥]。

① 无《传》。此夏之仲月，非为过而书者，为下五月复烝，见渎也。例在五年。○ 烝，之承切。夏，户雅切。为，于伪切。复，扶又切。见，贤遍切。 ② 无《传》。家父，天子大夫。家，氏；父，字。 ③④ 无《传》。 ⑤ 无《传》。今八月也，书时失。○ 雨，于付切。 ⑥ 祭公，诸侯为天子三公者。王使鲁主昏，故祭公来，受命而迎也。天子无外，故因称王后。卿不书，举重略轻。○ 祭，侧界切。

传

八年春，灭翼[①]。

① 曲沃灭之。

随少师有宠。楚斗伯比曰："可矣。仇有衅，不可失也[①]。"夏，楚子合诸侯于沈鹿[②]。黄、随不会[③]。使薳章让黄[④]。楚子伐随，军于汉、淮之间。

季梁请下之，弗许而后战[⑤]，所以怒我而怠寇也。少师谓随侯曰："必速战。不然，将失楚师。"随侯御之，望楚师[⑥]。季梁曰："楚人上左，君必左[⑦]，无与王遇。且攻其右，右无良焉，必败。偏败，众乃携矣。"少师曰："不当王，非敌也。"弗从[⑧]。战于速杞，随师败绩。随侯逸[⑨]，斗丹获其戎车，与其戎右少师[⑩]。

秋，随及楚平。楚子将不许，斗伯比曰："天去其疾矣[⑪]，随未可克也。"乃盟而还。

① 衅,瑕隙也。无德者宠,国之衅也。○ 衅,许觐切,《注》同。 ② 沈鹿,楚地。 ③ 黄国,今弋阳县。○ 弋,余职切。 ④ 责其不会。 ⑤ 下之,请服也。○ 下,遐嫁切,《注》同。 ⑥ 遥见楚师。○ 将失楚师,一本无师字。 ⑦ 君,楚君也。 ⑧ 不从季梁谋。 ⑨ 速杞,随地。逸,逃也。 ⑩ 鬥丹,楚大夫。戎车,君所乘兵车也。戎右,车右也。宠之,故以为右。 ⑪ 去疾,谓少师见获而死。○ 去,起吕切,《注》同。

冬,王命虢仲立晋哀侯之弟缗于晋[①]。

① 虢仲,王卿士虢公林父。○ 缗,亡巾切。

祭公来,遂逆王后于纪,礼也[①]。

① 天子娶于诸侯,使同姓诸侯为之主。祭公来,受命于鲁,故曰礼。

经

九年春,纪季姜归于京师[①]。

夏四月。

秋七月。

冬,曹伯使其世子射姑来朝[②]。

① 季姜,桓王后也。季,字;姜,纪姓也。书字者,伸父母之尊。○ 伸,音申。 ② 曹伯有疾,故使其子来朝。○ 射,音亦,又音夜。

传

九年春，纪季姜归于京师。凡诸侯之女行，唯王后书①。

① 为书妇人行例也。適诸侯，虽告鲁，犹不书。○ 为，于伪切。

巴子使韩服告于楚，请与邓为好①。楚子使道朔将巴客以聘于邓②。邓南鄙鄾人攻而夺之币③。杀道朔及巴行人。楚子使薳章让于邓，邓人弗受④。

夏，楚使鬥廉帅师及巴师围鄾⑤。邓养甥、聃甥帅师救鄾。三逐巴师，不克⑥。鬥廉衡陈其师于巴师之中以战，而北⑦。邓人逐之，背巴师。而夹攻之⑧，邓师大败，鄾人宵溃⑨。

① 韩服，巴行人。巴国，在巴郡江州县。○ 好，呼报切。 ② 道朔，楚大夫。巴客，韩服。 ③ 鄾，在今邓县南，沔水之北。○ 鄾，音忧。沔，面善切。 ④ 言非鄾人所攻。 ⑤ 鬥廉，楚大夫。 ⑥ 二甥，皆邓大夫。○ 聃，乃甘切。 ⑦ 衡，横也。分巴师为二部，鬥廉横陈于其间以与邓师战，而伪北。北，走也。○ 衡，如字，一音横。陈，直觐切，《注》同，又如字。北，如字，一音佩；嵇康音智背。 ⑧ 楚师伪走，邓师逐之。背巴师，巴师攻之，楚师自前还与战。○ 背，音佩，《注》同。夹，古洽切，又古协切。 ⑨ 宵，夜也。○ 溃，户对切。

秋，虢仲、芮伯、梁伯、荀侯、贾伯伐曲沃①。

① 梁国在冯翊夏阳县。荀、贾皆国名。○ 夏，户雅切。

冬，曹大子来朝，宾之以上卿，礼也[①]。享曹大子，初献，乐奏而叹[②]。施父曰："曹大子其有忧乎，非叹所也[③]。"

① 诸侯之適子，未誓于天子而摄其君，则以皮帛继子、男，故宾之以上卿，各当其国之上卿。〇 適，丁历切。 ② 酒始献。〇 享，许两切。③ 施父，鲁大夫。〇 施，色豉切，人名字，父，音甫。

经

十年春，王正月庚申，曹伯终生卒[①]。

夏五月，葬曹桓公[②]。

秋，公会卫侯于桃丘，弗遇[③]。

冬十有二月丙午，齐侯、卫侯、郑伯来战于郎[④]。

① 未同盟而赴以名。 ② 无《传》。 ③ 无《传》。卫侯与公为会期，中背公，更与齐、郑。故公独往而不相遇也。桃丘，卫地。济北东阿县东南有桃城。〇 中，如字，一音丁仲切。背，音佩。 ④ 改侵伐而书来战，善鲁之用周班，恶三国讨有辞。〇 恶，乌洛切，又乌路切。

传

十年春，曹桓公卒[①]。

① 终施父之言。

虢仲谮其大夫詹父于王[①]。詹父有辞，以王师伐虢。夏，虢公出奔虞[②]。

① 虢仲，王卿士。詹父，属大夫。○ 谮，侧鸩切。詹，章廉切。 ② 虞国，在河东大阳县。

秋，秦人纳芮伯万于芮[①]。

① 四年围魏所执者。

初，虞叔有玉[①]，虞公求旃[②]，弗献。既而悔之，曰："周谚有之：'匹夫无罪，怀璧其罪[③]。'吾焉用此，其以贾害也[④]。"乃献之。又求其宝剑。叔曰："是无厌也。无厌，将及我[⑤]。"遂伐虞公，故虞公出奔共池[⑥]。

① 虞叔，虞公之弟。 ② 旃，之也。○ 旃，之然切。 ③ 人利其璧，以璧为罪。○ 谚，音彦。 ④ 贾，买也。○ 焉，於虔切。贾，音古，《注》同。 ⑤ 将杀我。○ 厌，於盐切，下同。 ⑥ 共池，地名，阙。○ 共，音洪，又音恭。

冬，齐、卫、郑来战于郎，我有辞也。初，北戎病齐[①]，诸侯救之，郑公子忽有功焉。齐人饩诸侯，使鲁次之。鲁以周班后郑。郑人怒，请师于齐。齐人以卫师助之，故不称侵伐[②]。先书齐、卫，王爵也[③]。

① 在六年。 ② 不称侵伐而以战为文，明鲁直诸侯曲，故言我有辞，以礼自释，交绥而退，无败绩。 ③ 郑主兵而序齐、卫下者，以王爵次之也。《春秋》所以见鲁犹秉周礼。○ 见，贤遍切。

经

十有一年春正月，齐人、卫人、郑人盟于恶曹①。

夏五月癸未，郑伯寤生卒②。

秋七月，葬郑庄公③。

九月，宋人执郑祭仲④。突归于郑⑤。郑忽出奔卫⑥。

柔会宋公、陈侯、蔡叔，盟于折⑦。

公会宋公于夫钟⑧。

冬十有二月，公会宋公于阚⑨。

① 恶曹，地阙。 ② 同盟于元年，赴以名。 ③ 无《传》。三月而葬，速。 ④ 祭，氏；仲，名。不称行人，听迫胁以逐君，罪之也。行人例在襄十一年，《释例》详之。○ 听，吐定切。 ⑤ 突，厉公也，为宋所纳，故曰归。例在成十八年。不称公子，从告也。文连祭仲，故不言郑。 ⑥ 忽，昭公也。庄公既葬，不称爵者，郑人贱之，以名赴。 ⑦ 无《传》。柔，鲁大夫未赐族者。蔡叔，蔡大夫。叔，名也。折，地阙。○ 折，之设切，又市列切。 ⑧ 无《传》。夫钟，郕地。○ 夫，音扶。 ⑨ 无《传》。阚，鲁地，在东平须昌县东南。○ 阚，口暂切。须，宣踰切。

传

十一年春，齐、卫、郑、宋盟于恶曹①。

① 宋不书，《经》阙。

楚屈瑕将盟贰、轸①。郧人军于蒲骚，将与随、绞、州、蓼伐楚师②。莫敖患之③。鬭廉曰："郧人军其郊，必不诫，且日虞四邑之至也④。君次于郊郢以御四邑⑤。我以锐师宵加于郧，郧有虞心而恃其城[⑥]，莫有斗志。若败郧师，四邑必离。”莫敖曰：“盍请济师于王[⑦]？”对曰：“师克在和，不在众。商，周之不敌，君之所闻也[⑧]。成军以出，又何济焉？”莫敖曰：“卜之。”对曰：“卜以决疑，不疑何卜？”遂败郧师于蒲骚，卒盟而还[⑨]。

① 贰、轸，二国名。○ 屈，居勿切，楚大夫氏。贰，音二。轸，之忍切。② 郧国在江夏云杜县东南，有郧城。蒲骚，郧邑。绞，国名。州国，在南郡华容县东南。蓼国，今义阳棘阳县东南湖阳城。○ 郧，音云。骚，音萧，又音缫。绞，古卯切。蓼，音了，本或作鄝，同。夏，户雅切。棘，纪力切。湖，音胡。 ③ 莫敖，楚官名，即屈瑕。○ 敖，五刀切。 ④ 虞，度也。四邑：随、绞、州、蓼也。邑，亦国也。○ 日，人逸切。度，待洛切。 ⑤ 君谓屈瑕也。郊郢，楚地。○ 郢，以井切，又以政切。 ⑥ 恃近其城。○ 近，附近之近。 ⑦ 盍，何不也。济，益也。○ 盍，户臘切，济，笺计切。 ⑧ 商，纣也。周，武王也。《传》曰：武王有乱臣十人。纣有亿兆夷人。○ 亿，於力切。 ⑨ 卒盟贰、轸。

郑昭公之败北戎也[①]，齐人将妻之，昭公辞。祭仲曰：“必取之。君多内宠，子无大援，将不立。三公子，皆君也[②]。”弗从。夏，郑庄公卒。初，祭封人仲足有宠于庄公[③]，庄公使为卿。为公娶邓曼，生昭公，故祭仲立之[④]。宋雍氏女于郑庄公，曰雍姞，生厉公[⑤]。雍氏宗有宠于宋庄公，故诱祭仲而执之[⑥]，曰：“不立突，将死。”亦执厉公而求赂焉。祭仲与宋人盟，以厉公归而立之。秋九月丁亥，昭公奔卫。己亥，厉公立。

① 在六年。　② 子突、子亹、子仪之母皆有宠。○ 妻，七计切，下《注》同。援，于眷切。亹，亡匪切，本或作斖。　③ 祭，郑地，陈留长垣县东北有祭城。封人，守封疆者，因以所守为氏。○ 疆，居良切。　④ 曼，邓姓。○ 为，于伪切。曼，音万。　⑤ 雍氏，姞姓，宋大夫也。以女妻人曰女。○ 雍，于恭切。女，尼据切，《注》曰女同。姞，其吉切，又其秩切。⑥ 祭仲之如宋，非会非聘，见诱而以行人应命。○ 应，应对之应。

经

十有二年春正月。

夏六月壬寅，公会杞侯、莒子，盟于曲池①。

秋七月丁亥，公会宋公、燕人，盟于榖丘②。

八月壬辰，陈侯跃卒③。

公会宋公于虚④。

冬十有一月，公会宋公于龟⑤。

丙戌，公会郑伯，盟于武父⑥。

丙戌，卫侯晋卒⑦。

十有二月，及郑师伐宋。丁未，战于宋⑧。

① 曲池，鲁地。鲁国汶阳县北有曲水亭。○ 汶，音问。　② 榖丘，宋地。燕人，南燕大夫。　③ 无《传》。厉公也。十一年与鲁大夫盟于折，不书葬，鲁不会也。壬辰，七月二十三日，书于八月，从赴。○ 跃，羊略切。④ 虚，宋地。○ 虚，去鱼切。　⑤ 龟，宋地。　⑥ 武父，郑地。陈留济阳县东北有武父城。○ 父，音甫，地名。有父字者皆同甫音。　⑦ 无《传》。重书丙戌，非义例，因史成文也。未同盟而赴以名。○ 重，直用切，下同。　⑧ 既书伐宋，又重书战者，以见宋之无信也。庄十一年《传》例曰，皆陈曰战。尤其无信，故以独战为文。○ 见，贤遍切。陈，直觐切。

传

十二年夏，盟于曲池，平杞、莒也[①]。

① 隐四年，莒人伐杞，自是遂不平。

公欲平宋、郑。秋，公及宋公盟于句渎之丘[①]。宋成未可知也，故又会于虚。冬，又会于龟。宋公辞平，故与郑伯盟于武父[②]。遂帅师而伐宋，战焉，宋无信也。君子曰："苟信不继，盟无益也。《诗》云：'君子屡盟，乱是用长。'无信也[③]。"

① 句渎之丘，即穀丘也。宋以立厉公故，多责赂于郑。郑人不堪，故不平。〇 句，古侯切。渎，音豆。　② 宋公贪郑赂，故与公三会而卒辞不与郑平。　③《诗·小雅》。言无信故数盟，数盟则情疏，情疏而憾结，故云长乱。〇 屡，力具切；本又作娄，音同。长，丁丈切。数，音朔，下同。憾，户暗切。

楚伐绞，军其南门。莫敖屈瑕曰："绞小而轻，轻则寡谋，请无扞采樵者以诱之[①]。"从之。绞人获三十人[②]。明日，绞人争出，驱楚役徒于山中。楚人坐其北门而覆诸山下[③]，大败之，为城下之盟而还[④]。伐绞之役，楚师分涉于彭[⑤]。罗人欲伐之，使伯嘉谍之，三巡，数之[⑥]。

① 扞，卫也。樵，薪也。〇 轻，遣政切。扞，户旦切。樵，在遥切。　② 获楚人也。　③ 坐犹守也。覆，设伏兵而待之。〇 覆，扶又切，《注》

同。 ④ 城下盟,诸侯所深耻。 ⑤ 彭水在新城昌魏县。 ⑥ 罗,熊姓国,在宜城县西山中,后徙南郡枝江县。伯嘉,罗大夫。谍,伺也。巡,徧也。○ 谍,徒协切。数,色主切。枝,质而切。伺,音笥。徧,音遍。

经

十有三年春二月,公会纪侯、郑伯。己巳,及齐侯、宋公、卫侯、燕人战。齐师、宋师、卫师、燕师败绩①。

三月,葬卫宣公②。

夏,大水③。

秋七月。

冬十月④。

① 大崩曰败绩。例在庄十一年。或称人,或称师,史异辞也。卫宣公未葬,惠公称侯以接邻国,非礼也。 ②③④ 无《传》。

传

十三年春,楚屈瑕伐罗,鬥伯比送之。还,谓其御曰:"莫敖必败,举趾高,心不固矣①。"遂见楚子曰:"必济师②。"楚子辞焉③。入告夫人邓曼。邓曼曰:"大夫其非众之谓④,其谓君抚小民以信,训诸司以德,而威莫敖以刑也。莫敖狃于蒲骚之役,将自用也⑤,必小罗。君若不镇抚,其不设备乎。夫固谓君训众而好镇抚之⑥,召诸司而劝之以令德⑦,见莫敖而告诸天之不假易也⑧。不然,夫岂不知楚师之尽行也。"楚子使赖人追之,不及⑨。

莫敖使徇于师曰:"谏者有刑⑩。"及鄢,乱次以济⑪。遂无次，且不设备。及罗，罗与卢戎两军之[12]。大败之。莫敖缢于荒谷，群帅囚于冶父[13]以听刑。楚子曰："孤之罪也。"皆免之。

① 趾，足也。　② 难言屈瑕将败，故以益师讽谏。○ 见，贤遍切。济，笺诣切。难，乃旦切。讽，本亦作风，方凤切。　③ 不解其旨，故拒之。○ 解，户买切。　④ 邓曼，楚武王夫人。言伯比意不在于益众。⑤ 狃，忕也。蒲骚役在十一年。○ 狃，女久切。忕，时世切，又时设切。⑥ 抚小民以信也。○ 好，呼报切，又如字。　⑦ 训诸司以德也。⑧ 诸，之也，言天不借贷慢易之人，威莫敖以刑也。○ 易，以豉切，《注》同。借，子夜切。贷，他代切。慢，武谏切。　⑨ 赖国在义阳随县。赖人，仕于楚者。○ 尽，津忍切。此类可以意求。　⑩ 徇，宣令也。○ 徇，似俊切。　⑪ 鄢水，在襄阳宜城县，入汉。○ 鄢，於晚切，又於万切。乱次以济，本或作乱次以济其水。　⑫ 卢戎，南蛮。○ 卢，如字。本或作庐，音同。　⑬ 缢，自经也。荒谷、冶父皆楚地。○ 缢，一豉切。荒，如字；本或作巟，音同。冶，音也。

宋多责赂于郑[①]，郑不堪命，故以纪、鲁及齐与宋、卫、燕战。不书所战，后也[②]。

① 立突赂。　② 公后地期而及其战，故不书所战之地。

郑人来请修好[①]。

① ○ 好，呼报切。

经

十有四年春正月，公会郑伯于曹①。

无冰②。

夏五③。

郑伯使其弟语来盟。

秋八月壬申，御廪灾④。乙亥，尝⑤。

冬十有二月丁巳，齐侯禄父卒⑥。

宋人以齐人、蔡人、卫人、陈人伐郑⑦。

① 修十二年武父之好以曹地，曹与会。○ 好，呼报切。与，音预。 ② 无《传》，书时失。 ③ 不书月，阙文。 ④ 御廪，公所亲耕以奉粢盛之仓也。天火曰灾。例在宣十六年。○ 廪，力锦切。 ⑤ 先其时，亦过也。既戒日致齐。御廪虽灾，苟不害嘉穀，则祭不应废，故书以示法。○ 先，悉荐切，又如字。齐，侧皆切。 ⑥ 无《传》。隐六年盟于艾。 ⑦ 凡师能左右之曰以。例在僖二十六年。

传

十四年春，会于曹。曹人致饩，礼也①。夏，郑子人来寻盟，且修曹之会②。

① 熟曰饔，生曰饩。 ② 子人即弟语也，其后为子人氏。

秋八月壬申，御廪灾。乙亥，尝。书不害也①。

① 灾其屋，救之则息，不及穀，故曰书不害。

冬，宋人以诸侯伐郑，报宋之战也[①]。焚渠门，入及大逵[②]。伐东郊，取牛首[③]。以大宫之椽归，为卢门之椽[④]。

① 在十二年。 ② 渠门，郑城门。逵，道方九轨。〇 逵，求龟切。 ③ 东郊，郑郊。牛首，郑邑。 ④ 大宫，郑祖庙。卢门，宋城门。告伐而不告入取，故不书。〇 大，音泰。椽，直专切，榱也；圆曰椽，方曰桷；《说文》云，周谓之椽，齐、鲁谓之桷。

经

十有五年春二月，天王使家父来求车。

三月乙未，天王崩[①]。

夏四月己巳，葬齐僖公[②]。

五月，郑伯突出奔蔡[③]。

郑世子忽复归于郑[④]。

许叔入于许[⑤]。

公会齐侯于艾。

邾人、牟人、葛人来朝[⑥]。

秋九月，郑伯突入于栎[⑦]。

冬十有一月，公会宋公、卫侯、陈侯于袲，伐郑[⑧]。

① 无《传》。桓王也。 ② 无《传》。 ③ 突既篡立，权不足以自固，又不能倚任祭仲，反与小臣造贼盗之计，故以自奔为文，罪之也。例在昭三年。〇 倚，于绮切。 ④ 忽实居君位，故今还以复其位之例为文也。称世子者，忽为大子，有母氏之宠，宗卿之援，有功于诸侯，此大子之盛者也；而守介节以失大国之助，知三公子之强，不从祭仲之言，修小善，絜小行，从匹夫之仁，忘社稷之大计，故君子谓之善自为谋，言不能谋国也。父

卒而不能自君，郑人亦不君之，出则降名以赴，入则逆以大子之礼。始于见逐，终于见杀，三公子更立，乱郑国者实忽之由。复归例在成十八年。○ 介，音界。行，下孟切。更，音庚。 ⑤ 许叔，庄公弟也。隐十一年，郑使许大夫奉许叔居许东偏。郑庄公既卒，乃入居位，许人嘉之，以字告也。叔本不去国，虽称入，非国逆例。 ⑥ 无《传》。三人皆附庸之世子也，其君应称名，故其子降称人。牟国，今泰山牟县。葛国在梁国宁陵县东北。○ 牟，亡侯切。 ⑦ 栎，郑别都也，今河南阳翟县。未得国，直书入，无义例也。○ 栎，音历。翟，徒历切。 ⑧ 袲，宋地，在沛国相县西南。先行会礼而后伐也。○ 袲，昌氏切。相，息亮切。

传

十五年春，天王使家父来求车，非礼也。诸侯不贡车服①，天子不私求财②。

① 车服，上之所以赐下。 ② 诸侯有常职贡。

祭仲专，郑伯患之，使其婿雍纠杀之。将享诸郊，雍姬知之，谓其母曰："父与夫孰亲？"其母曰："人尽夫也，父一而已。胡可比也①？"遂告祭仲曰："雍氏舍其室而将享子于郊，吾惑之，以告。"祭仲杀雍纠，尸诸周氏之汪②。公载以出③，曰："谋及妇人，宜其死也。"

① 妇人在室则天父，出则天夫。女以为疑，故母以所生为本解之。 ② 汪，池也。周氏，郑大夫。杀而暴其尸以示戮也。○ 舍，音捨。汪，乌黄切。暴，步卜切。 ③ 愍其见杀，故载其尸共出国。

夏，厉公出奔蔡。
六月乙亥，昭公入。
许叔入于许。
公会齐侯于艾，谋定许也。
秋，郑伯因栎人杀檀伯，而遂居栎[①]。

① 檀伯，郑守栎大夫。○ 檀，徒干切。

冬，会于袲，谋伐郑，将纳厉公也。弗克而还。

经

十有六年春正月，公会宋公、蔡侯、卫侯于曹。
夏四月，公会宋公、卫侯、陈侯、蔡侯伐郑[①]。
秋七月，公至自伐郑[②]。
冬，城向[③]。
十有一月，卫侯朔出奔齐[④]。

① 春既谋之，今书会者，鲁讳议纳不正。蔡常在卫上，今序陈下，盖后至。　② 用饮至之礼，故书。　③《传》曰：书时也。而下有十一月，旧说因谓《传》误。此城向亦俱是十一月，但本事异，各随本而书之耳。《经》书夏叔弓如滕。五月，葬滕成公。《传》云：五月叔弓如滕。即知但称时者，未必与下月异也。又推校此年闰在六月，则月却而节前，水星可在十一月而正也。《诗》云：定之方中，作于楚宫。此未正中也。功役之事，皆总指天象，不与言历数同也。故《传》之释《经》，皆通言一时，不月别。○ 向，失亮切。定，丁佞切。　④ 惠公也。朔谗构取国，故不言二公子逐，罪之也。

传

十六年春正月，会于曹，谋伐郑也①。

① 前年冬谋纳厉公不克，故复更谋。〇 复，扶又切。

夏，伐郑。

秋七月，公至自伐郑，以饮至之礼也。

冬，城向。书时也。

初，卫宣公烝于夷姜，生急子①，属诸右公子。为之娶于齐而美，公取之，生寿及朔，属寿于左公子②。夷姜缢③。宣姜与公子朔构急子④。公使诸齐，使盗待诸莘，将杀之⑤。寿子告之，使行⑥。不可，曰："弃父之命，恶用子矣⑦！有无父之国则可也。"及行，饮以酒。寿子载其旌以先，盗杀之。急子至，曰："我之求也。此何罪？请杀我乎！"又杀之。二公子故怨惠公。十一月，左公子泄、右公子职立公子黔牟⑧。惠公奔齐。

① 夷姜，宣公之庶母也。上淫曰烝。〇 烝，之承切。急，如字，《诗》作伋。上，时掌切，一音如字。 ② 左右媵之子，因以为号。〇 属，音烛，下同。为，于伪切。媵，羊政切。 ③ 失宠而自经死。 ④ 宣姜，宣公所取急子之妻。构会其过恶。〇 构，古豆切。会，古外切。 ⑤ 莘，卫地。阳平县西北有莘亭。〇 使，所吏切。莘，所巾切。 ⑥ 行，去也。 ⑦ 恶，安也。〇 恶，音乌，《注》同。 ⑧ 黔牟，群公子。〇 饮以酒，於鸩切；一本以作之。泄，息列切。黔，其廉切，又音琴。

经

十有七年春正月丙辰，公会齐侯、纪侯盟于黄①。

二月丙午，公会邾仪父，盟于趡②。

夏五月丙午，及齐师战于奚③。

六月丁丑，蔡侯封人卒④。

秋八月，蔡季自陈归于蔡⑤。

癸巳，葬蔡桓侯⑥。

及宋人、卫人伐邾。

冬十月朔，日有食之⑦。

① 黄，齐地。 ② 趡，鲁地。称字，义与蔑盟同。二月无丙午；丙午，三月四日也。日月必有误。○ 趡，翠轨切。 ③ 奚，鲁地。皆陈曰战。○ 陈，直觐切。 ④ 十一年，大夫盟于折。 ⑤ 季，蔡侯弟也。言归，为陈所纳。 ⑥ 无《传》。称侯，盖谬误。三月而葬，速。 ⑦ 甲乙者，历之纪也。晦朔者，日月之会也。日食不可以不存晦朔，晦朔须甲乙而可推，故日食必以书朔日为例。

传

十七年春，盟于黄，平齐、纪，且谋卫故也①。

① 齐欲灭纪，卫逐其君。

及邾仪父盟于趡，寻蔑之盟也①。

① 蔑盟在隐元年。

夏，及齐师战于奚，疆事也[①]。于是齐人侵鲁疆。疆吏来告，公曰："疆埸之事，慎守其一而备其不虞[②]，姑尽所备焉。事至而战，又何谒焉[③]。"

① 争疆界也。○ 疆，居良切，《注》及下皆同。　② 虞，度也。不度，犹不意也。○ 埸，音亦。度，待洛切，下同。　③ 齐背盟而来，公以信待，故不书侵伐。○ 背，音佩，下同。

蔡桓侯卒，蔡人召蔡季于陈[①]。秋，蔡季自陈归于蔡，蔡人嘉之也[②]。

① 桓侯无子，故召季而立之。季内得国人之望，外有诸侯之助，故书字。以善得众，称归以明外纳。　② 嘉之故以字告。

伐邾，宋志也[①]。

① 邾、宋争疆，鲁从宋志，背趡之盟。

冬十月朔，日有食之。不书日，官失之也。天子有日官，诸侯有日御[①]。日官居卿以厎日，礼也[②]。日御不失日，以授百官于朝[③]。

① 日官、日御，典历数者。　② 日官，天子掌历者，不在六卿之数而位从卿，故言居卿也。厎，平也，谓平历数。○ 厎，音旨，下同。　③ 日官平历以班诸侯，诸侯奉之，不失天时，以授百官。

初，郑伯将以高渠弥为卿，昭公恶之，固谏不听。昭公立，惧其杀己也。辛卯，弑昭公而立公子亹[1]。君子谓昭公知所恶矣。公子达曰[2]："高伯其为戮乎，复恶已甚矣[3]。"

① 公子亹，昭公弟。○ 恶，乌路切，下及《注》所恶皆同。亹，音尾。② 公子达，鲁大夫。　③ 复，重也。本为昭公所恶而复弑君，重为恶也。○ 复，扶又切，《注》同；一音服，则乖《注》意。重，直用切，下同。

经

十有八年春，王正月，公会齐侯于泺[1]。

公与夫人姜氏遂如齐[2]。

夏四月丙子，公薨于齐[3]。

丁酉，公之丧至自齐[4]。

秋七月。

冬十有二月己丑，葬我君桓公[5]。

① 泺水在济南历城县西北，入济。○ 泺，卢笃切，又力角切，一音洛；《说文》，匹沃切。　② 公本与夫人俱行，至泺，公与齐侯行会礼，故先书会泺，既会而相随至齐，故曰遂。　③ 不言戕，讳之也。戕例在宣十八年。○ 戕，在良切。　④ 无《传》，告庙也。丁酉，五月一日，有日而无月。　⑤ 无《传》。九月乃葬，缓慢也。

传

十八年春，公将有行，遂与姜氏如齐[1]。申繻曰："女有家，男有室，无相渎也，谓之有礼。易此必败[2]。"公会齐侯于泺，遂及文姜如齐。齐侯通焉。公谪之[3]，以告[4]。

① 始议行事。　② 女安夫之家，夫安妻之室，违此则为渎。今公将姜氏如齐，故知其当致祸乱。○ 渎，徒木切。　③ 谪，谴也。○ 谪，直革切。谴，遣战切。　④ 夫人告齐侯。

夏四月丙子，享公[1]。使公子彭生乘公，公薨于车[2]。

① 齐侯为公设享燕之礼。○ 为，于伪切。　② 上车曰乘。彭生多力，拉公幹而杀之。○ 乘，如字，又纯证切。上，时掌切。拉，立荅切。幹，古旦切。

鲁人告于齐曰："寡君畏君之威，不敢宁居，来修旧好，礼成而不反，无所归咎，恶于诸侯。请以彭生除之[1]。"

① 除耻辱之恶也。○ 好，呼报切。咎，其九切。

齐人杀彭生[1]。

① 不书，非卿。

秋，齐侯师于首止[1]，子亹会之，高渠弥相[2]。七月戊戌，齐人杀子亹而轘高渠弥[3]，祭仲逆郑子于陈而立之[4]。是行也，祭仲知之，故称疾不往。人曰："祭仲以知免。"仲曰："信也[5]。"

① 陈师首止，讨郑弑君也。首止，卫地，陈留襄邑县东南有首乡。 ② 不知齐欲讨己。○ 相，息亮切。 ③ 车裂曰轘。○ 轘，音患。 ④ 郑子，昭公弟子仪也。 ⑤ 时人讥祭仲失忠臣之节。仲以子亹为渠弥所立，本既不正，又不能固位安民，宜其见除，故即而然讥者之言，以明本意。○ 知，音智，又如字。

周公欲弑庄王而立王子克[①]。辛伯告王，遂与王杀周公黑肩。王子克奔燕[②]。初，子仪有宠于桓王，桓王属诸周公。辛伯谏曰："并后[③]，匹嫡[④]，两政[⑤]，耦国[⑥]，乱之本也。"周公弗从，故及[⑦]。

① 庄王，桓王大子。王子克，庄王弟子仪。○ 弑，申志切。 ② 辛伯，周大夫。 ③ 妾如后。○ 属，音烛。 ④ 庶如嫡。○ 嫡，丁历切，《注》同。 ⑤ 臣擅命。○ 擅，市战切。 ⑥ 都如国。 ⑦ 及于难也。

春秋经传集解第三

庄　公

○ 庄公名同，桓公子，母文姜。《谥法》，胜敌克乱曰庄。

经

元年春，王正月。

三月，夫人孙于齐①。

夏，单伯送王姬②。

秋，筑王姬之馆于外③。

冬十月乙亥，陈侯林卒④。

王使荣叔来锡桓公命⑤。

王姬归于齐⑥。

齐师迁纪郱、鄑、郚⑦。

① 夫人，庄公母也。鲁人责之，故出奔，内讳奔，谓之孙，犹孙让而去。○ 孙，本亦作逊，音同，《注》及《传》同。　② 无《传》。单伯，天子卿也。单，采地；伯，爵也。王将嫁女于齐，既命鲁为主，故单伯送女，不称使也。王姬不称字，以王为尊，且别于内女也。天子嫁女于诸侯，使同姓诸侯主之，不亲昏，尊卑不敌。○ 单，音善。采，七代切。别，彼列切。　③ 公在谅闇，虑齐侯当亲迎，不忍便以礼接于庙，又不敢逆王命，故筑舍于外。○ 谅，音梁，又音亮。迎，鱼敬切。　④ 无《传》。未同盟而赴以名。

⑤ 无《传》。荣叔，周大夫。荣，氏；叔，字。锡，赐也。追命桓公，褒称其德，若昭七年王追命卫襄之比。〇 比，必利切。 ⑥ 无《传》。不书逆，公不与接。 ⑦ 无《传》。齐欲灭纪，故徙其三邑之民而取其地。郱在东莞临朐县东南。郚在朱虚县东南。北海都昌县西有訾城。〇 郱，蒲丁切。鄑，子斯切。郚，音吾。朐，其俱切。訾，子斯切。

传

元年春，不称即位，文姜出故也①。

① 文姜与桓俱行，而桓为齐所杀，故不敢还。庄公父弑母出，故不忍行即位之礼。据文姜未还，故《传》称文姜出也。姜于是感公意而还。不书，不告庙。〇 杀，音试，又如字。

三月，夫人孙于齐，不称姜氏，绝不为亲，礼也①。

① 姜氏，齐姓。于文姜之义，宜与齐绝，而复奔齐，故于其奔，去姜氏以示义。〇 复，扶又切。去，起吕切。

秋，筑王姬之馆于外。为外，礼也①。

① 齐强鲁弱，又委罪于彭生，鲁不能仇齐，然丧制未阕，故异其礼，得礼之变。〇 阕，苦穴切。

经

二年春，王二月，葬陈庄公①。

夏，公子庆父帅师伐於馀丘②。

秋七月，齐王姬卒[3]。

冬十有二月，夫人姜氏会齐侯于禚[4]。

乙酉，宋公冯卒[5]。

① 无《传》。鲁往会之，故书。例在昭六年。　② 无《传》。於馀丘，国名也。庄公时年十五，则庆父，庄公庶兄。　③ 无《传》。鲁为之主，比之内女。　④ 夫人行不以礼，故还皆不书，不告庙也。禚，齐地。○ 禚，诸若切。　⑤ 无《传》。再与桓同盟。○ 冯，皮冰切。

传

二年冬，夫人姜氏会齐侯于禚，书奸也[1]。

① 文姜前与公俱如齐，后惧而出奔，至此始与齐好会。会非夫人之事，显然书之。《传》曰：书奸。奸在夫人。文姜比年出会，其义皆同。○ 好，呼报切。

经

三年春，王正月，溺会齐师伐卫[1]。

夏四月，葬宋庄公[2]。

五月，葬桓王。

秋，纪季以酅入于齐[3]。

冬，公次于滑[4]。

① 溺，鲁大夫。疾其专命而行，故去氏。○ 溺，乃狄切。去，起吕切。　② 无《传》。　③ 季，纪侯弟。酅，纪邑，在齐国东安平县。齐欲灭纪，故季以邑入齐为附庸，先祀不废，社稷有奉，故书字贵之。○ 酅，户圭切，本又

作携。　④ 滑，郑地，在陈留襄邑县西北。《传》例曰：凡师过信为次。兵未有所加，所次则书之。既书兵所加，则不书其所次，以事为宜，非虚次。○ 滑，乎八切，又于八切。

传

三年春，溺会齐师伐卫，疾之也[①]。

① 《传》重明上例。○ 重，直用切。

夏五月，葬桓王，缓也[①]。

① 以桓十五年三月崩，七年乃葬，故曰缓。

秋，纪季以酅入于齐，纪于是乎始判[①]。

① 判，分也。言分为附庸始于此。

冬，公次于滑，将会郑伯谋纪故也。郑伯辞以难[①]。凡师一宿为舍，再宿为信，过信为次[②]。

① 厉公在栎故。○ 难，乃旦切。栎，音历，或音书灼切。　② 为经书次例也。舍宿不书，轻也。言凡师，通君臣。

经

四年春，王二月，夫人姜氏享齐侯于祝丘[①]。

三月，纪伯姬卒[②]。

夏，齐侯、陈侯、郑伯遇于垂[③]。

纪侯大去其国[④]。

六月，齐侯葬纪伯姬[⑤]。

秋七月。

冬，公及齐人狩于禚[⑥]。

① 无《传》。享，食也，两君相见之礼，非夫人所用，直书以见其失。祝丘，鲁地。○食，音嗣，又如字，本或作会。见，贤遍切。 ② 无《传》。隐二年裂繻所逆者。内女唯诸侯夫人卒葬皆书，恩成于敌体。 ③ 无《传》。 ④ 以国与季，季奉社稷，故不言灭；不见迫逐，故不言奔。大去者，不反之谓。 ⑤ 无《传》。纪季入酅，为齐附庸，而纪侯大去其国，齐侯加礼初附，以崇厚义，故摄伯姬之丧而以纪国夫人礼葬之。 ⑥ 无《传》。公越竟与齐微者俱狩，失礼可知。○狩，手又切。竟，音境。

传

四年春，王三月，楚武王荆尸，授师孑焉以伐随[①]。将齊，入告夫人邓曼曰："余心荡[②]。"邓曼叹曰："王禄尽矣。盈而荡，天之道也，先君其知之矣。故临武事，将发大命，而荡王心焉[③]。若师徒无亏，王薨于行，国之福也[④]。"王遂行，卒于樠木之下[⑤]。令尹鬥祁、莫敖屈重除道梁溠，营军临随。随人惧，行成[⑥]。莫敖以王命入盟随侯，且请为会于汉汭而还[⑦]。济汉而后发丧。

① 尸，陈也。荆亦楚也，更为楚陈兵之法。扬雄《方言》：孑者戟也。

然则，楚始于此参用戟为陈。○ 孑，吉热切。陈，直觐切。　② 将授兵于庙，故齊。荡，动散也。○ 齊，侧皆切。　③ 楚为小国，僻陋在夷，至此武王始起其众，僭号称王，陈兵授师，志意盈满，临齐而散。故邓曼以天地鬼神为征应之符。○ 僻，匹亦切。僭，子念切。应，应对之应。
④ 王薨于行，不列于敌。　⑤ 樠木，木名。○ 樠，郎荡切，又莫昆切，又武元切。　⑥ 时秘王丧，故为奇兵更开直道。溠水在义阳厥县西，东南入郧水。梁，桥也。随人不意其至，故惧而行成。○ 重，直用切，又直容切。溠，高贵乡公音侧嫁切，水名；《字林》，壮加切。郧，音云；或作员。
⑦ 汭，内也，谓汉西。○ 汭，如锐切，水曲曰汭。

纪侯不能下齐，以与纪季[①]。夏，纪侯大去其国，违齐难也[②]。

① 不能降屈事齐，尽以国与季，明季不叛。○ 下，遐嫁切。　② 违，辟也。○ 难，乃旦切。

经

五年春，王正月。

夏，夫人姜氏如齐师[①]。

秋，郳犁来来朝[②]。

冬，公会齐人、宋人、陈人、蔡人伐卫。

① 无《传》。书奸。　② 附庸国也。东海昌虑县东北有郳城。犁来，名。○ 郳，五兮切，国名，后为小邾。犁，力兮切。虑，如字，又力於切。

传

五年秋，郳犁来来朝，名，未王命也[①]。

① 未受爵命为诸侯,《传》发附庸称名例也。其后数从齐桓以尊周室,王命以为小邾子。○ 数,音朔。

冬,伐卫,纳惠公也[①]。

① 惠公,朔也。桓十六年,出奔齐。

经

六年春,王正月,王人子突救卫[①]。

夏六月,卫侯朔入于卫[②]。

秋,公至自伐卫[③]。

螟[④]。

冬,齐人来归卫俘[⑤]。

① 王人,王之微官也,虽官卑而见授以大事,故称人而又称字。 ② 朔为诸侯所纳,不称归而以国逆为文,朔惧失众心,以国逆告也。归入例在成十八年。 ③ 无《传》。告于庙也。 ④ 无《传》。为灾。○ 螟,亡丁切。 ⑤《公羊》、《穀梁》、《经》、《传》皆言卫宝,此《传》亦言宝。唯此《经》言俘,疑《经》误。俘,囚也。○ 俘,芳夫切。

传

六年春,王人救卫。夏,卫侯入,放公子黔牟于周,放甯跪于秦,杀左公子泄、右公子职[①],乃即位。君子以二公子之立黔牟为不度矣。夫能固位者必度于本末而后立衷焉。不知其本,不谋。知本之不枝,弗强[②]。《诗》云:“本枝百世[③]。”

① 甯跪，卫大夫。宥之以远曰放。○ 甯，乃定切。跪，其毁切。宥，音又。　② 本末，终始也。衷，节适也。譬之树木，本弱者其枝必披，非人力所能强成。○ 度，待洛切。衷，丁仲切，《注》同；王音忠。强，其丈切，《注》同。披，普靡切，又普知切。　③《诗·大雅》，言文王本枝俱茂，蕃滋百世也。○ 蕃，音烦。

冬，齐人来归卫宝，文姜请之也[①]。

① 公亲与齐共伐卫，事毕而还。文姜淫于齐侯，故求其所获珍宝，使以归鲁，欲说鲁以谢惭。○ 说，音悦。

楚文王伐申，过邓。邓祁侯曰："吾甥也[①]。"止而享之。骓甥、聃甥、养甥请杀楚子[②]，邓侯弗许。三甥曰："亡邓国者，必此人也。若不早图，后君噬齐[③]，其及图之乎？图之，此为时矣。"邓侯曰："人将不食吾馀[④]。"对曰："若不从三臣，抑社稷实不血食，而君焉取余[⑤]。"弗从。还年，楚子伐邓[⑥]。十六年，楚复伐邓，灭之[⑦]。

① 祁，谥也。姊妹之子曰甥。○ 祁，巨支切；《字林》，上尸切。
② 皆邓甥仕于舅氏也。○ 骓，音隹。　③ 若齧腹齐，喻不可及。○ 噬，市制切。齐，粗兮切。齧，五结切。　④ 言自害其甥，必为人所贱。
⑤ 言君无复馀。○ 焉，於虔切。复，扶又切。　⑥ 伐申还之年。
⑦ 鲁庄公十六年，楚终强盛，为《经》书楚事张本。

经

七年春，夫人姜氏会齐侯于防[①]。

夏四月辛卯，夜，恒星不见[2]。夜中，星陨如雨[3]。

秋，大水[4]。

无麦、苗[5]。

冬，夫人姜氏会齐侯于穀[6]。

① 防，鲁地。　② 恒，常也，谓常见之星。辛卯，四月五日，月光尚微，盖时无云，日光不以昏没。○ 见，贤遍切，《注》及《传》皆同。③ 如，而也。夜半乃有云，星落而且雨，其数多，皆记异也。日光不匿，恒星不见，而云夜中者，以水漏知之。○ 夜中，夜半也。中，丁仲切，又如字。陨，于闵切，落也。匿，女力切。　④ 无《传》。　⑤ 今五月，周之秋。平地水出，漂杀熟麦及五稼之苗。○ 漂，匹妙切，又匹遥切。　⑥ 无《传》。穀，齐地，今济北穀城县。

传

七年春，文姜会齐侯于防，齐志也[1]。

① 文姜数与齐侯会，至齐地则奸发夫人，至鲁地则齐侯之志，故《传》略举二端以言之。○ 数，音朔。

夏，恒星不见，夜明也。星陨如雨，与雨偕也[1]。

① 偕，俱也。○ 偕，音皆。

秋，无麦、苗，不害嘉谷也[1]。

① 黍稷尚可更种，故曰不害嘉谷。

经

八年春,王正月,师次于郎,以俟陈人、蔡人①。

甲午,治兵②。

夏,师及齐师围郕,郕降于齐师③。

秋,师还④。

冬十有一月癸未,齐无知弑其君诸儿⑤。

① 无《传》。期共伐郕,陈、蔡不至,故驻师于郎以待之。 ② 治兵于庙,习号令,将以围郕。 ③ 二国同讨而齐独纳郕。○ 降,户江切,《传》皆同。 ④ 时史善公克己复礼,全军而还,故特书师还。 ⑤ 称臣,臣之罪也。○ 儿,如字;一音五兮切。

传

八年春,治兵于庙,礼也。夏,师及齐师围郕。郕降于齐师。仲庆父请伐齐师①。公曰:"不可。我实不德,齐师何罪?罪我之由。《夏书》曰:'皋陶迈种德②,德乃降。'姑务修德以待时乎③。"秋,师还。君子是以善鲁庄公④。

① 齐不与鲁共其功,故欲伐之。 ②《夏书》,逸《书》也。称皋陶能勉种德。迈,勉也。○ 夏,户雅切,后放此。陶,音遥。 ③ 言苟有德乃为人所降服。姑,且也。 ④《传》言《经》所以即用旧史之文。

齐侯使连称、管至父戍葵丘①。瓜时而往,曰:"及瓜而代。"期戍,公问不至②。请代,弗许。故谋作乱。僖公之母弟曰夷仲年,生公孙无知,有宠于僖公,衣服礼秩如適③,襄公绌之。二人因之以作乱[4]。连称有从妹在公宫，无宠，使间公[5]，曰："捷，吾以女为夫人[6]。"

冬十二月，齐侯游于姑棼，遂田于贝丘[7]，见大豕，从者曰："公子彭生也[8]。"公怒曰："彭生敢见！"射之，豕人立而啼。公惧，队于车，伤足丧屦。反，诛屦于徒人费[9]。弗得，鞭之，见血。走出，遇贼于门，劫而束之。费曰："我奚御哉！"袒而示之背，信之。费请先入[10]，伏公而出斗，死于门中。石之纷如死于阶下[11]。遂入，杀孟阳于床[12]。曰："非君也，不类。"见公之足于户下，遂弑之，而立无知[13]。

初襄公立，无常[14]。鲍叔牙曰："君使民慢，乱将作矣。"奉公子小白出奔莒[15]。乱作，管夷吾、召忽奉公子纠来奔[16]。初，公孙无知虐于雍廪[17]。

① 连称、管至父，皆齐大夫。戍，守也。葵丘，齐地，临淄县西有地名葵丘。○称，尺证切，又如字。　② 问，命也。○期，音基，本亦作朞。③ 適，大子。○適，丁历切。　④ 二人，连称、管至父。○绌，敕律切。⑤ 伺公之间隙。○从，才用切，下从者同。间，如字，《注》同。或古苋切，非。　⑥ 捷，克也。宣无知之言。○捷，在接切。女，音汝。　⑦ 姑棼、贝丘，皆齐地。田，猎也。乐安博昌县南有地名贝丘。○棼，扶云切。贝，补盖切。乐，音洛。　⑧ 公见大豕而从者见彭生，皆妖鬼。⑨ 诛，责也。○见，贤遍切。射，食亦切。啼，田兮切。队，直类切。丧，息浪切。屦，九具切。费，音秘。　⑩ 诈欲助贼。○御，鱼吕切。袒，音但。　⑪ 石之纷如，齐小臣，亦斗死。○纷，敷文切。　⑫ 孟阳，亦小臣，代公居床。○床，士良切。　⑬《经》书十一月癸未，《长历》推之，月六日也。《传》云十二月。《传》误。　⑭ 政令无常。　⑮ 鲍叔牙，小白傅。小白，僖公庶子。○鲍，步卯切。　⑯ 管夷吾、召忽，皆子纠傅

也。子纠，小白庶兄。来不书，皆非卿也。为九年公伐齐纳子纠、齐小白入于齐《传》。○ 召，时照切。纠，居黝切。　⑰ 雍廪，齐大夫，为杀无知《传》。○ 廪，力锦切。

经

九年春，齐人杀无知①。

公及齐大夫盟于蔇②。

夏，公伐齐，纳子纠。齐小白入于齐③。

秋七月丁酉，葬齐襄公④。

八月庚申，及齐师战于乾时，我师败绩⑤。

九月，齐人取子纠，杀之⑥。

冬，浚洙⑦。

① 无知弑君而立，未列于会，故不书爵，例在成十六年。　② 齐乱无君，故大夫得敌于公，盖欲迎子纠也。来者非一人，故不称名。蔇，鲁地，琅邪缯县北有蔇亭。○ 蔇，其器切。缯，才陵切。　③ 二公子各有党，故虽盟而迎子纠，当须伐乃得入，又出在小白之后。小白称入，从国逆之文，本无位。　④ 无《传》。九月乃葬，乱故。　⑤ 小白既定而公犹不退师，历时而战，战遂大败。不称公战，公败讳之。乾时，齐地，时水在乐安界，岐流，旱则竭涸，故曰乾时。○ 乾，音干。岐，其宜切，又巨移切。涸，户各切。　⑥ 公子为贼乱，则书。齐实告杀而书齐取杀者，时史恶齐志在谲以求管仲，非不忍其亲，故极言之。○ 恶，乌路切。谲，古穴切。
⑦ 无《传》。洙水在鲁城北，下合泗，浚深之为齐备。○ 浚，苏俊切。洙，音殊，水名。泗，音四。

传

九年春，雍廪杀无知。公及齐大夫盟于蔇，齐无君也。

夏，公伐齐，纳子纠。桓公自莒先入[①]。秋，师及齐师战于乾时，我师败绩。公丧戎路，传乘而归[②]。秦子、梁子以公旗辟于下道[③]，是以皆止[④]。

鲍叔帅师来言曰："子纠，亲也，请君讨之[⑤]。管、召，仇也，请受而甘心焉[⑥]。"乃杀子纠于生窦[⑦]，召忽死之。管仲请囚，鲍叔受之，及堂阜而税之[⑧]。归而以告曰："管夷吾治于高傒[⑨]，使相可也。"公从之[⑩]。

① 桓公，小白。　② 戎路，兵车。传乘，乘他车。○ 丧，息浪切。传，直专切，又丁恋切。乘，绳证切；《注》、《传》乘同。乘他车，如字。③ 二子，公御及戎右也，以误齐师。○ 辟，音避，本亦作避，又婢亦切。④ 止，获也。　⑤ 鲍叔乘胜而进军，志在生得管仲，故托不忍之辞。⑥ 管仲射桓公，故曰仇。甘心，言欲快意戮杀之。○ 召，时照切。仇，市由切。射，食亦切。　⑦ 生窦，鲁地。○ 窦，音豆。　⑧ 堂阜，齐地。东莞蒙阴县西北有夷吾亭。或曰：鲍叔解夷吾缚于此，因以为名。○ 税，本又作说，同吐活切，又失锐切。解，姑蟹切。缚，扶略切。　⑨ 高傒，齐卿高敬仲也，言管仲治理政事之才，多于敬仲。○ 治，直吏切。傒，音兮。⑩ ○ 相，息亮切。

经

十年春，王正月，公败齐师于长勺[①]。

二月，公侵宋[②]。

三月，宋人迁宿[③]。

夏六月，齐师、宋师次于郎[④]。

公败宋师于乘丘[⑤]。

秋九月，荆败蔡师于莘[⑥]，以蔡侯献舞归[⑦]。

冬十月，齐师灭谭[8]。谭子奔莒[9]。

① 齐人虽成列，鲁以权谲稽之，列成而不得用，故以未陈为文。例在十一年。长勺，鲁地。○ 勺，上酌切。陈，直觐切，十一年《经》《注》同。 ② 无《传》。侵例在二十九年。 ③ 无《传》。宋强迁之而取其地，故文异于邢迁。○ 强，其丈切。 ④ 不言侵伐，齐为兵主，背蔇之盟，义与长勺同。○ 背，音佩，《传》同。 ⑤ 乘丘，鲁地。○ 乘，绳证切。 ⑥ 荆，楚本号，后改为楚。楚辟陋在夷，于此始通上国，然告命之辞犹未合典礼，故不称将帅。莘，蔡地。○ 莘，所巾切。率，子匠切，又作帅，同，所类切。 ⑦ 献舞，蔡季。 ⑧ 谭国在济南平陵县西南。《传》曰：谭无礼。此直释所以见灭，《经》无义例，他皆放此。灭例在文十五年。○ 谭，徒南切。 ⑨ 不言出奔，国灭无所出。

传

十年春，齐师伐我[1]。公将战，曹刿请见[2]。其乡人曰：“肉食者谋之，又何间焉[3]。”刿曰：“肉食者鄙，未能远谋。”乃入见。

问何以战。公曰：“衣食所安，弗敢专也，必以分人。”对曰：“小惠未徧，民弗从也[4]。”公曰：“牺牲玉帛，弗敢加也，必以信[5]。”对曰：“小信未孚，神弗福也[6]。”公曰：“小大之狱，虽不能察，必以情[7]。”对曰：“忠之属也[8]，可以一战。战则请从。”公与之乘[9]。

战于长勺，公将鼓之。刿曰：“未可。”齐人三鼓，刿曰：“可矣。”齐师败绩。公将驰之。刿曰：“未可。”下视其辙[10]，登轼而望之，曰：“可矣。”遂逐齐师。

既克，公问其故。对曰：“夫战，勇气也。一鼓作气，再而衰，三而竭。彼竭我盈，故克之。夫大国难测也，惧有伏焉[11]。吾视其辙乱，望其旗靡，故逐之[12]。”

① 不书侵伐，齐背蒧之盟，我有辞。　② 曹刿，鲁人。○ 刿，古卫切。见，贤遍切。　③ 肉食，在位者。间，犹与也。○ 间，间厕之间。与，音预。　④ 分公衣食，所惠不过左右，故曰未徧。○ 徧，音遍。⑤ 祝辞不敢以小为大，以恶为美。○ 牺，许宜切。　⑥ 孚，大信也。⑦ 必尽己情。察，审也。　⑧ 上思利民，忠也。○ 属，音蜀。　⑨ 共乘兵车。○ 从，才用切。乘，绳证切。　⑩ 视车迹也。○ 三，息暂切，又如字。辙，直列切。　⑪ 恐诈奔。○ 轼，音式。伏，如字，旧扶又切。⑫ 旗靡辙乱，怖遽。○ 旗，音其。靡，音美。怖，普布切。遽，其据切。

夏六月，齐师、宋师次于郎。公子偃曰：“宋师不整，可败也[1]。宋败，齐必还，请击之。”公弗许。自雩门窃出，蒙皋比而先犯之[2]。公从之，大败宋师于乘丘。齐师乃还。

① 公子偃，鲁大夫。　② 雩门，鲁南城门。皋比，虎皮。○ 雩，音于。比，音毗。

蔡哀侯娶于陈，息侯亦娶焉。息妫将归，过蔡。蔡侯曰：“吾姨也[1]。”止而见之，弗宾[2]。息侯闻之，怒，使谓楚文王曰：“伐我，吾求救于蔡而伐之。”楚子从之。秋九月，楚败蔡师于莘，以蔡侯献舞归。

① 妻之姊妹曰姨。　② 不礼敬也。

齐侯之出也，过谭，谭不礼焉。及其入也，诸侯皆贺，谭又不至[1]。冬，齐师灭谭，谭无礼也。谭子奔莒，同盟故也[2]。

① 以九年入。○ 过，古禾切。　② 《传》言谭不能及远，所以亡。

经

十有一年春，王正月[1]。

夏五月戊寅，公败宋师于鄑[2]。

秋，宋大水[3]。

冬，王姬归于齐[4]。

① 无《传》。　② 鄑，鲁地。《传》例曰：敌未陈曰败某师。○ 鄑，子靳切。　③ 公使吊之，故书。　④ 鲁主昏，不书齐侯逆，不见公。

传

十一年夏，宋为乘丘之役，故侵我。公御之，宋师未陈而薄之，败诸鄑。凡师，敌未陈曰败某师[1]，皆陈曰战[2]，大崩曰败绩[3]，得儁曰克[4]，覆而败之曰取某师[5]，京师败曰王师败绩于某[6]。

① 通谓设权谲变诈以胜敌，彼我不得成列，成列而不得用，故以未陈独败为文。○ 为，于伪切。陈，直觐切。　② 坚而有备，各得其所，成败决于志力者也。　③ 师徒挠败，若沮岸崩山，丧其功绩，故曰败绩。○ 挠，乃孝切，又乃巧切。沮，在吕切，坏也，又子余切；岸崩谓之沮。丧，息浪切。　④ 谓若大叔段之比，才力足以服众，威权足以自固，进不成为外寇强敌，退复狡壮，有二君之难而实非二君，克而胜之则不言彼败绩，但书所克之名。○ 儁，音俊；本或作俊。比，必利切。复，扶又切。狡，交卯切。壮，侧亮切。

难,乃旦切。　⑤ 覆,谓威力兼备,若罗网所掩覆,一军皆见擒制,故以取为文。　⑥ 王者无敌于天下,天下非所得与战者。然春秋之世,据有其事,事列于《经》,则不得不因申其义。有时而败,则以自败为文,明天下莫之得校。○ 京师败,本或作京师败绩者,非。校,音教。

秋,宋大水。公使吊焉,曰:"天作淫雨,害于粢盛,若之何不吊[①]?"对曰:"孤实不敬,天降之灾,又以为君忧,拜命之辱[②]。"臧文仲曰:"宋其兴乎[③]。禹、汤罪己,其兴也悖焉[④];桀、纣罪人,其亡也忽焉[⑤]。且列国有凶称孤,礼也[⑥]。言惧而名礼,其庶乎[⑦]。"既而闻之曰:"公子御说之辞也[⑧]。"臧孙达曰:"是宜为君,有恤民之心。"

① 不为天所愍吊。　② 谢辱厚命。　③ 臧文仲,鲁大夫。　④ 悖,盛貌。○ 悖,蒲忽切,一作勃,同。　⑤ 忽,速貌。○ 纣,直久切。　⑥ 列国,诸侯。无凶则常称寡人。　⑦ 言惧,罪己;名礼,称孤;其庶,庶几于兴。○ 言惧而名礼,绝句。或以名绝句者,非。　⑧ 宋庄公子。○ 御,鱼吕切;本或作御。说,音悦。

冬,齐侯来逆共姬[①]。

① 齐桓公也。○ 共,音恭。

乘丘之役[①],公以金仆姑射南宫长万[②],公右歂孙生搏之[③]。宋人请之,宋公靳之[④],曰:"始吾敬子,今子,鲁囚也,吾弗敬子矣。"病之[⑤]。

① 在十年。 ② 金仆姑,矢名。南宫长万,宋大夫。○ 射,食亦切。长,丁丈切。 ③ 搏,取也。不书获,万时未为卿。○ 歂,市专切。搏,音博。 ④ 戏而相愧曰靳。鲁听其得还。○ 靳,居觐切;服云,耻而恶之曰靳。 ⑤ 万不以为戏而以为己病,为宋万弑君《传》。

经

十有二年春,王三月,纪叔姬归于酅[①]。

夏四月。

秋八月甲午,宋万弑其君捷,及其大夫仇牧[②]。

冬十月,宋万出奔陈[③]。

① 无《传》。纪侯去国而死,叔姬归鲁。纪季自定于齐而后归之。全守节义以终妇道,故系之纪而以初嫁为文,贤之也。来归不书,非宁,且非大归。○ 酅,音携。 ② 捷,闵公,不书葬,乱也。万及仇牧皆宋卿。仇牧称名,不警而遇贼,无善事可褒。○ 警,居领切。 ③ 奔例在宣十年。

传

十二年秋,宋万弑闵公于蒙泽[①]。遇仇牧于门,批而杀之[②]。遇大宰督于东宫之西,又杀之[③]。立子游[④]。群公子奔萧,公子御说奔亳[⑤]。南宫牛、猛获帅师围亳[⑥]。冬十月,萧叔大心[⑦]及戴、武、宣、穆、庄之族[⑧],以曹师伐之。杀南宫牛于师,杀子游于宋,立桓公[⑨]。猛获奔卫;南宫万奔陈,以乘车辇其母,一日而至[⑩]。

宋人请猛获于卫。卫人欲勿与,石祁子曰:“不可[⑪]。天下之恶一也,恶于宋而保于我,保之何补?得一夫而失一国，与恶而弃好，非谋也[12]。"卫人归之。亦请南宫万于陈，以赂。陈人使妇人饮之酒，而以犀革裹之，比及宋，手足皆见。宋人皆醢之[13]。

①蒙泽，宋地。梁国有蒙县。　②手批之。○批，音普迷切，又蒲穴切；《字林》云，击也，父迷、父节二切。　③杀督不书，宋不以告。○大，音泰。　④子游，宋公子。　⑤萧，宋邑，今沛国萧县。亳，宋邑，蒙县西北有亳城。○亳，步各切。　⑥牛，长万之子。猛获，其党。　⑦叔，萧大夫名。　⑧宋五公之子孙。　⑨桓公，御说。　⑩乘车，非兵车。驾人曰辇。宋去陈二百六十里，言万之多力。○南宫万奔陈，本或作长万，长，衍字也。下亦然。乘，绳证切，《注》同。　⑪石祁子，卫大夫。　⑫宋、卫本同好国。○好，呼报切，《注》同。　⑬醢，肉酱。并醢猛获，故言皆。○于陈以赂，绝句。饮，於鸩切。犀，音西。裹，音果。比，必利切。见，贤遍切。醢，音海。

经

十有三年春，齐侯、宋人、陈人、蔡人、邾人会于北杏[1]。

夏六月，齐人灭遂[2]。

秋七月。

冬，公会齐侯，盟于柯[3]。

①北杏，齐地。○杏，户猛切。　②遂国在济北蛇丘县东北。○蛇，音移。　③此柯今济北东阿，齐之阿邑。犹祝柯今为祝阿。○柯，古何切。

传

十三年春，会于北杏以平宋乱[1]，遂人不至。夏，齐人灭遂而戍之②。

① 宋有弑君之乱，齐桓欲修霸业。　　② 戍，守也。

冬，盟于柯，始及齐平也①。

① 始与齐桓通好。○ 好，呼报切。

宋人背北杏之会①。

① ○ 背，音佩。十四年《经》、《注》同。

经

十有四年春，齐人、陈人、曹人伐宋①。
夏，单伯会伐宋②。
秋七月，荆入蔡③。
冬，单伯会齐侯、宋公、卫侯、郑伯于鄄④。

① 背北杏会故。　　② 既伐宋，单伯乃至，故曰会伐宋。单伯，周大夫。　　③ 入例在文十五年。　　④ 鄄，卫地，今东郡甄城也。齐桓修霸业，卒平宋乱，宋人服从，欲归功天子，故赴以单伯会诸侯为文。○ 鄄，音绢。甄，音绢，又音真；或音旃，又举然切；或作鄄。

传

十四年春，诸侯伐宋，齐请师于周①。夏，单伯会之，取成于宋而还。

① 齐欲崇天子，故请师。假王命以示大顺。《经》书人，《传》言诸侯者，总众国之辞。

郑厉公自栎侵郑[①]，及大陵，获傅瑕[②]。傅瑕曰："苟舍我，吾请纳君。"与之盟而赦之。六月甲子，傅瑕杀郑子及其二子而纳厉公[③]。

初，内蛇与外蛇斗于郑南门中，内蛇死。六年而厉公入。公闻之，问于申繻曰："犹有妖乎？"对曰："人之所忌，其气焰以取之，妖由人兴也[④]。人无衅焉，妖不自作。人弃常则妖兴，故有妖。"

厉公入，遂杀傅瑕。使谓原繁曰："傅瑕贰[⑤]，周有常刑，既伏其罪矣。纳我而无二心者，吾皆许之上大夫之事，吾愿与伯父图之[⑥]。且寡人出，伯父无裹言[⑦]；入，又不念寡人[⑧]，寡人憾焉。"对曰："先君桓公命我先人典司宗祏[⑨]。社稷有主而外其心，其何贰如之？苟主社稷，国内之民其谁不为臣？臣无二心，天之制也。子仪在位十四年矣[⑩]，而谋召君者，庸非贰乎[⑪]。庄公之子犹有八人，若皆以官爵行赂，劝贰而可以济事，君其若之何？臣闻命矣。"乃缢而死[⑫]。

① 厉公以桓十五年入栎，遂居之。〇 栎，音历。　② 大陵，郑地。傅瑕，郑大夫。　③ 郑子，庄四年称伯，会诸侯。今见杀不称君无谥者，微弱，臣子不以君礼成丧告诸侯。〇 舍，音捨。郑子，子仪。　④《尚书·洛诰》："无若火始焰焰。"未盛而进退之时，以喻人心不坚正。〇 蛇，市

奢切。繻,音须。妖,于骄切。焰,音艳,《注》同。诰,古报切。 ⑤ 言有二心于己。○ 衅,许靳切。 ⑥ 上大夫,卿也。伯父谓原繁,疑原繁有二心。 ⑦ 无纳我之言。○ 裹,音里。 ⑧ 不亲附己。 ⑨ 桓公,郑始受封君也。宗祏,宗庙中藏主石室。言己世为宗庙守臣。○ 憾,户暗切。祏,音石,藏主石函也。守,手又切。 ⑩ 子仪,郑子也。⑪ 庸,用也。 ⑫ ○ 庄公之子,犹有八人,《传》唯见四人:子忽、子亹、子仪并死,独厉公在。八人名字,记传无闻。缢,一赐切。

蔡哀侯为莘故,绳息妫以语楚子[①]。楚子如息,以食入享,遂灭息[②]。以息妫归,生堵敖及成王焉,未言[③]。楚子问之,对曰:"吾一妇人而事二夫,纵弗能死,其又奚言?"楚子以蔡侯灭息,遂伐蔡[④]。秋七月,楚入蔡。君子曰:"《商书》所谓'恶之易也,如火之燎于原,不可乡迩,其犹可扑灭'者,其如蔡哀侯乎[⑤]。"

① 莘役在十年。绳,誉也。○ 为,于伪切。莘,所巾切。语,鱼据切。绳,食承切;《说文》作譝。誉音余,又如字。 ② 伪设享食之具。○ 食,音嗣。 ③ 未与王言。○ 堵,丁古切。敖,五羔切。杜云,楚人谓未成君为敖,《史记》作杜敖。 ④ 欲以说息妫。○ 说,音悦。 ⑤《商书·盘庚》。言恶易长而难灭。○ 易,以豉切,《注》同。燎,力召切,又力吊切。乡,许亮切。扑,普卜切。盘,步干切,本又作般。长,丁丈切。

冬,会于鄄,宋服故也。

经

十有五年春,齐侯、宋公、陈侯、卫侯、郑伯会于鄄。

夏，夫人姜氏如齐[①]。

秋，宋人、齐人、邾人伐郳[②]。

郑人侵宋。

冬十月。

① 无《传》。夫人，文姜，齐桓公姊妹。父母在则礼有归宁，没则使卿宁。 ② 宋主兵，故序齐上。〇 郳，五兮切。

传

十五年春，复会焉，齐始霸也[①]。

① 始为诸侯长。〇 复，扶又切。长，丁丈切。

秋，诸侯为宋伐郳[①]。郑人间之而侵宋[②]。

① 郳，附庸，属宋而叛，故齐桓为之伐郳。〇 为，于伪切。 ② 〇 间，间厕之间，一本作闻。

经

十有六年春，王正月。

夏，宋人、齐人、卫人伐郑[①]。

秋，荆伐郑。

冬十有二月，会齐侯、宋公、陈侯、卫侯、郑伯、许男、滑伯、滕子同盟于幽[②]。

邾子克卒[③]。

① 宋主兵也。班序上下，以国大小为次，征伐则以主兵为先，《春秋》之常也。他皆放此。 ② 书会，鲁会之。不书其人，微者也。言同盟，服异也。陈国小，每盟会皆在卫下，齐桓始霸，楚亦始强，陈侯介于二大国之间，而为三恪之客，故齐桓因而进之，遂班在卫上，终于《春秋》。滑国都费，河南缑氏县。幽，宋地。○ 介，音界。恪，苦各切；一本或无之客二字。费，扶味切，又音秘。缑，古侯切，又苦侯切。 ③ 无《传》。克，仪父名。称子者，盖齐桓请王命以为诸侯，再同盟。

传

十六年夏，诸侯伐郑，宋故也[①]。

① 郑侵宋故。○ 宋故也，本或作为宋故。

郑伯自栎入[①]，缓告于楚。秋，楚伐郑，及栎，为不礼故也。

郑伯治与于雍纠之乱者[②]。九月，杀公子阏，刖强鉏[③]。公父定叔出奔卫[④]。三年而复之，曰："不可使共叔无后于郑。"使以十月入，曰："良月也，就盈数焉[⑤]。"君子谓："强鉏不能卫其足[⑥]。"

① 在十四年。 ② 在桓十五年。○ 为，于伪切，下同。与，音预。 ③ 二子，祭仲党。断足曰刖。○ 公子阏，安末切。案：隐十一年，郑有公孙阏，距此三十五年，不容复有公子阏。若非阏字误，则子当为孙。刖，音月，又五刮切。鉏，仕鱼切。断，丁管切。 ④ 共叔段之孙。定，谥也。○ 父，音甫；王，音如字。共，音恭。 ⑤ 数满于十。 ⑥ 言其不能早辟害。

冬，同盟于幽，郑成也。

王使虢公命曲沃伯以一军为晋侯[①]。初，晋武公伐夷，执夷诡诸[②]。苏国请而免之[③]。既而弗报[④]。故子国作乱，谓晋人曰："与我伐夷而取其地[⑤]。"遂以晋师伐夷，杀夷诡诸。周公忌父出奔虢[⑥]。惠王立而复之[⑦]。

① 曲沃武公遂并晋国，僖王因就命为晋侯。小国，故一军。○ 并，如字；王，必政切。　② 夷诡诸，周大夫。夷，采地名。○ 诡，九委切。采，七代切，后放此。　③ 苏国，周大夫。○ 苏，于委切。　④ 诡诸不报施于苏国。○ 施，始豉切。　⑤ 使晋取夷地。　⑥ 周公忌父，王卿士，辟子国之难。○ 难，乃旦切。　⑦ 鲁桓十五年《经》书桓王崩，鲁庄三年《经》书葬桓王。自此以来，周有庄王，又有僖王，崩葬皆不见于《经》《传》。王室微弱，不能复自通于诸侯，故《传》因周公忌父之事而见惠王。惠王立在此年之末。○ 见，贤遍切，下同。复，扶又切。

经

十有七年春，齐人执郑詹[①]。

夏，齐人歼于遂[②]。

秋，郑詹自齐逃来[③]。

冬，多麋[④]。

① 齐桓始伯，郑既伐宋，又不朝齐。詹为郑执政大臣，诣齐见执，不称行人，罪之也。行人例在襄十一年。诸执大夫皆称人以执之，大夫贱故。○ 詹，之廉切。伯，音霸，又如字；本又作霸。　② 歼，尽也。齐人戍遂，翫而无备，遂人讨而尽杀之，故时史因以自尽为文。○ 歼，子廉切。翫，五乱切。尽，津忍切。　③ 无《传》。詹不能伏节守死以解国患，而遁逃苟

免，书逃以贱之。〇 遁，徒逊切。 ④ 无《传》。麋多则害五稼，故以灾书。〇 麋，亡悲切。

传

十七年春，齐人执郑詹，郑不朝也。

夏，遂因氏、颌氏、工娄氏、须遂氏飨齐戍，醉而杀之，齐人歼焉[1]。

① 飨，酒食也。四族，遂之强宗。齐灭遂，戍之，在十三年。〇 颌，乌纳切，又苦荅切。娄，力侯切。飨，本又作享。

经

十有八年春，王三月，日有食之[1]。

夏，公追戎于济西[2]。

秋，有蜮[3]。

冬十月。

① 无《传》。不书日，官失之。 ② 戎来侵鲁，公逐之于济水之西。③ 蜮，短狐也，盖以含沙射人为灾。〇 蜮，本又作蛫，音或；《本草》谓之射工。短，本又作断，同，丁管切。狐，又作弧，音胡。射，食亦切。

传

十八年春，虢公、晋侯朝王，王飨醴，命之宥[1]，皆赐玉五瑴，马三匹。非礼也[2]。王命诸侯，名位不同，礼亦异数，不以礼假人[3]。

① 王之觐群后，始则行飨礼，先置醴酒，示不忘古。饮宴则命以币物。宥，助也，所以助欢敬之意，言备设。○ 醴，音礼。宥，音又。　② 双玉为瑴。○ 瑴，音角，又作珏。　③ 侯而与公同赐，是借人礼。○ 借，子夜切。

虢公、晋侯、郑伯使原庄公逆王后于陈。陈妫归于京师[①]，实惠后[②]。

① 虢、晋朝王，郑伯又以齐执其卿，故求王为援，皆在周，倡义为王定昏。陈人敬从。得同姓宗国之礼，故《传》详其事。不书，不告。○ 为，于伪切。　② 陈妫后号惠后，宠爱少子，乱周室，事在僖二十四年，故《传》于此并正其后称。○ 少，诗照切。称，尺证切。

夏，公追戎于济西。不言其来，讳之也[①]。

① 戎来侵鲁，鲁人不知，去乃追之，故讳不言其来。

秋，有蜮。为灾也。

初，楚武王克权，使鬥缗尹之[①]。以叛，围而杀之[②]。迁权于那处[③]，使阎敖尹之[④]。及文王即位，与巴人伐申而惊其师[⑤]。巴人叛楚而伐那处，取之，遂门于楚[⑥]。阎敖游涌而逸[⑦]。楚子杀之，其族为乱。冬，巴人因之以伐楚。

① 权，国名，南郡当阳县东南有权城。鬥缗，楚大夫。○ 缗，亡巾切。② 缗以权叛。○ 以叛，绝句；本或作畔，俗字也。　③ 那处，楚地，南郡编县东南有那口城。○ 那，又作郍，同，乃多切。处，昌吕切，又昌虑切。

编,必绵切,又步典切。 ④ 阎敖,楚大夫。 ⑤ 惊巴师。 ⑥ 攻楚城门。 ⑦ 涌水在南郡华容县。阎敖既不能守城,又游涌水而走。○ 涌,音勇,水名。

经

十有九年春,王正月。

夏四月。

秋,公子结媵陈人之妇于鄄,遂及齐侯、宋公盟[①]。

夫人姜氏如莒[②]。

冬,齐人、宋人、陈人伐我西鄙[③]。

① 无《传》。公子结,鲁大夫。《公羊》、《穀梁》皆以为鲁女媵陈侯之妇,其称陈人之妇,未入国,略言也。大夫出竟有可以安社稷、利国家者,则专之可也。结在鄄闻齐、宋有会,权事之宜,去其本职,遂与二君为盟,故备书之。本非鲁公意,而又失媵陈之好,故冬各来伐。○ 媵,以证切,又绳证切,送也。竟,音境。好,呼报切。 ② 无《传》。非父母国而往,书奸。③ 无《传》。幽之盟鲁使微者会,鄄之盟又使媵臣行,所以受敌。鄙,边邑。

传

十九年春,楚子御之,大败于津[①]。还,鬻拳弗纳。遂伐黄[②],败黄师于踖陵[③]。还,及湫,有疾[④]。夏六月庚申卒。鬻拳葬诸夕室[⑤],亦自杀也,而葬于绖皇[⑥]。

初,鬻拳强谏楚子,楚子弗从,临之以兵,惧而从之。鬻拳曰:“吾惧君以兵,罪莫大焉。”遂自刖也。楚人以为大阍,谓之大伯[⑦],使其后掌之[⑧]。君子曰:“鬻拳可谓爱君矣,谏以自纳于刑,刑犹不忘纳君于善[⑨]。”

① 御巴人，为巴人所败。津，楚地；或曰江陵县有津乡。 ② 鬻拳，楚大阍。黄，嬴姓国，今弋阳县。○ 鬻，音育。拳，求圆切。阍，音昏，守门人也。嬴，音盈，姓也，字从女。 ③ 踖陵，黄地。○ 踖，在亦切，又七略切。 ④ 南郡鄀县东南有湫城。○ 湫，子小切。鄀，音若。 ⑤ 夕室，地名。○ 夕，朝夕之夕。 ⑥ 绖皇，冢前阙。生守门，故死不失职。○ 绖，田结切。绖皇，阙也。 ⑦ 若今城门校尉官。○ 强，其丈切。大，音泰。校，户教切，字从木。 ⑧ 使其子孙常主此官。 ⑨ 言爱君，明非臣法也。楚能尽其忠爱，所以兴。

初，王姚嬖于庄王，生子颓[①]。子颓有宠，蒍国为之师。及惠王即位[②]，取蒍国之圃以为囿[③]。边伯之宫近于王宫，王取之[④]。王夺子禽、祝跪与詹父田[⑤]，而收膳夫之秩[⑥]，故蒍国、边伯、石速、詹父、子禽、祝跪作乱，因苏氏[⑦]。秋，五大夫奉子颓以伐王[⑧]，不克，出奔温[⑨]。苏子奉子颓以奔卫。卫师、燕师伐周[⑩]。冬，立子颓。

① 王姚，庄王之妾也，姚姓。○ 姚，羊消切。嬖，必计切。颓，徒回切。 ② 周惠王，庄王孙。 ③ 圃，园也。囿，苑也。○ 圃，必古切，又音布。囿，音又；徐，于目切。苑，于阮切。 ④ 边伯，周大夫。○ 近，附近之近。 ⑤ 三子，周大夫。○ 跪，求委切。 ⑥ 膳夫，石速也。秩，禄也。○ 收，式周切。 ⑦ 苏氏，周大夫，桓王夺其十二邑以与郑，自此以来遂不和。 ⑧ 石速，士也，故不在五大夫数。 ⑨ 温，苏氏邑。 ⑩ 燕，南燕。

经

二十年春，王二月，夫人姜氏如莒[①]。

夏，齐大灾[2]。

秋七月。

冬，齐人伐戎[3]。

①③ 无《传》。　　② 无《传》。来告以火，故书。天火曰灾，例在宣十六年。

传

二十年春，郑伯和王室，不克[1]。执燕仲父[2]。夏，郑伯遂以王归，王处于栎。秋，王及郑伯入于邬[3]。遂入成周，取其宝器而还。冬，王子颓享五大夫，乐及徧舞[4]。郑伯闻之，见虢叔[5]，曰："寡人闻之，哀乐失时，殃咎必至。今王子颓歌舞不倦，乐祸也。夫司寇行戮[6]，君为之不举[7]，而况敢乐祸乎！奸王之位，祸孰大焉？临祸忘忧，忧必及之。盍纳王乎？"虢公曰："寡人之愿也[8]。"

① 克，能也。　　② 燕仲父，南燕伯，为伐周故。〇 为，于伪切。③ 邬，王所取郑邑。〇 邬，乌苦切。　　④ 皆舞六代之乐。〇 徧，音遍。⑤ 叔，虢公字。　　⑥ 司寇，刑官。〇 乐，音洛。殃，於良切。咎，其九切。⑦ 去盛馔。〇 去，起吕切。馔，仕眷切。　　⑧ 〇 奸，音干。盍，胡腊切，何不也。

经

二十有一年春，王正月。

夏五月辛酉，郑伯突卒[1]。

秋七月戊戌，夫人姜氏薨②。

冬十有二月，葬郑厉公③。

① 十六年与鲁大夫盟于幽。　② 无《传》。薨寝祔姑，赴于诸侯，故具小君礼书之。○ 祔，音附。　③ 无《传》。八月乃葬，缓慢也。

传

二十一年春，胥命于弭。夏，同伐王城①。郑伯将王，自圉门入，虢叔自北门入，杀王子颓及五大夫。郑伯享王于阙西辟，乐备②。王与之武公之略，自虎牢以东③。原伯曰："郑伯效尤，其亦将有咎④。"五月，郑厉公卒。

王巡虢守⑤。虢公为王宫于玤⑥，王与之酒泉⑦。郑伯之享王也，王以后之鞶鉴予之⑧。虢公请器，王予之爵⑨。郑伯由是始恶于王⑩。冬，王归自虢⑪。

① 郑、虢相命。弭，郑地。○ 弭，面尔切。　② 阙，象魏也。乐备，备六代之乐。○ 圉，鱼吕切。辟，蒲历切。　③ 略，界也。郑武公傅平王，平王赐之自虎牢以东，后失其地，故惠王今复与之。虎牢，河南成皋县。○ 复，扶又切。　④ 原伯，原庄公也。言效子颓舞偏乐。○ 效，户教切。偏，音遍。　⑤ 巡守于虢国也。天子省方，谓之巡守。○ 守，音狩；本或作狩，后放此。　⑥ 玤，虢地。○ 玤，蒲项切。　⑦ 酒泉，周邑。⑧ 后，王后也。鞶，带而以镜为饰也。今西方羌胡犹然。古之遗服。○ 鞶，步丹切，又蒲官切，绅带也。鉴，工暂切，镜也。　⑨ 爵，饮酒器。⑩ 为僖二十四年郑执王使张本。○ 恶，乌路切，又如字。使，所吏切。⑪《传》言王之偏也。

经

二十有二年春，王正月，肆大眚[①]。

癸丑，葬我小君文姜[②]。

陈人杀其公子御寇[③]。

夏五月。

秋七月丙申，及齐高傒盟于防[④]。

冬，公如齐纳币[⑤]。

① 无《传》。赦有罪也。《易》称赦过宥罪，《书》称眚灾肆赦，《传》称肆眚围郑，皆放赦罪人，盪涤众故，以新其心。有时而用之，非制所常，故书。○眚，所景切。盪，音荡；本又作荡。涤，徒历切。　② 无《传》。所哭成丧，故称小君。　③ 宣公大子也。陈人恶其杀大子之名，故不称君父，以国讨公子告。○ 御，音御，本亦作御。恶，乌路切，《注》同。　④ 无《传》。高傒，齐之贵卿而与鲁之微者盟，齐桓谦接诸侯，以崇霸业。⑤ 无《传》。公不使卿而亲纳币，非礼也。母丧未再期而图昏，二《传》不见所讥，左氏又无《传》，失礼明故。○ 见，贤遍切。

传

二十二年春，陈人杀其大子御寇[①]，陈公子完与颛孙奔齐[②]。颛孙自齐来奔[③]。齐侯使敬仲为卿[④]。辞曰："羁旅之臣[⑤]，幸若获宥，及于宽政[⑥]，赦其不闲于教训而免于罪戾，弛于负担[⑦]，君之惠也，所获多矣。敢辱高位，以速官谤[⑧]？请以死告[⑨]。《诗》云：'翘翘车乘，招我以弓。岂不欲往，畏我友朋[⑩]。'"使为工正[⑪]。

饮桓公酒，乐[⑫]。公曰："以火继之。"辞曰："臣卜其昼，未卜其夜，不敢。”君子曰：“酒以成礼，不继以淫，义也[13]。以君成礼，弗纳于淫，仁也。”

初，懿氏卜妻敬仲[14]，其妻占之，曰：“吉[15]。是谓‘凤皇于飞，和鸣锵锵[16]。有妫之后，将育于姜[17]。五世其昌，并于正卿。八世之后，莫之与京[18]。’”陈厉公，蔡出也[19]，故蔡人杀五父而立之[20]，生敬仲。其少也，周史有以《周易》见陈侯者[21]，陈侯使筮之[22]，遇《观》[23]䷓[24]之《否》䷋[25]。曰：“是谓‘观国之光，利用宾于王[26]’。此其代陈有国乎？不在此，其在异国；非此其身，在其子孙。光远而自他有耀者也。《坤》，土也。《巽》，风也。《乾》，天也。风为天于土上，山也[27]。有山之材而照之以天光，于是乎居土上[28]。故曰：‘观国之光，利用宾于王[29]。’庭实旅百，奉之以玉帛，天地之美具焉，故曰：‘利用宾于王[30]。’犹有观焉，故曰：‘其在后乎[31]。’风行而著于土，故曰：‘其在异国乎。’若在异国，必姜姓也。姜，大嶽之后也[32]。山岳则配天，物莫能两大。陈衰，此其昌乎[33]。”

及陈之初亡也[34]，陈桓子始大于齐[35]。其后亡也[36]，成子得政[37]。

①《传》称大子，以实言。　② 公子完、颛孙，皆御寇之党。○ 颛，音专。　③ 不书，非卿。　④ 敬仲，陈公子完。　⑤ 羁，寄也。旅，客也。　⑥ 宥，赦也。　⑦ 弛，去离也。○ 弛，失氏切。担，丁暂切。离，力智切。　⑧ 敢，不敢也。○ 谤，布浪切。　⑨ 以死自誓。　⑩ 逸《诗》也。翘翘，远貌。古者聘士以弓，言虽贪显命，惧为朋友所讥责。○ 翘，祁尧切。乘，绳证切。　⑪ 掌百工之官。　⑫ 齐桓贤之，故就其家会，据主人之辞。故言饮桓公酒。○ 饮，於鸩切。乐，音洛。

⑬ 夜饮为淫乐。 ⑭ 懿氏，陈大夫。龟曰卜。○ 妻，七计切。 ⑮ 懿氏妻。 ⑯ 雄曰凤，雌曰皇。雄雌俱飞，相和而鸣锵锵然，犹敬仲夫妻相随适齐，有声誉。○ 和，如字，又户卧切。锵，七羊切；本又作将将。 ⑰ 妫，陈姓。姜，齐姓。 ⑱ 京，大也。○ 并于，本或作并为，误。 ⑲ 姊妹之子曰出。 ⑳ 五父，陈佗也。杀陈佗在桓六年。○ 佗，徒多切。 ㉑ 周大史也。○ 少，诗照切。见，贤遍切，又如字。大，音泰。 ㉒ 蓍曰筮。○ 筮，上制切。蓍，音尸。 ㉓ ○ 观，古乱切。 ㉔《坤》下《巽》上，《观》。 ㉕《坤》下《乾》上，《否》。《观》六四爻变而为《否》。○ 否，备矣切，《注》同。 ㉖ 此《周易·观卦》六四《爻辞》。《易》之为书，六爻皆有变象，又有互体，圣人随其义而论之。○ 爻，户交切。 ㉗《巽》变为《乾》，故曰风为天。自二至四，有《艮》象。《艮》为山。○ 乾，其然切。 ㉘ 山则材之所生。上有《乾》，下有《坤》，故言居土上，照之以天光。 ㉙ 四为诸侯，变而之《乾》，有国朝王之象。 ㉚《艮》为门庭，《乾》为金玉，《坤》为布帛。诸侯朝王，陈挚币之象。旅，陈也。百，言物备。○ 挚，音至，本又作贽，同。 ㉛ 因《观》文以博占，故言犹有观，非在己之言，故知在子孙。○ 观，古乱切。 ㉜ 姜姓之先为尧四嶽。○ 著，直略切。大，音泰。嶽，音岳。 ㉝ 变而象《艮》，故知当兴于大岳之后。得大岳之权，则有配天之大功，故知陈必衰。 ㉞ 昭八年，楚灭陈。 ㉟ 桓子，敬仲五世孙陈无宇。 ㊱ 哀十七年，楚复灭陈。○ 复，扶又切。 ㊲ 成子，陈常也，敬仲八世孙。陈完有礼于齐，子孙世不忘德，德协于卜，故《传》备言其终始。卜筮者，圣人所以定犹豫，决疑似，因生义教者也。《尚书·洪范》：通龟筮以同卿士之数。南蒯卜乱而遇元吉，惠伯答以忠信则可。臧会卜僭，遂获其应。丘明故举诸县验于行事者，以示来世，而君子志其善者、远者。他皆放此。○ 豫，音预；本亦作预。蒯，苦怪切。僭，子念切。应，应对之应。县，音玄。

经

二十有三年春，公至自齐①。

祭叔来聘[②]。

夏，公如齐观社[③]。

公至自齐[④]。

荆人来聘[⑤]。

公及齐侯遇于穀[⑥]。

萧叔朝公[⑦]。

秋，丹桓宫楹[⑧]。

冬十有一月，曹伯射姑卒[⑨]。

十有二月甲寅，公会齐侯，盟于扈[⑩]。

① 无《传》。 ② 无《传》。《穀梁》以祭叔为祭公。来聘鲁，天子内臣不得外交，故不言使，不与其得使聘。○ 祭，侧界切。为，于伪切。 ③ 齐因祭社蒐军实，故公往观之。 ④ 无《传》。 ⑤ 无《传》。不书荆子使某来聘，君臣同辞者，盖楚之始通，未成其礼。 ⑥ 无《传》。○ 穀，音穀。 ⑦ 无《传》。萧，附庸国。叔，名。就穀朝公，故不言来。凡在外朝，则礼不得具，嘉礼不野合。 ⑧ 桓公庙也。楹，柱也。○ 楹，音盈。 ⑨ 无《传》。未同盟而赴以名。○ 射，示亦切，又音亦。 ⑩ 无《传》。扈，郑地，在荧阳卷县西北。○ 扈，音户。卷，音权；《字林》，丘权切；韦昭，丘云切；《说文》，丘粉切。

传

二十三年夏，公如齐观社，非礼也。曹刿谏曰："不可。夫礼所以整民也，故会以训上下之则，制财用之节[①]，朝以正班爵之义，帅长幼之序，征伐以讨其不然[②]。诸侯有王[③]，王有巡守[④]，以大习之[⑤]。非是，君不举矣。君举必书[⑥]，书而不法，后嗣何观？"

① 贡赋多少。 ② 不然，不用命。○ 长，丁丈切。 ③ 从王事。 ④ 省四方。 ⑤ 大习，会朝之礼。 ⑥ 书于策。

晋桓、庄之族偪[①]，献公患之。士芍曰："去富子，则群公子可谋也已[②]。"公曰："尔试其事。"士芍与群公子谋，谮富子而去之[③]。

① 桓叔、庄伯之子孙强盛，偪迫公室。○ 偪，彼力切。 ② 士芍，晋大夫。富子，二族之富强者。○ 芍，于委切。去，起吕切。 ③ 以罪状诬之，同族恶其富强，故士芍得因而间之。用其所亲为谮则似信，离其骨肉则党弱，群公子终所以见灭。○ 恶，乌路切。间，间隙之间。

秋，丹桓宫之楹。

经

二十有四年春，王三月，刻桓宫桷[①]。

葬曹庄公[②]。

夏，公如齐逆女[③]。

秋，公至自齐[④]。

八月丁丑，夫人姜氏入[⑤]。

戊寅，大夫、宗妇觌，用币[⑥]。

大水[⑦]。

冬，戎侵曹[⑧]。

曹羁出奔陈[⑨]。

赤归于曹[⑩]。

郭公[11]。

① 刻，镂也。桷，椽也。将逆夫人，故为盛饰。○ 刻，音克。桷，音角；《字林》云，齐鲁谓榱为桷。椽，直专切。　②④⑦⑧ 无《传》。　③ 无《传》。亲逆，礼也。　⑤ 哀姜也。《公羊传》以为姜氏要公，不与公俱入，盖以孟任故，丁丑入而明日乃朝庙。○ 要，於遥切。任，音壬，后孟任皆同。⑥ 宗妇，同姓大夫之妇。礼，小君至，大夫执贽以见，明臣子之道。庄公欲奢夸夫人，故使大夫、宗妇同贽俱见。○ 觌，徒历切，见也。见，贤遍切。夸，苦瓜切。　⑨ 无《传》。羁盖曹世子也。先君既葬而不称爵者，微弱不能自定，曹人以名赴。　⑩ 无《传》。赤，曹僖公也。盖为戎所纳，故曰归。　⑪ 无《传》。盖《经》阙误也。自曹羁以下，《公羊》、《穀梁》之说既不了，又不可通之于《左氏》，故不采用。

传

二十四年春，刻其桷，皆非礼也[1]。御孙谏曰："臣闻之，俭，德之共也；侈，恶之大也[2]。先君有共德而君纳诸大恶，无乃不可乎[3]？"

① 并非丹楹，故言皆。　② 御孙，鲁大夫。○ 御，鱼吕切，本亦作御。侈，昌纸切，又尸氏切。　③ 以不丹楹刻桷为共。

秋，哀姜至。公使宗妇觌，用币，非礼也[1]。御孙曰："男贽大者玉帛[2]，小者禽鸟[3]，以章物也[4]。女贽不过榛栗枣脩，以告虔也[5]。今男女同贽，是无别也。男女之别，国之大节也，而由夫人乱之，无乃不可乎？"

①《传》不言大夫，唯举非常。　② 公、侯、伯、子、男执玉，诸侯、世子、附庸、孤卿执帛。○ 贽，真二切。　③ 卿执羔，大夫执雁，士执雉。④ 章所执之物，别贵贱。○ 别，彼列切。　⑤ 榛，小栗。脩，脯。虔，敬也。皆取其名以示敬。○ 榛，侧巾切。锻脯加姜桂曰脩。虔，音乾。

晋士蒍又与群公子谋，使杀游氏之二子[①]。士蒍告晋侯曰："可矣。不过二年，君必无患。"

① 游氏二子，亦桓、庄之族。

经

二十有五年春，陈侯使女叔来聘[①]。

夏五月癸丑，卫侯朔卒[②]。

六月辛未朔，日有食之。鼓，用牲于社[③]。

伯姬归于杞[④]。

秋，大水。鼓，用牲于社、于门[⑤]。

冬，公子友如陈[⑥]。

① 女叔，陈卿。女，氏；叔，字。○ 女，音汝，陈大夫氏。　② 无《传》。惠公也。书名，十六年与内大夫盟于幽。　③ 鼓，伐鼓也。用牲以祭社。《传》例曰：非常也。　④ 无《传》。不书逆女，逆者微。⑤ 门，国门也。《传》例曰：亦非常也。　⑥ 无《传》。报女叔之聘。诸鲁出朝聘，皆书。如不果，彼国必成其礼，故不称朝聘，《春秋》之常也。公子友，庄公之母弟，称公子者，史策之通言。母弟至亲，异于他臣，其相杀害，则称弟以示义。至于嘉好之事，兄弟笃睦，非例所兴。或称弟，或称公子，仍旧史之文也。母弟例在宣十七年。○ 好，呼报切，下同。

传

二十五年春，陈女叔来聘，始结陈好也。嘉之，故不名[①]。

① 季友相鲁，原仲相陈，二人有旧，故女叔来聘，季友冬亦报聘。嘉好接备。卿以字为嘉，则称名其常也。○ 相，息亮切，下同。

夏六月辛未朔，日有食之。鼓，用牲于社，非常也[①]。唯正月之朔，慝未作[②]，日有食之，于是乎用币于社，伐鼓于朝[③]。

① 非常鼓之月。《长历》推之，辛未实七月朔，置闰失所，故致月错。② 正月，夏之四月，周之六月，谓正阳之月。今书六月而《传》云唯者，明此月非正阳月也。慝，阴气。○ 正，音政。正月，建巳之月。慝，他得切。夏，户雅切。 ③ 日食，历之常也。然食于正阳之月，则诸侯用币于社，请救于上。公伐鼓于朝，退而自责，以明阴不宜侵阳，臣不宜掩君，以示大义。

秋，大水。鼓，用牲于社、于门，亦非常也[①]。凡天灾，有币无牲[②]。非日月之眚，不鼓[③]。

① 失常礼。 ② 天灾，日月食、大水也。祈请而已，不用牲也。③ 眚，犹灾也。月侵日为眚，阴阳逆顺之事，贤圣所重，故特鼓之。○ 眚，所景切。

晋士芀使群公子尽杀游氏之族，乃城聚而处之[①]。

① 聚，晋邑。○ 聚，才喻切。

冬，晋侯围聚，尽杀群公子[①]。

① 卒如士蒍之计。

经

二十有六年春，公伐戎[①]。

夏，公至自伐戎[②]。

曹杀其大夫[③]。

秋，公会宋人、齐人伐徐[④]。

冬十有二月癸亥朔，日有食之[⑤]。

①②⑤ 无《传》。 ③ 无《传》。不称名，非其罪，例在文七年。④ 无《传》。宋序齐上，主兵。

传

二十六年春，晋士蒍为大司空[①]。

① 大司空，卿官。

夏，士蒍城绛，以深其宫[①]。

① 绛，晋所都也，今平阳绛邑县。

秋，虢人侵晋。冬，虢人又侵晋[1]。

① 为《传》明年晋将伐虢张本。此年《经》《传》各自言其事者，或《经》是直文，或策书虽存而简牍散落，不究其本末，故《传》不复申解，但言《传》事而已。○ 牍，徒木切。究，音救。复，扶又切。解，居蟹切。

经

二十有七年春，公会杞伯姬于洮[1]。

夏六月，公会齐侯、宋公、陈侯、郑伯，同盟于幽。

秋，公子友如陈，葬原仲[2]。

冬，杞伯姬来[3]。

莒庆来逆叔姬[4]。

杞伯来朝[5]。

公会齐侯于城濮[6]。

① 伯姬，庄公女。洮，鲁地。○ 洮，他刀切。　② 原仲，陈大夫。原，氏；仲，字也。礼，臣既卒不名，故称字。季友违礼会外大夫葬，具见其事，亦所以知讥。○ 见，贤遍切。　③《传》例曰：归宁。　④ 无《传》。庆，莒大夫。叔姬，庄公女。卿自为逆则称字。例在宣五年。　⑤ 无《传》。杞称伯者，盖为时王所黜。○ 黜，敕律切。　⑥ 无《传》。城濮，卫地。将讨卫也。○ 濮，音卜。

传

二十七年春，公会杞伯姬于洮，非事也[1]。天子非展义不巡守[2]，诸侯非民事不举，卿非君命不越竟。

① 非诸侯之事。 ② 天子巡守,所以宣布德义。

夏,同盟于幽,陈、郑服也①。

① 二十二年,陈乱而齐纳敬仲;二十五年,郑文公之四年,获成于楚。皆有二心于齐,今始服也。

秋,公子友如陈,葬原仲,非礼也。原仲,季友之旧也。

冬,杞伯姬来,归宁也①。凡诸侯之女,归宁曰来,出曰来归②。夫人归宁曰如某,出曰归于某。

① 宁,问父母安否。 ② 归,不反之辞。

晋侯将伐虢,士𫇭曰:"不可。虢公骄,若骤得胜于我,必弃其民①,无众而后伐之,欲御我,谁与?夫礼乐慈爱,战所畜也。夫民让事乐和,爱亲哀丧而后可用也②。虢弗畜也,亟战将饥③。"

① 弃民不养之。 ② 上之使民,以义让哀乐为本,言不可力强。○ 畜,敕六切。乐,音洛。强,其丈切。 ③ 言虢不畜义让而力战。○ 畜,敕六切。亟,欺冀切。饥,音机。

王使召伯廖赐齐侯命①,且请伐卫,以其立子颓也②。

① 召伯廖,王卿士。赐,命为侯伯。○ 召,音邵。廖,力彫切。

② 立子颓，在十九年。

经

二十有八年春，王三月甲寅，齐人伐卫。卫人及齐人战，卫人败绩①。

夏四月丁未，邾子琐卒②。

秋，荆伐郑。公会齐人、宋人救郑。

冬，筑郿③。

大无麦禾④。

臧孙辰告籴于齐⑤。

① 齐侯称人者，讳取赂而还，以贱者告。不地者，史失之。 ② 无《传》。未同盟而赴以名。○ 琐，素果切。 ③ 郿，鲁下邑。《传》例曰：邑曰筑。○ 郿，亡悲切。 ④ 书于冬者，五穀毕入，计食不足而后书也。 ⑤ 臧孙辰，鲁大夫臧文仲。

传

二十八年春，齐侯伐卫，战，败卫师，数之以王命，取赂而还。

晋献公娶于贾，无子①。烝于齐姜②，生秦穆夫人及大子申生。又娶二女于戎，大戎狐姬生重耳③，小戎子生夷吾④。晋伐骊戎，骊戎男女以骊姬⑤。归生奚齐。其娣生卓子。

骊姬嬖，欲立其子，赂外嬖梁五与东关嬖五⑥，使言于公曰："曲沃，君之宗也⑦。蒲与二屈，君之疆也⑧。不可以无主。宗邑无主则民不威，疆埸无主则启戎心。戎之生心，民慢其政，国之患也。若使大子主曲沃，而重耳、夷吾主蒲与屈，则可以威民而惧戎，且旌君伐[9]。”使俱曰：“狄之广莫，于晋为都。晋之启土，不亦宜乎[10]？”晋侯说之。夏，使大子居曲沃，重耳居蒲城，夷吾居屈。群公子皆鄙[11]，唯二姬之子在绛。二五卒与骊姬谮群公子而立奚齐，晋人谓之“二五耦”[12]。

① 贾，姬姓国也。 ② 齐姜，武公妾。○ 烝，之承切。 ③ 大戎，唐叔子孙别在戎狄者。○ 重，直龙切。 ④ 小戎，允姓之戎。子，女也。 ⑤ 骊戎在京兆新丰县。其君姬姓，其爵男也。纳女于人曰女。○ 女，昵据切，《注》曰女同。 ⑥ 姓梁名五。在闺闼之外者。东关嬖五，别在关塞者，亦名五。皆大夫，为献公所嬖幸，视听外事。○ 卓，敕角切。闺，音圭。闼，吐达切。塞，素代切。 ⑦ 曲沃，桓叔所封，先君宗庙所在。 ⑧ 蒲今平阳蒲子县。二屈今平阳北屈县。或云：二当为北。○ 屈，求勿切，又居勿切。疆，居良切。 ⑨ 旌，章也。伐，功也。○ 埸，音亦。 ⑩ 广莫，狄地之旷绝也。即谓蒲子、北屈也。言遣二公子出都之，则晋方当大开土界。献公未决，故复使二五俱说此美。○ 复，扶又切。 ⑪ 鄙，边邑。○ 说，音悦。 ⑫ 二耜相耦，广一尺，共起一伐。言二人俱共垦伤晋室若此。○ 谮，责鸩切。耜，音似。广，古旷切。垦，苦狠切。

楚令尹子元欲蛊文夫人①，为馆于其宫侧而振《万》焉②。夫人闻之，泣曰：“先君以是舞也，习戎备也。今令尹不寻诸仇雠，而于未亡人之侧，不亦异乎③！”御人以告子元④。子元曰：“妇人不忘袭雠，我反忘之！”

秋，子元以车六百乘伐郑，入于桔柣之门⑤。子元、鬥御强、鬥梧、耿之不比为旆[⑥]，鬥班、王孙游、王孙喜殿[⑦]。众车入自纯门，及逵市[⑧]。县门不发，楚言而出。子元曰："郑有人焉[⑨]。"诸侯救郑，楚师夜遁。郑人将奔桐丘[⑩]，谍告曰："楚幕有乌。"乃止[⑪]。

① 文王夫人，息妫也。子元，文王弟。蛊，惑以淫事。○ 蛊，音古。② 振，动也。《万》，舞也。　③ 寻，用也。妇人既寡，自称未亡人。④ 御人，夫人之侍人。　⑤ 桔柣，郑远郊之门也。○ 乘，绳证切。桔，户结切。柣，待结切，《注》同。　⑥ 子元自与三子特建旆以居前广。充幅长寻曰旐，继旐曰旆。○ 御，鱼吕切；本亦作禦，下《注》反禦同。强，其良切，又居良切。梧，音吾。比，并里切。旆，蒲贝切。长，直亮切。旐，音兆。⑦ 三子在后为反御。○ 殿，丁见切。　⑧ 纯门，郑外郭门也。逵市，郭内道上市。○ 纯，如字。逵，求龟切。　⑨ 县门，施于内城门。郑示楚以闲暇，故不闭城门，出兵而效楚言，故子元畏之，不敢进。○ 县，音玄。⑩ 许昌县东北有桐丘城。○ 遁，徒困切。　⑪ 谍，间也。幕，帐也。○ 谍，音牒。幕，音莫。间，间厕之间。

冬，饥。臧孙辰告籴于齐，礼也[①]。

①《经》书"大无麦禾"，《传》言"饥"。《传》又先书"饥"在"筑郿"上者，说始籴。《经》在下，须得籴。嫌或讳饥，故曰礼。

筑郿，非都也。凡邑有宗庙先君之主曰都，无曰邑。邑曰筑，都曰城[①]。

①《周礼》：四县为都，四井为邑。然宗庙所在，则虽邑曰都，尊之也。

言凡邑则他筑非例。

经

二十有九年春，新延厩[①]。

夏，郑人侵许[②]。

秋，有蜚[③]。

冬十有二月，纪叔姬卒[④]。

城诸及防[⑤]。

①《传》例曰：书不时。言新者，皆旧物不可用，更造之辞。○ 厩，居又切。　②《传》例曰：无钟鼓曰侵。　③《传》例曰：为灾。○ 蜚，扶味切。　④ 无《传》。纪国虽灭，叔姬执节守义，故系之纪，贤而录之。⑤ 诸、防，皆鲁邑。《传》例曰：书时也。诸非备难而兴作，《传》皆重云时以释之。他皆放此。诸，今城阳诸县。○ 难，乃旦切。重，直用切。

传

二十九年春，新作延厩，书不时也[①]。凡马日中而出，日中而入[②]。

①《经》无作字，盖阙。　② 日中，春秋分也。治厩当以秋分，因马向入而修之，今以春作，故曰不时。○ 向，许亮切。

夏，郑人侵许。凡师有钟鼓曰伐[①]，无曰侵[②]，轻曰袭[③]。

① 声其罪。　② 钟鼓无声。　③ 掩其不备。○ 轻，遣政切。

秋，有蜚。为灾也。凡物不为灾不书。

冬十二月，城诸及防，书时也。凡土功，龙见而毕务，戒事也[①]。火见而致用[②]，水昏正而栽[③]，日至而毕[④]。

① 谓今九月，周十一月，龙星、角亢晨见东方，三务始毕。戒民以土功事。○ 见，贤遍切。亢，苦浪切，又音刚。　② 大火，心星，次角亢。见者，致筑作之物。　③ 谓今十月，定星昏而中，于是树板干而兴作。○ 栽，《字林》，才代切，又音再；《说文》云，筑墙长板。定，多佞切。④ 日南至，微阳始动，故土功息。

樊皮叛王[①]。

① 樊皮，周大夫。樊，其采地。皮，名。

经

三十年春，王正月。

夏，次于成[①]。

秋七月，齐人降鄣[②]。

八月癸亥，葬纪叔姬[③]。

九月庚午朔，日有食之。鼓，用牲于社[④]。

冬，公及齐侯遇于鲁济[⑤]。

齐人伐山戎[⑥]。

① 无《传》。将卑师少，故直言次。齐将降鄣，故设备。○ 将卑，子匠切。降，户江切，下同。鄣，音章。　② 无《传》。鄣，纪附庸国。东平无

盐县东北有郭城。小国孤危,不能自固,盖齐遥以兵威胁使降附。③ 无《传》。以贤录也。无臣子,故不作谥。 ④ 无《传》。 ⑤ 济水历齐、鲁界,在齐界为齐济,在鲁界为鲁济,盖鲁地。○ 济,子礼切。⑥ 山戎,北戎。

传

三十年春,王命虢公讨樊皮。夏四月丙辰,虢公入樊,执樊仲皮,归于京师。

楚公子元归自伐郑而处王宫[①],鬥射师谏,则执而梏之[②]。秋,申公鬥班杀子元[③]。鬥穀於菟为令尹,自毁其家以纾楚国之难[④]。

① 欲遂蛊文夫人。 ② 射师,鬥廉也。足曰桎,手曰梏。○ 射,食亦切,又食夜切。梏,古毒切。桎,之实切。 ③ 申,楚县也。楚僭号,县尹皆称公。○ 僭,子念切。 ④ 鬥穀於菟,令尹子文也。毁,减;纾,缓也。○ 穀,奴走切;楚人谓乳曰穀;《汉书》作彀,音同。於,音乌。菟,音徒。纾,音舒,又直汝切。难,乃旦切。

冬,遇于鲁济,谋山戎也,以其病燕故也[①]。

① 齐桓行霸,故欲为燕谋难。燕国,今蓟县。○ 为,于伪切。蓟,音计。

经

三十有一年春,筑台于郎[①]。

夏四月,薛伯卒[②]。

筑台于薛③。

六月，齐侯来献戎捷④。

秋，筑台于秦⑤。

冬，不雨⑥。

① 无《传》。刺奢，且非土功之时。○ 刺，七赐切。　② 无《传》。未同盟。　③ 无《传》。薛，鲁地。　④《传》例曰：诸侯不相遗俘。捷，获也。献，奉上之辞。齐侯以献捷礼来，故书以示过。○ 捷，在妾切。遗，唯季切，《传》同。俘，音孚。　⑤ 无《传》。东平范县西北有秦亭。⑥ 无《传》。不书旱，不为灾，例在僖三年。

传

三十一年夏六月，齐侯来献戎捷，非礼也。凡诸侯有四夷之功，则献于王，王以警于夷①。中国则否。诸侯不相遗俘②。

① 以警惧夷狄。○ 警，音景，戒惧也。　② 虽夷狄俘，犹不以相遗。

经

三十有二年春，城小穀①。

夏，宋公、齐侯遇于梁丘②。

秋七月癸巳，公子牙卒③。

八月癸亥，化薨于路寝④。

冬十月己未，子般卒⑤。

公子庆父如齐⑥。

狄伐邢[7]。

① 小穀,齐邑,济北穀城县城中有管仲井。大都以名通者,则不系国。 ② 齐善宋之请见,故进其班。梁丘,在高平昌邑县西南。 ③ 牙,庆父同母弟僖叔也。饮酖而死,不以罪告,故得书卒。书日者,公有疾,不责公不与小敛。○ 酖,音鸩,本亦作鸩。与,音预。敛,力艳切。 ④ 路寝,正寝也。公薨皆书其所,详凶变。 ⑤ 子般,庄公大子。先君未葬,故不称爵。不书杀,讳之也。○ 般,音班。杀,音试,又如字,下同。 ⑥ 无《传》。庆父既杀子般,季友出奔,国人不与,故惧而適齐,欲以求援。时无君,假赴告之礼而行。 ⑦ 无《传》。邢国在广平襄国县。

传

三十二年春,城小穀,为管仲也[1]。

① 公感齐桓之德,故为管仲城私邑。○ 为,于伪切。

齐侯为楚伐郑之故,请会于诸侯[1]。宋公请先见于齐侯。夏,遇于梁丘。

① 楚伐郑在二十八年,谋为郑报楚。

秋七月,有神降于莘[1]。惠王问诸内史过曰:"是何故也[2]?"对曰:"国之将兴,明神降之,监其德也;将亡,神又降之,观其恶也。故有得神以兴,亦有以亡。虞、夏、商、周皆有之[3]。"王曰:"若之何?"对曰:"以其物享焉,其至之日,亦其物也[4]。"王从之。内史过往,闻虢请命[5],反曰:"虢必亡矣，虐而听于神。”

神居莘六月。虢公使祝应、宗区、史嚚享焉。神赐之土田[6]。史嚚曰：“虢其亡乎！吾闻之，国将兴，听于民[7]；将亡，听于神[8]。神，聪明正直而壹者也，依人而行[9]。虢多凉德，其何土之能得[10]！”

①有神声以接人。莘，虢地。○见，贤遍切，又如字。莘，所巾切。 ②内史过，周大夫。○过，古禾切。 ③亦有神异。 ④享，祭也。若以甲、乙日至，祭先脾，玉用苍，服上青。以此类祭之。 ⑤闻虢请于神，求赐土田之命。 ⑥祝，大祝。宗，宗人。史，大史。应、区、嚚皆名。○区，音驱。嚚，五巾切。 ⑦政顺民心。 ⑧求福于神。 ⑨唯德是与。 ⑩凉，薄也。为僖二年晋灭下阳《传》。

初，公筑台临党氏[1]，见孟任，从之。閟[2]，而以夫人言许之[3]。割臂盟公，生子般焉。雩，讲于梁氏，女公子观之[4]。圉人荦自墙外与之戏[5]。子般怒，使鞭之。公曰：“不如杀之，是不可鞭。荦有力焉，能投盖于稷门[6]。”

公疾，问后于叔牙。对曰：“庆父材[7]。”问于季友，对曰：“臣以死奉般[8]。”公曰：“乡者牙曰庆父材。”成季使以君命，命僖叔待于鍼巫氏[9]，使鍼季酖之[10]，曰：“饮此则有后于鲁国，不然，死且无后。”饮之，归，及逵泉而卒。立叔孙氏[11]。

八月癸亥，公薨于路寝。子般即位，次于党氏[12]。冬十月己未，共仲使圉人荦贼子般于党氏[13]。成季奔陈[14]。立闵公[15]。

① 党氏，鲁大夫。筑台不书，不告庙。〇 党，音掌。　② 孟任，党氏女。閟，不从公。〇 閟，音秘。　③ 许以为夫人。　④ 雩，祭天也。讲，肄也。梁氏，鲁大夫。女公子，子般妹。〇 肄，音四，又以二切。⑤ 圉人，掌养马者，以慢言戏之。〇 荦，音洛。　⑥ 盖，覆也。稷门，鲁南城门。走而自投，接其屋之桷，反覆门上。　⑦ 盖欲进其同母兄。⑧ 季友，庄公母弟，故欲立般。　⑨ 成季，季友也。鍼巫氏，鲁大夫。〇 乡，许亮切。鍼，其廉切。　⑩ 酖，鸟名，其羽有毒，以画酒，饮之则死。〇 画，音获。　⑪ 逵泉，鲁地。不以罪诛，故得立后，世其禄。⑫ 即丧位。次，舍也。　⑬ 共仲，庆父。〇 共，音恭。　⑭ 出奔不书，国乱，史失之。　⑮ 闵公，庄公庶子，于是年八岁。

春秋经传集解第四

闵　公

○ 闵公名启方，庄公之子，母叔姜。《史记》云：名开。《谥法》，在国遭难曰闵。

经

元年春，王正月。

齐人救邢。

夏六月辛酉，葬我君庄公。

秋八月，公及齐侯盟于落姑[1]。季子来归[2]。

冬，齐仲孙来[3]。

① 落姑，齐地。　② 季子，公子友之字。季子忠于社稷，为国人所思，故贤而字之。齐侯许纳，故曰归。　③ 仲孙，齐大夫，以事出疆，因来省难，非齐侯命，故不称使也。还使齐侯务宁鲁难，故嘉而字之。来者事实，省难其志也。故《经》但书仲孙之来，而《传》寻仲孙之志。○ 疆，居良切。难，乃旦切，下及《传》同。

传

元年春，不书即位，乱故也[1]。

① 国乱不得成礼。

狄人伐邢[①]。管敬仲言于齐侯曰："戎狄豺狼，不可厌也[②]。诸夏亲暱，不可弃也[③]。宴安酖毒，不可怀也[④]。《诗》云：'岂不怀归，畏此简书[⑤]。'简书，同恶相恤之谓也[⑥]。请救邢以从简书。"齐人救邢。

① 狄伐邢在往年冬。　② 敬仲，管夷吾。○ 豺，仕皆切。狼，音郎。厌，一盐切。　③ 诸夏，中国也。暱，近也。○ 夏，户雅切。暱，女一切。④ 以宴安比之酖毒。○ 宴，於见切；本又作晏，音同，一音乌谏切。酖，直荫切。　⑤《诗·小雅》也。文王为西伯，劳来诸侯之诗。○ 劳，力报切。来，力代切。　⑥ 同恤所恶。

夏六月，葬庄公，乱故，是以缓[①]。

① 十一月乃葬。

秋八月，公及齐侯盟于落姑，请复季友也[①]。齐侯许之，使召诸陈，公次于郎以待之[②]。季子来归，嘉之也。

① 闵公初立，国家多难，以季子忠贤，故请霸主而复之。　② 非师旅之事，故不书次。

冬，齐仲孙湫来省难[①]。书曰"仲孙"，亦嘉之也。仲孙归曰："不去庆父，鲁难未已[②]。"公曰："若之何而去之？"对曰："难不已，将自毙[③]，君其待之。"公曰："鲁可取乎？"对曰：

"不可,犹秉周礼。周礼,所以本也。臣闻之,国将亡,本必先颠而后枝叶从之。鲁不弃周礼,未可动也。君其务宁鲁难而亲之,亲有礼,因重固[4],间携贰[5],覆昏乱[6],霸王之器也[7]。"

① 湫,仲孙名。○ 湫,子小切。 ② 时庆父亦已还鲁。○ 去,起吕切,下同。 ③ 毙,踣也。○ 毙,婢世切。踣,蒲北切。 ④ 能重能固,则当就成之。 ⑤ 离而相疑者,则当因而间之。○ 间,间厕之间,《注》同。 ⑥ 覆,败也。○ 覆,芳服切,《注》同。 ⑦ 霸王所用,故以器为喻。○ 王,于况切,《注》同。

晋侯作二军[1],公将上军,大子申生将下军。赵夙御戎,毕万为右[2],以灭耿、灭霍、灭魏[3]。

还,为大子城曲沃。赐赵夙耿,赐毕万魏,以为大夫。士芳曰:"大子不得立矣,分之都城而位以卿,先为之极,又焉得立[4]。不如逃之,无使罪至。为吴大伯,不亦可乎[5]?犹有令名,与其及也[6]。且谚曰:'心苟无瑕,何恤乎无家。'天若祚大子,其无晋乎[7]?"

卜偃曰:"毕万之后必大[8]。万,盈数也,魏,大名也,以是始赏,天启之矣。天子曰兆民,诸侯曰万民,今名之大,以从盈数,其必有众[9]。"

初,毕万筮仕于晋,遇《屯》䷂[10]之《比》䷇[11]。辛廖占之,曰:"吉[12]。《屯》固《比》入,吉孰大焉,其必蕃昌[13]。《震》为土[14],车从马[15],足居之[16],兄长之[17],母覆之[18],众归之[19],六体不易[20],合而能固,安而能杀,公侯之卦也[21]。公侯之子孙,必复其始㉒。”

① 晋本一军，见庄十六年。〇 见，贤遍切。　② 为公御右也。夙，赵衰兄。毕万，魏犨祖父。〇 将，子匠切，下及《注》同。衰，初危切。犨，尺由切。　③ 平阳皮氏县东南有耿乡。永安县东北有霍大山。三国皆姬姓。〇 耿，古幸切。　④ 位以卿，谓将下军。〇 为，于伪切。焉，於虔切。　⑤ 大伯，周大王之適子，知其父欲立季历，故让位而适吴。〇 大，音泰，《注》同。適子，丁历切，又作嫡。　⑥ 言虽去犹有令名，胜于留而及祸。　⑦ 为晋杀申生《传》。〇 谚，音彦。祚，在路切。　⑧ 卜偃，晋掌卜大夫。　⑨ 以魏从万，有众象。　⑩《震》下《坎》上，《屯》。〇 屯，张伦切。　⑪《坤》下《坎》上，《比》。《屯》初九变而为《比》。〇 比，毗志切，《注》及下同。　⑫ 辛廖，晋大夫。〇 廖，力雕切。⑬《屯》险难，所以为坚固。《比》亲密，所以得入。〇 蕃，音烦。⑭《震》变为《坤》。　⑮《震》为车，《坤》为马。　⑯《震》为足。⑰《震》为长男。〇 长，丁丈切。　⑱《坤》为母。　⑲《坤》为众。⑳ 初一爻变，有此六义，不可易也。　㉑《比》合《屯》固，《坤》安《震》杀，故曰公侯之卦。　㉒ 万，毕公高之后。《传》为魏之子孙众多张本。

经

二年春，王正月，齐人迁阳①。

夏五月乙酉，吉禘于庄公②。

秋八月辛丑，公薨③。

九月，夫人姜氏孙于邾④。

公子庆父出奔莒⑤。

冬，齐高子来盟⑥。

十有二月狄入卫⑦。

郑弃其师[⑧]。

① 无《传》。阳，国名。盖齐人偪徙之。　② 三年丧毕，致新死者之主于庙，庙之远主当迁入祧，因是大祭以审昭穆，谓之禘。庄公丧制未阕，时别立庙，庙成而吉祭又不于大庙，故详书以示讥。○ 禘，大计切。祧，他雕切。昭，上饶切。阕，苦穴切。大，音泰。　③ 实弑，书薨又不地者，皆史策讳之。　④ 哀姜外淫，故孙称姜氏。○ 孙，音逊，《注》同。⑤ 弑闵公故。　⑥ 无《传》。盖高傒也。齐侯使来平鲁乱。僖公新立，因遂结盟，故不称使也。鲁人贵之，故不书名。子，男子之美称。○ 称，尺证切。　⑦ 书入，不能有其地。例在襄十三年。　⑧ 高克见恶，久不得还，师溃而克奔陈。故克状其事以告鲁也。○ 恶，乌路切。溃，户内切。

传

二年春，虢公败犬戎于渭汭[①]。舟之侨曰："无德而禄，殃也。殃将至矣。"遂奔晋[②]。

① 犬戎，西戎别在中国者。渭水出陇西，东入河。水之隈曲曰汭。○ 汭，如锐切。隈，乌回切。　② 舟之侨，虢大夫。○ 侨，音乔，《注》同。

夏，吉禘于庄公，速也。

初，公傅夺卜齮田，公不禁[①]。

① 卜齮，鲁大夫也。公即位，年八岁，知爱其傅而遂成其意以夺齮田。齮忿其傅，并及公，故庆父因之。○ 齮，鱼绮切。

秋八月辛丑，共仲使卜齮贼公于武闱[①]。成季以僖公适邾[2]。共仲奔莒，乃入，立之。以赂求共仲于莒，莒人归之。及密，使公子鱼请[3]，不许。哭而往，共仲曰："奚斯之声也。"乃缢[4]。闵公，哀姜之娣叔姜之子也，故齐人立之。共仲通于哀姜，哀姜欲立之。闵公之死也，哀姜与知之，故孙于邾。齐人取而杀之于夷，以其尸归[5]。僖公请而葬之[6]。

① 宫中小门谓之闱。○ 共，音恭。闱，音韦，一音晖。　② 僖公，闵公庶兄，成风之子。　③ 密，鲁地。琅邪费县北有密如亭。公子鱼，奚斯也。○ 费，音祕，又扶未切。　④ 庆父之罪虽重，季子推亲亲之恩，欲同之叔牙，存孟氏之族，故略其罪，不书杀，又不书卒。○ 缢，一赐切。　⑤ 为僖元年，齐人杀哀姜《传》。夷，鲁地。○ 与，音预。孙，音逊。　⑥ 哀姜之罪已重，而僖公请其丧还者，外欲固齐以居厚，内存母子不绝之义，为国家之大计。

成季之将生也，桓公使卜楚丘之父卜之[1]。曰："男也。其名曰友，在公之右[2]，间于两社，为公室辅[3]。季氏亡则鲁不昌。"又筮之，遇《大有》䷍[4]之《乾》䷀[5]，曰："同复于父，敬如君所[6]。"及生，有文在其手曰"友"，遂以命之[7]。

① 卜楚丘，鲁掌卜大夫。　② 在右言用事。　③ 两社，周社、亳社。两社之间，朝廷执政所在。○ 亳，步各切。　④《乾》下《离》上，《大有》。　⑤《乾》下《乾》上，《乾》。《大有》六五变而为《乾》。　⑥ 筮者之辞也。《乾》为君父，《离》变为《乾》，故曰：同复于父，见敬与君同。⑦ 遂以为名。

冬十二月，狄人伐卫。卫懿公好鹤，鹤有乘轩者[1]。将战，国人受甲者皆曰："使鹤，鹤实有禄位，余焉能战！"公与石祁子玦，与甯庄子矢，使守[2]，曰："以此赞国，择利而为之[3]。"与夫人绣衣，曰："听于二子[4]。"渠孔御戎，子伯为右，黄夷前驱，孔婴齐殿[5]。及狄人战于荧泽，卫师败绩，遂灭卫[6]。卫侯不去其旗，是以甚败。狄人囚史华龙滑与礼孔以逐卫人。二人曰："我，大史也，实掌其祭，不先，国不可得也[7]。"乃先之。至则告守曰："不可待也[8]。"夜与国人出。狄入卫，遂从之，又败诸河[9]。

初，惠公之即位也少[10]，齐人使昭伯烝于宣姜。不可，强之[11]。生齐子、戴公、文公、宋桓夫人、许穆夫人。文公为卫之多患也，先適齐。及败，宋桓公逆诸河[12]，宵济[13]。卫之遗民男女七百有三十人，益之以共、滕之民为五千人[14]，立戴公以庐于曹[15]。许穆夫人赋《载驰》[16]。齐侯使公子无亏帅车三百乘、甲士三千人以戍曹[17]。归公乘马，祭服五称，牛羊豕鸡狗皆三百，与门材[18]。归夫人鱼轩[19]，重锦三十两[20]。

① 轩，大夫车。○ 好，呼报切。鹤，户各切。轩，许言切。　② 庄子，甯速也。玦，玉玦。○ 焉，於虔切。玦，古穴切。守，手又切，下告守及《注》同。　③ 赞，助也。玦，示以当决断；矢，示以御难。○ 断，丁乱切。难，乃旦切。　④ 取其文章顺序。　⑤《传》言卫侯失民有素，虽临事而戒，犹无所及。○ 殿，丁练切。　⑥ 此荧泽当在河北。君死国散，《经》不书灭者，狄不能赴。卫之君臣皆尽，无复文告，齐桓为之告诸侯，言狄已去，言卫之存，故但以入为文。○ 荧，户扃切。复，扶又切，下复逐同。为，于伪切，下文为卫同。　⑦ 夷狄畏鬼，故恐言当先白神。○ 去，起吕切，藏也；一云除也。华，户化切。大，音泰。恐，丘勇切。　⑧ 守，石、甯二大夫。　⑨ 卫将东走渡河，狄复逐而败之。　⑩ 盖年十五六。

○ 少,诗照切。 ⑪ 昭伯,惠公庶兄,宣公子顽也。昭伯不可。○ 烝,之承切。强,其丈切。 ⑫ 迎卫败众。 ⑬ 夜渡,畏狄。 ⑭ 共及滕,卫别邑。○ 共,音恭。 ⑮ 庐,舍也。曹,卫下邑。戴公名申,立,其年卒,而立文公。○ 庐,力居切。曹,《诗》作漕,音同。 ⑯《载驰》,《诗·卫风》也。许穆夫人痛卫之亡,思归,言之不可,故作诗以言志。○ 唁,音彦。 ⑰ 无亏,齐桓公子武孟也。车甲之赋异于常,故《传》别见之。○ 亏,去危切。乘,绳证切,下及《注》同。见,贤遍切。 ⑱ 归,遗也。四马曰乘。衣单复具曰称。门材,使先立门户。○ 称,尺证切。狗,音苟。遗,于季切。单,音丹。复,方服切。 ⑲ 鱼轩,夫人车,以鱼皮为饰。 ⑳ 重锦,锦之熟细者。以二丈双行,故曰两。三十两,三十匹也。

郑人恶高克,使帅师次于河上,久而弗召,师溃而归。高克奔陈[①]。郑人为之赋《清人》[②]。

① 高克,郑大夫也,好利而不顾其君,文公恶之而不能远,故使帅师而不召。○ 恶,乌路切,《注》同。好,呼报切。远,于万切。 ②《清人》,《诗·郑风》也,刺文公退臣不以道,危国亡师之本。○ 为,于伪切。

晋侯使大子申生伐东山皋落氏[①]。里克谏曰:"大子奉冢祀社稷之粢盛[②],以朝夕视君膳者也[③],故曰冢子。君行则守,有守则从,从曰抚军,守曰监国,古之制也。夫帅师,专行谋[④],誓军旅[⑤],君与国政之所图也,非大子之事也[⑥]。师在制命而已[⑦]。禀命则不威,专命则不孝。故君之嗣適不可以帅师。君失其官,帅师不威,将焉用之[⑧]?且臣闻皋落氏将战,君其舍之。"公曰:"寡人有子,未知其谁立焉。"不对而退。见大子，大子曰："吾其废乎？"对曰："告之以临民[9]，教之以军旅[10]，不共是惧，何故废乎？且子惧不孝，无惧弗得立，修己而不责人，则免于难。"

大子帅师，公衣之偏衣[11]，佩之金玦[12]。狐突御戎，先友为右[13]。梁馀子养御罕夷，先丹木为右[14]。羊舌大夫为尉[15]。先友曰："衣身之偏[16]，握兵之要[17]。在此行也，子其勉之。偏躬无慝[18]，兵要远灾[19]，亲以无灾，又何患焉！"狐突叹曰："时，事之征也[20]。衣，身之章也[21]。佩，衷之旗也[22]。故敬其事则命以始[23]，服其身则衣之纯[24]，用其衷则佩之度[25]。今命以时卒，閟其事也[26]；衣之尨服，远其躬也[27]，佩以金玦，弃其衷也。服以远之，时以閟之，尨凉冬杀，金寒玦离，胡可恃也[28]？虽欲勉之，狄可尽乎？"梁馀子养曰："帅师者受命于庙，受脤于社[29]，有常服矣。不获而尨，命可知也[30]。死而不孝，不如逃之。"罕夷曰："尨奇无常[31]，金玦不复，虽复何为？君有心矣[32]。"先丹木曰："是服也，狂夫阻之[33]。曰'尽敌而反'[34]，敌可尽乎！虽尽敌，犹有内谗，不如违之[35]。"狐突欲行[36]。羊舌大夫曰："不可。违命不孝，弃事不忠，虽知其寒，恶不可取，子其死之[37]。"大子将战，狐突谏曰："不可。昔辛伯谂周桓公[38]云：'内宠并后，外宠二政，嬖子配適，大都耦国，乱之本也。'周公弗从，故及于难。今乱本成矣[39]，立可必乎？孝而安民，子其图之[40]，与其危身以速罪也[41]。"

① 赤狄别种也。皋落，其氏族。○ 皋，古刀切。种，章勇切。② 里克，晋大夫。冢，大也。○ 粢，音咨。盛，音成。 ③ 膳，厨膳。○ 朝，如字，又张遥切。膳，市战切。 ④ 帅师者必专谋军事。○ 守，手

又切,下同。从,才用切,下同。监,古衔切。 ⑤ 宣号令也。 ⑥ 国政,正卿。 ⑦ 命,将军所制。 ⑧ 大子统师,是失其官也。专命则不孝,是为帅必不威也。○ 適,丁历切,本又作嫡,下配適同。焉,於虔切。⑨ 谓居曲沃。 ⑩ 谓将下军。○ 将,子匠切,下将上军并同。⑪ 偏衣,左右异色,其半似公服。○ 共,音恭,本又作供。难,乃旦切,下同。公衣之偏,於既切。下衣身之偏、衣之纯、衣之尨服,《注》衣之,同。⑫ 以金为玦。 ⑬ 狐突,伯行,重耳外祖父也,为申生御。申生以大子将上军。 ⑭ 罕夷,晋下军卿也。梁馀子养为罕夷御。 ⑮ 羊舌大夫,叔向祖父也。尉,军尉。○ 向,许丈切。 ⑯ 偏,半也。 ⑰ 谓佩金玦,将上军。 ⑱ 分身衣之半,非恶意也。○ 慝,他得切。 ⑲ 威权在己,可以远害。○ 远,于万切,《注》及下同。 ⑳ 叹,以先友为不知君心。 ㉑ 章贵贱。 ㉒ 旗,表也,所以表明其中心。○ 衷,音忠。旗,音其。 ㉓ 赏以春夏。 ㉔ 必以纯色为服。 ㉕ 衷,中也。佩玉者,士君子常度。 ㉖ 冬十二月,闷尽之时。○ 闷,音秘。 ㉗ 尨,杂色。○ 尨,莫江切。 ㉘ 寒、凉、杀、离,言无温润。玦如环而缺,不连。 ㉙ 脤,宜社之肉,盛以脤器。○ 脤,市轸切。盛,音成。 ㉚ 韦弁服,军之常也。尨,偏衣。 ㉛ 杂色奇怪,非常之服。 ㉜ 有害大子之心。 ㉝ 阻,疑也。言虽狂夫犹知有疑。○ 阻,庄吕切。㉞ 曰,公辞。○ 尽,子忍切,下尽敌同。 ㉟ 违,去也。 ㊱ 行,亦去也。 ㊲ 寒,薄也。 ㊳ 谂,告也。事在桓十八年。○ 谂,音审;《说文》云,深谋。 ㊴ 骊姬为内宠,二五为外宠,奚齐为嬖子,曲沃为大都,故曰乱本成矣。 ㊵ 奉身为孝,不战为安民。 ㊶ 有功益见害,故言孰与危身以召罪。

成风闻成季之繇,乃事之①,而属僖公焉,故成季立之。

① 成风,庄公之妾,僖公之母也。繇,卦兆之占辞。○ 繇,直救切。属,章欲切。

僖之元年，齐桓公迁邢于夷仪。二年，封卫于楚丘。邢迁如归，卫国忘亡[①]。

① 忘其灭亡之困。

卫文公大布之衣，大帛之冠[①]，务材训农，通商惠工[②]，敬教劝学，授方任能[③]。元年革车三十乘，季年乃三百乘[④]。

① 大布，粗布。大帛，厚缯。盖用诸侯谅闇之服。〇《释文》：卫文公大布之衣，本或作衣大布之衣，误。缯，疾陵切。谅，音良，又音亮。
② 加惠于百工，赏其利器用。　③ 方，百事之宜也。　④ 卫文公以此年冬立，齐桓公始平鲁乱，故《传》因言齐之所以霸，卫之所由兴。革车，兵车。季年，在僖二十五年。盖招怀迸散，故能致十倍之众。〇 乘，绳证切，下同。迸，檗诤切。

春秋经传集解第五

僖公上

○ 僖公名申，庄公之子，闵公之兄，母成风。《谥法》，小心畏忌曰僖。

经

元年春，王正月。

齐师、宋师、曹师次于聂北，救邢[①]。

夏六月，邢迁于夷仪[②]。

齐师、宋师、曹师城邢[③]。

秋七月戊辰，夫人姜氏薨于夷，齐人以归[④]。

楚人伐郑[⑤]。

八月，公会齐侯、宋公、郑伯、曹伯、邾人于柽[⑥]。

九月，公败邾师于偃[⑦]。

冬十月壬午，公子友帅师败莒师于郦，获莒挐[⑧]。

十有二月丁巳，夫人氏之丧至自齐[⑨]。

① 齐帅诸侯之师救邢，次于聂北者，案兵观衅以待事也。次例在庄三年。聂北，邢地。○ 聂，女辄切。衅，许觐切。　② 邢迁如归，故以自迁为辞。夷仪，邢地。　③《传》例曰：救患分灾，礼也。一事而再列三国，于文不可言诸侯师故。　④《传》在闵二年，不言齐人杀，讳之。书地者，明在外薨。　⑤ 荆始改号曰楚。　⑥ 柽，宋地。陈国陈县西北有柽

城。公及其会而不书盟，还不以盟告。○ 柽，敕呈切。　⑦ 偃，邾地。⑧ 郦，鲁地。挐，莒子之弟。不书弟者，非卿。非卿则不应书，嘉季友之功，故特书其所获。大夫生死皆曰获。获例在昭二十三年。○ 郦，力知切。挐，女居切，又女加切。　⑨ 僖公请而葬之，故告于庙而书丧至也。齐侯既杀哀姜，以其尸归，绝之于鲁。僖公请其丧而还，不称姜，阙文。

传

元年春，不称即位，公出故也①。公出复入，不书，讳之也。讳国恶，礼也②。

① 国乱，身出复入，故即位之礼有阙。○ 复，扶又切，下文同。② 掩恶扬善，义存君亲，故通有讳例，皆当时臣子率意而隐，故无深浅常准。圣贤从之以通人理，有时而听之可也。○ 准，之尹切。

诸侯救邢①。邢人溃，出奔师②。师遂逐狄人，具邢器用而迁之，师无私焉③。

① 实大夫而曰诸侯，总众国之辞。　② 奔聂北之师也。邢溃不书，不告也。○ 溃，户内切。　③ 皆撰具还之，无所私取。○ 撰，仕眷切，又仕转切。

夏，邢迁于夷仪，诸侯城之，救患也。凡侯伯救患分灾讨罪，礼也①。

① 侯伯，州长也。分穀帛。○ 分，甫问切，又如字。长，丁丈切。

秋，楚人伐郑，郑即齐故也。盟于荦，谋救郑也[1]。

① 荦即柽也，地有二名。○ 荦，音洛，又力角切。

九月，公败邾师于偃，虚丘之戍将归者也[1]。

① 虚丘，邾地。邾人既送哀姜还，齐人杀之，因戍虚丘，欲以侵鲁。公以义求齐，齐送姜氏之丧。邾人惧，乃归，故公要而败之。○ 虚，起居切。要，於遥切。

冬，莒人来求赂[1]。公子友败诸郦，获莒子之弟挐。非卿也，嘉获之也[2]。公赐季友汶阳之田，及费[3]。

① 来还庆父之赂。　② 莒既不能为鲁讨庆父，受鲁之赂而又重来，其求无厌，故嘉季友之获而书之。○ 为，于伪切。重，直用切。厌，於盐切。③ 汶阳田，汶水北地。汶水出泰山莱芜县西，入济。○ 汶，音问。费，音祕。莱，音来。

夫人氏之丧至自齐。君子以齐人之杀哀姜也为已甚矣，女子，从人者也[1]。

① 言女子有三从之义。在夫家有罪，非父母家所宜讨也。

经

二年春，王正月，城楚丘[1]。

夏五月辛巳，葬我小君哀姜[2]。

虞师、晋师灭下阳[3]。

秋九月，齐侯、宋公、江人、黄人盟于贯[4]。

冬十月，不雨[5]。

楚人侵郑。

① 楚丘，卫邑。不言城卫，卫未迁。　② 无《传》。反哭成丧，故称小君。例在定十五年。　③ 下阳，虢邑，在河东大阳县。晋于此始赴，见《经》。灭例在襄十三年。○ 大，音泰，一音如字。见，贤遍切。　④ 贯，宋地。梁国蒙县西北有贳城。贳与贯，字相似。江国在汝南安阳县。○ 贯，古乱切。贳，市夜切，又音世。　⑤《传》在三年。

传

二年春，诸侯城楚丘而封卫焉[1]。不书所会，后也[2]。

① 君死国灭，故《传》言封。　② 诸侯既罢，而鲁后至，讳不及期，故以独城为文。

晋荀息请以屈产之乘，与垂棘之璧，假道于虞以伐虢[1]。公曰："是吾宝也。"对曰："若得道于虞，犹外府也。"公曰："宫之奇存焉[2]。"对曰："宫之奇之为人也，懦而不能强谏[3]，且少长于君，君暱之，虽谏，将不听[4]。"乃使荀息假道于虞，曰："冀为不道，入自颠軨，伐鄍三门[5]。冀之既病，则亦唯君故[6]。今虢为不道，保于逆旅[7]，以侵敝邑之南鄙。敢请假道以请罪于虢[8]。"虞公许之，且请先伐虢[9]。宫之奇谏，不听，遂起师。夏，晋里克、荀息帅师会虞师伐虢，灭下阳[10]。

先书虞,贿故也[11]。

① 荀息,荀叔也。屈地生良马,垂棘出美玉,故以为名。四马曰乘。自晋适虢,途出于虞,故借道。○ 屈,求勿切,又居勿切,《注》同。乘,绳证切。② 宫之奇,虞忠臣。○ 奇,其宜切。 ③ 懦,弱也。○ 懦,本又作燸,乃乱切,又乃货切;《字林》作偄,音乃乱切。强,其良切,又其丈切。 ④ 亲而狎之,必轻其言。○ 少,诗照切。长,丁丈切。暱,女乙切。 ⑤ 前是冀伐虞至鄍。鄍,虞邑。河东大阳县东北有颠軨坂。○ 軨,音零。鄍,亡丁切。坂,音反。 ⑥ 言虞报伐冀使病。将欲假道,故称虞强以说其心。冀,国名,平阳皮氏县东北有冀亭。○ 说,音悦。 ⑦ 逆旅,客舍也。虢稍遣人分依客舍,以聚众抄晋边邑。○ 抄,初孝切,又楚稍切,强取物。⑧ 问虢伐己以何罪。 ⑨ 喜于厚赂而欲求媚。 ⑩ 晋犹主兵,不信虞。 ⑪ 虞非倡兵之首而先书之,恶贪贿也。○ 贿,呼罪切。恶,乌路切。

秋,盟于贯,服江、黄也[1]。

① 江、黄,楚与国也,始来服齐,故为合诸侯。○ 为,于伪切,下同。

齐寺人貂始漏师于多鱼[1]。

① 寺人,内奄官竖貂也。多鱼,地名,阙。齐桓多嬖宠,内则如夫人者六人,外则幸竖貂、易牙之等,终以此乱国。《传》言貂于此始擅贵宠,漏泄桓公军事,为齐乱张本。○ 寺,如字,又音侍。貂,音雕。竖,上主切。擅,时战切。泄,息列切,又以制切。

虢公败戎于桑田[1]。晋卜偃曰:"虢必亡矣,亡下阳不惧，而又有功，是天夺之鉴[②]，而益其疾也[③]。必易晋而不抚其民矣，不可以五稔[④]。”

① 桑田，虢地，在弘农陕县东北。 ② 鉴，所以自照。 ③ 骄则生疾。 ④ 稔，熟也，为下五年晋灭虢张本。〇 易，以豉切。稔，人甚切。

冬，楚人伐郑，鬥章囚郑聃伯[①]。

①《经》书侵，《传》言伐。本以伐兴，权行侵掠，为后年楚伐郑，郑伯欲成张本。〇 聃，乃甘切。掠，音亮。

经

三年春，王正月，不雨。

夏四月，不雨[①]。

徐人取舒[②]。

六月，雨[③]。

秋，齐侯、宋公、江人、黄人会于阳穀[④]。

冬，公子友如齐涖盟[⑤]。

楚人伐郑。

① 一时不雨则书首月。《传》例曰：不曰旱，不为灾。 ② 无《传》。徐国，在下邳僮县东南。舒国，今庐江舒县。胜国而不用大师，亦曰取。例在襄十三年。〇 邳，皮悲切。僮，音童。庐，力居切。 ③ 示旱不竟夏。④ 阳穀，齐地，在东平须昌县北。 ⑤ 涖，临也。〇 涖，音利，又音类。

传

三年春，不雨。夏六月，雨。自十月不雨至于五月，不曰旱，不为灾也①。

① 周六月，夏四月，于播种苗稼无损。○ 夏，户雅切。

秋，会于阳穀，谋伐楚也①。

① 二年楚侵郑故。

齐侯为阳穀之会，来寻盟。冬，公子友如齐涖盟①。

① 公时不会阳穀，故齐侯自阳穀遣人诣鲁来寻盟。鲁使上卿诣齐受盟，谦也。○ 为，于伪切。

楚人伐郑，郑伯欲成，孔叔不可。曰："齐方勤我①，弃德不祥②。"

① 孔叔，郑大夫。勤，恤郑难。○ 难，乃旦切。 ② 祥，善也。

齐侯与蔡姬乘舟于囿，荡公①。公惧变色，禁之不可。公怒，归之，未之绝也。蔡人嫁之②。

① 蔡姬，齐侯夫人。荡，摇也。囿，苑也。盖鱼池在苑中。○ 囿，音又。 ② 为明年齐侵蔡《传》。

经

四年春，王正月，公会齐侯、宋公、陈侯、卫侯、郑伯、许男、曹伯侵蔡。蔡溃①。遂伐楚，次于陉②。

夏，许男新臣卒③。

楚屈完来盟于师，盟于召陵④。

齐人执陈辕涛涂⑤。

秋，及江人、黄人伐陈⑥。

八月，公至自伐楚⑦。

葬许穆公。

冬十有二月，公孙兹帅师会齐人、宋人、卫人、郑人、许人、曹人侵陈⑧。

① 民逃其上曰溃，例在文三年。 ② 遂，两事之辞。楚强，齐欲绥之以德，故不速进而次陉。陉，楚地，颍川召陵县南有陉亭。○ 陉，音刑。召，上照切。 ③ 未同盟而赴以名。 ④ 屈完，楚大夫也。楚子遣完如师以观齐。屈完覩齐之盛，因而求盟，故不称使，以完来盟为文，齐桓退舍以礼楚，故盟召陵。召陵，颍川县也。 ⑤ 辕涛涂，陈大夫。○ 辕，本亦作袁。涛，音桃。 ⑥ 受齐命讨陈之罪而以与谋为文者，时齐不行，使鲁为主。与谋例在宣七年。○ 与，音预，下同。 ⑦ 无《传》。告于庙。⑧ 公孙兹，叔牙子叔孙戴伯。

传

四年春，齐侯以诸侯之师侵蔡，蔡溃，遂伐楚。楚子使与师言曰："君处北海，寡人处南海，唯是风马牛不相及也①。不虞君之涉吾地也，何故？"管仲对曰："昔召康公命我先君大公[②]曰：'五侯九伯，女实征之，以夹辅周室[③]。'赐我先君履，东至于海，西至于河，南至于穆陵，北至于无棣[④]。尔贡包茅不入，王祭不共，无以缩酒，寡人是征[⑤]。昭王南征而不复，寡人是问[⑥]。"对曰："贡之不入，寡君之罪也，敢不共给。昭王之不复，君其问诸水滨[⑦]。"师进，次于陉[⑧]。

夏，楚子使屈完如师[⑨]。师退，次于召陵[⑩]。齐侯陈诸侯之师，与屈完乘而观之[⑪]。齐侯曰："岂不穀是为？先君之好是继。与不穀同好如何[⑫]？"对曰："君惠徼福于敝邑之社稷，辱收寡君，寡君之愿也。"齐侯曰："以此众战，谁能御之？以此攻城，何城不克？"对曰："君若以德绥诸侯，谁敢不服？君若以力，楚国方城以为城，汉水以为池[⑬]，虽众，无所用之。"屈完及诸侯盟。

① 楚界犹未至南海，因齐处北海，遂称所近。牛马风逸，盖末界之微事，故以取喻。○ 近，附近之近。　② 召康公，周大保召公奭也。○ 大，音泰，《注》同。奭，音释。　③ 五等诸侯，九州之伯，皆得征讨其罪。齐桓因此命以夸楚。○ 女，音汝。夹，古洽切，旧古协切。夸，苦瓜切。④ 穆陵、无棣皆齐竟也。履，所践履之界。齐桓又因以自言其盛。○ 棣，大计切。竟，音境，下同。　⑤ 包，裹束也。茅，菁茅也。束茅而灌之以酒为缩酒。《尚书》：包匦菁茅。茅之为异未审。○ 共，本亦作供，音恭，下及《注》同。缩，所六切。裹，音果。菁，子丁切。包，或作苞。匦，本或作轨，音同。　⑥ 昭王，成王之孙，南巡守，涉汉，船坏而溺。周人讳而不赴，诸侯不知其故，故问之。○ 守，手又切。溺，乃历切。　⑦ 昭王时，汉非楚竟，故不受罪。○ 滨，音宾。　⑧ 楚不服罪，故复进师。○ 复，扶又切。⑨ 如陉之师，观强弱。　⑩ 完请盟故。　⑪ 乘，共载。○ 乘，绳证切，《注》同。　⑫ 言诸侯之附从非为己，乃寻先君之好，谦而自广，因求

与楚同好。孤、寡、不穀，诸侯谦称。○ 为，于伪切，《注》同。好，呼报切，下及《注》同。称，尺证切。　⑬ 方城山在南阳叶县南，以言竟土之远。汉水出武都，至江夏南入江，言其险固以当城池。○ 徼，古尧切，要也。汉水以为池，一本或作汉以为池，水衍字。叶，始涉切。当，丁浪切。

陈辕涛涂谓郑申侯曰："师出于陈、郑之间，国必甚病①。若出于东方，观兵于东夷，循海而归，其可也②。"申侯曰："善。"涛涂以告，齐侯许之③。申侯见，曰："师老矣，若出于东方而遇敌，惧不可用也。若出于陈、郑之间，共其资粮屝屦，其可也④。"齐侯说，与之虎牢⑤。执辕涛涂。秋，伐陈，讨不忠也⑥。

① 申侯，郑大夫。当有共给之费故。○ 费，芳味切。　② 东夷，郯、莒、徐夷也。观兵，示威。○ 郯，音谈。　③ 许出东方。　④ 屝，草屦。○ 见，贤遍切。粮，音良。屝，符费切。　⑤ 还以郑邑赐之。○ 说，音悦。　⑥ 以涛涂为误军道。

许穆公卒于师，葬之以侯，礼也①。凡诸侯薨于朝会，加一等②；死王事，加二等③。于是有以衮敛④。

① 男而以侯礼，加一等。　② 诸侯命有三等：公为上等，侯、伯为中等，子、男为下等。　③ 谓以死勤事。　④ 衮衣，公服也，谓加二等。○ 衮，古本切。敛，力验切。

冬，叔孙戴伯帅师，会诸侯之师侵陈。陈成，归辕涛涂①。

① 陈服罪，故归其大夫。戴，谥也。

初，晋献公欲以骊姬为夫人，卜之不吉，筮之吉。公曰："从筮。"卜人曰："筮短龟长，不如从长①。且其繇曰：'专之渝，攘公之羭②。一薰一莸，十年尚犹有臭③。'必不可。"弗听。立之，生奚齐。其娣生卓子。及将立奚齐，既与中大夫成谋，姬谓大子曰："君梦齐姜，必速祭之④。"大子祭于曲沃，归胙于公⑤。公田，姬寘诸宫六日。公至，毒而献之⑥。公祭之地，地坟；与犬，犬毙；与小臣，小臣亦毙。姬泣曰："贼由大子。"大子奔新城⑦。公杀其傅杜原款。或谓大子："子辞，君必辩焉⑧。"大子曰："君非姬氏，居不安，食不饱。我辞，姬必有罪。君老矣，吾又不乐⑨。"曰："子其行乎！"大子曰："君实不察其罪，被此名也以出，人谁纳我？"十二月戊申，缢于新城。姬遂谮二公子曰："皆知之。"重耳奔蒲，夷吾奔屈⑩。

① 物生而后有象，象而后有滋，滋而后有数。龟象筮数，故象长数短。○ 如，依字读；或音而据切。　② 繇，卜兆辞。渝，变也。攘，除也。羭，美也。言变乃除公之美。○ 繇，直救切。渝，羊朱切，下羭同音。攘，如羊切。　③ 薰，香草。莸，臭草。十年有臭，言善易消，恶难除。○ 薰，许云切。莸，音由。易，以豉切。　④ 齐姜，大子母，言求食。○ 卓，吐浊切。　⑤ 胙，祭之酒肉。○ 胙，才故切。　⑥ 毒酒经宿辄败，而经六日，明公之惑。○ 寘，之豉切。　⑦ 新城，曲沃。○ 坟，扶粉切。毙，婢世切。　⑧ 以六日之状自理。○ 款，苦管切。辩，兵免切。　⑨ 吾自理则姬死，姬死则君必不乐。不乐，为由吾也。○ 乐，音洛，《注》同。⑩ 二子时在朝，为明年晋杀申生《传》。○ 被，皮寄切，又皮绮切。缢，一赐

切。谮，侧鸩切。

经

五年春，晋侯杀其世子申生①。

杞伯姬来，朝其子②。

夏，公孙兹如牟③。

公及齐侯、宋公、陈侯、卫侯、郑伯、许男、曹伯会王世子于首止④。

秋八月，诸侯盟于首止⑤。

郑伯逃归，不盟⑥。

楚人灭弦，弦子奔黄⑦。

九月戊申朔，日有食之⑧。

冬，晋人执虞公⑨。

① 称晋侯，恶用谗。书春，从告。○ 恶，乌路切。　② 无《传》。伯姬来宁，宁成风也。朝其子者，时子年在十岁左右，因有诸侯，子得行朝义，而卒不成朝礼，故系于母而曰朝其子。○ 杞伯姬来，绝句。来，归宁。朝其子，犹言其子朝。　③ 叔孙戴伯娶于牟。卿非君命不越竟，故奉公命聘于牟，因自为逆。○ 竟，音境。为，于伪切。　④ 惠王大子郑也。不名而殊会，尊之也。首止，卫地。陈留襄邑县东南有首乡。　⑤ 间无异事，复称诸侯者，王世子不盟故也。王之世子尊与王同，齐桓行霸，翼戴天子，尊崇王室，故殊贵世子。○ 复，扶又切。　⑥ 逃其师而归也。逃例在文三年。　⑦ 弦国在弋阳轪县东南。○ 轪，音大。　⑧ 无《传》。⑨ 虞公贪璧、马之宝，距绝忠谏，称人以执，同于无道于其民之例。例在成十五年。所以罪虞，且言易也。晋侯修虞之祀而归其职贡于王，故不以灭同姓为讥。○ 易，以豉切。

传

五年春，王正月辛亥朔，日南至[①]。公既视朔，遂登观台以望。而书，礼也[②]。凡分、至、启、闭，必书云物[③]，为备故也[④]。

① 周正月，今十一月。冬至之日，日南极。　② 视朔，亲告朔也。观台，台上构屋可以远观者也。朔旦冬至，历数之所始。治历者因此则可以明其术数，审别阴阳，叙事训民。鲁君不能常修此礼，故善公之得礼。○ 观，古乱切，《注》同。台以望，绝句。而书，本或作而书云物，非也。别，彼列切。　③ 分，春秋分也。至，冬夏至也。启，立春、立夏。闭，立秋、立冬。云物，气色灾变也。《传》重申周典。不言公者，日官掌其职。○ 重，直用切。　④ 素察妖祥，逆为之备。

晋侯使以杀大子申生之故来告[①]。初，晋侯使士芳为二公子筑蒲与屈，不慎，寘薪焉[②]。夷吾诉之。公使让之[③]。士芳稽首而对曰："臣闻之，无丧而慼，忧必雠焉[④]。无戎而城，雠必保焉[⑤]。寇雠之保，又何慎焉！守官废命不敬，固雠之保不忠，失忠与敬，何以事君？《诗》云：'怀德惟宁，宗子惟城[⑥]。'君其修德而固宗子，何城如之[⑦]？三年将寻师焉，焉用慎[⑧]？"退而赋曰："狐裘龙茸，一国三公，吾谁適从[⑨]？"及难，公使寺人披伐蒲。重耳曰："君父之命不校。"乃徇曰："校者吾雠也。"逾垣而走。披斩其祛，遂出奔翟[⑩]。

① 释《经》必须告乃书。　② 不谨慎。○ 为，于伪切，下乃为同。寘，之豉切。　③ 谴让之。○ 谴，弃战切。　④ 雠，犹对也。⑤ 保而守之。　⑥《诗·大雅》。怀德以安，则宗子之固若城。⑦ 言城不如固宗子。　⑧ 寻，用也。○ 焉，於虔切。　⑨ 士芳自作

诗也。龙茸,乱貌。公与二公子为三,言城不坚则为公子所诉,为公所让;坚之则为固雠不忠,无以事君,故不知所从。○ 龙,莫江切,又音蒙。茸,如容切。适,丁历切。　⑩ 祛,袂也。○ 难,乃旦切。披,普皮切。校,音教。徇,似俊切。垣,音袁。祛,起鱼切。翟,音狄。袂,面世切。

夏,公孙兹如牟,娶焉[1]。

① 因聘而娶,故《传》实其事。○ 娶,本或作取,七喻切。

会于首止,会王大子郑,谋宁周也[1]。

① 惠王以惠后故,将废大子郑而立王子带,故齐桓帅诸侯会王大子以定其位。

陈辕宣仲怨郑申侯之反己于召陵[1],故劝之城其赐邑[2],曰:"美城之,大名也,子孙不忘。吾助子请。"乃为之请于诸侯而城之,美[3]。遂谮诸郑伯曰:"美城其赐邑,将以叛也。"申侯由是得罪[4]。

① 宣仲,辕涛涂。　② 齐桓所赐虎牢。　③ 楼橹之备美设。○ 美城之,绝句。橹,音鲁。　④ 为七年郑杀申侯《传》。

秋,诸侯盟。王使周公召郑伯,曰:"吾抚女以从楚,辅之以晋,可以少安[1]。"郑伯喜于王命而惧其不朝于齐也,故逃归不盟。孔叔止之曰:"国君不可以轻,轻则失亲[2]。失亲患必至,病而乞盟,所丧多矣,君必悔之。"弗听,逃其师而归[3]。

① 周公，宰孔也。王恨齐桓定大子之位，故召郑伯使叛齐也。晋、楚不服于齐，故以镇安郑。〇 秋，诸侯盟，本或此下更有“于首止”三字，非。女，音汝。② 孔叔，郑大夫。亲，党援也。〇 轻，遣正切，下同。 ③ 〇 丧，息浪切。

楚鬥穀於菟灭弦，弦子奔黄。于是江、黄、道、柏方睦于齐，皆弦姻也[①]，弦子恃之而不事楚，又不设备，故亡。

① 姻，外亲也。道国在汝南安阳县南。柏，国名，汝南西平县有柏亭。

晋侯复假道于虞以伐虢。宫之奇谏曰：“虢，虞之表也。虢亡，虞必从之。晋不可启，寇不可玩[①]，一之谓甚，其可再乎[②]？谚所谓‘辅车相依，唇亡齿寒’者，其虞、虢之谓也[③]。”公曰：“晋，吾宗也。岂害我哉？”对曰：“大伯、虞仲，大王之昭也。大伯不从，是以不嗣[④]。虢仲、虢叔，王季之穆也[⑤]，为文王卿士，勋在王室，藏于盟府[⑥]。将虢是灭，何爱于虞。且虞能亲于桓、庄乎，其爱之也？桓、庄之族何罪，而以为戮，不唯偪乎[⑦]？亲以宠偪，犹尚害之，况以国乎？”公曰：“吾享祀丰絜，神必据我[⑧]。”对曰：“臣闻之，鬼神非人实亲，惟德是依。故《周书》曰：‘皇天无亲，惟德是辅[⑨]。’又曰：‘黍稷非馨，明德惟馨[⑩]。’又曰：‘民不易物，惟德繄物[⑪]。’如是，则非德民不和，神不享矣。神所冯依，将在德矣。若晋取虞而明德以荐馨香，神其吐之乎？”弗听，许晋使。宫之奇以其族行[⑫]，曰：“虞不腊矣[⑬]，在此行也，晋不更举矣[⑭]。”

八月甲午，晋侯围上阳[⑮]。问于卜偃曰：“吾其济乎？”对曰:“克之。”公曰:“何时?”对曰:“童谣云:‘丙之晨,龙尾伏辰⑯,均服振振,取虢之旂⑰。鹑之贲贲,天策焞焞,火中成军,虢公其奔⑱。’其九月、十月之交乎⑲。丙子旦,日在尾,月在策⑳,鹑火中,必是时也。”

冬十二月丙子朔,晋灭虢,虢公醜奔京师㉑。师还,馆于虞,遂袭虞,灭之,执虞公及其大夫井伯,以媵秦穆姬㉒。而修虞祀,且归其职贡于王㉓。故书曰:“晋人执虞公。”罪虞,且言易也㉔。

① 玩,习也。○ 复,扶又切,下六年同。　② 为二年假晋道灭下阳。③ 辅,颊辅。车,牙车。○ 车,尺奢切。　④ 大伯、虞仲皆大王之子,不从父命,俱让適吴。仲雍支子别封西吴,虞公其后也。穆生昭,昭生穆,以世次计。故大伯、虞仲于周为昭。○ 大,音泰,下及《注》同。昭,上饶切,《注》同,后昭穆仿此。　⑤ 王季者,大伯、虞仲之母弟也。虢仲、虢叔,王季之子,文王之母弟也。仲、叔皆虢君字。　⑥ 盟府,司盟之官。⑦ 桓叔、庄伯之族,晋献公之从祖昆弟,献公患其偪,尽杀之。事在庄二十五年。○ 偪,彼力切。　⑧ 据犹安也。○ 享,兴两切。　⑨《周书》,逸《书》。　⑩ 馨,香之远闻。○ 闻,音问,又如字。　⑪ 黍、稷、牲、玉,无德则不见飨,有德则见飨,言物一而异用。○ 繄,乌兮切,是也。⑫ 行,去也。○ 冯,皮冰切,下《注》同。使,所吏切。　⑬ 腊,岁终祭众神之名。○ 腊,力盍切。　⑭ 不更举兵。　⑮ 上阳,虢国都,在弘农陕县东南。　⑯ 龙尾,尾星也,日月之会曰辰。日在尾,故尾星伏不见。○ 谣,音遥。见,贤遍切。　⑰ 戎事上下同服。振振,盛貌。旂,军之旌旗。○ 均,如字,同也;《字林》作袀,音同。振,音真,《注》同。　⑱ 鹑,鹑火星也。贲贲,鸟星之体也。天策,傅说星。时近日,星微。焞焞,无光耀也。言丙子平旦,鹑火中,军事有成功也。此已上皆童谣言也。童龀之子,未有念虑之感,而会成嬉戏之言,似若有冯者,其言或中或否。博览之

士，能惧思之人，兼而志之，以为鉴戒，以为将来之验，有益于世教。〇 鹑，述春切，又常伦切。贲，音奔。焞，他门切。说，音悦。近，附近之近。上，时掌切。龀，初问切，又耻问切，毁齿也。嬉，许宜切。中，丁仲切。　⑲ 以星验推之，知九月、十月之交，谓夏之九月、十月也。交，晦朔交会。〇 夏，户雅切，下同。　⑳ 是夜日月合朔于尾，月行疾，故至旦而过在策。㉑ 不书，不告也。周十二月，夏之十月。　㉒ 秦穆姬，晋献公女。送女曰媵，以屈辱之。　㉓ 虞所命祀。　㉔ 〇 易，以豉切。

经

六年春，王正月。

夏，公会齐侯、宋公、陈侯、卫侯、曹伯伐郑，围新城[①]。

秋，楚人围许[②]。

诸侯遂救许[③]。

冬，公至自伐郑[④]。

① 新城，郑新密。今荥阳密县。　② 楚子不亲围，以围者告。③ 皆伐郑之诸侯，故不复更叙。　④ 无《传》。

传

六年春，晋侯使贾华伐屈，夷吾不能守，盟而行[①]。将奔狄。郤芮曰："后出同走，罪也[②]。不如之梁。梁近秦而幸焉。"乃之梁[③]。

① 贾华，晋大夫。非不欲校，力不能守，言不如重耳之贤。　② 嫌与重耳同谋而相随。〇 郤，去逆切。芮，如锐切。　③ 以梁为秦所亲幸，秦既大国，且穆姬在焉，故欲因以求入。〇 近，附近之近。

夏，诸侯伐郑，以其逃首止之盟故也[①]。围新密，郑所以不时城也[②]。

① 首止盟在五年。　② 实新密而《经》言新城者，郑以非时兴土功。齐桓声其罪以告诸侯。

秋，楚子围许以救郑。诸侯救许，乃还。冬，蔡穆侯将许僖公以见楚子于武城[①]。许男面缚衔璧，大夫衰绖，士舆榇[②]。楚子问诸逢伯[③]。对曰："昔武王克殷，微子启如是[④]。武王亲释其缚，受其璧而祓之[⑤]。焚其榇，礼而命之，使复其所。"楚子从之。

① 楚子退舍武城，犹有忿志，而诸侯各罢兵，故蔡将许君归楚。武城，楚地，在南阳宛县北。○ 见，贤遍切。罢，扶骂切，又扶买切。宛，於元切。② 缚手于后，唯见其面，以璧为贽，手缚故衔之。榇，棺也。将受死，故衰绖。○ 衰，七雷切。绖，直结切，《注》同。榇，初觐切。贽，本又作质，音置，又如字。缚，如字，旧扶卧切。　③ 逢伯，楚大夫。　④ 微子启，纣庶兄，宋之祖也。　⑤ 祓，除凶之礼。○ 祓，芳弗切；徐音废。

经

七年春，齐人伐郑。

夏，小邾子来朝[①]。

郑杀其大夫申侯[②]。

秋七月，公会齐侯、宋公、陈世子款、郑世子华，盟于甯母[③]。

曹伯班卒[4]。

公子友如齐[5]。

冬，葬曹昭公[6]。

① 无《传》。郳犁来始得王命而来朝也。郳之别封，故曰小邾。 ② 申侯，郑卿。专利而不厌，故称名以杀，罪之也。例在文六年。○ 厌，於盐切，《传》同。 ③ 高平方与县东有泥母亭，音如甯。○ 母，如字，又音无，《注》同。方，音房。与，音预。泥，乃丽切，又音甯；王，奴兮切。 ④ 无《传》。五年同盟于首止。 ⑤ 无《传》。罢盟而聘，谢不敏也。 ⑥ 无《传》。

传

七年春，齐人伐郑，孔叔言于郑伯曰："谚有之曰：'心则不竞，何惮于病[1]。'既不能强，又不能弱，所以毙也。国危矣，请下齐以救国。"公曰："吾知其所由来矣。姑少待我[2]。"对曰："朝不及夕，何以待君？"夏，郑杀申侯以说于齐，且用陈辕涛涂之谮也[3]。

初，申侯，申出也[4]，有宠于楚文王。文王将死，与之璧，使行，曰："唯我知女，女专利而不厌，予取予求，不女疵瑕也[5]。后之人将求多于女[6]，女必不免。我死，女必速行。无适小国，将不女容焉[7]。"既葬，出奔郑，又有宠于厉公。子文闻其死也，曰："古人有言曰：'知臣莫若君。'弗可改也已。"

① 竞，强也。惮，难也。○ 惮，徒旦切。难，乃旦切，下及八年《经》、《传》并同。 ② 欲以申侯说。○ 下，户嫁切。 ③ 涛涂谮在五年。

○ 朝，如字。　④ 姊妹之子为出。　⑤ 从我取，从我求，我不以女为罪衅。○ 女，音汝，下皆同。疵，似斯切，又疾移切。衅，许靳切，下同。⑥ 谓嗣君也。求多，以礼义大望责之。　⑦ 政狭法峻。○ 狭，音洽。

秋，盟于甯母，谋郑故也。管仲言于齐侯曰："臣闻之，招携以礼，怀远以德[1]，德礼不易，无人不怀。"齐侯修礼于诸侯，诸侯官受方物[2]。

郑伯使大子华听命于会。言于齐侯曰："泄氏、孔氏、子人氏三族，实违君命[3]。若君去之以为成，我以郑为内臣，君亦无所不利焉[4]。"齐侯将许之。管仲曰："君以礼与信属诸侯，而以奸终之，无乃不可乎？子父不奸之谓礼，守命共时之谓信[5]。违此二者，奸莫大焉。"公曰："诸侯有讨于郑，未捷，今苟有衅，从之不亦可乎[6]？"对曰："君若绥之以德，加之以训辞，而帅诸侯以讨郑，郑将覆亡之不暇，岂敢不惧？若总其罪人以临之[7]，郑有辞矣，何惧[8]？且夫合诸侯以崇德也，会而列奸，何以示后嗣[9]？夫诸侯之会，其德刑礼义，无国不记。记奸之位[10]，君盟替矣[11]。作而不记，非盛德也[12]。君其勿许，郑必受盟。夫子华既为大子而求介于大国，以弱其国，亦必不免[13]。郑有叔詹、堵叔、师叔三良为政，未可间也。"齐侯辞焉。子华由是得罪于郑。

冬，郑伯请盟于齐[14]。

① 携，离也。　② 诸侯官司，各于齐受其方所当贡天子之物。③ 三族，郑大夫。○ 泄，息列切。　④ 以郑事齐，如封内臣。○ 去，起吕切。　⑤ 守君命，共时事。○ 奸，音干。共，音恭。《注》同。

⑥ 子华犯父命，是其衅隙。〇 隙，去逆切。 ⑦ 总，将领也。子华奸父之命，即罪人。〇 覆，芳服切。 ⑧ 以大义为辞。 ⑨ 列奸，用子华。⑩ 位，会位也。子华为奸人而列在会位，将为诸侯所记。 ⑪ 替，废也。〇 替，他计切。 ⑫ 君举必书，虽复齐史隐讳，亦损盛德。〇 复，扶又切。 ⑬ 介，因也。〇 介，音界。 ⑭ 以齐侯不听子华故。〇 堵，丁古切，又音者。间，间厕之间。

闰月，惠王崩。襄王恶大叔带之难[①]。惧不立，不发丧而告难于齐[②]。

① 襄王，惠王大子郑也。大叔带，襄王弟，惠后之子也，有宠于惠后，惠后欲立之，未及而卒。〇 恶，乌路切。大，音泰。叔，又作尗。 ② 为八年盟洮《传》。〇 洮，他刀切。

经

八年春，王正月，公会王人、齐侯、宋公、卫侯、许男、曹伯、陈世子款，盟于洮[①]。郑伯乞盟[②]。

夏，狄伐晋。

秋七月，禘于大庙，用致夫人[③]。

冬十有二月丁未，天王崩[④]。

① 王人与诸侯盟不讥者，王室有难故。洮，曹地。 ② 新服未与会，故不序列，别言乞盟。〇 与，音预，下同。 ③ 禘，三年大祭之名。大庙，周公庙。致者，致新死之主于庙，而列之昭穆。夫人淫而与弑，不薨于寝，于礼不应致，故僖公疑其礼。历三禘，今果行之，嫌异常，故书之。〇 大，音泰。弑，音试。 ④ 实以前年闰月崩，以今年十二月丁未告。

传

八年春，盟于洮，谋王室也。郑伯乞盟，请服也。襄王定位而后发丧[①]。

① 王人会洮，还而后王位定。

晋里克帅师，梁由靡御，虢射为右，以败狄于采桑[①]。梁由靡曰："狄无耻，从之必大克[②]。"里克曰："拒之而已，无速众狄[③]。"虢射曰："期年，狄必至，示之弱矣。"夏，狄伐晋，报采桑之役也。复期月[④]。

①《传》言前年事也。平阳北屈县西南有采桑津。○ 射，食亦切。 ② 不耻走，故可逐。 ③ 恐怨深而群党来报。 ④ 明期年之言验。○ 期，音基，本或作朞，《注》同。

秋，禘而致哀姜焉，非礼也。凡夫人不薨于寝，不殡于庙，不赴于同，不祔于姑，则弗致也[①]。

① 寝，小寝。同，同盟。将葬又不以殡过庙。据《经》哀姜薨葬之文，则为殡庙、赴同、祔姑。今当以不薨于寝，不得致也。○ 祔，音附。

冬，王人来告丧，难故也，是以缓[①]。

① 有大叔带之难。

宋公疾，大子兹父固请曰："目夷长，且仁，君其立之①。"公命子鱼。子鱼辞，曰："能以国让，仁孰大焉？臣不及也，且又不顺②"遂走而退。

① 兹父，襄公也。目夷，兹父庶兄子鱼也。○ 父，音甫。长，丁丈切。　② 立庶不顺礼。

经

九年春，王三月丁丑，宋公御说卒①。

夏，公会宰周公、齐侯、宋子、卫侯、郑伯、许男、曹伯于葵丘②。

秋七月乙酉，伯姬卒③。

九月戊辰，诸侯盟于葵丘④。

甲子，晋侯佹诸卒⑤。

冬，晋里克杀其君之子奚齐⑥。

① 四同盟。○ 御，鱼吕切。说，音悦。　② 周公，宰孔也。宰，官。周，采地。天子三公不字。宋子，襄公也；《传》例曰：在丧公侯曰子。陈留外黄县东有葵丘。　③ 无《传》。《公羊》、《穀梁》曰：未適人，故不称国。已许嫁，则以成人之礼书，不复殇也。妇人许嫁而笄，犹丈夫之冠。○ 复，扶又切。殇，式羊切。笄，古兮切。冠，古唤切。　④ 夏会葵丘，次伯姬卒，文不相比，故重言诸侯。宰孔先归，不与盟。○ 比，毗志切。重，直用切。与，音预。　⑤ 未同盟而赴以名。甲子，九月十一日。戊辰，十五日也。书在盟后，从赴。○ 佹，九委切。　⑥ 献公未葬，奚齐未成君，故称君之子。奚齐受命继位，无罪，故里克称名。○ 杀，如字，《传》同；《公羊》音试。

传

九年春，宋桓公卒，未葬而襄公会诸侯，故曰子。凡在丧，王曰小童，公侯曰子[1]。

① 在丧，未葬也。小童者，童蒙幼末之称。子者，继父之辞。公侯位尊，上连王者，下绝伯子男。周康王在丧，称予一人钊。礼称亦不言小童；或所称之辞，各有所施。此谓王自称之辞，非诸夏所得书，故《经》无其事，《传》通取旧典之文，以事相接。○ 称，尺证切。钊，古尧切，又音昭。

夏，会于葵丘，寻盟，且修好，礼也[1]。王使宰孔赐齐侯胙[2]，曰："天子有事于文武[3]，使孔赐伯舅胙[4]。"齐侯将下拜。孔曰："且有后命。天子使孔曰：'以伯舅耋老，加劳，赐一级，无下拜[5]。'"对曰："天威不违颜咫尺[6]，小白余敢贪天子之命无下拜[7]！恐陨越于下[8]，以遗天子羞。敢不下拜！"下拜，登受[9]。

秋，齐侯盟诸侯于葵丘曰："凡我同盟之人，既盟之后，言归于好[10]。"宰孔先归[11]，遇晋侯曰："可无会也[12]。齐侯不务德而勤远略，故北伐山戎[13]，南伐楚[14]，西为此会也。东略之不知，西则否矣[15]。其在乱乎。君务靖乱，无勤于行[16]。"晋侯乃还[17]。

① ○ 好，呼报切，下于好并《注》同。　② 胙，祭肉。尊之，比二王后。○ 胙，才素切。　③ 有祭事也。　④ 天子谓异姓诸侯曰伯舅。⑤ 七十曰耋。级，等也。○ 耋，田节切，又他结切。劳，力报切。级，音急。⑥ 言天鉴察不远，威严常在颜面之前。八寸曰咫。○ 咫，之氏切。

⑦ 小白，齐侯名。余，身也。 ⑧ 陨越，颠坠也。据天王居上，故言恐颠坠于下。○ 坠，直类切，下同。 ⑨ 拜堂下，受胙于堂上。○ 遗，于季切。 ⑩ 义取修好，故《传》显其盟辞。 ⑪ 既会，先诸侯去。○ 先，悉荐切。 ⑫ 晋侯欲来会葵丘。 ⑬ 在庄三十一年。 ⑭ 在四年。 ⑮ 言或向东，必不能复西略。○ 复，扶又切，下不复会同。 ⑯ 在，存也。微戒献公，言晋将有乱。 ⑰ 不复会齐。

九月，晋献公卒，里克、丕郑欲纳文公，故以三公子之徒作乱[①]。

初，献公使荀息傅奚齐，公疾，召之，曰："以是藐诸孤[②]，辱在大夫，其若之何[③]？"稽首而对曰："臣竭其股肱之力，加之以忠贞。其济，君之灵也；不济，则以死继之。"公曰："何谓忠贞？"对曰："公家之利，知无不为，忠也。送往事居，耦俱无猜，贞也[④]。"及里克将杀奚齐，先告荀息曰："三怨将作[⑤]，秦、晋辅之，子将何如？"荀息曰："将死之。"里克曰："无益也。"荀叔曰："吾与先君言矣，不可以贰。能欲复言而爱身乎[⑥]？虽无益也，将焉辟之？且人之欲善，谁不如我？我欲无贰，而能谓人已乎[⑦]。"

冬十月，里克杀奚齐于次[⑧]。书曰："杀其君之子。"未葬也。荀息将死之，人曰："不如立卓子而辅之。"荀息立公子卓以葬。

十一月，里克杀公子卓于朝，荀息死之。君子曰："诗所谓'白圭之玷，尚可磨也；斯言之玷，不可为也'[⑨]，荀息有焉[⑩]。"

① 丕郑，晋大夫。三公子：申生、重耳、夷吾。○ 丕，普悲切。 ② 言其幼贱，与诸子县藐。○ 藐，妙小切，又亡角切。县，音玄。 ③ 欲屈辱荀息使保护之。 ④ 往，死者。居，生者。耦，两也。送死事生，两无疑恨，所谓正也。○ 猜，七才切。 ⑤ 三公子之徒。 ⑥ 荀叔，荀息也。复言，言可复也。 ⑦ 言不能止里克，使不忠于申生等。○ 焉，於虔切，下文焉能克同。 ⑧ 次，丧寝。 ⑨《诗·大雅》。言此言之缺难治甚于白圭。○ 玷，丁簟切，又丁念切。 ⑩ 有此诗人重言之义。

齐侯以诸侯之师伐晋，及高梁而还，讨晋乱也[①]。令不及鲁，故不书[②]。

① 高梁，晋地，在平阳县西南。 ② 前已发不书例，今复重发，嫌霸者异于凡诸侯。○ 令，力政切；本又作命。复，扶又切。重，直用切。

晋郤芮使夷吾重赂秦以求入[①]，曰："人实有国，我何爱焉[②]。入而能民，土于何有。"从之[③]。齐隰朋帅师会秦师，纳晋惠公[④]。秦伯谓郤芮曰："公子谁恃？"对曰："臣闻亡人无党，有党必有雠[⑤]。夷吾弱不好弄[⑥]，能斗不过[⑦]，长亦不改，不识其他。"

公谓公孙枝曰："夷吾其定乎[⑧]？"对曰："臣闻之，唯则定国。《诗》曰：'不识不知，顺帝之则。'文王之谓也[⑨]。又曰：'不僭不贼，鲜不为则[⑩]。'无好无恶，不忌不克之谓也。今其言多忌克[⑪]，难哉[⑫]！"公曰："忌则多怨，又焉能克？是吾利也[⑬]。"

① 郤芮，郤克祖父，从夷吾者。○ 从，才用切。 ② 言国非己之有，何爱而不以赂秦。 ③ 能得民，不患无土。 ④ 隰朋，齐大夫。惠

公,夷吾。〇 隰,音习。 ⑤ 言夷吾无党,无党则无雠,易出易入,以微劝秦。〇 易,以豉切。 ⑥ 弄,戏也。〇 好,呼报切。 ⑦ 有节制。 ⑧ 公孙枝,秦大夫子桑也。〇 长,丁丈切。 ⑨《诗·大雅》。帝,天也。则,法也。言文王闇行自然,合天之法。 ⑩ 僭,过差也;贼,伤害也;皆忌克也。能不然,则可为人法则。〇 僭,子念切,下《注》同。鲜,息浅切。 ⑪ 既僭而贼。〇 好,呼报切,又如字。恶,乌路切。 ⑫ 言能自定难。 ⑬ 其言虽多忌,适足以自害,不能胜人也。秦伯虑其还害己,故曰是吾利。

宋襄公即位,以公子目夷为仁,使为左师以听政。于是宋治。故鱼氏世为左师。

经

十年春,王正月,公如齐①。

狄灭温,温子奔卫②。

晋里克弑其君卓,及其大夫荀息③。

夏,齐侯、许男伐北戎④。

晋杀其大夫里克⑤。

秋七月。

冬,大雨雪⑥。

① 无《传》。 ② 盖中国之狄灭而居其土地。 ③ 弑卓在前年而以今春书者,从赴也。献公既葬,卓已免丧,故称君也。荀息称名者,虽欲复言,本无远谋,从君于昏。 ④ 无《传》。北戎,山戎。 ⑤ 奚齐者,先君所命,卓子又以在国嗣位,罪未为无道,而里克亲为三怨之主,累弑二君,故称名以罪之。 ⑥ 无《传》。平地尺为大雪。〇 雨,于付切。

传

十年春，狄灭温，苏子无信也。苏子叛王即狄，又不能于狄，狄人伐之，王不救，故灭。苏子奔卫[①]。

① 苏子，周司寇苏公之后也。国于温，故曰温子。叛王事在庄十九年。

夏四月，周公忌父、王子党会齐隰朋立晋侯[①]。晋侯杀里克以说[②]。将杀里克，公使谓之曰："微子，则不及此。虽然，子弑二君与一大夫，为子君者不亦难乎？"对曰："不有废也，君何以兴？欲加之罪，其无辞乎[③]？臣闻命矣。"伏剑而死。于是丕郑聘于秦，且谢缓赂，故不及[④]。

晋侯改葬共大子[⑤]。秋，狐突适下国[⑥]，遇大子，大子使登仆[⑦]而告之曰："夷吾无礼，余得请于帝矣[⑧]。将以晋畀秦，秦将祀余。"对曰："臣闻之，神不歆非类，民不祀非族，君祀无乃殄乎[⑨]？且民何罪。失刑乏祀，君其图之。"君曰："诺。吾将复请。七日新城西偏，将有巫者而见我焉[⑩]。"许之，遂不见[⑪]。及期而往，告之曰："帝许我罚有罪矣，敝于韩[⑫]。"

丕郑之如秦也，言于秦伯曰："吕甥、郤称、冀芮实为不从，若重问以召之[⑬]，臣出晋君，君纳重耳，蔑不济矣[⑭]。"

冬，秦伯使泠至报问，且召三子[⑮]。郤芮曰："币重而言甘，诱我也。"遂杀丕郑、祁举[⑯]及七舆大夫[⑰]：左行共华、右行贾华、叔坚、骓歂、累虎、特宫、山祁，皆里、丕之党也[⑱]。丕豹奔秦[⑲]，言于秦伯曰："晋侯背大主而忌小怨，民弗与也，伐之必出[⑳]。"公曰："失众，焉能杀[㉑]。违祸，谁能出君[㉒]。"

① 周公忌父，周卿士。王子党，周大夫。 ② 自解说不篡。○ 篡，初患切。 ③ 言欲加己罪，不患无辞。 ④ 丕郑，里克党，以在秦，故不及里克俱死。 ⑤ 共大子，申生也。○ 共，音恭；本亦作恭。大，音泰。 ⑥ 下国，曲沃新城。 ⑦ 忽如梦而相见，狐突本为申生御，故复使登车为仆。○ 复，扶又切，下及《注》同。 ⑧ 请罚夷吾。⑨ 歆，飨也。殄，绝也。○ 畀，必利切，下《注》同。歆，许金切。 ⑩ 新城，曲沃也。将因巫而见。○ 偏，匹绵切。 ⑪ 狐突许其言，申生之象亦没。○ 见，贤遍切，又如字。 ⑫ 敝，败也。韩，晋地。独敝惠公，故言罚有罪。明不复以晋畀秦。夷吾忌克多怨，终于失国，虽改葬加谥，申生犹忿。《传》言鬼神所冯，有时而信。○ 冯，皮冰切。 ⑬ 三子，晋大夫。不从，不与秦赂。问，聘问之币。○ 称，尺证切，又如字。 ⑭ 蔑，无也。⑮ 泠至，秦大夫。○ 泠，力丁切。 ⑯ 祁举，晋大夫。 ⑰ 侯伯七命，副车七乘。○ 乘，绳证切。 ⑱ 七子，七舆大夫。○ 行，户刚切，下同。共，音恭。骓，音隹。歂，市专切。累，力追切。祁，巨之切，又上尸切。⑲ 丕豹，丕郑之子。 ⑳ 大主，秦也。小怨，里丕。○ 背，音佩。㉑ 谓杀里丕之党。○ 焉，於虔切。 ㉒ 为豹辟祸也。为明年晋杀丕郑《传》。

经

十有一年春，晋杀其大夫丕郑父①。

夏，公及夫人姜氏会齐侯于阳穀②。

秋八月，大雩③。

冬，楚人伐黄。

① 以私怨谋乱国，书名，罪之。书春，从告。 ② 无《传》。妇人送迎不出门，见兄弟不踰阈。与公俱会齐侯，非礼。○ 阈，音域，门限也；一音况域切。 ③ 无《传》。过时故书。

传

十一年春，晋侯使以丕郑之乱来告[①]。天王使召武公、内史过赐晋侯命[②]。受玉惰。过归，告王曰："晋侯其无后乎。王赐之命而惰于受瑞，先自弃也已，其何继之有？礼，国之干也。敬，礼之舆也。不敬则礼不行，礼不行则上下昏，何以长世[③]？"

① 释《经》书在今年。　② 天王，周襄王。召武公，周卿士。内史过，周大夫。诸侯即位，天子赐之命圭为瑞。○ 过，古禾切。　③ 为惠公不终张本。○ 惰，徒卧切。长，直良切，又丁丈切。

夏，扬拒、泉皋、伊雒之戎同伐京师，入王城，焚东门[①]。王子带召之也[②]。秦、晋伐戎以救周。秋，晋侯平戎于王[③]。

① 扬拒、泉皋皆戎邑，及诸杂戎居伊水、雒水之间者。今伊阙北有泉亭。○ 拒，俱宇切。皋，古刀切。　② 王子带，甘昭公也。召戎欲因以篡位。　③ 为二十四年天王出居郑《传》。

黄人不归楚贡。冬，楚人伐黄[①]。

① 黄人恃齐故。

经

十有二年春，王三月庚午，日有食之[①]。

夏，楚人灭黄。

秋七月。

冬十有二月丁丑，陈侯杵臼卒②。

① 无《传》。不书朔，官失之。　② 无《传》。遣世子与僖公同盟甯母及洮。○ 杵，昌吕切。臼，其九切。

传

十二年春，诸侯城卫楚丘之郛，惧狄难也①。

① 楚丘，卫国都。郛，郭也。为明年春狄侵卫《传》。○ 郛，芳夫切。难，乃旦切，下同。

黄人恃诸侯之睦于齐也，不共楚职，曰："自郢及我九百里，焉能害我？"夏，楚灭黄①。

① 郢，楚都。○ 共，音恭。焉，於虔切。

王以戎难故，讨王子带①。

① 子带前年召戎伐周。

秋，王子带奔齐。冬，齐侯使管夷吾平戎于王，使隰朋平戎于晋①。

王以上卿之礼飨管仲，管仲辞曰："臣，贱有司也，有天子之二守国、高在②。若节春秋，来承王命，何以礼焉③？陪臣敢辞[4]。”王曰：“舅氏[5]，余嘉乃勋，应乃懿德，谓督不忘。往践乃职，无逆朕命[6]。”管仲受下卿之礼而还[7]。

君子曰：“管氏之世祀也宜哉！让不忘其上。《诗》曰：‘恺悌君子，神所劳矣[8]。’”

① 平，和也。前年晋救周伐戎，故戎与周、晋不和。 ② 国子、高子，天子所命为齐守臣，皆上卿也。庄二十二年，高傒始见《经》；僖二十八年，国归父乃见《传》。归父之父曰懿仲，高傒之子曰庄子，不知今当谁世。○ 守，手又切，《注》同。见，贤遍切，下同。 ③ 节，时也。 ④ 诸侯之臣曰陪臣。○ 陪，步回切。 ⑤ 伯舅之使，故曰舅氏。○ 使，所吏切。 ⑥ 功勋美德，可谓正而不可忘者。不言位而言职者，管仲位卑而执齐政，故欲以职尊之。○ 督，音笃。 ⑦ 管仲不敢以职自高，卒受本位之礼。 ⑧《诗·大雅》。恺，乐也。悌，易也。言乐易君子，为神所劳来，故世祀也。管仲之后，于齐没不复见，《传》亦举其无验。○ 恺，本亦作凯，开在切。悌，音弟；本亦作弟。劳，力报切《注》同。乐，音洛，下同。易，以豉切，下同。来，力代切。复，扶又切。

经

十有三年春，狄侵卫[1]。

夏四月，葬陈宣公[2]。

公会齐侯、宋公、陈侯、卫侯、郑伯、许男、曹伯于鹹[3]。

秋九月，大雩[4]。

冬，公子友如齐[5]。

①《传》在前年春。 ②⑤ 无《传》。 ③ 鹹，卫地。东郡濮阳县东南有鹹城。○ 濮，音卜。 ④ 无《传》。书过。

传

十三年春，齐侯使仲孙湫聘于周，且言王子带[①]。事毕，不与王言[②]。归复命曰："未可，王怒未怠，其十年乎。不十年，王弗召也。"

① 前年王子带奔齐，言欲复之。　② 不言子带事。

夏，会于鹹，淮夷病杞故，且谋王室也。

秋，为戎难故，诸侯戍周，齐仲孙湫致之[①]。

① 戍，守也。致诸侯戍卒于周。○ 为，于伪切，下《注》欲为同。难，乃旦切。卒，子忽切。

冬，晋荐饑，使乞籴于秦[①]。

秦伯谓子桑："与诸乎？"对曰："重施而报，君将何求[②]。重施而不报，其民必携，携而讨焉，无众必败[③]。"谓百里："与诸乎[④]？"对曰："天灾流行，国家代有。救灾恤邻，道也。行道有福。"

丕郑之子豹在秦，请伐晋[⑤]。秦伯曰："其君是恶，其民何罪？"秦于是乎输粟于晋，自雍及绛，相继[⑥]。命之曰"汎舟之役[⑦]"。

① 麦、禾皆不熟。○ 荐，在薦切，重也。饑，音饥。籴，直历切。② 言不损秦。○ 施，式豉切，下同。　③ 不义故民离。　④ 百里，秦大夫。　⑤ 欲为父报怨。　⑥ 雍，秦国都。绛，晋国都。○ 雍，於用

切。绛,古巷切。 ⑦ 从渭水运入河、汾。○ 汎,芳剑切。汾,扶云切。

经

十有四年春,诸侯城缘陵①。

夏六月,季姬及鄫子遇于防,使鄫子来朝②。

秋八月辛卯,沙鹿崩③。

狄侵郑④。

冬,蔡侯肸卒⑤。

① 缘陵,杞邑。辟淮夷,迁都于缘陵。 ② 季姬,鲁女,鄫夫人也。鄫子本无朝志,为季姬所召而来,故言使鄫子来朝。鄫国今琅邪鄫县。○ 鄫,似绫切;本或作缯。 ③ 沙鹿,山名。平阳元城县东有沙鹿土山,在晋地。灾害系于所灾所害,故不系国。 ④ 无《传》。 ⑤ 无《传》。未同盟而赴以名。○ 肸,许乙切。

传

十四年春,诸侯城缘陵而迁杞焉。不书其人,有阙也①。

① 阙,谓器用不具,城池未固而去,为惠不终也。澶渊之会,既而无归,大夫不书,而国别称人,今此总曰诸侯,君臣之辞,不言城杞,杞未迁也。○ 澶,市然切。

鄫季姬来宁,公怒止之,以鄫子之不朝也①。夏,遇于防而使来朝。

① 来宁不书,而后年书归鄫,更嫁之文也。明公绝鄫昏,既来朝而还。

○ 还，户关切。

秋八月辛卯，沙鹿崩。晋卜偃曰："期年将有大咎，几亡国[1]。"

① 国主山川。山崩川竭，亡国之征。○ 期，音基。咎，其九切。几，音祈，又音机。

冬，秦饥，使乞籴于晋，晋人弗与。

庆郑曰："背施无亲[1]，幸灾不仁，贪爱不祥，怒邻不义。四德皆失，何以守国？"虢射曰："皮之不存，毛将安傅[2]？"庆郑曰："弃信背邻，患孰恤之？无信患作，失援必毙，是则然矣。"虢射曰："无损无怨而厚于寇，不如勿与[3]。"庆郑曰："背施幸灾，民所弃也。近犹仇之，况怨敌乎。"弗听。退曰："君其悔是哉！"

① 庆郑，晋大夫。○ 背，音佩，后皆同。施，式豉切，《注》及下而施毛，十五年皆同。　② 虢射，惠公舅也。皮以喻所许秦城，毛以喻籴。言既背秦施，为怨以深，虽与之籴，犹无皮而施毛。○ 傅，音附。　③ 言与秦粟不足解怨，适足使秦强。

经

十有五年春，王正月，公如齐[1]。

楚人伐徐。

三月，公会齐侯、宋公、陈侯、卫侯、郑伯、许男、曹伯，盟于牡丘[2]，遂次于匡[3]。公孙敖帅师及诸侯之大夫救徐[4]。

夏五月，日有食之。

秋七月，齐师、曹师伐厉[5]。

八月，螽[6]。

九月，公至自会[7]。

季姬归于鄫[8]。

己卯晦，震夷伯之庙[9]。

冬，宋人伐曹。

楚人败徐于娄林[10]。

十有一月壬戌，晋侯及秦伯战于韩。获晋侯[11]。

① 无《传》。诸侯五年再相朝，礼也。例在文十五年。　② 牡丘，地名，阙。○ 牡，茂后切。　③ 匡，卫地，在陈留长垣县西南。　④ 公孙敖，庆父之子。诸侯既盟，次匡，皆遣大夫将兵救徐，故不复具列国别也。○ 复，扶又切。　⑤ 厉，楚与国。义阳随县北有厉乡。　⑥ 无《传》。为灾。○ 螽，音终；本亦作螽。　⑦ 无《传》。　⑧ 无《传》。来宁不书，此书者，以明中绝。○ 中，丁仲切，又如字。　⑨ 夷伯，鲁大夫展氏之祖父。夷，谥；伯，字。震者雷电击之。大夫既卒书字。○ 晦，音悔。

⑩ 娄林，徐地，下邳僮县东南有娄亭。○ 娄，力侯切。邳，蒲悲切。

⑪ 例，得大夫曰获。晋侯背施无亲，愎谏违卜，故贬绝，下从众臣之例，而不言以归。不书败绩，晋师不大崩。○ 愎，皮逼切。

传

十五年春，楚人伐徐，徐即诸夏故也。三月，盟于牡丘，寻葵丘之盟，且救徐也[1]。孟穆伯帅师及诸侯之师救徐，诸侯次于匡以待之。

① 葵丘盟在九年。○ 夏，户雅切，下《注》同。

夏五月，日有食之。不书朔与日，官失之也。

秋，伐厉，以救徐也。

晋侯之入也，秦穆姬属贾君焉[①]，且曰："尽纳群公子[②]。"晋侯烝于贾君，又不纳群公子，是以穆姬怨之。晋侯许赂中大夫[③]，既而皆背之。赂秦伯以河外列城五，东尽虢略，南及华山，内及解梁城，既而不与[④]。晋饥，秦输之粟[⑤]；秦饥，晋闭之籴[⑥]，故秦伯伐晋。

卜徒父筮之，吉[⑦]。"涉河，侯车败。"诘之[⑧]。对曰："乃大吉也，三败必获晋君。其卦遇《蛊》☶☴[⑨]，曰：'千乘三去，三去之馀，获其雄狐。'夫狐蛊，必其君也[⑩]。《蛊》之贞，风也；其悔，山也[⑪]。岁云秋矣，我落其实而取其材，所以克也[⑫]。实落材亡，不败何待？"三败及韩[⑬]。

晋侯谓庆郑曰："寇深矣，若之何？"对曰："君实深之，可若何？"公曰："不孙。"卜右，庆郑吉，弗使[⑭]。步扬御戎，家仆徒为右[⑮]，乘小驷，郑入也[⑯]。庆郑曰："古者大事，必乘其产，生其水土而知其人心，安其教训而服习其道，唯所纳之，无不如志。今乘异产以从戎事，及惧而变，将与人易[⑰]。乱气狡愤，阴血周作，张脉偾兴，外强中乾[⑱]。进退不可，周旋不能，君必悔之。"弗听。

九月，晋侯逆秦师，使韩简视师[⑲]，复曰："师少于我，斗士倍我。"公曰："何故？"对曰："出因其资[⑳]，入用其宠[㉑]。饥食其粟，三施而无报，是以来也。今又击之，我怠秦奋，倍犹未也。"公曰："一夫不可狃，况国乎[㉒]。"遂使请战，曰："寡人不佞，能合其众而不能离也。君若不还，无所逃命。”秦伯使公孙枝对曰：“君之未入，寡人惧之，入而未定列，犹吾忧也[23]。苟列定矣，敢不承命。”韩简退曰：“吾幸而得囚[24]。”

壬戌，战于韩原[25]，晋戎马还泞而止[26]。公号庆郑。庆郑曰：“愎谏违卜[27]，固败是求，又何逃焉。”遂去之。梁由靡御韩简，虢射为右，辂秦伯，将止之[28]。郑以救公误之，遂失秦伯。秦获晋侯以归[29]。晋大夫反首拔舍从之[30]。秦伯使辞焉，曰：“二三子何其慼也？寡人之从君而西也，亦晋之妖梦是践，岂敢以至[31]。”晋大夫三拜稽首曰：“君履后土而戴皇天，皇天后土实闻君之言，群臣敢在下风。”

穆姬闻晋侯将至，以大子䓨、弘与女简、璧登台而履薪焉[32]。使以免服衰绖逆，且告[33]曰：“上天降灾，使我两君匪以玉帛相见，而以兴戎。若晋君朝以入，则婢子夕以死；夕以入，则朝以死。唯君裁之。”乃舍诸灵台[34]。

大夫请以入。公曰：“获晋侯，以厚归也，既而丧归，焉用之[35]？大夫其何有焉[36]？且晋人慼忧以重我[37]，天地以要我。不图晋忧，重其怒也；我食吾言，背天地也[38]。重怒难任，背天不祥，必归晋君[39]。”公子絷曰：“不如杀之，无聚慝焉[40]。”子桑曰：“归之而质其大子，必得大成。晋未可灭，而杀其君，祗以成恶[41]。且史佚有言曰：‘无始祸[42]，无怙乱[43]，无重怒。’重怒难任，陵人不祥。”乃许晋平。

晋侯使郤乞告瑕吕饴甥，且召之[44]。子金教之言曰：“朝国人而以君命赏[45]，且告之曰：‘孤虽归，辱社稷矣。其卜贰圉也[46]。’”众皆哭[47]。晋于是乎作爰田[48]。吕甥曰：“君亡之不恤，而群臣是忧，惠之至也。将若君何？”众曰：“何为而可？”对曰：“征缮以辅孺子[49]。诸侯闻之，丧君有君，群臣辑睦，甲兵益多，好我者劝，恶我者惧，庶有益乎！”众说。晋于是乎作州兵[50]。

初，晋献公筮嫁伯姬于秦，遇《归妹》䷵[51]之《睽》䷥[52]。史苏占之曰：“不吉[53]。其繇曰：‘士刲羊，亦无衁也。女承筐，亦无贶也[54]。西邻责言，不可偿也[55]。《归妹》之《睽》，犹无相也[56]。’《震》之《离》，亦《离》之《震》[57]，为雷为火，为嬴败姬[58]，车说其輹，火焚其旗，不利行师，败于宗丘[59]。《归妹》《睽》孤，寇张之弧[60]，侄其从姑[61]，六年其逋，逃归其国，而弃其家[62]，明年其死于高梁之虚[63]。”

及惠公在秦，曰：“先君若从史苏之占，吾不及此夫。”韩简侍，曰：“龟，象也；筮，数也。物生而后有象，象而后有滋，滋而后有数。先君之败德及，可数乎？史苏是占，勿从何益[64]？《诗》曰：‘下民之孽，匪降自天，僔沓背憎，职竞由人[65]。’”

① 晋侯入在九年。穆姬，申生姊秦穆夫人。贾君，晋献公次妃，贾女也。○ 属，音烛。　② 群公子，晋武、献之族。宣二年《传》曰：骊姬之乱，诅无畜群公子。○ 诅，庄据切。　③ 中大夫，国内执政里、丕等。○ 烝，之承切。　④ 河外，河南也。东尽虢略，从河南而东尽虢界也。解梁城，今河东解县也。华山在弘农华阴县西南。○ 解，音蟹，《注》及下《注》同。　⑤ 在十三年。　⑥ 在十四年。　⑦ 徒父，秦之掌龟卜者。卜人而用筮，不能通三《易》之占，故据其所见杂占而言之。　⑧ 秦伯之军涉河，则晋侯车败也。秦伯不解，谓败在己，故诘之。○ 诘，起吉切。⑨《巽》下《艮》上，《蛊》。○ 蛊，音古。　⑩ 于《周易》：“利涉大川，往有事也。”亦秦胜晋之卦也。今此所言，盖卜筮书杂辞，以狐蛊为君。其义欲

以喻晋惠公,其象未闻。○ 乘,绳证切。去,起居切,又起据切,一音起吕切,下同。 ⑪ 内卦为贞,外卦为悔。《巽》为风,秦象。《艮》为山,晋象。 ⑫ 周九月,夏之七月,孟秋也。《艮》为山,山有木,今岁已秋,风吹落山木之实,则材为人所取。 ⑬ 晋侯车三坏。 ⑭ 恶其不孙,不以为车右,此夷吾之多忌。○ 孙,音逊,《注》同。恶,乌路切。 ⑮ 步扬,郤犫之父。 ⑯ 郑所献马名小驷。○ 驷,音四。 ⑰ 变易人意。 ⑱ 狡,戾也。愤,动也。气狡愤于外,则血脉必周身而作,随气张动。外虽有强形,而内实乾竭。○ 狡,古卯切。愤,扶粉切。张,中亮切,《注》同。脉,音麦。偾,方问切。 ⑲ 韩简,晋大夫韩万之孙。 ⑳ 谓奔梁求秦。 ㉑ 为秦所纳。 ㉒ 狃,忕也。言辟秦则使忕来。○ 施,式氏切,年末《注》同。狃,女九切。忕,时世切,又时设切。 ㉓ 列,位也。 ㉔ 得因为幸,言必败。 ㉕ 九月十三日。 ㉖ 泞,泥也。还,便旋也。小驷不调,故隋泥中。○ 泞,乃定切。隋,大果切。 ㉗ 愎,戾也。○ 号,户刀切,又户报切。 ㉘ 辂,迎也。止,获也。○ 辂,五嫁切。 ㉙《经》书十一月壬戌,十四日。《经》从赴。 ㉚ 反首,乱头发下垂也。拔草舍止,坏形毁服。○ 拔,蒲末切,《注》皆同。 ㉛ 狐突不寐而与神言,故谓之妖梦。申生言帝许罚有罪,今将晋君而西,以厌息此语。践,厌也。○ 厌,於冉切,一音於甲切,又於辄切,下同。 ㉜ 罃,康公名;弘,其母弟也。简、璧,罃、弘姊妹。古之宫闭者,皆居之台以抗绝之。穆姬欲自罪,故登台而荐之以薪,左右上下者,皆履柴乃得通。○ 罃,於耕切。履,如字;徐,本作屦,九具切。抗,苦浪切。荐,在薦切。上,时掌切。
㉝ 免、衰、绖,遭丧之服,令行人服此服迎秦伯,且告将以耻辱自杀。○ 免,音问,又作绝,音同。衰,七雷切。绖,大结切。令,力呈切,下同。
㉞ 在京兆鄠县,周之故台。亦所以抗绝,令不得通外内。○“曰上天降灾”此凡四十七字,检古本皆无,寻杜《注》亦不得有,有是后人加也。鄠,音户。
㉟ 若将晋侯入,则夫人或自杀。○ 焉,於虔切。 ㊱ 何有犹何得。
㊲ 谓反首拔舍。 ㊳ 食,消也。○ 要,於遥切。重,直用切,下皆同。
㊴ 任,当也。○ 任,音壬,《注》及下同。 ㊵ 公子絷,秦大夫。恐夷吾

归，复相聚为恶。○ 絷，张执切，又丁立切。慝，他得切。复，扶又切。㊶ 祇，适也。○ 质，音置。下《注》质秦同。祇，音支。 ㊷ 史佚，周武王时大史，名佚。○ 佚，音逸。大，音泰。 ㊸ 恃人乱为己利。○ 怙，音户。 ㊹ 郤乞，晋大夫也。瑕吕饴甥即吕甥也，盖姓瑕吕，名饴甥，字子金。晋侯闻秦将许之平，故告吕甥，召使迎己。○ 饴，音怡。 ㊺ 恐国人不从，故先赏之于朝。 ㊻ 贰，代也。圉，惠公大子怀公。 ㊼ 哀君不还国。 ㊽ 分公田之税应入公者，爰之于所赏之众。○ 爰，于元切。 ㊾ 征，赋也。缮，治也。孺子，大子圉。○ 孺，如喻切。 ㊿ 五党为州，州二千五百家也，因此又使州长各缮甲兵。○ 丧，息浪切，后同。辑，音集，又七入切。好，呼报切。恶，乌路切。说，音悦。长，丁丈切，下长男同。 51《兑》下《震》上，《归妹》。 52《兑》下《离》上，《睽》。《归妹》上六变而为《睽》。○ 睽，苦圭切；徐音圭。 53 史苏，晋卜筮之史。54《周易·归妹》上六《爻辞》也。衁，血也。贶，赐也。刲羊，士之功；承筐，女之职。上六无应所求不获，故下刲无血，上承无实，不吉之象。《离》为中女，《震》为长男，故称士女。○ 繇，直救切。刲，苦圭切。刺，割也。衁，音荒。筐，曲方切。贶，音况，本亦作况。应，应对之应，下无应同。中，丁仲切。 55 将嫁女于西，而遇不吉之卦，故知有责让之言，不可报偿。○ 责，侧介切，又如字。偿，市亮切，又音常。 56《归妹》，女嫁之卦；《睽》，乖离之象。故曰无相。相，助也。○ 相，息亮切。 57 二卦变而气相通。 58 嬴，秦姓。姬，晋姓。《震》为雷，《离》为火，火动炽而害其母，女嫁反害其家之象。故曰为嬴败姬。○ 嬴，音盈。 59 輹，车下缚也。丘犹邑也。《震》为车，《离》为火。上六爻在《震》则无应，故车脱輹；在《离》则失位，故火焚旗，言皆失车火之用也。车败旗焚，故不利行师。火还害母，故败不出国，近在宗邑。○ 说，吐活切，《注》同。輹，音福，又音服。案车旁著畐，音福。《老子》所云"三十辐共一毂"是也。车旁著复，音服，是车下伏菟。缚，如字，又扶卧切。 60 此《睽》上九《爻辞》也。处《睽》之极，故曰《睽》孤。失位孤绝，故遇寇难而有弓矢之警，皆不吉之象。○ 难，乃旦切。警，音景。 61《震》为木，《离》为火，火从木生，《离》为《震》妹，于火为姑，谓我姪者，我谓之姑。谓子圉质秦。○ 姪，待结切；《字林》，丈一切。　㉒ 逋，亡也。家，谓子圉妇怀嬴。○ 逋，补吾切。　㉓ 惠公死之明年，文公入，杀怀公于高梁。高梁，晋地，在平阳杨氏县西南。凡筮者用《周易》，则其象可推，非此而往，则临时占者或取于象，或取于气，或取于时日王相，以成其占。若尽附会以爻象，则构虚而不经，故略言其归趣。他皆仿此。○ 虚，去鱼切。王，于况切。相，息亮切。构，本又作讲，各依字读。　㉔ 言龟以象示，筮以数告，象数相因而生，然后有占，占所以知吉凶，不能变吉凶。故先君败德，非筮数所生，虽复不从史苏，不能益祸。○ 夫，音扶。先君之败德及，绝句。可数乎，一读及可数乎。数，色主切。复，扶又切。　㉕《诗·小雅》。言民之有邪恶，非天所降。僔沓面语，背相憎疾，皆人竞所主作，因以讽谏惠公有以召此祸也。○ 孽，鱼列切。僔，尊本切。沓，徒合切。邪，似嗟切。讽，方凤切。

震夷伯之庙，罪之也。于是展氏有隐慝焉①。

① 隐恶非法所得，尊贵罪所不加，是以圣人因天地之变，自然之妖，以感动之。知达之主，则识先圣之情以自厉，中下之主，亦信妖祥以不妄。神道助教，唯此为深。○ 知，音智。

冬，宋人伐曹，讨旧怨也①。

① 庄十四年，曹与诸侯伐宋。

楚败徐于娄林，徐恃救也①。

① 恃齐救。

十月，晋阴饴甥会秦伯，盟于王城[①]。秦伯曰："晋国和乎？"对曰："不和。小人耻失其君而悼丧其亲[②]，不惮征缮以立圉也，曰：'必报仇，宁事戎狄。'君子爱其君而知其罪，不惮征缮以待秦命，曰：'必报德，有死无二。'以此不和。"秦伯曰："国谓君何？"对曰："小人慼，谓之不免。君子恕，以为必归。小人曰：'我毒秦，秦岂归君[③]？'君子曰：'我知罪矣。秦必归君。贰而执之，服而舍之，德莫厚焉，刑莫威焉。服者怀德，贰者畏刑。此一役也[④]，秦可以霸。纳而不定，废而不立，以德为怨，秦不其然。'"秦伯曰："是吾心也。"改馆晋侯，馈七牢焉[⑤]。

蛾析谓庆郑曰："盍行乎[⑥]？"对曰："陷君于败[⑦]，败而不死，又使失刑，非人臣也。臣而不臣，行将焉入？"十一月晋侯归。丁丑，杀庆郑而后入[⑧]。

是岁，晋又饥，秦伯又饩之粟，曰："吾怨其君而矜其民。且吾闻唐叔之封也，箕子曰'其后必大。'晋其庸可冀乎[⑨]！姑树德焉，以待能者。"于是秦始征晋河东，置官司焉[⑩]。

① 阴饴甥即吕甥也。食采于阴，故曰阴饴甥。王城，秦地，冯翊临晋县东有王城，今名武乡。 ② 痛其亲为秦所杀。 ③ 毒谓三施不报。○ 惮，徒旦切。 ④ 言还惠公，使诸侯威服，复可当一事之功。○ 舍，如字，又音捨。还，音环。 ⑤ 牛、羊、豕各一为一牢。○ 馈，其位切。⑥ 蛾析，晋大夫也。○ 蛾，鱼绮切；本或作蚁，一音五何切。析，本或作晳，星历切。盍，户臘切。 ⑦ 谓呼不往，误晋师，失秦伯。 ⑧ 丁丑，月二十九日。○ 焉，於虔切。 ⑨ 唐叔，晋始封之君，武王之子。箕子，殷王帝乙之子，纣之庶兄。○ 饩，许气切。 ⑩ 征，赋也。

春秋经传集解第六

僖公中

经

十有六年春，王正月戊申朔，陨石于宋五[①]。是月，六鹢退飞过宋都[②]。

三月壬申，公子季友卒[③]。

夏四月丙申，鄫季姬卒[④]。

秋七月甲子，公孙兹卒[⑤]。

冬十有二月，公会齐侯、宋公、陈侯、卫侯、郑伯、许男、邢侯、曹伯于淮[⑥]。

① 陨，落也。闻其陨，视之石，数之五，各随其闻见先后而记之。庄七年，星陨如雨，见星之陨而坠于四远若山若水，不见在地之验。此则见在地之验，而不见始陨之星。史各据事而书。〇 陨，于敏切。数，色主切。队，直类切。　② 是月，陨石之月。重言是月，嫌同日。鹢，水鸟，高飞遇风而退，宋人以为灾，告于诸侯，故书。〇 是月，本或作是日。鹢，五历切，本或作鶂，音同。六其数也。过，古禾切。重，直用切，《传》同。　③ 无《传》。称字者贵之。公与小敛，故书日。〇 与，音预。敛，力验切。公与小敛，本亦作公与敛。　④ 无《传》。〇 鄫，似陵切。　⑤ 无《传》。⑥ 临淮郡左右。〇 邢，音刑。淮，音怀。

传

十六年春，陨石于宋五，陨星也①。六鹢退飞过宋都，风也②。周内史叔兴聘于宋。宋襄公问焉，曰："是何祥也？吉凶焉在③？"对曰："今兹鲁多大丧④，明年齐有乱，君将得诸侯而不终⑤。"退而告人曰："君失问。是阴阳之事，非吉凶所在也⑥。吉凶由人，吾不敢逆君故也⑦。"

① 但言星，则嫌星使石陨，故重言陨星。 ② 六鹢遇迅风而退飞，风高不为物害，不记风之异。○ 迅，音信，又音峻，疾也。 ③ 祥，吉凶之先见者。襄公以为石陨鹢退，能为祸福之始，故问其所在。○ 焉，於虔切。见，贤遍切，又如字。 ④ 今兹，此岁。 ⑤ 鲁丧齐乱，宋襄不终，别以政刑吉凶他占知之。 ⑥ 言石鹢阴阳错逆所为，非人所生。襄公不知阴阳而问人事，故曰君失问。叔兴自以对非其实，恐为有识所讥，故退而告人。○ 错，七各切。 ⑦ 积善馀庆，积恶馀殃，故曰吉凶由人。君问吉凶，不敢逆之，故假他占以对。○ 殃，於良切。

夏，齐伐厉不克，救徐而还①。

① 十五年齐伐厉以救徐。

秋，狄侵晋，取狐厨、受铎，涉汾，及昆都，因晋败也①。

① 狐厨、受铎、昆都，晋三邑。平阳临汾县西北有狐穀亭。汾水出大原，南入河。○ 狐，音胡。厨，直诛切。铎，徒各切。汾，扶云切。大，音泰。

王以戎难告于齐，齐征诸侯而戍周①。

① 十一年戎伐京师以来，遂为王室难。○ 难，乃旦切，《注》同。

冬，十一月乙卯，郑杀子华[①]。

① 终管仲之言，事在七年。

十二月会于淮，谋鄫，且东略也[①]。城鄫，役人病。有夜登丘而呼曰："齐有乱。"不果城而还[②]。

① 鄫为淮夷所病故。○ 为，于伪切。　② 役人遇厉气，不堪久驻，故作妖言。○ 呼，火故切。还，音旋。

经

十有七年春，齐人、徐人伐英氏[①]。

夏，灭项[②]。

秋，夫人姜氏会齐侯于卞[③]。

九月，公至自会[④]。

冬十有二月乙亥，齐侯小白卒[⑤]。

① ○ 英，於京切。　② 项国，今汝阴项县。公在会，别遣师灭项，不言师，讳之。○ 项，胡讲切，鲁灭之也。二《传》以为齐灭。　③ 卞，今鲁国卞县。○ 卞，皮彦切。　④ 公既见执于齐，犹以会致者，讳之。⑤ 与僖公八同盟，赴以名。

传

十七年春，齐人为徐伐英氏，以报娄林之役也[①]。

① 英氏，楚与国。娄林役在十五年。○ 为，于伪切。

夏，晋大子圉为质于秦，秦归河东而妻之[①]。惠公之在梁也，梁伯妻之。梁嬴孕过期[②]，卜招父与其子卜之[③]。其子曰："将生一男一女。"招曰："然。男为人臣，女为人妾。"故名男曰圉，女曰妾[④]。及子圉西质，妾为宦女焉[⑤]。

① 秦征河东置官司，在十五年。○ 圉，鱼吕切。质，音致，下同。妻，七计切，下同。 ② 过十月不产。怀子曰孕。○ 嬴，音盈，下同。孕，以证切。过，古禾切。 ③ 卜招父，梁大卜。○ 招，上遥切。大，音泰。④ 圉，养马者。不聘曰妾。 ⑤ 宦，事秦为妾。○ 宦，音患。

师灭项[①]。淮之会，公有诸侯之事未归，而取项[②]。齐人以为讨而止公[③]。

① 师，鲁师。 ② 淮会在前年冬，诸侯之事，会同讲礼之事。③ 内讳执，皆言止。

秋，声姜以公故，会齐侯于卞[①]。九月，公至。书曰："至自会。"犹有诸侯之事焉，且讳之也[②]。

① 声姜，僖公夫人，齐女。 ② 耻见执，故托会以告庙。

齐侯之夫人三：王姬，徐嬴，蔡姬，皆无子。齐侯好内，多内宠，内嬖如夫人者六人：长卫姬生武孟[①]。少卫姬生惠公[②]，郑姬生孝公[③]，葛嬴生昭公[④]，密姬生懿公[⑤]，宋华子生公子雍[⑥]。公与管仲属孝公于宋襄公，以为大子。

雍巫有宠于卫共姬，因寺人貂以荐羞于公[⑦]，亦有宠，公许之立武孟[⑧]。

管仲卒，五公子皆求立。冬十月乙亥，齐桓公卒[⑨]。易牙入，与寺人貂因内宠以杀群吏[⑩]，而立公子无亏。孝公奔宋。十二月乙亥赴，辛巳夜殡[⑪]。

① 武孟，公子无亏。○ 好，呼报切。嬖，必计切。长，丁丈切，下《注》同。 ② 公子元。○ 少，诗照切。 ③ 公子昭。 ④ 公子潘。○ 潘，判丹切。 ⑤ 公子商人。 ⑥ 华氏之女，子姓。○ 华，户化切。 ⑦ 雍巫，雍人，名巫，即易牙。○ 属，音烛。共，音恭，亦作恭。貂，音雕。易，音亦。 ⑧ 易牙既有宠于公，为长卫姬请立武孟。○ 为，于伪切。 ⑨ 乙亥，月八日。 ⑩ 内宠，内官之有权宠者。 ⑪ 六十七日乃殡。○ 殡，必刃切。

经

十有八年春，王正月，宋公、曹伯、卫人、邾人伐齐[①]。

夏，师救齐[②]。

五月戊寅，宋师及齐师战于甗，齐师败绩[③]。

狄救齐[④]。

秋八月丁亥，葬齐桓公[⑤]。

冬，邢人、狄人伐卫[⑥]。

① 纳孝公。 ② 无《传》。 ③ 无亏既死，曹、卫、邾先去，鲁亦罢

归,故宋师独与齐战。不称宋公,不亲战也。大崩曰败绩。甗,齐地。○ 甗,鱼偃切,又音言,一音彦。 ④ 无《传》。救四公子之徒。⑤ 十一月而葬,乱故。八月无丁亥,日误。 ⑥ 狄称人者,史异辞,《传》无义例。

传

十八年春,宋襄公以诸侯伐齐。三月,齐人杀无亏①。

① 以说宋。○ 说,音悦,又如字。

郑伯始朝于楚①,楚子赐之金,既而悔之,与之盟曰:"无以铸兵②。"故以铸三钟③。

① 中国无霸故。 ② 楚金利故。○ 铸,之树切。 ③ 古者以铜为兵,《传》言楚无霸者远略。

齐人将立孝公,不胜,四公子之徒遂与宋人战①。夏五月,宋败齐师于甗,立孝公而还。

① 无亏已死,故曰四公子。○ 胜,音升,又升证切。

秋八月,葬齐桓公①。

① 孝公立而后得葬。

冬,邢人、狄人伐卫,围菟圃。卫侯以国让父兄子弟及朝众曰："苟能治之，燬请从焉[1]。"众不可[2]，而后师于訾娄[3]。狄师还[4]。

① 燬，卫文公名。〇 菟，音徒。圃，布古切，又音布。燬，吁委切。 ② 不听卫侯让。 ③ 陈师訾娄。訾娄，卫邑。〇 訾，子斯切。娄，郎句切，又郎钩切。 ④ 独言狄还，则邢留距卫，言邢所以终为卫所灭。

梁伯益其国而不能实也[1]，命曰新里，秦取之。

① 多筑城邑，而无民以实之。

经

十有九年春，王三月，宋人执滕子婴齐[1]。

夏六月，宋公、曹人、邾人盟于曹南[2]。鄫子会盟于邾[3]。己酉，邾人执鄫子，用之[4]。

秋，宋人围曹。

卫人伐邢[5]。

冬，会陈人、蔡人、楚人、郑人盟于齐[6]。

梁亡[7]。

① 称人以执，宋以罪及民告。例在成十五年。《传》例不以名为义，书名及不书名，皆从赴。〇 婴，於盈切。 ② 无《传》。曹虽与盟而犹不服，不肯致饩，无地主之礼，故不以国地，而曰曹南，所以及秋而见围。〇 与，音预，下亦与同。饩，许气切。 ③ 不及曹南之盟。诸侯既罢，鄫乃会之于邾，故不言如会。 ④ 称人以执，宋以罪及民告也。鄫虽失大国会盟之信，然宋用之，为罚已虐，故直书用之，言若用畜产也。不书社，赴

不及也。不书宋使邾而以邾自用为文，南面之君，善恶自专，不得托之于他命。○ 畜，许又切。　⑤ 伐邢在围曹前。《经》书在后，从赴。　⑥ 地于齐，齐亦与盟。　⑦ 以自亡为文，非取者之罪，所以恶梁。○ 恶，乌路切。

传

十九年春，遂城而居之①。

① 承前年《传》取新里，故不复言秦也。为此冬梁亡《传》。○ 复，扶又切。

宋人执滕宣公。

夏，宋公使邾文公用鄫子于次睢之社，欲以属东夷①。司马子鱼曰："古者六畜不相为用②，小事不用大牲，而况敢用人乎？祭祀以为人也，民，神之主也，用人，其谁飨之？齐桓公存三亡国以属诸侯③，义士犹曰薄德④。今一会而虐二国之君⑤，又用诸淫昏之鬼⑥，将以求霸，不亦难乎？得死为幸⑦！"

① 睢水受汴，东经陈留、梁、谯、沛、彭城县入泗，此水次有妖神，东夷皆社祠之，盖杀人而用祭。○ 睢，音虽。属，朱欲切。谯，在消切。沛，音贝。泗，音四。祠，音辞，或音祀。　② 司马子鱼，公子目夷也。六畜不相为用，谓若祭马先，不用马。○ 畜，许又切，《注》同。为，于伪切，下为人同，又如字，《注》仿此。　③ 三亡国，鲁、卫、邢。　④ 谓欲因乱取鲁，缓救邢、卫。　⑤ 宋公三月以会召诸侯，执滕子，六月而会盟，其月二十二日执鄫子，故云一会而虐二国之君。　⑥ 非周社故。　⑦ 恐其亡国。

秋，卫人伐邢，以报菟圃之役[①]。于是卫大旱，卜有事于山川，不吉[②]。甯庄子曰："昔周饥，克殷而年丰。今邢方无道，诸侯无伯[③]，天其或者欲使卫讨邢乎？"从之，师兴而雨。

① 邢不速退，所以独见伐。　② 有事祭也。　③ 伯，长也。○ 长，丁丈切。

宋人围曹，讨不服也[①]。子鱼言于宋公曰："文王闻崇德乱而伐之，军三旬而不降[②]，退修教而复伐之，因垒而降[③]。《诗》曰：'刑于寡妻，至于兄弟，以御于家邦[④]。'今君德无乃犹有所阙，而以伐人，若之何？盍姑内省德乎？无阙而后动[⑤]。"

① 曹南盟，不修地主之礼故。　② 崇，崇侯虎。○ 降，户江切，下同。　③ 复往攻之，备不改前，而崇自服。○ 复，扶又切，《注》同；一本作而复之，伐，衍字。垒，力鬼切，军垒。　④《诗·大雅》。言文王之教，自近及远。寡妻，嫡妻，谓大姒也。刑，法也。○ 御，如字，治也；《诗》音五嫁切，迎也。嫡，或作適，丁历切。大，音泰。姒，音似。　⑤ ○ 盍，胡臘切。

陈穆公请修好于诸侯以无忘齐桓之德。冬，盟于齐，修桓公之好也[①]。

① 宋襄暴虐，故思齐桓。○ 好，呼报切，下同。

梁亡。不书其主，自取之也[①]。初，梁伯好土功，亟城而弗处，民罢而弗堪，则曰："某寇将至。"乃沟公宫[2]，曰："秦将袭我。"民惧而溃，秦遂取梁[3]。

① 不书取梁者主名。　② 沟，壍。○ 亟，欺冀切。罢，音皮。壍，七艳切。　③ ○ 溃，户内切。

经

二十年春，新作南门[1]。

夏，郜子来朝[2]。

五月乙巳，西宫灾[3]。

郑人入滑[4]。

秋，齐人、狄人盟于邢。

冬，楚人伐随。

① 鲁城南门也，本名稷门。僖公更高大之，今犹不与诸门同，改名高门也。言新以易旧，言作以兴事，皆更造之文也。　② 无《传》。郜，姬姓国。○ 郜，古报切；《字林》，工竺切。　③ 无《传》。西宫，公别宫也。天火曰灾，例在宣十六年。　④ 入例在襄十三年。○ 滑，于八切。

传

二十年春，新作南门，书不时也[1]。凡启塞从时[2]。

① 失土功之时。　② 门户道桥谓之启，城郭墙壍谓之塞，皆官民之开闭，不可一日而阙，故特随坏时而治之。今僖公修饰城门，非开闭之急，故以土功之制讥之。《传》嫌启塞皆从土功之时，故别起从时之例。○ 塞，素则切。

滑人叛郑而服于卫。夏，郑公子士、泄堵寇帅师入滑[1]。

① 公子士，郑文公子。泄堵寇，郑大夫。○ 泄，息列切。堵，丁古切；王又音者。

秋，齐、狄盟于邢，为邢谋卫难也。于是卫方病邢[1]。

随以汉东诸侯叛楚。冬，楚鬥榖於菟帅师伐随，取成而还。君子曰："随之见伐，不量力也。量力而动，其过鲜矣。善败由己，而由人乎哉？《诗》曰：'岂不夙夜，谓行多露[2]。'"

① ○ 为，于伪切。难，乃旦切。 ②《诗·召南》。言岂不欲早暮而行，惧多露之濡己，以喻违礼而行，必有汙辱，是亦量宜相时而动之义。○ 榖，奴口切。於，音乌。菟，音徒。鲜，息浅切，下同。召，上照切。暮，本亦作莫，音暮。汙，汙秽之汙，一音乌路切。

宋襄公欲合诸侯，臧文仲闻之，曰："以欲从人则可[1]，以人从欲鲜济[2]。"

① 屈己之欲，从众之善。 ② 为明年鹿上盟《传》。

经

二十有一年春，狄侵卫[1]。

宋人、齐人、楚人盟于鹿上[2]。

夏，大旱[3]。

秋，宋公、楚子、陈侯、蔡侯、郑伯、许男、曹伯会于盂[4]。

执宋公以伐宋[5]。

冬，公伐邾[6]。

楚人使宜申来献捷[7]。

十有二月癸丑，公会诸侯盟于薄，释宋公[8]。

① 无《传》。为邢故。○ 为，于伪切，下为邾同。 ② 鹿上，宋地。汝阴有原鹿县。宋为盟主，故在齐人上。 ③ 雩不获雨，故书旱。自夏及秋，五稼皆不收。 ④ 盂，宋地。楚始与中国行会礼，故称爵。○ 盂，音于。 ⑤ 不言楚执宋公者，宋无德而争盟，为诸侯所疾，故总见众国共执之文。○ 见，贤遍切。 ⑥ 无《传》。为邾灭须句故。○ 句，其俱切，《传》同。 ⑦ 无《传》。献宋捷也。不言宋者，秋伐宋，冬来献捷，事不异年，从可知。不称楚子，使来不称君命行礼。○ 献，轩建切。捷，在接切。 ⑧ 诸侯既与楚共伐宋，宋服，故为薄盟以释之。公本无会期，闻盟而往，故书公会诸侯。○ 薄，如字。

传

二十一年春，宋人为鹿上之盟，以求诸侯于楚。楚人许之。公子目夷曰："小国争盟，祸也。宋其亡乎，幸而后败[1]。"

① 谓军败。

夏，大旱，公欲焚巫尪[1]。臧文仲曰："非旱备也。修城郭，贬食省用，务穑劝分[2]，此其务也。巫尪何为？天欲杀之，则如勿生，若能为旱，焚之滋甚。"公从之。是岁也，饥而不害[3]。

① 巫尪,女巫也,主祈祷请雨者。或以为尪非巫也,瘠病之人,其面上向,俗谓天哀其病,恐雨入其鼻,故为之旱,是以公欲焚之。○ 尪,乌黄切。祷,丁老切,或丁报切。瘠,在亦切。向,本亦作嚮,许亮切。故为,于伪切。 ② 穑,俭也。劝分,有无相济。○ 贬,彼检切。省,所景切。 ③ 不伤害民。

秋,诸侯会宋公于盂。子鱼曰:"祸其在此乎!君欲已甚,其何以堪之?"于是楚执宋公以伐宋。冬,会于薄以释之。子鱼曰:"祸犹未也,未足以惩君①。"任、宿、须句、颛臾,风姓也,实司大皞与有济之祀②,以服事诸夏③。邾人灭须句,须句子来奔,因成风也④。成风为之言于公曰:"崇明祀,保小寡,周礼也⑤。蛮夷猾夏,周祸也⑥。若封须句是崇皞、济而修祀纾祸也⑦。"

① 为二十二年战泓《传》。○ 惩,直升切。泓,乌宏切。 ② 司主也。大皞,伏羲。四国,伏羲之后,故主其祀。任,今任城县也。颛臾在泰山南武阳县东北。须句在东平须昌县西北。四国封近于济,故世祀之。○ 任,音壬,《注》同。颛,音专。臾,羊朱切。风姓也,本或作皆风姓。大,音泰。皞,胡老切。济,子礼切,《注》及下《注》同。羲,本或作戏,许宜切。近,附近之近。 ③ 与诸夏同服王事。○ 夏,户雅切,《注》及下同。 ④ 须句,成风家。 ⑤ 明祀,大皞、有济之祀。保,安也。○ 为,于伪切。 ⑥ 此邾灭须句而曰蛮夷。昭二十三年,叔孙豹曰:"邾又夷也。"然则邾虽曹姓之国,迫近诸戎,杂用夷礼,故极言之。猾夏,乱诸夏。○ 猾,于八切。豹,百教切。案杜《注》所引,是叔孙婼语,今传本多作豹,恐是传写误也,宜为婼。婼,音敕若切。 ⑦ 纾,解也,为明年伐邾《传》。○ 纾,音舒。

经

二十有二年春，公伐邾，取须句[①]。

夏，宋公、卫侯、许男、滕子伐郑。

秋八月丁未，及邾人战于升陉[②]。

冬十有一月己巳朔，宋公及楚人战于泓，宋师败绩[③]。

① 须句虽别国，而削弱不能自通，为鲁私属，若颛臾之比。鲁谓之社稷之臣，故灭、奔及反其君，皆略不备书，唯书伐邾，取须句。○ 比，必二切。② 升陉，鲁地。邾人县公胄于鱼门，故深耻之。不言公，又不言师败绩。○ 陉，音刑。县，音玄。胄，直救切。 ③ 泓，水名。宋伐郑，楚救之，故战也。楚告命，不以主帅人数，故略称人。○ 帅，所类切。

传

二十二年春，伐邾，取须句，反其君焉，礼也[①]。

① 得恤寡小之礼。

三月，郑伯如楚。夏，宋公伐郑。子鱼曰："所谓祸在此矣[①]。"

① 怒郑至楚，故伐之，为下泓战起。

初，平王之东迁也[①]，辛有适伊川，见被发而祭于野者[②]，曰："不及百年，此其戎乎！其礼先亡矣[③]。"

① 周幽王为犬戎所灭，平王嗣位，故东迁洛邑。　② 辛有，周大夫。伊川，周地。伊，水也。○ 被，皮寄切，下《注》同。　③ 被发而祭，有象夷狄。

秋，秦、晋迁陆浑之戎于伊川[①]。

① 允姓之戎居陆浑，在秦、晋西北。二国诱而徙之伊川，遂从戎号，至今为陆浑县也。计此去辛有过百年，而云不及百年，《传》举其事验，不必其年信。○ 浑，户门切，一音胡困切。

晋大子圉为质于秦，将逃归，谓嬴氏曰："与子归乎[①]？"对曰："子，晋大子，而辱于秦，子之欲归，不亦宜乎？寡君之使婢子侍执巾栉[②]，以固子也。从子而归，弃君命也。不敢从，亦不敢言。"遂逃归[③]。

① 嬴氏，秦所妻子圉怀嬴也。○ 质，音致，妻，七计切。　② 婢子，妇人之卑称也。○ 栉，侧乙切。称，尺证切，下之称同。　③《传》终史苏之占。

富辰言于王曰："请召大叔[①]。《诗》曰：'协比其邻，昏姻孔云[②]。'吾兄弟之不协，焉能怨诸侯之不睦？"王说。王子带自齐夏归于京师，王召之也[③]。

① 富辰，周大夫。大叔，王子带，十二年奔齐。○ 大，音泰，《注》同。②《诗・小雅》，言王者为政，先和协近亲，则昏姻甚相归附也。邻，犹近也。孔，甚也。云，旋也。○ 比，毗志切。　③《传》终仲孙湫之言也，为二十

四年天王出居于郑起。○ 焉，於虔切。说，音悦。湫，子小切。

邾人以须句故出师。公卑邾，不设备而御之①。臧文仲曰："国无小，不可易也。无备，虽众不可恃也。《诗》曰：'战战兢兢，如临深渊，如履薄冰②。'又曰：'敬之敬之，天惟显思③，命不易哉④！'先王之明德，犹无不难也，无不惧也，况我小国乎！君其无谓邾小。蠭虿有毒，而况国乎？"弗听。八月丁未，公及邾师战于升陉，我师败绩。邾人获公胄，县诸鱼门⑤。

① 卑，小也。○ 御，本亦作御，音鱼吕切。 ②《诗·小雅》。言常戒惧。○ 易，以豉切，下同。兢，居陵切，本或作矜。 ③ 显，明也。思，犹辞也。 ④《周颂》。言有国宜敬戒，天明临，下奉承其命，甚难。⑤ 胄，兜鍪。鱼门，邾城门。○ 蠭，芳容切；本又作蠭，俗作蜂，皆同。虿，敕迈切，一音敕戒切；《字林》作蠆，丑介切，又他割切。升陉，本亦作登陉。县，音玄。兜，丁侯切。鍪，莫侯切。

楚人伐宋以救郑。宋公将战，大司马固谏曰："天之弃商久矣，君将兴之，弗可赦也已①。"弗听。冬十一月己巳朔，宋公及楚人战于泓。宋人既成列，楚人未既济②。司马曰③："彼众我寡，及其未既济也，请击之。"公曰："不可。"既济而未成列，又以告。公曰："未可。"既陈而后击之，宋师败绩。公伤股，门官歼焉④。

国人皆咎公。公曰："君子不重伤，不禽二毛⑤。古之为军也，不以阻隘也⑥。寡人虽亡国之馀⑦，不鼓不成列⑧。"子鱼曰："君未知战。勍敌之人隘而不列，天赞我也[9]。阻而鼓之，不亦可乎？犹有惧焉[10]。且今之勍者，皆吾敌也，虽及胡耇，获则取之，何有于二毛[11]？明耻教战，求杀敌也[12]，伤未及死，如何勿重[13]？若爱重伤，则如勿伤；爱其二毛，则如服焉[14]。三军以利用也[15]，金鼓以声气也[16]，利而用之，阻隘可也，声盛致志，鼓儳可也[17]。"

① 大司马固，庄公之孙公孙固也。言君兴天所弃，必不可，不如赦楚，勿与战。　② 未尽渡泓水。　③ 子鱼也。　④ 门官，守门者，师行则在君左右。歼，尽也。○ 陈，直觐切。歼，将廉切。　⑤ 二毛，头白有二色。○ 咎，其久切。重，直用切，下同。　⑥ 不因阻隘以求胜。○ 隘，於卖切。　⑦ 宋，商纣之后。　⑧ 耻以诈胜。　⑨ 勍，强也。言楚在险隘，不得陈列，天所以佐宋。○ 勍，其京切。　⑩ 虽因阻击之，犹恐不胜。　⑪ 今之勍者，谓与吾竞者。胡耇，元老之称。○ 耇，音苟。　⑫ 明设刑戮，以耻不果。　⑬ 言尚能害己。　⑭ 言苟不欲伤杀敌人，则本可不须斗。　⑮ 为利兴。○ 为，于伪切。　⑯ 鼓以佐士众之声气。　⑰ 儳，岩，未整陈。○ 儳，仕衔、仕减二切。陈，直觐切，又如字。

丙子晨，郑文夫人芈氏、姜氏劳楚子于柯泽[1]。楚子使师缙示之俘馘[2]。君子曰："非礼也。妇人送迎不出门，见兄弟不踰阈[3]，戎事不迩女器[4]。"

丁丑，楚子入享于郑[5]，九献[6]，庭实旅百[7]，加笾豆六品[8]。享毕，夜出文芈送于军，取郑二姬以归[9]。叔詹曰："楚王其不没乎[10]！为礼卒于无别，无别不可谓礼，将何以没？"诸侯是以知其不遂霸也[11]。

① 楚子还，过郑。郑文公夫人芈氏，楚女；姜氏，齐女也。柯泽，郑地。○ 芈，弥尔切，楚姓也。劳，力报切。柯，音哥。 ② 师缙，楚乐师也。俘，所得囚。馘，所截耳。○ 缙，音晋。俘，芳扶切。馘，古获切。 ③ 阈，门限。○ 阈，音域，一音况域切。 ④ 迩，近也。器，物也。言俘馘非近妇人之物。○ 近，如字，又附近之近，下同。 ⑤ 为郑所飨。○ 为，于伪切。 ⑥ 用上公之礼，九献酒而礼毕。 ⑦ 庭中所陈，品数百也。 ⑧ 食物六品加于笾豆。笾豆，礼食器。 ⑨ 二姬，文芈女也。 ⑩ 不以寿终。○ 詹，章廉切。没，门忽切。 ⑪ 言楚子所以师败城濮，终为商臣所弑。○ 卒，子恤切。别，彼列切，下同。濮，音卜。弑，音试。

经

二十有三年春，齐侯伐宋，围缗①。

夏五月庚寅，宋公兹父卒②。

秋，楚人伐陈。

冬十有一月，杞子卒③。

① 缗，宋邑。高平昌邑县东南有东缗城。○ 缗，亡巾切。 ② 三同盟。 ③《传》例曰：不书名，未同盟也。杞入春秋称侯，庄二十七年绌称伯，至此用夷礼，贬称子。○ 绌，本又作黜，敕律切。

传

二十三年春，齐侯伐宋，围缗，以讨其不与盟于齐也①。

① 十九年盟于齐，以无忘桓公之德，而宋独不会，复召齐人共盟鹿上，故今讨之。○ 与，音预。复，扶又切，下不复成嫁同。

夏五月，宋襄公卒，伤于泓故也①。

① 终子鱼之言，得死为幸。

秋，楚成得臣帅师伐陈，讨其贰于宋也①。遂取焦、夷，城顿而还②。子文以为之功，使为令尹。叔伯曰："子若国何③？"对曰："吾以靖国也。夫有大功而无贵仕④，其人能靖者与，有几⑤？"

① 成得臣，子玉也。　② 焦，今谯县也。夷，一名城父，今谯郡城父县。二地皆陈邑。顿国，今汝阴南顿县。○ 焦，子消切。　③ 叔伯，楚大夫薳吕臣也。以为子玉不任令尹。○ 薳，为彼切。任，音壬。　④ 贵仕，贵位。○ 靖，音静。　⑤ 言必矜功为乱，不可不赏。○《释文》：其人能靖者与，绝句。与，音余。几，居岂切。

九月，晋惠公卒①。怀公命无从亡人②。期，期而不至，无赦。狐突之子毛及偃从重耳在秦，弗召③。冬，怀公执狐突曰："子来则免④。"对曰："子之能仕，父教之忠，古之制也。策名委质，贰乃辟也⑤。今臣之子名在重耳，有年数矣。若又召之，教之贰也。父教子贰，何以事君？刑之不滥，君之明也，臣之愿也。淫刑以逞，谁则无罪？臣闻命矣。"乃杀之。卜偃称疾不出，曰："《周书》有之：'乃大明服⑥。'己则不明而杀人以逞，不亦难乎？民不见德而唯戮是闻，其何后之有⑦？"

①《经》在明年。从赴。　　②怀公，子圉。亡人，重耳。〇重，直龙切。　　③偃，子犯也。〇期，期，上如字，下音基；一本亦作朞，下《注》未期，亦音基。从，才用切，后皆同。　　④未期而执突，以不召子故。⑤名书于所臣之策，屈膝而君事之，则不可以贰。辟，罪也。〇质，如字。辟，婢亦切，《注》同。膝，辛七切。　　⑥《周书·康诰》。言君能大明则民服。〇滥，力暂切。　　⑦言怀公必无后于晋，为二十四年杀怀公张本。〇逞，本亦作呈，敕景切。

十一月，杞成公卒。书曰"子"。杞，夷也[1]。不书名，未同盟也。凡诸侯同盟，死则赴以名，礼也[2]。赴以名则亦书之[3]，不然则否[4]，辟不敏也[5]。

①成公始行夷礼以终其身，故于卒贬之。杞实称伯，仲尼以文贬称子，故《传》言"书曰子"以明之。　　②隐七年已见，今重发不书名者，疑降爵故也。此凡又为国史承告而书例。〇见，贤遍切。重，直用切，下重详同。③谓未同盟。　　④谓同盟而不以名告。　　⑤敏，犹审也。同盟然后告名，赴者之礼也。承赴，然后书策，史官之制也。内外之宜不同，故《传》重详其义。

晋公子重耳之及于难也，晋人伐诸蒲城[1]。蒲城人欲战，重耳不可，曰："保君父之命而享其生禄[2]，于是乎得人[3]。有人而校，罪莫大焉[4]。吾其奔也。"遂奔狄。从者狐偃、赵衰[5]、颠颉、魏武子[6]、司空季子[7]。狄人伐廧咎如[8]，获其二女：叔隗、季隗，纳诸公子。公子取季隗，生伯儵、叔刘；以叔隗妻赵衰，生盾[9]。将适齐，谓季隗曰："待我二十五年，不来而后嫁。"对曰："我二十五年矣，又如是而嫁，则就木焉[10]。请待子。”处狄十二年而行[11]。

过卫,卫文公不礼焉。出于五鹿[12],乞食于野人,野人与之块,公子怒,欲鞭之。子犯曰:“天赐也[13]。”稽首,受而载之。

及齐,齐桓公妻之,有马二十乘[14],公子安之。从者以为不可。将行,谋于桑下[15]。蚕妾在其上,以告姜氏。姜氏杀之[16],而谓公子曰:“子有四方之志,其闻之者,吾杀之矣。”公子曰:“无之。”姜曰:“行也。怀与安,实败名。”公子不可,姜与子犯谋,醉而遣之。醒,以戈逐子犯[17]。

及曹,曹共公闻其骈胁,欲观其裸。浴,薄而观之[18]。僖负羁之妻曰:“吾观晋公子之从者,皆足以相国。若以相[19],夫子必反其国。反其国,必得志于诸侯。得志于诸侯而诛无礼,曹其首也。子盍蚤自贰焉[20]。”乃馈盘飧,寘璧焉[21]。公子受飧反璧。

及宋,宋襄公赠之以马二十乘[22]。

及郑,郑文公亦不礼焉。叔詹谏曰:“臣闻天之所启,人弗及也[23]。晋公子有三焉,天其或者将建诸,君其礼焉。男女同姓,其生不蕃[24]。晋公子,姬出也,而至于今,一也[25]。离外之患[26],而天不靖晋国,殆将启之,二也。有三士足以上人,而从之,三也[27]。晋、郑同侪[28],其过子弟,固将礼焉,况天之所启乎?”弗听。

及楚,楚子飨之,曰:“公子若反晋国,则何以报不穀?”对曰:“子女玉帛则君有之,羽毛齿革则君地生焉。其波及晋国者,君之馀也,其何以报君?”曰:“虽然,何以报我?”对曰："若以君之灵，得反晋国，晋、楚治兵，遇于中原，其辟君三舍。若不获命[29]，其左执鞭弭，右属櫜鞬，以与君周旋[30]。"子玉请杀之[31]。楚子曰："晋公子广而俭[32]，文而有礼。其从者肃而宽[33]，忠而能力。晋侯无亲，外内恶之[34]。吾闻姬姓，唐叔之后，其后衰者也，其将由晋公子乎。天将兴之，谁能废之！违天必有大咎。"乃送诸秦。

秦伯纳女五人，怀嬴与焉[35]，奉匜沃盥，既而挥之[36]。怒曰："秦、晋匹也，何以卑我[37]！"公子惧，降服而囚[38]。他日，公享之。子犯曰："吾不如衰之文也[39]。请使衰从。"公子赋《河水》[40]，公赋《六月》[41]。赵衰曰："重耳拜赐。"公子降拜稽首，公降一级而辞焉[42]。衰曰："君称所以佐天子者命重耳，重耳敢不拜[43]。"

① 事在五年。○ 难，乃旦切。　② 享，受也。保，犹恃也。　③ 以禄致众。　④ 校，报也。○ 校，音教。　⑤ 衰，赵夙弟。○ 衰，初危切。　⑥ 武子，魏犨。○ 颉，户结切。犨，尺由切。　⑦ 胥臣臼季也。时狐毛、贾佗皆从，而独举此五人，贤而有大功。○ 臼，其久切。佗，徒何切。　⑧ 廧咎如，赤狄之别种也，隗姓。○ 廧，在良切。咎，古刀切。隗，五罪切，下文皆同。　⑨ 盾，赵宣子。○ 儵，直由切，本又作倏，音同。妻，七计切，下同。盾，徒本切。　⑩ 言将死入木，不复成嫁。　⑪ 以五年奔狄，至十六年而去。○ 请待子，绝句。　⑫ 五鹿，卫地。今卫县西北有地名五鹿，阳平元城县东亦有五鹿。　⑬ 得土，有国之祥，故以为天赐。○ 块，苦对切，又苦怪切。　⑭ 四马为乘，八十匹也。○ 乘，绳证切，《注》及下皆同。　⑮ 齐桓既卒，知孝公不可恃故。　⑯ 姜氏，重耳妻，恐孝公怒其去，故杀妾以灭口。　⑰ 无去志，故怒。○ 败，必迈切。醒，星顶切。　⑱ 薄，迫也。骈胁，合幹。○ 共，音恭。闻其骈

胁,绝句。骈,薄贤切。胁,许业切。《说文》,骈胁,并也;《广雅》云,胁幹谓之肋;《通俗》云,腋下谓之胁。欲观,如字,绝句;一读至裸字绝句。裸,力果切,又户化切。浴,音欲。薄,如字。《国语》云,薄,帘也。幹,古旦切。⑲ 若遂以为傅相。○ 羁,纪宜切。相,息亮切。 ⑳ 自贰,自别异于曹。○ 盍,户臘切。蚤,音早。别,彼列切。 ㉑ 臣无竟外之交,故用盘,藏璧飧中,不欲令人见。○ 馈,其贵切,遗也。飧,音孙;《说文》云,餔也;《字林》云,水浇饭也。寘,之豉切。竟,音境。令,力呈切。 ㉒ 赠,送也。㉓ 启,开也。 ㉔ 蕃,息也。○ 蕃,音烦。《注》同。 ㉕ 大戎狐姬之子,故曰姬出。 ㉖ 出奔在外。 ㉗《国语》:狐偃、赵衰、贾佗三人,皆卿才。○ 从,如字,一音才用切。 ㉘ 侪,等也。○ 侪,仕皆切。㉙ 三退不得楚止命也。○ 过,古禾切。 ㉚ 弭,弓末无缘者。櫜以受箭,鞬以受弓。属,著也。周旋,相追逐也。○ 弭,莫尔切。属,音烛,《注》同。櫜,古刀切。鞬,九言切。缘,悦绢切。 ㉛ 畏其志大。 ㉜ 志广而体俭。 ㉝ 肃,敬也。 ㉞ 晋侯,惠公也。○ 恶,乌路切。㉟ 怀嬴,子圉妻。子圉谥怀公,故号为怀嬴。○ 咎,其九切。与,音预。㊱ 匜,沃盥器也。挥,湔也。○ 奉,芳勇切。匜,以支切,一音以纸切;《说文》云,似羹魁,柄中有道可注水。盥,古缓切。挥,许韦切。湔,音荐;王音赞,一音箭,又音笺。 ㊲ 匹,敌也。 ㊳ 去上服,自拘囚以谢之。○ 去,起吕切。拘,音俱。 ㊴ 有文辞也。○ 衰,初危切,下同。㊵《河水》,逸《诗》。义取河水朝宗于海,海喻秦。 ㊶《六月》,《诗·小雅》。道尹吉甫佐宣王征伐,喻公子还晋,必能匡王国。古者礼会,因古诗以见意,故言赋诗断章也。其全称《诗》篇者,多取首章之义,他皆放此。○ 见,贤遍切。断,端缓切。 ㊷ 下阶一级,辞公子稽首。○ 级,音急。㊸ 诗首章言匡王国,次章言佐天子,故赵衰因通言之,为明年秦伯纳之张本。

经

二十有四年春,王正月。

夏，狄伐郑。

秋七月。

冬，天王出居于郑[1]。

晋侯夷吾卒[2]。

① 襄王也。天子以天下为家，故所在称居。天子无外而书出者，讥王蔽于匹夫之孝，不顾天下之重，因其辟母弟之难书出，言其自绝于周。○ 蔽，必世切。难，乃旦切。　② 文公定位而后告，未同盟而赴以名。

传

二十四年春，王正月，秦伯纳之。不书，不告入也[1]。及河，子犯以璧授公子曰："臣负羁绁从君巡于天下[2]，臣之罪甚多矣。臣犹知之，而况君乎。请由此亡。"公子曰："所不与舅氏同心者，有如白水[3]。"投其璧于河[4]。济河，围令狐，入桑泉，取臼衰[5]。二月甲午，晋师军于庐柳[6]。秦伯使公子絷如晋师，师退，军于郇[7]。辛丑，狐偃及秦、晋之大夫盟于郇。壬寅，公子入于晋师。丙午，入于曲沃。丁未，朝于武宫[8]。戊申，使杀怀公于高梁。不书，亦不告也[9]。

吕、郤畏偪[10]，将焚公宫而弑晋侯。寺人披请见，公使让之，且辞焉[11]。曰："蒲城之役[12]，君命一宿，女即至[13]。其后余从狄君以田渭滨[14]，女为惠公来求杀余，命女三宿，女中宿至。虽有君命，何其速也。夫袪犹在[15]，女其行乎。"对曰："臣谓君之入也，其知之矣[16]。若犹未也，又将及难。君命无二，古之制也。除君之恶，唯力是视，蒲人、狄人，余何有焉[17]。今君即位，其无蒲、狄乎？齐桓公置射鉤而使管仲相[18]，君若易之，何辱命焉[19]？行者甚众，岂唯刑臣[20]。”公见之，以难告[21]。三月，晋侯潜会秦伯于王城。己丑晦，公宫火，瑕甥、郤芮不获公，乃如河上，秦伯诱而杀之。晋侯逆夫人嬴氏以归[22]。秦伯送卫于晋三千人，实纪纲之仆[23]。

初，晋侯之竖头须，守藏者也[24]。其出也，窃藏以逃[25]，尽用以求纳之[26]。及入，求见，公辞焉以沐。谓仆人曰：“沐则心覆，心覆则图反，宜吾不得见也。居者为社稷之守，行者为羁绁之仆，其亦可也，何必罪居者？国君而仇匹夫，惧者甚众矣。”仆人以告，公遽见之[27]。

狄人归季隗于晋而请其二子[28]。文公妻赵衰，生原同、屏括、楼婴[29]。赵姬请逆盾与其母[30]，子馀辞[31]。姬曰：“得宠而忘旧，何以使人？必逆之。”固请，许之，来，以盾为才，固请于公以为嫡子，而使其三子下之，以叔隗为内子而己下之[32]。

晋侯赏从亡者，介之推不言禄，禄亦弗及[33]。推曰：“献公之子九人，唯君在矣。惠、怀无亲，外内弃之。天未绝晋，必将有主。主晋祀者，非君而谁。天实置之，而二三子以为己力，不亦诬乎？窃人之财，犹谓之盗，况贪天之功，以为己力乎？下义其罪，上赏其奸，上下相蒙[34]，难与处矣！”其母曰：“盍亦求之，以死谁怼？”对曰：“尤而效之，罪又甚焉，且出怨言，不食其食[35]。”其母曰：“亦使知之若何[36]？”对曰：“言，身之文也，身将隐，焉用文之？是求显也。”其母曰：“能如是乎？与女偕隐[37]。”遂隐而死。晋侯求之，不获，以绵上为之田，曰：“以志吾过，且旌善人[38]。”

① 纳重耳也。 ② 羁，马羁。绁，马缰。○ 羁，纪宜切；《说文》云，马络头也。绁，息列切；《说文》云，系也。从，才用切，又如字。缰，居良切。 ③ 子犯，重耳舅也，言与舅氏同心之明，如此白水，犹《诗》言“谓予不信，有如皦日”。○ 皦，古了切。 ④ 质信于河。○ 质，音致。 ⑤ 桑泉在河东解县西。解县东南有臼城。○ 令，力丁切。衰，初危切。解，户买切。 ⑥ 怀公遣军距重耳。○ 庐，力居切。柳，力久切。 ⑦ 解县西北有郇城。○ 絷，张立切。郇，音荀。 ⑧ 文公之祖武公庙。 ⑨ 怀公奔高梁。高梁在平阳杨县西南。再发不告者，言外诸侯入及见杀，亦皆须告乃书于策。 ⑩ 吕甥、郤芮，惠公旧臣，故畏为文公所偪害。○ 偪，彼力切。为，于伪切。 ⑪ 辞不见。○ 弑，音试，又作杀。寺，本又作侍。披，普皮切。见，贤遍切。 ⑫ 在五年。 ⑬ 即日至。○ 女，音汝，下皆同。 ⑭ 田，猎。○ 渭，音谓，水名。滨，音宾。 ⑮ 披所斩文公衣袂也。○ 为，于伪切。中，丁仲切，下及《注》同。女中宿至，或无至字。袪，起鱼切。袂，灭制切。 ⑯ 知君人之道。 ⑰ 当二君世，君为蒲、狄之人，于我有何义。○ 难，乃旦切，下及《注》皆同。 ⑱ 乾时之役，管仲射桓公，中带鉤。○ 射，食亦切，《注》同。相，息亮切。 ⑲ 言若反齐桓，己将自去，不须辱君命。 ⑳ 披，奄人，故称刑臣。○ 甚众，一本甚作其。 ㉑ 告吕、郤欲焚公宫。 ㉒ 秦穆公女文嬴也。 ㉓ 新有吕、郤之难，国未辑睦，故以兵卫文公。诸门户仆隶之事，皆秦卒共之，为之纪纲。○ 辑，音集，又七入切，本亦作集。卒，子忽切。共，音恭；本亦作供。 ㉔ 头须，一曰里凫须。竖，左右小吏。○ 竖，上注切。藏，才浪切，下同。凫，房孚切。《韩诗外传》云：晋文公亡，过曹，里凫须从，因盗重耳资而亡。重耳无粮，馁不能行，介子推割股以食重耳，然后能行。 ㉕ 文公出时。 ㉖ 求纳文公。 ㉗ 言弃小怨所以能安众。○ 见，贤遍切，下得见同。覆，芳服切，下同。守，手又切，又如字。甚或作其。 ㉘ 二子，伯儵、叔刘。 ㉙ 原、屏、楼，三子之邑。○ 妻，七计切。屏，步丁切。括，古活切。 ㉚ 赵姬，文公女也。盾，狄女叔隗之子。 ㉛ 子馀，赵衰字。 ㉜ 卿之嫡妻为内子。皆非此年事，盖因狄人归季隗，遂终言叔隗。○ 嫡，

亦作適，丁历切。下，遐嫁切，下同。　㉝ 介推，文公微臣。之，语助。〇 从，才用切。　㉞ 蒙，欺也。　㉟ 怨言，谓上下相蒙，难与处。〇 盍，户臘切。怼，直类切。　㊱ 既不求之，且欲令推达言于文公。　㊲ 偕，俱也。〇 焉，於虔切。女，音汝。　㊳ 旌，表也。西河界休县南有地名绵上。

郑之入滑也，滑人听命[①]。师还，又即卫。郑公子士泄、堵俞弥帅师伐滑[②]。王使伯服、游孙伯如郑请盟[③]。郑伯怨惠王之入而不与厉公爵也[④]，又怨襄王之与卫、滑也[⑤]，故不听王命而执二子。王怒，将以狄伐郑。富辰谏曰："不可。臣闻之，大上以德抚民[⑥]，其次亲亲以相及也[⑦]。昔周公吊二叔之不咸，故封建亲戚以蕃屏周[⑧]。管蔡郕霍，鲁卫毛聃，郜雍曹滕，毕原酆郇，文之昭也[⑨]。邘晋应韩，武之穆也[⑩]。凡蒋邢茅胙祭，周公之胤也[⑪]。召穆公思周德之不类，故纠合宗族于成周而作诗[⑫]曰：'常棣之华，鄂不韡韡[⑬]，凡今之人，莫如兄弟[⑭]。'其四章曰：'兄弟阋于墙，外御其侮[⑮]。'如是则兄弟虽有小忿，不废懿亲[⑯]。今天子不忍小忿以弃郑亲，其若之何？庸勋亲亲，暱近尊贤，德之大者也[⑰]。即聋从昧，与顽用嚚，奸之大者也。弃德崇奸，祸之大者也[⑱]。郑有平、惠之勋[⑲]，又有厉、宣之亲[⑳]，弃嬖宠而用三良[㉑]，于诸姬为近[㉒]。四德具矣。耳不听五声之和为聋，目不别五色之章为昧，心不则德义之经为顽，口不道忠信之言为嚚，狄皆则之，四奸具矣。周之有懿德也，犹曰'莫如兄弟'，故封建之[㉓]。其怀柔天下也，犹惧有外侮，扞御侮者莫如亲亲，故以亲屏周。召穆公亦云[㉔]。今周德既衰，于是乎又渝周、召以从诸奸，无乃不可乎[25]？民未忘祸，王又兴之[26]，其若文、武何[27]？”王弗听，使颓叔、桃子出狄师[28]。夏，狄伐郑，取栎。王德狄人，将以其女为后。富辰谏曰：“不可。臣闻之曰：‘报者倦矣，施者未厌[29]。’狄固贪惏，王又启之，女德无极，妇怨无终[30]，狄必为患。”王又弗听。

初，甘昭公有宠于惠后[31]，惠后将立之，未及而卒。昭公奔齐[32]，王复之[33]。又通于隗氏[34]。王替隗氏[35]，颓叔、桃子曰：“我实使狄，狄其怨我。”遂奉大叔，以狄师攻王。王御士将御之[36]。王曰：“先后其谓我何[37]？宁使诸侯图之。”王遂出。及坎欿，国人纳之[38]。秋，颓叔、桃子奉大叔，以狄师伐周，大败周师，获周公忌父、原伯、毛伯、富辰[39]。王出适郑，处于氾[40]。大叔以隗氏居于温。

① 入滑在二十年。 ② 堵俞弥，郑大夫。 ③ 二子，周大夫。 ④ 事在庄二十一年。 ⑤ 怨王助卫为滑请。○ 为，于伪切。 ⑥ 无亲疏也。○ 听，吐定切。而执二子，本或作而执其二子，其，衍字也。大，音泰。 ⑦ 先亲以及疏，推恩以成义。 ⑧ 吊，伤也。咸，同也。周公伤夏、殷之叔世，疏其亲戚，以至灭亡、故广封其兄弟。○ 蕃，方元切。 ⑨ 十六国皆文王子也。管国在荥阳京县东北。雍国在河内山阳县西。毕国在长安县西北。酆国在始平鄠县东。○ 郕，音成。聃，乃甘切。雍，於用切，《注》同。酆，音丰。郇，音荀。 ⑩ 四国皆武王子。应国在襄阳城父县西南。韩国在河东郡界。河内野王县西北有邘城。○ 邘，音于。 ⑪ 胤，嗣也。蒋在戈阳期思县。高平昌邑县西有茅乡。东郡燕县西南有胙亭。○ 蒋，将丈切。茅，亡交切。胙，才故切，下《注》祭胙同。祭，侧界切。 ⑫ 类，善也。纠，收也。召穆公，周卿士，名虎。召，采地，扶风雍县东南有召亭。周厉王之时，周德衰微，兄弟道缺，召穆公于东都收会宗

族，特作此周公之乐，歌《常棣》。《诗》属《小雅》。○ 召，上照切，《注》同。纠，居黝切。棣，大计切；《字林》，大内切。 ⑬ 常棣，棣也。鄂鄂然，华外发。不韡韡，言韡韡。以喻兄弟和睦，则强盛而有光辉韡韡然。○ 鄂，五各切。不，方九切。韡，韦鬼切。 ⑭ 言致韡韡之盛，莫如亲兄弟。 ⑮ 阋，讼争貌。言内虽不和，犹宜外扞异族之侵侮。○ 阋，呼历切；《毛诗》传云，很也。御，鱼吕切，下同。侮，亡甫切，《诗》作务。争，争斗之争；本又作诤。扞，户旦切。 ⑯ 懿，美也。 ⑰ 庸，用也。暱，亲也。○ 暱，女乙切。 ⑱ 崇，聚也。○ 聋，鹿工切。昧，音妹。嚚，鱼巾切。 ⑲ 平王东迁，晋、郑是依。惠王出奔，虢、郑纳之。是其勋也。 ⑳ 郑始封之祖桓公友，周厉王之子，宣王之母弟。 ㉑ 七年杀嬖臣申侯，十六年杀宠子子华也。三良，叔詹、堵叔、师叔，所谓尊贤。○ 堵，丁古切，又音者。 ㉒ 道近当暱之。 ㉓ 当周公时，故言周之有懿德。○ 别，彼列切。 ㉔ 周公作诗，召公歌之，故言亦云。 ㉕ 变周、召亲兄弟之道。○ 渝，羊朱切。 ㉖ 前有子颓之乱，中有叔带召狄，故曰民未忘祸。○ 颓，徒回切。 ㉗ 言将废文、武之功业。 ㉘ 二子，周大夫。○ 桃，如字；一本或作姚，亦宜音桃。 ㉙ 施，功劳也，有劳则望报过甚。○ 栎，力狄切。施，如字，《注》同。厌，於艳切，又於盐切。 ㉚ 妇女之志，近之则不知止足，远之则忿怨无已。终，犹已也。○ 惏，力南切；《方言》云，杀人而取其财曰惏。近，附近之近。远，于万切。 ㉛ 甘昭公，王子带也，食邑于甘。河南县西南有甘水。 ㉜ 奔齐在十二年。 ㉝ 在二十二年。 ㉞ 隗氏，王所立狄后。 ㉟ 替，废也。○ 替，他计切。 ㊱《周礼》：王之御士十二人。 ㊲ 先后，惠后也。诛大叔，恐违先后志。 ㊳ 坎欿，周地，在河南巩县东。○ 坎，苦感切。欿，大感切。巩，九勇切。 ㊴ 原、毛皆采邑。 ㊵ 郑南氾也，在襄城县南。○ 氾，音凡，后皆同。

郑子华之弟子臧出奔宋[①]，好聚鹬冠[②]。郑伯闻而恶之[③]，使盗诱之。八月，盗杀之于陈、宋之间。君子曰："服之不衷，身之灾也[4]。《诗》曰：'彼己之子，不称其服[5]。'子臧之服，不称也夫。《诗》曰，'自诒伊慼'，其子臧之谓矣[6]。《夏书》曰，'地平天成'，称也[7]。"

① 十六年杀子华故。　② 鹬，鸟名。聚鹬羽以为冠，非法之服。○ 好，呼报切。鹬，尹桔切。　③ 恶其服非法。○ 恶，乌路切。④ 衷，犹適也。○ 衷，音忠，一音丁仲切，《注》同。　⑤《诗·曹风》。刺小人在位，言彼人之德，不称其服。○ 己，音记。称，尺证切，《注》及下同。刺，七赐切。　⑥《诗·小雅》。诒，遗出。慼，忧也。取其自遗忧。○ 之服，一本作之及。夫，音扶。诒，以支切。遗，唯季切，下同。⑦《夏书》，逸《书》。地平其化，天成其施，上下相称为宜。○ 夏，户雅切；后《夏书》皆仿此。施，始豉切。

宋及楚平。宋成公如楚，还，入于郑。郑伯将享之，问礼于皇武子[1]。对曰："宋，先代之后也，于周为客，天子有事膰焉[2]，有丧拜焉[3]，丰厚可也。"郑伯从之，享宋公有加，礼也[4]。

① 皇武子，郑卿。　② 有事，祭宗庙也。膰，祭肉。尊之，故赐以祭胙。○ 膰，符袁切；《周礼》又作鐇字，音、义皆同。　③ 宋吊周丧，王特拜谢之。　④ 礼物事事加厚。善郑能尊先代。○《释文》：享宋公有加，绝句。礼也，一本无也字，读总为一句。

冬，王使来告难曰："不榖不德，得罪于母弟之宠子带，鄙在郑地氾[1]，敢告叔父[2]。"臧文仲对曰："天子蒙尘于外，敢不奔问官守[3]。"王使简师父告于晋，使左鄢父告于秦[4]。

天子无出，书曰“天王出居于郑”，辟母弟之难也[5]。天子凶服降名，礼也[6]。郑伯与孔将鉏、石甲父、侯宣多省视官具于氾[7]，而后听其私政，礼也[8]。

① 鄙，野也。○ 难，乃旦切，下同。 ② 天子谓同姓诸侯曰叔父。 ③ 官守，王之群臣。○ 守，手又切，《注》及下同。 ④ 二子，周大夫。○ 鄢，於晚切。 ⑤ 叔带，襄王同母弟。 ⑥ 凶服，素服。降名，称不穀。 ⑦ 三子，郑大夫。省官司，具器用。○ 鉏，仕居切。 ⑧ 得先君后己之礼。○ 听，吐定切。

卫人将伐邢，礼至曰：“不得其守，国不可得也[1]。我请昆弟仕焉。”乃往，得仕[2]。

① 礼至，卫大夫。守，谓邢正卿国子。 ② 为明年灭邢《传》。

经

二十有五年春，王正月丙午，卫侯燬灭邢[1]。

夏四月癸酉，卫侯燬卒[2]。

宋荡伯姬来逆妇[3]。

宋杀其大夫[4]。

秋，楚人围陈，纳顿子于顿[5]。

葬卫文公[6]。

冬十有二月癸亥，公会卫子、莒庆，盟于洮[7]。

① 卫、邢同姬姓，恶其亲亲相灭，故称名罪之。○ 燬，况委切。恶，乌

路切。 ② 无《传》。五同盟。 ③ 无《传》。伯姬，鲁女，为宋大夫荡氏妻也。自为其子来逆。称妇，姑存之辞。妇人越竟迎妇，非礼，故书。○ 为，于伪切。竟，音境。 ④ 无《传》。其事则未闻。于例为大夫无罪，故不称名。 ⑤ 顿迫于陈而出奔楚，故楚围陈以纳顿子。不言遂，明一事也。子玉称人，从告。顿子不言归，兴师见纳故。 ⑥ 无《传》。⑦ 洮，鲁地。卫文公既葬，成公不称爵者，述父之志，降名从未成君，故书子以善之。莒庆不称氏，未赐族。○ 洮，吐刀切。

传

二十五年春，卫人伐邢，二礼从国子巡城，掖以赴外，杀之。正月丙午，卫侯燬灭邢。同姓也，故名。礼至为铭曰："余掖杀国子，莫余敢止[①]。"

① 恶其不知耻，诈以灭同姓，而反铭功于器。○ 掖，音亦；《说文》，以手持人臂曰掖。恶，乌路切。

秦伯师于河上，将纳王。狐偃言于晋侯曰："求诸侯，莫如勤王[①]。诸侯信之，且大义也。继文之业而信宣于诸侯，今为可矣[②]。"使卜偃卜之，曰："吉，遇黄帝战于阪泉之兆[③]。"公曰："吾不堪也[④]。"对曰："周礼未改。今之王，古之帝也[⑤]。"公曰："筮之。"筮之，遇《大有》䷍[⑥]之《睽》䷥[⑦]，曰："吉，遇'公用享于天子'之卦[⑧]。战克而王享，吉孰大焉[⑨]。且是卦也[⑩]，天为泽以当日，天子降心以逆公，不亦可乎[⑪]？《大有》去《睽》而复，亦其所也[⑫]。"晋侯辞秦师而下[⑬]。三月甲辰，次于阳樊。右师围温[⑭]，左师逆王。夏四月丁巳，王入于王城，取大叔于温，杀之于隰城。

戊午，晋侯朝王，王享醴，命之宥⑮。请隧，弗许⑯，曰："王章也⑰。未有代德而有二王，亦叔父之所恶也。"与之阳樊、温、原、欑茅之田。晋于是始启南阳⑱。

阳樊不服，围之。苍葛呼曰⑲："德以柔中国，刑以威四夷，宜吾不敢服也。此谁非王之亲姻，其俘之也？"乃出其民⑳。

① 勤，纳王也。 ② 晋文侯仇为平王侯伯，匡辅周室。○ 仇，音求。 ③ 黄帝与神农之后姜氏战于阪泉之野，胜之。今得其兆，故以为吉。 ④ 文公自以为己当此兆，故曰不堪。 ⑤ 言周德虽衰，其命未改。今之周王自当帝兆，不谓晋。 ⑥《乾》下《离》上，《大有》。 ⑦《兑》下《离》上，《睽》。《大有》九三变而为《睽》。 ⑧《大有》九三《爻辞》也。三为三公而得位，变而为《兑》，《兑》为说，得位而说，故能为王所宴飨。 ⑨ 言卜筮协吉。 ⑩ 方更总言二卦之义，不系于一爻。 ⑪《乾》为天，《兑》为泽，《乾》变为《兑》而上当《离》，《离》为日。日之在天，垂曜在泽，天子在上，说心在下，是降心逆公之象。 ⑫ 言去《睽》卦还论《大有》，亦有天子降心之象。《乾》尊《离》卑，降尊下卑，亦其义也。○ 下，遐嫁切。 ⑬ 辞让秦师使还。顺流故曰下。 ⑭ 大叔在温故。 ⑮ 既行享礼而设醴酒，又加之以币帛，以助欢也。宥，助也。○ 隰，音习。醴，音礼。宥，音又。 ⑯ 阙地通路曰隧，王之葬礼也。诸侯皆县柩而下。○ 隧，音遂，今之延道。阙，其月切。县，音玄。柩，其又切。 ⑰ 章，显王者与诸侯异。 ⑱ 在晋山南河北，故曰南阳。○ 恶，乌路切。欑，才官切。 ⑲ 苍葛，阳樊人。○ 呼，唤故切。 ⑳ 取其土而已。○ 俘，芳扶切。

秋，秦、晋伐鄀①。楚鬥克、屈御寇以申、息之师戍商密②。秦人过析隈，入而系舆人以围商密，昏而傅焉③。宵，坎血加书，伪与子仪、子边盟者④。商密人惧曰："秦取析矣，戍人反矣。"乃降秦师。秦师囚申公子仪、息公子边以归⑤。楚令尹子玉追秦师，弗及⑥，遂围陈，纳顿子于顿⑦。

① 鄀本在商密，秦、楚界上小国，其后迁于南郡鄀县。○ 鄀，音若；《字林》云，楚邑，楮斫切。　② 鬥克，申公子仪。屈御寇，息公子边。商密，鄀别邑，今南乡丹水县。戍，守也。二子屯兵于析，以为商密援。○ 御，鱼吕切。屯，徒门切。援，于眷切。　③ 析，楚邑，一名白羽，今南乡析县。隈，隐蔽之处。系缚舆人，诈为克析得其囚俘者。昏而傅城，不欲令商密知囚非析人。○ 过，古卧切；王音戈。析，星历切，俗作枂。隈，乌回切。系，音计。舆，音余。傅，音附，《注》同。处，昌虑切。令，力呈切。　④ 掘地为坎，以埋盟之余血，加盟书其上。○ 掘，其勿切，又其月切；本又作阙，其月切。　⑤ 商密既降，析戍亦败，故得囚二子。○ 降，户江切，后除《注》降名皆同。　⑥ 不复言晋者，秦为兵主。○ 复，扶又切。　⑦ 为顿围陈。○ 为，于伪切。

冬，晋侯围原，命三日之粮。原不降，命去之。谍出①，曰："原将降矣。"军吏曰："请待之。"公曰："信，国之宝也，民之所庇也，得原失信，何以庇之？所亡滋多。"退一舍而原降。迁原伯贯于冀②。赵衰为原大夫，狐溱为温大夫③。

① 谍，间也。○ 谍，音牒。间，间厕之间。　② 伯贯，周守原大夫也。○ 庇，必利切，又音祕。贯，古乱切。　③ 狐溱，狐毛之子。○ 溱，侧巾切。

卫人平莒于我。十二月，盟于洮，修卫文公之好，且及莒平也[①]。

① 莒以元年郦之役怨鲁，卫文公将平之，未及而卒。成公追成父志，降名以行事，故曰修文公之好。○ 好，呼报切，《注》同。郦，力知切。

晋侯问原守于寺人勃鞮[①]。对曰："昔赵衰以壶飧从径，馁而弗食[②]。"故使处原[③]。

① 勃鞮，披也。○ 守，手又切。勃，步忽切。鞮，丁兮切。　② 言其廉且仁不忘君也。径犹行也。○ 飧，音孙。从，才用切，旧如字。径，古定切。一读以壶飧从，绝句，读径为经，连下句，乖于杜义。馁，奴罪切，饿也。③ 从披言也。衰虽有大功，犹简小善以进之，示不遗劳。○ 披，普皮切。

经

二十有六年春，王正月己未，公会莒子、卫甯速，盟于向[①]。

齐人侵我西鄙。公追齐师至酅，弗及[②]。

夏，齐人伐我北鄙[③]。

卫人伐齐。

公子遂如楚乞师[④]。

秋，楚人灭夔，以夔子归[⑤]。

冬，楚人伐宋，围缗。公以楚师伐齐，取穀[⑥]。公至自伐齐[⑦]。

① 向，莒地。甯速，卫大夫庄子也。○ 向，舒亮切。　② 公逐齐师，远至齐地，故书之。济北穀城县西有地名酅下。○ 酅，本又作巂，户圭切，

《注》同，一音似转切。 ③ 孝公未入鲁竟，先使微者伐之。○ 竟，音境，《传》同。 ④ 公子遂，鲁卿也。乞，不保得之辞。 ⑤ 夔，楚同姓国，今建平秭归县。夔有不祀之罪，故不讥楚灭同姓。○ 夔，求龟切。秭，音姊。 ⑥《传》例曰：师能左右之曰以。○ 緡，亡巾切。 ⑦ 无《传》。

传

二十六年春，王正月，公会莒兹丕公[①]、甯庄子，盟于向，寻洮之盟也[②]。齐师侵我西鄙，讨是二盟也。夏，齐孝公伐我北鄙。卫人伐齐，洮之盟故也。公使展喜犒师[③]，使受命于展禽[④]。

齐侯未入竟，展喜从之，曰："寡君闻君亲举玉趾，将辱于敝邑，使下臣犒执事[⑤]。"齐侯曰："鲁人恐乎？"对曰："小人恐矣，君子则否。"齐侯曰："室如县罄，野无青草，何恃而不恐[⑥]？"对曰："恃先王之命。昔周公、大公股肱周室，夹辅成王。成王劳之而赐之盟曰：'世世子孙，无相害也。'载在盟府[⑦]，大师职之[⑧]。桓公是以纠合诸侯而谋其不协，弥缝其阙而匡救其灾，昭旧职也。及君即位，诸侯之望曰：'其率桓之功[⑨]。'我敝邑用不敢保聚[⑩]，曰：'岂其嗣世九年而弃命废职，其若先君何？'君必不然。恃此以不恐。"齐侯乃还。

东门襄仲、臧文仲如楚乞师[⑪]，臧孙见子玉而道之伐齐、宋，以其不臣也[⑫]。

① 兹丕，时君之号，莒，夷，无谥，以号为称。○ 丕，普悲切。称，尺证切。 ② 洮盟在前年。 ③ 劳齐师。○ 犒，苦报切。劳，力报切，下文同。 ④ 柳下惠。 ⑤ 言执事，不敢斥尊。○ 趾，音止，足也。

⑥ 如，而也。时夏四月，今之二月，野物未成，故言居室而资粮县尽，在野则无蔬食之物，所以当恐。○ 恐，曲勇切，下及《注》皆同。县，音玄，《注》同。罄，亦作磬。 ⑦ 载，载书也。○ 大，音泰，下及《注》同。夹，古洽切，旧音古协切。 ⑧ 职，主也。大公为大师，兼主司盟之官。 ⑨ 率，循也。○ 缝，扶容切。 ⑩ 用此旧盟，故不聚众保守。 ⑪ 襄仲居东门，故以为氏。臧文仲为襄仲副使，故不书。○ 使，所吏切。 ⑫ 言其不臣事周室，可以此罪责而伐之。○ 道，音导。

夔子不祀祝融与鬻熊[①]，楚人让之，对曰："我先王熊挚有疾，鬼神弗赦，而自竄于夔[②]。吾是以失楚，又何祀焉[③]？"秋，楚成得臣、鬥宜申帅师灭夔，以夔子归[④]。

① 祝融，高辛氏之火正，楚之远祖也。鬻熊，祝融之十二世孙。夔，楚之别封，故亦世绍其祀。○ 融，余忠切。鬻，音育。 ② 熊挚，楚嫡子，有疾不得嗣位，故别封为夔子。○ 挚，音至。竄，七乱切；《字林》，又千外切。嫡，丁历切。 ③ 废其常祀而饰辞文过。 ④ 成得臣，令尹子玉也。鬥宜申，司马子西也。

宋以其善于晋侯也[①]，叛楚即晋。冬，楚令尹子玉、司马子西帅师伐宋，圍缗。

① 重耳之出也，宋襄公赠马二十乘。○ 乘，绳证切。

公以楚师伐齐，取穀。凡师能左右之曰"以"[①]。寘桓公子雍于穀，易牙奉之以为鲁援[②]。楚申公叔侯戍之[③]。桓公之子七人，为七大夫于楚[④]。

① 左右，谓进退在己。○ 左右，并如字。 ② 瘫本与孝公争立，故使居穀以偪齐。○ 寘，之豉切。援，于眷切。 ③ 为二十八年楚子使申叔去穀张本。 ④ 言孝公不能抚公族。

春秋经传集解第七

僖公下

经

二十有七年春，杞子来朝。

夏六月庚寅，齐侯昭卒[①]。

秋八月乙未，葬齐孝公[②]。

乙巳，公子遂帅师入杞[③]。

冬，楚人、陈侯、蔡侯、郑伯、许男围宋[④]。

十有二月甲戌，公会诸侯盟于宋[⑤]。

① 十九年与鲁大夫盟于齐。　② 无《传》。三月而葬，速。

③ 弗地曰入。八月无乙巳；乙巳，九月六日。　④《传》言楚子使子玉去宋。《经》书人者，耻不得志，以微者告。犹序诸侯之上，楚主兵故。

⑤ 无《传》。诸侯伐宋，公与楚有好而往会之，非后期。宋方见围，无嫌于与盟，故直以宋地。○ 好，呼报切。与，音预。

传

二十七年春，杞桓公来朝，用夷礼，故曰子[①]。公卑杞，杞不共也[②]。

① 杞，先代之后，而迫于东夷，风俗杂坏，言语衣服有时而夷，故杞子

卒，《传》言其夷也。今称朝者，始于朝礼，终而不全，异于介葛卢，故唯贬其爵。　② 杞用夷礼，故贱之。○ 共，音恭；本亦作恭，下《注》同。

夏，齐孝公卒。有齐怨①，不废丧纪，礼也②。

① 前年齐再伐鲁。　② 吊赠之数不有废。

秋，入杞，责礼也①。

① 责不共也。○ 责礼，本或作责无礼者，非。

楚子将围宋，使子文治兵于睽①，终朝而毕，不戮一人②。子玉复治兵于蒍③，终日而毕，鞭七人，贯三人耳。国老皆贺子文，子文饮之酒④。蒍贾尚幼，后至不贺⑤。子文问之，对曰："不知所贺。子之传政于子玉，曰：'以靖国也。'靖诸内而败诸外，所获几何？子玉之败，子之举也，举以败国，将何贺焉？子玉刚而无礼，不可以治民，过三百乘，其不能以入矣。苟入而贺，何后之有⑥？"

冬，楚子及诸侯围宋，宋公孙固如晋告急⑦。先轸曰："报施救患，取威定霸，于是乎在矣⑧。"狐偃曰："楚始得曹而新昏于卫，若伐曹、卫，楚必救之，则齐、宋免矣⑨。"于是乎蒐于被庐⑩，作三军⑪，谋元帅⑫。赵衰曰："郤縠可。臣亟闻其言矣。说礼乐而敦诗书。诗书，义之府也。礼乐，德之则也。德义，利之本也。《夏书》曰：'赋纳以言，明试以功，车服以庸⑬。'君其试之。"乃使郤縠将中军，郤溱佐之；使狐偃将上军，让于狐毛而佐之[⑭]；命赵衰为卿，让于栾枝、先轸[⑮]。使栾枝将下军，先轸佐之。荀林父御戎，魏犨为右[⑯]。

① 子文时不为令尹，故云使治兵，习号令也。睽，楚邑。○ 睽，苦圭切，又音圭。 ② 终朝，自旦及食时也。子文欲委重于子玉，故略其事。○ 朝，如字，《注》同。戮，音六。 ③ 子玉为令尹故。蔿，楚邑。○ 复，扶又切。蔿，于委切。 ④ 贺子玉堪其事。○ 贯，音官，又古乱切。饮，於鸩切。 ⑤ 蔿贾，伯嬴，孙叔敖之父。幼，少也。○ 嬴，音盈。少，诗照切，下同。 ⑥ 三百乘，二万二千五百人。○ 传，音直专切。几，居岂切。乘，绳证切，下同。 ⑦ 公孙固，宋庄公孙。 ⑧ 先轸，晋下军之佐原轸也。报宋赠马之施。○ 轸，之忍切。施，式氏切，《注》同。 ⑨ 前年楚使申叔侯戍縠以偪齐。 ⑩ 晋常以春蒐礼，改政令，敬其始也。被庐，晋地。○ 蒐，所求切。被，皮义切。庐，力居切。 ⑪ 闵元年晋献公作二军，今复大国之礼。 ⑫ 中军帅。○ 帅，所类切，《注》同。 ⑬《尚书》，《虞》、《夏书》也。赋纳以言，观其志也；明试以功，考其事也；车服以庸，报其劳也。赋，犹取也。庸，功也。○ 縠，本又作穀，同，胡木切。亟，欺冀切，数也。说，音悦。 ⑭ 狐毛，偃之兄。○ 将，子匠切，下将上、将下皆同。溱，侧巾切。 ⑮ 栾枝，贞子也，栾宾之孙。○ 栾，鲁官切。⑯ 荀林父，中行桓子。○ 行，户刚切。

晋侯始入而教其民，二年欲用之[①]。子犯曰："民未知义，未安其居[②]。"于是乎出定襄王[③]，入务利民，民怀生矣，将用之。子犯曰："民未知信，未宣其用[④]。"于是乎伐原以示之信[⑤]。民易资者不求丰焉[⑥]，明征其辞[⑦]。公曰："可矣乎？"子犯曰："民未知礼，未生其共。"于是乎大蒐以示之礼[⑧]，作执秩以正其官[⑨]，民听不惑而后用之。出穀戍，释宋围[10]，一战而霸，文以教也[11]。

① 二十四年入。 ② 无义则苟生。 ③ 二十五年定襄王，以示事君之义。 ④ 宣，明也，未明于见用之信。 ⑤ 伐原在二十五年。 ⑥ 不诈以求多。 ⑦ 重言信。 ⑧ 蒐，顺少长，明贵贱。○ 长，丁丈切。 ⑨ 执秩，主爵秩之官。○ 秩，直乙切。 ⑩ 楚子使申叔去穀，子玉去宋。 ⑪ 谓明年战城濮。

经

二十有八年春，晋侯侵曹。晋侯伐卫[1]。

公子买戍卫，不卒戍，刺之[2]。

楚人救卫。

三月丙午，晋侯入曹，执曹伯，畀宋人[3]。

夏四月己巳，晋侯、齐师、宋师、秦师及楚人战于城濮，楚师败绩[4]。

楚杀其大夫得臣[5]。

卫侯出奔楚。

五月癸丑，公会晋侯、齐侯、宋公、蔡侯、郑伯、卫子、莒子，盟于践土[6]。陈侯如会[7]。

公朝于王所[8]。

六月，卫侯郑自楚复归于卫[9]。

卫元咺出奔晋[10]。

陈侯款卒[11]。

秋，杞伯姬来[12]。

公子遂如齐[13]。

冬，公会晋侯、齐侯、宋公、蔡侯、郑伯、陈子、莒子、邾子、秦人于温[14]。

天王狩于河阳[15]。壬申，公朝于王所[16]。

晋人执卫侯，归之于京师[17]。

卫元咺自晋复归于卫[18]。

诸侯遂围许[19]。

曹伯襄复归于曹[20]，遂会诸侯围许[21]。

① 再举晋侯者，曹、卫两来告。　② 公子买，鲁大夫子丛也。内杀大夫皆书。刺，言用《周礼》三刺之法，示不枉滥也。公实畏晋，杀子丛而诬丛以废成之罪。恐不为远近所信，故显书其罪。○ 刺，七赐切。丛，似东切。枉，纡往切。　③ 畀，与也。执诸侯当以归京师，晋欲怒楚使战，故以与宋，所谓"谲而不正"。○ 畀，必利切，《注》同。谲，古穴切。　④ 宋公、齐国归父、秦小子慭既次城濮，以师属晋，不与战也。子玉及陈、蔡之师不书，楚人耻败，告文略也。大崩曰败绩。○ 濮，音卜。慭，鱼觐切。与，音预。　⑤ 子玉违其君命以取败，称名以杀，罪之。　⑥ 践土，郑地。王子虎临盟，不同歃，故不书。卫侯出奔，其弟叔武摄位受盟，非王命所加，从未成君之礼，故称子而序郑伯之下。《经》书癸丑，月十八日也。《传》书癸亥，月二十八日。《经》、《传》必有误。○ 践，似浅切。土，如字，或一音杜。歃，所洽切；本又作唼。　⑦ 无《传》。陈本与楚，楚败，惧而属晋，来不及盟，故曰如会。　⑧ 无《传》。王在践土，非京师，故曰王所。⑨ 复其位曰复归。晋人感叔武之贤而复卫侯。卫侯之入由于叔武，故以国逆为文，例在成十八年。　⑩ 元咺，卫大夫，虽为叔武讼诉，失君臣之節，故无贤文。奔例在宣十年。○ 咺，况晚切。为，于伪切，下为其同。诉，本又作愬，苏路切。　⑪ 无《传》。凡四同盟。　⑫ 无《传》。庄公女。归宁曰来。　⑬ 无《传》。聘也。　⑭ 陈共公称子，先君未葬，例在九年。宋襄公称子，自在本班。陈共公称子，降在郑下，陈怀公称子而在郑

上,《传》无义例,盖主会所次,非褒贬也。○ 共,音恭,下共公同。
⑮ 晋地,今河内有河阳县。晋实召王,为其辞逆而意顺,故《经》以王狩为辞。○ 狩,本又作守,音同。 ⑯ 壬申,十月十日,有日而无月,史阙文。
⑰ 称人以执,罪及民也,例在成十五年。诸侯不得相治,故归之京师。
⑱ 元咺与卫侯讼,得胜而归。从国逆例者,明卫侯无道于民,国人与元咺。
⑲ 会温诸侯也。许比再会不至,故因会共伐之。○ 比,如字;王,俾利切。
⑳ 晋感侯獳之言而复曹伯,故从国逆之例。○ 獳,乃侯切。 ㉑ 言遂得复而行,不归国也。

传

二十八年春,晋侯将伐曹,假道于卫[①],卫人弗许。还,自南河济[②]。侵曹伐卫。正月戊申,取五鹿[③]。

二月,晋郤縠卒。原轸将中军,胥臣佐下军,上德也[④]。

晋侯、齐侯盟于敛盂[⑤]。卫侯请盟,晋人弗许。卫侯欲与楚,国人不欲,故出其君以说于晋。卫侯出居于襄牛[⑥]。

公子买戍卫[⑦],楚人救卫,不克。公惧于晋,杀子丛以说焉[⑧]。谓楚人曰:“不卒戍也[⑨]。”

晋侯围曹,门焉,多死[⑩],曹人尸诸城上[⑪],晋侯患之,听舆人之谋曰:“称舍于墓[⑫]。”师迁焉,曹人兇惧[⑬],为其所得者棺而出之。因其兇也而攻之。三月丙午,入曹。数之,以其不用僖负羁而乘轩者三百人也,且曰:“献状[⑭]。”令无入僖负羁之宫而免其族,报施也[⑮]。魏犨、颠颉怒曰:“劳之不图,报于何有[⑯]!”爇僖负羁氏[⑰]。魏犨伤于胸,公欲杀之,而爱其材[⑱],使问,且视之,病,将杀之。魏犨束胸见使者曰:“以君之灵,不有宁也[⑲]。”距跃三百,曲踊三百[⑳]。乃舍之。杀颠颉以徇于师，立舟之侨以为戎右[21]。

宋人使门尹般如晋师告急[22]。公曰："宋人告急，舍之则绝[23]。告楚不许，我欲战矣，齐、秦未可，若之何[24]？"先轸曰："使宋舍我而赂齐、秦[25]，藉之告楚[26]。我执曹君而分曹、卫之田以赐宋人。楚爱曹、卫，必不许也[27]。喜赂怒顽，能无战乎[28]？"公说，执曹伯，分曹、卫之田以畀宋人。

楚子入居于申[29]，使申叔去穀[30]，使子玉去宋，曰："无从晋师。晋侯在外十九年矣，而果得晋国[31]。险阻艰难，备尝之矣；民之情伪，尽知之矣。天假之年[32]，而除其害[33]。天之所置，其可废乎？《军志》曰：'允当则归[34]。'又曰：'知难而退。'又曰：'有德不可敌。'此三志者，晋之谓矣[35]。"

子玉使伯棼请战[36]，曰："非敢必有功也，愿以间执谗慝之口[37]。"王怒，少与之师，唯西广、东宫与若敖之六卒实从之[38]。

子玉使宛春告于晋师曰："请复卫侯而封曹，臣亦释宋之围[39]。"子犯曰："子玉无礼哉！君取一，臣取二[40]，不可失矣[41]。"先轸曰："子与之。定人之谓礼，楚一言而定三国，我一言而亡之，我则无礼，何以战乎？不许楚言，是弃宋也，救而弃之，谓诸侯何[42]？楚有三施，我有三怨，怨仇已多，将何以战？不如私许复曹、卫以携之[43]，执宛春以怒楚，既战而后图之[44]。"公说，乃拘宛春于卫，且私许复曹、卫。曹、卫告绝于楚。

子玉怒，从晋师。晋师退。军吏曰："以君辟臣，辱也。且楚师老矣，何故退？"子犯曰："师直为壮，曲为老。岂在久乎？微楚之惠不及此[45]，退三舍辟之，所以报也[46]。背惠食言，以亢其仇[47]，我曲楚直，其众素饱，不可谓老[48]。我退而楚还，我将何求。若其不还，君退臣犯，曲在彼矣。”退三舍，楚众欲止，子玉不可。夏四月戊辰，晋侯、宋公、齐国归父崔夭、秦小子慭次于城濮[49]。楚师背酅而舍[50]，晋侯患之，听舆人之诵[51]，曰：“原田每每，舍其旧而新是谋[52]。”公疑焉[53]。子犯曰：“战也。战而捷，必得诸侯。若其不捷，表里山河，必无害也[54]。”公曰：“若楚惠何？”栾贞子曰：“汉阳诸姬，楚实尽之[55]。思小惠而忘大耻，不如战也。”晋侯梦与楚子搏[56]，楚子伏己而盬其脑[57]，是以惧。子犯曰：“吉。我得天，楚伏其罪，吾且柔之矣[58]。”

子玉使鬥勃请战[59]，曰：“请与君之士戏，君冯轼而观之，得臣与寓目焉[60]。”晋侯使栾枝对曰：“寡君闻命矣。楚君之惠未之敢忘，是以在此。为大夫退，其敢当君乎？既不获命矣[61]，敢烦大夫谓二三子[62]，戒尔车乘，敬尔君事，诘朝将见[63]。”

晋车七百乘，韅、靷、鞅、靽[64]。晋侯登有莘之虚以观师，曰：“少长有礼，其可用也[65]。”遂伐其木以益其兵[66]。己巳，晋师陈于莘北，胥臣以下军之佐当陈、蔡。子玉以若敖之六卒将中军，曰：“今日必无晋矣。”子西将左，子上将右[67]。胥臣蒙马以虎皮，先犯陈、蔡。陈、蔡奔，楚右师溃[68]。狐毛设二旆而退之[69]。栾枝使舆曳柴而伪遁[70]，楚师驰之。原轸、郤溱以中军公族横击之[71]。狐毛、狐偃以上军夹攻子西，楚左师溃。楚师败绩。子玉收其卒而止，故不败[72]。

晋师三日馆穀[73]，及癸酉而还。甲午，至于衡雍，作王宫于践土[74]。乡役之三月[75]，郑伯如楚致其师，为楚师既败而惧，使子人九行成于晋[76]。晋栾枝入盟郑伯。五月丙午，晋侯及郑伯盟于衡雍。丁未，献楚俘于王，驷介百乘，徒兵千[77]。郑伯傅王，用平礼也[78]。己酉，王享醴，命晋侯宥[79]。王命尹氏及王子虎、内史叔兴父策命晋侯为侯伯[80]。赐之大辂之服，戎辂之服[81]，彤弓一，彤矢百，玈弓矢千[82]，秬鬯一卣[83]，虎贲三百人。曰："王谓叔父，敬服王命，以绥四国，纠逖王慝[84]。"晋侯三辞，从命。曰："重耳敢再拜稽首，奉扬天子之丕显休命[85]。"受策以出，出入三觐[86]。卫侯闻楚师败，惧出奔楚，遂適陈[87]，使元咺奉叔武以受盟[88]。癸亥，王子虎盟诸侯于王庭[89]，要言曰："皆奖王室，无相害也。有渝此盟，明神殛之，俾队其师，无克祚国[90]，及而玄孙，无有老幼。"君子谓是盟也信[91]，谓晋于是役也能以德攻[92]。

初，楚子玉自为琼弁玉缨，未之服也[93]。先战，梦河神谓己曰："畀余，余赐女孟诸之麋[94]。"弗致也。大心与子西使荣黄谏[95]，弗听。荣季曰："死而利国，犹或为之，况琼玉乎？是粪土也，而可以济师，将何爱焉[96]？"弗听。出告二子曰："非神败令尹，令尹其不勤民，实自败也[97]。"既败，王使谓之曰："大夫若入，其若申、息之老何[98]？"子西、孙伯曰："得臣将死，二臣止之曰：'君其将以为戮[99]。'"及连穀而死[100]。晋侯闻之而后喜可知也[101]，曰："莫余毒也已！蒍吕臣实为令尹，奉己而已，不在民矣[102]。"

或诉元咺于卫侯曰："立叔武矣。"其子角从公，公使杀之[103]。咺不废命，奉夷叔以入守[104]。六月，晋人复卫侯[105]。甯武子与卫人盟于宛濮[106]，曰："天祸卫国，君臣不协，以及此忧也[107]。今天诱其衷[108]，使皆降心以相从也。不有居者，谁守社稷？不有行者，谁扞牧圉[109]？不协之故，用昭乞盟于尔大神以诱天衷。自今日以往，既盟之后，行者无保其力，居者无惧其罪。有渝此盟，以相及也[110]。明神先君，是纠是殛。"国人闻此盟也，而后不贰[111]。卫侯先期入[112]，甯子先长牂，守门以为使也，与之乘而入[113]。公子歂犬、华仲前驱[114]。叔武将沐，闻君至，喜，捉发走出，前驱射而杀之。公知其无罪也，枕之股而哭之[115]。歂犬走出[116]，公使杀之。元咺出奔晋[117]。

城濮之战，晋中军风于泽[118]，亡大旆之左旃[119]。祁瞒奸命[120]，司马杀之，以徇于诸侯。使茅茷代之。师还。壬午，济河。舟之侨先归，士会摄右[121]。秋七月丙申，振旅，恺以入于晋[122]。献俘授馘，饮至大赏[123]，征会讨贰[124]。杀舟之侨以徇于国，民于是大服。君子谓："文公其能刑矣，三罪而民服[125]。《诗》云：'惠此中国，以绥四方。'不失赏刑之谓也[126]。"

① 曹在卫东故。　② 从汲郡南渡，出卫南而东。○ 汲，音急。③ 五鹿，卫地。　④ 先轸以下军佐超将中军，故曰上德。胥臣，司空季子。○ 将，子匠切，《注》同。胥，思徐切。　⑤ 敛盂，卫地。○ 敛，徐音廉，又力检切。盂，音于。　⑥ 襄牛，卫地。○ 说，音悦，或如字。⑦ 晋伐卫，卫，楚之昏姻，鲁欲与楚，故戍卫。　⑧ 召子丛而杀之，以谢晋。○ 说，音悦。　⑨ 诈告楚人，言子丛不终戍事而归，故杀之。杀子丛在楚救卫下，《经》在上者，救卫赴晚至。　⑩ 攻曹城门。　⑪ 磔晋

死人于城上。○ 磔，张宅切。　⑫ 舆，众也。舍墓，为将发冢。○ 舆，音余。为，如字，又于伪切。　⑬ 迁至曹人墓。兇兇，恐惧声。○ 兇，凶勇切。恐，丘勇切。　⑭ 轩，大夫车，言其无德居位者多，故责其功状。○ 棺，古患切，一音官。轩，许言切。　⑮ 报飧璧之施。○ 施，始豉切，《注》同。飧，音孙。　⑯ 二子各有从亡之劳。○ 颉，户结切。从，才用切。　⑰ 爇，烧也。○ 爇，如悦切。　⑱ 材，力。　⑲ 言不以病故自安宁。○ 见，贤遍切。使，所吏切。　⑳ 距跃，超越也。曲踊，跳踊也。百，犹励也。○ 距，音巨。跃，羊略切。三，如字，又息暂切。百，音陌，下仿此。跳，徒雕切。劢，音迈。　㉑ 舟之侨，故虢臣，闵二年奔晋，以代魏犨，为先归张本。○ 舍，如字，又音捨，下同。徇，似俊切。　㉒ 门尹般，宋大夫。○ 般，音班。　㉓ 与晋绝。　㉔ 未肯战。　㉕ 求救于齐、秦。○ 舍，音捨。　㉖ 假借齐、秦，使为宋请。○ 藉，在亦切。为，于伪切。　㉗ 不许齐、秦之请。　㉘ 言齐、秦喜得宋赂而怒楚之顽，必自战也。不可告请，故曰顽。　㉙ 申在方城内，故曰入。○ 说，音悦。畀，必利切。　㉚ 二十六年申叔成榖。　㉛ 晋侯生十七年而亡，亡十九年而反，凡三十六年，至此四十矣。　㉜ 献公之子九人，唯文公在，故曰天假之年。　㉝ 除惠、怀、吕、郤。　㉞ 无求过分。《军志》，兵书。○ 当，丁浪切。分，扶问切。　㉟ 谓今与晋遇当用此三《志》。　㊱ 伯棼，子越椒也，鬥伯比之孙。○ 棼，扶云切；王，扶粉切。　㊲ 间执，犹塞也。谗慝，若蒍贾之言，谓子玉不能以三百乘入。○ 间，间厕之间，《注》同。慝，吐得切。乘，绳证切。　㊳ 楚子还申，遣此兵以就前围宋之众。楚有左、右广，又大子有宫甲，分取以给之。若敖，楚武王之祖父，葬若敖者，子玉之祖也。六卒，子玉宗人之兵六百人，言不悉师以益之。○ 广，古旷切，《注》同。卒，子忽切，《注》同。　㊴ 卫侯未出竟，曹伯见执在宋，已失位，故言复卫封曹。○ 宛，於元切，又於阮切。竟，音境。　㊵ 君取一，以释宋围，惠晋侯。臣取二，复卫、曹为己功。　㊶ 言可伐。　㊷ 言将为诸侯所怪。　㊸ 私许二国，使告绝于楚而后复之。携，离也。○ 施，始豉切。　㊹ 须胜负决乃定计。　㊺ 重耳过楚，楚成王有赠送之惠。

○ 说，音悦。拘，音俱。过，古禾切。 ㊻ 一舍，三十里。初，楚子云："若反国何以报我？"故以退三舍为报。 ㊼ 亢，犹当也，仇，谓楚也。○ 背，音佩，下及《注》同。亢，苦浪切。 ㊽ 直，气盈饱。 ㊾ 国归父、崔夭，齐大夫也。小子慭，秦穆公子也。城濮，卫地。○ 夭，於表切。㊿ 酅，丘陵险阻名。○ 酅，户圭切。 (51) 恐众畏险，故听其歌诵。(52) 高平曰原。喻晋君美盛，若原田之草每每然，可以谋立新功，不足念旧惠。○ 每，亡回切，又梅对切。舍，音捨。 (53) 疑众谓己背旧谋新。(54) 晋国外河而内山。 (55) 贞子，栾枝也。水北曰阳。姬姓之国在汉北者，楚尽灭之。 (56) 搏，手搏。○ 搏，音博。 (57) 盬，唼也。○ 盬，音古。脑，乃老切。唼，子答切，又所答切，又子甲切。 (58) 晋侯上向故得天，楚子下向地故伏其罪。脑所以柔物。子犯审见事宜，故权言以答梦。○ 向，或作嚮，许亮切，下同。 (59) 鬥勃，楚大夫。 (60) 寓，寄也。○ 冯，皮冰切。轼，音式。与，音预。寓，音遇。 (61) 不获止命。○ 为，于伪切。 (62) 烦鬥勃，令戒敕子玉、子西之属。○ 令，力呈切。(63) 诘朝，平旦。○ 乘，绳证切，下及《注》皆同。诘，起吉切。朝，如字，《注》同。见，如字，又贤遍切。 (64) 五万二千五百人。在背曰韅，在胸曰靷，在腹曰鞅，在后曰靽。言驾乘修备。○ 韅，许见切；《说文》作㬎，云著掖皮。靷，以刃切；《说文》云，轴也。鞅，於杖切；《说文》云，颈皮也。靽，音半，一云絷也。背，如字。 (65) 有莘，故国名。少长，犹言大小。○ 莘，所巾切。虚，丘鱼切。少，诗照切，《注》同。长，丁丈切，《注》同。 (66) 伐木以益攻战之具，舆曳柴亦是也。○ 攻，如字，又音贡。 (67) 子西，鬥宜申。子上，鬥勃。○ 陈，直觐切。卒，子忽切，下同。将，子匠切，下及《注》同。(68) 陈、蔡属楚右师。○ 溃，户内切。 (69) 旆，大旗也，又建二旆而退，使若大将稍却。○ 旆，薄贝切。 (70) 曳柴起尘，诈为众走。○ 遁，徒困切。(71) 公族，公所率之军。 (72) 三军唯中军完，是不大崩。○ 夹，古洽切，又音颊。 (73) 馆，舍也，食楚军穀三日。 (74) 衡雍，郑地，今荧阳卷县。襄王闻晋战胜，自往劳之，故为作宫。○ 雍，於用切。卷，音权，又丘权切。劳，力报切。为，于伪切。 (75) 乡，犹属也，城濮役之前三月。○ 乡，许亮切，本又作羼，同。属，音烛。　⑯ 子人，氏；九，名。○ 为，于伪切。⑰ 驷介，四马被甲。徒兵，步卒。○ 驷，音四。介，音界。被，皮义切。卒，子忽切。　⑱ 傅，相也。以周平王享晋文侯仇之礼享晋侯。○ 相，息亮切。　⑲ 既飨，又命晋侯助以束帛，以将厚意。　⑳ 以策书命晋侯为伯也。《周礼》：九命作伯。尹氏、王子虎，皆王卿士也。叔兴父，大夫也。三官命之以宠晋。　㉑ 大辂，金辂。戎辂，戎车。二辂各有服。㉒ 彤，赤弓。玈，黑弓。弓一矢百，则矢千弓十矣。诸侯赐弓矢，然后专征伐。○ 彤，徒冬切。玈，音卢，本或作旅字，非也。矢千，本或作玈矢千，后人专辄加也。　㉓ 秬，黑黍。鬯，香酒，所以降神。卣，器名。○ 秬，音巨。鬯，敕亮切。卣，音酉，又音由；《尔雅》云，卣，中尊也。　㉔ 逖，远也。有恶于王者，纠而远之。○ 贲，音奔。逖，敕历切。慝，他得切。㉕ 稽首，首至地。丕，大也。休，美也。○ 三，息暂切，又如字，后例放此。丕，普悲切。休，许虬切，《注》同。　㉖ 出入，犹去来也。从来至去，凡三见王。○ 见，贤遍切。　㉗ 自襄牛出。　㉘ 奉，使摄君事。○ 使摄君事，并如字。或读连上奉字为句；使，音所吏切，非也。　㉙ 践土宫之庭。书践土，别于京师。○ 别，彼列切。　㉚ 奖，助也。渝，变也。殛，诛也。俾，使也。队，陨也。克，能也。○ 奖，将丈切。渝，羊朱切。殛，纪力切，本又作极，下是殛同。俾，本亦作卑，必尔切。队，直类切。祚，才故切。陨，于敏切。　㉛ 合义信。　㉜ 以文德教民而后用之。○ 攻，如字；一音公送切。　㉝ 弁以鹿子皮为之。琼，玉之别名。次之以饰弁及缨。《诗》云：会弁如星。○ 琼，求营切；《说文》云，赤玉。弁，本又作覍，皮彦切。会，本又作琀，古外切，又户外切。　㉞ 孟诸，宋薮泽。水草之交曰麋。○ 先，如字，又悉荐切。畀，必利切，与也。女，音汝。麋，亡皮切。薮，素口切。　㉟ 大心，子玉之子。子西，子玉之族。子玉刚愎，故因荣黄。荣黄，荣季也。○ 愎，反逼切。　㊱ 因神之欲，以附百姓之愿，济师之理。○ 粪，弗问切。　㊲ 尽心尽力，无所爱惜为勤。○ 尽，津忍切。㊳ 申、息二邑子弟，皆从子玉而死，言何以见其父老。○ 从，如字，又才用切。　㊴ 孙伯即大心，子玉子也。二子以此答王使，言欲令子玉往就君戮。○ 使，所吏切，下前使同。令，力呈切。 ⑩ 至连穀，王无赦命，故自杀也。文十年《传》曰，城濮之役，王使止子玉曰“无死”，不及。子西亦自杀，缢而县绝，故得不死。王时别遣追前使。连穀，楚地。杀得臣，《经》在践土盟上，《传》在下者，说晋事毕而次及楚，属文之宜。○ 穀，胡木切。缢，一赐切，一音于计切。县，音玄。属，音烛。 ⑩ 喜见于颜色。○ 见，贤遍切。 ⑩ 言其自守无大志。 ⑩ 角，元咺子。○ 从，才用切，又如字。 ⑩ 夷，谥。○ 守，手又切。 ⑩ 以叔武受盟于践土，故听卫侯归。○ 听，吐丁切。 ⑩ 武子，甯俞也。陈留长垣县西南有宛亭，近濮水。○ 宛，于阮切。俞，羊朱切。近，附近之近。 ⑩ 卫侯欲与楚，国人不欲，故不和也。 ⑩ 衷，中也。○ 衷，音忠，或丁仲切，下同。⑩ 牛曰牧，马曰圉。○ 扞，户旦切。牧，音目。 ⑩ 以恶相及。⑪《传》言叔武之贤，甯俞之忠，卫侯所以书复归。 ⑫ 不信叔武。○ 先，悉荐切。 ⑬ 长牂，卫大夫。甯子患公之欲速，故先入，欲安喻国人。○ 牂，子郎切。使，所吏切。 ⑭ 卫侯遂驱，掩甯子未备。二子，卫大夫。○ 歂，市专切。华，户化切，又如字。 ⑮ 公以叔武尸枕其股。○ 射，食亦切，下《注》同。枕，支鸩切，《注》同。 ⑯ 手射叔武故。⑰ 元咺以卫侯驱入，杀叔武，故至晋愬之。 ⑱ 牛马因风而走，皆失之。⑲ 大旆，旗名。系旐曰旆，通帛曰旃。○ 旃，章然切；《尔雅》云，因章曰旃。⑳ 掌此二事而不修，为奸军令。○ 瞒，莫干切。奸，音干。 ㉑ 权代舟之侨也。士会，随武子，士蔿之孙。○ 茷，扶废切；侨其骄切。 ㉒ 恺，乐也。○ 恺，开在切。乐，音洛。 ㉓ 授，数也，献楚俘于庙。○ 馘，古获切。数，色主切。 ㉔ 征召诸侯，将冬会于温。 ㉕ 三罪，颠颉、祁瞒、舟之侨。 ㉖《诗·大雅》。言赏刑不失，则中国受惠，四方安靖。

冬，会于温，讨不服也①。

① 讨卫、许。

卫侯与元咺讼[①]，甯武子为辅，鍼庄子为坐，士荣为大士[②]。卫侯不胜[③]。杀士荣，刖鍼庄子，谓甯俞忠而免之。执卫侯，归之于京师，寘诸深室[④]。甯子职纳橐饘焉[⑤]。元咺归于卫，立公子瑕[⑥]。

① 争杀叔武事。　② 大士，治狱官也。《周礼》：命夫命妇，不躬坐狱讼。元咺又不宜与其君对坐，故使鍼庄子为主，又使卫之忠臣及其狱官质正元咺。《传》曰：王叔之宰与伯舆之大夫坐狱于王庭，各不身亲，盖今长吏有罪，先验吏卒之义。○ 鍼，其廉切。坐，如字；或一音才卧切。长，丁丈切。卒，子忽切。　③ 三子辞屈。　④ 深室，别为囚室。○ 刖，音月，又五刮切。寘，之豉切。　⑤ 甯俞以君在幽隘，故亲以衣食为己职。橐，衣囊；饘，糜也。言其忠至，所虑者深。○ 橐，音托。饘，之然切。隘，於卖切。囊，乃郎切。糜，亡皮切。　⑥ 瑕，卫公子適。○ 適，音的。

是会也，晋侯召王，以诸侯见，且使王狩[①]。仲尼曰："以臣召君，不可以训。"故书曰："天王狩于河阳。"言非其地也[②]，且明德也[③]。壬申，公朝于王所[④]。

① 晋侯大合诸侯，而欲尊事天子以为名义。自嫌强大，不敢朝周，喻王出狩，因得尽群臣之礼，皆谲而不正之事。○ 见，贤遍切。　② 使若天王自狩。以失地，故书河阳。实以属晋，非王狩地。　③ 隐其召君之阙，欲以明晋之功德。河阳之狩，赵盾之弑，泄冶之罪，皆违凡变例，以起大义危疑之理，故特称仲尼以明之。○ 弑，音试。泄，息列切。冶，音也。危疑，如字，一本危作佹，九委切。　④ 执卫侯，《经》在朝王下，《传》在上者，告执晚。

丁丑，诸侯围许①。

晋侯有疾，曹伯之竖侯獳货筮史②，使曰："以曹为解③。齐桓公为会而封异姓④，今君为会而灭同姓。曹叔振铎，文之昭也⑤。先君唐叔，武之穆也。且合诸侯而灭兄弟，非礼也。与卫偕命⑥，而不与偕复，非信也。同罪异罚，非刑也⑦。礼以行义，信以守礼，刑以正邪，舍此三者，君将若之何？"公说，复曹伯，遂会诸侯于许。

① 十月十五日，有日无月。　② 竖，掌通内外者。史，晋史。③ 以灭曹为解故。○ 解，户卖切，《注》同，又古买切。　④ 封邢、卫。⑤ 叔振铎，曹始封君，文王之子。○ 铎，待洛切。　⑥ 私许复曹、卫。⑦ 卫已复故。

晋侯作三行以御狄，荀林父将中行，屠击将右行，先蔑将左行①。

① 晋置上、中、下三军，今复增置三行，以辟天子六军之名。三行无佐，疑大夫帅。○ 邪，似嗟切。舍，音捨。说，音悦。行，户郎切，下及《注》同。将，子匠切。屠，音徒。击，古狄切，一音计。蔑，亡结切。复，扶又切。

经

二十有九年春，介葛卢来①。

公至自围许②。

夏六月，会王人、晋人、宋人、齐人、陈人、蔡人、秦人盟于翟泉③。

秋，大雨雹[④]。

冬，介葛卢来。

① 介，东夷国也，在城阳黔陬县。葛卢，介君名也。不称朝，不见公，且不能行朝礼。虽不见公，国宾礼之，故书。○ 介，音界。黔，巨廉切，又音琴。陬，子侯切，又侧留切。 ② 无《传》。 ③ 翟泉，今洛阳城内大仓西南池水也。鲁侯讳盟天子大夫，诸侯大夫又违礼盟公侯，王子虎违礼下盟。故不言公会，又皆称人。○ 翟，直历切。大仓，音泰。 ④ ○ 雨，于付切。

传

二十九年春，介葛卢来朝，舍于昌衍之上[①]。公在会，馈之刍米，礼也[②]。

① 鲁县东南有昌平城。○ 衍，以善切。 ② 嫌公行不当致馈，故曰礼也。○ 馈，其媿切。刍，初俱切。

夏，公会王子虎、晋狐偃、宋公孙固、齐国归父、陈辕涛涂、秦小子慭，盟于翟泉，寻践土之盟，且谋伐郑也[①]。卿不书，罪之也[②]。在礼，卿不会公、侯，会伯、子、男可也[③]。

①《经》书蔡人而《传》无名氏，即微者。秦小子慭在蔡下者，若宋向戌之后会。○ 辕，音袁。涛，音桃。慭，鱼觐切。向，式亮切。 ② 晋侯始霸，翼戴天子，诸侯辑睦，王室无虞，而王子虎下盟列国，以渎大典，诸侯大夫上敌公侯，亏礼伤教，故贬诸大夫，讳公与盟。○ 辑，音集，又七入切。渎，徒木切。上，时掌切，又如字。与，音预。 ③ 大国之卿，当小国之

君，故可以会伯、子、男。诸卿之见贬，亦兼有此阙，故《传》重发之。○ 重，直用切。

秋，大雨雹，为灾也。

冬，介葛卢来，以未见公，故复来朝，礼之，加燕好①。介葛卢闻牛鸣，曰："是生三牺，皆用之矣，其音云。"问之而信②。

① 燕，燕礼也。好，好货也。一岁再来，故加之。○ 复，扶又切。好，呼报切，《注》同。　② 《传》言人听或通鸟兽之情。○ 牺，许宜切。

经

三十年春，王正月。

夏，狄侵齐。

秋，卫杀其大夫元咺及公子瑕①。

卫侯郑归于卫②。

晋人、秦人围郑③。

介人侵萧④。

冬，天王使周公来聘⑤。

公子遂如京师，遂如晋⑥。

① 咺见杀称名者，讼君求直，又先归，立公子瑕，非国人所与，罪之也。瑕立经年，未会诸侯，故不称君。　② 鲁为之请，故从诸侯纳之例。例在成十八年。○ 为，于伪切。　③ 晋军函陵，秦军氾南，各使微者围郑，故称人。○ 函，音咸。氾，音凡，《传》同。　④ 无《传》。　⑤ 周公，天子

三公兼冢宰也。○ 兼,如字,又经念切。　⑥ 如京师,报宰周公。

传

三十年春,晋人侵郑,以观其可攻与否。狄间晋之有郑虞也,夏,狄侵齐①。

① 齐,晋与国。○ 间,间厕之间。

晋侯使医衍酖卫侯①。甯俞货医,使薄其酖,不死②。公为之请,纳玉于王与晋侯,皆十瑴。王许之③。秋,乃释卫侯。卫侯使赂周歂、冶廑,曰:"苟能纳我,吾使尔为卿④。"周、冶杀元咺及子適、子仪⑤。公入祀先君。周、冶既服将命⑥,周歂先入,及门,遇疾而死。冶廑辞卿⑦。

① 衍,医名。晋侯实怨卫侯,欲杀而罪不及死,故使医因治疾而加酖毒。○ 衍,以善切。酖,音鸩。　② 甯俞视卫侯衣食,故得知之。③ 双玉曰瑴。公本与卫同好,故为之请。○ 为,于伪切,及《注》同。瑴,音角。好,呼报切。　④ 恐元咺距己,故赂周、冶。○ 歂,市专切。冶,音也。廑,音觐,又音谨,人名也;《汉书音义》云,古勤字也;郑氏音勤。⑤ 子仪,瑕母弟。不书杀,贱也。○ 適,丁历切。　⑥ 服卿服,将入庙受命。　⑦ 见周歂死而惧。

九月甲午,晋侯、秦伯围郑,以其无礼于晋①,且贰于楚也。晋军函陵,秦军氾南②。佚之狐言于郑伯曰:"国危矣,若使烛之武见秦君,师必退③。"公从之。辞曰:"臣之壮也,犹不如人,今老矣,无能为也已。"公曰:"吾不能早用子,今急而求子，是寡人之过也。然郑亡，子亦有不利焉。”许之，夜缒而出[4]，见秦伯曰：“秦、晋围郑，郑既知亡矣。若亡郑而有益于君，敢以烦执事[5]。越国以鄙远，君知其难也[6]，焉用亡郑以陪邻[7]。邻之厚，君之薄也。若舍郑以为东道主，行李之往来，共其乏困[8]，君亦无所害。且君尝为晋君赐矣，许君焦、瑕，朝济而夕设版焉，君之所知也[9]。夫晋何厌之有？既东封郑，又欲肆其西封[10]，若不阙秦，将焉取之？阙秦以利晋，唯君图之。”秦伯说，与郑人盟，使杞子、逢孙、扬孙戍之。乃还[11]。

子犯请击之。公曰：“不可。微夫人之力不及此[12]。因人之力而敝之，不仁。失其所与，不知。以乱易整，不武[13]。吾其还也。”亦去之。

初，郑公子兰出奔晋[14]，从于晋侯。伐郑，请无与围郑。许之，使待命于东[15]。郑石甲父、侯宣多逆以为大子，以求成于晋，晋人许之[16]。

① 文公亡过郑，郑不礼之。○ 过，古禾切。　② 此东氾也，在荥阳中牟县南。　③ 佚之狐，烛之武，皆郑大夫。○ 佚，音逸。　④ 缒，县城而下。○ 缒，丈伪切。县，音玄。　⑤ 执事亦谓秦。　⑥ 设得郑以为秦边邑，则越晋而难保。　⑦ 陪，益也。○ 焉，於虔切，下焉取之同。陪，蒲回切。　⑧ 行李，使人。○ 舍，音捨，又如字。共，音恭；本亦作供。使，所吏切。　⑨ 晋君，谓惠公也。焦、瑕，晋河外五城之二邑。朝济河而夕设版筑以距秦，言背秦之速。○ 朝，如字，《注》同。版，音板。背，音佩。　⑩ 封，疆也。肆，申也。○ 厌，於盐切。疆，居良切。　⑪ 三子，秦大夫，反为郑守。○ 说，音悦。为，于伪切。　⑫ 请击秦也。夫人谓秦穆公。○ 夫，音扶，《注》同。　⑬ 秦、晋和整而还相攻，更为乱也。

○ 知，音智。 ⑭ 兰，郑穆公。 ⑮ 晋东界。○ 与，音预。 ⑯ 二子，郑大夫。言穆公所以立。

冬，王使周公阅来聘，飨有昌歜、白、黑、形盐[①]。辞曰："国君，文足昭也，武可畏也，则有备物之飨，以象其德。荐五味，羞嘉穀，盐虎形[②]，以献其功。吾何以堪之？"

① 昌歜，昌蒲菹。白，熬稻。黑，熬黍。形盐，盐形象虎。○ 阅，音悦。歜，在感切。菹，庄居切。 ② 嘉穀，熬稻、黍也，以象其文也。盐，虎形，以象武也。

东门襄仲将聘于周，遂初聘于晋[①]。

① 公既命襄仲聘周，未行，故曰将。又命自周聘晋，故曰遂。自入春秋，鲁始聘晋，故曰初。

经

三十有一年春，取济西田[①]。

公子遂如晋。

夏四月，四卜郊不从，乃免牲[②]，犹三望[③]。

秋七月。

冬，杞伯姬来求妇[④]。

狄围卫。十有二月，卫迁于帝丘[⑤]。

① 晋分曹田以赐鲁，故不系曹。不用师徒，故曰取。 ② 龟曰卜。

不从，不吉也。卜郊不吉，故免牲。免犹纵也。　③ 三望，分野之星，国中山川，皆因郊祀望而祭之。鲁废郊天而修其小祀，故曰犹。犹者，可止之辞。○ 分，扶问切。　④ 无《传》。自为其子成昏。○ 为，于伪切。⑤ 辟狄难也。帝丘，今东郡濮阳县，故帝颛顼之虚，故曰帝丘。○ 难，乃旦切。颛，音专。顼，许玉切。虚，起鱼切。

传

三十一年春，取济西田，分曹地也①。使臧文仲往，宿于重馆②。重馆人告曰："晋新得诸侯，必亲其共，不速行，将无及也。"从之，分曹地，自洮以南，东傅于济，尽曹地也③。

襄仲如晋，拜曹田也。

① 二十八年，晋文讨曹，分其地，竟界未定，至是乃以赐诸侯。○ 竟，音境。　② 高平方与县西北有重乡城。○ 重，直龙切，《注》同。方，音房。与，音预。　③ 文仲不书，请田而已，非聘享会同也。济水自荥阳东，过鲁之西，至乐安入海。○ 洮，吐刀切。傅，音附。尽，津忍切。乐，音洛。

夏四月，四卜郊不从，乃免牲，非礼也①。犹三望，亦非礼也。礼不卜常祀②，而卜其牲日③，牛卜日曰牲④。牲成而卜郊，上怠慢也⑤。望，郊之细也，不郊，亦无望可也。

① 诸侯不得郊天，鲁以周公故，得用天子礼乐，故郊为鲁常祀。② 必其时。　③ 卜牲与日，知吉凶。　④ 既得吉日，则牛改名曰牲。⑤ 怠于古典，慢渎龟策。

秋，晋蒐于清原，作五军以御狄[①]。赵衰为卿[②]。

① 二十八年，晋作三行；今罢之，更为上下新军。河东闻喜县北有清原。○ 行，户郎切。　② 二十七年，命赵衰为卿，让于栾枝；今始从原大夫为新军帅。○ 帅，所类切。

冬，狄围卫，卫迁于帝丘。卜曰三百年。卫成公梦康叔曰："相夺予享[①]。"公命祀相。甯武子不可，曰："鬼神非其族类，不歆其祀[②]。杞、鄫何事[③]？相之不享于此，久矣，非卫之罪也[④]，不可以间成王、周公之命祀[⑤]。请改祀命[⑥]。"

① 相，夏后启之孙，居帝丘。享，祭也。○ 曰，音越；或人实切，非也。相，息亮切，《注》及下同。夏，户雅切，下同。　② 歆，犹飨也。○ 歆，许金切。　③ 言杞、鄫夏后，自当祀相。　④ 言帝丘久不祀相，非卫所绝。　⑤ 诸侯受命，各有常祀。○ 间，间厕之间。　⑥ 改祀相之命。

郑洩驾恶公子瑕，郑伯亦恶之，故公子瑕出奔楚[①]。

① 瑕，文公子。《传》为纳瑕张本。洩驾，亦郑大夫。隐五年洩驾距此九十年，疑非一人。○ 恶，乌路切，下同。

经

三十有二年春，王正月。

夏四月己丑，郑伯捷卒[①]。

卫人侵狄[②]。

秋，卫人及狄盟[③]。

冬十有二月己卯，晋侯重耳卒[④]。

① 无《传》。文公也，三同盟。○ 捷，在接切。 ② 报前年狄围卫。 ③ 不地者，就狄庐帐盟。○ 庐，力於切。帐，张亮切。 ④ 同盟践土、翟泉。

传

三十二年春，楚鬥章请平于晋，晋阳处父报之。晋、楚始通[①]。

① 阳处父，晋大夫。晋、楚自春秋以来，始交使命，为和同。○ 使，所吏切。

夏，狄有乱。卫人侵狄，狄请平焉。秋，卫人及狄盟。

冬，晋文公卒。庚辰，将殡于曲沃[①]，出绛，柩有声如牛[②]。卜偃使大夫拜。曰："君命大事。将有西师过轶我，击之，必大捷焉[③]。"杞子自郑使告于秦[④]，曰："郑人使我掌其北门之管[⑤]，若潜师以来，国可得也。"穆公访诸蹇叔，蹇叔曰："劳师以袭远，非所闻也[⑥]。师劳力竭，远主备之，无乃不可乎！师之所为，郑必知之。勤而无所，必有悖心[⑦]。且行千里，其谁不知？"公辞焉[⑧]。召孟明、西乞、白乙，使出师于东门之外[⑨]。蹇叔哭之，曰："孟子，吾见师之出而不见其入也。"公使谓之曰："尔何知。中寿，尔墓之木拱矣[⑩]。"蹇叔之子与师，哭而送之，曰："晋人御师必于殽[⑪]。殽有二陵焉[⑫]：其南陵，夏后皋之墓也[⑬]；其北陵，文王之所辟风雨也[⑭]。必死是间⑮，余收尔骨焉。”秦师遂东⑯。

① 殡，窆棺也。曲沃有旧宫焉。○ 窆，彼验切，一本作涂。 ② 如牛响声。○ 柩，其救切。《礼》云：在床曰尸，在棺曰柩。响，呼口切。③ 声自柩出，故曰君命。大事，戎事也。卜偃闻秦密谋，故因柩声以正众心。○ 过，古禾切，又古卧切。轶，直结切，又音逸。 ④ 三十年秦使大夫杞子戍郑。 ⑤ 管，籥也。○ 籥，余若切。 ⑥ 蹇叔，秦大夫。○ 蹇，纪辇切。 ⑦ 将害良善。○ 悖，必内切。 ⑧ 辞，不受其言。⑨ 孟明，百里孟明视。西乞，西乞术。白乙，白乙丙。 ⑩ 合手曰拱，言其过老，悖不可用。○ 孟子，本或作孟兮。寿，音授，又如字。拱，九勇切。⑪ 殽在弘农渑池县西。○ 殽，本又作崤，户交切；刘昌宗音豪。渑，绵善切。与，羊恕切。 ⑫ 大阜曰陵。 ⑬ 皋，夏桀之祖父。○ 夏，户雅切。皋，古刀切。 ⑭ 此道在二殽之间南穀中，穀深委曲，两山相嵚，故可以辟风雨。古道由此。魏武帝西讨巴、汉，恶其险而更开北山高道。○ 辟，音避。穀，古木切，又音欲。嵚，许金切，又音钦，本或作岚，力含切。恶，乌路切。 ⑮ 以其深险故。 ⑯ 为明年晋败秦于殽《传》。○ 为，于伪切。

经

三十有三年春，王二月，秦人入滑①。

齐侯使国归父来聘。

夏四月辛巳，晋人及姜戎败秦师于殽②。

癸巳，葬晋文公。

狄侵齐。

公伐邾，取訾娄。

秋，公子遂帅师伐邾。

晋人败狄于箕[3]。

冬十月，公如齐。十有二月，公至自齐。乙巳，公薨于小寝[4]。

陨霜不杀草，李、梅实[5]。

晋人、陈人、郑人伐许。

① 灭而书入，不能有其地。　② 晋侯讳背丧用兵，故通以贱者告。姜戎，姜姓之戎，居晋南鄙，戎子驹支之先也。晋人角之，诸戎掎之，不同陈，故言及。○ 背，音佩。掎，居绮切。陈，直觐切。　③ 大原阳邑县南有箕城。郤缺称人者，未为卿。○ 訾，子斯切。　④ 小寝，内寝也。乙巳，十一月十二日，《经》书十二月，误。　⑤ 无《传》。书时失也。周十一月，今九月，霜当微而重，重而不能杀草，所以为灾。○ 陨，于敏切。

传

三十三年春，秦师过周北门，左右免胄而下[1]。超乘者三百乘。王孙满尚幼，观之，言于王曰："秦师轻而无礼，必败[2]。轻则寡谋，无礼则脱[3]。入险而脱，又不能谋，能无败乎？"及滑，郑商人弦高将市于周，遇之。以乘韦先牛十二犒师[4]，曰："寡君闻吾子将步师出于敝邑，敢犒从者。不腆敝邑，为从者之淹，居则具一日之积[5]，行则备一夕之卫。"且使遽告于郑[6]。郑穆公使视客馆[7]，则束载、厉兵、秣马矣[8]。使皇武子辞焉，曰："吾子淹久于敝邑，唯是脯资饩牵竭矣[9]。为吾子之将行也[10]，郑之有原圃，犹秦之有具囿也[11]。吾子取其麋鹿以閒敝邑，若何[12]？"杞子奔齐，逢孙、扬孙奔宋。孟明曰："郑有备矣，不可冀也。攻之不克，围之不继，吾其还也。”灭滑而还。

① 王城之北门。胄，兜鍪。兵车非大将，御者在中，故左右下，御不下。○ 胄，直救切。兜，丁侯切。鍪，亡侯切。将，子匠切。　② 谓过天子门，不卷甲束兵，超乘示勇。○ 乘，绳证切，下及《注》皆同。轻，遣政切，下同。　③ 脱，易也。○ 脱，他活切。易，以豉切。　④ 商，行贾也。乘，四。韦，先韦乃入牛。古者将献遗于人，必有以先之。○ 先，悉荐切，《注》有以先之同。犒，苦报切。贾，音古。遗，唯季切。　⑤ 腆，厚也。淹，久也。积，刍、米、菜、薪。○ 步师，步犹行也。从，才用切，下同。腆，他典切。为，于伪切，下为吾子同。积，子赐切，《注》同。　⑥ 遽，传车。○ 遽，其据切。传，张恋切。　⑦ 视秦三大夫之舍。　⑧ 严兵待秦师。○ 秣，音末，榖马也。《说文》作馀，云食马榖也。　⑨ 资，粮也。生曰饩。牵，谓牛、羊、豕。○ 饩，许气切，牲腥曰饩，牲生曰牵。　⑩ 示知其情。　⑪ 原圃、具囿，皆囿名。○ 圃，布古切。　⑫ 使秦戍自取麋鹿，以为行资，令敝邑得閒暇。若何犹如何。荥阳中牟县西有圃田泽。○ 麋，亡悲切。閒，音闲，《注》同。令，力呈切。

齐国庄子来聘，自郊劳至于赠贿，礼成而加之以敏[①]。臧文仲言于公曰：“国子为政，齐犹有礼，君其朝焉。臣闻之，服于有礼，社稷之卫也[②]。”

① 迎来曰郊劳，送去曰赠贿。敏，审当于事。○ 劳，力报切，《注》同。贿，呼罪切。当，丁浪切，又如字。　② 为公如齐《传》。

晋原轸曰：“秦违蹇叔而以贪勤民，天奉我也[①]。奉不可失，敌不可纵。纵敌患生，违天不祥。必伐秦师。”栾枝曰：

“未报秦施而伐其师，其为死君乎[②]。”先轸曰：“秦不哀吾丧而伐吾同姓，秦则无礼，何施之为[③]？吾闻之，一日纵敌，数世之患也。谋及子孙，可谓死君乎[④]？”遂发命，遽兴姜戎。子墨衰绖[⑤]，梁弘御戎，莱驹为右。夏四月辛巳，败秦师于殽，获百里孟明视、西乞术、白乙丙以归。遂墨以葬文公。晋于是始墨[⑥]。

文嬴请三帅[⑦]，曰：“彼实构吾二君，寡君若得而食之，不厌，君何辱讨焉！使归就戮于秦，以逞寡君之志，若何？”公许之。先轸朝，问秦囚。公曰：“夫人请之，吾舍之矣。”先轸怒曰：“武夫力而拘诸原，妇人暂而免诸国[⑧]。堕军实而长寇仇，亡无日矣[⑨]。”不顾而唾。公使阳处父追之，及诸河，则在舟中矣。释左骖，以公命赠孟明[⑩]。孟明稽首曰：“君之惠，不以累臣衅鼓[⑪]，使归就戮于秦，寡君之以为戮，死且不朽若从君惠而免之，三年将拜君赐[⑫]。”

秦伯素服郊次[⑬]，乡师而哭曰：“孤违蹇叔以辱二三子，孤之罪也。不替孟明，孤之过也。大夫何罪？且吾不以一眚掩大德[⑭]。”

① 奉，与也。○ 奉，扶用切，《注》及下同。　② 言以君死故忘秦施。○ 纵，子用切，下同。施，始豉切，《注》及下同。　③ 言秦以无礼加己，施不足顾。　④ 言不可谓背君。○ 数，所主切。背，音佩。　⑤ 晋文公未葬，故襄公称子，以凶服从戎，故墨之。○ 衰，七雷切。绖，直结切。⑥ 后遂常以为俗，记礼所由变。○ 莱，音来。　⑦ 文嬴，晋文公始適秦，秦穆公所妻夫人，襄公嫡母。三帅，孟明等。○ 嬴，音盈。帅，所类切，《注》同。妻，七计切。嫡，丁历切。　⑧ 暂，犹卒也。○ 厌，於艳切，又於盐

切。戮，音六。逞，敕领切。拘，音俱。卒，寸忽切。⑨ 堕，毁也。○ 堕，许规切。长，丁丈切。⑩ 欲使还拜谢，因而执之。○ 唾，他卧切。骖，七南切。⑪ 累，囚系也。杀人以血涂鼓，谓之衅鼓。○ 累，律追切。衅，许觐切。⑫ 意欲报伐晋。⑬ 待之于郊。⑭ 眚，过也。○ 乡，许亮切。替，他计切。眚，所景切。掩，於检切。

狄侵齐，因晋丧也。

公伐邾，取訾娄，以报升陉之役[1]。邾人不设备，秋，襄仲复伐邾[2]。

① 在二十二年。② 鲁亦因晋丧以陵小国。○ 复，扶又切。

狄伐晋，及箕。八月戊子，晋侯败狄于箕。郤缺获白狄子[1]。先轸曰："匹夫逞志于君[2]而无讨，敢不自讨乎？"免胄入狄师，死焉。狄人归其元[3]，面如生[4]。

初，臼季使过冀，见冀缺耨，其妻馌之[5]。敬，相待如宾。与之归，言诸文公曰："敬，德之聚也。能敬必有德，德以治民，君请用之。臣闻之，出门如宾[6]，承事如祭[7]，仁之则也。"公曰："其父有罪，可乎[8]？"对曰："舜之罪也殛鲧，其举也兴禹[9]。管敬仲，桓之贼也，实相以济。《康诰》曰：'父不慈，子不祗，兄不友，弟不共，不相及也[10]。'《诗》曰：'采葑采菲，无以下体。'君取节焉可也[11]。"文公以为下军大夫。反自箕，襄公以三命命先且居将中军[12]，以再命命先茅之县赏胥臣曰："举郤缺，子之功也[13]。"以一命命郤缺为卿，复与之冀[14]，亦未有军行[15]。

① 白狄，狄别种也，故西河郡有白部胡。○ 箕，音基。种，章勇切。 ② 谓不顾而唾。 ③ 元，首。 ④ 言其有异于人。 ⑤ 臼季，胥臣也。冀，晋邑。耨，锄也。野馈曰馌。○ 臼，其九切。使，所吏切。过，古禾切。耨，乃豆切。馌，于辄切；《字林》，于劫切。锄，本又作鉏，仕居切。馈，其位切，饷也。 ⑥ 如见大宾。 ⑦ 常谨敬也。 ⑧ 缺父冀芮欲杀文公，在二十四年。○ 芮，如锐切。杀，音试，或如字。 ⑨ 禹，鲧子。○ 殛，经力切，诛也。鲧，古本切。 ⑩《康诰》，《周书》。祗，敬也。○ 相，息亮切。共，音恭。 ⑪《诗·国风》也。葑菲之菜，上善下恶，食之者不以其恶而弃其善，言可取其善节。○ 葑，芳逢切。菲，芳匪切。 ⑫ 且居，先轸之子，其父死敌，故进之。○ 且，子徐切。将，子匠切。 ⑬ 先茅绝后，故取其县以赏胥臣。 ⑭ 还其父故邑。○ 复，扶又切，又音服。 ⑮ 虽登卿位，未有军列。○ 行，户刚切。

冬，公如齐，朝，且吊有狄师也。反，薨于小寝，即安也[①]。

① 小寝，夫人寝也。讥公就所安，不终于路寝。

晋、陈、郑伐许，讨其贰于楚也。楚令尹子上侵陈、蔡。陈、蔡成，遂伐郑，将纳公子瑕[①]，门于桔柣之门。瑕覆于周氏之汪[②]。外仆髡屯禽之以献[③]。文夫人敛而葬之郐城之下[④]。

① 三十一年瑕奔楚。 ② 车倾覆池水中。○ 桔，户结切。柣，大结切。覆，芳服切，《注》同。汪，乌黄切。 ③ 杀瑕以献郑伯。○ 髡，苦门切。屯，徒门切。 ④ 郑文公夫人也。郐城，故郐国，在荥阳密县东北。《传》言穆公所以遂有国。○ 敛，力艳切。郐，古外切。

晋阳处父侵蔡，楚子上救之，与晋师夹泜而军[①]。阳子患之，使谓子上曰："吾闻之，文不犯顺，武不违敌。子若欲战，则吾退舍，子济而陈[②]，迟速唯命，不然纾我[③]。老师费财，亦无益也[④]。"乃驾以待。子上欲涉，大孙伯曰："不可。晋人无信，半涉而薄我，悔败何及，不如纾之。"乃退舍[⑤]。阳子宣言曰："楚师遁矣。"遂归。楚师亦归。大子商臣谮子上曰："受晋赂而辟之，楚之耻也，罪莫大焉。"王杀子上[⑥]。

① 泜水出鲁阳县东，经襄城定陵入汝。○ 夹，古洽切，一音古协切。泜，音雉，又直里切；王，又徒死切。　② 欲辟楚，使渡成陈而后战。○ 陈，直觐切，《注》同。　③ 纾，缓也。○ 纾，音舒，一音直吕切。④ 师久为老。○ 费，芳味切。　⑤ 楚退，欲使晋渡。　⑥ 商臣怨子上止王立己，故谮之。○ 遁，徒困切。

葬僖公缓[①]，作主，非礼也[②]。凡君薨卒哭而祔，祔而作主，特祀于主[③]，烝尝禘于庙[④]。

① 文公元年《经》书四月葬僖公。僖公实以今年十一月薨，并闰，七月乃葬，故《传》云缓。自此以下，遂因说作主祭祀之事，文相次也。皆当次在《经》葬僖公下，今在此，简编倒错。○ 编，必连切，又音布千切。倒，丁老切。　② 文二年乃作主，遂因葬文通讥之。　③ 既葬反虞则免丧，故曰卒哭。哭止也。以新死者之神，祔之于祖，尸柩已远，孝子思慕，故造木主、立几筵焉。特用丧礼，祭祀于寝，不同之于宗庙。言凡君者，谓诸侯以上，不通于卿大夫。○ 祔，音附。上，时掌切。　④ 冬祭曰烝，秋祭曰尝。新主既立，特祀于寝，则宗庙四时常祀自如旧也。三年礼毕，又大禘，乃皆同于吉。○ 烝，之承切。禘，大计切。

春秋经传集解第八

文公上

〇《释文》：文公名兴，僖公子，母声姜。《谥法》，慈惠爱民曰文；忠信接礼曰文。

经

元年春，王正月，公即位[1]。

二月癸亥，日有食之[2]。

天王使叔服来会葬[3]。

夏四月丁巳，葬我君僖公[4]。

天王使毛伯来锡公命[5]。

晋侯伐卫[6]。

叔孙得臣如京师[7]。

卫人伐晋[8]。

秋，公孙敖会晋侯于戚[9]。

冬十月丁未，楚世子商臣弑其君頵[10]。

公孙敖如齐[11]。

① 无《传》。先君未葬而公即位，不可旷年无君。　② 无《传》。癸亥，月一日，不书朔，官失之。　③ 叔，氏；服，字。诸侯丧，天子使大夫会葬，礼也。　④ 七月而葬，缓。　⑤ 毛，国；伯，爵；诸侯为王卿士者。

诸侯即位，天子赐以命圭合瑞为信。僖十一年，王赐晋侯命，亦其比也。○ 锡，星历切。比，必利切，例也；又如字。 ⑥ 晋襄公先告诸侯而伐卫，虽大夫亲伐而称晋侯，从告辞也。 ⑦ 得臣，叔牙之孙。 ⑧ 卫孔达为政，不共盟主，兴兵邻国，受讨丧邑，故贬称人。○ 丧，息浪切。 ⑨ 戚，卫邑，在顿丘卫县西。礼，卿不会公侯，而《春秋》鲁大夫皆不贬者，体例已举，故据用《鲁史》成文而已。内称公，卒称薨，皆用《鲁史》。 ⑩ 商臣，穆王也。弑君例在宣四年。○ 頵，忧伦切，又丘伦切。 ⑪《传》例曰：始聘焉，礼也。

传

元年春，王使内史叔服来会葬。公孙敖闻其能相人也①，见其二子焉。叔服曰："穀也食子，难也收子②。穀也丰下，必有后于鲁国③。"

① 公孙敖，鲁大夫庆父之子。○ 相，息亮切。 ② 穀，文伯。难，惠叔。食子，奉祭祀供养者也。收子，葬子身也。○ 见，贤遍切，下《注》孤见同。食，音嗣，《注》同。难，乃多切，又如字。供，俱用切。养，余亮切。 ③ 丰下，盖面方，为八年公孙敖奔莒《传》。

于是闰三月，非礼也①。先王之正时也，履端于始，举正于中，归馀于终②。履端于始，序则不愆③。举正于中，民则不惑④。归馀于终，事则不悖⑤。

① 于历法，闰当在僖公末年，误于今年三月置闰，盖时达历者所讥。 ② 步历之始，以为术之端首。期之日，三百六十有六日，日月之行又有迟速，而必分为十二月，举中气以正。月有馀日，则归之于终，积而为闰，故言

归馀于终。○ 期,居其切。 ③ 四时无愆过。○ 愆,起虔切。 ④ 斗建不失其次,寒暑不失其常,故无疑惑。 ⑤ 四时得所,则事无悖乱。○ 悖,必内切。

夏四月丁巳,葬僖公①。

①《传》皆不虚载《经》文,而此《经》孤见,知僖公末年《传》宜在此下。

王使毛伯卫来锡公命①,叔孙得臣如周拜②。

① 卫,毛伯字。○《释文》:一本作毛伯卫来锡公命,又作天王使。 ② 谢赐命。

晋文公之季年,诸侯朝晋。卫成公不朝,使孔达侵郑,伐绵、訾,及匡①。晋襄公既祥②,使告于诸侯而伐卫,及南阳③。先且居曰:"效尤,祸也④。请君朝王,臣从师。"晋侯朝王于温,先且居、胥臣伐卫。五月辛酉朔,晋师围戚。六月戊戌,取之,获孙昭子⑤。卫人使告于陈。陈共公曰:"更伐之,我辞之⑥。"卫孔达帅师伐晋,君子以为古。古者越国而谋⑦。

① 孔达,卫大夫。匡在颍川新汲县东北。○ 訾,子斯切。伋,居及切,下同。 ② 诸侯虽谅闇,亦因祥祭为位而哭。○ 谅,音良,又音亮。 ③ 今河内地。 ④ 尤卫不朝故伐,今不朝王,是效卫致祸。时王在温,故劝之。○ 且,子余切。 ⑤ 昭子,卫大夫,食戚邑。 ⑥ 见伐求和,不竞大甚,故使报伐,示己力足以距晋。○ 共,音恭。更,古孟切,又音庚。

大,音泰,又如字。　⑦ 合古之道,而失今事霸王之礼,故国失其邑,身见执辱。

秋,晋侯疆戚田,故公孙敖会之[1]。

① 晋取卫田,正其疆界。○ 疆,居良切,《注》同。

初,楚子将以商臣为大子,访诸令尹子上。子上曰:"君之齿未也[1],而又多爱,黜乃乱也。楚国之举,恒在少者[2]。且是人也,蠭目而豺声,忍人也[3],不可立也。"弗听。

既又欲立王子职而黜大子商臣[4]。商臣闻之而未察,告其师潘崇曰:"若之何而察之?"潘崇曰:"享江芈而勿敬也[5]。"从之。江芈怒曰:"呼,役夫[6]!宜君王之欲杀女而立职也。"告潘崇曰:"信矣。"潘崇曰:"能事诸乎[7]?"曰:"不能。""能行乎?"曰:"不能。""能行大事乎?"曰:"能[8]。"冬十月,以宫甲围成王[9]。王请食熊蹯而死[10]。弗听。丁未,王缢。谥之曰灵,不瞑;曰成,乃瞑[11]。穆王立,以其为大子之室与潘崇,使为大师,且掌环列之尹[12]。

① 齿,年也,言尚少。○ 少,诗照切,下文同。　② 举,立也。　③ 能忍行不义。○ 蠭,本又作蜂,芳逢切。豺,仕皆切。　④ 职,商臣庶弟。　⑤ 江芈,成王妹,嫁于江。○ 芈,亡氏切;《史记》以为成王妾。　⑥ 呼,发声也。役夫,贱者称。○ 呼,好贺切,《注》同。役夫,如字。称,尺证切。　⑦ 问能事职不。○ 女,音汝。　⑧ 大事,谓弑君。○ 弑,音申志切;一本无此《注》。　⑨ 大子宫甲。僖二十八年,王以东宫卒从子玉,盖取此宫甲。○ 卒,子忽切。从,如字,又才用切。　⑩ 熊掌难熟,

冀久将有外救。○ 蹯，音烦。　⑪ 言其忍甚，未敛而加恶谥。○ 瞑，亡丁切，又亡千切。敛，力验切。　⑫ 环列之尹，宫卫之官，列兵而环王宫。○ 大，音泰。环，如字，又音患。

穆伯如齐，始聘焉，礼也[①]。凡君即位，卿出并聘，践修旧好，要结外援[②]，好事邻国，以卫社稷，忠信卑让之道也。忠，德之正也；信，德之固也；卑让，德之基也[③]。

① 穆伯，公孙敖。　② 践，犹履行也。○ 好，呼报切，下同。要，於遥切。援，于眷切。　③《传》因此发凡，以明诸侯谅闇，则国事皆用吉礼。

殽之役[①]，晋人既归秦帅，秦大夫及左右皆言于秦伯曰："是败也，孟明之罪也，必杀之。"秦伯曰："是孤之罪也。周芮良夫之诗曰：'大风有隧，贪人败类[②]。听言则对，诵言如醉[③]，匪用其良，覆俾我悖[④]。'是贪故也，孤之谓矣。孤实贪以祸夫子，夫子何罪？"复使为政[⑤]。

① 在僖三十三年。　②《诗·大雅》。隧，蹊径也。周大夫芮伯刺厉王，言贪人之败善类，若大风之行，毁坏众物，所在成蹊径。○ 帅，所类切。芮，如锐切。《诗·大雅·桑柔篇》。隧，音遂。败，必迈切，《注》同。蹊，音兮。径，古定切。　③ 言昏乱之君，不好典诵之言，闻之若醉；得道听涂说之言，则喜而答对。○ 诵，似用切。昏，本亦作惛，音昏。④ 覆，反也。俾，使也。不用良臣之言，反使我为悖乱。○ 覆，芳服切。俾，本亦作卑，必尔切，《注》同。　⑤ 为明年秦、晋战彭衙《传》。○ 复，扶又切。

经

二年春，王二月甲子，晋侯及秦师战于彭衙，秦师败绩[①]。

丁丑，作僖公主[②]。

三月乙巳，及晋处父盟[③]。

夏六月，公孙敖会宋公、陈侯、郑伯、晋士縠盟于垂陇[④]。

自十有二月不雨，至于秋七月[⑤]。

八月丁卯，大事于大庙，跻僖公[⑥]。

冬，晋人、宋人、陈人、郑人伐秦[⑦]。

公子遂如齐纳币[⑧]。

① 孟明名氏不见，非命卿也。大崩曰败绩。冯翊郃阳县西北有彭衙城。○ 衙，音牙。见，贤遍切。郃，户纳切。　② 主者，殷人以柏，周人以栗。三年丧终，则迁入于庙。　③ 处父为晋正卿，不能匡君以礼而亲与公盟，故贬其族，族去则非卿，故以微人常称为耦。以直厌不直。不地者，盟晋都。○ 去，起吕切。称，尺证切。厌，於涉切。　④ 垂陇，郑地，荥阳县东有陇城。士縠出盟诸侯，受成于卫，故贵而书名氏。○ 縠，户木切，本亦作穀，同。陇，力勇切。　⑤ 无《传》。周七月，今五月也，不雨足为灾，不书旱，五穀犹有收。○ 收，如字，又手又切。　⑥ 大事，禘也。跻，升也。僖公，闵公庶兄。继闵而立，庙坐宜次闵下。今升在闵上，故书而讥之。时未应吉禘，而于大庙行之，其讥已明，徒以逆祀故，特大其事，异其文。○ 大，音泰，《注》及《传》大庙同。跻，子兮切。坐，才卧切，又如字。⑦ 四人皆卿，秦穆悔过，终用孟明，故贬四国大夫以尊秦伯。　⑧《传》曰：礼也。僖公丧终此年十一月，则纳币在十二月也。士昏六礼，其一纳采，纳征始有玄纁束帛，诸侯则谓之纳币，其礼与士礼不同，盖公为大子时已行昏礼也。○ 纁，许云切。

传

二年春，秦孟明视帅师伐晋，以报殽之役。二月，晋侯御之。先且居将中军，赵衰佐之[①]。王官无地御戎[②]，狐鞫居为右[③]。甲子，及秦师战于彭衙。秦师败绩。晋人谓秦"拜赐之师[④]"。

战于殽也，晋梁弘御戎，莱驹为右。战之明日，晋襄公缚秦囚，使莱驹以戈斩之。囚呼，莱驹失戈，狼瞫取戈以斩囚，禽之以从公乘，遂以为右。箕之役[⑤]，先轸黜之而立续简伯。狼瞫怒。其友曰："盍死之？"瞫曰："吾未获死所[⑥]。"其友曰："吾与女为难[⑦]。"瞫曰："《周志》有之，勇则害上，不登于明堂[⑧]。死而不义，非勇也。共用之谓勇[⑨]。吾以勇求右，无勇而黜，亦其所也[⑩]。谓上不我知，黜而宜，乃知我矣[⑪]。子姑待之。"及彭衙，既陈，以其属驰秦师，死焉[⑫]。晋师从之，大败秦师。君子谓："狼瞫于是乎君子。《诗》曰：'君子如怒，乱庶遄沮[⑬]。'又曰：'王赫斯怒，爰整其旅[⑭]。'怒不作乱，而以从师，可谓君子矣。"

秦伯犹用孟明。孟明增修国政，重施于民。赵成子言于诸大夫[⑮]曰："秦师又至，将必辟之，惧而增德，不可当也。《诗》曰：'毋念尔祖，聿修厥德[⑯]。'孟明念之矣。念德不怠，其可敌乎[⑰]。"

① 代郤溱。○ 御，鱼吕切。将，子匠切。衰，初危切。溱，侧巾切。 ② 代梁弘。 ③ 鞫居，续简伯。○ 鞫，九六切。 ④ 以孟明言三年将拜君赐，故嗤之。○ 嗤，尺之切。 ⑤ 箕役在僖三十三年。○ 呼，火故切。瞫，尺甚切；《字林》，式衽切。乘，绳证切。 ⑥ 未得可死处。

○ 盍，户腊切。处，昌虑切。　⑦ 欲共杀先轸。○ 女，音汝。难，乃旦切。　⑧《周志》，《周书》也。明堂，祖庙也，所以策功序德，故不义之士不得升。　⑨ 共用，死国用。○ 共，音恭，《注》同。　⑩ 言今死而不义，更成无勇，宜见退。　⑪ 言今见黜而合宜，则吾不得复言上不我知。○ 复，扶又切。　⑫ 属，属己兵。○ 陈，直觐切。　⑬《诗·小雅》。言君子之怒，必以止乱。遄，疾也。沮，止也。○ 遄，市专切。沮，在汝切。⑭《诗·大雅》。言文王赫然奋怒，则整师旅以讨乱。○ 赫，火百切。⑮ 成子，赵衰。○ 施，式豉切。　⑯《诗·大雅》。言念其祖考，则宜述修其德以显之。毋念，念也。○ 辟，音避。毋，音无，《注》同。　⑰ 为明年秦人伐晋《传》。

丁丑，作僖公主，书不时也①。

① 过葬十月，故曰不时，例在僖(二)〔三〕十三年。

晋人以公不朝来讨。公如晋。夏四月己巳，晋人使阳处父盟公以耻之①。书曰："及晋处父盟。"以厌之也②。适晋不书，讳之也③。公未至，六月，穆伯会诸侯及晋司空士縠盟于垂陇，晋讨卫故也④。书士縠，堪其事也⑤。陈侯为卫请成于晋，执孔达以说⑥。

① 使大夫盟公，欲以耻辱鲁也。《经》书三月乙巳，《经》、《传》必有误。② 厌，犹损也。晋以非礼盟公，故文厌之以示讥。○ 厌，於涉切，《注》同。③ 不书公如晋。　④ 讨元年卫人伐晋。士縠，士芳子。○ 芳，于委切。⑤ 晋司空，非卿也，以士縠能堪卿事，故书。○ 书士縠，或作书曰晋士縠。⑥ 陈始与卫谋，谓可以强得免。今晋不听，故更执孔达以苟免也。○ 为，

于伪切。

秋八月丁卯，大事于大庙，跻僖公，逆祀也[①]。于是夏父弗忌为宗伯[②]，尊僖公，且明见曰："吾见新鬼大，故鬼小[③]。先大后小，顺也。跻圣贤，明也[④]。明顺，礼也。"

君子以为失礼。礼无不顺。祀，国之大事也，而逆之，可谓礼乎？子虽齐圣，不先父食久矣[⑤]。故禹不先鲧，汤不先契[⑥]，文、武不先不窋[⑦]。宋祖帝乙，郑祖厉王，犹上祖也[⑧]。是以《鲁颂》曰："春秋匪解，享祀不忒，皇皇后帝，皇祖后稷[⑨]。"君子曰礼，谓其后稷亲而先帝也[⑩]。《诗》曰："问我诸姑，遂及伯姊[⑪]。"君子曰礼，谓其姊亲而先姑也[⑫]。仲尼曰："臧文仲，其不仁者三，不知者三。下展禽[⑬]，废六关[⑭]，妾织蒲，三不仁也[⑮]。作虚器[⑯]，纵逆祀[⑰]，祀爰居，三不知也[⑱]。"

① 僖是闵兄，不得为父子。尝为臣，位应在下，令居闵上，故曰逆祀。○ 令，力呈切。闵上，时掌切；一本或无上字。 ② 宗伯，掌宗庙昭穆之礼。○ 夏，户雅切。昭，上遥切，后昭穆之例仿此。 ③ 新鬼僖公，既为兄，死时年又长。故鬼闵公，死时年少。弗忌明言其所见。○ 长，丁丈切。少，诗照切。 ④ 又以僖公为圣贤。 ⑤ 齐，肃也。臣继君，犹子继父。○ 先，悉荐切，下不先皆同。 ⑥ 鲧，禹父。契，汤十三世祖。○ 鲧，古本切。契，息列切，殷始封之君。 ⑦ 不窋，后稷子。○ 窋，知律切。 ⑧ 帝乙，微子父。厉王，郑桓公父。二国不以帝乙、厉王不肖而犹尊尚之。○ 肖，悉召切。 ⑨ 忒，差也。皇皇，美也。后帝，天也。《诗》颂僖公郊祭上天，配以后稷。○ 解，佳买切。忒，他得切。 ⑩ 先称帝也。 ⑪《诗·邶风》也。卫女思归而不得，故愿致问于姑姊。

○ 郱，音佩。　⑫ 僖亲，文公父。夏父弗忌欲阿时君，先其所亲，故《传》以此二诗深责其意。　⑬ 展禽，柳下惠也。文仲知柳下惠之贤而使在下位。己欲立而立人。○ 知，音智，下同。　⑭ 塞关、阳关之属凡六关，所以禁绝末游，而废之。○ 塞，悉再切。　⑮ 家人贩席，言其与民争利。○ 贩，甫万切。　⑯ 谓居蔡，山节藻棁也。有其器而无其位，故曰虚。○ 棁，章悦切。　⑰ 听夏父，跻僖公。　⑱ 海鸟曰爰居，止于鲁东门外，文仲以为神，命国人祀之。○ 爰居，《尔雅》，一名杂县；樊光云，似凤皇。爰居事见《国语》。《庄子》云，鲁侯御而觞之于庙。

冬，晋先且居、宋公子成、陈辕选、郑公子归生伐秦，取汪，及彭衙而还，以报彭衙之役。卿不书，为穆公故，尊秦也，谓之崇德①。

① ○ 成，音城；本或作戍，音恤。选，息兖切。汪，乌黄切。为，于伪切。

襄仲如齐纳币，礼也。凡君即位，好舅甥，修昏姻，娶元妃以奉粢盛，孝也①。孝，礼之始也。

① 谓谅闇既终，嘉好之事通于外内，外内之礼始备。此除凶之即位也，于是遣卿申好舅甥之国，修礼以昏姻也。元妃，嫡夫人，奉粢盛，共祭祀。○ 好，呼报切，《注》同。娶，七住切。妃，芳非切。粢，音咨。盛，音成。嫡，丁历切。共，音恭。

经

三年春，王正月，叔孙得臣会晋人、宋人、陈人、卫人、郑人伐沈。沈溃[①]。

夏五月，王子虎卒[②]。

秦人伐晋[③]。

秋，楚人围江。

雨螽于宋[④]。

冬，公如晋。十有二月己巳，公及晋侯盟。

晋阳处父帅师伐楚以救江。

①《传》例曰：民逃其上曰溃。沈，国名也，汝南平舆县北有沈亭。○ 沈，尸甚切。溃，户内切。舆，音余，一音预。　② 不书爵者，天王赴也。翟泉之盟，虽辄假王命，周王因以同盟之例为赴。○ 为，于伪切，又如字；本或作来赴。　③ 晋人耻不出，以微者告。　④ 自上而隋，有似于雨。宋人以其死为得天祐，喜而来告，故书。○ 雨，于付切，《注》及《传》同。螽，音终。隋，徒火切，《传》、《注》同。祐，音又。

传

三年春，庄叔会诸侯之师伐沈，以其服于楚也。沈溃。凡民逃其上曰溃，在上曰逃[①]。

① 溃，众散流移，若积水之溃，自坏之象也。国君轻走，群臣不知其谋，与匹夫逃窜无异，是以在众曰溃，在上曰逃，各以类言之。○ 轻，如字，又遣政切。窜，七乱切。

卫侯如陈，拜晋成也[①]。

① 二年，陈侯为卫请成于晋。○ 为，于伪切。

夏四月乙亥，王叔文公卒，来赴吊如同盟，礼也[①]。

① 王子虎与僖公同盟于翟泉。文公是同盟之子，故赴以名。《传》因王子虎异于诸侯，王叔又未与文公盟，故于此显示体例也。《经》书五月，又不书日，从赴也。

秦伯伐晋，济河焚舟[①]，取王官，及郊[②]。晋人不出，遂自茅津济，封殽尸而还[③]。遂霸西戎，用孟明也。

君子是以知秦穆公之为君也，举人之周也[④]，与人之壹也[⑤]；孟明之臣也，其不解也，能惧思也；子桑之忠也，其知人也，能举善也[⑥]。《诗》曰，"于以采蘩，于沼于沚，于以用之，公侯之事"，秦穆有焉[⑦]。"夙夜匪解，以事一人"，孟明有焉[⑧]。"诒厥孙谋，以燕翼子"，子桑有焉[⑨]。

① 示必死也。　② 王官、郊，晋地。　③ 茅津在河东大阳县西。封，埋藏之。○ 大，音泰。　④ 周，备也。不偏以一恶弃其善。　⑤ 壹，无二心。　⑥ 子桑，公孙枝，举孟明者。○ 解，佳卖切。　⑦《诗·国风》。言沼沚之蘩至薄，犹采以共公侯，以喻秦穆不遗小善。○ 蘩，音烦。沼，之绍切。沚，音止。共，音恭。　⑧《诗·大雅》。美仲山甫也。一人，天子也。　⑨ 诒，遗也。燕，安也。翼，成也。《诗·大雅》。美武王能遗其子孙善谋，以安成子孙。言子桑有举善之谋。○ 诒，以之切。遗，唯季切。

秋，雨螽于宋，队而死也[①]。

① 螽飞至宋，队地而死若雨。○ 队，直类切。

楚师围江。晋先仆伐楚以救江[①]。冬，晋以江故告于周[②]。王叔桓公、晋阳处父伐楚以救江[③]，门于方城，遇息公子朱而还[④]。

① 晋救江在雨螽下，故使围江之《经》随在雨螽下。 ② 欲假天子之威以伐楚。 ③ 桓公，周卿士，王叔文公之子。桓公不书，示威名，不亲伐。 ④ 子朱，楚大夫，伐江之帅也。闻晋师起而江兵解，故晋亦还。○ 帅，所类切。解，音蟹，又佳卖切。

晋人惧其无礼于公也，请改盟[①]。公如晋，及晋侯盟。晋侯飨公，赋《菁菁者莪》[②]。庄叔以公降拜[③]，曰："小国受命于大国，敢不慎仪？君贶之以大礼，何乐如之。抑小国之乐，大国之惠也。"晋侯降辞[④]，登，成拜[⑤]。公赋《嘉乐》[⑥]。

① 改二年处父之盟。 ②《菁菁者莪》，《诗·小雅》。取其"既见君子，乐且有仪"。○ 菁，子丁切。莪，五多切。乐，音洛，下文何乐、小国之乐同。 ③ 谢其以公比君子也。 ④ 降阶，辞让公。 ⑤ 俱还上，成拜礼。○ 上，时掌切，又如字。 ⑥《嘉乐》，《诗·大雅》。义取其显显令德，宜民宜人，受禄于天。○ 嘉，户嫁切。乐，如字，《注》同。

经

四年春，公至自晋[①]。

夏，逆妇姜于齐[②]。

狄侵齐[③]。

秋，楚人灭江[④]。

晋侯伐秦。

卫侯使甯俞来聘。

冬十有一月壬寅，夫人风氏薨⑤。

①③ 无《传》。 ② 称妇，有姑之辞。 ④ 灭例在文十五年。⑤ 僖公母，风姓也。赴同祔姑，故称夫人。○ 俞，羊朱切。祔，音附。

传

四年春，晋人归孔达于卫，以为卫之良也，故免之①。夏，卫侯如晋拜②。曹伯如晋，会正③。

① 二年卫执孔达以说晋。 ② 谢归孔达。 ③ 会受贡赋之政也。《传》言襄公能继文之业，而诸侯服从。

逆妇姜于齐，卿不行，非礼也①。君子是以知出姜之不允于鲁也②。曰："贵聘而贱逆之③，君而卑之，立而废之④，弃信而坏其主，在国必乱，在家必亡⑤。不允宜哉。《诗》曰：'畏天之威，于时保之。'敬主之谓也⑥。"

① 礼，诸侯有故则使卿逆。 ② 允，信也。始来不见尊贵，故终不为国人所敬信也。文公薨而见出，故曰出姜。 ③ 公子遂纳币，是贵聘也。 ④ 君，小君也。不以夫人礼迎，是卑废之。 ⑤ 主，内主也。○ 坏，音怪。 ⑥《诗·颂》。言畏天威，于是保福禄。

秋，晋侯伐秦，围邧、新城，以报王官之役①。

① 邧、新城，秦邑也。王官役在前年。○ 邧，愿晚切，一音元。

楚人灭江，秦伯为之降服、出次、不举、过数[1]。大夫谏，公曰："同盟灭，虽不能救，敢不矜乎！吾自惧也[2]。"君子曰："《诗》云：'惟彼二国，其政不获，惟此四国，爰究爰度。'其秦穆之谓矣[3]。"

① 降服，素服也。出次，辟正寝。不举，去盛馔。邻国之礼有数，今秦伯过之。○ 为，于伪切；下《注》为赋、为歌，皆同。去，起吕切。馔，仕眷切。　② 秦、江同盟，不告故不书。○ 矜，居陵切。　③《诗·大雅》。言夏、商之君，政不得人心，故四方诸侯，皆惧而谋度其政事也。言秦穆亦能感江之灭，惧而思政。爰，于也。究、度，皆谋也。○ 究，音救。度，待洛切，《注》同。

卫甯武子来聘，公与之宴，为赋《湛露》及《彤弓》[1]。不辞，又不答赋。使行人私焉[2]。对曰："臣以为肄业及之也[3]。昔诸侯朝正于王[4]，王宴乐之，于是乎赋《湛露》，则天子当阳，诸侯用命也[5]。诸侯敌王所忾而献其功[6]，王于是乎赐之彤弓一，彤矢百，玈弓矢千，以觉报宴[7]。今陪臣来继旧好[8]，君辱贶之，其敢干大礼以自取戾[9]？"

① 非礼之常，公特命乐人以示意，故言为赋。《湛露》、《彤弓》、《诗·小雅》。○ 湛，直减切。彤，徒冬切。　② 私问之。　③ 肄，习也。鲁人失所赋，甯武子佯不知，此其愚不可及。○ 肄，字又作肆，以二切，《注》同。佯，音阳，一音祥。　④ 朝而受政教也。　⑤《湛露》曰："湛湛露斯，匪阳不晞。"晞，干也。言露见日而干，犹诸侯禀天子命而行。○ 乐，音洛，

下《注》宴乐同。晞,音希。　⑥ 敌,犹当也。忾,恨怒也。○ 忾,苦爱切。　⑦ 觉,明也。谓诸侯有四夷之功,王赐之弓矢,又为歌《彤弓》,以明报功宴乐。○ 玈,音卢。觉,音角。　⑧ 方论天子之乐,故自称陪臣。○ 好,呼报切。　⑨ 贶,赐也。干,犯也。戾,罪也。○ 贶,音况。戾,力计切。

冬,成风薨①。

① 为明年王使来含赗《传》。

经

五年春,王正月,王使荣叔归含,且赗①。

三月辛亥,葬我小君成风②。王使召伯来会葬③。

夏,公孙敖如晋④。

秦人入鄀⑤。

秋,楚人灭六⑥。

冬十月甲申,许男业卒⑦。

① 珠玉曰含。含,口实。车马曰赗。○ 含,本亦作晗,户暗切,《说文》作琀,云,送终口中玉。赗,芳凤切。　② 无《传》。反哭成丧,故曰葬我小君。　③ 召伯,天子卿也。召,采地;伯,爵也。来不及葬,不讥者,不失五月之内。○ 召,上照切。　④ 无《传》。　⑤ 入例在十五年。○ 鄀,音若。　⑥ 六国,今庐江六县。○ 庐,力居切。　⑦ 无《传》。与僖公六同盟。

传

五年春，王使荣叔来含且赗，召昭公来会葬，礼也[①]。

① 成风，庄公之妾。天子以夫人礼赗之，明母以子贵，故曰礼。

初，鄀叛楚即秦，又贰于楚。夏，秦人入鄀。

六人叛楚即东夷。秋，楚成大心、仲归帅师灭六[①]。冬，楚子燮灭蓼[②]，臧文仲闻六与蓼灭，曰："皋陶庭坚，不祀忽诸。德之不建，民之无援，哀哉[③]！"

① 仲归，子家。　② 蓼国，今安丰蓼县。○ 燮，息列切。蓼，音了。③ 蓼与六，皆皋陶后也。伤二国之君不能建德结援大国，忽然而亡。○ 陶，音遥。

晋阳处父聘于卫，反过甯，甯嬴从之[①]。及温而还，其妻问之，嬴曰："以刚。《商书》曰：'沈渐刚克，高明柔克[②]。'夫子壹之，其不没乎[③]。天为刚德，犹不干时[④]，况在人乎？且华而不实，怨之所聚也[⑤]，犯而聚怨，不可以定身[⑥]。余惧不获其利而离其难，是以去之[⑦]。"晋赵成子、栾贞子、霍伯、臼季皆卒[⑧]。

① 甯，晋邑，汲郡修武县也。嬴，逆旅大夫。○ 嬴，音盈。　② 沈渐，犹滞溺也。高明，犹亢爽也。言各当以刚柔胜己本性，乃能成全也。此在《洪范》，今谓之《周书》。○ 渐，似廉切，《注》同。滞溺，一本作滞弱。亢，苦浪切。　③ 阳子性纯刚。　④ 寒暑相顺。　⑤ 言过其行。

○ 行，下孟切。　⑥ 刚则犯人。　⑦ 为六年晋杀处父《传》。○ 难，乃旦切。　⑧ 成子，赵衰，新上军帅、中军佐也。贞子，栾枝，下军帅也。霍伯，先且居，中军帅也。臼季，胥臣，下军佐也。为六年蒐于夷《传》。○ 帅，所类切，下同。蒐，所求切。

经

六年春，葬许僖公①。

夏，季孙行父如陈②。

秋，季孙行父如晋。

八月乙亥，晋侯驩卒③。

冬十月，公子遂如晋，葬晋襄公④。

晋杀其大夫阳处父⑤。

晋狐射姑出奔狄⑥。

闰月，不告月，犹朝于庙⑦。

① 无《传》。　② 行父，季友孙。　③ 再同盟。○ 驩，唤官切。　④ 卿共葬事，文、襄之制也。三月而葬，速。○ 共，音恭。　⑤ 处父侵官，宜为国讨，故不言贾季杀。　⑥ 射姑，狐偃子贾季也。奔例在宣十年。○ 射，音亦，一音夜。　⑦ 诸侯每月必告朔听政，因朝宗庙。文公以闰非常月，故阙不告朔。怠慢政事，虽朝于庙，则如勿朝，故曰犹。犹者，可止之辞。○ 不告月，月或作朔，误也。告朔，本或作告月。

传

六年春，晋蒐于夷，舍二军①。使狐射姑将中军②，赵盾佐之③。阳处父至自温④，改蒐于董，易中军⑤。阳子，成季之属也⑥，故党于赵氏，且谓赵盾能，曰："使能，国之利也。"是以上之。宣子于是乎始为国政[⑦],制事典[⑧],正法罪[⑨],辟狱刑[⑩],董逋逃[⑪],由质要[⑫],治旧洿[⑬],本秩礼[⑭],续常职[⑮],出滞淹[⑯]。既成,以授大傅阳子与大师贾佗,使行诸晋国,以为常法[⑰]。

① 僖三十一年晋蒐清原,作五军;今舍二军,复三军之制。夷,晋地。前年四卿卒,故蒐以谋军帅。○ 舍,音捨,《注》同。帅,所类切,下同。 ② 代先且居。○ 将,子匠切。 ③ 代赵衰也。盾,赵衰子。○ 盾,徒本切。 ④ 往年聘卫过温,今始至。○ 过,古禾切。 ⑤ 易以赵盾为帅,射姑佐之。河东汾阴县有董亭。 ⑥ 处父尝为赵衰属大夫。 ⑦ 宣,赵盾谥。 ⑧ 典,常也。 ⑨ 轻重当。○ 当,丁浪切。 ⑩ 辟,犹理也。○ 辟,婢亦切,后同者更不音。 ⑪ 董,督也。○ 逋,补吾切。 ⑫ 由,用也。质要,契券也。 ⑬ 治,理;洿,秽。○ 洿,音乌;本又作汙,同。 ⑭ 贵贱不失其本。 ⑮ 修废官。 ⑯ 拔贤能也。 ⑰ 贾佗以公族从文公而不在五人之数。○ 大,音泰,下同。佗,徒河切。从,才用切。

臧文仲以陈、卫之睦也,欲求好于陈。夏,季文子聘于陈,且娶焉[①]。

① 臣非君命不越竟,故因聘而自为娶。○ 好,呼报切。娶,七住切。竟,音境。为,于伪切。

秦伯任好卒[①]。以子车氏之三子奄息、仲行、鍼虎为殉[②],皆秦之良也。国人哀之,为之赋《黄鸟》[③]。君子曰:"秦穆之不为盟主也,宜哉。死而弃民。先王违世,犹诒之法,而况夺之善人乎!《诗》曰:'人之云亡,邦国殄瘁[④]。'无善人之谓。若之何夺之？古之王者知命之不长，是以并建圣哲[⑤]，树之风声[⑥]，分之采物[⑦]，著之话言[⑧]，为之律度[⑨]，陈之艺极[⑩]，引之表仪[⑪]，予之法制，告之训典[⑫]，教之防利[⑬]，委之常秩[⑭]，道之以礼，则使无失其土宜，众隶赖之而后即命[⑮]。圣王同之。今纵无法以遗后嗣，而又收其良以死，难以在上矣。”君子是以知秦之不复东征也[⑯]。

① 任好，秦穆公名。〇 任，音壬。　② 子车，秦大夫氏也。以人从葬为殉。〇 车，音居。仲，本亦作中，音仲。行，户郎切。鍼，其廉切。殉，似俊切；杀人从死曰殉；《字林》，弋绢切。　③《黄鸟》，《诗·秦风》。义取黄鸟止于棘、桑，往来得其所，伤三良不然。〇 为，于伪切，下《注》为立、为作善皆同。　④《诗·大雅》。言善人亡则国瘁病。〇 诒，以之切。瘁，似醉切。　⑤ 建立圣知，以司牧民。〇 王，如字；一音于况切。知，音智。　⑥ 因土地风俗，为立声教之法。　⑦ 旌旗衣服，各有分制。〇 分，扶问切，《注》同。　⑧ 话，善也，为作善言遗戒。〇 话，户快切。⑨ 钟律度量，所以治历明时。〇 量，音亮。　⑩ 艺，准也。极，中也。贡献多少之法。《传》曰：贡之无艺。又曰：贡献无极。　⑪ 引，道也。表仪，犹威仪。〇 道，音导，下同。　⑫ 训典，先王之书。　⑬ 防恶兴利。　⑭ 委，任也。常秩，官司之常职。　⑮ 即，就也。　⑯ 不能复征讨东方诸侯，为霸主。〇 遗，唯季切。复，扶又切，《注》同。

秋，季文子将聘于晋，使求遭丧之礼以行[①]。其人曰：“将焉用之[②]？”文子曰：“备豫不虞，古之善教也。求而无之，实难[③]。过求何害[④]。”

八月乙亥，晋襄公卒。灵公少，晋人以难故，欲立长君[⑤]。赵孟曰：“立公子雍[⑥]。好善而长，先君爱之，且近于秦。秦旧好也。置善则固，事长则顺，立爱则孝，结旧则安。为难故，故欲立长君，有此四德者，难必抒矣[7]。”贾季曰：“不如立公子乐[8]。辰嬴嬖于二君[9]，立其子，民必安之。”赵孟曰：“辰嬴贱，班在九人[10]，其子何震之有[11]？且为二嬖，淫也。为先君子，不能求大而出在小国，辟也。母淫子辟，无威。陈小而远，无援。将何安焉？杜祁以君故，让偪姞而上之[12]，以狄故，让季隗而己次之，故班在四[13]。先君是以爱其子而仕诸秦，为亚卿焉[14]。秦大而近，足以为援，母义子爱，足以威民，立之不亦可乎？”使先蔑、士会如秦，逆公子雍[15]。贾季亦使召公子乐于陈。赵孟使杀诸郫[16]。贾季怨阳子之易其班也[17]，而知其无援于晋也[18]。九月，贾季使续鞫居杀阳处父[19]。书曰：“晋杀其大夫。”侵官也[20]。

① 季文子，季孙行父也。闻晋侯疾故。 ② 其人，从者。○ 焉，於虔切。从，才用切。 ③ 难卒得。○ 卒，寸忽切。 ④ 所谓文子三思。○ 三，息暂切。 ⑤ 立少君，恐有难。○ 少，诗照切，《注》同。难，乃旦切，《注》及下皆同。长，丁丈切，下皆同。 ⑥ 赵孟，赵盾也。公子雍，文公子，襄公庶弟，杜祁之子。 ⑦ 抒，除也。○ 好，呼报切，下皆同。近，附近之近。抒，直吕切，又时吕切。 ⑧ 乐，文公子。○ 乐，音岳，一音洛。 ⑨ 辰嬴，怀嬴也。二君，怀公、文公也。○ 嬖，必计切。⑩ 班，位也。 ⑪ 震，威也。 ⑫ 杜祁，杜伯之后。祁，姓也。偪姞，姞姓之女，生襄公为世子，故杜祁让使在己上。○ 辟，匹亦切；又作僻，下同。祁，巨之切。偪，彼力切。姞，其吉切，又其乙切。 ⑬ 以季隗是文公托狄时妻，故复让之。然则杜祁本班在二。○ 隗，五罪切。复，扶又切，下将复怨同。 ⑭ 亚，次也，言其贤故位尊。○ 亚，於嫁切。 ⑮ 先蔑，士伯也。士会，随季也。 ⑯ 郫，晋地。○ 郫，音婢支切。 ⑰ 本

中军帅，易以为佐。○ 帅，所类切，下命帅同。　⑱ 少族多怨。　⑲ 鞫居，狐氏之族。　⑳ 君已命帅，处父易之，故曰侵官。

冬十月，襄仲如晋，葬襄公。

十一月丙寅，晋杀续简伯[①]。贾季奔狄。宣子使臾骈送其帑[②]。夷之蒐，贾季戮臾骈，臾骈之人欲尽杀贾氏以报焉。臾骈曰："不可。吾闻前志有之曰：'敌惠敌怨，不在后嗣'，忠之道也[③]。夫子礼于贾季，我以其宠报私怨，无乃不可乎[④]。介人之宠，非勇也[⑤]。损怨益仇，非知也[⑥]。以私害公，非忠也。释此三者，何以事夫子？"尽具其帑，与其器用财贿，亲帅扞之，送致诸竟[⑦]。

① 简伯，续鞫居。十一月无丙寅；丙寅，十二月八日也。日月必有误。　② 帑，妻子也。宣子以贾季中军之佐，同官故。○ 臾，羊朱切。骈，蒲贤切，又蒲丁切。帑，音奴。　③ 敌犹对也，若及子孙，则为非对，非对则为迁怒。○ 尽，津忍切。　④ 言己蒙宣子宠位。　⑤ 介，因也。○ 介，音界。　⑥ 杀季家欲以除怨，宣子将复怨己，是益仇。○ 知，音智。　⑦ 扞，卫也。○ 扞，户旦切。竟，音境。

闰月不告朔，非礼也[①]。闰以正时[②]，时以作事[③]，事以厚生[④]，生民之道，于是乎在矣。不告闰朔，弃时政也，何以为民[⑤]？

①《经》称告月，《传》称告朔，明告月必以朔。　② 四时渐差，则致闰以正之。　③ 顺时命事。　④ 事不失时则年丰。　⑤ ○ 为，如字，治也；或音于伪切，非也。

经

七年春，公伐邾。

三月甲戌，取须句[1]。遂城郚[2]。

夏四月，宋公王臣卒[3]。

宋人杀其大夫[4]。

戊子，晋人及秦人战于令狐[5]。

晋先蔑奔秦[6]。

狄侵我西鄙。

秋八月，公会诸侯、晋大夫，盟于扈[7]。

冬，徐伐莒[8]。

公孙敖如莒涖盟[9]。

① 须句，鲁之封内属国也。僖公反其君之后，邾复灭之。书取，易也。例在襄十三年。○ 句，其俱切。复，扶又切。易，以豉切。 ② 无《传》。因伐邾师以城郚。郚，鲁邑，卞县南有郚城。备邾难。○ 郚，音吾。难，乃旦切。 ③ 二年与鲁大夫盟于垂陇。○ 王，如字，又往方切。 ④ 宋人攻昭公，并杀二大夫，故以非罪书。 ⑤ 赵盾废嫡而外求君，故贬称人。晋讳背先蔑而夜薄秦师，以战告。○ 令，力呈切。嫡，本又作適，丁历切。背，音佩。 ⑥ 不言出，在外奔。 ⑦ 扈，郑地，荥阳卷县西北有扈亭。不分别书会人，总言诸侯、晋大夫盟者，公后会而及其盟。○ 扈，音户。卷，音权，又丘权切。别，彼列切。 ⑧ 不书将帅，徐夷告辞略。○ 将，子匠切。 ⑨ ○ 涖，音利，音类。

传

七年春，公伐邾，间晋难也[1]。三月甲戌，取须句，寘文公子焉，非礼也[2]。

① 公因霸国有难而侵小。〇 间，间厕之间，或如字。难，乃旦切，《注》同。　② 邾文公子叛，在鲁，故公使为守须句大夫也。绝大皞之祀以与邻国叛臣，故曰非礼。〇 寘，之豉切，下同。大，音泰。皞，户老切。

夏四月，宋成公卒。于是公子成为右师[1]，公孙友为左师[2]，乐豫为司马[3]，鳞矔为司徒[4]，公子荡为司城[5]，华御事为司寇[6]。

昭公将去群公子，乐豫曰："不可。公族，公室之枝叶也，若去之，则本根无所庇廕矣。葛藟犹能庇其本根[7]，故君子以为比[8]，况国君乎？此谚所谓庇焉而纵寻斧焉者也[9]。必不可，君其图之。亲之以德，皆股肱也，谁敢携贰？若之何去之？"不听。

穆、襄之族率国人以攻公[10]，杀公孙固、公孙郑于公宫[11]。六卿和公室，乐豫舍司马以让公子卬[12]，昭公即位而葬。书曰："宋人杀其大夫。"不称名，众也，且言非其罪也[13]。

① 庄公子。　② 目夷子。　③ 戴公玄孙。　④ 桓公孙。〇 矔，古乱切。　⑤ 桓公子也，以武公名，废司空为司城。　⑥ 华元父也。《传》言六卿皆公族，昭公不亲信之，所以致乱。〇 御，鱼吕切；本又作御，音同。　⑦ 葛之能藟蔓繁滋者，以本枝廕庥之多。〇 去，起吕切，下及《注》同。庇，必利切，又悲位切，下同。廕，本又作荫，於鸩切。藟，本或作虆，力轨切。蔓，音万。庥，许求切；本又作庇。虆，类龟切。　⑧ 谓诗人取以喻九族兄弟。〇 比，必尔切。　⑨ 纵，放也。　⑩ 穆公、襄公之子孙，昭公所欲去者。　⑪ 二子在公宫，故为乱兵所杀。⑫ 卬，昭公弟。〇 舍，音捨，下同。卬，五郎切。　⑬ 不称杀者及死者名。杀者众，故名不可知；死者无罪，则例不称名。

秦康公送公子雍于晋，曰："文公之入也无卫，故有吕、郤之难[①]。"乃多与之徒卫。穆嬴日抱大子以啼于朝，曰："先君何罪？其嗣亦何罪？舍適嗣不立而外求君，将焉寘此[②]？"出朝，则抱以適赵氏，顿首于宣子曰："先君奉此子也而属诸子，曰：'此子也才，吾受子之赐；不才，吾唯子之怨[③]。'今君虽终，言犹在耳[④]，而弃之，若何？"宣子与诸大夫皆患穆嬴，且畏偪[⑤]，乃背先蔑而立灵公，以御秦师。

箕郑居守。赵盾将中军，先克佐之[⑥]。荀林父佐上军[⑦]。先蔑将下军，先都佐之。步招御戎，戎津为右。及堇阴[⑧]，宣子曰："我若受秦，秦则宾也；不受，寇也。既不受矣，而复缓师，秦将生心。先人有夺人之心[⑨]，军之善谋也。逐寇如追逃，军之善政也。"训卒利兵，秣马蓐食，潜师夜起[⑩]。戊子，败秦师于令狐，至于刳首。己丑，先蔑奔秦，士会从之[⑪]。

先蔑之使也，荀林父止之，曰："夫人、大子犹在，而外求君，此必不行。子以疾辞，若何？不然将及[⑫]。摄卿以往可也，何必子？同官为寮，吾尝同寮，敢不尽心乎！"弗听。为赋《板》之三章[⑬]。又弗听。及亡，荀伯尽送其帑及其器用财贿于秦，曰："为同寮故也[⑭]。"

士会在秦三年，不见士伯[⑮]。其人曰："能亡人于国[⑯]，不能见于此，焉用之[⑰]？"士季曰："吾与之同罪[⑱]，非义之也，将何见焉[⑲]？"及归，遂不见[⑳]。

① 僖二十四年文公入。○ 难，乃旦切。　② 穆嬴，襄公夫人，灵公母也。○ 嬴，音盈。適，本又作嫡，同，丁历切。焉，於虔切，下焉用同。

③ 欲使宣子教训之。○ 属，音烛。　④ 在宣子之耳。　⑤ 畏国人以大义来偪己。○ 偪，彼力切。　⑥ 克，先且居子，代狐射姑。○ 背，音佩。箕，音基。守，手又切，下《注》同。将，子匠切，下《注》同。　⑦ 箕郑将上军，居守，故佐独行。　⑧ 先蔑、士会逆公子雍，前还晋。晋人始以逆雍出军，卒然变计立灵公，故车右、戎御犹在职。堇阴，晋地。○ 招，上遥切。堇，音谨，一音靳。卒，寸忽切。　⑨ 夺敌之战心也。○ 复，扶又切。先，悉荐切。有夺人之心，本或此句下有后人待其反，误。　⑩ 蓐食，早食于寝蓐也。○ 卒，子忽切。秣，音末。蓐，音辱。　⑪ 从刳首去也。令狐在河东，当与刳首相接。○ 刳，苦胡切。　⑫ 祸将及己。○ 使，所吏切。　⑬《板》，《诗·大雅》。其三章义取刍荛之言，犹不可忽，况同寮乎。僖二十八年林父将中行，先蔑将左行。○ 寮，本又作僚，力彫切。为，于伪切，下为同寮同。刍，初俱切。荛，音饶。行，户郎切，下同。⑭ 荀伯，林父。　⑮ 士伯，先蔑。　⑯ 言能与人俱亡于晋国。⑰ 何用如此。　⑱ 俱有迎公子雍之罪。　⑲ 言己非慕先蔑之义而从之。　⑳ 责先蔑为正卿而不匡谏，且俱出奔，恶有党也。士会归在十三年。○ 恶，乌路切。

狄侵我西鄙，公使告于晋。赵宣子使因贾季问酆舒，且让之[1]。酆舒问于贾季曰："赵衰、赵盾孰贤？"对曰："赵衰，冬日之日也；赵盾，夏日之日也[2]。"

① 酆舒，狄相。让其伐鲁。○ 酆，芳忠切。相，息亮切。　② 冬日可爱，夏日可畏。

秋八月，齐侯、宋公、卫侯、郑伯、许男、曹伯会晋赵盾盟于扈，晋侯立故也。公后至，故不书所会。凡会诸侯，不书所会，后也[1]。后至不书其国，辟不敏也[2]。

① 不书所会，谓不具列公侯及卿大夫。 ② 此《传》还自释凡例之意。

穆伯娶于莒，曰戴己，生文伯，其娣声己生惠叔①。戴己卒，又聘于莒，莒人以声己辞，则为襄仲聘焉②。冬，徐伐莒。莒人来请盟③。穆伯如莒涖盟，且为仲逆。及鄢陵，登城见之，美④，自为娶之。仲请攻之，公将许之。叔仲惠伯谏⑤曰："臣闻之，兵作于内为乱，于外为寇，寇犹及人，乱自及也。今臣作乱而君不禁，以启寇仇，若之何？"公止之，惠伯成之⑥。使仲舍之⑦，公孙敖反之⑧，复为兄弟如初。从之⑨。

① 穆伯，公孙敖也。文伯，穀也。惠叔，难也。○ 己，音纪，一音祀。娣，大计切。难，乃多切。 ② 襄仲，公孙敖从父昆弟。○ 为，音于伪切。下且为、自为同。 ③ 见伐，故欲结援。 ④ 鄢陵，莒邑。○ 鄢，於晚切。 ⑤ 惠伯，叔牙孙。 ⑥ 平二子。 ⑦ 舍，不娶。○ 舍，音捨，《注》同。 ⑧ 还莒女。 ⑨ 为明年公孙敖奔莒《传》。○ 复，音服，又扶又切。

晋郤缺言于赵宣子曰："日卫不睦，故取其地①，今已睦矣，可以归之。叛而不讨，何以示威？服而不柔，何以示怀②？非威非怀，何以示德？无德何以主盟？子为正卿以主诸侯，而不务德，将若之何？《夏书》曰③：'戒之用休④，董之用威⑤，劝之以九歌勿使坏。'九功之德皆可歌也，谓之九歌。六府、三事，谓之九功。水、火、金、木、土、穀，谓之六府。正德、利用、厚生，谓之三事。义而行之，谓之德礼[⑥]。无礼不乐，所由叛也。若吾子之德莫可歌也，其谁来之[⑦]？盍使睦者歌吾子乎？"宣子说之[⑧]。

① 日，往日。取卫地在元年。 ② 柔，安也。 ③ 逸《书》。 ④ 有休则戒之以勿休。 ⑤ 董，督也。有罪则督之以威刑。 ⑥ 德，正德也。礼以制财用之节，又以厚生民之命。 ⑦ 来，犹归也。○ 乐，音洛。 ⑧ 为明年晋归郑、卫田张本。○ 盍，户腊切。

经

八年春，王正月。

夏四月。

秋八月戊申，天王崩。

冬十月壬午，公子遂会晋赵盾，盟于衡雍[①]。

乙酉，公子遂会雒戎，盟于暴[②]。

公孙敖如京师，不至而复。丙戌，奔莒[③]。

螽[④]。

宋人杀其大夫司马，宋司城来奔[⑤]。

① 壬午，月五日。○ 雍，於用切。 ② 乙酉，月八日也。暴，郑地。公子遂不受命而盟，宜去族，善其解国患，故称公子以贵之。○ 会雒戎，本或作伊、雒之戎，此后人妄取《传》文加耳。雒，音洛。去，起吕切。 ③ 不言出，受命而出，自外行。 ④ 无《传》。为灾故书。 ⑤ 司马死不舍节，司城奉身而退，故皆书官而不名，贵之。○ 舍，音捨。

传

八年春，晋侯使解扬归匡、戚之田于卫[1]，且复致公婿池之封，自申至于虎牢之境[2]。

① 匡本卫邑，中属郑。孔达伐不能克，今晋令郑还卫。及取戚田，皆见元年。○ 解，音蟹。中，丁仲切。令，力呈切。见，贤遍切。　② 公婿池，晋君女婿。又取卫地以封之，今并还卫也。申，郑地。《传》言赵盾所以能相幼主而盟诸侯。○ 复，扶又切。婿，音细，俗作聓。竟，音境，下《注》同。相，息亮切。

夏，秦人伐晋，取武城，以报令狐之役[1]。

① 令狐役在七年。

秋，襄王崩[1]。

① 为公孙敖如周吊《传》。

晋人以扈之盟来讨[1]。

冬，襄仲会晋赵孟，盟于衡雍，报扈之盟也，遂会伊、雒之戎[2]。书曰"公子遂"，珍之也[3]。

① 前年盟扈，公后至。　② 伊、雒之戎将伐鲁，公子遂不及复君，故专命与之盟。　③ 珍，贵也。大夫出竟，有可以安社稷、利国家者，专之可。

穆伯如周吊丧，不至，以币奔莒，从己氏焉①。

① 己氏，莒女。

宋襄夫人，襄王之姊也，昭公不礼焉①。夫人因戴氏之族②，以杀襄公之孙孔叔、公孙钟离及大司马公子卬，皆昭公之党也。司马握节以死，故书以官③。司城荡意诸来奔，效节于府人而出④。公以其官逆之，皆复之，亦书以官，皆贵之也⑤。

① 昭公適祖母。○ 適，丁历切。　② 华、乐、皇皆戴族。③ 节，国之符信也。握之以死，示不废命。　④ 效，犹致也。意诸，公子荡之孙。○ 效，户教切。　⑤ 卿违从大夫，公贤其效节，故以本官逆之，请宋而复之，司城官属悉来奔，故言皆复。

夷之蒐，晋侯将登箕郑父、先都①，而使士縠、梁益耳将中军②。先克曰："狐、赵之勋，不可废也。"从之③。先克夺蒯得田于堇阴④。故箕郑父、先都、士縠、梁益耳、蒯得作乱⑤。

① 登之于上军也。夷蒐在六年。　② 士縠，本司空。○ 縠，户木切。将，子匠切。　③ 狐偃、赵衰有从亡之勋。○ 从，才用切。④ 七年，晋御秦师于堇阴，以军事夺其田也。先克，中军佐。○ 蒯，苦怪切。　⑤ 为明年杀先克张本。○ 为，于伪切。

经

九年春，毛伯来求金[①]。

夫人姜氏如齐[②]。

二月，叔孙得臣如京师。辛丑，葬襄王[③]。

晋人杀其大夫先都[④]。

三月，夫人姜氏至自齐[⑤]。

晋人杀其大夫士縠及箕郑父[⑥]。

楚人伐郑[⑦]。

公子遂会晋人、宋人、卫人、许人救郑。

夏，狄侵齐[⑧]。

秋八月，曹伯襄卒[⑨]。

九月癸酉，地震[⑩]。

冬，楚子使椒来聘[⑪]。

秦人来归僖公、成风之襚[⑫]。

葬曹共公[⑬]。

① 求金以共葬事，虽踰年而未葬，故不称王使。○ 共，音恭；本亦作供，下同。　② 无《传》。归宁。　③ 卿共葬事，礼也。　④ 下军佐也，以作乱讨，故书名。　⑤ 无《传》。告于庙。　⑥ 与先都同罪也。　⑦ 楚子师于狼渊，不亲伐。　⑧ 无《传》。　⑨ 无《传》。七年同盟于扈。　⑩ 无《传》。地道安静，以动为异，故书。　⑪ 称君以使大夫，其礼辞与中国同。椒不书氏，史略文。　⑫ 衣服曰襚。秦辟陋，故不称使，不称夫人，从来者辞。○ 襚，音遂；《说文》作祱，云，赠终者衣被曰祱，以此襚为衣死人衣。辟，匹亦切。　⑬ 无《传》。○ 共，音恭。

传

九年春，王正月己酉，使贼杀先克①。乙丑，晋人杀先都、梁益耳②。

① 箕郑等所使也。乱，杀先克，不赴，故不书。 ② 乙丑，正月十九日。《经》书二月，从告。

毛伯卫来求金，非礼也①。不书王命，未葬也。

① 天子不私求财，故曰非礼。

二月，庄叔如周。葬襄王。

三月甲戌，晋人杀箕郑父、士縠、蒯得①。

① 梁益耳、蒯得不书，皆非卿。

范山言于楚子曰："晋君少，不在诸侯，北方可图也①。"楚子师于狼渊以伐郑②。囚公子坚、公子尨及乐耳③。郑及楚平。公子遂会晋赵盾、宋华耦、卫孔达、许大夫救郑，不及楚师。卿不书，缓也，以惩不恪④。

① 范山，楚大夫。○ 少，诗照切，下《注》同。 ② 陈师狼渊为伐郑援也。颍川颍阴县西有狼陂。○ 陂，彼皮切。 ③ 三子，郑大夫。○ 尨，莫江切。 ④ 华耦，华父督曾孙。公子遂独不在贬者，诸鲁事自非指为其国褒贬，则皆从国史，不同之于他国，此《春秋》大意。他皆仿此。

○ 惩，直升切。恪，苦各切。为，于伪切。

夏，楚侵陈，克壶丘①，以其服于晋也。秋，楚公子朱自东夷伐陈②，陈人败之，获公子茷。陈惧，乃及楚平③。

① 壶丘，陈邑。　② 子朱，息公也。　③ 以小胜大，故惧而请平也。《传》言晋君少，楚陵中国。明年所以有厥貉之会。○ 茷，扶废切。貉，武百切。

冬，楚子越椒来聘，执币傲①。叔仲惠伯曰："是必灭若敖氏之宗。傲其先君，神弗福也②。"

① 子越椒，令尹子文从子。傲，不敬。○ 傲，五报切，《注》下同。从，才用切。　② 十二年《传》曰："先君之敝器，使下臣致诸执事。"明奉使皆告庙，故言傲其先君也。为宣四年楚灭若敖氏张本。○ 敖，五刀切。使，所吏切。

秦人来归僖公、成风之禭，礼也①。诸侯相吊贺也，虽不当事，苟有礼焉，书也，以无忘旧好②。

① 秦慕诸夏，欲通敬于鲁，因有翟泉之盟，故追赠僖公，并及成风。本非鲁方岳同盟，无相赴吊之制，故不讥其缓而以接好为礼。○ 夏，户雅切。岳，音岳。好，呼报切，下文《注》同。　② 送死不及尸，故曰不当事。书者，书于典策，垂示子孙，使无忘过厚之好。

经

十年春，王正月辛卯，臧孙辰卒[①]。

夏，秦伐晋[②]。

楚杀其大夫宜申[③]。

自正月不雨，至于秋七月[④]。

及苏子盟于女栗[⑤]。

冬，狄侵宋[⑥]。

楚子、蔡侯次于厥貉[⑦]。

① 无《传》。公与小敛，故书日。○ 与，音预。敛，力验切。　② 不称将帅，告辞略。○ 将，子匠切。帅，所类切。　③ 宜申，子西也。谋弑君，故书名。　④ 无《传》。义与二年同。　⑤ 女栗，地名，阙。苏子，周卿士。顷王新立，故与鲁盟，亲诸侯也。○ 女，音汝，一音如字。顷，音倾。　⑥ 无《传》。　⑦ 厥貉，地名，阙。将伐宋而未行，故书次。

传

十年春，晋人伐秦，取少梁[①]。夏，秦伯伐晋，取北徵[②]。

① 少梁，冯翊夏阳县。○ 少，商照切，下《注》同。夏，户雅切。② 报少梁。○ 徵，如字；《三苍》云，县，属冯翊，音懲，一音张里切。

初，楚范巫矞似[①]谓成王与子玉、子西曰："三君皆将强死。"城濮之役，王思之，故使止子玉曰："毋死。"不及。止子西，子西缢而县绝[②]，王使適至，遂止之，使为商公[③]。沿汉泝江，将入郢[④]。王在渚宫[⑤]，下见之。惧而辞曰："臣免于死，又有谗言，谓臣将逃，臣归死于司败也[6]。”王使为工尹[7]，又与子家谋弑穆王。穆王闻之。五月，杀鬥宜申及仲归[8]。

① 斋似，范邑之巫。○ 斋，尹必切。　② 在僖二十八年。○ 强，其丈切。濮，音卜。毋，音无。缢，一豉切。县，音玄。　③ 商，楚邑，今上雒商县。○ 使，所吏切。　④ 沿，顺流。泝，逆流。○ 沿，悦专切。泝，息路切。郢，以井切，又以政切。　⑤ 小洲曰渚。○ 渚，章吕切。水中可居者曰洲。洲，音州。　⑥ 陈、楚名司寇为司败。子西畏谗言，不敢之商县。　⑦ 掌百工之官。　⑧ 仲归，子家。不书，非卿。

秋七月，及苏子盟于女栗，顷王立故也[1]。

① 僖十年，狄灭温，苏子奔卫。今复见，盖王复之。○ 复，扶又切。见，贤遍切。

陈侯、郑伯会楚子于息。冬，遂及蔡侯次于厥貉[1]。将以伐宋。宋华御事曰：“楚欲弱我也。先为之弱乎，何必使诱我？我实不能，民何罪？”乃逆楚子，劳，且听命[2]。遂道以田孟诸[3]。宋公为右盂，郑伯为左盂[4]。期思公复遂为右司马[5]，子朱及文之无畏为左司马[6]。命夙驾载燧[7]，宋公违命[8]，无畏抶其仆以徇。或谓子舟曰：“国君不可戮也。”子舟曰：“当官而行，何强之有[9]！《诗》曰：‘刚亦不吐，柔亦不茹[10]。’‘毋纵诡随，以谨罔极[11]。’是亦非辟强也，敢爱死以乱官乎[12]！”

① 陈、郑及宋麇子不书者，宋、郑执卑，苟免为楚仆，任受役于司马，麇子耻之，遂逃而归。三君失位降爵，故不列于诸侯。宋、郑犹然，则陈侯必同也。○ 麇，九伦切。 ② 时楚欲诱呼宋共战。御事，华元父。○ 劳，力报切。 ③ 孟诸，宋大薮也，在梁国睢阳县东北。○ 道，音导。薮，素口切。睢，音绥。 ④ 盂，田猎陈名。○ 盂，音于。陈，直觐切。 ⑤ 复遂，楚期思邑名。今弋阳期思县。○ 弋，以职切。 ⑥ 将猎，张两甄，故置二左司马。然则右司马人当中央。○ 甄，吉然切。 ⑦ 燧，取火者。○ 命，眉病切。燧，本又作𤇢，音遂。 ⑧ 不夙驾载燧。 ⑨ 子舟，无畏字。○ 抶，耻乙切。徇，似俊切。舟，音州。 ⑩《诗·大雅》。美仲山甫不辟强御。○ 茹，如吕切。 ⑪《诗·大雅》。诡人随人，无正心者。谨，犹慎也。罔，无也。极，中也。○ 诡，九委切。 ⑫ 为宣十四年宋人杀子舟张本。

厥貉之会，麇子逃归[①]。

① 为明年楚子伐麇《传》。

春秋经传集解第九

文公下

经

十有一年春，楚子伐麇[①]。

夏，叔彭生会晋郤缺于承筐[②]。

秋，曹伯来朝。

公子遂如宋。

狄侵齐。

冬十月甲午，叔孙得臣败狄于鹹[③]。

① 讨前年逃厥貉会。○ 麇，音九伦切。 ② 承筐，宋地，在陈留襄邑县西。彭生，叔仲惠伯。郤缺，冀缺。○ 叔彭生，叔又作卝；本或作叔仲彭生，仲衍字。缺，丘悦切。 ③ 鹹，鲁地。○ 鹹，音咸。

传

十一年春，楚子伐麇，成大心败麇师于防渚[①]。潘崇复伐麇，至于锡穴[②]。

① 成大心，子玉之子大孙伯也。防渚，麇地。 ② 锡穴，麇地。○ 复，扶又切。锡，音羊；或作锡，星历切。

夏，叔仲惠伯会晋郤缺于承筐，谋诸侯之从于楚者[①]。

① 九年，陈、郑及楚平。十年，宋听楚命。

秋，曹文公来朝，即位而来见也[①]。

① ○ 见，贤遍切。

襄仲聘于宋，且言司城荡意诸而复之[①]，因贺楚师之不害也[②]。

① 八年意诸来奔。归不书，史失之。 ② 往年楚次厥貉，将以伐宋也。

鄋瞒侵齐[①]。遂伐我。公卜使叔孙得臣追之，吉。侯叔夏御庄叔[②]，绵房甥为右，富父终甥驷乘[③]。冬十月甲午，败狄于鹹，获长狄侨如[④]。富父终甥摏其喉，以戈杀之[⑤]，埋其首于子驹之门[⑥]，以命宣伯[⑦]。

初，宋武公之世，鄋瞒伐宋[⑧]，司徒皇父帅师御之，耏班御皇父充石[⑨]，公子穀甥为右，司寇牛父驷乘，以败狄于长丘[⑩]，获长狄缘斯[⑪]，皇父之二子死焉[⑫]。宋公于是以门赏耏班，使食其征[⑬]，谓之耏门。晋之灭潞也[⑭]，获侨如之弟焚如。齐襄公之二年[⑮]，鄋瞒伐齐，齐王子成父获其弟荣如[⑯]，埋其首于周首之北门[⑰]。卫人获其季弟简如[⑱]。鄋瞒由是遂亡[⑲]。

① 鄋瞒，狄国名，防风之后，漆姓。○ 鄋，所求切；《说文》作郲，云，北方长狄国也，在夏为防风氏，殷为汪芒氏；《字林》，郲，一音先牢切。瞒，莫干切。漆，音七。　② 庄叔，得臣。○ 夏，户雅切。　③ 驷乘，四人共车。○ 乘，绳证切，《注》及下同。　④ 侨如，鄋瞒国之君，盖长三丈。获侨如不书，贱夷狄也。○ 侨，又作乔，其骄切。长，如字，又直亮切。⑤ 摏，犹冲也。○ 摏，舒容切。喉，音侯。戈，古禾切。　⑥ 子驹，鲁郭门。骨节非常，恐后世怪之，故详其处。○ 处，昌吕切。　⑦ 得臣待事而名其三子，因名宣伯曰侨如，以旌其功。○ 名，如字，或亡政切。⑧ 在春秋前。　⑨ 皇父，戴公子；充石，皇父名。○ 御，本亦作御，鱼吕切。耏，音而。　⑩ 长丘，宋地。　⑪ 缘斯，侨如之先。　⑫ 皇父与穀甥及牛父皆死，故耏班独受赏。　⑬ 门，关门。征，税也。○ 税，舒锐切。　⑭ 在宣十五年。○ 潞，音路。　⑮ 鲁桓之十六年。⑯ 荣如，焚如之弟。焚如后死而先说者，欲其兄弟伯季相次。荣如以鲁桓十六年死，至宣十五年一百三岁，其兄犹在。《传》言既长且寿，有异于人。王子成父，齐大夫。○ 寿，如字，一音授。　⑰ 周首，齐邑，济北穀城县东北有周首亭。　⑱ 伐齐退走，至卫见获。　⑲ 长狄之种绝。○ 种，章勇切。

郕大子朱儒自安于夫钟[①]，国人弗徇[②]。

① 安，处也。夫钟，郕邑。○ 郕，音成。儒，如朱切。夫，音扶。② 徇，顺也。为明年郕伯来奔《传》。○ 徇，似俊切。

经

十有二年春，王正月，郕伯来奔[①]。

杞伯来朝[②]。

二月庚子，子叔姬卒[③]。

夏，楚人围巢[4]。

秋，滕子来朝。

秦伯使术来聘[5]。

冬十有二月戊午，晋人、秦人战于河曲[6]。

季孙行父帅师城诸及郓[7]。

① 称爵，见公以诸侯礼迎之。○ 见，贤遍切。 ② 复称伯，舍夷礼。○ 复，扶又切，一音服。舍，音捨。 ③ 既嫁成人，虽见出弃，犹以恩录其卒。 ④ 巢，吴、楚间小国。庐江六县东有居巢城。 ⑤ 术不称氏，史略文。 ⑥ 不书败绩，交绥而退，不大崩也。称人，秦、晋无功，以微者告也。皆陈曰战，例在庄十一年。河曲在河东蒲坂县南。○ 陈，直覲切。坂，音反。 ⑦ 郓，莒、鲁所争者。城阳姑幕县南有员亭，员即郓也。以其远偪外国，故帅师城之。○ 郓，音运。幕，音莫。员，音云，一音运；本又作郧，音同。

传

十二年春，郕伯卒，郕人立君[1]。大子以夫钟与郕邽来奔[2]。公以诸侯逆之，非礼也[3]。故书曰："郕伯来奔。"不书地，尊诸侯也[4]。

① 大子自安于外邑故。 ② 郕邽，亦邑。○ 邽，音圭。 ③ 非公宠叛人。 ④ 既尊以为诸侯，故不复见其窃邑之罪。○ 复，扶又切。见，贤遍切。

杞桓公来朝，始朝公也[1]。且请绝叔姬而无绝昏，公许之[2]。二月，叔姬卒，不言杞，绝也[3]。书叔姬，言非女也[4]。

① 公即位，始来朝。　② 不绝昏，立其娣以为夫人。不书大归，未笄而卒。　③ 既许其绝，故不言杞。　④ 女未嫁而卒，不书。

楚令尹大孙伯卒，成嘉为令尹①。群舒叛楚②。夏，子孔执舒子平及宗子，遂围巢③。

① 若敖曾孙子孔。　② 群舒，偃姓，舒庸、舒鸠之属。今庐江南有舒城，舒城西南有龙舒。　③ 平，舒君名。宗、巢二国，群舒之属。

秋，滕昭公来朝，亦始朝公也。

秦伯使西乞术来聘，且言将伐晋。襄仲辞玉曰："君不忘先君之好，照临鲁国，镇抚其社稷，重之以大器，寡君敢辞玉①。"对曰："不腆敝器，不足辞也②。"主人三辞。宾答曰："寡君愿徼福于周公、鲁公以事君③，不腆先君之敝器，使下臣致诸执事以为瑞节④，要结好命，所以藉寡君之命，结二国之好⑤，是以敢致之。"襄仲曰："不有君子，其能国乎？国无陋矣。"厚贿之⑥。

① 大器，圭璋也。不欲与秦为好，故辞玉。○ 好，呼报切，《注》及下皆同。重，直用切。璋，音章。　② 腆，厚也。○ 腆，他典切。　③ 徼，要也。鲁公，伯禽也。言愿事君以并蒙先君之福。○ 徼，古尧切。要，於尧切，下同。　④ 节，信也。出聘必告庙，故称先君之器。○ 瑞，垂伪切。⑤ 藉，荐也。○ 藉，在夜切，《注》同。　⑥ 贿，赠送也。○ 贿，呼罪切。

秦为令狐之役故，冬，秦伯伐晋，取羁马①。晋人御之。赵盾将中军，荀林父佐之②。郤缺将上军③，臾骈佐之④。栾盾将下军[5]，胥甲佐之[6]。范无恤御戎[7]，以从秦师于河曲。臾骈曰："秦不能久，请深垒固军以待之。"从之。

秦人欲战，秦伯谓士会曰："若何而战[8]？"对曰："赵氏新出其属曰臾骈，必实为此谋，将以老我师也[9]。赵有侧室曰穿，晋君之婿也[10]，有宠而弱，不在军事[11]，好勇而狂，且恶臾骈之佐上军也，若使轻者肆焉，其可[12]。"秦伯以璧祈战于河[13]。十二月戊午，秦军掩晋上军，赵穿追之，不及[14]。反，怒曰："裹粮坐甲，固敌是求，敌至不击，将何俟焉？"军吏曰："将有待也[15]。"穿曰："我不知谋，将独出。"乃以其属出。宣子曰："秦获穿也，获一卿矣[16]。秦以胜归，我何以报？"乃皆出战，交绥[17]。秦行人夜戒晋师曰："两君之士皆未慭也，明日请相见也[18]。"臾骈曰："使者目动而言肆，惧我也[19]，将遁矣。薄诸河，必败之[20]。"胥甲、赵穿当军门呼曰："死伤未收而弃之，不惠也；不待期而薄人于险，无勇也。"乃止[21]。秦师夜遁。复侵晋，入瑕[22]。

① 令狐役在七年。羁马，晋邑。○ 为，于伪切。令，力丁切。 ② 林父代先克。○ 将，子匠切。 ③ 代箕郑。 ④ 代林父。○ 骈，步边切。 ⑤ 栾枝子，代先蔑。○ 栾，力官切。盾，徒本切。 ⑥ 胥臣子，代先都。 ⑦ 代步昭。○ 昭，上遥切。 ⑧ 晋士会七年奔秦。○ 垒，力轨切。 ⑨ 臾骈，赵盾属大夫，新出佐上军。 ⑩ 侧室，支子。穿，赵夙庶孙。○ 穿，音川。 ⑪ 弱，年少也，又未尝涉知军事。○ 少，诗照切。 ⑫ 肆，暂往而退也。○ 恶，乌路切。轻，遣政切。肆，音四。 ⑬ 祷求胜。○ 祷，丁老切，一音丁报切。 ⑭ 上军不动，赵穿独追之。 ⑮ 待可击。○ 裹，音果。 ⑯ 僖三十三年，晋侯以一命命郤缺为卿，不在军帅之数。然则，晋自有散位从卿者。○ 帅，所类切。散，

悉但切。 ⑰《司马法》曰:"逐奔不远,从绥不及。逐奔不远则难诱,从绥不及则难陷。"然则,古名退军为绥。秦、晋志未能坚战,短兵未至争而两退,故曰交绥。○ 争,争斗之争。 ⑱ 憖,缺也。○ 憖,鱼觐切,又鱼辖切;《方言》云,伤也;《字林》云,间也,牛吝切。 ⑲ 目动心不安,言肆声放失常节。○ 使,所吏切。 ⑳ 薄,迫也。○ 遁,徒困切。薄,蒲莫切,下同。败,卑卖切。 ㉑ 晋师止,为宣元年放胥甲《传》。 ㉒ ○ 复,扶又切。

城诸及郓,书时也。

经

十有三年春,王正月。

夏五月壬午,陈侯朔卒[①]。

邾子蘧蒢卒[②]。

自正月不雨至于秋七月[③]。

大室屋坏[④]。

冬,公如晋。

卫侯会公于沓[⑤]。

狄侵卫[⑥]。

十有二月己丑,公及晋侯盟[⑦]。

公还自晋。郑伯会公于棐[⑧]。

① 无《传》,再同盟。 ② 未同盟而赴以名。○ 蘧,其居切。蒢,丈居切。 ③ 无《传》。义与二年同。 ④ 大庙之室。○ 大,音泰,《注》及《传》同。 ⑤ 沓,地阙。○ 沓,徒答切。 ⑥ 无《传》。 ⑦ 十二月无己丑;己丑,十一月十一日。 ⑧ 棐,郑地。○ 棐,芳味切,又非尾切。

传

十三年春，晋侯使詹嘉处瑕，以守桃林之塞[①]。

① 詹嘉，晋大夫，赐其瑕邑，令帅众守桃林以备秦。桃林在弘农华阴县东潼关。○ 詹，章廉切。塞，悉代切。令，力呈切。华，户化切。潼，音童。

晋人患秦之用士会也，夏，六卿相见于诸浮[①]。赵宣子曰："随会在秦，贾季在狄，难日至矣，若之何[②]？"中行桓子曰："请复贾季[③]，能外事，且由旧勋[④]。"郤成子曰："贾季乱，且罪大[⑤]，不如随会，能贱而有耻，柔而不犯[⑥]，其知足使也，且无罪。"乃使魏寿馀伪以魏叛者以诱士会，执其帑于晋，使夜逸[⑦]。请自归于秦，秦伯许之[⑧]。履士会之足于朝[⑨]。秦伯师于河西[⑩]，魏人在东[⑪]。寿馀曰："请东人之能与夫二三有司言者，吾与之先[⑫]。"使士会。士会辞曰："晋人，虎狼也，若背其言，臣死，妻子为戮，无益于君，不可悔也[⑬]。"秦伯曰："若背其言，所不归尔帑者，有如河[⑭]。"乃行。绕朝赠之以策[⑮]，曰："子无谓秦无人，吾谋適不用也[⑯]。"既济，魏人噪而还[⑰]。秦人归其帑。其处者为刘氏[⑱]。

① 诸浮，晋地。　② 六年贾季奔狄。○ 难，乃旦切。日，人实切。③ 中行桓子，荀林父也。僖二十八年始将中行，故以为氏。○ 行，户郎切，《注》同。将，子匠切。　④ 有狐偃之旧勋。　⑤ 杀阳处父故。⑥ 不可犯以不义。　⑦ 魏寿馀，毕万之后。帑，寿馀子。○ 知，音智。帑，音奴。　⑧ 许受其邑。　⑨ 蹑士会足，欲使行。○ 蹑，女涉切。⑩ 将取魏。　⑪ 今河北县，于秦为在河之东。　⑫ 欲与晋人在秦者共，先告喻魏有司。○ 夫，音扶。　⑬ 辞行，示己无去心。○ 背，音佩，

下同。 ⑭ 言必归其妻子,明白如河。 ⑮ 策,马楇。临别授之马楇,并示己所策以展情。绕朝,秦大夫。〇 绕,如字,又张遥切。策,本又作筴,初革切。楇,张瓜切,马杖也;王,邹华切;《字林》作箠,云,箠也,竹瓜切。 ⑯ 示已觉其情。 ⑰ 喜得士会。〇 噪,素报切。还,音旋。⑱ 士会,尧后刘累之胤,别族,复累之姓。〇 累,劣彼切。

邾文公卜迁于绎①。史曰:"利于民而不利于君。"邾子曰:"苟利于民,孤之利也。天生民而树之君,以利之也。民既利矣,孤必与焉。"左右曰:"命可长也,君何弗为?"邾子曰:"命在养民。死之短长,时也。民苟利矣,迁也,吉莫如之②!"遂迁于绎。五月,邾文公卒。君子曰:"知命。"

① 绎,邾邑。鲁国邹县北有绎山。〇 绎,音亦。邹,侧留切。② 左右以一人之命为言,文公以百姓之命为主。一人之命,各有短长,不可如何;百姓之命,乃传世无穷,故徙之。〇 与,音预。专,直专切。

秋七月,大室之屋坏,书不共也①。

① 简慢宗庙,使至倾颓,故书以见臣子不共。〇 颓,大回切。见,贤遍切。

冬,公如晋,朝,且寻盟。卫侯会公于沓,请平于晋。公还,郑伯会公于棐,亦请平于晋。公皆成之①。郑伯与公宴于棐。子家赋《鸿雁》②。季文子曰:"寡君未免于此③。"文子赋《四月》④。子家赋《载驰》之四章⑤,文子赋《采薇》之四章⑥。郑伯拜⑦,公答拜。

①郑、卫贰于楚，畏晋，故因公请平。　②子家，郑大夫公子归生也。《鸿雁》，《诗·小雅》。义取侯伯哀恤鳏寡有征行之劳。言郑国寡弱，欲使鲁侯还晋恤之。○鳏，古顽切。　③言亦同有微弱之忧。④《四月》，《诗·小雅》。义取行役踰时，思归祭祀，不欲为还晋。○为，于伪切，下皆同。　⑤《载驰》，《诗·鄘风》。四章以下义取小国有急，欲引大国以救助。○鄘，音容。　⑥《采薇》，《诗·小雅》。取其"岂敢定居，一月三捷"，许为郑还，不敢安居。○三，息暂切，又如字。捷，在接切。⑦谢公为行。

经

十有四年春，王正月，公至自晋[①]。

邾人伐我南鄙。

叔彭生帅师伐邾。

夏五月乙亥，齐侯潘卒[②]。

六月，公会宋公、陈侯、卫侯、郑伯、许男、曹伯、晋赵盾，癸酉，同盟于新城[③]。

秋七月，有星孛入于北斗[④]。

公至自会[⑤]。

晋人纳捷菑于邾，弗克纳[⑥]。

九月甲申，公孙敖卒于齐[⑦]。

齐公子商人弑其君舍[⑧]。

宋子哀来奔[⑨]。

冬，单伯如齐[⑩]。

齐人执单伯[⑪]。

齐人执子叔姬[⑫]。

① 无《传》。告于庙。 ② 七年盟于扈，乙亥四月二十九日，书五月，从赴。○ 潘，判干切。 ③ 新城，宋地，在梁国穀熟县西。 ④ 孛，彗也。既见而移入北斗，非常所有，故书之。○ 孛，音佩；徐，无溃切；嵇康音渤海字。彗，嵇，似岁切；一音虽遂切。见，贤遍切。 ⑤ 无《传》。 ⑥ 邾有成君，晋赵盾不度于义，而大兴诸侯之师，涉邾之竟，见辞而退。虽有服义之善，所兴者广，所害者众，故贬称人。○ 菑，侧其切。度，特洛切。竟，音境。 ⑦ 既许复之，故从大夫例书卒。 ⑧ 舍未踰年而称君者，先君既葬，舍已即位。弑君例在宣四年。 ⑨ 大夫奔例书名氏，贵之故书字。 ⑩ 单伯，周卿士，为鲁如齐，故书。○ 单，音善。为，于伪切。 ⑪ 诸侯无执王使之义，故不依行人例。○ 使，所吏切。⑫ 叔姬，鲁女，齐侯舍之母。不称夫人，自鲁录之，父母辞。

传

十四年春，顷王崩。周公阅与王孙苏争政，故不赴。凡崩、薨，不赴则不书。祸、福，不告亦不书①。惩不敬也②。

① 奔亡，祸也。归复，福也。○ 顷，音倾。阅，音悦。 ② 欲使怠慢者自戒。○ 惩，直升切。

邾文公之卒也①，公使吊焉，不敬。邾人来讨，伐我南鄙，故惠伯伐邾。

① 在前年。

子叔姬妃齐昭公，生舍。叔姬无宠，舍无威。公子商人骤施于国①，而多聚士，尽其家，贷于公、有司以继之②。夏五月，昭公卒，舍即位。

① 骤，数也。商人，桓公子。○ 妃，音配；本亦作配。骤，仕救切。施，式氏切。数，音朔。　② 家财尽，从公及国之有司富者贷。○ 尽，津忍切。贷，音特，又音忒，《注》同。

邾文公元妃齐姜生定公，二妃晋姬生捷菑。文公卒，邾人立定公，捷菑奔晋。

六月，同盟于新城，从于楚者服[①]，且谋邾也[②]。

① 从楚者，陈、郑、宋。　② 谋纳捷菑。

秋七月乙卯夜，齐商人弑舍而让元[①]。元曰："尔求之久矣。我能事尔，尔不可使多蓄憾[②]。将免我乎？尔为之[③]。"

① 元，商人兄齐惠公也。书九月，从告。七月无乙卯，日误。○ 弑，本作杀，音试。　② 不为君则恨多。○ 蓄，敕六切；本又作畜。憾，本又作感，户暗切。　③ 言将复杀我。○ 复，扶又切。

有星孛入于北斗，周内史叔服曰："不出七年，宋、齐、晋之君皆将死乱[①]。"

① 后三年宋弑昭公，五年齐弑懿公，七年晋弑灵公。史服但言事征而不论其占，固非末学所得详言。○ 弑，音试，下同。

晋赵盾以诸侯之师八百乘纳捷菑于邾[①]。邾人辞曰：

"齐出玃且长[②]。"宣子曰:"辞顺而弗从,不祥。"乃还[③]。

① 八百乘,六万人,言力有馀。○ 乘,绳证切,《注》同。 ② 玃且,定公。○ 玃,俱缚切;徐,居碧切。且,子余切。长,丁丈切,下《注》同。
③ 立適以长,故曰辞顺。○ 適,丁历切。

周公将与王孙苏讼于晋,王叛王孙苏[①],而使尹氏与聃启讼周公于晋[②]。赵宣子平王室而复之[③]。

① 王,匡王。叛,不与。 ② 讼理之。尹氏,周卿士。聃启,周大夫。○ 聃,乃甘切。 ③ 复使和亲。

楚庄王立[①],子孔、潘崇将袭群舒,使公子燮与子仪守,而伐舒蓼[②]。二子作乱,城郢而使贼杀子孔,不克而还。八月,二子以楚子出,将如商密[③]。庐戢梨及叔麇诱之,遂杀鬥克及公子燮[④]。

初,鬥克囚于秦[⑤],秦有殽之败[⑥],而使归求成。成而不得志[⑦],公子燮求令尹而不得,故二子作乱[⑧]。

① 穆王子也。 ② 即群舒。○ 燮,昔协切。守,手又切。蓼,音了。
③《国语》曰:楚庄王幼弱,子仪为师,王子燮为傅。○ 还,音旋。
④ 庐今襄阳中庐县。戢梨,庐大夫。叔麇,其佐。鬥克,子仪也。○ 庐,力於切,又音卢,《注》同。戢,侧立切。麇,九伦切。 ⑤ 在僖二十五年。
⑥ 在僖三十三年。 ⑦ 无赏报也。 ⑧《传》言楚庄幼弱,国内乱,所以不能与晋竞。

穆伯之从己氏也[①]，鲁人立文伯[②]。穆伯生二子于莒而求复，文伯以为请。襄仲使无朝。听命，复而不出[③]，三年而尽室以复适莒。文伯疾而请曰："縠之子弱[④]，请立难也[⑤]。"许之。文伯卒，立惠叔。穆伯请重赂以求复，惠叔以为请，许之。将来，九月卒于齐，告丧请葬，弗许[⑥]。

① 在八年。○ 己，音纪，又音祀。　② 穆伯之子縠也。　③ 不得使与听政事，终寝于家，故出入不书。○ 为，如字，又于伪切，下为请同，十五年亦放此。与，音预。　④ 子，孟献子，年尚少。○ 尽，津忍切。复，扶又切。少，诗照切。　⑤ 难，縠弟。○ 难，乃多切，又如字。⑥ 请以卿礼葬。

宋高哀为萧封人，以为卿[①]，不义宋公而出，遂来奔[②]。书曰："宋子哀来奔。"贵之也[③]。

① 萧，宋附庸。仕附庸，还升为卿。　② 出而待放，从放所来，故曰遂。　③ 贵其不食汙君之禄，辟祸速也。○ 汙，汙辱之汙。

齐人定懿公，使来告难，故书以九月[①]。齐公子元不顺懿公之为政也，终不曰"公"，曰"夫己氏"[②]。

① 齐人不服，故三月而后定，书以九月，明经日月皆从赴。○ 难，乃旦切。
② 犹言某甲。○ 夫，音扶。己，音纪。

襄仲使告于王，请以王宠求昭姬于齐[①]。曰："杀其子，焉用其母？请受而罪之。"冬，单伯如齐，请子叔姬。齐人执之[2]。又执子叔姬[3]。

① 昭姬，子叔姬。 ② 恨鲁恃王势以求女故。○ 焉，於虔切。 ③ 欲以耻辱鲁。

经

十有五年春，季孙行父如晋。

三月，宋司马华孙来盟[1]。

夏，曹伯来朝。

齐人归公孙敖之丧[2]。

六月辛丑朔，日有食之。鼓，用牲于社[3]。

单伯至自齐。

晋郤缺帅师伐蔡。戊申，入蔡[4]。

秋，齐人侵我西鄙。

季孙行父如晋。

冬十有一月，诸侯盟于扈[5]。

十有二月，齐人来归子叔姬[6]。

齐侯侵我西鄙。遂伐曹，入其郛[7]。

① 华孙奉使邻国，能临事制宜，至鲁而后定盟，故不称使。其官皆从，故书司马。○ 华，户化切。使，所吏切。从，才用切。 ② 大夫丧还不书，善鲁感子以赦父，敦公族之恩，崇仁孝之教，故特录敖丧归以示义。 ③《传》例曰：非礼也。 ④《传》例曰：获大城曰入。 ⑤ 将伐齐，晋侯受赂而止，故总曰诸侯，言不足序列。 ⑥ 齐人以王故，来送子叔姬，故与直出者异文。 ⑦ 郛，郭也。○ 郛，音孚。

传

十五年春，季文子如晋，为单伯与子叔姬故也[①]。

三月，宋华耦来盟，其官皆从之。书曰“宋司马华孙”，贵之也[②]。公与之宴，辞曰：“君之先臣督，得罪于宋殇公，名在诸侯之策。臣承其祀，其敢辱君[③]！请承命于亚旅[④]。”鲁人以为敏[⑤]。

① 因晋请齐。○ 为，于伪切，下为孟氏、下《注》为惠叔皆同。
② 古之盟会，必备威仪，崇贽币，宾主以成礼为敬。故《传》曰：卿行旅从。春秋时率多不能备仪，华孙能率其属以从古典，所以敬事而自重。使重而事敬，则鲁尊而礼笃，故贵而不名。○ 从，才用切，《注》旅从同，又音如字。贽，音至。率，所类切，又音律。使，所吏切。 ③ 耦，华督曾孙也。督弑殇公，在桓二年。耦自以罪人子孙，故不敢屈辱鲁君对共宴会。 ④ 亚旅，上大夫也。○ 亚，於嫁切。 ⑤ 无故扬其先祖之罪是不敏。鲁人以为敏，明君子所不与也。

夏，曹伯来朝，礼也。诸侯五年再相朝，以修王命，古之制也[①]。

① 十一年，曹伯来朝，虽至此乃来，亦五年。《传》为冬齐侯伐曹张本。

齐人或为孟氏谋[①]，曰：“鲁，尔亲也。饰棺寘诸堂阜[②]，鲁必取之。”从之。卞人以告[③]。惠叔犹毁以为请[④]，立于朝以待命。许之，取而殡之[⑤]。齐人送之。书曰：“齐人归公孙敖之丧。”为孟氏，且国故也[⑥]。葬视共仲[⑦]。

声己不视，帷堂而哭[⑧]。襄仲欲勿哭[⑨]，惠伯曰：“丧，亲之终也[⑩]。虽不能始，善终可也。史佚有言曰：‘兄弟致美[⑪]。’救乏、贺善、吊灾、祭敬、丧哀，情虽不同，毋绝其爱，亲之道也。子无失道，何怨于人？”襄仲说，帅兄弟以哭之。

他年，其二子来[⑫]，孟献子爱之，闻于国[⑬]。或谮之曰：“将杀子。”献子以告季文子。二子曰：“夫子以爱我闻，我以将杀子闻，不亦远于礼乎？远礼不如死。”一人门于句鼆，一人门于戾丘，皆死[⑭]。

① 孟氏，公孙敖家，庆父为长庶，故或称孟氏。○ 长，丁丈切。　② 堂阜，齐、鲁竟上地。饰棺不殡，示无所归。○ 寘，之豉切。竟，音境。殡，必刃切。　③ 卞人，鲁卞邑大夫。○ 卞，皮彦切。　④ 敖卒则惠叔请之，至今期年而犹未已，毁过丧礼。○ 期，居其切。　⑤ 殡于孟氏之寝，终叔服之言。　⑥ 为惠叔毁请，且国之公族，故听其归殡而书之。○ 为，于伪切。　⑦ 制如庆父，皆以罪降。○ 共，音恭。　⑧ 声己，惠叔母，怨敖从莒女，故帷堂。○ 己，音纪。　⑨ 怨敖取其妻。　⑩ 惠伯，叔彭生。　⑪ 各尽其美义乃终。　⑫ 敖在莒所生。○ 毋，音无。说，音悦。　⑬ 献子，穀之子仲叔蔑。○ 闻，音问，或如字，下同。蔑，亡结切。　⑭ 句鼆、戾丘，鲁邑。有寇攻门，二子御之而死。○ 远，于万切，下同。句，古侯切。鼆，又作黽，莫幸切。戾，力计切。

六月辛丑朔，日有食之，鼓用牲于社，非礼也[①]。日有食之，天子不举[②]，伐鼓于社[③]，诸侯用币于社[④]，伐鼓于朝[⑤]，以昭事神，训民事君[⑥]。示有等威，古之道也[⑦]。

① 得常鼓之月而于社用牲，为非礼。　② 去盛馔。○ 去，起吕切。馔，仕眷切。　③ 责群阴。伐，犹击也。　④ 社尊于诸侯，故请救而

不敢责之。 ⑤ 退自责。 ⑥ 天子不举,诸侯用币,所以事神。尊卑异制,所以训民。 ⑦ 等威,威仪之等差。○ 差,初佳切,又初宜切。

齐人许单伯请而赦之,使来致命[1]。书曰:"单伯至自齐。"贵之也[2]。

① 以单伯执节不移,且畏晋,故许之。 ② 单伯为鲁拘执,既免而不废礼,终来致命,故贵而告庙。○ 为,于伪切,下似为同。拘,音俱。

新城之盟[1],蔡人不与[2]。晋郤缺以上军、下军伐蔡[3],曰:"君弱,不可以怠[4]。"戊申,入蔡,以城下之盟而还。凡胜国,曰"灭之"[5];获大城焉,曰"入之"[6]。

① 在前年。 ② 不会盟。○ 与,音预,下同。 ③ 兼帅二军。 ④ 怠,解也。○ 解,佳卖切。 ⑤ 胜国,绝其社稷,有其土地。○ 还,音旋。 ⑥ 得大都而不有。

秋,齐人侵我西鄙,故季文子告于晋。冬十一月,晋侯、宋公、卫侯、蔡侯、陈侯、郑伯、许男、曹伯盟于扈,寻新城之盟,且谋伐齐也[1]。齐人赂晋侯,故不克而还。于是有齐难,是以公不会[2]。书曰:"诸侯盟于扈。"无能为故也[3]。凡诸侯会,公不与,不书,讳君恶也[4]。与而不书,后也[5]。

① 齐执王使,且数伐鲁。○ 使,所吏切,下王使同。数,音朔。 ② 明今不序诸侯,不以公不会故。○ 难,乃旦切,下《注》同。 ③ 恶其受赂不能讨齐。○ 恶,乌路切。 ④ 谓国无难,不会义事,故为恶。不

书，谓不国别序诸侯。 ⑤ 谓后期也。今贬诸侯，似为公讳，故《传》发例以明之。○ 为，于伪切。

齐人来归子叔姬，王故也[①]。

① 单伯虽见执，能守节不移，终达王命，使叔姬得归。

齐侯侵我西鄙，谓诸侯不能也[①]。遂伐曹，入其郛，讨其来朝也[②]。季文子曰："齐侯其不免乎？己则无礼[③]，而讨于有礼者曰：'女何故行礼！'礼以顺天，天之道也。己则反天，而又以讨人，难以免矣。《诗》曰：'胡不相畏，不畏于天[④]？'君子之不虐幼贱，畏于天也。在《周颂》曰：'畏天之威，于时保之[⑤]。'不畏于天，将何能保？以乱取国，奉礼以守，犹惧不终，多行无礼，弗能在矣[⑥]！"

① 不能讨己。 ② 此年夏朝。 ③ 执王使而伐无罪。○ 己，音纪。使，所吏切。 ④《诗·小雅》。○ 女，音汝。相，息亮切，又如字。 ⑤《诗·周颂》。言畏天威，于是保福禄。 ⑥ 为十八年齐弑商人《传》。○ 守，手又切。

经

十有六年春，季孙行父会齐侯于阳穀，齐侯弗及盟[①]。

夏五月，公四不视朔[②]。

六月戊辰，公子遂及齐侯盟于郪丘[③]。

秋八月辛未，夫人姜氏薨[④]。

毁泉台[5]。

楚人、秦人、巴人灭庸[6]。

冬十有一月，宋人弑其君杵臼[7]。

① 及，与也。　② 诸侯每月必告朔听政，因朝于庙。今公以疾阙，不得视二月、三月、四月、五月朔也。《春秋》十二公，以疾不视朔，非一也，义无所取，故特举此以表行事。因明公之实有疾，非诈齐。　③ 信公疾，且以赂故。郪丘，齐地。○ 郪，音西，又七西切。　④ 僖公夫人，文公母也。　⑤ 泉台，台名。毁，坏之也。○ 坏，音怪。　⑥ ○ 巴，必麻切。⑦ 称君，君无道也。例在宣四年。○ 杵，昌吕切。臼，强柳切。

传

十六年春，王正月，及齐平[1]。公有疾，使季文子会齐侯于阳穀，请盟。齐侯不肯，曰："请俟君閒[2]。"

① 齐前年再伐鲁，鲁为受弱，故平。○ 为，于伪切。　② 閒，疾瘳。○ 閒，如字。瘳，敕周切，差也。

夏五月，公四不视朔，疾也。公使襄仲纳赂于齐侯，故盟于郪丘。

有蛇自泉宫出，入于国，如先君之数[1]。

秋八月辛未，声姜薨，毁泉台[2]。

① 伯禽至僖公十七君。○《释文》：《史记·鲁世家》，鲁公伯禽子考公酋，弟炀公熙，子幽公宰，弟魏公费，子厉公跃，子献公具，子顺公濞，弟武公敖，子懿公戏，弟孝公称，子惠公弗皇，子隐公息姑，弟桓公允，子庄公同，子

闵公开，兄僖公申，十七也。魏公，《世本》作徽公；顺公，一作慎公。
② 鲁公以为蛇妖所出而声姜薨，故坏之。○ 坏，音怪。

楚大饑，戎伐其西南，至于阜山，师于大林。又伐其东南，至于阳丘，以侵訾枝①。庸人帅群蛮以叛楚②。麇人率百濮聚于选，将伐楚③。

于是申、息之北门不启④，楚人谋徙于阪高⑤。蔿贾曰："不可。我能往，寇亦能往。不如伐庸。夫麇与百濮，谓我饑不能师，故伐我也。若我出师，必惧而归。百濮离居，将各走其邑，谁暇谋人？"乃出师。旬有五日，百濮乃罢⑥。自庐以往，振廪同食⑦。次于句澨⑧。使庐戢梨侵庸⑨，及庸方城⑩。庸人逐之，囚子扬窗⑪。三宿而逸，曰："庸师众，群蛮聚焉，不如复大师⑫，且起王卒，合而后进。"师叔曰："不可⑬。姑又与之遇以骄之。彼骄我怒，而后可克，先君蚡冒所以服陉隰也⑭。"又与之遇，七遇皆北⑮，唯裨、鯈、鱼人实逐之⑯。庸人曰："楚不足与战矣。"遂不设备。

楚子乘驲，会师于临品⑰，分为二队⑱：子越自石溪，子贝自仞，以伐庸⑲。秦人、巴人从楚师，群蛮从楚子盟⑳。遂灭庸㉑。

① 戎，山夷也。大林、阳丘、訾枝皆楚邑。○ 饑，音饥，一音机。訾，子斯切。　② 庸今上庸县，属楚之小国。　③ 选，楚地。百濮，夷也。○ 麇，九伦切。濮，音卜。选，息兖切，又息恋切。　④ 备中国。⑤ 楚险地。○ 阪，音反，一音扶板切。　⑥ 濮夷无屯聚，见难则散归。○ 蔿，于委切。屯，徒门切。聚，才住切，又如字。难，乃旦切，又如字。

⑦ 往,往伐庸也。振,发也。廪,仓也。同食,上下无异馔也。○ 庐,力於切,又音卢。廪,力甚切。 ⑧ 楚西界也。○ 句,古侯切。澨,市世切。 ⑨ 戢梨,庐大夫。 ⑩ 方城,庸地,上庸县东有方城亭。 ⑪ 窗,戢梨官属。○ 窗,初江切。 ⑫ 还复句澨师。 ⑬ 师叔,楚大夫潘尪也。○ 卒,子忽切。尪,乌黄切。 ⑭ 蚡冒,楚武王父。陉隰,地名。○ 可克,或作可击。蚡,扶粉切。冒,莫报切。《史记·楚世家》云:"蚡冒卒,弟熊达杀蚡冒子而代立,是为楚武王。"与杜异。陉,音刑。隰,音习。 ⑮ 军走曰北。○ 北,如字,一音佩。 ⑯ 裨、鯈、鱼,庸三邑。鱼,鱼复县,今巴东永安县。轻楚,故但使三邑人逐之。○ 裨,婢支切。鯈,直留切。 ⑰ 驲,传车也。临品,地名。○ 驲,人实切。传,丁恋切。 ⑱ 队,部也。两道攻之。○ 队,徒对切。 ⑲ 子越,鬥椒也。石溪、仞,入庸道。○ 溪,苦兮切,本或作谿。贝,补盖切;今俗本多作员,音云。仞,人慎切。 ⑳ 蛮见楚强故。 ㉑《传》言楚有谋臣,所以兴。

宋公子鲍礼于国人[①],宋饥,竭其粟而贷之。年自七十以上,无不馈饴也,时加羞珍异[②]。无日不数于六卿之门[③],国之材人无不事也[④],亲自桓以下无不恤也[⑤]。公子鲍美而艳,襄夫人欲通之[⑥],而不可[⑦],乃助之施。昭公无道,国人奉公子鲍以因夫人。

于是,华元为右师[⑧],公孙友为左师,华耦为司马[⑨],鳞鱹为司徒,荡意诸为司城,公子朝为司寇[⑩]。初,司城荡卒,公孙寿辞司城[⑪],请使意诸为之[⑫]。既而告人曰:"君无道,吾官近,惧及焉[⑬]。弃官则族无所庇。子,身之贰也,姑纾死焉[⑭]。虽亡子,犹不亡族[⑮]。"既,夫人将使公田孟诸而杀之。公知之,尽以宝行。荡意诸曰:"盍适诸侯?"公曰:"不能其大夫,至于君祖母以及国人[⑯],诸侯谁纳我?且既为人君,而又为人臣，不如死。”尽以其宝赐左右而使行[17]。夫人使谓司城去公，对曰：“臣之而逃其难，若后君何[18]？”冬十一月甲寅，宋昭公将田孟诸，未至，夫人王姬使帅甸攻而杀之[19]。荡意诸死之[20]。书曰：“宋人弑其君杵臼。”君无道也[21]。文公即位，使母弟须为司城[22]。华耦卒而使荡虺为司马[23]。

① 鲍，昭公庶弟文公也。○ 鲍，步卯切。 ② 羞，进也。○ 上，时掌切。馈，其媿切。饴，以支切，又以志切，遗也。 ③ 数，不疏。○ 数，音朔。 ④ 有贤材者。 ⑤ 桓，鲍之曾祖。 ⑥ 鲍適祖母。○ 艳，移验切。適，丁历切。 ⑦ 以礼自防闲。 ⑧ 元，华督曾孙，代公子成。○ 施，式豉切。 ⑨ 代公子卬。 ⑩ 代华御事。○ 鳙，古乱切。朝，如字。 ⑪ 寿，荡之子。 ⑫ 意诸，寿之子。 ⑬ 祸及己。 ⑭ 姑，且也。纾，缓也。○ 庇，必利切，又悲位切。纾，音舒。 ⑮ 己在故也。 ⑯ 君祖母，诸侯祖母之称，谓襄夫人。○ 盍，户臘切。称，尺证切。 ⑰ 行，去也。 ⑱ 言无以事后君。○ 难，乃旦切。 ⑲ 襄夫人，周襄王姊，故称王姬。帅甸，郊甸之师。○ 甸，徒遍切。 ⑳ 不书，不告。 ㉑ 始例发于臣之罪，今称国人，故重明君罪。○ 重，直用切。 ㉒ 代意诸。 ㉓ 虺，意诸之弟。○ 虺，况鬼切。

经

十有七年春，晋人、卫人、陈人、郑人伐宋[1]。

夏四月癸亥，葬我小君声姜。

齐侯伐我西鄙[2]。

六月癸未，公及齐侯盟于穀。诸侯会于扈[3]。

秋，公至自穀[4]。

冬，公子遂如齐。

① 自闵、僖已下终于《春秋》，陈侯常在卫侯上，今大夫会在卫下。《传》不言陈公孙宁后至，则宁位非上卿故也。　② 西当为北，盖《经》误。③ 昭公虽以无道见弑，而文公犹宜以弑君受讨，故林父伐宋以失所称人，晋侯平宋以无功不序，明君虽不君，臣不可不臣，所以督大教。〇 弑，本或作杀，音试，下同。　④ 无《传》。

传

十七年春，晋荀林父、卫孔达、陈公孙宁、郑石楚伐宋。讨曰："何故弑君！"犹立文公而还，卿不书，失其所也[①]。

① 卿不书，谓称人。

夏四月癸亥，葬声姜。有齐难，是以缓[①]。

① 过五月之例。〇 难，乃旦切，下及《注》皆同。

齐侯伐我北鄙。襄仲请盟。六月，盟于穀[①]。

① 晋不能救鲁，故请服。

晋侯蒐于黄父[①]，遂复合诸侯于扈，平宋也[②]。公不与会，齐难故也。书曰"诸侯"，无功也[③]。

于是，晋侯不见郑伯，以为贰于楚也。

郑子家使执讯而与之书，以告赵宣子[④]，曰："寡君即位三年[⑤]，召蔡侯而与之事君。九月，蔡侯入于敝邑以行[⑥]。

敝邑以侯宣多之难，寡君是以不得与蔡侯偕[⑦]。十一月，克减侯宣多而随蔡侯以朝于执事[⑧]。十二年六月，归生佐寡君之嫡夷[⑨]，以请陈侯于楚而朝诸君[⑩]。十四年七月，寡君又朝，以蒇陈事[⑪]。十五年五月，陈侯自敝邑往朝于君。往年正月，烛之武往朝夷也[⑫]。八月，寡君又往朝。以陈、蔡之密迩于楚而不敢贰焉，则敝邑之故也[⑬]。虽敝邑之事君，何以不免[⑭]？在位之中，一朝于襄[⑮]，而再见于君[⑯]。夷与孤之二三臣相及于绛[⑰]，虽我小国，则蔑以过之矣。今大国曰：'尔未逞吾志。'敝邑有亡，无以加焉。古人有言曰：'畏首畏尾，身其馀几[⑱]。'又曰：'鹿死不择音[⑲]。'小国之事大国也，德则其人也[⑳]，不德则其鹿也，铤而走险，急何能择[㉑]。命之罔极，亦知亡矣[㉒]。将悉敝赋以待于鯈，唯执事命之[㉓]。文公二年六月壬申，朝于齐[㉔]。四年二月壬戌，为齐侵蔡[㉕]，亦获成于楚[㉖]。居大国之间而从于强令，岂其罪也[㉗]。大国若弗图，无所逃命。"

晋巩朔行成于郑，赵穿、公婿池为质焉[㉘]。

① 一名黑壤，晋地。○ 父，音甫。壤，如丈切。　② 《传》不列诸国而言复合，则如上十五年会扈之诸侯可知也。○ 复，扶又切，《注》同。　③ 刺欲平宋而复不能。○ 与，音预。　④ 执讯，通讯问之官。为书与宣子。○ 讯，音信。　⑤ 鲁文二年。　⑥ 行，朝晋也。　⑦ 宣多既立穆公，恃宠专权。○ 偕，音皆。　⑧ 减，损也。难未尽而行，言汲汲于朝晋。○ 汲，音急。　⑨ 归生，子家名。夷，大子名。○ 嫡，丁历切。　⑩ 请陈于楚，与俱朝晋。　⑪ 蒇，敕也。敕成前好。○ 蒇，敕展切。好，呼报切；一本作事。　⑫ 将夷往朝晋。　⑬ 密迩，比近也。○ 比，毗志切。　⑭ 免，免罪也。　⑮ 襄公。○ 朝，直遥切。　⑯ 君，灵公也。○ 见，贤遍切。　⑰ 孤之二三臣，谓烛之武、归生自谓也。绛，晋国

都。　⑱ 言首尾有畏，则身中不畏者少。○ 几，居岂切。　⑲ 音，所茠荫之处。古字声同，皆相假借。○ 茠，虚求切。荫，於鸩切。　⑳ 以德加己，则以人道相事。　㉑ 铤，疾走貌。言急则欲荫茠于楚，如鹿赴险。○ 铤，它顶切。　㉒ 言晋命无极。　㉓ 儵，晋、郑之竟。言欲以兵距晋。○ 儵，直留切。竟，音境。　㉔ 郑文二年六月壬申，鲁庄二十三年六月二十日。　㉕ 鲁庄二十五年二月无壬戌，壬戌，三月二十日。○ 为，于伪切。　㉕ 郑与楚成。　㉗ 令，号令也。　㉘ 赵穿，卿也。公婿池，晋侯女婿。○ 巩，九勇切。质，音致，下同。

秋，周甘歜败戎于邥垂，乘其饮酒也[①]。

① 歜，周大夫。邥垂，周地，河南新城县北有垂亭。为成元年晋侯平戎于王张本。○ 歜，昌欲切。邥，音审。

冬十月，郑大子夷、石楚为质于晋[①]。

① 夷，灵公也。石楚，郑大夫。

襄仲如齐，拜穀之盟。复曰："臣闻齐人将食鲁之麦。以臣观之，将不能。齐君之语偷。臧文仲有言曰：'民主偷必死[①]。'"

① 偷，犹苟且。○ 偷，他侯切。

经

十有八年春，王二月丁丑，公薨于台下。

秦伯罃卒[①]。

夏五月戊戌，齐人弑其君商人[②]。

六月癸酉，葬我君文公。

秋，公子遂、叔孙得臣如齐[③]。

冬十月，子卒[④]。

夫人姜氏归于齐。

季孙行父如齐[⑤]。

莒弑其君庶其[⑥]。

① 无《传》，未同盟而赴以名。○ 罃，于耕切。　② 不称盗，罪商人。③ 书二卿，以两事行，非相为介。○ 介，音界。　④ 先君既葬不称君者，鲁人讳弑，以未成君书之。子，在丧之称。○ 弑，申志切；本又作杀之。称，尺证切。　⑤ 无《传》。　⑥ 称君，君无道也。

传

十八年春，齐侯戒师期[①]而有疾，医曰："不及秋，将死。"公闻之，卜曰："尚无及期[②]。"惠伯令龟[③]，卜楚丘占之曰："齐侯不及期，非疾也。君亦不闻[④]。令龟有咎[⑤]。"二月丁丑，公薨。

① 将以伐鲁。　② 尚，庶几也，欲令先师期死。○ 令，力呈切。先，悉荐切，下同。　③ 以卜事告龟。　④ 言君先齐侯终。　⑤ 言令龟者亦有凶咎，见于卜兆，为惠伯死张本。○ 见，贤遍切。

齐懿公之为公子也，与邴歜之父争田，弗胜。及即位，乃掘而刖之[①]，而使歜仆[②]。纳阎职之妻，而使职骖乘[③]。夏五月，公游于申池[④]。二人浴于池，歜以扑抶职[⑤]。职怒。歜曰："人夺女妻而不怒，一抶女庸何伤！"职曰："与刖其父而弗能病者何如[⑥]？"乃谋弑懿公，纳诸竹中。归，舍爵而行[⑦]。齐人立公子元[⑧]。

① 断其尸足。○ 邴，音丙，又彼病切。歜，昌欲切。掘，其勿切，又其月切。刖，音月，又五刮切。断，丁管切。 ② 仆，御也。 ③ 骖乘，陪乘。○ 骖，音七南切。乘，绳证切，《注》同。 ④ 齐南城西门名申门，齐城无池，唯此门左右有池，疑此则是。 ⑤ 扑，箠也。抶，击也。欲以相感激。○ 扑，普卜切；字宜从手，作木边，非也。抶，敕乙切。箠，市橤切，又之橤切。激，古历切。 ⑥ 言不以父刖为病恨。○ 女，音汝。 ⑦ 饮酒讫，乃去。言齐人恶懿公，二人无所畏。○ 舍，音赦，置也。恶，乌路切。 ⑧ 桓公子惠公。

六月，葬文公。

秋，襄仲、庄叔如齐，惠公立故，且拜葬也[①]。

① 襄仲贺惠公立，庄叔谢齐来会葬。

文公二妃敬嬴生宣公。敬嬴嬖而私事襄仲。宣公长而属诸襄仲，襄仲欲立之，叔仲不可[①]。仲见于齐侯而请之。齐侯新立而欲亲鲁，许之。冬十月，仲杀恶及视而立宣公[②]。书曰"子卒"，讳之也。仲以君命召惠伯[③]。其宰公冉务人止之，曰："入必死。"叔仲曰："死君命可也。"公冉务人曰："若君命可死，非君命何听？"弗听，乃入，杀而埋之马矢之中[④]。公冉务人奉其帑以奔蔡，既而复叔仲氏[⑤]。

① 叔仲，惠伯。○ 嬴，音盈。嬖，必计切。长，丁丈切。属，音烛。② 恶，大子。视，其母弟。杀视不书，贱之。○ 见，贤遍切。　③ 诈以子恶命。　④ 惠伯死不书者，史畏襄仲不敢书杀惠伯。○ 听，音吐定切。⑤ 不绝其后。

夫人姜氏归于齐，大归也[1]。将行，哭而过市曰："天乎，仲为不道，杀適立庶。"市人皆哭，鲁人谓之哀姜[2]。

① 恶、视之母出姜也。嫌与有罪出者异，故复发《传》。○ 复，扶又切。② 所谓出姜，不允于鲁。○ 过，古禾切，又古卧切。適，丁历切。

莒纪公生大子仆，又生季佗，爱季佗而黜仆，且多行无礼于国[1]。仆因国人以弑纪公，以其宝玉来奔，纳诸宣公。公命与之邑，曰："今日必授。"季文子使司寇出诸竟，曰："今日必达[2]。"公问其故。季文子使大史克对曰："先大夫臧文仲教行父事君之礼，行父奉以周旋，弗敢失队。曰：'见有礼于其君者，事之如孝子之养父母也。见无礼于其君者，诛之如鹰鹯之逐鸟雀也。'先君周公制《周礼》曰：'则以观德[3]，德以处事[4]，事以度功[5]，功以食民[6]。'作誓命曰：'毁则为贼[7]，掩贼为藏[8]，窃贼为盗[9]，盗器为奸[10]。主藏之名[11]，赖奸之用[12]，为大凶德，有常无赦[13]，在《九刑》不忘[14]。'行父还观莒仆，莫可则也[15]。孝敬忠信为吉德，盗贼藏奸为凶德。夫莒仆，则其孝敬，则弑君父矣，则其忠信，则窃宝玉矣。其人则盗贼也，其器则奸兆也[16]，保而利之则主藏也。以训则昏，民无则焉。不度于善[17]，而皆在于凶德，是以去之。

"昔高阳氏有才子八人[18]：苍舒、隤敳、梼戭、大临、龙降、庭坚、仲容、叔达[19]，齐圣广渊，明允笃诚，天下之民谓之'八恺'[20]。高辛氏有才子八人[21]：伯奋、仲堪、叔献、季仲、伯虎、仲熊、叔豹、季狸[22]，忠肃共懿，宣慈惠和，天下之民谓之'八元'[23]。此十六族也，世济其美，不陨其名[24]，以至于尧，尧不能举。舜臣尧，举八恺，使主后土[25]，以揆百事，莫不时序，地平天成[26]；举八元，使布五教于四方[27]，父义、母慈、兄友、弟共、子孝，内平外成[28]。昔帝鸿氏有不才子[29]，掩义隐贼，好行凶德，丑类恶物，顽嚚不友，是与比周[30]，天下之民谓之'浑敦'[31]。少皞氏有不才子[32]，毁信废忠，崇饰恶言，靖谮庸回，服谗蒐慝，以诬盛德[33]，天下之民谓之'穷奇'[34]。颛顼氏有不才子，不可教训，不知话言[35]，告之则顽[36]，舍之则嚚[37]，傲很明德，以乱天常，天下之民谓之'梼杌'[38]。此三族也，世济其凶，增其恶名，以至于尧，尧不能去[39]。缙云氏有不才子[40]，贪于饮食，冒于货贿，侵欲崇侈，不可盈厌，聚敛积实，不知纪极，不分孤寡，不恤穷匮[41]，天下之民以比三凶[42]，谓之'饕餮'[43]。舜臣尧[44]，宾于四门[45]，流四凶族[46]浑敦、穷奇、梼杌、饕餮，投诸四裔，以御螭魅[47]。是以尧崩而天下如一，同心戴舜以为天子，以其举十六相，去四凶也。故《虞书》数舜之功曰'慎徽五典，五典克从'，无违教也[48]；曰'纳于百揆，百揆时序'，无废事也[49]；曰'宾于四门，四门穆穆'，无凶人也[50]。舜有大功二十而为天子[51]。今行父虽未获一吉人，去一凶矣，于舜之功，二十之一也，庶几免于戾乎[52]！"

①纪，号也。莒夷无谥，故有别号。○佗，徒何切。 ②未见公而文子出之，故来不书。○竟，音境。 ③则，法也。合法则为吉德。○大，音泰。队，直类切。养，余亮切。鹰，於陵切。鹯，之然切；《说文》，止仙切；《字林》，巳仙切。 ④处，犹制也。 ⑤度，量也。○度，待洛切，《注》及下同。 ⑥食，养也。○食，音嗣，《注》同。 ⑦誓，要信也。毁则，坏法也。○坏，音怪。 ⑧掩，匿也。○匿，女乙切。 ⑨贿财也。 ⑩器，国用也。 ⑪以掩贼为名。 ⑫用奸器也。 ⑬刑有常。 ⑭《誓命》以下，皆《九刑》之书。《九刑》之书今亡。 ⑮还，犹周旋。○还，音旋。 ⑯兆，域也。 ⑰度，居也。 ⑱高阳，帝颛顼之号。八人，其苗裔。○去，起吕切。颛，音专。顼，许玉切。裔，以制切。 ⑲此即垂、益、禹、皋陶之伦。庭坚即皋陶字。○隤，徒回切。敳，五才切，一音五回切；韦昭音瑰。梼，直由切；韦昭音桃。戭，以善切；《汉书》作戭；韦昭，巳震切。尨，莫江切。降，下江切。陶，音遥。 ⑳齐，中心。渊，深也。允，信也。笃，厚也。恺，和也。○恺，开在切。 ㉑高辛，帝喾之号。八人亦其苗裔。○喾，苦毒切。 ㉒此即稷、契、朱虎、熊罴之伦。○奋，甫问切。熊，音雄。狸，力之切。契，息列切，依字当作偰，古文作卨。罴，彼皮切。 ㉓肃，敬也。懿，美也。宣，徧也。元，善也。○徧，音遍。 ㉔济，成也。陨，队也。○陨，于敏切。队，直类切。 ㉕后土，地官。禹作司空，平水土，即主地之官。 ㉖揆，度也。成，亦平也。○揆，葵癸切。 ㉗契作司徒，五教在宽，故知契在八元之中。○契，斯列切，下同。 ㉘内诸夏，外夷狄。○夏，户雅切。 ㉙帝鸿，黄帝。 ㉚丑，亦恶也。比，近也。周，密也。○好，呼报切。嚚，鱼巾切。心不则德义之经为顽，口不道忠信之言为嚚。比，毗志切。 ㉛谓驩兜。浑敦，不开通之貌。○浑，户本切。敦，徒本切。驩，呼端切。兜，都侯切。 ㉜少皞，金天氏之号，次黄帝。○少，诗照切，《注》同。皞，胡老切。 ㉝崇，聚也。靖，安也。庸，用也。回，邪也。服，行也。蒐，隐也。慝，恶也。盛德，贤人也。○蒐，所留切。慝，他得切。邪，似嗟切。 ㉞谓共工。其行穷，其好奇。○奇，其宜切。共，音恭。行，下孟

切。好，呼报切。　㉟ 话，善也。〇 话，户快切。　㊱ 德义不入心。㊲ 不道忠信。〇 舍，音赦。　㊳ 谓鲧。梼杌，顽凶无俦匹之貌。〇 傲，五报切。很，户垦切。梼，徒刀切。杌，五忽切。鲧，古本切。　㊴ 方以宣公比尧，行父比舜，故言尧亦不能去，须贤臣而除之。〇 去，起吕切，《注》及下皆同。　㊵ 缙云，黄帝时官名。　㊶ 冒，亦贪也。盈，满也。实，财也。〇 厌，於艳切。匮，其媿切。　㊷ 非帝子孙，故别以比三凶。㊸ 贪财为饕，贪食为餮。〇 饕，他刀切。餮，他结切，《注》同。　㊹ 为尧臣。　㊺ 辟四门，达四聪，以宾礼众贤。〇 辟，婢亦切。聪，本亦作窻，七工切。　㊻ 案四凶罪状而流放之。　㊼ 投，弃也。裔，远也。放之四远，使当魑魅之灾。魑魅，山林异气所生，为人害者。〇 御，鱼吕切。魑，敕知切，山神兽形。魅，亡备切；《说文》作鬽，云，老精物也；鬽或从未。㊽ 徽，美也。典，常也。此八元之功。〇 戴，多代切。相，息亮切，下《注》同。去，起吕切。数，色主切。徽，许归切。　㊾ 此八恺之功。㊿ 流四凶。　(51) 举十六相，去四凶也。　(52) 史克激称以辨宣公之惑，释行父之志，故其言美恶有过辞，盖事宜也。〇 激，古历切。

宋武氏之族道昭公子，将奉司城须以作乱[①]。十二月，宋公杀母弟须及昭公子，使戴、庄、桓之族攻武氏于司马子伯之馆[②]。遂出武、穆之族[③]，使公孙师为司城[④]，公子朝卒，使乐吕为司寇，以靖国人[⑤]。

① 文公弑昭公，故武族欲因其子以作乱。司城须，文公弟。〇《释文》：宋武氏之族，本或作武、穆之族者，后人取下文妄加也。道，音导。② 戴族，华乐也。庄族，公孙师也。桓族，向、鱼、鳞、荡也。司马子伯，华耦也。〇 向，舒亮切。　③ 穆族党于武氏故。　④ 公孙师，庄公之孙。⑤ 乐吕，戴公之曾孙，为宣三年宋师围曹《传》。

春秋经传集解第十

宣公上

〇《释文》：宣公名倭，一名接，又作委，文公子，母敬嬴。《谥法》，善问周达曰宣。

经

元年春，王正月，公即位[①]。

公子遂如齐逆女[②]。

三月，遂以夫人妇姜至自齐[③]。

夏，季孙行父如齐。

晋放其大夫胥甲父于卫[④]。

公会齐侯于平州[⑤]。

公子遂如齐。

六月，齐人取济西田[⑥]。

秋，邾子来朝[⑦]。

楚子、郑人侵陈，遂侵宋。晋赵盾帅师救陈[⑧]。

宋公、陈侯、卫侯、曹伯会晋师于棐林，伐郑[⑨]。

冬，晋赵穿帅师侵崇[⑩]。

晋人、宋人伐郑。

①⑦无《传》。　②不讥丧娶者,不待贬责而自明也。卿为君逆,例在文四年。○娶,七喻切。为,于伪切。　③称妇,有姑之辞。不书氏,史阙文。　④放者,受罪黜免,宥之以远。○宥,音又。　⑤平州,齐地,在泰山牟县西。○牟,亡侯切。　⑥鲁以赂齐,齐人不用师徒,故曰取。　⑧《传》言救陈、宋。《经》无宋字,盖阙。○盾,徒本切。⑨晋师救陈、宋,四国君往会之,共伐郑也。不言会赵盾,取于兵会,非好会也。棐林,郑地。荥阳宛陵县东南有林乡。○棐,芳尾切。好,呼报切。⑩○崇,本亦作密。

传

元年春,王正月,公子遂如齐逆女,尊君命也[①]。三月,遂以夫人妇姜至自齐,尊夫人也[②]。

①诸侯之卿,出入称名氏,所以尊君命也。《传》于此发者,与还文不同,故释之。　②遂不言公子,替其尊称,所以成小君之尊也。公子,当时之宠号,非族也,故《传》不言舍族。《释例》论之备矣。○称,尺证切。舍,音捨。

夏,季文子如齐,纳赂以请会[①]。

①宣公篡立,未列于会,故以赂请之。○篡,初患切。

晋人讨不用命者,放胥甲父于卫[①],而立胥克[②]。先辛奔齐[③]。

①胥甲,下军佐,文十二年战河曲,不肯薄秦于险。　②克,甲之

子。　③ 辛，甲之属大夫。

会于平州以定公位[①]。东门襄仲如齐拜成[②]。六月，齐人取济西之田，为立公故，以赂齐也[③]。

① 篡立者，诸侯既与之会，则不得复讨。臣子杀之，与弑君同。故公与齐会而位定。○ 复，扶又切。　② 谢得会也。　③ 济西，故曹地。僖三十一年晋文以分鲁。○ 为，于伪切。

宋人之弑昭公也[①]，晋荀林父以诸侯之师伐宋，宋及晋平。宋文公受盟于晋，又会诸侯于扈，将为鲁讨齐，皆取赂而还[②]。

郑穆公曰："晋不足与也。"遂受盟于楚。陈共公之卒，楚人不礼焉[③]。陈灵公受盟于晋。秋，楚子侵陈，遂侵宋。晋赵盾帅师救陈、宋。会于棐林，以伐郑也。楚蒍贾救郑，遇于北林[④]。囚晋解扬，晋人乃还[⑤]。

晋欲求成于秦，赵穿曰："我侵崇，秦急崇，必救之[⑥]。吾以求成焉。"冬，赵穿侵崇，秦弗与成。晋人伐郑，以报北林之役[⑦]。

于是，晋侯侈，赵宣子为政，骤谏而不入，故不竞于楚[⑧]。

① 在文十六年。　② 文十五年、十七年，二扈之盟，皆受赂。③ 卒在文十三年。○ 共，音恭。　④ 与晋师相遇。荥阳中牟县西南有林亭，在郑北。　⑤ 解扬，晋大夫。○ 解，音蟹。　⑥ 崇，秦之与国。○ 秦急崇，绝句；本或作崇急秦必救之，是后人改耳。　⑦ 报囚解扬。

⑧ 竞，强也。为明年郑伐宋张本。○ 侈，昌氏切，又户氏切。骤，仕救切。

经

二年春，王二月壬子，宋华元帅师及郑公子归生帅师，战于大棘。宋师败绩，获宋华元①。

秦师伐晋。

夏，晋人、宋人、卫人、陈人侵郑②。

秋九月乙丑，晋赵盾弑其君夷皋③。

冬十月乙亥，天王崩④。

① 得大夫，生死皆曰获。例在昭二十三年。大棘在陈留襄邑县南。 ② 郑为楚伐宋，获其大夫。晋赵盾兴诸侯之师将为宋报耻，畏楚而还。失霸者之义，故贬称人。○ 为，于伪切。 ③ 灵公不君而称臣以弑者，以示良史之法，深责执政之臣，例在四年。○ 皋，古刀切。 ④ 无《传》。

传

二年春，郑公子归生受命于楚，伐宋①。宋华元、乐吕御之。二月壬子，战于大棘，宋师败绩，囚华元，获乐吕②，及甲车四百六十乘，俘二百五十人，馘百人。狂狡辂郑人，郑人入于井③，倒戟而出之，获狂狡。君子曰："失礼违命，宜其为禽也。戎昭果毅以听之之谓礼④，杀敌为果，致果为毅。易之，戮也⑤。"

将战，华元杀羊食士，其御羊斟不与。及战，曰："畴昔之羊，子为政⑥；今日之事，我为政。"与入郑师，故败。君子谓："羊斟非人也，以其私憾，败国殄民⑦。于是刑孰大焉。

《诗》所谓'人之无良'者[8],其羊斟之谓乎,残民以逞。"

宋人以兵车百乘、文马百驷[9]以赎华元于郑。半入,华元逃归,立于门外,告而入[10]。见叔牂曰:"子之马然也[11]。"对曰:"非马也,其人也[12]。"既合而来奔[13]。

宋城,华元为植,巡功[14]。城者讴曰:"睅其目,皤其腹,弃甲而复[15]。于思于思,弃甲复来[16]。"使其骖乘谓之曰:"牛则有皮,犀兕尚多,弃甲则那[17]?"役人曰:"从其有皮,丹漆若何?"华元曰:"去之,夫其口众我寡[18]。"

① 受楚命也。○ 受命于楚,本或作命于楚。 ② 乐吕,司(空)〔寇〕。获不书,非元帅也。获生死通名。《经》言获华元,故《传》特护之曰囚,以明其生获,故得见赎而还。○ 帅,所类切。赎,食欲切。 ③ 狂狡,宋大夫。辂,迎也。○ 乘,绳证切,下同。俘,芳夫切。馘,古获切。馘百人,或作馘百者,人,衍字。狡,古卯切。辂,五嫁切。 ④ 听,谓常存于耳,著于心,想闻其政令。○ 倒,丁老切。宜其为禽,一本作宜其禽也。毅,鱼既切。著,直略切。 ⑤ 易,反易。 ⑥ 畴昔,犹前日也。○ 食,音嗣。斟,之金切。与,音预。 ⑦ 憾,恨也。殄,尽也。○ 憾,本亦作感,户暗切,《注》同。败,必迈切,又如字。殄,大典切。 ⑧《诗·小雅》。义取不良之人,相怨以亡。 ⑨ 画马为文四百匹。○ 逞,敕领切。 ⑩ 告宋城门而后入,言不苟。 ⑪ 叔牂,羊斟也。卑贱得先归,华元见而慰之。○ 牂,子郎切。 ⑫ 叔牂知前言以显,故不敢让罪。⑬ 叔牂言毕,遂奔鲁。合,犹答也。 ⑭ 植,将主也。○ 植,直吏切,《注》同。将,子匠切。 ⑮ 睅,出目。皤,大腹。弃甲,谓亡师。○ 讴,乌侯切。睅,户板切;《说文》、《字林》云,大目也;苏林云,寝视不安貌;孟康曰,犹分然也。皤,步何切。 ⑯ 于思,多鬓之貌。○ 思,如字,又西才切;贾逵云,白头貌。复,扶又切。来,力知切;又如字,以协上韵。鬓,字又作鬢,修于切。 ⑰ 那,犹何也。○ 骖,士南切。犀,音西。兕,徐履切。那,

乃多切。　⑱《传》言华元不吝其咎，宽而容众。○ 漆，音七。吝，力忍切。咎，其九切。

秦师伐晋，以报崇也[1]，遂围焦[2]。夏，晋赵盾救焦，遂自阴地，及诸侯之师侵郑[3]，以报大棘之役。楚鬥椒救郑，曰："能欲诸侯而恶其难乎？"遂次于郑以待晋师。赵盾曰："彼宗竞于楚，殆将毙矣[4]。姑益其疾。"乃去之[5]。

① 伐崇在元年。　② 焦，晋河外邑。　③ 阴地，晋河南山北，自上洛以东至陆浑。○ 浑，户昏切。　④ 竞，强也。鬥椒，若敖之族，自子文以来，世为令尹。○ 恶，乌路切。难，乃旦切。毙，婢世切。　⑤ 欲示弱以骄之。《传》言赵盾所以称人，且为四年楚灭若敖氏张本。

晋灵公不君[1]，厚敛以彫墙[2]，从台上弹人而观其辟丸也。宰夫胹熊蹯不熟，杀之，寘诸畚，使妇人载以过朝[3]。赵盾、士季见其手，问其故而患之。将谏。士季曰："谏而不入，则莫之继也。会请先，不入则子继之。"三进，及溜而后视之[4]。曰："吾知所过矣，将改之。"稽首而对曰："人谁无过？过而能改，善莫大焉。《诗》曰：'靡不有初，鲜克有终[5]。'夫如是则能补过者鲜矣。君能有终，则社稷之固也，岂唯群臣赖之。又曰：'衮职有阙，惟仲山甫补之。'能补过也[6]。君能补过，衮不废矣[7]。"犹不改。宣子骤谏，公患之，使鉏麑贼之[8]。晨往，寝门辟矣，盛服将朝，尚早，坐而假寐[9]。麑退，叹而言曰："不忘恭敬，民之主也。贼民之主，不忠。弃君之命，不信。有一于此，不如死也。"触槐而死[10]。

秋九月，晋侯饮赵盾酒，伏甲将攻之。其右提弥明知之[11]，趋登曰："臣侍君宴，过三爵，非礼也。"遂扶以下，公嗾夫獒焉。明搏而杀之[12]。盾曰："弃人用犬，虽猛何为[13]。"斗且出，提弥明死之。

初，宣子田于首山，舍于翳桑[14]，见灵辄饿，问其病[15]。曰："不食三日矣。"食之，舍其半。问之，曰："宦三年矣[16]，未知母之存否，今近焉[17]，请以遗之。"使尽之，而为之箪食，与肉[18]，寘诸橐以与之。既而与为公介[19]，倒戟以御公徒，而免之。问何故。对曰："翳桑之饿人也。"问其名居[20]，不告而退[21]，遂自亡也[22]。

乙丑，赵穿攻灵公于桃园[23]。宣子未出山而复[24]。大史书曰："赵盾弑其君。"以示于朝。宣子曰："不然。"对曰："子为正卿，亡不越竟，反不讨贼，非子而谁？"宣子曰："乌呼，'我之怀矣，自诒伊慼'，其我之谓矣[25]！"孔子曰："董狐，古之良史也，书法不隐[26]。赵宣子，古之良大夫也，为法受恶[27]。惜也，越竟乃免[28]。"宣子使赵穿逆公子黑臀于周而立之[29]。壬申，朝于武宫[30]。

① 失君道也，以明于例应称国以弑。○ 弑，申志切。　② 彫，画也。○ 敛，力验切。彫，本亦作雕。墙，在良切。　③ 畚，以草索为之，筥属。○ 弹，徒丹切。胹，音而，煮也。蹯，扶元切。寘，之豉切。畚，音本。索，素各切。筥，九吕切。　④ 士季，随会也。三进三伏，公不省而又前也。公知欲谏，故佯不视。○ 手，一本作首。溜，力救切，屋霤也。　⑤《诗·大雅》也。○ 鲜，息浅切，少也，下同。　⑥《诗·大雅》也。衮，君之上服。阙，过也。言服衮者有过，则仲山甫能补之。○ 衮，古本切。

⑦ 常服衮也。 ⑧ 鉏麑，晋力士。○ 鉏，仕俱切。麑，音迷，一音五兮切。 ⑨ 不解衣冠而睡。○ 辟，婢亦切。盛，音成；本或作成。睡，垂伪切。 ⑩ 槐，赵盾庭树。○ 槐，音怀，又音回。 ⑪ 右，车右。○ 饮，於鸩切。提，本又作祇，上支切。弥，面支切。 ⑫ 獒，猛犬也。○ 扶，旧本作扶，房孚切；服虔《注》作跣，先典切，云，徒跣也。今杜《注》本往往有跣者。嗾，素口切；《说文》云，使犬也；服本作嗾。夫，音扶。獒，五羔切；《尚书·传》云，大犬也；《尔雅》云，狗四尺为獒；《说文》云，犬知人心可使者。搏，音博。 ⑬ 责公不养士而更以犬为己用。 ⑭ 田，猎也。翳桑，桑之多荫翳者。首山在河东蒲坂县东南。○ 翳，於计切。荫，音阴，又於鸩切。 ⑮ 灵辄，晋人。 ⑯ 宦，学也。○ 食之，音嗣。舍，音捨。⑰ 去家近。 ⑱ 箪，笥也。○ 遗，唯季切，下《注》同。箪，音丹。笥，思嗣切。 ⑲ 灵辄为公甲士。○ 橐，他洛切。与，音预。介，音界。⑳ 问所居。 ㉑ 不望报也。 ㉒ 辄亦去。 ㉓ 穿，赵盾之从父昆弟子。乙丑，九月二十七日。○ 攻，如字；本或作弑。 ㉔ 晋竟之山也。盾出奔，闻公弑而还。○ 竟，音境，下文《注》同。弑，音试。 ㉕ 逸《诗》也。言人多所怀恋，则自遗忧。○ 大，音泰。 ㉖ 不隐盾之罪。㉗ 善其为法受屈。○ 为，于伪切，《注》同。 ㉘ 越竟，则君臣之义绝，可以不讨贼。 ㉙ 黑臀，晋文公子。○ 臀，徒门切。 ㉚ 壬申，十月十（五）日。既有日而无月，冬又在壬申下，明《传》文无较例。○ 较，音角。

初，丽姬之乱，诅无畜群公子[①]。自是晋无公族[②]。及成公即位，乃宦卿之適而为之田，以为公族[③]，又宦其馀子亦为馀子[④]，其庶子为公行[⑤]。晋于是有公族、馀子、公行[⑥]。赵盾请以括为公族[⑦]。曰："君姬氏之爱子也[⑧]。微君姬氏，则臣狄人也。"公许之[⑨]。冬，赵盾为旄车之族[⑩]。使屏季以其故族为公族大夫[⑪]。

① 诅，盟誓。○ 丽，力知切。诅，侧虑切。　② 无公子，故废公族之官。　③ 宦，仕也。为置田邑以为公族大夫。○ 適，本又作嫡，丁历切，下及《注》同。为置，于伪切。　④ 馀子，適子之母弟也，亦治馀子之政。⑤ 庶子，妾子也，掌率公戎行。○ 行，户郎切，《注》及下同。　⑥ 皆官名。　⑦ 括，赵盾异母弟，赵姬之中子屏季也。○ 括，古活切。中，如字，又丁仲切。屏，步丁切。　⑧ 赵姬，文公女、成公姊也。　⑨ 盾，狄外孙也。姬氏逆之以为適，事见僖二十四年。○ 见，贤遍切。　⑩ 旄车，公行之官。盾本卿適，其子当为公族，辟屏季故，更掌旄车。○ 旄，音毛；一本作𣮈。　⑪ 盾以其故官属与屏季，使为衰之適。○ 衰，初危切。

经

三年春，王正月，郊。牛之口伤，改卜牛，牛死，乃不郊①。犹三望。

葬匡王②。

楚子伐陆浑之戎。

夏，楚人侵郑。

秋，赤狄侵齐③。

宋师围曹。

冬十月丙戌，郑伯兰卒④。

葬郑穆公⑤。

① 牛不称牲，未卜日。　② 无《传》。四月而葬，速。　③ 无《传》。　④ 再与文同盟。　⑤ 无《传》。

传

三年春，不郊而望，皆非礼也①。望，郊之属也。不郊亦无望，可也[2]。

① 言牛虽伤死，当更改卜，取其吉者，郊不可废也。前年冬，天王崩，未葬而郊者，不以王事废天事。《礼记·曾子问》："天子崩未殡，五祀不行，既殡而祭。"自启至于反哭，五祀之祭不行，已葬而祭。　② 已有例在僖三十一年。复发《传》者，嫌牛死与卜不从异。○ 复，扶又切。

晋侯伐郑，及郔。郑及晋平，士会入盟[1]。

① 郔，郑地。为夏楚侵郑《传》。○ 郔，音延。

楚子伐陆浑之戎，遂至于雒，观兵于周疆[1]。定王使王孙满劳楚子[2]。楚子问鼎之大小轻重焉[3]。对曰："在德不在鼎。昔夏之方有德也[4]，远方图物[5]，贡金九牧[6]，铸鼎象物[7]，百物而为之备，使民知神奸[8]。故民入川泽山林，不逢不若[9]。螭魅罔两[10]，莫能逢之[11]，用能协于上下以承天休[12]。桀有昏德，鼎迁于商，载祀六百[13]。商纣暴虐，鼎迁于周。德之休明，虽小，重也[14]。其奸回昏乱，虽大，轻也[15]。天祚明德，有所厎止[16]。成王定鼎于郏鄏[17]，卜世三十，卜年七百，天所命也。周德虽衰，天命未改，鼎之轻重，未可问也。"

① 雒水出上雒冢领山，至河南巩县入河。○ 疆，居良切。　② 王孙满，周大夫。○ 劳，力报切。　③ 示欲偪周取天下。　④ 禹之世。○ 夏，户雅切。　⑤ 图画山川奇异之物而献之。　⑥ 使九州之牧贡金。　⑦ 象所图物，著之于鼎。○ 铸，之树切。著，张虑切，旧直略切。⑧ 图鬼神百物之形，使民逆备之。　⑨ 若，顺也。　⑩ 螭，山神，兽

形。魅，怪物。罔两，水神。○ 螭，敕知切。魅，亡备切；本又作鬽。罔，亡丈切。两，本又作蜽，音同。《说文》云，罔两，山川之精物也。 ⑪ 逢，遇也。 ⑫ 民无灾害，则上下和而受天祐。○ 休，许虬切，下同。祐，音又。 ⑬ 载、祀皆年。○ 载，祀。《尔雅》云，商曰祀，唐、虞曰载，周曰年，夏曰岁。 ⑭ 不可迁。○ 纣，直九切。 ⑮ 言可移。 ⑯ 厎，致也。○ 祚，才故切。厎，音旨。 ⑰ 郏鄏，今河南也。武王迁之，成王定之。○ 郏，古洽切。鄏，音辱。

夏，楚人侵郑，郑即晋故也。

宋文公即位，三年杀母弟须及昭公子，武氏之谋也[①]。使戴、桓之族攻武氏于司马子伯之馆，尽逐武、穆之族。武、穆之族以曹师伐宋。秋，宋师围曹，报武氏之乱也。

① 武氏谋奉弟须及昭公子以作乱，事在文十八年。

冬，郑穆公卒。初，郑文公有贱妾曰燕姞[①]，梦天使与己兰[②]，曰："余为伯鯈。余，而祖也[③]，以是为而子[④]。以兰有国香，人服媚之如是[⑤]。"既而文公见之，与之兰而御之。辞曰："妾不才，幸而有子，将不信，敢征兰乎[⑥]？"公曰："诺。"生穆公，名之曰兰。文公报郑子之妃，曰陈妫[⑦]，生子华、子臧。子臧得罪而出[⑧]。诱子华而杀之南里[⑨]，使盗杀子臧于陈、宋之间[⑩]。又娶于江，生公子士。朝于楚，楚人酖之，及叶而死[⑪]。又娶于苏，生子瑕、子俞弥。俞弥早卒。泄驾恶瑕，文公亦恶之，故不立也[⑫]。公逐群公子，公子兰奔晋，从晋文公伐郑[⑬]。石癸曰："吾闻姬、姞耦，其子孙必蕃[⑭]。姞，吉人也，后稷之元妃也[15]。今公子兰，姞甥也。天或启之，必将为君，其后必蕃，先纳之可以亢宠[16]。"与孔将鉏、侯宣多纳之，盟于大宫而立之[17]。以与晋平。穆公有疾，曰："兰死，吾其死乎，吾所以生也。"刈兰而卒[18]。

① 姞，南燕姓。○ 姞，其乙切，又其吉切。　② 兰，香草。　③ 伯儵，南燕祖。○ 儵，直留切。　④ 以兰为女子名。○ 女，音汝。　⑤ 媚，爱也。欲令人爱之如兰。○ 媚，亡冀切。令，力呈切。　⑥ 惧将不见信，故欲计所赐兰，为怀子月数。　⑦ 郑子，文公叔父子仪也。汉律：淫季父之妻曰报。○ 妫，九危切。　⑧ 出奔宋。○ 臧，作郎切。　⑨ 在僖十六年。南里，郑地。　⑩ 在僖二十四年。　⑪ 叶，楚地，今南阳叶县。○ 酖，直荫切。叶，式涉切。　⑫ 洩驾，郑大夫。○ 俞，音榆。恶，乌路切，下同。　⑬ 在僖三十年。○ 从，如字，又才用切。　⑭ 姞姓宜为姬配耦。○ 癸，居揆切。蕃，音烦，下同。　⑮ 姞姓之女为后稷妃，周是以兴，故曰吉人。　⑯ 亢，极也。○ 亢，苦浪切。　⑰ 大宫，郑祖庙。○ 鉏，仕俱切。大，音泰，《注》同。　⑱《传》言穆氏所以大兴于郑，天所启也。○ 刈，鱼废切。

经

四年春，王正月，公及齐侯平莒及郯。莒人不肯，公伐莒，取向[1]。

秦伯稻卒[2]。

夏六月乙酉，郑公子归生弑其君夷[3]。

赤狄侵齐[4]。

秋，公如齐[5]。

公至自齐[6]。

冬,楚子伐郑。

① 莒、郯二国相怨,故公与齐侯共平之。向,莒邑。东海丞县东南有向城。远疑也。○ 郯,音谈。向,舒亮切。丞,韦昭,之甑切;一作承,又音拯。
② 无《传》。未同盟。○ 稻,徒老切。 ③《传》例曰:称臣,臣之罪也。子公实弑而书子家罪,其权不足也。 ④ 无《传》。 ⑤ 无《传》。
⑥ 无《传》。告于庙,例在桓二年。

传

四年春,公及齐侯平莒及郯。莒不肯,公伐莒,取向,非礼也。平国以礼不以乱,伐而不治,乱也[①]。以乱平乱,何治之有?无治,何以行礼?

① 责公不先以礼治之而用伐。○ 治,直吏切。

楚人献鼋于郑灵公[①]。公子宋与子家将见[②]。子公之食指动[③],以示子家,曰:"他日我如此,必尝异味。"及入,宰夫将解鼋,相视而笑。公问之[④],子家以告。及食大夫鼋,召子公而弗与也[⑤]。子公怒,染指于鼎,尝之而出。公怒,欲杀子公。

子公与子家谋先[⑥]。子家曰:"畜老,犹惮杀之[⑦],而况君乎?"反谮子家,子家惧而从之[⑧]。夏,弑灵公。书曰:"郑公子归生弑其君夷。"权不足也[⑨]。君子曰:"仁而不武,无能达也[⑩]。"凡弑君:称君,君无道也;称臣,臣之罪也[⑪]。

郑人立子良[⑫],辞曰:"以贤则去疾不足[⑬],以顺则公子坚长。”乃立襄公[14]。襄公将去穆氏[15]，而舍子良[16]。子良不可，曰：“穆氏宜存，则固愿也。若将亡之，则亦皆亡，去疾何为[17]？”乃舍之，皆为大夫。

① 穆公大子夷也。○ 鼋，音元。　② 宋，子公也。子家，归生。○ 见，贤遍切。　③ 第二指也。　④ 问所笑。○ 解，如字，一音蟹。⑤ 欲使指动无效。○ 食，音嗣。　⑥ 先公为难。○ 染，如琰切。先，悉荐切。难，乃旦切。　⑦ 六畜。○ 畜，许又切，《注》同；王，许六切。惮，徒旦切，难也。　⑧ 谮子家于公。　⑨ 子家权不足以御乱，惧谮而从弑君，故书以首恶。○ 御，鱼吕切。　⑩ 初称畜老，仁也。不讨子公，是不武也。故不能自通于仁道而陷弑君之罪。　⑪ 称君，谓唯书君名而称国以弑，言众所共绝也。称臣者，谓书弑者之名以示来世，终为不义。改杀称弑，辟其恶名，取有渐也。书弑之义，《释例》论之备矣。　⑫ 穆公庶子。　⑬ 去疾，子良名。○ 去，起吕切，下皆同。　⑭ 襄公，坚也。○ 长，丁丈切。　⑮ 逐群兄弟。　⑯ 以其让己。○ 舍，音赦，下同。⑰ 何为独留。

初，楚司马子良生子越椒。子文曰：“必杀之[1]。是子也，熊虎之状，而豺狼之声，弗杀，必灭若敖氏矣。谚曰：‘狼子野心。’是乃狼也，其可畜乎？”子良不可。子文以为大慼，及将死，聚其族曰：“椒也知政，乃速行矣，无及于难。”且泣曰：“鬼犹求食，若敖氏之鬼，不其馁而[2]？”及令尹子文卒，鬥般为令尹[3]，子越为司马，蔿贾为工正。谮子扬而杀之，子越为令尹，己为司马[4]。子越又恶之[5]，乃以若敖氏之族圄伯嬴于轑阳而杀之[6]，遂处烝野，将攻王。王以三王之子为质焉，弗受[7]，师于漳澨[8]。

秋七月戊戌，楚子与若敖氏战于皋浒[9]。伯棼射王，汰辀，及鼓跗，著于丁宁[10]。又射汰辀，以贯笠毂[11]。师惧，退。王使巡师曰："吾先君文王克息，获三矢焉。伯棼窃其二，尽于是矣。"鼓而进之，遂灭若敖氏。

初，若敖娶于䢵[12]，生鬭伯比。若敖卒，从其母畜于䢵[13]，淫于䢵子之女，生子文焉。䢵夫人使弃诸梦中[14]，虎乳之。䢵子田，见之，惧而归，夫人以告[15]，遂使收之。楚人谓乳穀，谓虎於菟，故命之曰鬭穀於菟。以其女妻伯比[16]，实为令尹子文[17]。其孙箴尹克黄[18]使于齐，还，及宋，闻乱。其人曰，"不可以入矣。"箴尹曰："弃君之命，独谁受之？君，天也，天可逃乎？"遂归，复命而自拘于司败。王思子文之治楚国也，曰："子文无后，何以劝善？"使复其所，改命曰生[19]。

① 子文，子良之兄。 ② 而，语助，言必馁。○ 难，乃旦切。馁，奴罪切，饿也。 ③ 般，子文之子子扬。○ 般，音班。 ④ 贾为椒谮子扬而己得椒处。○ 蒍，于委切。为，于伪切。处，昌虑切。 ⑤ 恶贾。○ 恶，乌路切，《注》同。 ⑥ 圄，囚也。伯嬴，蒍贾也。轑阳，楚邑。○ 圄，鱼吕切。嬴，音盈。轑，音辽。 ⑦ 烝野，楚邑。三王，文、成、穆。○ 烝，之承切。质，音致。 ⑧ 漳澨，漳水边。○ 漳，音章。澨，市制切。⑨ 皋浒，楚地。○ 浒，呼五切。 ⑩ 伯棼，越椒也。辀，车辕。汰，过也。箭过车辕上。丁宁，钲也。○ 棼，扶云切。射，食亦切。汰，他末切。辀，陟留切。跗，芳扶切。著，直略切。钲，音征。 ⑪ 兵车无盖，尊者则边人执笠，依毂而立，以御寒暑，名曰笠毂。此言箭过车辕，及王之盖。○ 贯，古乱切。笠，音立。毂，古木切。 ⑫ 䢵，国名。○ 䢵，本又作郧，音云。⑬ 畜，养也。○ 畜，许六切。 ⑭ 梦，泽名。江夏安陆县城东南有云梦

城。○ 梦，音蒙，又亡贡切。 ⑮ 告女私通所生。○ 乳，如主切。⑯ 伯比所淫者。○ 縠，奴口切。於，音乌。菟，音徒。妻，七计切。⑰ 鬥氏始自子文为令尹。 ⑱ 箴尹，官名。克黄，子扬之子。○ 箴，之金切。 ⑲ 易其名也。○ 使，所吏切。拘，音俱。

冬，楚子伐郑，郑未服也[①]。

① 前年楚侵郑，不获成，故曰未服。

经

五年春，公如齐。

夏，公至自齐。

秋九月，齐高固来逆叔姬[①]。

叔孙得臣卒[②]。

冬，齐高固及子叔姬来[③]。

楚人伐郑。

① 高固，齐大夫。不书女，归降于诸侯。 ② 无《传》。不书日，公不与小敛。○ 与，音预。敛，力验切。 ③ 叔姬宁，固反马。

传

五年春，公如齐。高固使齐侯止公，请叔姬焉[①]。

夏，公至自齐，书过也[②]。

① 留公，强成昏。○ 强，其丈切。 ② 公既见止，连昏于邻国之臣，

厌尊毁列，累其先君而于庙行饮至之礼，故书以示过。○ 厌，於涉切。累，劣伪切。

秋九月，齐高固来逆女，自为也。故书曰：“逆叔姬。”卿自逆也①。

① 适诸侯称女，适大夫称字，所以别尊卑也，此《春秋》新例，故称“书曰”而不言“凡”也。不于庄二十七年发例者，嫌见逼而成昏，因明之。○ 为，于伪切。别，彼列切。

冬，来，反马也①。

① 礼，送女留其送马，谦不敢自安，三月庙见，遣使反马。高固遂与叔姬俱宁，故《经》、《传》具见以示讥。○ 见，贤遍切，下同。使，所吏切。

楚子伐郑，陈及楚平。晋荀林父救郑伐陈①。

① 为明年晋、卫侵陈《传》。

经

六年春，晋赵盾、卫孙免侵陈。

夏四月。

秋八月，螽①。

冬，十月。

① 无《传》。

传

六年春，晋、卫侵陈，陈即楚故也。

夏，定王使子服求后于齐[①]。

① 子服，周大夫。

秋，赤狄伐晋。围怀，及邢丘[①]。晋侯欲伐之。中行桓子曰："使疾其民[②]。以盈其贯，将可殪也[③]。《周书》曰：'殪戎殷[④]。'此类之谓也[⑤]。"

① 邢丘，今河内平皋县。 ② 骄则数战，为民所疾。○ 数，所角切。 ③ 殪，尽也。贯，犹习也。○ 贯，古患切，《注》同。殪，於计切。 ④《周书·康诰》也。义取周武王以兵伐殷，尽灭之。 ⑤ 为十五年晋灭狄《传》。○ 为，于伪切，下《注》同。

冬，召桓公逆王后于齐[①]。

① 召桓公，王卿士，事不关鲁，故不书，为成二年王甥舅张本。○ 召，上照切。

楚人伐郑，取成而还[①]。

① 九年、十一年《传》所称厉之役，盖在此。

郑公子曼满与王子伯廖语，欲为卿[①]。伯廖告人曰：“无德而贪，其在《周易·丰》䷶[②]之《离》䷝[③]，弗过之矣[④]。”间一岁，郑人杀之[⑤]。

① 二子，郑大夫。〇 曼，音万。廖，力彫切。 ②《离》下《震》上，《丰》。 ③《丰》上六变而为纯《离》也。《周易》论变，故虽不筮，必以变言其义。《丰》上六曰：“丰其屋，蔀其家，闚其户，阒其无人，三岁不觌，凶。”义取无德而大，其屋不过三岁必灭亡。〇 蔀，步口切，又普口切。闚，苦规切。阒，苦鶪切。觌，徒历切。 ④ 不过三年。 ⑤ 〇 间，间厕之间。

经

七年春，卫侯使孙良夫来盟。

夏，公会齐侯伐莱[①]。

秋，公至自伐莱[②]。

大旱[③]。

冬，公会晋侯、宋公、卫侯、郑伯、曹伯于黑壤[④]。

①《传》例曰：不与谋也。莱国，今东莱黄县。〇 莱，音来。与，音预。 ② 无《传》。 ③ 无《传》。书旱而不书雩，雩无功，或不雩。 ④ 〇 壤，如丈切。

传

七年春，卫孙桓子来盟，始通，且谋会晋也[①]。

① 公即位，卫始修好。〇 好，呼报切。

夏，公会齐侯伐莱，不与谋也。凡师出，与谋曰及，不与谋曰会[1]。

① 与谋者，谓同志之国，相与讲议利害，计成而行之，故以相连及为文。若不获已，应命而出，则以外合为文，皆据鲁而言。师者，国之大事，存亡之所由，故详其举动以例别之。○ 与，音预，下及《注》与谋同，年末不与放此。应，应对之应。别，彼列切，下及《注》同。

赤狄侵晋，取向阴之禾[1]。

① 此无秋字，盖阙文。晋用桓子谋，故纵狄。○ 向，舒亮切。

郑及晋平，公子宋之谋也，故相郑伯以会。冬，盟于黑壤，王叔桓公临之，以谋不睦[1]。

① 王叔桓公，周卿士，衔天子之命以监临诸侯，不同歃者，尊卑之别也。○ 相，息亮切。歃，所合切，又所甲切。监，古衔切。

晋侯之立也[1]，公不朝焉，又不使大夫聘，晋人止公于会，盟于黄父。公不与盟，以赂免[2]。故黑壤之盟不书，讳之也[3]。

① 在二年。　② 黄父即黑壤。　③ 慢盟主以取执止之辱，故讳之。

经

八年春，公至自会①。

夏六月，公子遂如齐，至黄乃复②。

辛巳，有事于大庙，仲遂卒于垂③。

壬午，犹绎。《万》入去籥④。

戊子，夫人嬴氏薨⑤。

晋师、白狄伐秦。

楚人灭舒、蓼。

秋七月甲子，日有食之，既⑥。

冬十月己丑，葬我小君敬嬴⑦。雨，不克葬。庚寅，日中而克葬⑧。

城平阳⑨。

楚师伐陈。

① 无《传》。义与五年书过同。 ② 无《传》。盖有疾而还，大夫受命而出，虽死，以尸将事，遂以疾还，非礼也。 ③ 有事，祭也。仲遂卒与祭同日，略书有事，为绎张本。不言公子，因上行还间无异事，省文，从可知也。称字，时君所嘉，无义例也。垂，齐地，非鲁竟，故书地。○ 大，音泰，《传》同。为，于伪切。省，所景切。竟，音境。 ④ 绎，又祭，陈昨日之礼，所以宾尸。《万》，舞名。籥，管也。犹者，可止之辞。鲁人知卿佐之丧不宜作乐而不知废绎，故内舞去籥，恶其声闻。○ 去，起吕切，《注》及《传》同。籥，羊略切。管，音馆。恶，乌路切。闻，音问，又如字。 ⑤ 无《传》。宣公母也。 ⑥ 无《传》。月三十日，食。 ⑦ 敬，谥；嬴，姓也。反哭成丧，故称葬小君。 ⑧ 克，成也。 ⑨ 今泰山有平阳县。

传

八年春，白狄及晋平。夏，会晋伐秦[①]。晋人获秦谍，杀诸绛市，六日而苏[②]。

①《经》在仲遂卒下，从赴。　②盖记异也。○谍，徒协切，间也；今谓之细作。绛，古巷切。

有事于大庙，襄仲卒而绎，非礼也。

楚为众舒叛故，伐舒、蓼，灭之[①]。楚子疆之[②]，及滑汭[③]。盟吴、越而还[④]。

①舒、蓼，二国名。○为，于伪切。　②正其界也。○疆，居良切。③滑，水名。○滑，于八切。汭，如锐切，一音如悦切。　④吴国，今吴郡。越国，今会稽山阴县也。《传》言楚强，吴、越服从。○会，古外切。稽，古兮切。强，其良切。

晋胥克有蛊疾[①]，郤缺为政[②]。秋，废胥克。使赵朔佐下军[③]。

①惑以丧志。○蛊，音古。丧，息浪切。　②代赵盾。　③朔，盾之子，代胥克，为成十七年胥童怨郤氏张本。

冬，葬敬嬴。旱，无麻，始用葛茀[①]。雨，不克葬，礼也。礼，卜葬先远日，辟不怀也[②]。

① 记礼变之所由。茀，所以引柩，殡则有之，以备火；葬则以下柩。○ 茀，方勿切，引棺索也。柩，其又切。　② 怀，思也。

城平阳，书时也。

陈及晋平。楚师伐陈，取成而还[1]。

① 言晋、楚争强。

经

九年春，王正月，公如齐[1]。

公至自齐[2]。

夏，仲孙蔑如京师。

齐侯伐莱[3]。

秋，取根牟[4]。

八月，滕子卒[5]。

九月，晋侯、宋公、卫侯、郑伯、曹伯会于扈。

晋荀林父帅师伐陈。

辛酉，晋侯黑臀卒于扈[6]。

冬十月癸酉，卫侯郑卒[7]。

宋人围滕。

楚子伐郑。

晋郤缺帅师救郑。

陈杀其大夫泄冶[8]。

① 无《传》。　② 无《传》。　③ 无《传》。　④ 根牟，东夷国

也。今琅邪阳都县东有牟乡。 ⑤ 未同盟。 ⑥ 卒于竟外，故书地。四与文同盟。九月无辛酉，日误。○ 竟，音境。 ⑦ 无《传》。三与文同盟。 ⑧ 泄冶直谏于淫乱之朝以取死，故不为《春秋》所贵而书名。○ 泄，息列切。冶，音也。

传

九年春，王使来征聘[①]。夏，孟献子聘于周，王以为有礼，厚贿之[②]。

① 征，召也。言周征也。征聘不书，微加讽谕，不指斥。○ 讽，芳凤切。 ② ○ 贿，呼罪切；《字林》音悔。

秋，取根牟，言易也[①]。

① ○ 易，以豉切。

滕昭公卒[①]。

① 为宋围滕《传》。

会于扈，讨不睦也[①]。陈侯不会[②]。晋荀林父以诸侯之师伐陈[③]。晋侯卒于扈，乃还。

① 谋齐、陈。 ② 前年与楚成故。 ③ 不书诸侯师，林父帅之，无将帅。○ 将，子匠切。帅，所类切。

冬，宋人围滕，因其丧也。

陈灵公与孔宁、仪行父通于夏姬，皆衷其衵服以戏于朝①。泄冶谏曰："公卿宣淫，民无效焉②，且闻不令，君其纳之③。"公曰："吾能改矣。"公告二子，二子请杀之，公弗禁，遂杀泄冶。孔子曰："《诗》云：'民之多辟，无自立辟。'其泄冶之谓乎④。"

① 二子，陈卿。夏姬，郑穆公女，陈大夫御叔妻。衷，怀也。衵服，近身衣。○ 夏，户雅切。衷，音忠；王，丁仲切。衵，女乙切，一音汝栗切；《说文》云，日日所衣裳也；《字林》同，又仁一切。御，如字，一音鱼吕切。近，附近之近。　② 宣，示也。○ 效，户教切。　③ 纳藏衵服。○ 闻，如字，一音问。　④ 辟，邪也。辟，法也。《诗·大雅》。言邪辟之世，不可立法。国无道，危行言孙。○ 禁，居鸩切，又音金。辟，本又作僻，匹亦切。下立辟，婢亦切，《注》同。邪，似嗟切，下同。行，下孟切。孙，音逊。

楚子为厉之役故，伐郑①。

① 六年楚伐郑，取成于厉。既成，郑伯逃归。事见十一年。○ 为，于伪切。见，贤遍切。

晋郤缺救郑，郑伯败楚师于柳棼①。国人皆喜，唯子良忧曰："是国之灾也，吾死无日矣②。"

① 柳棼，郑地。○ 柳，力手切。棼，扶云切。　② 自是晋、楚交共伐郑，十二年卒有楚子入郑之祸。

经

十年春，公如齐。

公至自齐①。

齐人归我济西田②。

夏四月丙辰，日有食之③。

己巳，齐侯元卒④。

齐崔氏出奔卫⑤。

公如齐。

五月，公至自齐⑥。

癸巳，陈夏徵舒弑其君平国⑦。

六月，宋师伐滕。

公孙归父如齐，葬齐惠公⑧。

晋人、宋人、卫人、曹人伐郑⑨。

秋，天王使王季子来聘⑩。

公孙归父帅师伐邾，取绎⑪。

大水⑫。

季孙行父如齐。

冬，公孙归父如齐。

齐侯使国佐来聘⑬。

饥⑭。

楚子伐郑。

① 无《传》。　② 元年以赂齐也。不言来，公如齐，因受之。○ 济，子礼切。　③ 无《传》。不书朔，官失之。　④ 未同盟而赴以名。　⑤ 齐略见举族出，因其告辞以见无罪。○ 见，贤遍切，下同。　⑥ 无

《传》。 ⑦ 徵舒，陈大夫也。灵公恶不加民，故称臣以弑。○ 夏，户雅切。 ⑧ 无《传》。归父，襄仲之子。 ⑨ 郑及楚平故。 ⑩ 王季子者，《公羊》以为天王之母弟。然则，字季子。天子大夫称字。 ⑪ 绎，邾邑。鲁国邹县北有绎山。○ 绎，音亦。 ⑫ 无《传》。 ⑬ 既葬成君，故称君命使也。 ⑭ 无《传》。有水灾，嘉穀不成。

传

十年春，公如齐。齐侯以我服故，归济西之田[①]。

① 公比年朝齐故。

夏，齐惠公卒。崔杼有宠于惠公，高、国畏其偪也[①]，公卒而逐之，奔卫。书曰"崔氏"，非其罪也，且告以族，不以名[②]。凡诸侯之大夫违[③]，告于诸侯曰："某氏之守臣某[④]，失守宗庙，敢告。"所有玉帛之使者则告[⑤]，不然，则否[⑥]。

① 高、国二家，齐正卿。○ 杼，直吕切。偪，彼力切。 ② 典策之法，告者皆当书以名，今齐特以族告，夫子因而存之，以示无罪。又言且告以族不以名者，明《春秋》有因而用之，不皆改旧史。 ③ 违，奔放也。④ 上某氏者姓，下某名。○ 守，手又切。 ⑤ 玉帛之使谓聘。○ 使，所吏切。 ⑥ 恩好不接，故亦不告。○ 好，呼报切。

公如齐奔丧[①]。

① 公亲奔丧，非礼也。公出朝会奔丧会葬，皆书如，不言其事，史之常也。

陈灵公与孔宁、仪行父饮酒于夏氏。公谓行父曰："徵舒似女。"对曰："亦似君。"徵舒病之[①]。公出，自其厩射而杀之。二子奔楚[②]。

① 灵公即位，于今十五年，徵舒已为卿，年大无嫌是公子。盖以夏姬淫放，故谓其子多似以为戏。〇 夏，户雅切。女，音汝。　② 〇 厩，居又切。射，食亦切。

滕人恃晋而不事宋，六月，宋师伐滕。

郑及楚平[①]。诸侯之师伐郑，取成而还。

① 前年败楚师，恐楚深怨，故与之平。

秋，刘康公来报聘[①]。

① 报孟献子之聘，即王季子也。其后食采于刘。

师伐邾，取绎[①]。

① 为子家如齐《传》。

季文子初聘于齐[①]。

① 齐侯初即位。

冬，子家如齐，伐邾故也[①]。

① 鲁侵小，恐为齐所讨，故往谢。

国武子来报聘[①]。

① 报文子也。

楚子伐郑。晋士会救郑，逐楚师于颍北[①]。诸侯之师戍郑。郑子家卒。郑人讨幽公之乱，斫子家之棺而逐其族[②]。改葬幽公，谥之曰灵。

① 颍水出河南阳城，至下蔡入淮。　② 以四年弑君故也。斫薄其棺，不使从卿礼。○ 斫，竹角切。

经

十有一年春，王正月。

夏，楚子、陈侯、郑伯盟于辰陵[①]。

公孙归父会齐人伐莒[②]。

秋，晋侯会狄于欑函[③]。

冬十月，楚人杀陈夏徵舒[④]。

丁亥，楚子入陈[⑤]。纳公孙宁、仪行父于陈[⑥]。

① 楚复伐郑，故受盟也。辰陵，陈地。颍川长平县东南有辰亭。○ 复，扶又切，下复封陈同。　② 无《传》。　③ 晋侯往会之，故以狄

为会主。欑函,狄地。○ 欑,才端切。函,音咸。　④ 不言楚子而称人,讨贼辞也。　⑤ 楚子先杀徵舒而欲县陈,后得申叔时谏,乃复封陈,不有其地,故书入在杀徵舒之后。　⑥ 二子,淫昏乱人也。君弑之后,能外托楚以求报君之仇,内结强援于国。故楚庄得平步而讨陈,除弑君之贼。于时陈成公播荡于晋,定亡君之嗣,灵公成丧,贼讨国复,功足以补过,故君子善楚复之。○ 播,补贺切。荡,如字。

传

十一年春,楚子伐郑,及栎。子良曰:“晋、楚不务德而兵争,与其来者可也。晋、楚无信,我焉得有信。”乃从楚。夏,楚盟于辰陵,陈、郑服也[①]。

①《传》言楚与晋狎主盟。○ 栎,力狄切。争,争斗之争。焉,於虔切。夏楚盟,本或作楚子。

楚左尹子重侵宋[①],王待诸郔[②]。令尹艻艾猎城沂[③],使封人虑事[④],以授司徒[⑤]。量功命日[⑥],分财用[⑦],平板榦[⑧],称畚筑[⑨],程土物[⑩],议远迩[⑪],略基趾[⑫],具餱粮[⑬],度有司[⑭],事三旬而成[⑮],不愆于素[⑯]。

① 子重,公子婴齐,庄王弟。　② 郔,楚地。○ 郔,音延。③ 艾猎,孙叔敖也。沂,楚邑。○ 艾,五盖切。猎,力涉切。沂,鱼依切。④ 封人,其时主筑城者。虑事,谋虑计功。○ 虑,如字,一音力於切。⑤ 司徒掌役。　⑥ 命作日数。　⑦ 财(具)〔用〕,筑作具。⑧ 榦,桢也。○ 榦,古旦切,亦作幹。桢,音贞。　⑨ 量轻重。畚,盛土器。○ 畚,音本。盛,音成。　⑩ 为作程限。○ 为,于伪切,又如字。

⑪ 均劳逸。 ⑫ 趾，城足；略，行也。○ 趾，音止。行，下孟切。⑬ 餱，乾食也。○ 餱，音侯。粮，音良。乾食，如字，一音嗣；本或作乾饭。⑭ 谋监主。○ 度，待洛切。监，古衔切。 ⑮ 十日为旬。 ⑯ 不过素所虑之期也。《传》言叔敖之能使民。○ 愆，起虔切。

晋郤成子求成于众狄，众狄疾赤狄之役，遂服于晋[①]。秋，会于欑函，众狄服也。是行也，诸大夫欲召狄。郤成子曰："吾闻之，非德莫如勤，非勤何以求人？能勤有继，其从之也[②]。《诗》曰：'文王既勤止[③]。'文王犹勤，况寡德乎？"

① 赤狄潞氏最强，故服役众狄。○ 潞，音路。 ② 勤则功继之。③《诗·颂》。文王勤以创业。○ 创，初亮切。

冬，楚子为陈夏氏乱故，伐陈[①]。谓陈人无动，将讨于少西氏[②]。遂入陈，杀夏徵舒，轘诸栗门[③]，因县陈[④]。陈侯在晋[⑤]。申叔时使于齐，反，复命而退。王使让之曰："夏徵舒为不道，弑其君，寡人以诸侯讨而戮之，诸侯县公皆庆寡人[⑥]，女独不庆寡人，何故？"对曰："犹可辞乎？"王曰："可哉！"曰："夏徵舒弑其君，其罪大矣，讨而戮之，君之义也。抑人亦有言曰：'牵牛以蹊人之田[⑦]，而夺之牛。'牵牛以蹊者，信有罪矣；而夺之牛，罚已重矣。诸侯之从也，曰讨有罪也。今县陈，贪其富也。以讨召诸侯，而以贪归之，无乃不可乎？"王曰："善哉！吾未之闻也。反之可乎？"对曰："可哉！吾侪小人所谓取诸其怀而与之也[⑧]。"乃复封陈，乡取一人焉以归，谓之夏州[⑨]。故书曰："楚子入陈，纳公孙宁、仪行父于陈。”书有礼也[10]。

① 十年，夏徵舒弑君。○ 为，于伪切。　② 少西，徵舒之祖子夏之名。○ 少，诗照切。　③ 轘，车裂也。栗门，陈城门。○ 轘，音患。　④ 灭陈以为楚县。　⑤ 灵公子成公午。　⑥ 楚县大夫皆僭称公。○ 使，所吏切。僭，子念切。　⑦ 抑，辞也。蹊，径也。○ 女，音汝。蹊，音兮。径，古定切。　⑧ 叔时谦言小人意浅，谓譬如取人物于其怀而还之，为愈于不还。○ 侪，仕皆切，辈也。　⑨ 州，乡属，示讨夏氏所获也。○ 复，扶又切。夏，户雅切。　⑩ 没其县陈本意，全以讨乱存国为文，善其复礼。

厉之役，郑伯逃归[1]。自是楚未得志焉。郑既受盟于辰陵，又徼事于晋[2]。

① 盖在六年。　② 为明年楚围郑《传》。十年郑及楚平，既无其事。辰陵盟后，郑徼事晋，又无端迹。《传》皆特发以明《经》也。自厉之役，郑南北两属，故未得志。九年，楚子伐郑，不以黑壤兴伐，远称厉之役者，志恨在厉役。此皆《传》上下相包通之义也。○ 徼，古尧切。

春秋经传集解第十一

宣公下

经

十有二年春，葬陈灵公①。

楚子围郑②。

夏六月乙卯，晋荀林父帅师及楚子战于邲，晋师败绩③。

秋七月。

冬十有二月戊寅，楚子灭萧④。

晋人、宋人、卫人、曹人同盟于清丘⑤。

宋师伐陈，卫人救陈⑥。

① 无《传》。贼讨国复，二十二月然后得葬。　② 前年盟辰陵而又徼事晋故。○ 徼，古尧切。　③ 晋上军成陈，故书战。邲，郑地。○ 邲，扶必切，一音弼。陈，音直觐切。　④ 萧，宋附庸国。十二月无戊寅；戊寅，十一月九日。　⑤ 晋、卫背盟，故大夫称人。宋华椒承群伪之言，以误其国，宋虽有守信之善，而椒犹不免讥。清丘，卫地，今在濮阳县东南。○ 背，蒲对切，下《注》同。　⑥ 背清丘之盟。

传

十二年春，楚子围郑。旬有七日，郑人卜行成，不吉。卜临于大宫①，且巷出车，吉②。国人大临，守陴者皆哭③。

楚子退师，郑人修城，进复围之，三月克之[④]。入自皇门，至于逵路[⑤]。郑伯肉袒牵羊以逆[⑥]，曰："孤不天[⑦]，不能事君，使君怀怒以及敝邑，孤之罪也。敢不唯命是听。其俘诸江南以实海滨，亦唯命。其翦以赐诸侯，使臣妾之，亦唯命[⑧]。若惠顾前好[⑨]，徼福于厉、宣、桓、武，不泯其社稷[⑩]，使改事君，夷于九县[⑪]，君之惠也，孤之愿也，非所敢望也。敢布腹心，君实图之。"左右曰："不可许也，得国无赦。"王曰："其君能下人，必能信用其民矣，庸可几乎？"退三十里而许之平[⑫]。潘尪入盟，子良出质[⑬]。

① 临，哭也。大宫，郑祖庙。○ 临，力鸩切，《注》下同。大，音泰，《注》同。　② 出车于巷，示将见迁，不得安居。　③ 陴，城上僻倪。皆哭，所以告楚穷也。○ 陴，婢支切；徐，扶移切。僻，普计切。倪，五计切。④ 哀其穷哭，故为退师，而犹不服，故复围之九十日。○ 复，扶又切，《注》同。为，于伪切。　⑤ 涂方九轨曰逵。○ 逵，求龟切；《尔雅》云，九达谓之逵；《说文》作馗，云，九达道，似龟背，故谓之馗。逵，或馗字。　⑥ 肉袒牵羊，示服为臣仆。○ 袒，徒旱切。　⑦ 不为天所祐。○ 祐，音又。⑧ 翦，削也。○ 俘，芳夫切，囚也。滨，音宾。翦，子浅切。　⑨ 楚、郑世有盟誓之好。○ 好，呼报切，《注》同。　⑩ 周厉王、宣王，郑之所自出也。郑桓公、武公，始封之贤君也。愿楚要福于此四君，使社稷不灭。泯，犹灭也。○ 厉宣：郑桓公友，周厉王之子，宣王之母弟。桓武：郑武公名滑突，桓公之子。泯，弥忍切；徐，亡轸切。要，於遥切。　⑪ 楚灭九国以为县，愿得比之。○ 九县：庄十四年灭息，十六年灭邓，僖五年灭弦，十二年灭黄，二十六年灭夔，文四年灭江，五年灭六、灭蓼，十六年灭庸。《传》称楚武王克权，使鬥缗尹之；又称文王县申、息，凡十一国，不知何以言九。⑫ 退一舍以礼郑。○ 下，遐嫁切。几，音冀。　⑬ 潘尪，楚大夫。子良，

郑伯弟。○尫，乌黄切。质，音致。

夏六月，晋师救郑。荀林父将中军[①]，先縠佐之[②]。士会将上军[③]，郤克佐之[④]。赵朔将下军[⑤]，栾书佐之[⑥]。赵括、赵婴齐为中军大夫[⑦]。巩朔、韩穿为上军大夫。荀首、赵同为下军大夫[⑧]。韩厥为司马[⑨]。

及河，闻郑既及楚平，桓子欲还，曰："无及于郑而剿民，焉用之[⑩]？楚归而动，不后[⑪]。"随武子曰："善[⑫]。会闻用师，观衅而动[⑬]。德刑政事典礼不易，不可敌也，不为是征[⑭]。楚军讨郑，怒其贰而哀其卑，叛而伐之，服而舍之，德刑成矣。伐叛，刑也；柔服，德也。二者立矣。昔岁入陈[⑮]，今兹入郑，民不罢劳，君无怨讟[⑯]，政有经矣[⑰]。荆尸而举[⑱]，商农工贾不败其业，而卒乘辑睦[⑲]，事不奸矣[⑳]。苏敖为宰，择楚国之令典[㉑]，军行右辕，左追蓐[㉒]，前茅虑无[㉓]，中权后劲[㉔]，百官象物而动，军政不戒而备[㉕]，能用典矣。其君之举也，内姓选于亲，外姓选于旧[㉖]，举不失德，赏不失劳，老有加惠[㉗]，旅有施舍[㉘]，君子小人，物有服章[㉙]，贵有常尊，贱有等威[㉚]，礼不逆矣。德立刑行，政成事时，典从礼顺，若之何敌之？见可而进，知难而退，军之善政也。兼弱攻昧，武之善经也[㉛]。子姑整军而经武乎[㉜]，犹有弱而昧者，何必楚？仲虺有言曰：'取乱侮亡。'兼弱也[㉝]。《汋》曰：'於铄王师，遵养时晦[㉞]。'耆昧也[㉟]。《武》曰：'无竞惟烈[㊱]。'抚弱耆昧以务烈所，可也[㊲]。"彘子曰："不可[㊳]。晋所以霸，师武臣力也。今失诸侯，不可谓力。有敌而不从，不可谓武。由我失霸，不如死。且成师以出，闻敌强而退，非夫也[㊴]。命为军帅，而卒以非夫，唯群子能，我弗为也。”以中军佐济[40]。知庄子曰：“此师殆哉[41]。《周易》有之，在《师》䷆[42]之《临》䷒[43]，曰：‘师出以律，否臧，凶[44]。’执事顺成为臧，逆为否[45]，众散为弱[46]，川壅为泽[47]，有律以如己也[48]，故曰律，否臧。且律竭也[49]，盈而以竭，夭且不整，所以凶也[50]。不行之谓《临》[51]，有帅而不从，临孰甚焉！此之谓矣[52]。果遇必败[53]，彘子尸之[54]。虽免而归，必有大咎[55]。”韩献子谓桓子[56]曰：“彘子以偏师陷，子罪大矣。子为元帅，师不用命，谁之罪也？失属亡师，为罪已重，不如进也[57]。事之不捷，恶有所分[58]，与其专罪，六人同之，不犹愈乎[59]？”师遂济。楚子北，师次于郔[60]。沈尹将中军[61]，子重将左，子反将右，将饮马于河而归[62]。闻晋师既济，王欲还，嬖人伍参欲战[63]。令尹孙叔敖弗欲，曰：“昔岁入陈，今兹入郑，不无事矣。战而不捷，参之肉其足食乎？”参曰：“若事之捷，孙叔为无谋矣。不捷，参之肉将在晋军，可得食乎？”令尹南辕反旆[64]。伍参言于王曰：“晋之从政者新，未能行令。其佐先縠刚愎不仁，未肯用命[65]。其三帅者专行不获[66]，听而无上，众谁适从[67]。此行也，晋师必败。且君而逃臣，若社稷何？”王病之，告令尹，改乘辕而北之，次于管以待之。

晋师在敖、鄗之间[68]。郑皇戌使如晋师曰：“郑之从楚，社稷之故也，未有贰心。楚师骤胜而骄，其师老矣，而不设备，子击之，郑师为承[69]，楚师必败。”彘子曰：“败楚服郑，于此在矣，必许之。”栾武子曰[70]：“楚自克庸以来[71]，其君无日不讨国人而训之[72]，于民生之不易，祸至之无日，戒惧之不可以怠[73]。在军无日不讨军实而申儆之[74]，于胜之不可保，纣之百克而卒无后。训之以若敖、蚡冒筚路蓝缕以启山林[75]。箴之曰：'民生在勤，勤则不匮。'不可谓骄[76]。先大夫子犯有言曰：'师直为壮，曲为老。'我则不德而徼怨于楚，我曲楚直，不可谓老[77]。其君之戎，分为二广[78]，广有一卒，卒偏之两[79]。右广初驾，数及日中；左则受之，以至于昏。内官序当其夜[80]，以待不虞，不可谓无备。子良，郑之良也。师叔，楚之崇也[81]。师叔入盟，子良在楚，楚、郑亲矣。来劝我战，我克则来，不克遂往，以我卜也，郑不可从。"赵括、赵同曰："率师以来，唯敌是求，克敌得属，又何俟？必从彘子[82]。"知季子曰："原、屏，咎之徒也[83]。"赵庄子曰："栾伯善哉[84]，实其言，必长晋国[85]。"

楚少宰如晋师[86]，曰："寡君少遭闵凶，不能文[87]。闻二先君之出入此行也[88]，将郑是训定，岂敢求罪于晋。二三子无淹久[89]。"随季对曰："昔平王命我先君文侯曰：'与郑夹辅周室，毋废王命。'今郑不率[90]，寡君使群臣问诸郑，岂敢辱候人[91]？敢拜君命之辱。"彘子以为谄，使赵括从而更之，曰："行人失辞[92]。寡君使群臣迁大国之迹于郑[93]，曰：'无辟敌。'群臣无所逃命。"

楚子又使求成于晋，晋人许之，盟有日矣[94]。楚许伯御乐伯，摄叔为右，以致晋师[95]。许伯曰："吾闻致师者，御靡旌摩垒而还[96]。"乐伯曰："吾闻致师者，左射以菆[97]，代御执辔，御下两马，掉鞅而还[98]。"摄叔曰："吾闻致师者，右入垒折馘[99]，执俘而还。"皆行其所闻而复。晋人逐之，左右角之[100]。

乐伯左射马而右射人，角不能进，矢一而已。麋兴于前，射麋丽龟[101]。晋鲍癸当其后，使摄叔奉麋献焉，曰："以岁之非时，献禽之未至，敢膳诸从者。"鲍癸止之，曰："其左善射，其右有辞，君子也。"既免[102]。

晋魏锜求公族，未得[103]而怒，欲败晋师。请致师，弗许。请使，许之。遂往，请战而还。楚潘党逐之，及荧泽，见六麋，射一麋以顾献曰："子有军事，兽人无乃不给于鲜，敢献于从者[104]。"叔党命去之[105]。赵旃求卿未得[106]，且怒于失楚之致师者。请挑战，弗许。请召盟，许之。与魏锜皆命而往。郤献子曰："二憾往矣[107]，弗备必败。"彘子曰："郑人劝战，弗敢从也。楚人求成，弗能好也。师无成命，多备何为?"士季曰："备之善。若二子怒楚，楚人乘我，丧师无日矣[108]。不如备之。楚之无恶，除备而盟，何损于好？若以恶来，有备不败。且虽诸侯相见，军卫不彻，警也[109]。"彘子不可[110]。士季使巩朔、韩穿帅七覆于敖前[111]。故上军不败。赵婴齐使其徒先具舟于河，故败而先济。

潘党既逐魏锜[112]，赵旃夜至于楚军[113]，席于军门之外，使其徒入之[114]。楚子为乘广三十乘，分为左右。右广鸡鸣而驾，日中而说[115]。左则受之，日入而说。许偃御右广，养由基为右。彭名御左广，屈荡为右[116]。乙卯，王乘左广以逐赵旃。赵旃弃车而走林，屈荡搏之，得其甲裳[117]。晋人惧二子之怒楚师也，使軘车逆之[118]。潘党望其尘，使骋而告曰："晋师至矣。"楚人亦惧王之入晋军也，遂出陈。孙叔曰："进之。宁我薄人，无人薄我。《诗》云：'元戎十乘，以先启行。'先人也[119]。《军志》曰：'先人有夺人之心'，薄之也[120]。"遂疾进师，车驰卒奔，乘晋军。桓子不知所为，鼓于军中曰："先济者有赏。"中军、下军争舟，舟中之指可掬也[121]。

晋师右移，上军未动[122]。工尹齐将右拒卒以逐下军[123]。楚子使唐狡与蔡鸠居告唐惠侯[124]曰："不穀不德而贪，以遇大敌，不穀之罪也。然楚不克，君之羞也，敢藉君灵以济楚师[125]。"使潘党率游阙四十乘[126]，从唐侯以为左拒，以从上军。驹伯曰："待诸乎[127]？"随季曰："楚师方壮，若萃于我，吾师必尽[128]。不如收而去之，分谤生民，不亦可乎[129]。"殿其卒而退，不败[130]。王见右广，将从之乘。屈荡户之曰："君以此始，亦必以终[131]。"自是楚之乘广先左[132]。

晋人或以广队不能进[133]，楚人惎之脱扃[134]，少进，马还，又惎之拔旆投衡，乃出[135]。顾曰："吾不如大国之数奔也。"

赵旃以其良马二，济其兄与叔父，以他马反，遇敌不能去，弃车而走林。逢大夫与其二子乘[136]，谓其二子无顾[137]。顾曰："赵傁在后[138]。"怒之，使下，指木曰："尸女于是。"授赵旃绥以免。明日以表尸之[139]，皆重获在木下[140]。

楚熊负羁囚知䓨。知庄子以其族反之[141]，厨武子御[142]，下军之士多从之[143]。每射，抽矢菆，纳诸厨子之房[144]。厨子怒曰："非子之求而蒲之爱[145]，董泽之蒲，可胜既乎[146]？"知季曰："不以人子，吾子其可得乎？吾不可以苟射故也。"射连尹襄老，获之，遂载其尸。射公子榖臣，囚之。以二者还[147]。及昏，楚师军于邲，晋之馀师不能军[148]，宵济，亦终夜有声[149]。

丙辰，楚重至于邲[150]，遂次于衡雍。潘党曰："君盍筑武军[151]，而收晋尸以为京观[152]？臣闻克敌必示子孙，以无忘武功。”楚子曰：“非尔所知也。夫文，止戈为武[153]。武王克商，作《颂》曰：‘载戢干戈，载櫜弓矢[154]。我求懿德，肆于时夏，允王保之[155]。’又作《武》，其卒章曰：‘耆定尔功[156]。’其三曰：‘铺时绎思，我徂惟求定[157]。’其六曰：‘绥万邦，屡丰年[158]。’夫武，禁暴、戢兵、保大、定功、安民、和众、丰财者也[159]。故使子孙无忘其章[160]。今我使二国暴骨，暴矣；观兵以威诸侯，兵不戢矣。暴而不戢，安能保大？犹有晋在，焉得定功？所违民欲犹多，民何安焉？无德而强争诸侯，何以和众？利人之几[161]，而安人之乱，以为己荣，何以丰财[162]？武有七德，我无一焉，何以示子孙？其为先君宫，告成事而已[163]。武非吾功也。古者明王伐不敬，取其鲸鲵而封之，以为大戮，于是乎有京观，以惩淫慝[164]。今罪无所[165]，而民皆尽忠以死君命，又可以为京乎？”祀于河，作先君宫，告成事而还[166]。

是役也，郑石制实入楚师，将以分郑而立公子鱼臣。辛未，郑杀仆叔及子服[167]。君子曰：“史佚所谓毋怙乱者，谓是类也[168]。《诗》曰：‘乱离瘼矣，爰其适归[169]？’归于怙乱者也夫[170]！”

① 代郤缺。○ 将，子匠切，下及《注》同；下尹将、将左、将右，放此。 ② 彘季，代林父。○ 縠，户木切；又作縠，同。彘，直例切。 ③ 河曲之役，郤缺将上军。宣八年，代赵盾为政，将中军。士会代将上军。 ④ 郤缺之子，代臾骈。○ 臾，羊朱切。骈，蒲边切。 ⑤ 代栾盾。 ⑥ 栾盾之子，代赵朔。 ⑦ 括、婴齐皆赵盾异母弟。 ⑧ 荀首，林父弟。赵同，赵婴兄。○ 巩，九勇切。 ⑨ 韩万玄孙。 ⑩ 桓子，林父。鄵，

劳也。○ 剿，初交切；徐，子小切。焉，於虔切。 ⑪ 动兵伐郑。 ⑫ 武子，士会。 ⑬ 衅，罪也。○ 衅，许靳切；服云，间也。 ⑭ 言征伐为有罪，不为有礼。○ 为，于伪切，《注》同。 ⑮ 讨徵舒。 ⑯ 謶，谤也。○ 罢，音皮。謶，徒木切。 ⑰ 经，常也。 ⑱ 荆，楚也。尸，陈也。楚武王始更为此陈法，遂以为名。○ 陈，直觐切，下同。 ⑲ 步曰卒，车曰乘。○ 贾，音古。卒，子忽切，《注》同。乘，绳证切，《注》皆同。辑，音集，又七入切。 ⑳ 奸，犯也。○ 奸，音干。 ㉑ 宰，令尹。蔿敖，孙叔敖。○ 蔿，于伪切。 ㉒ 在车之右者挟辕为战备，在左者追求草蓐为宿备。《传》曰：令尹南辕。又曰：改乘辕。楚陈以辕为主。○ 蓐，音辱。挟，胡牒切，又古治切，又古协切。 ㉓ 虑无，如今军行前有斥候蹹伏，皆持以绛及白为幡，见骑贼举绛幡，见步贼举白幡，备虑有无也。茅，明也。或曰时楚以茅为旌识。○ 蹹，徒臘切。幡，芳元切。骑，其寄切。识，申志切，一音志。 ㉔ 中军制谋，后以精兵为殿。○ 劲，吉政切。殿，丁练切。 ㉕ 物犹类也，戒，敕令。 ㉖ 言亲疏并用。 ㉗ 赐老则不计劳。 ㉘ 旅客来者，施之以惠，舍不劳役。 ㉙ 尊卑别也。○ 别，彼列切。 ㉚ 威仪有等差。○ 差，初佳切，又初宜切。 ㉛ 昧，昏乱。经，法也。○ 昧，音妹。 ㉜ 姑，且也。 ㉝ 仲虺，汤左相，薛之祖奚仲之后。○ 虺，许鬼切。侮，亡吕切。相，息亮切。 ㉞《汋》，《诗·颂》篇名。铄，美也。言美武王能遵天之道，须暗昧者恶积而后取之。○ 汋，章略切。於，音乌。铄，舒若切，《注》同。 ㉟ 耆，致也，致讨于昧。○ 耆，音旨；徐，其夷切，下同。 ㊱《武》，《诗·颂》篇名。烈，业也。言武王兼弱取昧，故成无疆之业。○ 疆，居良切。 ㊲ 言当务从武王之功业，抚而取之。○ 以务烈所，绝句。 ㊳ 彘子，先縠。 ㊴ 非丈夫。 ㊵ 佐，彘子所帅也。济，渡河。○ 帅，所类切，下及《注》有帅、元帅、三帅同。 ㊶ 庄子，荀首。○ 知，音智。 ㊷《坎》下《坤》上，《师》。 ㊸《兑》下《坤》上，《临》。《师》初六变而之《临》。 ㊹ 此《师卦》初六《爻辞》。律，法；否，不也。○ 臧，子郎切。 ㊺ 今彘子逆命不顺成，故应否臧之凶。○ 应，应对之应。 ㊻《坎》为众，今变为《兑》，

《兑》柔弱。　⑰《坎》为川，今变为《兑》，《兑》为泽，是川见壅。○ 壅，於勇切；本又作雍，《注》皆同。　⑱ 如，从也。法行则人从法，法败则法从人。《坎》为法象，今为众则散，为川则壅，是失法之用，从人之象。⑲ 竭，败也。《坎》变为《兑》，是法败。　⑳ 水遇夭塞，不得整流则竭涸也。○ 夭，於表切。　㉑ 水变为泽，乃成《临卦》。泽，不行之物。㉒ 譬彘子之违命，亦不可行。　㉓ 遇敌。　㉔ 主此祸。　㉕ 为明年晋杀先縠《传》。○ 咎，其九切。　㉖ 献子，韩厥。　㉗ 令郑属楚，故曰失属。彘子以偏师陷，故曰亡师。○ 令，力呈切。　㉘ 捷，成也。㉙ 三军皆败，则六卿同罪，不得独责元帅。　㉚ 郔，郑北地。○ 郔，音延。　㉛ 沈或作寝。寝，县也，今汝阴固始县。○ 沈，音审。　㉜ 子反，公子侧。○ 饮，於鸩切。　㉝ 参，伍奢之祖父。○ 嬖，必计切；徐，甫诣切；《字林》，方豉切。参，七南切。　㉞ 迴车南乡。旆，军前大旗。○ 旆，蒲贝切。乡，又作嚮，许亮切。　㉟ 愎，很也。○ 愎，皮逼切。很，胡垦切。　㊱ 欲专其所行而不得。　㊲ 听彘子、赵同、赵括，则为军无上，令众不知所从。○ 适，丁历切。　㊳ 荥阳京县东北有管城，敖、鄗二山在荥阳县西北。○ 乘，绳证切。管，古缓切；管城，管叔所封也；或作菅，古颜切，非也。敖，五刀切。鄗，苦交切。　㊴ 承，继也。○ 戌，虽律切。使，所吏切。骤，仕救切。　㊵ 武子，栾书。○ 败，必迈切。㊶ 在文十六年。　㊷ 讨，治也。　㊸ 于，曰也。○ 易，以豉切。㊹ 军实，军器。○ 儆，敬领切。　㊺ 若敖、蚡冒，皆楚之先君。筚路，柴车。蓝缕，敝衣。言此二君勤俭以启土。○ 纣，直九切。蚡，扶粉切。冒，莫报切。筚，音必。蓝，力甘切。缕，力主切。　㊻ 箴，诫。○ 箴，章金切。匮，其位切。　㊼ 不德，谓以力争诸侯。徼，要也。○ 要，一遥切。㊽ 君之亲兵。○ 广，古旷切，下及《注》皆同。　㊾ 十五乘为一广。《司马法》：百人为卒，二十五人为两。车十五乘为大偏。今广十五乘，亦用旧偏法，复以二十五人为承副。○ 卒，子忽切，《注》同。乘，绳证切，下同。复，扶又切，下不复逐同。　㊿ 内官，近官。序，次也。○ 序当其夜，一本作序当其次。　(81) 师叔，潘尪，为楚人所崇贵。　(82) 得属，服郑。

⑧③ 知季，庄子也。原，赵同。屏，赵括。徒，党也。○ 知，音智。荀首后为智氏。屏，步丁切。　⑧④ 庄子，赵朔。栾伯，武子。　⑧⑤ 实，犹充也。〔言〕栾书之身行，能充此言，则当执晋国之政也。○ 长，丁两切。行，下孟切。　⑧⑥ 少宰，官名。○ 少，诗召切，《注》及下同。　⑧⑦ 闵，忧也。⑧⑧ 二先君，楚成王、穆王。　⑧⑨ 淹，留也。　⑨⓪ 率，遵也。○ 夹，古洽切，旧古协切。毋，音无。　⑨① 候人，谓伺候望敌者。○ 候，户豆切。伺，音司，一音息嗣切。　⑨② 言误对。○ 谄，敕检切。　⑨③ 迁，徙也。⑨④ 有期日。　⑨⑤ 单车挑战，又示不欲崇和，以疑晋之群帅。○ 单，音丹。挑，徒了切，下文同。帅，所类切。　⑨⑥ 靡旌，驱疾也。摩，近也。○ 摩，末多切。垒，力轨切。近，附近之近。　⑨⑦ 左，车左也。菆，矢之善者。○ 射，食亦切。下三字同。菆，侧留切。　⑨⑧ 两，饰也。掉，正也。示閒暇。○ 两，或作柄，皆力掌切，又音亮。掉，徒吊切；徐，乃较切。鞅，於丈切。閒，音闲。　⑨⑨ 折馘，断耳。○ 折，之设切，《注》同。馘，古获切。断，音短。　⑩⓪ 张两角，从旁夹攻之。　⑩① 丽，著也。龟，背之隆高当心者。○ 麋，亡悲切。著，直略切。　⑩② 止不复逐。○ 从，才用切，下从者同。　⑩③ 锜，魏犨子，欲为公族大夫。○ 锜，鱼绮切。犨，尺周切。⑩④ 荧泽在荧阳县东。新杀为鲜，见六得一，言其不如楚。○ 败，必迈切，又如字。使，所吏切。荧，户扃切。射，食亦切。鲜，音仙，《注》同。　⑩⑤ 叔党，潘党，潘尪之子。　⑩⑥ 旃，赵穿子。　⑩⑦ 献子，郤克。○ 憾，胡暗切。　⑩⑧ 乘，犹登也。○ 好，呼报切，下同。丧，息浪切。　⑩⑨ 彻，去也。○ 警，音景。去，起吕切。　⑪⓪ 不肯设备。　⑪① 帅，将也。覆，为伏兵七处。○ 覆，扶又切，《注》同。帅，如字。将，子匠切。处，昌虑切。⑪② 言魏锜见逐而退。　⑪③ 二人虽俱受命而行不相随，赵旃在后至。⑪④ 布席坐，示无所畏也。　⑪⑤ 说，舍也。○ 乘，绳证切；下三十乘、十乘并《注》同。说，舒锐切，《注》及下同。　⑪⑥ 楚王更迭载之，故各有御、右。○ 屈，居勿切。更，音庚。迭，直结切。　⑪⑦ 下曰裳。○ 搏，音博。⑪⑧ 軘车，兵车名。○ 軘，徒温切。　⑪⑨ 元戎，戎车在前也。《诗·小雅》。言王者军行必有戎车十乘，在前开道，先人为备。○ 骋，敕景切。陈，直觐

切,下《注》皆同。先,悉荐切,《注》下同。 ⑫⓪ 夺敌战心。 ⑫① 两手曰掬。○ 卒,子忽切,下及下《注》同。掬,九六切。 ⑫② 言馀军皆移去,唯上军在。《经》所以书战,言犹有陈。 ⑫③ 工尹齐,楚大夫。右拒,陈名。○ 拒,音矩;本亦作矩,下同。 ⑫④ 二子,楚大夫。唐,属楚之小国。义阳安昌县东南有上唐乡。○ 狡,古卯切。 ⑫⑤ 藉,犹假借也。 ⑫⑥ 游车补阙者。○ 乘,绳证切。下之乘、《注》易乘皆同。 ⑫⑦ 驹伯,郤克,上军佐也。 ⑫⑧ 萃,集也。○ 萃,似醉切。 ⑫⑨ 同奔为分谤,不战为生民。 ⑬⓪ 以其所将卒为军后殿。○ 殿,多练切,《注》同。 ⑬① 户,止也。中易乘则恐军人惑。 ⑬② 以乘左得胜故。 ⑬③ 广,兵车。○ 队,直类切。 ⑬④ 惎,教也。扃,车上兵阑。○ 惎,其器切。扃,古荧切;徐,公冥切。服云,扃,横木校轮间,一曰车前横木也。《西京赋》云,旗不脱扃。薛综云,扃,所以止旗也。 ⑬⑤ 还,便旋不进。旆,大旗也。拔旗投衡上,使不帆风,差轻。○ 帆,凡剑切;本又作帊,普霸切。差,初卖切。 ⑬⑥ 逢,氏。○ 数,所角切。乘,绳证切。 ⑬⑦ 不欲见赵旃。 ⑬⑧ 傁,老称也。○ 傁,素口切。称,尺证切。 ⑬⑨ 表所指木,取其尸。○ 女,音汝。 ⑭⓪ 兄弟累尸而死。○ 重,直龙切。 ⑭① 负羁,楚大夫。知䓨,知庄子之子。族,家兵。反,还战。○ 䓨,于耕切。还,音环。 ⑭② 武子,魏锜。○ 厨,直诛切。 ⑭③ 知庄子下军大夫故。 ⑭④ 抽,擢也。菆,好箭。房,箭舍。○ 射,食夜切,又食亦切。擢,直角切。 ⑭⑤ 蒲,杨柳,可以为箭。 ⑭⑥ 董泽,泽名,河东闻喜县东北有董池陂。既,尽也。○ 胜,音升。陂,彼宜切。 ⑭⑦ 縠臣,楚王子。○ 射,食亦切,下同。 ⑭⑧ 不能成营屯。 ⑭⑨ 言其兵众,将不能用。○ 将,子匠切。 ⑮⓪ 重,辎重也。○ 重,直勇切,又直用切,《注》上重字同。辎,侧其切。重,直用切。 ⑮① 筑军营以彰武功。○ 雍,於用切。盍,户腊切。 ⑮② 积尸封土其上,谓之京观。○ 观,古乱切,《注》及下京观同。 ⑮③ 文,字。 ⑮④ 戢,藏也。櫜,韬也。《诗》美武王能诛灭暴乱而息兵。○ 戢,侧立切。櫜,古刀切。韬,他刀切。 ⑮⑤ 肆,遂也。夏,大也。言武王既息兵,又能求美德,故遂大而信王保天下。○ 夏,户雅切,《注》同。 ⑮⑥《武》,《颂》

篇名。耆,致也。言武王诛纣,致定其功。○ 耆,音旨,《注》同。 ⑰ 其三,三篇。铺,布也。绎,陈也。时,是也。思,辞也。《颂》美武王能布政陈教,使天下归往求安定。○ 铺,普吴切;徐,音敷。绎,音亦。 ⑱ 其六,六篇。绥,安也。屡,数也。言武王既安天下,数致丰年。此三、六之数,与今《诗·颂》篇次不同,盖楚乐歌之次第。○ 屡,力住切,下《注》同。数,所角切,下数致同。 ⑲ 此武七德。 ⑳ 著之篇章,使子孙不忘。 ⑪ 几,危也。○ 暴骨,蒲卜切,或作曝。焉得,於虔切。强,其文切。 ⑫ 兵动则年荒。 ⑬ 祀先君,告战胜。 ⑭ 鲸鲵,大鱼名,以喻不义之人,吞食小国。○ 鲸,其京切。鲵,五兮切。惩,直升切。慝,他得切。 ⑮ 晋罪无所犯也。 ⑯《传》言楚庄有礼,所以遂兴。 ⑰ 仆叔,鱼臣也。子服,石制也。 ⑱ 言恃人之乱以要利。○ 佚,音逸。毋,音无。怙,音户。要,一遥切。 ⑲《诗·小雅》。离,忧也。瘼,病也。爰,于也。言祸乱忧病,于何所归乎? 叹之。○ 瘼,音莫。 ⑳ 恃乱则祸归之。○ 夫,音扶。

郑伯、许男如楚[①]。

① 为十四年晋伐郑《传》。

秋,晋师归,桓子请死,晋侯欲许之。士贞子谏曰:"不可[①]。城濮之役,晋师三日穀[②],文公犹有忧色。左右曰:'有喜而忧,如有忧而喜乎[③]?'公曰:'得臣犹在,忧未歇也[④]。困兽犹斗,况国相乎!'及楚杀子玉[⑤],公喜而后可知也[⑥],曰:'莫余毒也已。'是晋再克而楚再败也,楚是以再世不竞[⑦]。今天或者大警晋也[⑧],而又杀林父以重楚胜,其无乃久不竞乎! 林父之事君也,进思尽忠,退思补过,社稷之卫也，若之何杀之？夫其败也，如日月之食焉，何损于明？”晋侯使复其位[9]。

① 贞子，士渥浊。○ 渥，於角切。　② 在僖二十八年。○ 濮，音卜。　③ 言忧喜失时。　④ 歇，尽也。○ 歇，许竭切。　⑤ 子玉，得臣。○ 相，息亮切，下熊相同。　⑥ 喜见于颜色。○ 见，贤遍切。⑦ 成王至穆王。○ 竞，其敬切。　⑧ 警，戒也。　⑨ 言晋景所以不失霸。○ 重，直用切。

冬，楚子伐萧，宋华椒以蔡人救萧。萧人囚熊相宜僚及公子丙。王曰：“勿杀，吾退。”萧人杀之。王怒，遂围萧。萧溃。申公巫臣曰：“师人多寒。”王巡三军，拊而勉之[1]。三军之士，皆如挟纩[2]。遂傅于萧。还无社与司马卯言，号申叔展[3]。叔展曰：“有麦麴乎？”曰：“无。”“有山鞠穷乎？”曰：“无[4]。”“河鱼腹疾奈何[5]？”曰：“目于眢井而拯之[6]。”“若为茅绖，哭井则己[7]。”明日萧溃，申叔视其井，则茅绖存焉，号而出之[8]。

① 拊抚慰勉之。○ 僚，了彫切。溃，户内切。拊，芳甫切。　② 纩，绵也，言说以忘寒。○ 挟，户牒切。纩，音旷。说，音悦。　③ 还无社，萧大夫。司马卯、申叔展，皆楚大夫也。无社素识叔展，故因卯呼之。○ 傅，音附。还，音旋。卯，马鲍切。号，徐，户到切；一音户刀切。④ 麦麴，鞠穷，所以御湿。欲使无社逃泥水中。无社不解，故曰无。军中不敢正言，故谬语。○ 麴，去六切。鞠，起弓切。御，鱼吕切。下同。解，音蟹，下同。　⑤ 叔展言无御湿药，将病。　⑥ 无社意解，欲入井，故使叔展视虚废井而求拯己。出溺为拯。○ 眢，乌丸切；《字林》云，井无水也，

一皮切。拯，拯救之拯，《注》同。　⑦ 叔展又教结茅以表井，须哭乃应以为信。〇 绖，直结切。己，音纪，旧音以。应，应对之应。　⑧ 号，哭也。《传》言萧人无守心。〇 号，户刀切，《注》同。守，手又切。

晋原縠、宋华椒、卫孔达、曹人同盟于清丘[①]。曰："恤病讨贰。"于是卿不书，不实其言也[②]。宋为盟故，伐陈[③]。卫人救之。孔达曰："先君有约言焉，若大国讨，我则死之[④]。"

① 原縠，先縠。　② 宋伐陈，卫救之，不讨贰也。楚伐宋，晋不救，不恤病也。　③ 陈贰于楚故。〇 为，于伪切。　④ 卫成公与陈共公有旧好，故孔达欲背盟救陈而以死谢晋，为十四年卫杀孔达《传》。〇 约，於妙切，又如字。共，音恭。好，呼报切。背，音佩，十四年《经注》同。

经

十有三年春，齐师伐莒。

夏，楚子伐宋。

秋，螽[①]。

冬，晋杀其大夫先縠[②]。

① 无《传》。为灾故书。　② 书名，以罪讨。

传

十三年春，齐师伐莒，莒恃晋而不事齐故也。

夏，楚子伐宋，以其救萧也[①]。君子曰："清丘之盟，唯宋可以免焉[2]。"

① 救萧,在前年。 ② 宋讨陈之贰。今宋见伐,晋、卫不顾盟以恤宋,而《经》同贬宋大夫。《传》嫌华椒之罪,累及其国,故曰唯宋可以免。○ 累,劣伪切。

秋,赤狄伐晋,及清,先縠召之也[1]。

① 邲战不得志,故召狄欲为变。清,一名清原。

冬,晋人讨邲之败,与清之师,归罪于先縠而杀之,尽灭其族。君子曰:"恶之来也,己则取之,其先縠之谓乎[1]。"

① 尽灭其族,谓诛已甚,故曰恶之来也。

清丘之盟,晋以卫之救陈也讨焉[1]。使人弗去,曰:"罪无所归,将加而师。"孔达曰:"苟利社稷,请以我说[2]。罪我之由。我则为政而亢大国之讨,将以谁任[3]?我则死之[4]。"

① 寻清丘之盟以责卫。 ② 欲自杀以说晋。○ 使,所吏切。说,如字,又音悦,下同。 ③ 亢,御也。谓御宋讨陈也。○ 亢,苦浪切。任,音壬。 ④ 为明年杀孔达《传》。

经

十有四年春,卫杀其大夫孔达[1]。

夏五月壬申，曹伯寿卒[②]。

晋侯伐郑。

秋九月，楚子围宋。

葬曹文公[③]。

冬，公孙归父会齐侯于穀。

① 书名，背盟于大国，罪之。 ② 无《传》。文十四年盟新城。 ③ 无《传》。

传

十四年春，孔达缢而死。卫人以说于晋而免[①]。遂告于诸侯曰："寡君有不令之臣达，构我敝邑于大国，既伏其罪矣，敢告[②]。"卫人以为成劳，复室其子[③]，使复其位[④]。

① 以杀告，故免于伐。○ 缢，一赐切。 ② 诸杀大夫亦皆告。 ③ 以有平国之功，故以女妻之。○ 复，扶又切。妻，七计切。 ④ 袭父禄位。

夏，晋侯伐郑，为邲故也[①]。告于诸侯，蒐焉而还[②]。中行桓子之谋也。曰："示之以整，使谋而来。"郑人惧，使子张代子良于楚[③]。郑伯如楚，谋晋故也。郑以子良为有礼，故召之[④]。

① 晋败于邲，郑遂属楚。○ 为，于伪切。 ② 蒐，简阅车马。○ 蒐，所留切。阅，音悦。 ③ 十二年，子良质于楚。子张，穆公孙。

○ 行，户郎切。质，音致。 ④ 有让国之礼。

楚子使申舟聘于齐，曰："无假道于宋①。"亦使公子冯聘于晋，不假道于郑。申舟以孟诸之役恶宋②，曰："郑昭宋聋③，晋使不害，我则必死。"王曰："杀女，我伐之。"见犀而行④。及宋，宋人止之。华元曰："过我而不假道，鄙我也。鄙我，亡也⑤。杀其使者必伐我，伐我亦亡也。亡一也。"乃杀之。楚子闻之，投袂而起⑥，屦及于窒皇⑦，剑及于寝门之外，车及于蒲胥之市。秋九月，楚子围宋。

① 申舟，无畏。 ② 文十年楚子田孟诸，无畏抶宋公仆。○ 冯，皮冰切。恶，乌路切。抶，敕乙切。 ③ 昭，明也。聋，闇也。○ 聋，力工切。 ④ 犀，申舟子。以子托王，示必死。○ 使，所吏切，下使者同。女，音汝。见，贤遍切。 ⑤ 以我比其边鄙，是与亡国同。○ 过，古卧切，又古禾切。 ⑥ 投，振也。袂，袖也。○ 袂，面世切。袖，徐又切。⑦ 窒皇，寝门阙。○ 屦，九具切。窒，直结切。

冬，公孙归父会齐侯于穀。见晏桓子，与之言鲁乐。桓子告高宣子①曰："子家其亡乎，怀于鲁矣②。怀必贪，贪必谋人。谋人，人亦谋己。一国谋之，何以不亡③？"

① 桓子，晏婴父。宣子，高固。○ 乐，音洛。 ② 子家，归父字。怀，思也。 ③ 为十八年归父奔齐《传》。

孟献子言于公曰："臣闻小国之免于大国也，聘而献物①，于是有庭实旅百②。朝而献功③，于是有容貌采章嘉淑，而有加货[4]。谋其不免也。诛而荐贿，则无及也[5]。今楚在宋，君其图之。”公说[6]。

① 物，玉帛皮币也。　② 主人亦设笾豆百品，实于庭以答宾。③ 献其治国若征伐之功于牧伯。　④ 容貌，威仪。容，颜也。采章，车服文章也。嘉淑，令辞称赞也。加货，命宥币帛也。言往共则来报亦备。⑤ 荐，进也。见责而往，则不足解罪。○ 贿，呼罪切。　⑥ 为明年归父会楚子《传》。○ 说，音悦。

经

十有五年春，公孙归父会楚子于宋。

夏五月，宋人及楚人平[1]。

六月癸卯，晋师灭赤狄潞氏，以潞子婴儿归[2]。

秦人伐晋[3]。

王札子杀召伯、毛伯[4]。

秋，螽[5]。

仲孙蔑会齐高固于无娄[6]。

初税亩[7]。

冬，蝝生[8]。

饥[9]。

① 平者，总言二国和，故不书其人。　② 潞，赤狄之别种。潞氏，国，故称氏。子，爵也。林父称师，从告。○ 潞，音路。种，章勇切。③ 无《传》。　④ 称杀者名，两下相杀之辞。两下相杀，则杀者有罪。王札子，王子札也。盖《经》文倒札字。○ 札，侧入切；徐，侧乙切。召，上照切。倒，丁老切。　⑤ 无《传》。○ 螽，音终。　⑥ 无《传》。无娄，杞

邑。 ⑦ 公田之法，十取其一，今又履其馀亩，复十收其一。故哀公曰：二，吾犹不足。遂以为常，故曰初。○ 税，始锐切。复，扶又切。 ⑧ 螽子以冬生，遇寒而死，故不成螽。○ 蝝，悦全切；《字林》，尹绢切；刘歆云，蚍蜉子也；董仲舒云，蝗子。 ⑨ 风雨不和，五稼不丰。

传

十五年春，公孙归父会楚子于宋①。宋人使乐婴齐告急于晋。晋侯欲救之。伯宗曰："不可②。古人有言曰：'虽鞭之长，不及马腹③。'天方授楚，未可与争。虽晋之强，能违天乎？谚曰：'高下在心④，川泽纳汙⑤，山薮藏疾⑥，瑾瑜匿瑕⑦。'国君含垢⑧，天之道也⑨。君其待之⑩。"乃止。使解扬如宋，使无降楚，曰："晋师悉起，将至矣。"郑人囚而献诸楚，楚子厚赂之，使反其言⑪，不许，三而许之。登诸楼车，使呼宋人而告之⑫。遂致其君命。楚子将杀之，使与之言曰："尔既许不穀而反之，何故？非我无信，女则弃之，速即尔刑。"对曰："臣闻之，君能制命为义，臣能承命为信，信载义而行之为利。谋不失利，以卫社稷，民之主也。义无二信⑬，信无二命⑭。君之赂臣，不知命也。受命以出，有死无贯⑮，又可赂乎？臣之许君，以成命也⑯。死而成命，臣之禄也。寡君有信臣⑰，下臣获考⑱，死又何求？"楚子舍之以归。

夏五月，楚师将去宋⑲。申犀稽首于王之马前，曰："毋畏知死而不敢废王命，王弃言焉。"王不能答⑳。申叔时仆㉑，曰："筑室反耕者，宋必听命。"从之㉒。宋人惧，使华元夜入楚师，登子反之床，起之曰："寡君使元以病告㉓，曰：敝邑易子而食，析骸以爨㉔。虽然，城下之盟，有以国毙，不能从也㉕。去我三十里，唯命是听。”子反惧，与之盟而告王。退三十里。宋及楚平，华元为质。盟曰：“我无尔诈，尔无我虞㉖。”

① 终前年《传》。 ② 伯宗，晋大夫。 ③ 言非所击。 ④ 度时制宜。○ 度，待洛切。 ⑤ 受汙浊。○ 汙，音乌，《注》同。 ⑥ 山之有林薮，毒害者居之。○ 薮，素口切。 ⑦ 匿，亦藏也。虽美玉之质，亦或居藏瑕秽。○ 瑾，其靳切。瑜，羊朱切。匿，女力切。 ⑧ 忍垢耻。○ 垢，古口切；本或作诟，音同。 ⑨ 晋侯耻不救宋，故伯宗为说小恶不损大德之喻。○ 为，于伪切。 ⑩ 待楚衰。 ⑪ 反言晋不救。○ 解，音蟹。降，户江切。 ⑫ 楼车，车上望橹。○ 橹，音鲁。 ⑬ 欲为义者，不行两信。○ 女，音汝，下《注》而女同。 ⑭ 欲行信者，不受二命。 ⑮ 贯，废队也。○ 贯，于敏切。队，直类切。 ⑯ 成其君命。 ⑰ 己不废命。 ⑱ 考，成也。 ⑲ 在宋积九月，不能服宋故。 ⑳ 未服宋而去，故曰弃言。 ㉑ 仆，御也。 ㉒ 筑室于宋，分兵归田，示无去志。王从其言。 ㉓ 兵法：因其乡人而用之，必先知其守将左右、谒者、(守)门者、舍人之姓名，因而利道之。华元盖用此术得以自通。○ 守，手又切。将，子匠切。道，音导。 ㉔ 爨，炊也。○ 析，思历切。骸，户皆切；本又作骨；《公羊传》作骸；何休《注》云，骸，骨也。爨，七乱切。 ㉕ 宁以国毙，不从城下盟。○ 毙，婢世切。 ㉖ 楚不诈宋，宋不备楚。盟不书，不告。○ 质，音致。

潞子婴儿之夫人，晋景公之姊也。酆舒为政而杀之，又伤潞子之目①。晋侯将伐之，诸大夫皆曰：“不可。酆舒有三儁才②，不如待后之人。”伯宗曰：“必伐之。狄有五罪，儁才虽多，何补焉？不祀，一也。耆酒，二也。弃仲章而夺黎氏地，三也③。虐我伯姬，四也。伤其君目，五也。怙其儁才，而不以茂德，滋益罪也。后之人或者将敬奉德义以事神人，而申固其命[4]，若之何待之？不讨有罪，曰'将待后'，后有辞而讨焉，毋乃不可乎？夫恃才与众，亡之道也。商纣由之，故灭[5]。天反时为灾[6]，地反物为妖[7]，民反德为乱，乱则妖灾生。故文反正为乏[8]，尽在狄矣。"晋侯从之。六月癸卯，晋荀林父败赤狄于曲梁。辛亥，灭潞[9]。酆舒奔卫，卫人归诸晋，晋人杀之。

① 酆舒，潞相。○ 酆，芳忠切。相，息亮切。 ② 儁，绝异也。言有才艺胜人者三。○ 儁，音俊。 ③ 仲章，潞贤人也。黎氏，黎侯国，上党壶关县有黎亭。○ 耆，市志切。黎，礼兮切。 ④ 审其政令。 ⑤ 由，用也。 ⑥ 寒暑易节。 ⑦ 群物失性。 ⑧ 文，字。 ⑨ 曲梁，今广平曲梁县也。书癸卯，从赴。

王孙苏与召氏、毛氏争政[1]，使王子捷杀召戴公及毛伯卫[2]。卒立召襄[3]。

① 三人皆王卿士。 ② 王子捷即王子札。 ③ 襄，召戴公之子。

秋七月，秦桓公伐晋，次于辅氏[1]。壬午，晋侯治兵于稷以略狄土[2]，立黎侯而还[3]。及雒，魏颗败秦师于辅氏[4]。获杜回，秦之力人也。

初，魏武子有嬖妾，无子。武子疾，命颗曰："必嫁是[5]。"疾病则曰："必以为殉。"及卒，颗嫁之，曰："疾病则乱，吾从其治也。"及辅氏之役，颗见老人结草以亢杜回[6]，杜回踬而颠，故获之。夜梦之曰："余，而所嫁妇人之父也[⑦]。尔用先人之治命，余是以报[⑧]。"

① 晋地。 ② 略，取也。稷，晋地，河东闻喜县西有稷山。壬午，七月二十九日。晋时新破狄，土地未安，权秦师之弱，故别遣魏颗距秦，而东行定狄地。○ 颗，苦果切。 ③ 狄夺其地，故晋复立之。○ 复，扶又切。 ④ 晋侯还及雒也。雒，晋地。○ 雒，音洛。 ⑤ 武子，魏犨，颗之父。○ 嬖，必计切。 ⑥ 亢，御也。○ 殉，似后切；本或作必以殉。治，直吏切，下治命同。亢，苦浪切。 ⑦ 而，女也。○ 踬，陟吏切；馀，丁四切。⑧《传》举此以示教。

晋侯赏桓子狄臣千室[①]，亦赏士伯以瓜衍之县[②]。曰："吾获狄土，子之功也。微子，吾丧伯氏矣[③]。"羊舌职说是赏也[④]，曰："《周书》所谓'庸庸祗祗'者，谓此物也夫[⑤]。士伯庸中行伯[⑥]，君信之，亦庸士伯，此之谓明德矣。文王所以造周，不是过也。故《诗》曰：'陈锡载周。'能施也[⑦]。率是道也，其何不济？"

① 千家。 ② 士伯，士贞子。○ 瓜，古华切。衍，以善切。③ 伯，桓子字。邲之败，晋侯将杀林父，士伯谏而止。○ 丧，息浪切。④ 职，叔向父。○ 说，音悦。向，香丈切。 ⑤《周书·康诰》。庸，用也。祗，敬也。物，事也。言文王能用可用，敬可敬。○ 夫，音扶。⑥ 言中行伯可用。 ⑦ 锡，赐也。《诗·大雅》。言文王布陈大利，以赐天下，故能载行周道，福流子孙。○ 施，式豉切。

晋侯使赵同献狄俘于周，不敬。刘康公曰："不及十年，原叔必有大咎[①]，天夺之魄矣[②]。”

① 刘康公，王季子也。原叔，赵同也。○ 俘，芳夫切。不敬，一本作而傲。　② 心之精爽是谓魂魄。为成八年晋杀赵同《传》。○ 魄，普白切。

初税亩，非礼也。穀出不过藉[①]，以丰财也。

① 周法：民耕百亩，公田十亩，借民力而治之。税不过此。

冬，蝝生，饥。幸之也[①]。

① 蝝，未为灾而书之者，幸其冬生，不为物害，时岁虽饥，犹喜而书之。

经

十有六年春，王正月，晋人灭赤狄甲氏及留吁[①]。

夏，成周宣榭火[②]。

秋，郯伯姬来归[③]。

冬，大有年[④]。

① 甲氏、留吁，赤狄别种，晋既灭潞氏，今又并尽其馀党。士会称人，从告。○ 吁，况于切。种，章勇切。并，必政切，一音如字。　②《传》例曰：人火之也。成周，洛阳。宣榭，讲武屋，别在洛阳者。《尔雅》曰：无室曰榭，谓屋歇前。○ 榭，本又作谢，音同。　③ ○ 郯，音谈。　④ 无《传》。

传

十六年春，晋士会帅师灭赤狄甲氏及留吁铎辰[①]，三月献狄俘[2]。晋侯请于王。戊申，以黻冕命士会将中军，且为大傅[3]。于是晋国之盗逃奔于秦。羊舌职曰："吾闻之，禹称善人[4]，不善人远。此之谓也夫。《诗》曰：'战战兢兢，如临深渊，如履薄冰。'善人在上也[5]。善人在上，则国无幸民。谚曰：'民之多幸，国之不幸也。'是无善人之谓也[6]。"

① 铎辰不书，留吁之属。〇 铎，待洛切。　② 献于王也。③ 代林父将中军，且加以大傅之官。黻冕，命卿之服。大傅，孤卿。〇 黻，音弗。将，子匠切。大，音泰，《注》同。　④ 称，举也。　⑤ 言善人居位，则无不戒惧。〇 远，于万切。夫，音扶。兢，居矜切，本亦作矜。⑥ 〇 谚，音彦。

夏，成周宣榭火，人火之也。凡火，人火曰火，天火曰灾。

秋，郯伯姬来归，出也。

为毛、召之难故，王室复乱[1]。王孙苏奔晋，晋人复之[2]。冬，晋侯使士会平王室，定王享之。原襄公相礼[3]，殽烝[4]。武子私问其故[5]。王闻之，召武子曰："季氏，而弗闻乎？王享有体荐[6]，宴有折俎[7]。公当享，卿当宴，王室之礼也[8]。"武子归而讲求典礼，以修晋国之法[9]。

① 毛、召难在前年。〇 为，于伪切。难，乃旦切，《注》同。复，扶又切。② 毛、召之党，欲讨苏氏，故出奔。　③ 原襄公，周大夫。相，佐也。〇 相，息亮切，《注》同。　④ 烝，升也。升殽于俎。〇 殽，户交切。烝，之承切。　⑤ 享当体荐而殽烝，故怪问之。武，士会谥；季，其字。⑥ 享则半解其体而荐之，所以示其俭。　⑦ 体解节折，升之于俎，物皆可食，所以示慈惠也。〇 折，之设切，《注》同。　⑧ 公谓诸侯。

⑨《传》言典礼之废久。

经

十有七年春，王正月庚子，许男锡我卒①。

丁未，蔡侯申卒②。

夏，葬许昭公③。

葬蔡文公④。

六月癸卯，日有食之⑤。

己未，公会晋侯、卫侯、曹伯、邾子同盟于断道⑥。

秋，公至自会⑦。

冬十有一月壬午，公弟叔肸卒⑧。

① 无《传》。再与文同盟。○ 锡，星历切。　② 无《传》。未同盟而赴以名。丁未，二月四日。　③ 无《传》。　④ 无《传》。　⑤ 无《传》。不书朔，官失之。　⑥ 断道，晋地。○ 断，直管切，一音短。　⑦ 无《传》。　⑧《传》例曰：公母弟。○ 肸，许乙切。

传

十七年春，晋侯使郤克征会于齐①。齐顷公帷妇人，使观之。郤子登，妇人笑于房②。献子怒，出而誓曰："所不此报，无能涉河③。"献子先归，使栾京庐待命于齐，曰："不得齐事，无复命矣④。"郤子至，请伐齐，晋侯弗许；请以其私属，又弗许⑤。

① 征，召也。欲为断道会。　② 跛而登阶，故笑之。○ 顷，音倾。

跛，波可切。 ③ 不复渡河而东。○ 复，扶又切。 ④ 栾京庐，郤克之介，使得齐之罪乃复命。○ 庐，音卢，又力於切。 ⑤ 私属，家众也。为成二年战于鞌《传》。○ 鞌，音安。

齐侯使高固、晏弱、蔡朝、南郭偃会[1]。及敛盂，高固逃归[2]。夏，会于断道，讨贰也。盟于卷楚[3]，辞齐人。晋人执晏弱于野王，执蔡朝于原，执南郭偃于温[4]。苗贲皇使，见晏桓子[5]，归言于晋侯曰："夫晏子何罪？昔者诸侯事吾先君，皆如不逮[6]，举言群臣不信，诸侯皆有贰志[7]。齐君恐不得礼[8]，故不出而使四子来。左右或沮之[9]曰：'君不出，必执吾使。'故高子及敛盂而逃。夫三子者曰：'若绝君好，宁归死焉。'为是犯难而来，吾若善逆彼[10]，以怀来者，吾又执之以信齐沮，吾不既过矣乎？过而不改，而又久之，以成其悔，何利之有焉？使反者得辞[11]，而害来者，以惧诸侯，将焉用之？"晋人缓之，逸[12]。

① 晏弱，桓子。○ 朝，如字。 ② 闻郤克怒故。○ 敛，徐音廉，一音力渐切。盂，音于。 ③ 卷楚即断道。○ 卷，音权，一音居免切。 ④ 执三子不书，非卿。野王县今属河内。 ⑤ 贲皇，楚鬥椒之子，楚灭鬥氏而奔晋，食邑于苗地。晏弱时在野王，故因使而见之。○ 贲，扶云切。使，所吏切，《注》及下同。 ⑥ 言汲汲也。○ 逮，音代，或大计切。汲，音急。 ⑦ 举亦皆也。 ⑧ 不见礼待。 ⑨ 沮，止也。○ 沮，在吕切。 ⑩ 彼齐三人。○ 好，呼报切。为，于伪切。难，乃旦切。 ⑪ 反者高固，谓得不当来之辞。 ⑫ 缓，不拘执，使得逃去也。《传》言晋不能修礼，诸侯所以贰。○ 焉，於虔切。拘，九于切。

秋八月,晋师还。范武子将老[①],召文子曰:"燮乎,吾闻之,喜怒以类者鲜[②],易者实多[③]。《诗》曰:'君子如怒,乱庶遄沮;君子如祉,乱庶遄已[④]。'君子之喜怒,以已乱也。弗已者必益之。郤子其或者欲已乱于齐乎,不然,余惧其益之也。余将老,使郤子逞其志,庶有豸乎[⑤]?尔从二三子唯敬[⑥]。"乃请老,郤献子为政。

① 老,致仕。初受随,故曰随武子,后更受范,复为范武子。○ 复,扶又切。 ② 文子,士会之子,燮其名。○ 燮,素协切。鲜,息浅切。 ③ 易,迁怒也。 ④《诗·小雅》也。遄,速也。沮,止也。祉,福也。○ 遄,市专切。祉,音耻。 ⑤ 豸,解也。欲使郤子从政快志以止乱。○ 豸,本又作鸠,直是切;或音居牛切,非也。解,音蟹。此训见《方言》。 ⑥ 二三子,晋诸大夫。

冬,公弟叔肸卒。公母弟也。凡大子之母弟,公在曰公子,不在曰弟[①],凡称弟,皆母弟也[②]。

① 以兄为尊。 ② 此策书之通例也。庶弟不得称公弟,而母弟或称公子,若嘉好之事,则仍旧史之文,唯相杀害然后据例以示义。所以笃亲亲之恩,崇友于之好,《释例》论之备矣。○ 好,呼报切。

经

十有八年春,晋侯、卫世子臧伐齐[①]。

公伐杞[②]。

夏四月。

秋七月,邾人戕鄫子于鄫[③]。

甲戌，楚子旅卒④。

公孙归父如晋。

冬十月壬戌，公薨于路寝。

归父还自晋，至笙，遂奔齐⑤。

① ○ 臧，子郎切。　② 无《传》。　③《传》例曰：自外曰戕。邾大夫就鄫杀鄫子。○ 戕，在良切；徐，又在精切。鄫，才陵切。　④ 未同盟而赴以名。吴、越之葬，僭而不典，故绝而不书，同之夷蛮，以惩求名之伪。○ 僭，子念切。惩，直升切，止也；又作征，如字，明也。　⑤ 大夫还，不书，《春秋》之常也。今书归父还奔，善其能以礼退。不书族者，非常所及。今特书，略之。笙，鲁竟外，故不言出。○ 笙，音生；徐，又敕贞切，云，本又作柽，亦作朾。案徐后音，是依二《传》文。竟，音境。

传

十八年春，晋侯、卫大子臧伐齐，至于阳穀。齐侯会晋侯盟于缯，以公子彊为质于晋。晋师还，蔡朝、南郭偃逃归①。

① 晋既与齐盟，守者解缓，故得逃。○ 缯，才陵切。质，音致。解，佳买切。

夏，公使如楚乞师，欲以伐齐①。

① 公不事齐，齐与晋盟，故惧而乞师于楚。不书，微者行。

秋，邾人戕鄫子于鄫。凡自虐其君曰弑，自外曰戕①。

① 弑、戕，皆杀也，所以别内外之名。弑者积微而起，所以相测量，非一朝一夕之渐。戕者卒暴之名。○ 弑，音试，《注》同。弑字从式，殺字从殳。他皆放此。别，彼列切。朝，如字。卒，寸忽切。

楚庄王卒。楚师不出。既而用晋师[①]，楚于是乎有蜀之役[②]。

① 成二年战于鞌是。　② 在成二年冬。蜀，鲁地，泰山博县西北有蜀亭。

公孙归父以襄仲之立公也有宠[①]，欲去三桓以张公室[②]。与公谋而聘于晋，欲以晋人去之。冬，公薨。季文子言于朝曰："使我杀適立庶，以失大援者，仲也夫[③]。"臧宣叔怒曰："当其时不能治也，后之人何罪？子欲去之，许请去之[④]。"遂逐东门氏[⑤]。子家还，及笙[⑥]，坛帷，复命于介[⑦]。既复命，袒、括发[⑧]，即位哭，三踊而出[⑨]。遂奔齐。书曰："归父还自晋。"善之也。

① 归父，襄仲子。　② 时三桓强，公室弱，故欲去之以张大公室。○ 去，起吕切，下《注》将去同。张，如字，一音涉亮切。　③ 適谓子恶，齐外甥，襄仲杀之而立宣公。南通于楚，既不能固，又不能坚事齐、晋，故云失大援也。○ 適，丁历切，《注》同。援，于眷切。夫，音扶。　④ 宣叔，文仲子，武仲父，许其名也。时为司寇，主行刑。言子自以归父害己，欲去者许请为子去之。○ 为，于伪切。　⑤ 襄仲居东门，故曰东门氏。⑥ 子家，归父。　⑦ 除（也）〔地〕为坛而张帷。介，副也，将去使介反命于君。○ 坛，音善。介，音界。　⑧ 以麻约发。○ 袒，音但。括，古活切。　⑨ 依在国丧礼设哭位，公薨故。

春秋经传集解第十二

成公上

〇 陆云：成公名黑肱，宣公子。《谥法》，安民立政曰成。

经

元年春，王正月，公即位①。

二月辛酉，葬我君宣公②。

无冰③。

三月，作丘甲④。

夏，臧孙许及晋侯盟于赤棘⑤。

秋，王师败绩于茅戎⑥。

冬十月。

① 无《传》。　② 无《传》。　③ 无《传》。周二月，今之十二月，而无冰，书冬温。　④《周礼》：九夫为井，四井为邑，四邑为丘。丘十六井，出戎马一匹，牛三头。四丘为甸，甸六十四井，出长毂一乘，戎马四匹，牛十二头，甲士三人，步卒七十二人。此甸所赋，今鲁使丘出之，讥重敛，故书。〇 甸，徒练切，又绳证切。乘，绳证切。卒，尊忽切。敛，力验切。⑤ 晋地。　⑥ 茅戎，戎别种。不言战，王者至尊，天下莫之得校，故以自败为文。不书败地，而书茅戎，明为茅戎所败。书秋，从告。〇 茅戎，亡交切。《史记》及二《传》皆作贸戎。种，章勇切。

传

元年春，晋侯使瑕嘉平戎于王[①]，单襄公如晋拜成[②]。刘康公徼戎，将遂伐之[③]。叔服曰："背盟而欺大国，此必败[④]。背盟不祥，欺大国不义，神人弗助，将何以胜？"不听，遂伐茅戎。三月癸未，败绩于徐吾氏[⑤]。

① 平文十七年郗垂之役。詹嘉处瑕，故谓之瑕嘉。○ 郗，音审。詹，之廉切。　② 单襄公，王卿士。谢晋为平戎。○ 单，音善。为，于伪切，下文同。　③ 康公，王季子也。戎平还，欲要其无备。○ 徼，古尧切，要也。要，一遥切。　④ 叔服，周内史。○ 背，音佩，下同。　⑤ 徐吾氏，茅戎之别也。

为齐难故，作丘甲[①]。

① 前年鲁乞师于楚，欲以伐齐，楚师不出，故惧而作丘甲。○ 难，乃旦切，下同。

闻齐将出楚师，夏，盟于赤棘[①]。

① 与晋盟，惧齐、楚。

秋，王人来告败[①]。

① 解《经》，所以秋乃书。

冬，臧宣叔令修赋，缮完[①]，具守备，曰："齐、楚结好，我新与晋盟，晋、楚争盟，齐师必至。虽晋人伐齐，楚必救之，是齐、楚同我也[2]。知难而有备，乃可以逞[3]。”

① 治完城郭。○ 缮，市战切。完，和端切。　② 同，共也。○ 守，手又切。好，呼报切。　③ 逞，解也。为二年齐侯伐我《传》。○ 解，音蟹。

经

二年春，齐侯伐我北鄙。

夏四月丙戌，卫孙良夫帅师及齐师战于新筑，卫师败绩[1]。

六月癸酉，季孙行父、臧孙许、叔孙侨如、公孙婴齐帅师会晋郤克、卫孙良夫、曹公子首及齐侯战于鞌，齐师败绩[2]。

秋七月，齐侯使国佐如师。己酉，及国佐盟于袁娄[3]。

八月壬午，宋公鲍卒[4]。

庚寅，卫侯速卒[5]。

取汶阳田[6]。

冬，楚师、郑师侵卫[7]。

十有一月，公会楚公子婴齐于蜀[8]。

丙申，公及楚人、秦人、宋人、陈人、卫人、郑人、齐人、曹人、邾人、薛人、鄫人盟于蜀[9]。

① 新筑，卫地。皆陈曰战，大崩曰败绩。四月无丙戌；丙戌，五月一日。○ 筑，音竹。陈，直觐切。　② 鲁乞师于晋，而不以与谋之例者，从盟主之令，上行于下，非匹敌和成之类，例在宣七年。曹大夫常不书，而书公子

首者，首命于国，备于礼，成为卿故也。鞌，齐地。○ 侨，其骄切。郤，去逆切。鞌，音安。与，音预。敌，如字；一本或作適，亦音敌。 ③《穀梁》曰：鞌去齐五百里。袁娄去齐五十里。 ④ 未同盟而赴以名。○ 鲍，步卯切。 ⑤ 宣十七年，盟于断道。据《传》，庚寅，九月七日。 ⑥ 晋使齐还鲁，故书取。不以好得，故不言归。○ 汶，音问。好，呼报切。 ⑦ 子重不书，不亲伐。 ⑧ 公与大夫会，不贬婴齐者，时有许、蔡之君故。 ⑨ 齐在郑下，非卿。《传》曰：卿不书，匮盟也。然则，楚卿于是始与中国准。自此以下，楚卿不书，皆贬恶也。○ 匮，其位切。

传

二年春，齐侯伐我北鄙，围龙[①]。顷公之嬖人卢蒲就魁门焉[②]，龙人囚之。齐侯曰："勿杀！吾与而盟，无入而封[③]。"弗听，杀而膊诸城上[④]。齐侯亲鼓士陵城，三日，取龙，遂南侵及巢丘[⑤]。

卫侯使孙良夫、石稷、甯相、向禽将侵齐，与齐师遇[⑥]。石子欲还，孙子曰："不可。以师伐人，遇其师而还，将谓君何[⑦]？若知不能，则如无出。今既遇矣，不如战也。"夏有[⑧]石成子曰："师败矣。子不少须，众惧尽[⑨]。子丧师徒，何以复命？"皆不对。又曰："子，国卿也。陨子，辱矣[⑩]。子以众退，我此乃止[⑪]。"且告车来甚众[⑫]。齐师乃止，次于鞫居[⑬]。

新筑人仲叔于奚救孙桓子，桓子是以免[⑭]。既，卫人赏之以邑[⑮]，辞。请曲县[⑯]、繁缨以朝，许之[⑰]。仲尼闻之曰："惜也，不如多与之邑。唯器与名，不可以假人[⑱]，君之所司也。名以出信[⑲]，信以守器[⑳]，器以藏礼[㉑]，礼以行义[㉒]，义以生利[㉓]，利以平民，政之大节也。若以假人，与人政也。政亡，则国家从之，弗可止也已。”

孙桓子还于新筑，不入[24]，遂如晋乞师。臧宣叔亦如晋乞师。皆主郤献子[25]。

晋侯许之七百乘[26]。郤子曰：“此城濮之赋也[27]。有先君之明与先大夫之肃，故捷。克于先大夫，无能为役[28]。”请八百乘，许之[29]。郤克将中军，士燮佐上军[30]，栾书将下军[31]，韩厥为司马，以救鲁、卫。臧宣叔逆晋师，且道之。季文子帅师会之。及卫地，韩献子将斩人，郤献子驰，将救之，至则既斩之矣。郤子使速以徇，告其仆曰：“吾以分谤也[32]。”

师从齐师于莘[33]。六月壬申，师至于靡笄之下[34]。齐侯使请战，曰：“子以君师，辱于敝邑，不腆敝赋，诘朝请见[35]。”对曰：“晋与鲁、卫，兄弟也。来告曰：‘大国朝夕释憾于敝邑之地[36]。’寡君不忍，使群臣请于大国，无令舆师淹于君地[37]。能进不能退，君无所辱命[38]。”齐侯曰：“大夫之许，寡人之愿也；若其不许，亦将见也。”齐高固入晋师，桀石以投人[39]，禽之而乘其车[40]，系桑本焉以徇齐垒[41]，曰：“欲勇者贾余馀勇[42]。”

癸酉，师陈于鞌。邴夏御齐侯，逢丑父为右。晋解张御郤克，郑丘缓为右。齐侯曰：“余姑翦灭此而朝食[43]。”不介马而驰之[44]。郤克伤于矢，流血及屦，未绝鼓音[45]，曰：“余病矣！”张侯曰：“自始合，而矢贯余手及肘，余折以御，左轮朱殷，岂敢言病。吾子忍之[46]！”缓曰：“自始合，苟有险，余必下推车，子岂识之？然子病矣[47]！”张侯曰：“师之耳目，在吾旗鼓，进退从之。此车一人殿之，可以集事[48]，若之何其以病[49]

败君之大事也？擐甲执兵，固即死也[50]。病未及死，吾子勉之！”左并辔，右援枹而鼓，马逸不能止，师从之[51]。齐师败绩。逐之，三周华不注[52]。

韩厥梦子舆谓己曰：“旦辟左右[53]。”故中御而从齐侯[54]。邴夏曰：“射其御者，君子也。”公曰：“谓之君子而射之，非礼也[55]。”射其左，越于车下[56]。射其右，毙于车中。綦毋张丧车，从韩厥，曰：“请寓乘[57]从左右。”皆肘之，使立于后[58]。韩厥俛，定其右[59]。逢丑父与公易位[60]。将及华泉，骖絓于木而止[61]。丑父寝于辗中[62]，蛇出于其下，以肱击之，伤而匿之，故不能推车而及[63]。韩厥执絷马前[64]，再拜稽首，奉觞加璧以进[65]，曰：“寡君使群臣为鲁、卫请曰：‘无令舆师陷入君地[66]。’下臣不幸，属当戎行，无所逃隐[67]。且惧奔辟而忝两君，臣辱戎士[68]，敢告不敏，摄官承乏[69]。”丑父使公下，如华泉取饮。郑周父御佐车，宛茷为右，载齐侯以免[70]。韩厥献丑父，郤献子将戮之。呼曰：“自今无有代其君任患者，有一于此，将为戮乎！”郤子曰：“人不难以死免其君，我戮之不祥，赦之以劝事君者。”乃免之。

齐侯免，求丑父，三入三出[71]。每出，齐师以帅退，入于狄卒[72]。狄卒皆抽戈楯冒之，以入于卫师。卫师免之[73]。遂自徐关入。齐侯见保者，曰：“勉之！齐师败矣[74]。”辟女子[75]，女子曰：“君免乎？”曰：“免矣。”曰：“锐司徒免乎？”曰：“免矣[76]。”曰：“苟君与吾父免矣，可若何[77]！”乃奔[78]。齐侯以为有礼[79]，既而问之，辟司徒之妻也[80]。予之石窌[81]。

晋师从齐师，入自丘舆，击马陉[82]。齐侯使宾媚人赂以纪甗、玉磬与地[83]。不可,则听客之所为。宾媚人致赂,晋人不可,曰:“必以萧同叔子为质[84],而使齐之封内尽东其亩[85]。”对曰:“萧同叔子非他,寡君之母也。若以匹敌,则亦晋君之母也。吾子布大命于诸侯,而曰:‘必质其母以为信。’其若王命何[86]?且是以不孝令也。《诗》曰:‘孝子不匮,永锡尔类[87]。’若以不孝令于诸侯,其无乃非德类也乎[88]?先王疆理天下物土之宜,而布其利[89],故《诗》曰:‘我疆我理,南东其亩[90]。’今吾子疆理诸侯,而曰‘尽东其亩’而已,唯吾子戎车是利[91],无顾土宜,其无乃非先王之命也乎?反先王则不义,何以为盟主?其晋实有阙[92]。四王之王也[93],树德而济同欲焉[94]。五伯之霸也[95],勤而抚之,以役王命[96]。今吾子求合诸侯,以逞无疆之欲[97]。《诗》曰:‘布政优优,百禄是遒[98]。’子实不优,而弃百禄,诸侯何害焉[99]!不然[100],寡君之命使臣则有辞矣,曰:‘子以君师,辱于敝邑,不腆敝赋,以犒从者[101]。畏君之震,师徒桡败[102]。吾子惠徼齐国之福,不泯其社稷,使继旧好,唯是先君之敝器、土地不敢爱。子又不许。请收合馀烬[103],背城借一[104]。敝邑之幸,亦云从也。况其不幸,敢不唯命是听[105]。’”鲁、卫谏曰:“齐疾我矣[106]!其死亡者,皆亲暱也。子若不许,仇我必甚。唯子则又何求?子得其国宝[107],我亦得地[108],而纾于难[109],其荣多矣!齐、晋亦唯天所授,岂必晋?”晋人许之,对曰:“群臣帅赋舆[110]以为鲁、卫请,若苟有以藉口而复于寡君[111],君之惠也。敢不唯命是听。”

禽郑自师逆公[112]。秋七月,晋师及齐国佐盟于爰娄,使齐人归我汶阳之田。公会晋师于上鄍[113]，赐三帅先路三命之服[114]，司马、司空、舆帅、候正、亚旅，皆受一命之服[115]。

① 龙，鲁邑。在泰山博县西南。 ② 攻龙门也。○ 顷，音倾。嬖，必计切。魁，苦回切。 ③ 封，竟。○ 竟，音境。 ④ 膊，磔也。○ 膊，普各切。磔，陟百切。 ⑤ 取龙、侵巢丘不书，其义未闻。 ⑥ 齐伐鲁还，相遇于卫地。良夫，孙林父之父。石稷，石碏四世孙。甯相，甯俞子。○ 相，息亮切。向，舒亮切。碏，七略切。俞，羊朱切。 ⑦ 言无以答君。 ⑧ 阙文，失新筑战事。 ⑨ 成子，石稷也。卫师已败，而孙良夫复欲战，故成子欲使须救。○ 复，扶又切。 ⑩ 陨，见禽获。○ 丧，息浪切。陨，于敏切。 ⑪ 我于此止御齐师。○ 御，鱼吕切。 ⑫ 新筑人救孙桓子，故并告令军中。 ⑬ 鞫居，卫地。○ 鞫，居六切。 ⑭ 于奚，守新筑大夫。 ⑮ 赏于奚。 ⑯ 轩县也。《周礼》：天子乐，宫县，四周；诸侯轩县，阙南方。○ 县，音玄，《注》同。 ⑰ 繁缨，马饰。皆诸侯之服。○ 繁，步干切，《注》同。 ⑱ 器，车服。名，爵号。 ⑲ 名位不愆，为民所信。○ 愆，起虔切。 ⑳ 动不失信，则车服可保。 ㉑ 车服所以表尊卑。 ㉒ 尊卑有礼，各得其宜。 ㉓ 得其宜，则利生。 ㉔ 不入国。 ㉕ 宣十七年，郤克至齐，为妇人所笑，遂怒。故鲁、卫因之。孙桓子、臧宣叔皆不以国命，各自诣郤克，故不书。 ㉖ 五万二千五百人。○ 乘，绳证切，下同。 ㉗ 城濮在僖二十八年。○ 濮，音卜。 ㉘ 不中为之役使。 ㉙ 六万人。 ㉚ 范文子代荀庚。○ 将，子匠切。 ㉛ 代赵朔。 ㉜ 不欲使韩氏独受谤。○ 道，音导。徇，似俊切。 ㉝ 莘，齐地。○ 莘，所巾切。 ㉞ 靡笄，山名。○ 靡，如字，双音摩。笄，音鸡。 ㉟ 诘朝，平旦。○ 腆，他典切。诘，起吉切。朝，如字，《注》及下朝夕、朝食同。见，贤遍切。 ㊱ 大国谓齐。敝邑，鲁、卫自称。○ 憾，胡暗切；本又作感。 ㊲ 舆，众也。淹，久也。○ 令，力呈切。师，如字，下无令舆师同；一音所类切。 ㊳ 言自欲战，不复须君命。○ 复，扶又切。 ㊴ 桀，担也。○ 担，丁甘切。 ㊵ 既获其

人,因释己车而载所获者车。 ㊶ 将至齐垒,以桑树系车而走,欲自异。○ 垒,力轨切。 ㊷ 贾,买也。言己勇有馀,欲卖之。○ 贾,音古,《注》同。卖,摩懈切。 ㊸ 姑,且也。翦,尽也。○ 陈,直觐切。邴,音丙,又彼命切。夏,户雅切。解,音蟹。张,如字,又直亮切。 ㊹ 介,甲也。㊺ 中军将自执旗鼓,故虽伤而击鼓不息。○ 将,子匠切,下将在左同。㊻ 张侯,解张也。朱,血色,血色久则殷。殷音近烟,今人谓赤黑为殷色。言血多污车轮,御犹不敢息。○ 贯,古乱切,下《注》同。肘,竹九切。折,之设切。殷,於闲切;徐,於辰切,《注》同。近,附近之近。污,污秽之污;《字林》,一故切。 ㊼ 以其不识己推车。○ 推,昌谁切,又他回切,《注》及下推车同。 ㊽ 殿,镇也。集,成也。○ 殿,多练切,《注》同。 ㊾ ○ 陆云:绝句。 ㊿ 擐,贯也。即,就也。○ 擐,音患。 (51) 晋师从郤克军。○ 并,必政切;徐,方聘切。援音爰。枹,音浮,鼓槌也;《字林》云,击鼓柄也;本亦作桴。 (52) 华不注,山名。○ 华,如字,又户化切。注,之住切。 (53) 子舆,韩厥父。 (54) 居中代御者。自非元帅,御者皆在中,将在左。○ 帅,所类切。 (55) 齐侯不知戎礼。○ 射,食亦切,下并《注》皆同。 (56) 越,队也。○ 队,宜类切。 (57) 綦毋张,晋大夫。寓,寄也。○ 綦,音其。毋,音无。丧,息浪切。乘,绳证切。 (58) 以左右皆死,不欲使立其处。○ 处,昌虑切。 (59) 俛,俯也。右被射,仆车中,故俯安隐之。○ 俛,音勉。仆,音赴,又蒲北切。 (60) 居公处。 (61) 骖,马绖也。○ 华,户化切。绖,户卦切,一音卦。骖,七南切。 (62) 辗,士车。○ 辗,仕产切,又仕板切;《字林》,仕谏切,云,卧车也。 (63) 为韩厥所及。丑父欲为右,故匿其伤。○ 肱,古弘切。匿,女力切,《注》同。(64) 縶,马绊也。执之,示修臣仆之职。○ 縶,张立切。绊,音半。 (65) 进觞璧,亦以示敬。○ 觞,式羊切。 (66) 本但为二国救请,不欲乃过入君地,谦辞。○ 为,于伪切,《注》同。令,力呈切。 (67) 属,適。○ 属,音烛,《注》同。行,下郎切。 (68) 若奔辟,则为辱晋君,并为齐侯羞,故言二君。此盖韩厥自处臣仆,谦敬之饰言。○ 辟,音避,《注》同;徐,扶臂切;服氏,扶赤切。 (69) 言欲以己不敏,摄承空乏,从君俱还。○ 从,才用切,又如字。 ⑦⓪ 佐车，副车。○ 宛，纡元切。茷，扶废切。 ⑦① 重其代己，故三人晋军求之。○ 呼，火故切。任，音壬。难，乃旦切。 ⑦② 齐师大败，皆有退心，故齐侯轻出其众，以帅厉退者，遂进入狄卒。狄卒者，狄人从晋讨齐者。○ 卒，子忽切，《注》同。轻，遣政切。迸，补诤切。
⑦③ 狄、卫畏齐之强，故不敢害齐侯，皆共免护之。○ 楯，食准切，又音允。冒，亡报切。 ⑦④ 所过城邑，皆勉励其守者。 ⑦⑤ 使辟君也。齐侯单还，故妇人不辟之。○ 辟，音避，《注》下同，一音扶亦切。单，音丹。
⑦⑥ 锐司徒，主锐兵者。○ 锐，悦岁切。 ⑦⑦ 言馀人不可复如何。○ 复，扶又切。 ⑦⑧ 走辟君。 ⑦⑨ 先问君，后问父故也。 ⑧⓪ 辟司徒，主垒壁者。○ 辟，音壁，必觅切，《注》同；徐，甫亦切。 ⑧① 石窌，邑名，济北卢县东有地名石窌。○ 窌，力救切，一音力到切。 ⑧② 丘舆、马陉，皆齐邑。○ 陉，音刑。 ⑧③ 媚人，国佐也。甗，玉磬，皆灭纪所得。○ 媚，美冀切。赂，音路。甗，鱼辇切；徐音彦，又音言；《字林》，牛健切。甑，子孕切，又慈陵切。 ⑧④ 同叔，萧君之字，齐侯外祖父。子，女也。难斥言其母，故远言之。○ 质，徐音致，下同。难，乃旦切。 ⑧⑤ 使垄亩东西行。○ 尽，津忍切。垄，力勇行。行，户郎切，又如字。 ⑧⑥ 言违王命。
⑧⑦《诗·大雅》。言孝心不乏者，又能以孝道长赐其志类。 ⑧⑧ 不以孝德赐同类。 ⑧⑨ 疆，界也。理，正也。物土之宜，播殖之物各从土宜。○ 疆，居良切，《注》下皆同。 ⑨⓪《诗·小雅》。或南或东，从其土宜。
⑨① 晋之伐齐，循垄东行易。○ 易，以豉切。 ⑨② 阙，失。 ⑨③ 禹、汤、文、武。○ 下王，于况切。 ⑨④ 树，立也。济，成也。 ⑨⑤ 夏伯昆吾，商伯大彭、豕韦，周伯齐桓、晋文。○《释文》：或曰齐桓、晋文、宋襄、秦穆、楚庄。 ⑨⑥ 役，事也。 ⑨⑦ 疆，竟也。○ 竟，如字，又音境。
⑨⑧《诗·颂》。殷汤布政优和，故百禄来聚。遒，聚也。○ 遒，在由切；徐，子由切。 ⑨⑨ 言不能为诸侯害。 ⑩⓪ 不见许。 ⑩① 战而曰犒，为孙辞。○ 使，所吏切。犒，苦报切。从，才用切。 ⑩② 震，动。桡，曲也。○ 桡，刀教切。 ⑩③ 烬，火馀木。○ 泯，弥忍切。好，呼报切。合，如字，一音閤。烬，似刃切。 ⑩④ 欲于城下，复借一战。○ 背，音佩。复，扶又

切。 ⑩⑤ 言完全之时，尚不敢违晋，今若不幸，则从命。 ⑩⑥ 谏郤克也。 ⑩⑦ 谓甗、磬。○ 暱，女乙切。 ⑩⑧ 齐归所侵。 ⑩⑨ 齐服则难缓。○ 纾，音舒，缓也；一音直吕切。难，乃旦切，《注》同。 ⑪⓪ 赋舆，犹兵车。 ⑪① 藉，荐。复，白也。○ 为，于伪切。藉，在夜切，《注》同。⑪② 禽郑，鲁大夫。归逆公会晋师。 ⑪③ 上鄍，地阙。公会晋师不书，史阙。○ 鄍，觅经切。 ⑪④ 三帅：郤克、士燮、栾书。已尝受王先路之赐，今改而易新，并此车所建所服之物。○ 帅，所类切，《注》及下同。⑪⑤ 晋司马、司空皆大夫，舆帅主兵车，候正主斥候，亚旅亦大夫也。皆鲁侯赐。

八月，宋文公卒。始厚葬，用蜃炭，益车马，始用殉①。重器备②，椁有四阿，棺有翰桧③。君子谓："华元、乐举，于是乎不臣。臣治烦去惑者也，是以伏死而争。今二子者，君生则纵其惑④，死又益其侈，是弃君于恶也。何臣之为⑤？"

① 烧蛤为炭以瘗圹，多埋车马，用人从葬。○ 蜃，市忍切，蛤也。炭，吐旦切。殉，似俊切。蛤，古答切。瘗，於例切。圹，苦晃切，一音旷。② 重，犹多也。○ 重，直恭切，《注》同。 ③ 四阿，四注椁也。翰，旁饰；桧，上饰。皆王礼。○ 椁，音郭。翰，户旦切，一音韩。桧，古外切；徐音会。④ 谓文十八年，杀母弟须。○ 去，起吕切，下去之同。争，争斗之争。⑤ 若言何用为臣。○ 侈，昌氏切，又式氏切。

九月，卫穆公卒，晋三子自役吊焉，哭于大门之外①。卫人逆之②，妇人哭于门内③，送亦如之。遂常以葬④。

① 师还过卫，故因吊之。未复命，故不敢成礼。○ 过，古禾切，又古卧

切。 ② 逆，于门外设丧位。 ③ 丧位，妇人哭于堂。宾在门外，故移在门内。 ④ 至葬行此礼。

楚之讨陈夏氏也[1]，庄王欲纳夏姬，申公巫臣曰："不可。君召诸侯，以讨罪也。今纳夏姬，贪其色也。贪色为淫，淫为大罚。《周书》曰：'明德慎罚[2]。'文王所以造周也。明德，务崇之之谓也。慎罚，务去之之谓也。若兴诸侯，以取大罚，非慎之也。君其图之！"王乃止。子反欲取之，巫臣曰："是不祥人也！是夭子蛮[3]，杀御叔[4]，杀灵侯[5]，戮夏南[6]，出孔、仪[7]，丧陈国[8]，何不祥如是！人生实难，其有不获死乎[9]？天下多美妇人，何必是？"子反乃止。

王以予连尹襄老。襄老死于邲，不获其尸[10]，其子黑要烝焉[11]。巫臣使道焉，曰："归！吾聘女[12]。"又使自郑召之，曰："尸可得也[13]，必来逆之。"姬以告王，王问诸屈巫[14]。对曰："其信！知䓨之父，成公之嬖也，而中行伯之季弟也[15]，新佐中军，而善郑皇戌，甚爱此子[16]。其必因郑而归王子与襄老之尸以求之[17]。郑人惧于邲之役而欲求媚于晋，其必许之。"王遣夏姬归。将行，谓送者曰："不得尸，吾不反矣。"巫臣聘诸郑，郑伯许之[18]。

及共王即位，将为阳桥之役[19]，使屈巫聘于齐，且告师期，巫臣尽室以行[20]。申叔跪从其父将适郢，遇之[21]，曰："异哉！夫子有三军之惧，而又有《桑中》之喜，宜将窃妻以逃者也[22]。"及郑，使介反币，而以夏姬行[23]。将奔齐，齐师新败，曰："吾不处不胜之国。"遂奔晋，而因郤至[24]以臣于晋。晋人使为邢大夫[25]。

子反请以重币锢之[26]，王曰："止！其自为谋也，则过矣。其为吾先君谋也，则忠。忠，社稷之固也，所盖多矣[27]。且彼若能利国家，虽重币，晋将可乎[28]？若无益于晋，晋将弃之，何劳锢焉[29]。"

① 在宣十一年。○ 夏，户雅切，下同。　② 《周书·康诰》。③ 子蛮，郑灵公，夏姬之兄，杀死无后。○ 杀，申志切，下文杀灵侯同。④ 御叔，夏姬之夫，亦早死。○ 御，鱼据切。　⑤ 陈灵公。　⑥ 夏姬子徵舒。　⑦ 孔宁、仪行父。　⑧ 楚灭陈。○ 丧，息浪切，下《注》而丧同。　⑨ 言死易得，无为取夏姬召速之。○ 易，以豉切。　⑩ 邲战在宣十二年。　⑪ 黑要，襄老子。○ 要，一遥切。烝，之承切。⑫ 道夏姬使归郑。○ 道，音导。《注》同。聘，匹政切。女，音汝。⑬ 襄老尸。　⑭ 屈巫，巫臣。○ 屈，居勿切。　⑮ 知罃父，荀首也。中行伯，荀林父也。邲之战，楚人囚知罃。○ 知，音智。罃，於耕切。⑯ 爱知罃也。　⑰ 王子，楚公子穀臣也。邲之战，荀首囚之。　⑱ 聘夏姬。　⑲ 楚伐鲁至阳桥，在此年冬。○ 共，音恭。　⑳ 室家尽去。㉑ 叔跪，申叔时之子。○ 跪，其委切，一音居委切。从，才用切。郢，以井切，又以政切。　㉒ 《桑中》，《卫风》淫奔之诗。　㉓ 介，副也。币，聘物。○ 介，音界。　㉔ 至，郤克族子。　㉕ 邢，晋邑。○ 邢，音刑。㉖ 禁锢勿令仕。○ 锢，音固。令，力呈切。　㉗ 盖，覆也。○ 上为，于伪切，又如字。下为，于伪切。　㉘ 言不许。　㉙ 为七年楚灭巫臣族、晋南通吴张本。

晋师归，范文子后入。武子曰："无为吾望尔也乎[1]？"对曰："师有功，国人喜以逆之，先入，必属耳目焉，是代帅受名也，故不敢。"武子曰："吾知免矣[2]。"郤伯见，公曰："子之力也夫！"对曰："君之训也，二三子之力也，臣何力之有焉[3]！"

范叔见，劳之如郤伯，对曰："庚所命也，克之制也，燮何力之有焉[④]！"栾伯见，公亦如之，对曰："燮之诏也，士用命也，书何力之有焉[⑤]！"

① 武子，士会，文子之父。　② 知其不益己祸。○ 属，章欲切，后同。帅，所类切，下《注》称帅、军帅、将帅同。吾知，一本无知字。　③ 郤伯，郤克。○ 见，贤遍切，下同。夫，音扶。　④ 荀庚将上军，时不出，范文子上军佐，代行，故称帅以让。○ 劳，力报切。将，子匠切，下同。　⑤ 诏，告也。栾书下军帅，故推功上军。《传》言晋将帅克让，所以能胜齐。

宣公使求好于楚。庄王卒，宣公薨，不克作好[①]。公即位，受盟于晋[②]。会晋伐齐。卫人不行使于楚[③]，而亦受盟于晋，从于伐齐。故楚令尹子重为阳桥之役以救齐。将起师，子重曰："君弱[④]，群臣不如先大夫，师众而后可。《诗》曰：'济济多士，文王以宁[⑤]。'夫文王犹用众，况吾侪乎[⑥]？且先君庄王属之曰：'无德以及远方，莫如惠恤其民而善用之。'"乃大户[⑦]，已责[⑧]，逮鳏[⑨]，救乏，赦罪，悉师。王卒尽行，彭名御戎，蔡景公为左，许灵公为右[⑩]。二君弱，皆强冠之。冬，楚师侵卫，遂侵我，师于蜀[⑪]。使臧孙往[⑫]，辞曰："楚远而久，固将退矣。无功而受名，臣不敢[⑬]。"楚侵及阳桥[⑭]，孟孙请往赂之[⑮]。以执斫、执针、织纴[⑯]，皆百人，公衡为质[⑰]，以请盟。楚人许平。

十一月，公及楚公子婴齐、蔡侯、许男、秦右大夫说、宋华元、陈公孙宁、卫孙良夫、郑公子去疾及齐国之大夫盟于蜀[⑱]。卿不书，匮盟也。于是乎畏晋而窃与楚盟，故曰匮盟[19]。蔡侯、许男不书，乘楚车也，谓之失位[20]。君子曰：“位其不可不慎也乎！蔡、许之君，一失其位，不得列于诸侯，况其下乎？《诗》曰：‘不解于位，民之攸塈[21]。’其是之谓矣。”

楚师及宋，公衡逃归。臧宣叔曰：“衡父不忍数年之不宴[22]，以弃鲁国，国将若之何？谁居？后之人必有任是夫！国弃矣[23]。”

是行也，晋辟楚，畏其众也。君子曰：“众之不可以已也。大夫为政，犹以众克，况明君而善用其众乎？《大誓》所谓‘商兆民离，周十人同’者，众也[24]。”

① 在宣十八年。○ 好，呼报切，下同。 ② 元年盟赤棘。 ③ 不聘楚。○ 使，所吏切。 ④《传》曰：寡人生十年而丧先君。共王即位，至是三年，盖年十二三矣。 ⑤《诗·大雅》。言文王以众士安。○ 济，子礼切。 ⑥ 侪，等。○ 侪，仕皆切。 ⑦ 阅民户口。○ 阅，音悦。 ⑧ 弃逋责。○ 逋，补吴切。 ⑨ 施及老鳏。○ 鳏，古顽切。施，始豉切。 ⑩ 王卒尽行，故王戎车亦行，虽无楚王，令二君当左右之位。○ 卒，子忽切，《注》同。令，力呈切。 ⑪ 公赂之而退，故不书侵。○ 强，其丈切。冠，古乱切。 ⑫ 臧孙，宣叔也。 ⑬ 不敢虚受退楚名。 ⑭ 阳桥，鲁地。 ⑮ 楚侵遂深，故孟孙请以赂往。孟孙，献子也。 ⑯ 执斫，匠人。执针，女工。织纴，织缯布者。○ 斫，竹角切。针，之林切。纴，女金切；徐，而鸩切。 ⑰ 公衡，成公子。○ 质，音致。 ⑱ 齐大夫不书其名，非卿也。○ 说，音悦。去，起吕切。 ⑲ 匮，乏也。 ⑳ 乘楚王车为左右，则失位也。卿不书，则称人；诸侯不书，皆不见《经》，君臣之别。○ 见，贤遍切。别，彼列切。 ㉑《诗·大雅》。言在上者勤正其位，则国安而民息也。攸，所也。塈，息也。○ 解，佳卖切。塈，许器切。 ㉒ 宴，乐也。○ 数，所主切。乐，音洛。 ㉓ 居，辞也。言后人必有当此

患。○居，音基。任，音壬。夫，音扶。 ㉔《大誓》，《周书》。万亿曰兆。民离则弱，合则成众。言殷以散亡，周以众兴。

晋侯使巩朔献齐捷于周，王弗见，使单襄公辞焉，曰："蛮夷戎狄，不式王命[1]，淫湎毁常，王命伐之，则有献捷，王亲受而劳之，所以惩不敬，劝有功也。兄弟甥舅，侵败王略[2]，王命伐之，告事而已，不献其功，所以敬亲暱[3]，禁淫慝也[4]。今叔父克遂有功于齐[5]，而不使命卿镇抚王室，所使来抚余一人，而巩伯实来，未有职司于王室[6]，又奸先王之礼[7]，余虽欲于巩伯[8]，其敢废旧典以忝叔父？夫齐，甥舅之国也，而大师之后也[9]，宁不亦淫从其欲以怒叔父，抑岂不可谏诲？"士庄伯不能对[10]。王使委于三吏[11]，礼之如侯伯克敌使大夫告庆之礼，降于卿礼一等。王以巩伯宴而私贿之。使相告之曰："非礼也，勿籍[12]。"

① 式，用也。○捷，在妾切。 ② 兄弟，同姓国。甥舅，异姓国。略，经略法度。○湎，面善切。劳，力报切。败，必迈切。 ③ 告伐事而不献囚俘。○暱，女乙切。 ④ 淫慝，谓虣掠百姓，取囚俘也。○慝，他得切。虣，本又作暴，薄报切。掠，音亮。 ⑤ 克，能也。 ⑥ 巩朔，上军大夫，非命卿，名位不达于王室。 ⑦ 谓献齐捷。○奸，音干。 ⑧ 欲受其献。 ⑨ 齐世与周昏，故曰甥舅。○大，音泰。 ⑩ 庄伯，巩朔。○从，子用切；本亦作纵。 ⑪ 委，属也。三吏，三公也。○陆云，天子之吏也。 ⑫ 相，相礼者。籍，书也。王畏晋，故私宴贿以慰巩朔。○相，息亮切，《注》同。

经

三年春，王正月，公会晋侯、宋公、卫侯、曹伯伐郑[①]。

辛亥，葬卫穆公[②]。

二月，公至自伐郑[③]。

甲子，新宫灾，三日哭[④]。

乙亥，葬宋文公[⑤]。

夏，公如晋。

郑公子去疾帅师伐许。

公至自晋[⑥]。

秋，叔孙侨如帅师围棘[⑦]。

大雩[⑧]。

晋郤克、卫孙良夫伐廧咎如[⑨]。

冬十有一月，晋侯使荀庚来聘。

卫侯使孙良夫来聘。

丙午，及荀庚盟。

丁未，及孙良夫盟[⑩]。

郑伐许[⑪]。

① 宋、卫未葬，而称爵以接邻国，非礼也。　② 无《传》。　③ 无《传》。　④ 无《传》。三年丧毕，宣公神主新入庙，故谓之新宫。书三日哭，善得礼。宗庙，亲之神灵所冯居，而遇灾，故哀而哭之。○ 冯，皮冰切。　⑤ 无《传》。七月而葬，缓。　⑥ 无《传》。　⑦ 棘，汶阳田之邑，在济北蛇丘县。○ 蛇，以支切，一音如字。　⑧ 无《传》。以过时书。　⑨ 赤狄别种。○ 廧，在良切。咎，古刀切。种，章勇切。　⑩ 先晋后卫，尊霸主。　⑪ 无《传》。不书将帅，告辞略。○ 将，子匠切。帅，所类切。

传

三年春，诸侯伐郑，次于伯牛，讨邲之役也[①]，遂东侵郑[②]。郑公子偃帅师御之[③]，使东鄙覆诸鄤[④]，败诸丘舆[⑤]。皇戌如楚献捷。

① 伯牛，郑地。邲役在宣十二年。 ② 晋潜军深入。 ③ 偃，穆公子。 ④ 覆，伏兵也。〇 覆，扶又切，《注》同。鄤，亡袁切，又莫干切；徐，武旦切，一音万。 ⑤ 鄤、丘舆，皆郑地。晋偏军为郑所败，故不书。

夏，公如晋，拜汶阳之田[①]。

① 前年晋使齐归鲁汶阳田故。

许恃楚而不事郑，郑子良伐许。

晋人归公子穀臣与连尹襄老之尸于楚以求知罃[①]。于是荀首佐中军矣[②]，故楚人许之。王送知罃曰："子其怨我乎？"对曰："二国治戎，臣不才，不胜其任，以为俘馘。执事不以衅鼓[③]，使归即戮，君之惠也。臣实不才，又谁敢怨？"王曰："然则德我乎？"对曰："二国图其社稷，而求纾其民[④]，各惩其忿以相宥也[⑤]，两释累囚以成其好[⑥]。二国有好，臣不与及，其谁敢德[⑦]？"王曰："子归，何以报我？"对曰："臣不任受怨，君亦不任受德，无怨无德，不知所报。"王曰："虽然，必告不穀。"对曰："以君之灵，累臣得归骨于晋，寡君之以为戮，死且不朽[⑧]。若从君之惠而免之，以赐君之外臣首[⑨]；首其请于寡君而以戮于宗，亦死且不朽。若不获命[⑩]，而使嗣宗职[11]，次及于事，而帅偏师以修封疆，虽遇执事[12]，其弗敢违[13]。其竭力致死，无有二心，以尽臣礼，所以报也。”王曰：“晋未可与争。”重为之礼而归之。

① 邲之战，楚获知罃。　② 荀首，知罃父。　③ 以血涂鼓为衅鼓。○ 胜，音升，下《注》同。俘，芳夫切。馘，古获切。衅，许覲切。④ 纾，缓也。○ 纾，音舒。　⑤ 宥，赦也。○ 惩，直升切。宥，音又。⑥ 累，系也，○累，力谁切。好，呼报切，下同。　⑦ 言二国本不为己。○ 与，音预。为，于伪切。　⑧ 戮其不胜任。○ 任，音壬，下亦不任同。⑨ 称于异国君曰外臣。　⑩ 君不许戮。　⑪ 嗣其祖宗之位职。⑫ 遇楚将帅。○ 疆，居良切。　⑬ 违，辟也。

秋，叔孙侨如围棘，取汶阳之田。棘不服，故围之[1]。

① 侨如，叔孙得臣子。

晋郤克、卫孙良夫伐廧咎如，讨赤狄之馀焉[1]。廧咎如溃，上失民也[2]。

① 宣十五年，晋灭赤狄潞氏，其馀民散入廧咎如，故讨之。　② 此《传》释《经》之文。而《经》无“廧咎如溃”，盖《经》阙此四字。○ 溃，户内切。

冬十一月，晋侯使荀庚来聘，且寻盟[1]。卫侯使孙良夫来聘，且寻盟[2]。公问诸臧宣叔曰：“仲行伯之于晋也，其位在三[3]。孙子之于卫也，位为上卿。将谁先？”对曰：“次国之上卿当大国之中，中当其下，下当其上大夫[4]。小国之上卿当大国之下卿，中当其上大夫，下当其下大夫[5]。上下如是，古之制也[6]。卫在晋，不得为次国[7]。晋为盟主，其将先之[8]。”丙午盟晋，丁未盟卫，礼也。

① 寻元年赤棘盟。荀庚，林父之子。　② 寻宣七年盟。　③ 下卿。　④ 降一等。　⑤ 降大国二等。　⑥ 古制：公为大国，侯、伯为次国，子、男为小国。　⑦ 春秋时以强弱为大小，故卫虽侯爵，犹为小国。　⑧ 计等则二人位敌，以盟主，故先晋。

十二月甲戌，晋作六军[1]。韩厥、赵括、巩朔、韩穿、荀骓、赵旃皆为卿，赏鞌之功也[2]。

① 为六军，僭王也。万二千五百人为军。○ 僭，子念切。　② 韩厥为新中军。赵括佐之。巩朔为新上军，韩穿佐之。荀骓为新下军，赵旃佐之。晋旧自有三军，今增此，故为六军。○ 骓，音隹。

齐侯朝于晋，将授玉[1]。郤克趋进曰：“此行也，君为妇人之笑辱也，寡君未之敢任[2]。”晋侯享齐侯。齐侯视韩厥，韩厥曰：“君知厥也乎？”齐侯曰：“服改矣[3]。”韩厥登，举爵曰：“臣之不敢爱死，为两君之在此堂也。”

① 行朝礼。　② 言齐侯之来，以谢妇人之笑，非为修好，故云晋君不任当此惠。○ 为，于伪切，下为两君同。任，音壬。　③ 戎朝异服也。言服改，明识其人。

荀罃之在楚也，郑贾人有将寘诸褚中以出。既谋之，未行，而楚人归之。贾人如晋，荀罃善视之，如实出己。贾人曰："吾无其功，敢有其实乎？吾小人，不可以厚诬君子。"遂适齐①。

①《传》言知罃之贤。○ 贾，音古，下同。寘，之豉切。褚，中吕切。

经

四年春，宋公使华元来聘。

三月壬申，郑伯坚卒①。

杞伯来朝。

夏四月甲寅，臧孙许卒②。

公如晋。

葬郑襄公③。

秋，公至自晋。

冬，城郓④。

郑伯伐许。

① 无《传》。二年大夫盟于蜀。壬申，二月二十八日。 ② 无《传》。 ③ 无《传》。 ④ 无《传》。公欲叛晋，故城而为备。○ 郓，音运。

传

四年春，宋华元来聘，通嗣君也①。

① 宋共公即位。○ 共，音恭。

杞伯来朝，归叔姬故也[1]。

① 将出叔姬，先修礼朝鲁，言其故。

夏，公如晋，晋侯见公不敬。季文子曰："晋侯必不免[1]。《诗》曰：'敬之敬之！天惟显思，命不易哉[2]！'夫晋侯之命在诸侯矣，可不敬乎[3]？"秋，公至自晋，欲求成于楚而叛晋。季文子曰："不可。晋虽无道，未可叛也。国大臣睦，而迩于我[4]，诸侯听焉，未可以贰[5]。史佚之《志》有之[6]，曰：'非我族类，其心必异。'楚虽大，非吾族也[7]，其肯字我乎？"公乃止[8]。

① 言将不能寿终也。后十年陷厕而死。　② 《诗·颂》。言天道显明，受其命甚难，不可不敬以奉之。○ 易，以豉切。　③ 敬诸侯，则得天命。　④ 迩，近也。　⑤ 听，服也。　⑥ 周文王大史。○ 大，音泰。　⑦ 与鲁异姓。　⑧ 字，爱也。

冬十一月，郑公孙申帅师疆许田[1]，许人败诸展陂。郑伯伐许，取鉏任泠敦之田[2]。晋栾书将中军[3]，荀首佐之。士燮佐上军，以救许伐郑，取氾、祭[4]。楚子反救郑，郑伯与许男讼焉[5]。皇戌摄郑伯之辞[6]，子反不能决也，曰："君若辱在寡君，寡君与其二三臣，共听两君之所欲，成其可知也[7]。不然，侧不足以知二国之成[8]。"

① 前年郑伐许，侵其田，今正其界。○ 疆，居良切。　② 展陂，亦许

地。○ 陂，彼皮切。鉏，仕居切。任，音壬。泠，力丁切。 ③ 代郤克。○ 将，子匠切。 ④ 氾、祭，郑地。成皋县东有氾水。○ 氾，音凡，《注》同，或音祀。祭，侧介切。 ⑤ 于子反前争曲直。 ⑥ 代之对。⑦ 欲使自屈，在楚子前决之。 ⑧ 侧，子反名。为明年许愬郑于楚张本。○ 愬，音素。

晋赵婴通于赵庄姬①。

① 赵婴，赵盾弟。庄姬，赵朔妻。朔，盾之子。

经

五年春，王正月，杞叔姬来归①。

仲孙蔑如宋。

夏，叔孙侨如会晋荀首于穀②。

梁山崩③。

秋，大水④。

冬十有一月己酉，天王崩。

十有二月己丑，公会晋侯、齐侯、宋公、卫侯、郑伯、曹伯、邾子、杞伯同盟于虫牢⑤。

① 出也。《传》在前年。 ② 穀，齐地。 ③ 记异也。梁山在冯翊夏阳县北。 ④ 无《传》。 ⑤ 虫牢，郑地。陈留封丘县北有桐牢。

传

五年春，原、屏放诸齐①。婴曰："我在，故栾氏不作。我亡，吾二昆其忧哉！且人各有能，有不能[②]，舍我何害？”弗听。婴梦天使谓己：“祭余，余福女。”使问诸士贞伯，贞伯曰：“不识也。”既而告其人[③]曰：“神福仁而祸淫，淫而无罚，福也。祭其得亡乎[④]？”祭之，之明日而亡[⑤]。

① 放赵婴也。原同、屏季，婴之兄。○ 屏，步丁切。 ② 言己虽淫，而能令庄姬护赵氏。○ 令，力丁切。 ③ 自告贞伯从人。○ 舍，音捨，又音赦。听，吐丁切。女，音汝。从，才用切。 ④ 以得放遣为福。 ⑤ 为八年晋杀赵同、赵括《传》。

孟献子如宋，报华元也[①]。

① 前年宋华元来聘。

夏，晋荀首如齐逆女，故宣伯饵诸穀[①]。

① 野馈曰饵。运粮馈之，敬大国也。○ 饵，音郓。馈，其媿切。

梁山崩，晋侯以传召伯宗[①]。伯宗辟重，曰：“辟传[②]！”重人曰：“待我，不如捷之速也[③]。”问其所，曰：“绛人也。”问绛事焉，曰：“梁山崩，将召伯宗谋之。”问：“将若之何？”曰：“山有朽壤而崩，可若何？国主山川[④]。故山崩川竭，君为之不举[⑤]，降服[⑥]，乘缦[⑦]，彻乐[⑧]，出次[⑨]，祝币[⑩]，史辞[⑪]，以礼焉[⑫]。其如此而已，虽伯宗若之何？”伯宗请见之[⑬]，不可[⑭]。遂以告而从之[⑮]。

① 传,驿。○ 传,中恋切,《注》及下同。驿,音亦。 ② 重载之车。○ 上辟,匹亦切;徐,甫赤切;本又作僻。下辟,音避。 ③ 捷,邪出。○ 捷,在妾切。邪,似嗟切。 ④ 主,谓所主祭。○ 绛,古巷切。壤,如丈切。 ⑤ 去盛馔。○ 为,于伪切。去,起吕切。馔,仕恋切。 ⑥ 损盛服。 ⑦ 车无文。○ 缦,武旦切,又莫半切。 ⑧ 息八音。 ⑨ 舍于郊。 ⑩ 陈玉帛。 ⑪ 自罪责。 ⑫ 礼山川。 ⑬ 见之于晋君。○ 见,贤遍切,《注》皆同。 ⑭ 不肯见。 ⑮ 从重人言。

许灵公愬郑伯于楚①。六月,郑悼公如楚,讼不胜。楚人执皇戌及子国②。故郑伯归,使公子偃请成于晋。秋八月,郑伯及晋赵同盟于垂棘③。

① 前比年郑伐许故。 ② 以郑伯不直故也。子国,郑穆公子。 ③ 垂棘,晋地。

宋公子围龟为质于楚而还①,华元享之。请鼓噪以出,鼓噪以复入②,曰:“习攻华氏。”宋公杀之③。

① 围龟,文公子。○ 质,音致,下《注》同。 ② 出入辄击鼓。○ 噪,素报切。复,扶又切,下同。 ③ 盖宣十五年宋楚平后,华元使围龟代己为质,故怨而欲攻华氏。

冬,同盟于虫牢,郑服也。诸侯谋复会,宋公使向为人辞以子灵之难①。

① 子灵,围龟也。宋公不欲会,以新诛子灵为辞。为明年侵宋《传》。

○ 向，舒亮切。难，乃旦切；一本无之难二字。子灵为辞，一本无为辞二字。

十一月己酉，定王崩[①]。

①《经》在虫牢盟上，《传》在下，月倒错。众家《传》悉无此八字，或衍文。○ 倒，丁老切。

经

六年春，王正月，公至自会[①]。

二月辛巳，立武宫[②]。

取鄟[③]。

卫孙良夫帅师侵宋。

夏六月，邾子来朝[④]。

公孙婴齐如晋[⑤]。

壬申，郑伯费卒[⑥]。

秋，仲孙蔑、叔孙侨如帅师侵宋。

楚公子婴齐帅师伐郑。

冬，季孙行父如晋。

晋栾书帅师救郑。

① 无《传》。　② 鲁人自鞌之功，至今无患，故筑武军，又作先君武公宫，以告成事，欲以示后世。　③ 附庸国也。○ 鄟，徐音专，又市裔切。　④ 无《传》。　⑤ 婴齐，叔肸子。　⑥ 前年同盟虫牢。○ 费，音祕。

传

六年春,郑伯如晋拜成①,子游相②,授玉于东楹之东③。士贞伯曰:“郑伯其死乎?自弃也已!视流而行速,不安其位,宜不能久④。”

① 谢前年再盟。 ② 子游,公子偃。〇 相,息亮切,下甯相同。 ③《礼》:授玉两楹之间。郑伯行疾,故东过。 ④ 视流,不端谛。〇 谛,音帝。

二月,季文子以鞌之功立武宫,非礼也①。听于人以救其难,不可以立武。立武由己,非由人也②。

① 宣十二年潘党劝楚子立武军。楚子答以武有七德,非己所堪。其为先君宫,告成事而已。今鲁倚晋之功,又非霸主,而立武宫,故讥之。〇 倚,於绮切。 ② 言请人救难,胜非己功。〇 难,乃旦切,《注》同。

取鄟,言易也①。

① 〇 易,以豉切。

三月,晋伯宗、夏阳说,卫孙良夫、甯相、郑人,伊、雒之戎,陆浑,蛮氏侵宋①,以其辞会也②。师于鍼,卫人不保③。说欲袭卫,曰:“虽不可入,多俘而归,有罪不及死。”伯宗曰:“不可。卫唯信晋,故师在其郊而不设备。若袭之,是弃信也。虽多卫俘,而晋无信,何以求诸侯?”乃止。师还,卫人登陴[4]。

① 夏阳说，晋大夫。蛮氏，戎别种也。河南新城县东南有蛮城。《经》惟书卫孙良夫，独卫告也。○ 夏，户雅切。说，音悦，下文《注》同。浑，户门切。种，章勇切。　② 辟会在前年。　③ 不守备。○ 鍼，其廉切，一音针。　④ 闻说谋故。○ 陴，毗支切。

晋人谋去故绛[1]。诸大夫皆曰："必居郇瑕氏之地[2]，沃饶而近盬[3]，国利君乐，不可失也。"韩献子将新中军，且为仆大夫[4]。公揖而入，献子从公立于寝庭[5]。谓献子曰："何如[6]？"对曰："不可。郇瑕氏土薄水浅[7]，其恶易觏[8]。易觏则民愁，民愁则垫隘[9]，于是乎有沉溺重膇之疾[10]。不如新田[11]，土厚水深，居之不疾[12]，有汾、浍以流其恶[13]。且民从教[14]，十世之利也。夫山、泽、林、盬，国之宝也。国饶，则民骄佚[15]；近宝，公室乃贫，不可谓乐[16]。"公说，从之。夏四月丁丑，晋迁于新田[17]。

① 晋复命新田为绛，故谓此故绛。○ 复，扶又切。　② 郇瑕，古国名。河东解县西北有郇城。○ 郇，音荀。解，音蟹。　③ 盬，盐也。猗氏县盐池是。○ 近，附近之近，下及《注》近宝皆同。盬，音古。猗，於宜切。④ 兼大仆。○ 乐，音洛，下谓乐同。将，子匠切，下《注》将军同。大，音泰。⑤ 路寝之庭。　⑥ 问诸大夫言是非。　⑦ 土薄地下。　⑧ 恶，疾疢。觏，成也。○ 易，以豉切，下《注》同。觏，古豆切。疢，敕觐切；本或作疢，同。　⑨ 垫隘，羸困也。○ 垫，丁念切。隘，於卖切。羸，劣伪切。⑩ 沉溺，湿疾。重膇，足肿。○ 溺，乃历切。膇，治伪切，一音直媿切。肿，章勇切，一音常勇切。　⑪ 今平阳绛邑县是。　⑫ 高燥故。

⑬ 汾水出太原，经绛北，西南入河。浍水出平阳绛县南，西入汾。恶，垢秽。○ 汾，扶云切。浍，古外切。垢，古口切。　⑭ 无灾患。　⑮ 财易致，则民骄佚。○ 佚，音逸。　⑯ 近宝，则民不务本。　⑰ 为季孙如晋《传》。○ 说，音悦。

六月，郑悼公卒[①]。

① 终士贞伯之言。

子叔声伯如晋。命伐宋[①]。秋，孟献子、叔孙宣伯侵宋，晋命也。

① 晋人命声伯。

楚子重伐郑，郑从晋故也[①]。

① 前年从晋盟。

冬，季文子如晋，贺迁也。

晋栾书救郑，与楚师遇于绕角[①]。楚师还，晋师遂侵蔡。楚公子申、公子成以申、息之师救蔡[②]，御诸桑隧[③]。赵同、赵括欲战，请于武子，武子将许之[④]。知庄子[⑤]、范文子[⑥]、韩献子[⑦]谏曰："不可。吾来救郑，楚师去我，吾遂至于此[⑧]，是迁戮也。戮而不已，又怒楚师，战必不克[⑨]。虽克，不令。成师以出，而败楚之二县，何荣之有焉[⑩]？若不能败，为辱已甚，不如还也。”乃遂还。

于是，军帅之欲战者众，或谓栾武子曰：“圣人与众同欲，是以济事。子盍从众[11]？子为大政[12]，将酌于民者也[13]。子之佐十一人[14]，其不欲战者，三人而已[15]。欲战者可谓众矣。《商书》曰：‘三人占，从二人。’众故也[16]。”武子曰：“善钧，从众[17]。夫善，众之主也。三卿为主，可谓众矣[18]。从之，不亦可乎[19]？”

① 绕角，郑地。 ② 申、息、楚二县。○ 成，音城。 ③ 汝南朗陵县东有桑里，在上蔡西南。○ 御，鱼吕切。隧，音遂。 ④ 武子，栾书。 ⑤ 荀首，中军佐。 ⑥ 士燮，上军佐。 ⑦ 韩厥，新中军将。 ⑧ 此，蔡地。 ⑨ 迁戮不义，怒敌难当，故不克。 ⑩ 六军悉出，故曰成师。以大胜小，不足为荣。 ⑪ 盍，何不也。○ 帅，所类切，下《注》同。盍，户腊切。 ⑫ 中军元帅。 ⑬ 酌取民心以为政。 ⑭ 六军之卿佐。 ⑮ 知、范、韩也。 ⑯《商书·洪范》。 ⑰ 钧，等也。 ⑱ 三卿，皆晋之贤人。 ⑲《传》善栾书得从众之义，且为八年晋侵蔡《传》。

经

七年春，王正月，鼷鼠食郊牛角，改卜牛。鼷鼠又食其角，乃免牛[1]。

吴伐郯[2]。

夏五月，曹伯来朝。

不郊，犹三望[3]

秋，楚公子婴齐帅师伐郑。

公会晋侯、齐侯、宋公、卫侯、曹伯、莒子、邾子、杞伯救郑。

八月戊辰，同盟于马陵[4]。

公至自会[5]。

吴入州来[6]。

冬，大雩[7]。

卫孙林父出奔晋。

① 无《传》。称牛，未卜日。免，放也。免牛可也，不郊，非礼也。○ 鼷，音兮。 ② ○ 郯，音谈。 ③ 无《传》。书不郊，间有事。三望，非礼。 ④ 马陵，卫地。阳平元城县东南有地名马陵。 ⑤ 无《传》。 ⑥ 州来，楚邑。淮南下蔡县是也。 ⑦ 无《传》。书过。

传

七年春，吴伐郯，郯成。季文子曰："中国不振旅，蛮夷入伐，而莫之或恤[1]，无吊者也夫[2]！《诗》曰：'不吊昊天，乱靡有定。'其此之谓乎[3]！有上不吊，其谁不受乱[4]？吾亡无日矣！"君子曰："知惧如是，斯不亡矣。"

① 振，整也。旅，众也。 ② 言中国不能相愍恤，故夷狄内侵。○ 夫，音扶。 ③《诗·小雅》。刺在上者不能吊愍下民，故号天告乱。○ 昊，户老切。号，户刀切。 ④ 上，谓霸王。

郑子良相成公以如晋，见且拜师[1]。

① 谢前年晋救郑之师。为楚伐郑张本。○ 相，息亮切。见，贤遍切。

夏，曹宣公来朝。

秋，楚子重伐郑，师于汜[1]。诸侯救郑。郑共仲、侯羽军楚师[2]，囚郧公钟仪，献诸晋。八月，同盟于马陵，寻虫牢之盟，且莒服故也[3]。晋人以钟仪归，囚诸军府[4]。

① 汜，郑地。在襄城县南。○ 汜，音凡。 ② 二子，郑大夫。○ 共，音恭。 ③ 虫牢盟在五年。莒本属齐，齐服，故莒从之。○ 郧，本亦作员，音云，邑名。 ④ 军藏府也。为九年晋侯见钟仪张本。○ 藏，才浪切。

楚围宋之役[1]，师还。子重请取于申、吕以为赏田，王许之[2]。申公巫臣曰："不可。此申、吕所以邑也，是以为赋，以御北方。若取之，是无申、吕也[3]。晋、郑必至于汉。"王乃止。子重是以怨巫臣。子反欲取夏姬，巫臣止之，遂取以行。子反亦怨之。及共王即位[4]，子重、子反杀巫臣之族子阎、子荡及清尹弗忌[5]及襄老之子黑要[6]，而分其室。子重取子阎之室，使沈尹与王子罢分子荡之室，子反取黑要与清尹之室。巫臣自晋遗二子书[7]曰："尔以谗慝贪惏事君，而多杀不辜。余必使尔罢于奔命以死。"

巫臣请使于吴，晋侯许之。吴子寿梦说之。乃通吴于晋[8]。以两之一卒適吴，舍偏两之一焉[9]。与其射御，教吴乘车，教之战陈，教之叛楚[10]。寘其子狐庸焉，使为行人于吴。吴始伐楚，伐巢，伐徐[11]。子重奔命[12]。马陵之会，吴入州来。子重自郑奔命[13]。子重、子反于是乎一岁七奔命。蛮夷属于楚者，吴尽取之。是以始大，通吴于上国[14]。

① 在宣十四年。　② 分申、吕之田以自赏。　③ 言申、吕赖此田成邑耳。不得此田，则无以出兵赋而二邑坏也。○ 所邑也，一本作所以邑也。御，鱼吕切。　④ 楚共王以鲁成公元年即位。○ 共，音恭。　⑤ 皆巫臣之族。○ 阎，音盐。　⑥ 以夏姬故，并怨黑要。○ 要，一遥切。　⑦ 子重、子反。○ 罢，音皮，下同。遗，唯季切。　⑧ 寿梦，季札父。○ 慝，他得切。惏，力含切。使，所吏切。梦，莫公切。说，音悦。札，侧八切。　⑨《司马法》：百人为卒，二十五人为两。车九乘为小偏，十五乘为大偏。盖留九乘车及一两二十五人，令吴习之。○ 卒，子忽切，《注》同。舍，音赦，旧音捨。乘，绳证切，下《注》同。令，力呈切。　⑩ 前是吴常属楚。○ 陈，直觐切。　⑪ 巢，徐，楚属国。○ 寘，之豉切。⑫ 救徐、巢。　⑬ 因伐郑而行。　⑭ 上国，诸夏。○ 夏，户雅切。

卫定公恶孙林父。冬，孙林父出奔晋①。卫侯如晋，晋反戚焉②。

① 林父，孙良夫之子。○ 恶，乌路切。　② 戚，林父邑。林父出奔，戚随属晋。○ 戚，七狄切。

经

八年春，晋侯使韩穿来言汶阳之田，归之于齐①。

晋栾书帅师侵蔡。

公孙婴齐如莒。

宋公使华元来聘。

夏，宋公使公孙寿来纳币②。

晋杀其大夫赵同、赵括③。

秋七月，天子使召伯来赐公命④。

冬十月癸卯，杞叔姬卒[⑤]。

晋侯使士燮来聘。

叔孙侨如会晋士燮、齐人、邾人伐郯[⑥]。

卫人来媵[⑦]。

① 齐服事晋，故晋来语鲁，使还二年所取田。○ 语，鱼据切。 ② 昏聘不使卿。今华元将命，故特书之。宋公无主昏者，自命之，故称使也。公孙寿，荡意诸之父。 ③《传》曰：原、屏，咎之徒也。明本不以德义自居，宜其见讨，故从告辞而称名。 ④ 诸侯即位，天子赐以命圭，与之合瑞。八年乃来，缓也。天子、天王，王者之通称。○ 称，尺证切。 ⑤ 前五年来归者。女既適人，虽见出弃，犹以成人礼书之。终为杞伯所葬，故称杞叔姬。 ⑥ 先谋而称会，盟主之命，不同之于列国。 ⑦ 古者诸侯取適夫人及左右媵，各有姪娣，皆同姓之国，国三人，凡九女，所以广继嗣也。鲁将嫁伯姬于宋，故卫来媵之。○ 媵，以证切，又绳证切。適，丁历切。姪，大结切；《字林》，丈一切。娣，大计切。

传

八年春，晋侯使韩穿来言汶阳之田，归之于齐。季文子饯之[①]，私焉[②]，曰："大国制义以为盟主，是以诸侯怀德畏讨，无有贰心。谓汶阳之田，敝邑之旧也，而用师于齐，使归诸敝邑[③]。今有二命曰：'归诸齐。'信以行义，义以成命，小国所望而怀也。信不可知，义无所立，四方诸侯，其谁不解体[④]？《诗》曰：'女也不爽，士贰其行。士也罔极，二三其德[⑤]。'七年之中，一与一夺，二三孰甚焉！士之二三，犹丧妃耦，而况霸主？霸主将德是以[⑥]，而二三之，其何以长有诸侯乎？《诗》曰：'犹之未远，是用大简[⑦]。'行父惧晋之不远犹而失诸侯也，是以敢私言之。”

① 饯，送行饮酒。○ 饯，钱浅切；《说文》云，送去食也；《字林》，子扇切；《毛诗笺》云，祖而舍軷，饮酒于其侧曰饯。　② 私与之言。　③ 用师，鞌之战。　④ 言不复肃敬于晋。○ 复，扶又切。　⑤ 爽，差也。极，中也。《诗·卫风》。妇人怨丈夫不一其行。喻鲁事晋，犹女之不敢过差，而晋有罔极之心，反二三其德。○ 行，下孟切，《注》同。差，初卖切，一音初佳切。　⑥ 以，用也。○ 丧，息浪切。妃，音配。耦，五口切。⑦ 犹，图也。简，谏也。《诗·大雅》。言王者图事不远，故用大道谏之。○ 长，音如字，一音丁丈切。

晋栾书侵蔡[①]，遂侵楚，获申骊[②]。楚师之还也[③]，晋侵沈，获沈子揖，初从知、范、韩也[④]。君子曰：“从善如流，宜哉[⑤]！《诗》曰：‘恺悌君子，遐不作人[⑥]。’求善也夫！作人斯有功绩矣。”是行也，郑伯将会晋师[⑦]，门于许东门，大获焉[⑧]。

① 六年未得志故。　② 申骊，楚大夫。○ 骊，力驰切。　③ 谓六年遇于绕角时。　④ 绕角之役，栾书从知庄子、范文子、韩献子之言，不与楚战。自是常从其谋，师出有功，故《传》善之。沈国，今汝南平与县。○ 揖，徐音集，又於立切。与，音余，一音预。　⑤ 宜有功也。如流，喻速。　⑥ 遐，远也。作，用也。《诗·大雅》。言文王能远用善人。不，语助。○ 恺，开在切，乐也。悌，徒礼切，易也。　⑦ 会伐蔡之师。○ 夫，音扶。　⑧ 过许，见其无备，因攻之。○ 过，古禾切。

声伯如莒，逆也[①]。

① 自为逆妇而书者,因聘而逆。○ 为,于伪切,下文为赵婴同。

宋华元来聘,聘共姬也[①]。

① 穆姜之女,成公姊妹,为宋共公夫人。聘不应使卿,故《传》发其事而已。○ 共,音恭。

夏,宋公使公孙寿来纳币,礼也。

① 纳币应使卿。

晋赵庄姬为赵婴之亡故,谮之于晋侯[①]曰:"原、屏将为乱。"栾、郤为征[②]。六月,晋讨赵同、赵括。武从姬氏畜于公宫[③]。以其田与祁奚。韩厥言于晋侯曰:"成季之勋,宣孟之忠[④],而无后,为善者其惧矣。三代之令王,皆数百年保天之禄。夫岂无辟王,赖前哲以免也[⑤]。《周书》曰:'不敢侮鳏寡。'所以明德也[⑥]。"及立武而反其田焉。

① 赵婴亡在五年。 ② 栾氏、郤氏亦征其为乱。 ③ 赵武,庄姬之子。庄姬,晋成公女。畜,养也。 ④ 成季,赵衰。宣孟,赵盾。○ 祁,巨之切;《字林》,上尸切。衰,初危切。盾,徒本切。 ⑤ 言三代亦有邪辟之君,但赖其先人以免祸耳。○ 数,所主切。辟,匹亦切,《注》及下同。哲,陟列切。邪,似嗟切。 ⑥《周书·康诰》。言文王不侮鳏寡,而德益明。欲使晋侯之法文王。○ 侮,亡甫切。鳏,古顽切。

秋,召桓公来赐公命[①]。

① 召桓公，周卿士。

晋侯使申公巫臣如吴。假道于莒，与渠丘公立于池上[①]，曰："城已恶！"莒子曰："辟陋在夷，其孰以我为虞[②]？"对曰："夫狡焉[③]思启封疆以利社稷者，何国蔑有？唯然，故多大国矣，唯或思或纵也[④]。勇夫重闭，况国乎[⑤]？"

① 渠丘公，莒子朱也。池，城池也。渠丘，邑名。莒县有蘧里。○ 蘧，其居切。　② 虞，度也。○ 已恶，如字；已，犹太也；本或作城已恶矣。度，待洛切。　③ 狡猾之人。○ 狡，交卯切。猾，于八切。　④ 世有思开封疆者，有纵其暴掠者，莒人当唯此为命。○ 疆，居良切。唯然，音维；本或作虽，后人改也。掠，音亮。　⑤ 为明年莒溃《传》。○ 重，直龙切，又直勇切。闭，补计切，又补结切，一音户旦切。

冬，杞叔姬卒。来归自杞，故书[①]。

① 愍其见出来归，故书卒也。若更适大夫，则不复书卒。○ 复，扶又切。

晋士燮来聘，言伐郯也，以其事吴故[①]。公赂之，请缓师。文子不可[②]，曰："君命无贰，失信不立。礼无加货，事无二成[③]。君后诸侯，是寡君不得事君也[④]。燮将复之。"季孙惧，使宣伯帅师会伐郯。

① 七年郯与吴成。　② 文子，士燮。　③ 公私不两成。　④ 欲与鲁绝。○ 后，如字；徐音胡豆切。

卫人来媵共姬，礼也。凡诸侯嫁女，同姓媵之，异姓则否[①]。

① 必以同姓者，参骨肉至亲，所以息阴讼。

经

九年春，王正月，杞伯来逆叔姬之丧以归。

公会晋侯、齐侯、宋公、卫侯、郑伯、曹伯、莒子、杞伯同盟于蒲[①]。

公至自会[②]。

二月，伯姬归于宋[③]。

夏，季孙行父如宋致女[④]。

晋人来媵[⑤]。

秋七月丙子，齐侯无野卒[⑥]。

晋人执郑伯[⑦]。

晋栾书帅师伐郑。

冬十有一月，葬齐顷公[⑧]。

楚公子婴齐帅师伐莒。庚申，莒溃[⑨]。

楚人入郓[⑩]。

秦人、白狄伐晋。

郑人围许。

城中城[⑪]。

① 蒲，卫地，在长垣县西南。　② 无《传》。　③ 宋不使卿逆，非礼。　④ 女嫁三月，又使大夫随加聘问，谓之致女。所以致成妇礼，笃昏

姻之好。○ 好，呼报切。　⑤ 媵伯姬也。　⑥ 无《传》。五同盟。丙子，六月一日。书七月，从赴。　⑦ 郑伯既受盟于蒲，又受楚赂会于邓，故晋执之。称人者，晋以无道于民告诸侯。例在十五年。　⑧ 无《传》。○ 顷，音倾。　⑨ 民逃其上曰溃。　⑩ 郓，莒别邑也。楚偏师入郓，故称人。　⑪ 鲁邑也，在东海廪丘县西南。此闰月城，在十一月之后，十二月之前，故《传》曰书时。

传

九年春，杞桓公来逆叔姬之丧，请之也①。杞叔姬卒，为杞故也②。逆叔姬，为我也③。

① 叔姬已绝于杞，鲁复强请杞，使还取葬。○ 复，扶又切，下同。强，其丈切。　② 还为杞妇，故卒称杞。○ 为，于伪切，下《注》为鲁、下文为归汶阳同。　③ 既弃而复逆其丧，明为鲁故。○ 逆叔姬，绝句。为我也，本或无为字。

为归汶阳之田故，诸侯贰于晋①。晋人惧，会于蒲，以寻马陵之盟②。季文子谓范文子曰："德则不竞，寻盟何为③？"范文子曰："勤以抚之，宽以待之，坚强以御之，明神以要之，柔服而伐贰，德之次也。"是行也，将始会吴，吴人不至④。

① 归田在前年。　② 马陵盟在七年。　③ 竞，强也。　④ 为十五年会钟离《传》。○ 御，鱼吕切。要，一遥切。

二月，伯姬归于宋①。

① 为致女复命起。

楚人以重赂求郑，郑伯会楚公子成于邓[①]。

夏，季文子如宋致女，复命，公享之。赋《韩奕》之五章[②]。穆姜出于房，再拜曰："大夫勤辱，不忘先君以及嗣君，施及未亡人[③]。先君犹有望也[④]！敢拜大夫之重勤。"又赋《绿衣》之卒章而入[⑤]。

① 为晋人执郑伯《传》。　② 《韩奕》，《诗·大雅》篇名。其五章言蹶父嫁女于韩侯，为女相所居，莫如韩乐。文子喻鲁侯有蹶父之德，宋公如韩侯，宋土如韩乐。○ 蹶，九卫切。为，于伪切。相，息亮切。乐，音洛，下同。　③ 穆姜，伯姬母。闻文子言宋乐，喜而出，谢其行劳。妇人夫死，自称未亡人。○ 施，以豉切。　④ 言先君亦望文子之若此。　⑤ 《绿衣》，《诗·邶风》也。取其"我思古人，实获我心"。喻文子言得己意。○ 重，直勇切，又直用切。绿，如字；本又作褖，吐乱切，《注》同。邶，音佩，又作鄁。

晋人来媵，礼也[①]。

① 同姓故。

秋，郑伯如晋。晋人讨其贰于楚也，执诸铜鞮[①]。

① 铜鞮，晋别县，在上党。○ 鞮，丁兮切。

栾书伐郑，郑人使伯蠲行成，晋人杀之，非礼也。兵交，使在其间可也[①]。楚子重侵陈以救郑[②]。

① 明杀行人例。○ 蠲，古玄切，又音圭。使，音所吏切。　② 陈与晋故。

晋侯观于军府，见钟仪，问之曰："南冠而絷者，谁也[①]？"有司对曰："郑人所献楚囚也。"使税之[②]，召而吊之。再拜稽首。问其族，对曰："泠人也[③]。"公曰："能乐乎？"对曰："先人之职官也，敢有二事[④]？"使与之琴。操南音[⑤]。公曰："君王何如？"对曰："非小人之所得知也。"固问之，对曰："其为大子也，师、保奉之，以朝于婴齐而夕于侧也[⑥]。不知其他。"

公语范文子，文子曰："楚囚，君子也。言称先职，不背本也。乐操土风，不忘旧也。称大子，抑无私也[⑦]。名其二卿，尊君也[⑧]。不背本，仁也。不忘旧，信也。无私，忠也。尊君，敏也[⑨]。仁以接事，信以守之，忠以成之，敏以行之，事虽大，必济[⑩]。君盍归之？使合晋、楚之成。"公从之，重为之礼，使归求成[⑪]。

① 南冠，楚冠。絷，拘执。○ 絷，中立切。拘，九于切。　② 郑献钟仪在七年。税，解也。○ 税，吐活切；徐，始锐切，《注》同。　③ 泠人，乐官。○ 泠，力丁切，依字作伶。　④ 言不敢学他事。　⑤ 南音，楚声。○ 操，七刀切，下同。　⑥ 婴齐，令尹子重。侧，司马子反。言其尊卿敬老。　⑦ 舍其近事，而远称少小，以示性所自然，明至诚。○ 语，鱼据切。背，音佩，下同。舍，音捨。少，诗照切。　⑧ 尊晋君也。⑨ 敏，达也。　⑩ 言有此四德，必能成大事。　⑪ 为下十二月晋、楚结成张本。○ 盍，户臘切。

冬十一月，楚子重自陈伐莒，围渠丘。渠丘城恶，众溃，奔莒。戊申，楚入渠丘[①]。莒人囚楚公子平，楚人曰："勿杀！吾归而俘。"莒人杀之，楚师围莒。莒城亦恶，庚申，莒溃[②]。楚遂入郓。莒无备故也[③]。

君子曰："恃陋而不备，罪之大者也。备豫不虞，善之大者也。莒恃其陋，而不修城郭，浃辰之间，而楚克其三都，无备也夫[④]！《诗》曰：'虽有丝麻，无弃菅蒯。虽有姬、姜，无弃蕉萃。凡百君子，莫不代匮。'言备之不可以已也[⑤]。"

① 月六日。　② 月十八日。　③ 终巫臣之言。　④ 浃辰，十二日也。○ 浃，子协切；徐又音子答切。夫，音扶。　⑤ 逸《诗》也。姬、姜，大国之女。蕉萃，陋贱之人。○ 菅，古颜切。蒯，苦怪切。蕉，在遥切。萃，在醉切。匮，其位切。

秦人、白狄伐晋，诸侯贰故也。

郑人围许，示晋不急君也[①]。是则公孙申谋之曰："我出师以围许[②]，为将改立君者，而纾晋使[③]，晋必归君[④]。"

① 此秋晋执郑伯。　② 示不畏晋。　③ 纾，缓也。勿亟遣使诣晋，示欲更立君。○ 为将，并如字；或于伪切，非也；本或作伪将。纾，音舒。使，所吏切。亟，纪力切，急也；或欺冀切，数也。　④ 为明年晋侯归郑伯张本。

城中城，书时也。

十二月，楚子使公子辰如晋，报钟仪之使，请修好结成[1]。

① 钟仪奉晋命归，故楚报之。○ 好，呼报切。

经

十年春，卫侯之弟黑背帅师侵郑。

夏四月，五卜郊，不从，乃不郊[1]。

五月，公会晋侯、齐侯、宋公、卫侯、曹伯伐郑[2]。

齐人来媵[3]。

丙午，晋侯獳卒[4]。

秋七月，公如晋。

冬十月。

① 无《传》。卜常祀，不郊，皆非礼，故书。　② 晋侯，大子州蒲也。称爵，见其生代父居位，失人子之礼。○ 见，贤遍切。　③ 无《传》。媵伯姬也。异姓来媵，非礼也。　④ 六同盟。据《传》，丙午，六月七日。有日无月。○ 獳，乃侯切。

传

十年春，晋侯使籴茷如楚[1]，报大宰子商之使也[2]。

① 籴茷，晋大夫。○ 籴，徐，徒吊切；一音杜敖切，又土吊切。茷，扶废切；一音蒲发切，又蒲艾切。　② 子商，楚公子辰。使在前年。○ 大，音泰。使，所吏切，下使在同。

卫子叔黑背侵郑，晋命也[1]。

① 晋命卫使侵郑。

郑公子班闻叔申之谋[1]。三月，子如立公子繻[2]。夏四月，郑人杀繻，立髡顽。子如奔许[3]。栾武子曰："郑人立君，我执一人焉，何益？不如伐郑，而归其君以求成焉。"晋侯有疾。五月，晋立大子州蒲以为君，而会诸侯伐郑[4]。郑子罕赂以襄钟[5]，子然盟于修泽，子驷为质[6]，辛巳，郑伯归[7]。

① 改立君之谋。 ② 子如，公子班。○ 繻，音须。 ③ 髡顽，郑成公大子。○ 髡，苦门切。顽，如字；徐音五班切。 ④ 生立子为君，此父不父，子不子。《经》因书晋侯，其恶明。○ 州蒲，本或作州满。 ⑤ 子罕，穆公子。襄钟，郑襄公之庙钟。 ⑥ 子然、子驷，皆穆公子。荧阳卷县东有修武亭。○ 质，音致。卷，音权；《字林》，丘权切；如淳《汉书》音同。 ⑦ 郑伯归不书，郑不告入。

晋侯梦大厉，被发及地，搏膺而踊曰："杀余孙，不义[1]。余得请于帝矣！"坏大门及寝门而入。公惧，入于室。又坏户。公觉，召桑田巫[2]。巫言如梦[3]。公曰："何如？"曰："不食新矣[4]。"公疾病，求医于秦。秦伯使医缓为之[5]。未至，公梦疾为二竖子，曰："彼良医也。惧伤我，焉逃之？"其一曰："居肓之上，膏之下，若我何[6]？"医至，曰："疾不可为也。在肓之上，膏之下，攻之不可，达之不及，药不至焉，不可为也[7]。"公曰："良医也。"厚为之礼而归之。六月丙午，晋侯欲麦[8]，使甸人献麦[9]，馈人为之。召桑田巫，示而杀之。将食，张，如厕，陷而卒[10]。小臣有晨梦负公以登天，及日中，负晋侯出诸厕。遂以为殉[11]。

① 厉，鬼也。赵氏之先祖也。八年，晋侯杀赵同、赵括，故怒。〇 被，皮寄切。搏，音搏。踊，音勇。 ② 桑田，晋邑。〇 坏，音怪，下同。及寝门，一本无及字。觉，古孝切。 ③ 巫云鬼怒，如公所梦。 ④ 言公不得及食新麦。 ⑤ 缓。医名。为，犹治也。〇 医，於其切。 ⑥ 肓，鬲也。心下为膏。〇 伤我，绝句。焉，徐，於虔切；一读如字，属上句；逃之，绝句。肓，徐音荒；《说文》云，心下鬲上也。鬲，音革。 ⑦ 达，针。〇 攻，音工。 ⑧ 周六月，今四月，麦始熟。 ⑨ 甸人，主为公田者。〇 甸，徒练切。 ⑩ 张，腹满也。〇 馈，其媿切。为，如字。张，中亮切，《注》同。 ⑪《传》言巫以明术见杀，小臣以言梦自祸。

郑伯讨立君者，戊申，杀叔申、叔禽[1]。君子曰："忠为令德，非其人犹不可，况不令乎[2]？"

① 叔禽，叔申弟。 ② 言叔申为忠，不得其人，还害身。

秋，公如晋[1]。晋人止公，使送葬。于是籴茷未反[2]。冬，葬晋景公。公送葬，诸侯莫在。鲁人辱之，故不书，讳之也[3]。

① 亲吊，非礼。 ② 是春晋使籴茷至楚结成。晋谓鲁贰于楚，故留公。须籴茷还，验其虚实。 ③ 讳不书晋葬也。

春秋经传集解第十三

成公下

经

十有一年春，王三月，公至自晋[①]。

晋侯使郤犨来聘。己丑，及郤犨盟[②]。

夏，季孙行父如晋。

秋，叔孙侨如如齐[③]。

冬十月。

① 正月公在晋，不书，讳见止。　② 郤犨，郤克从父兄弟。○ 犨，尺由切。　③ ○ 侨，其骄切。

传

十一年春，王三月，公至自晋。晋人以公为贰于楚，故止公。公请受盟，而后使归[①]。郤犨来聘，且涖盟[②]。

① 前年七月公如晋吊，至是乃得归。　② 公请受盟，故使大夫来临之。○ 涖，音利，又音类。

声伯之母不聘[①]，穆姜曰："吾不以妾为姒[②]。"生声伯而出之，嫁于齐管于奚。生二子而寡，以归声伯。声伯以其外弟为大夫[3]，而嫁其外妹于施孝叔[4]。郤犫来聘，求妇于声伯。声伯夺施氏妇以与之。妇人曰："鸟兽犹不失俪[5]，子将若何？"曰："吾不能死亡[6]。"妇人遂行，生二子于郤氏。郤氏亡，晋人归之施氏。施氏逆诸河，沈其二子[7]。妇人怒曰："已不能庇其伉俪而亡之[8]，又不能字人之孤而杀之[9]，将何以终？"遂誓施氏[10]。

① 声伯之母，叔肸之妻。不聘，无媒礼。○ 聘，本亦作娉，匹政切。肸，许乙切。媒，亡回切。　② 昆弟之妻，相谓为姒。穆姜，宣公夫人。宣公，叔肸同母昆弟。○ 姒，音似。　③ 外弟，管于奚之子，为鲁大夫。④ 孝叔，鲁惠公五世孙。　⑤ 俪，耦也。○ 俪，力计切。　⑥ 言不与郤犫妇，惧能忿致祸。　⑦ 沈之于河。○ 沈，徐，直荫切，《注》同；一音如字。　⑧ 伉，敌也。○ 已，音以，又音纪。庇，必利切，又音祕。伉，苦浪切。　⑨ 字，爱也。　⑩ 约誓不复为之妇也。《传》言郤犫淫纵，所以亡也。○ 复，扶又切，下文《注》复出皆同。

夏，季文子如晋报聘，且涖盟也[1]。

① 郤犫、文子交盟鲁、晋之君，其意一也。故但书来盟，举重略轻。

周公楚恶惠、襄之偪也[1]，且与伯与争政[2]，不胜，怒而出。及阳樊[3]，王使刘子复之，盟于鄄而入。三日，复出奔晋[4]。

① 惠王、襄王之族。○ 恶，乌路切。　② 伯与，周卿士。○ 与，音余；本亦作舆。　③ 阳樊，晋地。　④ 王既复之而复出，所以自绝于周，为明年周公出奔《传》。鄄，周邑。○ 鄄，音绢。

秋，宣伯聘于齐，以修前好[1]。

① 寻以前之好。○ 好，呼报切，《注》同。

晋郤至与周争鄇田[1]，王命刘康公、单襄公讼诸晋。郤至曰："温，吾故也，故不敢失[2]。"刘子、单子曰："昔周克商，使诸侯抚封[3]，苏忿生以温为司寇，与檀伯达封于河[4]。苏氏即狄，又不能于狄而奔卫[5]。襄王劳文公而赐之温[6]，狐氏、阳氏先处之[7]，而后及子。若治其故，则王官之邑也，子安得之？"晋侯使郤至勿敢争[8]。

① 鄇，温别邑。今河内怀县西南有鄇人亭。○ 鄇，音候；《字林》音侯。② 言温，郤氏旧邑。○ 单，音善。③ 各抚有其封内之地。④ 苏忿生，周武王司寇苏公也。与檀伯达俱封于河内。○ 檀，徒丹切。⑤ 事在僖十年。⑥ 在僖二十五年。○ 劳，力报切。⑦ 狐溱、阳处父先食温地。○ 溱，侧巾切。⑧《传》言郤至贪，所以亡。

宋华元善于令尹子重，又善于栾武子。闻楚人既许晋籴茷成，而使归复命矣[1]。冬，华元如楚，遂如晋，合晋、楚之成[2]。

① 在往年。○ 华，户化切。② 为明年盟宋西门外张本。

秦、晋为成，将会于令狐，晋侯先至焉。秦伯不肯涉河，次于王城，使史颗盟晋侯于河东[1]。晋郤犨盟秦伯于河西[②]。范文子曰："是盟也何益？齐盟，所以质信也[③]。会所，信之始也。始之不从，其可质乎？"秦伯归而背晋成[④]。

① 史颗，秦大夫。○ 令，力丁切。颗，苦果切。　② 就盟王城。③ 齐，一心。质，成也。　④ 为十三年伐秦《传》。○ 背，音佩，卷内皆同。

经

十有二年春，周公出奔晋。

夏，公会晋侯、卫侯于琐泽[①]。

秋，晋人败狄于交刚[②]。

冬十月。

① 琐泽，地阙。○ 琐，素果切；本亦作璅。　② 交刚，地阙。

传

十二年春，王使以周公之难来告[①]。书曰："周公出奔晋。"凡自周无出，周公自出故也[②]。

① 周公奔在前年。○ 难，乃旦切。　② 天子无外，故奔者不言出。周公为王所复，而自绝于周，故书出以非之。

宋华元克合晋、楚之成[①]。夏五月，晋士燮会楚公子罢、许偃[②]。癸亥，盟于宋西门之外，曰："凡晋、楚无相加戎，好恶同之，同恤菑危，备救凶患。若有害楚，则晋伐之。在晋,楚亦如之。交贽往来,道路无壅[3],谋其不协,而讨不庭[4]。有渝此盟,明神殛之[5],俾队其师,无克胙国[6]。"郑伯如晋听成[7],会于琐泽,成故也[8]。

① 终前年事。　② 二子,楚大夫。○ 罢,音皮。　③ 贽,币也。○ 好、恶,并如字;又上呼报切,下乌路切。菑,音灾。贽,本又作挚,之二切。壅,於勇切。　④ 讨背叛不来在王庭者。　⑤ 殛,诛也。○ 渝,羊朱切。殛,本又作极,纪力切,《注》同。　⑥ 俾,使也。队,失也。○ 俾,本亦作卑,必尔切。队,直类切,《注》同。胙,才故切。　⑦ 听,犹受也。晋、楚既成,郑往受命。　⑧ 晋既与楚成,合诸侯以申成好。○ 好,呼报切,尽年皆同。

狄人间宋之盟以侵晋,而不设备。秋,晋人败狄于交刚。

晋郤至如楚聘,且涖盟。楚子享之,子反相,为地室而县焉[1]。郤至将登[2],金奏作于下[3],惊而走出。子反曰:"日云莫矣,寡君须矣,吾子其入也!"宾曰:"君不忘先君之好,施及下臣,贶之以大礼,重之以备乐[4]。如天之福,两君相见,何以代此?下臣不敢[5]。"子反曰:"如天之福,两君相见,无亦唯是一矢以相加遗,焉用乐[6]?寡君须矣,吾子其入也!"宾曰[7]:"若让之以一矢,祸之大者,其何福之为?世之治也,诸侯閒于天子之事,则相朝也[8],于是乎有享宴之礼。享以训共俭[9],宴以示慈惠[10],共俭以行礼,而慈惠以布政,政以礼成,民是以息,百官承事,朝而不夕[11],此公侯之所以扞城其民也[12]。故《诗》曰:'赳赳武夫,公侯干城[13]。'及其乱也，诸侯贪冒，侵欲不忌，争寻常以尽其民⑭，略其武夫，以为己腹心股肱爪牙⑮。故《诗》曰：'赳赳武夫，公侯腹心⑯。'天下有道，则公侯能为民干城，而制其腹心。乱则反之⑰。今吾子之言，乱之道也，不可以为法。然吾子，主也，至敢不从？"遂入，卒事。归以语范文子。文子曰："无礼必食言，吾死无日矣夫⑱！"

冬，楚公子罢如晋聘，且涖盟⑲。十二月，晋侯及楚公子罢盟于赤棘⑳。

① 县钟鼓也。○ 间，间厕之间。相，息亮切。县，音玄，《注》同。 ② 登堂。 ③ 击钟而奏乐。 ④ 贶，赐也。○ 莫，音暮；本亦作暮。施，以豉切。重，直用切。 ⑤ 言此两君相见之礼。 ⑥ 言两君战乃相见，无用此乐。○ 遗，唯季切。焉，於虔切。 ⑦《传》诸交让得宾主辞者，多曰宾主以明之。 ⑧ 王事閒缺，则修私好。○ 治，直吏切，下《注》治世同。閒，音闲，《注》同。 ⑨ 享有体荐，设几而不倚，爵盈而不饮，肴干而不食，所以训共俭。○ 享，许丈切，旧又许亮切；本亦作飨。宴，於见切；徐，于显切。倚，於绮切。 ⑩ 宴则折俎，相与共食。○ 折，之设切。 ⑪ 不夕，言无事。○ 朝，直遥切；朝，日朝；徐音朝旦之朝。 ⑫ 扞，蔽也。言享宴结好邻国，所以蔽扞其民。○ 扞，户旦切。 ⑬《诗》，《周南》之风。赳赳，武貌。干，扞也。言公侯之与武夫，止于扞难而已。○ 赳，居黝切，一音居魄切。难，乃旦切。干，户旦切；本亦作扞，又如字，下同。 ⑭ 八尺曰寻，倍寻曰常。言争尺丈之地，以相攻伐。○ 冒，莫报切，又亡北切。 ⑮ 略，取也。言世乱，则公侯制御武夫以从己志，使侵害邻国，为搏噬之用无已。○ 搏，音博。噬，市制切。 ⑯ 举《诗》之正，以驳乱义。《诗》言治世，则武夫能合德公侯，外为扞城，内制其腹心。○ 驳，邦角切。 ⑰ 略其武夫，以为己腹心爪牙。○ 为，于伪切，又如字。 ⑱ 言晋、楚不能久和，必复相伐。为十六年鄢陵战张本。

○ 语,鱼据切。夫,音扶;本亦无此字。复,扶又切。鄍,谒晚切;《汉书音义》,一建切。　⑲ 报郤至。　⑳ 晋地。

经

十有三年春,晋侯使郤锜来乞师[1]。

三月,公如京师[2]。

夏五月,公自京师,遂会晋侯、齐侯、宋公、卫侯、郑伯、曹伯、邾人、滕人伐秦。

曹伯卢卒于师[3]。

秋七月,公至自伐秦[4]。

冬,葬曹宣公。

① 将伐秦也。侯伯当召兵而乞师,谦辞。○ 锜,鱼绮切。　② 伐秦道过京师,因朝王。○ 过,古禾切,又古卧切。　③ 五同盟。○ 卢,本亦作庐,力吴切。　④ 无《传》。

传

十三年春,晋侯使郤锜来乞师,将事不敬[1]。孟献子曰:"郤氏其亡乎! 礼,身之干也。敬,身之基也。郤子无基。且先君之嗣卿也,受命以求师,将社稷是卫,而惰,弃君命也。不亡何为[2]?"

① 将事,致君命。　② 郤锜,郤克子,故曰嗣卿。为十七年晋杀郤锜《传》。○ 惰,徒卧切。

三月，公如京师。宣伯欲赐[1]，请先使，王以行人之礼礼焉[2]。孟献子从，王以为介，而重贿之[3]。公及诸侯朝王，遂从刘康公、成肃公会晋侯伐秦[4]。

成子受脤于社，不敬[5]。刘子曰："吾闻之，民受天地之中以生，所谓命也。是以有动作礼义威仪之则，以定命也。能者养之以福[6]，不能者败以取祸。是故君子勤礼，小人尽力，勤礼莫如致敬，尽力莫如敦笃，敬在养神，笃在守业。国之大事，在祀与戎，祀有执膰[7]，戎有受脤，神之大节也[8]。今成子惰，弃其命矣[9]，其不反乎[10]？"

① 欲王赐己。　② 不加厚。○ 使，所吏切。　③ 介，辅相威仪者。献子相公以礼，故王重赐之。○ 从，才用切。介，音界。相，息亮切，下同。　④ 刘康公，王季子。刘、成二公不书，兵不加秦。　⑤ 脤，宜社之肉也，盛以脤器，故曰脤。宜，出兵祭社之名。○ 脤，市轸切。盛，音成。⑥ 养威仪以致福。　⑦ 膰，祭肉。○ 尽，津忍切，下同。膰，音烦。⑧ 交神之大节。　⑨ 惰则失中和之气。　⑩ 为成肃公卒于瑕张本。

夏四月戊午，晋侯使吕相绝秦[1]，曰："昔逮我献公，及穆公[2]相好，戮力同心，申之以盟誓，重之以昏姻[3]。天祸晋国，文公如齐，惠公如秦[4]。无禄，献公即世，穆公不忘旧德，俾我惠公用能奉祀于晋[5]。又不能成大勋，而为韩之师[6]。亦悔于厥心，用集我文公[7]，是穆之成也[8]。

"文公躬擐甲胄，跋履山川[9]，踰越险阻，征东之诸侯，虞、夏、商、周之胤，而朝诸秦，则亦既报旧德矣。郑人怒君之疆埸，我文公帅诸侯及秦围郑[10]。秦大夫不询于我寡君，擅及郑盟[11]。诸侯疾之，将致命于秦[12]。文公恐惧，绥静诸侯，秦师克还无害，则是我有大造于西也[13]。

"无禄，文公即世，穆为不吊[14]，蔑死我君，寡我襄公[15]，迭我殽地，奸绝我好，伐我保城，殄灭我费滑[16]，散离我兄弟，挠乱我同盟[17]，倾覆我国家。我襄公未忘君之旧勋[18]，而惧社稷之陨，是以有殽之师[19]。犹愿赦罪于穆公[20]，穆公弗听，而即楚谋我。天诱其衷，成王陨命[21]，穆公是以不克逞志于我[22]。

"穆、襄即世，康、灵即位[23]。康公，我之自出[24]，又欲阙翦我公室，倾覆我社稷，帅我蝥贼，以来荡摇我边疆[25]。我是以有令狐之役[26]。康犹不悛，入我河曲[27]，伐我涑川，俘我王官[28]，翦我羁马。我是以有河曲之战[29]。东道之不通，则是康公绝我好也[30]。

"及君之嗣也[31]，我君景公引领西望曰：'庶抚我乎[32]！'君亦不惠称盟[33]，利吾有狄难[34]，入我河县，焚我箕、郜，芟夷我农功[35]，虔刘我边垂[36]。我是以有辅氏之聚[37]。

"君亦悔祸之延[38]，而欲徼福于先君献、穆[39]，使伯车来，命我景公[40]曰：'吾与女同好弃恶，复修旧德，以追念前勋。'言誓未就，景公即世。我寡君是以有令狐之会[41]。君又不祥[42]，背弃盟誓。白狄及君同州[43]，君之仇雠，而我之昏姻也[44]。君来赐命曰：'吾与女伐狄。'寡君不敢顾昏姻，畏君之威，而受命于吏。君有二心于狄，曰：'晋将伐女。'狄应且憎，是用告我[45]。楚人恶君之二三其德也，亦来告我曰：'秦背令狐之盟，而来求盟于我，昭告昊天上帝、秦三公、楚三

王[46]曰，余虽与晋出入[47]，余唯利是视。不穀恶其无成德，是用宣之，以惩不壹。’

“诸侯备闻此言，斯是用痛心疾首，暱就寡人[48]。寡人帅以听命，唯好是求。君若惠顾诸侯，矜哀寡人，而赐之盟，则寡人之愿也。其承宁诸侯以退[49]，岂敢徼乱[50]。君若不施大惠，寡人不佞，其不能以诸侯退矣。敢尽布之执事，俾执事实图利之[51]！”

秦桓公既与晋厉公为令狐之盟，而又召狄与楚，欲道以伐晋，诸侯是以睦于晋[52]。

晋栾书将中军，荀庚佐之[53]。士燮将上军[54]，郤锜佐之[55]。韩厥将下军[56]，荀罃佐之[57]。赵旃将新军[58]，郤至佐之[59]。郤毅御戎，栾鍼为右[60]。孟献子曰：“晋帅乘和，师必有大功[61]。”五月丁亥，晋师以诸侯之师及秦师战于麻隧。秦师败绩，获秦成差及不更女父[62]。曹宣公卒于师。师遂济泾，及侯丽而还[63]。迓晋侯于新楚[64]。

① 吕相，魏锜子。盖口宣己命。○ 相，息亮切。 ② 晋献公、秦穆公。○ 逮，音代，一音大计切。 ③ 穆公夫人，献公之女。○ 好，呼报切，下同。戮力，相承音六；嵇康，力幽切；吕静《字韵》，与飂同；《字林》，音辽。 ④ 辟骊姬也。不言狄、梁，举所恃大国。○ 辟，音避。丽，力知切。 ⑤ 僖十年，秦纳惠公。○ 俾，本或作卑，必尔切，下及《注》同。⑥ 僖十五年，秦伐晋，获惠公。 ⑦ 集，成也。 ⑧ 成功于晋。⑨ 草行为跋。○ 擐，音患。胄，直又切。跋，蒲末切。 ⑩ 晋自以郑贰于楚，故围之，郑非侵秦也，晋以此诬秦。事在僖三十年。○ 疆，居良切。埸，音亦。 ⑪ 询，谋也。盟者秦伯，谦言大夫。○ 询，思巡切。擅，市战切。 ⑫ 致死命而讨秦。时无诸侯，盖诸侯遥致此意。 ⑬ 造，成

也。言晋有成功于秦。○恐，曲勇切。　⑭不见吊伤。　⑮寡，弱也。○死我，本或以我字在死上，非。　⑯伐保城，诬之。费滑，滑国都于费，今缑氏县。○迭，直结切；徐音逸。殽，户交切。奸，音干。费，扶味切。滑，户八切。缑，古侯切。　⑰滑，晋同姓。○挠，乃卯切；徐，许高切。　⑱纳文公之勋。○覆，孚服切，下同。　⑲在僖三十三年。○陨，于敏切，下同。　⑳晋欲求解于秦。　㉑秦使鬥克归楚求成。事见文十四年。文元年，楚弑成王。○见，贤遍切。　㉒逞，快也。○逞，敕景切。　㉓文六年，晋襄、秦穆皆卒。　㉔晋外甥。㉕蟊贼，食禾稼虫名。谓秦纳公子雍。○阙，其月切；徐，如字。蟊，莫侯切；《尔雅》，虫食苗为蟊，食节为贼。　㉖在文七年。　㉗悛，改也。○悛，七全切。　㉘涑水出河东闻喜县，西南至蒲坂县入河。○涑，徐，息录切，又音速；《字林》同。俘，芳夫切。　㉙在文十二年。　㉚言康公自绝，故不复东通晋。○复，扶又切。　㉛君，秦桓公。　㉜望秦抚恤晋。　㉝不肯称晋望而共盟。○称，尺证切，《注》同。　㉞谓晋灭潞氏时。○难，乃旦切。　㉟夷，伤也。○箕，音基，一音其。部，古报切。芟，所衔切。夷，本又作痍，音夷。　㊱虔、刘，皆杀也。㊲聚，众也。在宣十五年。○聚，才喻切，《注》同。　㊳延，长也。㊴晋献、秦穆。○徼，古尧切。　㊵伯车，秦桓公子。　㊶令狐会在十一年。申厉公之命，宜言寡人，称君误也。○女，音汝，下文皆同。好，呼报切，一音如字。复，音服，又扶又切。寡君，读者亦作寡人。　㊷祥，善也。　㊸及，与也。　㊹季隗，廧咎如赤狄之女也，白狄伐而获之，纳诸文公。○隗，五罪切。廧，在良切。咎，音羔。　㊺言狄虽应答秦，而心实憎秦无信。○应，应对之应，《注》同。　㊻三公，穆、康、共。三王，成、穆、庄。○恶，乌路切，下同。昊，户老切。共，音恭。　㊼出入，犹往来。　㊽疾，亦痛也。暱，亲也。○惩，直升切。暱，女乙切。㊾承君之意，以宁静诸侯。　㊿徼，要也。○要，一遥切。　[51]俾，使也。　[52]晋辞多诬秦，故《传》据此三事以正秦罪。○道，音导。[53]庚代荀首。○将，子匠切；凡将某军者放此，以意求之。　[54]代荀庚。

㊺ 代士燮。　㊻ 代郤锜。　㊼ 代赵同。　㊽ 代韩厥。○ 旃，之然切。　㊾ 代赵括。　㊿ 郤毅，郤至弟。栾鍼，栾书子。○ 鍼，其廉切。　61 帅，军帅。乘，车士。○ 帅，所类切。乘，绳证切，下《注》同。　62 不更，秦爵。战，败绩不书，以为晋直秦曲，则韩役书战，时公在师，复不须告，克获有功，亦无所讳，盖《经》文阙漏，传文独存。○ 隧，音遂。差，初佳切；徐，又初宜切。更，音庚。女，音汝。复，扶又切。　63 泾水出安定，东南经扶风、京兆高陆县入渭也。○ 径，音经。丽，力驰切。　64 迓，迎也。既战，晋侯止新楚。故师还过迎之。麻隧、侯丽、新楚，皆秦地。○ 迓，本又作讶，五嫁切。

成肃公卒于瑕①。

① 终刘子之言。瑕，晋地。

六月丁卯夜，郑公子班自訾求入于大宫，不能，杀子印、子羽①。反军于市。己巳，子驷帅国人盟于大宫②，遂从而尽焚之③，杀子如、子駹、孙叔、孙知④。

① 訾，郑地。大宫，郑祖庙。十年班出奔许，今欲还为乱。子印、子羽，皆穆公子。○ 班，本亦作般。訾，子斯切。大，音泰，下同。印，一刃切。② 子驷，穆公子。　③ 焚，烧也。　④ 子如，公子班。子駹，班弟。孙叔，子如子。孙知，子駹子。○ 駹，武邦切。

曹人使公子负刍守，使公子欣时逆曹伯之丧①。秋，负刍杀其大子而自立也②。诸侯乃请讨之，晋人以其役之劳，请俟他年。冬，葬曹宣公。既葬，子臧将亡③，国人皆将从之[4]。成公乃惧[5]，告罪，且请焉[6]。乃反，而致其邑[7]。

① 二子，皆曹宣公庶子。○ 刍，初俱切。守，手又切。欣时，如字；徐，或作款，亦音欣；案，《公羊传》作喜时，宜音忻。　② 宣公大子。③ 子臧，公子欣时。　④ 不义负刍故。　⑤ 成公，负刍。　⑥ 请留子臧。　⑦ 还邑于成公。为十五年执曹伯《传》。

经

十有四年春，王正月，莒子朱卒[1]。

夏，卫孙林父自晋归于卫[2]。

秋，叔孙侨如如齐逆女[3]。

郑公子喜帅师伐许。

九月，侨如以夫人妇姜氏至自齐。

冬十月庚寅，卫侯臧卒[4]。

秦伯卒[5]。

① 无《传》。九年盟于蒲。　② 晋纳之，故曰归。　③ 成公逆夫人，最为得礼，而《经》无纳币者，文阙绝也。　④ 五同盟。　⑤ 无《传》。二年大夫盟于蜀，而不赴以名，例在隐七年。

传

十四年春，卫侯如晋，晋侯强见孙林父焉[1]，定公不可。夏，卫侯既归，晋侯使郤犨送孙林父而见之。卫侯欲辞，定姜曰："不可[2]。是先君宗卿之嗣也[3]，大国又以为请，不许，将亡。虽恶之，不犹愈于亡乎？君其忍之[4]！安民而宥宗卿,不亦可乎?"卫侯见而复之[5]。

卫侯飨苦成叔[6],甯惠子相[7]。苦成叔傲。甯子曰:"苦成家其亡乎!古之为享食也,以观威仪、省祸福也。故《诗》曰:'兕觥其觩,旨酒思柔[8],彼交匪傲,万福来求[9]。'今夫子傲,取祸之道也[10]。"

① 林父以七年奔晋。强见,欲归之。○ 强,其丈切,《注》同。见,贤遍切。《注》及下而见之同。 ② 定姜,定公夫人。 ③ 同姓之卿。 ④ 违大国必见伐,故亡。○ 为,如字,或于伪切。恶,乌路切。 ⑤ 复林父位。○ 宥,音又。 ⑥ 成叔,郤犨。 ⑦ 相,佐礼。惠子,甯殖。○ 相,息亮切,《注》同。 ⑧《诗·小雅》。言君子好礼,饮酒皆思柔德,虽设兕觥,觩然不用。以兕角为觥,所以罚不敬。觩,陈设之貌。○ 傲,五报切;本又作敖,《注》及下同。食,音嗣。兕,徐,辞姊切。觥,古横切。觩,徐音虯,又巨彪切,一音巨秋切。好,呼报切。 ⑨ 彼之交于事而不惰傲,乃万福之所求。 ⑩ 为十七年郤氏亡。

秋,宣伯如齐逆女。称族,尊君命也。

八月,郑子罕伐许,败焉[1]。戊戌,郑伯复伐许。庚子,入其郛[2]。许人平以叔申之封[3]。

① 为许所败。○ 败,必迈切,下同。 ② 郛,郭也。○ 复,扶又切。 ③ 四年,郑公孙申疆许田,许人败之,不得定其封疆。今许以是所封田,求和于郑。○ 疆,居良切,下同。

九月,侨如以夫人妇姜氏至自齐。舍族,尊夫人也[1]。故君子曰:"《春秋》之称:微而显[2],志而晦[3],婉而成章[4],尽而不汙[5]，惩恶而劝善[6]。非圣人谁能修之[7]？”

① 舍族，谓不称叔孙。○ 舍，音捨，《注》同。　② 辞微而义显。○ 称，尺证切。　③ 志，记也。晦，亦微也。谓约言以记事，事叙而文微。○ 晦，呼内切。　④ 婉，曲也。谓曲屈其辞，有所辟讳，以示大顺，而成篇章。○ 婉，怨晚切，《注》同。　⑤ 谓直言其事，尽其事实，无所汙曲。○ 汙，忧于切，《注》同。　⑥ 善名必书，恶名不灭，所以为惩劝。○ 惩，直升切。　⑦ 修史策成此五者。

卫侯有疾，使孔成子、甯惠子立敬姒之子衎以为大子[1]。

① 成子，孔达之孙。敬姒，定公妾。衎，献公。○ 衎，徐，苦旦切。

冬十月，卫定公卒。夫人姜氏既哭而息，见大子之不哀也，不内酌饮。叹曰：“是夫也，将不唯卫国之败，其必始于未亡人[1]！乌呼！天祸卫国也夫！吾不获鱄也使主社稷[2]。”大夫闻之，无不耸惧。孙文子自是不敢舍其重器于卫[3]，尽寘诸戚[4]，而甚善晋大夫[5]。

① 定姜言献公行无礼，必从己始。下言暴妾使余，是也。○ 内，如字；徐音纳。酌，市略切，又章略切。　② 鱄，衎之母弟。○ 夫，音扶。鱄，徐，市恋切，一音专。　③ 宝器。○ 耸，息勇切。舍，音赦，或音捨。④ 寘，置也。戚，孙氏邑。○ 寘，之豉切。　⑤ 备乱起，欲以为援。为襄十四年卫侯出奔《传》。

经

十有五年春，王二月，葬卫定公[①]。

三月乙巳，仲婴齐卒[②]。

癸丑，公会晋侯、卫侯、郑伯、曹伯、宋世子成[③]、齐国佐、邾人，同盟于戚。

晋侯执曹伯，归于京师[④]。

公至自会[⑤]。

夏六月，宋公固卒[⑥]。

楚子伐郑。

秋八月庚辰，葬宋共公[⑦]。

宋华元出奔晋。

宋华元自晋归于宋[⑧]。

宋杀其大夫山[⑨]。

宋鱼石出奔楚[⑩]。

冬十有一月，叔孙侨如会晋士燮、齐高无咎、宋华元、卫孙林父、郑公子鳕、邾人会吴于钟离[⑪]。

许迁于叶[⑫]。

① 无《传》。　② 无《传》。襄仲子，公孙归父弟。宣十八年，逐东门氏。既而又使婴齐绍其俊，曰仲氏。　③ ○ 成，音城。　④ 不称人以执者，曹伯罪不及民。归之京师，礼也。　⑤ 无《传》。　⑥ 四同盟。⑦ 三月而葬，速。○ 共，音恭。　⑧ 华元欲挟晋以自重，故以外纳告。○ 挟，音协。　⑨ 不书氏，明背其族。　⑩ 公子目夷之曾孙。⑪ 吴，夷，未尝与中国会，今始来通，晋帅诸侯大夫而会之，故殊会，明本非同好。钟离，楚邑，淮南县。○ 燮，息协切。咎，其九切。鳕，音秋。好，呼

报切。 ⑫ 许畏郑，南依楚，故以自迁为文。叶，今南阳叶县也。○ 叶，舒涉切。

传

十五年春，会于戚，讨曹成公也[①]。执而归诸京师。书曰："晋侯执曹伯。"不及其民也[②]。凡君不道于其民，诸侯讨而执之，则曰某人执某侯[③]。不然，则否[④]。

诸侯将见子臧于王而立之，子臧辞曰："前《志》有之，曰：'圣达节[⑤]，次守节[⑥]，下失节[⑦]。'为君，非吾节也。虽不能圣，敢失守乎？"遂逃奔宋。

① 讨其杀大子而自立。事在十三年。 ② 恶不及民。 ③ 称人，示众所欲执。 ④ 谓身犯不义者。 ⑤ 圣人应天命，不拘常礼。○ 见，贤遍切。应，应对之应。拘，九于切。 ⑥ 谓贤者。 ⑦ 愚者妄动。

夏六月，宋共公卒[①]。

① 为下宋乱起。

楚将北师[①]。子囊曰："新与晋盟而背之，无乃不可乎？"子反曰："敌利则进，何盟之有[②]？"申叔时老矣，在申[③]，闻之，曰："子反必不免。信以守礼，礼以庇身，信礼之亡，欲免得乎[④]？"楚子侵郑，及暴隧，遂侵卫，及首止。郑子罕侵楚，取新石[⑤]。栾武子欲报楚，韩献子曰："无庸[⑥]。使重其罪，民将叛之[7]。无民孰战[8]?”

① 侵郑、卫。 ② 晋、楚盟在十二年。子囊,庄王子公子贞。○ 囊,乃郎切。 ③ 老归本邑。 ④ 言不得免。○ 庇,必利切,又音祕。 ⑤ 新石,楚邑。○ 隧,音遂。 ⑥ 庸,用也。 ⑦ 背盟数战,罪也。○ 数,所角切。 ⑧ 为明年晋败楚于鄢陵《传》。

秋八月,葬宋共公。于是华元为右师,鱼石为左师,荡泽为司马[1],华喜为司徒[2],公孙师为司城[3],向为人为大司寇,鳞朱为少司寇[4],向帶为大宰,鱼府为少宰。荡泽弱公室,杀公子肥[5]。华元曰:“我为右师,君臣之训,师所司也。今公室卑而不能正[6],吾罪大矣。不能治官,敢赖宠乎?”乃出奔晋。二华,戴族也[7]。司城,庄族也。六官者,皆桓族也[8]。

鱼石将止华元,鱼府曰:“右师反,必讨,是无桓氏也[9]。”鱼石曰:“右师苟获反,虽许之讨,必不敢[10]。且多大功,国人与之,不反,惧桓氏之无祀于宋也[11]。右师讨,犹有戌在[12],桓氏虽亡,必偏[13]。”鱼石自止华元于河上。请讨,许之。乃反,使华喜、公孙师帅国人攻荡氏,杀子山[14]。书曰:“宋杀其大夫山。”言背其族也[15]。

鱼石、向为人、鳞朱、向帶、鱼府出舍于睢上[16]。华元使止之,不可。冬十月,华元自止之,不可。乃反[17]。鱼府曰:“今不从,不得人矣[18]。右师视速而言疾,有异志焉。若不我纳,今将驰矣。”登丘而望之,则驰。骋而从之[19],则决睢澨[20],闭门登陴矣。左师、二司寇、二宰遂出奔楚[21]。

华元使向戌为左师，老佐为司马，乐裔为司寇，以靖国人[22]。

①荡泽，公孙寿之孙。 ②华父督之玄孙。 ③庄公孙。④鳞矔孙。○少，诗照切，下同。矔，古乱切。 ⑤轻公室以为弱，故杀其枝党。肥，文公子。○帶，音带；本又作带。大，音泰。 ⑥不能讨荡泽。 ⑦华元、华喜。 ⑧鱼石、荡泽、向为人、鳞朱、向帶、鱼府，皆出桓公。 ⑨恐华元还讨荡泽，并及六族。 ⑩言畏桓族强。⑪华元大功，克合晋、楚之成，劫子反以免宋围。 ⑫向戌，桓公曾孙。言其贤，华元必不讨。○戌，音恤。 ⑬偏，不尽。 ⑭喜、师非桓族，故使攻之。 ⑮荡氏，宋公族。还害公室，故去族以示其罪。○去，起吕切。 ⑯睢，水名。五大夫畏同族罪及，将出奔。○睢，音虽；徐，许惟切，又音绥。 ⑰五子不止，华元还。 ⑱不得复入宋。○复，扶又切。 ⑲五子亦驰逐之。○陆云：登丘而望之则驰，绝句。骋，敕景切。 ⑳澨，水涯。决，坏也。○澨，市制切。涯，本又作崖，鱼佳切，一音宜。坏，音怪。 ㉑四大夫不书，独鱼石告。○陴，毗支切。㉒老佐，戴公五世孙。○裔，以制切。

晋三郤害伯宗，谮而杀之，及栾弗忌[1]。伯州犁奔楚[2]。韩献子曰："郤氏其不免乎！善人，天地之纪也，而骤绝之，不亡何待[3]！"初，伯宗每朝，其妻必戒之曰："盗憎主人，民恶其上。子好直言，必及于难[4]。"

①栾弗忌，晋贤大夫。 ②伯宗子。○犁，力兮切。 ③既杀伯宗，又及弗忌，故曰骤也。为十七年晋杀三郤《传》。○骤，仕救切。④《传》见虽妇人之言不可废。○恶，乌路切。好，呼报切。难，乃旦切。见，贤遍切。

十一月，会吴于钟离，始通吴也[①]。

① 始与中国接。

许灵公畏偪于郑，请迁于楚。辛丑，楚公子申迁许于叶。

经

十有六年春，王正月，雨，木冰[①]。

夏四月辛未，滕子卒[②]。

郑公子喜帅师侵宋[③]。

六月丙寅朔，日有食之[④]。

晋侯使栾黡来乞师[⑤]。

甲午晦，晋侯及楚子、郑伯战于鄢陵，楚子、郑师败绩[⑥]。

楚杀其大夫公子侧[⑦]。

秋，公会晋侯、齐侯、卫侯、宋华元、邾人于沙随[⑧]，不见公[⑨]。

公至自会[⑩]。

公会尹子、晋侯、齐国佐、邾人伐郑[⑪]。

曹伯归自京师[⑫]。

九月，晋人执季孙行父，舍之于苕丘[⑬]。

冬十月乙亥，叔孙侨如出奔齐[⑭]。

十有二月乙丑，季孙行父及晋郤犨盟于扈[⑮]。

公至自会[⑯]。

乙酉，刺公子偃[⑰]。

① 无《传》。记寒过节，冰封著树。○ 雨，木冰，如字；《公羊传》云，雨而木冰也；旧于付切。著，直略切。　② 不书名，未同盟。　③ 喜，穆公子子罕也。　④ ⑩无《传》。　⑤ 将伐郑。黡，栾书子。○ 黡，於斩切；徐，于玷切。　⑥ 楚师未大崩，楚子伤目而退，故曰楚子败绩。鄢陵，郑地。今属颍川郡。○ 鄢，谒晚切，又於建切。　⑦ 侧，子反。背盟无礼，卒以败师，故书名。　⑧ 沙随，宋地。梁国宁陵县北有沙随亭。⑨ 不及鄢陵战故。不讳者，耻轻于执止。　⑪ 尹子，王卿士。子，爵。⑫ 为晋侯所赦，故书归。诸侯归国，或书名，或不书名，或言归自某，或言自某归，《传》无义例，从告辞。　⑬ 苕丘，晋地。舍之苕丘，明不以归。不称行人，非使人。○ 苕，音条。使，所吏切。　⑭ 公未归，命国人逐之。⑮ 晋许鲁平，故盟。　⑯ 无《传》。伐而以会致，史异文。　⑰ 鲁杀大夫皆言刺，义取于《周礼》三刺之法。○ 刺，本又作刾，七赐切。

传

十六年春，楚子自武城使公子成以汝阴之田求成于郑[①]。郑叛晋，子驷从楚子盟于武城[②]。

① 汝水之南，近郑地。○ 近，附近之近。　② 为晋伐郑起。

夏四月，滕文公卒。郑子罕伐宋[①]，宋将鉏、乐惧败诸汋陂[②]。退舍于夫渠，不儆[③]，郑人覆之，败诸汋陵，获将鉏、乐惧。宋恃胜也[④]。

① 滕，宋之与国。郑因滕有丧而伐宋，故《传》举滕侯卒。侵、伐，《经》、《传》异文，《经》从告，《传》言实。他皆放此。　② 败郑师也。乐惧，戴公六世孙。将鉏，乐氏族。○ 鉏，仕鱼切；徐音在鱼切。汋，七药切；徐又音

酌,一音市药切。陂,彼宜切。　③ 宋师不儆备。○ 夫,音扶。儆,京领切。　④ 汋陂、夫渠、汋陵,皆宋地。○ 覆,徐音敷目切,一音扶又切,又音芳又切。

卫侯伐郑,至于鸣雁,为晋故也[①]。晋侯将伐郑,范文子曰:"若逞吾愿,诸侯皆叛,晋可以逞[②]。若唯郑叛,晋国之忧,可立俟也。"栾武子曰:"不可以当吾世而失诸侯,必伐郑。"乃兴师。栾书将中军,士燮佐之[③]。郤锜将上军[④],荀偃佐之[⑤]。韩厥将下军,郤至佐新军,荀罃居守[⑥]。郤犨如卫,遂如齐,皆乞师焉。栾黡来乞师,孟献子曰:"有胜矣[⑦]。"戊寅,晋师起。

郑人闻有晋师,使告于楚,姚句耳与往[⑧]。楚子救郑,司马将中军[⑨],令尹将左[⑩],右尹子辛将右[⑪]。过申,子反入见申叔时[⑫],曰:"师其何如?"对曰:"德、刑、详、义、礼、信,战之器也[⑬]。德以施惠,刑以正邪,详以事神,义以建利,礼以顺时,信以守物。民生厚而德正[⑭],用利而事节[⑮],时顺而物成[⑯]。上下和睦,周旋不逆[⑰],求无不具[⑱],各知其极[⑲]。故《诗》曰:'立我烝民,莫匪尔极[⑳]。'是以神降之福,时无灾害,民生敦厖,和同以听[㉑],莫不尽力以从上命,致死以补其阙[㉒]。此战之所由克也。今楚内弃其民[㉓],而外绝其好[㉔],渎齐盟[㉕],而食话言[㉖],奸时以动[㉗],而疲民以逞[㉘]。民不知信,进退罪也。人恤所底,其谁致死[㉙]?子其勉之!吾不复见子矣[㉚]。"姚句耳先归,子驷问焉,对曰:"其行速,过险而不整。速则失志[㉛],不整丧列。志失列丧,将何以战?楚惧不可用也。"

五月，晋师济河。闻楚师将至，范文子欲反，曰：“我伪逃楚，可以纾忧[32]。夫合诸侯，非吾所能也，以遗能者。我若群臣辑睦以事君，多矣。”武子曰：“不可。”六月，晋、楚遇于鄢陵。范文子不欲战，郤至曰：“韩之战，惠公不振旅[33]。箕之役，先轸不反命[34]。邲之师，荀伯不复从[35]。皆晋之耻也。子亦见先君之事矣[36]。今我辟楚，又益耻也。”文子曰：“吾先君之亟战也，有故[37]。秦、狄、齐、楚皆强，不尽力，子孙将弱。今三强服矣[38]，敌楚而已。唯圣人能外内无患，自非圣人，外宁必有内忧[39]。盍释楚以为外惧乎？”

甲午晦，楚晨压晋军而陈[40]。军吏患之。范匄趋进[41]，曰：“塞井夷灶，陈于军中，而疏行首[42]。晋、楚唯天所授，何患焉？”文子执戈逐之，曰：“国之存亡，天也。童子何知焉？”栾书曰：“楚师轻窕，固垒而待之，三日必退。退而击之，必获胜焉。”郤至曰：“楚有六间，不可失也：其二卿相恶[43]；王卒以旧[44]；郑陈而不整[45]；蛮军而不陈[46]；陈不违晦[47]；在陈而嚣[48]，合而加嚣[49]，各顾其后，莫有斗心[50]。旧不必良，以犯天忌。我必克之。”

楚子登巢车以望晋军[51]，子重使大宰伯州犁侍于王后[52]。王曰：“骋而左右，何也[53]？”曰：“召军吏也。”“皆聚于中军矣！”曰：“合谋也。”“张幕矣！”曰：“虔卜于先君也[54]。”“彻幕矣！”曰：“将发命也。”“甚嚣，且尘上矣！”曰：“将塞井夷灶而为行也[55]。”“皆乘矣，左右执兵而下矣！”曰：“听誓也[56]。”“战乎？”曰：“未可知也。”“乘而左右皆下矣！”曰：“战祷也[57]。”伯州犁以公卒告王[58]。苗贲皇在晋侯之侧，亦以王卒告[59]。皆曰:“国士在,且厚,不可当也[60]。”苗贲皇言于晋侯曰:“楚之良,在其中军王族而已。请分良以击其左右,而三军萃于王卒[61],必大败之。”公筮之。史曰:“吉。其卦遇《复》䷗[62],曰:‘南国蹙,射其元王,中厥目[63]。’国蹙王伤,不败何待?”公从之[64]。有淖于前[65],乃皆左右相违于淖[66]。步毅御晋厉公,栾鍼为右[67]。彭名御楚共王,潘党为右。石首御郑成公,唐苟为右。栾、范以其族夹公行[68],陷于淖。栾书将载晋侯,鍼曰:“书退,国有大任,焉得专之[69]。且侵官,冒也[70];失官,慢也[71];离局,奸也[72]。有三罪焉,不可犯也。”乃掀公以出于淖[73]。

癸巳,潘尫之党与养由基蹲甲而射之,彻七札焉[74]。以示王,曰:“君有二臣如此,何忧于战[75]?”王怒曰:“大辱国[76]。诘朝,尔射,死艺[77]。”吕锜梦射月,中之,退入于泥[78]。占之,曰:“姬姓,日也[79]。异姓,月也[80]。必楚王也。射而中之,退入于泥,亦必死矣[81]。”及战,射共王中目。王召养由基,与之两矢,使射吕锜,中项,伏弢[82]。以一矢复命[83]。

郤至三遇楚子之卒,见楚子必下,免胄而趋风[84]。楚子使工尹襄问之以弓[85],曰:“方事之殷也[86],有韎韦之跗注,君子也[87]。识见不穀而趋,无乃伤乎[88]?”郤至见客,免胄承命,曰:“君之外臣至,从寡君之戎事,以君之灵,间蒙甲胄[89],不敢拜命[90]。敢告不宁君命之辱[91],为事之故,敢肃使者[92]。”三肃使者而退。

晋韩厥从郑伯[93],其御杜溷罗曰:“速从之!其御屡顾,不在马,可及也。”韩厥曰:“不可以再辱国君。”乃止[94]。郤至从郑伯，其右茀翰胡曰："谍辂之，余从之乘而俘以下[95]。"郤至曰："伤国君有刑。亦止。"石首曰："卫懿公唯不去其旗，是以败于荧。"乃内旌于弢中[96]。唐苟谓石首曰："子在君侧，败者壹大。我不如子，子以君免，我请止。"乃死[97]。

楚师薄于险[98]，叔山冉谓养由基曰："虽君有命，为国故，子必射[99]！"乃射。再发，尽殪。叔山冉搏人以投，中车折轼。晋师乃止[100]。囚楚公子茷[101]。

栾鍼见子重之旌，请曰："楚人谓：'夫旌，子重之麾也。'彼其子重也。日臣之使于楚也，子重问晋国之勇。臣对曰：'好以众整。'曰：'又何如[102]？'臣对曰：'好以暇[103]。'今两国治戎，行人不使，不可谓整。临事而食言，不可谓暇[104]。请摄饮焉[105]。"公许之。使行人执榼承饮，造于子重[106]，曰："寡君乏使，使鍼御持矛[107]。是以不得犒从者，使某摄饮。"子重曰："夫子尝与吾言于楚，必是故也，不亦识乎[108]！"受而饮之。免使者而复鼓[109]。

旦而战，见星未已。子反命军吏察夷伤[110]，补卒乘[111]，缮甲兵[112]，展车马[113]，鸡鸣而食，唯命是听[114]。晋人患之。苗贲皇徇曰："蒐乘补卒[115]，秣马利兵[116]，修陈固列[117]，蓐食申祷[118]，明日复战。"乃逸楚囚[119]。王闻之，召子反谋。穀阳竖献饮于子反，子反醉而不能见[120]。王曰："天败楚也夫！余不可以待。"乃宵遁。晋入楚军，三日穀[121]。范文子立于戎马之前，曰："君幼，诸臣不佞[122]，何以及此？君其戒之[123]！《周书》曰'惟命不于常'，有德之谓[124]。"

楚师还及瑕[125]，王使谓子反曰："先大夫之覆师徒者，君不在[126]。子无以为过，不穀之罪也。”子反再拜稽首曰：“君赐臣死，死且不朽[127]。臣之卒实奔，臣之罪也。”子重使谓子反曰：“初陨师徒者，而亦闻之矣！盍图之[128]？”对曰：“虽微先大夫有之，大夫命侧，侧敢不义[129]？侧亡君师，敢忘其死。”王使止之，弗及而卒。

① 鸣雁，在陈留雍丘县西北。○ 为，于伪切。 ② 逞，快也。晋厉公无道，三郤骄。故欲使诸侯叛，冀其惧而思德。 ③ 代荀庚。 ④ 代士燮。 ⑤ 代郤锜。偃，荀庚子。 ⑥ 荀罃，下军佐。于是郤犨代赵旃将新军，新上下军罢矣。○ 守，手又切。 ⑦ 卑让有礼，故知其将胜楚。 ⑧ 句耳，郑大夫。与往，非使也。为先归张本。○ 句，古侯切。与，音预。使，所吏切。 ⑨ 子反。 ⑩ 子重。 ⑪ 公子壬夫。 ⑫ 叔时老，在申。○ 过，古禾切。 ⑬ 器，犹用也。 ⑭ 财足，则思无邪。○ 邪，似嗟切，《注》皆同。 ⑮ 动不失利，则事得其节。 ⑯ 群生得所。 ⑰ 动顺理。 ⑱ 下应上。○ 应，应对之应。 ⑲ 无二心。 ⑳ 烝，众也。极，中也。《诗·颂》言先王立其众民，无不得中正。○ 烝，之承切，《注》同。 ㉑ 敦，厚也。厖，大也。○厖，莫邦切。 ㉒ 阙，战死者。 ㉓ 不施惠。 ㉔ 义不建利。○ 好，呼报切。 ㉕ 不详事神。○ 渎，徒木切。 ㉖ 信不守物。○ 话，户快切。 ㉗ 礼不顺时。周四月，今二月，妨农业。○ 奸，音干；本或作干。 ㉘ 刑不正邪，而苟快意。○ 疲，本亦作罢，音皮，下《注》同。 ㉙ 底，至也。○ 底，徐音旨，又之履切。 ㉚ 言其必败不反。○ 复见，一本无复字。复，扶又切。 ㉛ 不思虑也。 ㉜ 纾，缓也。○ 丧，息浪切，下同。纾，音舒。 ㉝ 众散败也。在僖十五年。○ 遗，唯季切，下《注》问遗也同。辑，又作集，音同，亦七入切。 ㉞ 死于狄也。在僖三十三年。 ㉟ 荀林父奔走，不复故道。在宣十二年。○ 从，徐，子容切，音或如字。 ㊱ 见先君成败之事。 ㊲ 亟，数也。○ 亟，去吏切。数，所角切。

㊳ 齐、秦、狄。 ㊴ 骄亢则忧患生也。○ 亢，苦浪切。 ㊵ 压，笮其未备。○ 盍，户臘切。压，於甲切；徐，於辄切。陈，直觐切，下及《注》皆同。笮，侧百切。 ㊶ 匄，士燮子。○ 匄，本又作丐，古害切。 ㊷ 疏行首者，当陈前决开营垒为战道。○ 行，户郎切，一音如字，《注》同。垒，力轨切。 ㊸ 子重、子反。○ 窕，敕彫切，又敕吊切。恶，如字，又乌路切。㊹ 罢老不代。○ 卒，子忽切，下皆同。 ㊺ 不整列。 ㊻ 蛮夷从楚者不结陈。 ㊼ 晦，月终，阴之尽。故兵家以为忌。 ㊽ 嚣，喧哗也。○ 嚣，许骄切；徐，读曰嗷，五高切，《注》及后同。喧，本又作諠，况元切。哗，本又作讙，音华。 ㊾ 陈合宜静，而益有声。 ㊿ 人恤其所底。㉛ 巢车，车上为橹。○ 巢，《说文》作轈，云，兵车高如巢，以望敌也；《字林》同。橹，音鲁。 ㊾2 州犁，晋伯宗子，前年奔楚。○ 大，音泰。㊾3 骋，走也。 ㊾4 虔，敬也。○ 幕，音莫。 ㊾5 夷，平也。○上，时掌切。行，户郎切，下公行同。 ㊾6 左，将帅。右，车右。○ 乘，绳证切，下同。将，子匠切，下去将同。帅，所类切，下元帅同。 ㊾7 祷，请于鬼神。○ 祷，丁老切，或丁报切。 ㊾8 公，晋侯。 ㊾9 贲皇，楚鬥椒子。宣四年奔晋。○ 贲，扶云切。 ⑥0 晋侯左右皆以伯州犁在楚，知晋之情。且谓楚众多，故惮合战。与苗贲皇意异。○ 惮，徒旦切。 ⑥1 萃，集也。○ 萃，似醉切。 ⑥2《震》下《坤》上，《复》，无变。 ⑥3 此卜者辞也。《复》，阳长之卦。阳气起子，南行推阴，故曰南国蹙也。南国势蹙，则《离》受其咎。《离》为诸侯，又为目。阳气激南，飞矢之象。故曰射其元王中厥目。○ 蹙，子六切。射，食亦切，《注》及下射之同。中，丁仲切，《注》同。长，丁丈切。激，古狄切。 ⑥4 从其言而战。 ⑥5 淖，泥也。○ 淖，乃孝切；徐，徒较切。 ⑥6 违，辟也。 ⑥7 步毅即郤毅。 ⑥8 二族强，故在公左右。○ 共，音恭。夹，古洽切。 ⑥9 在君前，故子名其父。大任，谓元帅之职。○ 焉，於虔切。 ⑦0 载公为侵官。○ 冒，莫报切；徐，莫北切。 ⑦1 去将而御，失官也。 ⑦2 远其部曲为离局。○ 离，力志切，《注》同。远，于万切。 ⑦3 掀，举也。○ 掀，徐，许言切，云，捧毂举之，则公轩起也；一曰掀，引也，胡根切，一音虚斤切；《字林》云，举出也，火

气也；又丘近切。 ⑭ 党，潘尪之子。蹲，聚也。一发达七札，言其能陷坚。○ 尪，乌黄切。之党，一本作潘尪之子党。案《注》云：党，潘尪之子也。则《传》文不得有子字。古本此及襄二十三年申鲜虞之傅挚，皆无子字。蹲，在尊切；徐，又在损切；一音才官切。札，侧八切；徐，侧乙切。⑮ 二子以射夸王。○ 夸，苦瓜切。 ⑯ 贱其不尚知谋。○ 知，音智。⑰ 言女以射自多，必当以艺死也。诘朝，犹明朝，是战日。○ 朝，如字，《注》同。女，音汝。 ⑱ 吕锜，魏锜。○ 射，食亦切，下至使射同。中，丁仲切，下及《注》同。 ⑲ 周世姬姓尊。 ⑳ 异姓卑。 ㉑ 锜自入泥，亦死象。 ㉒ 弢，弓衣。○ 项，户讲切。弢，他刀切。 ㉓ 言一发而中。 ㉔ 疾如风。 ㉕ 问，遗也。 ㉖ 殷，盛也。 ㉗ 韎，赤色。跗注，戎服，若袴而属于跗，与袴连。○ 韎，莫拜切，又音妹；徐，莫盖切。跗，方午切。注，之树切。袴，苦故切。属，章玉切。 ㉘ 恐其伤。㉙ 间，犹近也。○ 近，如字；一本或作与，音预。 ㉚ 介者不拜。○ 介，音界。 ㉛ 以君辱赐命，故不敢自安。 ㉜ 言君辱命来问，以有军事不得答，故肃使者。肃，手至地，若今撎。○ 为，于伪切。使，所吏切，《注》及下同。撎，伊志切，揖也；《字林》云，举首下手也。 ㉝ 从，逐也。㉞ 二年鞌战，韩厥已辱齐侯。○ 溷，户昏切，又户本切。 ㉟ 欲遣轻兵单进以距郑伯车前，而自后登其车以执之。○ 茀，府勿切。翰，徐音韩。谍，音牒。辂，五嫁切。乘，绳证切。轻，遣政切，又如字。 ㊱ 荧战在闵二年。○ 去，起吕切。荧，户扃切。旌，音精。 ㊲ 败者壹大，谓军大崩也。言石首亦君之亲臣而执御，与车右不同。故首当御君以退，己当死战。㊳ 薄，迫也。 ㊴ 王有死艺命。○ 冉，如琰切。为，于伪切。射，食亦切。 ㊵ 言二子皆有过人之能。○ 发，如字，徐音废。殪，於计切。搏，音博。中，丁仲切。折，之设切，又市列切。轼，音式。 ㊶ 为郤至见谮张本。○ 茷，扶废切。 ㊷ 又问其馀。○ 夫，音扶。麾，许危切。日，人实切。使，所吏切，下免使者同。好，呼报切，下及《注》皆同。 ㊸ 暇：閒暇。○ 閒，音闲。 ㊹ 食好整之言。○ 使，所吏切，又如字。
㊺ 摄，持也。持饮往饮子重。○ 饮，於鸩切。 ㊻ 承，奉也。○ 榼，苦

腊切。造,七报切。 ⑩⑦ 御,侍也。 ⑩⑧ 知其以往言好暇,故致饮。○ 犒,苦报切。从,才用切。 ⑩⑨ 免,脱也。○ 复,扶又切,《注》及下同。⑪⓪ 夷亦伤也。 ⑪① 补死亡。○ 乘,绳证切,下同。 ⑪② 缮,治也。⑪③ 展,陈也。○ 陈,如字。 ⑪④ 复欲战。 ⑪⑤ 蒐,阅也。○ 徇,似俊切。蒐,所留切。 ⑪⑥ 秣,穀马也。○ 秣,音末。 ⑪⑦ 固,坚也。○ 陈,直觐切,又如字。 ⑪⑧ 申,重也。○ 蓐,音辱。重,直用切。⑪⑨ 逸,纵也。○ 纵,子用切。 ⑫⓪ 穀阳,子反内竖。○ 见,贤遍切。⑫① 食楚粟三日也。○ 夫,音扶。三日穀,本或作三日馆穀,误也。⑫② 佞,才也。○ 君幼,本或作君幼弱。 ⑫③ 戒勿骄。 ⑫④《周书·康诰》。言胜无常命,惟德是与。 ⑫⑤ 瑕,楚地。 ⑫⑥ 谓子玉败城濮时,王不在军。○ 覆,芳服切。 ⑫⑦ 王引过,亦所以责子反。 ⑫⑧ 闻子玉自杀。终二卿相恶。○ 卒,从此已前皆子忽切。陨,于敏切。盍,户臘切。⑫⑨ 言以义命己,不敢不受。

战之日,齐国佐、高无咎至于师[①]。卫侯出于卫。公出于坏隤[②]。宣伯通于穆姜[③],欲去季、孟,而取其室[④]。将行,穆姜送公,而使逐二子。公以晋难告[⑤],曰:“请反而听命。”姜怒,公子偃、公子鉏趋过[⑥],指之曰:“女不可,是皆君也[⑦]。”公待于坏隤,申宫儆备[⑧],设守而后行,是以后[⑨]。使孟献子守于公宫。

① 无咎,高固子。 ② 坏隤,鲁邑。齐、卫皆后,非独鲁。明晋以侨如故不见公。○ 坏,户怪切;徐音怀。隤,徒回切。 ③ 穆姜,成公母。④ 季文子、孟献子。○ 去,起吕切。 ⑤ 会晋伐郑。○ 难,乃旦切。⑥ 二子,公庶弟。○ 鉏,仕居切。 ⑦ 言欲废公,更立君。○ 女,音汝。⑧ 申敕宫备。○ 儆,京领切。 ⑨ 后晋、楚战期。○ 守,乎又切。

秋，会于沙随，谋伐郑也[①]。

① 郑犹未服。

宣伯使告郤犨曰："鲁侯待于坏隤以待胜者[①]。"郤犨将新军，且为公族大夫，以主东诸侯[②]。取货于宣伯，而诉公于晋侯[③]，晋侯不见公。

① 观晋、楚之胜负。　② 主齐、鲁之属。　③ 诉，谮也。

曹人请于晋曰："自我先君宣公即世[①]，国人曰：'若之何忧犹未弭[②]？'而又讨我寡君[③]，以亡曹国社稷之镇公子[④]，是大泯曹也[⑤]。先君无乃有罪乎[⑥]？若有罪，则君列诸会矣[⑦]。君唯不遗德刑[⑧]，以伯诸侯。岂独遗诸敝邑？敢私布之[⑨]。"

① 在十三年。　② 弭，息也。既葬，国人皆将从子臧，所谓忧未息。○ 弭，亡氏切。　③ 前年晋侯执曹伯。　④ 谓子臧逃奔宋。　⑤ 泯，灭也。　⑥ 言今君无罪而见讨，得无以先君故。　⑦ 诸侯虽有篡弑之罪，侯伯已与之会，则不复讨。前年会于戚，曹伯在列，盟毕乃执之，故曹人以为无罪。○ 篡，初患切。弑，音试。复，扶又切，下及下文复请同。　⑧ 遗，失也。　⑨ 为曹伯归不以名告《传》。○ 伯，如字，又音霸。

七月，公会尹武公及诸侯伐郑。将行，姜又命公如初[①]。公又申守而行。诸侯之师次于郑西。我师次于督扬，不敢过郑[②]。子叔声伯使叔孙豹请逆于晋师[③]，为食于郑郊。师逆以至[4]，声伯四日不食以待之。食使者[5]而后食[6]。诸侯迁于制田[7]。知武子佐下军[8]，以诸侯之师侵陈，至于鸣鹿[9]。遂侵蔡，未反[10]。诸侯迁于颍上。戊午，郑子罕宵军之，宋、齐、卫皆失军[11]。

① 复欲使公逐季、孟。　② 督扬，郑东地。○ 守，手又切，下《注》同。过，古卧切，又古禾切。　③ 豹，叔孙侨如弟也。侨如于是遂作乱，豹因奔齐。　④ 声伯戒叔孙以必须所逆晋师至，乃食。　⑤ 使者，豹之介。○ 食，音嗣。使，所吏切。介，音界，下文敢介同。　⑥ 言其忠也。○ 而后食，一本作声伯而后食。　⑦ 荥阳宛陵县东有制泽。⑧ 武子，荀罃。　⑨ 陈国武平县西南有鹿邑。　⑩ 侵陈、蔡不书，公不与。○ 与，音预。　⑪ 将主与军相失。宋、卫不书，后也。○ 将，子匠切。

曹人复请于晋，晋侯谓子臧："反！吾归而君[1]。"子臧反，曹伯归[2]。子臧尽致其邑与卿而不出[3]。

① 以曹人重子臧故。　② 子臧自宋还。　③ 不出仕。

宣伯使告郤犨曰："鲁之有季、孟，犹晋之有栾、范也，政令于是乎成。今其谋曰：'晋政多门，不可从也[1]。宁事齐、楚，有亡而已，蔑从晋矣[2]。'若欲得志于鲁，请止行父而杀之[3]，我毙蔑也[4]而事晋，蔑有贰矣。鲁不贰，小国必睦。不然，归必叛矣。"

九月，晋人执季文子于苕丘。公还，待于郓[5]。使子叔声伯请季孙于晋，郤犨曰："苟去仲孙蔑而止季孙行父，吾与子国亲于公室[6]。”对曰:“侨如之情,子必闻之矣[7]。若去蔑与行父,是大弃鲁国而罪寡君也。若犹不弃,而惠徼周公之福,使寡君得事晋君。则夫二人者,鲁国社稷之臣也。若朝亡之,鲁必夕亡。以鲁之密迩仇雠[8],亡而为仇,治之何及[9]?”郤犨曰:“吾为子请邑。”对曰:“婴齐,鲁之常隶也[10],敢介大国以求厚焉[11]! 承寡君之命以请[12],若得所请,吾子之赐多矣。又何求?”

范文子谓栾武子曰:“季孙于鲁,相二君矣[13]。妾不衣帛,马不食粟,可不谓忠乎? 信谗慝而弃忠良,若诸侯何? 子叔婴齐奉君命无私[14],谋国家不贰[15],图其身不忘其君[16]。若虚其请,是弃善人也。子其图之!”乃许鲁平,赦季孙。冬十月,出叔孙侨如而盟之,侨如奔齐[17]。

① 政不由君。 ② 蔑,无也。 ③ 行父,季文子也。 ④ 蔑,孟献子。时留守公宫。○ 髭,婢世切。 ⑤ 郓,鲁西邑。东郡廪丘县东有郓城。○ 廪,力甚切。 ⑥ 亲鲁甚于晋公室。○ 去,起吕切,下同。 ⑦ 闻其淫慝情。○ 慝,吐得切,下同。 ⑧ 仇雠,谓齐、楚。○ 夫,音扶。朝,如字。 ⑨ 言鲁属齐、楚,则还为晋仇。 ⑩ 隶,贱官。○ 为,于伪切。 ⑪ 介,因也。 ⑫ 承,奉也。 ⑬ 二君,宣、成。○ 相,息亮切。 ⑭ 不受郤犨请邑。○ 衣,於既切。食,旧如字,对上句应作嗣音。 ⑮ 谓四日不食以坚事晋。 ⑯ 辞邑、不食,皆先君而后身。 ⑰ 诸大夫共盟,以侨如为戒。

十二月,季孙及郤犨盟于扈。归,刺公子偃[1],召叔孙豹于齐而立之[2]。

① 偃与鉏俱为姜所指，而独杀偃，偃与谋。○ 与，音预。　② 近此七月，声伯使豹请逆于晋，闻鲁人将讨侨如，豹乃辟其难，先奔齐，生二子，而鲁乃召之，故襄二年豹始见《经》，《传》于此因言其终。○ 难，乃旦切。见，贤遍切。

齐声孟子通侨如①，使立于高、国之间②。侨如曰："不可以再罪。"奔卫，亦间于卿③。

① 声孟子，齐灵公母，宋女。　② 位比二卿。　③《传》亦终言侨如之佞。○ 间，徐音间厕之间，读者或如字。

晋侯使郤至献楚捷于周，与单襄公语，骤称其伐①。单子语诸大夫曰："温季其亡乎②！位于七人之下③，而求掩其上④。怨之所聚，乱之本也。多怨而阶乱，何以在位⑤？《夏书》曰'怨岂在明，不见是图⑥。'将慎其细也。今而明之，其可乎⑦？"

① 伐，功也。　② 温季，郤至。○ 语，鱼据切。　③ 佐新军，位在八。　④ 称己之伐，掩上功。　⑤ 怨为乱阶。　⑥ 逸《书》也。不见，细微也。○ 见，贤遍切，又如字。　⑦ 言郤至显称己功，所以明怨咎。

经

十有七年春，卫北宫括帅师侵郑①。

夏，公会尹子、单子、晋侯、齐侯、宋公、卫侯、曹伯、邾人伐郑②。

六月乙酉，同盟于柯陵③。

秋，公至自会④。

齐高无咎出奔莒。

九月辛丑，用郊⑤。

晋侯使荀罃来乞师⑥。

冬，公会单子、晋侯、宋公、卫侯、曹伯、齐人、邾人伐郑⑦。

十有一月，公至自伐郑⑧。

壬申，公孙婴齐卒于貍脤⑨。

十有二月丁巳朔，日有食之⑩。

邾子貜且卒⑪。

晋杀其大夫郤锜、郤犨、郤至。

楚人灭舒庸。

① 括，成公曾孙。○ 括，古活切。 ② 晋未能服郑，故假天子威，周使二卿会之。晋为兵主，而犹先尹、单，尊王命也。单伯称子，盖降爵。 ③ 柯陵，郑西地。○ 柯，古河切。 ④ 无《传》。 ⑤ 无《传》。九月郊祭，非礼明矣。书用郊，从史文。 ⑥ 无《传》。将伐郑。 ⑦ 郑犹未服故。 ⑧ 无《传》。 ⑨ 十一月无壬申，日误也。貍脤，阙。○ 貍，力之切。脤，市轸切。 ⑩ 无《传》。 ⑪ 无《传》。五同盟。○ 貜，俱缚切；徐，居碧切。且，子余切。

传

十七年春，王正月，郑子驷侵晋虚、滑①。卫北宫括救晋侵郑，至于高氏②。

夏五月，郑大子髡顽、侯獳为质于楚[③]，楚公子成、公子寅戍郑。公会尹武公、单襄公及诸侯伐郑，自戏童至于曲洧[④]。

① 虚、滑，晋二邑。滑，故滑国，为秦所灭，时属晋，后属周。○ 虚，起居切。　② 不书救，以侵告。高氏，在阳翟县西南。　③ 侯獳，郑大夫。○ 髡，苦门切。獳，乃侯切。质，音致。　④ 今新汲县治曲洧城，临洧水。○ 戏，许宜切。洧，于轨切。治，直吏切。

晋范文子反自鄢陵[①]，使其祝宗祈死[②]，曰："君骄侈而克敌，是天益其疾也。难将作矣！爱我者惟祝我，使我速死，无及于难，范氏之福也。"六月戊辰，士燮卒[③]。

① 前年鄢陵战还。　② 祝宗，主祭祀祈祷者。　③《传》言厉公无道，故贤臣忧惧，因祷自裁。○ 侈，尺氏切，又尸氏切。难，乃旦切。祝，之又切。

乙酉，同盟于柯陵，寻戚之盟也[①]。

① 戚盟在十五年。

楚子重救郑，师于首止。诸侯还[①]。

① 畏楚强。

齐庆克通于声孟子，与妇人蒙衣乘辇而入于闳[①]。鲍牵见之，以告国武子[②]，武子召庆克而谓之。庆克久不出[③]，而告夫人曰："国子谪我[④]！"夫人怒。

国子相灵公以会[⑤]，高、鲍处守[⑥]。及还，将至，闭门而索客[⑦]。孟子诉之曰："高、鲍将不纳君，而立公子角。国子知之[⑧]。"秋七月壬寅，刖鲍牵而逐高无咎。无咎奔莒，高弱以卢叛[⑨]。齐人来召鲍国而立之[⑩]。

初，鲍国去鲍氏而来，为施孝叔臣。施氏卜宰，匡句须吉[⑪]。施氏之宰，有百室之邑。与匡句须邑，使为宰。以让鲍国，而致邑焉。施孝叔曰："子实吉。"对曰："能与忠良，吉孰大焉！"鲍国相施氏忠，故齐人取以为鲍氏后。仲尼曰："鲍庄子之知不如葵，葵犹能卫其足[⑫]。"

① 庆克，庆封父。蒙衣，亦为妇人服与妇人相冒。闳，巷门。○ 与，如字；徐音预。闳，音宏。冒，亡报切。 ② 鲍牵，鲍叔牙曾孙。 ③ 惭卧于家，夫人所以怪之。 ④ 谪，谴责也。○ 谪，直革切。谴，遣战切。⑤ 会伐郑。○ 相，息亮切，下相施氏同。 ⑥ 高无咎、鲍牵。○ 守，手又切。 ⑦ 蒐索，备奸人。○ 索，所白切。 ⑧ 角，顷公子。○ 顷，音倾。 ⑨ 弱，无咎子。卢，高氏邑。○ 刖，音月，又五刮切。⑩ 国，牵之弟文子。 ⑪ 卜立家宰。○ 句，其俱切。 ⑫ 葵倾叶向日，以蔽其根。言鲍牵居乱，不能危行言孙。○ 知，音智。向，许亮切；本又作嚮。行，下孟切。

冬，诸侯伐郑[①]。十月庚午，围郑。楚公子申救郑，师于汝上。十一月，诸侯还[②]。

① 前夏未得志故。 ② 不书围，畏楚救，不成围而还。

初，声伯梦涉洹[①]，或与己琼瑰，食之[②]，泣而为琼瑰，盈其怀[③]。从而歌之曰："济洹之水，赠我以琼瑰。归乎！归乎！琼瑰盈吾怀乎[④]！"惧不敢占也。还自郑，壬申，至于貍脤而占之，曰："余恐死，故不敢占也。今众繁而从余，三年矣，无伤也，"言之之莫而卒[⑤]。

① 洹水出汲郡林虑县，东北至魏郡长乐县，入清水。○ 洹，音桓；一音恒；今土俗音袁。虑，力於切。乐，音洛，下乐平同。　② 琼，玉。瑰，珠也。食珠玉，含象。○ 琼，求营切。瑰，古回切。含，户暗切；本亦作啥。③ 泪下化为珠玉，满其怀。　④ 从，就也。梦中为此歌。　⑤ 繁，犹多也。《传》戒数占梦。○ 莫，音暮。数，所角切。

齐侯使崔杼为大夫，使庆克佐之。帅师围卢[①]。国佐从诸侯围郑，以难请而归[②]。遂如卢师，杀庆克，以榖叛[③]。齐侯与之盟于徐关而复之。十二月，卢降，使国胜告难于晋，待命于清[④]。

① 讨高弱。○ 杼，直吕切。　② 请于诸侯。○ 难，乃旦切。下同。③ 疾克淫乱，故杀之。　④ 胜，国佐子。使以高氏难告晋。齐欲讨国佐，故留其子于外。清，阳平乐县是。为明年杀国佐《传》。○ 降，下江切。

晋厉公侈，多外嬖[①]。反自鄢陵，欲尽去群大夫，而立其左右[②]。胥童以胥克之废也，怨郤氏[③]，而嬖于厉公。郤锜夺夷阳五田，五亦嬖于厉公。郤犨与长鱼矫争田，执而梏之[④]，与其父母妻子同一辕[⑤]。既，矫亦嬖于厉公。栾书怨郤至，以其不从己而败楚师也，欲废之[6]。使楚公子茷告公曰："此战也，郤至实召寡君[7]。以东师之未至也[8]，与军帅之不具也，曰：'此必败[9]！吾因奉孙周以事君[10]。'"公告栾书，书曰："其有焉！不然，岂其死之不恤，而受敌使乎[11]？君盍尝使诸周而察之[12]！"郤至聘于周，栾书使孙周见之。公使觇之，信[13]。遂怨郤至。

厉公田，与妇人先杀而饮酒，后使大夫杀[14]。郤至奉豕[15]，寺人孟张夺之[16]，郤至射而杀之。公曰："季子欺余[17]。"

厉公将作难，胥童曰："必先三郤，族大多怨。去大族不偪[18]，敌多怨有庸[19]。"公曰："然。"郤氏闻之，郤锜欲攻公，曰："虽死，君必危。"郤至曰："人所以立，信、知、勇也。信不叛君，知不害民，勇不作乱。失兹三者，其谁与我？死而多怨，将安用之[20]？君实有臣而杀之，其谓君何？我之有罪，吾死后矣！若杀不辜，将失其民，欲安得乎[21]？待命而已！受君之禄，是以聚党。有党而争命[22]，罪孰大焉[23]！"

壬午，胥童、夷羊五帅甲八百，将攻郤氏[24]。长鱼矫请无用众，公使清沸魋助之[25]，抽戈结衽[26]，而伪讼者[27]。三郤将谋于榭[28]。矫以戈杀驹伯、苦成叔于其位[29]。温季曰："逃威也！"遂趋[30]。矫及诸其车，以戈杀之，皆尸诸朝[31]。

胥童以甲劫栾书、中行偃于朝。矫曰："不杀二子，忧必及君。"公曰："一朝而尸三卿，余不忍益也。"对曰："人将忍君[32]。臣闻乱在外为奸，在内为轨。御奸以德[33]，御轨以刑[34]。不施而杀，不可谓德。臣偪而不讨，不可谓刑。德刑不立，奸轨并至。臣请行。"遂出奔狄[35]。公使辞于二子[36]，曰："寡人有讨于郤氏，郤氏既伏其辜矣。大夫无辱，其复职位[37]。"皆再拜稽首曰："君讨有罪，而免臣于死，君之惠也。二臣虽死，敢忘君德。"乃皆归。公使胥童为卿。

公游于匠丽氏[38]，栾书、中行偃遂执公焉。召士匄，士匄辞[39]。召韩厥，韩厥辞，曰："昔吾畜于赵氏，孟姬之谗，吾能违兵[40]。古人有言曰，'杀老牛莫之敢尸'，而况君乎？二三子不能事君，焉用厥也[41]！"

① 外嬖，爱幸大夫。○ 嬖，必计切。 ② 终如士燮言。○ 反自鄢，一本作自鄢陵。去，起吕切。 ③ 童，胥克之子。宣八年，郤缺废胥克。 ④ 梏，械也。○ 矫，居表切。梏，古毒切。械，户戒切。 ⑤ 系之车辕。 ⑥ 鄢陵战，栾书欲固垒。郤至言楚有六间以取胜也。 ⑦ 鄢陵战，晋囚公子茷以归。 ⑧ 齐、鲁、卫之师。 ⑨ 荀罃佐下军居守，郤犨将新军乞师，故言不具。○ 帅，所类切。守，手又切。 ⑩ 孙周，晋襄公曾孙悼公。君，楚王也。 ⑪ 谓鄢陵战时，楚子问郤至以弓。○ 使，所吏切。 ⑫ 尝，试也。○ 盍，户臘切。使，所吏切，又如字。 ⑬ 觇，伺也。○ 觇，敕廉切。伺，音司，又丝嗣切。 ⑭《传》言厉公无道，先妇人而后卿佐。 ⑮ 进之于公。 ⑯ 寺人，奄士。 ⑰ 季子，郤至。公反以为郤至夺孟张豕。○ 射，食亦切。 ⑱ 不偪公室。○ 偪，彼力切。 ⑲ 讨多怨者，易有功。○ 易，以豉切。 ⑳ 言俱死，无用多其怨咎。○ 知，音智。 ㉑ 言不得安君位。 ㉒ 争死命。 ㉓《传》言郤至无反心。 ㉔ 八百人。 ㉕ 沸魋，亦嬖人。○ 沸，甫味切。魋，徒回切。 ㉖ 衽，裳际。○ 衽，而甚切；徐音而鸩切。 ㉗ 伪与清沸魋讼。 ㉘ 榭，讲武堂。 ㉙ 位，所坐处也。驹伯，郤锜。苦成叔，郤犨。○ 处，昌虑切。 ㉚ 郤至本意欲禀君命而死，今矫等不以君命而来，故欲逃凶贼为害，故曰威，言可畏也。或曰威当为藏。 ㉛ 陈其尸于朝。 ㉜ 人，谓书与偃。○ 一朝，如字。 ㉝ 德绥远。○ 轨，本又作宄，音同。

御，鱼吕切，下同。 ㉞ 刑治近。 ㉟ 行，去也。○ 施，如字，或式豉切。 ㊱ 辞谢书与偃。 ㊲ 胥童劫而执之，故云辱。 ㊳ 匠丽，嬖大夫家。 ㊴ 辞不往。 ㊵ 畜，养也。违，去也。韩厥少为赵盾所待养，及孟姬之乱，晋将讨赵氏，而厥去其兵，示不与党。言此者，明己无所偏助。孟姬乱，在八年。○ 去，起吕切。少，诗照切。 ㊶ 尸，主也。○ 焉，於虔切。

舒庸人以楚师之败也①，道吴人围巢，伐驾，围厘、虺②，遂恃吴而不设备。楚公子橐师袭舒庸，灭之。

① 败于鄢陵。舒庸，东夷国。 ② 巢、驾、厘、虺，楚四邑。○ 道，音导，下及《注》同。驾，如字；一音加。厘，力之切。虺，许鬼切。

闰月乙卯晦，栾书、中行偃杀胥童①。民不与郤氏，胥童道君为乱，故皆书曰："晋杀其大夫②。"

① 以其劫己故。 ② 厉公以私欲杀三郤，而三郤死不以无罪书。书、偃以家怨害胥童，而胥童受国讨文。明郤氏失民，胥童道乱，宜其为国戮。

经

十有八年春，王正月，晋杀其大夫胥童①。

庚申，晋弑其君州蒲②。

齐杀其大夫国佐③。

公如晋。

夏，楚子、郑伯伐宋。

宋鱼石复入于彭城[4]。

公至自晋。

晋侯使士匄来聘。

秋，杞伯来朝。

八月，邾子来朝。

筑鹿囿[5]。

己丑，公薨于路寝。

冬，楚人、郑人侵宋[6]。

晋侯使士鲂来乞师[7]。

十有二月，仲孙蔑会晋侯、宋公、卫侯、邾子、齐崔杼同盟于虚朾[8]。

丁未，葬我君成公。

①《传》在前年，《经》在今春，从告。　② 不称臣，君无道。　③ 国武子。　④《传》例曰：以恶入也。彭城，宋邑，今彭城县。○ 复，扶又切。　⑤ 筑墙为鹿苑。○ 囿，音又。　⑥ 子重先遣轻军侵宋，故称人而不言伐。○ 轻，遣政切。　⑦ ○ 鲂，音房。　⑧ 虚朾，地阙。○ 虚，起居切。朾，他丁切。

传

十八年春，王正月庚申，晋栾书、中行偃使程滑弑厉公[1]，葬之于翼东门之外，以车一乘[2]。使荀罃、士鲂逆周子于京师而立之[3]，生十四年矣。大夫逆于清原，周子曰："孤始愿不及此。虽及此，岂非天乎[4]！抑人之求君，使出命也，立而不从，将安用君？二三子用我今日，否亦今日，共而从君，神之所福也⑤。"对曰："群臣之愿也，敢不唯命是听。"庚午，盟而入⑥，馆于伯子同氏⑦。辛巳，朝于武宫⑧，逐不臣者七人⑨。周子有兄而无慧，不能辨菽麦，故不可立⑩。

① 程滑，晋大夫。　② 言不以君礼葬。诸侯葬车七乘。○ 乘，绳证切。　③ 悼公周。　④ 言有命。　⑤《传》言其少有才，所以能自固。○ 少，诗照切。　⑥ 与诸大夫盟。　⑦ 晋大夫家。馆，舍也。　⑧ 武公，曲沃始命君。　⑨ 夷羊五之属。　⑩ 菽，大豆也。豆麦殊形易别，故以为痴者之候。不慧，盖世所谓白痴。○ 菽，音叔。易，以豉切。别，彼列切。痴，敕疑切。

齐为庆氏之难①故，甲申晦，齐侯使士华免以戈杀国佐于内宫之朝②。师逃于夫人之宫③。书曰："齐杀其大夫国佐。"弃命，专杀，以縠叛故也④。使清人杀国胜⑤。国弱来奔⑥，王湫奔莱⑦。庆封为大夫，庆佐为司寇⑧。既，齐侯反国弱，使嗣国氏，礼也⑨。

① 前年国佐杀庆克。○ 为，于伪切。难，乃旦切。　② 华免，齐大夫。内宫，夫人宫。　③ 伏兵内宫，恐不胜。　④ 国佐本疾淫乱，杀庆克，齐以是讨之。嫌其罪不及死，故《传》明言其三罪。　⑤ 胜，国佐子。前年待命于清者。　⑥ 弱，胜之弟。　⑦ 湫，国佐党。○ 湫，子小切；徐，子鸟切。莱，音来。　⑧ 封、佐，皆庆克子。　⑨ 佐之罪不及不祀。

二月乙酉朔，晋悼公即位于朝①。始命百官②：施舍已责③，逮鳏寡④，振废滞⑤，匡乏困，救灾患⑥，禁淫慝，薄赋敛，宥罪戾[7]，节器用[8]，时用民[9]，欲无犯时[10]。使魏相、士鲂、魏颉、赵武为卿[11]。荀家、荀会、栾黡、韩无忌为公族大夫，使训卿之子弟共俭孝弟[12]。使士渥浊为大傅，使修范武子之法[13]。右行辛为司空，使修士蒍之法[14]。弁纠御戎，校正属焉[15]，使训诸御知义[16]。荀宾为右，司士属焉[17]，使训勇力之士时使[18]。卿无共御，立军尉以摄之[19]。祁奚为中军尉，羊舌职佐之。魏绛为司马[20]。张老为候奄。铎遏寇为上军尉。籍偃为之司马[21]，使训卒乘亲以听命[22]。程郑为乘马御，六驺属焉，使训群驺知礼[23]。凡六官之长，皆民誉也[24]。举不失职，官不易方[25]，爵不踰德[26]，师不陵正，旅不偪师[27]，民无谤言，所以复霸也[28]。

① 朝庙五日而即位也。厉公杀绝，故悼公不以嗣子居丧。○ 杀，音试。 ② 始为政。 ③ 施恩惠，舍劳役，止逋责。○ 施，如字；一音始豉切。逋，布吴切。 ④ 惠及微。○ 鳏，古顽切。 ⑤ 起旧德。 ⑥ 匡，亦救也。 ⑦ 宥，宽也。○ 慝，他得切。敛，力验切。宥，音又。戾，力计切。 ⑧ 节，省也。○ 省，所景切，下同。 ⑨ 使民以时。 ⑩ 不纵私欲。○ 纵，本亦作从，子用切。 ⑪ 相，魏锜子。鲂，士会子。颉，魏颗子。武，赵朔子。此四人其父祖皆有劳于晋国。○ 相，息亮切。颉，户结切。颗，苦果切。 ⑫ 无忌，韩厥子。○ 弟，音悌；本亦作悌。 ⑬ 渥浊，士贞子。武子为景公大傅。○ 渥，於角切。 ⑭ 辛将右行，因以为氏。士蒍，献公司空也。○ 行，户郎切。蒍，于委切。将，子匠切。 ⑮ 弁纠，栾纠也。校正，主马官。○ 弁，皮彦切；本又作卞，同。纠，居黝切。校，户孝切。 ⑯ 戎士尚节义。 ⑰ 司士，车右之官。 ⑱ 勇力，皆车右也。勇力多不顺命，故训之以共时之使。○ 共，音恭；本亦作供，下文同。 ⑲ 省卿戎御，令军尉摄御而已。○ 省，所景切。令，力呈切。

⑳ 魏颗子也。 ㉑ 偃，籍谈父，为上军司马。○ 铎，待洛切。遏，於葛切；徐音谒。 ㉒ 相亲以听上命。○ 卒，子忽切。乘，绳证切。下及《注》同。 ㉓ 程郑，荀氏别族。乘马御，乘车之仆也。六驺，六闲之驺。《周礼》：诸侯有六闲马。乘车尚礼容，故训群驺使知礼。○ 驺，侧留切。 ㉔ 大国三卿，晋时置六卿为军帅。故总举六官，则知群官无非其人。○ 长，丁丈切。帅，所类切。 ㉕ 官守其业，无相逾易。 ㉖ 量德授爵。 ㉗ 正，军将命卿也。师，二千五百人之帅也。旅，五百人之帅也。言上下有礼，不相陵偪。 ㉘ 此以上通言悼公所行，未必皆在即位之年。○ 复，扶又切，下及《注》复入皆同。上，时掌切。

公如晋，朝嗣君也。

夏六月，郑伯侵宋，及曹门外[①]。遂会楚子伐宋，取朝郏。楚子辛、郑皇辰侵城郜，取幽丘，同伐彭城[②]，纳宋鱼石、向为人、鳞朱、向带、鱼府焉[③]。以三百乘戍之而还。书曰："复入[④]。"凡去其国，国逆而立之曰入[⑤]。复其位曰复归[⑥]。诸侯纳之曰归[⑦]。以恶曰复入[⑧]。宋人患之，西鉏吾曰："何也[⑨]？若楚人与吾同恶，以德于我，吾固事之也，不敢贰矣[⑩]。大国无厌，鄙我犹憾[⑪]。不然，而收吾憎，使赞其政[⑫]，以间吾衅，亦吾患也。今将崇诸侯之奸，而披其地[⑬]，以塞夷庚[⑭]。逞奸而携服，毒诸侯而惧吴、晋[⑮]。吾庸多矣，非吾忧也。且事晋何为？晋必恤之[⑯]。"

① 曹门，宋城门。 ② 朝郏、城郜、幽丘，皆宋邑。○ 取朝，如字。郏，古洽切。郜，古报切。 ③ 五子以十五年出奔楚。独书鱼石，为帅告。 ④ 恶其依阻大国，以兵威还，故书复入。○ 乘，绳证切。恶，乌路切。 ⑤ 谓本无位，绍继而立。 ⑥ 亦国逆。○ 复，音服，又扶又切。

⑦ 谓诸侯以言语告请而纳之,有位无位皆曰归。 ⑧ 谓身为戎首,称兵入伐,害国殄民者也。此四条,所以明外内之援,辩逆顺之辞,通君臣取国有家之大例。○ 以恶曰复入,或作以恶入曰复入。 ⑨ 西鉏吾,宋大夫。○ 鉏,仕居切;徐,在居切。吾,音鱼。 ⑩ 恶,谓鱼石。 ⑪ 言己事之,则以我为鄙邑,犹恨不足,此吾患也。○ 厌,於盐切。憾,户暗切。 ⑫ 谓不同恶鱼石,而用之使佐政。 ⑬ 崇,长也。谓楚今取彭城以封鱼石。披,犹分也。○ 间,如字,又间厕之间。衅,许靳切。披,普彼切。长,丁丈切。 ⑭ 夷庚,吴、晋往来之要道。楚封鱼石于彭城,欲以绝吴、晋之道。 ⑮ 隔吴、晋之道故惧。携,离也。 ⑯ 言宋常事晋何为,顾有此患难。○ 难,乃旦切。

公至自晋。晋范宣子来聘,且拜朝也①。君子谓:“晋于是乎有礼②。”

① 拜谢公朝。 ② 有卑让之礼。

秋,杞桓公来朝,劳公,且问晋故。公以晋君语之①。杞伯于是骤朝于晋而请为昏②。

① 语其德政。○ 劳,力报功。语,鱼据切。 ② 为平公不彻乐张本。

七月,宋老佐、华喜围彭城,老佐卒焉①。

① 言所以不克彭城。

八月，郲宣公来朝，即位而来见也[1]。

① ○ 见，贤遍切。

筑鹿囿，书不时也[1]。

① 非土功时。

己丑，公薨于路寝，言道也[1]。

① 在路寝，得君薨之道。

冬十一月，楚子重救彭城，伐宋[1]，宋华元如晋告急。韩献子为政[2]，曰："欲求得人，必先勤之[3]，成霸安疆，自宋始矣。"晋侯师于台榖以救宋[4]，遇楚师于靡角之榖。楚师还[5]。

① 使偏师与郑人侵宋，子重为后镇。 ② 于是栾书卒，韩厥代将中军。 ③ 勤，恤其急。 ④ 台榖，地阙。○ 台，敕才切，一音臺。 ⑤ 畏晋强也。靡角，宋地。

晋士鲂来乞师[1]。季文子问师数于臧武仲[2]，对曰："伐郑之役，知伯实来，下军之佐也[3]。今彘季亦佐下军[4]，如伐郑可也[5]。事大国，无失班爵而加敬焉，礼也。"从之[6]。

① 将救宋。 ② 武仲，宣叔之子。 ③ 知伯，荀罃。 ④ 彘季，士鲂。○ 彘，直例切。 ⑤ 伐郑在十七年。 ⑥ 从武仲言。

十二月，孟献子会于虚朾，谋救宋也。宋人辞诸侯，而请师以围彭城[①]。

① 不敢烦诸侯，故但请其师。为襄元年围彭城《传》。

孟献子请于诸侯，而先归会葬。丁未，葬我君成公，书顺也[①]。

① 薨于路寝，五月而葬，国家安静，世適承嗣，故曰书顺也。○ 適，丁历切。

春秋经传集解第十四

襄公一

○ 陆云：襄公名午，成公子，母定姒。《谥法》，因事有功曰襄；辟土有德曰襄。

经

元年春，王正月，公即位①。

仲孙蔑会晋栾黡、宋华元、卫甯殖、曹人、莒人、邾人、滕人、薛人围宋彭城②。

夏，晋韩厥帅师伐郑。

仲孙蔑会齐崔杼、曹人、邾人、杞人次于鄫③。

秋，楚公子壬夫帅师侵宋。

九月辛酉，天王崩④。

邾子来朝。

冬，卫侯使公孙剽来聘⑤。

晋侯使荀罃来聘⑥。

① 无《传》。于是公年四岁。　② 鲁与谋于虚朾，而书会者，禀命霸主，非匹敌故。○ 与，音预。　③ 鄫，郑地，在陈留襄邑县东南。书次，兵不加郑，次鄫以待晋师。○ 鄫，才陵切。　④ 无《传》。辛酉，九月十五日。　⑤ 剽，子叔黑背子。○ 剽，匹妙切；《字林》，匹召切。　⑥ 冬

者，十月初也。王崩，赴未至，皆未闻丧，故各得行朝聘之礼，而《传》善之。

传

元年春己亥，围宋彭城①。非宋地，追书也②。于是为宋讨鱼石，故称宋，且不登叛人也③。谓之宋志④。彭城降晋，晋人以宋五大夫在彭城者归，寘诸瓠丘⑤。齐人不会彭城，晋人以为讨。二月，齐大子光为质于晋⑥。

① 下有二月，则此己亥为正月；正月无己亥，日误。 ② 成十八年，楚取彭城以封鱼石，故曰非宋地。夫子治《春秋》，追书系之宋。 ③ 登，成也。不与其专邑叛君，故使彭城还系宋。○ 为，于伪切。 ④ 称宋，亦以成宋志。 ⑤ 彭城降不书，贱，略之。瓠丘，晋地。河东东垣县东南有壶丘。五大夫：鱼石、向为人、鳞朱、向带、鱼府。○ 降，户江切。寘，之豉切。瓠，徐，侯吴切；一音户故切。垣，音袁。 ⑥ 光，齐灵公大子。○ 质，音致。

夏五月，晋韩厥、荀偃帅诸侯之师伐郑，入其郛①，败其徒兵于洧上②。于是东诸侯之师次于鄫，以待晋师③。晋师自郑以鄫之师侵楚焦夷及陈④，晋侯、卫侯次于戚，以为之援⑤。

① 荀偃不书，非元帅。○ 郛，芳夫切。帅，所类切。 ② 徒兵，步兵。洧水出密县，东南至长平入颍。○ 洧，于轨切。 ③ 齐、鲁、曹、邾、杞。 ④ 于是孟献子自鄫先归，不与侵陈、楚，故不书。○ 焦，如字；徐，在尧切。与，音预。 ⑤ 为韩厥援。

秋，楚子辛救郑，侵宋吕、留[1]。郑子然侵宋，取犬丘[2]。

① 吕、留，二县，今属彭城郡。 ② 谯国酂县东北有犬丘城。迂迴，疑。○ 酂，才河切，又子旦切。迂，音于。

九月，邾子来朝，礼也[1]。

① 邾宣公。

冬，卫子叔、晋知武子来聘，礼也。凡诸侯即位，小国朝之[1]，大国聘焉[2]。以继好结信，谋事补阙，礼之大者也[3]。

① 小事大。 ② 大字小。 ③ 阙，犹过也。礼以安国家利民人为大。○ 好，呼报切。

经

二年春，王正月，葬简王[1]。

郑师伐宋[2]。

夏五月庚寅，夫人姜氏薨。

六月庚辰，郑伯睔卒[3]。

晋师、宋师、卫甯殖侵郑[4]。

秋七月，仲孙蔑会晋荀罃、宋华元、卫孙林父、曹人、邾人于戚。

己丑，葬我小君齐姜[5]。

叔孙豹如宋[6]。

冬，仲孙蔑会晋荀罃、齐崔杼、宋华元、卫孙林父、曹人、邾人、滕人、薛人、小邾人于戚，遂城虎牢[⑦]。

楚杀其大夫公子申。

① 无《传》。五月而葬，速。　② 书伐，从告。　③ 未与襄同盟而赴以名。庚辰，七月九日。书六月，《经》误。○ 睔，古困切；徐，又胡忖切。④ 宋虽非卿，师重，故叙卫上。○ 殖，市力切。　⑤ 齐，谥也。三月而葬，速。○ 齐，如字；或音侧皆切，非。　⑥ 豹于此始自齐还为卿。⑦ 以偪郑。

传

二年春，郑师侵宋，楚令也[①]。

① 以彭城故。

齐侯伐莱，莱人使正舆子赂夙沙卫以索马牛皆百匹[①]，齐师乃还。君子是以知齐灵公之为灵也[②]。

① 夙沙卫，齐寺人。索，简择好者。○ 莱，音来。舆，音余；本亦作与。索，所白切。　②《谥法》，乱而不损曰灵。言谥应其行。○ 应，应对之应。行，下孟切。

夏，齐姜薨。初，穆姜使择美槚[①]，以自为榇与颂琴[②]。季文子取以葬。君子曰："非礼也。礼无所逆，妇，养姑者也，亏姑以成妇，逆莫大焉[③]。《诗》曰：'其惟哲人，告之话言，顺德之行[④]。'季孙于是为不哲矣[⑤]。且姜氏，君之妣也[6]。《诗》曰：'为酒为醴，烝畀祖妣，以洽百礼，降福孔偕[7]。'"齐侯使诸姜、宗妇来送葬[8]。召莱子，莱子不会，故晏弱城东阳以偪之[9]。

① 檟，梓之属。○ 檟，古雅切，木名。 ② 榇，棺也。颂琴，琴名，犹言雅琴。皆欲以送终。○ 榇，初覲切。 ③ 穆姜，成公母。齐姜，成公妇。○ 养，余亮切。 ④《诗·大雅》。哲，知也。话，善也。言知者行事无不顺。○ 话，户快切。知，音智，下同。 ⑤ 言逆德。○ 陆云：一本作不为哲矣。 ⑥ 襄公適母，故曰君之妣。○ 妣，必履切。適，丁历切，本又作嫡。 ⑦《诗·周颂》。烝，进也。畀，与也。偕，徧也。言敬事祖妣，则鬼神降福。季孙葬姜氏不以礼，是不敬祖妣。○ 烝，之承切。畀，必利切。洽，户夹切。偕，音皆。徧，音遍。 ⑧ 宗妇，同姓大夫之妇。妇人越疆送葬，非礼。○ 疆，居良切。 ⑨ 为六年灭莱《传》。东阳，齐竟上邑。○ 竟，音境。

郑成公疾，子驷请息肩于晋[1]。公曰"楚君以郑故，亲集矢于其目[2]，非异人任，寡人也[3]。若背之，是弃力与言，其谁暱我[4]？免寡人，唯二三子！"秋七月庚辰，郑伯睔卒。于是子罕当国[5]，子驷为政[6]，子国为司马。晋师侵郑[7]，诸大夫欲从晋，子驷曰："官命未改[8]。"

会于戚，谋郑故也[9]。孟献子曰："请城虎牢以偪郑[10]。"知武子曰："善。鄫之会，吾子闻崔子之言，今不来矣[11]。滕、薛、小邾之不至，皆齐故也[12]。寡君之忧不唯郑[13]。罃将复于寡君，而请于齐[14]。得请而告，吾子之功也[15]。若不得请，事将在齐[16]。吾子之请，诸侯之福也[17]，岂唯寡君赖之[18]。"

① 欲辟楚役,以负担喻。○ 担,都暂切。　② 谓鄢陵战,晋射楚王目。○ 射,食亦切。　③ 言楚子任此患,不为他人,盖在己。○ 陆云:非异人任,绝句。任,音壬。一读至人字绝句。为,于伪切。　④ 言,盟誓之言。○ 背,音佩。弃力,服本作弃功。暱,本作昵,女乙切;馀,乃吉切。⑤ 摄君事。　⑥ 为政卿。　⑦ 晋伐丧,非礼。　⑧ 成公未葬,嗣君未免丧,故言未改。不欲违先君意。　⑨ 郑久叛晋,谋讨之。⑩ 虎牢,旧郑邑,今属晋。　⑪ 元年,孟献子与齐崔杼次于鄫,崔杼有不服晋之言,献子以告知武子。　⑫ 三国,齐之属。　⑬ 言复忧齐叛。○ 复,扶又切,下同。　⑭ 以城事白晋君,而请齐会之,欲以观齐志。⑮ 得请,谓齐人应命。告诸侯会筑虎牢。　⑯ 将伐齐。　⑰ 城虎牢,足以服郑,息征伐。　⑱《传》言荀罃能用善谋。

穆叔聘于宋,通嗣君也。

冬,复会于戚,齐崔武子及滕、薛、小邾之大夫皆会,知武子之言故也①。遂城虎牢,郑人乃成②。

① 武子言事将在齐,齐人惧,帅小国而会之。　② 如孟献子之谋。

楚公子申为右司马,多受小国之赂,以偪子重、子辛①,楚人杀之。故书曰:"楚杀其大夫公子申②。"

① 偪,夺其权势。　② 言所以致国讨之文。

经

三年春,楚公子婴齐帅师伐吴。

公如晋。

夏四月壬戌，公及晋侯盟于长樗[①]。

公至自晋[②]。

六月，公会单子、晋侯、宋公、卫侯、郑伯、莒子、邾子、齐世子光。己未，同盟于鸡泽[③]。

陈侯使袁侨如会[④]。

戊寅，叔孙豹及诸侯之大夫及陈袁侨盟[⑤]。

秋，公至自会[⑥]。

冬，晋荀罃帅师伐许。

① 晋侯出其国都，与公盟于外。○ 樗，敕居切。 ② 无《传》。不以长樗至，本非会。 ③ 鸡泽，在广平曲梁县西南。周灵王新即位，使王官伯出与诸侯盟，以安王室，故无讥。○ 单，音善。 ④ 陈疾楚政而来属晋，本非召会而自来，故言如会。○ 侨，其骄切。 ⑤ 诸侯既盟，袁侨乃至，故使大夫别与之盟。言诸侯之大夫，则在鸡泽之诸侯也。殊袁侨者，明诸侯大夫所以盟，盟袁侨也。据《传》，盟在秋，《长历》推戊寅，七月十三日，《经》误。 ⑥ 无《传》。

传

三年春，楚子重伐吴，为简之师[①]，克鸠兹，至于衡山[②]。使邓廖帅组甲三百、被练三千[③]以侵吴。吴人要而击之，获邓廖。其能免者，组甲八十、被练三百而已。子重归，既饮至。三日，吴人伐楚，取驾。驾，良邑也。邓廖，亦楚之良也。君子谓："子重于是役也，所获不如所亡[④]。"楚人以是咎子重。子重病之，遂遇心疾而卒[⑤]。

① 简，选练。 ② 鸠兹，吴邑，在丹阳无湖县东，今皋夷也。衡山，在吴兴乌程县南。 ③ 组甲、被练，皆战备也。组甲，漆甲成组文。被练，练袍。○ 廖，力雕切。组，音祖。被，皮义切；徐，扶伪切。 ④ 当时君子。○ 要，於遥切。 ⑤ 忧恚故成心疾。○ 咎，其九切。恚，一瑞切。

公如晋，始朝也①。

① 公即位而朝。

夏，盟于长樗。孟献子相，公稽首①。知武子曰："天子在，而君辱稽首，寡君惧矣②。"孟献子曰："以敝邑介在东表，密迩仇雠③，寡君将君是望，敢不稽首④。"

① 相仪也。稽首，首至地。○ 相，息亮切。 ② 稽首，事天子之礼。 ③ 仇雠，谓齐、楚与晋争。○ 介，音界。争，争斗之争。 ④《传》言献子能固事盟主。

晋为郑服故，且欲修吴好①，将合诸侯。使士匄告于齐曰："寡君使匄以岁之不易，不虞之不戒，寡君愿与一二兄弟相见②，以谋不协。请君临之，使匄乞盟。"齐侯欲勿许，而难为不协，乃盟于耏外③。

① 郑服在前年。○ 为，于伪切。好，呼报切。 ② 不易，多难也。虞，度也。戒，备也。列国之君相谓兄弟。○ 易，以豉切。难，乃旦切。度，待洛切。 ③ 与士匄盟。耏，水名。○ 耏，音而。

祁奚请老[1]，晋侯问嗣焉[2]。称解狐，其仇也，将立之而卒[3]。又问焉，对曰："午也可[4]。"于是羊舌职死矣，晋侯曰："孰可以代之？"对曰："赤也可[5]。"于是使祁午为中军尉，羊舌赤佐之[6]。君子谓："祁奚于是能举善矣。称其仇，不为谄。立其子，不为比。举其偏，不为党[7]。《商书》曰：'无偏无党，王道荡荡[8]'其祁奚之谓矣！解狐得举[9]，祁午得位，伯华得官，建一官而三物成[10]，能举善也夫！唯善，故能举其类。《诗》云：'惟其有之，是以似之。'祁奚有焉[11]。"

① 老，致仕。　② 嗣，续其职者。　③ 解狐卒。○ 解，音蟹。　④ 午，祁奚子。　⑤ 赤，职之子伯华。　⑥ 各代其父。　⑦ 谄，媚也。偏，属也。○ 谄，他检切。比，毗志切。　⑧《商书·洪范》也。荡荡，平正无私。　⑨ 未得位，故曰得举。　⑩ 一官，军尉。物，事也。　⑪《诗·小雅》。言唯有德之人，能举似己者也。○ 夫，音扶，绝句。一读以夫为下句首。

六月，公会单顷公及诸侯。己未，同盟于鸡泽[1]。晋侯使荀会逆吴子于淮上，吴子不至[2]。

① 单顷公，王卿士。○ 顷，音倾。　② 道远多难。

楚子辛为令尹，侵欲于小国。陈成公使袁侨如会求成[1]，晋侯使和组父告于诸侯[2]。秋，叔孙豹及诸侯之大夫及陈袁侨盟，陈请服也[3]。

① 患楚侵欲。袁侨，涛涂四世孙。 ② 告陈服。 ③ 其君不来，使大夫盟之，匹敌之宜。

晋侯之弟扬干乱行于曲梁[①]，魏绛戮其仆[②]。晋侯怒，谓羊舌赤曰："合诸侯以为荣也，扬干为戮，何辱如之？必杀魏绛，无失也！"对曰："绛无贰志，事君不辟难，有罪不逃刑，其将来辞，何辱命焉？"

言终，魏绛至，授仆人书[③]，将伏剑。士鲂、张老止之。公读其书曰："日君乏使，使臣斯司马[④]。臣闻师众以顺为武[⑤]，军事有死无犯为敬[⑥]。君合诸侯，臣敢不敬。君师不武，执事不敬，罪莫大焉。臣惧其死，以及扬干，无所逃罪[⑦]。不能致训，至于用钺[⑧]。臣之罪重，敢有不从，以怒君心[⑨]，请归死于司寇[⑩]。"公跣而出，曰："寡人之言，亲爱也。吾子之讨，军礼也。寡人有弟，弗能教训，使干大命，寡人之过也。子无重寡人之过[⑪]，敢以为请[⑫]。"

晋侯以魏绛为能以刑佐民矣。反役，与之礼食，使佐新军[⑬]。张老为中军司马[⑭]，士富为候奄[⑮]。

① 行，陈次。○ 行，户郎切。陈，直觐切。 ② 仆，御也。 ③ 仆人，晋侯御仆。 ④ 斯，此也。 ⑤ 顺，莫敢违。 ⑥ 守官行法，虽死不敢有违。 ⑦ 惧自犯不武不敬之罪。 ⑧ 用钺斩扬干之仆。○ 钺，音越。 ⑨ 言不敢不从戮。 ⑩ 致尸于司寇，使戮之。 ⑪ 听绛死，为重过。○ 跣，先典切。重，直用切，《注》同。 ⑫ 请使无死。 ⑬ 群臣旅会。今欲显绛，故特为设礼食。○ 食，音嗣，又如字。为，于伪切。 ⑭ 代魏绛。 ⑮ 代张老。士富，士会别族。

楚司马公子何忌侵陈，陈叛故也。

许灵公事楚，不会于鸡泽。冬，晋知武子帅师伐许。

经

四年春，王三月己酉，陈侯午卒[①]。

夏，叔孙豹如晋。

秋七月戊子，夫人姒氏薨[②]。

葬陈成公[③]。

八月辛亥，葬我小君定姒[④]。

冬，公如晋。

陈人围顿。

① 前年大夫盟鸡泽。三月无己酉，日误。　② 成公妾，襄公母。姒，杞姓。　③ 无《传》。　④ 无《传》。定，谥也。赴同，祔姑，反哭成丧，皆以正夫人礼，母以子贵。踰月而葬，速。

传

四年春，楚师为陈叛故，犹在繁阳[①]。韩献子患之，言于朝曰："文王帅殷之叛国以事纣，唯知时也[②]。今我易之，难哉[③]！"三月，陈成公卒。楚人将伐陈，闻丧乃止[④]。陈人不听命[⑤]。臧武仲闻之，曰："陈不服于楚，必亡。大国行礼焉而不服，在大犹有咎，而况小乎？"夏，楚彭名侵陈，陈无礼故也[⑥]。

① 前年何忌之师侵陈，今犹未还。繁阳，楚地。在汝南鲷阳县南。

○ 为，于伪切。鲖，孟康音纣，直久切，一音童；或音直勇切，非。 ② 知时未可争。 ③ 晋力未能服楚，受陈为非时。 ④ 军礼不伐丧。 ⑤ 不听楚命。 ⑥ 为下陈围顿《传》。○ 咎，其九切。

穆叔如晋，报知武子之聘也[①]，晋侯享之。金奏《肆夏》之三，不拜[②]。工歌《文王》之三，又不拜[③]。歌《鹿鸣》之三，三拜[④]。韩献子使行人《子员》问之[⑤]，曰："子以君命，辱于敝邑。先君之礼，藉之以乐，以辱吾子[⑥]。吾子舍其大，而重拜其细，敢问何礼也？"对曰："三《夏》，天子所以享元侯也，使臣弗敢与闻[⑦]。《文王》，两君相见之乐也，臣不敢及[⑧]。《鹿鸣》，君所以嘉寡君也，敢不拜嘉[⑨]。《四牡》，君所以劳使臣也，敢不重拜[⑩]。《皇皇者华》，君教使臣曰：'必谘于周[⑪]。'臣闻之，访问于善为咨[⑫]，咨亲为询[⑬]，咨礼为度[⑭]，咨事为諏[⑮]，咨难为谋[⑯]。臣获五善，敢不重拜[⑰]。"

① 武子聘在元年。 ②《肆夏》，乐曲名。《周礼》：以钟鼓奏九《夏》。其二曰《肆夏》，一名《樊》。三曰《韶夏》，一名《遏》。四曰《纳夏》，一名《渠》。盖击钟而奏此三《夏》曲。○ 夏，户雅切，《注》及下皆同。九《夏》：一曰《王夏》，二曰《肆夏》，三曰《韶夏》，四曰《纳夏》，五曰《章夏》，六曰《齐夏》，七曰《族夏》，八曰《陔夏》，九曰《骜夏》。《肆夏》一名《樊》。《国语》云："金奏《肆夏》，《樊》、《遏》、《渠》。"杜遂分为三《夏》之别名。吕叔玉云："《肆夏》，《时迈》也。《樊遏》，《执竞》也。《渠》，《思文》也。"韶，上招切。遏，於葛切。纳夏，本或为夏纳，误。渠，其居切。 ③ 工，乐人也。《文王》之三，《大雅》之首，《文王》、《大明》、《绵》。 ④《小雅》之首，《鹿鸣》、《四牡》、《皇皇者华》。 ⑤ 行人，通使之官。○ 员，音云；徐，于贫切。使，所吏切，下同。 ⑥ 藉，荐也。○ 藉，在夜切。 ⑦ 元侯，牧伯。○ 舍，音

捨。重，直用切，下皆同。与，音预，下及与同。牧，徐音目。　⑧ 及，与也。《文王》之三，皆称《文王》之德，受命作周。故诸侯会同以相乐。○ 乐，音洛。　⑨ 晋以叔孙为嘉宾，故歌《鹿鸣》之诗，取其“我有嘉宾”。叔孙奉君命而来，嘉叔孙，乃所以嘉鲁君。　⑩《诗》言使臣乘四牡，骓骓然行不止，勤劳也。晋以叔孙来聘，故以此劳之。○ 劳，力报切，《注》劳之同。骓，芳非切。　⑪《皇皇者华》，君遣使臣之诗。言忠臣奉使，能光辉君命，如华之皇皇然。又当谘于忠信，以补己不及。忠信为周。其诗曰：“周爰谘诹”，“周爰谘谋”，“周爰谘度”，“周爰谘询。”言必于忠信之人，谘此四事。○ 诹，子须切。度，待洛切。询，音荀。　⑫ 问善道。　⑬ 问亲戚之义。　⑭ 问礼宜。　⑮ 问政事。　⑯ 问患难。○ 难，乃旦切。　⑰ 五善，为谘、询、度、诹、谋。

秋，定姒薨。不殡于庙，无榇，不虞[1]。匠庆谓季文子[2]曰：“子为正卿，而小君之丧不成[3]，不终君也[4]。君长，谁受其咎[5]？”

初，季孙为己树六檟于蒲圃东门之外[6]。匠庆请木[7]，季孙曰：“略[8]。”匠庆用蒲圃之檟，季孙不御[9]。君子曰：“《志》所谓‘多行无礼，必自及也’，其是之谓乎。”

① 榇，亲身棺。季孙以定姒本贱，既无器备，议其丧制，欲殡不过庙，又不反哭。○ 过，古禾切。　② 匠庆，鲁大匠。　③ 谓如季孙所议，则为夫人礼不成。　④ 慢其母，是不终事君之道。　⑤ 言襄公长，将责季孙。○ 长，丁丈切。　⑥ 蒲圃，场圃名。季文子树檟，欲自为榇。○ 为，于伪切，下《注》为定姒，为言执事同。圃布古切。场，直良切。⑦ 为定姒作榇。　⑧ 不以道取为略。　⑨ 御，止也。《传》言遂得成礼，故《经》无异文。○ 御，鱼吕切。

冬，公如晋听政[①]，晋侯享公。公请属鄫[②]，晋侯不许。孟献子曰："以寡君之密迩于仇雠，而愿固事君，无失官命[③]。鄫无赋于司马[④]。为执事朝夕之命敝邑，敝邑褊小，阙而为罪[⑤]，寡君是以愿借助焉[⑥]！"晋侯许之[⑦]。

① 受贡赋多少之政。　② 鄫，小国也。欲得使属鲁，如须句、颛臾之比，使助鲁出贡赋。公时年七岁，盖相者为之言。鄫，今琅邪鄫县。○句，其俱切。颛，音专。臾，羊朱切。比，必二切。相，息亮切。
③ 晋官征发之命。　④ 晋司马又掌诸侯之赋。　⑤ 阙，不共也。○朝、夕，如字。褊，必浅切。共，音恭。　⑥ 借鄫以自助。○借，子亦切，《注》同。　⑦ 为明年叔孙豹、鄫世子巫如晋《传》。

楚人使顿间陈而侵伐之，故陈人围顿[①]。

① 间，伺间缺。○间，间厕之间。伺，音司。下间，音闲，又间厕之间，又如字。

无终子嘉父使孟乐如晋[①]，因魏庄子纳虎豹之皮，以请和诸戎[②]。

晋侯曰："戎狄无亲而贪，不如伐之。"魏绛曰："诸侯新服，陈新来和，将观于我，我德则睦，否则携贰。劳师于戎，而楚伐陈，必弗能救，是弃陈也，诸华必叛[③]。戎，禽兽也，获戎失华，无乃不可乎？《夏训》有之曰：'有穷后羿[④]。'"公曰："后羿何如[⑤]？"对曰："昔有夏之方衰也，后羿自鉏迁于穷石，因夏民以代夏政[⑥]。恃其射也[⑦]，不修民事而淫于原兽[⑧]。弃武罗、伯因、熊髡、龙圉⑨而用寒浞。寒浞，伯明氏之谗子弟也⑩。伯明后寒弃之，夷羿收之⑪，信而使之，以为己相。浞行媚于内⑫而施赂于外，愚弄其民⑬而虞羿于田⑭，树之诈慝以取其国家⑮，外内咸服⑯。羿犹不悛⑰，将归自田⑱，家众杀而亨之，以食其子⑲。其子不忍食诸，死于穷门⑳。靡奔有鬲氏㉑。浞因羿室㉒，生浇及豷，恃其谗慝诈伪而不德于民。使浇用师，灭斟灌及斟寻氏㉓。处浇于过，外豷于戈㉔。靡自有鬲氏，收二国之烬㉕，以灭浞而立少康㉖。少康灭浇于过，后杼灭豷于戈㉗。有穷由是遂亡，失人故也㉘。昔周辛甲之为大史也，命百官，官箴王阙㉙。于《虞人之箴》㉚曰：'芒芒禹迹，画为九州㉛。经启九道㉜，民有寝庙，兽有茂草，各有攸处，德用不扰㉝。在帝夷羿，冒于原兽㉞，忘其国恤，而思其麀牡㉟。武不可重㊱，用不恢于夏家㊲。兽臣司原，敢告仆夫㊳。'《虞箴》如是，可不惩乎？"于是晋侯好田，故魏绛及之㊴。

公曰："然则莫如和戎乎？"对曰："和戎有五利焉：戎狄荐居，贵华易土㊵，土可贾焉，一也。边鄙不耸，民狎其野，穑人成功，二也㊶。戎狄事晋，四邻振动，诸侯威怀，三也。以德绥戎，师徒不勤，甲兵不顿，四也㊷。鉴于后羿，而用德度㊸，远至迩安，五也。君其图之！"公说，使魏绛盟诸戎，修民事，田以时㊹。

① 无终，山戎国名。孟乐，其使臣。○ 使，所吏切。 ② 欲戎与晋和。庄子，魏绛。 ③ 诸华，中国。 ④《夏训》，《夏书》。有穷，国名。后，君也。羿，有穷君之号。○ 夏，户雅切。羿，音诣。 ⑤ 怪其言

不次,故问之。　⑥ 禹孙大康,淫放失国。夏人立其弟仲康,仲康亦微弱。仲康卒,子相立,羿遂代相,号曰有穷。鉏、羿本国名。〇 鉏,仕居切。大,音泰。相,息亮切。　⑦ 羿善射。　⑧ 淫放原野。　⑨ 四子皆羿之贤臣。〇 髡,苦门切。龙,莫邦切。圉,鱼吕切。　⑩ 寒,国。北海平寿县东有寒亭。伯明,其君名。〇 浞,仕角切;徐,在角切。　⑪ 夷,氏。　⑫ 内,宫人。　⑬ 欺罔之。　⑭ 乐之以游田。〇 乐,音洛,下乐安同。　⑮ 树,立也。〇 慝,他得切,后同。　⑯ 信浞诈。⑰ 悛,改也。〇 悛,七全切。　⑱ 羿猎还。　⑲ 食羿子。〇 亨,普彭切,煮也。食,音嗣。　⑳ 杀之于国门。　㉑ 靡,夏遗臣事羿者。有鬲,国名。今平原鬲县。〇 鬲,音革。　㉒ 就其妃妾。　㉓ 二国,夏同姓诸侯,仲康之子后相所依。乐安寿光县东南有灌亭。北海平寿县东南有斟亭。〇 浇,五吊切。豷,许器切。斟,之林切。灌,古乱切。　㉔ 过、戈皆国名。东莱掖县北有过乡。戈在宋、郑之间。〇 过,古禾切,《注》及下同。戈,古禾切。掖,音亦;《汉书》作夜,孟康音掖。　㉕ 烬,遗民。〇 烬,才刃切。　㉖ 少康,夏后相子。〇 少,诗照切。　㉗ 后杼,少康子。〇 杼,直吕切。　㉘ 浞因羿室,故不改有穷之号。　㉙ 辛甲,周武王大史。阙,过也。使百官各为箴辞,戒王过。〇 箴,之林切。　㉚ 虞人掌田猎。　㉛ 芒芒,远貌。画,分也。〇 芒,莫郎切。画,乎麦切。㉜ 启开九州之道。　㉝ 人神各有所归,故德不乱。〇 攸处,如字;本或作攸家。扰,如小切。　㉞ 冒,贪也。〇 冒,莫报切,又亡北切。　㉟ 言但念猎。〇 麀,音忧,鹿牡也。牡,茂后切。　㊱ 重,犹数也。〇 重,直用切。数,所角切。　㊲ 羿以好武,虽有夏家而不能恢大之。〇 恢,苦回切。　㊳ 兽臣,虞人。告仆夫,不敢斥尊。　㊴ 及后羿事。〇 好,呼报切。惩,直升切。　㊵ 荐,聚也。易,犹轻也。〇 荐,於薦切,又才逊切;或云,草也。易,以豉切;徐,神豉切。　㊶ 耸,惧。狎,习也。〇 贾,音古。耸,息勇切。　㊷ 顿,坏也。　㊸ 以后羿为鉴戒。㊹《传》言晋侯能用善谋。〇 说,音悦。

冬十月，邾人、莒人伐鄫。臧纥救鄫，侵邾，败于狐骀[1]。国人逆丧者皆髽。鲁于是乎始髽[2]。国人诵之曰："臧之狐裘，败我于狐骀[3]。我君小子，朱儒是使。朱儒！朱儒！使我败于邾[4]。"

① 臧纥，武仲也。鄫属鲁，故救之。狐骀，邾地。鲁国番县东南有目台亭。○ 纥，恨发切。骀，徒来切；徐，敕才切。番，本又作蕃；应劭音皮，一音方袁切。白褒《鲁国记》云，陈子游为鲁相，番子也；国人为讳，改曰皮也。台，吐才切。　② 髽，麻发合结也。遭丧者多，故不能备凶服，髽而已。○ 髽，侧瓜切。结，音计；本又作髻，又作紒，音同。　③ 臧纥时服狐裘。④ 襄公幼弱，故曰小子。臧纥短小，故曰朱儒。败不书，鲁人讳之。○ 朱，本或作侏，亦音朱。

经

五年春，公至自晋。

夏，郑伯使公子发来聘[1]。

叔孙豹、鄫世子巫如晋[2]。

仲孙蔑、卫孙林父会吴于善道[3]。

秋，大雩。

楚杀其大夫公子壬夫[4]。

公会晋侯、宋公、陈侯、卫侯、郑伯、曹伯、莒子、邾子、滕子、薛伯、齐世子光、吴人、鄫人于戚[5]。

公至自会[6]。

冬，戍陈[7]。

楚公子贞帅师伐陈。

公会晋侯、宋公、卫侯、郑伯、曹伯、齐世子光救陈。

十有二月，公至自救陈[8]。

辛未，季孙行父卒。

① 发，子产父。 ② 比鲁大夫，故书巫如晋。○ 巫，亡扶切。 ③ 鲁、卫俱受命于晋，故不言及。吴先在善道，二大夫往会之，故曰会吴。善道，地阙。 ④ 书名，罪其贪。 ⑤ 穆叔使鄫人听命于会，故鄫见《经》。不复殊吴者，吴来会于戚。○ 见，贤遍切。复，扶又切。 ⑥ 无《传》。 ⑦ 诸侯在戚会，皆受命戍陈。各还国遣戍，不复有告命。故独书鲁戍。 ⑧ 无《传》。

传

五年春，公至自晋[1]。

① 公在晋，既听属鄫，闻其见伐，遥命臧纥出救。故《传》称《经》公至以明之。

王使王叔陈生愬戎于晋[1]，晋人执之。士鲂如京师，言王叔之贰于戎也[2]。

① 王叔，周卿士也。戎陵虣周室，故告愬盟主。○ 愬，悉路切。虣，白报切。 ② 王叔反有贰心于戎，失奉使之义，故晋执之。○ 使，所吏切。

夏，郑子国来聘，通嗣君也[1]。

① 郑僖公初即位。

穆叔觌鄫大子于晋，以成属鄫[①]。书曰："叔孙豹、鄫大子巫如晋。"言比诸鲁大夫也[②]。

① 觌，见也。前年请属鄫，故将鄫大子巫如晋以成之。○ 觌，直历切。见，贤遍切。　② 豹与巫俱受命于鲁，故《经》不书及，比之鲁大夫。

吴子使寿越如晋[①]，辞不会于鸡泽之故[②]，且请听诸侯之好[③]。晋人将为之合诸侯，使鲁、卫先会吴，且告会期[④]。故孟献子、孙文子会吴于善道[⑤]。

① 寿越，吴大夫。　② 三年会鸡泽，吴不至，今来谢之。　③ 更请会。○ 好，呼报切。　④ 以其道远，故使鲁、卫先告期。○ 为，于伪切。　⑤ 二子皆受晋命而行。

秋，大雩，旱也[①]。

① 雩，夏祭，所以祈甘雨，若旱则又修其礼，故虽秋雩，非书过也。然《经》与过雩同文，是以《传》每释之曰旱也。雩而获雨，故书雩而不书旱。

楚人讨陈叛故[①]，曰："由令尹子辛实侵欲焉。"乃杀之。书曰："楚杀其大夫公子壬夫。"贪也。君子谓："楚共王于是不刑[②]。《诗》曰：'周道挺挺，我心扃扃，讲事不令，集人来定[③]。'己则无信。而杀人以逞，不亦难乎[④]？《夏书》曰：'成允成功[⑤]。'"

① 讨,治也。　② 陈之叛楚,罪在子辛。共王既不能素明法教,陈叛之日,又不能严断威刑,以谢小国,而拥其罪人,兴兵致讨,加礼于陈。而陈恨弥笃,乃怨而归罪子辛。子辛之贪,虽足以取死,然共王用刑为失其节,故言不刑。○ 共,音恭。断,丁乱切。　③ 逸《诗》也。挺挺,正直也。扃扃,明察也。讲,谋也。言谋事不善,当聚致贤人以定之。○ 挺,他顶切。扃,工迥切;徐,孔颖切。　④ 共王伐宋,封鱼石。背盟,败于鄢陵。杀子反、公子申及壬夫。八年之中,戮杀三卿,欲以属诸侯,故君子以为不可。○ 背,音佩。　⑤ 亦逸《书》也。允,信也。言信成,然后有成功。

九月丙午,盟于戚,会吴,且命戍陈也[1]。穆叔以属鄫为不利,使鄫大夫听命于会[2]。

① 公及其会,而不书盟,非公后会,盖不以盟告庙。　② 鄫近鲁竟,故欲以为属国,既而与莒有忿,鲁不能救,恐致谴责,故复乞还之。《传》言鄫人所以见于戚会。○ 近,附近之近,下陈近同。竟,音境。谴,弃战切。复,扶又切。见,贤遍切。

楚子囊为令尹[1]。范宣子曰:“我丧陈矣!楚人讨贰而立子囊,必改行[2]而疾讨陈[3]。陈近于楚,民朝夕急,能无往乎?有陈,非吾事也,无之而后可[4]。”冬,诸侯戍陈[5]。子囊伐陈。十一月甲午,会于城棣以救之[6]。

① 公子贞。○ 囊,乃郎切。　② 改子辛所行。○ 丧,息浪切。行,如字;徐,下孟切。　③ 疾,急也。　④ 言晋力不能及陈,故七年陈侯逃归。○ 朝夕,如字。　⑤ 备楚。　⑥ 公及救陈,而不及会,故不书

城棣。城棣，郑地。陈留酸枣县西南有棣城。○ 棣，力计切，又徒妹切。

季文子卒。大夫入敛，公在位[1]。宰庀家器为葬备[2]，无衣帛之妾，无食粟之马，无藏金玉，无重器备[3]。君子是以知季文子之忠于公室也。相三君矣，而无私积，可不谓忠乎[4]？

① 在阼阶西乡。○ 敛，力艳切。乡，许亮切。　② 庀，具也。○ 庀，匹婢切。　③ 器备，谓珍宝甲兵之物。○ 衣，於既切。食，如字，又音嗣。重，如字，又直龙切。　④ ○ 相，息亮切。积，子赐切。

经

六年春，王三月壬午，杞伯姑容卒。

夏，宋华弱来奔[1]。

秋，葬杞桓公[2]。

滕子来朝。

莒人灭鄫。

冬，叔孙豹如邾。

季孙宿如晋[3]。

十有二月，齐侯灭莱[4]。

① 华椒孙。　② 无《传》。　③ 行父之子。　④ 书十二月，从告。

传

六年春，杞桓公卒，始赴以名，同盟故也[1]。

① 杞入《春秋》，未尝书名。桓公三与成同盟，故赴以名。

宋华弱与乐辔少相狎，长相优，又相谤也[①]。子荡怒，以弓梏华弱于朝[②]。平公见之，曰："司武而梏于朝，难以胜矣[③]！"遂逐之。夏，宋华弱来奔。司城子罕曰："同罪异罚，非刑也。专戮于朝，罪孰大焉！"亦逐子荡。子荡射子罕之门，曰："几日而不我从[④]？"子罕善之如初[⑤]。

① 狎，亲习也。优，调戏也。○ 少，诗照切。狎，尸甲切。长，丁丈切。调，徒吊切。　② 子荡，乐辔也。张弓以贯其颈，若械之在手，故曰梏。○ 梏，古毒切。贯，古乱切。　③ 司武，司马。言其懦弱，不足以胜敌。○ 懦，乃乱切，又乃卧切。　④ 言我射女门，女亦当以不胜任见逐。○ 射，食亦切。几，居岂切。女，音汝。胜，音升。　⑤ 言子罕虽见辱，不追忿，所以得安。

秋，滕成公来朝，始朝公也。

莒人灭鄫，鄫恃赂也[①]。

① 鄫有贡赋之赂在鲁，恃之而慢莒，故灭之。

冬，穆叔如邾聘，且修平[①]。

① 平四年狐骀战。

晋人以鄫故来讨，曰："何故亡鄫[①]？"

① 鄫属鲁,恃赂而慢莒。鲁不致力辅助,无何以还晋。寻便见灭,故晋责鲁。

季武子如晋见,且听命[①]。

① 始代父为卿,见大国,且谢亡鄫。听命,受罪。○ 见,贤遍切。

十一月,齐侯灭莱,莱恃谋也[①]。于郑子国之来聘也,四月,晏弱城东阳,而遂围莱[②]。甲寅,堙之,环城傅于堞[③]。及杞桓公卒之月[④],乙未,王湫帅师及正舆子、棠人军齐师[⑤],齐师大败之[⑥]。丁未,入莱。莱共公浮柔奔棠。正舆子、王湫奔莒,莒人杀之。四月,陈无宇献莱宗器于襄宫[⑦]。晏弱围棠,十一月丙辰,而灭之。迁莱于郳[⑧]。高厚、崔杼定其田[⑨]。

① 赂夙沙卫之谋也。事在二年。 ② 子国聘在五年。二年晏弱城东阳,至五年四月,复托治城,因遂围莱。○ 复,扶又切。 ③ 堞,女墙也。堙,土山也。周城为土山,及女墙。○ 堙,音因。环,户关切,又音患。傅,音附。堞,音牒;一名陴,亦谓之俾倪;俾,养涉切。 ④ 此年三月。⑤ 王湫,故齐人,成十八年奔莱。正舆子,莱大夫。棠,莱邑也。北海即墨县有棠乡。三人帅别邑兵来解围。○ 湫,子小切;俾,子鸟切。 ⑥ 败湫等。 ⑦ 无宇,桓子,陈完玄孙。襄宫,齐襄公庙。○ 共,音恭。⑧ 迁莱子于郳国。○ 郳,五兮切;本或作迁于郳,莱衍字。 ⑨ 定其疆界。高厚,高固子。○ 疆,居良切。

经

七年春，郯子来朝。

夏四月，三卜郊不从，乃免牲[1]。

小邾子来朝。

城费[2]。

秋，季孙宿如卫。

八月，螽[3]。

冬十月，卫侯使孙林父来聘。

壬戌，及孙林父盟。

楚公子贞帅师围陈。

十有二月，公会晋侯、宋公、陈侯、卫侯、曹伯、莒子、邾子于鄬[4]。

郑伯髡顽如会，未见诸侯。丙戌，卒于鄵[5]。

陈侯逃归[6]。

① 称牲，既卜日也。卜郊，又非礼也。○ 郯，音谈。 ② 南遗假事难而城之。○ 费，音祕。难，乃旦切。 ③ 无《传》。为灾故书。 ④ 谋救陈，陈侯逃归，不成救，故不书救也。鄬，郑地。○ 鄬，于轨切；《字林》，几吹切。 ⑤ 实为子驷所弑，以疟疾赴，故不书弑。称名，为书卒，同盟故也。如会，会于鄬也。未见诸侯，未至会所而死。鄵，郑地。不欲再称郑伯，故约文上其名于会上。○ 鄵，七报切，又采南切；《字林》，千消切。弑，音试。为，于伪切。上，时掌切。 ⑥ 畏楚，逃晋而归。

传

七年春，郯子来朝，始朝公也。

夏四月，三卜郊不从，乃免牲。孟献子曰："吾乃今而后知有卜筮。夫郊，祀后稷以祈农事也[①]。是故启蛰而郊，郊而后耕。今既耕而卜郊，宜其不从也[②]。"

① 郊，祀后稷以配天。后稷，周始祖，能播殖者。 ② 启蛰，夏正建寅之月。耕，谓春分。○ 蛰，直立切。夏，户雅切。

南遗为费宰[①]。叔仲昭伯为隧正[②]，欲善季氏而求媚于南遗，谓遗："请城费[③]，吾多与而役。"故季氏城费[④]。

① 费，季氏邑。 ② 隧正，主役徒。昭伯，叔仲惠伯之孙。○ 隧，音遂。 ③ 使遗请城。 ④《传》言禄去公室，季氏所以强。

小邾穆公来朝，亦始朝公也[①]。

① 亦郯子也。

秋，季武子如卫，报子叔之聘，且辞缓报，非贰也[①]。

① 子叔聘在元年，言国家多难，故不时报。○ 难，乃旦切。

冬十月，晋韩献子告老。公族穆子有废疾[①]，将立之[②]。辞曰："《诗》曰：'岂不夙夜，谓行多露[③]。'又曰：'弗躬弗亲，庶民弗信[④]。'无忌不才，让其可乎？请立起也[⑤]！与田苏游，而曰好仁[⑥]。《诗》曰：'靖共尔位，好是正直。神之听之，介尔景福[⑦]。'恤民为德[⑧]，正直为正[⑨]，正曲为直[⑩]，参和为仁[⑪]。如是，则神听之，介福降之。立之，不亦可乎[⑫]？"庚戌，使宣子朝，遂老[⑬]。晋侯谓韩无忌仁，使掌公族大夫[⑭]。

① 穆子，韩厥长子。成十八年，为公族大夫。○ 长，丁丈切，下师长同。　② 代厥为卿。　③《诗》言虽欲早夜而行，惧多露之濡己。义取非礼不可妄行。　④《诗·小雅》。言讥在位者不躬亲政事，则庶民不奉信其命。言己有疾，不能躬亲政事。　⑤ 无忌，穆子名。起，无忌弟宣子也。　⑥ 田苏，晋贤人。苏言起好仁。○ 好，呼报切。　⑦ 靖，安也。介，助也。景，大也。《诗·小雅》。言君子当思不出其位，求正直之人与之并立。如是，则神明顺之，致大福也。○ 共，音恭。介，音界。⑧ 靖共其位，所以恤民。　⑨ 正己心。　⑩ 正人曲。　⑪ 德、正、直三者备，乃为仁。○ 参，七南切，或音三。　⑫ 言起有此三德，故可立。　⑬ 韩厥致仕。　⑭ 为之师长。

卫孙文子来聘，且拜武子之言[①]，而寻孙桓子之盟[②]。公登亦登[③]。叔孙穆子相，趋进曰："诸侯之会，寡君未尝后卫君[④]。今吾子不后寡君，寡君未知所过。吾子其少安[⑤]！"孙子无辞，亦无悛容[⑥]。穆叔曰："孙子必亡。为臣而君，过而不悛，亡之本也。《诗》曰：'退食自公，委蛇委蛇[⑦]。'谓从者也[⑧]。衡而委蛇必折[⑨]。"

① 缓报非贰之言。　② 盟在成三年。　③ 礼，登阶，臣后君一等。○ 后，胡豆切。　④ 敌体并登。○ 相，息亮切，下驷相同。后，如字；徐，胡豆切。　⑤ 安，徐也。　⑥ 悛，改也。○ 悛，七全切。⑦ 委蛇，顺貌。《诗·召南》。言人臣自公门入私门，无不顺礼。○ 委，於

危切。蛇，以支切。召，上照切。　⑧ 从，顺行。　⑨ 衡，横也。横不顺道，必毁折。为十四年林父逐君起本。

楚子囊围陈，会于鄬以救之①。

① 晋会诸侯。

郑僖公之为大子也，于成之十六年①，与子罕适晋，不礼焉。又与子豐适楚，亦不礼焉②。及其元年，朝于晋③。子豐欲愬诸晋而废之，子罕止之。及将会于鄬，子驷相，又不礼焉。侍者谏，不听。又谏，杀之。及鄵，子驷使贼夜弑僖公，而以疟疾赴于诸侯④。简公生五年，奉而立之⑤。

① 鲁成公。　② 子豐，穆公子。　③ 郑僖元年，鲁襄三年。④《传》言《经》所以不书弑。　⑤ 僖公子。

陈人患楚①。庆虎、庆寅谓楚人曰："吾使公子黄往而执之②。"楚人从之③。二庆使告陈侯于会④，曰："楚人执公子黄矣！君若不来，群臣不忍社稷宗庙，惧有二图⑤。"陈侯逃归⑥。

① 楚围陈故。　② 二庆，陈执政大夫。公子黄，哀公弟。　③ 为执黄。○ 为，于伪切。　④ 鄬之会。　⑤ 背君属楚。○ 背，音佩。⑥ 鄬会所以不书救。

经

八年春，王正月，公如晋。

夏，葬郑僖公[①]。

郑人侵蔡，获蔡公子燮[②]。

季孙宿会晋侯、郑伯、齐人、宋人、卫人、邾人于邢丘[③]。

公至自晋[④]。

莒人伐我东鄙。

秋九月，大雩。

冬，楚公子贞帅师伐郑。

晋侯使士匄来聘。

① 无《传》。 ② 郑子国称人，刺其无故侵蔡以生国患。燮，蔡庄公子。○ 燮，悉协切。 ③ 时公在晋。晋悼难劳诸侯，唯使大夫听命。故季孙在会，而公先归。○ 邢，音刑。难，乃旦切。 ④ 无《传》。

传

八年春，公如晋朝，且听朝聘之数[①]。

① 晋悼复修霸业，故朝而禀其多少。○ 复，扶又切。霸，本亦作伯，音霸，又如字。

郑群公子以僖公之死也，谋子驷。子驷先之。夏四月庚辰，辟杀子狐、子熙、子侯、子丁[①]。孙击、孙恶出奔卫[②]。

① 辟，罪也。加罪以戮之。○ 先，悉荐切，又如字。辟，婢亦切。熙，

许其切；徐音怡。　② 二孙，子狐之子。

庚寅，郑子国、子耳侵蔡，获蔡司马公子燮[①]。郑人皆喜，唯子产不顺[②]，曰："小国无文德，而有武功，祸莫大焉。楚人来讨，能勿从乎？从之，晋师必至。晋、楚伐郑，自今郑国，不四五年，弗得宁矣。"子国怒之曰："尔何知！国有大命，而有正卿。童子言焉，将为戮矣[③]。"

① 郑侵蔡，欲以求媚于晋。子耳，子良之子。不言败，唯以获告。② 子产，子国子。不顺众而喜。　③ 大命，起师行军之命。

五月甲辰，会于邢丘，以命朝聘之数，使诸侯之大夫听命。季孙宿、齐高厚、宋向戌、卫甯殖、邾大夫会之[①]。郑伯献捷于会，故亲听命[②]。大夫不书，尊晋侯也[③]。

① 晋难重烦诸侯，故使大夫听命。　② 献蔡捷也。　③ 晋悼复文、襄之业，制朝聘之节，俭而有礼，德义可尊，故退诸侯大夫以崇之。

莒人伐我东鄙，以疆鄫田[①]。

① 莒既灭鄫，鲁侵其西界。故伐鲁东鄙，以正其封疆。○ 疆，居良切。

秋九月，大雩，旱也。

冬，楚子囊伐郑，讨其侵蔡也。子驷、子国、子耳欲从楚，子孔、子蟜、子展欲待晋[①]。子驷曰：“《周诗》有之曰：‘俟河之清，人寿几何[②]？兆云询多，职竞作罗[③]。’谋之多族，民之多违[④]，事滋无成[⑤]。民急矣，姑从楚以纾吾民。晋师至，吾又从之。敬共币帛，以待来者，小国之道也。牺牲玉帛，待于二竟[⑥]，以待强者而庇民焉。寇不为害，民不罢病，不亦可乎？”子展曰：“小所以事大，信也。小国无信，兵乱日至，亡无日矣。五会之信[⑦]，今将背之，虽楚救我，将安用之[⑧]？亲我无成[⑨]，鄙我是欲[⑩]，不可从也[⑪]。不如待晋。晋君方明，四军无阙，八卿和睦，必不弃郑[⑫]。楚师辽远，粮食将尽，必将速归，何患焉？舍之闻之[⑬]：‘杖莫如信。’完守以老楚，杖信以待晋，不亦可乎？”子驷曰：“《诗》云：‘谋夫孔多，是用不集[⑭]，发言盈庭，谁敢执其咎[⑮]？如匪行迈谋，是用不得于道[⑯]。’请从楚，骓也受其咎[⑰]。”乃及楚平。

使王子伯骈告于晋[⑱]，曰：“君命敝邑：‘修而车赋，儆而师徒，以讨乱略。’蔡人不从，敝邑之人，不敢宁处，悉索敝赋[⑲]，以讨于蔡，获司马燮，献于邢丘。今楚来讨曰：‘女何故称兵于蔡[⑳]？’焚我郊保[㉑]，冯陵我城郭[㉒]。敝邑之众，夫妇男女，不皇启处，以相救也[㉓]。翦焉倾覆，无所控告[㉔]。民死亡者，非其父兄，即其子弟，夫人愁痛[㉕]，不知所庇。民知穷困，而受盟于楚，孤也与其二三臣不能禁止[㉖]。不敢不告。”知武子使行人子员对之曰：“君有楚命[㉗]，亦不使一个行李告于寡君[㉘]，而即安于楚。君之所欲也，谁敢违君。寡君将帅诸侯以见于城下，唯君图之[㉙]！”

① 待晋来救。子孔，穆公子。子蟜，子游子。子展，子罕子。○ 蟜，居表切。 ② 逸《诗》也。言人寿促而河清迟。喻晋之不可待。○ 寿，音授，或如字。几，居岂切。 ③ 兆，卜。询，谋也。职，主也。言既卜且谋多，则竞作罗网之难，无成功。○ 难，乃旦切。 ④ 族，家也。⑤ 滋，益也。 ⑥ 二竟，晋、楚界上。○ 纾，音舒。共，音恭。竟，音境，《注》同。 ⑦ 谓三年会鸡泽，五年会戚，又会城棣，七年会鄬，八年会邢丘。○ 庇，必利切，又音祕。罢，音皮。 ⑧ 言失信得楚，不足贵。○ 背，音佩。 ⑨ 晋亲郑。 ⑩ 楚欲以郑为鄙邑，而反欲与成。⑪ 言子驷不可从。 ⑫ 四军，谓上、中、下、新军也。军有二卿。⑬ 舍之，子展名。 ⑭《诗·小雅》。孔，甚也。集，就也。言人欲为政，是非相乱而不成。○ 杖，直亮切。守，手又切，或如字，下守官同。⑮ 言谋者多，若有不善，无適受其咎。○ 咎，其九切。適，丁历切。⑯ 匪，彼也。行迈谋，谋于路人也。不得于道，众无适从。 ⑰ 騑，子驷名。○ 騑，芳非切。 ⑱ 伯骈，郑大夫。○ 骈，扶贤切，又扶经切。⑲ 索，尽也。○ 儆，居领切。索，悉各切，又所百切。 ⑳ 称，举也。○ 女，音汝。 ㉑ 郭外曰郊。保，守也。 ㉒ 冯，迫也。○ 冯，皮冰切。 ㉓ 皇，暇也。启，跪也。○ 跪，其委切。 ㉔ 翦，尽也。控，引也。○ 覆，芳服切。控，苦贡切。 ㉕ 夫人，犹人人也。○ 夫，音扶。㉖ 孤，郑伯。 ㉗ 见讨之命。 ㉘ 一个，独使也。行李，行人也。○ 个，古贺切。使，所吏切。 ㉙ 为明年晋伐郑《传》。○ 见，贤遍切，或如字。

晋范宣子来聘，且拜公之辱[①]，告将用师于郑。公享之，宣子赋《摽有梅》[②]。季武子曰："谁敢哉[③]！今譬于草木，寡君在君，君之臭味也[④]。欢以承命，何时之有[⑤]？"武子赋《角弓》[⑥]。宾将出，武子赋《彤弓》[⑦]。宣子曰："城濮之役[⑧]，我先君文公献功于衡雍，受《彤弓》于襄王，以为子孙藏[9]。匄也,先君守官之嗣也,敢不承命[10]。"君子以为知礼[11]。

① 谢公此春朝。 ②《摽有梅》,《诗·召南》。摽,落也。梅盛极则落。诗人以兴女色盛则有衰,众士求之,宜及其时。宣子欲鲁及时共讨郑,取其汲汲相赴。○ 摽,徐,扶妙切,又扶表切。兴,许膺切。 ③ 言谁敢不从命。 ④ 言同类。○ 譬,本亦作辟,音譬,后放此。 ⑤ 迟速无时。 ⑥《角弓》,《诗·小雅》。取其"兄弟婚姻,无相远矣"。 ⑦《彤弓》,天子赐有功诸侯之诗。欲使晋君继文之业,复受《彤弓》于王。○ 彤,徒冬切。复,扶又切。 ⑧ 在僖二十八年。○ 濮,音卜。 ⑨ 藏之以示子孙。○ 雍,於用切。藏,如字;徐,中浪切。 ⑩ 言己嗣其父祖,为先君守官。不敢废命,欲匡晋君。 ⑪《彤弓》之义,义在晋君。故范匄受之,所谓知礼。

经

九年春,宋灾[1]。

夏,季孙宿如晋。

五月辛酉,夫人姜氏薨[2]。

秋八月癸未,葬我小君穆姜[3]。

冬,公会晋侯、宋公、卫侯、曹伯、莒子、邾子、滕子、薛伯、杞伯、小邾子、齐世子光伐郑。

十有二月己亥,同盟于戏[4]。

楚子伐郑。

① 天火曰灾。来告,故书。 ② 成公母。 ③ 无《传》。四月而葬,速。 ④ 伐郑而书同盟,则郑受盟可知。《传》言十一月己亥。以《长

历》推之，十二月无己亥，《经》误。戏，郑地。○ 戏，许宜切。

传

九年春，宋灾。乐喜为司城以为政①。使伯氏司里②，火所未至，彻小屋，涂大屋③；陈畚挶，具绠缶④，备水器⑤；量轻重⑥，蓄水潦，积土涂；巡丈城，缮守备⑦，表火道⑧。使华臣具正徒⑨，令隧正纳郊保，奔火所⑩。使华阅讨右官，官庀其司⑪。向戌讨左，亦如之⑫。使乐遄庀刑器，亦如之⑬。使皇郧命校正出马，工正出车，备甲兵，庀武守⑭。使西鉏吾庀府守⑮。令司宫、巷伯儆宫⑯。二师令四乡正敬享⑰，祝宗用马于四墉，祀盘庚于西门之外⑱。

晋侯问于士弱⑲曰："吾闻之，宋灾，于是乎知有天道。何故⑳？"对曰："古之火正，或食于心，或食于咮，以出内火。是故咮为鹑火，心为大火㉑。陶唐氏之火正阏伯居商丘㉒，祀大火，而火纪时焉㉓。相土因之，故商主大火㉔。商人阅其祸败之衅，必始于火，是以日知其有天道也㉕。"公曰："可必乎？"对曰："在道。国乱无象，不可知也㉖。"

① 乐喜，子罕也，为政卿。知将有火灾，素戒为备火之政。 ② 伯氏，宋大夫。司里，司宰。 ③ 大屋难彻，就涂之。 ④ 畚，箕笼。挶，土轝。绠，汲索。缶，汲器。○ 畚，音本，草器也。挶，九录切。綆，古杏切。缶，方九切。箕，其位切。笼，力东切。轝，音预。汲，音急。索，悉各切。 ⑤ 盆罃之属。○ 罃，户暂切。 ⑥ 计人力所任。○ 任，音壬。 ⑦ 巡，行也。丈，度也。缮，治也。行度守备之处，恐因灾作乱。○ 蓄，本又作畜，敕六切。潦，音老。守，手又切。行，下孟切。度，待洛切。处，昌虑

切。　⑧ 火起,则从其所趣摽表之。○ 摽,必遥切。　⑨ 华臣,华元子,为司徒。正徒,役徒也。司徒之所主也。　⑩ 隧正,官名也。五县为隧,纳聚郊野保守之民,使随火所起往救之。○ 隧,音遂。　⑪ 亦华元子,代元为右师。讨,治也。庀,具也。使具其官属。○ 阅,音悦。庀,芳婢切。　⑫ 向戌,左师。　⑬ 乐遄,司寇。刑器,刑书。○ 遄,市专切。⑭ 皇郧,皇父充石之后。校正主马,工正主车,使各备其官。○ 郧,音云;本亦作员,音同。校,户教切。出,如字;徐,尺遂切。守,手又切。⑮ 鉏吾,大宰也。府,六官之典。○ 吾,音鱼。　⑯ 司宫,奄臣。巷伯,寺人。皆掌宫内之事。○ 儆,音景。　⑰ 二师,左右师也。乡正,乡大夫。享,祀也。　⑱ 祝,大祝。宗,宗人。墉,城也。用马祭于四城以禳火。盘庚,殷王,宋之远祖。城,积阴之气,故祀之。凡天灾有币无牲,用马、祀盘庚,皆非礼。○ 墉,本又作庸,音同。盘,字亦作般,步干切。禳,如羊切。　⑲ 弱,士渥浊之子庄子。○ 渥,於角切。　⑳ 问宋何故自知天道将灾。　㉑ 谓火正之官,配食于火星。建辰之月,鹑火星昏在南方,则令民放火。建戌之月,大火星伏在日下,夜不得见,则令民内火,禁放火。○ 咮,竹又切;徐,丁遘切。出,如字;徐,尺遂切。内,如字;徐音纳。鹑,音纯。见,如字,又贤遍切。　㉒ 陶唐,尧有天下号。阏伯,高辛氏之子。《传》曰:迁阏伯于商丘,主辰。辰,大火也。今为宋星。然则商丘在宋地。○ 阏,於葛切。　㉓ 谓出内火时。　㉔ 相土,契孙,商之祖也。始代阏伯之后居商丘,祀大火。○ 相,息亮切。契,息列切。　㉕ 阅,犹数也。商人数所更历,恒多火灾。宋是殷商之后,故知天道之灾必火。○ 衅,许靳切。数,所主切。更,音庚。　㉖ 言国无道,则灾变亦殊,故不可必知。

夏,季武子如晋,报宣子之聘也[①]。

① 宣子聘在八年。

穆姜薨于东宫①。始往而筮之，遇《艮》之八䷳②。史曰："是谓《艮》之《随》䷐③。《随》，其出也④。君必速出。"姜曰："亡⑤。是於《周易》曰：'《随》，元、亨、利，贞，无咎⑥，'元，体之长也。亨，嘉之会也。利，义之和也。贞，事之幹也。体仁足以长人，嘉德足以合礼，利物足以和义，贞固足以幹事。然故不可诬也，是以虽《随》无咎⑦。今我妇人而与于乱。固在下位⑧而有不仁，不可谓元。不靖国家，不可谓亨。作而害身，不可谓利。弃位而姣⑨，不可谓贞。有四德者，《随》而无咎。我皆无之，岂《随》也哉？我则取恶，能无咎乎？必死于此，弗得出矣⑩。"

① 大子宫也。穆姜淫侨如，欲废成公，故徙居东宫。事在成十六年。②《艮》下《艮》上，《艮》。《周礼》：大卜掌三《易》。然则杂用《连山》、《归藏》、《周易》。二《易》皆以七八为占，故言遇《艮》之八。○ 艮，古恨切。③《震》下《兑》上，《随》。史疑古《易》遇八为不利，故更以《周易》占，变爻得《随卦》而论之。　④ 史谓《随》非闭固之卦。　⑤ 亡，犹无也。○ 亡，如字，读者或音无。　⑥《易》筮皆以变者占，遇一爻变义异，则论彖，故姜亦以彖为占也。史据《周易》，故指言《周易》以折之。○ 亨，许庚切。彖，吐乱切。折，之设切。　⑦ 言不诬四德，乃遇《随》无咎。明无四德者，则为淫而相随，非吉事。○ 长，丁丈切。嘉德，《易》作嘉会。　⑧ 妇人卑于丈夫。○ 与，音预。　⑨ 姣，淫之别名。○ 姣，户交切；徐音如字，服氏同，嵇叔夜音效。　⑩《传》言穆姜辩而不德。

秦景公使士雅乞师于楚，将以伐晋，楚子许之。子囊曰："不可。当今吾不能与晋争。晋君类能而使之①，举不失选②，官不易方③。其卿让于善④，其大夫不失守⑤，其士竞于教[⑥]，其庶人力于农穑[⑦]。商工皂隶，不知迁业[⑧]。韩厥老矣，知䓨禀焉以为政[⑨]。范匄少于中行偃而上之，使佐中军[⑩]。韩起少于栾黡，而栾黡、士鲂上之，使佐上军[⑪]。魏绛多功，以赵武为贤而为之佐[⑫]。君明臣忠，上让下竞[⑬]。当是时也。晋不可敌，事之而后可。君其图之！”王曰：“吾既许之矣。虽不及晋，必将出师。”秋，楚子师于武城以为秦援。秦人侵晋，晋饑，弗能报也[⑭]。

① 随所能。○ 鴈，苦田切。　② 得所选。○ 选，息恋切。　③ 方，犹宜也。　④ 让胜己者。　⑤ 各任其职。　⑥ 奉上命。　⑦ 种曰农，收曰穑。　⑧ 四民不杂。　⑨ 代将中军。　⑩ 使匄佐中军，偃将上军。○ 少，诗照切。行，户郎切。　⑪ 黡、鲂让起，起佐上军。黡将下军，鲂佐之。○ 黡，於斩切。　⑫ 武，新军将。○ 将，子匠切。　⑬ 尊官相让，劳职力竞。　⑭ 为十年晋伐秦《传》。○ 饑，音饥，又音机。

冬十月，诸侯伐郑[①]。庚午，季武子、齐崔杼、宋皇郧从荀䓨、士匄门于鄟门[②]。卫北宫括、曹人、邾人从荀偃、韩起门于师之梁[③]。滕人、薛人从栾黡、士鲂门于北门[④]。杞人、郳人从赵武、魏绛斩行栗[⑤]。甲戌，师于氾[⑥]，令于诸侯曰：“修器备[⑦]，盛餱粮[⑧]，归老幼[⑨]，居疾于虎牢[⑩]，肆眚，围郑[⑪]。”郑人恐，乃行成[⑫]。中行献子曰：“遂围之，以待楚人之救也而与之战。不然，无成[⑬]。”知武子曰：“许之盟而还师，以敝楚人[⑭]。吾三分四军[⑮]，与诸侯之锐以逆来者[⑯]。于我未病，楚不能矣[⑰]，犹愈于战[⑱]。暴骨以逞，不可以争[⑲]。大劳未艾，君子劳心，小人劳力，先王之制也[20]。”诸侯皆不欲战，乃许郑成。

十一月己亥，同盟于戏，郑服也[21]。将盟，郑六卿公子騑[22]、公子发[23]、公子嘉[24]、公孙辄[25]、公孙虿[26]、公孙舍之[27]及其大夫、门子皆从郑伯[28]。晋士庄子为载书[29]，曰：“自今日既盟之后，郑国而不唯晋命是听，而或有异志者，有如此盟[30]。”公子騑趋进曰：“天祸郑国，使介居二大国之间[31]。大国不加德音而乱以要之[32]，使其鬼神不获歆其禋祀，其民人不获享其土利，夫妇辛苦垫隘，无所厎告[33]。自今日既盟之后，郑国而不唯有礼与强可以庇民者是从，而敢有异志者，亦如之[34]。”荀偃曰：“改载书[35]。”公孙舍之曰：“昭大神，要言焉[36]。若可改也，大国亦可叛也。”知武子谓献子曰：“我实不德，而要人以盟，岂礼也哉！非礼，何以主盟？姑盟而退，修德息师而来，终必获郑，何必今日？我之不德，民将弃我，岂唯郑？若能休和，远人将至，何恃于郑？”乃盟而还[37]。

晋人不得志于郑，以诸侯复伐之。十二月癸亥，门其三门[38]。闰月戊寅，济于阴阪，侵郑[39]。次于阴口而还[40]。子孔曰：“晋师可击也，师老而劳，且有归志，必大克之。”子展曰：“不可[41]。”

公送晋侯。晋侯以公宴于河上，问公年，季武子对曰：“会于沙随之岁，寡君以生[42]。”晋侯曰：“十二年矣！是谓一终，一星终也[43]。国君十五而生子。冠而生子，礼也[44]。君可以冠矣！大夫盍为冠具？”武子曰：“君冠：必以祼享之礼行之[45]，以金石之乐节之[46]，以先君之祧处之[47]。今寡君在行，未可具也。请及兄弟之国而假备焉！”晋侯曰：“诺。”公还及卫，冠于成公之庙[48]，假钟磬焉，礼也。

①郑从楚也。 ②郑城门也。三国从中军。○ 郙，音专，本亦作专。 ③师之梁，亦郑城门。三国从上军。 ④二国从下军。⑤二国从新军。行栗，表道树。○ 行栗，如字。 ⑥众军还聚氾。氾，郑地，东氾。○ 氾，音凡。 ⑦兵器、战备。 ⑧餱，乾食。○ 盛，音成。餱，音侯。 ⑨示将久师。 ⑩诸侯已取郑虎牢，故使诸军疾病息其中。 ⑪肆，缓也。眚，过也。不书围郑，逆服不成围。○ 眚，生领切；徐，所幸切。 ⑫与晋成也。○ 恐，丘勇切。 ⑬献子，荀偃也。恐楚救郑，郑复属之。○ 复，扶又切。 ⑭敝，罢也。○ 罢，音皮。⑮分四军为三部。 ⑯来者，楚也。 ⑰晋各一动，而楚三来，故曰不能。 ⑱胜聚战。 ⑲言争当以谋，不可以暴骨。○ 暴，蒲卜切；徐，扶沃切。争，争斗之争，又如字。 ⑳艾，息也。言当从劳心之劳。○ 艾，鱼废切，又五盖切。 ㉑郑服，故言同盟。 ㉒子驷。㉓子国。 ㉔子孔。 ㉕子耳。 ㉖子蟜。○ 虿，敕迈切。㉗子展。 ㉘门子，卿之適子。○ 从，才用切。適，丁历切。 ㉙庄子，士弱。载书，盟书。 ㉚如违盟之罚。 ㉛介，犹间也。○ 介，音界。间，间厕之间，又如字。 ㉜谓以兵乱之力强要郑。○ 要，一遥切。强，其丈切。 ㉝垫隘，犹委顿。厎，至也。○ 歆，许今切。垫，丁念切。隘，於懈切。厎，音旨。 ㉞亦如此盟。○ 庇，必利切。 ㉟子驷亦以所言载于策，故欲改之。 ㊱要誓以告神。 ㊲遂两用载书。○ 休，许虬切。 ㊳三门，郙门、师之梁、北门也。癸亥，月五日。晋果三分其军，各攻一门。○ 复，扶又切。 ㊴以《长历》参校上下，此年不得有闰月戊寅。戊寅是十二月二十日。疑闰月当为门五日。五字上与门合为闰，则后学者自然转日为月。晋人三番四军，更攻郑门，门各五日。晋各一攻，郑三受敌，欲以苦之。癸亥去戊寅十六日，以癸亥始攻，攻辄五日，凡十五日，郑故不服而去。明日戊寅，济于阴阪，复侵郑外邑。阴阪，洧津。

○ 闰月，依《注》读为门五日。阪，音反，又扶板切。番，芳元切。更，音庚。复，扶又切。洧，于轨切。 ㊵ 阴口，郑地名。 ㊶《传》言子展能守信。 ㊷ 沙随在成十六年。 ㊸ 岁星十二岁而一周天。 ㊹ 冠，成人之服。故必冠而后生子。○ 冠，古乱切，《注》下皆同。 ㊺ 祼，谓灌鬯酒也。享，祭先君也。○ 盍，户臘切。祼，古乱切。灌，古乱切。鬯，敕亮切。 ㊻ 以钟磬为举动之节。 ㊼ 诸侯以始祖之庙为祧。○ 祧，他雕切。 ㊽ 成公，今卫献公之曾祖。从卫所处。

楚子伐郑[1]，子驷将及楚平。子孔、子蟜曰："与大国盟，口血未乾而背之，可乎？"子驷、子展曰："吾盟固云：'唯强是从。'今楚师至，晋不我救，则楚强矣。盟誓之言，岂敢背之。且要盟无质，神弗临也[2]，所临唯信。信者，言之瑞也[3]，善之主也，是故临之[4]。明神不蠲要盟[5]，背之可也。"乃及楚平。公子罢戎入盟，同盟于中分[6]。楚庄夫人卒[7]，王未能定郑而归。

① 与晋成故。 ② 质，主也。 ③ 瑞，符也。 ④ 神临之。 ⑤ 蠲，洁也。 ⑥ 中分，郑城中里名。罢戎，楚大夫。○ 罢，音皮；徐音彼。中分，並如字；徐，丁仲切。 ⑦ 共王母。

晋侯归，谋所以息民。魏绛请施舍[1]，输积聚以贷[2]。自公以下，苟有积者，尽出之。国无滞积[3]，亦无困人[4]。公无禁利[5]，亦无贪民[6]。祈以币更[7]，宾以特牲[8]。器用不作[9]，车服从给[10]。行人期年，国乃有节。三驾而楚不能与争[11]。

①施恩惠,舍劳役。　②输,尽也。〇积,子赐切,下同。聚,才住切。贷,他代切。　③散在民。　④不匮乏。　⑤与民共。⑥礼让行。　⑦不用牲。　⑧务崇省。〇省,所景切。　⑨因仍旧。　⑩足给事也。　⑪三驾,三兴师。谓十年师于牛首,十一年师于向,其秋观兵于郑东门。自是郑遂服。〇期,音基;本亦作朞。向,舒亮切。

春秋经传集解第十五

襄公二

经

十年春，公会晋侯、宋公、卫侯、曹伯、莒子、邾子、滕子、薛伯、杞伯、小邾子、齐世子光会吴于柤①。

夏五月甲午，遂灭偪阳②。

公至自会③。

楚公子贞、郑公孙辄帅师伐宋。

晋师伐秦④。

秋，莒人伐我东鄙。

公会晋侯、宋公、卫侯、曹伯、莒子、邾子、齐世子光、滕子、薛伯、杞伯、小邾子伐郑⑤。

冬，盗杀郑公子骓、公子发、公孙辄⑥。

戍郑虎牢⑦。

楚公子贞帅师救郑。

公至自伐郑⑧。

① 吴子在柤，晋以诸侯往会之，故曰会吴。吴不称子，从所称也。柤，楚地。○ 柤，庄加切。　② 偪阳，妘姓国。今彭城傅阳县也。因柤会而灭之，故曰遂。○ 偪，徐，甫目切，又彼力切；本或作逼。妘，音云。③ 无《传》。　④ 荀罃不书，不亲兵也。　⑤ 齐世子光先至于师，为盟

主所尊,故在滕上。 ⑥ 非国讨,当两称名氏。杀者非卿,故称盗。以盗为文,故不得言其大夫。 ⑦ 伐郑诸侯各受晋命戍虎牢,不复为告命,故独书鲁戍,而不叙诸侯。○ 复,扶又切。 ⑧ 无《传》。

传

十年春,会于柤,会吴子寿梦也①。三月癸丑,齐高厚相大子光以先会诸侯于钟离,不敬②。士庄子曰:"高子相大子以会诸侯,将社稷是卫,而皆不敬③,弃社稷也,其将不免乎④?"夏四月戊午,会于柤⑤。

晋荀偃、士匄请伐偪阳,而封宋向戌焉⑥。荀罃曰:"城小而固,胜之不武,弗胜为笑。"固请。丙寅,围之,弗克⑦。孟氏之臣秦堇父辇重如役⑧。偪阳人启门,诸侯之士门焉⑨。县门发,郰人纥抉之以出门者⑩。狄虒弥建大车之轮而蒙之以甲以为橹⑪,左执之,右拔戟,以成一队⑫。孟献子曰:"《诗》所谓'有力如虎'者也⑬。"主人县布,堇父登之,及堞而绝之⑭。队则又县之,苏而复上者三。主人辞焉,乃退⑮,带其断以徇于军三日⑯。

诸侯之师久于偪阳,荀偃、士匄请于荀罃曰:"水潦将降,惧不能归⑰,请班师⑱!"知伯怒⑲,投之以机,出于其间⑳,曰:"女成二事而后告余㉑。余恐乱命,以不女违㉒。女既勤君而兴诸侯,牵帅老夫以至于此,既无武守㉓,而又欲易余罪,曰:'是实班师,不然克矣㉔。'余羸老也,可重任乎㉕?七日不克,必尔乎取之㉖!"

五月庚寅㉗,荀偃、士匄帅卒攻偪阳,亲受矢石㉘。甲午,灭之㉙。书曰"遂灭偪阳",言自会也㉚。以与向戌,向戌辞曰："君若犹辱镇抚宋国，而以偪阳光启寡君，群臣安矣，其何贶如之[31]？若惠赐臣，是臣兴诸侯以自封也，其何罪大焉？敢以死请。"乃予宋公。

宋公享晋侯于楚丘，请以《桑林》[32]。荀罃辞[33]。荀偃、士匄曰："诸侯，宋、鲁于是观礼[34]。鲁有禘乐，宾祭用之[35]。宋以《桑林》享君，不亦可乎[36]？"舞师题以旌夏[37]，晋侯惧，而退入于房[38]。去旌，卒享而还。及著雍，疾[39]。卜，《桑林》见[40]。荀偃、士匄欲奔请祷焉[41]。荀罃不可，曰："我辞礼矣，彼则以之[42]。犹有鬼神，于彼加之[43]。"晋侯有间[44]，以偪阳子归，献于武宫，谓之夷俘[45]。偪阳，妘姓也。使周内史选其族嗣，纳诸霍人，礼也[46]。

师归，孟献子以秦堇父为右[47]。生秦丕兹，事仲尼[48]。

① 寿梦，吴子乘。○ 梦，莫公切。 ② 吴子未至，光从东道与东诸侯会遇，非本期地，故不书会。高厚，高固子也。癸丑，月二十六日。○ 相，息亮切。 ③ 厚与光俱不敬。 ④ 为十九年齐杀高厚、二十五年弑其君光《传》。 ⑤《经》书春，书始行也。戊午，月一日。 ⑥ 以宋常事晋而向戌有贤行，故欲封之为附庸。○ 行，下孟切。 ⑦ 丙寅，四月九日。 ⑧ 堇父，孟献子家臣。步挽重车以从师。○ 堇，徐音谨。挽，音晚。 ⑨ 见门开，故攻之。 ⑩ 门者，诸侯之士在门内者也。纥，郰邑大夫，仲尼父叔梁纥也。郰邑，鲁县东南莝城是也。言纥多力，抉举县门，出在内者。○ 县，音玄。郰，侧留切。纥，恨发切。抉，乌穴切；徐，又古穴切。出，如字，一音尺遂切。 ⑪ 狄虒弥，鲁人也。蒙，覆也。橹，大楯。○ 虒，音斯。弥，徐音弥，一音武脾切。橹，音鲁。楯，常尹切，又音尹。 ⑫ 百人为队。○ 队，徒对切；徐，徒猥切。 ⑬《诗·邶风》也。○ 邶，音佩。 ⑭ 偪阳人县布以试外勇者。○ 堞，音牒；徐，养涉切。 ⑮ 主

人嘉其勇,故辞谢不复县布。○ 队,直类切。复,扶又切。上,时掌切。三,息暂切,又如字。 ⑯ 带其断布以示勇。○ 断,徒乱切。徇,似俊切。⑰ 向夏恐有久雨。从丙寅至庚寅二十五日,故曰久。○ 潦,音老。⑱ 班,还也。 ⑲ 知伯,荀罃。○ 知,音智。 ⑳ 出偃、匄之间。○ 机,本又作几,同。 ㉑ 二事:伐偪阳,封向戌。○ 女,音汝,下同。㉒ 既成改之为乱命。 ㉓ 无武功可执守。 ㉔ 谓偃、匄将言尔。㉕ 不任受女此责。○ 羸,劣危切。重,直用切。任,音壬。 ㉖ 言当取女以谢不克之罪。 ㉗ 月四日。 ㉘ 躬在矢石间。○ 卒,子忽切。㉙ 月八日。 ㉚ 言其因会以灭国,非之也。 ㉛ 言见赐之厚无过此。○ 贶,音况,赐也。 ㉜《桑林》,殷天子之乐名。 ㉝ 辞,让之。㉞ 宋,王者后,鲁以周公故,皆用天子礼乐,故可观。 ㉟ 禘,三年大祭,则作四代之乐。别祭群公,则用诸侯乐。○ 禘,大计切。 ㊱ 言俱天子乐也。 ㊲ 师,乐师也。旌夏,大旌也。题,识也。以大旌表识其行列。○ 题,大兮切。夏,户雅切。识,申志切,又如字。行,户郎切。 ㊳ 旌夏非常,卒见之,人心偶有所畏。○ 卒,寸忽切。 ㊴ 晋侯疾也。著雍,晋地。○ 去,起吕切。著,徐,都虑切,又除虑切。雍,於用切。 ㊵ 祟见于卜兆。○ 见,贤遍切。祟,息遂切。 ㊶ 奔走还宋祷谢。○ 祷,丁老切。 ㊷ 以,用也。 ㊸ 言自当加罪于宋。 ㊹ 间,疾差也。○ 差,初卖切。 ㊺ 讳俘中国,故谓之夷。○ 俘,芳夫切。 ㊻ 霍,晋邑。内史,掌爵禄废置者。使选偪阳宗族贤者,令居霍,奉妘姓之祀。善不灭姓,故曰礼也。使周史者,示有王命。○ 令,力呈切,下令在、劝令同。㊼ 嘉其勇力。 ㊽ 言二父以力相尚,子事仲尼,以德相高。○《释文》:秦丕兹,一本作秦不兹。

六月,楚子囊、郑子耳伐宋,师于訾毋①。庚午,围宋,门于桐门②。

① 宋地。○ 訾，子斯切。毋，音无。　② 不成围而攻其城门。

晋荀䓨伐秦，报其侵也[①]。

① 侵在九年。

卫侯救宋，师于襄牛。郑子展曰："必伐卫，不然，是不与楚也。得罪于晋，又得罪于楚，国将若之何？"子驷曰："国病矣[①]！"子展曰："得罪于二大国，必亡。病不犹愈于亡乎？"诸大夫皆以为然。故郑皇耳帅师侵卫，楚令也[②]。孙文子卜追之，献兆于定姜。姜氏问《繇》[③]。曰："兆如山陵，有夫出征，而丧其雄。"姜氏曰："征者丧雄，御寇之利也。大夫图之！"卫人追之，孙蒯获郑皇耳于大丘[④]。

① 师数出，疲病也。○ 数，所角切。疲，音皮。　② 亦兼受楚之敕命也。皇耳，皇戌子。　③《繇》，兆辞。○ 繇，直救切。　④ 蒯，孙林父子。○ 丧，息浪切。御，鱼吕切。蒯，苦怪切。

秋七月，楚子囊、郑子耳伐我西鄙[①]。还，围萧，八月丙寅，克之[②]。九月，子耳侵宋北鄙。孟献子曰："郑其有灾乎！师竞已甚[③]。周犹不堪竞，况郑乎[④]？有灾，其执政之三士乎[⑤]！"

① 于鲁无所耻，讳而不书，其义未闻。　② 萧，宋邑。　③ 竞，争竞也。○ 争，争斗之争。下有之争同。　④ 周，谓天王。　⑤ 郑简公

幼少，子驷、子国、子耳秉政。故知三士任其祸也。为下盗杀三大夫《传》。○ 少，诗照切。任，音壬。

莒人间诸侯之有事也，故伐我东鄙[①]。

① 诸侯有讨郑之事。○ 间，间厕之间。

诸侯伐郑。齐崔杼使大子光先至于师，故长于滕[①]。己酉，师于牛首[②]。

① 大子，宜宾之以上卿。而今晋悼以一时之宜，令在滕侯上。故《传》从而释之。○ 长，丁丈切。　② 郑地。

初，子驷与尉止有争，将御诸侯之师而黜其车[①]。尉止获，又与之争[②]。子驷抑尉止曰："尔车，非礼也[③]。"遂弗使献[④]。初，子驷为田洫，司氏、堵氏、侯氏、子师氏皆丧田焉[⑤]。故五族聚群不逞之人，因公子之徒以作乱[⑥]。于是子驷当国[⑦]，子国为司马，子耳为司空，子孔为司徒。冬十月戊辰，尉止、司臣、侯晋、堵女父、子师仆帅贼以入，晨攻执政于西宫之朝[⑧]，杀子驷、子国、子耳，劫郑伯以如北宫。子孔知之，故不死[⑨]。书曰"盗"，言无大夫焉[⑩]。

子西闻盗，不儆而出[⑪]，尸而追盗[⑫]，盗入于北宫，乃归授甲。臣妾多逃，器用多丧。子产闻盗[⑬]，为门者[⑭]，庀群司[⑮]，闭府库，慎闭藏，完守备，成列而后出，兵车十七乘[⑯]，尸而攻盗于北宫。子蟜帅国人助之，杀尉止、子师仆，盗众尽死。侯晋奔晋。堵女父、司臣、尉翩、司齐奔宋[17]。

子孔当国[18]，为载书，以位序，听政辟[19]。大夫、诸司、门子弗顺，将诛之[20]。子产止之，请为之焚书[21]。子孔不可，曰："为书以定国，众怒而焚之，是众为政也，国不亦难乎[22]？"子产曰："众怒难犯，专欲难成，合二难以安国，危之道也。不如焚书以安众，子得所欲[23]，众亦得安，不亦可乎？专欲无成，犯众兴祸，子必从之。"乃焚书于仓门之外，众而后定[24]。

① 御牛首师也。黜，减损。 ② 获囚俘。 ③ 言女车犹多，过制。 ④ 不使献所获。 ⑤ 洫，田畔沟也。子驷为田洫以正封疆，而侵四族田。〇 洫，况域切。堵，音者，或丁古切。丧，息浪切。疆，居良切。⑥ 八年子驷所杀公子嬰等之党。〇 嬰，许其切；本亦作熙；又音怡。⑦ 摄君事也。 ⑧ 公宫。 ⑨ 子孔，公子嘉也。知难不告，利得其处也。为十九年杀公子嘉《传》。〇 难，乃旦切。处，昌虑切。 ⑩ 尉止等五人，皆士也。大夫，谓卿。 ⑪ 子西，公孙夏，子驷子。〇 儆，音景。夏，户雅切。 ⑫ 先临尸而逐贼。 ⑬ 子国子。 ⑭ 置守门。⑮ 具众官。〇 庀，匹婢切。 ⑯ 千二百七十五人。〇 藏，才浪切，又如字。守，手又切。乘，绳证切。 ⑰ 尉翩，尉止子。司齐，司臣子。〇 翩，音篇。 ⑱ 代子驷。 ⑲ 自群卿诸司，各守其职位，以受执政之法，不得与朝政。〇 辟，婢亦切。与，音预，下鲁不与同。 ⑳ 子孔欲诛不顺者。 ㉑ 既止子孔，又劝令烧除载书。〇 为，于伪切。 ㉒ 难以至治。〇 治，直吏切。 ㉓ 欲为政也。 ㉔ 不于朝内烧，欲使远近见所烧。

诸侯之师城虎牢而戍之。晋师城梧及制[①]，士鲂、魏绛戍之。书曰"戍郑虎牢"，非郑地也，言将归焉[②]。

① 欲以偪郑也。不书城，鲁不与也。梧、制，皆郑旧地。○ 梧，音吾。 ② 二年晋城虎牢而居之。今郑复叛，故修其城而置戍。郑服，则欲以还郑。故夫子追书，系之于郑，以见晋志。○ 复，扶又切。见，贤遍切。

郑及晋平。楚子囊救郑。十一月，诸侯之师还郑而南，至于阳陵[①]，楚师不退。知武子欲退，曰："今我逃楚，楚必骄，骄则可与战矣[②]。"栾黡曰："逃楚，晋之耻也。合诸侯以益耻，不如死！我将独进。"师遂进。己亥，与楚师夹颍而军[③]。子蟜曰："诸侯既有成行，必不战矣[④]。从之将退，不从亦退[⑤]。退，楚必围我。犹将退也。不如从楚，亦以退之[⑥]。"宵涉颍，与楚人盟[⑦]。栾黡欲伐郑师[⑧]，荀罃不可，曰："我实不能御楚，又不能庇郑，郑何罪？不如致怨焉而还[⑨]。今伐其师，楚必救之，战而不克，为诸侯笑。克不可命[⑩]，不如还也！"丁未，诸侯之师还，侵郑北鄙而归[⑪]。楚人亦还[⑫]。

① 还，绕也。阳陵，郑地。○ 还，本又作环，户关切；徐，一音患。 ② 武子，荀罃。 ③ 颍水出城阳，至下蔡入淮。○ 颍，音颖。 ④ 言有成去之志。 ⑤ 从，犹服也。 ⑥ 以退楚。 ⑦ 夜渡，畏晋知之。 ⑧ 伐涉颍者。 ⑨ 致怨，为后伐之资。○ 御，鱼吕切。庇，必利切。 ⑩ 胜负难要，不可命以必克。○ 要，一遥切。 ⑪ 欲以致怨。 ⑫ 郑服故也。

王叔陈生与伯舆争政[①]。王右伯舆[②]，王叔陈生怒而出奔。及河，王复之[③]，杀史狡以说焉[④]。不入，遂处之[⑤]。晋侯使士匄平王室，王叔与伯舆讼焉[⑥]。王叔之宰[⑦]与伯舆之大夫瑕禽[⑧]，坐狱于王庭[⑨]，士匄听之。王叔之宰曰："筚门闺窦之人而皆陵其上，其难为上矣[10]！”瑕禽曰：“昔平王东迁，吾七姓从王，牲用备具。王赖之，而赐之骍旄之盟[11]，曰：‘世世无失职。’若筚门闺窦，其能来东底乎？且王何赖焉[12]？今自王叔之相也，政以贿成[13]，而刑放于宠[14]，官之师旅，不胜其富[15]。吾能无筚门闺窦乎[16]？唯大国图之[17]！下而无直，则何谓正矣[18]？”范宣子曰：“天子所右，寡君亦右之。所左，亦左之[19]。”使王叔氏与伯舆合要[20]，王叔氏不能举其契[21]。王叔奔晋。不书，不告也。单靖公为卿士，以相王室[22]。

① 二子，王卿士。○ 舆，本又作与，音同。　② 右，助也。　③ 欲奔晋。　④ 说王叔也。○ 狡，古卯切。说，音悦，又如字。　⑤ 处叔河上。　⑥ 争曲直。　⑦ 宰，家臣。　⑧ 瑕禽，伯舆属大夫。　⑨ 狱，讼也。《周礼》：命夫命妇不躬坐狱讼。故使宰与属大夫对争曲直。　⑩ 筚门，柴门。闺窦，小户；穿壁为户，上锐下方，状如圭也。言伯舆微贱之家。○ 筚，音必。闺，音圭，本亦作圭。窦，音豆。　⑪ 平王徙时，大臣从者有七姓，伯舆之祖皆在其中，主为王备牺牲，共祭祀。王恃其用，故与之盟，使世守其职。骍旄，赤牛也。举骍旄者，言得重盟，不以犬鸡。○ 从，才用切，又如字。骍，息营切；《字林》，许营切。旄，音毛。为，于为切。共，音恭。　⑫ 言我若贫贱，何能来东，使王恃其用而与之盟邪？底，至也。○ 底，音旨。　⑬ 随财制政。○ 相，息亮切。贿，呼罪切。　⑭ 宠臣专刑，不任法。　⑮ 师旅之长皆受赂。○ 胜，音升。长，丁丈切。　⑯ 言王叔之属富，故使吾贫。　⑰ 图，犹议也。　⑱ 正者，不失下之直。○ 何，或作可，误也。　⑲ 宣子知伯舆直，不欲自专，故推之于王。○ 右，音又。左，音佐。左右，并如字。　⑳ 合要辞。　㉑ 要契之辞。○ 契，苦计切。　㉒ 代王叔。

经

十有一年春，王正月，作三军①。

夏四月，四卜郊不从，乃不郊②。

郑公孙舍之帅师侵宋。

公会晋侯、宋公、卫侯、曹伯、齐世子光、莒子、邾子、滕子、薛伯、杞伯、小邾子伐郑③。

秋七月己未，同盟于亳城北④。

公至自伐郑⑤。

楚子、郑伯伐宋。

公会晋侯、宋公、卫侯、曹伯、齐世子光、莒子、邾子、滕子、薛伯、杞伯、小邾子伐郑⑥。

会于萧鱼⑦。

公至自会⑧。

楚人执郑行人良霄⑨。

冬，秦人伐晋。

① 增立中军。万二千五百人为军。　② 无《传》。　③ 世子光至，复在莒子之先，故晋悼亦进之。〇 复，扶又切。　④ 亳城，郑地。伐郑而书同盟，郑与盟可知。〇 亳，蒲洛切；徐，扶各切。与，音预。　⑤ 无《传》。　⑥ 晋遂尊光。　⑦ 郑服而诸侯会。萧鱼，郑地。　⑧ 无《传》。以会至者，观兵而不果侵伐。　⑨ 良霄，公孙辄子伯有也。〇 霄，徐音消。

传

十一年春，季武子将作三军①，告叔孙穆子曰："请为三军，各征其军[②]。”穆子曰：“政将及子，子必不能[③]。”武子固请之，穆子曰：“然则盟诸[④]？”乃盟诸僖闳[⑤]，诅诸五父之衢[⑥]。正月，作三军，三分公室而各有其一[⑦]。三子各毁其乘[⑧]。季氏使其乘之人，以其役邑入者，无征[⑨]；不入者，倍征[⑩]。孟氏使半为臣，若子若弟[⑪]。叔孙氏使尽为臣[⑫]。不然，不舍[⑬]。

① 鲁本无中军，唯上下二军，皆属于公。有事，三卿更帅以征伐。季氏欲专其民人，故假立中军，因以改作。○ 更，音庚。　② 征，赋税也。三家各征其军之家属。○ 税，舒锐切。　③ 政者，霸国之政令。《礼》：大国三军。鲁次国而为大国之制，贡赋必重，故忧不能堪。　④ 穆子知季氏将复变易，故盟之。○ 复，扶又切。　⑤ 僖宫之门。○ 闳，音宏。⑥ 五父衢，道名，在鲁国东南。诅，以祸福之言相要。○ 诅，侧虑切。父，音甫。衢，其俱切。要，一遥切。　⑦ 三分国民众。　⑧ 坏其军乘，分以足成三军。○ 乘，绳证切。坏，音怪。足，将住切，亦如字。　⑨ 使军乘之人，率其邑役入季氏者，无公征。　⑩ 不入季氏者，则使公家倍征之。设利病，欲驱使入己。故昭五年《传》曰：季氏尽征之。民辟倍征，故尽属季氏。　⑪ 取其子弟之半也。四分其乘之人，以三归公，而取其一。⑫ 尽取子弟，以其父兄归公。　⑬ 制军分民，不如是，则三家不舍其故而改作也。此盖三家盟诅之本言。○ 舍，音捨。

郑人患晋、楚之故。诸大夫曰：“不从晋，国几亡[①]。楚弱于晋，晋不吾疾也[②]。晋疾，楚将辟之。何为而使晋师致死于我[③]，楚弗敢敌，而后可固与也[④]。”子展曰：“与宋为恶，诸侯必至，吾从之盟。楚师至，吾又从之，则晋怒甚矣。晋能骤来，楚将不能，吾乃固与晋。”大夫说之，使疆埸之司恶于宋⑤。宋向戌侵郑，大获。子展曰："师而伐宋可矣。若我伐宋，诸侯之伐我必疾，吾乃听命焉，且告于楚。楚师至，吾又与之盟，而重赂晋师，乃免矣⑥。"夏，郑子展侵宋⑦。

四月，诸侯伐郑。己亥，齐大子光、宋向戌先至于郑，门于东门⑧。其莫，晋荀罃至于西郊，东侵旧许⑨。卫孙林父侵其北鄙。六月，诸侯会于北林，师于向⑩，右还次于琐⑪，围郑。观兵于南门⑫，西济于济隧⑬。郑人惧，乃行成。

秋七月，同盟于亳。范宣子曰："不慎，必失诸侯⑭。诸侯道敝而无成，能无贰乎⑮？"乃盟，载书曰："凡我同盟：毋蕴年⑯，毋壅利⑰，毋保奸⑱，毋留慝⑲，救灾患，恤祸乱，同好恶，奖王室⑳。或间兹命，司慎司盟，名山名川㉑，群神群祀㉒，先王先公㉓，七姓十二国之祖㉔，明神殛之㉕。俾失其民，队命亡氏，踣其国家㉖。"

① 几，近也。○ 几，音机；徐音畿。　② 疾，急也。　③ 言当作何计。　④ 固与晋也。　⑤ 使守疆埸之吏侵犯宋。○ 说，音悦。疆，居良切。埸，音亦。　⑥ 言如此乃免于晋、楚之难。○ 难，乃旦切。⑦ 欲以致诸侯。　⑧《传》释齐大子光所以序莒上也。向戌不书，宋公在会故。　⑨ 许之旧国，郑新邑。○ 莫，音暮。　⑩ 向地在颍川长社县东北。○ 向，舒亮切。　⑪ 北行而西为右还。荥阳宛陵县西有琐候亭。○ 琐，素果切。宛，於阮切，又於元切。　⑫ 观，示也。　⑬ 济隧，水名。○ 济，子礼切。隧，音遂。　⑭ 慎，敬威仪，谨辞令。⑮ 数伐郑，皆罢于道路。○ 数，所角切。罢，音皮。　⑯ 蕴积年穀，而不分灾。○ 毋，音无。蕴，纡粉切。　⑰ 专山川之利。○ 壅，於勇切。⑱ 藏罪人。　⑲ 速去恶。○ 慝，他得切，下同。去，起吕切。　⑳ 奖，助也。○ 好，呼报切。恶，乌路切。奖，将丈切。　㉑ 二司，天神。○ 间，

间厕之间。兹命，本或作兹盟，误。 ㉒ 群祀，在祀典者。 ㉓ 先王，诸侯之大祖，宋祖帝乙、郑祖厉王之比也。先公，始封君。○ 大，音泰。凡大祖、大庙、大宫皆同。比，必利切。 ㉔ 七姓：晋、鲁、卫、郑、曹、滕，姬姓。邾、小邾，曹姓。宋，子姓。齐，姜姓。莒，己姓。杞，姒姓。薛，任姓。实十三国，言十二，误也。○ 己，音纪，或音杞。任，音壬。 ㉕ 殛，诛也。○ 殛，纪力切。 ㉖ 踣，毙也。○ 俾，本又作卑，必尔切。队，直类切。踣，蒲北切；徐，又敷豆切。毙，婢世切。

楚子囊乞旅于秦[1]，秦右大夫詹帅师从楚子，将以伐郑。郑伯逆之。丙子，伐宋[2]。

① 乞师旅于秦。 ② 郑逆服，故更伐宋也。秦师不书，不与伐宋而还。○ 詹，之廉切。与，音预。

九月，诸侯悉师以复伐郑[1]。郑人使良霄、大宰石㚟如楚，告将服于晋，曰："孤以社稷之故，不能怀君。君若能以玉帛绥晋，不然则武震以摄威之，孤之愿也。"楚人执之。书曰"行人"，言使人也[2]。诸侯之师观兵于郑东门，郑人使王子伯骈行成。甲戌，晋赵武入盟郑伯。冬十月丁亥，郑子展出盟晋侯[3]。十二月戊寅，会于萧鱼[4]。庚辰，赦郑囚，皆礼而归之。纳斥候[5]，禁侵掠。晋侯使叔肸告于诸侯[6]。公使臧孙纥对曰："凡我同盟，小国有罪，大国致讨，苟有以藉手，鲜不赦宥。寡君闻命矣[7]。"郑人赂晋侯以师悝、师触、师蠲[8]，广车、軘车淳十五乘，甲兵备[9]。凡兵车百乘[10]，歌钟二肆[11]，及其镈磬[12]，女乐二八[13]。

晋侯以乐之半赐魏绛，曰："子教寡人和诸戎狄，以正诸华[14]。八年之中，九合诸侯，如乐之和，无所不谐[15]。请与子乐之[16]。”辞曰：“夫和戎狄，国之福也。八年之中，九合诸侯，诸侯无慝，君之灵也，二三子之劳也，臣何力之有焉？抑臣愿君安其乐而思其终也！《诗》曰：‘乐只君子，殿天子之邦[17]。乐只君子，福禄攸同[18]，便蕃左右，亦是帅从[19]。’夫乐以安德[20]，义以处之[21]，礼以行之[22]，信以守之[23]，仁以厉之[24]，而后可以殿邦国，同福禄，来远人，所谓乐也[25]。《书》曰：‘居安思危[26]。’思则有备，有备无患。敢以此规[27]。”公曰：“子之教，敢不承命。抑微子，寡人无以待戎[28]，不能济河[29]。夫赏，国之典也，藏在盟府[30]，不可废也。子其受之！”魏绛于是乎始有金石之乐，礼也[31]。

① 此夏诸侯皆复来，故曰悉师。○ 复，扶又切。　② 书行人，言非使人之罪。古者兵交，使在其间，所以通命示整，或执杀之，皆以为讥也。既成而后告，故书在萧鱼下。石臭为介，故不书。○ 臭，敕略切。摄，如字，又之涉切。使，所吏切。介，音界。　③ 二盟不书，不告。　④《经》书秋，史失之。　⑤ 不相备也。○ 斥，徐音尺，又昌夜切。　⑥ 叔肸，叔向也。告诸侯，亦使赦郑囚。○ 掠，音亮。肸，许乙切。向，许丈切。⑦ 言晋讨小国，有藉手之功，则赦其罪人；德义如是，不敢不承命。○ 藉，在夜切。鲜，息浅切。宥，音又。　⑧ 悝、触、蠲，皆乐师名。○ 悝，苦回切。蠲，古玄切，又音圭。　⑨ 广车、軘车，皆兵车名。淳，耦也。○ 广，古旷切。軘，徒温切。淳，述伦切；徐，又之伦切。乘，绳证切。　⑩ 他兵车及广、軘共百乘。　⑪ 肆，列也。县钟十六为一肆。二肆，三十二枚。○ 肆，音四。县，音玄。　⑫ 镈、磬，皆乐器。○ 镈，音博。　⑬ 十六人。⑭ 在四年。　⑮ 谐亦和也。○《释文》：九合诸侯，谓五年会戚，又会城棣救陈；七年会鄬；八年会邢丘；九年盟于戏；十年会柤，又伐郑戍虎牢；十

一年同盟亳城北，又会萧鱼。　⑯ 共此乐。○ 乐，音洛，又音岳。　⑰《诗·小雅》也。谓诸侯有乐美之德，可以镇抚天子之邦。殿，镇也。○ 殿，都遍切。　⑱ 攸，所也。　⑲ 便蕃，数也。言远人相帅来服从，便蕃然在左右。○ 蕃，音烦。数，所角切。　⑳ 和其心也。　㉑ 处位以义。　㉒ 行教令。　㉓ 守所行。　㉔ 厉风俗。　㉕ 言五德皆备乃为乐，非但金石。　㉖ 逸《书》。　㉗ 规正公。　㉘ 待遇接纳。　㉙ 渡河，南服郑。　㉚ 司盟之府，有赏功之制。　㉛《礼》：大夫有功，则赐乐。

秦庶长鲍、庶长武帅师伐晋以救郑[①]。鲍先入晋地，士鲂御之，少秦师而弗设备。壬午，武济自辅氏[②]，与鲍交伐晋师。己丑，秦、晋战于栎，晋师败绩，易秦故也[③]。

① 庶长，秦爵也。不书救郑，已属晋，无所救。○ 长，丁丈切。鲍，步卯切。　② 从辅氏渡河。○ 御，鱼吕切，后放此。　③ 不书败绩，晋耻易秦而败，故不告也。栎，晋地。○ 栎，力的切；徐，失灼切。易，以豉切。

经

十有二年春，王二月，莒人伐我东鄙，围台[①]。

季孙宿帅师救台，遂入郓[②]。

夏，晋侯使士鲂来聘。

秋九月，吴子乘卒[③]。

冬，楚公子贞帅师侵宋。

公如晋。

① 琅邪费县南有台亭。○ 台，敕才切，又音臺，又翼之切。　② 郓，

莒邑。○ 郓，音运。　③ 五年，会于戚，公不与盟，而赴以名。○ 与，音预。

传

十二年春，莒人伐我东鄙，围台。季武子救台，遂入郓[1]，取其钟以为公盘。

① 乘胜入郓，报见伐。

夏，晋士鲂来聘，且拜师[1]。

① 谢前年伐郑师。

秋，吴子寿梦卒[1]。临于周庙，礼也[2]。凡诸侯之丧，异姓临于外[3]，同姓于宗庙[4]，同宗于祖庙[5]，同族于祢庙[6]。是故鲁为诸姬，临于周庙[7]。为邢、凡、蒋、茅、胙、祭，临于周公之庙[8]。

① 寿梦，吴子之号。　② 周庙，文王庙也。周公出文王，故鲁立其庙。吴始通，故曰礼。○ 临，力荫切，下同。　③ 于城外，向其国。○ 向，或作嚮，许亮切。　④ 所出王之庙。　⑤ 始封君之庙。　⑥ 父庙也。同族，谓高祖以下。○ 祢，乃礼切。　⑦ 诸姬，同姓国。○ 为，于伪切，下同。　⑧ 即祖庙也。六国皆周公之支子，别封为国，共祖周公。○ 邢，音刑。蒋，将丈切。案：富辰所称，邢在蒋下，今《传》在凡上，未知何者为是。茅，亡交切。胙，才故切。祭，侧界切；徐，如字。

冬，楚子囊、秦庶长无地伐宋，师于扬梁，以报晋之取郑也[①]。

① 取郑在前年。梁国睢阳县东有地名扬梁。○ 长，丁丈切。

灵王求后于齐。齐侯问对于晏桓子，桓子对曰："先王之礼辞有之，天子求后于诸侯，诸侯对曰：'夫妇所生若而人[①]。妾妇之子若而人[②]。'无女而有姊妹及姑姊妹，则曰：'先守某公之遗女若而人。'"齐侯许昏，王使阴里结之[③]。

① 不敢誉，亦不敢毁，故曰若而人。○ 誉，音余，又如字。　② 言非適也。○ 適，丁历切。　③ 阴里，周大夫。结，成也。为十五年刘夏逆王后《传》。○ 守，手又切。夏，户雅切。

公如晋，朝，且拜士鲂之辱，礼也[①]。

① 士鲂聘在此年夏，嫌君臣不敌，故曰礼也。

秦嬴归于楚[①]。楚司马子庚聘于秦，为夫人宁，礼也[②]。

① 秦景公妹，为楚共王夫人。○ 嬴，音盈。　② 子庚，庄王子午也。诸侯夫人父母既没，归宁使卿。故曰礼。

经

十有三年春，公至自晋。

夏，取邿[①]。

秋九月庚辰，楚子审卒[②]。

冬，城防。

① 邿，小国也。任城亢父县有邿亭。《传》例曰：书取，言易也。○ 邿，音诗。任，音壬。亢，苦浪切，又音刚。父，音甫。易，以豉切。　② 共王也。成二年，大夫盟于蜀。

传

十三年春，公至自晋，孟献子书劳于庙，礼也[①]。

① 书勋劳于策也。桓二年《传》曰：公至自唐，告于庙也。凡公行，告于宗庙。反行，饮至、舍爵，策勋焉，礼也。桓十六年《传》又曰：公至自伐郑，以饮至之礼也。然则还告庙及饮至及书劳三事，偏行一礼，则亦书至。悉阙乃不书至。《传》因献子之事，以发明凡例。《释例》详之。○ 舍，音捨。

夏，邿乱，分为三[①]。师救邿，遂取之[②]。凡书"取"，言易也[③]。用大师焉曰"灭"[④]。弗地曰"入"[⑤]。

① 国分为三部，志力各异。　② 鲁师也。《经》不称师，不满二千五百人。《传》通言之。　③ 不用师徒，及用师徒而不劳，虽国亦曰取。④ 敌人距战，斩获俘馘，用力难重，虽邑亦曰灭。○ 馘，古获切。　⑤ 谓胜其国邑，不有其地。

荀罃、士鲂卒。晋侯蒐于绵上以治兵[①]，使士匄将中军，辞曰："伯游长[②]。昔臣习于知伯，是以佐之，非能贤也[③]。

请从伯游。”荀偃将中军[4]，士匄佐之[5]。使韩起将上军，辞以赵武。又使栾黡[6]，辞曰：“臣不如韩起。韩起愿上赵武，君其听之！”使赵武将上军[7]，韩起佐之[8]。栾黡将下军，魏绛佐之[9]。新军无帅[10]，晋侯难其人，使其什吏，率其卒乘官属，以从于下军，礼也[11]。晋国之民，是以大和。诸侯遂睦。君子曰：“让，礼之主也。范宣子让，其下皆让。栾黡为汰，弗敢违也。晋国以平，数世赖之。刑善也夫[12]！一人刑善，百姓休和，可不务乎？《书》曰：‘一人有庆，兆民赖之，其宁惟永。’其是之谓乎[13]？周之兴也，其《诗》曰：‘仪刑文王，万邦作孚[14]。’言刑善也。及其衰也，其《诗》曰：‘大夫不均，我从事独贤[15]。’言不让也。世之治也，君子尚能而让其下[16]，小人农力以事其上，是以上下有礼，而谗慝黜远，由不争也。谓之懿德。及其乱也，君子称其功以加小人[17]，小人伐其技以冯君子[18]，是以上下无礼，乱虐并生，由争善也[19]。谓之昏德。国家之敝，恒必由之[20]。”

① 为将命军帅也。必蒐而命之，所以与众共。○ 为，于伪切。帅，所类切，下为帅同。 ② 伯游，荀偃。○ 长，丁丈切。 ③ 七年，韩厥老，知䓨代将中军，士匄佐之。匄今将让，故谓尔时之举，不以己贤。事见九年。○ 见，贤遍切。 ④ 代荀䓨。 ⑤ 位如故。 ⑥ 以武位卑，故不听，更命黡。 ⑦ 武自新军超四等，代荀偃。 ⑧ 位如故。 ⑨ 黡亦如故。绛自新军佐超一等，代士鲂。 ⑩ 将佐皆迁。○ 将，子匠切。 ⑪ 得慎举之礼。○ 难，乃旦切，或如字。什，音十。卒，子忽切。乘，绳证切。 ⑫ 刑，法也。○ 汰，音泰。数，所主切。夫，音扶。 ⑬《周书》，《吕刑》也。一人，天子也。宁，安也。永，长也。义取上有好善之庆，则下赖其福。○ 休，许虬切。好，呼报切。 ⑭《诗·大雅》。言文

王善用法，故能为万国所信。孚，信也。　⑮《诗·小雅》。刺幽王役使不均，故从事者怨恨，称己之劳以为独贤，无让心。　⑯ 能者在下位，则贵尚而让之。○ 治，直吏切。　⑰ 加，陵也。君子，在位者。○ 慝，他得切。远，于万切，又如字。争，争斗之争。　⑱ 冯，亦陵也。自称其能为伐。○ 技，其绮切。冯，皮冰切。　⑲ 争自善也。　⑳《传》言晋之所以兴。

楚子疾，告大夫曰："不穀不德，少主社稷，生十年而丧先君，未及习师保之教训，而应受多福[①]。是以不德，而亡师于鄢[②]，以辱社稷，为大夫忧，其弘多矣[③]。若以大夫之灵，获保首领以殁于地，唯是春秋窀穸之事[④]，所以从先君于祢庙者[⑤]，请为'灵'若'厉'[⑥]。大夫择焉！"莫对。及五命乃许。秋，楚共王卒。子囊谋谥。大夫曰："君有命矣。"子囊曰："君命以共，若之何毁之？赫赫楚国，而君临之，抚有蛮夷，奄征南海，以属诸夏，而知其过，可不谓共乎？请谥之'共'。"大夫从之[⑦]。

① 多福，谓为君。○ 少，诗照切。丧，息浪切。　② 鄢在成十六年。○ 鄢，音偃。　③ 弘，大也。　④ 窀，厚也。穸，夜也。厚夜，犹长夜。春秋，谓祭祀。长夜，谓葬埋。○ 殁，音没。窀，张伦切，又徒门切。穸，音夕。　⑤ 从先君代为祢庙。　⑥ 欲受恶谥以归先君也。乱而不损曰"灵"。戮杀不辜曰"厉"。　⑦《传》言子囊之善。○ 共，音恭。夏，户雅切。

吴侵楚，养由基奔命，子庚以师继之[①]。养叔曰："吴乘我丧，谓我不能师也[②]，必易我而不戒[③]。子为三覆以待我④,我请诱之。"子庚从之。战于庸浦⑤,大败吴师,获公子党。君子以吴为不吊⑥。《诗》曰:"不吊昊天,乱靡有定⑦。"

① 子庚,楚司马。 ② 养叔,养由基也。 ③ 戒,备也。○ 易,以豉切。 ④ 覆,伏兵。○ 覆,扶又切。 ⑤ 庸浦,楚地。○ 浦,判五切。 ⑥ 不用天道相吊恤。 ⑦ 言不为昊天所恤,则致罪也。为明年会向《传》。○ 昊,户老切。

冬,城防,书事时也①。于是将早城,臧武仲请俟毕农事,礼也。

① 土功虽有常节,通以事閒为时。○ 閒,音闲。

郑良霄、大宰石㚟犹在楚①。石㚟言于子囊曰:"先王卜征五年②,而岁习其祥,祥习则行③。不习则增,修德而改卜④。今楚实不竞,行人何罪⑤?止郑一卿,以除其偪⑥,使睦而疾楚,以固于晋,焉用之⑦?使归而废其使⑧,怨其君以疾其大夫,而相牵引也,不犹愈乎?"楚人归之。

① 十一年,楚人执之至今。 ② 先征五年而卜吉凶也。征,谓巡守征行。○ 先,悉荐切。守,手又切,本又作狩。 ③ 五年五卜,皆同吉,乃巡守。 ④ 不习,谓卜不吉。○《释文》:不习则增,绝句;一本无增字,则连下总为句。 ⑤ 不能修德与晋竞。 ⑥ 一卿,谓良霄。 ⑦ 位不偪,则大臣睦;怨疾楚,则事晋固。○《释文》:焉用之,本或作将焉用之。焉,於虔切。 ⑧ 行而见执于楚,郑又遂坚事晋,是郑废本见使之意。○ 使,所吏切。

经

十有四年春，王正月，季孙宿、叔老会晋士匄、齐人、宋人、卫人、郑公孙虿、曹人、莒人、邾人、滕人、薛人、杞人、小邾人会吴于向[①]。

二月乙未朔，日有食之[②]。

夏四月，叔孙豹会晋荀偃、齐人、宋人、卫北宫括、郑公孙虿、曹人、莒人、邾人、滕人、薛人、杞人、小邾人伐秦[③]。

己未，卫侯出奔齐[④]。

莒人侵我东鄙[⑤]。

秋，楚公子贞帅师伐吴。

冬，季孙宿会晋士匄、宋华阅、卫孙林父、郑公孙虿、莒人、邾人于戚。

① 叔老，声伯子也。鲁使二卿会晋，敬事霸国。晋自是轻鲁币，而益敬其使，故叔老虽介，亦列于会也。齐崔杼、宋华阅、卫北宫括在会惰慢不摄，故贬称人，盖欲以督率诸侯，奖成霸功也。吴来在向，诸侯会之，故曰会吴。向，郑地。○ 使，所吏切。介，音界。惰，徒卧切。　② 无《传》。③ 齐、宋大夫不书，义与向同。　④ 诸侯之策书孙甯逐卫侯。《春秋》以其自取奔亡之祸，故诸侯失国者，皆不书逐君之贼也。不书名，从告。⑤ 无《传》。报入郓。

传

十四年春，吴告败于晋[①]。会于向，为吴谋楚故也[②]。范宣子数吴之不德也，以退吴人[③]。执莒公子务娄[④]，以其通楚使也[⑤]。

将执戎子驹支[⑥]。范宣子亲数诸朝[⑦]，曰："来！姜戎氏，昔秦人迫逐乃祖吾离于瓜州[⑧]，乃祖吾离被苫盖[⑨]，蒙荆棘，以来归我先君[⑩]。我先君惠公有不腆之田[⑪]，与女剖分而食之[⑫]。今诸侯之事我寡君，不如昔者，盖言语漏泄，则职女之由[⑬]。诘朝之事，尔无与焉[⑭]！与将执女！"对曰："昔秦人负恃其众，贪于土地，逐我诸戎。惠公蠲其大德[⑮]，谓我诸戎是四岳之裔胄也[⑯]，毋是翦弃[⑰]。赐我南鄙之田，狐狸所居，豺狼所嗥。我诸戎除翦其荆棘，驱其狐狸豺狼，以为先君不侵不叛之臣，至于今不贰[⑱]。昔文公与秦伐郑，秦人窃与郑盟而舍戍焉[⑲]，于是乎有殽之师[⑳]。晋御其上，戎亢其下[㉑]，秦师不复，我诸戎实然。譬如捕鹿，晋人角之，诸戎掎之[㉒]，与晋踣之[㉓]，戎何以不免？自是以来，晋之百役，与我诸戎相继于时[㉔]，以从执政，犹殽志也[㉕]。岂敢离逷？今官之师旅，无乃实有所阙，以携诸侯，而罪我诸戎！我诸戎饮食衣服，不与华同，贽币不通，言语不达，何恶之能为？不与于会，亦无瞢焉[㉖]！"赋《青蝇》而退[㉗]。宣子辞焉[㉘]，使即事于会，成恺悌也[㉙]。于是，子叔齐子为季武子介以会，自是晋人轻鲁币，而益敬其使[㉚]。

① 前年为楚所败。　② 谋为吴伐楚。○ 为，于伪切，《注》为吴、卒不为同。　③ 吴伐楚丧，故以为不德。数而遣之，卒不为伐楚。
④ 在会不书，非卿。○ 务，徐，莫侯切，又音如字。娄，力侯切，或力俱切。
⑤ 莒贰于楚，故比年伐鲁。○ 使，所吏切。　⑥ 驹支，戎子名。
⑦ 行之所在，亦设朝位。　⑧ 四岳之后皆姜姓，又别为允姓。瓜州地在今燉煌。○ 迫，音百。瓜，古华切。燉，徒门切。煌，音皇。　⑨ 盖，苫之

别名。○ 被，普皮切。苫，式占切。盖，户臘切；《尔雅》曰：白盖谓之苫。 ⑩ 蒙，冒也。○ 冒，莫报切。 ⑪ 腆，厚也。○ 腆，他典切。 ⑫ 中分为剖。○ 女，音汝，下同。剖，普口切。中，丁促切，又如字。 ⑬ 职，主也。○ 洩，息列切；徐，以世切。 ⑭ 诘朝，明旦。不使复得与会事。○ 诘，起吉切。朝，如字。与，音预，下同。复，扶又切。 ⑮ 蠲，明也。⑯ 四岳，尧时方伯，姜姓也。裔，远也。胄，后也。○ 裔，以制切。胄，直又切。 ⑰ 翦，削也。○ 毋，音无。 ⑱ 不内侵，亦不外叛。○ 貍，力之切。豺，仕皆切。嗥，户羔切。 ⑲ 在僖三十年。 ⑳ 在僖三十三年。○ 殽，户交切。 ㉑ 亢，犹当也。○ 亢，苦浪切。 ㉒ 掎其足也。○ 捕，音步；徐又音赋。掎，居绮切。 ㉓ 踣，僵也。○ 踣，蒲北切，又敷豆切。僵，居良切。 ㉔ 言给晋役不旷时。 ㉕ 意常如殽，无中二也。 ㉖ 瞢，闷也。○ 逷，他历切。贽，音至。与，音预。瞢，莫赠切；徐，武登切，又武忠切。 ㉗《青蝇》，《诗・小雅》。取其“恺悌君子，无信谗言”。○ 蝇，以仍切。恺，开在切。悌，徒礼切。 ㉘ 辞，谢。 ㉙ 成恺悌，不信谗也。不书者，戎为晋属，不得特达。 ㉚ 齐子，叔老字也。言晋敬鲁使，《经》所以并书二卿。○ 介，音界。使，所吏切。

吴子诸樊既除丧[1]，将立季札[2]。季札辞曰：“曹宣公之卒也，诸侯与曹人不义曹君[3]，将立子臧。子臧去之，遂弗为也，以成曹君。君子曰：‘能守节。’君，义嗣也[4]。谁敢奸君？有国，非吾节也。札虽不才，愿附于子臧，以无失节。”固立之，弃其室而耕。乃舍之[5]。

① 诸樊，吴子乘之长子也。乘卒至此春十七月，既葬而除丧。○ 长，丁丈切。 ② 札，诸樊少弟。○ 札，侧八切。少，诗照切。 ③ 曹君，公子负刍也，杀大子而自立。事在成十三年。 ④ 诸樊，適子，故曰义嗣。○ 適，丁历切。 ⑤《传》言季札之让，且明吴兄弟相传。○ 奸，音干。

传，直专切。

夏，诸侯之大夫从晋侯伐秦，以报栎之役也[①]。晋侯待于竟，使六卿帅诸侯之师以进[②]。及泾，不济[③]。叔向见叔孙穆子，穆子赋《匏有苦叶》[④]。叔向退而具舟，鲁人、莒人先济。郑子蟜见卫北宫懿子曰："与人而不固，取恶莫甚焉！若社稷何？"懿子说。二子见诸侯之师而劝之济，济泾而次[⑤]。秦人毒泾上流，师人多死[⑥]。郑司马子蟜帅郑师以进，师皆从之，至于棫林[⑦]，不获成焉[⑧]。荀偃令曰："鸡鸣而驾，塞井夷灶[⑨]，唯余马首是瞻[⑩]！"栾黡曰："晋国之命，未是有也。余马首欲东。"乃归[⑪]。下军从之。左史谓魏庄子曰："不待中行伯乎[⑫]？"庄子曰："夫子命从帅[⑬]。栾伯，吾帅也，吾将从之。从帅，所以待夫子也[⑭]。"伯游曰："吾令实过，悔之何及，多遗秦禽[⑮]。"乃命大还。晋人谓之迁延之役[⑯]。

栾鍼曰："此役也，报栎之败也。役又无功，晋之耻也。吾有二位于戎路[⑰]，敢不耻乎？"与士鞅驰秦师，死焉。士鞅反[⑱]，栾黡谓士匄曰："余弟不欲往，而子召之。余弟死，而子来，是而子杀余之弟也。弗逐，余亦将杀之。"士鞅奔秦[⑲]。于是，齐崔杼、宋华阅、仲江会伐秦，不书，惰也[⑳]。向之会亦如之。卫北宫括不书于向[㉑]，书于伐秦，摄也[㉒]。

① 栎役在十一年。　② 言《经》所以不称晋侯。○ 竟，音境。　③ 诸侯之师不肯渡也。泾水出安定朝那县，至京兆高陆县入渭。○ 朝，如字；如淳音株。那，乃多切。　④《诗·邶风》也。义取于"深则厉，浅则揭"。言己志在于必济。○ 匏，白交切。揭，起例切。　⑤《传》言北宫括

所以书于伐秦。○ 说，音悦。　⑥ 饮毒水故。　⑦ 棫林，秦地。○ 棫，位逼切；徐，于曰切，又於鞠切。　⑧ 秦不服。　⑨ 示不反。⑩ 言进退从己。　⑪ 黡恶偃自专，故弃之归。○ 恶，乌路切。　⑫ 中行伯，荀偃也。庄子，魏绛也。左史，晋大夫。　⑬ 夫子，谓荀偃。○ 帅，所类切。　⑭ 以从命为待也。栾黡，下军帅，庄子为佐，故曰吾帅。⑮ 军帅不和，恐多为秦所禽获。○ 遗，唯季切。　⑯ 迁延，却退。⑰ 栾鍼，栾黡弟也。二位，谓黡将下军，鍼为戎右。　⑱ 鞅，士匄子。⑲ 栾黡汰侈，诬逐士鞅也。而，女也。○ 侈，昌氏切；或作奓，又尺氏切。女，音汝。　⑳ 临事惰慢不修也。仲江，宋公孙师之子。　㉑ 亦惰。㉒ 能自摄整，从郑子蟜俱济泾。

秦伯问于士鞅曰："晋大夫其谁先亡？"对曰："其栾氏乎！"秦伯曰："以其汰乎？"对曰："然。栾黡汰虐已甚，犹可以免。其在盈乎[①]！"秦伯曰："何故？"对曰："武子之德在民，如周人之思召公焉，爱其甘棠，况其子乎[②]？栾黡死，盈之善未能及人，武子所施没矣，而黡之怨实章，将于是乎在。"秦伯以为知言，为之请于晋而复之[③]。

① 盈，黡之子。　② 武子，栾书，黡之父也。召公奭听讼于甘棠之下，周人思之，不害其树，而作勿伐之诗，在《召南》。○ 召，上照切。奭，诗亦切。　③ 为《传》二十一年晋灭栾氏张本。○ 施，如字，又始豉切。为，于伪切。

卫献公戒孙文子、甯惠子食[①]，皆服而朝[②]。日旰不召[③]，而射鸿于囿。二子从之[④]，不释皮冠而与之言[⑤]。二子怒。孙文子如戚[⑥]，孙蒯入使[⑦]。公饮之酒，使大师歌《巧言》之卒章[8]。大师辞，师曹请为之[9]。初，公有嬖妾，使师曹诲之琴[10]，师曹鞭之。公怒，鞭师曹三百。故师曹欲歌之，以怒孙子以报公。公使歌之，遂诵之[11]。

蒯惧，告文子。文子曰："君忌我矣，弗先，必死[12]。"并帑于戚[13]，而入见蘧伯玉曰："君之暴虐，子所知也。大惧社稷之倾覆，将若之何[14]？"对曰："君制其国，臣敢奸之[15]？虽奸之，庸知愈乎[16]？"遂行，从近关出[17]。公使子蟜、子伯、子皮与孙子盟于丘宫，孙子皆杀之[18]。

四月己未，子展奔齐[19]。公如鄄[20]，使子行于孙子，孙子又杀之[21]。公出奔齐，孙氏追之，败公徒于阿泽[22]。鄄人执之[23]。初，尹公佗学射于庾公差，庾公差学射于公孙丁。二子追公[24]，公孙丁御公[25]。子鱼曰："射为背师，不射为戮，射为礼乎[26]。"射两軥而还[27]。尹公佗曰："子为师，我则远矣。"乃反之[28]。公孙丁授公辔而射之，贯臂[29]。子鲜从公[30]。

及竟，公使祝宗告亡，且告无罪[31]。定姜曰："无神何告？若有，不可诬也[32]。有罪，若何告无？舍大臣而与小臣谋，一罪也。先君有冢卿以为师保，而蔑之，二罪也[33]。余以巾栉事先君，而暴妾使余，三罪也。告亡而已，无告无罪[34]。"

公使厚成叔吊于卫，曰："寡君使瘠，闻君不抚社稷，而越在他竟[35]，若之何不吊？以同盟之故，使瘠敢私于执事[36]曰：'有君不吊[37]，有臣不敏[38]，君不赦宥，臣亦不帅职，增淫发泄，其若之何？'"卫人使大叔仪对[39]曰："群臣不佞，得罪于寡君。寡君不以即刑而悼弃之，以为君忧。君不忘先君之好，辱吊群臣，又重恤之[40]。敢拜君命之辱，重拜大贶[41]。"厚孙归，复命，语臧武仲曰："卫君其必归乎！有大叔仪以守[42]，有母弟鱄以出，或抚其内，或营其外，能无归乎？"

齐人以郲寄卫侯[43]。及其复也，以郲粮归[44]。右宰穀从而逃归，卫人将杀之[45]。辞曰："余不说初矣[46]，余狐裘而羔袖[47]。"乃赦之。卫人立公孙剽[48]，孙林父、甯殖相之，以听命于诸侯[49]。

卫侯在郲。臧纥如齐，唁卫侯。卫侯与之言，虐。退而告其人曰："卫侯其不得入矣！其言粪土也，亡而不变，何以复国[50]？"子展、子鲜闻之，见臧纥，与之言，道[51]。臧孙说，谓其人曰："卫君必入。夫二子者，或輓之，或推之，欲无入，得乎[52]？"

① 敕戒二子，欲共宴食。 ② 服朝服，待命于朝。 ③ 旰，晏也。○ 旰，古旦切。 ④ 从公于囿。○ 射，食亦切。囿，音又。 ⑤ 皮冠，田猎之冠也。既不释冠，又不与食。 ⑥ 戚，孙文子邑。 ⑦ 孙蒯，孙文子之子。○ 使，所吏切，又如字。 ⑧《巧言》，《诗·小雅》。其卒章曰："彼何人斯？居河之麋，无拳无勇，职为乱阶。"戚，卫河上邑。公欲以喻文子居河上而为乱。大师，掌乐大夫。○ 饮，於鸩切。麋，亡悲切，本又作湄。拳，音权。 ⑨ 辞以为不可。师曹，乐人。 ⑩ 诲，教也，○ 嬖，必计切。 ⑪ 恐孙蒯不解故。○ 解，音蟹。 ⑫ 欲先公作乱。○ 先，悉荐切。 ⑬ 帑，子也。○ 并，必政切。帑，音奴。 ⑭ 伯玉，蘧瑗。○ 蘧，其居切。覆，芳服切。瑗，于眷切。 ⑮ 奸，犹犯也。 ⑯ 言逐君更立，未知当差否？○ 愈，羊主切。差，初卖切。 ⑰ 惧难作，欲速出竟。○ 难，乃旦切。竟，音境。 ⑱ 三子，卫群公子。疑孙子，故盟之。丘宫，近戚地。○ 侨，居表切。近，附近之近。 ⑲ 子展，卫献公弟。 ⑳ 鄄，卫地。○ 鄄，音绢。 ㉑ 使往请和也。子行，群公子。 ㉒ 济

北东阿县西南有大泽。　㉓公徒因败散还，故为公执之。〇为，于伪切，下《注》为孙同。　㉔二子，佗与差。为孙氏逐公。〇佗，徒何切。差，初佳切；徐，初宜切。　㉕为公御也。　㉖子鱼，庾公差。礼，射不求中。〇射，食亦切，下及《注》除礼射一字皆同；或一读射而礼乎，音食夜切。背，音佩。中，丁仲切。　㉗轲，车轭卷者。〇轲，其俱切；徐，古豆切；《说文》同，云，轭下曲者；服云，车轭两边叉马颈者。轭，於革切。卷，音权，又起权切。　㉘佗不从丁学，故言远。始与公差俱退，悔而独还射丁。〇为，于伪切。　㉙贯佗臂。〇贯，古乱切，一音官。　㉚子鲜，公母弟。〇鲜，音仙。　㉛告宗庙也。　㉜诬，欺也。定姜，公適母。〇適，丁历切。　㉝谓不释皮冠之比。〇舍，音捨。比，必二切。㉞时姜在国，故不使得告无罪。〇栉，侧乙切。　㉟越，远也。瘠，厚成叔名。〇厚，本或作郈，音同。吊于卫，本或作吊于卫侯。侯，衍字也。瘠，在亦切。　㊱执事，卫诸大夫。　㊲吊，恤也。　㊳敏，达也。㊴大叔仪，卫大夫。〇洩，息列切。大，音泰。　㊵重恤，谓愍其不达也。〇好，呼报切。重，直用切，下同。　㊶谢重恤之赐。　㊷守于国。〇语，鱼据切。守，手又切。　㊸郲，齐所灭郲国。〇鲓，徐，市窬切，又音专。郲，音来。　㊹言其贪。　㊺縠，卫大夫也。以其从君，故欲杀之。〇从，才用切，又如字。　㊻言初从君，非说之，不获已耳。〇说，音悦。　㊼言一身尽善，唯少有恶。喻己虽从君出，其罪不多。〇袖，本又作褎，在又切。　㊽剽，穆公孙。〇剽，匹妙切，一音甫遥切；《字林》，父召切。　㊾听盟会之命。〇相，息亮切。　㊿武仲不书，未为卿。〇唁，鱼变切；徐作殑，音言；吊失国曰唁。粪，方问切。　51 顺道理。　52 为二十六年卫侯归《传》。〇輓，音晚。推，如字，又他回切。

师归自伐秦，晋侯舍新军，礼也，成国不过半天子之军[①]，周为六军，诸侯之大者，三军可也。于是知朔生盈而死[②]，盈生六年而武子卒，彘裘亦幼，皆未可立也。新军无帅，故舍之[3]。

① 成国，大国。○ 舍，音捨。　② 朔，知罃之长子。盈，朔弟也。盈生而朔死。○ 知，音智。长，丁丈切。　③ 裘，士鲂子也。十三年，荀罃、士鲂卒，其子皆幼，未任为卿。故新军无帅，遂舍之。○ 彘，直例切。帅，所类切。任，音壬。

师旷侍于晋侯[1]。晋侯曰："卫人出其君，不亦甚乎？"对曰："或者其君实甚。良君将赏善而刑淫，养民如子，盖之如天，容之如地。民奉其君，爱之如父母，仰之如日月，敬之如神明，畏之如雷霆，其可出乎？夫君，神之主而民之望也。若困民之主，匮神乏祀，百姓绝望，社稷无主，将安用之？弗去何为？天生民而立之君，使司牧之，勿使失性。有君而为之贰[2]，使师保之，勿使过度。是故天子有公，诸侯有卿，卿置侧室[3]，大夫有贰宗[4]，士有朋友，庶人、工、商、皂、隶、牧、圉皆有亲暱，以相辅佐也。善则赏之[5]，过则匡之[6]，患则救之[7]，失则革之[8]。自王以下，各有父兄子弟，以补察其政[9]。史为书[10]，瞽为诗[11]，工诵箴谏[12]，大夫规诲[13]，士传言[14]，庶人谤[15]，商旅于市[16]，百工献艺[17]。故《夏书》曰：'遒人以木铎徇于路[18]。官师相规[19]，工执艺事以谏[20]。'正月孟春，于是乎有之，谏失常也[21]。天之爱民甚矣。岂其使一人肆于民上[22]，以从其淫，而弃天地之性？必不然矣[23]。"

① 师旷，晋乐大师子野。　② 贰，卿佐。○ 出，如字；徐音黜。

仰,本亦作卬,音仰。霆,徒丁切,又音挺;本又作电。匮,其位切。乏祀,本或作之祀,误也。去,起吕切。　③ 侧室,支子之官。　④ 贰宗,宗子之副贰者。　⑤ 赏,谓宣扬。○ 暱,女乙切。　⑥ 匡,正也。⑦ 救其难也。○ 难,乃旦切。　⑧ 革,更也。　⑨ 补其愆过,察其得失。　⑩ 谓大史,君举则书。　⑪ 瞽,盲者,为诗以风刺。○ 瞽,音古。盲,莫庚切。风,芳凤切。　⑫ 工,乐人也。诵箴谏之辞。○ 箴,之林切。　⑬ 规正谏诲其君。　⑭ 士卑不得迳达,闻君过失,传告大夫。○ 传,直专切,《注》同。　⑮ 庶人不与政,闻君过则诽谤。○ 与,音预。诽,如字;本或作非,音亦同,又甫味切。　⑯ 旅,陈也。陈其货物,以示时所贵尚。　⑰ 献其技艺,以喻政事。○ 技,其绮切。　⑱ 逸《书》。遒人,行令之官也。木铎,木舌金铃。徇于路,求歌谣之言。○ 遒,在由切;徐,又在幽切,又子由切。铎,待洛切。徇,似俊切。铃,力丁切。⑲ 官师,大夫。自相规正。　⑳ 所谓献艺。　㉑ 有遒人徇路之事。㉒ 肆,放也。　㉓《传》言师旷能因问尽言。○ 从,子用切;本或作纵。

秋,楚子为庸浦之役故[1],子囊师于棠以伐吴,吴不出而还。子囊殿[2],以吴为不能而弗儆。吴人自皋舟之隘,要而击之[3],楚人不能相救。吴人败之,获楚公子宜穀[4]。

① 在前年。○ 为,于伪切。　② 殿军后。○ 殿,多练切。　③ 皋舟,吴险阨之道。○ 儆,音景。隘,於懈切。要,一遥切。阨,於革切。④《传》言不备不可以师。

王使刘定公赐齐侯命[1],曰:"昔伯舅大公,右我先王,股肱周室,师保万民,世胙大师,以表东海[2]。王室之不坏,繄伯舅是赖[3]。今余命女环[4]!兹率舅氏之典,纂乃祖考,无忝乃旧。敬之哉，无废朕命[5]！”

① 将昏于齐故也。定公，刘夏。位贱，以能而使之。《传》称谥，举其终。　② 胙，报也。表，显也。谓显封东海。以报大师之功。〇 右，音又。胙，才故切。　③ 繄，发声。〇 坏，如字；服本作怀。繄，乌兮切。　④ 环，齐灵公名。〇 女，音汝。环，户关切。　⑤ 纂，继也。因昏而加褒显，《传》言王室不能命有功。

晋侯问卫故于中行献子[1]，对曰：“不如因而定之，卫有君矣[2]。伐之，未可以得志而勤诸侯。史佚有言曰：‘因重而抚之[3]。’仲虺有言曰：‘亡者侮之，乱者取之，推亡固存，国之道也[4]。’君其定卫以待时乎[5]！”冬，会于戚，谋定卫也[6]。

① 问卫逐君当讨否？献子，荀偃。　② 谓剽已立。　③ 重不可移，就抚安之。〇 佚，音逸。　④ 仲虺，汤左相。〇 虺，许鬼切。侮，亡甫切。相，息亮切。　⑤ 待其昏乱之时，乃伐之。　⑥ 定立剽。

范宣子假羽毛于齐而弗归，齐人始贰[1]。

① 析羽为旌，王者游车之所建，齐私有之，因谓之羽毛。宣子闻而借观之。〇 析，星历切。

楚子囊还自伐吴，卒。将死，遗言谓子庚：“必城郢[1]。”君子谓：“子囊忠。君薨不忘增其名[2]，将死不忘卫社稷，可不谓忠乎？忠，民之望也。《诗》曰：‘行归于周，万民所望。'忠也[③]。"

① 楚徙都郢，未有城郭。公子燮、公子仪因筑城为乱，事未得讫。子囊欲讫而未暇，故遗言见意。○ 见，贤遍切。 ② 谓前年谥君为共。③《诗·小雅》。忠信为周。言德行归于忠信，即为万民所瞻望。○ 行，下孟切。

经

十有五年春，宋公使向戌来聘。

二月己亥，及向戌盟于刘。

刘夏逆王后于齐[①]。

夏，齐侯伐我北鄙，围成。

公救成，至遇[②]。

季孙宿、叔孙豹帅师城成郛[③]。

秋八月丁巳，日有食之[④]。

邾人伐我南鄙。

冬十有一月癸亥，晋侯周卒[⑤]。

① 刘，采地；夏，名也。天子卿书字，刘夏非卿，故书名。天子无外，所命则成，故不言逆女。 ② 无《传》。遇，鲁地。书至遇，公畏齐，不敢至成。 ③ 备齐，故夏城，非例所讥。 ④ 无《传》。八月无丁巳。丁巳，七月一日也。日月必有误。 ⑤ 四同盟。

传

十五年春，宋向戌来聘，且寻盟[①]。见孟献子，尤其室[2]，曰："子有令闻，而美其室，非所望也！"对曰："我在晋，吾兄为之，毁之重劳，且不敢间[3]。"

① 报二年豹之聘，寻十一年亳之盟。 ② 尤，责过也。 ③《传》言献子友于兄，且不隐其实。○ 闻，音问。重，直用切。间，间厕之间。

官师从单靖公逆王后于齐。卿不行，非礼也[1]。

① 官师，刘夏也。天子官师，非卿也。刘夏独过鲁告昏，故不书单靖公。天子不亲昏，使上卿逆而公监之，故曰卿不行，非礼。○ 过，古禾切。监，古衔切。

楚公子午为令尹[1]，公子罢戎为右尹，蒍子冯为大司马[2]，公子橐师为右司马，公子成为左司马，屈到为莫敖[3]，公子追舒为箴尹[4]，屈荡为连尹，养由基为宫厩尹，以靖国人。君子谓："楚于是乎能官人。官人，国之急也。能官人，则民无觎心[5]。《诗》云：'嗟我怀人，寘彼周行。'能官人也[6]。王及公、侯、伯、子、男、甸、采、卫、大夫，各居其列，所谓周行也[7]。"

① 代子囊。 ② 子冯，叔敖从子。○ 罢，音皮，又皮买切。蒍，于委切。冯，皮冰切。从，才用切。 ③ 屈到，屈荡子。○ 橐，音托。成，音城。屈，居勿切。 ④ 追舒，庄王子子南。○ 箴，之林切。 ⑤ 无觊觎以求幸。○ 厩，徐音救。觎，羊朱切；徐音喻。觊，音冀。 ⑥《诗·周南》也。寘，置也。行，列也。周，徧也。诗人嗟叹，言我思得贤人，置之徧于列位。是后妃之志以官人为急。○ 寘，之豉切。行，户郎切，下同。徧，

音遍。　⑦ 言自王以下，诸侯大夫各任其职，则是诗人周行之志也。甸、采、卫，五服之名也。天子所居千里曰圻，其外曰侯服，次曰甸服，次曰男服，次曰采服，次曰卫服。五百里为一服。不言侯、男，略举也。○ 任，音壬。圻，音祈。

郑尉氏、司氏之乱，其馀盗在宋[①]。郑人以子西、伯有、子产之故，纳赂于宋[②]，以马四十乘[③]与师茷、师慧[④]。三月，公孙黑为质焉[⑤]。司城子罕以堵女父、尉翩、司齐与之。良司臣而逸之[⑥]，托诸季武子，武子寘诸卞[⑦]。郑人醢之，三人也[⑧]。

师慧过宋朝，将私焉[⑨]。其相曰："朝也[⑩]。"慧曰："无人焉。"相曰："朝也，何故无人？"慧曰："必无人焉。若犹有人，岂其以千乘之相，易淫乐之矇？必无人焉故也[⑪]。"子罕闻之，固请而归之[⑫]。

① 乱在十年。　② 三子之父，皆为尉氏所杀故。　③ 百六十匹。○ 乘，绳证切。　④ 乐师也。茷、慧，其名。○ 茷，扶废切；徐音伐。⑤ 公孙黑，子晳。○ 质，音致。晳，星历切。　⑥ 贤而放之。○ 女，音汝。⑦ 子罕以司臣托季氏。○ 卞，皮彦切。　⑧ 三人，堵女父、尉翩、司齐。⑨ 私，小便。　⑩ 相师者。○ 相，息亮切。　⑪ 千乘相，谓子产等也。言不为子产杀三盗，得赂而归之，是重淫乐而轻相国。○ 易，以豉切，轻也。矇，音蒙。为，于伪切，下为之同。　⑫ 言子罕能改过。

夏，齐侯围成，贰于晋故也[①]。于是乎城成郛[②]。

① 不畏霸主，故敢伐鲁。　② 郛，郭也。

秋，邾人伐我南鄙①。使告于晋，晋将为会以讨邾、莒②。晋侯有疾，乃止。冬，晋悼公卒，遂不克会③。

① 亦贰于晋故。　② 十二年、十四年，莒人伐鲁，未之讨也。③ 为明年会溴梁《传》。○ 溴，古历切。

郑公孙夏如晋奔丧，子蟜送葬①。

① 夏，子西也。言诸侯畏晋，故卿共葬。○ 共，音恭。

宋人或得玉，献诸子罕。子罕弗受。献玉者曰："以示玉人①，玉人以为宝也，故敢献之。"子罕曰："我以不贪为宝，尔以玉为宝，若以与我，皆丧宝也。不若人有其宝。"稽首而告曰："小人怀璧，不可以越乡②。纳此以请死也③。"子罕寘诸其里，使玉人为之攻之④，富而后使复其所⑤。

① 玉人，能治玉者。　② 言必为盗所害。○ 丧，息浪切。　③ 请免死。　④ 攻，治也。　⑤ 卖玉得富。

十二月，郑人夺堵狗之妻，而归诸范氏①。

① 堵狗，堵女父之族。狗娶于晋范氏。郑人既诛女父，畏狗因范氏而作乱，故夺其妻归范氏，先绝之。《传》言郑之有谋。○ 堵，音者。狗，本或作苟。娶，七注切。

春秋经传集解第十六

襄公三

经

十有六年春，王正月，葬晋悼公①。

三月，公会晋侯、宋公、卫侯、郑伯、曹伯、莒子、邾子、薛伯、杞伯、小邾子于溴梁②。

戊寅，大夫盟③。

晋人执莒子、邾子以归④。

齐侯伐我北鄙⑤。

夏，公至自会⑥。

五月甲子，地震⑦。

叔老会郑伯、晋荀偃、卫甯殖、宋人伐许⑧。

秋，齐侯伐我北鄙，围成⑨。

大雩⑩。

冬，叔孙豹如晋。

① 逾月而葬，速也。　② 不书高厚，逃归故也。溴水出河内轵县，东南至温入河。〇 溴，古阒切；徐，公壁切。轵，之氏切；韦昭音枳。③ 诸大夫本欲盟高厚，高厚逃归，故遂自共盟。鸡泽会重序诸侯，今此间无异事，即上诸侯大夫可知。〇 重，直用切。　④ 邾、莒二国数侵鲁，又无道于其民，故称人以执。不以归京师，非礼也。〇 数，所角切。　⑤ 无

《传》。齐贰晋故。　⑥ 无《传》。　⑦ 无《传》。　⑧ 荀偃主兵，当序郑上。方示叔老可以会郑伯，故荀偃在下。　⑨ ○ 成，音郕。　⑩ 无《传》。书过。

传

十六年春，葬晋悼公。平公即位①。羊舌肸为傅②，张君臣为中军司马③，祁奚、韩襄、栾盈、士鞅为公族大夫④，虞丘书为乘马御⑤。改服修官，烝于曲沃⑥。警守而下，会于溴梁⑦。命归侵田⑧。以我故，执邾宣公、莒犁比公⑨，且曰："通齐、楚之使⑩。"

晋侯与诸侯宴于温，使诸大夫舞，曰："歌诗必类⑪！"齐高厚之诗不类⑫。荀偃怒，且曰："诸侯有异志矣！"使诸大夫盟高厚，高厚逃归⑬。于是，叔孙豹、晋荀偃、宋向戌、卫甯殖、郑公孙虿、小邾之大夫盟曰："同讨不庭⑭。"

① 平公，悼公子彪。○ 彪，彼虯切。　② 肸，叔向也。代士渥浊。○ 肸，许乙切。向，许丈切。　③ 张老子。代其父。　④ 祁奚去中军尉为公族大夫，去剧职，就閒官。韩襄，无忌子。○ 閒音闲。　⑤ 代程郑。○ 乘，绳证切。　⑥ 既葬，改丧服。修官，选贤能。曲沃，晋祖庙。烝，冬祭也。诸侯五月而葬。既葬，卒哭作主，然后烝尝于庙。今晋逾月葬，作主而烝祭。《传》言晋将有溴梁之会，故速葬。○ 烝，之承切。　⑦ 顺河东行，故曰下。○ 警，居领切。守，手又切。　⑧ 诸侯相侵取之田。　⑨ 犁比，莒子号也。十二年、十四年，莒人侵鲁。前年邾人伐鲁。晋将为鲁讨之，悼公卒，不克会。故平公终其事。○ 犁，徐，力私切，又力兮切。比，音毗。为，于伪切，下文为夷同。　⑩ 邾、莒在齐、楚往来道中，故并以此责之。《经》书执在大夫盟下，既盟而后告。○ 使，所吏切，下同。

⑪ 歌古诗，当使各从义类。　⑫ 齐有二心故。　⑬ 齐为大国，高厚若此，知小国必当有从者。　⑭ 自曹以下，大夫不书。故《传》举小邾以包之。○ 向，舒亮切。戌，音恤。虿，敕迈切。

许男请迁于晋[①]。诸侯遂迁许，许大夫不可。晋人归诸侯[②]。郑子蟜闻将伐许，遂相郑伯以从诸侯之师[③]。穆叔从公[④]。齐子帅师会晋荀偃。书曰："会郑伯。"为夷故也[⑤]。

夏六月，次于棫林。庚寅，伐许，次于函氏[⑥]。晋荀偃、栾黡帅师伐楚，以报宋扬梁之役[⑦]。楚公子格帅师及晋师战于湛阪[⑧]，楚师败绩。晋师遂侵方城之外[⑨]，复伐许而还[⑩]。

① 许欲叛楚。　② 唯以其师讨许之不肯迁。　③ 郑与许有宿怨，故其君亲行。○ 蟜，居表切。相，息亮切。　④ 从公归。○ 从，才用切，又如字。　⑤ 夷，平也。《春秋》于鲁事，所记不与外事同者，客主之言，所以为文，固当异也。鲁卿每会公侯，《春秋》无讥，故于此示例。不先书主兵之荀偃，而书后至之郑伯，时皆诸侯大夫，义取皆平，故得会郑伯。⑥ 棫林、函氏，皆许地。○ 棫，为逼切；徐，于目切。函，音咸。　⑦ 晋师独进。扬梁役在十二年。○ 黡，於斩切。　⑧ 襄城昆阳县北有湛水，东入汝。○ 格，古百切。湛，市林切；徐，又丈林切，又直斩切。阪，音反；徐，又扶板切。　⑨ 不书，不告。　⑩ 许未迁故。○ 复，扶又切。

秋，齐侯围成[①]，孟孺子速徼之[②]。齐侯曰："是好勇，去之以为之名。"速遂塞海陉而还[③]。

① 成，鲁孟氏邑。贰晋，故伐鲁。　② 孟献子之子庄子速也。徼，

要也。○ 孺,本又作穜,如住切。速,本亦作遬,音同。儌,古尧切。要,一遥切。　③ 海陉,鲁隘道。○ 好,呼报切。陉,音刑;徐,古定切。隘,於懈切。

冬,穆叔如晋聘,且言齐故[①]。晋人曰:"以寡君之未禘祀[②],与民之未息[③]。不然,不敢忘。"穆叔曰:"以齐人之朝夕释憾于敝邑之地,是以大请!敝邑之急,朝不及夕,引领西望曰:'庶几乎[④]!'比执事之閒,恐无及也!"见中行献子,赋《圻父》[⑤]。献子曰:"偃知罪矣!敢不从执事以同恤社稷,而使鲁及此[⑥]。"见范宣子,赋《鸿雁》之卒章[⑦]。宣子曰:"匄在此,敢使鲁无鸠乎[⑧]?"

① 言齐再伐鲁。　② 禘祀,三年丧毕之吉祭。○ 禘,大计切。　③ 新伐许及楚。　④ 庶几晋来救。○ 朝、夕,如字。憾,本又作感,户暗切。　⑤《圻父》,《诗·小雅》。周司马掌封畿之兵甲,故谓之圻父。诗人责圻父为王爪牙,不修其职,使百姓受困苦之忧,而无所止居。○ 比,必利切。閒,音闲。行,户郎切。圻,其依切。父,音甫。　⑥ 及此忧。　⑦《鸿雁》,《诗·小雅》。卒章曰:"鸿雁于飞,哀鸣嗸嗸,唯此哲人,谓我劬劳。"言鲁忧困,嗸嗸然若鸿雁之失所。大曰鸿,小曰雁。○ 嗸,五刀切。劬,求于切。　⑧ 鸠,集也。○ 匄,古害切。鸠,居牛切。

经

十有七年春,王二月庚午,邾子牼卒[①]。

宋人伐陈。

夏,卫石买帅师伐曹[②]。

秋,齐侯伐我北鄙,围桃。高厚帅师伐我北鄙,围防[③]。

九月，大雩[④]。

宋华臣出奔陈[⑤]。

冬，邾人伐我南鄙。

① 无《传》。宣公也。四同盟。○ 牼，苦耕切；徐，户耕切。 ② 买，石稷子。 ③ 弁县东南有桃虚。○ 虚，起居切。 ④ 无《传》。书过。⑤ 暴乱宗室，惧而出奔。实以冬出，书秋者，以始作乱时来告。○ 华，户化切。

传

十七年春，宋庄朝伐陈，获司徒印，卑宋也[①]。

① 司徒印，陈大夫。卑宋，不设备。○ 朝，如字，凡人名字皆放此。印，五郎切。

卫孙蒯田于曹隧[①]，饮马于重丘[②]，毁其瓶。重丘人闭门而询之[③]，曰："亲逐而君，尔父为厉[④]。是之不忧，而何以田为？"夏，卫石买、孙蒯伐曹，取重丘[⑤]。曹人愬于晋[⑥]。

① 越竟而猎。孙蒯，林父之子。○ 蒯，苦怪切。隧，音遂。竟，音境。② 重丘，曹邑。○ 饮，於鸩切。重，直龙切。 ③ 询，骂也。○ 瓶，步经切。询，呼豆切。骂，马嫁切。 ④ 厉，恶鬼。林父逐君在十四年。⑤ 孙蒯不书，非卿。 ⑥ 为明年晋人执石买《传》。○ 愬，悉路切。

齐人以其未得志于我故[①]，秋，齐侯伐我北鄙，围桃。高厚围臧纥于防[②]。师自阳关逆臧孙，至于旅松[③]。郰叔纥、臧畴、臧贾帅甲三百，宵犯齐师，送之而复[4]。齐师去之[5]。

齐人获臧坚[6]。齐侯使夙沙卫唁之，且曰："无死[7]！"坚稽首曰："拜命之辱！抑君赐不终，姑又使其刑臣礼于士。"以杙抉其伤而死[8]。

① 前年围成，辟孟孺子。 ② 防，臧纥邑。○ 纥，恨发切。 ③ 阳关，在泰山巨平县东。旅松，近防地也。鲁师畏齐，不敢至防。○ 近，附近之近，下居近同。 ④ 郰叔纥，叔梁纥。臧畴、臧贾，臧纥之昆弟也。三子与臧纥共在防，故夜送臧纥于旅松，而复还守防。○ 郰，侧留切。复，扶又切，又音服。 ⑤ 失臧纥故。 ⑥ 坚，臧纥之族。 ⑦ 使无自杀。○ 唁，音彦。 ⑧ 言使贱人来唁己，是惠赐不终也。夙沙卫，奄人，故谓之刑臣。○ 杙，羊职切。抉，乌穴切；徐，又古穴切。伤，如字；一本作疡，音羊。

冬，邾人伐我南鄙，为齐故也[1]。

① 齐未得志于鲁，故邾助之。○ 为，于伪切。

宋华阅卒。华臣弱皋比之室[1]，使贼杀其宰华吴。贼六人以铍杀诸卢门合左师之后[2]。左师惧曰："老夫无罪。"贼曰："皋比私有讨于吴。"遂幽其妻[3]，曰："畀余而大璧[4]！"宋公闻之，曰："臣也，不唯其宗室是暴，大乱宋国之政，必逐之！"左师曰："臣也，亦卿也。大臣不顺，国之耻也。不如盖之。"乃舍之。左师为己短策，苟过华臣之门，必骋[5]。十一月甲午，国人逐瘈狗，瘈狗入于华臣氏，国人从之。华臣惧，遂奔陈[6]。

① 臣,阅之弟。皋比,阅之子。弱,侵易之。○ 比,音毗。易,以豉切。 ② 卢门,宋城门。合,向戌邑。后,屋后。○ 铍,普皮切。 ③ 幽吴妻也。 ④ 畀,与也。○ 畀,必利切。 ⑤ 恶之。○ 骋,敕领切。恶,乌路切。 ⑥ 华臣心不自安,见逐狗而惊走。○ 瘈,徐,居世切,一音制;《字林》作狾,九世切,云狂犬也。

宋皇国父为大宰,为平公筑台,妨于农收[①]。子罕请俟农功之毕,公弗许。筑者讴曰:"泽门之皙,实兴我役[②]。邑中之黔,实慰我心[③]。"子罕闻之,亲执朴[④],以行筑者,而抶其不勉者,曰:"吾侪小人,皆有阖庐以辟燥湿寒暑[⑤]。今君为一台而不速成,何以为役[⑥]?"讴者乃止。或问其故?子罕曰:"宋国区区,而有诅有祝,祸之本也[⑦]。"

① 周十一月,今九月,收敛时。○ 大,音泰,后放此。为,于伪切。妨,音芳。收,如字,又手又切。 ② 泽门,宋东城南门也。皇国父白皙而居近泽门。○ 讴,乌侯切。泽门,本或作皋门者误。皙,星历切;徐,思益切。 ③ 子罕黑色而居邑中。○ 黔,徐音琴,一音其廉切。 ④ 朴,杖。○ 朴,普卜切。 ⑤ 阖,谓门户闭塞。○ 行,下孟切。抶,耻乙切。侪,仕皆切。阖,户臘切。庐,力居切。 ⑥ 役,事也。 ⑦《传》善子罕分谤。○ 区,丘于切,小貌。诅,庄虑切。祝,之又切。谤,补浪切。

齐晏桓子卒[①]。晏婴麤缞斩[②],苴绖带,杖,菅屦[③],食鬻,居倚庐,寝苫,枕草[④]。其老曰:"非大夫之礼也[⑤]。"曰:"唯卿为大夫[⑥]。"

① 晏婴父也。 ② 斩,不缉之也。缞在胸前。麤,三升布。○ 麤,

本又作麄。缞，本又作衰，七雷切，《注》同。绖，七入切。　③ 苴，麻之有子者，取其粗也。杖，竹杖。菅屦，草屦。○ 苴，七徐切。绖，直结切。以苴麻为绖及带。杖，《礼记》云，苴杖，竹也。菅，古颜切。屦，九具切。
④ 此礼与《士丧礼》略同，其异唯枕草耳。然枕凷亦非《丧服》正文。○ 鬻，之六切，又羊六切，谓朝一溢米，暮一溢米。倚庐，於绮切；庐，倚东墙而为之，故曰倚庐。苫，伤廉切，编草也。枕，之鸩切，《注》同；王俭云，夏枕凷，冬枕草。凷，音苦对切，一音苦怪切。　⑤ 时之所行，士及大夫缞服各有不同。晏子为大夫而行士礼，其家臣不解，故讥之。○ 解，音蟹。　⑥ 晏子恶直己以斥时失礼，故孙辞略答家老。

经

十有八年春，白狄来①。

夏，晋人执卫行人石买②。

秋，齐师伐我北鄙③。

冬十月，公会晋侯、宋公、卫侯、郑伯、曹伯、莒子、邾子、滕子、薛伯、杞伯、小邾子，同围齐④。

曹伯负刍卒于师⑤。

楚公子午帅师伐郑。

① 不言朝，不能行朝礼。　② 石买即是伐曹者，宜即惩治本罪。而晋因其为行人之使执之，故书行人以罪晋。○ 使，所吏切。　③ 不书齐侯，齐侯不入竟。○ 竟，音境。　④ 齐数行不义，诸侯同心俱围之。○ 数，所角切。　⑤ 无《传》。礼当与许男同。三同盟。○ 刍，初俱切。

传

十八年春，白狄始来①。

① 白狄，狄之别名。未尝与鲁接，故曰始。

夏，晋人执卫行人石买于长子，执孙蒯于纯留[1]，为曹故也[2]。

① 长子、纯留二县，今皆属上党郡。孙蒯不书，父在位，蒯非卿。○ 长，丁丈切，或如字。纯，徒温切，或如字；《地理志》作屯。 ② 前年卫伐曹。○ 为，于伪切。

秋，齐侯伐我北鄙。中行献子将伐齐，梦与厉公讼，弗胜[1]；公以戈击之，首队于前，跪而戴之，奉之以走，见梗阳之巫皋[2]。他日见诸道，与之言，同[3]。巫曰："今兹主必死，若有事于东方，则可以逞[4]。"献子许诺。

晋侯伐齐，将济河。献子以朱丝系玉二瑴[5]而祷曰："齐环怙恃其险，负其众庶[6]，弃好背盟，陵虐神主[7]。曾臣彪将率诸侯以讨焉[8]，其官臣偃实先后之[9]。苟捷有功，无作神羞[10]，官臣偃无敢复济[11]。唯尔有神裁之！"沈玉而济。

冬十月，会于鲁济，寻湨梁之言，同伐齐[12]。齐侯御诸平阴，堑防门而守之，广里[13]。夙沙卫曰："不能战，莫如守险[14]。"弗听。诸侯之士门焉，齐人多死。范宣子告析文子[15]曰："吾知子，敢匿情乎？鲁人、莒人皆请以车千乘自其乡入，既许之矣。若入，君必失国。子盍图之？"子家以告公，公恐。晏婴闻之曰："君固无勇，而又闻是，弗能久矣[16]。"齐侯登巫山以望晋师[17]。晋人使司马斥山泽之险，虽所不至，必旆而疏陈之[18]。使乘车者左实右伪，以旆先[19]，舆曳柴而从之[20]。齐侯见之，畏其众也，乃脱归[21]。

丙寅晦，齐师夜遁。师旷告晋侯曰："鸟乌之声乐，齐师其遁[22]？"刑伯告中行伯[23]曰："有班马之声[24]，齐师其遁？"叔向告晋侯曰："城上有乌，齐师其遁？"十一月丁卯朔，入平阴，遂从齐师。

夙沙卫连大车以塞隧而殿[25]。殖绰、郭最曰："子殿国师，齐之辱也[26]。子姑先乎！"乃代之殿。卫杀马于隘以塞道[27]。晋州绰及之，射殖绰中肩，两矢夹脰[28]，曰："止，将为三军获。不止，将取其衷[29]。"顾曰："为私誓。"州绰曰："有如日[30]！"乃弛弓而自后缚之[31]。其右具丙[32]亦舍兵而缚郭最。皆衿甲面缚[33]，坐于中军之鼓下。

晋人欲逐归者，鲁、卫请攻险[34]。己卯，荀偃、士匄以中军克京兹[35]。乙酉，魏绛、栾盈以下军克邿[36]。赵武、韩起以上军围卢，弗克。十二月戊戌，及秦周伐雍门之萩[37]。范鞅门于雍门，其御追喜以戈杀犬于门中[38]。孟庄子斩其櫄以为公琴[39]。己亥，焚雍门及西郭、南郭。刘难、士弱率诸侯之师焚申池之竹木[40]。壬寅，焚东郭、北郭。范鞅门于扬门[41]。州绰门于东闾[42]，左骖迫还于门中，以枚数阖[43]。

齐侯驾，将走邮棠[44]。大子与郭荣扣马[45]，曰："师速而疾，略也[46]。将退矣，君何惧焉！且社稷之主，不可以轻，轻则失众。君必待之。"将犯之，大子抽剑断鞅，乃止。甲辰，东侵及潍，南及沂[47]。

① 厉公，献子所弑者。○ 弑，申志切。　② 梗阳，晋邑。在太原晋阳县南。皋，巫名也。梦并见之。○ 队，直位切。跪，其委切。奉，芳勇切。

梗,古杏切。皋,古刀切。　③ 巫亦梦见献子与厉公讼。　④ 巫知献子有死征,故劝使决意伐齐。　⑤ 双玉曰瑴。○ 瑴,古学切。⑥ 环,齐灵公名。负,依也。○ 祷,丁老切,又丁报切。怙,音户。⑦ 神主,民也。谓数伐鲁,残民人。○ 好,呼报切。背,音佩。数,所角切。⑧ 彪,晋平公名。称臣者,明上有天子,以谦告神。曾臣,犹末臣。⑨ 守官之臣。偃,献子名。○ 先,悉荐切。后,户豆切。守,手又切,又如字。　⑩ 羞,耻也。　⑪ 偃信巫言,故以死自誓。○ 复,扶又切,下《注》复欲同。　⑫ 溴梁在十六年,盟曰:同讨不庭。○ 沈,音鸩,或如字。济,子礼切。　⑬ 平阴城,在济北卢县东北。其城南有防,防有门。于门外作堑,横行广一里。故《经》书围。○ 御,鱼吕切。堑,七艳切。广,古旷切。　⑭ 谓防门不足为险。　⑮ 析文子,齐大夫子家。○ 析,星历切。　⑯ 不能久敌晋。○ 匿,女力切。乘,绳证切。盍,户臘切。恐,曲勇切。　⑰ 巫山在卢县东北。　⑱ 斥,候也。疏建旌旗以为陈,示众也。○ 斥,音尺,又昌夜切。旆,步盖切。陈,直觐切。　⑲ 伪以衣服为人形也。建旆以先驱。　⑳ 以扬尘。　㉑ 脱,不张旗帜。○ 脱,敕活切,又他外切。帜,申志切,又赤志切。　㉒ 乌乌得空营,故乐也。○ 遁,徒困切。乐,音洛。　㉓ 邢伯,晋大夫邢侯也。中行伯,献子。㉔ 夜遁,马不相见,故鸣。班,别也。○ 别,彼列切。　㉕ 此卫所欲守险。○ 连、大,并如字。隧,音遂,道也。殿,都练切。　㉖ 奄人殿师,故以为辱。○ 最,子会切。　㉗ 恨二子,故塞其道,欲使晋得之。○ 隘,於懈切。　㉘ 脰,颈也。○ 射,食亦切,下同。中,丁仲切。夹,古洽切,或古协切。脰,音豆。　㉙ 不止,复欲射两矢中央。○ 衷,音忠。㉚ 言必不杀女,明如日。○ 女,音汝。　㉛ 反缚之。○ 弛,式氏切;本又作施,音同。　㉜ 州绰之右。　㉝ 衿甲,不解甲。○ 舍,音捨。衿,其鸩切。　㉞ 险,固城守者。○ 守,手又切。　㉟ 在平阴城东南。㊱ 栾黡死,其子盈佐下军。平阴西有邿山。○ 邿,音诗。　㊲ 秦周,鲁大夫。赵武及之共伐萩也。雍门,齐城门。○ 雍,於用切。萩,音秋;本又作秋。　㊳ 杀犬,示閒暇。○ 閒,音闲。　㊴ 庄子,孺子速也。楢,木名。○ 樠，敕伦切，又相伦切。　㊵ 二子，晋大夫。○ 难，乃多切，又如字。　㊶ 齐西门。　㊷ 齐东门。　㊸ 枚，马柆也。阖，门扇也。数其板，示不恐。○ 骖，七南切。迫，音百。还，音旋，又音患。枚，每回切。数，所主切。阖，户臘切。柆，陟瓜切。恐，曲勇切。　㊹ 邮棠，齐邑。○ 邮，音尤。　㊺ 大子，光也。荣，齐大夫。○ 扣，音口。　㊻ 言欲略行其地，无久攻意。○ 行，下孟切。　㊼ 潍水在东莞东北，至北海都昌县入海。沂水出东莞盖县，至下邳入泗。○ 轻，遣政切，下同。断，音短。潍，本又作维，音同。沂，鱼依切。莞，音官。盖，古害切。邳，蒲悲切。泗，音四。

郑子孔欲去诸大夫[1]，将叛晋而起楚师以去之。使告子庚，子庚弗许[2]。楚子闻之，使杨豚尹宜告子庚曰："国人谓不穀主社稷，而不出师，死不从礼[3]。不穀即位，于今五年，师徒不出，人其以不穀为自逸，而忘先君之业矣[4]。大夫图之！其若之何？"子庚叹曰："君王其谓午怀安乎！吾以利社稷也。"见使者，稽首而对曰："诸侯方睦于晋，臣请尝之[5]。若可，君而继之。不可，收师而退，可以无害，君亦无辱。"子庚帅师治兵于汾[6]。于是子蟜、伯有、子张从郑伯伐齐[7]。子孔、子展、子西守。二子知子孔之谋[8]，完守入保[9]。子孔不敢会楚师。

楚师伐郑，次于鱼陵[10]。右师城上棘，遂涉颍，次于旃然[11]。蒍子冯、公子格率锐师侵费滑、胥靡、献于、雍梁[12]，右回梅山[13]，侵郑东北，至于虫牢而反。子庚门于纯门，信于城下而还[14]。涉于鱼齿之下[15]，甚雨及之，楚师多冻，役徒几尽。

晋人闻有楚师，师旷曰："不害。吾骤歌北风，又歌南风。南风不竞[16]，多死声。楚必无功。”董叔曰：“天道多在西北[17]，南师不时，必无功[18]。”叔向曰：“在其君之德也[19]。”

① 欲专权。○ 去，起吕切，下同。　② 子庚，楚令尹公子午。③ 不能承先君之业，死将不得从先君之礼。○ 豚，徒门切。　④ 谓己未尝统师自出。　⑤ 尝，试其难易也。○ 使，所吏切。易，以豉切。⑥ 襄城县东北有汾丘城。○ 汾，扶云切。　⑦ 子张，公孙黑肱。⑧ 二子，子展、子西。○ 守，手又切，下完守同。　⑨ 完城郭，内保守。⑩ 鱼陵，鱼齿山也，在南阳犨县北，郑地。○ 犨，尺由切。　⑪ 将涉颍，故于水边权筑小城，以为进退之备。旃然水出荥阳成皋县，东入汴。○ 旃，章延切。汴，皮彦切。　⑫ 胥靡、献于、雍梁，皆郑邑。河南阳翟县东北有雍氏城。○ 蒍，本又作蓬，于委切。冯，皮冰切。费，扶味切。滑，于八切。雍，于用切。　⑬ 在荥阳密县东北。○ 回，如字；徐，胡猥切。⑭ 信，再宿也。○ 牢，力刀切。纯，如字，又市荀切。　⑮ 鱼齿山之下有滍水，故言涉。○ 滍，音雉。　⑯ 歌者吹律以咏八风，南风音微，故曰不竞也。师旷唯歌南北风者，听晋、楚之强弱。○ 冻，丁弄切。几，音祈。骤，仕救切。　⑰ 岁在豕韦，月又建亥，故曰多在西北。　⑱ 不时，谓触岁月。　⑲ 言天时地利，不如人和。

经

十有九年春，王正月，诸侯盟于祝柯[1]。

晋人执邾子[2]。

公至自伐齐[3]。

取邾田，自漷水[4]。

季孙宿如晋。

葬曹成公[5]。

夏，卫孙林父帅师伐齐。

秋七月辛卯，齐侯环卒[⑥]。

晋士匄帅师侵齐至穀，闻齐侯卒，乃还[⑦]。

八月丙辰，仲孙蔑卒[⑧]。

齐杀其大夫高厚。

郑杀其大夫公子嘉。

冬，葬齐灵公[⑨]。

城西郛[⑩]。

叔孙豹会晋士匄于柯[⑪]。

城武城[⑫]。

① 前年围齐之诸侯也。祝柯县今属济南郡。○ 柯，古多切。 ② 称人以执，恶及民也。 ③ 无《传》。 ④ 取邾田以漷水为界也。漷水出东海合乡县，西南经鲁国至高平湖陆县入泗。○ 漷，好虢切；徐音郭，又虎伯切；《字林》，口郭、口获二切。 ⑤ 无传。 ⑥ 世子光三与鲁同盟。 ⑦ 详录所至及还者，善得礼。 ⑧ 无《传》。 ⑨ 无《传》。 ⑩ 鲁西郭。○ 郛，芳夫切。 ⑪ 魏郡内黄县东北有柯城。 ⑫ 泰山南武城县。

传

十九年春，诸侯还自沂上，盟于督扬，曰："大毋侵小[①]。"执邾悼公，以其伐我故[②]。遂次于泗上，疆我田[③]。取邾田自漷水，归之于我[④]。晋侯先归。公享晋六卿于蒲圃[⑤]，赐之三命之服。军尉、司马、司空、舆尉、候奄，皆受一命之服[⑥]。贿荀偃束锦，加璧，乘马，先吴寿梦之鼎[⑦]。

荀偃瘅疽，生疡于头[8]。济河，及著雍，病，目出。大夫先归者皆反。士匄请见，弗内。请后，曰："郑甥可[9]。"二月甲寅，卒，而视，不可含[10]。宣子盥而抚之曰："事吴，敢不如事主！"犹视[11]。栾怀子曰："其为未卒事于齐故也乎[12]？"乃复抚之曰："主苟终，所不嗣事于齐者，有如河！"乃瞑，受含[13]。宣子出，曰："吾浅之为丈夫也[14]。"晋栾鲂帅师从卫孙文子伐齐[15]。

① 督扬即祝柯也。○ 督，丁毒切。毋，音无。　② 伐鲁在十七年。③ 正邾鲁之界也。泗，水名。○ 疆。居良切。　④ 邾田在漷水北，今更以漷为界，故曰取邾田。　⑤ 六卿过鲁。○ 圃，布古切。过，古禾切。⑥ 如鞌战还之赐，唯无先辂。○ 鞌，音安。　⑦ 荀偃，中军元帅，故特贿之。五匹为束。四马为乘。寿梦，吴子乘也。献鼎于鲁，因以为名。古之献物，必有以先，今以璧马为鼎之先。○ 贿，呼罪切。乘，绳证切。先，悉荐切，又如字。梦，莫公切。帅，所类切。　⑧ 瘅疽，恶创。○ 瘅，丁但切；徐音旦。疽，七徐切。疡，音羊。创，初良切。　⑨ 士匄，中军佐，故问后也。郑甥，荀吴。其母郑女。○ 著，张虑切，又直虑切。雍，於用切。见，贤遍切。　⑩ 目开口噤。○ 视，如字；徐，市至切。含，户暗切，下同。噤，其荫切。　⑪ 大夫称主。○ 盥，音管。　⑫ 怀子，栾盈。○ 为，于伪切，下《注》为怀同。　⑬ 嗣，续也。○ 复，扶又切。瞑，亡丁切，一音亡平切。桓谭以为荀偃病而目出，初死其目未合，尸冷乃合，非其有所知也。《传》因其异而记之耳。　⑭ 自恨以私待人。　⑮ 为怀子之言故也。栾鲂，栾氏族。不书，兵并林父，不别告也。《经》书夏，从告。○ 并，如字，又必政切。

季武子如晋拜师[1]，晋侯享之。范宣子为政[2]，赋《黍苗》[3]。季武子兴，再拜稽首曰："小国之仰大国也，如百穀之仰膏雨焉！若常膏之，其天下辑睦，岂唯敝邑？"赋《六月》[4]。

① 谢讨齐。　② 代荀偃将中军。○ 将，子匠切，后放此。　③《黍苗》，《诗·小雅》。美召伯劳来诸侯，如阴雨之长黍苗也。喻晋君忧劳鲁国犹召伯。○ 召，上照切，下同。劳，力报切。来，力代切。长，丁丈切。　④《六月》，尹吉甫佐天子征伐之诗。以晋侯比吉甫，出征以匡王国。○ 仰，如字；徐，五亮切，下同。常膏，古报切，又如字。辑，音集；本又作集。

季武子以所得于齐之兵，作林钟而铭鲁功焉[1]。臧武仲谓季孙曰："非礼也。夫铭，天子令德[2]，诸侯言时计功[3]，大夫称伐[4]。今称伐则下等也[5]，计功则借人也[6]，言时则妨民多矣，何以为铭？且夫大伐小，取其所得以作彝器[7]，铭其功烈以示子孙，昭明德而惩无礼也。今将借人之力以救其死，若之何铭之？小国幸于大国[8]，而昭所获焉以怒之，亡之道也[9]。"

① 林钟，律名。铸钟，声应林钟，因以为名。○ 铸，之树切。应，应对之应。　② 天子铭德不铭功。　③ 举得时，动有功，则可铭也。　④ 铭其功伐之劳。　⑤ 从大夫故。　⑥ 借晋力也。○ 借，如字，又情亦切。　⑦ 彝，常也。谓钟鼎为宗庙之常器。○ 夫，音扶。彝，以之切。　⑧ 以胜大国为幸。○ 惩，直升切。　⑨ 为城西郛、武城《传》。

齐侯娶于鲁曰颜懿姬，无子。其姪鬷声姬生光，以为大子[1]。诸子，仲子，戎子。戎子嬖[2]。仲子生牙，属诸戎子[3]。

戎子请以为大子。许之[4]。仲子曰："不可。废常不祥[5]，间诸侯难[6]。光之立也，列于诸侯矣[7]。今无故而废之，是专黜诸侯[8]，而以难犯不祥也。君必悔之。"公曰："在我而已。"遂东大子光[9]，使高厚傅牙，以为大子。夙沙卫为少傅。

齐侯疾，崔杼微逆光。疾病，而立之。光杀戎子[10]，尸诸朝，非礼也。妇人无刑[11]。虽有刑，不在朝市[12]。夏五月壬辰晦，齐灵公卒[13]。庄公即位[14]，执公子牙于句渎之丘。以夙沙卫易己，卫奔高唐以叛[15]。

① 兄子曰姪。颜、鬷皆二姬母姓，因以为号。懿、声皆谥。○ 娶，七住切。姪，直结切。鬷，子公切。　② 诸子，诸妾姓子者。二子，皆宋女。○ 仲，本亦作中，音仲，下皆放此。嬖，必计切。　③ 属，托之。○ 属，之蜀切。　④ 齐侯许之。　⑤ 废立嫡之常。○ 嫡，本或作適，丁历切。⑥ 事难成也。○ 间，间厕之间。　⑦ 列诸侯之会。　⑧ 谓光已有诸侯之尊。　⑨ 废而徙之东鄙。　⑩ 终言之。○ 少，诗照切，下《注》公犹少同。杼，直吕切。　⑪ 无黥刖之刑。○ 黥，其京切。刖，音月，又五刮切。　⑫ 谓犯死刑者，犹不暴尸。○ 暴，蒲卜切。　⑬《经》书七月辛卯，光定位而后赴。　⑭ 大子光也。　⑮ 光谓卫教公易己。高唐在祝阿县西北。○ 句，古侯切。渎，音豆。

晋士匄侵齐及穀，闻丧而还，礼也[1]。

① 礼之常，不必待君命。

于四月丁未[1]，郑公孙虿卒，赴于晋大夫。范宣子言于晋侯，以其善于伐秦也[2]。六月，晋侯请于王，王追赐之大路，使以行，礼也[3]。

① 于此年四月。　② 十四年晋伐秦，子蟜见诸侯师，而劝之济泾。③ 大路，天子所赐车之总名，以行葬礼。《传》言大夫有功，则赐服路。

秋八月，齐崔杼杀高厚于洒蓝而兼其室[1]。书曰："齐杀其大夫。"从君于昏也[2]。

① 洒蓝，齐地。○ 洒，色买切；徐，所绮切。蓝，力甘切。　②《传》解《经》不言崔杼杀，而为国讨文。

郑子孔之为政也专[1]。国人患之，乃讨西宫之难[2]，与纯门之师[3]。子孔当罪，以其甲及子革、子良氏之甲守[4]。甲辰，子展、子西率国人伐之，杀子孔而分其室。书曰："郑杀其大夫。"专也[5]。子然、子孔，宋子之子也[6]。士子孔，圭妫之子也[7]。圭妫之班，亚宋子而相亲也[8]。二子孔亦相亲也。僖之四年，子然卒[9]。简之元年，士子孔卒[10]。司徒孔实相子革、子良之室[11]。三室如一[12]，故及于难[13]。子革、子良出奔楚，子革为右尹[14]。郑人使子展当国，子西听政，立子产为卿[15]。

① 专权。　② 十年，尉止等作难西宫，子孔知而不言。○ 难，乃旦切，下同。　③ 前年，子孔召楚师至纯门。　④ 以自守也。○ 守，手又切，下守备同。　⑤ 亦以国讨为文。　⑥ 子然，子革父。　⑦ 宋子、圭妫，皆郑穆公妾。士子孔，子良父。○ 妫，居危切。　⑧ 亚，次也。

○ 亚，於嫁切。 ⑨ 郑僖四年，鲁襄六年。 ⑩ 鲁襄八年。 ⑪ 司徒孔与二父相亲，故相助其子。○ 相，息亮切。 ⑫ 言同心。 ⑬ 故二子并及难。 ⑭ 子革即郑丹。 ⑮ 简公犹幼，故大夫当国。

齐庆封围高唐，弗克[①]。冬十一月，齐侯围之，见卫在城上，号之，乃下[②]。问守备焉，以无备告。揖之，乃登[③]。闻师将傅，食高唐人。殖绰、工偻会夜缒纳师[④]，醢卫于军[⑤]。

① 夙沙卫以叛，故围之。 ② 卫下与齐侯语。○ 号，徐，胡报切，召也；又户刀切。 ③ 齐侯以卫告诚，揖而礼之，欲生之也。卫志于战死，故不顺齐侯之揖，而还登城。 ④ 因其会食。二子，齐大夫。○ 傅，音附。食，音嗣。偻，力侯切。缒，直伪切。 ⑤ ○ 醢，音海。

城西郛，惧齐也[①]。

① 前年与晋伐齐，又铸其器为钟，故惧。

齐及晋平，盟于大隧[①]。故穆叔会范宣子于柯[②]。穆叔见叔向，赋《载驰》之四章[③]。叔向曰："肹敢不承命[④]。"穆叔归曰："齐犹未也，不可以不惧。"乃城武城。

① 大隧，地阙。○ 隧，音遂。 ② 齐、晋平，鲁惧齐，故为柯会以自固。 ③ 四章曰："控于大邦，谁因谁极。"控，引也。取其欲引大国以自救助。○ 控，苦贡切。 ④ 叔向度齐未肯以盟服，故许救鲁。○ 度，待洛切。

卫石共子卒[①]，悼子不哀[②]。孔成子曰："是谓蹷其本[③]，必不有其宗[④]。"

① 石买。○ 共，音恭。　② 买之子石恶。　③ 蹷，犹拔也。○ 蹷，其月切，又居月切，又居卫切。　④ 为二十八年石恶出奔《传》。

经

二十年春，王正月辛亥，仲孙速会莒人，盟于向[①]。

夏六月庚申，公会晋侯、齐侯、宋公、卫侯、郑伯、曹伯、莒子、邾子、滕子、薛伯、杞伯、小邾子，盟于澶渊[②]。

秋，公至自会[③]。

仲孙速帅师伐邾。

蔡杀其大夫公子燮[④]。

蔡公子履出奔楚[⑤]。

陈侯之弟黄出奔楚[⑥]。

叔老如齐。

冬十月丙辰朔，日有食之[⑦]。

季孙宿如宋。

① 向，莒邑。○ 向，舒亮切。　② 澶渊在顿丘县南，今名繁汙。此卫地，又近戚田。○ 澶，市然切。汙，音纡。近，附近之近。　③ 无《传》。　④ 庄公子。○ 燮，息协切。　⑤ 燮母弟也。　⑥ 称弟，明无罪也。　⑦ 无《传》。

传

二十年春，及莒平。孟庄子会莒人，盟于向，督扬之盟故也[①]。

① 莒数伐鲁，前年诸侯盟督扬以和解之。故二国自复共盟，结其好。○ 数，所角切，下同。解，古买切，又户买切。复，扶又切，下始复同。好，呼报切，下同。

夏，盟于澶渊，齐成故也[①]。

① 齐与晋平。

邾人骤至，以诸侯之事，弗能报也[①]。秋，孟庄子伐邾以报之[②]。

① 骤，数也。谓十五年、十七年伐鲁。 ② 既盟而又伐之，非。

蔡公子燮欲以蔡之晋[①]，蔡人杀之。公子履，其母弟也，故出奔楚[②]。

① 背楚。○ 背，音佩。 ② 与兄同谋故。

陈庆虎、庆寅畏公子黄之偪[①]，愬诸楚曰："与蔡司马同谋[②]。"楚人以为讨[③]。公子黄出奔楚[④]。初，蔡文侯欲事晋，曰："先君与于践土之盟[⑤]，晋不可弃，且兄弟也。"畏楚，不能行而卒[⑥]。楚人使蔡无常[⑦]，公子燮求从先君以利蔡，不能而死。书曰："蔡杀其大夫公子燮"，言不与民同欲也[⑧]。"陈侯之弟黄出奔楚"，言非其罪也[9]。公子黄将出奔，呼于国曰："庆氏无道，求专陈国，暴蔑其君，而去其亲，五年不灭，是无天也[10]。"

① 二庆，陈卿。恐黄偪夺其政。○ 偪，彼力切。 ② 同欲之晋。 ③ 讨，责陈。 ④ 奔楚自理。 ⑤ 先君，文侯父庄侯甲午也。践土盟在僖二十八年。○ 与，音预。 ⑥ 宣十七年，文侯卒。 ⑦ 征发无准。 ⑧ 罪其违众。 ⑨ 称弟，罪陈侯及二庆。 ⑩ 为二十三年陈杀二庆《传》。○ 呼，好故切。去，起吕切。

齐子初聘于齐，礼也[1]。

① 齐、鲁有怨，朝聘礼绝，今始复通，故曰初。继好息民，故曰礼。

冬，季武子如宋，报向戌之聘也[1]。褚师段逆之以受享[2]，赋《常棣》之七章以卒[3]。宋人重贿之。归复命，公享之。赋《鱼丽》之卒章[4]。公赋《南山有台》[5]。武子去所，曰："臣不堪也[6]。"

① 向戌聘在十五年。 ② 段，共公子子石也。逆以入国，受享礼。○ 褚，张吕切。段，徐，徒乱切。共，音恭。 ③ 武子赋也。七章以卒，尽八章。取其"妻子好合，如鼓瑟琴，宜尔室家，乐尔妻帑"。言二国好合，宜其室家，相亲如兄弟。○ 棣，大计切。乐，音洛。帑，音奴。 ④《鱼丽》，《诗 · 小雅》。卒章曰："物其有矣，维其时矣。"喻聘宋得其时。○ 丽，力驰切。 ⑤《南山有台》，《诗 · 小雅》。取其"乐只君子，邦家之基，邦家之光"。喻武子奉使，能为国光晖。○ 只，之氏切，本亦作旨。使，所吏

切。　⑥ 去所，辟席。

卫甯惠子疾，召悼子[1]曰："吾得罪于君，悔而无及也。名藏在诸侯之策，曰：'孙林父、甯殖出其君。'君入则掩之[2]。若能掩之，则吾子也。若不能，犹有鬼神，吾有馁而已，不来食矣[3]。"悼子许诺，惠子遂卒[4]。

① 悼子，甯喜。　② 掩恶名。○ 策，初革切。出，如字；徐音黜。③ 馁，饿也。○ 馁，奴罪切。　④ 为二十六年卫侯归《传》。

经

二十有一年春，王正月，公如晋。

邾庶其以漆、闾丘来奔[1]。

夏，公至自晋[2]。

秋，晋栾盈出奔楚[3]。

九月庚戌朔，日有食之[4]。

冬十月庚辰朔，日有食之[5]。

曹伯来朝。

公会晋侯、齐侯、宋公、卫侯、郑伯、曹伯、莒子、邾子于商任[6]。

① 二邑在高平南平阳县，东北有漆乡，西北有显闾亭。以邑出为叛。適鲁而言来奔，内外之辞。○ 漆，本或作泧；徐音七。闾，力於切。② 无《传》。　③ 盈不能防闲其母，以取奔亡。称名，罪之。　④ 无《传》。　⑤ 无《传》。　⑥ 商任，地阙。○ 任，音壬。

传

二十一年春，公如晋，拜师及取邾田也[1]。

① 谢十八年伐齐之师、漷水之田。

邾庶其以漆、闾丘来奔[1]。季武子以公姑姊妻之[2]，皆有赐于其从者。

于是鲁多盗。季孙谓臧武仲曰："子盍诘盗[3]？"武仲曰："不可诘也，纥又不能。"季孙曰："我有四封，而诘其盗，何故不可？子为司寇，将盗是务去，若之何不能？"武仲曰："子召外盗而大礼焉，何以止吾盗[4]？子为正卿而来外盗，使纥去之，将何以能？庶其窃邑于邾以来，子以姬氏妻之，而与之邑[5]，其从者皆有赐焉。若大盗，礼焉以君之姑姊与其大邑，其次皂牧舆马[6]，其小者衣裳剑带，是赏盗也。赏而去之，其或难焉。纥也闻之，在上位者，洒濯其心，壹以待人，轨度其信，可明征也[7]，而后可以治人。夫上之所为，民之归也。上所不为而民或为之，是以加刑罚焉，而莫敢不惩。若上之所为而民亦为之，乃其所也，又可禁乎？《夏书》曰：'念兹在兹[8]，释兹在兹[9]，名言兹在兹[10]，允出兹在兹[11]，惟帝念功[12]。'将谓由己壹也。信由己壹，而后功可念也[13]。"

庶其非卿也，以地来，虽贱必书，重地也[14]。

① 庶其，邾大夫。　② 计公年不得有未嫁姑姊，盖寡者二人。○《释文》：公姑姊，杜以公之姑及姊，是二人也。或曰，《列女传》称梁有节姑妹，谓父之妹也。此云姑姊，是父之姊也，一人耳。以杜氏为误。案，成

二年，楚侵及阳桥，孟孙往赂，以公衡为质。杜云，"衡，成公子也"。楚师及宋，公衡逃归。臧宣叔云，"衡父不忍数年之不宴，以弃鲁国"。则公衡之年，下计犹十七八。成公是其父，固当三十有馀。从成二年至此三十八岁，姑又成公之姊，则年近七十矣。假令公衡非成公之子，犹是成公之弟。成九年伯姬归于宋。伯者，长称。九年始嫁，则为成公之妹，成公不得有姊矣。若成公别有庶长之姊，以成公、公衡之年推之，亦不复堪嫁，故知二人也。唯《公羊》以成公即位年幼。据《左氏》成四年《传》云，公如晋，晋侯见公不敬。公归，欲求成于楚，得季文子谏而止。此非年幼也。反覆推之，杜氏不误。妻，七计切，及下同。 ③ 诘，治也。〇 从，才用切，下同。盍，胡臘切，下盍反同。诘，起吉切。 ④ 吾，谓国中。〇 去，起吕切，下皆同。 ⑤ 使食漆、闾丘。 ⑥ 给其贱役，从皂至牧，凡八等之人。〇 皂，在早切。凡八等之人，谓皂、舆、隶、僚、仆、台、圉、牧也。 ⑦ 征，验也。〇 洒，西礼切。濯，直角切。度，待洛切。征，直升切。 ⑧ 逸《书》也。兹，此也。谓行此事，当念使可施之于此。 ⑨ 释，除也。谓欲有所治除于人，亦当顾己得无亦有之。 ⑩ 名此事，言此事，亦皆当令可施于此。〇 令，力呈切。 ⑪ 允，信也。信出于此，则善亦在此。
⑫ 言帝念功，则功成也。 ⑬ 言非但意念而已，当须信己诚至。
⑭ 重地，故书其人，其人书，则恶名彰，以惩不义。

齐侯使庆佐为大夫①，复讨公子牙之党，执公子买于句渎之丘。公子鉏来奔。叔孙还奔燕②。

① 庆佐，崔杼党。 ② 三子，齐公族。言庄公斥逐亲戚，以成崔、庆之势，终有弑杀之祸。〇 复，扶又切。鉏，仕居切。还，音旋。杀，申志切，又音如字。

夏，楚子庚卒，楚子使薳子冯为令尹。访于申叔豫①，叔豫曰："国多宠而王弱[2]，国不可为也。"遂以疾辞。方暑，阙地下冰而床焉。重茧衣裘，鲜食而寝[3]。楚子使医视之，复曰："瘠则甚矣[4]！而血气未动[5]。"乃使子南为令尹[6]。

① 叔豫，叔时孙。 ② 弱，政教微而贵臣强。 ③ 茧，绵衣。○ 阙，求月切。茧，古典切；《礼记》云，纩为茧。衣，於既切。鲜，息浅切，少也。 ④ 瘠，瘦也。○ 瘠，在亦切。瘦，所又切。 ⑤ 言无疾。⑥ 子南，公子追舒也。为二十二年杀追舒《传》。

栾桓子娶于范宣子，生怀子[1]。范鞅以其亡也，怨栾氏[2]，故与栾盈为公族大夫而不相能。桓子卒，栾祁与其老州宾通[3]，几亡室矣[4]。怀子患之。祁惧其讨也，愬诸宣子曰："盈将为乱，以范氏为死桓主而专政矣[5]，曰：'吾父逐鞅也，不怒而以宠报之[6]，又与吾同官而专之[7]，吾父死而益富。死吾父而专于国，有死而已！吾蔑从之矣[8]。'其谋如是，惧害于主，吾不敢不言。"范鞅为之征[9]。怀子好施，士多归之。宣子畏其多士也，信之。怀子为下卿[10]，宣子使城著而遂逐之[11]。

秋，栾盈出奔楚。宣子杀箕遗、黄渊、嘉父、司空靖、邴豫、董叔、邴师、申书、羊舌虎、叔罴[12]，囚伯华、叔向、籍偃[13]。人谓叔向曰："子离于罪，其为不知乎[14]？"叔向曰："与其死亡若何[15]？《诗》曰：'优哉游哉，聊以卒岁。'知也[16]。"乐王鲋见叔向曰："吾为子请！"叔向弗应。出，不拜[17]。其人皆咎叔向。叔向曰："必祁大夫[18]。"室老闻之曰："乐王鲋言于君无不行[19]，求赦吾子，吾子不许[20]。祁大夫所不能也[21]，而曰'必由之'，何也?"叔向曰:"乐王鲋，从君者也，何能行? 祁大夫外举不弃仇，内举不失亲，其独遗我乎?《诗》曰:'有觉德行，四国顺之[22]。'夫子，觉者也[23]。"

晋侯问叔向之罪于乐王鲋，对曰:"不弃其亲，其有焉[24]。"于是祁奚老矣[25]，闻之，乘驲而见宣子，曰:"《诗》曰:'惠我无疆，子孙保之[26]。'《书》曰:'圣有谟勋，明征定保[27]。'夫谋而鲜过，惠训不倦者，叔向有焉[28]，社稷之固也。犹将十世宥之，以劝能者。今壹不免其身[29]，以弃社稷，不亦惑乎? 鲧殛而禹兴[30]。伊尹放大甲而相之，卒无怨色[31]。管、蔡为戮，周公右王[32]。若之何其以虎也弃社稷? 子为善，谁敢不勉。多杀何为?"宣子说，与之乘，以言诸公而免之[33]。不见叔向而归[34]。叔向亦不告免焉而朝[35]。

初，叔向之母妬叔虎之母美而不使[36]。其子皆谏其母。其母曰:"深山大泽，实生龙蛇[37]。彼美，余惧其生龙蛇以祸女。女，敝族也[38]。国多大宠[39]，不仁人间之，不亦难乎? 余何爱焉!"使往视寝，生叔虎。美而有勇力，栾怀子嬖之，故羊舌氏之族及于难。

栾盈过于周，周西鄙掠之[40]。辞于行人[41]，曰:"天子陪臣盈[42]，得罪于王之守臣[43]，将逃罪。罪重于郊甸[44]，无所伏窜，敢布其死[45]。昔陪臣书能输力于王室，王施惠焉[46]。其子黡，不能保任其父之劳。大君若不弃书之力，亡臣犹有所逃[47]。若弃书之力，而思黡之罪，臣戮馀也[48]，将归死于尉氏[49]，不敢还矣。敢布四体，唯大君命焉[50]!"王曰:"尤而效之，其又甚焉[51]!"使司徒禁掠栾氏者，归所取焉。使候出诸镮辕[52]。

① 桓子,栾黡。怀子,盈也。 ② 十四年,栾黡强逐范鞅使奔秦。○ 强,其丈切。 ③ 栾祁,桓子妻,范宣子女,盈之母也。范氏,尧后,祁姓。○ 能,如字;徐,乃代切。 ④ 言乱甚。○ 几,其依切。 ⑤ 桓主,栾黡。 ⑥ 谓宣子不为黡责怒鞅,而反与鞅宠位。○ 为,于伪切,下吾为同。 ⑦ 同为公族大夫,而鞅专其权势。 ⑧ 言宣子专政,盈欲以死作难。○ 难,乃旦切。 ⑨ 证其有此。 ⑩ 下军佐。○ 好,呼报切。施,式豉切。 ⑪ 著,晋邑。在外易逐。○ 著,直据切,又张虑切。易,以豉切。 ⑫ 十子,皆晋大夫,栾盈之党也。羊舌虎,叔向弟。○ 邴,音丙。罴,彼皮切。 ⑬ 籍偃,上军司马。 ⑭ 讥其受囚而不能去。○ 知,音智,下及《注》同。 ⑮ 言虽囚,何若于死亡。 ⑯《诗·小雅》。言君子优游于衰世,所以辟害卒其寿,是亦知也。○《释文》:《诗·小雅》。案今《小雅》无此全语,唯《采菽》诗云:"优哉游哉,亦是戾矣。"
⑰ 乐王鲋,晋大夫乐桓子。○ 鲋,音附。应,应对之应,下《注》同;一本作不应。 ⑱ 祁大夫,祁奚也。食邑于祁,因以为氏。祁县今属大原。○ 咎,其九切。 ⑲ 其言皆得行。 ⑳ 谓不应,出不拜。 ㉑ 不能动君。
㉒《诗·大雅》。言德行直,则天下顺之。○ 行,下孟切。 ㉓ 觉,较然正直。○ 较,音角。 ㉔ 言叔向笃亲亲,必与叔虎同谋。 ㉕ 老,去公族大夫。 ㉖《诗》,《周颂》也。言文、武有惠训之德,加于百姓,故子孙保赖之。○ 驲,人实切,传也。疆,居良切。 ㉗ 逸《书》。谟,谋也。勋,功也。言圣哲有谋功者,当明信定安之。○ 谟,莫胡切。勋,如字;《书》作训。 ㉘ 谋鲜过,有谟勋也。惠训不倦,惠我无疆也。 ㉙ 壹以弟故。○ 宥,音又。 ㉚ 言不以父罪废其子。○ 鲧,古本切。殛,纪力切。
㉛ 大甲,汤孙也,荒淫失度。伊尹放之桐宫三年,改悔而复之,而无恨心。言不以一怨妨大德。○ 大,音泰。相,息亮切。 ㉜ 言兄弟罪不相及。○ 右,音又。 ㉝ 共载入见公。○ 说,音悦。乘,绳证切。见,贤遍切,下始见并《注》同。 ㉞ 言为国,非私叔向也。○ 为,于伪切,下不为己及

为子皆同。　㉟ 不告谢之，明不为己。　㊱ 不使见叔向父。○ 姤，丁故切。　㊲ 言非常之地，多生非常之物。　㊳ 敝，衰坏也。龙蛇，喻奇怪。○ 女，音汝，下同。　㊴ 六卿专权。　㊵ 劫掠财物。○ 间，间厕之间。难，乃旦切。掠，音亮。　㊶ 王行人也。　㊷ 诸侯之臣，称于天子曰陪臣。　㊸ 范宣子为王所命，故曰守臣。○ 守，手又切。㊹ 重得罪于郊甸，谓为郊甸所侵掠也。郭外曰郊，郊外曰甸。○ 重，直用切，《注》同。甸，徒练切。　㊺ 布，陈也。○ 窜，七乱切。　㊻ 输力，谓辅相晋国以翼戴天子。○ 相，息亮切。　㊼ 大君，谓天王。○ 任，音壬。　㊽ 罪戮之馀。　㊾ 尉氏，讨奸之官。　㊿ 布四体，言无所隐。　(51) 尤晋逐盈，而自掠之，是效尤。○ 效，或作傚，户教切。(52) 候，送迎宾客之官也。轘辕，关，在缑氏县东南。○ 辕，音袁。

冬，曹武公来朝，始见也[①]。

① 即位三年始来见公。

会于商任，锢栾氏也[①]。齐侯、卫侯不敬。叔向曰："二君者，必不免。会朝，礼之经也。礼，政之舆也[②]。政，身之守也[③]。怠礼失政，失政不立，是以乱也[④]。"

知起、中行喜、州绰、邢蒯出奔齐[⑤]，皆栾氏之党也。乐王鲋谓范宣子曰："盍反州绰、邢蒯？勇士也。"宣子曰："彼栾氏之勇也，余何获焉[⑥]？"王鲋曰："子为彼栾氏，乃亦子之勇也[⑦]。"

齐庄公朝，指殖绰、郭最曰："是寡人之雄也。"州绰曰："君以为雄，谁敢不雄？然臣不敏，平阴之役，先二子鸣[⑧]。"庄公为勇爵[⑨]。殖绰、郭最欲与焉[⑩]。州绰曰："东闾之役，臣左骖迫还于门中，识其枚数[11]。其可以与于此乎？"公曰："子为晋君也。"对曰："臣为隶新[12]。然二子者，譬于禽兽，臣食其肉而寝处其皮矣[13]。"

① 禁锢栾盈，使诸侯不得受。○ 锢，音固。 ② 政须礼而行。 ③ 政存则身安。 ④ 为二十五年齐弑光二十六年卫弑剽《传》。○ 弑，申志切，下同。剽，匹妙切。 ⑤ 四子，晋大夫。○ 知，音智。行，户郎切。蒯，苦怪切。 ⑥ 言不为己用。 ⑦ 言子待之如栾氏，亦为子用也。 ⑧ 十八年，晋伐齐，及平阴。州绰获殖绰、郭最。故自比于鸡，斗胜而先鸣。○ 先，悉荐切。 ⑨ 设爵位以命勇士。 ⑩ 自以为勇。○ 与，音预，下同。 ⑪ 识门版数。亦在十八年。○ 枚，本亦作版。 ⑫ 言但为仆隶尚新耳。○ 为，于伪切。 ⑬ 言尝射得之。○ 射，食亦切。

经

二十有二年春，王正月，公至自会[1]。

夏四月。

秋七月辛酉，叔老卒[2]。

冬，公会晋侯、齐侯、宋公、卫侯、郑伯、曹伯、莒子、邾子、薛伯、杞伯、小邾子于沙随。

公至自会[3]。

楚杀其大夫公子追舒[4]。

① 无《传》。 ② 无《传》。子叔齐子。 ③ 无《传》。 ④ 书名者，宠近小人，贪而多马，为国所患。○ 近，附近之近。

传

二十二年春，臧武仲如晋[①]，雨，过御叔。御叔在其邑，将饮酒[②]，曰："焉用圣人[③]！我将饮酒而已。雨行，何以圣为？"穆叔闻之曰："不可使也，而傲使人[④]，国之蠹也。"令倍其赋[⑤]。

① 公频与晋侯外会，今各将罢还，鲁之守卿遣武仲为公谢不敏，故不书。○ 守，手又切。为，于伪切。 ② 御叔，鲁御邑大夫。○ 过，古禾切。御，鱼吕切，又鱼据切。 ③ 武仲多知，时人谓之圣。○ 焉，於虔切。知，音智，又如字。 ④ 言御叔不任使四方。○ 傲，五报切。使，所吏切。任，音壬。 ⑤ 古者家有国邑，故以重赋为罚。《传》言穆叔能用教。○ 蠹，丁故切。

夏，晋人征朝于郑[①]，郑人使少正公孙侨对[②]曰："在晋先君悼公九年，我寡君于是即位[③]。即位八月[④]，而我先大夫子驷从寡君以朝于执事。执事不礼于寡君[⑤]，寡君惧。因是行也，我二年六月朝于楚[⑥]，晋是以有戏之役[⑦]。楚人犹竞，而申礼于敝邑。敝邑欲从执事而惧为大尤，曰晋其谓我不共有礼，是以不敢携贰于楚。我四年三月，先大夫子蟜又从寡君以观衅于楚[⑧]，晋于是乎有萧鱼之役[⑨]。谓我敝邑，迩在晋国，譬诸草木，吾臭味也[⑩]，而何敢差池[⑪]？楚亦不竞，寡君尽其土实[⑫]，重之以宗器[⑬]，以受齐盟[⑭]。遂帅群臣随于执事以会岁终[⑮]。贰于楚者，子侯、石盂，归而讨之[⑯]。溴梁之明年[⑰]，子蟜老矣，公孙夏从寡君以朝于君，见于尝酎[⑱]，与执燔焉[⑲]。间二年，闻君将靖东夏[⑳]，四月又朝，以听事期[21]。不朝之间，无岁不聘，无役不从。以大国政令之无常，国家罢病，不虞荐至[22]，无日不惕，岂敢忘职[23]。大国若安定之，其朝夕在庭，何辱命焉[24]？若不恤其患，而以为口实[25]，其无乃不堪任命，而翦为仇雠[26]，敝邑是惧。其敢忘君命？委诸执事，执事实重图之[27]。”

①召郑使朝。　②少正，郑卿官也。公孙侨，子产。○少，诗照切，下少牢同。侨，其骄切。　③鲁襄八年。　④即位年之八月。　⑤言朝执事，谦不敢斥晋侯。　⑥因朝晋不见礼，生朝楚心。　⑦在九年。○戏，许宜切。　⑧实朝，言观衅，饰辞也。言欲往视楚，知可去否。○共，音恭，下共祀同。衅，许靳切。　⑨在十一年。　⑩晋、郑同姓故。　⑪差池，不齐一。○差，初宜切，又初佳切，又七河切，《注》同。池，徐本作沱，直知切，又徒河切。　⑫土地所有。　⑬宗庙礼乐之器，钟磬之属。○重，直用切。　⑭齐，同也。　⑮朝正。⑯石盂，石臭。○盂，音于。臭，敕略切。　⑰湨梁在十六年。⑱酒之新熟，重者为酎。尝新饮酒为尝酎。○夏，户雅切，下同。见，贤遍切，又如字。酎，直又切。　⑲助祭。○与，音预。燔，本作膰，音烦，祭肉也。　⑳谓二十年澶渊盟。○间，间厕之间，又如字。　㉑先澶渊二月往朝，以听会期。○先，悉荐切。　㉒荐，仍也。○罢，音皮。荐，在薦切。　㉓惕，惧也。○惕，他历切。　㉔言自将往，不须来召。○朝夕，如字。　㉕口实，但有其言而已。　㉖翦，削也。谓见剥削不堪命，则成仇雠。○任，音壬。　㉗《传》言子产有辞，所以免大国之讨。

秋，栾盈自楚适齐。晏平仲言于齐侯曰：“商任之会，受命于晋[1]。今纳栾氏，将安用之？小所以事大，信也。失信不立，君其图之。”弗听。退告陈文子曰：“君人执信，臣人执共，忠信笃敬，上下同之，天之道也。君自弃也，弗能久矣[2]！”

① 受锢栾氏之命。　② 为二十五年齐弑其君光《传》。

九月，郑公孙黑肱有疾，归邑于公[1]。召室老宗人立段[2]，而使黜官薄祭[3]。祭以特羊，殷以少牢[4]。足以共祀，尽归其馀邑。曰：“吾闻之，生于乱世，贵而能贫，民无求焉，可以后亡。敬共事君，与二三子。生在敬戒，不在富也。”己巳，伯张卒。君子曰：“善戒。《诗》曰：‘慎尔侯度，用戒不虞。’郑子张其有焉[5]。”

① 黑肱，子张。〇 肱，古弘切。　② 段，子石，黑肱子。　③ 黜官，无多受职。　④ 四时祀，以一羊。三年盛祭，以羊豕。殷，盛也。⑤《诗·大雅》。侯，维也。义取慎法度，戒未然。〇 尽，津忍切。凡此例可求，故特音之。

冬，会于沙随，复锢栾氏也[1]。栾盈犹在齐，晏子曰：“祸将作矣！齐将伐晋，不可以不惧[2]。”

① 晋知栾盈在齐，故复锢也。〇 复，扶又切，下复使、下《注》复生、不复行皆同。　② 为明年齐伐晋《传》。

楚观起有宠于令尹子南，未益禄，而有马数十乘[1]。楚人患之，王将讨焉。子南之子弃疾为王御士[2]，王每见之，必泣。弃疾曰："君三泣臣矣，敢问谁之罪也？"王曰："令尹之不能，尔所知也。国将讨焉，尔其居乎[3]？"对曰："父戮子居，君焉用之？泄命重刑，臣亦不为[4]。"王遂杀子南于朝，轘观起于四竟[5]。子南之臣谓弃疾，请徙子尸于朝[6]，曰："君臣有礼，唯二三子[7]。"三日，弃疾请尸，王许之。既葬，其徒曰："行乎[8]！"曰："吾与杀吾父，行将焉入？"曰："然则臣王乎？"曰："弃父事仇，吾弗忍也[9]。"遂缢而死[10]。

复使薳子冯为令尹，公子齮为司马，屈建为莫敖[11]。有宠于薳子者八人，皆无禄而多马。他日朝，与申叔豫言。弗应而退。从之，入于人中[12]。又从之，遂归。退朝见之[13]，曰："子三困我于朝，吾惧，不敢不见。吾过，子姑告我。何疾我也？"对曰："吾不免是惧，何敢告子[14]？"曰："何故？"对曰："昔观起有宠于子南，子南得罪，观起车裂。何故不惧？"自御而归，不能当道[15]。至，谓八人者曰："吾见申叔夫子，所谓生死而肉骨也[16]。知我者，如夫子则可[17]。不然，请止[18]。"辞八人者，而后王安之[19]。

① 言子南偏宠观起，令富。○ 数，所主切。乘，绳证切。令，力呈切。② 御王车者。 ③ 问能止事我否？ ④ 漏泄君命，罪之重。○ 焉，於虔切，下焉入同。泄，息列切，又以制切。 ⑤ 轘，车裂以徇。○ 轘，音患。竟，音境，下同。 ⑥ 欲犯命取殡。○ 殡，必刃切。 ⑦ 不欲犯命移尸。 ⑧ 行，去也。 ⑨ 于事是仇，于实是君，故虽谓仇，而不敢报。○ 与，音预。杀，如字，一音试。 ⑩《传》讥康王与人子谋其父，失君臣之义。○ 缢，一赐切。 ⑪ 屈建，子木也。○ 齮，五绮切。屈，居勿切。 ⑫ 申叔辟薳子，不欲与语，○ 应，应对之应。 ⑬ 薳子就申叔

家见之。 ⑭ 言恐与子并罪,故不敢与子语。○ 见,贤遍切。 ⑮ 蘧子惶惧,意不在御。 ⑯ 已死复生,白骨更肉。 ⑰ 夫子,谓申叔也。如夫子,谓以义匡己。 ⑱ 止,不相知。 ⑲ 辞,遣之。

十二月,郑游眅将归晋①,未出竟,遭逆妻者,夺之,以馆于邑②。丁巳,其夫攻子明杀之,以其妻行③。子展废良而立大叔④,曰:“国卿,君之贰也,民之主也,不可以苟。请舍子明之类⑤。”求亡妻者,使复其所。使游氏勿怨⑥,曰:“无昭恶也⑦。”

① 游眅,公孙虿子。○ 眅,普板切。 ② 舍止其邑,不复行。 ③ 十二月无丁巳。丁巳,十一月十四日也。 ④ 良,游眅子。大叔,眅弟。○ 大,音泰。 ⑤ 子明有罪,而良又不贤故。○ 舍,音捨。 ⑥ 郑国不讨专杀之人,所以抑强扶弱,临时之宜。 ⑦ 交怨,则父之不修益明也。

左傳

下

中国史学要籍丛刊

〔战国〕左丘明 撰 〔西晋〕杜预 集解

上海古籍出版社

春秋经传集解第十七

襄公四

经

二十有三年春，王二月癸酉朔，日有食之①。

三月己巳，杞伯匄卒②。

夏，邾畀我来奔③。

葬杞孝公④。

陈杀其大夫庆虎及庆寅⑤。陈侯之弟黄自楚归于陈⑥。

晋栾盈复入于晋⑦，入于曲沃⑧。

秋，齐侯伐卫，遂伐晋⑨。

八月，叔孙豹帅师救晋，次于雍榆⑩。

己卯，仲孙速卒⑪。

冬十月乙亥，臧孙纥出奔邾⑫。

晋人杀栾盈。

齐侯袭莒⑬。

① 无《传》。 ② 五同盟。○ 匄，古害切。 ③ 无《传》。畀我是庶其之党，同有窃邑叛君之罪。来奔，故书。○ 畀，必利切。 ④ 无《传》。 ⑤ 书名，皆罪其专国叛君。言及，史异辞，无义例。 ⑥ 诸侯纳之曰归。黄至楚自理得直，故为楚所纳。 ⑦ 以恶入曰复入。○ 复，扶又切，《注》同。 ⑧ 兵败奔曲沃。据曲沃众，还与君争，非欲出

附他国，故不言叛。○ 还，户关切。争，争斗之争。 ⑨ 两事，故言遂。⑩ 豹救晋，待命于雍榆，故书次。雍榆，晋地。汲郡朝歌县东有雍城。○ 雍，於用切。朝，如字。 ⑪ 孟庄子也。 ⑫ 书名者，阿顺季氏，为之废长立少，以取奔亡，罪之。○ 为，于伪切。长，丁丈切。少，诗照切。⑬ 轻行掩其不备曰袭。因伐晋还袭莒，不言遂者，间有事。○ 轻，遣政切。

传

二十三年春，杞孝公卒，晋悼夫人丧之[①]。平公不彻乐，非礼也[②]。礼，为邻国阙[③]。

① 悼夫人，晋平公母，杞孝公姊妹。○ 丧，如字；徐，息浪切。② 彻，去也。○ 去，起吕切。 ③《礼》：诸侯绝期。故以邻国责之。○ 为，于伪切，下《注》为召、下而为同。期，居其切。

陈侯如楚[①]。公子黄愬二庆于楚，楚人召之[②]。使庆乐往。杀之[③]。庆氏以陈叛[④]。夏，屈建从陈侯围陈。陈人城[⑤]，板队而杀人。役人相命，各杀其长[⑥]。遂杀庆虎、庆寅。楚人纳公子黄。君子谓："庆氏不义，不可肆也[⑦]。故《书》曰：'惟命不于常[⑧]。'"

① 朝也。 ② 二庆，虎及寅也。二十年，二庆谮黄，黄奔楚自理。今陈侯往，楚乃信黄，为召二庆。○ 愬，息路切。 ③ 庆乐，二庆之族。二庆畏诛，故不敢自往。○ 使庆乐往，绝句。 ④ 因陈侯在楚而叛之。不书叛，不以告。 ⑤ 治城以距君。屈建，楚莫敖。○ 从，才用切，又如字。 ⑥ 庆氏忿其板队，遂杀筑人。故役人怒而作乱。○ 队，直类切，《注》同。长，丁丈切。 ⑦ 肆，放也。 ⑧《周书·康诰》。言有义则

存，无义则亡。

晋将嫁女于吴，齐侯使析归父媵之，以藩载栾盈及其士[①]，纳诸曲沃[②]。栾盈夜见胥午而告之[③]，对曰："不可。天之所废，谁能兴之。子必不免。吾非爱死也，知不集也[④]。"盈曰："虽然，因子而死，吾无悔矣。我实不天，子无咎焉[⑤]。"许诺。伏之，而觞曲沃人[⑥]。乐作，午言曰："今也得栾孺子，何如[⑦]？"对曰："得主而为之死，犹不死也。"皆叹，有泣者。爵行，又言。皆曰："得主，何贰之有？"盈出，徧拜之[⑧]。

四月，栾盈帅曲沃之甲，因魏献子以昼入绛[⑨]。初，栾盈佐魏庄子于下军[⑩]，献子私焉，故因之[⑪]。赵氏以原、屏之难怨栾氏[⑫]，韩、赵方睦[⑬]。中行氏以伐秦之役怨栾氏[⑭]，而固与范氏和亲[⑮]。知悼子少，而听于中行氏[⑯]。程郑嬖于公[⑰]。唯魏氏及七舆大夫与之[⑱]。

乐王鲋侍坐于范宣子。或告曰："栾氏至矣！"宣子惧。桓子曰："奉君以走固宫，必无害也[⑲]。且栾氏多怨，子为政；栾氏自外，子在位。其利多矣。既有利权，又执民柄[⑳]，将何惧焉？栾氏所得，其唯魏氏乎！而可强取也。夫克乱在权，子无懈矣。"公有姻丧[㉑]，王鲋使宣子墨縗冒绖[㉒]，二妇人辇以如公[㉓]，奉公以如固宫[㉔]。

范鞅逆魏舒[㉕]，则成列既乘，将逆栾氏矣。趋进，曰："栾氏帅贼以入，鞅之父与二三子在君所矣[㉖]。使鞅逆吾子。鞅请骖乘持带[㉗]。"遂超乘[㉘]，右抚剑，左援带[㉙]，命驱之出。仆请[㉚]，鞅曰："之公。"宣子逆诸阶[㉛]，执其手，赂之以曲沃[㉜]。

初，斐豹隶也，著于丹书[㉝]。栾氏之力臣曰督戎，国人惧之。斐豹谓宣子曰:"苟焚丹书,我杀督戎。"宣子喜曰:"而杀之,所不请于君焚丹书者,有如日㉞!"乃出豹而闭之㉟,督戎从之。踰隐而待之㊱,督戎踰入,豹自后击而杀之。范氏之徒在台后㊲,栾氏乘公门㊳。宣子谓鞅曰:"矢及君屋,死之!"鞅用剑以帅卒㊴,栾氏退。摄车从之㊵,遇栾乐㊶,曰:"乐免之,死将讼女于天㊷。"乐射之,不中。又注㊸,则乘槐本而覆㊹。或以戟鉤之,断肘而死。栾鲂伤。栾盈奔曲沃,晋人围之㊺。

① 藩,车之有障蔽者,使若媵妾在其中。○ 析,星历切。媵,以证切,又绳证切。藩,方元切。障,之亮切,又音章。 ② 栾盈邑也。 ③ 胥午,守曲沃大夫。 ④ 集,成也。○ 知,音智,又如字。 ⑤ 言我虽不为天所祐,子无天咎,故可因。○ 咎,其九切。祐,音又。 ⑥ 胥午匿盈而饮其众。○ 觞,式羊切。匿,女力切。饮,於鸩切。 ⑦ 孺子,栾盈。 ⑧ 谢众之思己。○ 偏,音遍。 ⑨ 献子,魏舒。绛,晋国都。 ⑩ 庄子,魏绛。献子之父。 ⑪ 私,相亲爱。 ⑫ 成八年,庄姬谮之,栾、郤为征。○ 屏,薄经切。难,乃旦切。 ⑬ 韩起让赵武,故和睦。 ⑭ 十四年晋伐秦,栾黡违荀偃命,曰:"余马首欲东。" ⑮ 范宣子佐中行偃于中军。 ⑯ 悼子,知罃之子荀盈也。少,年十七。知氏、中行氏同祖,故相听从。○ 知,音智。少,诗照切。 ⑰ 郑亦荀氏宗。○ 嬖,必计切。 ⑱ 七舆,官名。○ 舆,音余。 ⑲ 桓子,乐王鲋。○ 鲋,音附。坐,如字,又才卧切。走,如字,又音奏。 ⑳ 赏罚为民柄。○ 柄,彼命切。 ㉑ 夫人有杞丧。○ 强,其丈切,下《注》强取同。懈,徙卖切。 ㉒ 晋自殽战还,遂常墨缞。○ 缞,七雷切;本又作衰,音同。冒,莫报切。绖,直结切。冒绖,以绖冒其首也。一云,缞、冒、绖三者皆墨之。 ㉓ 恐栾氏有内应距之,故为妇人服而入。○ 应,应对之应。 ㉔ 固宫,宫之有台观备守者。○ 观,官唤切。守,手又切。 ㉕ 用王鲋计,欲强取之。

㉖ 二三子，诸大夫。○ 乘，绳证切，下骖乘、超乘同。 ㉗ 骖乘必持带，备隋队。○ 隋，待果切。队，直类切。 ㉘ 跳上献子车。○ 跳，徒彫切。上，时掌切。 ㉙ 劫之。○ 援，音袁。 ㉚ 请所至。 ㉛ 逆献子也。 ㉜ 恐不与己同心。 ㉝ 盖犯罪没为官奴，以丹书其罪。○ 斐，音非，又芳匪切。 ㉞ 言不负要，明如日。○ 督，丁毒切。 ㉟ 闭著门外。○ 著，陟略切。 ㊱ 隐，短墙也。 ㊲ 公台之后。 ㊳ 乘，登也。 ㊴ 用剑，短兵接敌，欲致死。○ 卒，子忽切。 ㊵ 鞅摄宣子戎车。 ㊶ 乐，盈之族。 ㊷ 言虽死犹不舍女罪。○ 女，音汝。 ㊸ 注，属矢于弦也。○ 射，食亦切。中，丁仲切。属，之玉切。 ㊹ 栾乐车轹槐而覆。○ 覆，芳服切。轹，音历。 ㊺ 鲂，栾氏族。○ 断，音短。

秋，齐侯伐卫。先驱：榖荣御王孙挥，召扬为右[1]。申驱：成秩御莒恒，申鲜虞之傅挚为右[2]。曹开御戎，晏父戎为右[3]。贰广：上之登御邢公，卢蒲癸为右[4]。启：牢成御襄罢师，狼蘧疏为右[5]。胠：商子车御侯朝，桓跳为右[6]。大殿：商子游御夏之御寇，崔如为右[7]，烛庸之越驷乘[8]。

自卫将遂伐晋。晏平仲曰："君恃勇力以伐盟主，若不济，国之福也。不德而有功，忧必及君。"崔杼谏曰："不可。臣闻之，小国间大国之败而毁焉，必受其咎。君其图之！"弗听。陈文子见崔武子[9]，曰："将如君何？"武子曰："吾言于君，君弗听也。以为盟主，而利其难。群臣若急，君于何有[10]？子姑止之。"文子退，告其人曰："崔子将死乎！谓君甚，而又过之[11]，不得其死。过君以义，犹自抑也，况以恶乎[12]？"

齐侯遂伐晋，取朝歌[13]。为二队，入孟门，登大行[14]，张武军于荧庭[15]。戍郫邵[16]，封少水[17]，以报平阴之役。乃还[18]。

赵胜帅东阳之师以追之，获晏氂[19]。八月，叔孙豹帅师救晋，次于雍榆，礼也[20]。

①先驱，前锋军。○召，上照切。　②申驱，次前军。傅挚，申鲜虞之子。○鲜，音仙。挚，音至；一本或作申鲜虞之子傅挚。　③公御右也。○父，音甫。　④贰广，公副车。○广，古旷切。　⑤左翼曰启。○牢，一作罕。罢，音皮；徐音彼，又皮买切。蘧，其居切。　⑥右翼曰胠。○胠，起居切，又音胁，或起业切。朝，如字，又直遥切。跳，徒雕切。⑦大殿，后军。○殿，都练切。夏，户雅切。御，鱼吕切。　⑧四人共乘殿车也。《传》具载此，言庄公废旧臣，任武力。　⑨文子，陈完之孙须无。武子，崔杼也。○间，间厕之间。　⑩言有急不能顾君，欲弑之以说晋。○难，乃旦切。说，音悦，又如字。　⑪弑君之恶，过于背盟主。○背，音佩。　⑫自抑损。　⑬朝歌，今属汲郡。　⑭二队，分为二部。孟门，晋隘道。大行山在河内郡北。○队，徒对切；徐，徒猥切。大，音泰。行，徐，户郎切，又如字。隘，於懈切。　⑮张武军，谓筑垒壁。荧庭，晋地。○荧，户扃切。庭，音廷，本亦作廷。垒，力轨切。壁，亦作辟，音壁。　⑯取晋邑而守之。○郫，婢支切。　⑰封晋尸于少水，以为京观。○少，诗照切，下《注》立少同。　⑱平阴役在十八年。　⑲赵胜，赵旃之子。东阳，晋之山东，魏郡东，广平以北。晏氂，齐大夫。○胜，音升，一音申证切。氂，力之切，徐音来。　⑳救盟主，故曰礼。

季武子无適子，公弥长，而爱悼子，欲立之[①]。访于申丰，曰："弥与纥，吾皆爱之，欲择才焉而立之。"申丰趋退，归，尽室将行[②]。他日，又访焉，对曰："其然！将具敝车而行[③]。"乃止[④]。访于臧纥，臧纥曰："饮我酒，吾为子立之。"季氏饮大夫酒，臧纥为客[⑤]。既献[⑥]，臧孙命北面重席，新樽絜之[⑦]。召悼子，降逆之。大夫皆起[⑧]。及旅，而召公鉏[⑨]，使与之齿[10]。季孙失色[11]。

季氏以公鉏为马正[12]，愠而不出。闵子马见之[13]，曰："子无然！祸福无门，唯人所召。为人子者，患不孝，不患无所[14]。敬共父命，何常之有[15]？若能孝敬，富倍季氏可也[16]。奸回不轨，祸倍下民可也[17]。"公鉏然之。敬共朝夕，恪居官次[18]。季孙喜，使饮己酒，而以具往，尽舍旃[19]。故公鉏氏富，又出为公左宰[20]。

孟孙恶臧孙[21]，季孙爱之[22]。孟氏之御驺豐点好羯也[23]，曰："从余言，必为孟孙[24]。"再三云，羯从之。孟庄子疾，豐点谓公鉏："苟立羯，请仇臧氏[25]。"公鉏谓季孙曰："孺子秩，固其所也[26]。若羯立，则季氏信有力于臧氏矣[27]。"弗应。己卯，孟孙卒，公鉏奉羯立于户侧[28]。季孙至，入哭而出，曰："秩焉在？"公鉏曰："羯在此矣！"季孙曰："孺子长。"公鉏曰："何长之有？唯其才也[29]。且夫子之命也[30]。"遂立羯。秩奔邾。

臧孙入哭，甚哀，多涕。出，其御曰："孟孙之恶子也，而哀如是。季孙若死，其若之何？"臧孙曰："季孙之爱我，疾疢也[31]。孟孙之恶我，药石也[32]。美疢不如恶石。夫石犹生我[33]，疢之美，其毒滋多。孟孙死，吾亡无日矣。"

孟氏闭门告于季孙曰："臧氏将为乱，不使我葬[34]。"季孙不信。臧孙闻之，戒[35]。冬十月，孟氏将辟，藉除于臧氏[36]。臧孙使正夫助之[37]，除于东门，甲从己而视之[38]。孟氏又告季孙。季孙怒，命攻臧氏[39]。乙亥，臧纥斩鹿门之关以出，奔邾[40]。

初,臧宣叔娶于铸,生贾及为而死[41]。继室以其姪[42],穆姜之姨子也[43]。生纥,长于公宫。姜氏爱之,故立之[44]。臧贾、臧为出在铸[45]。臧武仲自邾使告臧贾,且致大蔡焉[46],曰:"纥不佞,失守宗祧[47],敢告不吊[48]。纥之罪,不及不祀[49]。子以大蔡纳请,其可[50]。"贾曰:"是家之祸也,非子之过也。贾闻命矣。"再拜受龟。使为以纳请[51],遂自为也[52]。臧孙如防[53],使来告曰:"纥非能害也,知不足也[54]。非敢私请[55]!苟守先祀,无废二勋[56],敢不辟邑[57]。"乃立臧为。

臧纥致防而奔齐。其人曰:"其盟我乎[58]?"臧孙曰:"无辞[59]。"将盟臧氏,季孙召外史掌恶臣,而问盟首焉[60],对曰:"盟东门氏也,曰:'毋或如东门遂,不听公命,杀適立庶[61]。'盟叔孙氏也,曰:'毋或如叔孙侨如,欲废国常,荡覆公室[62]。'"季孙曰:"臧孙之罪,皆不及此。"孟椒曰:"盍以其犯门斩关?"季孙用之。乃盟臧氏曰:"无或如臧孙纥,干国之纪,犯门斩关[63]。"臧孙闻之,曰:"国有人焉!谁居?其孟椒乎[64]!"

① 公弥,公鉏。悼子,纥也。○ 適,丁历切。长,丁丈切,下皆同。鉏,仕居切。纥,恨发切,下同。 ② 申豐,季氏属大夫。 ③ 其然,犹必尔。○ 敝,婢世切;徐,疾灭切。 ④ 止,不立纥。 ⑤ 为上宾。○ 饮,於鸩切,下皆同。吾为,于伪切,下《注》为定、为公鉏同。 ⑥ 已献酒。 ⑦ 酒樽既新,复絜澡之。○ 重,直恭切。樽,音尊;本亦作尊。复,扶又切,下非复、下文复战同。澡,音早。 ⑧ 臧孙下迎悼子。⑨ 献酬礼毕,通行为旅。 ⑩ 使从庶子之礼,列在悼子之下。 ⑪ 恐公鉏不从。 ⑫ 马正,家司马。 ⑬ 闵子马,闵马父。○ 愠,纡运切,

怨也，怒也。 ⑭ 所，位处。○ 处，昌虑切。 ⑮ 言废置在父，无常位也。 ⑯ 父宠之，则可富。 ⑰ 祸甚于贫贱。 ⑱ 次，舍也。○ 朝，如字。恪，苦各切。 ⑲ 具，飨燕之具。○ 舍，音捨。 ⑳ 出季氏家，臣仕于公。 ㉑ 不相善。○ 恶，乌路切，下之恶子、之恶我、君所恶皆同。 ㉒ 爱其成已志。 ㉓ 羯，孟庄子之庶子，孺子秩之弟孝伯也。○ 驺，侧留切。点，都簟切，又之廉切。好，呼报切。羯，居竭切。㉔ 为孟孙后。 ㉕ 使孟氏与公鉏共憎臧孙。 ㉖ 固自当立。㉗ 臧氏因季孙之欲而为定之，犹为有力。今若专立孟氏之少，则季氏有力过于臧氏。 ㉘ 户侧，丧主。○ 应，应对之应。 ㉙ 季孙废鉏立纥，云欲择才，故以此答之。○ 焉，於虔切。 ㉚ 遂诬孟孙。 ㉛ 常志相顺从，身之害。○ 疢，耻刃切，下皆同。 ㉜ 常志相违戾，犹药石之疗疾。○ 疗，力召切。 ㉝ 愈己疾也。 ㉞ 欲为公鉏仇臧氏。 ㉟ 戒，为备也。 ㊱ 辟，穿藏也。于臧氏借人除葬道。○ 辟，婢亦切；徐，甫亦切，《注》同。藉，徐音借，又如字。藏，才浪切。 ㊲ 正夫，隧正。○ 隧，音遂，下同。 ㊳ 畏孟氏，故从甲士视作者。○ 从，才用切，又如字。㊴ 见其有甲故。 ㊵ 鲁南城东门。 ㊶ 铸国，济北蛇丘县所治。○ 娶，七住切。铸，之树切。蛇，音移。治，直吏切。 ㊷ 女子谓兄弟之子为姪。○ 姪，大结切，又丈一切。 ㊸ 姪，穆姜姨母之子，与穆姜为姨昆弟。 ㊹ 立为宣叔嗣。 ㊺ 还舅氏也。 ㊻ 大蔡，大龟。○《释文》：一云龟出蔡地，因以为名。 ㊼ 远祖庙为祧。○ 祧，他雕切。㊽ 不为天所吊恤。 ㊾ 言应有后。 ㊿ 请为先人立后。○ 为，于伪切，下为己、自为皆同。 (51) 贾使为为己请。 (52) 为自为请。(53) 防，臧孙邑。 (54) 言使甲从己，但虑事浅耳。○ 知，音智。 (55) 为其先人请也。 (56) 二勋，文仲、宣叔。 (57) 据邑请后，故孔子以为要君。○ 要，一遥切。 (58) 谓陈其罪恶，盟诸大夫以为戒。 (59) 废长立少，季孙所忌。故谓无辞以罪己。 (60) 恶臣，谓奔亡者。盟首，载书之章首。 (61) 文公命立子恶，公子遂杀之，立宣公。○ 毋，音无。听，吐定切。适，丁历切。 (62) 谓谮公与季、孟于晋。○ 覆，芳服切。 (63) 干，亦犯也。○ 盍，户臘切。　⑭ 孟椒，孟献子之孙子服惠伯。居，犹与也。○ 居，音基。与，音余。

晋人克栾盈于曲沃，尽杀栾氏之族党。栾鲂出奔宋。书曰："晋人杀栾盈。"不言大夫，言自外也[①]。

① 自外犯君而入，非复晋大夫。

齐侯还自晋，不入[①]。遂袭莒，门于且于[②]，伤股而退[③]。明日，将复战，期于寿舒[④]。杞殖、华还载甲，夜入且于之隧，宿于莒郊[⑤]。明日，先遇莒子于蒲侯氏[⑥]。莒子重赂之，使无死，曰："请有盟[⑦]。"华周对曰："贪货弃命，亦君所恶也[⑧]。昏而受命，日未中而弃之，何以事君？"莒子亲鼓之，从而伐之，获杞梁[⑨]。莒人行成[⑩]。齐侯归，遇杞梁之妻于郊[⑪]，使吊之。辞曰："殖之有罪，何辱命焉[⑫]？若免于罪，犹有先人之敝庐在，下妾不得与郊吊[⑬]。"齐侯吊诸其室[⑭]。

① 不入国。　② 且于，莒邑。○ 且，子余切。　③ 齐侯伤。④ 寿舒，莒地。　⑤ 二子，齐大夫。且于隧，狭路。○ 殖，市力切。华，胡化切。还，音旋。狭，户夹切。　⑥ 蒲侯氏，近莒之邑。○ 近，附近之近。　⑦ 欲以盟要二子，无致死战。　⑧ 华周，即华还。　⑨ 杞梁，即杞殖。　⑩ 胜大国益惧，故行成。　⑪ 梁战死，妻行迎丧。⑫ 言若有罪，不足吊。　⑬ 妇人无外事故。下，犹贱也。○ 庐，力居切。与，音预。　⑭《传》言妇人有礼。

齐侯将为臧纥田[①]。臧孙闻之，见齐侯。与之言伐晋[2]。对曰:“多则多矣!抑君似鼠。夫鼠昼伏夜动,不穴于寝庙,畏人故也。今君闻晋之乱而后作焉[3]。宁将事之,非鼠如何?”乃弗与田[4]。仲尼曰:“知之难也。有臧武仲之知[5],而不容于鲁国,抑有由也。作不顺而施不恕也。《夏书》曰:‘念兹在兹[6]。’顺事恕施也。”

① 与之田邑。 ② 齐侯自道伐晋之功。○ 见,贤遍切。《释文》:齐侯,绝句;一读以见字绝句,齐侯向下读。 ③ 作,起兵也。 ④ 臧孙知齐侯将败,不欲受其邑,故以比鼠,欲使怒而止。 ⑤ 谓能辟齐祸。○ 知,音智。 ⑥ 逸《书》也。念此事,在此身。言行事当常念如在己身也。

经

二十有四年春,叔孙豹如晋[1]。

仲孙羯帅师侵齐。

夏,楚子伐吴。

秋七月甲子朔,日有食之,既[2]。

齐崔杼帅师伐莒。

大水[3]。

八月癸巳朔,日有食之[4]。

公会晋侯、宋公、卫侯、郑伯、曹伯、莒子、邾子、滕子、薛伯、杞伯、小邾子于夷仪。

冬,楚子、蔡侯、陈侯、许男伐郑。

公至自会[5]。

陈鍼宜咎出奔楚[6]。

叔孙豹如京师。

大饥[7]。

① 贺克栾氏。 ② 无《传》。 ③ 无《传》。 ④ 无《传》。 ⑤ 无《传》。 ⑥ 陈鍼子八世孙，庆氏之党。书名，恶之也。○ 鍼，其廉切。咎，其九切。恶，乌路切。 ⑦ 无《传》。○ 饥，居疑切，又音机。

传

二十四年春，穆叔如晋。范宣子逆之，问焉，曰："古人有言曰，'死而不朽'，何谓也？"穆叔未对。宣子曰："昔匄之祖，自虞以上，为陶唐氏[1]，在夏为御龙氏[2]，在商为豕韦氏[3]，在周为唐、杜氏[4]，晋主夏盟为范氏，其是之谓乎[5]？"穆叔曰："以豹所闻，此之谓世禄，非不朽也。鲁有先大夫曰臧文仲，既没，其言立[6]。其是之谓乎？豹闻之，大上有立德[7]，其次有立功[8]，其次有立言[9]，虽久不废，此之谓不朽。若夫保姓受氏，以守宗祊[10]，世不绝祀，无国无之。禄之大者，不可谓不朽[11]。"

① 陶唐，尧所治地，大原晋阳县也。终虞之世以为号，故曰自虞以上。○ 上，时掌切。治，直吏切。 ② 谓刘累也。事见昭二十九年。○ 见，贤遍切。 ③ 豕韦，国名。东郡白马县东南有韦城。 ④ 唐、杜，二国名。殷末，豕韦国于唐。周成王灭唐，迁之于杜，为杜伯。杜伯之子隰叔奔晋，四世及士会，食邑于范，复为范氏。杜，今京兆杜县。○ 隰，徐入切。复，扶又切。 ⑤ 晋为诸夏盟主，范氏复为之佐。言己世为兴家。○ 夏，户雅切。 ⑥ 立，谓不废绝。○《释文》：既没，其言立，今俗本皆作其言立于世。检元熙以前本，则无于世二字。 ⑦ 黄帝、尧、舜。○ 大，音泰。

⑧禹、稷。 ⑨史佚、周任、臧文仲。○佚，音逸。任，音壬。 ⑩祊，庙门。○祊，布彭切。 ⑪《传》善穆叔之知言。

范宣子为政，诸侯之币重。郑人病之。二月，郑伯如晋。子产寓书于子西以告宣子①，曰："子为晋国，四邻诸侯，不闻令德，而闻重币，侨也惑之。侨闻君子长国家者，非无贿之患，而无令名之难。夫诸侯之贿聚于公室，则诸侯贰②。若吾子赖之，则晋国贰③。诸侯贰，则晋国坏。晋国贰，则子之家坏。何没没也④！将焉用贿？夫令名，德之舆也⑤。德，国家之基也。有基无坏，无亦是务乎！有德则乐，乐则能久。《诗》云：'乐只君子，邦家之基。'有令德也夫⑥！'上帝临女，无贰尔心。'有令名也夫⑦！恕思以明德，则令名载而行之，是以远至迩安。毋宁使人谓子：'子实生我⑧，而谓子浚我以生乎⑨？'象有齿以焚其身，贿也⑩。"宣子说，乃轻币。是行也，郑伯朝晋，为重币故，且请伐陈也。郑伯稽首，宣子辞。子西相，曰："以陈国之介恃大国而陵虐于敝邑⑪，寡君是以请罪焉⑫。敢不稽首⑬。"

①寓，寄也。○寓，音遇。 ②贰，离也。○长，丁丈切。难，如字，又乃旦切。贿，呼罪切。 ③赖，恃用之。 ④没没，沈灭之言。○没，如字，一音妹，沈溺也。 ⑤德须令名以远闻。○焉，於虔切。闻，音问，又如字。 ⑥《诗·小雅》。言君子乐美其道，为邦家之基，所以济令德。○乐，音洛。夫，音扶。 ⑦《诗·大雅》。言武王为天所临，不敢怀贰心，所以济令名。○女，音汝。 ⑧无宁，宁也。○毋，音无。 ⑨浚，取也。言取我财以自生。○浚，思俊切。 ⑩焚，毙也。○焚，扶云切；服云，焚，读曰偾；偾，僵也。毙，婢世切。 ⑪介，因也。大国，楚

也。○ 说，音悦。为，于伪切。相，息亮切。介，音戒。　⑫ 请得罪于陈也。○《释文》：是以请罪焉，一本作是以请请罪焉。请，并七井切；徐，上请字音情。　⑬ 为明年郑入陈《传》。

孟孝伯侵齐，晋故也①。

① 前年齐伐晋，鲁为晋报侵。

夏，楚子为舟师以伐吴①，不为军政②，无功而还③。

① 舟师，水军。　② 不设赏罚之差。　③ 为下吴召舒鸠起本。

齐侯既伐晋而惧，将欲见楚子。楚子使薳启彊如齐聘，且请期①。齐社，蒐军实，使客观之②。陈文子曰："齐将有寇。吾闻之，兵不戢，必取其族③。"

① 请会期。○ 彊，其良切，又居良切。　② 祭社，因阅数军器，以示薳启彊。○ 蒐，所求切。阅，音悦。数，所主切。　③ 戢，藏也。族，类也。取其族，还自害也。○ 戢，侧立切。

秋，齐侯闻将有晋师①，使陈无宇从薳启彊如楚，辞，且乞师②。崔杼帅师送之，遂伐莒，侵介根③。

① 夷仪之师。　② 辞有晋师，未得相见。　③ 介根，莒邑。今城阳黔陬县东北计基城是也。齐既与莒平，因兵出侵之，言无信也。○ 黔，其廉切，又其今切；如淳音耿弇切。陬，侧留切，又子侯切；韦昭音诹。基，又

作其，音基，又如字；《汉书》作斤；如淳，斤，音基。

会于夷仪，将以伐齐，水，不克①。冬，楚子伐郑以救齐，门于东门，次于棘泽②。诸侯还救郑③。

晋侯使张骼、辅跞致楚师，求御于郑④。郑人卜宛射犬吉⑤。子大叔戒之曰："大国之人，不可与也⑥。"对曰："无有众寡，其上一也⑦。"大叔曰："不然，部娄无松柏⑧。"二子在幄，坐射犬于外⑨，既食，而后食之。使御广车而行⑩，已皆乘乘车⑪。将及楚师，而后从之乘，皆踞转而鼓琴⑫。近，不告而驰之⑬。皆取胄于櫜而胄，入垒皆下，搏人以投，收禽挟囚⑭。弗待而出⑮。皆超乘，抽弓而射。既免，复踞转而鼓琴，曰："公孙！同乘，兄弟也⑯，胡再不谋⑰？"对曰："曩者志入而已，今则怯也。"皆笑曰："公孙之亟也⑱。"

楚子自棘泽还，使薳启彊帅师送陈无宇⑲。

① 晋合诸侯以报前年见伐。 ② 以齐无宇乞师故也。 ③ 夷仪诸侯。 ④ 欲得郑人自御，知其地利故也。○ 骼，庚百切，一音古洛切。跞，力狄切；徐音洛。 ⑤ 射犬，郑公孙。○ 宛，於元切。射，食亦切；徐，神石切。 ⑥ 言不可与等也。欲使卑下之。大叔，游吉。○ 大，音泰。⑦ 言在己上者有常分，无大小国之异。○ 分，扶问切。 ⑧ 部娄，小阜。松柏，大木。喻小国异于大国。○ 部，蒲口切；徐，又扶苟切。娄，本或作塿，路口切；徐，力侯切。阜，扶有切。 ⑨ 二子，张骼、辅跞。幄，帐也。○ 幄，於角切。 ⑩ 广车，兵车。○ 下食，音嗣。广，古旷切。 ⑪ 乘车，安车。○ 下乘，绳证切。 ⑫ 转，衣装。○ 踞，居虑切。转，张恋切，又张脔切。装，侧良切，一作囊。 ⑬ 射犬恨，故近敌不告而驰。⑭ 禽，获也。○ 胄，直救切。櫜，古毛切。垒，力轨切。搏，音博；徐，甫各

切。挟，音协。　⑮ 射犬又不待二子。　⑯ 言同乘义如兄弟。○ 复，扶又切。　⑰ 谓不告而驰，不待而出。　⑱ 亟，急也。言其性急不能受屈。○ 曩，如党切，曏也。怯，去业切。亟，居力切。　⑲《传》言齐、楚固相结也。

吴人为楚舟师之役故[①]，召舒鸠人，舒鸠人叛楚[②]。楚子师于荒浦[③]，使沈尹寿与师祁犁让之[④]。舒鸠子敬逆二子，而告无之，且请受盟。二子复命，王欲伐之。薳子[⑤]曰："不可。彼告不叛，且请受盟，而又伐之，伐无罪也。姑归息民，以待其卒[⑥]。卒而不贰，吾又何求？若犹叛我，无辞，有庸。"乃还[⑦]。

① 在此年夏。○ 为，于伪切。　② 舒鸠，楚属国。召欲与共伐楚。③ 荒浦，舒鸠地。○ 浦，判五切。　④ 二子，楚大夫。○ 犁，力兮切。⑤ 令尹薳子冯。　⑥ 卒，终也。　⑦ 彼无辞，我有功。为明年楚灭舒鸠《传》。

陈人复讨庆氏之党，鍼宜咎出奔楚[①]。

① 言宜咎所以称名。

齐人城郏[①]。穆叔如周聘，且贺城。王嘉其有礼也，赐之大路[②]。

① 郏，王城也。于是穀、雒斗，毁王宫。齐叛晋，欲求媚于天子，故为王城之。○ 郏，古洽切。　② 大路，天子所赐车之总名。为昭四年叔孙以所赐路葬张本。

晋侯嬖程郑，使佐下军[①]。郑行人公孙挥如晋聘[②]。程郑问焉，曰："敢问降阶何由[③]？"子羽不能对。归以语然明[④]，然明曰："是将死矣。不然将亡。贵而知惧，惧而思降，乃得其阶[⑤]，下人而已，又何问焉[⑥]？且夫既登而求降阶者，知人也，不在程郑。其有亡衅乎？不然，其有惑疾，将死而忧也[⑦]。"

① 代栾盈也。 ② 挥，子羽也。○ 挥，许韦切。 ③ 问自降下之道。○ 下，遐嫁切，又如字。 ④ 然明，鬷蔑。○ 语，鱼据切。鬷，子公切。 ⑤ 阶，犹道也。 ⑥ 言易知。○ 下，户嫁切。易，以豉切。⑦ 言郑本小人，为明年程郑卒张本。○ 夫，音扶。知，音智。衅，许觐切。

经

二十有五年春，齐崔杼帅师伐我北鄙。

夏五月乙亥，齐崔杼弑其君光[①]。

公会晋侯、宋公、卫侯、郑伯、曹伯、莒子、邾子、滕子、薛伯、杞伯、小邾子于夷仪。

六月壬子，郑公孙舍之帅师入陈[②]。

秋八月己巳，诸侯同盟于重丘[③]。

公至自会[④]。

卫侯入于夷仪[⑤]。

楚屈建帅师灭舒鸠[⑥]。

冬，郑公孙夏帅师伐陈[⑦]。

十有二月，吴子遏伐楚，门于巢，卒[⑧]。

① 齐侯虽背盟主，未有无道于民，故书臣，罪崔杼也。○ 背，音佩。② 子产之言，陈以不义见入，故舍之无讥。《释例》详之。 ③ 夷仪之诸侯也。重丘，齐地。己巳，七月十二日。《经》误。○ 重，直龙切。 ④ 无《传》。 ⑤ 夷仪，本邢地，卫灭邢而为卫邑。晋愍卫衎失国，使卫分之一邑。书入者，自外而入之辞，非国逆之例。○ 衎，苦旦切。 ⑥《传》在卫侯入夷仪上。《经》在下，从告。 ⑦ 陈犹未服。 ⑧ 遏，诸樊也。为巢牛臣所杀。不书灭者，楚人不获其尸。吴以卒告，未同盟而赴以名。○ 遏，於葛切；徐音谒。

传

二十五年春，齐崔杼帅师伐我北鄙，以报孝伯之师也①。公患之，使告于晋。孟公绰曰："崔子将有大志②，不在病我，必速归，何患焉！其来也不寇③，使民不严④，异于他日。"齐师徒归⑤。

① 前年鲁使孟孝伯为晋伐齐。○ 为，于伪切。 ② 志在弑君。孟公绰，鲁大夫。○ 绰，昌若切；徐本作卓，音绰。 ③ 不为寇害。④ 欲得民心。 ⑤ 徒，空也。

齐棠公之妻，东郭偃之姊也①。东郭偃臣崔武子。棠公死，偃御武子以吊焉。见棠姜而美之②，使偃取之③。偃曰："男女辨姓④，今君出自丁⑤，臣出自桓，不可⑥。"武子筮之，遇《困》䷮⑦之《大过》䷛⑧。史皆曰："吉⑨。"示陈文子，文子曰："夫从风⑩，风陨，妻不可娶也⑪。且其《繇》曰：'困于石，据于蒺藜，入于其宫，不见其妻，凶⑫。'困于石，往不济也⑬。据于蒺藜，所恃伤也⑭。入于其宫，不见其妻，凶，无所归也[15]。”崔子曰：“嫠也何害？先夫当之矣[16]。”遂取之。庄公通焉，骤如崔氏。以崔子之冠赐人，侍者曰：“不可。”公曰：“不为崔子，其无冠乎[17]？”崔子因是[18]，又以其间伐晋也[19]，曰：“晋必将报。”欲弑公以说于晋，而不获间。公鞭侍人贾举而又近之，乃为崔子间公[20]。

夏五月，莒为且于之役故，莒子朝于齐[21]。甲戌，飨诸北郭。崔子称疾不视事[22]。乙亥，公问崔子[23]，遂从姜氏。姜入于室，与崔子自侧户出。公拊楹而歌[24]。侍人贾举止众从者，而入闭门[25]。甲兴。公登台而请，弗许[26]。请盟，弗许。请自刃于庙，弗许[27]。皆曰：“君之臣杼疾病，不能听命[28]。近于公宫[29]，陪臣干掫有淫者，不知二命[30]。”公踰墙。又射之，中股，反队。遂弑之。贾举、州绰、邴师、公孙敖、封具、铎父、襄伊、偻堙皆死[31]。祝佗父祭于高唐[32]，至，复命。不说弁而死于崔氏[33]。申蒯，侍渔者[34]，退谓其宰曰：“尔以帑免[35]，我将死。”其宰曰：“免，是反子之义也。”与之皆死[36]。崔氏杀鬷蔑于平阴[37]。

晏子立于崔氏之门外[38]，其人曰：“死乎？”曰：“独吾君也乎哉？吾死也[39]。”曰：“行乎？”曰：“吾罪也乎哉？吾亡也[40]。”曰：“归乎？”曰：“君死安归[41]？君民者，岂以陵民？社稷是主。臣君者，岂为其口实？社稷是养[42]。故君为社稷死，则死之；为社稷亡，则亡之[43]。若为己死而为己亡，非其私暱，谁敢任之[44]？且人有君而弑之，吾焉得死之，而焉得亡之[45]？将庸何归[46]？”门启而入，枕尸股而哭[47]，兴，三踊而出。人谓崔子：“必杀之！”崔子曰：“民之望也！舍之得民[48]。”卢蒲癸奔晋，王何奔莒[49]。

叔孙宣伯之在齐也[50]，叔孙还纳其女于灵公。嬖，生景公[51]。丁丑，崔杼立而相之。庆封为左相。盟国人于大宫[52]，曰：“所不与崔、庆者。”晏子仰天叹曰：“婴所不唯忠于君利社稷者是与，有如上帝。”乃歃[53]。辛巳，公与大夫及莒子盟[54]。大史书曰：“崔杼弑其君。”崔子杀之。其弟嗣书而死者二人[55]。其弟又书，乃舍之。南史氏闻大史尽死，执简以往。闻既书矣，乃还[56]。

闾丘婴以帷缚其妻而载之，与申鲜虞乘而出[57]。鲜虞推而下之[58]，曰：“君昏不能匡，危不能救，死不能死，而知匿其昵[59]，其谁纳之？”行及弇中，将舍[60]。婴曰：“崔、庆其追我！”鲜虞曰：“一与一，谁能惧我[61]？”遂舍，枕辔而寝[62]，食马而食。驾而行，出弇中，谓婴曰：“速驱之！崔、庆之众，不可当也。”遂来奔[63]。

崔氏侧庄公于北郭[64]。丁亥，葬诸士孙之里[65]，四翣[66]，不跸[67]，下车七乘，不以兵甲[68]。

① 棠公，齐棠邑大夫。 ② 美其色也。 ③ 为己取也。○ 取，如字，又七住切。 ④ 辨，别也。○ 别，彼列切。 ⑤ 齐丁公，崔杼之祖。 ⑥ 齐桓公小白，东郭偃之祖。同姜姓，故不可昏。 ⑦《坎》下《兑》上，《困》。○ 坎，苦敢切。兑，徒外切。 ⑧《巽》下《兑》上，《大过》。《困》六三变为《大过》。○ 巽，音逊。 ⑨ 阿崔子。 ⑩《坎》为中男，故曰夫。变而为《巽》，故曰从风。○ 中，丁仲切。 ⑪ 风能陨落物者，变而陨落，故曰妻不可娶。○ 陨，于敏切。娶，亦作取，七住切。 ⑫《困》六三《爻辞》。○ 繇，直又切。蒺，音疾。藜，力私切。 ⑬《坎》为险、为

水。水之险者，石不可以动。　⑭《坎》为险。《兑》为泽。泽之生物而险者蒺蔾，恃之则伤。　⑮《易》曰：非所困而困，名必辱。非所据而据，身必危。既辱且危，死其将至，妻其可得见邪？今卜昏而遇此卦，六三失位无应，则丧其妻，失其所归也。○ 应，应对之应。丧，息浪切。　⑯ 寡妇曰嫠。言棠公已当此凶。○ 嫠，本又作厘，力之切。　⑰ 言虽不为崔子，犹自应有冠。○ 骤，愁又切；徐，在遘切。　⑱ 因是怒公。　⑲ 间晋之难而伐之。○ 间，间厕之间。难，乃旦切。　⑳ 伺公间隙。○ 弑，申志切。说，音悦，又如字。为，于伪切，下莒为、下《注》为崔同。　㉑ 且于役在二十三年。○ 且，子余切。　㉒ 欲使公来。　㉓ 问疾。　㉔ 歌以命姜。○ 拊，芳甫切，拍也。楹，音盈。　㉕ 为崔子闭公也。重言侍人者，别下贾举。○ 从，才用切。重，直用切。别，彼列切。　㉖ 请免。　㉗ 求还庙自杀也。　㉘ 不能亲听公命。　㉙ 言崔子宫近公宫，或淫者诈称公。　㉚ 干掫，行夜。言行夜得淫人，受崔子命讨之，不知他命。○ 干，徐云，读曰犴，胡旦切；服音如字。掫，侧柳切；徐，子俱切，又作侯切；《说文》云，掫，夜戒，有所击也，从手取声；《字林》同，音子侯切；服本作取，子须切，谋也；今传本或作诹，犹依掫音。行，下孟切。　㉛ 八子皆齐勇力之臣，为公所嬖者，与公共死于崔子之宫。○ 射，食亦切。中，丁仲切。股，音古。队，直类切。具，求付切。铎，待洛切。堙，音因。　㉜ 高唐有齐别庙也。○ 佗，徒河切。　㉝ 爵弁，祭服。○ 说，音脱。弁，皮彦切。　㉞ 侍鱼，监取鱼之官。○ 蒯，苦怪切。监，古衔切。　㉟ 帑，宰之妻子。○ 帑，音奴。　㊱ 反死君之义。　㊲ 鬷蔑，平阴大夫，公外嬖。《传》言庄公所养非国士，故其死难，皆嬖宠之人。○ 鬷，子公切。难，乃旦切。　㊳ 闻难而来。　㊴ 言己与众臣无异。　㊵ 自谓无罪。　㊶ 言安可以归。　㊷ 言君不徒居民上，臣不徒求禄，皆为社稷。○ 为，于伪切，下同。　㊸ 谓以公义死亡。　㊹ 私暱，所亲爱也。非所亲爱，无为当其祸。○ 暱，女乙切。任，音壬。　㊺ 言己非正卿，见待无异于众臣，故不得死其难也。○ 弑，申志切。焉，於虔切。　㊻ 将用死亡之义，何所归趣。　㊼ 以公尸枕己股。○ 枕，之鸩切。　㊽ 舍，置也。○ 踊，羊宠切。　㊾ 二子，庄公党。为二十八年杀庆舍张本。　㊿ 宣伯，鲁叔孙侨如。成十六年奔齐。　51 还，齐群公子。纳宣伯女于灵公。○ 还，音旋。　52 大宫，大公庙。○ 相，息亮切，下同。大，音泰。　53 盟书云，所不与崔、庆者，有如上帝。读书未终，晏子抄答易其辞，因自歃。○ 曰所不与崔、庆者，本或此下有“有如此盟”四字者，后人妄加。歃，所洽切，又所甲切。　54 莒子朝齐，遇崔杼作乱，未去，故复与景公盟。○ 复，扶又切。　55 嗣，续也。并前有三人死。　56《传》言齐有直史，崔杼之罪所以闻。　57 二子，庄公近臣。○ 帷，位悲切。缚，直转切。乘，绳证切。58 下婴妻也。○ 推，如字，又他回切。　59 匿，藏也。暱，亲也。○ 匿，女力切。暱，女乙切，《注》同。　60 弇中，狭道。○ 弇，於检切，又於廉切，下同。狭，音洽。　61 言道狭，虽众无所用。　62 恐失马也。○ 枕，之鸩切。　63 道广，众得用，故不可当。○ 食，音嗣。　64 侧，瘗埋之，不殡于庙。○ 瘗，於滞切。埋，无皆切。　65 士孙，人姓，因名里。死十三日便葬，不待五月。　66 丧车之饰，诸侯六翣。○ 翣，所甲切。　67 跸，止行人。○ 跸，音必。　68 下车，送葬之车。齐旧依上公礼，九乘，又有甲兵。今皆降损。○ 乘，绳证切。

晋侯济自泮①，会于夷仪，伐齐，以报朝歌之役②。齐人以庄公说③，使隰鉏请成。庆封如师④，男女以班。赂晋侯以宗器、乐器⑤。自六正⑥、五吏、三十帅⑦、三军之大夫、百官之正长、师旅⑧及处守者，皆有赂⑨。晋侯许之⑩。使叔向告于诸侯⑪。公使子服惠伯对曰：“君舍有罪，以靖小国，君之惠也。寡君闻命矣！”

① 泮，阙。○ 泮，普半切。　② 朝歌役在二十三年。不书伐齐，齐人逆服，兵不加。　③ 以弑庄公说晋也。○ 说，如字，又音悦。④ 庆封独使于晋，不通诸侯，故不书。鉏，隰朋之曾孙。○ 鉏，仕居切。使，

所吏切。 ⑤ 宗器，祭祀之器。乐器，钟磬之属。 ⑥ 三军之六卿。 ⑦ 五吏，文职。三十帅，武职。皆军卿之属官。○ 帅，所类切，下同。 ⑧ 百官正长，群有司也。师旅，小将帅。○ 长，丁丈切。 ⑨ 皆以男女为赂。处守，守国者。○ 守，手又切，又如字。 ⑩ 晋侯受赂还，不讥者，齐有丧，师自宜退。 ⑪ 告齐服。

晋侯使魏舒、宛没逆卫侯[1]，将使卫与之夷仪。崔子止其帑，以求五鹿[2]。

① 卫献公以十四年奔齐。○ 宛，於元切。 ② 崔杼欲得卫之五鹿，故留卫侯妻子于齐以质之。

初，陈侯会楚子伐郑[1]，当陈隧者，井堙木刊[2]。郑人怨之。六月，郑子展、子产帅车七百乘伐陈，宵突陈城[3]，遂入之。陈侯扶其大子偃师奔墓[4]，遇司马桓子，曰："载余[5]！"曰："将巡城[6]。"遇贾获[7]，载其母妻，下之而授公车。公曰："舍而母！"辞曰："不祥[8]。"与其妻扶其母以奔墓，亦免。子展命师无入公宫，与子产亲御诸门[9]。陈侯使司马桓子赂以宗器。陈侯免，拥社[10]。使其众，男女别而累，以待于朝[11]。子展执絷而见[12]，再拜稽首，承饮而进献[13]。子美入，数俘而出[14]。祝祓社，司徒致民，司马致节，司空致地，乃还[15]。

① 在前年。 ② 隧，径也。堙，塞也。刊，除也。○ 隧，音遂；徐，徒猥切。堙，音因。刊，苦干切。径，古定切。 ③ 突，穿也。 ④ 欲逃冢间。 ⑤ 陈之司马。 ⑥ 不欲载公，以巡城辞。 ⑦ 贾获，陈大夫。 ⑧ 虽急，犹不欲男女无别。○ 别，彼列切。 ⑨ 欲服之而已，

故禁侵掠。○ 御，鱼吕切。掠，音亮。　⑩ 免，丧服。拥社，抱社主。示服。○ 免，音问；徐音万，丧冠也。拥，於勇切。　⑪ 累，自囚系以待命。○ 累，类悲切，又吕轨切。　⑫ 见陈侯。○ 縶，陟立切。见，贤遍切。⑬ 承饮，奉觞。示不失臣敬。　⑭ 子美，子产也。但数其所获人数，不将以归。○ 数俘，所主切，《注》但数同。　⑮ 祓，除也。节，兵符。陈乱，故正其众官，修其所职，以安定之，乃还也。○ 祓，芳弗切；徐音废。

秋七月己巳，同盟于重丘，齐成故也[①]。

① 伐齐而称同盟，以明齐亦同盟。

赵文子为政[①]，令薄诸侯之币而重其礼[②]。穆叔见之。谓穆叔曰："自今以往，兵其少弭矣[③]！齐崔、庆新得政，将求善于诸侯。武也知楚令尹[④]。若敬行其礼，道之以文辞，以靖诸侯，兵可以弭[⑤]。"

① 赵武代范匄。　② 以重礼待诸侯。　③ 弭，止也。○ 弭，亡氏切。　④ 令尹，屈建。　⑤ 为二十七年晋、楚盟于宋《传》。○ 道，音导。

楚薳子冯卒，屈建为令尹[①]。屈荡为莫敖[②]。舒鸠人卒叛[③]。楚令尹子木伐之，及离城[④]。吴人救之，子木遽以右师先[⑤]，子彊、息桓、子捷、子骈、子盂帅左师以退[⑥]。吴人居其间七日[⑦]。子彊曰："久将垫隘，隘乃禽也。不如速战[⑧]！请以其私卒诱之，简师陈以待我[⑨]。我克则进，奔则亦视之[⑩]，乃可以免。不然，必为吴禽。"从之。五人以其私卒先击吴师。吴师奔，登山以望，见楚师不继，复逐之，傅诸其军[11]。简师会之，吴师大败。遂围舒鸠，舒鸠溃。八月，楚灭舒鸠[12]。

① 屈建，子木。　② 代屈建。宣十二年邲之役，楚有屈荡，为左广之右。《世本》，屈荡，屈建之祖父。今此屈荡，与之同姓名。○ 邲，扶必切。广，古旷切。　③ 前年辞不叛。　④ 离城，舒鸠城。　⑤ 先至舒鸠。○ 遽，其据切。　⑥ 五人不及子木，与吴相遇而退。○ 捷，在接切。骈，蒲贤切，又蒲丁切。盂，音于。　⑦ 居楚两军之间。　⑧ 垫隘，虑水雨。○ 垫，丁念切；《方言》云，下也。隘，於懈切。　⑨ 简阅精兵，驻后为陈。○ 卒，子忽切，下同。陈，直觐切。驻，张住切。　⑩ 视其形势而救助之。　⑪ 吴还逐五子，至其本军。○ 复，扶又切。傅，音附。⑫ 五子既败吴师，遂前及子木，共围灭舒鸠。○ 溃，户内切。

卫献公入于夷仪[1]。

① 为下自夷仪与甯喜言张本。

郑子产献捷于晋[1]，戎服将事[2]。晋人问陈之罪，对曰："昔虞阏父为周陶正，以服事我先王[3]。我先王赖其利器用也，与其神明之后也[4]，庸以元女大姬配胡公[5]，而封诸陈，以备三恪[6]。则我周之自出，至于今是赖[7]。桓公之乱，蔡人欲立其出[8]。我先君庄公奉五父而立之[9]，蔡人杀之[10]。我又与蔡人奉戴厉公[11]，至于庄、宣，皆我之自立[12]。夏氏之乱，成公播荡，又我之自入，君所知也[13]。今陈忘周之大德，蔑我大惠，弃我姻亲，介恃楚众，以冯陵我敝邑，不可亿逞[14]。

我是以有往年之告⑮。未获成命⑯，则有我东门之役⑰。当陈隧者，井堙木刊。敝邑大惧不竞，而耻大姬⑱。天诱其衷，启敝邑心⑲。陈知其罪，授手于我。用敢献功！”晋人曰：“何故侵小？”对曰：“先王之命，唯罪所在，各致其辟⑳。且昔天子之地一圻㉑，列国一同㉒，自是以衰㉓。今大国多数圻矣！若无侵小，何以至焉？”晋人曰：“何故戎服？”对曰：“我先君武、庄，为平、桓卿士㉔。城濮之役，文公布命曰：‘各复旧职㉕！’命我文公戎服辅王，以授楚捷，不敢废王命故也㉖。”士庄伯不能诘㉗，复于赵文子。文子曰：“其辞顺，犯顺不祥。”乃受之。

冬十月，子展相郑伯如晋，拜陈之功㉘。子西复伐陈，陈及郑平㉙。仲尼曰：“《志》有之㉚：‘言以足志，文以足言㉛。’不言，谁知其志。言之无文，行而不远㉜。晋为伯，郑入陈，非文辞不为功。慎辞哉㉝！”

① 献入陈之功，而不献其俘。 ② 戎服，军旅之衣，异于朝服。 ③ 阏父，舜之后。当周之兴，阏父为武王陶正。○ 阏，於葛切。 ④ 舜圣，故谓之神明。 ⑤ 庸，用也。元女，武王之长女。胡公，阏父之子满也。○ 大，音泰。配，亦作妃，音配。长，丁丈切。 ⑥ 周得天下，封夏、殷二王后。又封舜后，谓之恪。并二王后为三国。其礼转降，示敬而已，故曰三恪。○ 恪，苦洛切。 ⑦ 言陈，周之甥，至今赖周德。 ⑧ 陈桓公鲍卒，于是陈乱。事在鲁桓五年。蔡出，桓公之子厉公也。 ⑨ 五父佗，桓公弟。杀大子免而代之，郑庄公因就定其位。○ 佗，徒河切。 ⑩ 欲立其出故。 ⑪ 奉戴，犹奉事。 ⑫ 陈庄公、宣公，皆厉公子。 ⑬ 播荡，流移失所。宣十一年，陈夏徵舒弑灵公。灵公之子成公奔晋，自晋因郑而入也。○ 夏，户雅切。播，补贺切。 ⑭ 亿，度也。逞，尽也。

○ 介，音戒。冯，皮冰切。亿，於力切。逞，敕景切。度，待洛切。⑮ 谓郑伯稽首告晋，请伐陈。 ⑯ 未得伐陈命。 ⑰ 前年陈从楚伐郑东门。 ⑱ 上辱大姬之灵。 ⑲ 启，开也。开道其心，故得胜。○ 衷，音忠。道，音导。 ⑳ 辟，诛也。○ 辟，婢亦切。 ㉑ 方千里。○ 圻，音祈。 ㉒ 方百里。 ㉓ 衰，差降。○ 衰，初危切。 ㉔ 郑武公、庄公为周平王、桓王卿士。○ 数，色主切。下数甲兵、数疆潦，各并《注》同。 ㉕ 晋文公。○ 濮，音卜。 ㉖ 城濮在僖二十八年。㉗ 士庄伯，士弱也。○ 诘，起吉切。 ㉘ 谢晋受其功。○ 相，息亮切。㉙ 前虽入陈，服之而已。故更伐以结成。 ㉚《志》，古书。 ㉛ 足，犹成也。○ 足，将住切，又如字。 ㉜ 虽得行，犹不能及远。 ㉝ 枢机之发，荣辱之主。

楚蒍掩为司马[①]。子木使庀赋[②]，数甲兵[③]。甲午，蒍掩书土田[④]，度山林[⑤]，鸠薮泽[⑥]，辨京陵[⑦]，表淳卤[⑧]，数疆潦[⑨]，规偃猪[⑩]，町原防[⑪]，牧隰皋[⑫]，井衍沃[⑬]，量入修赋[⑭]。赋车籍马[⑮]，赋车兵[⑯]、徒兵[⑰]、甲楯之数[⑱]。既成，以授子木，礼也[⑲]。

① 蒍子冯之子。 ② 庀，治。○ 庀，音祕。 ③ 阅数之。④ 书土地之所宜。 ⑤ 度量山林之材，以共国用。○ 度，待洛切，下同。共，音恭。 ⑥ 鸠，聚也。聚成薮泽，使民不得焚燎坏之，欲以备田猎之处。○ 薮，素口切。燎，力召切。处，昌虑切。 ⑦ 辨，别也。绝高曰京。大阜曰陵。别之以为冢墓之地。○ 别，彼列切。 ⑧ 淳卤，埆薄之地。表异，轻其赋税。○ 淳，音纯。卤，音鲁；《说文》云，卤，西方咸地。埆，音学。 ⑨ 疆界有流潦者，计数减其租入。○ 疆，居良切；贾，其两切。潦，音老。 ⑩ 偃猪，下湿之地。规度其受水多少。○ 偃，於建切，又如字。猪，陟鱼切；《尚书》传云，停水曰猪。 ⑪ 广平曰原。防，堤也。堤防间地，不得方正如井田，别为小顷町。○ 町，徒顶切。堤，丁兮切。顷，苦颖

切。　⑫ 隰皋，水厓下湿，为刍牧之地。○ 牧，州牧之牧。　⑬ 衍沃，平美之地。则如《周礼》制以为井田。六尺为步，步百为亩，亩百为夫，九夫为井。○ 衍，以善切。衍沃，下平曰衍，有流曰沃。　⑭ 量九土之所入，而治理其赋税。○ 量，音良，又音亮。　⑮ 籍，疏其毛色岁齿，以备军用。⑯ 车兵，甲士。　⑰ 步卒。○ 卒，子忽切。　⑱ 使器杖有常数。○ 楯，食准切，又音尹。杖，直亮切。　⑲ 得治国之礼。《传》言楚之所以兴。

十二月，吴子诸樊伐楚，以报舟师之役[①]。门于巢[②]。巢牛臣曰："吴王勇而轻，若启之，将亲门[③]。我获射之，必殪[④]。是君也死，疆[⑤]其少安！"从之。吴子门焉，牛臣隐于短墙以射之，卒。

① 舟师，在二十四年也。　② 攻巢门。　③ 启，开门。○ 轻，遣政切。　④ 殪，死也。○ 射，食亦切。殪，於计切。　⑤ ○ 疆，居良切。

楚子以灭舒鸠赏子木。辞曰："先大夫芀子之功也。"以与芀掩[①]。

① 往年楚子将伐舒鸠，芀子冯请退师以须其叛，楚子从之，卒获舒鸠。故子木辞赏以与其子。

晋程郑卒。子产始知然明[①]，问为政焉。对曰："视民如子。见不仁者诛之，如鹰鹯之逐鸟雀也。"子产喜，以语子大叔，且曰："他日吾见蔑之面而已[②]，今吾见其心矣。"子大叔问政于子产。子产曰："政如农功，日夜思之，思其始而成其终。朝夕而行之，行无越思③，如农之有畔④。其过鲜矣。"

① 前年然明谓程郑将死，今如其言，故知之。 ② 蔑，然明名。○ 鹰，於陵切。鹯，之延切；徐，居延切。语，鱼据切。 ③ 思而后行。○ 朝夕，如字。 ④ 言有次。

卫献公自夷仪使与甯喜言①，甯喜许之。大叔文子闻之②，曰："乌乎！《诗》所谓'我躬不说，皇恤我后'者，甯子可谓不恤其后矣③。将可乎哉？殆必不可。君子之行，思其终也④，思其复也⑤。《书》曰：'慎始而敬终，终以不困⑥。'《诗》曰：'夙夜匪懈，以事一人⑦。'今甯子视君不如弈棋⑧，其何以免乎？弈者举棋不定，不胜其耦。而况置君而弗定乎？必不免矣。九世之卿族，一举而灭之。可哀也哉⑨！"

① 求复国也。 ② 大叔仪也。 ③ 皇，暇也。《诗·小雅》。言今我不能自容说，何暇念其后乎？谓甯子必身受祸，不得恤其后也。○ 说，音悦；《诗》作阅，容也。 ④ 思使终可成。 ⑤ 思其可复行。⑥ 逸《书》。 ⑦ 一人以喻君。○ 懈，佳卖切。 ⑧ 弈，围棋也。○ 弈，音亦。棋，音其。 ⑨ 甯氏出自卫武公，及喜九世也。

春秋经传集解第十八

襄公五

传

会于夷仪之岁，齐人城郏[①]。其五月，秦、晋为成。晋韩起如秦涖盟，秦伯车如晋涖盟[②]，成而不结[③]。

① 在二十四年。不直言会夷仪者，别二十五年夷仪会《传》。○ 此《传》本为后年修成，当续前卷二十五年之《传》后，简编烂脱，后人传写，因以在此耳。郏，古洽切。别，彼列切。　② 伯车，秦伯之弟鍼也。○ 涖，音利，又音类。车，音居。鍼，其廉切。　③ 不结固也。《传》为后年修成起本，当继前年之末，而特跳此者，传写失之。○ 为，于伪切。跳，直彫切。传，直专切；一本作转。

经

二十有六年春，王二月辛卯，卫甯喜弑其君剽[①]。

卫孙林父入于戚以叛[②]。

甲午，卫侯衎复归于卫[③]。

夏，晋侯使荀吴来聘[④]。

公会晋人、郑良霄、宋人、曹人于澶渊[⑤]。

秋，宋公杀其世子痤[⑥]。

晋人执卫甯喜。

八月壬午，许男甯卒于楚[7]。

冬，楚子、蔡侯、陈侯伐郑。

葬许灵公。

① ○ 剽，匹妙切。 ② 衎虽未居位，林父专邑背国，犹为叛也。○ 背，音佩。 ③ 复其位曰复归。名与不名，《传》无义例。 ④ 吴，荀偃子。 ⑤ 卿会公侯皆应贬，方责宋向戌后期，故书良霄以驳之。若皆称人，则嫌向戌直以会公贬之。○ 澶，市延切。駮，邦角切。 ⑥ 称君以杀，恶其父子相残害。○ 痤，才禾切。恶，乌路切。 ⑦ 未同盟而赴以名。

传

二十六年春，秦伯之弟鍼如晋修成[1]，叔向命召行人子员[2]。行人子朱曰："朱也当御[3]。"三云，叔向不应。子朱怒曰："班爵同[4]，何以黜朱于朝[5]？"抚剑从之[6]。叔向曰："秦、晋不和久矣！今日之事，幸而集[7]，晋国赖之。不集，三军暴骨。子员道二国之言无私，子常易之。奸以事君者，吾所能御也。"拂衣从之[8]。人救之。平公曰："晋其庶乎[9]！吾臣之所争者大。"师旷曰："公室惧卑，臣不心竞而力争[10]，不务德而争善[11]，私欲已侈，能无卑乎[12]？"

① 修会夷仪岁之成。 ② 欲使答秦命。○ 员，音云。 ③ 御，进也。言次当行。 ④ 同为大夫。○ 应，应对之应。 ⑤ 黜，退也。 ⑥ 从叔向也。 ⑦ 集，成。 ⑧ 拂衣，褰裳也。○ 暴，蒲卜切；徐，扶沃切。道，音导。御，鱼吕切。拂，芳弗切。褰，起虔切；本或作骞，音虽同，非也；《说文》云，褰，袴也。 ⑨ 庶几于治。○ 治，直吏切。 ⑩ 谓二

子不心竞为忠，而抚剑拂衣。○ 争，争斗之争。　⑪ 争谓所行为善。⑫ 私欲侈，则公义废。○ 侈，昌氏切，又尺氏切。

卫献公使子鲜为复①，辞②。敬姒强命之③。对曰："君无信，臣惧不免。"敬姒曰："虽然，以吾故也。"许诺。初，献公使与甯喜言④，甯喜曰："必子鲜在，不然必败⑤。"故公使子鲜。子鲜不获命于敬姒⑥，以公命与甯喜言曰："苟反，政由甯氏，祭则寡人。"甯喜告蘧伯玉，伯玉曰："瑗不得闻君之出，敢闻其入⑦？"遂行，从近关出。告右宰穀⑧，右宰穀曰："不可。获罪于两君⑨，天下谁畜之⑩？"悼子曰："吾受命于先人，不可以贰⑪。"穀曰："我请使焉而观之⑫。"遂见公于夷仪。反曰："君淹恤在外十二年矣⑬，而无忧色，亦无宽言，犹夫人也⑭。若不已，死无日矣⑮。"悼子曰："子鲜在。"右宰穀曰："子鲜在，何益？多而能亡，于我何为⑯？"悼子曰："虽然，弗可以已。"孙文子在戚，孙嘉聘于齐，孙襄居守⑰。

二月庚寅，甯喜、右宰穀伐孙氏，不克。伯国伤⑱。甯子出舍于郊⑲。伯国死，孙氏夜哭。国人召甯子，甯子复攻孙氏，克之。辛卯，杀子叔及大子角⑳。书曰："甯喜弑其君剽。"言罪之在甯氏也㉑。孙林父以戚如晋㉒。书曰："入于戚以叛。"罪孙氏也。臣之禄，君实有之。义则进，否则奉身而退，专禄以周旋，戮也㉓。甲午，卫侯入。书曰："复归。"国纳之也㉔。大夫逆于竟者，执其手而与之言。道逆者，自车揖之。逆于门者，颔之而已㉕。

公至，使让大叔文子曰："寡人淹恤在外，二三子皆使寡人朝夕闻卫国之言㉖，吾子独不在寡人㉗。古人有言曰：'非所怨勿怨。’寡人怨矣㉘。”对曰：“臣知罪矣！臣不佞，不能负羁绁，以从扞牧圉，臣之罪一也。有出者，有居者㉙。臣不能贰，通外内之言以事君，臣之罪二也。有二罪，敢忘其死？”乃行，从近关出。公使止之㉚。

① 使为己求反国。○ 鲜，音仙。为，于伪切。　② 辞不能。③ 敬姒，献公及子鲜之母。○ 姒，音似。强，其丈切。　④ 言复国。⑤ 子鲜贤，国人信之，必欲使在其间。　⑥ 不得止命。　⑦ 十四年，孙氏欲逐献公，瑗走，从近关出。○ 蘧，其居切。瑗，于眷切，又于万切。⑧ 卫大夫。　⑨ 前出献公，今弑剽。○ 弑，申志切。　⑩ 畜，犹容也。○ 畜，许六切，又敕六切。　⑪ 悼子，甯喜也。受命在二十年。⑫ 观，知可还否。○ 使，所吏切。还，音旋。　⑬ 淹，久也。○ 见，贤遍切，又如字。淹，於廉切；徐，于严切。　⑭ 言其为人犹如故。○ 夫，音扶。　⑮ 已，止也。　⑯ 言子鲜为义，多不过亡出。　⑰ 二子，孙文子之子。○ 守，手又切。　⑱ 伯国，孙襄也。父兄皆不在，故乘弱攻之。　⑲ 欲奔。　⑳ 子叔，卫侯剽。言子叔，剽无谥故。○ 复，扶又切，下复愬同。　㉑ 嫌受父命纳旧君无罪，故发之。　㉒ 以邑属晋。㉓ 林父事剽而衎入，义可以退。唯以专邑自随为罪，故《传》发之。㉔ 本晋纳之夷仪，今从夷仪入国，嫌若晋所纳，故发国纳之例。言国之所纳而复其位。　㉕ 颔，摇其头。言衎骄心易生。○ 竟，音境。颔，户感切。易，以豉切。　㉖ 二三子，诸大夫。○ 大，音泰。朝，如字。　㉗ 在，存问之。公闻文子答甯喜之言，故忿之。　㉘ 所怨在亲亲。　㉙ 出谓衎，居谓剽也。○ 羁，居宜切。绁，息列切。扞，户干切。圉，鱼吕切。㉚《传》言卫侯不能安和大臣。

卫人侵戚东鄙①，孙氏愬于晋，晋戍茅氏②。殖绰伐茅氏，杀晋戍三百人③。孙蒯追之，弗敢击。文子曰：“厉之不如[④]！”遂从卫师，败之圉[⑤]。雍鉏获殖绰[⑥]。复愬于晋[⑦]。

① 以林父叛故。 ② 茅氏，戚东鄙。○ 愬，悉路切，下同。 ③ 殖绰，齐人。今来在卫。 ④ 厉，恶鬼也。 ⑤ 蒯感父言，更还逐殖绰。圉，卫地。 ⑥ 雍鉏，孙氏臣。 ⑦ 为下晋讨卫张本。

郑伯赏入陈之功[①]。三月甲寅朔，享子展，赐之先路、三命之服[②]，先八邑[③]。赐子产次路、再命之服，先六邑。子产辞邑，曰：“自上以下，降杀以两，礼也。臣之位在四[④]，且子展之功也。臣不敢及赏礼，请辞邑[⑤]。”公固予之。乃受三邑[⑥]。公孙挥曰：“子产其将知政矣[⑦]！让不失礼。”

① 入陈在前年。 ② 先路、次路，皆王所赐车之总名。盖请之于王。○ 路，本亦作辂，音路。 ③ 以路及命服为邑先。八邑，三十二井。○ 先，徐，悉荐切，下同，或如字。 ④ 上卿子展，次卿子西。十一年良霄见《经》，十九年乃立子产为卿，故位在四。○ 杀，所界切。见，贤遍切。 ⑤ 赏礼，以礼见赏，谓六邑也。 ⑥ 位次当受二邑，以公固与之，故受三邑。 ⑦ 知国政。

晋人为孙氏故，召诸侯，将以讨卫也。夏，中行穆子来聘，召公也[①]。

① 召公为澶渊会。○ 为，于伪切。

楚子、秦人侵吴，及雩娄，闻吴有备而还[①]。遂侵郑，五月，至于城麇。郑皇颉戍之[②]。出与楚师战，败。穿封戌囚皇颉，公子围与之争之[3]。正于伯州犁[4]。伯州犁曰："请问于囚。"乃立囚。伯州犁曰："所争，君子也，其何不知[5]？"上其手，曰："夫子为王子围，寡君之贵介弟也[6]。"下其手，曰："此子为穿封戌，方城外之县尹也。谁获子[7]？"囚曰："颉遇王子，弱焉[8]。"戌怒，抽戈逐王子围，弗及。楚人以皇颉归。

印堇父与皇颉戍城麇[9]，楚人囚之，以献于秦。郑人取货于印氏以请之，子大叔为令正[10]以为请。子产曰："不获[11]。受楚之功而取货于郑，不可谓国。秦不其然[12]。若曰：'拜君之勤。郑国微君之惠，楚师其犹在敝邑之城下。'其可[13]。"弗从，遂行。秦人不予。更币，从子产而后获之[14]。

① 雩娄县，今属安丰郡。○ 雩，音于；徐，况于切；如淳同；韦昭音虚，或一呼切。娄，如字；徐，力俱切；如淳音楼。 ② 皇颉，郑大夫。守城麇之邑。○ 麇，九伦切。颉，户结切。 ③ 公子围，共王子，灵王也。○ 戌，音恤。 ④ 正曲直也。 ⑤ 言王子围及穿封戌皆非细人，易别识也。○ 易，以豉切。别，彼列切。 ⑥ 介，大也。○ 上，时掌切，下同。介，音界。 ⑦ 上下手以道囚意。○ 道，音导。 ⑧ 弱，败也。言为王子所得。 ⑨ 印堇父，郑大夫。○ 抽，敕留切。印，一刃切。堇，音谨。 ⑩ 主作辞令之正。 ⑪ 谓大叔辞以货请堇父，必不得。○ 为，于伪切，又如字。 ⑫ 受楚献功，大名也。以货免之，小利。故谓秦不尔。 ⑬ 辞如此，堇父可得。 ⑭ 更遣使执币，用子产辞，乃得堇父。《传》称子产之善。○ 使，所吏切。

六月，公会晋赵武、宋向戌、郑良霄、曹人于澶渊以讨卫，疆戚田[1]。取卫西鄙懿氏六十以与孙氏[2]。赵武不书，尊公也[3]。向戌不书，后也[4]。郑先宋，不失所也[5]。于是卫侯会之[6]。晋人执甯喜、北宫遗，使女齐以先归[7]。卫侯如晋，晋人执而囚之于士弱氏[8]。

秋七月，齐侯、郑伯为卫侯故，如晋[9]，晋侯兼享之。晋侯赋《嘉乐》[10]。国景子相齐侯[11]，赋《蓼萧》[12]。子展相郑伯，赋《缁衣》[13]。叔向命晋侯拜二君曰："寡君敢拜齐君之安我先君之宗祧也，敢拜郑君之不贰也[14]。"

国子使晏平仲私于叔向[15]曰："晋君宣其明德于诸侯，恤其患而补其阙，正其违而治其烦，所以为盟主也。今为臣执君，若之何[16]？"叔向告赵文子，文子以告晋侯。晋侯言卫侯之罪，使叔向告二君[17]。国子赋《辔之柔矣》[18]，子展赋《将仲子兮》[19]，晋侯乃许归卫侯。叔向曰："郑七穆，罕氏其后亡者也。子展俭而壹[20]。"

① 正戚之封疆。○ 疆，居良切。 ② 戚城西北五十里有懿城。因姓以名城。取田六十井也。 ③ 罪武会公侯。 ④ 后会期。 ⑤ 如期至。 ⑥ 晋将执之，不得与会，故不书。○ 与，音预。 ⑦ 讨其弑君伐孙氏也。遗，北宫括之子。女齐，司马侯。归晋而后告诸侯，故《经》书在秋。○ 女，音汝。 ⑧ 士弱，晋主狱大夫。 ⑨ 欲共请之。○ 为，于伪切，下为臣、《注》为林父、为臣皆同。 ⑩《嘉乐》，《诗·大雅》。取其"嘉乐君子，显显令德，宜民宜人，受禄于天"。○ 嘉，户嫁切，《注》同。 ⑪ 景子，国弱。○ 相，息亮切，下同。 ⑫《蓼萧》，《诗·小雅》。言大平泽及远，若露之在萧。以喻晋君恩泽及诸侯。○ 蓼，音六。大，音泰。 ⑬《缁衣》，《诗·郑风》。义取"適子之馆兮，还予授子之粲兮"。言不敢违远于晋。○ 缁，侧其切。粲，七旦切。远，于万切。 ⑭《蓼萧》、《缁衣》二诗，所趣各不同，故拜二君辞异。○ 祧，他彫切。 ⑮ 私与叔向语。 ⑯ 谓晋为林父执卫侯。 ⑰ 言自以杀晋戍三百人

为罪，不以林父故。 ⑱逸《诗》，见《周书》。义取宽政以安诸侯，若柔辔之御刚马。○见，贤遍切。 ⑲《将仲子》，《诗·郑风》。义取众言可畏。卫侯虽别有罪，而众人犹谓晋为臣执君。○将，七羊切，本亦无兮字，此依《诗序》。 ⑳子展，郑子罕之子。居身俭而用心壹。郑穆公十一子，子然、二子孔三族已亡，子羽不为卿，故唯言七穆。○郑七穆，谓子展公孙舍之，罕氏也；子西公孙夏，驷氏也；子产公孙侨，国氏也；伯有良霄，良氏也；子大叔游吉，游氏也；子石公孙段，豐氏也；伯石印段，印氏也。穆公十一子，谓子良，公子去疾也；子罕，公子喜也；子驷，公子騑也；子国，公子发也；子孔，公子嘉也；子游，公子偃也；子豐也；子印也；子羽也；子然也；士子孔也。子然、二子孔已亡，子羽不为卿，故止七也。

初，宋芮司徒生女子[①]，赤而毛，弃诸堤下。共姬之妾取以入[②]，名之曰弃。长而美。平公入夕[③]，共姬与之食。公见弃也而视之，尤[④]。姬纳诸御，嬖，生佐[⑤]。恶而婉[⑥]。大子痤美而很[⑦]，合左师畏而恶之[⑧]。寺人惠墙伊戾为大子内师而无宠[⑨]。

秋，楚客聘于晋，过宋[⑩]。大子知之，请野享之。公使往，伊戾请从之。公曰："夫不恶女乎[⑪]？"对曰："小人之事君子也，恶之不敢远，好之不敢近。敬以待命，敢有贰心乎？纵有共其外，莫共其内[⑫]。臣请往也。"遣之。至，则欿，用牲，加书征之[⑬]，而骋告公[⑭]曰："大子将为乱，既与楚客盟矣。"公曰："为我子，又何求？"对曰："欲速[⑮]。"公使视之，则信有焉[⑯]。问诸夫人与左师[⑰]，则皆曰："固闻之。"公囚大子。大子曰："唯佐也，能免我[⑱]。"召而使请，曰："日中不来，吾知死矣。"左师闻之，聒而与之语[⑲]。过期，乃缢而死。佐为大子。公徐闻其无罪也，乃亨伊戾。

左师见夫人之步马者[20]，问之，对曰："君夫人氏也。"左师曰："谁为君夫人？余胡弗知？"圉人归，以告夫人。夫人使馈之锦与马，先之以玉[21]，曰："君之妾弃，使某献。"左师改命曰："君夫人。"而后再拜稽首受之[22]。

① 芮司徒，宋大夫。○ 芮，如锐切。 ② 共姬，宋伯姬也。○ 堤，亦作隄；徐，丁兮切；沈，直兮切。共，音恭。 ③ 平公，共姬子也。○ 长，丁丈切。 ④ 尤，甚也。 ⑤ 佐，元公。 ⑥ 佐貌恶而心顺。○ 婉，於阮切。 ⑦ 貌美而心很戾。○ 很，胡恳切。 ⑧ 合左师，向戌。○ 恶，乌路切，下皆同。 ⑨ 惠墙，氏；伊戾，名。○ 墙，或作廧，音墙。戾，力计切。 ⑩ 上已有秋，复发《传》者，中间有初，不言秋，则嫌楚客过在他年。○ 复，扶又切。 ⑪ 夫，谓大子也。○ 夫，音扶，《注》同。女，音汝。 ⑫ 伊戾为大子内师，不行，恐内侍废阙。○ 远，于万切。好，呼报切。近，附近之近。共，音恭；本又作供。 ⑬ 诈作盟处，为大子反征验也。○ 欿，口感切。处，昌虑切。 ⑭ 骋，驰也。○ 骋，敕景切。 ⑮ 言欲速得公位。 ⑯ 有盟征焉。 ⑰ 夫人，佐母弃也。 ⑱ 以其婉也。 ⑲ 聒，讙也。欲使佐失期。○ 聒，古活切。讙，呼端切。 ⑳ 步马，习马。○ 缢，一赐切。亨，普彭切。 ㉑ 以玉为锦马之先。○ 馈，其位切。先，悉荐切，又如字。 ㉒ 左师令使者改命也。《传》言宋公闇，左师谀，大子所以无罪而死。○ 令，力呈切。使，所吏切，下通使同。谀，羊朱切。

郑伯归自晋[①]，使子西如晋聘，辞曰："寡君来烦执事，惧不免于戾[②]。使夏谢不敏[③]。"君子曰："善事大国[④]。"

① 请卫侯归。 ② 言自惧失敬于大国而得罪。 ③ 夏，子西名。○ 夏，户雅切。 ④ 将求于人，必先下之。言郑所以能自安。○ 下，遐

嫁切。

初，楚伍参与蔡太师子朝友，其子伍举与声子相善也[①]。伍举娶于王子牟，王子牟为申公而亡[②]，楚人曰："伍举实送之。"伍举奔郑，将遂奔晋。声子将如晋，遇之于郑郊，班荆相与食，而言复故[③]。声子曰："子行也！吾必复子。"及宋向戌将平晋、楚[④]，声子通使于晋[⑤]。还如楚，令尹子木与之语，问晋故焉[⑥]。且曰："晋大夫与楚孰贤？"对曰："晋卿不如楚，其大夫则贤，皆卿材也。如杞、梓、皮革，自楚往也[⑦]。虽楚有材，晋实用之[⑧]。"子木曰："夫独无族姻乎[⑨]？"

对曰："虽有，而用楚材实多。归生闻之[⑩]：'善为国者，赏不僭而刑不滥。'赏僭，则惧及淫人；刑滥，则惧及善人。若不幸而过，宁僭无滥。与其失善，宁其利淫。无善人，则国从之[⑪]。《诗》曰：'人之云亡，邦国殄瘁。'无善人之谓也[⑫]。故《夏书》曰：'与其杀不辜，宁失不经。'惧失善也[⑬]。《商颂》有之曰：'不僭不滥，不敢怠皇，命于下国，封建厥福[⑭]。'此汤所以获天福也。古之治民者，劝赏而畏刑[⑮]，恤民不倦。赏以春夏，刑以秋冬[⑯]。是以将赏为之加膳，加膳则饫赐[⑰]，此以知其劝赏也。将刑为之不举，不举则彻乐[⑱]，此以知其畏刑也。夙兴夜寐，朝夕临政，此以知其恤民也。三者，礼之大节也。有礼无败。今楚多淫刑，其大夫逃死于四方，而为之谋主，以害楚国，不可救疗，所谓不能也[⑲]。

"子仪之乱，析公奔晋[⑳]。晋人置诸戎车之殿，以为谋主[㉑]。绕角之役，晋将遁矣，析公曰：'楚师轻窕，易震荡也。若多鼓钧声，以夜军之[㉒]，楚师必遁。'晋人从之，楚师宵溃。

晋遂侵蔡，袭沈，获其君；败申、息之师于桑隧，获申丽而还[23]。郑于是不敢南面。楚失华夏，则析公之为也。

“雍子之父兄谮雍子，君与大夫不善是也[24]。雍子奔晋。晋人与之鄐[25]，以为谋主。彭城之役，晋、楚遇于靡角之谷[26]。晋将遁矣。雍子发命于军曰：‘归老幼，反孤疾，二人役，归一人，简兵蒐乘[27]，秣马蓐食，师陈焚次[28]，明日将战。’行归者而逸楚囚[29]，楚师宵溃。晋降彭城而归诸宋，以鱼石归[30]。楚失东夷，子辛死之，则雍子之为也[31]。

“子反与子灵争夏姬[32]，而雍害其事[33]，子灵奔晋。晋人与之邢[34]，以为谋主。扞御北狄，通吴于晋，教吴叛楚，教之乘车，射御，驱侵，使其子狐庸为吴行人焉。吴于是伐巢，取驾，克棘，入州来[35]。楚罢于奔命，至今为患，则子灵之为也[36]。

“若敖之乱，伯贲之子贲皇奔晋。晋人与之苗[37]，以为谋主。鄢陵之役[38]，楚晨压晋军而陈，晋将遁矣。苗贲皇曰：‘楚师之良，在其中军王族而已[39]。若塞井夷灶，成陈以当之[40]，栾、范易行以诱之[41]，中行、二郤必克二穆[42]。吾乃四萃于其王族，必大败之[43]。’晋人从之，楚师大败，王夷师熸[44]，子反死之。郑叛吴兴，楚失诸侯，则苗贲皇之为也。”

子木曰：“是皆然矣。”声子曰：“今又有甚于此。椒举娶于申公子牟，子牟得戾而亡，君大夫谓椒举：‘女实遣之！’惧而奔郑，引领南望曰：‘庶几赦余！’亦弗图也[45]。今在晋矣。晋人将与之县，以比叔向[46]。彼若谋害楚国，岂不为患？”子木惧，言诸王，益其禄爵而复之。声子使椒鸣逆之[47]。

① 声子,子朝之子。伍举,子胥祖父椒举也。○ 朝,如字。 ② 获罪出奔。○ 娶,七住切。牟,亡侯切。为,如字,旧于伪切。 ③ 班,布也。布荆坐地,共议归楚事。朋友世亲。 ④ 平在明年。 ⑤ 为国通平事。○ 为,于伪切。 ⑥ 故,事。 ⑦ 杞、梓皆木名。○ 杞,音起。梓,音子。 ⑧ 言楚亡臣多在晋。 ⑨ 夫,谓晋。 ⑩ 归生,声子名。 ⑪ 从之亡也。○ 僭,子念切,下皆同。滥,力暂切。⑫《诗·大雅》。殄,尽也。瘁,病也。○ 殄,徒典切。瘁,在醉切。⑬ 逸《书》也。不经,不用常法。 ⑭《诗·商颂》。言殷汤赏不僭差,刑不滥溢,不敢怠解自宽暇,故能为下国所命为天子。○ 解,佳卖切。⑮ 乐行赏而惮用刑。 ⑯ 顺天时。 ⑰ 饫,餍也。酒食赐下,无不餍足,所谓加膳也。○ 为,于伪切,下为之同。饫,於据切。餍,一本亦作厌,於艳切。 ⑱ 不举盛馔。○ 馔,士眷切。 ⑲ 疗,治也。所谓楚人不能用其材也。○ 朝,如字。疗,力召切。 ⑳ 在文十四年。○ 析,星历切。 ㉑ 殿,后军。○ 置,之豉切。殿,多练切。 ㉒ 钧同其声。○ 遁,徒困切。窕,敕尧切,又通吊切。易,以豉切。钧,音均;徐,居旬切。㉓ 成六年,晋栾书救郑,与楚师遇于绕角,楚师还。晋侵沈,获沈子。八年,复侵楚,败申、息,获申丽。○ 溃,户内切。隧,音遂。丽,力驰切。复,扶又切。 ㉔ 不是其曲直。○ 夏,户雅切。 ㉕ 鄐,晋邑。○ 鄐,许六切;徐,超六切。 ㉖ 在成十八年。 ㉗ 简择蒐阅。○ 蒐,所留切。乘,绳证切。阅,音悦。 ㉘ 次,舍也。焚舍,示必死。○ 秣,音末。蓐,音辱。陈,直觐切。 ㉙ 欲使楚知之。 ㉚ 在元年。○ 降,户江切。㉛ 楚东小国及陈,见楚不能救彭城,皆叛。五年楚人讨陈叛故,杀令尹子辛。 ㉜ 子灵,巫臣。 ㉝ 子反亦雍害巫臣,不使得取夏姬。○ 雍,於勇切。 ㉞ 邢,晋邑。○ 邢,音刑。 ㉟ 驾、棘,皆楚邑。谯国酂县东北有棘亭。○ 谯,在遥切。酂,才多切,又子旦切;或作赞。 ㊱ 事见成七年。○ 罢,音皮。见,贤遍切。 ㊲ 若敖乱在宣四年。苗,晋邑。○ 贲,扶云切,下同。 ㊳ 在成十六年。○ 鄢,音偃。 ㊴ 言楚之精卒,唯在中军。○ 压,本又作厌,於甲切;徐,於辄切。陈,直觐切,下成陈并

《注》同。卒，子忽切。 ㊵ 塞井夷灶以为陈。 ㊶ 栾书时将中军，范燮佐之。易行，谓简易兵备。欲令楚贪己，不复顾二穆之兵。○ 易，以豉切，下易成同；贾音亦。行，户郎切，下同；贾音衡。令，力呈切，下同。复，扶又切，下复任同。 ㊷ 郤锜时将上军，中行偃佐之。郤至佐新军。令此三人分良以攻二穆之兵。楚子重、子辛，皆出穆王，故曰二穆。○ 锜，鱼绮切。 ㊸ 四萃，四面集攻之。○ 萃，在醉切。 ㊹ 夷，伤也。吴、楚之间谓火灭为熸。○ 熸，音尖。 ㊺ 言楚亦不以为意。○ 娶，本又作取，七住切。女，音汝。 ㊻ 以举材能比叔向。 ㊼ 椒鸣，伍举子。《传》言声子有辞，伍举所以得反，子孙复仕于楚。

许灵公如楚，请伐郑[①]，曰："师不兴，孤不归矣！"八月，卒于楚。楚子曰："不伐郑，何以求诸侯？"冬十月，楚子伐郑[②]。郑人将御之，子产曰："晋、楚将平，诸侯将和[③]，楚王是故昧于一来[④]。不如使逞而归，乃易成也[⑤]。夫小人之性，衅于勇，啬于祸，以足其性而求名焉者，非国家之利也。若何从之[⑥]？"子展说，不御寇。十二月乙酉，入南里，堕其城[⑦]。涉于乐氏[⑧]，门于师之梁[⑨]。县门发，获九人焉。涉于氾而归[⑩]，而后葬许灵公[⑪]。

① 十六年晋伐许，他国皆大夫，独郑伯自行，故许恚，欲报之。○ 恚，一睡切。 ② 为许。○ 为，于伪切，下为国同。 ③ 和在明年。 ④ 昧，犹贪冒。○ 昧，音妹。冒，亡报切，又亡北切。 ⑤ 逞，快也。 ⑥ 衅，动也。啬，贪也。言郑之欲与楚战者，皆衅勇贪名之人，非能为国计虑久利，不可从也。○ 衅，许觐切。足，子住切，又如字。 ⑦ 南里，郑邑。○ 说，音悦，下《注》同。御，鱼吕切。堕，许规切。 ⑧ 乐氏，津名。 ⑨ 郑城门。 ⑩ 于氾城下涉汝水南归。○ 县，音玄。氾，音凡；徐，扶严

切。　⑪ 卒灵公之志，而后葬之。

卫人归卫姬于晋，乃释卫侯[1]。君子是以知平公之失政也[2]。

① 卫侯以女说晋，而后得免。　② 《传》言晋之衰。

晋韩宣子聘于周。王使请事[1]，对曰："晋士起将归时事于宰旅，无他事矣[2]。"王闻之曰："韩氏其昌阜于晋乎！辞不失旧[3]。"

① 问何事来聘。　② 起，宣子名。礼：诸侯大夫入天子国称士。时事，四时贡职。宰旅，冢宰之下士。言献职贡于宰旅，不敢斥尊。③ 阜，大也。《传》言周衰，诸侯莫能如礼，唯韩起不失旧。

齐人城郏之岁[1]，其夏，齐乌馀以廪丘奔晋[2]。袭卫羊角，取之[3]。遂袭我高鱼[4]。有大雨，自其窦入[5]，介于其库[6]，以登其城，克而取之[7]。又取邑于宋。于是范宣子卒[8]，诸侯弗能治也，及赵文子为政，乃卒治之。文子言于晋侯曰："晋为盟主，诸侯或相侵也，则讨而使归其地。今乌馀之邑，皆讨类也[9]。而贪之，是无以为盟主也。请归之！"公曰："诺。孰可使也？"对曰："胥梁带能无用师。"晋侯使往[10]。

① 在二十四年。　② 乌馀，齐大夫。廪丘，今东郡廪丘县故城是。○ 廪，力甚切。　③ 今廪丘县所治羊角城是。○ 治，直吏切。　④ 高

鱼城在廪丘县东北。 ⑤ 雨，故水窦开。〇 窦，音豆。 ⑥ 入高鱼库而介其甲。〇 介，音界。 ⑦ 取鲁高鱼，无所讳而不书，其义未闻。 ⑧ 宣子，范匄。 ⑨ 言于比类宜见讨。〇 比，必利切。 ⑩ 胥梁带，晋大夫。能无用师，言有权谋。

经

二十有七年春，齐侯使庆封来聘①。

夏，叔孙豹会晋赵武、楚屈建、蔡公孙归生、卫石恶、陈孔奂、郑良霄、许人、曹人于宋②。

卫杀其大夫甯喜③。

卫侯之弟鱄出奔晋④。

秋七月辛巳，豹及诸侯之大夫盟于宋⑤。

冬十有二月乙卯朔，日有食之⑥。

① 景公即位，通嗣君也。 ② 案《传》：会者十四国，齐、秦不交相见，邾、滕为私属，皆不与盟。宋为主人，地于宋，则与盟可知。故《经》唯序九国大夫。楚先晋歃，而书先晋，贵信也。陈于晋会，常在卫上，孔奂非上卿，故在石恶下。〇 奂，呼乱切。与，音预，下同。先，悉荐切，又如字。歃，所洽切，又所甲切。 ③ 甯喜弑剽立衎，衎今虽不以弑剽致讨，于大义宜追讨之，故《经》以国讨为文书名也。书在宋会下，从赴。 ④ 卫侯始者云，政由甯氏，祭则寡人，而今复患其专，缓答免馀，既负其前信，且不能友于贤弟，使至出奔，故书弟以罪兄。〇 鱄，市转切，又音专。复，扶又切。 ⑤ 夏会之大夫也。豹不倚顺，以显弱命之君，而辨小是以自从，故以违命贬之。《释例》论之备矣。〇 倚，於绮切。 ⑥ 今《长历》推十一月朔，非十二月。《传》曰：辰在申，再失闰。若是十二月，则为三失闰，故知《经》误。

传

二十七年春，胥梁带使诸丧邑者具车徒以受地，必周[①]。使乌馀具车徒以受封[②]，乌馀以其众出[③]。使诸侯伪效乌馀之封者[④]，而遂执之，尽获之[⑤]。皆取其邑而归诸侯，诸侯是以睦于晋[⑥]。

① 诸丧邑，谓齐、鲁、宋也。周，密也。必密来，勿以受地为名。○ 丧，息浪切。 ② 乌馀以地来，故诈许封之。 ③ 出受封也。 ④ 效，致也。使齐、鲁、宋伪若致邑封乌馀者。 ⑤ 皆获其徒众。 ⑥《传》言赵文子贤，故平公虽失政，而诸侯犹睦。

齐庆封来聘，其车美。孟孙谓叔孙曰："庆季之车，不亦美乎[①]？"叔孙曰："豹闻之：'服美不称，必以恶终。'美车何为？"叔孙与庆封食，不敬。为赋《相鼠》，亦不知也[②]。

① 季，庆封字。 ②《相鼠》，《诗・鄘风》。曰："相鼠有皮，人而无仪；人而无仪，不死何为？"庆封不知此诗为己，言其闇甚。为明年庆封来奔《传》。○ 称，尺证切。为，于伪切。相，息亮切。鄘，音容。

卫甯喜专，公患之。公孙免馀请杀之[①]。公曰："微甯子，不及此[②]，吾与之言矣[③]。事未可知[④]，祇成恶名，止也[⑤]。"对曰："臣杀之，君勿与知。"乃与公孙无地、公孙臣谋[⑥]，使攻甯氏。弗克，皆死[⑦]。公曰："臣也无罪，父子死余矣[⑧]。"夏，免馀复攻甯氏，杀甯喜及右宰穀，尸诸朝[⑨]。石恶将会宋之盟，受命而出。衣其尸，枕之股而哭之。欲敛以亡，惧不免，且曰："受命矣。"乃行[10]。

子鲜曰："逐我者出[11]，纳我者死[12]，赏罚无章，何以沮劝？君失其信，而国无刑，不亦难乎[13]！且鱄实使之[14]。"遂出奔晋。公使止之，不可[15]。及河，又使止之。止使者而盟于河[16]。托于木门[17]，不乡卫国而坐[18]。木门大夫劝之仕。不可。曰："仕而废其事，罪也。从之，昭吾所以出也。将谁愬乎[19]？吾不可以立于人之朝矣。"终身不仕[20]。公丧之，如税服，终身[21]。

公与免馀邑六十，辞曰："唯卿备百邑，臣六十矣，下有上禄，乱也[22]。臣弗敢闻。且甯子唯多邑，故死。臣惧死之速及也。"公固与之，受其半。以为少师。公使为卿，辞曰："大叔仪不贰，能赞大事[23]。君其命之！"乃使文子为卿[24]。

① 免馀，卫大夫。 ② 及此，反国也。 ③ 言政由甯氏。 ④ 恐伐之未必胜。 ⑤ 祇，適也。○ 祇，音支。 ⑥ 二公孙，卫大夫。○ 上与，音预。 ⑦ 无地及臣皆死。 ⑧ 献公出时，公孙臣之父为孙氏所杀。 ⑨ 穀不书，非卿也。○ 复，扶又切。 ⑩ 行会于宋。为明年石恶奔《传》。○ 衣，於既切。枕，之鸩切。敛，力验切。 ⑪ 谓孙林父。 ⑫ 谓甯喜。○ 纳，本又作内，音纳。 ⑬ 难以治国。○ 沮，在吕切。 ⑭ 使甯喜纳君。 ⑮ 不肯留。 ⑯ 誓不还。○ 使，所吏切。 ⑰ 木门，晋邑。 ⑱ 怨之深也。○ 乡，许亮切；本亦作嚮。 ⑲ 从之，谓治其事也。事治，则明己出欲仕，无所自愬。○ 愬，悉路切。 ⑳ 自誓不仕终身。 ㉑ 税即繐也。《丧服》：繐，缞裳，缕细而希，非五服之常，本无月数。痛愍子鲜。故特为此服。此服无月数，而献公寻薨。故言终身。○ 丧，息郎切，又息浪切。税，徐云，读曰繐，音岁；服音吐外切。缞，亦作衰，音七雷切。 ㉒ 此一乘之邑，非四井之邑。《论语》称千室，

又云十室，明通称。○ 乘，绳证切。称，尺证切。　㉓ 赞，佐也。○ 少，诗照切。　㉔ 文子，大叔仪。

宋向戌善于赵文子，又善于令尹子木，欲弭诸侯之兵以为名[①]。如晋，告赵孟。赵孟谋于诸大夫。韩宣子曰："兵，民之残也，财用之蠹[②]，小国之大菑也。将或弭之，虽曰不可，必将许之[③]。弗许，楚将许之，以召诸侯，则我失为盟主矣。"晋人许之。如楚，楚亦许之。如齐，齐人难之。陈文子曰："晋、楚许之，我焉得已。且人曰'弭兵'，而我弗许，则固携吾民矣！将焉用之?"齐人许之。告于秦，秦亦许之。皆告于小国，为会于宋。

五月甲辰，晋赵武至于宋。丙午，郑良霄至。六月丁未朔，宋人享赵文子，叔向为介。司马置折俎，礼也[④]。仲尼使举是礼也，以为多文辞[⑤]。戊申，叔孙豹、齐庆封、陈须无、卫石恶至[⑥]。甲寅，晋荀盈从赵武至[⑦]。丙辰，邾悼公至[⑧]。壬戌，楚公子黑肱先至，成言于晋[⑨]。丁卯，宋向戌如陈，从子木成言于楚[⑩]。戊辰，滕成公至[⑪]。子木谓向戌："请晋、楚之从，交相见也[⑫]。"庚午，向戌复于赵孟。赵孟曰："晋、楚、齐、秦，匹也。晋之不能于齐，犹楚之不能于秦也[⑬]。楚君若能使秦君辱于敝邑，寡君敢不固请于齐[⑭]。"壬申，左师复言于子木。子木使驲谒诸王[⑮]。王曰："释齐、秦，他国请相见也[⑯]。"秋七月戊寅，左师至[⑰]。是夜也，赵孟及子晳盟以齐言[⑱]。庚辰，子木至自陈。陈孔奂、蔡公孙归生至[⑲]。曹、许之大夫皆至。以藩为军[⑳]，晋、楚各处其偏[㉑]。伯夙谓赵孟[㉒]曰："楚氛甚恶，惧难[㉓]。"赵孟曰："吾左还入于宋，若我何㉔?"

辛巳,将盟于宋西门之外,楚人衷甲㉕。伯州犁曰:"合诸侯之师,以为不信,无乃不可乎?夫诸侯望信于楚,是以来服。若不信,是弃其所以服诸侯也。"固请释甲。子木曰:"晋、楚无信久矣,事利而已。苟得志焉,焉用有信?"大宰退㉖,告人曰:"令尹将死矣,不及三年。求逞志而弃信,志将逞乎?志以发言,言以出信,信以立志,参以定之㉗。信亡,何以及三㉘?"赵孟患楚衷甲,以告叔向。叔向曰:"何害也。匹夫一为不信,犹不可,单毙其死㉙。若合诸侯之卿,以为不信,必不捷矣。食言者不病㉚,非子之患也㉛。夫以信召人,而以僭济之㉜,必莫之与也,安能害我?且吾因宋以守病㉝,则夫能致死。与宋致死,虽倍楚可也㉞。子何惧焉?又不及是。曰'弭兵'以召诸侯,而称兵以害我㉟,吾庸多矣,非所患也㊱。"

季武子使谓叔孙以公命,曰:"视邾、滕㊲。"既而齐人请邾,宋人请滕,皆不与盟㊳。叔孙曰:"邾、滕,人之私也。我列国也,何故视之?宋、卫,吾匹也。"乃盟。故不书其族,言违命也㊴。

晋、楚争先㊵。晋人曰:"晋固为诸侯盟主,未有先晋者也。"楚人曰:"子言晋、楚匹也,若晋常先,是楚弱也。且晋、楚狎主诸侯之盟也久矣㊶!岂专在晋?"叔向谓赵孟曰:"诸侯归晋之德只㊷,非归其尸盟也㊸。子务德,无争先!且诸侯盟,小国固必有尸盟者㊹。楚为晋细,不亦可乎㊺?"乃先楚人。书先晋,晋有信也㊻。

壬午，宋公兼享晋、楚之大夫，赵孟为客[47]。子木与之言，弗能对。使叔向侍言焉，子木亦不能对也。乙酉，宋公及诸侯之大夫盟于蒙门之外[48]。子木问于赵孟曰："范武子之德何如[49]？"对曰："夫子之家事治，言于晋国无隐情。其祝史陈信于鬼神，无愧辞[50]。"子木归，以语王。王曰："尚矣哉[51]！能歆神人[52]，宜其光辅五君以为盟主也[53]。"子木又语王曰："宜晋之伯也！有叔向以佐其卿，楚无以当之，不可与争。"晋荀盈遂如楚涖盟[54]。

郑伯享赵孟于垂陇[55]，子展、伯有、子西、子产、子大叔、二子石从[56]。赵孟曰："七子从君，以宠武也。请皆赋以卒君贶，武亦以观七子之志[57]。"子展赋《草虫》[58]，赵孟曰："善哉！民之主也[59]。抑武也不足以当之[60]。"伯有赋《鹑之贲贲》[61]，赵孟曰："床笫之言不逾阈，况在野乎？非使人之所得闻也[62]。"子西赋《黍苗》之四章[63]，赵孟曰："寡君在，武何能焉[64]！"子产赋《隰桑》[65]，赵孟曰："武请受其卒章[66]。"子大叔赋《野有蔓草》[67]，赵孟曰："吾子之惠也[68]。"印段赋《蟋蟀》[69]，赵孟曰："善哉！保家之主也。吾有望矣[70]。"公孙段赋《桑扈》[71]，赵孟曰："匪交匪敖，福将焉往[72]？若保是言也，欲辞福禄得乎？"卒享。文子告叔向曰："伯有将为戮矣！诗以言志，志诬其上，而公怨之，以为宾荣[73]，其能久乎？幸而后亡[74]。"叔向曰："然。已侈！所谓不及五稔者，夫子之谓矣[75]。"文子曰："其馀皆数世之主也。子展其后亡者也，在上不忘降[76]。印氏其次也，乐而不荒[77]。乐以安民，不淫以使之，后亡，不亦可乎？"

① 欲获息民之名。○ 弭，徐，武婢切。 ② 蠹，害物之虫。○ 蠹，本又作蠹，丁故切。 ③ 言虽知兵不得久弭，今不可不许。○ 菑，音灾。④ 折俎，体解节折，升之于俎，合卿享宴之礼，故曰礼也。《周礼》：司马掌会同之事。○ 难，乃旦切，下惧难同。焉，於虔切，下焉用、焉能皆同。介，音界。折，之设切；徐音制。俎，庄吕切。 ⑤ 宋向戌自美弭兵之意，敬逆赵武。赵武、叔向因享宴之会，展宾主之辞。故仲尼以为多文辞。○ 使举是礼也，沈云，举，谓记录之也。 ⑥ 须无，陈文子。 ⑦ 赵武命盈追己，故言从赵武。后武遣盈如楚。 ⑧ 小国，故君自来。 ⑨ 时令尹子木止陈，遣黑肱就晋大夫成盟载之言，两相然可。○ 肱，古弘切。⑩ 就于陈，成楚之要言。 ⑪ 亦小国，君自来。 ⑫ 使诸侯从晋、楚者，更相朝见。○ 更，音庚。见，贤遍切。 ⑬ 不能服而使之。⑭ 请齐使朝楚。 ⑮ 驲，传也。谒，告也。○ 驲，人实切。传，陟恋切。⑯《经》所以不书齐、秦。 ⑰ 从陈还。 ⑱ 子皙，公子黑肱。素要齐其辞，至盟时，不得复讼争。○ 皙，星历切。复，扶又切。 ⑲ 二国大夫与子木俱至。 ⑳ 示不相忌。○ 藩，方元切。 ㉑ 晋处北，楚处南。㉒ 伯夙，荀盈。 ㉓ 氛，气也。言楚有袭晋之气。○ 氛，芳云切；徐，扶云切。 ㉔ 营在宋北，东头为上，故晋营在东。有急可左回入宋东门。㉕ 甲在衣中，欲因会击晋。○ 衷，音忠；徐，丁仲切。 ㉖ 大宰，伯州犁。㉗ 志、言、信三者具，而后身安存。 ㉘ 为明年子木死起本。 ㉙ 单，尽也。毙，踣也。○ 单，音丹。毙，婢世切。踣，蒲北切。 ㉚ 不病者，单毙于死。 ㉛ 楚食言当死。晋不食言，故无患。 ㉜ 济，成也。○ 僭，子念切，不信也。 ㉝ 为楚所病，则欲入宋城。 ㉞ 宋为地主，致死助我，则力可倍楚。○ 夫，如字，或音扶。 ㉟ 称，举也。 ㊱ 晋独取信，故其功多。 ㊲ 两事晋、楚则贡赋重，故欲比小国。武子恐叔孙不从其言，故假公命以敕之。 ㊳ 私属二国故。○ 与，音预。 ㊴ 季孙专政于国，鲁君非得有命。今君唯以此命告豹，豹宜崇大顺以显弱命之君，而遂其小是，故贬之。 ㊵ 争先歃血。 ㊶ 狎，更也。○ 先晋，悉荐切，或如字。狎，户甲切。更，音庚。 ㊷ 只，辞。○ 只，之氏切。

㊸ 尸,主也。 ㊹ 小国主辨具。○ 辨,皮苋切。 ㊺ 欲推使楚主盟。 ㊻ 盖孔子追正之。 ㊼ 客,一坐所尊。故季孙饮大夫酒,臧纥为客。○ 坐,才卧切。饮,於鸩切。 ㊽ 前盟,诸大夫不敢敌公,礼也。今宋公以近在其国,故谦而重盟。重盟,故不书。蒙门,宋城门。○ 重,直用切。 ㊾ 士会贤,闻于诸侯,故问之。○ 闻,音问,又如字。 ㊿ 祝陈馨香,德足副之,故不愧。○ 治,直吏切。愧,九位切。 51 尚,上也。○ 语,鱼据切,下同。 52 歆,享也。使神享其祭,人怀其德。○ 歆,许金切。 53 五君,谓文、襄、灵、成、景。 54 重结晋、楚之好。○ 好,呼报切。 55 自宋还,过郑。○ 陇,力勇切。 56 二子石,印段、公孙段。○ 从,才用切。 57 诗以言志。 58《草虫》,《诗·召南》。曰:"未见君子,忧心忡忡,亦既见止,亦既觏止,我心则降。"以赵孟为君子。○ 虫,直忠切。召,上照切。忡,敕忠切。觏,古豆切。降,户江切,又如字,下《注》同。 59 在上不忘降,故可以主民。 60 辞君子。 61《鹑之贲贲》,《诗·鄘风》。卫人刺其君淫乱,鹑鹊之不若。义取"人之无良,我以为兄,我以为君"也。○ 鹑,顺伦切。贲,音奔。 62 第,箦也。此诗刺淫乱,故云床笫之言。阈,门限。使人,赵孟自谓。○ 笫,侧里切。阈,音域;徐,况逼切。使,所吏切。箦,音责。 63《黍苗》,《诗·小雅》。四章曰:"肃肃谢功,召伯营之。列列征师,召伯成之。"比赵孟于召伯。 64 推善于其君。 65《隰桑》,《诗·小雅》。义取思见君子,尽心以事之。曰:"既见君子,其乐如何?"○ 尽,津忍切。乐,音洛,下《注》及文至乐并同。 66 卒章曰:"心乎爱矣,遐不谓矣,中心藏之,何日忘之。"赵武欲子产之见规诲。 67《野有蔓草》,《诗·郑风》。取其"邂逅相遇,适我愿兮"。○ 蔓,音万。邂,户卖切。逅,户逗切。 68 大叔喜于相遇,故赵孟受其惠。 69《蟋蟀》,《诗·唐风》。曰:"无以大康,职思其居;好乐无荒,良士瞿瞿。"言瞿瞿然顾礼仪。○ 印,一刃切。蟀,所律切。大,音泰。居,音据。好,呼报切,下同。瞿,俱付切。 70 能戒惧不荒,所以保家。 71《桑扈》,《诗·小雅》。义取君子有礼文,故能受天之祜。○ 祜,音户。 72 此《桑扈》诗卒章,赵孟因以取义。○ 敖,五报切。焉,於虔切,下政其焉往同。

⑬ 言诬，则郑伯未有其实。赵孟倡赋诗以自宠，故言公怨之以为宾荣。○ 倡，昌亮切。　⑭ 言必先亡。　⑮ 稔，年也。为三十年郑杀良霄《传》。○ 侈，昌氏切，又尸氏切；《字林》，充豉切。稔，而甚切，熟也。穀一熟故为一年。　⑯ 谓赋《草虫》曰，"我心则降"。○ 数，所主切。　⑰ 谓赋《蟋蟀》曰，"好乐无荒"。

宋左师请赏，曰："请免死之邑[1]。"公与之邑六十。以示子罕，子罕曰："凡诸侯小国，晋、楚所以兵威之。畏而后上下慈和，慈和而后能安靖其国家，以事大国，所以存也。无威则骄，骄则乱生，乱生必灭，所以亡也。天生五材[2]，民并用之，废一不可，谁能去兵。兵之设久矣，所以威不轨而昭文德也。圣人以兴[3]，乱人以废[4]，废兴存亡昏明之术，皆兵之由也。而子求去之，不亦诬乎？以诬道蔽诸侯，罪莫大焉。纵无大讨，而又求赏，无厌之甚也！"削而投之[5]。左师辞邑。向氏欲攻司城[6]，左师曰："我将亡，夫子存我，德莫大焉，又可攻乎？"君子曰："'彼己之子，邦之司直[7]。'乐喜之谓乎[8]？'何以恤我，我其收之[9]。'向戌之谓乎[10]？"

① 欲宋君称功加厚赏，故谦言免死之邑也。　② 金、木、水、火、土也。　③ 谓汤、武。○ 去，起吕切，下皆同。　④ 谓桀、纣。　⑤ 削赏左师之书。○ 蔽，必世切；徐，甫世切；服虔、王肃、董遇并作弊，婢世切，云，踣也厌，於盐切；徐，於谦切。　⑥ 司城，子罕。　⑦《诗·郑风》。司，主也。○ 己，音记。　⑧ 乐喜，子罕也。善其不阿向戌。　⑨ 逸《诗》。恤，忧也。收，取也。　⑩ 善向戌能知其过。

齐崔杼生成及彊而寡[1]。娶东郭偃，生明。东郭姜以孤入，曰棠無咎[2]，与东郭偃相崔氏[3]。崔成有病而废之[4]，而立明。成请老于崔[5]，崔子许之。偃与無咎弗予，曰："崔，宗邑也，必在宗主[6]。"成与彊怒，将杀之。告庆封曰："夫子之身亦子所知也，唯無咎与偃是从，父兄莫得进矣。大恐害夫子，敢以告[7]。"庆封曰："子姑退，吾图之。"告卢蒲嫳[8]。卢蒲嫳曰："彼，君之仇也。天或者将弃彼矣。彼实家乱，子何病焉[9]？崔之薄，庆之厚也[10]。"他日又告[11]。庆封曰："苟利夫子，必去之！难，吾助女。"

九月庚辰，崔成、崔彊杀东郭偃、棠無咎于崔氏之朝。崔子怒而出，其众皆逃，求人使驾，不得。使圉人驾，寺人御而出[12]。且曰："崔氏有福，止余犹可[13]。"遂见庆封。庆封曰："崔、庆一也[14]。是何敢然？请为子讨之。"使卢蒲嫳帅甲以攻崔氏。崔氏堞其宫而守之[15]，弗克。使国人助之，遂灭崔氏，杀成与彊，而尽俘其家。其妻缢[16]。嫳复命于崔子，且御而归之[17]。至，则无归矣，乃缢[18]。崔明夜辟诸大墓[19]。辛巳，崔明来奔，庆封当国[20]。

① 偏丧曰寡。寡，特也。○ 丧，息浪切。 ② 無咎，棠公之子。○ 娶，七住切。無，本亦作无。咎，其九切。 ③ 东郭偃，姜之弟。○ 相，息亮切。 ④ 有恶疾也。 ⑤ 济南东朝阳县西北有崔氏城。成欲居崔邑以终老。○ 朝，如字，一音直遥切。 ⑥ 宗邑，宗庙所在。宗主，谓崔明。 ⑦ 夫子，谓崔杼。 ⑧ 嫳，庆封属大夫。封以成、彊之言告嫳。○ 嫳，普结切；徐，敷结切。 ⑨ 君，谓齐庄公，为崔杼所弑。⑩ 崔败，则庆专权。 ⑪ 成、彊复告。○ 复，扶又切。 ⑫ 圉人，养马者。寺人，奄士。○ 难，乃旦切。女，音汝。圉，鱼吕切。 ⑬ 恐灭家，祸

不止其身。　⑭ 言如一家。　⑮ 堞，短垣。使其众居短垣内以守。○ 为，于伪切，下《注》嬖为、为齐庄同。堞，音牒；徐，养涉切。　⑯ 妻，东郭姜。　⑰ 嬖为崔子御。　⑱ 终“入于其宫，不见其妻，凶”。⑲ 开先人之冢以藏之。○ 辟，婢亦切；徐，甫亦切。　⑳ 当国，秉政。

楚薳罢如晋涖盟[1]，晋侯享之。将出，赋《既醉》[2]。叔向曰：“薳氏之有后于楚国也，宜哉！承君命，不忘敏。子荡将知政矣。敏以事君，必能养民。政其焉往[3]？”

① 罢，令尹子荡。报荀盈也。○ 罢，音皮。　② 《既醉》，《诗·大雅》。曰：“既醉以酒，既饱以德，君子万年，介尔景福。”以美晋侯，比之太平君子也。　③ 言政必归之。

崔氏之乱[1]，申鲜虞来奔，仆赁于野，以丧庄公[2]。冬，楚人召之，遂如楚为右尹[3]。

① 在二十五年。　② 为齐庄公服丧。○ 赁，女鸩切。丧，如字，又息浪切。　③ 《传》言楚能用贤。

十一月乙亥朔，日有食之。辰在申，司历过也，再失闰矣[1]。

① 谓斗建指申。周十一月，今之九月，斗当建戌而在申，故知再失闰也。文十一年三月甲子，至今年七十一岁，应有二十六闰。今《长历》推得二十四闰，通计少再闰。《释例》言之详矣。

经

二十有八年春，无冰[①]。

夏，卫石恶出奔晋[②]。

邾子来朝。

秋八月，大雩。

仲孙羯如晋[③]。

冬，齐庆封来奔[④]。

十有一月，公如楚[⑤]。

十有二月甲寅，天王崩[⑥]。

乙未，楚子昭卒[⑦]。

① 前年知其再失闰，顿置两闰以应天正。故此年正月建子，得以无冰为灾而书。○ 应，应对之应。　② 甯喜之党。书名，恶之。○ 恶，乌路切。　③ 告将朝楚。○ 羯，居谒切。　④ 崔杼之党。耆酒荒淫而出。书名，罪之。自鲁奔吴不书，以绝位不为卿。○ 耆，市志切。　⑤ 为宋之盟故，朝楚。○ 为，于伪切。　⑥ 灵王也。　⑦ 康王也。十二月无乙未，日误。

传

二十八年春，无冰。梓慎曰："今兹宋、郑其饥乎[①]？岁在星纪，而淫于玄枵[②]，以有时菑，阴不堪阳[③]。蛇乘龙[④]。龙，宋、郑之星也[⑤]，宋、郑必饥。玄枵，虚中也[⑥]。枵，耗名也。土虚而民耗，不饥何为[⑦]？"

① 梓慎，鲁大夫。今年郑游吉、宋向戌言之。明年饥甚，《传》乃详其

事。○ 梓，音子。　②岁，岁星也。星纪在丑，斗牛之次。玄枵在子，虚危之次。十八年，晋董叔曰："天道多在西北。是岁，岁星在亥，至此年十一岁，故在星纪。明年，乃当在玄枵。今已在玄枵，淫行失次。○ 枵，许骄切。③时菑，无冰也。盛阴用事，而温无冰，是阴不胜阳，地气发洩。○ 菑，音灾，《注》同。洩，息列切，下同。　④蛇，玄武之宿，虚危之星。龙，岁星。岁星，木也。木为青龙，失次出虚危下，为蛇所乘。○ 宿，音秀，下同。⑤岁星本位在东方。东方房心为宋，角亢为郑。故以龙为宋、郑之星。○ 亢，音刚，又苦浪切。　⑥玄枵三宿，虚星在其中。　⑦岁为宋、郑之星，今失常，淫入虚耗之次。时复无冰，地气发洩，故曰土虚民耗。○ 耗，呼报切。复，扶又切。

夏，齐侯、陈侯、蔡侯、北燕伯、杞伯、胡子、沈子、白狄朝于晋，宋之盟故也[①]。齐侯将行，庆封曰："我不与盟，何为于晋[②]？"陈文子曰："先事后贿，礼也[③]。小事大，未获事焉，从之如志，礼也[④]。虽不与盟，敢叛晋乎？重丘之盟，未可忘也。子其劝行[⑤]！"

①陈侯、蔡侯、胡子、沈子，楚属也。宋盟曰，晋、楚之从交相见，故朝晋。燕国，今蓟县。○ 燕，乌贤切。蓟，音计。　②以宋盟释齐、秦。○ 与，音预，下同。　③事大国，当先从其政事，而后荐贿，以副己心。○ 贿，呼罪切。　④言当从大国请事，以顺其志。　⑤重丘盟在二十五年。○ 重，直龙切。

卫人讨甯氏之党，故石恶出奔晋。卫人立其从子圃以守石氏之祀，礼也[①]。

①石恶之先石碏，有大功于卫国。恶之罪不及不祀，故曰礼。○圃，布古切。碏，七略切。

邾悼公来朝，时事也[1]。

①《传》言来朝非宋盟，宋盟唯施于朝晋、楚。

秋八月，大雩，旱也。

蔡侯归自晋，入于郑。郑伯享之，不敬。子产曰："蔡侯其不免乎[1]？日其过此也[2]，君使子展廷劳于东门之外，而傲[3]。吾曰：'犹将更之。'今还，受享而惰，乃其心也。君小国事大国，而惰傲以为己心，将得死乎？若不免，必由其子。其为君也，淫而不父[4]。侨闻之，如是者，恒有子祸[5]。"

①不免祸。　②往日至晋时。○日，人实切。过，古禾、古卧二切。③廷，往也。○廷，于况切，后同。劳，力报切。　④通大子班之妻。○傲，五报切，下同。惰，徒卧切。君小国事大国，古本无小字。　⑤为三十年蔡世子班弑其君《传》。

孟孝伯如晋，告将为宋之盟故如楚也[1]。

①鲁，晋属。故告晋而行。○为，于伪切。

蔡侯之如晋也，郑伯使游吉如楚。及汉，楚人还之，曰："宋之盟，君实亲辱[1]。今吾子来，寡君谓吾子姑还！吾将使驲奔问诸晋而以告[②]。”子大叔曰：“宋之盟，君命将利小国，而亦使安定其社稷，镇抚其民人，以礼承天之休[③]，此君之宪令，而小国之望也[④]。寡君是故使吉奉其皮币[⑤]，以岁之不易，聘于下执事[⑥]。今执事有命曰，女何与政令之有？必使而君弃而封守，跋涉山川，蒙犯霜露，以逞君心。小国将君是望，敢不唯命是听。无乃非盟载之言，以阙君德，而执事有不利焉，小国是惧。不然，其何劳之敢惮？”

子大叔归，复命，告子展曰：“楚子将死矣！不修其政德，而贪昧于诸侯，以逞其愿，欲久得乎？《周易》有之，在《复》䷗[⑦]之《颐》䷚[⑧]，曰：‘迷复，凶[⑨]。’其楚子之谓乎？欲复其愿[⑩]，而弃其本[⑪]，复归无所，是谓迷复[⑫]。能无凶乎？君其往也！送葬而归，以快楚心[⑬]。楚不几十年，未能恤诸侯也[⑭]。吾乃休吾民矣[⑮]。”裨竈曰：“今兹周王及楚子皆将死[⑯]。岁弃其次，而旅于明年之次，以害鸟帑。周、楚恶之[⑰]。”

九月，郑游吉如晋，告将朝于楚，以从宋之盟。子产相郑伯以如楚，舍不为坛[⑱]。外仆言曰：“昔先大夫相先君，适四国，未尝不为坛[⑲]。自是至今，亦皆循之。今子草舍，无乃不可乎？”子产曰：“大适小，则为坛。小适大，苟舍而已，焉用坛？侨闻之，大适小有五美：宥其罪戾，赦其过失，救其菑患，赏其德刑[⑳]，教其不及。小国不困，怀服如归。是故作坛以昭其功，宣告后人，无怠于德[㉑]。小适大有五恶：说其罪戾[㉒]，请其不足，行其政事[㉓]，共其职贡，从其时命[㉔]。不然，则重其币帛，以贺其福而吊其凶，皆小国之祸也。焉用作坛以昭其祸。所以告子孙，无昭祸焉可也㉕。”

① 君，谓郑伯。○ 还，音环。 ② 问郑君应来朝否。○ 驲，人实切。 ③ 休，福禄也。○ 休，放虯切。 ④ 宪，法也。 ⑤ 聘用乘皮束帛。○ 乘，绳证切。 ⑥ 言岁有饥荒之难，故郑伯不得自朝楚。○ 易，以豉切。难，乃旦切。 ⑦《震》下《坤》上，《复》。○ 女，音汝。与，音预。跋，白末切；草行为跋，水行为涉。惮，徒旦切。 ⑧《震》下《艮》上，《颐》。《复》上六变得《颐》。○ 颐，以之切。 ⑨《复》上六《爻辞》也。复，反也。极阴反阳之卦，上处极位，迷而复反，失道已远，远而无应，故凶。○ 应，应对之应。 ⑩ 谓欲得郑朝，以复其愿。 ⑪ 不修德。 ⑫ 失道已远，又无所归。 ⑬ 言楚子必死，君往当送其葬。 ⑭ 几，近也。言失道远者，复之亦难。○ 几，居依切，又音祈。 ⑮ 休，息也。言楚不能复为害。○ 复，扶又切，下复顾同。 ⑯ 裨竈，郑大夫。○ 裨，避支切。 ⑰ 旅，客处也。岁星弃星纪之次，客在玄枵。岁星所在，其国有福，失次于北，祸冲在南。南为朱鸟，鸟尾曰帑。鹑火、鹑尾，周、楚之分，故周王、楚子受其咎。俱论岁星过次，梓慎则曰宋、郑饥，裨竈则曰周、楚王死。《传》故备举，以示卜占惟人所在。○ 帑，音奴。恶，如字，又乌路切。冲，尺容切。分，扶问切。 ⑱ 至敌国郊，除地封土为坛，以受郊劳。○ 相，息亮切，下同。坛，徒丹切。劳，力报切。 ⑲ 外仆，掌次舍者。 ⑳ 刑，法也。○ 焉，於虔切，下焉用作坛、焉辟之、又焉用盟皆同。宥，音又。菑，音灾。 ㉑ 怠，解也。○ 解，佳卖切。 ㉒ 自解说也。 ㉓ 奉行大国之政。 ㉔ 从朝会之命。○ 共，音恭。 ㉕ 无昭祸以告子孙。

齐庆封好田而耆酒，与庆舍政①。则以其内实迁于卢蒲嫳氏，易内而饮酒②。数日，国迁朝焉③。使诸亡人得贼者，以告而反之④。故反卢蒲癸。癸臣子之⑤，有宠，妻之⑥。庆舍之士谓卢蒲癸曰：“男女辨姓。子不辟宗，何也⑦？”曰：“宗不余辟[8]，余独焉辟之？赋诗断章，余取所求焉，恶识宗[9]？”癸言王何而反之，二人皆嬖[10]。使执寝戈，而先后之[11]。

公膳，日双鸡[12]。饔人窃更之以鹜。御者知之，则去其肉而以其洎馈[13]。子雅、子尾怒[14]。庆封告卢蒲嫳[15]。卢蒲嫳曰：“譬之如禽兽，吾寝处之矣[16]。”使析归父告晏平仲[17]。平仲曰：“婴之众不足用也，知无能谋也。言弗敢出[18]，有盟可也。”子家曰：“子之言云[19]，又焉用盟？”告北郭子车[20]。子车曰：“人各有以事君，非佐之所能也[21]。”陈文子谓桓子[22]曰：“祸将作矣！吾其何得？”对曰：“得庆氏之木百车于庄[23]。”文子曰：“可慎守也已[24]！”

卢蒲癸、王何卜攻庆氏，示子之兆[25]，曰：“或卜攻仇，敢献其兆。”子之曰：“克，见血。”冬十月，庆封田于莱，陈无宇从。丙辰，文子使召之。请曰：“无宇之母疾病，请归。”庆季卜之[26]，示之兆，曰：“死。”奉龟而泣[27]。乃使归。庆嗣闻之[28]，曰：“祸将作矣！”谓子家：“速归[29]！祸作必于尝[30]，归犹可及也。”子家弗听，亦无悛志[31]。子息曰：“亡矣！幸而获在吴、越[32]。”陈无宇济水而戕舟发梁[33]。卢蒲姜谓癸曰：“有事而不告我，必不捷矣[34]。”癸告之[35]。姜曰：“夫子愎，莫之止，将不出，我请止之[36]。”癸曰：“诺。”十一月乙亥，尝于大公之庙，庆舍涖事[37]。卢蒲姜告之，且止之。弗听，曰：“谁敢者！”遂如公[38]。麻婴为尸[39]，庆奊为上献[40]。卢蒲癸、王何执寝戈。庆氏以其甲环公宫[41]。陈氏、鲍氏之圉人为优[42]。庆氏之马善惊，士皆释甲束马[43]而饮酒，且观优，至于鱼里[44]。栾、高、陈、鲍之徒介庆氏之甲[45]。子尾抽桷击扉三[46]，卢蒲癸自后刺子之。王何以戈击之，解其左肩。犹援庙桷，动于甍[47]，以俎壶投杀人而后死[48]。遂杀庆绳、麻婴[49]。公惧。鲍国曰："群臣为君故也[50]。"陈须无以公归，税服而如内宫[51]。

庆封归，遇告乱者。丁亥，伐西门，弗克。还伐北门，克之。入伐内宫[52]，弗克。反陈于岳[53]，请战，弗许。遂来奔。献车于季武子，美泽可以鉴[54]。展庄叔见之[55]，曰："车甚泽，人必瘁，宜其亡也。"叔孙穆子食庆封，庆封氾祭[56]。穆子不说，使工为之诵《茅鸱》[57]。亦不知。既而齐人来让[58]，奔吴。吴句馀予之朱方[59]，聚其族焉而居之，富于其旧。子服惠伯谓叔孙曰："天殆富淫人，庆封又富矣。"穆子曰："善人富谓之赏。淫人富谓之殃。天其殃之也，其将聚而歼旃[60]？"

① 舍，庆封子。庆封当国，不自为政以付舍。○ 好，呼报切。耆，市志切。　② 内实，宝物、妻妾也。移而居嬖家。　③ 就于卢蒲氏朝见封。○ 数，所主切。见，贤遍切。　④ 亡人，辟崔氏难出奔者。○ 难，乃旦切。　⑤ 子之，庆舍。　⑥ 子之以其女妻癸。○ 妻，七计切，及下《注》皆同。　⑦ 辨，别也。别姓而后可相取。庆氏、卢蒲氏皆姜姓。○ 别，彼列切，下同。取，七住切；本亦作娶。　⑧ 言舍欲妻己。⑨ 言己苟欲有求于庆氏，不能复顾礼，譬如赋诗者，取其一章而已。○ 断，音短。恶，音乌，安也。　⑩ 二子皆庄公党。二十五年，崔氏弑庄公，癸、何出奔，今还求宠于庆氏，欲为庄公报仇。○ 嬖，必计切，下同。为，于伪切。　⑪ 寝戈，亲近兵杖。○ 先，悉荐切。后，户豆切。近，附近之近。杖，直亮切。　⑫ 卿大夫之膳食。○ 膳，市战切，谓公家供卿大夫之常膳。　⑬ 御，进食者。饔人、御者欲使诸大夫怨庆氏，减其膳。盖卢蒲癸、王何之谋。○ 鹜，徐音木，鸭也。去，起吕切，藏也。洎，其器切，肉汁也；《说文》云，洎，灌釜也；《字林》，己莅切。馈，其位切。　⑭ 二子，皆惠

公孙。 ⑮ 以二子怒告嬖。 ⑯ 言能杀而席其皮。 ⑰ 欲与共谋子雅、子尾。 ⑱ 不敢泄谋。○ 知，音智。 ⑲ 子家，析归父。⑳ 子车，齐大夫。 ㉑ 佐，子车名。 ㉒ 桓子，文子之子无宇。㉓ 庆封时有此木，积于六轨之道。 ㉔ 善其不志于货财。 ㉕ 龟兆。㉖ 季，庆封。○ 莱，音来。从，才用切。 ㉗ 无宇泣。○ 奉，芳勇切。㉘ 嗣，庆封之族。○ 嗣，继嗣之嗣；本或作庆翩，误。 ㉙ 子家，庆封字。㉚ 尝，秋祭。 ㉛ 悛，改寤也。○ 悛，七全切。寤，五故切。 ㉜ 子息，庆嗣。 ㉝ 戕，残坏也。不欲庆封得救难。○ 戕，在羊切。难，乃旦切，下外难同。 ㉞ 姜，癸妻，庆舍女。 ㉟ 告欲杀庆舍。 ㊱ 夫子，谓庆舍。○ 愎，皮逼切。 ㊲ 临祭事。○ 大，音泰。 ㊳ 至公所。㊴ 为祭尸。 ㊵ 上献，先献者。○ 臭，户结切。 ㊶ 庙在宫内。○ 环，如字；徐音患。 ㊷ 优俳。○ 优，於求切。俳，皮皆切。㊸ 束，绊之也。○ 绊，音半。 ㊹ 鱼里，里名。优在鱼里，就观之。㊺ 栾，子雅。高，子尾。陈，陈须无。鲍，鲍国。○ 介，音界。 ㊻ 桷，椽也。扉，门阖也。以桷击扉为期。○ 桷，音角。扉，音非，门扇也。椽，直专切。阖，户臘切。 ㊼ 甍，屋栋。○ 刺，七亦切。援，音袁。甍，亡耕切；《字林》，亡成切。 ㊽ 言其多力。 ㊾ 庆绳，庆臭。 ㊿ 言欲尊公室，非为乱。○ 为，于伪切，下为之诵同。 (51) 言公惧于外难。○ 税，吐活切，又如字。 (52) 陈、鲍在公所故。 (53) 岳，里名。○ 陈，直覲切。岳，五角切。 (54) 光鉴形也。○ 鉴，古暂切。 (55) 鲁大夫。(56) 礼：食有祭，示有所先也。氾祭，远散所祭，不共。○ 瘁，在醉切；本或作萃，同。食，音嗣。氾，芳剑切。 (57) 工，乐师。《茅鸱》，逸《诗》。刺不敬。○ 说，音悦。茅，亡交切。鸱，尺之切。刺，七赐切。 (58) 让鲁受庆封。 (59) 句馀，吴子夷末也。朱方，吴邑。○ 句，古侯切，下句渎同。(60) 歼，尽也。旃，之也。为昭四年杀庆封《传》。○ 歼，子潜切。

癸巳，天王崩。未来赴，亦未书，礼也[①]。

① 嫌时已闻丧当书，故发例。

崔氏之乱，丧群公子。故鉏在鲁，叔孙还在燕，贾在句渎之丘[①]。及庆氏亡，皆召之，具其器用而反其邑焉[②]。与晏子邶殿，其鄙六十[③]。弗受。子尾曰："富，人之所欲也，何独弗欲？"对曰："庆氏之邑足欲，故亡。吾邑不足欲也，益之以邶殿，乃足欲。足欲，亡无日矣。在外，不得宰吾一邑。不受邶殿，非恶富也，恐失富也。且夫富如布帛之有幅焉，为之制度，使无迁也[④]。夫民生厚而用利，于是乎正德以幅之[⑤]，使无黜嫚[⑥]，谓之幅利。利过则为败。吾不敢贪多，所谓幅也。"与北郭佐邑六十，受之。与子雅邑，辞多受少。与子尾邑，受而稍致之[⑦]。公以为忠，故有宠。

释卢蒲嫳于北竟[⑧]。求崔杼之尸，将戮之，不得。叔孙穆子曰："必得之。武王有乱臣十人[⑨]，崔杼其有乎？不十人，不足以葬[⑩]。"既，崔氏之臣曰："与我其拱璧[⑪]，吾献其柩。"于是得之。十二月乙亥朔，齐人迁庄公，殡于大寝[⑫]。以其棺尸崔杼于市[⑬]。国人犹知之，皆曰："崔子也[⑭]。"

① 在襄二十五年。○ 丧，息浪切。鉏，仕居切，公子鉏也；本或作故公鉏者，非。渎，音豆。 ② 反，还也。 ③ 邶殿，齐别都。以邶殿边鄙六十邑与晏婴。○ 邶，蒲对切。殿，多荐切，又如字，《注》及下同。 ④ 迁，移也。○ 恶，乌路切。夫，音扶。幅，音福。 ⑤ 言厚利皆人之所欲，唯正德可以为之幅。 ⑥ 黜，犹放也。○ 黜，敕律切。嫚，音慢。 ⑦ 致还公。 ⑧ 释，放也。○ 竟，音境。 ⑨ 乱，治也。○ 治，直吏切。 ⑩ 葬必须十人，崔氏不能令十人同心，故必得。○ 令，力呈切。

⑪ 崔氏大璧。○ 拱，居勇切；徐音恭。　⑫ 更殡之于路寝也。十二月戊戌朔，乙亥误。○ 柩，其救切。　⑬ 崔氏弑庄公，又葬不如礼，故以庄公棺著崔杼尸边，以章其罪。○ 著，丁略切。　⑭ 始求崔杼之尸不得，故《传》云：国人皆知之。

为宋之盟故，公及宋公、陈侯、郑伯、许男如楚。公过郑，郑伯不在[①]。伯有廷劳于黄崖，不敬[②]。穆叔曰："伯有无戾于郑，郑必有大咎[③]。敬，民之主也，而弃之，何以承守[④]。郑人不讨，必受其辜。济泽之阿[⑤]，行潦之苹藻[⑥]，寘诸宗室[⑦]，季兰尸之，敬也[⑧]。敬可弃乎[⑨]？"及汉，楚康王卒。公欲反，叔仲昭伯曰："我楚国之为，岂为一人行也[⑩]。"子服惠伯曰："君子有远虑，小人从迩[⑪]。饥寒之不恤，谁遑其后[⑫]？不如姑归也。"叔孙穆子曰："叔仲子专之矣[⑬]，子服子始学者也[⑭]。"荣成伯曰："远图者，忠也[⑮]。"公遂行[⑯]。宋向戌曰："我一人之为，非为楚也。饥寒之不恤，谁能恤楚？姑归而息民，待其立君而为之备。"宋公遂反。

① 已在楚。○ 为，于伪切。过，古禾切。　② 荥阳宛陵县西有黄水，西南至新郑城西入洧。○ 劳，力报切。崖，本又作涯，鱼佳切。　③ 伯有不受戮，必还为郑国害。　④ 言无以承先祖，守其家。　⑤ 言薄土。○ 济，子礼切。　⑥ 言贱菜。○ 潦，音老。苹，音频。藻，音早。　⑦ 荐宗庙。○ 寘，之豉切。　⑧ 言取苹藻之菜于阿泽之中，使服兰之女而为之主，神犹享之，以其敬也。　⑨ 为三十年郑杀良霄《传》。　⑩ 昭伯，叔仲带。○ 为，于伪切，下除而为之备一字並同。　⑪ 迩，近也。　⑫ 遑，暇也。　⑬ 言足专任。　⑭ 言未识远。　⑮ 成伯，荣驾鹅。○ 驾，音加。鹅，五河切。　⑯ 从昭伯谋。

楚屈建卒。赵文子丧之如同盟，礼也[①]。

① 宋盟有衷甲之隙，不以此废好，故曰礼。○ 丧，如字，又息浪切；隙，去逆切；本或作郤。好，呼报切。

王人来告丧。问崩日，以甲寅告。故书之，以征过也[①]。

① 征，审也。此缓告非有事宜，直臣子怠慢，故以此发例。○ 征，张陵切；本或作惩，误。

春秋经传集解第十九

襄公六

经

二十有九年春，王正月，公在楚①。

夏五月，公至自楚。

庚午，卫侯衎卒②。

阍弑吴子馀祭③。

仲孙羯会晋荀盈、齐高止、宋华定、卫世叔仪、郑公孙段、曹人、莒人、滕人、薛人、小邾人城杞④。

晋侯使士鞅来聘。

杞子来盟⑤。

吴子使札来聘⑥。

秋九月，葬卫献公⑦。

齐高止出奔北燕⑧。

冬，仲孙羯如晋。

① 公在外，阙朝正之礼甚多，而唯书此一年者，鲁公如楚既非常，此公又踰年，故发此一事以明常。 ② 无《传》。四同盟。○ 衎，苦旦切。 ③ 阍，守门者。下贱非士，故不言盗。○ 阍，音昏。弑，申志切。祭，侧界切。 ④ 公孙段，伯石也。三十年，伯有死，乃命为卿。今盖以摄卿行。○ 羯，居谒切。 ⑤ 杞复称子，用夷礼也。○ 复，扶又切。 ⑥ 吴

子，馀祭。既遣札聘上国而后死。札以六月到鲁，未闻丧也。不称公子，其礼未同于上国。○ 札，侧八切。　⑦ 无《传》。　⑧ 止，高厚之子。○ 燕，音烟。

传

二十九年春，王正月，公在楚，释不朝正于庙也①。楚人使公亲襚②，公患之。穆叔曰："祓殡而襚，则布币也③。"乃使巫以桃茢先祓殡④。楚人弗禁，既而悔之⑤。

① 释，解也。告庙在楚，解公所以不朝正。　② 诸侯有遣使赗襚之礼，今楚欲依遣使之比。○ 襚，音遂；《说文》云，衣死人衣。使，所吏切。赗，芳凤切；一本作赠。比，必利切。　③ 先使巫祓除殡之凶邪而行襚礼，与朝而布币无异。○ 祓，音拂；徐音废。　④ 茢，黍穰。○ 茢，音列；徐音例。穰，如羊切。郑注《周礼》云，茢，苕帚。　⑤ 礼：君临臣丧乃祓殡。故楚悔之。

二月癸卯，齐人葬庄公于北郭①。

① 兵死不入兆域，故葬北郭。

夏四月，葬楚康王。公及陈侯、郑伯、许男送葬，至于西门之外。诸侯之大夫皆至于墓。楚郏敖即位①。王子围为令尹②。郑行人子羽曰："是谓不宜，必代之昌。松柏之下，其草不殖③。"

① 郏敖，康王子熊麇也。○ 郏，古洽切。麇，九伦切。　② 围，康王

弟。　③ 言楚君弱，令尹强，物不两盛。为昭元年围弑郏敖起本。

公还，及方城。季武子取卞①，使公冶问②，玺书追而与之③曰："闻守卞者将叛，臣帅徒以讨之，既得之矣，敢告。"公冶致使而退④，及舍而后闻取卞⑤。公曰："欲之而言叛，祇见疏也⑥。"公谓公冶曰："吾可以入乎⑦？"对曰："君实有国，谁敢违君！"公与公冶冕服⑧。固辞。强之而后受。公欲无入，荣成伯赋《式微》，乃归⑨。五月，公至自楚。公冶致其邑于季氏⑩，而终不入焉⑪。曰："欺其君，何必使余？"季孙见之，则言季氏如他日。不见，则终不言季氏。及疾，聚其臣⑫，曰："我死，必无以冕服敛，非德赏也⑬。且无使季氏葬我。"

① 取卞邑以自益。〇 卞，本又作弁，皮彦切。　② 问公起居。公冶，季氏属大夫。〇 冶，音也。　③ 玺，印也。〇 玺，音徙；《广雅》云，印谓之玺；《说文》作壐，从土，云，王者印也；籀文从玉。印，一刃切。　④ 致季氏使命。〇 使，所吏切，《注》并下《注》而赏其使同。　⑤ 发书乃闻之。　⑥ 言季氏欲得卞，而欺我言叛，益疏我。〇 祇，音支；本又作多，音同；服云，祇，適也。　⑦ 以季氏疏己，故不敢入。　⑧ 以卿服玄冕赏之。　⑨《式微》，《诗·邶风》。曰："式微式微，胡不归？"式，用也。义取寄寓之微陋。劝公归。〇 强，其丈切。邶，音佩。寓，音遇。⑩ 本从季氏得邑，故还之。　⑪ 不入季孙家。　⑫ 大夫家臣。⑬ 言公畏季氏而赏其使，非以我有德。〇 敛，力验切。

葬灵王①。郑上卿有事，子展使印段往。伯有曰："弱，不可②。"子展曰："与其莫往，弱不犹愈乎？《诗》云：'王事靡盬，不遑启处[③]。’东西南北，谁敢宁处[④]？坚事晋、楚，以蕃王室也[⑤]。王事无旷，何常之有？”遂使印段如周[⑥]。

① 不书，鲁不会。 ② 印段年少官卑。○ 少，诗照切。 ③《诗·小雅》。盬，不坚固也。启，跪也。言王事无不坚固，故不暇跪处。○ 盬，音古。跪，其委切。 ④ 谓上卿。 ⑤ 言我固事晋、楚，乃所以蕃屏王室。○ 蕃，芳元切。 ⑥《传》言周衰，卑于晋、楚。

吴人伐越，获俘焉，以为阍，使守舟。吴子馀祭观舟，阍以刀弑之[①]。

① 言以刀，明近刑人。○ 近，附近之近。

郑子展卒，子皮即位[①]。于是郑饥，而未及麦，民病。子皮以子展之命，饩国人粟，户一钟[②]，是以得郑国之民。故罕氏常掌国政，以为上卿。宋司城子罕闻之，曰：“邻于善，民之望也[③]。”宋亦饥，请于平公，出公粟以贷。使大夫皆贷。司城氏贷而不书[④]，为大夫之无者贷。宋无饥人。叔向闻之，曰：“郑之罕，宋之乐，其后亡者也！二者其皆得国乎[⑤]！民之归也，施而不德，乐氏加焉，其以宋升降乎[⑥]？”

① 子皮代父为上卿。 ② 在丧，故以父命也。六斛四斗曰钟。○ 饩，许气切。 ③ 民亦望君为善。 ④ 施而不德。○ 贷，他代切。施，始豉切，下同。 ⑤ 得掌国政。○ 向，许丈切。 ⑥ 升降，随宋盛衰。

晋平公，杞出也，故治杞[①]。六月，知悼子合诸侯之大夫以城杞，孟孝伯会之。郑子大叔与伯石往[②]。子大叔见大叔文子[③]，与之语。文子曰："甚乎！其城杞也。"子大叔曰："若之何哉？晋国不恤周宗之阙，而夏肄是屏[④]。其弃诸姬，亦可知也已。诸姬是弃，其谁归之？吉也闻之，弃同即异，是谓离德。《诗》曰：'协比其邻，昏姻孔云[⑤]。'晋不邻矣，其谁云之[⑥]？"

① 治理其地，修其城。　② 大叔不书，不亲事。○ 知，音智。大叔，音泰。　③ 文子，卫大叔仪。　④ 周宗，诸姬也。夏肄，杞也。肄，馀也。屏，城也。○ 夏，户雅切，《注》下皆仿此。肄，以二切；《诗传》云，斩而复生曰肄；《方言》云，枿，馀也，秦、晋之间曰肄。　⑤《诗·小雅》。言王者和协近亲，则昏姻甚归附。○ 比，毗志切。　⑥ 云，犹旋，旋归之。

齐高子容与宋司徒见知伯，女齐相礼[①]。宾出，司马侯言于知伯曰："二子皆将不免。子容专[②]，司徒侈，皆亡家之主也。"知伯曰："何如？"对曰："专则速及[③]，侈将以其力毙[④]，专则人实毙之，将及矣[⑤]。"

① 子容，高止也。司徒，华定也。知伯，荀盈也。女齐，司马侯也。相礼，侍威仪也。○ 女，音汝。相，息亮切。　② 专，自是也。　③ 速及祸也。○ 侈，昌氏切，又尸氏切。　④ 力尽而自毙。○ 毙，婢世切。⑤ 为此秋高止出奔燕，昭二十年华定出奔陈《传》。○ 专则人实毙之，绝句。将及矣，本或作侈将及矣者，非。

范献子来聘，拜城杞也[①]。公享之，展庄叔执币[②]。射者三耦[3]，公臣不足，取于家臣。家臣：展瑕、展玉父为一耦。公臣：公巫召伯、仲颜庄叔为一耦，鄫鼓父、党叔为一耦[4]。

① 谢鲁为杞城。○ 为，于伪切，下为之歌同。　② 公将以酬宾。③ 二人为耦。○ 耦，五口切。　④ 言公室卑微，公臣不能备于三耦。○ 召，上照切。鄫，才陵切。党，音掌。

晋侯使司马女叔侯来治杞田[1]，弗尽归也。晋悼夫人愠曰："齐也取货[2]。先君若有知也，不尚取之[3]！"公告叔侯，叔侯曰："虞、虢、焦、滑、霍、扬、韩、魏，皆姬姓也[4]，晋是以大。若非侵小，将何所取？武、献以下，兼国多矣[5]，谁得治之？杞，夏馀也，而即东夷[6]。鲁，周公之后也，而睦于晋。以杞封鲁犹可，而何有焉[7]？鲁之于晋也，职贡不乏，玩好时至，公卿大夫相继于朝，史不绝书[8]，府无虚月[9]。如是可矣！何必瘠鲁以肥杞？且先君而有知也，毋宁夫人，而焉用老臣[10]？"杞文公来盟[11]。书曰"子"，贱之也[12]。

① 使鲁归前侵杞田。所归少，故不书。　② 夫人，平公母，杞女也。谓叔侯取货于鲁，故不尽归杞田。○ 愠，纡运切，怒也，怨也。　③ 不尚叔侯之取货。　④ 八国皆晋所灭。焦在陕县。扬属平阳郡。○ 虢，瓜百切。焦，子消切。滑，乎八切。　⑤ 武公、献公，晋始盛之君。⑥ 行夷礼。　⑦ 何有尽归之。　⑧ 书鲁之朝聘。○ 好，呼报切，下好善同。　⑨ 无月不受鲁贡。　⑩ 言先君毋宁怪夫人之所为，无用责我。○ 瘠，在亦切。毋，音无。焉，於虔切。　⑪ 鲁归其田，故来盟。⑫ 贱其用夷礼。

吴公子札来聘，见叔孙穆子，说之。谓穆子曰："子其不得死乎[1]？好善而不能择人。吾闻'君子务在择人'。吾子为鲁宗卿，而任其大政，不慎举，何以堪之？祸必及子[2]！"

请观于周乐[3]。使工为之歌《周南》、《召南》[4]，曰："美哉[5]！始基之矣[6]，犹未也[7]。然勤而不怨矣[8]。"为之歌《邶》、《鄘》、《卫》[9]，曰："美哉，渊乎！忧而不困者也[10]。吾闻卫康叔、武公之德如是，是其《卫风》乎[11]？"为之歌《王》[12]，曰："美哉！思而不惧，其周之东乎[13]？"为之歌《郑》[14]，曰："美哉！其细已甚，民弗堪也，是其先亡乎[15]！"为之歌《齐》[16]，曰："美哉，泱泱乎，大风也哉[17]！表东海者，其大公乎[18]！国未可量也[19]。"为之歌《豳》[20]，曰："美哉，荡乎！乐而不淫，其周公之东乎[21]？"为之歌《秦》[22]，曰："此之谓夏声。夫能夏则大，大之至也，其周之旧乎[23]？"为之歌《魏》[24]，曰："美哉，沨沨乎！大而婉，险而易行，以德辅此，则明主也[25]。"为之歌《唐》[26]，曰："思深哉！其有陶唐氏之遗民乎？不然，何忧之远也[27]。非令德之后，谁能若是？"为之歌《陈》[28]，曰："国无主，其能久乎[29]？"自《郐》以下无讥焉[30]。为之歌《小雅》[31]，曰："美哉！思而不贰[32]，怨而不言[33]，其周德之衰乎[34]？犹有先王之遗民焉[35]。"为之歌《大雅》[36]，曰："广哉，熙熙乎[37]！曲而有直体[38]，其文王之德乎[39]？"为之歌《颂》[40]，曰："至矣哉[41]！直而不倨[42]，曲而不屈[43]，迩而不偪[44]，远而不携[45]，迁而不淫[46]，复而不厌[47]，哀而不愁[48]，乐而不荒[49]，用而不匮[50]，广而不宣[51]，施而不费[52]，取而不贪[53]，处而不底[54]，行而不流[55]，五声和[56]，八风平[57]，节有度，守有序[58]，盛德之所同也[59]。"见舞《象箾》《南籥》者[60],曰:"美哉!犹有憾[61]。"见舞《大武》者[62],曰:"美哉!周之盛也,其若此乎?"见舞《韶濩》者[63],曰:"圣人之弘也,而犹有惭德,圣人之难也[64]。"见舞《大夏》者[65],曰:"美哉!勤而不德,非禹其谁能修之[66]?"见舞《韶箾》者[67],曰:"德至矣哉!大矣,如天之无不帱也[68],如地之无不载也,虽甚盛德,其蔑以加于此矣。观止矣!若有他乐,吾不敢请已[69]!"

其出聘也,通嗣君也[70]。故遂聘于齐,说晏平仲,谓之曰:"子速纳邑与政[71]!无邑无政,乃免于难。齐国之政,将有所归,未获所归,难未歇也[72]。"故晏子因陈桓子以纳政与邑,是以免于栾、高之难[73]。

聘于郑,见子产,如旧相识,与之缟带,子产献纻衣焉[74]。谓子产曰:"郑之执政侈,难将至矣!政必及子。子为政,慎之以礼。不然,郑国将败[75]。"

适卫,说蘧瑗[76]、史狗[77]、史鳍[78]、公子荆、公叔发[79]、公子朝,曰:"卫多君子,未有患也。"

自卫如晋,将宿于戚[80]。闻钟声焉,曰:"异哉!吾闻之也:'辩而不德,必加于戮[81]。'夫子获罪于君以在此[82],惧犹不足,而又何乐?夫子之在此也,犹燕之巢于幕上[83]。君又在殡,而可以乐乎[84]?"遂去之[85]。文子闻之,终身不听琴瑟[86]。

适晋,说赵文子、韩宣子、魏献子,曰:"晋国其萃于三族乎[87]!"说叔向,将行,谓叔向曰:"吾子勉之!君侈而多良,大夫皆富,政将在家[88]。吾子好直,必思自免于难。"

①不得以寿死。○说，音悦。寿，音授。　②为昭四年竖牛作乱起本。　③鲁以周公故，有天子礼乐。　④此皆各依其本国歌所常用声曲。○召，上照切；本亦作邵。　⑤美其声。　⑥《周南》、《召南》，王化之基。　⑦犹有商纣，未尽善也。○尽，津忍切。　⑧未能安乐，然其音不怨怒。○乐，音洛。　⑨武王伐纣，分其地为三监。三监叛，周公灭之，更封康叔，并三监之地。故三国尽被康叔之化。○鄘，音容。被，皮义切。　⑩渊，深也。亡国之音哀以思，其民困。卫康叔、武公德化深远，虽遭宣公淫乱、懿公灭亡，民犹秉义，不至于困。○思，息嗣切，下忧思同。　⑪康叔，周公弟。武公，康叔九世孙。皆卫之令德君也。听声以为别，故有疑言。○别，彼列切。　⑫《王》，《黍离》也。幽王遇西戎之祸，平王东迁，王政不行于天下，风俗下与诸侯同，故不为《雅》。⑬宗周陨灭，故忧思。犹有先王之遗风，故不惧。○陨，于敏切。⑭《诗》第七。　⑮美其有治政之音。讥其烦碎，知不能久。○治，直吏切。　⑯《诗》第八。　⑰泱泱，弘大之声。○泱，於良切，又於郎切；韦昭，於康切。　⑱大公封齐，为东海之表式。○大，音泰。　⑲言其或将复兴。○复，扶又切，下复讥同。　⑳《诗》第十五。豳，周之旧国。在新平漆县东北。○豳，彼贫切。　㉑荡乎，荡然也。乐而不淫，言有节。周公遭管、蔡之变，东征三年，为成王陈后稷先公不敢荒淫，以成王业。故言其周公之东乎。○乐，音岳，又音洛，下而又何乐、而可以乐同。为，于伪切。王，如字，又于况切。　㉒《诗》第十一。后仲尼删定，故不同。○删，所奸切。　㉓秦本在西戎汧、陇之西，秦仲始有车马礼乐，去戎狄之音，而有诸夏之声，故谓之夏声。及襄公佐周平王东迁，而受其故地，故曰周之旧。○汧，苦贤切。去，起吕切，又如字。　㉔《诗》第九。魏，姬姓国。闵元年，晋献公灭之。　㉕沨沨，中庸之声。婉，约也。险当为俭，字之误也。大而约，则俭节易行。惜其国小无明君也。○沨，扶弓切；徐，敷剑切；韦昭音凡。婉，纡阮切。险，依《注》音俭。易，以豉切。㉖《诗》第十。《唐》，晋诗。　㉗晋本唐国，故有尧之遗风。忧深思远，情发于声。○思，息嗣切。　㉘《诗》第十二。　㉙淫声放荡，无所畏

忌。故曰国无主。　㉚《郐》第十三。《曹》第十四。言季子闻此二国歌，不复讥论之，以其微也。○ 郐，古外切。　㉛《小雅》，小正，亦乐歌之常。　㉜ 思文武之德，无贰叛之心。　㉝ 有哀音。　㉞ 衰，小也。㉟ 谓有殷王馀俗，故未大。　㊱《大雅》陈文王之德以正天下。㊲ 熙熙，和乐声。　㊳ 论其声。　㊴《雅》、《颂》所以咏盛德形容，故但歌其美者，不皆歌变雅。　㊵《颂》者，以其成功告于神明。　㊶ 言道备。○ 至矣哉，一本无矣字。　㊷ 倨傲。○ 倨，音据；徐音居。傲，五报切。　㊸ 屈，桡。○ 桡，乃孝切。　㊹ 谦退。○ 偪，彼力切。㊺ 携，贰。　㊻ 淫，过荡。　㊼ 常日新。○ 厌，於艳切；徐，於赡切。㊽ 知命。　㊾ 节之以礼。　㊿ 德弘大。○ 匮，其位切。　51 不自显。　52 因民所利而利之。○ 施，始豉切。费，芳味切。　53 义然后取。　54 守之以道。○ 底，丁礼切。　55 制之以义。　56 宫、商、角、征、羽，谓之五声。○ 征，张里切。　57 八方之气，谓之八风。58 八音克谐，节有度也。无相夺伦，守有序也。　59《颂》有殷、鲁，故曰盛德之所同。　60《象箾》，舞所执。《南籥》，以籥舞也。皆文王之乐。○ 箾，音朔。籥，羊略切。　61 美哉，美其容也。文王恨不及己致大平。○ 憾，本亦作感，胡暗切。大，音泰。　62 武王乐。　63 殷汤乐。○ 韶，上昭切；本或作招，音同。濩，音护，又户郭切。　64 惭于始伐。65 禹之乐。　66 尽力沟洫，勤也。○ 洫，况域切。　67 舜乐。○ 箾，音箫。　68 帱，覆也。○ 帱，徒报切。　69 鲁用四代之乐，故及《韶箾》而季子知其终也。季札贤明才博，在吴虽已涉见此乐歌之文，然未闻中国雅声，故请此周乐，欲听其声，然后依声以参时政，知其兴衰也。闻秦诗谓之夏声，闻《颂》曰五声和、八风平，皆论声以参政也。舞毕，知其乐终，是素知其篇数。　70 吴子馀祭嗣立。　71 纳，归之公。○ 说，音悦，下同。　72 歇，尽也。○ 难，乃旦切，下同。歇，许谒切。　73 难在昭八年。　74 大带也。吴地贵缟，郑地贵纻。故各献己所贵，示损己而不为彼货利。○ 缟，古老切；徐，古到切，缯也。纻，直吕切。　75 侈，谓伯有。　76 蘧伯玉。○ 蘧，其居切。瑗，于眷切。　77 史朝之子文子。

○ 朝,如字,下子朝同。 ⑱ 史鱼。○ 鳝,音秋。 ⑲ 公叔文子。 ⑳ 戚,孙文子之邑。 ㉑ 辩,犹争也。○ 争,争斗之争。 ㉒ 孙文子以戚叛。 ㉓ 言至危。○ 幕,音莫。 ㉔ 献公卒未葬。 ㉕ 不止宿。 ㉖ 闻义能改。 ㉗ 言晋国之政,将集于三家。○ 萃,在醉切,集也。 ㉘ 富必厚施,故政在家。○ 施,式豉切。

秋九月,齐公孙虿、公孙竈放其大夫高止于北燕[1]。乙未,出。书曰:"出奔。"罪高止也[2]。高止好以事自为功,且专,故难及之[3]。

① 虿,子尾。竈,子雅。放者,宥之以远。○ 虿,敕迈切。宥,音又。 ② 实放书奔,所以示罪。 ③ ○ 好,呼报切。

冬,孟孝伯如晋,报范叔也[1]。

① 范叔,士鞅也。此年夏来聘。

为高氏之难故,高竖以卢叛[1]。十月庚寅,闾丘婴帅师围卢。高竖曰:"苟使高氏有后,请致邑[2]。"齐人立敬仲之曾孙酀[3],良敬仲也[4]。十一月乙卯,高竖致卢而出奔晋,晋人城绵而寘旃[5]。

郑伯有使公孙黑如楚[6],辞曰:"楚、郑方恶,而使余往,是杀余也。"伯有曰:"世行也[7]。"子晳曰:"可则往,难则已,何世之有?"伯有将强使之。子晳怒,将伐伯有氏,大夫和之。十二月己巳,郑大夫盟于伯有氏。裨谌曰:"是盟也,其与几何[8]？《诗》曰：'君子屡盟，乱是用长。'今是长乱之道也。祸未歇也，必三年而后能纾[9]。"然明曰："政将焉往？"裨谌曰："善之代不善，天命也，其焉辟子产[10]？举不踰等，则位班也[11]。择善而举，则世隆也[12]。天又除之，夺伯有魄[13]。子西即世，将焉辟之？天祸郑久矣，其必使子产息之，乃犹可以戾[14]。不然，将亡矣。"

① 竖，高止子。○ 为，于伪切，下《注》为子产同。竖，上主切。 ② 还邑于君。 ③ 敬仲，高傒。○ 鄢，於显切。傒，音兮。 ④ 良，犹贤也。 ⑤ 晋人善其致邑。○ 绵，音绵。寘，之豉切。旃，之然切。 ⑥ 黑，子晳。○ 晳，星历切。 ⑦ 言女世为行人。○ 女，音汝。 ⑧ 言不能久也。裨谌，郑大夫。○ 强，其丈切。裨，婢支切。谌，本亦作湛，市林切。与，如字，或音预。几，居岂切。 ⑨ 纾，解也。○ 屡，力住切。长，丁丈切，下同。纾，直吕切；徐音舒。解，音蟹。 ⑩ 言政必归子产。○ 焉，於虔切，下同。 ⑪ 子产位班次应知政。 ⑫ 世所高也。 ⑬ 丧其精神，为子产驱除。○ 丧，息浪切。驱，丘具切，又如字。除，直据切，或如字。 ⑭ 戾，定也。

经

三十年春，王正月，楚子使薳罢来聘[1]。

夏四月，蔡世子般弑其君固[2]。

五月甲午，宋灾[3]。

宋伯姬卒。

天王杀其弟佞夫[4]。

王子瑕奔晋[5]。

秋七月，叔弓如宋，葬宋共姬[6]。

郑良霄出奔许[⑦]。自许入于郑[⑧]。

郑人杀良霄。

冬十月，葬蔡景公[⑨]。

晋人、齐人、宋人、卫人、郑人、曹人、莒人、邾人、滕人、薛人、杞人、小邾人会于澶渊，宋灾故[⑩]。

① ○ 罴，音皮。　② ○ 般，音班。　③ 天火曰灾。　④ 称弟，以恶王残骨肉。○ 佞，乃定切。恶，乌路切，下恶宋同，又如字。　⑤ 不言出奔，周无外。　⑥ 共姬，从夫谥也。叔弓，叔老之子。卿共葬事，礼过厚；三月而葬，速。○ 共，音恭，《注》皆同。　⑦ 耆酒荒淫。书名，罪之。○ 耆，市志切。　⑧ 不言复入，独还无兵。○ 复，扶又切。　⑨ 无《传》。　⑩ 会未有言其事者，此言宋灾故，以恶宋人不克己自责，而出会求财。○ 澶，市然切；《字林》音丈仙切，云，澶水在宋。

传

三十年春，王正月，楚子使薳罴来聘，通嗣君也[①]。穆叔问："王子之为政何如[②]？"对曰："吾侪小人，食而听事，犹惧不给命而不免于戾，焉与知政？"固问焉，不告。穆叔告大夫曰："楚令尹将有大事，子荡将与焉[③]，助之匿其情矣[④]。"

① 郏敖即位。　② 王子围为令尹。○ 问王子之为政，一本作问王子围之为政；服虔、王肃本同。　③ 子荡，薳罴。○ 侪，仕皆切。焉，於虔切。与，音预，下将与、与于同。　④ 子围素贵，郏敖微弱，诸侯皆知其将为乱，故穆叔问之。○ 匿，女力切。

子产相郑伯以如晋，叔向问郑国之政焉。对曰："吾得见与否，在此岁也。驷、良方争，未知所成[①]。若有所成，吾得见，乃可知也。”叔向曰：“不既和矣乎？”对曰：“伯有侈而愎[②]，子晳好在人上，莫能相下也。虽其和也，犹相积恶也，恶至无日矣[③]。”

① 驷氏，子晳也。良氏，伯有也。○ 相，息亮切。争，争斗之争，下《注》驷、良争同。 ② 愎，很也。○ 愎，彼力切。很，胡垦切。 ③ 为此年秋良霄出奔《传》。○ 好，呼报切。下，户嫁切。

二月癸未，晋悼夫人食舆人之城杞者[①]。绛县人或年长矣，无子，而往与于食。有与疑年，使之年[②]。曰：“臣小人也，不知纪年。臣生之岁，正月甲子朔，四百有四十五甲子矣，其季于今三之一也[③]。”吏走问诸朝[④]，师旷曰：“鲁叔仲惠伯会郤成子于承匡之岁也[⑤]。是岁也，狄伐鲁。叔孙庄叔于是乎败狄于鹹，获长狄侨如及虺也、豹也，而皆以名其子。七十三年矣[⑥]。”史赵曰：“亥有二首六身[⑦]，下二如身，是其日数也[⑧]。”士文伯曰：“然则二万六千六百有六旬也[⑨]。”

赵孟问其县大夫，则其属也[⑩]。召之，而谢过焉，曰：“武不才，任君之大事，以晋国之多虞，不能由吾子[⑪]，使吾子辱在泥涂久矣，武之罪也。敢谢不才。”遂仕之，使助为政。辞以老。与之田，使为君复陶[⑫]，以为绛县师[⑬]，而废其舆尉[⑭]。于是，鲁使者在晋，归以语诸大夫。季武子曰：“晋未可媮也[⑮]。有赵孟以为大夫，有伯瑕以为佐[⑯]，有史赵、师旷而咨度焉，有叔向、女齐以师保其君。其朝多君子，其庸可媮乎？勉事之而后可[⑰]。”

①舆，众也。城杞在往年。○食，音嗣。舆，音余。　②使言其年。○长，丁丈切。　③所称正月，谓夏正月也。三分六甲之一，得甲子、甲戌，尽癸未。○夏，户雅切。　④皆不知，故问之。○吏走，一本作使走，如字，疾速之意也；一曰走，使之人也；服虔、王肃本作吏，云，吏不知历者。　⑤在文十一年。　⑥叔孙侨如、叔孙豹，皆取长狄名。○鹹，音咸。侨，其骄切。虺，虚鬼切。　⑦史赵，晋大史。亥字二画在上，并三六为身，如算之六。○画，音获。并，步顶切。　⑧下亥上二画，竖置身旁。　⑨文伯，士弱之子。　⑩属赵武。　⑪由，用也。⑫复陶，主衣服之官。○复，音服，又音福。　⑬县师，掌地域，辨其夫家人民。　⑭以役孤老故。　⑮婾，薄也。○使，所吏切。语，鱼据切。婾，他侯切。　⑯伯瑕，士文伯。　⑰《传》言晋所以不失诸侯，且明历也。○度，待洛切。

夏四月己亥，郑伯及其大夫盟[①]。君子是以知郑难之不已也[②]。

①驷、良争故。　②郑伯微弱，不能制其臣下，君臣诅盟，故曰乱未已。○难，乃旦切。诅，侧虑切。

蔡景侯为大子般娶于楚，通焉。大子弑景侯[①]。

①终子产言有子祸也。○为，于伪切。娶，七住切。

初，王儋季卒[①]，其子括将见王而叹[②]。单公子愆期为灵王御士，过诸廷[③]，闻其叹而言曰："乌乎！必有此夫[④]！"入以告王，且曰："必杀之！不慼而愿大，视躁而足高，心在他矣。不杀，必害。”王曰：“童子何知？”及灵王崩，儋括欲立王子佞夫[⑤]，佞夫弗知。戊子，儋括围蒍，逐成愆[⑥]。成愆奔平畤[⑦]。五月癸巳，尹言多、刘毅、单蔑、甘过、巩成杀佞夫[⑧]。括、瑕、廖奔晋[⑨]。书曰：“天王杀其弟佞夫。”罪在王也[⑩]。

① 儋季，周灵王弟。○ 儋，丁甘切。　② 括除服，见灵王，入朝而叹。○ 括，古活切。见，贤遍切。　③ 愆期行过王廷。○ 单，音善。愆，起虔切。廷，音庭。　④ 欲有此朝廷之权。○ 乌乎，本又作呜呼，音同。夫，音扶。　⑤ 佞夫，灵王子，景王弟。○ 躁，早报切。　⑥ 成愆，蒍邑大夫。○ 蒍，于委切。　⑦ 平畤，周邑。○ 畤，音止，又音市；本或作畴。　⑧ 五子，周大夫。○ 过，音戈。巩，九勇切。　⑨ 括、廖不书，贱也。○ 廖，力彫切，又敕留切。　⑩ 佞夫不知故。《经》书在宋灾下，从赴。

或叫于宋大庙[①]，曰：“譆譆！出出[②]！”鸟鸣于亳社[③]，如曰：“譆譆[④]。”甲午，宋大灾。宋伯姬卒，待姆也[⑤]。君子谓：“宋共姬，女而不妇。女待人[⑥]，妇义事也[⑦]。”

① 叫，呼也。○ 叫，古吊切。大，音泰，一本无大字。呼，火故切。② 譆譆，热也。出出，戒伯姬。○ 譆，许其切。出，如字；郑注《周礼》引此作诎诎；刘昌宗亦音出。　③ 殷社。○ 亳，步各切。　④ 皆火妖也。⑤ 姆，女师。○ 姆，徐音茂；《字林》，亡又切，又音母。　⑥ 待人而行。⑦ 义，从宜也。伯姬时年六十左右。

六月，郑子产如陈涖盟。归，复命。告大夫曰：“陈，亡国也，不可与也①。聚禾粟，缮城郭，恃此二者，而不抚其民。其君弱植，公子侈，大子卑，大夫敖，政多门②，以介于大国③，能无亡乎？不过十年矣④。”

① 不可与结好。○ 好，呼报切。　② 政不由一人。○ 缮，上战切。植，徐，直吏切，又时力切。敖，五报切；本亦作慠；服本作放，云，淫放也。③ 介，间也。○ 介，音界。　④ 为昭八年楚灭陈《传》。

秋七月，叔弓如宋，葬共姬也①。

① 伤伯姬之遇灾，故使卿共葬。○ 共，音恭。

郑伯有耆酒，为窟室①，而夜饮酒，击钟焉，朝至未已。朝者曰：“公焉在②？”其人曰：“吾公在壑谷③。”皆自朝布路而罢④。既而朝⑤，则又将使子皙如楚，归而饮酒。庚子，子皙以驷氏之甲伐而焚之。伯有奔雍梁⑥，醒而后知之，遂奔许。大夫聚谋。子皮曰：“《仲虺之志》⑦云：‘乱者取之，亡者侮之。推亡固存，国之利也。’罕、驷、豐同生⑧。伯有汰侈，故不免⑨。”

人谓子产：“就直助强⑩！”子产曰：“岂为我徒⑪。国之祸难，谁知所敝？或主强直，难乃不生⑫。姑成吾所⑬。”辛丑，子产敛伯有氏之死者而殡之，不及谋而遂行⑭。印段从之⑮。子皮止之。众曰：“人不我顺，何止焉？”子皮曰：“夫子礼于死者，况生者乎？”遂自止之。壬寅，子产入。癸卯，子石入⑯。皆受盟于子皙氏。

乙巳，郑伯及其大夫盟于大宫[17]。盟国人于师之梁之外[18]。伯有闻郑人之盟己也怒，闻子皮之甲不与攻己也喜，曰："子皮与我矣。"癸丑，晨，自墓门之渎入[19]，因马师颉介于襄库，以伐旧北门[20]。驷带率国人以伐之[21]。皆召子产[22]。子产曰："兄弟而及此，吾从天所与[23]。"伯有死于羊肆[24]，子产禭之，枕之股而哭之，敛而殡诸伯有之臣在市侧者。既而葬诸斗城[25]。子驷氏欲攻子产，子皮怒之曰："礼，国之干也，杀有礼，祸莫大焉。"乃止[26]。

于是游吉如晋还，闻难不入[27]，复命于介。八月甲子，奔晋。驷带追之，及酸枣。与子上盟，用两珪质于河[28]。使公孙肸入盟大夫。己巳，复归[29]。书曰："郑人杀良霄。"不称大夫，言自外入也[30]。

于子蟜之卒也[31]，将葬，公孙挥与裨竈晨会事焉[32]。过伯有氏，其门上生莠。子羽曰："其莠犹在乎[33]？"于是岁在降娄，降娄中而旦[34]。裨竈指之曰："犹可以终岁[35]，岁不及此次也已[36]。"及其亡也，岁在娵訾之口[37]。其明年，乃及降娄。

仆展从伯有，与之皆死[38]。羽颉出奔晋，为任大夫[39]。鸡泽之会[40]，郑乐成奔楚，遂适晋。羽颉因之，与之比，而事赵文子，言伐郑之说焉。以宋之盟故，不可[41]。子皮以公孙鉏为马师[42]。

① 窟室，地室。○ 耆，市志切。窟，口忽切。　② 家臣，故谓伯有为公。○ 焉在，於虔切。　③ 壑谷，窟室。○ 壑，呼洛切。　④ 布路，分散。○ 罢，皮买切；徐，扶彼切。　⑤ 伯有朝郑君。　⑥ 雍梁，郑地。○ 雍，於用切。　⑦ 仲虺，汤左相。○ 醒，星顶切。相，息亮切。

⑧ 罕,子皮。驷,子晳。豐,公孙段也。三家本同母兄弟。○ 侮,亡甫切。⑨ 三家同出,而伯有孤特,又汰侈,所以亡。○ 汰,音泰。 ⑩ 时谓子晳直,三家强。 ⑪ 徒,党也。言不以驷、良为党。 ⑫ 言能强能直,则可弭难。今三家未能,则伯有方争。○ 难,乃旦切。弭,弥氏切。争,争斗之争。 ⑬ 欲以无所附著为所。○ 著,直略切。 ⑭ 不与于国谋。○ 敛,力艳切。与,音预,下不与同。 ⑮ 义子产。 ⑯ 子石,印段。⑰ 大宫,祖庙。 ⑱ 师之梁,郑城门。 ⑲ 墓门,郑城门。○ 渎,徐音豆。 ⑳ 马师颉,子羽孙。○ 颉,户结切。介,音界。 ㉑ 驷带,子西之子,子晳之宗主。 ㉒ 驷氏、伯有俱召。 ㉓ 兄弟恩等,故无所偏助。 ㉔ 羊肆,市列。 ㉕ 斗城,郑地名。○ 襚,音遂。枕,之鸩切。股,音古。 ㉖ 敛葬伯有为有礼。 ㉗ 惧祸并及。○ 难,乃旦切。 ㉘ 子上,驷带也。沈珪于河,为信也。酸枣,陈留县。与子上用两珪质于河。○ 质,如字,一音致。一本作与子上盟,绝句;用两珪质于河,别为句。沈,音鸩,又如字。 ㉙ 游吉归也。○ 肸,许乙切。 ㉚ 既出,位绝。非复郑大夫。○ 复,音扶又切。 ㉛ 子蟜,公孙虿。卒在十九年。○ 蟜,居表切。 ㉜ 会葬事。○ 挥,许韦切。 ㉝ 子羽,公孙挥。以莠喻伯有。伯有侈,知其不能久存。○ 莠,羊九切,草也。㉞ 降娄,奎娄也。周七月,今五月。降娄中而天明。○ 降,户江切。奎,苦圭切。 ㉟ 指降娄也。岁星十二年而一终。 ㊱ 不及降娄。㊲ 娵訾,营室东壁。二十八年,岁星淫在玄枵,今三十年在娵訾,是岁星停在玄枵二年。○ 娵,子须切。訾,子斯切。壁,音璧。枵,许骄切。㊳ 仆展,郑大夫,伯有党。 ㊴ 羽颉,马师颉。任,晋县。今属广平郡。○ 任,音壬。 ㊵ 在三年。 ㊶ 宋盟约弭兵故。○ 比,毗志切。㊷ 鉏,子罕之子。代羽颉。○ 鉏,仕居切。

楚公子围杀大司马蔿掩而取其室①。申无宇曰:"王子必不免②。善人,国之主也。王子相楚国,将善是封殖,而虐之，是祸国也。且司马，令尹之偏[3]，而王之四体也[4]。绝民之主，去身之偏，艾王之体，以祸其国，无不祥大焉！何以得免[5]？”

① 芳掩二十五年为大司马。 ② 无宇，芋尹。〇 芋，于付切。 ③ 偏，佐也。〇 相，息亮切，下相之同。 ④ 俱股肱也。 ⑤ 为昭十三年楚弑灵王《传》。〇 去，起吕切。艾，鱼废切。

为宋灾故，诸侯之大夫会，以谋归宋财。冬十月，叔孙豹会晋赵武、齐公孙虿、宋向戌、卫北宫佗[1]、郑罕虎[2]及小邾之大夫，会于澶渊。既而无归于宋，故不书其人。君子曰："信其不可不慎乎！澶渊之会，卿不书，不信也夫。诸侯之上卿，会而不信，宠名皆弃，不信之不可也如是[3]！《诗》曰：'文王陟降，在帝左右。'信之谓也[4]。又曰：'淑慎尔止，无载尔伪。'不信之谓也[5]。"书曰"某人某人会于澶渊，宋灾故"，尤之也[6]。不书鲁大夫，讳之也[7]。

① 佗，北宫括之子。〇 佗，徒河切。 ② 虎，子皮。 ③ 宠，谓族也。〇 不信也夫，音扶；一读以夫为下句首。 ④《诗·大雅》。言文王所以能上接天，下接人，动顺帝者，唯以信。 ⑤ 逸《诗》也。言当善慎举止，无载行诈伪。 ⑥《传》云：既而无归。所以释诸侯大夫之不书也。又云：宋灾故，尤之。所以释向戌之并贬也。戌为正卿，深致火灾，烧杀其夫人，未闻克己之意，而以求财合诸侯，故与不归财者同文。 ⑦ 向戌既以灾求财，诸大夫许而不归，客主皆贬。君子以尊尊之义也，君亲有隐，故略不书鲁大夫以示例。

郑子皮授子产政[①]，辞曰："国小而偪[②]，族大宠多，不可为也[③]。"子皮曰："虎帅以听，谁敢犯子？子善相之，国无小[④]，小能事大，国乃宽[⑤]。"

子产为政，有事伯石，赂与之邑[⑥]。子大叔曰："国，皆其国也。奚独赂焉[⑦]？"子产曰："无欲实难[⑧]。皆得其欲，以从其事，而要其成。非我有成，其在人乎[⑨]？何爱于邑，邑将焉往[⑩]？"子大叔曰："若四国何[⑪]？"子产曰："非相违也，而相从也[⑫]，四国何尤焉？《郑书》有之[⑬]曰：'安定国家，必大焉先[⑭]。'姑先安大，以待其所归[⑮]。"既，伯石惧而归邑，卒与之[⑯]。伯有既死，使大史命伯石为卿，辞。大史退，则请命焉[⑰]。复命之，又辞。如是三，乃受策入拜。子产是以恶其为人也[⑱]，使次己位[⑲]。

子产使都鄙有章[⑳]，上下有服[㉑]，田有封洫[㉒]，庐井有伍[㉓]。大人之忠俭者[㉔]，从而与之。泰侈者，因而毙之[㉕]。豐卷将祭，请田焉。弗许[㉖]，曰："唯君用鲜[㉗]，众给而已[㉘]。"子张怒[㉙]，退而征役[㉚]。子产奔晋，子皮止之而逐豐卷。豐卷奔晋。子产请其田里[㉛]，三年而复之，反其田里及其入焉[㉜]。从政一年，舆人诵之曰："取我衣冠而褚之[㉝]，取我田畴而伍之。孰杀子产，吾其与之[㉞]！"及三年，又诵之曰："我有子弟，子产诲之。我有田畴，子产殖之[㉟]。子产而死，谁其嗣之[㊱]？"

① 伯有死，子皮知政，以子产贤，故让之。　② 偪近大国。○ 偪，彼力切。近，附近之近。　③ 为，犹治也。　④ 言在治政。○ 治，直吏切。　⑤ 为大所恤故也。　⑥ 伯石，公孙段。有事，欲使之。

⑦ 言郑大夫共忧郑国事，何为独赂之。 ⑧ 言人不能无欲。 ⑨ 言成犹在我，非在他。○ 要，一遥切。 ⑩ 言犹在国。○ 焉，於虔切。 ⑪ 恐为四邻所笑。 ⑫ 言赂以邑，欲为和顺。 ⑬ 郑国史书。 ⑭ 先和大族，而后国家安。 ⑮ 要其成也。 ⑯ 卒，终也。 ⑰ 请大史更命己。 ⑱ 恶其虚饰。○ 复，扶又切。三，息暂切，又如字。策，初革切。恶，乌路切。 ⑲ 畏其作乱，故宠之。 ⑳ 国都及边鄙，车服尊卑各有分部。○ 分，扶运切。 ㉑ 公卿大夫，服不相踰。 ㉒ 封，疆也。洫，沟也。○ 洫，况域切。疆，居良切。 ㉓ 庐，舍也。九夫为井。使五家相保。 ㉔ 谓卿大夫。○ 大人，本或作大夫者非。 ㉕ 因其有罪而毙踣之。○ 踣，蒲北切。 ㉖ 田，猎也。○ 卷，眷勉切；徐，居阮切。 ㉗ 鲜，野兽。 ㉘ 众臣祭，以刍豢为足。○ 刍，初俱切。豢，音患。牛羊曰刍，犬豕曰豢。 ㉙ 子张，豊卷。 ㉚ 召兵，欲攻子产。 ㉛ 请于公不没入。 ㉜ 田里所收入。 ㉝ 褚，畜也。奢侈者畏法，故畜藏。○ 褚，张吕切。畜，敕六切，又许六切，本又作稸，同。 ㉞ 并畔为畴。○ 并，蒲杏切，又蒲顶切。 ㉟ 殖，生也。○ 殖，时力切；徐，是吏切，此协下韵。 ㊱ 嗣，续也。《传》言郑所以兴。

经

三十有一年春，王正月。

夏六月辛巳，公薨于楚宫[①]。

秋九月癸巳，子野卒[②]。

己亥，仲孙羯卒。

冬十月，滕子来会葬[③]。

癸酉，葬我君襄公。

十有一月，莒人弑其君密州[④]。

① 公不居先君之路寝，而安所乐，失其所也。○ 乐，音洛，又音岳，又五教切。 ② 不书葬，未成君。 ③ 诸侯会葬，非礼。 ④ 不称弑者主名，君无道也。○ 弑，申志切。

传

三十一年春，王正月，穆叔至自会①，见孟孝伯，语之曰："赵孟将死矣。其语偷，不似民主②。且年未盈五十，而谆谆焉如八九十者，弗能久矣③。若赵孟死，为政者其韩子乎④！吾子盍与季孙言之，可以树善，君子也⑤。晋君将失政矣，若不树焉，使早备鲁⑥，既而政在大夫，韩子懦弱，大夫多贪，求欲无厌，齐、楚未足与也，鲁其惧哉！"孝伯曰："人生几何？谁能无偷？朝不及夕，将安用树？"穆叔出而告人曰："孟孙将死矣。吾语诸赵孟之偷也，而又甚焉⑦。"又与季孙语晋故⑧，季孙不从。

及赵文子卒⑨，晋公室卑，政在侈家。韩宣子为政，不能图诸侯。鲁不堪晋求，谗慝弘多，是以有平丘之会⑩。

① 澶渊会还。 ② 偷，苟且。○ 语，鱼据切，下吾语诸同。偷，他侯切。 ③ 成二年战于鞌，赵朔已死，于是赵文子始生。至襄三十年会澶渊，盖年四十七八。故言未盈五十。○ 谆，徐，之闰切，或音之纯切。④ 韩子，韩起。 ⑤ 言韩起有君子之德，今方知政，可素往立善。○ 盍，户臘切。 ⑥ 使韩子早为鲁备。 ⑦ 言朝不及夕，偷之甚也。○ 懦，乃乱切。厌，於盐切。几，居岂切；本或作民生无几何。朝，如字。⑧ 如与孟孙言。 ⑨ 在昭元年。 ⑩ 平丘会在昭十三年，晋人执季孙意如。○ 慝，他得切。

齐子尾害闾丘婴，欲杀之，使帅师以伐阳州[①]。我问师故[②]。夏五月，子尾杀闾丘婴以说于我师[③]。工偻灑、渻竈、孔虺、贾寅出奔莒[④]。出群公子[⑤]。

① 阳州，鲁地。　② 鲁以师往，问齐何故伐我。　③ 言伐鲁者，婴所为也。伐阳州不书，不成伐。○ 说，如字。　④ 四子，婴之党。○ 偻，力侯切。灑，所蟹切，旧所绮切。渻，生领切；徐作省，所幸切，又息井切，又音销。虺，许鬼切。　⑤ 为昭十年栾、高之难，复群公子起本。○ 难，乃旦切。

公作楚宫[①]。穆叔曰："《大誓》云：'民之所欲，天必从之[②]。'君欲楚也夫！故作其宫。若不复适楚，必死是宫也。"六月辛巳，公薨于楚宫。叔仲带窃其拱璧[③]，以与御人，纳诸其怀而从取之，由是得罪[④]。立胡女敬归之子子野[⑤]，次于季氏。秋九月癸巳，卒，毁也[⑥]。

己亥，孟孝伯卒[⑦]。

立敬归之娣齐归之子公子裯[⑧]，穆叔不欲，曰："大子死，有母弟则立之，无则立长[⑨]。年钧择贤，义钧则卜，古之道也[⑩]。非適嗣，何必娣之子[⑪]？且是人也，居丧而不哀，在慼而有嘉容，是谓不度。不度之人，鲜不为患。若果立之，必为季氏忧。"武子不听，卒立之。比及葬，三易衰，衰衽如故衰[⑫]。于是昭公十九年矣，犹有童心。君子是以知其不能终也[⑬]。

① 適楚，好其宫，归而作之。○ 好，呼报切。　② 今《尚书·大誓》

亦无此文,故诸儒疑之。○ 大,音泰;本亦作泰。 ③ 拱璧,公大璧。○ 夫,音扶。复,扶又切。拱,九勇切。 ④ 得罪,谓鲁人薄之,故子孙不得志于鲁。 ⑤ 胡,归姓之国。敬归,襄公妾。 ⑥ 过哀毁瘠,以致灭性。○ 瘠,在亦切。 ⑦ 终穆叔言。 ⑧ 齐,谥。裯,昭公名。○ 娣,大计切。裯,直由切。 ⑨ 立庶子,则以年。○ 长,丁丈切。⑩ 先人事,后卜筮也。义钧,谓贤等。 ⑪ 言子野非適嗣。○ 適,丁历切。 ⑫ 言其嬉戏无度。○ 鲜,息浅切。比,必利切。三,如字,又息暂切。衰,本又作缞,亦作縗,同,七雷切。衽,而甚切;徐,而鸩切,裳下也。嬉,许其切。 ⑬ 为昭二十五年公孙于齐《传》。

冬十月,滕成公来会葬,惰而多涕[①]。子服惠伯曰:"滕君将死矣!怠于其位,而哀已甚,兆于死所矣[②]。能无从乎[③]?"癸酉,葬襄公。

① 惰,不敬也。○ 惰,徒卧切。涕,他礼切。 ② 有死兆。③ 为昭三年滕子卒《传》。

公薨之月,子产相郑伯以如晋,晋侯以我丧故,未之见也。子产使尽坏其馆之垣而纳车马焉。士文伯让之曰:"敝邑以政刑之不修,寇盗充斥[①],无若诸侯之属辱在寡君者何?是以令吏人完客所馆[②],高其闬闳[③],厚其墙垣,以无忧客使[④]。今吾子坏之,虽从者能戒,其若异客何?以敝邑之为盟主,缮完葺墙[⑤],以待宾客,若皆毁之,其何以共命?寡君使匄请命[⑥]。"对曰:"以敝邑褊小,介于大国[⑦],诛求无时[⑧],是以不敢宁居,悉索敝赋,以来会时事[⑨]。逢执事之不间,而未得见,又不获闻命,未知见时,不敢输币,亦不敢暴露。其输之，则君之府实也，非荐陈之，不敢输也[10]。其暴露之，则恐燥湿之不时而朽蠹，以重敝邑之罪。侨闻文公之为盟主也[11]，宫室卑庳，无观台榭，以崇大诸侯之馆。馆如公寝，库厩缮修，司空以时平易道路[12]，圬人以时塓馆宫室[13]。诸侯宾至，甸设庭燎[14]，仆人巡宫[15]，车马有所[16]，宾从有代[17]，巾车脂辖[18]，隶人牧圉，各瞻其事[19]，百官之属，各展其物[20]。公不留宾，而亦无废事[21]，忧乐同之，事则巡之[22]，教其不知，而恤其不足。宾至如归，无宁菑患[23]？不畏寇盗，而亦不患燥湿。今铜鞮之宫数里[24]，而诸侯舍于隶人[25]。门不容车，而不可踰越[26]。盗贼公行，而天疠不戒[27]。宾见无时，命不可知。若又勿坏，是无所藏币以重罪也。敢请执事，将何所命之[28]？虽君之有鲁丧，亦敝邑之忧也[29]。若获荐币[30]，修垣而行[31]，君之惠也。敢惮勤劳？”

文伯复命[32]，赵文子曰：“信[33]！我实不德，而以隶人之垣以赢诸侯[34]，是吾罪也。”使士文伯谢不敏焉。晋侯见郑伯有加礼[35]，厚其宴好而归之。乃筑诸侯之馆。

叔向曰：“辞之不可以已也如是夫！子产有辞，诸侯赖之，若之何其释辞也？《诗》曰：‘辞之辑矣，民之协矣。辞之绎矣，民之莫矣[36]。’其知之矣[37]。”

① 充，满；斥，见。言其多。○ 相，息亮切。尽，子忍切。坏，音怪，下同。馆，古乱切，字从食；《字林》又云，客舍也，旁作舍，非。垣，音袁，墙也。见，贤遍切。　② 馆，舍也。○ 令，力呈切。完，音丸。　③ 闳，门也。○ 闬，户旦切；《说文》云，闾也，汝南平舆县里门曰闬；沈云，闭也。闳，获耕切；杜云，门也；《尔雅》云，衡门谓之闳，是也；又云，所以止扉谓之闳。然

《尔雅》本止扉之名或作阁字，读者因改《左传》皆作各音。案，下文云门不容车，此云高其闬闳，俱谓门耳，于义自通，无为穿凿。 ④ 无令客使忧寇盗。○ 使，所吏切。 ⑤ 葺，覆也。○ 从，才用切，下宾从同。葺，侵入切；徐音集，又子入切，谓以草覆墙。 ⑥ 请问毁垣之命。○ 共，音恭。匄，本又作丐，古害切，士文伯名也。今传本皆作匄字，或作丐字，《释例》亦然。解者云，士文伯是范氏之族，不应与范宣子同名，作丐是也。案，士文伯字伯瑕。又春秋时人，名字皆相配。楚令尹阳丐字子瑕，即与文伯名字正同。又郑有驷乞字子瑕，匄与乞义同，则作匄者是。又案，鲁有仲婴齐，是庄公之孙。又有公孙婴齐，是文公之孙。仲婴齐于公孙婴齐为从祖，同时同名。郑有公孙段字子石，又云伯石；印段字伯石，《传》又谓之二子石。然印段即公孙段从父兄弟之子，尚同名字，伯瑕与宣子何废同乎？ ⑦ 介，间也。○ 褊，必浅切。介，音界。 ⑧ 诛，责也。 ⑨ 随时来朝会。○ 索，所白切，又悉各切。 ⑩ 荐陈，犹献见也。○ 间，音闲。见，贤遍切，下同。暴，步卜切。 ⑪ 侨，子产名。文公，晋重耳。○ 燥，素早切。蠹，丁故切，虫败也。重，直用切，及下重罪同。侨，其骄切。重耳，直龙切。 ⑫ 易，治也。○ 庳，音婢，亦音卑。观，古乱切。榭，音谢；本亦作谢；土高曰台，有木曰榭。厩，九又切。易，以豉切。 ⑬ 圬人，涂者。塓，涂也。○ 圬，本作污，同，音乌。塓，莫历切。 ⑭ 庭燎，设火于庭。○ 甸，徒遍切。燎，力妙切；徐，力遥切，又力吊切。庭燎，大烛。⑮ 巡宫，行夜。○ 行，下孟切，下巡行同。 ⑯ 有所处。 ⑰ 代客役。 ⑱ 巾车，主车之官。○ 巾，如字；刘昌宗《周礼》，音居觐切。辖，户瞎切。 ⑲ 瞻视客所当得。○ 瞻，之廉切。 ⑳ 展，陈也。谓群官各陈其物以待宾。 ㉑ 宾得速去，则事不废。 ㉒ 巡，行也。○ 乐，音洛。 ㉓ 言见遇如此，宁当复有菑患邪？无宁，宁也。○ 菑，音灾。复，扶又切。 ㉔ 铜鞮，晋离宫。○ 鞮，丁兮切。数，所主切。 ㉕ 舍如隶人舍。 ㉖ 门庭之内迫迮，又有墙垣之限。○ 迮，侧百切。
㉗ 疠，犹灾也。言水潦无时。○ 潦，音老。 ㉘ 问晋命己所止之宜。○ 见，贤遍切。 ㉙ 言郑与鲁，亦有同姓之忧。 ㉚ 荐，进也。

㉛ 行，去也。　㉜ 反命于晋君。　㉝ 信如子产言。　㉞ 赢，受也。○ 赢，音盈。　㉟ 礼加敬。　㊱《诗·大雅》。言辞辑睦则民协同，辞说绎则民安定。莫，犹定也。○ 夫，音扶；读者亦以夫为下句首。辑，音集，又七入切。绎，又作怿，音亦。　㊲ 谓诗人知辞之有益。

郑子皮使印段如楚，以適晋告，礼也[1]。

① 得事大国之礼。

莒犁比公生去疾及展舆[1]，既立展舆[2]，又废之。犁比公虐，国人患之。十一月，展舆因国人以攻莒子，弑之，乃立[3]。去疾奔齐，齐出也[4]。展舆，吴出也[5]。书曰："莒人弑其君买朱鉏[6]。"言罪之在也[7]。

① 犁比，莒子密州之号。　② 立以为世子。　③ 展舆立为君。○ 弑，音试；本或作乃自立者误。　④ 母，齐女也。　⑤ 为明年奔吴《传》。　⑥ 买朱鉏，密州之字。○ 鉏，仕居切。　⑦ 罪在鉏也。《传》始例申明君臣书弑，今者父子，故复重明例。○ 复，扶又切。重，直用切。

吴子使屈狐庸聘于晋[1]，通路也[2]。赵文子问焉，曰："延州来季子其果立乎[3]？巢陨诸樊[4]，阍戕戴吴[5]，天似启之，何如？"对曰："不立。是二王之命也，非启季子也。若天所启，其在今嗣君乎[6]！甚德而度，德不失民[7]，度不失事[8]，民亲而事有序，其天所启也。有吴国者，必此君之子孙实终之。季子，守节者也。虽有国，不立[9]。"

① 狐庸,巫臣之子也。成七年,適吴为行人。○ 屈,君勿切。狐,音胡。　② 通吴、晋之路。　③ 延、州来,季札邑。　④ 在二十五年。○ 陨,于敏切。　⑤ 在二十九年。戴吴,馀祭。○ 阍,音昏。戕,在良切。祭,侧界切。　⑥ 嗣君,谓夷末。　⑦ 民归德。　⑧ 审事情。⑨ 言其三兄虽欲传国与之,终不肯立。○ 传,直专切。

十二月,北宫文子相卫襄公以如楚[1],宋之盟故也[2]。过郑,印段迋劳于棐林,如聘礼而以劳辞[3]。文子入聘[4]。子羽为行人,冯简子与子大叔逆客[5]。事毕而出,言于卫侯曰:"郑有礼,其数世之福也。其无大国之讨乎!《诗》云:'谁能执热,逝不以濯[6]。'礼之于政,如热之有濯也。濯以救热,何患之有[7]?"

子产之从政也,择能而使之。冯简子能断大事。子大叔美秀而文[8]。公孙挥能知四国之为[9],而辨于其大夫之族姓、班位、贵贱、能否,而又善为辞令。裨谌能谋,谋于野则获[10],谋于邑则否[11]。郑国将有诸侯之事,子产乃问四国之为于子羽,且使多为辞令。与裨谌乘以適野,使谋可否。而告冯简子,使断之。事成,乃授子大叔使行之,以应对宾客。是以鲜有败事。北宫文子所谓有礼也[12]。

① 文子,北宫佗。襄公,献公子。○ 相,息亮切。　② 晋、楚之从交相见也。　③ 用聘礼而用郊劳之辞。○ 过,五禾切。迋,于况切。劳,力报切。棐,芳尾切,本又作斐。　④ 报印段。　⑤ 逆文子。⑥《诗·大雅》。濯,以水濯手。○ 数,所主切。濯,直角切。　⑦ 此以上文子辞。○ 上,时掌切。　⑧ 其貌美,其才秀。○ 断,丁乱切。⑨ 知诸侯所欲为。　⑩ 得所谋也。○ 裨,婢支切。谌,市林切。

⑪ 此才性之敝。　⑫《传》迹子产行事，以明北宫文子之言。○ 乘，绳证切。鲜，息浅切。

郑人游于乡校[1]，以论执政[2]。然明谓子产曰："毁乡校，如何[3]？"子产曰："何为？夫人朝夕退而游焉，以议执政之善否。其所善者，吾则行之。其所恶者，吾则改之。是吾师也。若之何毁之？我闻忠善以损怨[4]，不闻作威以防怨[5]。岂不遽止，然犹防川[6]，大决所犯，伤人必多，吾不克救也。不如小决使道[7]，不如吾闻而药之也[8]。"然明曰："蔑也今而后知吾子之信可事也。小人实不才。若果行此，其郑国实赖之。岂唯二三臣？"仲尼闻是语也，曰："以是观之，人谓子产不仁，吾不信也[9]。"

① 乡之学校。○ 校，户孝切。郑国谓学为校。　② 论其得失。　③ 患人于中谤议国政。○ 谤，布浪切。　④ 为忠善，则怨谤息。○ 夫，音扶。朝，直遥切，旧如字。恶，乌路切，又如字。　⑤ 欲毁乡校，即作威。　⑥ 遽，畏惧也。○ 遽，其据切。　⑦ 道，通也。○ 道，音导。　⑧ 以为己药石。　⑨ 仲尼以二十二年生，于是十岁，长而后闻之。○ 长，丁丈切。

子皮欲使尹何为邑[1]。子产曰："少，未知可否[2]。"子皮曰："愿，吾爱之，不吾叛也[3]。使夫往而学焉，夫亦愈知治矣[4]。"子产曰："不可。人之爱人，求利之也。今吾子爱人则以政[5]，犹未能操刀而使割也，其伤实多[6]。子之爱人，伤之而已，其谁敢求爱于子？子于郑国，栋也，栋折榱崩，侨将厌焉，敢不尽言。子有美锦，不使人学製焉[7]。大官、大邑，身之所庇也，而使学者製焉。其为美锦，不亦多乎[8]？侨闻学而后入政，未闻以政学者也。若果行此，必有所害。譬如田猎，射御贯则能获禽[9]，若未尝登车射御，则败绩厌覆是惧，何暇思获？"子皮曰："善哉！虎不敏。吾闻君子务知大者远者，小人务知小者近者。我，小人也。衣服附在吾身，我知而慎之。大官、大邑所以庇身也，我远而慢之[10]。微子之言，吾不知也。他日我曰：'子为郑国，我为吾家，以庇焉其可也。'今而后知不足[11]。自今，请虽吾家，听子而行。"子产曰："人心之不同，如其面焉。吾岂敢谓子面如吾面乎？抑心所谓危，亦以告也。"子皮以为忠，故委政焉。子产是以能为郑国[12]。

① 为邑大夫。　② 尹何年少。○ 少，诗照切。　③ 愿，谨善也。○ 愿，音願。　④ 夫，谓尹何。○ 治，直吏切，下《注》之治同。　⑤ 以政与之。　⑥ 多自伤。○ 操，七刀切。其伤实多，一本作其伤多。　⑦ 製，裁也。○ 栋，丁弄切。榱，所追切，椽也。厌，本又作压，於甲切；徐，於辄切。製，音制。　⑧ 言官邑之重，多于美锦。○ 庇，必利切，又音祕。　⑨ 贯，习也。○ 贯，古乱切。　⑩ 慢，易也。○ 覆，芳服切。易，以豉切。　⑪ 自知谋虑不足谋其家。　⑫《传》言子产之治，乃子皮之力。

卫侯在楚，北宫文子见令尹围之威仪，言于卫侯曰："令尹似君矣！将有他志①。虽获其志，不能终也。《诗》云：'靡不有初，鲜克有终。'终之实难，令尹其将不免？"公曰："子何以知之?"对曰:"《诗》云:'敬慎威仪,惟民之则。'令尹无威仪,民无则焉。民所不则,以在民上,不可以终。"公曰:"善哉!何谓威仪?"对曰:"有威而可畏谓之威,有仪而可象谓之仪。君有君之威仪,其臣畏而爱之,则而象之,故能有其国家,令闻长世。臣有臣之威仪,其下畏而爱之,故能守其官职,保族宜家。顺是以下皆如是,是以上下能相固也。《卫诗》曰:'威仪棣棣,不可选也②。'言君臣、上下、父子、兄弟、内外、大小皆有威仪也。《周诗》曰:'朋友攸摄,摄以威仪③。'言朋友之道,必相教训以威仪也。《周书》数文王之德④曰:'大国畏其力,小国怀其德。'言畏而爱之也。《诗》云:'不识不知,顺帝之则。'言则而象之也⑤。纣囚文王七年,诸侯皆从之囚。纣于是乎惧而归之。可谓爱之。文王伐崇,再驾而降为臣⑥,蛮夷帅服。可谓畏之。文王之功,天下诵而歌舞之。可谓则之。文王之行,至今为法。可谓象之。有威仪也。故君子在位可畏,施舍可爱,进退可度,周旋可则,容止可观,作事可法,德行可象,声气可乐,动作有文,言语有章,以临其下,谓之有威仪也⑦。"

① 言语瞻视,行步不常。 ②《诗·邶风》。棣棣,富而闲也。选,数也。○ 鲜,息浅切。闻,音问,本亦作问。《卫诗》,此《邶风》刺卫顷公,故曰《卫诗》。棣,本又作逮,直计切。选,息兖切。数,所主切,下同。 ③《诗·大雅》。攸,所也。摄,佐也。 ④ 逸《书》。 ⑤《大雅》又言文王行事,无所斟酌,唯在则象上天。○ 斟,之林切。 ⑥ 文王闻崇德乱而伐之,三旬不降,退修教而复伐之,因垒而降。○ 降,户江切。复,扶又切。 ⑦ ○ 行,下孟切。乐,音洛,又音岳。

春秋经传集解第二十

昭公一

○ 昭公名裯，襄公子，母齐归。在位二十五年，逊于齐。在外八年，凡三十二年，薨于乾侯。《谥法》，威仪恭明曰昭。

经

元年春，王正月，公即位[①]。

叔孙豹会晋赵武、楚公子围、齐国弱、宋向戌、卫齐恶、陈公子招、蔡公孙归生、郑罕虎、许人、曹人于虢[②]。

三月，取郓[③]。

夏，秦伯之弟鍼出奔晋[④]。

六月丁巳，邾子华卒[⑤]。

晋荀吴帅师败狄于大卤[⑥]。

秋，莒去疾自齐入于莒[⑦]。

莒展舆出奔吴[⑧]。

叔弓帅师疆郓田[⑨]。

葬邾悼公[⑩]。

冬十有一月己酉，楚子麇卒[⑪]。

楚公子比出奔晋[⑫]。

① 无《传》。 ② 招实陈侯母弟，不称弟者，义与庄二十五年公子友同。今读旧书，则楚当先晋，而先书赵武者，亦取宋盟贵武之信，故尚之也。卫在陈、蔡上，先至于会。○ 招，常遥切。虢，瓜百切。先，悉荐切。 ③ 不称将帅，将卑师少。书取，言易也。○ 郓，音运。将，子匠切。帅，所类切。易，以豉切。 ④ 称弟，罪秦伯。○ 鍼，其廉切。 ⑤ 无《传》。三同盟。 ⑥ 大卤，大原晋阳县。○ 大，如字；徐音泰。卤，音鲁。《穀梁传》云，中国曰大原，夷狄曰大卤。 ⑦ 国逆而立之曰入。○ 去，起吕切。 ⑧ 弑君贼。未会诸侯，故不称爵。○ 莒展舆出奔吴，一本作莒展出奔吴。 ⑨ 春取郓，今正其封疆。○ 疆，居良切，《注》同。 ⑩ 无《传》。 ⑪ 楚以疟疾赴，故不书弑。○ 麇，九伦切。疟，音虐。弑，申志切；或作杀，音同。 ⑫ 书名，罪之。

传

元年春，楚公子围聘于郑，且娶于公孙段氏，伍举为介[①]。将入馆[②]，郑人恶之[③]。使行人子羽与之言，乃馆于外[④]。既聘，将以众逆[⑤]。子产患之，使子羽辞曰："以敝邑褊小，不足以容从者，请墠听命[⑥]！"令尹命大宰伯州犁对曰："君辱贶寡大夫围，谓围：'将使豐氏抚有而室[⑦]。'围布几筵，告于庄、共之庙而来[⑧]。若野赐之，是委君贶于草莽也！是寡大夫不得列于诸卿也[⑨]！不宁唯是，又使围蒙其先君[⑩]，将不得为寡君老[⑪]，其蔑以复矣。唯大夫图之！"子羽曰："小国无罪，恃实其罪[⑫]。将恃大国之安靖己，而无乃包藏祸心以图之。小国失恃而惩诸侯，使莫不憾者，距违君命，而有所壅塞不行是惧[⑬]！不然，敝邑，馆人之属也[⑭]，其敢爱豐氏之祧[⑮]？"伍举知其有备也，请垂櫜而入[⑯]。许之。正月乙未，入逆而出，遂会于虢[⑰]，寻宋之盟也[⑱]。

祁午谓赵文子曰："宋之盟，楚人得志于晋⑲。今令尹之不信，诸侯之所闻也。子弗戒，惧又如宋⑳。子木之信称于诸侯，犹诈晋而驾焉㉑，况不信之尤者乎㉒？楚重得志于晋，晋之耻也。子相晋国以为盟主，于今七年矣㉓！再合诸侯㉔，三合大夫㉕，服齐、狄，宁东夏㉖，平秦乱㉗，城淳于㉘，师徒不顿，国家不罢，民无谤讟㉙，诸侯无怨，天无大灾，子之力也。有令名矣，而终之以耻，午也是惧。吾子其不可以不戒！"文子曰："武受赐矣㉚！然宋之盟，子木有祸人之心，武有仁人之心，是楚所以驾于晋也。今武犹是心也，楚又行僭㉛，非所害也。武将信以为本，循而行之。譬如农夫，是穮是蓘㉜，虽有饥馑，必有丰年㉝。且吾闻之：'能信不为人下。'吾未能也㉞。《诗》曰：'不僭不贼，鲜不为则。'信也㉟。能为人则者，不为人下矣。吾不能是难，楚不为患。"

楚令尹围请用牲，读旧书，加于牲上而已㊱。晋人许之。三月甲辰，盟。楚公子围设服离卫㊲。叔孙穆子曰："楚公子美矣，君哉㊳！"郑子皮曰："二执戈者前矣㊴！"蔡子家曰："蒲宫有前，不亦可乎㊵？"楚伯州犁曰："此行也，辞而假之寡君㊶。"郑行人挥曰："假不反矣㊷！"伯州犁曰："子姑忧子晳之欲背诞也㊸。"子羽曰："当璧犹在，假而不反，子其无忧乎㊹？"齐国子曰："吾代二子愍矣㊺！"陈公子招曰："不忧何成，二子乐矣㊻。"卫齐子曰："苟或知之，虽忧何害㊼？"宋合左师曰："大国令，小国共。吾知共而已㊽。"晋乐王鲋曰："《小旻》之卒章善矣，吾从之㊾。"

退会，子羽谓子皮曰："叔孙绞而婉㊿，宋左师简而礼51，乐王鲋字而敬[52]，子与子家持之[53]，皆保世之主也。齐、卫、陈大夫其不免乎？国子代人忧，子招乐忧，齐子虽忧弗害。夫弗及而忧，与可忧而乐，与忧而弗害，皆取忧之道也，忧必及之。《大誓》曰：'民之所欲，天必从之[54]。'三大夫兆忧，忧能无至乎[55]？言以知物，其是之谓矣[56]。"

① 伍举，椒举。介，副也。○ 娶，七住切。介，音界。 ② 就客舍。 ③ 知楚怀诈。○ 恶，乌路切。 ④ 舍城外。 ⑤ 以兵入逆妇。 ⑥ 欲于城外除地为墠，行昏礼。○ 褊，必浅切。从，才用切。墠，音善。 ⑦ 豐氏，公孙段。○ 贶，音况。 ⑧ 庄王，围之祖。共王，围之父。○ 几，本亦作机。筵，音延。共，音恭。 ⑨ 言不得从卿礼。○ 莽，莫荡切。 ⑩ 蒙，欺也。告先君而来，不得成礼于女氏之庙，故以为欺先君。 ⑪ 大臣称老。惧辱命而黜退。 ⑫ 恃大国而无备，则是罪。 ⑬ 言已失所恃，则诸侯惩恨以距君命，壅塞不行，所惧唯此。○ 惩，直升切。憾，户暗切。壅，本又作雍，於勇切。 ⑭ 馆人，守舍人也。 ⑮ 祧，远祖庙。○ 祧，他彫切。 ⑯ 垂橐示无弓。○ 橐，古刀切。 ⑰ 虢，郑地。 ⑱ 宋盟在襄二十七年。 ⑲ 得志，谓先歃。午，祁奚子。○ 歃，所洽切。 ⑳ 恐楚复得志。○ 复，扶又切，下虽复同。 ㉑ 驾，犹陵也。诈，谓衷甲。○ 驾，如字，又音加，下同。衷，音忠。 ㉒ 尤，甚也。 ㉓ 襄二十五年始为政。以春言，故云七年。○ 重，直用切。相，息亮切。 ㉔ 襄二十五年会夷仪，二十六年会澶渊。 ㉕ 襄二十七年会于宋，三十年会澶渊及今会虢也。 ㉖ 襄二十八年齐侯、白狄朝晋。○ 夏，户雅切。 ㉗ 襄二十六年秦、晋为成。 ㉘ 襄二十九年城杞之淳于，杞迁都。○ 淳，音纯。 ㉙ 讟，诽也。○ 罢，音皮。讟，音独。诽，芳畏切。 ㉚ 受午言。 ㉛ 僭，不信。○ 僭，子念切。 ㉜ 穮，耘也。壅苗为蓘。○ 穮，彼骄切。蓘，古本切。耘，音云，除草也。 ㉝ 言耕鉏不以水旱息，必获丰年之收。○ 馑，其靳切。鉏，仕居切。收，手

又切，又如字。　　㉞ 自恐未能信也。　　㉟《诗·大雅》。僭，不信。贼，害人也。○ 鲜，息浅切。　　㊱ 旧书，宋之盟书。楚恐晋先歃，故欲从旧书。加于牲上，不歃血。《经》所以不书盟。○ 难，乃旦切，下《注》同。　　㊲ 设君服，二人执戈陈于前以自卫。离，陈也。　　㊳ 美服似君。　　㊴ 礼：国君行，有二执戈者在前。　　㊵ 公子围在会，特缉蒲为王殿屋，屏蔽以自殊异。言既造王宫而居之，虽服君服，无所怪也。○ 缉，七入切。　　㊶ 闻诸大夫讥之，故言假以饰令尹过。　　㊷ 言将遂为君。　　㊸ 襄三十年，郑子皙杀伯有，背命放诞，将为国难。言子且自忧此，无为忧令尹不反戈。○ 背，音佩。诞，音但。　　㊹ 子羽，行人挥。当璧，谓弃疾。事在昭十三年。言弃疾有当璧之命，围虽取国，犹将有难，不无忧也。　　㊺ 国子，国弱也。二子，谓王子围及伯州犁。围此冬便篡位，不能自终。州犁亦寻为围所杀。故言可憨。○ 篡，初患切。　　㊻ 言以忧生事，事成而乐。○ 乐，音洛，下乐忧、而乐并同。　　㊼ 齐子，齐恶。言先知为备，虽有忧难，无所损害。　　㊽ 共承大国命，不能知其祸福。○ 共，音恭，下及《注》同。　　㊾《小旻》，《诗·小雅》。其卒章义取非唯暴虎冯河之可畏也，不敬小人亦危殆。王鲋从斯义，故不敢讥议公子围。○ 鲋，音附。旻，亡巾切。冯，皮冰切。　　㊿ 绞，切也。讥其似君，反谓之美，故曰婉。○ 绞，古卯切。婉，纡阮切。　　(51) 无所臧否，故曰简。共事大国，故曰礼。○ 否，悲矣切，旧方九切。　　(52) 字，爱也。不犯凶人，所以自爱敬。(53) 子，子皮。子家，蔡公孙归生。持之，言无所取与。○ 持，如字；本或作特，误。　　(54) 逸《书》。　　(55) 开忧兆也。　　(56) 物，类也。察言以知祸福之类。八年，陈招杀大子。国弱、齐恶，当身各无患。○ 当，丁浪切。

季武子伐莒，取郓[①]，莒人告于会。楚告于晋曰："寻盟未退[②]，而鲁伐莒，渎齐盟[③]，请戮其使[④]。"乐桓子相赵文子[⑤]，欲求货于叔孙而为之请，使请带焉[⑥]。弗与。梁其踁曰："货以藩身，子何爱焉[⑦]？"叔孙曰："诸侯之会，卫社稷也。

我以货免，鲁必受师[8]。是祸之也，何卫之为？人之有墙，以蔽恶也[9]。墙之隙坏，谁之咎也[10]？卫而恶之，吾又甚焉[11]。虽怨季孙，鲁国何罪[12]？叔出季处，有自来矣，吾又谁怨[13]？然鲋也贿，弗与不已。”召使者，裂裳帛而与之，曰：“带其褊矣[14]。”

赵孟闻之，曰：“临患不忘国，忠也[15]。思难不越官，信也[16]。图国忘死，贞也[17]。谋主三者，义也[18]。有是四者，又可戮乎[19]？”乃请诸楚曰：“鲁虽有罪，其执事不辟难[20]，畏威而敬命矣[21]。子若免之，以劝左右可也。若子之群吏处不辟污[22]，出不逃难[23]，其何患之有？患之所生，污而不治，难而不守，所由来也。能是二者，又何患焉？不靖其能，其谁从之[24]？鲁叔孙豹可谓能矣，请免之以靖能者。子会而赦有罪[25]，又赏其贤[26]，诸侯其谁不欣焉望楚而归之，视远如迩？疆埸之邑，一彼一此，何常之有[27]？王伯之令也[28]，引其封疆[29]，而树之官[30]。举之表旗[31]，而著之制令[32]。过则有刑，犹不可壹。于是乎虞有三苗[33]，夏有观、扈[34]，商有姺、邳[35]，周有徐、奄[36]。自无令王，诸侯逐进[37]，狎主齐盟，其又可壹乎[38]？恤大舍小，足以为盟主[39]，又焉用之[40]？封疆之削，何国蔑有？主齐盟者，谁能辩焉[41]？吴、濮有衅，楚之执事，岂其顾盟[42]？莒之疆事，楚勿与知。诸侯无烦，不亦可乎？莒、鲁争郓，为日久矣，苟无大害于其社稷，可无亢也[43]。去烦宥善，莫不竞劝。子其图之！”固请诸楚，楚人许之，乃免叔孙[44]。

①兵未加莒而郓服，故书取而不言伐。 ②寻弭兵之盟。③渎，慢也。○渎，徒木切。 ④时叔孙豹在会，欲戮之。○使，所吏切，下《注》其使、出使、下召使同。 ⑤桓子，乐王鲋。相，佐也。○相，息亮切。 ⑥难指求货，故以带为辞。○为，于伪切，下《注》为诸同。⑦踁，叔孙家臣。○踁，古定切。藩，方元切。 ⑧言不戮其使，必伐其国。 ⑨喻己为国卫，如墙为人蔽。 ⑩咎在墙。○隙，去逆切。咎，其九切。 ⑪罪甚墙。 ⑫怨季孙之伐莒。 ⑬季孙守国，叔孙出使，所从来久。今遇此戮，无所怨也。 ⑭言带褊尽，故裂裳，示不相逆。○贿，呼罪切。 ⑮谓言鲁国何罪。 ⑯谓言叔出季处。○难，乃旦切，下同。 ⑰谓不以货免。 ⑱三者，忠、信、贞。⑲并义而四。 ⑳执事，谓叔孙。 ㉑谓不敢辟戮。 ㉒污，劳事。○污，音乌。 ㉓不苟免。 ㉔安靖贤能，则众附从。㉕不伐鲁。 ㉖赦叔孙。 ㉗言今衰世，疆埸无定主。○疆，居良切，下同。埸，音亦。 ㉘言三王、五伯有令德时。 ㉙引，正也。正封界。 ㉚树，立也。立官以守国。 ㉛旌旗以表贵贱。○旗，音其。 ㉜为诸侯作制度法令，使不得相侵犯。 ㉝三苗，饕餮，放三危者。○饕，吐刀切。餮，吐结切。 ㉞观国，今顿丘卫县。扈在始平鄠县。《书序》曰：启与有扈战于甘之野。○夏，户雅切。观，音馆，旧音官。扈，音户。鄠，音户。 ㉟二国，商诸侯。邳，今下邳县。○姺，西典切，又西礼切。邳，皮悲切。 ㊱二国皆嬴姓。《书序》曰：成王伐淮夷，遂践奄。徐即淮夷。○嬴，音盈。 ㊲逐，犹竞也。 ㊳强弱无常，故更主盟。○狎，户甲切。更，音庚。 ㊴大，谓篡弑灭亡之祸。㊵焉用治小事。○焉，於虔切。 ㊶辩，治也。 ㊷吴在东，濮在南。今建宁郡南有濮夷。衅，过也。○濮，音卜。衅，许靳切。 ㊸亢，御。○与，音预。亢，苦浪切；徐又音刚。御，鱼吕切。 ㊹○去，起吕切。

令尹享赵孟，赋《大明》之首章①。赵孟赋《小宛》之二章[2]。事毕，赵孟谓叔向曰："令尹自以为王矣，何如[3]？"对曰："王弱，令尹强，其可哉[4]！虽可，不终。"赵孟曰："何故？"对曰："强以克弱而安之，强不义也[5]。不义而强，其毙必速。《诗》曰：'赫赫宗周，褒姒灭之。'强不义也[6]。令尹为王，必求诸侯。晋少懦矣[7]，诸侯将往。若获诸侯，其虐滋甚[8]。民弗堪也，将何以终？夫以强取[9]，不义而克，必以为道[10]。道以淫虐，弗可久已矣[11]！"

①《大明》，《诗·大雅》。首章言文王明明照于下，故能赫赫盛于上。令尹意在首章，故称首章以自光大。　②《小宛》，《诗·小雅》。二章取其"各敬尔仪，天命不又"。言天命一去，不可复还，以戒令尹。○宛，纡阮切。复，扶又切。　③问将能成否。　④言可成。　⑤安于胜君，是强而不义。　⑥《诗·小雅》。褒姒，周幽王后。幽王惑焉，而行不义，遂至灭亡。言虽赫赫盛强，不义足以灭之。○姒，音似。灭，如字；《诗》作威，音呼悦切。　⑦懦，弱也。○懦，乃乱切。　⑧滋，益也。　⑨取不以道。　⑩以不义为道。　⑪为十三年楚弑灵王《传》。

夏四月，赵孟、叔孙豹、曹大夫入于郑[1]，郑伯兼享之。子皮戒赵孟[2]，礼终，赵孟赋《瓠叶》[3]。子皮遂戒穆叔，且告之[4]。穆叔曰："赵孟欲一献[5]，子其从之！"子皮曰："敢乎[6]？"穆叔曰："夫人之所欲也，又何不敢[7]。"及享，具五献之笾豆于幕下[8]。赵孟辞[9]，私于子产[10]曰："武请于冢宰矣[11]。"乃用一献。赵孟为客，礼终乃宴[12]。穆叔赋《鹊巢》[13]。赵孟曰："武不堪也。"又赋《采蘩》[14]，曰："小国为蘩，大国省穑而用之，其何实非命[15]。"子皮赋《野有死麕》之卒章[16]。赵孟赋《常棣》[17],且曰:"吾兄弟比以安,尨也可使无吠[18]。"穆叔、子皮及曹大夫兴,拜[19],举兕爵曰:"小国赖子,知免于戾矣[20]。"饮酒乐。赵孟出,曰:"吾不复此矣[21]。"

① 会罢过郑。○ 过,古禾切。　② 戒享期。　③ 受所戒,礼毕而赋诗。《瓠叶》,《诗·小雅》。义取古人不以微薄废礼,虽瓠叶兔首,犹与宾客享之。○ 瓠,户故切。享,许丈切,又普庚切。　④ 告以赵孟赋《瓠叶》。　⑤《瓠叶》诗义取薄物而以献酬,知欲一献。　⑥ 言不敢。⑦ 夫人,赵孟。○ 夫,音扶。　⑧ 朝聘之制,大国之卿五献。○ 幕,武博切。　⑨ 赵孟自以今非聘郑,故辞五献。　⑩ 私语。　⑪ 冢宰,子皮。请,谓赋《瓠叶》。　⑫ 卿会公侯,享宴皆折俎,不体荐。○ 折,徐,之设切。　⑬《鹊巢》,《诗·召南》。言鹊有巢而鸠居之。喻晋君有国,赵孟治之。　⑭ 亦《诗·召南》。义取蘩菜薄物,可以荐公侯。享其信,不求其厚。○ 蘩,音烦。　⑮ 穆叔言小国微薄犹蘩菜,大国能省爱用之而不弃,则何敢不从命。○ 穑,爱也。省,所景切;徐,所幸切。⑯《野有死麕》,《诗·召南》。卒章曰:"舒而脱脱兮,无感我帨兮,无使尨也吠。"脱脱,安徐。帨,佩巾。义取君子徐以礼来,无使我失节,而使狗惊吠。喻赵孟以义抚诸侯,无以非礼相加陵。○ 麕,亦作麏,九伦切。脱,吐外切。帨,始锐切。尨,武江切。吠,扶废切。　⑰《常棣》,《诗·小雅》。取其"凡今之人,莫如兄弟",言欲亲兄弟之国。○ 棣,直计切。　⑱ 受子皮之诗。○ 比,毗志切,下《注》德比同。　⑲ 三大夫皆兄弟国。兴,起也。⑳ 兕爵所以罚不敬。言小国蒙赵孟德比以安,自知免此罚戮。○ 兕,徐履切。戾,力计切,下同。　㉑ 不复见此乐。○ 乐,音洛。复,扶又切,下复年同。

天王使刘定公劳赵孟于颍,馆于雒汭[1]。刘子曰:"美哉禹功[2],明德远矣。微禹,吾其鱼乎!吾与子弁冕端委,以治民临诸侯，禹之力也[③]。子盍亦远绩禹功，而大庇民乎[④]？”对曰：“老夫罪戾是惧，焉能恤远？吾侪偷食，朝不谋夕，何其长也[⑤]？”刘子归以语王曰：“谚所谓老将至而耄及之者[⑥]，其赵孟之谓乎！为晋正卿，以主诸侯，而侪于隶人，朝不谋夕[⑦]，弃神人矣[⑧]。神怒民叛，何以能久？赵孟不复年矣[⑨]。神怒，不歆其祀；民叛，不即其事。祀事不从，又何以年[⑩]？”

① 王，周景王。定公，刘夏。颍水出阳城县。雒汭在河南巩县南。水曲流为汭。○ 劳，力报切，下以劳同。颍，营井切。汭，如锐切。夏，户雅切。　② 见河、雒而思禹功。　③ 弁冕，冠也。端委，礼衣。言今得共服冠冕有国家者，皆由禹之力。○ 弁冕端委，本亦作弁端委。　④ 劝赵孟使纂禹功。○ 盍，户臘切。远绩禹功，本或作远绩功。庇，必利切。⑤ 言欲苟免目前，不能念长久。○ 焉，於虔切。　⑥ 八十曰耄。耄，乱也。　⑦ 言其自比于贱人，而无恤民之心。　⑧ 民为神主，不恤民，故神人皆去。　⑨ 言将死，不复见明年。　⑩ 为此冬赵孟卒起本。

叔孙归[①]，曾夭御季孙以劳之。旦及日中不出[②]。曾夭谓曾阜[③]曰：“旦及日中，吾知罪矣。鲁以相忍为国也，忍其外不忍其内，焉用之[④]？”阜曰：“数月于外[⑤]，一旦于是，庸何伤？贾而欲赢，而恶嚣乎[⑥]？”阜谓叔孙曰：“可以出矣！”叔孙指楹曰：“虽恶是，其可去乎？”乃出见之[⑦]。

① 虢会归。　② 恨季孙伐莒，使己几被戮。○ 夭，於兆切。几，音祈。　③ 曾阜，叔孙家臣。　④ 欲受楚戮，是忍其外。日中不出，是不忍其内。　⑤ 言叔孙劳役在外数月。○ 数，所主切。　⑥ 言譬如商贾求赢利者，不得恶諠嚣之声。○ 贾，音古。赢，音盈，《注》同。恶，乌路

切，下同。嚣，许骄切；徐，五高切。誼，或作讙，呼端切。　⑦ 楹，柱也。以谕鲁有季孙，犹屋有柱。○ 楹，音盈。去，起吕切。

郑徐吾犯之妹美①，公孙楚聘之矣②，公孙黑又使强委禽焉③。犯惧，告子产。子产曰："是国无政，非子之患也。唯所欲与。"犯请于二子，请使女择焉。皆许之。子皙盛饰入，布币而出④。子南戎服入，左右射，超乘而出。女自房观之，曰："子皙信美矣，抑子南夫也⑤。夫夫妇妇，所谓顺也。"适子南氏。子皙怒。既而櫜甲以见子南，欲杀之而取其妻。子南知之，执戈逐之。及冲，击之以戈⑥。子皙伤而归，告大夫曰："我好见之，不知其有异志也，故伤。"

大夫皆谋之。子产曰："直钧，幼贱有罪。罪在楚也⑦。"乃执子南而数之，曰："国之大节有五，女皆奸之⑧。畏君之威，听其政，尊其贵，事其长，养其亲，五者所以为国也。今君在国，女用兵焉，不畏威也。奸国之纪，不听政也⑨。子皙上大夫，女嬖大夫，而弗下之，不尊贵也。幼而不忌，不事长也⑩。兵其从兄，不养亲也。君曰：'余不女忍杀，宥女以远。'勉速行乎，无重而罪！"五月庚辰，郑放游楚于吴。将行子南，子产咨于大叔⑪。大叔曰："吉不能亢身，焉能亢宗⑫？彼国政也，非私难也。子图郑国，利则行之，又何疑焉？周公杀管叔而蔡蔡叔⑬，夫岂不爱？王室故也。吉若获戾，子将行之，何有于诸游⑭？"

① 犯，郑大夫。　② 楚，子南。穆公孙。　③ 禽，雁也。纳采用雁。○ 强，其丈切。　④ 布陈贽币。子皙，公孙黑。○ 贽，音至。

⑤ 言丈夫。○ 乘，绳证切。　⑥ 冲，交道。○ 櫜，古刀切；本或作衷，丁隆切。冲，尺容切。　⑦ 先聘，子南直也。子南用戈，子皙直也。子产力未能讨，故钧其事，归罪于楚。○ 好，如字，又呼报切。直钧，绝句。⑧ 奸，犯也。○ 女，音汝，下同。奸，音干。　⑨ 奸国之纪，谓伤人。○ 长，丁丈切。养，如字。　⑩ 忌，畏也。○ 嬖，必计切。下，户嫁切。⑪ 大叔，游楚之兄子。○ 从，如字，又才用切。重，直用切，又直勇切。⑫ 亢，蔽也。○ 亢，苦浪切。　⑬ 蔡，放也。○ 难，乃旦切。而蔡蔡叔，上蔡字音素葛切；《说文》作𥻍，音同，字从殺下米，云，𥻍，𥻍，散之也。会杜义。下蔡叔，如字。　⑭ 为二年郑杀公孙黑《传》。○ 夫，音扶。

秦后子有宠于桓，如二君于景[①]。其母曰："弗去，惧选[②]。"癸卯，鍼适晋，其车千乘。书曰："秦伯之弟鍼出奔晋。"罪秦伯也[③]。后子享晋侯[④]，造舟于河[⑤]，十里舍车[⑥]，自雍及绛[⑦]。归取酬币[⑧]，终事八反[⑨]。司马侯问焉，曰："子之车，尽于此而已乎？"对曰："此之谓多矣！若能少此，吾何以得见[⑩]？"女叔齐以告公[⑪]，且曰："秦公子必归。臣闻君子能知其过，必有令图。令图，天所赞也。"

后子见赵孟。赵孟曰："吾子其曷归[⑫]？"对曰："鍼惧选于寡君，是以在此，将待嗣君。"赵孟曰："秦君何如？"对曰："无道。"赵孟曰："亡乎？"对曰："何为？一世无道，国未艾也[⑬]。国于天地，有与立焉[⑭]。不数世淫，弗能毙也。"赵孟曰："天乎？"对曰："有焉。"赵孟曰："其几何？"对曰："鍼闻之，国无道而年穀和熟，天赞之也[⑮]。鲜不五稔[⑯]。"赵孟视荫曰："朝夕不相及，谁能待五[⑰]？"后子出而告人曰："赵孟将死矣。主民，翫岁而愒日[⑱]，其与几何[⑲]？"

①后子，秦桓公子，景公母弟鍼也。其权宠如两君。 ②选，数也。恐景公数其罪而加戮。○选，息转切；徐，素短切，下同。数，所主切，下数世同。 ③罪失教。○乘，绳证切。 ④为晋侯设享礼。○为，于伪切。 ⑤造舟为梁，通秦、晋之道。○造，七报切；李巡注《尔雅》云，比其舡而度也；郭云，并舟为桥。 ⑥一舍八乘，为八反之备。⑦雍、绛相去千里，用车八百乘。○雍，於用切。 ⑧备九献之仪。始礼自齎其一，故续送其八酬酒币。○齎，子兮切；本又作賫，同。 ⑨每十里以八乘车，各以次载币相授而还，不径至，故言八反。千里用车八百乘，其二百乘以自随，故言千乘。《传》言秦鍼之出，极奢富以成礼，欲尽敬于所赴。○还，音环。径，古定切。 ⑩言已坐车多，故出奔。○见，贤遍切。坐，才卧切。 ⑪叔齐，司马侯。○女，音汝。 ⑫问何时当归。 ⑬艾，绝也。○艾，鱼废切。 ⑭言欲辅助之者多。⑮赞，佐助也。○几，居岂切。 ⑯鲜，少也。少尚当历五年，多则不啻。○稔，而甚切。啻，始豉切。 ⑰荫，日景也。赵孟意衰，以日景自喻。故言朝夕不相及，谁能待五。○荫，於金切；本亦作阴。朝夕，如字。景，如字，又於领切。 ⑱翫、愒，皆贪也。○翫，五唤切；《说文》云，习厌也；字又作玩。愒，苦盖切。 ⑲言不能久。○与，如字，又音预。

郑为游楚乱故①，六月丁巳，郑伯及其大夫盟于公孙段氏。罕虎、公孙侨、公孙段、印段、游吉、驷带私盟于闺门之外，实薰隧②。公孙黑强与于盟，使大史书其名，且曰七子③。子产弗讨④。

①游楚，子南。○为，于伪切。 ②闺门，郑城门。薰隧，门外道名。实之者，为明年子产数子皙罪，称薰隧盟起本。○闺，音圭。薰，许云切。隧，音遂。数，色主切，又色具切。 ③自欲同于六卿，故曰七子。○强，其丈切。与，音预。 ④子皙强，讨之恐乱国。

晋中行穆子败无终及群狄于大原[①]，崇卒也[②]。将战，魏舒曰："彼徒我车，所遇又阨[③]，以什共车必克[④]。困诸阨，又克[⑤]。请皆卒[⑥]，自我始。"乃毁车以为行[⑦]，五乘为三伍[⑧]。荀吴之嬖人不肯即卒，斩以徇[⑨]。为五陈以相离，两于前，伍于后，专为右角，参为左角，偏为前拒[⑩]，以诱之。翟人笑之[⑪]。未陈而薄之，大败之[⑫]。

① 即大卤也。无终，山戎。○ 大，音泰。　② 崇，聚也。○ 卒，子忽切。　③ 地险不便车。○ 阨，本又作隘，於懈切。便，婢面切。　④ 更增十人，以当一车之用。○ 什，音十。共，音恭。　⑤ 车每困于阨道，今去车，故为必克。○ 去，起吕切。　⑥ 去车为步卒。　⑦ 魏舒先自毁其属车为步陈。○ 行，户郎切。陈，直觐切，下五陈、未陈同。　⑧ 乘车者，车三人，五乘十五人。今改去车，更以五人为伍，分为三伍。○ 乘，绳证切。　⑨ 魏舒辄斩之，荀吴不恨，所以能立功。○ 徇，辞俊切。　⑩ 皆临时处置之名。○ 拒，九甫切。　⑪ 笑其失常。　⑫《传》言荀吴能用善谋。

莒展舆立，而夺群公子秩。公子召去疾于齐。秋，齐公子鉏纳去疾[①]，展舆奔吴[②]。

① 齐虽纳去疾，莒人先召之，故从国逆例书入。去疾奔齐，在襄三十一年。　② 吴外孙。

叔弓帅师疆郓田，因莒乱也[①]。于是莒务娄、瞀胡及公子灭明以大厖与常仪靡奔齐[②]。君子曰："莒展之不立，弃人也夫[③]！人可弃乎？《诗》曰：'无竞维人。'善矣[④]。"

① 此春取郓，今正其疆界。○ 疆，居良切。　② 三子，展舆党。大厖、常仪靡，莒二邑。○ 务娄，並如字；务，又音谋，一音无。瞀，徐音茂，一音谋。厖，武江切。　③ 夺群公子秩，是弃人。○ 夫，音扶。
④《诗》，《周颂》。言惟得人，则国家强。

晋侯有疾，郑伯使公孙侨如晋聘，且问疾。叔向问焉，曰："寡君之疾病，卜人曰：'实沈、台骀为祟。'史莫之知，敢问此何神也？"子产曰："昔高辛氏有二子，伯曰阏伯，季曰实沈[①]，居于旷林，不相能也[②]。日寻干戈，以相征讨[③]。后帝不臧[④]，迁阏伯于商丘，主辰[⑤]。商人是因，故辰为商星[⑥]。迁实沈于大夏，主参[⑦]。唐人是因，以服事夏、商[⑧]。其季世曰唐叔虞[⑨]。当武王邑姜方震大叔[⑩]，梦帝谓己：'余命而子曰虞[⑪]，将与之唐，属诸参，而蕃育其子孙。'及生，有文在其手曰'虞'，遂以命之。及成王灭唐而封大叔焉，故参为晋星[⑫]。由是观之，则实沈，参神也。昔金天氏有裔子曰昧，为玄冥师，生允格、台骀[⑬]。台骀能业其官[⑭]，宣汾、洮[⑮]，障大泽[⑯]，以处大原[⑰]。帝用嘉之，封诸汾川[⑱]。沈、姒、蓐、黄，实守其祀[⑲]。今晋主汾而灭之矣[⑳]。由是观之，则台骀，汾神也。抑此二者，不及君身。山川之神，则水旱疠疫之灾，于是乎禜之[㉑]。日月星辰之神，则雪霜风雨之不时，于是乎禜之[㉒]。若君身，则亦出入饮食哀乐之事也。山川星辰之神，又何为焉[㉓]？侨闻之，君子有四时：朝以听政[㉔]，昼以访问[㉕]，夕以修令[㉖]，夜以安身。于是乎节宣其气[㉗]，勿使有所壅闭湫底，以露其体[㉘]。兹心不爽，而昏乱百度[㉙]。今无乃壹之[㉚]，则生疾矣。侨又闻之，内官不及同姓[㉛]，其生不殖[㉜]。

美先尽矣，则相生疾[33]，君子是以恶之。故《志》曰：‘买妾不知其姓，则卜之。’违此二者，古之所慎也[34]。男女辨姓，礼之大司也[35]。今君内实有四姬焉[36]，其无乃是也乎？若由是二者，弗可为也已[37]。四姬有省犹可，无则必生疾矣[38]。”叔向曰：“善哉！肸未之闻也。此皆然矣。”

叔向出，行人挥送之[39]。叔向问郑故焉，且问子皙。对曰：“其与几何[40]？无礼而好陵人，怙富而卑其上，弗能久矣[41]。”

晋侯闻子产之言，曰：“博物君子也。”重贿之。

① 高辛，帝喾。○ 骀，他才切。祟，息遂切。阏，於葛切。喾，苦毒切。 ② 旷林，地阙。○ 能，如字，又奴代切。 ③ 寻，用也。 ④ 后帝，尧也。臧，善也。 ⑤ 商丘，宋地。主祀辰星。辰，大火也。 ⑥ 商人，汤先相土封商丘，因阏伯故国，祀辰星。○ 相，息亮切。 ⑦ 大夏，今晋阳县。○ 夏，户雅切。参，所林切。 ⑧ 唐人若刘累之等。累迁鲁县，此在大夏。 ⑨ 唐人之季世，其君曰叔虞。 ⑩ 邑姜，武王后，齐大公之女。怀胎为震。大叔，成王之弟叔虞。○ 震，本又作娠，之慎切，又音申。大，音泰。胎，他来切。 ⑪ 帝，天。取唐君之名。 ⑫ 叔虞封唐，是为晋侯。○ 属，之玉切。蕃，音烦。“叔虞封唐是为晋侯”，案《史记》，叔虞封唐侯，叔虞之子燮父改为晋侯。 ⑬ 金天氏，帝少皞。裔，远也。玄冥，水官。昧为水官之长。○ 裔，以制切。昧，音妹。少，诗照切。皞，户老切。长，丁丈切，下殖长同。 ⑭ 纂昧之业。○ 纂，子管切。 ⑮ 宣，犹通也。汾、洮，二水名。○ 汾，扶云切。洮，他刀切。 ⑯ 陂障之。○ 障，之尚切，又音章。陂，彼皮切。 ⑰ 大原，晋阳也。台骀之所居。 ⑱ 帝，颛顼。○ 颛，音专。顼，许玉切。 ⑲ 四国，台骀之后。○ 沈，音审。姒，音似。 ⑳ 灭四国。 ㉑ 有水旱之灾，则祟祭山川

之神若台骀者。《周礼》：四曰禜祭。为营攒，用币，以祈福祥。○ 疠，音例。疫，音役。禜，音咏；徐又音营。攒，子官切。　㉒ 星辰之神，若实沈者。　㉓ 言实沈、台骀不为君疾。○ 乐，音洛。　㉔ 听国政。○ 朝，如字。　㉕ 问可否。　㉖ 念所施。　㉗ 宣，散也。　㉘ 湫，集也。底，滞也。露，羸也。壹之则血气集滞而体羸露。○ 壅，於勇切。湫，子小切；徐音秋，又在酒切；服云，著也。底，丁礼切；服云，止也。羸，劣危切。　㉙ 兹，此也。爽，明也。百度，百事之节。　㉚ 同四时也。　㉛ 内官，嫔御。○ 嫔，婢人切。　㉜ 殖，长也。　㉝ 同姓之相与，先美矣。美极则尽，尽则生疾。　㉞ 壹四时，取同姓。二者，古人所慎。○ 恶，如字，又乌路切。取，七住切。　㉟ 辨，别也。○ 别，彼列切。　㊱ 同姓姬四人。　㊲ 为，治也。　㊳ 据异姓，去同姓，故言省。○ 省，所景切；徐，所幸切。去，起吕切。　㊴ 送叔向。　㊵ 言将败不久。○ 与，如字，又音预。几，居岂切。　㊶ 为明年郑杀公孙黑《传》。○ 好，呼报切。怙，音户。

晋侯求医于秦。秦伯使医和视之，曰："疾不可为也。是谓：'近女室，疾如蛊[①]。非鬼非食，惑以丧志[②]。良臣将死，天命不祐[③]。'"公曰："女不可近乎？"对曰："节之。先王之乐，所以节百事也，故有五节[④]，迟速本末以相及，中声以降，五降之后，不容弹矣[⑤]。于是有烦手淫声，慆堙心耳，乃忘平和，君子弗听也[⑥]。物亦如之[⑦]，至于烦，乃舍也已，无以生疾[⑧]。君子之近琴瑟，以仪节也，非以慆心也[⑨]。天有六气[⑩]，降生五味[⑪]，发为五色[⑫]，徵为五声[⑬]，淫生六疾[⑭]。六气曰阴、阳、风、雨、晦、明也。分为四时，序为五节[⑮]。过则为菑，阴淫寒疾[⑯]，阳淫热疾[⑰]，风淫末疾[⑱]，雨淫腹疾[⑲]，晦淫惑疾[⑳]，明淫心疾[㉑]。女，阳物而晦时，淫则生内热惑蛊之疾[22]。今君不节不时,能无及此乎?"

出告赵孟。赵孟曰:"谁当良臣?"对曰:"主是谓矣!主相晋国,于今八年,晋国无乱,诸侯无阙,可谓良矣。和闻之,国之大臣,荣其宠禄,任其大节,有菑祸兴而无改焉[23],必受其咎。今君至于淫以生疾,将不能图恤社稷,祸孰大焉!主不能御,吾是以云也[24]。"

赵孟曰:"何谓蛊?"对曰:"淫溺惑乱之所生也[25]。于文,皿虫为蛊[26],榖之飞亦为蛊[27];在《周易》,女惑男,风落山,谓之《蛊》䷑[28]。皆同物也[29]。"赵孟曰:"良医也。"厚其礼而归之[30]。

① 蛊,惑疾。○ 近,附近之近。蛊,音古。 ② 惑女色而失志。○ 丧,息浪切。 ③ 良臣不匡救君过,故将死而不为天所祐。○ 祐,音右。 ④ 五声之节。 ⑤ 此谓先王之乐得中声,声成五降而息也。降,罢退。○ 降,音绛,或音户江切。弹,徒丹切,又徒旦切。 ⑥ 五降而不息,则杂声并奏。所谓郑、卫之声。○ 慆,吐刀切。堙,音因。 ⑦ 言百事皆如乐,不可失节。 ⑧ 烦不舍,则生疾。○ 舍,音捨。 ⑨ 为心之节仪,使动不过度。 ⑩ 谓阴、阳、风、雨、晦、明也。 ⑪ 谓金味辛,木味酸,水味咸,火味苦,土味甘,皆由阴阳风雨而生。 ⑫ 辛色白,酸色青,咸色黑,苦色赤,甘色黄。发,见也。○ 见,贤遍切。 ⑬ 白声商,青声角,黑声羽,赤声徵,黄声宫。徵,验也。○ 徵,张里切。 ⑭ 淫,过也。滋味声色所以养人,然过则生害。 ⑮ 六气之化,分而序之,则成四时,得五行之节。 ⑯ 寒过则为冷。○ 菑,音灾。 ⑰ 热过则喘渴。○ 喘,昌兖切。 ⑱ 末,四支也。风为缓急。 ⑲ 雨湿之气为洩注。○ 洩,息列切,下如字。 ⑳ 晦,夜也。为宴寝过节,则心惑乱。 ㉑ 明,昼也。思虑烦多,心劳生疾。○ 思,息利切。 ㉒ 女常

随男，故言阳物。家道常在夜，故言晦时。 ㉓ 改，改行以救蓄。○ 相，息亮切。行，下孟切。 ㉔ 云主将死。○ 咎，其九切。御，本亦作御，鱼吕切。 ㉕ 溺，沈没于嗜欲。○ 溺，乃狄切。嗜，时志切。 ㉖ 文，字也。皿，器也。器受虫害者为蛊。○ 皿，命景切；《说文》读若猛；《字林》音猛。 ㉗ 榖久积则变为飞虫，名曰蛊。 ㉘《巽》下《艮》上，《蛊》。《巽》为长女，为风。《艮》为少男，为山。少男而说长女，非匹，故惑。山木得风而落。○ 巽，音逊。艮，古恨切。长，丁丈切。少，诗照切。说，音悦。㉙ 物，犹类也。 ㉚ 赠贿之礼。

楚公子围使公子黑肱、伯州犁城犨、栎、郏[①]，郑人惧。子产曰："不害。令尹将行大事[②]，而先除二子也[③]。祸不及郑，何患焉？"

冬，楚子围将聘于郑，伍举为介。未出竟，闻王有疾而还。伍举遂聘。十一月己酉，公子围至，入问王疾，缢而弑之[④]。遂杀其二子幕及平夏[⑤]。右尹子干出奔晋[⑥]。宫厩尹子晳出奔郑[⑦]。杀大宰伯州犁于郏。葬王于郏，谓之郏敖[⑧]。使赴于郑，伍举问应为后之辞焉[⑨]。对曰："寡大夫围。"伍举更之曰："共王之子围为长[⑩]。"

子干奔晋，从车五乘。叔向使与秦公子同食[⑪]，皆百人之饩[⑫]。赵文子曰："秦公子富[⑬]。"叔向曰："底禄以德[⑭]，德钧以年，年同以尊。公子以国，不闻以富。且夫以千乘去其国，强御已甚。《诗》曰：'不侮鳏寡，不畏强御[⑮]。'秦、楚，匹也。"使后子与子干齿[⑯]。辞曰："鍼惧选，楚公子不获，是以皆来，亦唯命[⑰]。且臣与羁齿，无乃不可乎[⑱]？史佚有言曰：'非羁何忌[⑲]？'"

楚灵王即位，薳罢为令尹，薳启彊为大宰[20]。郑游吉如楚，葬郏敖，且聘立君。归，谓子产曰："具行器矣[21]！楚王汰侈而自说其事，必合诸侯。吾往无日矣。"子产曰："不数年，未能也[22]。"

① 黑肱，王子围之弟子晳也。犨县属南阳。郏县属襄城。栎，今河南阳翟县。三邑本郑地。○ 犨，尺州切。栎，音历；徐，失灼切。郏，古洽切。 ② 谓将弑君。 ③ 二子，谓黑肱、伯州犁。 ④ 缢，绞也。孙卿曰：以冠缨绞之。《长历》推己酉，十二月六日。《经》、《传》皆言十一月，月误也。○ 介，音界。竟，音境。缢，一豉切。弑，申志切。绞，古卯切。 ⑤ 皆郏敖子。○ 幕，音莫。夏，户雅切。 ⑥ 子干，王子比。 ⑦ 因筑城而去。○ 廄，居又切。 ⑧ 郏敖，楚子麇。 ⑨ 问赴者。 ⑩ 伍举更赴辞，使从礼。此告终称嗣，不以篡弑赴诸侯。○ 共，音恭。长，丁丈切。 ⑪ 食禄同。○ 从，才用切。乘，绳证切。 ⑫ 百人，一卒也。其禄足百人。○ 饩，许气切。卒，子忽切。 ⑬ 谓秦鍼富强，秩禄不宜与子干同。 ⑭ 底，致也。○ 底，音旨。 ⑮《诗·大雅》。侮，陵也。○ 夫，音扶。侮，亡甫切。鳏，古颜切。 ⑯ 以年齿为高下而坐。 ⑰ 不获，不得自安。言俱奔，事有优劣，唯主人命所处。谦辞。 ⑱ 后子先来仕，欲自同于晋臣，为主人。子干后来奔，以为羁旅之客。 ⑲ 忌，敬也。欲谦以自别。○ 佚，音逸。别，音彼列切。 ⑳ 灵王，公子围也。即位易名熊虔。○ 罢，音皮。彊，音其良切，又居良切。 ㉑ 行器，会备。 ㉒ 为四年会申《传》。○ 汰，音泰。说，徐音悦，又始悦切。数，所主切。

十二月，晋既烝[1]。赵孟适南阳，将会孟子馀[2]。甲辰朔，烝于温[3]。庚戌卒[4]。郑伯如晋吊，及雍乃复[5]。

① 烝，冬祭也。○ 烝，之承切。　② 孟子馀，赵衰。赵武之曾祖。其庙在晋之南阳温县，往会祭之。○ 衰，初危切。　③ 赵氏烝祭，甲辰十二月朔。晋既烝，赵孟乃烝其家庙，则晋烝当在甲辰之前。《传》言十二月，月误。　④ 十二月七日。终刘定公、秦后子之言。　⑤ 吊赵氏。盖赵氏辞之而还。《传》言大夫强，诸侯畏而吊之。○ 雍，於用切。

经

二年春，晋侯使韩起来聘。

夏，叔弓如晋[①]。

秋，郑杀其大夫公孙黑[②]。

冬，公如晋，至河乃复[③]。

季孙宿如晋[④]。

① 叔弓，叔老子。　② 书名，恶之。薰隧盟，子产不讨，遂以为卿。故书之。○ 恶，乌路切。　③ 吊少姜也。晋人辞之，故还。○ 少，诗照切，《传》放此。　④ 致襚服也。公实以秋行，冬还乃书。○ 襚，音遂。

传

二年春，晋侯使韩宣子来聘[①]，且告为政而来见，礼也[②]。观书于大史氏，见《易象》与《鲁春秋》，曰："周礼尽在鲁矣[③]。吾乃今知周公之德，与周之所以王也[④]。"公享之。季武子赋《绵》之卒章[⑤]。韩子赋《角弓》[⑥]。季武子拜曰："敢拜子之弥缝敝邑，寡君有望矣[⑦]。"武子赋《节》之卒章[⑧]。既享，宴于季氏，有嘉树焉，宣子誉之[⑨]。武子曰："宿敢不封殖此树，以无忘《角弓》[⑩]。"遂赋《甘棠》[⑪]。宣子曰："起不堪也，无以及召公。”

宣子遂如齐纳币[12]。见子雅。子雅召子旗[13]，使见宣子。宣子曰：“非保家之主也，不臣[14]。”见子尾。子尾见彊[15]。宣子谓之如子旗[16]。大夫多笑之。唯晏子信之，曰：“夫子，君子也[17]。君子有信，其有以知之矣[18]。”自齐聘于卫。卫侯享之，北宫文子赋《淇澳》[19]。宣子赋《木瓜》[20]。

①公即位故。　②代赵武为政。虽盟主，而修好同盟，故曰礼。○见，贤遍切。好，呼报切。　③《易象》，上下经之《象辞》。《鲁春秋》，史记之策书。《春秋》遵周公之典以序事，故曰周礼尽在鲁矣。　④《易象》、《春秋》，文王、周公之制。当此时，儒道废，诸国多阙，唯鲁备。故宣子適鲁而说之。○王，于况切；周弘正，依字读。说，音悦。　⑤《绵》，《诗·大雅》。卒章义取文王有四臣，故能以绵绵致兴盛。以晋侯比文王，以韩子比四辅。○四臣：大颠、闳夭、散宜生、南宫适。四辅谓先后、奔走、疏附、御侮。　⑥《角弓》，《诗·小雅》。取其“兄弟昏姻，无胥远矣”，言兄弟之国宜相亲。　⑦弥缝，犹补合也。谓以兄弟之义。○缝，扶恭切。合，如字，一音阁。　⑧《节》，《诗·小雅》。卒章取“式讹尔心，以畜万邦”，以言晋德可以畜万邦。○节，才结切；徐，又如字。讹，五禾切。⑨誉其好也。○誉，音馀。　⑩封，厚也。殖，长也。○长，丁丈切。⑪《甘棠》，《诗·召南》。召伯息于甘棠之下，诗人思之而爱其树。武子欲封殖嘉树如甘棠，以宣子比召公。○召，上照切。　⑫为平公聘少姜。○为，于伪切，下为之同。　⑬子旗，子雅之子。　⑭志气亢。○见，贤遍切，下见彊同。亢，苦浪切。　⑮彊，子尾之子。　⑯亦不臣。　⑰夫子，韩起。　⑱为十年齐栾施、高彊来奔张本。⑲《淇澳》，《诗·卫风》。美武公也。言宣子有武公之德。○淇，音其。澳，於六切。　⑳《木瓜》亦《卫风》。义取于欲厚报以为好。○好，呼报切，后《注》皆同。

夏四月，韩须如齐逆女①。齐陈无宇送女，致少姜。少姜有宠于晋侯，晋侯谓之少齐②。谓陈无宇非卿③，执诸中都④。少姜为之请曰："送从逆班⑤，畏大国也，犹有所易，是以乱作⑥。"

① 须，韩起之子。逆少姜。 ② 为立别号，所以宠异之。○ 少，诗照切。 ③ 欲使齐以適夫人礼送少姜。○ 適，丁历切。 ④ 中都，晋邑。在西河界休县东南。○ 界，音介。休，许虯切。 ⑤ 班，列也。 ⑥ 韩须，公族大夫。陈无宇，上大夫。言齐畏晋，改易礼制，使上大夫送，遂致此执辱之罪。盖少姜谦以示讥。

叔弓聘于晋，报宣子也①。晋侯使郊劳②。辞曰："寡君使弓来继旧好，固曰：'女无敢为宾！'彻命于执事，敝邑弘矣③，敢辱郊使？请辞④。"致馆。辞曰："寡君命下臣来继旧好，好合使成，臣之禄也⑤。敢辱大馆⑥？"叔向曰："子叔子知礼哉！吾闻之曰：'忠信，礼之器也。卑让，礼之宗也⑦。'辞不忘国，忠信也⑧。先国后己，卑让也⑨。《诗》曰：'敬慎威仪，以近有德。'夫子近德矣⑩。"

① 此春韩宣子来聘。 ②《聘礼》：宾至近郊，君使卿劳之。○ 劳，力报切。 ③ 彻，达也。○ 女，音汝，下《注》同。 ④ 辞郊劳。○ 使，所吏切。 ⑤ 得通君命，则于己为荣禄。 ⑥ 敢，不敢。⑦ 宗，犹主也。 ⑧ 谓称旧好。 ⑨ 始称敝邑之弘，先国也。次称臣之禄，后己也。 ⑩《诗·大雅》。○ 近，附近之近。

秋，郑公孙黑将作乱，欲去游氏而代其位①，伤疾作而不果[②]。驷氏与诸大夫欲杀之[③]。子产在鄙闻之，惧弗及，乘遽而至[④]。使吏数之[⑤]曰："伯有之乱[⑥]，以大国之事，而未尔讨也[⑦]。尔有乱心，无厌，国不女堪。专伐伯有，而罪一也。昆弟争室，而罪二也[⑧]。薰隧之盟，女矫君位，而罪三也[⑨]。有死罪三，何以堪之？不速死，大刑将至。"再拜稽首辞曰："死在朝夕，无助天为虐。"子产曰："人谁不死。凶人不终，命也。作凶事，为凶人。不助天，其助凶人乎？"请以印为褚师[⑩]。子产曰："印也若才，君将任之。不才，将朝夕从女。女罪之不恤，而又何请焉？不速死，司寇将至。"七月壬寅，缢。尸诸周氏之衢[⑪]，加木焉[⑫]。

① 游氏，大叔之族。黑为游楚所伤，故欲害其族。○ 去，起吕切。 ② 前年游楚所击创。○ 创，初良切。 ③ 驷氏，黑之族。 ④ 遽，传驿。○ 遽，其据切；《尔雅》云，驲，遽，传也。孙炎《注》云，传，车；驿，马。传，中恋切。驿，音亦。 ⑤ 责数其罪。 ⑥ 在襄三十一年。 ⑦ 务共大国之命，不暇治女罪。○ 共，音恭。 ⑧ 谓争徐吾犯之妹。○ 厌，於盐切。 ⑨ 谓使大史书七子。○ 蟜，居表切。 ⑩ 印，子晳之子。褚师，市官。○ 朝，如字。印，一刃切。褚，张吕切。 ⑪ 衢，道也。○ 衢，其于切。 ⑫ 书其罪于木，以加尸上。

晋少姜卒。公如晋，及河。晋侯使士文伯来辞曰："非伉俪也[①]。请君无辱！"公还，季孙宿遂致服焉[②]。叔向言陈无宇于晋侯曰："彼何罪[③]？君使公族逆之，齐使上大夫送之。犹曰不共，君求以贪。国则不共[④]，而执其使。君刑已颇，何以为盟主[⑤]？且少姜有辞[⑥]。"冬十月，陈无宇归[⑦]。十一月，郑印段如晋吊[8]。

① 晋侯溺于所幸，为少姜行夫人之服，故诸侯吊。不敢以私烦诸侯，故止之。〇 伉，苦浪切。俪，力计切。 ② 致少姜之襚服。公以末秋行，始冬还，还乃书之，故《经》在冬。 ③ 彼，无宇。 ④ 逆卑于送，是晋国不共。 ⑤ 颇，不平。〇 使，所吏切。颇，普多切。 ⑥ 谓请无宇之辞。 ⑦ 晋侯赦之。 ⑧ 吊少姜。

经

三年春，王正月丁未，滕子原卒[1]。

夏，叔弓如滕。

五月，葬滕成公[2]。

秋，小邾子来朝。

八月，大雩。

冬，大雨雹[3]。

北燕伯款出奔齐[4]。

① 襄二十五年盟重丘。〇 重，直恭切。 ② 卿共小国之葬，礼过厚。葬襄公，滕子来会，故鲁厚报之。〇 共，音恭，《传》仿此。 ③ 无《传》。记灾。〇 雨，于付切。雹，蒲学切。 ④ 不书大夫逐之而言奔，罪之也。书名，从告。

传

三年春，王正月，郑游吉如晋，送少姜之葬。梁丙与张趯见之[1]。梁丙曰："甚矣哉！子之为此来也[2]。"子大叔曰："将得已乎[3]？昔文、襄之霸也[4]，其务不烦诸侯。令诸侯三岁而聘，五岁而朝，有事而会，不协而盟[5]。君薨，大夫吊，卿共葬事。夫人，士吊，大夫送葬[6]。足以昭礼命事谋阙而已[7]，无加命矣[8]。今嬖宠之丧，不敢择位，而数于守適[9]，唯惧获戾，岂敢惮烦。少齐有宠而死，齐必继室[10]。今兹吾又将来贺，不唯此行也。”张趯曰：“善哉！吾得闻此数也。然自今，子其无事矣。譬如火焉[11]，火中，寒暑乃退[12]。此其极也，能无退乎？晋将失诸侯，诸侯求烦不获[13]。”二大夫退。子大叔告人曰：“张趯有知，其犹在君子之后乎[14]！”

① 二子，晋大夫。○ 趯，他历切。 ② 卿共妾葬，过礼甚。○ 为，于伪切。 ③ 言不得止。 ④ 晋文公、襄公。 ⑤ 明王之制，岁聘间朝，在十三年，今简之。○ 间，间厕之间。 ⑥ 先王之制，诸侯之丧，士吊，大夫送葬。在三十年。盖时俗过制，故文、襄虽节之，犹过于古。 ⑦ 朝聘以昭礼，盟会以谋阙。 ⑧ 命有常。 ⑨ 不敢以其位卑，而令礼数如守適夫人。然则，时適夫人之丧，吊送之礼，已过文、襄之制。○ 数，所具切；徐，所主切。適，丁历切；本或作嫡，下同。令，力呈切。 ⑩ 继室，复荐女。○ 复，扶又切，下不出音者皆同。 ⑪ 火，心星。 ⑫ 心以季夏昏中而暑退，季冬旦中而寒退。 ⑬ 言将不能复烦诸侯。 ⑭ 讥其无隐讳。○ 知，音智。

丁未，滕子原卒。同盟，故书名[1]。

① 同盟于襄之世，亦应从同盟之礼。故《传》发之。

齐侯使晏婴请继室于晋[1]，曰：“寡君使婴曰：‘寡人愿事君，朝夕不倦，将奉质币，以无失时，则国家多难，是以不获[②]。不腆先君之適[③]，以备内官，焜燿寡人之望，则又无禄，早世陨命，寡人失望。君若不忘先君之好，惠顾齐国，辱收寡人，徼福于大公、丁公[④]，照临敝邑，镇抚其社稷，则犹有先君之適[⑤]及遗姑姊妹[⑥]若而人[⑦]。君若不弃敝邑，而辱使董振择之，以备嫔嫱，寡人之望也[⑧]。'"

韩宣子使叔向对曰："寡君之愿也。寡君不能独任其社稷之事，未有伉俪。在缞绖之中，是以未敢请[⑨]。君有辱命，惠莫大焉。若惠顾敝邑，抚有晋国，赐之内主，岂唯寡君，举群臣实受其贶。其自唐叔以下，实宠嘉之[⑩]。"

既成昏[⑪]，晏子受礼[⑫]。叔向从之宴，相与语。叔向曰："齐其何如[⑬]？"晏子曰："此季世也，吾弗知。齐其为陈氏矣[⑭]！公弃其民，而归于陈氏[⑮]。齐旧四量，豆、区、釜、钟。四升为豆，各自其四，以登于釜[⑯]。釜十则钟[⑰]。陈氏三量，皆登一焉，钟乃大矣[⑱]。以家量贷，而以公量收之[⑲]。山木如市，弗加于山。鱼盐蜃蛤，弗加于海[⑳]。民参其力，二入于公，而衣食其一[㉑]。公聚朽蠹，而三老冻馁[㉒]。国之诸市，屦贱踊贵[㉓]。民人痛疾，而或燠休之[㉔]，其爱之如父母，而归之如流水，欲无获民，将焉辟之？箕伯、直柄、虞遂、伯戏[㉕]，其相胡公、大姬，已在齐矣[㉖]。"

叔向曰："然。虽吾公室，今亦季世也。戎马不驾，卿无军行[㉗]。公乘无人，卒列无长[㉘]。庶民罢敝，而宫室滋侈[㉙]。道殣相望[㉚]，而女富溢尤[㉛]。民闻公命，如逃寇仇。栾、郤、胥、原、狐、续、庆、伯，降在皂隶[㉜]。政在家门[㉝]，民无所依。君日不悛，以乐慆忧[34]。公室之卑，其何日之有[35]？谗鼎之铭[36]曰：'昧旦丕显，后世犹怠[37]。'况日不悛，其能久乎？"

晏子曰："子将若何[38]？"叔向曰："晋之公族尽矣。肸闻之，公室将卑，其宗族枝叶先落，则公从之。肸之宗十一族[39]，唯羊舌氏在而已。肸又无子[40]。公室无度[41]，幸而得死[42]，岂其获祀[43]？"

①复以女继少姜。 ②不得自来。○朝，如字。质，徐，之二切，又如字。难，乃旦切。 ③谓少姜。○腆，他典切。 ④徼，要也。二公，齐先君。言收恤寡人，则先君与之福也。○焜，胡本切，又音昆；服云，明也。燿，羊照切；服云，照也。陨，于敏切。好，呼报切。徼，古尧切。大，音泰。要，一遥切。 ⑤適夫人之女。 ⑥遗，馀也。 ⑦言如常人，不敢誉。○誉，音馀。 ⑧董，正也。振，整也。嫔嫱，妇官。○振，之刃切，一音真。嫱，本又作廧，在良切。 ⑨制夫人之服，则葬讫，君臣乃释服。○任，音壬。缞，本亦作衰，七雷切。绖，直结切。 ⑩唐叔，晋之祖。○贶，音况。 ⑪许昏成。 ⑫受宾享之礼。 ⑬问兴衰。 ⑭不知其他，唯知齐将为陈氏。○《释文》：吾弗知，绝句。⑮弃民不恤。 ⑯四豆为区，区斗六升。四区为釜，釜六斗四升。登，成也。○量，音亮。区，乌侯切。 ⑰六斛四斗。 ⑱登，加也。加一，谓加旧量之一也。以五升为豆，五豆为区，五区为釜。则区二斗，釜八斗，钟八斛。○《释文》：旧本以五升为豆，四豆为区，四区为釜。直加豆为五升，而区釜自大。故杜云区二斗、釜八斗是也。本或作五豆为区、五区为釜者，为加旧豆区为五，亦与杜《注》相会。非于五升之豆，又五五而加也。⑲贷厚而收薄。○贷，他代切。 ⑳贾如在山、海，不加贵。○蜃，食轸切。蛤，古答切。贾，音嫁。 ㉑言公重赋敛。○参，七南切，又音三。敛，力验切。 ㉒三老，谓上寿、中寿、下寿。皆八十已上，不见养

遇。○ 聚，徐，在喻切，又在主切。蠹，丁故切。三老，服云，工老、商老、农老也。冻，丁贡切。馁，奴罪切。寿，音授。上，时掌切。 ㉓ 踊，刖足者屦。言刑多。○ 屦，九具切。踊，音勇。刖，音月，又五刮切。 ㉔ 燠休，痛念之声。谓陈氏也。○ 燠，於喻切；徐音忧，又於到切，一音於六切。休，虚喻切；徐，许留切。贾云，燠，厚也；休，美也。 ㉕ 四人，皆舜后，陈氏之先。○ 焉，於虔切。戏，许宜切。 ㉖ 胡公，四人之后，周始封陈之祖。大姬，其妃也。言陈氏虽为人臣，然将有国。其先祖鬼神已与胡公共在齐。○ 相，息亮切；服如字。大，音泰。 ㉗ 言晋衰弱，不能征讨救诸侯。○ 行，户郎切。 ㉘ 百人为卒。言人皆非其人，非其长。○ 乘，绳证切。卒，子忽切。长，丁丈切。 ㉙ 滋，益也。○ 罢，音皮。侈，尺氏切，又昌氏切。 ㉚ 饿死为殣。○ 殣，音觐；《说文》云，道中死者，人所覆也；《毛诗》作墐；《传》云，墐，路冢也。 ㉛ 女，嬖宠之家。 ㉜ 八姓，晋旧臣之族也。皂隶，贱官。○ 郤，去逆切。皂，才早切。隶，力计切。 ㉝ 大夫专政。 ㉞ 慆，藏也。悛，改也。○ 悛，七全切。乐，音洛，又音岳。慆，他刀切。 ㉟ 言今至。 ㊱ 谗，鼎名也。○ 谗，士咸切；服云，疾谗之鼎也。 ㊲ 昧旦，早起也。丕，大也。言夙兴以务大显，后世犹解怠。○ 昧，音妹。丕，普悲切。解，佳卖切。 ㊳ 问何以免此难。○ 日，人实切。难，乃旦切。 ㊴ 同祖为宗。○ 肸，许乙切。 ㊵ 无贤子。 ㊶ 无法度。 ㊷ 言得以寿终为幸。 ㊸ 言必不得祀。

初，景公欲更晏子之宅，曰："子之宅近市，湫隘嚣尘，不可以居[1]，请更诸爽垲者[2]。"辞曰："君之先臣容焉[3]，臣不足以嗣之，于臣侈矣[4]。且小人近市，朝夕得所求，小人之利也。敢烦里旅[5]？"公笑曰："子近市，识贵贱乎？"对曰："既利之，敢不识乎？"公曰："何贵何贱？"于是景公繁于刑[6]，有鬻踊者。故对曰："踊贵屦贱。"既已告于君，故与叔向语而称之[7]。景公为是省于刑。君子曰："仁人之言，其利博哉。晏子一言而齐侯省刑。《诗》曰：'君子如祉，乱庶遄已[8]。'其是之谓乎？"

及晏子如晋，公更其宅，反则成矣。既拜[9]，乃毁之而为里室，皆如其旧[10]。则使宅人反之[11]。"且谚曰：'非宅是卜，唯邻是卜[12]。'二三子先卜邻矣[13]，违卜不祥。君子不犯非礼[14]，小人不犯不祥，古之制也。吾敢违诸乎？"卒复其旧宅。公弗许。因陈桓子以请，乃许之[15]。

① 湫，下。隘，小。嚣，声。尘，土。○ 近，附近之近。湫，子小切；徐音秋，又在酒切。隘，於卖切。嚣，许骄切，又五高切。 ② 爽，明。塏，燥。○ 塏，苦代切。燥，素早切。 ③ 先臣，晏子之先人。 ④ 侈，奢也。 ⑤ 旅，众也。不敢劳众为己宅。○ 朝，如字。 ⑥ 繁，多也。 ⑦《传》护晏子，令不与张趯同讥。○ 鬻，羊六切，卖也。令，力呈切。 ⑧《诗·小雅》。如，行也。祉，福也。遄，疾也。言君子行福，则庶几乱疾止也。○ 为，于伪切。省，所景切。祉，音耻。遄，市专切。 ⑨ 拜谢新宅。 ⑩ 本坏里室以大晏子之宅，故复之。○ 坏，音怪。复，音服，下卒复、其复、欲复同。 ⑪ 还其故室。○ 还，音环。 ⑫ 卜良邻。○ 谚，音彦。 ⑬ 二三子，谓邻人。 ⑭ 去俭即奢为非礼。 ⑮《传》言齐、晋之衰，贤臣怀忧。且言陈氏之兴。

夏四月，郑伯如晋，公孙段相，甚敬而卑，礼无违者。晋侯嘉焉，授之以策[1]曰："子豐有劳于晋国[2]，余闻而弗忘。赐女州田[3]，以胙乃旧勋。"伯石再拜稽首，受策以出。君子曰："礼，其人之急也乎？伯石之汰也[4]，一为礼于晋，犹荷其禄，况以礼终始乎？《诗》曰：'人而无礼，胡不遄死。'其是之谓乎？"

初，州县，栾豹之邑也[5]。及栾氏亡，范宣子、赵文子、韩宣子皆欲之。文子曰："温，吾县也[6]。"二宣子曰："自郤称以别，三传矣[7]。晋之别县不唯州，谁获治之[8]？"文子病之，乃舍之。二子曰："吾不可以正议而自与也。"皆舍之。及文子为政，赵获曰："可以取州矣[9]。"文子曰："退[10]！二子之言，义也[11]。违义，祸也。余不能治余县，又焉用州？其以徼祸也。君子曰：'弗知实难[12]。'知而弗从，祸莫大焉。有言州必死。"

豐氏故主韩氏[13]，伯石之获州也，韩宣子为之请之，为其复取之之故[14]。

① 策，赐命之书。　② 子豐，段之父。　③ 州县，今属河内郡。○ 女，音汝。　④ 汰，骄也。　⑤ 豹，栾盈族。○ 荷，户可切，又音可。　⑥ 州本属温。温，赵氏邑。　⑦ 郤称，晋大夫，始受州。自是州与温别，至今传三家。○ 称，尺证切。以别，绝句。　⑧ 言县邑既别甚多，无有得追而治取之。　⑨ 获，赵文子之子。○ 舍，音赦，又音捨。⑩ 使获退也。　⑪ 二子，二宣子也。　⑫ 患不知祸所起。⑬ 故，犹旧也。豐氏至晋，旧以韩氏为主人。　⑭ 后若还晋，因自欲取之。为七年豐氏归州张本。○ 为，于伪切，下为其、复为、《注》为之、为平皆同。

五月，叔弓如滕，葬滕成公，子服椒为介。及郊，遇懿伯之忌，敬子不入[1]。惠伯曰："公事有公利，无私忌。椒请先入。"乃先受馆，敬子从之[2]。

① 忌，怨也。懿伯，椒之叔父。敬子，叔弓也。叔弓礼椒，为之辟仇。

○ 辟，音避。　② 惠伯，子服椒也。《传》言叔弓之有礼。

晋韩起如齐逆女[1]。公孙虿为少姜之有宠也，以其子更公女而嫁公子[2]。人谓宣子："子尾欺晋，晋胡受之？"宣子曰："我欲得齐而远其宠，宠将来乎[3]？"

① 为平公逆。　② 更嫁公女。○ 虿，敕迈切。　③ 宠，谓子尾。○ 远，于万切。

秋七月，郑罕虎如晋，贺夫人，且告曰："楚人日征敝邑，以不朝立王之故[1]。敝邑之往，则畏执事，其谓寡君，'而固有外心'。其不往，则宋之盟云[2]。进退罪也。寡君使虎布之[3]。"宣子使叔向对曰："君若辱有寡君，在楚何害？修宋盟也。君苟思盟，寡君乃知免于戾矣。君若不有寡君，虽朝夕辱于敝邑，寡君猜焉[4]。君实有心，何辱命焉[5]？君其往也！苟有寡君，在楚犹在晋也。"

张趯使谓大叔曰："自子之归也[6]，小人粪除先人之敝庐，曰：'子其将来！'今子皮实来，小人失望。"大叔曰："吉贱不获来[7]，畏大国、尊夫人也。且孟曰：'而将无事。'吉庶几焉[8]。"

① 楚灵王新立。　② 云交相见。　③ 布，陈也。　④ 猜，疑也。○ 猜，七才切。　⑤ 言若有事晋心，至楚可不须告。　⑥ 归在此年春。　⑦ 贱，非上卿。○ 粪，甫问切。　⑧ 孟，张趯也。庶几如趯言。

小邾穆公来朝。季武子欲卑之[①]，穆叔曰："不可。曹、滕、二邾，实不忘我好。敬以逆之，犹惧其贰。又卑一睦焉[②]，逆群好也。其如旧而加敬焉！《志》曰：'能敬无灾。'又曰：'敬逆来者，天所福也。'"季孙从之。

① 不欲以诸侯礼待之。　② 一睦，谓小邾。○《释文》：实不忘我好，绝句；一读以好字向下。好，呼报切，下群好同。

八月，大雩，旱也。

齐侯田于莒[①]，卢蒲嫳见，泣且请曰："余发如此种种，余奚能为[②]？"公曰："诺，吾告二子[③]。"归而告之。子尾欲复之。子雅不可，曰："彼其发短而心甚长，其或寝处我矣[④]。"九月，子雅放卢蒲嫳于北燕[⑤]。

① 莒，齐东竟。○竟，音境。　② 嫳，庆封之党。襄二十八年，放之于竟。种种，短也。自言衰老，不能复为害。○嫳，普结切，又匹舌切。见，贤遍切。种，亦作董，章勇切。　③ 二子，子雅、子尾。　④ 言不可信。　⑤ 恐其复作乱。

燕简公多嬖宠，欲去诸大夫而立其宠人。冬，燕大夫比以杀公之外嬖[①]。公惧，奔齐。书曰："北燕伯款出奔齐。"罪之也[②]。

① 比，相亲比。○去，起吕切。比，毗志切。　② 款罪轻于卫衎，重于蔡朱。故举中示例。○衎，苦旦切。

十月，郑伯如楚，子产相。楚子享之，赋《吉日》[①]。既享，子产乃具田备，王以田江南之梦[②]。

①《吉日》，《诗·小雅》，宣王田猎之诗。楚王欲与郑伯共田，故赋之。○ 相，息亮切。　② 楚之云梦跨江南北。○ 梦，如字；徐，莫公切。

齐公孙竈卒[①]。司马竈见晏子[②]，曰："又丧子雅矣。"晏子曰："惜也，子旗不免，殆哉[③]！姜族弱矣，而妫将始昌[④]。二惠竞爽，犹可[⑤]，又弱一个焉，姜其危哉[⑥]！"

① 竈，子雅。　② 司马竈，齐大夫。　③ 以其不臣。○ 丧，息浪切。　④ 妫，陈氏。○ 妫，九危切。　⑤ 子雅、子尾皆齐惠公之孙也。竞，强也。爽，明也。　⑥ ○ 个，古贺切。

春秋经传集解第二十一

昭公二

经

四年春，王正月，大雨雹[①]。

夏，楚子、蔡侯、陈侯、郑伯、许男、徐子、滕子、顿子、胡子、沈子、小邾子、宋世子佐、淮夷会于申[②]。

楚人执徐子[③]。

秋七月，楚子、蔡侯、陈侯、许男、顿子、胡子、沈子、淮夷伐吴[④]。

执齐庆封杀之[⑤]。

遂灭赖。

九月，取鄫[⑥]。

冬十有二月乙卯，叔孙豹卒。

① 当雪而雹，故以为灾而书之。○ 雨，于付切，《传》大雨雹同。雹，蒲学切。　② 楚灵王始合诸侯。○ 沈，音审。　③ 称人以执，以不道于其民告。　④ 因申会以伐吴。不言诸侯者，郑、徐、滕、小邾、宋不在故也。胡，国。汝阴县西北有胡城。　⑤ 楚子欲行霸，为齐讨庆封，故称齐。○ 为，于伪切。　⑥ 鄫，莒邑。《传》例曰：克邑不用师徒曰取。○ 鄫，才陵切。

传

四年春，王正月，许男如楚，楚子止之[①]，遂止郑伯，复田江南，许男与焉[②]。使椒举如晋求诸侯，二君待之[③]。椒举致命曰："寡君使举曰，日君有惠，赐盟于宋[④]曰，晋、楚之从，交相见也。以岁之不易[⑤]，寡人愿结欢于二三君[⑥]。使举请间。君若苟无四方之虞[⑦]，则愿假宠以请于诸侯[⑧]。"

晋侯欲勿许。司马侯曰："不可。楚王方侈，天或者欲逞其心，以厚其毒而降之罚，未可知也。其使能终，亦未可知也。晋、楚唯天所相[⑨]，不可与争。君其许之，而修德以待其归。若归于德，吾犹将事之，况诸侯乎？若适淫虐，楚将弃之[⑩]，吾又谁与争？"公曰："晋有三不殆，其何敌之有[⑪]？国险而多马，齐、楚多难[⑫]。有是三者，何乡而不济？"对曰："恃险与马，而虞邻国之难，是三殆也。四岳[⑬]、三涂[⑭]、阳城[⑮]、大室[⑯]、荆山[⑰]、中南[⑱]，九州之险也，是不一姓[⑲]。冀之北土[⑳]，马之所生，无兴国焉。恃险与马，不可以为固也，从古以然。是以先王务修德音以亨神人[㉑]，不闻其务险与马也。邻国之难，不可虞也。或多难以固其国，启其疆土；或无难以丧其国，失其守宇[㉒]。若何虞难。齐有仲孙之难而获桓公，至今赖之[㉓]。晋有里、丕之难而获文公，是以为盟主[㉔]。卫、邢无难，敌亦丧之[㉕]。故人之难，不可虞也。恃此三者，而不修政德，亡于不暇，又何能济？君其许之！纣作淫虐，文王惠和，殷是以陨，周是以兴，夫岂争诸侯？"乃许楚使。使叔向对曰："寡君有社稷之事，是以不获春秋时见[㉖]。诸侯，君实有之，何辱命焉。"椒举遂请昏[㉗]，晋侯许之。

楚子问于子产曰："晋其许我诸侯乎？"对曰："许君。晋君少安，不在诸侯㉘。其大夫多求㉙，莫匡其君。在宋之盟，又曰如一㉚，若不许君，将焉用之㉛？"王曰："诸侯其来乎？"对曰："必来。从宋之盟，承君之欢，不畏大国㉜，何故不来？不来者，其鲁、卫、曹、邾乎？曹畏宋，邾畏鲁，鲁、卫偪于齐而亲于晋，唯是不来。其馀，君之所及也，谁敢不至㉝？"王曰："然则吾所求者，无不可乎？"对曰："求逞于人，不可㉞。与人同欲，尽济㉟。"

① 欲与俱田。 ② 前年楚子已与郑伯田江南，故言复。○ 复，扶又切。与，音预。 ③ 二君，郑、许。 ④ 宋盟在襄二十七年。 ⑤ 不易，言有难。○ 易，以豉切，《注》同。难，乃旦切。 ⑥ 欲得诸侯，谋事补阙。○ 欢，唤端切。 ⑦ 虞，度也。○ 间，徐音闲，又如字。度，待洛切。 ⑧ 欲借君之威宠以致诸侯。 ⑨ 相，助也。○ 侈，昌氏切，又尺氏切。逞，敕景切。相，息亮切。 ⑩ 弃，不以为君。 ⑪ 殆，危也。○ 殆，直改切。 ⑫ 多篡弑之难。○ 篡，初患切。弑，申志切。 ⑬ 东岳岱，西岳华，南岳衡，北岳恒。○ 乡，许亮切；本又作嚮。岳，音岳。岱，音代，在兖州。华，如字，又胡化切，在雍州。衡，如字，在荆州。恒，如字，本或作常，在冀州。案，作恒者是也。北岳本名恒山，汉为文帝讳，改作常耳。 ⑭ 在河南陆浑县南。○《释文》：三涂，山名，大行、轘辕、崤渑也。浑，户昏切，又户困切。 ⑮ 在阳城县东北。 ⑯ 在河南阳城县西南。○ 大，音泰，下大室同。大室即中岳嵩高山也，在豫州。 ⑰ 在新城沶乡县南。○ 沶，音市，又音尔；《汉书音义》音稚，或一音隶，则当水旁作尔，恐非；本或作渫，字误也。 ⑱ 在始平武功县南。 ⑲ 虽是天下至险，无德则灭亡。 ⑳ 燕、代。○ 燕，乌贤切。 ㉑ 亨，通也。○ 亨，许庚切。 ㉒ 于国则四垂为宇。○ 疆，居良切。丧，息浪切。 ㉓ 仲孙，公孙无知。事在庄九年。 ㉔ 里克、丕郑，事

在僖九年。〇 伾,普悲切。 ㉕ 闵二年,狄灭卫。僖二十五年,卫灭邢。〇 邢,音刑。 ㉖ 言不得自往,谦辞。〇 纣,直九切。陨,于敏切。楚使,所吏切。向,许丈切。见,贤遍切,下《注》朝见、昏见同。 ㉗ 盖楚子遣举时,兼使求昏。 ㉘ 安于小,小不能远图。〇 少,如字。 ㉙ 贪也。 ㉚ 晋、楚同也。 ㉛ 焉用宋盟。〇 焉,於虔切。 ㉜ 大国,晋也。 ㉝ 言楚威力所能及。〇 偪,彼力切。 ㉞ 逞,快也。求人以快意,人必违之。 ㉟ 为下会申《传》。

大雨雹。季武子问于申豐曰:“雹可御乎[①]?”对曰:“圣人在上,无雹,虽有,不为灾。古者,日在北陆而藏冰[②];西陆,朝觌而出之[③]。其藏冰也,深山穷穀,固阴沍寒,于是乎取之[④]。其出之也,朝之禄位,宾食丧祭,于是乎用之[⑤]。其藏之也,黑牡、秬黍,以享司寒[⑥]。其出之也,桃弧、棘矢,以除其灾[⑦]。其出入也时,食肉之禄,冰皆与焉[⑧]。大夫命妇,丧浴用冰[⑨]。祭寒而藏之[⑩],献羔而启之[⑪],公始用之[⑫]。火出而毕赋[⑬]。自命夫、命妇,至于老疾,无不受冰[⑭]。山人取之,县人传之[⑮],舆人纳之,隶人藏之[⑯]。夫冰以风壮[⑰],而以风出[⑱]。其藏之也周[⑲],其用之也徧[⑳],则冬无愆阳[㉑],夏无伏阴[㉒],春无凄风[㉓],秋无苦雨[㉔],雷出不震[㉕],无菑霜雹,疠疾不降[㉖],民不夭札[㉗]。今藏川池之冰,弃而不用[㉘]。风不越而杀,雷不发而震[㉙]。雹之为菑,谁能御之?《七月》之卒章,藏冰之道也[㉚]。”

① 御,止也。申豐,鲁大夫。〇 御,鱼吕切,下御之同。 ② 陆,道也。谓夏十二月,日在虚危,冰坚而藏之。〇 夏,户雅切,下同。 ③ 谓夏三月,日在昴毕,蛰虫出而用冰。春分之中,奎星朝见东方。〇 朝,如字。

觌，徒历切。昴，音卯。蛰，直立切。虫，除中切。奎，苦圭切。 ④ 沍，闭也。必取积阴之冰，所以道达其气，使不为灾。〇 沍，户故切。道，音导。 ⑤ 言不独共公。〇 共，音恭。 ⑥ 黑牡，黑牲也。秬，黑黍也。司寒，玄冥北方之神，故物皆用黑。有事于冰，故祭其神。〇 牡，茂后切。秬，音巨。冥，亡丁切。 ⑦ 桃弓、棘箭，所以禳除凶邪，将御至尊故。〇 弧，音胡。禳，如羊切。邪，似嗟切。 ⑧ 食肉之禄，谓在朝廷治其职事就官食者。〇 与，音预。 ⑨ 命妇，大夫妻。〇 浴，音欲。 ⑩ 享司寒。〇 祭寒而藏之，本或作祭司寒者，非。 ⑪ 谓二月春分，献羔祭韭，始开冰室。〇 韭，音九。 ⑫ 公先用，优尊。 ⑬ 火星昏见东方，谓三月、四月中。 ⑭ 老，致仕在家者。 ⑮ 山人，虞官。县人，遂属。〇 传，直专切。 ⑯ 舆、隶皆贱官。〇 舆，音余。 ⑰ 冰因风寒而坚。〇 壮，侧亮切。 ⑱ 顺春风而散用。 ⑲ 周，密也。 ⑳ 及老疾。〇 徧，音遍。 ㉑ 愆，过也。谓冬温。〇 愆，起虔切。 ㉒ 伏阴谓夏寒。 ㉓ 凄，寒也。〇 凄，七西切。 ㉔ 霖雨，为人所患苦。〇 霖，音林。 ㉕ 震，霆也。〇 霆，音亭，又音挺，又亭侫切。 ㉖ 疠，恶气也。〇 菑，音灾。疠，音例。 ㉗ 短折为夭，夭死为札。〇 札，侧八切，又音截；《字林》作壮列切。 ㉘ 既不藏深山穷穀之冰，又火出不毕赋，有馀则弃之。 ㉙ 越，散也。言阴阳失序，雷风为害。〇 杀，如字，又色界切；徐，色例切。 ㉚《七月》，《诗・豳风》。卒章曰，"二之日凿冰冲冲"，谓十二月凿而取之。"三之日纳于凌阴"，凌阴，冰室也。"四之日其蚤，献羔祭韭"，谓二月春分，蚤开冰室，以荐宗庙。〇 豳，彼贫切。凿，在洛切。冲，直忠切。凌，陵证切，一音陵。蚤，音早。韭，音九。

夏，诸侯如楚，鲁、卫、曹、邾不会。曹、邾辞以难，公辞以时祭，卫侯辞以疾①。郑伯先待于申②。六月丙午，楚子合诸侯于申。椒举言于楚子曰："臣闻诸侯无归，礼以为归。今君始得诸侯，其慎礼矣。霸之济否，在此会也。夏启有钧台之享[3]，商汤有景亳之命[4]，周武有孟津之誓[5]，成有岐阳之蒐[6]，康有酆宫之朝[7]，穆有涂山之会[8]，齐桓有召陵之师[9]，晋文有践土之盟[10]。君其何用？宋向戌、郑公孙侨在，诸侯之良也，君其选焉[11]。"王曰："吾用齐桓[12]。"

王使问礼于左师与子产。左师曰："小国习之，大国用之，敢不荐闻[13]？"献公合诸侯之礼六[14]。子产曰："小国共职，敢不荐守？"献伯、子、男会公之礼六[15]。君子谓合左师善守先代，子产善相小国。王使椒举侍于后，以规过[16]。卒事，不规。王问其故，对曰："礼，吾所未见者有六焉，又何以规[17]？"

宋大子佐后至，王田于武城，久而弗见。椒举请辞焉[18]。王使往曰："属有宗祧之事于武城[19]，寡君将堕币焉，敢谢后见[20]。"徐子，吴出也，以为贰焉，故执诸申[21]。

楚子示诸侯侈[22]，椒举曰："夫六王、二公之事[23]，皆所以示诸侯礼也。诸侯所由用命也。夏桀为仍之会，有缗叛之[24]。商纣为黎之蒐，东夷叛之[25]。周幽为大室之盟，戎狄叛之[26]。皆所以示诸侯汰也，诸侯所由弃命也。今君以汰，无乃不济乎？"王弗听。

子产见左师曰："吾不患楚矣，汰而愎谏[27]，不过十年。"左师曰："然。不十年侈，其恶不远，远恶而后弃[28]。善亦如之，德远而后兴[29]。"

① 如子产言。○ 难，乃旦切。　② 自楚先至会地。　③ 启，禹子也。河南阳翟县南有钧台陂，盖启享诸侯于此。○ 夏，户雅切，《注》仿此。钧，音均。陂，彼宜切。　④ 河南巩县西南有汤亭。或言亳即偃师。

○ 亳,步各切。巩,九勇切。　⑤ 将伐纣也。○《释文》:孟,本又作盟,音孟。　⑥ 周成王归自奄,大蒐于岐山之阳。岐山在扶风美阳县西北。○ 岐,其宜切。蒐,所求切。　⑦ 酆在始平鄠县东,有灵台,康王于是朝诸侯。○ 酆,芳弓切。　⑧ 周穆王会诸侯于涂山。涂山在寿春东北。⑨ 在僖四年。○ 召,上照切。　⑩ 在僖二十八年。　⑪ 选择所用。○ 向,舒亮切。戌,音恤。侨,其骄切。　⑫ 用会召陵之礼。　⑬ 言所闻,谦示所未行。　⑭ 其礼六仪也。宋爵公,故献公礼。　⑮ 郑,伯爵,故献伯、子、男会公之礼。其礼同,所从言之异。○ 共,音恭。守,手又切。　⑯ 规正二子之过。○ 相,息亮切。　⑰ 左师、子产所献六礼,楚皆未尝行。　⑱ 请王辞谢之。　⑲ 言为宗庙田猎。○ 属,章玉切,適也。祧,他彫切。为,于伪切。　⑳ 恨其后至,故言将因诸侯会,布币乃相见。《经》并书宋大子佐,知此言在会前。○ 堕,许规切,布也;服云,输也。见,如字,又贤遍切。　㉑ 言楚子以疑罪执诸侯。　㉒ 自奢侈。　㉓ 六王,启、汤、武、成、康、穆也。二公,齐桓、晋文。　㉔ 仍、缗,皆国名。○ 仍,而承切。缗,亡巾切。　㉕ 黎,东夷国名。○ 黎,力兮切。　㉖ 大室,中岳。　㉗ 愎,很也。○ 汰,音泰。愎,皮逼切。很,胡垦切。　㉘ 恶及远方,则人弃之。　㉙ 为十三年楚弑其君《传》。

秋七月,楚子以诸侯伐吴。宋大子、郑伯先归[①]。宋华费遂、郑大夫从[②]。使屈申围朱方[③],八月甲申,克之。执齐庆封而尽灭其族[④]。

将戮庆封。椒举曰:"臣闻无瑕者可以戮人。庆封唯逆命,是以在此[⑤],其肯从于戮乎[⑥]?播于诸侯,焉用之[⑦]?"王弗听,负之斧钺,以徇于诸侯,使言曰:"无或如齐庆封,弑其君,弱其孤,以盟其大夫[⑧]。"庆封曰:"无或如楚共王之庶子围,弑其君兄之子麇而代之,以盟诸侯。"王使速杀之。

遂以诸侯灭赖。赖子面缚衔璧，士袒，舆榇从之，造于中军[9]。王问诸椒举。对曰："成王克许[10]，许僖公如是，王亲释其缚，受其璧，焚其榇。"王从之[11]。迁赖于鄢[12]。楚子欲迁许于赖，使鬥韦龟与公子弃疾城之而还[13]。申无宇曰："楚祸之首，将在此矣。召诸侯而来，伐国而克，城竟莫校[14]。王心不违，民其居乎[15]？民之不处，其谁堪之？不堪王命，乃祸乱也。"

①《经》所以更叙诸侯也。时晋之属国皆归，独言二国者，郑伯久于楚，宋大子不得时见，故慰遣之。○ 见，贤遍切，又如字。　② 从伐吴以答见慰。○ 费，扶味切。从，才用切。　③ 朱方，吴邑，齐庆封所封也。屈申，屈荡之子。○ 屈，居勿切。　④ 庆封以襄二十八年奔吴，八月无甲申，日误。　⑤ 逆命，谓性不恭顺。　⑥ 言不肯默而从戮。⑦ 播，扬也。○ 播，波佐切，又波可切；徐云，字或作幡，敷袁切。焉，於虔切。　⑧ 齐崔杼弑君，庆封其党也。故以弑君罪责之。○ 钺，音越。徇，似俊切。杼，直吕切。　⑨ 中军，王所将。○ 共，音恭。麇，九伦切。袒，音但。榇，初觐切，棺也。造，七报切。将，子匠切。　⑩ 在僖六年。⑪ 从举言。○ 缚，如字，旧扶卧切。　⑫ 鄢，楚邑。○ 鄢，於晚切，又於建切。　⑬ 为许城也。韦龟，子文之玄孙。○ 为，于伪切。　⑭ 谓筑城于外竟，诸侯无与争。○ 竟，音境。争，争斗之争。　⑮ 言将有事不得安也。

九月，取鄫，言易也。莒乱，著丘公立而不抚鄫，鄫叛而来，故曰取。凡克邑不用师徒曰取[1]。

① 著丘公，去疾也。不书奔者，溃散而来，将帅微也。重发例者，以通叛而自来。○ 易，以豉切。著，直居切；徐，直据切。去，起吕切。溃，户对

切。帅，所类切。重，直用切。

郑子产作丘赋[①]。国人谤之[②]曰："其父死于路[③]，已为虿尾[④]。以令于国，国将若之何？"子宽以告[⑤]。子产曰："何害？苟利社稷，死生以之[⑥]。且吾闻为善者不改其度，故能有济也。民不可逞，度不可改[⑦]。《诗》曰：'礼义不愆，何恤于人言[⑧]。'吾不迁矣[⑨]。"浑罕曰："国氏其先亡乎[⑩]！君子作法于凉，其敝犹贪[⑪]，作法于贪，敝将若之何[⑫]？姬在列者[⑬]，蔡及曹、滕其先亡乎！偪而无礼[⑭]。郑先卫亡，偪而无法[⑮]。政不率法，而制于心；民各有心，何上之有[⑯]？"

① 丘，十六井，当出马一匹，牛三头。今子产别赋其田，如鲁之田赋。田赋在哀十一年。 ② 谤，毁也。 ③ 谓子国为尉氏所杀。 ④ 谓子产重赋，毒害百姓。○ 虿，敕迈切。 ⑤ 子宽，郑大夫。 ⑥ 以，用也。 ⑦ 度，法也。 ⑧ 逸《诗》。子产自以为权制济国，于礼义无愆。 ⑨ 迁，移也。 ⑩ 浑罕，子宽。○ 浑，侯温切。罕，徐，许但切。 ⑪ 凉，薄也。○ 凉，音良；徐音亮。 ⑫ 言不可久行。 ⑬ 在列国也。 ⑭ 蔡偪楚，曹、滕偪宋。 ⑮ 偪晋、楚。 ⑯ 子产权时救急，浑罕讥之正道。

冬，吴伐楚，入棘、栎、麻[①]，以报朱方之役[②]。楚沈尹射奔命于夏汭[③]，箴尹宜咎城钟离[④]，薳启彊城巢，然丹城州来[⑤]。东国水，不可以城，彭生罢赖之师[⑥]。

① 棘、栎、麻，皆楚东鄙邑。谯国酂县东北有棘亭，汝阴新蔡县东北有栎亭。○ 栎，力狄切；徐，失灼切。酂，才河切。 ② 朱方役在此年秋。

③ 夏汭，汉水曲入江，今夏口也。吴兵在东北，楚盛兵在东南，以绝其后。○ 射，食夜切，又音食亦切，又音夜。夏，户雅切。汭，如锐切。 ④ 宜咎，本陈大夫，襄二十四年奔楚。○ 箴，之林切。咎，其九切。 ⑤ 然丹，郑穆公孙，襄十九年奔楚。○ 薳，于委切。彊，其良切，又居良切。⑥ 彭生，楚大夫。罢門韦龟城赖之师。○ 罢，皮买切；徐，甫绮切。

初，穆子去叔孙氏，及庚宗①，遇妇人，使私为食而宿焉。问其行，告之故，哭而送之②。适齐，娶于国氏③，生孟丙、仲壬。梦天压己，弗胜④。顾而见人，黑而上偻⑤，深目而豭喙⑥，号之曰“牛助余”，乃胜之。旦而皆召其徒，无之⑦。且曰：“志之⑧。”及宣伯奔齐，馈之⑨。宣伯曰：“鲁以先子之故⑩，将存吾宗，必召女。召女何如？”对曰：“愿之久矣⑪。”鲁人召之，不告而归。既立⑫，所宿庚宗之妇人，献以雉⑬。问其姓⑭。对曰：“余子长矣，能奉雉而从我矣⑮。”召而见之，则所梦也。未问其名，号之曰“牛”，曰“唯”。皆召其徒，使视之，遂使为竖⑯。有宠，长使为政⑰。公孙明知叔孙于齐⑱，归，未逆国姜，子明取之⑲。故怒其子，长而后使逆之⑳。田于丘莸㉑，遂遇疾焉。竖牛欲乱其室而有之，强与孟盟，不可㉒。叔孙为孟钟，曰：“尔未际㉓，飨大夫以落之㉔。”既具㉕，使竖牛请日㉖。入，弗谒㉗。出，命之日㉘。及宾至，闻钟声。牛曰：“孟有北妇人之客㉙。”怒，将往。牛止之。宾出，使拘而杀诸外㉚。牛又强与仲盟，不可。仲与公御莱书观于公㉛，公与之环㉜，使牛入示之㉝。入，不示。出，命佩之。牛谓叔孙：“见仲而何㉞？”叔孙曰：“何为㉟？”曰：“不见。既自见矣㊱，公与之环而佩之矣。”遂逐之，奔齐。疾急，命召仲，牛许而不召。

杜洩见，告之饥渴，授之戈[37]。对曰："求之而至，又何去焉[38]？"竖牛曰："夫子疾病，不欲见人。"使寘馈于个而退[39]。牛弗进，则置虚，命彻[40]。十二月癸丑，叔孙不食。乙卯卒[41]。牛立昭子而相之[42]。

公使杜洩葬叔孙。竖牛赂叔仲昭子与南遗[43]，使恶杜洩于季孙而去之[44]。杜洩将以路葬，且尽卿礼[45]。南遗谓季孙曰："叔孙未乘路，葬焉用之？且冢卿无路，介卿以葬，不亦左乎[46]？"季孙曰："然。"使杜洩舍路[47]。不可。曰："夫子受命于朝，而聘于王[48]。王思旧勋而赐之路[49]。复命而致之君[50]。君不敢逆王命而后赐之，使三官书之。吾子为司徒，实书名[51]。夫子为司马，与工正书服[52]。孟孙为司空，以书勋[53]，今死而弗以，是弃君命也。书在公府而弗以，是废三官也。若命服，生弗敢服，死又不以，将焉用之？"乃使以葬。

季孙谋去中军，竖牛曰："夫子固欲去之[54]。"

① 成十六年辟侨如之难奔齐。庚宗，鲁地。○ 难，乃旦切。 ② 妇人闻而哭之。 ③ 国氏，齐正卿，姜姓。○ 娶，七住切。 ④ 穆子梦也。○ 压，於甲切，又於辄切。胜，音升。 ⑤ 上偻，肩伛。○ 偻，力主切。伛，纡甫切。 ⑥ 口象猪。○ 豭，音加。喙，许秽切。 ⑦ 徒，从者。○ 号，胡到切，又户刀切。从，才用切。 ⑧ 志，识也。○ 识，申志切，一音式。 ⑨ 宣伯，侨如，穆子之兄。成十六年奔齐，穆子馈宣伯。○ 馈，求位切，饷也。 ⑩ 先子，宣伯先人。 ⑪ 言兄始为乱，己则有今日之愿，盖忿言。○ 女，音汝。 ⑫ 在齐生孟丙、仲壬，鲁召之，立为卿，襄二年始见《经》。○ 见，贤遍切，下接见同。 ⑬ 献穆子。 ⑭ 问有子否。○《释文》：问其姓，女生曰姓，姓谓子也。 ⑮ 襄二年，竖

牛五六岁。○ 长，丁丈切。奉，芳勇切。　⑯ 竖，小臣也。《传》言从梦未必吉。○ 唯，维癸切；徐，以水切。唯，应辞，犹咊也。竖，上主切。⑰ 为家政。　⑱ 公孙明，齐大夫子明也，与叔孙相亲知。　⑲ 国姜，孟、仲母。○ 取，七住切，又如字。　⑳ 子孟丙、仲壬。　㉑ 丘莸，地名。○ 莸，音由。　㉒ 欲使从己，孟不肯。○ 强，其丈切。　㉓ 际，接也。孟未与诸大夫相接见。○ 为，于伪切，又如字。　㉔ 以豭豬血衅钟曰落。○ 衅，许覲切。　㉕ 飨礼具。　㉖ 请飨日。　㉗ 谒，白也。　㉘ 诈命日。　㉙ 北妇人，国姜也。客谓公孙明。　㉚ 杀孟丙。○ 拘，音俱。　㉛ 莱书，公御士名。仲与之私游观于公宫。○ 莱，音来，人姓名。观，古乱切，《注》同，又如字。　㉜ 赐玉环。　㉝ 示叔孙。　㉞ 而何，如何。○ 见，贤遍切，下洩见同。　㉟ 怪牛言。㊱ 言仲已自往见公。　㊲ 杜洩，叔孙氏宰也。牛不食叔孙，叔孙怒，欲使杜洩杀之。○ 洩，息列切。食，音嗣。　㊳ 言求食可得，无为去竖牛。盖杜洩力不能去，设辞以免。○ 去，起吕切，《注》及下同。　㊴ 寘，置也。个，东西厢。○ 寘，之豉切；本或作奠。个，古贺切，谓厢屋。厢，本又作箱，息羊切。　㊵ 写器令空，示若叔孙已食，命去之。○ 令，力呈切。㊶ 三日绝粮。　㊷ 昭子，豹之庶子叔孙婼也。○ 相，息亮切。婼，敕略切。　㊸ 昭子，叔仲带也。南遗，季氏家臣。○ 赂，音路。　㊹ 憎洩不与己同志。○ 恶，乌路切。　㊺ 路，王所赐叔孙车。　㊻ 冢卿，谓季孙。介，次也。左，不便。○ 焉，於虔切，下焉用同。介，音界。左，如字，旧音佐。便，婢面切。　㊼ 舍，置也。○ 舍，式夜切，或音捨。　㊽ 在襄二十四年。夫子，谓叔孙。　㊾ 感其有礼，以念其先人。　㊿ 豹不敢自乘。　(51) 谓季孙也。书名，定位号。○ 复，扶又切。　(52) 谓叔孙也。服，车服之器，工正所书。　(53) 勋，功也。　(54) 诬叔孙以媚季孙。○ 媚，眉冀切。

经

五年春，王正月，舍中军①。

楚杀其大夫屈申[②]。

公如晋。

夏，莒牟夷以牟娄及防兹来奔[③]。

秋七月，公至自晋。

戊辰，叔弓帅师败莒师于蚡泉[④]。

秦伯卒[⑤]。

冬，楚子、蔡侯、陈侯、许男、顿子、沈子、徐人、越人伐吴。

① 襄十一年始立中军。〇 舍，音捨，《传》同。 ② 书名，罪之。 ③ 城阳平昌县西南有防亭，姑幕县东北有兹亭。〇 牟，亡侯切。幕，亡博切。 ④ 蚡泉，鲁地。〇 蚡，扶粉切。 ⑤ 无《传》，不书名，未同盟。

传

五年春，王正月，舍中军，卑公室也[①]。毁中军于施氏，成诸臧氏[②]。初作中军，三分公室而各有其一[③]。季氏尽征之[④]，叔孙氏臣其子弟[⑤]，孟氏取其半焉[⑥]。及其舍之也，四分公室，季氏择二[⑦]，二子各一。皆尽征之，而贡于公[⑧]。以书使杜泄告于殡[⑨]，曰："子固欲毁中军，既毁之矣，故告。"杜泄曰："夫子唯不欲毁也，故盟诸僖闳，诅诸五父之衢[⑩]。"受其书而投之[⑪]，帅士而哭之[⑫]。叔仲子谓季孙曰："带受命于子叔孙曰，葬鲜者自西门[⑬]。"季孙命杜泄[⑭]。杜泄曰："卿丧自朝，鲁礼也[⑮]。吾子为国政，未改礼，而又迁之[⑯]。群臣惧死，不敢自也[⑰]。"既葬而行[⑱]。

仲至自齐[⑲]，季孙欲立之。南遗曰："叔孙氏厚则季氏薄。彼实家乱，子勿与知，不亦可乎？”南遗使国人助竖牛以攻诸大库之庭[20]。司宫射之，中目而死。竖牛取东鄙三十邑，以与南遗[21]。

昭子即位，朝其家众，曰：“竖牛祸叔孙氏，使乱大从[22]，杀適立庶，又披其邑，将以赦罪[23]，罪莫大焉。必速杀之。”竖牛惧，奔齐。孟仲之子杀诸塞关之外[24]，投其首于宁风之棘上[25]。

仲尼曰：“叔孙昭子之不劳，不可能也[26]。周任有言曰：‘为政者不赏私劳，不罚私怨。’《诗》云：‘有觉德行，四国顺之[27]。’”

初，穆子之生也，庄叔以《周易》筮之[28]，遇《明夷》䷣[29]之《谦》䷎[30]，以示卜楚丘[31]。曰：“是将行[32]，而归为子祀[33]。以谗人入，其名曰牛，卒以馁死。《明夷》，日也[34]。日之数十[35]，故有十时，亦当十位。自王已下，其二为公，其三为卿[36]。日上其中[37]，食日为二[38]，旦日为三[39]。《明夷》之《谦》，明而未融，其当旦乎[40]。故曰为子祀[41]。日之《谦》当鸟，故曰明夷于飞[42]。明而未融，故曰垂其翼[43]。象日之动，故曰君子于行[44]。当三在旦，故曰三日不食[45]。《离》，火也。《艮》，山也。《离》为火，火焚山，山败[46]。于人为言[47]，败言为谗[48]。故曰有攸往。主人有言，言必谗也[49]。纯《离》为牛[50]。世乱谗胜，胜将适《离》，故曰其名曰牛[51]。《谦》不足，飞不翔[52]，垂不峻，翼不广[53]。故曰其为子后乎[54]。吾子，亚卿也，抑少不终[55]。”

①罢中军，季孙氏称左师，孟氏称右师，叔孙氏则自以叔孙为军名。②季孙不欲亲其议，敕二家会诸大夫发毁置之计，又取其令名。○臧，子郎切。　③三家各有一军家属。　④无所入于公。　⑤以父兄归公。　⑥复以子弟之半归公。○复，扶又切。　⑦简择取二分。○分，扶运切，或如字。　⑧国人尽属三家，三家随时献公而已。⑨告叔孙之柩。○殡，必刃切。柩，其又切。　⑩皆在襄十一年。○闳，音宏。诅，侧虑切。衢，其俱切。　⑪投，掷也。○掷，直亦切。⑫痛叔孙之见诬。　⑬不以寿终为鲜。西门，非鲁朝正门。○鲜，音仙；徐，息浅切。寿，音授。　⑭命使从西门。　⑮从生存朝觐之正路。　⑯迁，易也。　⑰自，从也。　⑱善杜泄能辟祸。⑲闻丧而来。　⑳攻仲壬也。鲁城内有大庭氏之虚，于其上作库。○与，音预。虚，起居切。　㉑取叔孙氏邑。○射，食亦切。中，丁仲切。　㉒使从于乱。○《释文》：使乱大从，如字；服云，使乱大和顺之道也。　㉓披，析也。谓以邑与南遗。昭子不知竖牛饿杀其父，故但言其见罪。○適，丁历切，本又作嫡。披，普皮切。析，星历切。见，贤遍切。㉔齐、鲁界上关。○塞，悉代切。　㉕宁风，齐地。　㉖不以立己为功劳，据其所言善之，时鲁人不以饿死语昭子。○语，鱼据切。　㉗《诗·大雅》。觉，直也，言德行直则四方顺从之。○任，音壬。行，下孟切。㉘庄叔，穆子父得臣也。　㉙《离》下《坤》上，《明夷》。○坤，苦门切。㉚《艮》下《坤》上，《谦》。《明夷》初九变为《谦》。○艮，古恨切。　㉛楚丘，卜人姓名。　㉜行，出奔。　㉝奉祭祀。　㉞《离》为日。夷，伤也。日明伤。○馁，奴罪切，饿也。　㉟甲至癸。　㊱日中当王，食时当公，平旦为卿，鸡鸣为士，夜半为皂，人定为舆，黄昏为隶，日入为僚，晡时为仆，日昳为台，隅中日出，阙不在第。尊王公，旷其位。○皂，才早切。舆，音余。僚，力凋切。晡，布吴切。昳，田结切。　㊲日中盛明，故以当王。　㊳公位。　㊴卿位。　㊵融，朗也。《离》在《坤》下，日在地中之象。又变为《谦》，谦道卑退，故曰明而未融。日明未融，故曰其当旦乎。　㊶庄叔，卿也。卜豹为卿，故知为子祀。　㊷《离》为日、为

鸟,《离》变为《谦》,日光不足,故当鸟。鸟飞行,故曰于飞。 ㊸ 于日为未融,于鸟为垂翼。 ㊹《明夷》初九,得位有应,君子象也。在明伤之世,居谦下之位,故将辟难而行。○ 应,应对之应。谦,如字,又遐嫁切。难,乃旦切。 ㊺ 旦位在三,又非食时,故曰三日不食。 ㊻《离》、《艮》合体故。○ 败,必迈切,又如字。 ㊼《艮》为言。 ㊽ 为《离》所焚,故言败。 ㊾《离》变为《艮》,故言有所往。往而见烧,故主人有言。言而见败,故必谗言。○ 攸,音由。 ㊿《易》,《离》上《离》下,《离》,畜牝牛,吉。故言纯《离》为牛。○ 牝,频忍切,旧扶死切。 (51)《离》焚山则《离》胜,譬世乱则谗胜,山焚则《离》独存,故知名牛也。竖牛非牝牛,故不吉。 (52) 谦道冲退,故飞不远翔。 (53) 峻,高也。翼垂下,故不能广远。 (54) 不远翔,故知不远去。 (55) 旦日,正卿之位,庄叔父子世为亚卿,位不足以终尽卦体,盖引而致之。

楚子以屈申为贰于吴,乃杀之①。以屈生为莫敖②,使与令尹子荡如晋逆女。过郑,郑伯劳子荡于氾,劳屈生于菟氏③。晋侯送女于邢丘。子产相郑伯,会晋侯于邢丘④。

① 造生贰心。 ② 生,屈建子。 ③ 氾、菟氏皆郑地。○ 过,古禾切。劳,力报切,后皆同。氾,徐,扶严切。菟,大胡切。 ④《传》言楚强,诸侯畏敬其使。○ 相,息亮切。使,所吏切。

公如晋①,自郊劳至于赠贿②,无失礼③。晋侯谓女叔齐曰:"鲁侯不亦善于礼乎?"对曰:"鲁侯焉知礼!"公曰:"何为?自郊劳至于赠贿,礼无违者,何故不知?"对曰:"是仪也,不可谓礼。礼所以守其国,行其政令,无失其民者也。今政令在家④,不能取也。有子家羁,弗能用也⑤。奸大国之盟，陵虐小国[6]。利人之难[7]，不知其私[8]。公室四分，民食于他[9]。思莫在公，不图其终[10]。为国君，难将及身，不恤其所。礼之本末，将于此乎在[11]，而屑屑焉习仪以亟[12]。言善于礼，不亦远乎？”君子谓：“叔侯于是乎知礼[13]。”

① 即位而往见。○ 见，贤遍切。 ② 往有郊劳，去有赠贿。○ 贿，呼罪切。 ③ 揖让之礼。 ④ 在大夫。○ 女，音汝。焉，於虔切。 ⑤ 羁，庄公玄孙懿伯也。○ 羁，居宜切。 ⑥ 谓伐莒取郓。○ 奸，音干。郓，音运。 ⑦ 谓往年莒乱而取鄫。○ 难，乃旦切，下及注同。 ⑧ 不自知有私难。 ⑨ 他，谓三家也。言鲁君与民无异。 ⑩ 无为公谋终始者。○ 思，息吏切，谓群臣虑也，又如字。为，于伪切。 ⑪ 在恤民与忧国。 ⑫ 言以习仪为急。○ 屑，先结切。亟，纪力切。 ⑬ 时晋侯亦失政，叔齐以此讽谏。○ 讽，芳凤切；本亦作风，音同。

晋韩宣子如楚送女，叔向为介。郑子皮、子大叔劳诸索氏[1]。大叔谓叔向曰：“楚王汏侈已甚，子其戒之。”叔向曰：“汏侈已甚，身之灾也，焉能及人？若奉吾币帛，慎吾威仪，守之以信，行之以礼，敬始而思终，终无不复[2]。从而不失仪[3]，敬而不失威，道之以训辞，奉之以旧法，考之以先王[4]，度之以二国[5]，虽汏侈，若我何？”

及楚，楚子朝其大夫曰：“晋，吾仇敌也。苟得志焉，无恤其他。今其来者，上卿、上大夫也。若吾以韩起为阍[6]，以羊舌肸为司宫[7]，足以辱晋，吾亦得志矣，可乎？”大夫莫对。薳启彊曰：“可。苟有其备，何故不可？耻匹夫不可以无备，况耻国乎？是以圣王务行礼，不求耻人。朝聘有珪[8]，享觋有璋[9]，小有述职[10]，大有巡功[11]，设机而不倚，爵盈而不饮[12]，宴有好货[13]，飧有陪鼎[14]，入有郊劳[15]，出有赠贿[16]，礼之至也。国家之败，失之道也，则祸乱兴[17]。城濮之役[18]，晋无楚备，以败于邲[19]。邲之役，楚无晋备，以败于鄢[20]。自鄢以来，晋不失备，而加之以礼，重之以睦[21]，是以楚弗能报而求亲焉。既获姻亲，又欲耻之，以召寇仇，备之若何[22]？谁其重此[23]？若有其人，耻之可也[24]。若其未有，君亦图之。晋之事君，臣曰可矣。求诸侯而麇至[25]，求昏而荐女[26]，君亲送之，上卿及上大夫致之。犹欲耻之，君其亦有备矣。不然，奈何？韩起之下，赵成、中行吴、魏舒、范鞅、知盈[27]；羊舌肸之下，祁午、张趯、籍谈、女齐、梁丙、张骼、辅跞、苗贲皇，皆诸侯之选也[28]。韩襄为公族大夫，韩须受命而使矣[29]。箕襄、邢带[30]、叔禽、叔椒、子羽[31]，皆大家也。韩赋七邑，皆成县也[32]。羊舌四族，皆强家也[33]。晋人若丧韩起、杨肸，五卿、八大夫[34]辅韩须、杨石[35]，因其十家九县[36]，长毂九百[37]，其馀四十县，遗守四千[38]，奋其武怒，以报其大耻，伯华谋之[39]，中行伯、魏舒帅之[40]，其蔑不济矣。君将以亲易怨[41]，实无礼以速寇，而未有其备，使群臣往遗之禽，以逞君心，何不可之有？”王曰：“不穀之过也，大夫无辱[42]。”厚为韩子礼。王欲敖叔向以其所不知，而不能[43]。亦厚其礼。

韩起反，郑伯劳诸圉[44]。辞不敢见，礼也[45]。

① 河南成皋县东有大索城。○ 介，音界。大，音泰。索，悉洛切。 ② 事皆可复行。○ 焉，於虔切。 ③ 从，顺也。 ④ 以先王之礼成其好。○ 道，音导。好，呼报切。 ⑤ 度晋、楚之势而行之。○ 度，待洛

切。 ⑥ 刖足使守门。○ 仇，音求。阍，音昏。刖，音月，又五刮切。⑦ 加宫刑。○ 肸，许乙切。 ⑧ 珪以为信。 ⑨ 享，飨也。眺，见也。既朝聘而享见也。臣为君使执璋。○ 眺，他吊切；徐，他彫切。璋，音章。享、飨，并许丈切；郑、服皆以享为献耳。见，贤遍切。为，于伪切。使，所吏切。 ⑩ 诸侯适天子曰述职。○《释文》云：述职，述其所治国之功职也。 ⑪ 天子巡守曰巡功。○《释文》：巡功，巡所守之功绩。守，手又切。 ⑫ 言务行礼。○ 机，音几。倚，於绮切。 ⑬ 宴饮以货为好，衣服车马，在客所无。○ 好，呼报切，下同。 ⑭ 热食为飧。陪，加也。加鼎所以厚殷勤。○ 飧，音孙。陪，薄回切；徐，扶杯切。 ⑮ 宾至，逆劳之于郊。 ⑯ 去则赠之以货贿。 ⑰ 失朝聘宴好之道。⑱ 在僖二十八年。○ 濮，音卜。 ⑲ 在宣十二年，言兵祸始于城濮。○ 邲，皮必切。 ⑳ 在成十六年。○ 鄢，於晚切。 ㉑ 君臣和也。○ 重，直用切。 ㉒ 言何以为备。○ 姻，音因。 ㉓ 言怨重。㉔ 谓有贤人以敌晋，则可耻之。 ㉕ 麇，群也。○ 麇，丘陨切，又其郧切。 ㉖ 荐，进也。 ㉗ 五卿位在韩起之下，皆三军之将佐也。成，赵武之子。吴，荀偃之子。○ 行，户郎切。鞅，於丈切。知，音智。将，子匠切。 ㉘ 言非凡人。○ 趯，他历切。骼，古百切，或音各。跞，力狄切，又力各切；本又作栎，同。贲，扶云切。选，息恋切。 ㉙ 襄，韩无忌子也，为公族大夫。须，起之门子，年虽幼，已任出使。○ 使，所吏切，下注同。任，音壬。 ㉚ 二人韩氏族。 ㉛ 皆韩起庶子。 ㉜ 成县，赋百乘也。○《释文》：韩赋七邑。韩襄，起之兄子。箕襄、邢带二人，韩氏族。韩须、叔禽、叔椒、子羽四人，皆韩起子。凡七人，人一邑。乘，绳证切，下皆同。 ㉝ 四族，铜鞮伯华、叔向、叔鱼、叔虎兄弟四人。○ 鞮，丁兮切。㉞ 五卿，赵成以下；八大夫，祁午以下。○ 丧，息浪切。杨肸，叔向本羊舌氏，食采于杨，故又号杨肸也。 ㉟ 石，叔向子食我也。○ 食，音嗣。㊱ 韩氏七，羊舌氏四，而言十家，举大数也。羊舌四家，共二县，故但言强家。 ㊲ 长毂，戎车也，县百乘。○ 毂，古木切。 ㊳ 计遗守国者尚有四千乘。○ 遗，唯季切。 ㊴ 伯华，叔向兄。 ㊵ 伯，中行吴。

㊶ 失婚姻之亲。　㊷ 谢薳启彊。　㊸ 言叔向之多知。○ 敖，五报切。叔向以其所不知，绝句。多知，如字，又音智。　㊹ 圉，郑地名。㊺ 奉使君命未反故。○ 见，贤遍切。

郑罕虎如齐，娶于子尾氏[①]。晏子骤见之。陈桓子问其故，对曰："能用善人，民之主也[②]。"

① 自为逆也。○ 娶，七住切。为，于伪切。　② 谓授子产政。○ 骤，仕救切。

夏，莒牟夷以牟娄及防兹来奔。非卿而书，尊地也[①]。莒人愬于晋[②]。晋侯欲止公。范献子曰："不可。人朝而执之，诱也。讨不以师，而诱以成之，惰也。为盟主而犯此二者，无乃不可乎？请归之，间而以师讨焉[③]。"乃归公。秋七月，公至自晋。

① 尊，重也。重地，故书。以名其人终为不义。　② 愬鲁受牟夷。○ 愬，悉路切。　③ 间，暇也。○ 诱，音酉。惰，徒卧切。间，音闲，注同，又如字。

莒人来讨[①]，不设备。戊辰，叔弓败诸蚡泉，莒未陈也[②]。

① 讨受牟夷。　② 嫌君臣异，故重发例。○ 陈，直觐切。重，直用切。

冬十月，楚子以诸侯及东夷伐吴，以报棘、栎、麻之役[①]。

薳射以繁扬之师，会于夏汭[②]。越大夫常寿过帅师会楚子于琐[③]。闻吴师出，薳启彊帅师从之[④]，遽不设备，吴人败诸鹊岸[⑤]。

楚子以驲至于罗汭[⑥]。吴子使其弟蹶由犒师[⑦]，楚人执之，将以衅鼓。王使问焉，曰："女卜来吉乎？"对曰："吉。寡君闻君将治兵于敝邑，卜之以守龟，曰，余亟使人犒师，请行以观王怒之疾徐，而为之备，尚克知之[⑧]。龟兆告吉，曰，克可知也。君若驩焉，好逆使臣，滋敝邑休怠[⑨]，而忘其死，亡无日矣。今君奋焉震电冯怒[⑩]，虐执使臣，将以衅鼓，则吴知所备矣。敝邑虽羸，若早修完[⑪]，其可以息师[⑫]。难易有备，可谓吉矣。且吴社稷是卜，岂为一人。使臣获衅军鼓，而敝邑知备，以御不虞，其为吉孰大焉。国之守龟，其何事不卜[⑬]？一臧一否，其谁能常之？城濮之兆，其报在邲[⑭]。今此行也，其庸有报志[⑮]。"乃弗杀。

楚师济于罗汭，沈尹赤会楚子，次于莱山。薳射帅繁扬之师，先入南怀，楚师从之。及汝清[⑯]，吴不可入[⑰]。楚子遂观兵于坻箕之山[⑱]。是行也，吴早设备，楚无功而还，以蹶由归。楚子惧吴，使沈尹射待命于巢，薳启彊待命于雩娄，礼也[⑲]。

① 役在四年。 ② 会楚子。○ 射，食夜切，又食亦切。 ③ 琐，楚地。○ 过，古禾切。琐，素果切。 ④ 从吴师也。 ⑤ 庐江舒县有鹊尾渚。○ 遽，其据切。岸，五旦切。 ⑥ 驲，传也。罗，水名。○ 驲，人实切。传，中恋切。 ⑦ 犒，劳。○ 蹶，居卫切。犒，苦报切。 ⑧ 言吴令龟如此。○ 衅，许覲切。女，音汝。守，手又切，下同。亟，纪力

切。　⑨ 休，解也。○ 好，呼报切。使，所吏切，下同。解，佳买切。⑩ 冯，盛也。○ 冯，皮冰切；徐，敷冰切。　⑪ 完器备。○ 羸，力危切。完，音丸。　⑫ 息楚之师。　⑬ 言常卜。○ 易，以豉切。为，于伪切。御，鱼吕切。　⑭ 城濮战，楚卜吉，其效乃在邲。○ 否，悲矣切，旧方有切。　⑮ 言吴有报楚意。　⑯ 南怀、汝清，皆楚界。○ 莱，音来。⑰ 有备。　⑱ 观，示也。○ 观，旧音官，读《尔雅》者，皆官唤切。坻，直夷切。　⑲ 善有备。○ 雩，音于；徐，况于切；如淳同；韦昭音虚。娄，力侯切；徐，力俱切；如淳音楼。

秦后子复归于秦[①]，景公卒故也[②]。

① 元年奔晋。　② 终五稔之言。○ 稔，而甚切。

经

六年春，王正月，杞伯益姑卒[①]。

葬秦景公。

夏，季孙宿如晋。

葬杞文公[②]。

宋华合比出奔卫[③]。

秋九月，大雩。

楚薳罢帅师伐吴[④]。

冬，叔弓如楚。

齐侯伐北燕。

① 再同盟。　② 无《传》。　③ 合比事君不以道，自取奔亡，书名罪之。○ 华，户化切。比，如字，又毗志切。　④ ○ 罢，音皮。

传

六年春，王正月，杞文公卒，吊如同盟，礼也[①]。大夫如秦，葬景公，礼也[②]。

① 鲁怨杞因晋取其田，而今不废丧纪，故礼之。 ② 合先王士吊大夫送葬之礼。

三月，郑人铸刑书[①]。叔向使诒子产书[②]曰："始吾有虞于子[③]，今则已矣[④]。昔先王议事以制，不为刑辟，惧民之有争心也[⑤]。犹不可禁御，是故闲之以义[⑥]，纠之以政[⑦]，行之以礼，守之以信，奉之以仁[⑧]，制为禄位以劝其从[⑨]，严断刑罚以威其淫[⑩]。惧其未也，故诲之以忠，耸之以行[⑪]，教之以务[⑫]，使之以和[⑬]，临之以敬，涖之以强[⑭]，断之以刚[⑮]。犹求圣哲之上，明察之官[⑯]，忠信之长，慈惠之师，民于是乎可任使也，而不生祸乱。民知有辟，则不忌于上[⑰]，并有争心，以征于书，而徼幸以成之[⑱]，弗可为矣[⑲]。夏有乱政而作《禹刑》，商有乱政而作《汤刑》[⑳]，周有乱政而作《九刑》[㉑]，三辟之兴，皆叔世也[㉒]。今吾子相郑国，作封洫[㉓]，立谤政[㉔]，制参辟，铸刑书[㉕]，将以靖民，不亦难乎？《诗》曰：'仪式刑文王之德，日靖四方[㉖]。'又曰：'仪刑文王，万邦作孚[㉗]。'如是，何辟之有[㉘]？民知争端矣，将弃礼而征于书[㉙]。锥刀之末，将尽争之[㉚]。乱狱滋丰，贿赂并行，终子之世，郑其败乎！肸闻之，国将亡，必多制[㉛]，其此之谓乎！"复书曰："若吾子之言[㉜]。侨不才，不能及子孙，吾以救世也。既不承命，敢忘大惠[㉝]？"

士文伯曰："火见，郑其火乎[34]。火未出而作火以铸刑器[35]，藏争辟焉。火如象之，不火何为[36]？"

①铸刑书于鼎，以为国之常法。○铸，之树切。　②诒，遗也。○诒，以之切。遗，唯季切。　③虞，度也。言准度子产以为己法。○度，待洛切，下同。　④已，止也。　⑤临事制刑，不豫设法也。法豫设则民知争端。○辟，婢亦切，下皆同。争，争斗之争。　⑥闲，防也。○御，鱼吕切。　⑦纠，举也。　⑧奉，养也。　⑨劝从教。⑩淫，放也。○断，丁乱切。　⑪耸，惧也。○耸，息勇切。行，下孟切。　⑫时所急。　⑬说以使民。○说，音悦。　⑭施之于事为涖。○涖，音利，又音类。　⑮义断恩。　⑯上，公、王也。官，卿、大夫也。　⑰权移于法，故民不畏上。○长，丁丈切。　⑱因危文以生争，缘徼幸以成其巧伪。○徼，本又作邀，古尧切。　⑲为，治也。⑳夏、商之乱，著禹、汤之法，言不能议事以制。○夏，户雅切。　㉑周之衰亦为刑书，谓之《九刑》。　㉒言刑书不起于始盛之世。　㉓在襄三十年。○相，息亮切。洫，况域切。　㉔作丘赋，在四年。○谤，布浪切。　㉕制参辟，谓用三代之末法。○参，七南切，一音三。㉖《诗·颂》。言文王以德为仪式，故能日有安靖四方之功。刑，法也。○靖，音静。　㉗《诗·大雅》。言文王作仪法为天下所信。孚，信也。㉘言《诗》唯以德与信，不以刑也。　㉙以刑书为征。　㉚锥刀末，喻小事。○锥，音佳。尽，如字。　㉛数改法。○数，所角切。㉜复，报也。　㉝以见箴戒为惠。○箴，之林切。　㉞火，心星也。周五月昏见。○见，贤遍切。　㉟刑器，鼎也。　㊱象，类也。同气相求，火未出而用火，相感而致灾。

夏，季孙宿如晋，拜莒田也[1]。晋侯享之，有加笾[2]。武子退，使行人告曰："小国之事大国也，苟免于讨，不敢求贶[3]。得贶不过三献[4]。今豆有加，下臣弗堪，无乃戾也[5]。"韩宣子曰："寡君以为驩也[6]。"对曰："寡君犹未敢[7]，况下臣，君之隶也，敢闻加贶？"固请彻加而后卒事。晋人以为知礼，重其好货[8]。

① 谢前年受牟夷邑，不见讨。　② 笾豆之数，加于常礼。③ 贶，赐也。○ 贶，音况。　④《周礼》：大夫三献。　⑤ 惧以不堪为罪。　⑥ 以加礼致驩心。○ 驩，音欢。　⑦ 未敢当此加也。⑧ 宴好之货。○ 好，呼报切。

宋寺人柳有宠[1]，大子佐恶之。华合比曰："我杀之[2]。"柳闻之，乃坎用牲埋书[3]，而告公曰："合比将纳亡人之族[4]，既盟于北郭矣。"公使视之，有焉，遂逐华合比。合比奔卫。于是华亥欲代右师[5]，乃与寺人柳比，从为之征曰："闻之久矣[6]。"公使代之[7]。见于左师[8]，左师曰："女夫也，必亡[9]！女丧而宗室，于人何有？人亦于女何有[10]？《诗》曰：'宗子维城，毋俾城坏，毋独斯畏[11]。'女其畏哉[12]！"

① 有宠于平公。○ 寺，本又作侍。柳，良九切，寺人名。　② 故以求媚大子。○ 恶，乌路切。　③ 诈为盟处。○ 处，昌虑切。　④ 亡人，华臣也。襄十七年奔卫。　⑤ 亥，合比弟。欲得合比处。　⑥ 闻合比欲纳华臣。○ 比，毗志切。　⑦ 代合比为右师。　⑧ 左师，向戌。○ 见，贤遍切，又如字。　⑨ 夫谓华亥。○ 女，音汝，下并《注》同。夫，方于切。　⑩ 言人亦不能爱女。○ 丧，息浪切。　⑪《诗·大雅》。言宗子之固若城。俾，使也。○ 俾，必尔切。　⑫ 为二十年华亥出奔《传》。

六月丙戌，郑灾[①]。

① 终士文伯之言。

楚公子弃疾如晋，报韩子也[①]。过郑，郑罕虎、公孙侨、游吉从郑伯以劳诸柤。辞不敢见[②]。固请见之，见，如见王[③]，以其乘马八匹私面[④]。见子皮如上卿[⑤]，以马六匹。见子产，以马四匹。见子大叔，以马二匹[⑥]。禁刍牧采樵，不入田[⑦]，不樵树，不采蓺[⑧]，不抽屋，不强匄。誓曰："有犯命者，君子废，小人降[⑨]。"舍不为暴，主不慁宾[⑩]。往来如是。郑三卿皆知其将为王也[⑪]。

韩宣子之适楚也，楚人弗逆。公子弃疾及晋竟，晋侯将亦弗逆。叔向曰："楚辟我衷[⑫]，若何效辟？《诗》曰：'尔之教矣，民胥效矣[⑬]。'从我而已，焉用效人之辟？《书》曰：'圣作则[⑭]。'无宁以善人为则[⑮]，而则人之辟乎？匹夫为善，民犹则之，况国君乎？"晋侯说，乃逆之[⑯]。

① 报前年送女。　② 不敢当国君之劳。柤，郑地。○ 过，古卧切，又古禾切。从，才用切，或如字。劳，力报切，下同。柤，侧加切。见，贤遍切，下见王、《注》见郑、见王、私见同。　③ 见郑伯如见楚王，言弃疾共而有礼。　④ 私见郑伯。○ 乘，绳证切。　⑤ 如见楚卿。　⑥ 降杀以两。○ 杀，所界切。　⑦ 不犯田种。○ 刍，初俱切。樵，似遥切。⑧ 蓺，种也。　⑨ 君子则废黜不得居位，小人则退给下剧也。○ 抽，敕留切。强，其丈切，又其良切。匄，本或作丐，音盖，乞也；《说文》作匄；逯安说，亡人为匄。黜，敕律切。　⑩ 慁，患也。○ 慁，户困切。　⑪ 三卿，罕虎、公孙侨、游吉。　⑫ 辟，邪也。衷，正也。○ 竟，音境。辟，匹

亦切，下同。衷，音忠。邪，似嗟切。　⑬《诗·小雅》。言上教下效。○效，户孝切。　⑭逸《书》。则，法也。○焉，於虔切。　⑮无宁，宁也。　⑯《传》言叔向知礼。○说，音悦。

秋九月，大雩，旱也。

徐仪楚聘于楚[①]。楚子执之，逃归。惧其叛也，使薳洩伐徐[②]。吴人救之。令尹子荡帅师伐吴，师于豫章，而次于乾谿[③]。吴人败其师于房钟[④]，获宫厩尹弃疾[⑤]。子荡归罪于薳洩而杀之[⑥]。

①仪楚，徐大夫。　②薳洩，楚大夫。○洩，息列切。　③乾谿，在谯国城父县南，楚东竟。○谿，苦兮切。父，音甫。　④房钟，吴地。　⑤鬥韦龟之父。○厩，九又切。　⑥归罪于薳洩，不以败告，故不书。

冬，叔弓如楚聘，且吊败也[①]。

①吊为吴所败。

十一月，齐侯如晋，请伐北燕也[①]。士匄相士鞅，逆诸河，礼也[②]。晋侯许之。十二月，齐侯遂伐北燕，将纳简公[③]。晏子曰："不入。燕有君矣，民不贰。吾君贿，左右谄谀，作大事不以信，未尝可也[④]。"

①告盟主。　②士匄，晋大夫。相为介，得敬逆来者之礼。○匄，古害切；本或作丐。相，息亮切。鞅，於丈切。今传本皆作士匄相士鞅，古

本士匄或作王正。董遇、王肃本同。学者皆以士匄是范宣子，即士鞅之父，不应取其父同姓名人以为介，今传本误也。依王正为是。王元规云，古人质，口不言之耳，何妨为介也。案士文伯是士鞅之族，亦名匄，无妨。今相范鞅，即文伯也。然士文伯名，古本或有作正者。解见前卷襄三十一年。介，音界。　③ 简公，北燕伯。三年出奔齐。　④ 为明年暨齐平《传》。○ 谄，敕检切。谀，羊朱切。

经

七年春，王正月，暨齐平①。

三月，公如楚。叔孙婼如齐涖盟②。

夏四月甲辰朔，日有食之。

秋八月戊辰，卫侯恶卒③。

九月，公至自楚。

冬十有一月癸未，季孙宿卒。

十有二月癸亥，葬卫襄公。

① 暨，与也。燕与齐平。前年冬，齐伐燕，间无异事，故不重言燕，从可知。○ 暨，其器切，《传》同。重，直用切。　② 无《传》。公将远适楚，故叔孙如齐寻旧好。○ 婼，敕略切；徐音释。好，呼报切。　③ 元年，大夫盟于虢。

传

七年春，王正月，暨齐平，齐求之也①。癸巳，齐侯次于虢②。燕人行成曰：“敝邑知罪，敢不听命？先君之敝器，请以谢罪③。”公孙皙曰：“受服而退，俟衅而动，可也④。”二月戊午，盟于濡上⑤。燕人归燕姬⑥，赂以瑶瓮、玉椟、斝耳，不克而还⑦。

① 齐伐燕，燕人赂之，反从求平，如晏子言。 ② 虢，燕竟。○ 虢，瓜百切。竟，音境。 ③ 敝器，瑶瓮、玉椟之属。○ 瑶，音遥。瓮，乌送切；徐，於容切。椟，徒木切。 ④ 晳，齐大夫。○ 晳，星历切；徐，思益切。衅，许觐切。 ⑤ 濡水出高阳县东北，至河间鄚县入易水。○ 濡，徐音须；《说文》，女于切，一音而又切，又而于切。鄚，音莫；本又作莫。⑥ 嫁女与齐侯。 ⑦ 瑶，玉也。椟，匮也。斝耳，玉爵。○ 斝，古雅切，又音嫁；《礼记》，夏曰醆，殷曰斝，周曰爵；《说文》，斝从斗。匮，其位切。

楚子之为令尹也，为王旌以田①。芋尹无宇断之曰："一国两君，其谁堪之？"及即位，为章台之宫，纳亡人以实之②。无宇之阍入焉③。无宇执之，有司弗与④，曰："执人于王宫，其罪大矣。"执而谒诸王⑤。王将饮酒⑥，无宇辞曰："天子经略⑦，诸侯正封⑧，古之制也。封略之内，何非君土。食土之毛，谁非君臣⑨。故《诗》曰：'普天之下，莫非王土。率土之滨，莫非王臣⑩。'天有十日⑪，人有十等⑫，下所以事上，上所以共神也。故王臣公，公臣大夫，大夫臣士，士臣皂，皂臣舆，舆臣隶，隶臣僚，僚臣仆，仆臣台，马有圉，牛有牧⑬，以待百事。今有司曰，女胡执人于王宫，将焉执之？周文王之法曰，有亡荒阅⑭，所以得天下也。吾先君文王⑮，作《仆区》之法⑯，曰盗所隐器⑰，与盗同罪，所以封汝也⑱。若从有司，是无所执逃臣也。逃而舍之，是无陪台也⑲。王事无乃阙乎？昔武王数纣之罪，以告诸侯曰，纣为天下逋逃主，萃渊薮⑳，故夫致死焉㉑。君王始求诸侯而则纣，无乃不可乎？若以二文之法取之,盗有所在矣[22]。"王曰:"取而臣以往[23],盗有宠,未可得也[24]。"遂赦之[25]。

①析羽为旌,王旌游至于轸。○旌,音精。析,星历切。游,音留。轸,之忍切。　②章台,南郡华容县。○芋,于付切。断,音短。③有罪亡人章华宫。　④王有司也。　⑤执无宇也。　⑥遇其欢也。　⑦经营天下,略有四海,故曰经略。　⑧封疆有定分。○疆,居良切。分,扶问切。　⑨毛,草也。　⑩《诗·小雅》。滨,涯也。○普,本或作溥,音同;《毛传》云,大也。滨,音宾。涯,五佳切。⑪甲至癸。　⑫王至台。　⑬养马曰圉,养牛曰牧。○共,音恭。圉,鱼吕切。　⑭荒,大也。阅,蒐也。有亡人当大蒐其众。○女,音汝。焉,於虔切。阅,音悦。蒐,所求切。　⑮楚文王。　⑯《仆区》,刑书名。○区,乌侯切;徐,如字。服云,仆,隐也;区,匿也。为隐匿亡人之法也。　⑰隐盗所得器。　⑱行善法,故能启疆北至汝水。⑲言皆将逃。　⑳萃,集也。天下逋逃,悉以纣为渊薮,集而归之。○数,色具切,又色主切。逋,布吴切。萃,在醉切。薮,素口切。㉑人欲致死讨纣。○夫,音扶,又方于切。　㉒言王亦为盗。㉓往,去也。　㉔盗有宠,王自谓,为葬灵王张本。　㉕赦无宇。

楚子成章华之台,愿与诸侯落之[①]。大宰薳启彊曰:"臣能得鲁侯。"薳启彊来召公,辞曰:"昔先君成公,命我先大夫婴齐曰:'吾不忘先君之好,将使衡父照临楚国,镇抚其社稷,以辑宁尔民。'婴齐受命于蜀[②],奉承以来,弗敢失陨,而致诸宗祧[③],曰,我先君共王,引领北望,日月以冀[④]。传序相授,于今四王矣[⑤]。嘉惠未至,唯襄公之辱临我丧[⑥]。孤与其二三臣,悼心失图[⑦],社稷之不皇,况能怀思君德[⑧]!今君若步玉趾，辱见寡君[9]，宠灵楚国，以信蜀之役，致君之嘉惠，是寡君既受贶矣，何蜀之敢望[10]！其先君鬼神，实嘉赖之，岂唯寡君。君若不来，使臣请问行期[11]，寡君将承质币而见于蜀，以请先君之贶[12]。"

公将往，梦襄公祖[13]。梓慎曰："君不果行。襄公之适楚也，梦周公祖而行。今襄公实祖，君其不行。"子服惠伯曰："行。先君未尝适楚，故周公祖以道之。襄公适楚矣，而祖以道君，不行，何之？"

三月，公如楚，郑伯劳于师之梁[14]。孟僖子为介，不能相仪[15]。及楚，不能答郊劳[16]。

① 宫室始成，祭之为落。台今在华容城内。 ② 蜀盟在成二年。衡父，公衡。〇 好，呼报切。辑，音集，又七入切。 ③ 言奉成公此语以告宗庙。〇 陨，于敏切。祧，他凋切。 ④ 冀鲁朝。〇 共，音恭。⑤ 四王，共、康、郏敖及灵王。〇 传，直专切。郏，古洽切。 ⑥ 襄公二十八年，如楚临康王丧。 ⑦ 在哀丧故。 ⑧ 皇，暇也。言有大丧，多不暇。 ⑨ 趾，足也。 ⑩ 言但欲使君来，不敢望如蜀复有质子。〇 复，扶又切。质，音致，又如字。 ⑪ 问鲁见伐之期。〇 使，所吏切。⑫ 请，问也。〇 质，音至；徐，之二切，又如字。见，贤遍切。 ⑬ 祖，祭道神。 ⑭ 郑城门。〇 道，音导。劳，力报切。 ⑮ 僖子，仲孙貜。〇 介，音界。相，息亮切。貜，俱缚切，又俱碧切。 ⑯ 为下僖子病不能相礼张本。

夏四月甲辰朔，日有食之。晋侯问于士文伯曰："谁将当日食？"对曰："鲁、卫恶之[1]，卫大鲁小。"公曰："何故？"对曰："去卫地，如鲁地[2]。于是有灾，鲁实受之[3]。其大咎，其卫君乎，鲁将上卿[④]。”公曰：“《诗》所谓‘彼日而食，于何不臧’者，何也[⑤]？”对曰：“不善政之谓也。国无政，不用善，则自取谪于日月之灾[⑥]。故政不可不慎也。务三而已，一曰择人[⑦]，二曰因民[⑧]，三曰从时[⑨]。”

① 受其凶恶。○ 恶，如字，或乌路切，非也。　② 卫地，豕韦也。鲁地，降娄也。日食于豕韦之末，及降娄之始乃息，故祸在卫大，在鲁小也。周四月，今二月，故曰在降娄。○ 降，户江切。　③ 灾发于卫，而鲁受其馀祸。　④ 八月卫侯卒，十一月季孙宿卒。○ 咎，其九切。　⑤ 感日食而问《诗》。　⑥ 谪，谴也。○ 谪，直革切。谴，遣战切。　⑦ 择贤人。　⑧ 因民所利而利之。　⑨ 顺四时之所务。

晋人来治杞田[①]，季孙将以成与之[②]。谢息为孟孙守，不可[③]。曰：“人有言曰，虽有挈瓶之知，守不假器，礼也[④]。夫子从君，而守臣丧邑[⑤]，虽吾子亦有猜焉[⑥]。”季孙曰：“君之在楚，于晋罪也[⑦]。又不听晋，鲁罪重矣。晋师必至，吾无以待之，不如与之，间晋而取诸杞[⑧]。吾与子桃[⑨]，成反，谁敢有之？是得二成也。鲁无忧而孟孙益邑，子何病焉？”辞以无山，与之莱、柞[⑩]，乃迁于桃[⑪]。晋人为杞取成[⑫]。

① 前女叔侯不尽归，今公适楚，晋人恨，故复来治杞田。○ 复，扶又切，下复伐同。　② 成，孟氏邑，本杞田。　③ 谢息，僖子家臣。○ 为，于伪切，下为杞同。守，手又切，下守臣同。　④ 挈瓶，汲者，喻小知。为人守器，犹知不以借人。○ 挈，苦结切。瓶，蒲丁切。知，音智，《注》小知同。汲，音急。借，子夜切。　⑤ 夫子，谓孟僖子，从公如楚。○ 丧，息浪切。　⑥ 言季孙亦将疑我不忠。○ 猜，七才切。　⑦ 言

晋罪君之在楚。 ⑧ 候晋间隙,可复伐杞取之。○ 间,如字。 ⑨ 鲁国卞县东南有桃虚。○ 虚,起居切。 ⑩ 莱、柞,二山。○ 莱,音来。柞,子洛切,又音昨。 ⑪ 谢息迁也。 ⑫ 不书,非公命。

楚子享公于新台[①],使长鬣者相[②],好以大屈[③]。既而悔之。薳启彊闻之,见公。公语之,拜贺。公曰:"何贺?"对曰:"齐与晋、越欲此久矣。寡君无適与也,而传诸君。君其备御三邻[④],慎守宝矣,敢不贺乎?"公惧,乃反之[⑤]。

① 章华台也。 ② 鬣,鬚也。欲光夸鲁侯。○ 鬣,力辄切。相,息亮切。鬚,音须。夸,苦华切。 ③ 宴好之赐。大屈,弓名。○ 好,呼报切,《注》同。屈,居勿切。大屈,弓名;服同,又云,大曲也;贾云,宝金可以为剑,出大屈地。 ④ 言齐、晋、越将伐鲁而取之。○ 见,贤遍切。语,鱼据切。適,丁历切。传,直专切。御,鱼吕切。 ⑤《传》言楚灵不信,所以不终。

郑子产聘于晋。晋侯有疾。韩宣子逆客,私焉[①]曰:"寡君寝疾,于今三月矣,并走群望[②],有加而无瘳。今梦黄熊入于寝门,其何厉鬼也?"对曰:"以君之明,子为大政,其何厉之有?昔尧殛鲧于羽山[③],其神化为黄熊,以入于羽渊,实为夏郊,三代祀之[④]。晋为盟主,其或者未之祀也乎[⑤]?"韩子祀夏郊[⑥]。晋侯有间[⑦],赐子产莒之二方鼎[⑧]。

① 私语。 ② 晋所望祀山川,皆走往祈祷。○ 祈,音其。祷,丁老切,又丁报切。 ③ 羽山在东海祝其县西南。○ 瘳,敕留切。熊,音雄,兽名,亦作能,如字,一音奴。能,三足鳖也。解者云,兽非入水之物,故是

鳖也。一曰,既为神,何妨是兽。案,《说文》及《字林》皆云,能,熊属,足似鹿。然则能既熊属,又为鳖类,今本作能者,胜也。东海人祭禹庙,不用熊白及鳖为膳,斯岂鲧化为二物乎?殛,纪力切,诛也;本又作极,音义同。鲧,古本切,《注》同。 ④ 鲧,禹父,夏家郊祭之,历殷、周二代,又通在群神之数,并见祀。○ 夏,户雅切,并《注》同。 ⑤ 言周衰,晋为盟主,得佐天子祀群神。 ⑥ 祀鲧。 ⑦ 间,差也。○ 差,初卖切。 ⑧ 方鼎,莒所贡。

子产为豐施归州田于韩宣子[①],曰:“日君以夫公孙段为能任其事,而赐之州田,今无禄早世,不获久享君德。其子弗敢有,不敢以闻于君,私致诸子[②]。”宣子辞。子产曰:“古人有言曰,其父析薪,其子弗克负荷[③]。施将惧不能任其先人之禄,其况能任大国之赐?纵吾子为政而可,后之人若属有疆埸之言,敝邑获戾[④],而豐氏受其大讨。吾子取州,是免敝邑于戾,而建寘豐氏也。敢以为请[⑤]。”宣子受之,以告晋侯。晋侯以与宣子。宣子为初言,病有之[⑥],以易原县于乐大心[⑦]。

① 豐施,郑公孙段之子。三年,晋以州田赐段。○ 为,于伪切,下为初言同。 ② 此年正月,公孙段卒。○ 夫,音扶。任,音壬,下同。 ③ 荷,担也,以微薄喻贵重。○ 析,星历切。荷,本亦作何,河可切,又音河。担,丁甘切。 ④ 恐后代宣子者,将以郑取晋邑罪郑。○ 疆,居良切。埸,音亦。 ⑤《传》言子产贞而不谅。 ⑥ 初言谓与赵文子争州田。 ⑦ 乐大心,宋大夫。原,晋邑,以赐乐大心也。

郑人相惊以伯有,曰“伯有至矣”,则皆走,不知所往[①]。

铸刑书之岁二月②，或梦伯有介而行③，曰："壬子，余将杀带也④。明年壬寅，余又将杀段也⑤。"及壬子，驷带卒。国人益惧。齐、燕平之月⑥壬寅，公孙段卒，国人愈惧。其明月，子产立公孙泄及良止以抚之，乃止⑦。子大叔问其故。子产曰："鬼有所归，乃不为厉，吾为之归也。"大叔曰："公孙泄何为⑧？"子产曰："说也，为身无义而图说⑨。从政有所反之，以取媚也⑩。不媚不信⑪，不信，民不从也。"

及子产适晋，赵景子问焉⑫，曰："伯有犹能为鬼乎？"子产曰："能。人生始化曰魄⑬，既生魄，阳曰魂⑭。用物精多，则魂魄强⑮。是以有精爽，至于神明⑯。匹夫匹妇强死，其魂魄犹能冯依于人，以为淫厉⑰。况良霄我先君穆公之胄，子良之孙，子耳之子，敝邑之卿，从政三世矣。郑虽无腆⑱，抑谚曰蕞尔国⑲，而三世执其政柄，其用物也弘矣，其取精也多矣。其族又大，所冯厚矣⑳。而强死，能为鬼，不亦宜乎㉑？"

① 襄三十年，郑人杀伯有。言其鬼至。　② 在前年。　③ 介，甲也。○ 介，音界。　④ 驷带助子晳杀伯有。壬子，六年三月三日。⑤ 公孙段，豐氏党。壬寅，此年正月二十八日。　⑥ 此年正月。⑦ 公孙泄，子孔之子也。襄十九年，郑杀子孔。良止，伯有子也，立以为大夫，使有宗庙。○ 泄，息列切。　⑧ 子孔不为厉，问何为复立泄。○ 复，扶又切。　⑨ 伯有无义，以妖鬼故立之。恐惑民，并立泄，使若自以大义存诛绝之后者，以解说民心。○ 说，如字；徐，始锐切。　⑩ 民不可使知之，故治政或当反道以求媚于民。○ 治，直吏切。　⑪ 说而后信之。○ 说，音悦。　⑫ 景子，晋中军佐赵成。　⑬ 魄，形也。○ 魄，普白切。　⑭ 阳，神气也。　⑮ 物，权势。　⑯ 爽，明也。　⑰ 强

死，不病也。人谓匹夫匹妇贱身。○ 强，其丈切，下同。冯，皮冰切，下同。⑱ 腆，厚也。○ 胄，直又切。从政三世矣，子良公子去疾生子耳公孙辄，辄生伯有良霄，三世为郑卿。腆，他典切。 ⑲ 蕞，小貌。○ 蕞，在最切。⑳ 良霄魂魄所冯者贵重。○ 柄，彼命切。 ㉑《传》言子产之博敏。

子皮之族饮酒无度[①]，故马师氏与子皮氏有恶[②]。齐师还自燕之月[③]，罕朔杀罕魋[④]。罕朔奔晋。韩宣子问其位于子产[⑤]。子产曰："君之羁臣，苟得容以逃死，何位之敢择？卿违，从大夫之位[⑥]，罪人以其罪降[⑦]，古之制也。朔于敝邑，亚大夫也，其官，马师也[⑧]。获戾而逃，唯执政所寘之。得免其死，为惠大矣。又敢求位？"宣子为子产之敏也，使从嬖大夫[⑨]。

① 相尚以奢，相困以酒。 ② 马师氏，公孙鉏之子罕朔也。襄三十年，马师颉出奔，公孙鉏代之为马师，与子皮俱同一族。○ 鉏，仕居切。颉，户结切。 ③ 在此年二月。 ④ 魋，子皮弟。○ 魋，徒回切。⑤ 问朔可使在何位。 ⑥ 谓以礼去者，降位一等。 ⑦ 罪重则降多。⑧ 大夫位，马师职。 ⑨ 为子产故使降一等，不以罪降。○ 寘，之豉切。为，于伪切，《注》同。嬖，必计切。

秋八月，卫襄公卒。晋大夫言于范献子曰："卫事晋为睦[①]，晋不礼焉，庇其贼人而取其地[②]，故诸侯贰。《诗》曰：'鹡鸰在原，兄弟急难[③]。'又曰：'死丧之威，兄弟孔怀[④]。'兄弟之不睦，于是乎不吊[⑤]，况远人，谁敢归之？今又不礼于卫之嗣[⑥]，卫必叛我，是绝诸侯也。"献子以告韩宣子。宣子说，使献子如卫吊，且反戚田[⑦]。卫齐恶告丧于周，且请命。王使成简公如卫吊[8]。且追命襄公曰："叔父陟恪，在我先王之左右，以佐事上帝[9]。余敢忘高圉、亚圉[10]？"

① 睦，和也。　② 贼人，孙林父。其地，戚也。○ 庇，必利切，又音祕。　③《诗·小雅》。鹡鸰，䳭渠也。飞则鸣，行则摇。喻兄弟相救于急难，不可自舍。○ 鹡，本又作即，精亦切。鸰，本又作令，力丁切。难，如字，又乃旦切。摇，音遥，又以照切。　④ 威，畏也。言有死丧则兄弟宜相怀思。　⑤ 不相吊恤。　⑥ 嗣，新君也。　⑦《传》言戚田所由还卫。○ 说，音悦。还，音环。　⑧ 简公，王卿士也。　⑨ 陟，登也。恪，敬也。帝，天也。叔父谓襄公。命如今之哀策。○ 恪，苦各切。⑩ 二圉，周之先也。为殷诸侯，亦受殷王追命者。○ 圉，鱼吕切。

九月，公至自楚。孟僖子病不能相礼[1]，乃讲学之[2]，苟能礼者从之。及其将死也[3]，召其大夫[4]，曰："礼，人之幹也。无礼，无以立。吾闻将有达者曰孔丘[5]，圣人之后也[6]，而灭于宋[7]。其祖弗父何，以有宋而授厉公[8]。及正考父[9]佐戴、武、宣[10]，三命兹益共[11]。故其鼎铭云[12]：'一命而偻，再命而伛，三命而俯[13]。循墙而走[14]，亦莫余敢侮[15]。饘于是，鬻于是，以餬余口[16]。'其共也如是。臧孙纥有言[17]曰：'圣人有明德者，若不当世，其后必有达人[18]。'今其将在孔丘乎？我若获没[19]，必属说与何忌于夫子，使事之[20]而学礼焉，以定其位[21]。"故孟懿子与南宫敬叔师事仲尼。仲尼曰："能补过者，君子也。《诗》曰：'君子是则是效[22]。'孟僖子可则效已矣。"

① 不能相仪答郊劳，以此为己病。○《释文》：病不能相礼，本或作病不能礼。相，息亮切。劳，力报切。　② 讲，习也。　③ 二十四年，孟僖子卒，《传》终言之。　④ 僖子属大夫。　⑤ 僖子卒时，孔丘年三十五。　⑥ 圣人，殷汤。　⑦ 孔子六代祖孔父嘉，为宋督所杀，其子奔鲁。　⑧ 弗父何，孔父嘉之高祖，宋闵公之子，厉公之兄。何適嗣当立，以让厉公。○ 適，丁历切。　⑨ 弗父何之曾孙。　⑩ 三人皆宋君。　⑪ 三命，上卿也。言位高益共。　⑫ 考父庙之鼎。　⑬ 俯共于伛，伛共于偻。○ 偻，力主切。伛，纡甫切。　⑭ 言不敢安行。　⑮ 其共如是，亦不敢侮慢之。○ 侮，亡甫切。　⑯ 于是鼎中为饘鬻。饘鬻，餬属，言至俭。○ 饘，之然切。鬻，之六切；孙炎云，淖糜也。餬，音胡。　⑰ 纥，武仲也。　⑱ 圣人之后，有明德而不当大位，谓正考父。　⑲ 得以寿终。　⑳ 说，南宫敬叔。何忌，孟懿子。皆僖子之子。○ 属，音烛。说，音悦。　㉑ 知礼则位安。　㉒《诗·小雅》。

单献公弃亲用羁[①]。

冬十月辛酉，襄、顷之族杀献公而立成公[②]。

① 献公，周卿士，单靖公之子，顷公之孙。羁，寄客也。○ 单，音善。
② 襄公，顷公之父。成公，献公弟。○ 顷，音倾。

十一月，季武子卒。晋侯谓伯瑕[①]曰："吾所问日食，从之，可常乎[②]？"对曰："不可。六物不同[③]，民心不壹[④]，事序不类[⑤]，官职不则[⑥]，同始异终，胡可常也？《诗》曰：'或燕燕居息，或憔悴事国[⑦]。'其异终也如是。"公曰："何谓六物？"对曰："岁、时、日、月、星、辰是谓也。"公曰："多语寡人辰，而莫同。何谓辰？"对曰："日月之会是谓辰[⑧]，故以配日[⑨]。"

① 伯瑕，士文伯。 ② 卫侯、武子皆卒故。 ③ 各异时。 ④ 政教殊。 ⑤ 有变易。 ⑥ 治官居职非一法。 ⑦《诗·小雅》。言不同。○ 憔，在遥切，《诗》作尽。瘁，在醉切。 ⑧ 一岁日月十二会，所会谓之辰。○ 语，鱼据切。 ⑨ 谓以子丑配甲乙。

卫襄公夫人姜氏无子[1]，嬖人婤姶生孟絷。孔成子梦康叔谓己："立元[2]，余使羁之孙圉与史苟相之[3]。"史朝亦梦康叔谓己："余将命而子苟与孔烝鉏之曾孙圉相元。"史朝见成子，告之梦，梦协[4]。晋韩宣子为政，聘于诸侯之岁[5]，婤姶生子，名之曰元。孟絷之足不良，能行[6]。孔成子以《周易》筮之，曰："元尚享卫国，主其社稷[7]。"遇《屯》䷂[8]。又曰："余尚立絷，尚克嘉之[9]。"遇《屯》䷂之《比》䷇[10]。以示史朝。史朝曰："元亨，又何疑焉[11]。"成子曰："非长之谓乎[12]？"对曰："康叔名之，可谓长矣[13]。孟非人也，将不列于宗，不可谓长[14]。且其《繇》曰'利建侯[15]'。嗣吉何建？建非嗣也[16]。二卦皆云[17]，子其建之。康叔命之，二卦告之。筮袭于梦，武王所用也，弗从何为[18]？弱足者居[19]。侯主社稷，临祭祀，奉民人，事鬼神，从会朝，又焉得居？各以所利，不亦可乎[20]？"故孔成子立灵公。十二月癸亥，葬卫襄公[21]。

① 姜氏，宣姜。 ② 成子，卫卿，孔达之孙烝鉏也。元，孟絷弟，梦时元未生。○ 婤，音周，又直周切；徐，敕周切。姶，乌答切。絷，张立切。烝，之承切。 ③ 羁，烝鉏子。苟，史朝子。○ 羁，居宜切。相，息亮切。朝，如字。 ④ 协，合也。 ⑤ 在二年。 ⑥ 跛也。○ 跛，波我切。 ⑦ 令蓍辞。 ⑧《震》下《坎》上，《屯》。○ 屯，张伦切。 ⑨ 嘉，善也。 ⑩《坤》下《坎》上，《比》。《屯》初九爻变。○ 比，毗志切。

⑪《周易》曰:《屯》,元亨。〇 亨,许庚切。　⑫ 言《屯》之元亨,谓年长,非谓名元。〇 长,丁丈切。　⑬ 善之长也。〇 名,如字;徐,武政切。⑭ 足跛,非全人,不可列为宗主。　⑮《繇》,卦辞。〇 繇,直又切。⑯ 嗣子有常位,故无所卜,又无所建。今以位不定,卜嗣得吉,则当从吉而建之也。〇《释文》:言何建,本或作可建。　⑰ 谓再得《屯》卦,皆有建侯之文。　⑱《外传》云:《大誓》曰,朕梦协朕卜,袭于休祥,戎商必克。此武王辞。　⑲ 跛则偏弱,居其家,不能行。　⑳ 孟跛利居,元吉利建。〇 焉,於虔切。　㉑ 灵公,元也。

春秋经传集解第二十二

昭公三

经

八年春，陈侯之弟招杀陈世子偃师[①]。

夏四月辛丑，陈侯溺卒[②]。

叔弓如晋。

楚人执陈行人干征师杀之[③]。

陈公子留出奔郑[④]。

秋，蒐于红[⑤]。

陈人杀其大夫公子过[⑥]。

大雩[⑦]。

冬十月壬午，楚师灭陈[⑧]。

执陈公子招，放之於越[⑨]。

杀陈孔奂[⑩]。

葬陈哀公[⑪]。

① 以首恶从杀例，故称弟，又称世子。○ 招，常遥切。　② 襄二十七年，大夫盟于宋。○ 溺，乃历切。　③ 称行人，明非行人罪。○ 干，古丹切。　④ 留为招所立，未成君而出奔。　⑤ 革车千乘，不言大者，《经》文阙也。红，鲁地。沛国萧县西有红亭。远，疑。○ 蒐，所求切。红，户东切。乘，绳证切。沛，音贝。　⑥ 与招共杀偃师，书名，罪之。

○ 过，古禾切。　⑦ 无《传》。不旱而秋雩，过也。　⑧ 不称将帅，不以告。壬午，月十八日。○ 将，子匠切。帅，所类切。　⑨ 无《传》。复称公子，兄已卒。○ 复，扶又切。　⑩ 无《传》。招之党，楚杀之。○ 奂，呼乱切。　⑪ 嬖人袁克葬之。鲁往会，故书。○ 嬖，必计切。

传

八年春，石言于晋魏榆[①]。晋侯问于师旷曰："石何故言？"对曰："石不能言，或冯焉[②]。不然，民听滥也[③]。抑臣又闻之[④]曰：'作事不时，怨讟动于民，则有非言之物而言。'今宫室崇侈，民力彫尽[⑤]，怨讟并作，莫保其性[⑥]。石言，不亦宜乎。"于是晋侯方筑虒祁之宫[⑦]。叔向曰："子野之言，君子哉[⑧]！君子之言，信而有征，故怨远于其身[⑨]。小人之言，僭而无征，故怨咎及之。《诗》曰：'哀哉不能言，匪舌是出，唯躬是瘁[⑩]。哿矣能言，巧言如流，俾躬处休。'其是之谓乎[⑪]。是宫也成，诸侯必叛，君必有咎，夫子知之矣[⑫]。"

① 魏榆，晋地。○ 服云：魏，邑也。榆，州里名。　② 谓有精神冯依石而言。○ 冯，皮冰切。　③ 滥，失也。○ 滥，力暂切。　④ 抑，疑辞。　⑤ 彫，伤也。○ 讟，徒木切。侈，昌氏切，又尺氏切。　⑥ 性，命也。民不敢自保其性命。　⑦ 虒祁，地名，在绛西四十里，临汾水。○ 虒，音斯。祁，巨之切，又臣之切。汾，扶云切。　⑧ 子野，师旷字。⑨ 怨咎远其身也。○ 远，于万切。咎，其九切。　⑩《诗·小雅》也。不能言，谓不知言理，以僭言见退者，其言非不从舌出，以僭而无信，自取瘁病，故哀之。○ 僭，子念切。出，如字，又尺遂切。瘁，在醉切。　⑪ 哿，嘉也。巧言如流，谓非正言而顺叙，以听言见答者。言其可嘉，以信而有征，自取安逸。师旷此言，缘问流转，终归于谏，故以比巧言如流也。当叔

向时,《诗》义如此,故与今说《诗》者小异。○ 哿,古可切,《毛诗传》云,可也。俾,必尔切,本又作卑。休,许虯切,美也。 ⑫ 为十年晋侯彪卒《传》。

陈哀公元妃郑姬,生悼大子偃师①,二妃生公子留,下妃生公子胜。二妃嬖,留有宠,属诸司徒招与公子过②。哀公有废疾。三月甲申,公子招、公子过杀悼大子偃师,而立公子留。夏四月辛亥,哀公缢③。干征师赴于楚④,且告有立君,公子胜愬之于楚⑤,楚人执而杀之⑥。公子留奔郑。书曰,"陈侯之弟招杀陈世子偃师",罪在招也;"楚人执陈行人干征师杀之",罪不在行人也⑦。

① 元妃,嫡夫人也。○ 嫡,本又作適,丁历切。 ② 招及过皆哀公弟也。○ 胜,升证切,又音升。属,音烛。 ③ 忧恚自杀。《经》书辛丑,从赴。○ 废,甫肺切。缢,一豉切。恚,一睡切。 ④ 干征师,陈大夫。⑤ 以招、过杀偃师告愬也。 ⑥ 杀干征师。 ⑦ 疑为招赴楚,当同罪,故重发之。○ 为,于伪切,下为子、为之同。重,直用切。

叔弓如晋,贺虒祁也①。游吉相郑伯以如晋,亦贺虒祁也。史赵见子大叔曰:"甚哉,其相蒙也②! 可吊也,而又贺之?"子大叔曰:"若何吊也? 其非唯我贺,将天下实贺③。"

① 贺宫成。 ② 蒙,欺也。○ 相,息亮切,下而相同。 ③ 言诸侯畏晋,非独郑。○ 若何吊也,本或作若可吊也。

秋,大蒐于红,自根牟至于商、卫,革车千乘①。

① 大蒐，数军实，简车马也。根牟，鲁东界。琅邪阳都县有牟乡。商，宋地。鲁西境接宋、卫也。言千乘，明大蒐，且见鲁众之大数也。○ 乘，绳证切。数，色主切。见，贤遍切，下同。

七月甲戌，齐子尾卒，子旗欲治其室①。丁丑，杀梁婴②。八月庚戌，逐子成、子工、子车③，皆来奔④，而立子良氏之宰⑤。其臣曰："孺子长矣⑥，而相吾室，欲兼我也⑦。"授甲将攻之。陈桓子善于子尾，亦授甲，将助之。或告子旗，子旗不信。则数人告。将往，又数人告于道，遂如陈氏。桓子将出矣，闻之而还⑧，游服而逆之⑨，请命⑩。对曰："闻彊氏授甲将攻子，子闻诸？"曰："弗闻。""子盍亦授甲？无宇请从⑪。"子旗曰："子胡然？彼孺子也，吾诲之犹惧其不济，吾又宠秩之⑫。其若先人何？子盍谓之⑬？《周书》曰：'惠不惠，茂不茂⑭。'康叔所以服弘大也⑮。"桓子稽颡曰："顷、灵福子⑯，吾犹有望⑰。"遂和之如初⑱。

① 子旗，栾施也。欲并治子尾之家政。 ② 梁婴，子尾家宰。 ③ 三子，齐大夫，子尾之属。子成，顷公子固也。子工，成之弟铸也。子车，顷公之孙捷也。○ 顷，音倾，下同。铸，之树切。捷，在接切。 ④ 不书，非卿。 ⑤ 子良，子尾之子高彊也。子旗为子良立宰。 ⑥ 孺子谓子良。○ 孺，而树切；本亦作穛。长，丁丈切。 ⑦ 兼，并也。 ⑧ 闻子旗至。○ 数，色主切，下同。 ⑨ 去戎备，著常游戏之服。○ 去，起吕切。著，张略切。 ⑩ 问桓子所至。 ⑪ 无宇，桓子名。○ 盍，胡臘切。从，才用切。 ⑫ 谓为之立宰。 ⑬ 谓之使无攻我。 ⑭《周书》《康诰》也。言当施惠于不惠者，劝勉于不勉者。茂，勉也。 ⑮ 服，行也。 ⑯ 顷公、灵公，栾氏所事之君。○ 稽，音启。颡，素党切。

⑰ 望子旗惠及己。　⑱ 和栾、高二家。

陈公子招归罪于公子过而杀之①。九月，楚公子弃疾帅师奉孙吴围陈②，宋戴恶会之③。冬十一月壬午，灭陈④。舆嬖袁克，杀马毁玉以葬⑤。楚人将杀之，请寘之⑥。既又请私⑦，私于幄，加绖于颡而逃⑧。使穿封戌为陈公⑨，曰："城麇之役，不谄⑩。"侍饮酒于王。王曰："城麇之役，女知寡人之及此，女其辟寡人乎⑪？"对曰："若知君之及此，臣必致死礼，以息楚国⑫。"晋侯问于史赵曰："陈其遂亡乎？"对曰："未也。"公曰："何故？"对曰："陈，颛顼之族也⑬。岁在鹑火，是以卒灭，陈将如之⑭。今在析木之津，犹将复由⑮。且陈氏得政于齐，而后陈卒亡⑯。自幕至于瞽瞍，无违命⑰。舜重之以明德，寘德于遂⑱，遂世守之。及胡公不淫，故周赐之姓，使祀虞帝⑲。臣闻盛德必百世祀，虞之世数未也。继守将在齐，其兆既存矣⑳。"

① 言招所以不死而得放。　② 孙吴，悼大子偃师之子惠公。③ 戴恶，宋大夫。　④ 壬午，十月十八日。《传》言十一月，误。⑤ 舆，众也。袁克，嬖人之贵者，欲以非礼厚葬哀公。　⑥ 寘马、玉。○ 寘，之豉切。　⑦ 私尽君臣恩。　⑧ 幄，帐也。逃不欲为楚臣。○ 幄，於角切。绖，直结切。　⑨ 戌，楚大夫。灭陈为县，使戌为县公。○ 穿，音川。戌，音恤。　⑩ 城麇役在襄二十六年。戌与灵王争皇颉。○ 麇，九伦切。谄，敕检切。颉，户结切。　⑪ 及此，谓为王。○ 女，音汝，下同。　⑫ 息，宁静也。　⑬ 陈祖舜，舜出颛顼。○ 颛，音专。顼，许玉切。　⑭ 颛顼氏以岁在鹑火而灭，火盛而水灭。○ 鹑，市春切。⑮ 箕、斗之间有天汉，故谓之析木之津。由，用也。○ 析，星历切。复，扶

又切,一音服。 ⑯ 物莫能两盛。 ⑰ 幕,舜之先。瞽瞍,舜父。从幕至瞽瞍间无违天命废绝者。○ 幕,音莫。瞽,音古。瞍,素口切。 ⑱ 遂,舜后,盖殷之兴,存舜之后而封遂,言舜德乃至于遂。○ 重,直用切。 ⑲ 胡公满,遂之后也,事周武王,赐姓曰妫,封诸陈,绍舜后。○ 妫,九危切。 ⑳ 言陈氏兴盛于齐,形兆已见。○ 见,贤遍切。

经

九年春,叔弓会楚子于陈[①]。

许迁于夷[②]。

夏四月,陈灾[③]。

秋,仲孙貜如齐[④]。

冬,筑郎囿[⑤]。

① 以事往,非行会礼。 ② 许畏郑欲迁,故以自迁为文。 ③ 天火曰灾。陈既已灭,降为楚县,而书陈灾者,犹晋之梁山、沙鹿崩,不书晋,灾害系于所灾所害,故以所在为名。 ④ ○ 貜,俱缚切;徐,俱碧切。 ⑤ ○ 囿,音又,苑也,于郎地筑苑,旧于目切。

传

九年春,叔弓、宋华亥、郑游吉、卫赵黡会楚子于陈[①]。

① 楚子在陈,故四国大夫往。非盟主所召,不行会礼,故不总书。○ 黡,于减切。

二月庚申,楚公子弃疾迁许于夷,实城父[①],取州来淮北之田以益之[②]。伍举授许男田。然丹迁城父人于陈,以夷濮西田益之[3]。迁方城外人于许[4]。

① 此时改城父为夷，故《传》实之。城父县属谯郡。　② 益许田。③ 以夷田在濮水西者与城父人。○ 濮，音卜。　④ 成十五年，许迁于叶因谓之许。今许迁于夷，故以方城外人实其处。《传》言灵王使民不安。○ 叶，始涉切。处，昌虑切。

周甘人与晋阎嘉争阎田[1]。晋梁丙、张趯率阴戎伐颍[2]。王使詹桓伯辞于晋[3]，曰："我自夏以后稷，魏、骀、芮、岐、毕，吾西土也[4]。及武王克商，蒲姑、商奄，吾东土也[5]。巴、濮、楚、邓，吾南土也。肃慎、燕、亳，吾北土也[6]。吾何迩封之有[7]？文、武、成、康之建母弟，以蕃屏周，亦其废队是为[8]，岂如弁髦而因以敝之[9]。先王居梼杌于四裔，以御螭魅[10]，故允姓之奸，居于瓜州[11]。伯父惠公归自秦，而诱以来[12]，使偪我诸姬，入我郊甸，则戎焉取之[13]。戎有中国，谁之咎也[14]？后稷封殖天下，今戎制之，不亦难乎[15]？伯父图之。我在伯父，犹衣服之有冠冕，木水之有本原，民人之有谋主也[16]。伯父若裂冠毁冕，拔本塞原，专弃谋主，虽戎狄其何有余一人[17]？"

叔向谓宣子曰："文之伯也，岂能改物[18]？翼戴天子而加之以共[19]。自文以来，世有衰德而暴灭宗周[20]，以宣示其侈，诸侯之贰，不亦宜乎？且王辞直，子其图之。"宣子说。

王有姻丧[21]，使赵成如周吊，且致阎田与襚[22]，反颍俘。王亦使宾滑执甘大夫襄以说于晋。晋人礼而归之[23]。

①甘人，甘大夫襄也。阎嘉，晋阎县大夫。○阎，以廉切。 ②阴戎，陆浑之戎。颍，周邑。○趯，他历切。 ③辞，责让之。桓伯，周大夫。○詹，之廉切。 ④在夏世以后稷功，受此五国为西土之长。骀在始平武功县所治釐城，岐在扶风美阳县西北。○夏，户雅切。骀，他来切，依字应作邰。芮，如锐切。岐，其宜切。长，丁丈切，下师长同。治，直吏切。釐，本又作斄，他来切，又音来，又力之切。 ⑤乐安博昌县北有蒲姑城。○蒲，如字，一音薄。奄，於检切。乐，音洛。 ⑥肃慎，北夷，在玄菟北三千馀里。○巴，必加切。燕，於贤切。亳，步各切。 ⑦迩，近也。 ⑧为后世废队，兄弟之国，当救济之。○蕃，方元切。屏，必井切。队，直类切。为，于伪切。 ⑨童子垂髦始冠，必三加冠，成礼而弃其始冠，故言弁髦因以敝之。○弁，皮彦切；本又作卞。髦，音毛。冠，古乱切。 ⑩言梼杌，略举四凶之一，下言四裔，则三苗在其中。○梼，徒刀切。杌，五忽切。裔，以制切。御，鱼吕切。螭，敕知切。魅，本又作鬽，武冀切。 ⑪允姓，阴戎之祖，与三苗俱放三危者。瓜州，今敦煌。○瓜，古华切。敦，都门切。煌，音皇。 ⑫僖十五年，晋惠公自秦归。二十二年，秦、晋迁陆浑之戎于伊川。 ⑬邑外为郊，郊外为甸。言戎取周郊甸之地。○偪，彼力切。甸，徒遍切。焉，於虔切，又如字。 ⑭咎在晋。○咎，其九切。 ⑮后稷修封疆，殖五穀，今戎得之，唯以畜牧。○殖，时力切。疆，居良切。畜，许又切，又许六切。牧，音目，又音茂。 ⑯民人谋主，宗族之师长。 ⑰伯父犹然，则虽戎狄，无所可责。晋率阴戎伐周邑，故云然。 ⑱言文公虽伯，未能改正朔，易服色。○伯，如字，又音霸。 ⑲翼，佐也。 ⑳宗周，天子。 ㉑外亲之丧。○说，音悦。 ㉒襚，送死衣。○襚，音遂。 ㉓宾滑，周大夫。○俘，芳夫切。滑，乎八切，又于八切。说，如字，又音悦。

夏四月，陈灾。郑裨竈曰："五年，陈将复封。封五十二年而遂亡。"子产问其故。对曰："陈，水属也①，火，水妃也[2]，而楚所相也[3]。今火出而火陈[4]，逐楚而建陈也[5]。妃以五成，故曰五年[6]。岁五及鹑火，而后陈卒亡，楚克有之，天之道也，故曰五十二年[7]。”

①陈，颛顼之后，故为水属。○复，扶又切，下《注》复封同。　②火畏水，故为之妃。○妃，芳非切，又音配。　③相，治也。楚之先祝融，为高辛氏火正，主治火事。○相，息亮切，《注》同。　④火，心星也。火出，于周为五月，而以四月出者，以《长历》推，前年误置闰。　⑤水得妃而兴，陈兴则楚衰，故曰逐楚而建陈。　⑥妃，合也。五行各相妃合，得五而成，故五岁而陈复封。为十三年陈侯吴归于陈《传》。○妃，音配，《注》同。　⑦是岁岁在星纪，五岁及大梁，而陈复封。自大梁四岁而及鹑火，后四周四十八岁，凡五及鹑火，五十二年。天数以五为纪，故五及鹑火，火盛水衰。

晋荀盈如齐逆女[1]，还，六月，卒于戏阳[2]。殡于绛，未葬。晋侯饮酒，乐。膳宰屠蒯趋入，请佐公使尊[3]。许之[4]。而遂酌以饮工[5]，曰：“女为君耳，将司聪也[6]。辰在子卯，谓之疾日[7]。君彻宴乐，学人舍业，为疾故也。君之卿佐，是谓股肱。股肱或亏，何痛如之[8]？女弗闻而乐，是不聪也[9]。”又饮外嬖嬖叔[10]曰：“女为君目，将司明也[11]。服以旌礼[12]，礼以行事[13]，事有其物[14]，物有其容[15]。今君之容，非其物也[16]，而女不见，是不明也。”亦自饮也，曰：“味以行气，气以实志[17]，志以定言[18]，言以出令。臣实司味，二御失官，而君弗命，臣之罪也[19]。”公说，彻酒。初，公欲废知氏而立其外嬖，为是悛而止。秋八月，使荀跞佐下军以说焉[20]。

① 自为逆。〇 为，于伪切。 ② 魏郡内黄县北有戏阳城。〇 戏，许宜切。 ③ 公之使人执尊酌酒，请为之佐。〇 乐，音洛。屠，音徒，《礼记》作杜。蒯，苦怪切。使，如字，亦所吏切。 ④ 公许之。⑤ 工，乐师师旷也。〇 饮，於鸩切，下又饮同。 ⑥ 乐所以聪耳。〇 女，音汝，下同。 ⑦ 疾，恶也。纣以甲子丧，桀以乙卯亡，故国君以为忌日。〇 丧，息浪切。 ⑧ 言痛疾过于忌日。〇 舍，音捨。为，于伪切，下为是同。 ⑨ 不闻是义而作乐。 ⑩ 外都大夫之嬖者。⑪ 职在外，故主视。 ⑫ 旌，表也。 ⑬ 事，政令。 ⑭ 物，类也。⑮ 容，貌也。 ⑯ 有卿佐之丧而作乐欢会，故曰非其物。 ⑰ 气和则志充。 ⑱ 在心为志，发口为言。 ⑲ 工与嬖叔，侍御君者。失官，不聪明。 ⑳ 跞，荀盈之子知文子也。佐下军，代父也。说，自解说。〇 公说，音悦。知，音智，下同。悛，七全切。跞，本又作栎，力狄切；徐音洛。

孟僖子如齐殷聘，礼也①。

① 自叔老聘齐至今二十年，礼意久旷。今修盛聘，以无忘旧好，故曰礼。〇 好，呼报切。

冬，筑郎囿，书时也。季平子欲其速成也，叔孙昭子曰："《诗》曰：'经始勿亟，庶民子来①。'焉用速成？其以勦民也②。无囿犹可，无民其可乎？"

①《诗·大雅》。言文王始经营灵台，非急疾之。众民自以子义来，劝乐为之。〇 亟，纪力切。乐，如字，又五教切，一音洛。 ② 勦，劳也。〇 焉，於虔切。勦，初交切，又子小切。

经

十年春，王正月。

夏，齐栾施来奔①。

秋七月，季孙意如、叔弓、仲孙貜帅师伐莒②。

戊子，晋侯彪卒③。

九月，叔孙婼如晋，葬晋平公④。

十有二月甲子，宋公成卒⑤。

① 耆酒好内，以取败亡，故书名。○ 耆，市志切，《传》同。好，呼报切。② 三大夫皆卿，故书之。季孙为主，二子从之。 ③ 五同盟。○ 彪，彼虬切。 ④ 三月而葬，速。 ⑤ 十一同盟也。无冬，史阙文。○ 成，音城，何休音恤。

传

十年春，王正月，有星出于婺女①。郑裨竈言于子产曰："七月戊子，晋君将死。今兹岁在颛顼之虚②，姜氏、任氏实守其地③。居其维首，而有妖星焉，告邑姜也④。邑姜，晋之妣也。天以七纪⑤，戊子，逢公以登，星斯于是乎出⑥。吾是以讥之⑦。"

① 客星也，不书，非孛。○ 婺，武付切。孛，蒲对切。 ② 岁，岁星也。颛顼之虚谓玄枵。○ 裨，婢支切。虚，起鱼切。枵，许骄切。③ 姜，齐姓。任，薛姓。齐、薛二国守玄枵之地。○ 任，音壬。 ④ 客星居玄枵之维首。邑姜，齐大公女，晋唐叔之母。星占，婺女为既嫁之女，织女为处女。邑姜，齐之既嫁女，妖星在婺女，齐得岁，故知祸归邑姜。○ 大，音泰。 ⑤ 二十八宿，面七。○ 妣，必履切。宿，音秀。 ⑥ 逢公，殷

诸侯居齐地者。逢公将死，妖星出婺女，时非岁星所在，故齐自当祸，而以戊子日卒。　⑦ 为晋侯彪卒《传》。

齐惠栾、高氏皆耆酒[①]，信内多怨[②]，强于陈、鲍氏而恶之[③]。夏，有告陈桓子曰："子旗、子良将攻陈、鲍。"亦告鲍氏。桓子授甲而如鲍氏，遭子良醉而骋[④]，遂见文子[⑤]，则亦授甲矣。使视二子[⑥]，则皆将饮酒。桓子曰："彼虽不信[⑦]，闻我授甲，则必逐我。及其饮酒也，先伐诸？"陈、鲍方睦，遂伐栾、高氏。

子良曰："先得公，陈、鲍焉往[⑧]？"遂伐虎门[⑨]。晏平仲端委立于虎门之外[⑩]，四族召之，无所往[⑪]。其徒曰："助陈、鲍乎？"曰："何善焉[⑫]？""助栾、高乎？"曰："庸愈乎[⑬]？""然则归乎？"曰："君伐焉归？"公召之而后入。公卜使王黑以灵姑銔率，吉。请断三尺焉而用之[⑭]。五月庚辰，战于稷[⑮]，栾、高败，又败诸庄[⑯]。国人追之，又败诸鹿门[⑰]。栾施、高彊来奔[⑱]。陈、鲍分其室。

晏子谓桓子："必致诸公。让，德之主也，让之谓懿德。凡有血气，皆有争心，故利不可强[⑲]，思义为愈。义，利之本也，蕴利生孽[⑳]。姑使无蕴乎，可以滋长。"桓子尽致诸公，而请老于莒[㉑]。

桓子召子山[㉒]，私具幄幕器用从者之衣屦[㉓]，而反棘焉[㉔]。子商亦如之，而反其邑。子周亦如之，而与之夫于[㉕]。反子城、子公、公孙捷[㉖]，而皆益其禄。凡公子、公孙之无禄者，私分之邑[㉗]。国之贫约孤寡者，私与之粟。曰："《诗》云，'陈锡载周'，能施也[㉘]。桓公是以霸[㉙]。"

公与桓子莒之旁邑，辞㉚。穆孟姬为之请高唐，陈氏始大㉛。

① 栾、高二族，皆出惠公。 ② 说妇人言，故多怨。○ 说，音悦。 ③ 恶陈、鲍。○ 恶，乌路切。 ④ 欲及子良醉，故骋告鲍文子。○ 骋，敕领切。 ⑤ 文子，鲍国。 ⑥ 二子，子旗、子良。 ⑦ 彼，传言者。○ 传，直专切。 ⑧ 欲以公自辅助。○ 先伐诸，一本无伐字。焉，於虔切。 ⑨ 欲入，公不听，故伐公门。 ⑩ 端委，朝服。 ⑪ 四族，栾、高、陈、鲍。 ⑫ 言无善义可助。 ⑬ 罪恶不差于陈、鲍。○ 差，初卖切。 ⑭ 王黑，齐大夫。灵姑銔，公旗名。断三尺，不敢与君同。○ 銔，扶眉切，又音丕。率，所律切；徐，所类切。断，丁管切。 ⑮ 稷，祀后稷之处。○ 稷，地名。六国时齐有稷下馆。处，昌虑切。 ⑯ 庄，六轨之道。 ⑰ 鹿门，齐城门。 ⑱ 高彊不书，非卿。 ⑲ 不可强取。○ 争，争斗之争。强，其丈切。 ⑳ 蕴，畜也。孽，妖害也。○ 蕴，纡粉切。孽，鱼列切。畜，敕六切。 ㉑ 莒，齐邑。○ 长，丁丈切。 ㉒ 子山、子商、子周，襄三十一年子尾所逐群公子。 ㉓ 私具，不告公。○ 幄，於角切。幕，音莫。从，才用切。屦，九具切。 ㉔ 棘，子山故邑，齐国西安县东有戟里亭。 ㉕ 子周本无邑，故更与之。济南于陵县西北有于亭。 ㉖ 三子，八年子旗所逐。 ㉗ 桓子以己邑分之。 ㉘《诗·大雅》。言文王能布陈大利以赐天下，行之周徧。○ 载，如字，《诗》作哉；毛云，哉，载也；郑云，始也。施，始豉切，下《注》同。徧，音遍。 ㉙ 齐桓公亦能施以致霸。 ㉚ 让不受。 ㉛ 穆孟姬，景公母。《传》言陈氏所以兴。○ 为，于伪切。

秋七月，平子伐莒取郠①，献俘，始用人于亳社②。臧武仲在齐，闻之曰："周公其不飨鲁祭乎！周公飨义，鲁无义。《诗》曰：'德音孔昭，视民不佻③。'佻之谓甚矣，而壹用之，将谁福哉[4]！”

① 郠，莒地。取郠，不书，公见讨于平丘，鲁讳之。○ 郠，古杏切。② 以人祭殷社。○ 俘，芳夫切。亳，步洛切。 ③《诗·小雅》。佻，偷也。言明德君子必爱民。○ 视，如字；《诗》作示。佻，他彫切。 ④ 壹，同也，同人于畜牲。○ 畜，许六切。

戊子，晋平公卒[1]。郑伯如晋，及河，晋人辞之。游吉遂如晋[2]。

① 如裨竈之言。 ② 礼，诸侯不相吊，故辞。

九月，叔孙婼、齐国弱、宋华定、卫北宫喜、郑罕虎、许人、曹人、莒人、邾人、薛人、杞人、小邾人如晋，葬平公也[1]。郑子皮将以币行[2]。子产曰：“丧焉用币？用币必百两[3]，百两必千人，千人至将不行[4]。不行，必尽用之[5]。几千人而国不亡[6]？”子皮固请以行。既葬，诸侯之大夫欲因见新君。叔孙昭子曰：“非礼也。”弗听。叔向辞之曰：“大夫之事毕矣[7]。而又命孤，孤斩焉在衰绖之中[8]。其以嘉服见，则丧礼未毕。其以丧服见，是重受吊也。大夫将若之何？”皆无辞以见。子皮尽用其币，归谓子羽曰：“非知之实难，将在行之[9]。夫子知之矣，我则不足[10]。《书》曰：‘欲败度，纵败礼[11]。’我之谓矣。夫子知度与礼矣，我实纵欲而不能自克也[12]。”

昭子至自晋，大夫皆见。高彊见而退[13]。昭子语诸大夫曰："为人子，不可不慎也哉！昔庆封亡，子尾多受邑而稍致诸君，君以为忠而甚宠之。将死，疾于公宫⑭，辇而归，君亲推之⑮。其子不能任，是以在此。忠为令德，其子弗能任，罪犹及之，难不慎也。丧夫人之力，弃德旷宗，以及其身，不亦害乎⑯。《诗》曰：'不自我先，不自我后。'其是之谓乎⑰。"

①《经》不书诸侯大夫者，非盟会。 ② 见新君之贽。○ 见，贤遍切，下得见同。贽，音至。 ③ 载币用车百乘。○ 焉，於虔切。乘，绳证切。 ④ 行，用也。 ⑤ 不得见新君，将自费用尽。○ 费，芳味切。⑥ 言千人之费不可数。○ 几，居岂切。数，所角切。 ⑦ 送葬礼毕。⑧ 既葬，未卒哭，故犹服斩衰。○ 衰，七雷切，本又作缞。绖，直结切。⑨ 言不患不知，患不能行。○ 见，如字，又贤遍切。重，直用切。见，贤遍切，下同。 ⑩ 言己由子产之戒，既知其不可，而遂行之，是我之不足。⑪ 逸《书》。○ 败，必迈切。 ⑫ 欲因丧以庆新君，故纵而行之，不能自胜。○ 胜，音升。 ⑬ 高彊，子良。 ⑭ 在公宫被疾。○ 语，鱼据切。 ⑮ 推其车而送之。○ 推，如字，又他回切。 ⑯ 夫人谓子尾。旷，空也。○ 任，音壬，下同。丧，息浪切。夫，音扶。 ⑰《诗·小雅》。言祸乱不在他，正当己身。以喻高彊身自取此祸。

冬十二月，宋平公卒。初，元公恶寺人柳，欲杀之①。及丧，柳炽炭于位②，将至，则去之③。比葬，又有宠④。

① 元公，平公大子佐也。○ 恶，乌路切。寺，又作侍。 ② 以温地。○ 炽，尺志切。炭，吐旦切。 ③ 使公坐其处。○ 去，起吕切。处，昌虑切。 ④ 言元公好恶无常。○ 比，必利切。好，呼报切。恶，乌路切。

经

十有一年春，王二月，叔弓如宋，葬宋平公。

夏四月丁巳，楚子虔诱蔡侯般杀之于申[①]。

楚公子弃疾帅师围蔡。

五月甲申，夫人归氏薨[②]。

大蒐于比蒲[③]。

仲孙貜会邾子盟于祲祥[④]。

秋，季孙意如会晋韩起、齐国弱、宋华亥、卫北宫佗、郑罕虎、曹人、杞人于厥憖[⑤]。

九月己亥，葬我小君齐归[⑥]。

冬十有一月丁酉，楚师灭蔡，执蔡世子有以归，用之[⑦]。

① 蔡侯虽弑父而立，楚子诱而杀之，刑其群士，蔡大夫深怨，故以楚子名告。○ 虔，其连切。般，音班。弑，申志切，《传》放此。　② 昭公母，胡女，归姓。　③ ○ 比，音毗；徐，扶夷切。　④ 祲祥，地阙。○ 祲，子鸩切；徐，又七林切。　⑤ 厥憖，地阙。○ 佗，徒河切。憖，鱼靳切；徐，五巾切，又五辖切。　⑥ 齐，谥。○ 齐，如字。　⑦ 用之，杀以祭山。

传

十一年春，王二月，叔弓如宋，葬平公也[①]。

① 嫌以聘事行，故《传》具之。

景王问于苌弘曰："今兹诸侯，何实吉？何实凶[①]？"对曰："蔡凶。此蔡侯般弑其君之岁也。岁在豕韦[②]，弗过此矣[③]。楚将有之，然壅也[④]。岁及大梁，蔡复楚凶，天之道也[⑤]。"

楚子在申，召蔡灵侯。灵侯将往。蔡大夫曰："王贪而无信，唯蔡于感[⑥]，今币重而言甘，诱我也，不如无往。"蔡侯不可。三月丙申，楚子伏甲而飨蔡侯于申，醉而执之。夏四月丁巳，杀之，刑其士七十人。公子弃疾帅师围蔡[⑦]。

韩宣子问于叔向曰："楚其克乎？"对曰："克哉！蔡侯获罪于其君[⑧]，而不能其民[⑨]，天将假手于楚以毙之[⑩]，何故不克？然肸闻之，不信以幸，不可再也。楚王奉孙吴以讨于陈曰，将定而国。陈人听命，而遂县之[⑪]。今又诱蔡而杀其君，以围其国，虽幸而克，必受其咎，弗能久矣。桀克有缗以丧其国，纣克东夷而陨其身[⑫]。楚小位下，而亟暴于二王，能无咎乎？天之假助不善，非祚之也，厚其凶恶而降之罚也。且譬之如天，其有五材而将用之，力尽而敝之，是以无拯，不可没振[⑬]。"

① 苌弘，周大夫。○ 苌，直良切。　② 襄三十年，蔡世子般弑其君，岁在豕韦，至今十三岁，岁复在豕韦。般即灵侯也。○ 复，扶又切，下岁复同。　③ 言蔡凶不过此年。　④ 蔡近楚，故知楚将有之。楚无德而享大利，所以壅积其恶。○ 壅，於勇切。　⑤ 楚灵王弑立之岁在大梁，到昭十三年，岁复在大梁，美恶周必复，故知楚凶。　⑥ 蔡近楚之大国，故楚常恨其不服顺。　⑦《传》言楚子无道。○ 重，直用切。　⑧ 谓弑父而立。　⑨ 不能施德。　⑩ 借楚手以讨蔡。○ 毙，婢世切。　⑪ 事在八年。　⑫ 纣为黎之蒐，东夷叛之；桀为仍之会，有缗叛之。故

伐而克之。〇 缗，武巾切。丧，息浪切，下且丧同。陨，于敏切。 ⑬ 金木水火土五者为物，用久则必有敝尽，尽则弃捐，故言无拯。拯，犹救助也。不可没振，犹没不可复振。〇 亟，欺冀切，数也。咎，其久切。胙，本又作祚，在路切。拯，拯济之拯。振，之慎切。捐，以专切。救，本亦作捄，音救。不可复振，扶又切；本亦无此字。

五月，齐归薨，大蒐于比蒲，非礼也。

孟僖子会邾庄公盟于祲祥，修好，礼也①。泉丘人有女梦以其帷幕孟氏之庙②，遂奔僖子，其僚从之③。盟于清丘之社，曰："有子，无相弃也④。"僖子使助薳氏之簉⑤。反自祲祥，宿于薳氏，生懿子及南宫敬叔于泉丘人。其僚无子，使字敬叔⑥。

① 蒐非存亡之由，故临丧不宜为之。盟会以安社稷，故丧盟谓之礼。〇 好，呼报切。 ② 泉丘，鲁邑。〇 梦以其帷，位悲切；一本作梦以帷。幕，音莫。 ③ 邻女为僚友者，随而奔僖子。〇 僚，力彫切。 ④ 二女自共盟。 ⑤ 簉，副倅也。薳氏之女为僖子副妾，别居在外，故僖子纳泉丘人女，令副助之。〇 薳，为彼切，又作蒍。簉，本又作蓬，初又切；《说文》，簉从艹。倅，七对切。令，力呈切。 ⑥ 字，养也，似双生。〇 生，如字，或所敬切。

楚师在蔡①，晋荀吴谓韩宣子曰："不能救陈，又不能救蔡，物以无亲②，晋之不能，亦可知也已！为盟主而不恤亡国，将焉用之？"

秋，会于厥慭，谋救蔡也③。郑子皮将行。子产曰："行不远，不能救蔡也。蔡小而不顺，楚大而不德，天将弃蔡以壅楚。盈而罚之[4]，蔡必亡矣。且丧君而能守者，鲜矣。三年，王其有咎乎！美恶周必复，王恶周矣[5]。”晋人使狐父请蔡于楚，弗许[6]。

① 向四月之师。○ 向，本又作鄉。　② 物，事也。　③ 不书救蔡，不果救。○ 焉，於虔切。　④ 盈楚恶。　⑤ 元年，楚子弑君而立，岁在大梁。后三年，十三岁，岁星周，复于大梁。○ 鲜，息浅切。复，扶又切；本或作复在。　⑥ 狐父，晋大夫。○ 狐，音胡。

单子会韩宣子于戚[1]，视下言徐。叔向曰："单子其将死乎。朝有著定[2]，会有表[3]，衣有襘，带有结[4]。会朝之言，必闻于表著之位，所以昭事序也。视不过结、襘之中，所以道容貌也。言以命之，容貌以明之，失则有阙。今单子为王官伯，而命事于会，视不登带，言不过步，貌不道容，而言不昭矣。不道不共，不昭不从[5]，无守气矣[6]。"

① 单子，单成公。　② 著定，朝内列位常处，谓之表著。○ 著，张虑切；徐，治居切。处，昌虑切。　③ 野会，设表以为位。　④ 襘，领会；结，带结也。○ 襘，古外切；《说文》云，带所结也。　⑤ 貌正曰共，言顺曰从。○ 道，音导。　⑥ 为此年冬单子卒起本。

九月，葬齐归，公不慼。晋士之送葬者，归以语史赵。史赵曰："必为鲁郊[1]。"侍者曰："何故？"曰："归，姓也。不思亲，祖不归也[2]。"叔向曰："鲁公室其卑乎。君有大丧，国不废蒐[3]。有三年之丧，而无一日之慼。国不恤丧，不忌君也[④]。君无慼容，不顾亲也。国不忌君，君不顾亲，能无卑乎？殆其失国[⑤]。”

① 言昭公必出在郊野，不能有国。○ 语，鱼据切。　② 姓，生也。言不思亲则不为祖考所归祐。○ 祐，音又。　③ 谓蒐比蒲。　④ 忌，畏也。　⑤ 为二十五年公孙于齐《传》。

冬十一月，楚子灭蔡，用隐大子于冈山[①]。申无宇曰：“不祥。五牲不相为用，况用诸侯乎[②]？王必悔之[③]。”

① 蔡灵公之大子，蔡侯庐之父。○ 冈，音刚。庐，力吴切。　② 五牲，牛、羊、豕、犬、鸡。○ 为，于伪切，或如字。　③ 悔为暴虐。

十二月，单成公卒[①]。

① 终叔向之言。

楚子城陈、蔡、不羹[①]。使弃疾为蔡公。王问于申无宇曰：“弃疾在蔡，何如？”对曰：“择子莫如父，择臣莫如君。郑庄公城栎而寘子元焉，使昭公不立[②]。齐桓公城穀而寘管仲焉，至于今赖之[③]。臣闻五大不在边，五细不在庭[④]。亲不在外，羁不在内。今弃疾在外，郑丹在内[⑤]。君其少戒。”王曰：“国有大城，何如？”对曰：“郑京、栎实杀曼伯[⑥]，宋萧、亳实杀子游[⑦]，齐渠丘实杀无知[⑧]，卫蒲、戚实出献公[⑨]，若由是观之，则害于国。末大必折[⑩]，尾大不掉，君所知也[⑪]。”

① 襄城县东南有不羹城，定陵西北有不羹亭。○ 羹，旧音郎，《汉书·地理志》作更字。　② 子元，郑公子。庄公寘子元于栎。桓十五年，厉公因之以杀栎大夫檀伯，遂居栎，卒使昭公不安位而见杀。○ 栎，力狄切。寘，之豉切。檀，徒丹切。　③ 城縠在庄三十二年。　④ 上古金木水火土谓之五官。玄鸟氏、丹鸟氏亦有五。又以五鸠鸠民，五雉为五工正，盖立官之本也。末世随事施职，是以官无常数。今无宇称习古言，故云五大也。言五官之长，专盛过节，则不可居边。细弱不胜任，亦不可居朝廷。○ 长，丁丈切。胜，音升。　⑤ 襄十九年，丹奔楚。　⑥ 曼伯，檀伯也。厉公得栎，又并京。○ 曼，音万。　⑦ 在庄十二年。　⑧ 在庄九年。渠丘，今齐国西安县也，齐大夫雍廪邑。　⑨ 蒲，甯殖邑；戚，孙林父邑。出献公在襄十四年。○ 出，如字；徐音黜。　⑩ 折其本。　⑪ 为十三年陈、蔡作乱《传》。○ 掉，徒吊切。

经

十有二年春，齐高偃帅师纳北燕伯于阳①。

三月壬申，郑伯嘉卒②。

夏，宋公使华定来聘③。

公如晋，至河乃复④。

五月，葬郑简公⑤。

楚杀其大夫成熊⑥。

秋七月。

冬十月，公子憖出奔齐⑦。

楚子伐徐⑧。

晋伐鲜虞⑨。

① 三年，燕伯出奔齐。高偃，高傒玄孙，齐大夫。阳即唐，燕别邑。中

山有唐县。不言于燕，未得国都。○ 傒，音奚。 ② 五同盟。 ③ 定，华椒孙。 ④ 晋人以莒故辞公。 ⑤ 三月而葬，速。 ⑥《传》在葬简公上，《经》从赴。○ 熊，音雄。 ⑦ 书名，谋乱故也。○ 慭，鱼觐切；一读为整，正领切。 ⑧ 不书围，以乾谿师告。 ⑨ 不书将帅，史阙文。○ 将，子匠切。帅，所类切。

传

十二年春，齐高偃纳北燕伯款于唐，因其众也①。

① 言因唐众欲纳之，故得先入唐。

三月，郑简公卒。将为葬除①，及游氏之庙②，将毁焉。子大叔使其除徒执用以立，而无庸毁③。曰："子产过女，而问何故不毁，乃曰，不忍庙也！诺，将毁矣④！"既如是，子产乃使辟之。司墓之室，有当道者⑤。毁之，则朝而塴⑥；弗毁，则日中而塴。子大叔请毁之，曰："无若诸侯之宾何⑦？"子产曰："诸侯之宾，能来会吾丧，岂惮日中？无损于宾，而民不害，何故不为？"遂弗毁，日中而葬。君子谓："子产于是乎知礼。礼无毁人以自成也⑧。"

① 除葬道。○ 为，于伪切。 ② 游氏，子大叔族。 ③ 用，毁庙具。 ④ 教毁庙者之辞。○ 女，音汝。 ⑤ 简公别营葬地，不在郑先公旧墓，故道有临时迁直也。司墓之室，郑之掌公墓大夫徒属之家。○ 迁，音于，一音於。 ⑥ 塴，下棺。○ 朝，如字。塴，北邓切；徐，甫赠切；礼家作窆，彼验切，义同。 ⑦ 不欲久留宾。 ⑧ ○ 惮，徒旦切。

夏，宋华定来聘，通嗣君也①。享之，为赋《蓼萧》，弗知，又不答赋②。昭子曰："必亡。宴语之不怀③，宠光之不宣④，令德之不知，同福之不受，将何以在⑤？"

① 宋元公新即位。 ②《蓼萧》，《诗·小雅》。义取"燕笑语兮，是以有誉处兮"，乐与华定燕语也。又曰"既见君子，为龙为光"，欲以宠光宾也。又曰"宜兄宜弟，令德寿凯"，言宾有令德，可以寿乐也。又"和鸾雍雍，万福攸同"，言欲与宾同福禄也。○ 为，于伪切。蓼，音六。乐，音洛。③ 怀，思也。 ④ 宣，扬也。 ⑤ 为二十年华定出奔《传》。

齐侯、卫侯、郑伯如晋，朝嗣君也①。公如晋②，至河乃复。取郠之役③，莒人愬于晋，晋有平公之丧，未之治也。故辞公。公子慭遂如晋④。晋侯享诸侯，子产相郑伯，辞于享，请免丧而后听命⑤。晋人许之，礼也⑥。晋侯以齐侯宴，中行穆子相⑦。投壶，晋侯先。穆子曰："有酒如淮，有肉如坻⑧。寡君中此，为诸侯师。"中之。齐侯举矢曰："有酒如渑，有肉如陵⑨。寡人中此，与君代兴⑩。"亦中之。伯瑕谓穆子⑪曰："子失辞。吾固师诸侯矣，壶何为焉？其以中儁也⑫。齐君弱吾君，归弗来矣⑬。"穆子曰："吾军帅强御，卒乘竞劝，今犹古也，齐将何事⑭？"公孙傁趋进曰："日旰君勤，可以出矣。"以齐侯出⑮。

① 晋昭公新立。 ② 亦欲朝嗣君。 ③ 在十年。 ④ 慭，鲁大夫。如晋不书，还不复命而奔，故史不书于策。 ⑤ 简公未葬。○ 相，息亮切。 ⑥ 善晋不夺孝子之情。 ⑦ 穆子，荀吴。

⑧ 淮，水名。坻，山名。○ 淮，旧如字，四渎水也。学者皆以淮、坻之韵不切，云淮当为潍。潍，齐地水名。下称渑，亦是齐国水也。案，渑是齐水，齐侯称之。荀吴既非齐人，不应远举潍水。古韵缓，作淮足得，无劳改也。坻，直疑切；徐，直夷切；《诗》云，宛在水中坻；坻，水中高地。 ⑨ 渑水出齐国临淄县北，入时水。陵，大阜也。○ 中，丁仲切，下同。渑，音绳。时，如字，本或作溡，音同。 ⑩ 代，更也。○ 更，音庚。 ⑪ 伯瑕，士文伯。 ⑫ 言投壶中，不足为儁异。 ⑬ 欲与晋君代兴，是弱之。○ 齐君弱吾君，轻吾君以为弱也。 ⑭ 言晋德不衰于古，齐不事晋，将无所事。○ 帅，所类切。御，鱼吕切。卒，子忽切。乘，绳证切。 ⑮ 傁，齐大夫。《传》言晋之衰。○ 傁，素口切；徐，所流切。旰，古旦切。

楚子谓成虎，若敖之馀也，遂杀之[①]。或谮成虎于楚子，成虎知之而不能行。书曰："楚杀其大夫成虎。"怀宠也[②]。

① 成虎，令尹子玉之孙，与鬥氏同出于若敖。宣四年，鬥椒作乱，今楚子信谮而托讨若敖之馀。 ② 解《经》所以书名。

六月，葬郑简公[①]。

①《传》终子产辞享，明既葬则为免丧。《经》书五月，误。

晋荀吴伪会齐师者，假道于鲜虞，遂入昔阳[①]。秋八月壬午，灭肥，以肥子绵皋归[②]。

① 鲜虞，白狄别种，在中山新市县。昔阳，肥国都，乐平沾县东有昔阳城。○ 种，章勇切。沾，音张廉切；韦昭音拈；《字林》，他兼切。 ② 肥，

白狄也。绵皋，其君名。巨鹿下曲阳县西南有肥累城。为下晋伐鲜虞起。○ 皋，古刀切。累，劣彼切，又力辄切。

周原伯绞虐其舆臣，使曹逃①。冬十月壬申朔，原舆人逐绞而立公子跪寻②，绞奔郊③。

① 原伯绞，周大夫原公也。舆，众也。曹，群也。○ 绞，古卯切。 ② 跪寻，绞弟。○ 跪，求委切，又音诡。 ③ 郊，周地。

甘简公无子，立其弟过①。过将去成、景之族②。成、景之族赂刘献公③。丙申，杀甘悼公④，而立成公之孙鳝⑤。丁酉，杀献大子之傅、庾皮之子过⑥。杀瑕辛于市，及宫嬖绰、王孙没、刘州鸠、阴忌、老阳子⑦。

① 甘简公，周卿士。○ 过，古禾切，下子过同。 ② 成公、景公皆过之先君。○ 去，起吕切。 ③ 欲使杀过。刘献公亦周卿士，刘定公子。 ④ 悼公，即过。 ⑤ 鳝，平公。○ 鳝，音秋。 ⑥ 过，刘献公大子之傅。 ⑦ 六子，周大夫，及庾过皆甘悼公之党。《传》言周衰，原、甘二族所以遂微。

季平子立而不礼于南蒯①。南蒯谓子仲②："吾出季氏，而归其室于公③，子更其位④，我以费为公臣。"子仲许之。南蒯语叔仲穆子，且告之故⑤。季悼子之卒也，叔孙昭子以再命为卿⑥。及平子伐莒，克之，更受三命⑦。叔仲子欲构二家⑧，谓平子曰："三命踰父兄，非礼也⑨。"平子曰："然。"故使昭子⑩。昭子曰："叔孙氏有家祸，杀適立庶，故婼也及此[11]。若因祸以毙之，则闻命矣[12]。若不废君命，则固有著矣[13]。"昭子朝而命吏曰："婼将与季氏讼，书辞无颇[14]。"季孙惧，而归罪于叔仲子。故叔仲小、南蒯、公子慭谋季氏。慭告公，而遂从公如晋[15]。南蒯惧不克，以费叛如齐。子仲还及卫，闻乱，逃介而先[16]。及郊，闻费叛，遂奔齐[17]。

南蒯之将叛也，其乡人或知之，过之而叹[18]，且言曰："恤恤乎，湫乎，攸乎[19]。深思而浅谋，迩身而远志，家臣而君图[20]，有人矣哉[21]！"

南蒯枚筮之[22]，遇《坤》☷☷[23]之《比》☵☷[24]，曰："黄裳元吉[25]。"以为大吉也，示子服惠伯曰："即欲有事，何如?"惠伯曰："吾尝学此矣，忠信之事则可，不然必败。外强内温，忠也[26]。和以率贞，信也[27]。故曰'黄裳元吉'。黄，中之色也。裳，下之饰也。元，善之长也。中不忠，不得其色[28]。下不共，不得其饰[29]。事不善，不得其极[30]。外内倡和为忠[31]，率事以信为共[32]，供养三德为善[33]，非此三者弗当[34]。且夫《易》不可以占险，将何事也，且可饰乎[35]？中美能黄，上美为元，下美则裳，参成可筮[36]。犹有阙也，筮虽吉，未也[37]。"

将适费，饮乡人酒[38]。乡人或歌之曰："我有圃，生之杞乎[39]！从我者子乎[40]，去我者鄙乎，倍其邻者耻乎[41]！已乎已乎，非吾党之士乎[42]！"

平子欲使昭子逐叔仲小[43]。小闻之，不敢朝。昭子命吏谓小待政于朝，曰："吾不为怨府[44]。"

① 蒯，南遗之子，季氏费邑宰。○ 蒯，苦怪切。费，音秘。　② 子仲，公子慭。　③ 室，季氏家财。　④ 更，代也。○ 更，音庚。

⑤ 穆子，叔仲带之子，叔仲小也。语以欲出季氏，以不见礼故。○ 语，鱼据切。 ⑥ 悼子，季武子之子，平子父也。《传》言叔孙之见命，乃在平子为卿之前。 ⑦ 十年，平子伐莒，以功加三命。昭子不伐莒，亦以例加为三命。 ⑧ 欲构使相憎。 ⑨ 言昭子受三命，自踰其先人。 ⑩ 使昭子自贬黜。 ⑪ 祸在四年。○ 適，丁历切。 ⑫ 言因乱讨己，不敢辞。 ⑬ 著，位次。 ⑭ 颇，偏也。○ 颇，普何切。 ⑮ 慭，子仲。 ⑯ 介，副使也。○ 介，音界。使，所吏切。 ⑰ 言及郊，解《经》所以书出。 ⑱ 乡人过蒯而叹。 ⑲ 恤恤，忧患。湫，愁隘。攸，悬危之貌。○ 湫，子小切；徐，在酒切，一音秋。攸，如字；徐，以帚切。隘，於卖切。悬，音玄，本又作县。 ⑳ 家臣而图人君之事，故言思深而谋浅，身近而志远。○ 思，息嗣切。 ㉑ 言今有此人，微以感之。 ㉒ 不指其事，汎卜吉凶。○ 汎，芳剑切。 ㉓《坤》下《坤》上，《坤》。 ㉔《坤》下《坎》上，《比》。《坤》六五爻变。 ㉕《坤》六五《爻辞》。 ㉖《坎》险故强，《坤》顺故温。强而能温，所以为忠。 ㉗ 水和而土安正。和、正，信之本也。 ㉘ 言非黄。○ 长，丁丈切。 ㉙ 不为裳。 ㉚ 失中德。 ㉛ 不相违也。○ 倡，昌亮切。和，户卧切。 ㉜ 率犹行也。 ㉝ 三德，谓正直、刚克、柔克也。○ 供，九用切。养，余亮切。 ㉞ 非忠信善不当此卦。○ 当，如字，或丁浪切。 ㉟ 夫《易》，犹此《易》，谓黄裳元吉之卦。问其何事，欲令从下之饰。○ 夫，音扶。令，力呈切。 ㊱ 参美尽备，吉可如筮。○ 参，七南切，又音三。 ㊲ 有阙，谓不参成。 ㊳ 南蒯自其家还適费。○ 饮，於鸩切。 ㊴ 言南蒯在费，欲为乱，如杞生于园圃，非宜也。杞，世所谓枸杞也。○ 圃，布古切。杞，音起。枸，音苟，本又作狗。 ㊵ 子，男子之通称。言从己可不失今之尊。○ 称，尺证切。 ㊶ 邻，犹亲也。○ 倍，音佩。 ㊷ 已乎已乎，言自遂不改。 ㊸ 欲以自解说。 ㊹ 言不能为季氏逐小，生怨祸之聚。为明年叔弓围费《传》。○ 为，于伪切。

楚子狩于州来①，次于颍尾②，使荡侯、潘子、司马督、嚣尹午、陵尹喜帅师围徐以惧吴[3]。楚子次于乾谿[4]，以为之援。雨雪，王皮冠，秦复陶[5]，翠被[6]，豹舄[7]，执鞭以出[8]，仆析父从[9]。

右尹子革夕[10]，王见之，去冠被，舍鞭[11]。与之语曰："昔我先王熊绎[12]，与吕级[13]、王孙牟[14]、燮父[15]、禽父[16]，并事康王[17]，四国皆有分，我独无有[18]。今吾使人于周，求鼎以为分，王其与我乎?"对曰："与君王哉。昔我先王熊绎，辟在荆山[19]，筚路蓝缕，以处草莽。跋涉山林，以事天子。唯是桃弧、棘矢，以共御王事[20]。齐，王舅也[21]。晋及鲁、卫，王母弟也。楚是以无分，而彼皆有。今周与四国服事君王，将唯命是从，岂其爱鼎!"王曰："昔我皇祖伯父昆吾，旧许是宅[22]。今郑人贪赖其田，而不我与。我若求之，其与我乎?"对曰："与君王哉。周不爱鼎，郑敢爱田?"王曰："昔诸侯远我而畏晋，今我大城陈、蔡、不羹，赋皆千乘，子与有劳焉。诸侯其畏我乎?"对曰："畏君王哉。是四国者，专足畏也[23]，又加之以楚，敢不畏君王哉?"

工尹路请曰："君王命剥圭以为鏚柲[24]，敢请命[25]。"王入视之。

析父谓子革："吾子，楚国之望也！今与王言如响，国其若之何[26]?"子革曰："摩厉以须，王出，吾刃将斩矣[27]。"

王出，复语。左史倚相趋过[28]。王曰："是良史也，子善视之。是能读《三坟》、《五典》、《八索》、《九丘》[29]。"对曰："臣尝问焉。昔穆王欲肆其心[30]，周行天下，将皆必有车辙马迹焉。祭公谋父作《祈招》之诗，以止王心[31]。王是以获没于祗宫[32]。臣问其诗而不知也。若问远焉,其焉能知之?”王曰:“子能乎?”对曰:“能。其诗曰:‘祈招之愔愔,式昭德音[33]。思我王度,式如玉,式如金[34]。形民之力,而无醉饱之心[35]。’”

王揖而入,馈不食,寝不寐,数日[36]。不能自克,以及于难[37]。仲尼曰:“古也有志,克己复礼,仁也。信善哉!楚灵王若能如是,岂其辱于乾谿?”

① 狩,冬猎也。〇 狩,本亦作守,手又切。 ② 颍水之尾,在下蔡西。 ③ 五子,楚大夫。徐,吴与国,故围之以偪吴。〇 潘,普干切。督,本亦作裻,音笃。嚣,五刀切;徐,许骄切。 ④ 在谯国城父县南。 ⑤ 秦所遗羽衣也。〇 援,于眷切。雨,于付切。王皮冠,一本作楚子皮冠。复,音服,一音福。陶,徒刀切。遗,唯季切。 ⑥ 以翠羽饰被。〇 被,普义切。 ⑦ 以豹皮为履。〇 舄,音昔。 ⑧ 执鞭以教令。〇 鞭,必绵切,或革旁作更者,五孟切,非也。 ⑨ 楚大夫。〇 析,星历切。从,才用切。 ⑩ 子革,郑丹。夕,莫见。〇 莫,音暮。见,贤遍切。⑪ 敬大臣。〇 去,起吕切。舍,音捨。 ⑫ 楚始封君。〇 绎,音亦。⑬ 齐大公之子丁公。〇 级,音急;本亦作伋。 ⑭ 卫康叔子康伯。⑮ 晋唐叔之子。〇 燮,素协切。父,音甫。 ⑯ 周公子伯禽。⑰ 康王,成王子。 ⑱ 四国,齐、晋、鲁、卫。分,珍宝之器。〇 分,扶问切,下同。 ⑲ 在新城沶乡县南。〇 辟,匹亦切。沶,音市,又音示。⑳ 桃弧、棘矢,以御不祥。言楚在山林,少所出有。〇 筚,音必。蓝,力甘切。缕,力主切。莽,武党切。跋,蒲末切。共,音恭。御,鱼吕切。㉑ 成王母,齐大公女。 ㉒ 陆终氏生六子,长曰昆吾,少曰季连。季连,楚之祖,故谓昆吾为伯父。昆吾尝居许地,故曰旧许是宅。〇 长,丁丈切。少,诗照切。尝,一本作曾,才能切。 ㉓ 四国,陈、蔡、二不羹。〇 远,于万切。羹,音郎。乘,绳证切。与,音预。 ㉔ 鏚,斧也。柲,柄也。破

圭玉以饰斧柄。○ 剥,邦角切。铖,音戚。柲,音秘。　㉕ 请制度之命。㉖ 讥其顺王心如响应声。○ 响,许丈切。应,应对之应。　㉗ 以己喻锋刃,欲自摩厉以斩王之淫慝。○ 慝,他得切。　㉘ 倚相,楚史名。○ 复,扶又切。倚,於绮切;徐,其绮切。相,息亮切。　㉙ 皆古书名。○ 坟,扶云切。索,所白切,本又作素。　㉚ 周穆王。肆,极也。　㉛ 谋父,周卿士。祈父,周司马,世掌甲兵之职,招其名。祭公方谏游行,故指司马官而言。此《诗》逸。○ 行,如字,又下孟切。辙,直列切。祭,侧界切。招,常遥切,又音昭。父,音甫。　㉜ 获没,不见篡弑。○ 祗,音支,又音祁。篡,初患切。弑,申志切。　㉝ 愔愔,安和貌。式,用也。昭,明也。○ 焉能,於虔切。愔,一心切;徐,於林切。　㉞ 金玉,取其坚重。㉟ 言国之用民,当随其力任,如金冶之器,随器而制形。故言形民之力,去其醉饱过盈之心。○ 冶,音也。去,起吕切。　㊱ 深感子革之言。○ 馈,其位切。数,色主切。　㊲ 克,胜也。○ 难,乃旦切。胜,升证切,又音升。

晋伐鲜虞,因肥之役也①。

① 肥役在此年。

春秋经传集解第二十三

昭公四

经

十有三年春，叔弓帅师围费①。

夏四月，楚公子比自晋归于楚，弑其君虔于乾谿②。

楚公子弃疾杀公子比③。

秋，公会刘子、晋侯、齐侯、宋公、卫侯、郑伯、曹伯、莒子、邾子、滕子、薛伯、杞伯、小邾子于平丘④。

八月甲戌，同盟于平丘⑤。

公不与盟⑥。

晋人执季孙意如以归。

公至自会⑦。

蔡侯庐归于蔡⑧。

陈侯吴归于陈⑨。

冬十月，葬蔡灵公⑩。

公如晋，至河乃复⑪。

吴灭州来⑫。

① 不书南蒯以费叛，不以告庙。○ 费，音祕。　② 比去晋而不送，书归者，依陈，蔡以入，言陈、蔡犹列国也。比归而灵王死，故书弑其君。灵

王无道而弑称臣，比非首谋而反书弑，比虽胁立，犹以罪加也。灵王死在五月，又不在乾谿，楚人生失灵王，故本其始祸以赴之。○ 谿，苦兮切。 ③ 比虽为君，而未列于诸侯，故不称爵。杀不称人，罪弃疾。 ④ 平丘在陈留长垣县西南。○ 垣，音袁。 ⑤ 书同，齐服故。 ⑥ 鲁不堪晋求，谗慝弘多，公不与盟，非国恶，故不讳。○ 与，音预。慝，他得切。 ⑦ 无《传》。 ⑧ ○ 庐，音卢，又力居切。 ⑨ 陈、蔡皆受封于楚，故称爵。诸侯纳之曰归。 ⑩ 蔡复，而后以君礼葬之。 ⑪ 晋人辞公。 ⑫ 州来，楚邑。用大师焉曰灭。

传

十三年春，叔弓围费，弗克，败焉[1]。平子怒，令见费人执之以为囚俘。冶区夫曰："非也[2]。若见费人，寒者衣之，饥者食之。为之令主，而共其乏困。费来如归，南氏亡矣。民将叛之，谁与居邑？若惮之以威，惧之以怒，民疾而叛，为之聚也。若诸侯皆然，费人无归，不亲南氏，将焉入矣？"平子从之。费人叛南氏[3]。

① 为费人所败。不书，讳之。 ② 区夫，鲁大夫。○ 俘，芳夫切。冶，音也。区，乌侯切，又丘于切。 ③ 费叛南氏在明年。《传》善区夫之谋，终言其效。○ 衣，於既切。食，音嗣。共，音恭。惮，待旦切。为，于伪切。焉，於虔切。效，户孝切。

楚子之为令尹也，杀大司马薳掩而取其室[1]。及即位，夺薳居田[2]。迁许而质许围[3]。蔡洧有宠于王，王之灭蔡也，其父死焉[4]，王使与于守而行[5]。申之会，越大夫戮焉[6]。王夺鬪韦龟中犨[7]，又夺成然邑而使为郊尹[8]。蔓成然故事蔡公[9]。故薳氏之族及薳居、许围、蔡洧、蔓成然，皆王所不礼也。因群丧职之族，启越大夫常寿过作乱[10]，围固城，克息舟，城而居之[11]。

观起之死也，其子从在蔡，事朝吴[12]，曰："今不封蔡，蔡不封矣。我请试之[13]。"以蔡公之命召子干、子皙[14]，及郊而告之情[15]，强与之盟，入袭蔡。蔡公将食，见之而逃[16]。观从使子干食，坎用牲，加书，而速行[17]。己徇于蔡[18]曰："蔡公召二子，将纳之，与之盟而遣之矣，将师而从之[19]。"蔡人聚，将执之[20]。辞曰："失贼成军，而杀余何益？"乃释之[21]。朝吴曰："二三子若能死亡，则如违之，以待所济[22]。若求安定，则如与之，以济所欲[23]。且违上，何适而可[24]。"众曰："与之。"乃奉蔡公，召二子而盟于邓[25]，依陈、蔡人以国[26]。楚公子比[27]、公子黑肱[28]、公子弃疾[29]、蔓成然、蔡朝吴帅陈、蔡、不羹、许、叶之师，因四族之徒[30]，以入楚。

及郊，陈、蔡欲为名，故请为武军[31]。蔡公知之曰："欲速。且役病矣，请藩而已。"乃藩为军[32]。蔡公使须务牟与史猈先入，因正仆人杀大子禄及公子罢敌[33]。公子比为王，公子黑肱为令尹，次于鱼陂[34]。公子弃疾为司马，先除王宫。使观从从师于乾谿，而遂告之[35]。且曰："先归复所，后者劓[36]。"师及訾梁而溃[37]。

王闻群公子之死也，自投于车下曰："人之爱其子也，亦如余乎？"侍者曰："甚焉，小人老而无子，知挤于沟壑矣[38]。"王曰："余杀人子多矣，能无及此乎？"右尹子革曰："请待于郊，以听国人[39]。"王曰："众怒不可犯也。"曰："若入于大都而乞师于诸侯。”王曰：“皆叛矣。”曰：“若亡于诸侯，以听大国之图君也。”王曰：“大福不再，祇取辱焉。”然丹乃归于楚[40]。

王沿夏，将欲入鄢[41]。芋尹无宇之子申亥曰：“吾父再奸王命[42]，王弗诛，惠孰大焉？君不可忍，惠不可弃，吾其从王。”乃求王，遇诸棘闱以归[43]。夏五月癸亥，王缢于芋尹申亥氏[44]。申亥以其二女殉而葬之。

观从谓子干曰：“不杀弃疾，虽得国，犹受祸也。”子干曰：“余不忍也。”子玉曰：“人将忍子[45]，吾不忍俟也。”乃行。

国每夜骇曰：“王入矣[46]！”乙卯夜，弃疾使周走而呼曰：“王至矣[47]！”国人大惊。使蔓成然走告子干、子晳曰：“王至矣！国人杀君司马，将来矣[48]！君若早自图也，可以无辱。众怒如水火焉，不可为谋。”又有呼而走至者曰：“众至矣！”二子皆自杀[49]。

丙辰，弃疾即位，名曰熊居。葬子干于訾，实訾敖[50]。杀囚，衣之王服而流诸汉，乃取而葬之，以靖国人。使子旗为令尹[51]。

① 在襄三十年。○ 薳，子委切。掩，於检切。　② 居，掩之族。言薳氏所以怨。　③ 迁许在九年。围，许大夫。○ 质，音致。　④ 楚灭蔡在十一年。洧仕楚，其父在国，故死。○ 洧，于轨切。　⑤ 使洧守国，王行至乾谿。○ 与，音预。守，手又切。　⑥ 申会在四年。　⑦ 韦龟，令尹子文玄孙。中犫，邑名。○ 犫，尺州切。　⑧ 成然，韦龟子。郊尹，治郊竟大夫。○ 竟，音境。　⑨ 蔡公，弃疾也。故，犹旧也。韦龟以弃疾有当璧之命，故使成然事之。○ 蔓，音万。　⑩ 常寿过，申会所戮者。○ 丧，息浪切。过，古禾切。　⑪ 息舟，楚邑城之坚固者。

⑫ 观起死在襄二十二年。朝吴，故蔡大夫声子之子。○ 从，如字。朝，如字。 ⑬ 观从以父死怨楚，故欲试作乱。 ⑭ 二子皆灵王弟。元年，子干奔晋，子皙奔郑。○ 皙，星历切。 ⑮ 告以蔡公不知谋。 ⑯ 不知其故，惊起辟之。○ 强，其丈切。 ⑰ 使子干居蔡公之床、食蔡公之食，并伪与蔡公盟之征验以示众。 ⑱ 己，观从也。○ 己，音纪。徇，似俊切。 ⑲ 诈言蔡公将以师助二子。 ⑳ 执观从。 ㉑ 贼谓子干、子皙也。言蔡公已成军，杀己不解罪。 ㉒ 言若能为灵王死亡，则可违蔡公之命，以待成败如何。○ 为，于伪切。 ㉓ 言与蔡公则可得安定。 ㉔ 言不可违上也。上谓蔡公。 ㉕ 颍川召陵县西南有邓城。二子，子干、子皙。 ㉖ 国陈、蔡而依之。 ㉗ 子干。 ㉘ 子皙。○ 肱，古弘切。 ㉙ 蔡公。 ㉚ 四族，薳氏、许围、蔡洧、蔓成然。○ 羹，音郎。叶，始涉切。 ㉛ 欲筑垒壁以示后人，为复雠之名。○ 垒，力轨切。壁，本亦作辟，音壁。 ㉜ 藩，篱也。○ 藩，方元切。篱，本亦作离，力知切。 ㉝ 须务牟、史猈，楚大夫，蔡公之党也。正仆，大子之近官。○ 牟，亡侯切。猈，皮皆切；徐，扶蟹切，又扶移切，或扶瞻切，本或作篺，音同。罢，音皮；徐，甫绮切，又蒲买切。 ㉞ 竟陵县城西北有甘鱼陂。○ 陂，彼宜切。 ㉟ 从乾谿之师，告使叛灵王。 ㊱ 劓，截鼻。○ 劓，鱼器切。 ㊲ 灵王还至訾梁而众散。○ 訾，子斯切。溃，户内切。 ㊳ 挤，队也。○ 挤，子细切；《说文》云，排也，又子礼切。壑，许各切。队，直类切。 ㊴ 听国人之所与。 ㊵ 然丹，子革。弃王而归楚。○ 祇，音支。 ㊶ 夏，汉别名。顺流为沿，顺汉水南至鄢。○ 沿，以全切。夏，户雅切。鄢，徐，於建切，又於晚切。入，本又作至。 ㊷ 谓断王旌，执人于章华宫。○ 芋，于付切；徐，又音羽。奸，音干。断，丁管切。 ㊸ 棘，里名。闱，门也。○ 闱，音韦。孔晁云，棘，楚邑；闱，巷门。 ㊹ 癸亥，五月二十六日，皆在乙卯、丙辰后。《传》终言之，《经》书四月，误。○ 缢，一豉切。 ㊺ 子玉，观从。○ 殉，似俊切。谓子干曰，本或作谓子干。 ㊻ 相恐以灵王也。○ 骇，户楷切。恐，丘勇切。 ㊼ 周，徧也。乙卯，十八日。○ 呼，好故切。徧，音遍。 ㊽ 司马谓弃疾也。言司马见杀以恐

子干。　㊾ 不书弑君，位未定也。○ 弑，申志切。　㊿ 不成君，无号谥者，楚皆谓之敖。○ 熊，音雄。　[51] 子旗，蔓成然。○ 衣，於既切。旗，音其。

楚师还自徐[①]，吴人败诸豫章，获其五帅[②]。

① 前年围徐之师。　② 定二年，楚人伐吴师于豫章。吴人见舟于豫章，而潜师于巢以军楚师于豫章。又柏举之役，吴人舍舟于淮汭，而自豫章与楚夹汉，此皆当在江北淮水南，盖后徙在江南豫章。○ 帅，所类切。谓荡侯、潘子、司马督、嚣尹午、陵尹喜五人。见，贤遍切。汭，如锐切。

平王封陈、蔡，复迁邑[①]，致群赂[②]，施舍宽民，宥罪举职[③]。召观从，王曰："唯尔所欲[④]。"对曰："臣之先，佐开卜。"乃使为卜尹[⑤]。

使枝如子躬聘于郑，且致犨、栎之田[⑥]。事毕，弗致[⑦]。郑人请曰："闻诸道路，将命寡君以犨、栎，敢请命。"对曰："臣未闻命。"既复，王问犨、栎。降服而对[⑧]曰："臣过失命，未之致也。"王执其手曰："子毋勤。姑归，不穀有事，其告子也[⑨]。"

他年芋尹申亥以王柩告，乃改葬之。

初，灵王卜，曰："余尚得天下[⑩]。"不吉，投龟诟天而呼曰："是区区者而不余畀[⑪]，余必自取之。"民患王之无厌也，故从乱如归。

初，共王无冢適[⑫]，有宠子五人，无適立焉。乃大有事于群望[⑬]，而祈曰："请神择于五人者，使主社稷。"乃徧以璧见于群望曰："当璧而拜者，神所立也，谁敢违之？"既乃与巴姬密埋璧于大室之庭[14]，使五人齊，而长入拜[15]。康王跨之[16]。灵王肘加焉。子干、子晳皆远之。平王弱，抱而入，再拜，皆厌纽[17]。鬥韦龟属成然焉[18]，且曰："弃礼违命，楚其危哉[19]。"

子干归，韩宣子问于叔向曰："子干其济乎？"对曰："难。"宣子曰："同恶相求，如市贾焉，何难[20]？"对曰："无与同好，谁与同恶[21]？取国有五难：有宠而无人，一也[22]；有人而无主，二也[23]；有主而无谋，三也[24]；有谋而无民，四也[25]；有民而无德，五也[26]。子干在晋十三年矣，晋、楚之从，不闻达者，可谓无人[27]。族尽亲叛，可谓无主[28]。无衅而动，可谓无谋[29]。为羁终世，可谓无民[30]。亡无爱征，可谓无德[31]。王虐而不忌[32]，楚君子干涉五难以弑旧君，谁能济之[33]？有楚国者，其弃疾乎！君陈、蔡，城外属焉[34]。苛慝不作，盗贼伏隐，私欲不违[35]，民无怨心。先神命之[36]，国民信之，芈姓有乱，必季实立，楚之常也。获神，一也[37]。有民，二也[38]。令德，三也[39]。宠贵，四也[40]。居常，五也[41]。有五利以去五难，谁能害之？子干之官，则右尹也。数其贵宠，则庶子也。以神所命，则又远之。其贵亡矣[42]，其宠弃矣[43]，民无怀焉[44]，国无与焉[45]，将何以立？"宣子曰："齐桓、晋文，不亦是乎[46]？"对曰："齐桓，卫姬之子也，有宠于僖[47]。有鲍叔牙、宾须无、隰朋以为辅佐，有莒、卫以为外主[48]，有国、高以为内主[49]。从善如流[50]，下善齐肃[51]，不藏贿[52]，不从欲[53]，施舍不倦[54]，求善不厌，是以有国，不亦宜乎？我先君文公，狐季姬之子也，有宠于献。好学而不贰[55]，生十七年，有士五人[56]。有先大夫子馀、子犯以为腹心[57]，有魏犨、贾佗以为股肱[58]，有齐、宋、秦、楚以为外主[59]，有栾、郤、狐、先以为内主[60]。亡十九年，守志弥笃。惠、怀弃民[61]，民从而与之。献无异亲，民无异望[62]，天方相晋，将何以代文？此二君者，异于子干。共有宠子，国有奥主[63]。无施于民，无援于外，去晋而不送，归楚而不逆，何以冀国[64]？"

① 复九年所迁邑。　② 始举事时所货赂。○ 赂，音路。　③ 举职，修废官。○ 宥，音又。　④ 观从教子干杀弃疾，弃疾今召用之，明在君为君之义。○ 为，于伪切。　⑤ 佐卜人开龟兆。　⑥ 犨、栎，本郑邑，楚中取之。平王新立，故还以赂郑。○ 栎，力狄切。　⑦ 知郑自说服，不复须赂故。○ 说，音悦。复，扶又切，下复使同。　⑧ 降服，如今解冠也，谢违命。　⑨ 王善其有权，有事将复使之。○ 毋，音无。⑩ 尚，庶几。○ 柩，其久切。　⑪ 区区，小天下。○ 诟，本又作詬，呼豆切；馀，许后切。呼，火故切。畀，必利切；馀，甫至切，与也。　⑫ 冢，大也。○ 厌，於盐切。共，音恭。適，丁历切，下无適同。　⑬ 群望，星辰山川。　⑭ 巴姬，共王妾。大室，祖庙。○ 徧，音遍。见，贤遍切，下《注》微见同。巴，必加切。埋，亡皆切。大，音泰。　⑮ 从长幼以次拜。○ 齊，侧皆切，本又作齋。长，丁丈切。　⑯ 过其上也。○ 跨，苦化切。⑰ 微见璧纽以为审识。○ 肘，中九切。远，于万切。厌，於甲切；馀，於辄切。纽，女九切。识，申志切，又如字。　⑱ 知其将立，故托其子。○ 属，音烛。　⑲ 弃立长之礼，违当璧之命，终致灵王之乱。　⑳ 宣子谓弃疾亲恃子干，共同好恶，故言如市贾同利以相求。○ 贾，音古。好，如字，又呼报切。恶，乌路切，下皆仿此。　㉑ 言弃疾本不与子干同好，则亦不得同恶。　㉒ 宠须贤人而固。　㉓ 虽有贤人，当须内主为应。○ 应，应对之应。　㉔ 谋，策谋也。　㉕ 民，众。　㉖ 四者既备，当以德成。　㉗ 晋、楚之士从子干游，皆非达人。　㉘ 无亲族在楚。

㉙ 召子干时，楚未有大衅。○ 衅，许靳切。 ㉚ 终身羁客在晋，是无民。 ㉛ 楚人无爱念之者。 ㉜ 灵王暴虐，无所畏忌，将自亡。 ㉝ 言楚借君子干以弑灵王，终无能成。 ㉞ 城，方城也。时穿封戌既死，弃疾并领陈事。 ㉟ 不以私欲违民事。○ 苛，音何；本或作荷，音同。慝，他得切。 ㊱ 先神，谓群望。 ㊲ 当璧拜。○ 芈，弥尔切。 ㊳ 民信之。 ㊴ 无苛慝。 ㊵ 贵妃子。 ㊶ 弃疾，季。 ㊷ 位不尊。○ 去，起吕切。数，所主切。远，于万切。亡，音无，又如字。 ㊸ 父既没故。 ㊹ 非令德。 ㊺ 无内主。 ㊻ 皆庶贱。 ㊼ 卫姬，齐僖公妾。 ㊽ 齐桓出奔莒、卫，有舅氏之助。 ㊾ 国氏、高氏，齐上卿。 ㊿ 言其疾也。 51 齐，严也。肃，敬也。○ 下，遐嫁切。齐，侧皆切。 52 清也。○ 贿，呼罪切。 53 俭也。○ 从，子用切。 54 施舍，犹言布恩德。 55 言笃志。○ 厌，於艳切。好，呼报切。 56 狐偃、赵衰、颠颉、魏武子、司空季子，五士从出。○ 衰，初危切。颉，户结切。从，才用切。 57 子馀，赵衰。子犯，狐偃。 58 魏犨，魏武子也。称五人而说四士，贾佗又不在本数，盖叔向所贤。○ 佗，徒河切。 59 齐妻以女，宋赠以马，楚王享之，秦伯纳之。○ 妻，七计切。 60 谓栾枝、郤縠、狐突、先轸也。○ 栾，鲁官切。郤，去逆切。縠，户木切。 61 惠公、怀公不恤民也。 62 献公之子九人，唯文公在。 63 谓弃疾也。○ 相，息亮切。共，音恭。奥，乌报切。 64 《传》言子干所以蒙弑君之名，弃疾所以得国。○ 施，式豉切。

晋成虒祁[①]，诸侯朝而归者，皆有贰心[②]。为取郠故[③]，晋将以诸侯来讨。叔向曰："诸侯不可以不示威[④]。"乃并征会，告于吴。秋，晋侯会吴子于良[⑤]。水道不可，吴人辞，乃还[⑥]。七月丙寅，治兵于邾南，甲车四千乘[⑦]，羊舌鲋摄司马[⑧]，遂合诸侯于平丘。

子产、子大叔相郑伯以会。子产以幄幕九张行[⑨]。子大叔以四十，既而悔之，每舍损焉。及会，亦如之[10]。

次于卫地，叔鲋求货于卫，淫刍荛者[11]。卫人使屠伯馈叔向羹与一箧锦[12]，曰："诸侯事晋，未敢携贰，况卫在君之宇下[13]，而敢有异志？刍荛者异于他日，敢请之[14]。"叔向受羹反锦[15]，曰："晋有羊舌鲋者，渎货无厌[16]，亦将及矣[17]。为此役也[18]，子若以君命赐之，其已。"客从之。未退，而禁之[19]。

晋人将寻盟，齐人不可[20]。晋侯使叔向告刘献公[21]曰："抑齐人不盟，若之何？"对曰："盟以底信[22]。君苟有信，诸侯不贰，何患焉？告之以文辞，董之以武师，虽齐不许，君庸多矣[23]。天子之老，请帅王赋，元戎十乘，以先启行[24]。迟速唯君[25]。"叔向告于齐曰："诸侯求盟，已在此矣。今君弗利，寡君以为请。"对曰："诸侯讨贰，则有寻盟。若皆用命，何盟之寻[26]？"叔向曰："国家之败，有事而无业，事则不经[27]。有业而无礼，经则不序[28]。有礼而无威，序则不共[29]。有威而不昭，共则不明[30]。不明弃共，百事不终，所由倾覆也[31]。是故明王之制，使诸侯岁聘以志业[32]，间朝以讲礼[33]，再朝而会以示威[34]，再会而盟以显昭明[35]。志业于好[36]，讲礼于等[37]，示威于众[38]，昭明于神[39]，自古以来，未之或失也。存亡之道，恒由是兴。晋礼主盟[40]，惧有不治，奉承齐牺[41]，而布诸君，求终事也[42]。君曰：'余必废之，何齐之有？'唯君图之，寡君闻命矣！"齐人惧，对曰："小国言之，大国制之，敢不听从？既闻命矣，敬共以往，迟速唯君。"

叔向曰："诸侯有间矣[43]，不可以不示众。"八月辛未，治兵[44]，建而不旆[45]。壬申，复旆之。诸侯畏之[46]。

郯人、莒人愬于晋曰："鲁朝夕伐我，几亡矣[47]。我之不共，鲁故之以[48]。"晋侯不见公，使叔向来辞曰："诸侯将以甲戌盟，寡君知不得事君矣，请君无勤[49]。"子服惠伯对曰："君信蛮夷之诉[50]，以绝兄弟之国，弃周公之后，亦唯君。寡君闻命矣。"叔向曰："寡君有甲车四千乘在，虽以无道行之，必可畏也。况其率道，其何敌之有？牛虽瘠，偾于豚上，其畏不死[51]？南蒯、子仲之忧，其庸可弃乎[52]？若奉晋之众，用诸侯之师，因邾、莒、杞、鄫之怒[53]，以讨鲁罪，间其二忧[54]，何求而弗克？"鲁人惧，听命[55]。

甲戌，同盟于平丘，齐服也[56]。令诸侯日中造于除[57]。癸酉，退朝[58]。子产命外仆速张于除[59]，子大叔止之，使待明白。及夕，子产闻其未张也，使速往，乃无所张矣[60]。

及盟，子产争承[61]曰："昔天子班贡，轻重以列[62]，列尊贡重，周之制也[63]，卑而贡重者，甸服也[64]。郑，伯男也。而使从公侯之贡[65]，惧弗给也。敢以为请。诸侯靖兵，好以为事[66]。行理之命[67]，无月不至。贡之无艺[68]，小国有阙，所以得罪也。诸侯修盟，存小国也。贡献无极，亡可待也。存亡之制，将在今矣。"自日中以争，至于昏，晋人许之。

既盟，子大叔咎之曰："诸侯若讨，其可渎乎[69]？"子产曰："晋政多门[70]，贰偷之不暇，何暇讨[71]？国不竞亦陵，何国之为[72]？"

公不与盟[73]。晋人执季孙意如，以幕蒙之[74]，使狄人守之。司铎射[75]怀锦，奉壶饮冰以蒲伏焉。守者御之，乃与之锦而入[76]。晋人以平子归，子服湫从[77]。

子产归，未至，闻子皮卒，哭，且曰："吾已[78]无为为善矣，唯夫子知我[79]。"仲尼谓："子产于是行也，足以为国基矣。《诗》曰：'乐旨君子，邦家之基[80]。'子产，君子之求乐者也。"且曰："合诸侯，艺贡事，礼也[81]。"

① 在八年。○ 虒，音斯。 ② 贱其奢也。 ③ 取郠在十年。○ 为，于伪切。郠，工杏切。 ④ 知晋德薄，欲以威服之。 ⑤ 下邳有良城县。○ 邳，皮悲切。 ⑥ 辞不会。 ⑦ 三十万人。○ 乘，绳证切，下及《注》同。 ⑧ 鲋，叔向弟也。摄，兼官。○ 鲋，音附。 ⑨ 幄幕，军旅之帐。○ 幄，於角切。幕，音莫。四合象宫室曰幄，在上曰幕。 ⑩ 亦九张也。《传》言子产之适宜，大叔之从善。 ⑪ 欲使卫患之而致货。○ 刍，初俱切；《说文》云，刈草也。荛，如遥切。饲牲曰刍，草薪曰荛。 ⑫ 屠伯，卫大夫。○ 屠，音徒。馈，其位切。箧，苦协切。 ⑬ 屋宇之下，喻近也。 ⑭ 请止之。 ⑮ 受羹示不逆其意，且非货。 ⑯ 渎，数也。○ 渎，徒木切。厌，於盐切。数，音朔。 ⑰ 将及祸。 ⑱ 役，事也。○ 为，如字，或于伪切。 ⑲ 禁刍荛者。 ⑳ 有贰心故。 ㉑ 献公，王卿士刘子。 ㉒ 底，致也。○ 底，音旨。 ㉓ 董，督也。庸，功也。讨之有辞，故功多也。 ㉔ 天子大夫称老。元戎，戎车在前者。启，开也。行，道也。 ㉕ 欲佐晋讨齐。 ㉖ 托用命以拒晋。 ㉗ 业，贡赋之业。 ㉘ 须礼而有次序。 ㉙ 礼须威严而后共。 ㉚ 威须昭告神明而后信义著。 ㉛ 信义不明则弃威，不威弃礼。无礼无经，无经无业，故百事不成。○ 覆，芳服切。 ㉜ 志，识也。岁聘以修其职业。 ㉝ 三年而一朝，正班爵之义，率长幼之序。○ 间，间厕之间。长，丁丈切。 ㉞ 六年而一会，以训上下之则，制财用之节。 ㉟ 十二年而一盟，所以昭信义也。凡八聘四朝再会，王一巡守，盟于方嶽之下。○ 守，手又切。嶽，音岳。 ㊱ 聘也。○ 好，呼报切。 ㊲ 朝也。 ㊳ 会也。 ㊴ 盟也。 ㊵ 依先王、先公旧礼，主诸侯

盟。 ㊶ 齐盟之牺牲。○ 治，直吏切，旧如字。牺，许宜切。 ㊷ 终，竟也。 ㊸ 间，隙也。 ㊹ 习战。 ㊺ 建立旌旗，不曳其旆。旆。游也。○ 旆，步贝切。 ㊻ 军将战则旆，故曳旆以恐之。○ 复，扶又切。恐，丘勇切。 ㊼ 自昭公即位，邾、鲁同好，又不朝夕伐莒，无故怨愬。晋人信之，所谓谗慝弘多。○ 愬，音素。朝夕，如字。几，音祈。 ㊽ 不共晋贡，以鲁故也。○ 共，音恭，下同。 ㊾ 托谦辞以绝鲁。 ㊿ 蛮夷，谓邾、莒。 (51) 偾，仆也。○ 瘠，在亦切。偾，方问切。仆，音付，又蒲北切。 (52) 弃，犹忘也。 (53) 四国近鲁，数以小事相忿。鄫已灭，其民犹存，故并以恐鲁。○ 鄫，才陵切。近，附近之近。数，音朔。 (54) 因南蒯、子仲二忧为间隙。 (55) 不敢与盟。○ 与，音预，下不与同。 (56)《经》所以称同。 (57) 除地为坛，盟会处。○ 造，七报切。坛，本或作墠，音善。处，昌虑切。 (58) 先盟朝晋。○ 先，悉荐切。 (59) 张幄幕。 (60) 地已满也。《传》言子产每事敏于大叔。 (61) 承，贡赋之次。 (62) 列，位也。 (63) 公侯地广，故所贡者多。 (64) 甸服，谓天子畿内共职贡者。 (65) 言郑国在甸服外，爵列伯子男，不应出公侯之贡。 (66) 靖，息也。○ 好，呼报切。 (67) 行理，使人通聘问者。○ 使，所吏切。 (68) 艺，法制。 (69) 渎，易也。○ 咎，其九切。易，以豉切。 (70) 政不出一家。 (71) 贰，不壹。偷，苟且。 (72) 不竞争则为人所侵陵，不成为国。○ 争，争斗之争，下争竞同。 (73) 信邾、莒之诉，欲讨鲁故。 (74) 蒙，裹也。○ 裹，音果。 (75) 鲁大夫。○ 铎，待洛切。射，食亦切，又食夜切。 (76) 蒲伏窃往，饮季孙。冰，箭筩盖，可以取饮。○ 奉，芳勇切。蒲，本又作匍，同，步都切；又音扶；本亦作扶。伏，本又作匐，同，蒲北切，又音服。守，手又切，又如字。御，鱼吕切。饮，於鸩切。筩，音童，又音勇。 (77) 湫，子服惠伯，从至晋。○ 湫，子小切；徐音椒，又子鸟切。案，子服湫又作子服椒，止一人耳。从，才用切。 (78) 已，犹决竟。 (79) 言子皮知己之善。 (80)《诗·小雅》。言乐与君子为治，乃国家之基本。○ 治，直吏切。 (81) 嫌争竞不顺，故以礼明之。

鲜虞人闻晋师之悉起也[1]，而不警边，且不修备[2]。晋荀吴自著雍以上军侵鲜虞，及中人，驱冲竞[3]，大获而归[4]。

① 五年《传》曰：遗守四千。今甲车四千乘，故为悉起。 ② 言夷狄无谋。○ 警，音景。 ③ 中山望都县西北有中人城。驱冲车与狄争逐。 ④ 为十五年晋伐鲜虞起。

楚之灭蔡也，灵王迁许、胡、沈、道、房、申于荆焉。平王即位，既封陈、蔡，而皆复之，礼也[1]。隐大子之子庐归于蔡，礼也[2]。悼大子之子吴归于陈，礼也[3]。

① 灭蔡在十一年。许、胡、沈，小国也。道、房、申，皆故诸侯，楚灭以为邑。荆，荆山也。《传》言平王得安民之礼。汝南有吴防县，即防国。 ② 隐大子，大子有也。庐，蔡平侯。 ③ 悼大子，偃师也。吴，陈惠公。

冬十月，葬蔡灵公，礼也[1]

① 国复，成礼以葬也。此陈、蔡事，《传》皆言礼，嫌楚所封不得比诸侯，故明之。

公如晋。荀吴谓韩宣子曰："诸侯相朝，讲旧好也。执其卿而朝其君，有不好焉，不如辞之。"乃使士景伯辞公于河[1]。

① 景伯，士文伯之子弥牟也。○ 好，呼报切。

吴灭州来。令尹子期请伐吴,王弗许,曰:“吾未抚民人,未事鬼神,未修守备,未定国家,而用民力,败不可悔。州来在吴,犹在楚也。子姑待之[①]。”

①《传》言平王所以能有国。○ 守,手又切。

季孙犹在晋,子服惠伯私于中行穆子[①]曰:“鲁事晋何以不如夷之小国? 鲁,兄弟也,土地犹大,所命能具。若为夷弃之,使事齐、楚,其何瘳于晋[②]? 亲亲与大,赏共罚否,所以为盟主也。子其图之。谚曰:‘臣一主二[③]。’吾岂无大国[④]?”穆子告韩宣子,且曰:“楚灭陈、蔡,不能救,而为夷执亲,将焉用之?”乃归季孙。惠伯曰:“寡君未知其罪,合诸侯而执其老[⑤]。若犹有罪,死命可也[⑥]。若曰无罪而惠免之,诸侯不闻,是逃命也,何免之为? 请从君惠于会[⑦]。”宣子患之,谓叔向曰:“子能归季孙乎?”对曰:“不能。鲋也能[⑧]。”乃使叔鱼。叔鱼见季孙曰:“昔鲋也得罪于晋君,自归于鲁君[⑨]。微武子之赐,不至于今[⑩]。虽获归骨于晋,犹子则肉之,敢不尽情? 归子而不归,鲋也闻诸吏,将为子除馆于西河[⑪],其若之何?”且泣[⑫]。平子惧,先归。惠伯待礼[⑬]。

① 私与之语。 ② 瘳,差也。○ 为,于伪切,下为夷、将为同。瘳,敕留切。差,初卖切。 ③ 言一臣必有二主,道不合,得去事他国。○ 谚,音彦。 ④ 言非独晋可事。 ⑤ 老,尊卿称。○ 焉,於虔切。称,尺证切。 ⑥ 死晋命也。 ⑦ 欲得盟会见遣,不欲私去。⑧ 鲋,叔鱼。 ⑨ 盖襄二十一年坐叔虎与栾氏党,并得罪。○ 坐,才卧

切。 ⑩ 武子，季平子祖父。 ⑪ 西使近河。○ 近，附近之近。⑫ 泣以信其言。 ⑬ 待见遣之礼。

经

十有四年春，意如至自晋[1]。

三月，曹伯滕卒[2]。

夏四月[3]。

秋，葬曹武公[4]。

八月，莒子去疾卒[5]。

冬，莒杀其公子意恢[6]。

① 书至者喜得免。 ② 无《传》。四同盟。 ③ 无《传》。④ 无《传》。 ⑤ 未同盟。○ 去，起吕切。 ⑥ 以祸乱告，不必系于为卿，故虽公子亦书。意恢与乱君为党，故书名恶之。○ 恢，苦回切。恶，乌路切。

传

十四年春，意如至自晋，尊晋罪己也[1]。尊晋罪己，礼也[2]。

① 以舍族为尊晋罪己。○ 舍，音捨。 ② 礼，修己而不责人。

南蒯之将叛也，盟费人。司徒老祁、虑癸[1]伪废疾，使请于南蒯曰："臣愿受盟而疾兴，若以君灵不死，请待间而盟[2]。"许之。二子因民之欲叛也，请朝众而盟[3]。遂劫南蒯曰："群臣不忘其君[4]，畏子以及今，三年听命矣。子若弗图，费人不忍其君，将不能畏子矣[5]。子何所不逞欲？请送子[6]。"请期五日[7]。遂奔齐。侍饮酒于景公。公曰："叛夫[8]！"对曰："臣欲张公室也[9]。"子韩皙曰[10]："家臣而欲张公室，罪莫大焉[11]。"司徒老祁、虑癸来归费[12]。齐侯使鲍文子致之[13]。

① 二人，南蒯家臣。○ 祁，巨夷切；《字林》，上夷切。　② 间，差也。○ 差，初卖切。　③ 欲因合众以作乱。　④ 君，谓季氏。○ 劫，居业切。　⑤ 不能复畏子。○《释文》：畏子以及今，绝句。复，扶又切。　⑥ 送使出奔。　⑦ 南蒯请期，冀有变。　⑧ 戏之。　⑨ 张，强也。　⑩ 齐大夫。○ 皙，星历切。　⑪ 言越职。　⑫ 归鲁。　⑬ 南蒯虽叛，费人不从，未专属齐。二子逐蒯而复其旧，故《经》不书归费。齐使文子致邑，欲以假好，非事实也。○ 好，呼报切。

夏，楚子使然丹简上国之兵于宗丘，且抚其民[1]。分贫振穷[2]，长孤幼，养老疾，收介特[3]，救灾患，宥孤寡[4]，赦罪戾，诘奸慝[5]，举淹滞[6]。礼新叙旧[7]，禄勋合亲[8]，任良物官[9]。使屈罢简东国之兵于召陵[10]，亦如之[11]。好于边疆[12]，息民五年，而后用师，礼也。

① 上国，在国都之西，西方居上流，故谓之上国。宗丘，楚地。② 分，与也。振，救也。○ 分，如字；徐，甫问切。　③ 介特，单身民也。收聚不使流散。○ 长，丁丈切。介，音界，又古贺切。单，音丹。　④ 宽其赋税。○ 宥，音又。税，始锐切。　⑤ 诘，责问也。○ 戾，力计切。诘，起吉切。慝，他得切。　⑥ 淹滞，有才德而未叙者。　⑦ 新，羁旅

也。 ⑧ 勋，功也。亲，九族。 ⑨ 物，事也。 ⑩ 兵在国都之东者。〇 罢，音皮。召，上照切。 ⑪ 如然丹。 ⑫ 结好四邻。〇 好，呼报切。疆，居良切。

秋八月，莒著丘公卒，郊公不慼[1]。国人弗顺，欲立著丘公之弟庚與[2]。蒲馀侯恶公子意恢而善于庚與[3]，郊公恶公子铎而善于意恢[4]。公子铎因蒲馀侯而与之谋曰："尔杀意恢，我出君而纳庚與。"许之[5]。

① 郊公，著丘公子。〇 著，直居切；馀，直据切。 ② 庚與，莒共公。〇 與，音余，本亦作与。共，音恭。 ③ 蒲馀侯，莒大夫兹夫也。意恢，莒群公子。〇 恶，乌路切。 ④ 铎亦群公子。〇 铎，待洛切。⑤ 为下冬杀意恢《传》。

楚令尹子旗有德于王，不知度[1]。与养氏比，而求无厌[2]。王患之。九月甲午，楚子杀鬥成然，而灭养氏之族。使鬥辛居郧，以无忘旧勋[3]。

① 有佐立之德。 ② 养氏，子旗之党，养由基之后。〇 比，毗志切。厌，於盐切；本又作餍。 ③ 辛，子旗之子郧公辛。〇 郧，音云。

冬十二月，蒲馀侯兹夫杀莒公子意恢，郊公奔齐。公子铎逆庚與于齐。齐隰党、公子鉏送之，有赂田[1]。

① 莒赂齐以田。〇 鉏，仕居切。

晋邢侯与雍子争鄐田[1]，久而无成。士景伯如楚[2]，叔鱼摄理[3]。韩宣子命断旧狱，罪在雍子。雍子纳其女于叔鱼，叔鱼蔽罪邢侯[4]。邢侯怒，杀叔鱼与雍子于朝。宣子问其罪于叔向。叔向曰："三人同罪，施生戮死可也[5]。雍子自知其罪而赂以买直，鲋也鬻狱，邢侯专杀，其罪一也。己恶而掠美为昏[6]，贪以败官为墨[7]，杀人不忌为贼[8]。《夏书》曰：'昏、墨、贼，杀[9]。'皋陶之刑也。请从之。"乃施邢侯而尸雍子与叔鱼于市。

仲尼曰："叔向，古之遗直也[10]。治国制刑，不隐于亲[11]，三数叔鱼之恶，不为末减[12]。曰义也夫，可谓直矣[13]。平丘之会，数其贿也[14]，以宽卫国，晋不为暴。归鲁季孙，称其诈也[15]，以宽鲁国，晋不为虐。邢侯之狱，言其贪也，以正刑书，晋不为颇。三言而除三恶，加三利[16]，杀亲益荣[17]，犹义也夫[18]？"

① 邢侯，楚申公巫臣之子也。雍子，亦故楚人。○ 鄐，许六切，又超六切。 ② 士景伯，晋理官。 ③ 摄，代景伯。 ④ 蔽，断也。○ 断，丁乱切。蔽，必世切；徐，甫世切；王，补弟切。 ⑤ 施，行罪也。⑥ 掠，取也。昏，乱也。○ 鬻，羊六切，卖也。掠，音亮。 ⑦ 墨，不洁之称。○ 败，必迈切，又如字。称，尺证切。 ⑧ 忌，畏也。 ⑨ 逸《书》。三者皆死刑。 ⑩ 言叔向之直，有古人遗风。○ 陶，音遥。施，如字；服云，施罪于邢侯也；孔晁注《国语》云，废也，尸氏切。 ⑪ 谓国之大问，己所答当也。至于他事，则宜有隐。○ 当，丁浪切。 ⑫ 末，薄也。减，轻也。皆以正言之。○ 数，色具切。为，于伪切。末，武葛切。⑬ 于义未安，直则有之。○ 夫，旧音扶，一读芳于切。 ⑭ 谓言渎货无厌。 ⑮ 谓言鲋也能。 ⑯ 三恶，暴、虐、颇也。三恶除，则三利加。

○ 颇，普何切。 ⑰ 荣名益己。 ⑱ 三罪唯答宣子问，不可以不正，其馀则以直伤义，故重疑之。○ 重，直用切。

经

十有五年春，王正月，吴子夷末卒[1]。

二月癸酉，有事于武宫。籥入，叔弓卒，去乐卒事[2]。

夏，蔡朝吴出奔郑[3]。

六月丁巳朔，日有食之[4]。

秋，晋荀吴帅师伐鲜虞。

冬，公如晋。

① 无《传》，未同盟。 ② 略书有事，为叔弓卒起也。武宫，鲁武公庙，成六年复立之。○ 籥，羊略切。去，起吕切。为，于伪切。复，扶又切。 ③ 朝吴不远谗人，所以见逐而书名。○ 远，于万切。 ④ 无《传》。

传

十五年春，将禘于武公，戒百官[1]。梓慎曰："禘之日，其有咎乎。吾见赤黑之祲，非祭祥也，丧氛也[2]。其在涖事乎[3]？"二月癸酉，禘，叔弓涖事，籥入而卒，去乐卒事，礼也[4]。

① 齐戒。○ 禘，大计切。齐，侧皆切。 ② 祲，妖氛也。盖见于宗庙，故以为非祭祥也。氛，恶气也。○ 咎，其九切。祲，子鸩切。氛，芳云切；徐，扶云切。见，贤遍切。 ③ 涖，临也。○ 涖，音利。 ④ 大臣卒，故为之去乐。○ 去，起吕切。为，于伪切。

楚费无极害朝吴之在蔡也[①]，欲去之。乃谓之曰："王唯信子，故处子于蔡。子亦长矣，而在下位，辱。必求之，吾助子请[②]。"又谓其上之人[③]曰："王唯信吴，故处诸蔡，二三子莫之如也。而在其上，不亦难乎？弗图，必及于难。"夏，蔡人逐朝吴。朝吴出奔郑。王怒曰："余唯信吴，故寘诸蔡。且微吴，吾不及此。女何故去之？"无极对曰："臣岂不欲吴[④]？然而前知其为人之异也[⑤]。吴在蔡，蔡必速飞。去吴，所以翦其翼也[⑥]。"

① 朝吴，蔡大夫，有功于楚平王。故无极恐其有宠，疾害之。○ 费，扶味切。　② 请求上位。○ 长，丁丈切。　③ 蔡人在上位者。④ 非不欲善吴。○ 难，乃旦切。寘，之豉切。女，音汝。　⑤ 言其多权谋。　⑥ 以鸟喻也。言吴在蔡，必能使蔡速强而背楚。○ 背，必佩切。

六月乙丑，王大子寿卒[①]。秋八月戊寅，王穆后崩[②]。

① 周景王子。　② 大子寿之母也。《传》为晋荀跞如周葬穆后起。

晋荀吴帅师伐鲜虞，围鼓[①]。鼓人或请以城叛，穆子弗许。左右曰："师徒不勤，而可以获城，何故不为？"穆子曰："吾闻诸叔向曰：'好恶不愆，民知所適，事无不济[②]。'或以吾城叛，吾所甚恶也。人以城来，吾独何好焉。赏所甚恶，若所好何[③]？若其弗赏，是失信也，何以庇民？力能则进，否则退，量力而行。吾不可以欲城而迩奸，所丧滋多。"使鼓人杀叛人而缮守备。围鼓三月，鼓人或请降，使其民见，曰："犹有食色，姑修而城。”军吏曰：“获城而弗取，勤民而顿兵，何以事君？”穆子曰：“吾以事君也。获一邑而教民怠，将焉用邑？邑以贾怠，不如完旧[4]。贾怠无卒[5]，弃旧不祥。鼓人能事其君，我亦能事吾君。率义不爽[6]，好恶不愆，城可获而民知义所[7]，有死命而无二心，不亦可乎！”鼓人告食竭力尽，而后取之。克鼓而反，不戮一人，以鼓子鸢鞮归[8]。

① 鼓，白狄之别。巨鹿下曲阳县有鼓聚。○ 聚，才喻切。　② 愆，过也。適，归也。○ 好，呼报切。恶，乌路切，或并依字读。愆，起虔切。　③ 无以复加所好。○ 复，扶又切。　④ 完，犹保守。○ 庇，必利切，又音秘。丧，息浪切。缮，市战切。守，手又切。降，户江切。见，贤遍切。焉，於虔切。贾，音古。　⑤ 卒，终也。　⑥ 爽，差也。　⑦ 知义所在也。荀吴必其能获，故因以示义。　⑧ 鸢鞮，鼓君名。○ 鸢，本又作戴，悦全切。鞮，丁兮切。

冬，公如晋，平丘之会故也[1]。

① 平丘会，公不与盟，季孙见执。今既得免，故往谢之。○ 与，音预。

十二月，晋荀跞如周，葬穆后，籍谈为介。既葬除丧，以文伯宴，樽以鲁壶[1]。王曰：“伯氏，诸侯皆有以镇抚王室，晋独无有，何也[2]？”文伯揖籍谈[3]，对曰：“诸侯之封也，皆受明器于王室[4]，以镇抚其社稷，故能荐彝器于王[5]。晋居深山，戎狄之与邻，而远于王室。王灵不及，拜戎不暇[6]，其何以献器？”王曰：“叔氏，而忘诸乎[7]？叔父唐叔，成王之母弟也，其反无分乎？密须之鼓，与其大路，文所以大蒐也[⑧]。阙巩之甲，武所以克商也[⑨]。唐叔受之以处参虚，匡有戎狄[⑩]。其后襄之二路[⑪]，鏚钺秬鬯[⑫]，彤弓虎贲，文公受之，以有南阳之田[⑬]，抚征东夏，非分而何？夫有勋而不废[⑭]，有绩而载[⑮]，奉之以土田[⑯]，抚之以彝器[⑰]，旌之以车服[⑱]，明之以文章[⑲]，子孙不忘，所谓福也。福祚之不登叔父，焉在[⑳]？且昔而高祖孙伯黡，司晋之典籍，以为大政，故曰籍氏[㉑]。及辛有之二子董之，晋于是乎有董史[㉒]。女，司典之后也。何故忘之？”籍谈不能对。宾出，王曰：“籍父其无后乎！数典而忘其祖[㉓]。”

籍谈归，以告叔向。叔向曰：“王其不终乎。吾闻之，所乐必卒焉。今王乐忧，若卒以忧，不可谓终。王一岁而有三年之丧二焉[㉔]，于是乎以丧宾宴，又求彝器，乐忧甚矣，且非礼也。彝器之来，嘉功之由，非由丧也。三年之丧，虽贵遂服，礼也[㉕]。王虽弗遂，宴乐以早，亦非礼也[㉖]。礼，王之大经也。一动而失二礼，无大经矣[㉗]。言以考典[㉘]，典以志经，忘经而多言举典，将焉用之[㉙]？”

① 文伯，荀跞也。鲁壶，鲁所献壶樽。○ 跞，力狄切；本又作栎，同。介，音界。樽，本或作尊，又作罇，並同。　② 感鲁壶而言也。镇抚王室，谓贡献之物。　③ 文伯无辞，揖籍谈使对。　④ 谓明德之分器。○ 分，扶问切，年内同。　⑤ 荐，献也。彝，常也。谓可常宝之器，若鲁壶之属。○ 彝，以之切。　⑥ 言王宠灵不见及，故数为戎所加陵。○ 远，于万切，又如字。数，音朔。　⑦ 叔，籍谈也。　⑧ 密须，姞姓国也，在安定阴密县。文王伐之，得其鼓路以蒐。○ 蒐，所求切。姞，其吉

切，又其乙切。　⑨ 阙巩国所出铠。○ 巩，九勇切。铠，开代切。　⑩ 参虚，实沈之次。晋之分野。○ 参，所金切。　⑪ 周襄王所赐晋文公大路、戎路。　⑫ 鏚，斧也。钺，金钺。秬，黑黍。鬯，香酒。○ 鏚，音戚。钺，音越。秬，音巨。鬯，音畅。　⑬ 事在僖二十八年。○ 彤，徒冬切。贲，音奔。　⑭ 加重赏。○ 夏，户雅切。　⑮ 书功于策。　⑯ 有南阳。　⑰ 弓钺之属。　⑱ 襄之二路。　⑲ 旌旗。　⑳ 言福祚不在叔父，当在谁邪？○《释文》：福祚之不登叔父，绝句。焉，於虔切，下将焉同。　㉑ 孙伯黡，晋正卿，籍谈九世祖。○ 黡，於斩切。　㉒ 辛有，周人也。其二子適晋为大史，籍黡与之共董督晋典，因为董氏，董狐其后。　㉓ 忘祖业。○ 女，音汝。数，色主切。　㉔ 天子绝期，唯服三年。故后虽期，通谓之三年丧。○ 乐，音洛。期，居其切。　㉕ 天子诸侯除丧当在卒哭，今王既葬而除，故讥其不遂。　㉖ 言今虽不能遂服，犹当静嘿，而便宴乐，又失礼也。○ 嘿，亡北切，本或作默，同。　㉗ 失二礼，谓既不遂服，又设宴乐。　㉘ 考，成也。　㉙ 为二十二年王室乱《传》。

经

十有六年春，齐侯伐徐。

楚子诱戎蛮子杀之[①]。

夏，公至自晋。

秋八月己亥，晋侯夷卒[②]。

九月，大雩[③]。

季孙意如如晋。

冬十月，葬晋昭公[④]。

① ○ 诱，音酉。　② 未同盟。　③ ○ 雩，音于。　④ 三月而

葬，速。

传

十六年春，王正月，公在晋，晋人止公。不书，讳之也[①]。

① 犹以取郥故也。公为晋人所执止，故讳不书。

齐侯伐徐。楚子闻蛮氏之乱也，与蛮子之无质也[①]，使然丹诱戎蛮子嘉杀之，遂取蛮氏。既而复立其子焉，礼也[②]。

① 质，信也。○ 质，之实切，或音致。 ② 诈之，非也；立其子，礼也。河南新城县东南有蛮城。○ 复，扶又切。

二月丙申，齐师至于蒲隧[①]。徐人行成。徐子及郯人、莒人会齐侯，盟于蒲隧，赂以甲父之鼎[②]。叔孙昭子曰："诸侯之无伯，害哉[③]！齐君之无道也，兴师而伐，远方会之，有成而还，莫之亢也[④]。无伯也夫。《诗》曰：'宗周既灭，靡所止戾。正大夫离居，莫知我肄[⑤]。'其是之谓乎[⑥]！"

① 蒲隧，徐地。下邳取虑县东有蒲如陂。○ 取，音秋。虑，力居切。如淳，取，音陬訾之陬；虑，音郲娄之娄。 ② 甲父，古国名。高平昌邑县东南有甲父亭。徐人得甲父鼎以赂齐。○ 父，音甫。郯，音谈。 ③ 为小国害。 ④ 无亢御。○ 亢，苦浪切。 ⑤《诗·小雅》。戾，定也。肄，劳也。言周旧为天下宗，今乃衰灭，乱无息定。执政大夫离居异心，无有念民劳者。 ⑥《传》言晋之衰。

三月，晋韩起聘于郑，郑伯享之。子产戒之曰："苟有位于朝，无有不共恪。"孔张后至，立于客间[①]。执政御之[②]，适客后。又御之，适县间[③]。客从而笑之。

事毕，富子谏[④]曰："夫大国之人，不可不慎也，几为之笑而不陵我[⑤]？我皆有礼，夫犹鄙我[⑥]。国而无礼，何以求荣？孔张失位，吾子之耻也。"子产怒曰："发命之不衷[⑦]，出令之不信，刑之颇类[⑧]，狱之放纷[⑨]，会朝之不敬[⑩]，使命之不听[⑪]，取陵于大国，罢民而无功，罪及而弗知，侨之耻也。孔张，君之昆孙，子孔之后也[⑫]，执政之嗣也[⑬]。为嗣大夫，承命以使，周于诸侯，国人所尊，诸侯所知。立于朝而祀于家[⑭]，有禄于国[⑮]。有赋于军[⑯]，丧祭有职[⑰]，受脤归脤[⑱]，其祭在庙，已有著位，在位数世，世守其业，而忘其所，侨焉得耻之[⑲]？辟邪之人而皆及执政，是先王无刑罚也[⑳]。子宁以他规我[㉑]。"

宣子有环，其一在郑商[㉒]。宣子谒诸郑伯[㉓]，子产弗与，曰："非官府之守器也，寡君不知。"子大叔、子羽谓子产曰："韩子亦无几求[㉔]，晋国亦未可以贰。晋国、韩子，不可偷也[㉕]。若属有谗人交斗其间，鬼神而助之，以兴其凶怒，悔之何及？吾子何爱于一环，其以取憎于大国也，盍求而与之？"子产曰："吾非偷晋而有二心，将终事之，是以弗与，忠信故也。侨闻君子非无贿之难，立而无令名之患。侨闻为国非不能事大字小之难，无礼以定其位之患。夫大国之人，令于小国，而皆获其求，将何以给之？一共一否，为罪滋大[㉖]。大国之求，无礼以斥之，何餍之有？吾且为鄙邑，则失位矣[㉗]。

若韩子奉命以使，而求玉焉，贪淫甚矣，独非罪乎？出一玉以起二罪，吾又失位，韩子成贪，将焉用之？且吾以玉贾罪，不亦锐乎[28]？"

韩子买诸贾人，既成贾矣，商人曰："必告君大夫。"韩子请诸子产曰："日起请夫环，执政弗义，弗敢复也[29]。今买诸商人，商人曰，必以闻，敢以为请。"子产对曰："昔我先君桓公，与商人皆出自周[30]。庸次比耦[31]，以艾杀此地，斩之蓬蒿藜藋，而共处之。世有盟誓，以相信也，曰：'尔无我叛，我无强贾[32]，毋或匄夺。尔有利市宝贿，我勿与知。'恃此质誓，故能相保，以至于今。今吾子以好来辱，而谓敝邑强夺商人，是教敝邑背盟誓也，毋乃不可乎！吾子得玉而失诸侯，必不为也。若大国令，而共无艺[33]，郑，鄙邑也，亦弗为也[34]。侨若献玉，不知所成，敢私布之[35]。"韩子辞玉曰："起不敏，敢求玉以徼二罪？敢辞之[36]。"

夏四月，郑六卿饯宣子于郊[37]。宣子曰："二三君子请皆赋，起亦以知郑志[38]。"子齹赋《野有蔓草》[39]。宣子曰："孺子善哉，吾有望矣[40]。"子产赋郑之《羔裘》[41]。宣子曰："起不堪也[42]。"子大叔赋《褰裳》[43]。宣子曰："起在此，敢勤子至于他人乎[44]？"子大叔拜[45]。宣子曰："善哉，子之言是[46]。不有是事，其能终乎[47]？"子游赋《风雨》[48]，子旗赋《有女同车》[49]，子柳赋《蘀兮》[50]。宣子喜曰："郑其庶乎[51]。二三君子以君命贶起，赋不出郑志[52]，皆昵燕好也[53]。二三君子，数世之主也，可以无惧矣。"宣子皆献马焉，而赋《我将》[54]。子产拜，使五卿皆拜，曰："吾子靖乱，敢不拜德？"宣子私觐于子产，以玉与马，曰："子命起舍夫玉，是赐我玉而免吾死也，敢不藉手以拜㊺？"

① 孔张，子孔之孙。 ② 执政，掌位列者。御，止也。 ③ 县，乐肆。○ 县，音玄。 ④ 富子，郑大夫。谏子产也。 ⑤ 言数见笑，则心陵侮我。○ 几，居岂切；服音机。数，音朔。 ⑥ 鄙，贱也。○ 夫，音扶。 ⑦ 衷，当也。○ 衷，丁仲切，又音忠。当，丁浪切，或如字。⑧ 缘事类以成偏颇。○ 颇，普何切。类，如字，又力对切；徐，又力猥切。⑨ 放，纵也。纷，乱也。○ 纷，芳云切。纵，子用切。 ⑩ 谓国无礼敬之心。 ⑪ 下不从上命。 ⑫ 昆，兄也。子孔，郑襄公兄，孔张之祖父。○ 罢，音皮。 ⑬ 子孔尝执郑国之政。 ⑭ 卿得自立庙于家。○ 使，所吏切，下以使同。 ⑮ 受禄邑。 ⑯ 军出，卿赋百乘。○ 乘，绳证切。 ⑰ 有所主。 ⑱ 受脤，谓君祭以肉赐大夫；归脤，谓大夫祭归肉于公，皆社之戎祭也。○ 脤，市轸切。 ⑲ 其祭在庙，谓助君祭。○ 数，色主切。焉，於虔切，下焉用同。 ⑳ 言为过谬者，自应用刑罚。○ 辟，匹亦切。邪，似嗟切。 ㉑ 规，正也。 ㉒ 玉环，同工共朴，自共为双。○ 朴，普角切。 ㉓ 谒，请也。 ㉔ 言所求少。○ 守，手又切。几，居岂切。 ㉕ 偷，薄也。○ 偷，他侯切。 ㉖ 滋，益也。○ 属，音烛。盍，户臘切。难，乃旦切，又如字。共，音恭，下共无同。㉗ 不复成国。○ 餍，於盐切。复，扶又切，下敢复同。 ㉘ 锐，细小也。○ 贾，音古，下强贾同。锐，悦岁切。 ㉙ 复，重求也。○ 贾，音嫁；本或作价。夫，音扶。重，直用切。 ㉚ 郑本在周畿内，桓公东迁，并与商人俱。 ㉛ 庸，用也。用次更相从耦耕。○ 比，毗志切。更，音庚。㉜ 无强市其物。○ 艾，鱼废切。蓬，蒲东切。蒿，呼高切。藜，力兮切。藋，徒吊切。强，其丈切，下强夺同；又其良切，《注》仿此。 ㉝ 艺，法也。○ 毋，音无。匄，古害切，又姑末切，乞也。贿，呼罪切，或作货。与，音预。好，呼报切。背，音佩。 ㉞ 不欲为鄙邑之事。 ㉟ 布，陈也。㊱《传》言子产知礼，宣子能改过。○ 徼，古尧切。 ㊲ 饯，送行饮酒。

○ 饯，贱浅切；《字林》，子扇切。　㊳ 诗言志也。　㊴ 子齹，子皮之子婴齐也。《野有蔓草》，《诗·郑风》。取其"邂逅相遇，适我愿兮"。○ 齹，才何切；《字林》，才可切，又士知切。《说文》作䶪，云，齿差跌也，在河、千多二切。蔓，音万。邂，户卖切。逅，户豆切。　㊵ 君子相愿，己所望也。○ 孺，如住切。　㊶ 言郑，别于唐《羔裘》也。取其"彼己之子，舍命不渝"、"邦之彦兮"，以美韩子。○ 别，彼列切。己，音记。舍，音赦，又音捨。渝，羊朱切。　㊷ 不堪国之司直。　㊸《褰裳》诗曰："子惠思我，褰裳涉溱。子不我思，岂无他人？"言宣子思己，将有《褰裳》之志；如不我思，亦岂无他人。○ 褰，起虔切。溱，侧巾切。　㊹ 言己今崇好在此，不复令子适他人。○ 复，扶又切。令，力呈切。　㊺ 谢宣子之有郑。㊻ 是，《褰裳》。　㊼ 韩起不欲令郑求他人。子大叔拜以答之，所以晋、郑终善。　㊽ 子游，驷带之子驷偃也。《风雨》诗取其"既见君子，云胡不夷"。　㊾ 子旗，公孙段之子豐施也。《有女同车》，取其"洵美且都"，爱乐宣子之志。○ 乐，音洛，又五孝切。　㊿ 子柳，印段之子印癸也。《萚兮》诗取其"倡予和女"，言宣子倡，己将和从之。○ 萚，他洛切。印，一刃切。倡，昌亮切；本或作唱，同。和，户卧切。女，音汝。　(51) 庶几于兴盛。　(52) 六诗皆《郑风》，故曰不出郑志。○ 贶，音况。　(53) 昵，亲也。赋不出其国，以示亲好。○ 昵，女乙切。　(54)《我将》，《诗·颂》。取其"日靖四方"，"我其夙夜，畏天之威"，言志在靖乱，畏惧天威。○ 数，色主切。　(55) 以玉马藉手拜谢子产。○ 觐，其靳切。舍，音捨。夫，音扶。藉，在夜切。

公至自晋①。子服昭伯语季平子②曰："晋之公室，其将遂卑矣。君幼弱，六卿强而奢傲，将因是以习。习实为常，能无卑乎？"平子曰："尔幼，恶识国③？"

① 晋人听公得归。　② 昭伯，惠伯之子子服回也，随公从晋还。

○ 语，鱼据切。 ③ 昭伯尚少，平子不信其言。○ 傲，五报切。恶，乌路切。少，诗照切。

秋八月，晋昭公卒[①]。

① 为下平子如晋葬起。

九月，大雩，旱也。

郑大旱，使屠击、祝款、竖柎有事于桑山[①]。斩其木，不雨。子产曰："有事于山，蓺山林也[②]；而斩其木，其罪大矣。"夺之官邑。

① 三子，郑大夫。有事，祭也。○ 屠，音徒。柎，音附，又方于切。 ② 蓺，养护令繁殖。○ 蓺，音艺。令，力呈切。

冬十月，季平子如晋葬昭公。平子曰："子服回之言犹信[①]，子服氏有子哉[②]。"

① 自往见之，乃信回言。 ② 有贤子也。

经

十有七年春，小邾子来朝。

夏六月甲戌朔，日有食之。

秋，郯子来朝。

八月，晋荀吴帅师灭陆浑之戎[①]。

冬，有星孛于大辰[2]。

楚人及吴战于长岸[3]。

① ○ 浑，户门切。 ② 大辰，房心尾也。妖变非常，故书。○ 孛，音佩，一音勃。 ③ 吴、楚两败，莫肯告负，故但书战而不书败也。长岸，楚地。○ 岸，五旦切。

传

十七年春，小邾穆公来朝，公与之燕。季平子赋《采叔》[1]，穆公赋《菁菁者莪》[2]。昭子曰："不有以国，其能久乎[3]？"

①《采叔》，《诗·小雅》。取其"君子来朝，何锡与之"，以穆公喻君子。②《菁菁者莪》，亦《诗·小雅》。取其"既见君子，乐且有仪"，以答《采叔》。○ 菁，子丁切。莪，五河切。乐，音洛。 ③ 嘉其能答赋，言其贤，故能久有国。

夏六月甲戌朔，日有食之。祝史请所用币[1]。昭子曰："日有食之，天子不举[2]，伐鼓于社[3]；诸侯用币于社[4]，伐鼓于朝[5]。礼也。"平子御之[6]，曰："止也。唯正月朔，慝未作，日有食之，于是乎有伐鼓用币，礼也。其馀则否。"大史曰："在此月也[7]。日过分而未至[8]，三辰有灾[9]。于是乎百官降物[10]，君不举，辟移时[11]，乐奏鼓[12]，祝用币[13]，史用辞[14]。故《夏书》曰：'辰不集于房[15]，瞽奏鼓[16]，啬夫驰，庶人走[17]。'此月朔之谓也。当夏四月，是谓孟夏[18]。"平子弗从。昭子退曰："夫子将有异志,不君君矣[19]。”

①礼,正阳之月日食,当用币于社。故请之。　②不举盛馔。○馔,仕眷切。　③责群阴。　④请上公。　⑤退自责。　⑥御,禁也。　⑦正月,谓建巳正阳之月也。于周为六月,于夏为四月。慝,阴气也。四月纯阳用事,阴气未动而侵阳,灾重,故有伐鼓用币之礼也。平子以为六月非正月,故大史答言在此月也。○正,音政。慝,他得切。夏,户雅切,下当夏同。　⑧过春分而未夏至。　⑨三辰,日月星也。日月相侵,又犯是宿,故三辰皆为灾。○宿,音秀。　⑩降物,素服。　⑪辟正寝过日食时。　⑫伐鼓。　⑬用币于社。　⑭用辞以自责。　⑮逸《书》也。集,安也。房,舍也。日月不安其舍则食。　⑯瞽,乐师。○瞽,音古。　⑰车马曰驰,步曰走,为救日食备也。○啬,音色。　⑱言此六月,当夏家之四月。　⑲安君之灾,故曰有异志。

秋,郯子来朝,公与之宴。昭子问焉,曰:“少皞氏鸟名官,何故也[1]?”郯子曰:“吾祖也,我知之。昔者黄帝氏以云纪,故为云师而云名[2]。炎帝氏以火纪,故为火师而火名[3]。共工氏以水纪,故为水师而水名[4]。大皞氏以龙纪,故为龙师而龙名[5]。我高祖少皞挚之立也,凤鸟适至,故纪于鸟,为鸟师而鸟名。凤鸟氏,历正也[6]。玄鸟氏,司分者也[7]。伯赵氏,司至者也[8]。青鸟氏,司启者也[9]。丹鸟氏,司闭者也[10]。祝鸠氏,司徒也[11]。鴡鸠氏,司马也[12]。鸤鸠氏,司空也[13]。爽鸠氏,司寇也[14]。鹘鸠氏,司事也[15]。五鸠,鸠民者也[16]。五雉,为五工正[17],利器用,正度量,夷民者也[18]。九扈,为九农正[19],扈民无淫者也[20]。自颛顼以来,不能纪远,乃纪于近。为民师而命以民事，则不能故也㉑。”仲尼闻之，见于郯子而学之㉒。既而告人曰：“吾闻之，天子失官，学在四夷，犹信㉓。”

① 少皞，金天氏，黄帝之子，己姓之祖也。问何故以鸟名官。○ 少，诗照切。皞，胡老切。己，音纪，又音祀。 ② 黄帝，轩猿氏，姬姓之祖也。黄帝受命有云瑞，故以云纪事，百官师长皆以云为名号。缙云氏盖其一官也。○ 长，丁丈切。缙，音进。 ③ 炎帝，神农氏，姜姓之祖也。亦有火瑞，以火纪事，名百官。 ④ 共工，以诸侯霸有九州者，在神农前，大皞后。亦受水瑞，以水名官。○ 共，音恭。大，音泰，下大皞同。 ⑤ 大皞，伏牺氏，风姓之祖也。有龙瑞，故以龙名官。 ⑥ 凤鸟知天时，故以名历正之官。○ 挚，音至。 ⑦ 玄鸟，燕也。以春分来，秋分去。○ 燕，於见切。 ⑧ 伯赵，伯劳也。以夏至鸣，冬至止。 ⑨ 青鸟，鸧鷃也。以立春鸣，立夏止。○ 鸧，音仓。鷃，亦作鴳，於谏切。 ⑩ 丹鸟，鷩雉也。以立秋来，立冬去，入大水为蜃。上四鸟皆历正之属官。○ 鷩，必灭切。蜃，市轸切。 ⑪ 祝鸠，鷦鸠也。鷦鸠孝，故为司徒，主教民。○ 鷦，音焦；本又作焦，子遥切，又子尧切。 ⑫ 鴡鸠，王鴡也。鸷而有别，故为司马，主法制。○ 鴡，本又作雎，七徐切。鸷，音至，本亦作挚，下同。别，彼列切。 ⑬ 鳲鸠，鴶鵴也。鳲鸠平均，故为司空，平水土。○ 鴶，本亦作秸，简八切，又音吉。鵴，本亦作鞠，居六切。 ⑭ 爽鸠，鹰也。鸷，故为司寇，主盗贼。○ 爽，所丈切。 ⑮ 鹘鸠，鹘鵰也。春来冬去，故为司事。○ 鵰，陟交切，又陟留切，又音彫。 ⑯ 鸠，聚也。治民上聚，故以鸠为名。 ⑰ 五雉，雉有五种。西方曰鷷雉，东方曰鶅雉，南方曰翟雉，北方曰鵗雉，伊、洛之南曰翚雉。○ 种，音勇切。鷷，音存，又音遵；本或作蹲。鶅，侧其切。翟，音狄，又音浊。鵗，本又作希，如字，又丁里切。翚，许韦切。 ⑱ 夷，平也。○ 量，音亮。 ⑲ 扈有九种也。春扈鳻鶞，夏扈窃玄，秋扈窃蓝，冬扈窃黄，棘扈窃丹，行扈唶唶，宵扈啧啧，桑

扈窃脂，老扈鷃鷃。以九扈为九农之号，各随其宜以教民事。○ 扈，音户。鳻，扶云切，又如字。鶞，敕伦切。唶，侧百切，又子夜切，又助额切。啧，音责，又音赜。　⑳ 扈，止也。止民使不淫放。　㉑ 颛顼氏，代少皞者，德不能致远瑞，而以民事命官。○ 颛，音专。顼，许玉切。　㉒ 于是仲尼年二十八。　㉓ 失官，官不修其职也。《传》言圣人无常师。

晋侯使屠蒯如周，请有事于雒与三涂[①]。苌弘谓刘子曰："客容猛，非祭也。其伐戎乎？陆浑氏甚睦于楚，必是故也。君其备之！"乃警戎备[②]。九月丁卯，晋荀吴帅师涉自棘津[③]，使祭史先用牲于雒。陆浑人弗知，师从之。庚午，遂灭陆浑，数之以其贰于楚也。陆浑子奔楚，其众奔甘鹿[④]。周大获[⑤]。宣子梦文公携荀吴而授之陆浑，故使穆子帅师，献俘于文宫[⑥]。

① 屠蒯，晋侯之膳宰也。以忠谏见进。雒，雒水也。三涂，山名，在陆浑南。○ 蒯，苦怪切。雒，音洛。　② 警戒以备戎也。欲因晋以合势。○ 警，音景。　③ 河津名。　④ 甘鹿，周地。　⑤ 先警戎备，故获。　⑥ 欲以应梦。○ 俘，芳夫切。应，应对之应。

冬，有星孛于大辰，西及汉[①]。申须曰："彗所以除旧布新也[②]。天事恒象[③]，今除于火，火出必布焉。诸侯其有火灾乎[④]？"梓慎曰："往年吾见之，是其征也[⑤]，火出而见[⑥]。今兹火出而章，必火入而伏[⑦]。其居火也久矣[⑧]，其与不然乎[⑨]？火出，于夏为三月[⑩]，于商为四月，于周为五月。夏数得天[⑪]，若火作，其四国当之，在宋、卫、陈、郑乎？宋，大辰之虚也[⑫]；陈，大皞之虚也[⑬]；郑，祝融之虚也[⑭]；皆火房也[⑮]。星孛及汉,汉,水祥也⑯。卫,颛顼之虚也,故为帝丘⑰。其星为大水⑱,水,火之牡也⑲。其以丙子若壬午作乎?水火所以合也⑳。若火入而伏,必以壬午㉑,不过其见之月㉒。"郑裨竈言于子产曰:"宋、卫、陈、郑将同日火,若我用瓘斝玉瓒,郑必不火㉓。"子产弗与㉔。

① 夏之八月,辰星见在天汉西。今孛星出辰西,光芒东及天汉。○ 夏,户雅切。见,贤遍切。 ② 申须,鲁大夫。○ 彗,似锐切,又息遂切。 ③ 天道恒以象类告示人。 ④ 今火向伏,故知当须火出,乃布散为灾。○ 向,许亮切,又作嚮。 ⑤ 征,始有形象而微也。 ⑥ 前年火出时。○ 见,贤遍切,下同。 ⑦ 随火没也。 ⑧ 历二年。⑨ 言必然也。○ 与,如字,又音预。 ⑩ 谓昏见。 ⑪ 得天正。⑫ 大辰,大火。宋分野。○ 虚,起居切。分,扶问切。 ⑬ 大皞居陈,木火所自出。 ⑭ 祝融,高辛氏之火正,居郑。 ⑮ 房,舍也。⑯ 天汉,水也。 ⑰ 卫,今濮阳县,昔帝颛顼居之,其城内有颛顼冢。○ 濮,音卜。 ⑱ 卫星营室,营室,水也。 ⑲ 牡,雄也。○ 牡,茂后切。 ⑳ 丙午火,壬子水,水火合而相薄,水少而火多,故水不胜火。○ 薄,本又作搏,音博。 ㉑ 尚未知今孛星当复随火星俱伏不,故言若。○ 复,扶又切。 ㉒ 火见周之五月。 ㉓ 瓘,珪也。斝,玉爵也。瓒,勺也。欲以禳火。○ 裨,婢支切。瓘,古乱切。斝,古雅切。瓒,才旦切。勺,上若切。禳,本亦作攘,如羊切,下同。 ㉔ 以为天灾流行,非禳所息故也。为明年宋、卫、陈、郑灾《传》。

吴伐楚。阳匄为令尹,卜战,不吉①。司马子鱼曰:"我得上流,何故不吉②?且楚故,司马令龟,我请改卜。"令曰:"鲂也以其属死之,楚师继之,尚大克之。"吉③。战于长岸。

子鱼先死，楚师继之，大败吴师，获其乘舟馀皇[4]。使随人与后至者守之，环而堑之，及泉[5]，盈其隧炭，陈以待命[6]。

吴公子光[7]请于其众曰："丧先王之乘舟，岂唯光之罪，众亦有焉。请藉取之，以救死[8]。"众许之。使长鬣者三人[9]，潜伏于舟侧，曰："我呼馀皇，则对。"师夜从之[10]。三呼，皆迭对[11]。楚人从而杀之，楚师乱。吴人大败之，取馀皇以归[12]。

① 阳匄，穆王曾孙令尹子瑕。○ 匄，古害切。 ② 子鱼，公子鲂也。顺江而下，易用胜敌。○ 鲂，音房。易，以豉切。 ③ 得吉兆。④ 馀皇，舟名。○ 乘，如字，又绳证切，下同。 ⑤ 环，周也。○ 环，如字，又音患。堑，七艳切。 ⑥ 隧，出入道。○ 隧，音遂。炭，吐旦切。⑦ 光，诸樊子阖庐。○ 阖，户腊切。庐，力居切。 ⑧ 藉众之力以取舟。○ 丧，息浪切。 ⑨ 长鬣，多髭鬚。与吴人异形状，诈为楚人。○ 鬣，力辄切。髭，子斯切。鬚，音须。 ⑩ 师，吴师也。○ 呼，呼路切，又如字。⑪ 迭，更也。○ 迭，待结切，又音弟。更，音庚。 ⑫《传》言吴光有谋。

春秋经传集解第二十四

昭公五

经

十有八年春，王三月，曹伯须卒①。

夏五月壬午，宋、卫、陈、郑灾②。

六月，邾人入鄅③。

秋，葬曹平公。

冬，许迁于白羽④。

① 未同盟而赴以名。 ② 来告，故书。天火曰灾。 ③ 鄅国，今琅邪开阳县。○ 鄅，音禹；许慎、郭璞音矩。琅，音郎，本或作郎。 ④ 自叶迁也，畏郑而乐迁，故以自迁为文。○ 叶，始涉切。

传

十八年春，王二月乙卯，周毛得杀毛伯过①而代之②。苌弘曰："毛得必亡，是昆吾稔之日也，侈故之以③。而毛得以济侈于王都，不亡何待④！"

① 毛伯过，周大夫。得，过之族。○ 过，古禾切。 ② 代居其位。 ③ 昆吾，夏伯也。稔，熟也。侈恶积熟，以乙卯日与桀同诛。○ 苌，直良切。稔，而审切。侈，昌氏切，又尸氏切。夏，户雅切。 ④ 为二十六年

毛伯奔楚《传》。

三月，曹平公卒[1]。

① 为下会葬见原伯起本。

夏五月，火始昏见[1]。丙子，风。梓慎曰："是谓融风，火之始也[2]。七日，其火作乎[3]？"戊寅，风甚。壬午，大甚。宋、卫、陈、郑皆火。梓慎登大庭氏之库以望之[4]，曰："宋、卫、陈、郑也。"数日，皆来告火[5]。裨竈曰："不用吾言，郑又将火[6]。"郑人请用之[7]。子产不可。子大叔曰："宝，以保民也。若有火，国几亡。可以救亡，子何爱焉？"子产曰："天道远，人道迩，非所及也，何以知之。竈焉知天道？是亦多言矣，岂不或信[8]？"遂不与，亦不复火[9]。

郑之未灾也，里析告子产曰："将有大祥[10]，民震动，国几亡。吾身泯焉，弗良及也[11]。国迁其可乎？"子产曰："虽可，吾不足以定迁矣[12]。"及火，里析死矣，未葬，子产使舆三十人，迁其柩[13]。火作，子产辞晋公子、公孙于东门[14]。使司寇出新客[15]，禁旧客勿出于宫[16]。使子宽、子上巡群屏摄，至于大宫[17]。使公孙登徙大龟[18]。使祝史徙主祏于周庙，告于先君[19]。使府人、库人各儆其事[20]。商成公儆司宫[21]，出旧宫人，寘诸火所不及[22]。司马、司寇列居火道[23]，行火所焮[24]。城下之人，伍列登城[25]。明日，使野司寇各保其征[26]。郊人助祝史除于国北[27]，禳火于玄冥、回禄[28]，祈于四鄘[29]。书焚室而宽其征，与之材[30]。三日哭，国不市[31]。使行人告于诸侯。

宋、卫皆如是。陈不救火，许不吊灾，君子是以知陈、许之先亡也[32]。

① 火，心星。○ 见，贤遍切。　② 东北曰融风。融风，木也。木，火母，故曰火之始。　③ 从丙子至壬午七日。壬午，水火合之日，故知当火作。　④ 大庭氏，古国名，在鲁城内。鲁于其处作库。高显，故登以望气，参近占以审前年之言。○《释文》：大甚，本或作火甚。处，昌虑切，下祭处同。故登以望气，本或作以望氛气。　⑤ 言经所以书。○ 数，所主切。　⑥ 前年裨竈欲用瓘斝禳火，子产不听，今复请用之。○ 禳，如羊切。复，扶又切，下同。　⑦ 信竈言。　⑧ 多言者或时有中。○ 几，音祈，又音机。焉，於虔切。中，丁仲切。　⑨《传》言天道难明，虽裨竈犹不足以尽知之。　⑩ 里析，郑大夫。祥，变异之气。○ 析，星历切。大祥，或作火祥，非也。　⑪ 言将先灾死。○ 泯，面忍切。先，悉荐切。⑫ 子产知天灾不可逃，非迁所免，故托以知不足。○ 知，音智。　⑬ 以其尝与己言故。○ 與，音余。柩，其又切。　⑭ 晋人新来，未入，故辞不使前也。　⑮ 新来聘者。　⑯ 为其知国情，不欲令去。○ 为，于伪切。令，力呈切。　⑰ 二子，郑大夫。屏摄，祭祀之位。大宫，郑祖庙。巡行宗庙，不得使火及之。○ 行，下孟切，下行火，下《注》履行同。⑱ 登，开卜大夫。　⑲ 祏，庙主石函。周庙，厉王庙也。有火灾，故合群主于祖庙，易救护。○ 祏，音石。函，音咸。易，以豉切。　⑳ 儆，备火也。○ 儆，音景。　㉑ 商成公，郑大夫。司宫，巷伯寺人之官。㉒ 旧宫人，先公宫女。○ 寘，之豉切。　㉓ 备非常也。　㉔ 焮，炙也。○ 焮，许靳切。　㉕ 为部伍登城，备奸也。　㉖ 野司寇，县士也。火之明日，四方乃闻灾，故戒保所征役之人。　㉗ 为祭处于国北者，就太阴禳火。　㉘ 玄冥，水神。回禄，火神。○ 冥，亡丁切。　㉙ 鄘，城也。城积土，阴气所聚，故祈祭之，以禳火之馀灾。○ 鄘，音容。

㉚ 征，赋税也。○ 税，始锐切。 ㉛ 示忧戚，不会市。 ㉜ 不义，所以亡。

六月，鄅人藉稻[1]。邾人袭鄅。鄅人将闭门，邾人羊罗摄其首焉[2]，遂入之，尽俘以归。鄅子曰："余无归矣，从帑于邾。"邾庄公反鄅夫人，而舍其女[3]。

① 鄅，妘姓国也。其君自出藉稻，盖履行之。○ 妘，音云。 ② 斩得闭门者头。 ③ 为明年宋伐邾起。○ 俘，芳夫切。帑，音奴。

秋，葬曹平公。往者见周原伯鲁焉[1]，与之语，不说学。归以语闵子马。闵子马曰："周其乱乎？夫必多有是说，而后及其大人[2]。大人患失而惑，又曰，可以无学，无学不害[3]。不害而不学，则苟而可[4]。于是乎下陵上替，能无乱乎？夫学，殖也，不学将落，原氏其亡乎[5]？"

① 原伯鲁，周大夫。 ② 国乱俗坏，言者適多，渐以及大人。大人，在位者。○ 说，音悦。语，鱼据切。 ③ 患有学而失道者以惑其意。④ 以为无害遂不学，则皆怀苟且。 ⑤ 殖，生长也。言学之进德，如农之殖苗，日新日益。○ 替，他计切。殖，时力切。长，丁丈切。

七月，郑子产为火故，大为社[1]，祓禳于四方，振除火灾，礼也[2]。乃简兵大蒐，将为蒐除[3]。子大叔之庙在道南，其寝在道北，其庭小[4]。过期三日[5]，使除徒陈于道南庙北，曰："子产过女而命速除，乃毁于而向[6]。"子产朝[7]，过而怒之[8]，除者南毁。子产及冲，使从者止之曰：“毁于北方[9]。”

火之作也，子产授兵登陴。子大叔曰：“晋无乃讨乎[10]。”子产曰：“吾闻之，小国忘守则危，况有灾乎！国之不可小，有备故也。”既，晋之边吏让郑曰：“郑国有灾，晋君大夫不敢宁居，卜筮走望，不爱牲玉。郑之有灾，寡君之忧也。今执事撊然授兵登陴[11]，将以谁罪？边人恐惧，不敢不告。”子产对曰：“若吾子之言，敝邑之灾，君之忧也。敝邑失政，天降之灾。又惧谗慝之间谋之，以启贪人，荐为敝邑不利[12]，以重君之忧。幸而不亡，犹可说也[13]。不幸而亡，君虽忧之，亦无及也。郑有他竟，望走在晋[14]。既事晋矣，其敢有二心[15]？”

① 为，治也。○ 为，于伪切，下为蒐同。　② 振，弃也。○ 祓，芳佛切；徐音废。　③ 治兵于庙，城内地迫，故除广之。　④ 庭，蒐场也。○ 场，直长切。　⑤ 处小不得一时毕。○ 处，昌虑切。　⑥ 而，女也。毁女所向。○ 女，音汝，《注》同。向，许亮切；本又作乡。　⑦ 朝君。　⑧ 怒不毁。　⑨ 言子产仁，不忍毁人庙。○ 冲，昌容切。从，才用切。　⑩ 辟晋公子、公孙而授兵，似若叛晋。○ 陴，婢支切。⑪ 撊然，劲忿貌。○ 守，手又切，又如字。撊，遐板切。劲，吉政切。⑫ 荐，重也。○ 恐，丘勇切。慝，他得切。间，间厕之间。荐，在遍切。重，直用切。　⑬ 说，解也。　⑭ 言郑虽与他国为竟，每瞻望晋归赴之。○ 竟，音境。　⑮《传》言子产有备。

楚左尹王子胜言于楚子曰：“许于郑，仇敌也，而居楚地，以不礼于郑[1]。晋、郑方睦，郑若伐许，而晋助之，楚丧地矣。君盍迁许？许不专于楚[2]。郑方有令政。许曰‘余旧国也[3]’，郑曰‘余俘邑也[4]’，叶在楚国，方城外之蔽也[5]。土不可易[6]，国不可小[7]，许不可俘，仇不可启。君其图之。”楚子说[8]。冬，楚子使王子胜迁许于析，实白羽[9]。

① 十三年，平王复迁邑，许自夷还居叶，恃楚而不事郑。 ② 自以旧国不专心事楚。○ 丧，息浪切。盍，户臘切。 ③ 许先郑封。○ 先，悉荐切。 ④ 隐十一年，郑灭许而复存之，故曰我俘邑。○ 复，扶又切。 ⑤ 为方城外之蔽障。○ 障，章亮切。 ⑥ 易，轻也。○ 易，以豉切。 ⑦ 谓郑。 ⑧ ○ 说，音悦。 ⑨ 于《传》时，白羽改为析。○ 析，星历切。

经

十有九年春，宋公伐邾[1]。

夏五月戊辰，许世子止弑其君买[2]。

己卯，地震[3]。

秋，齐高发帅师伐莒。

冬，葬许悼公[4]。

① 为鄅。○ 为，于伪切。 ② 加弑者，责止不舍药物。○ 弑，音试。舍，音捨。 ③ 无《传》。 ④ 无《传》。

传

十九年春，楚工尹赤迁阴于下阴[1]，令尹子瑕城郏。叔孙昭子曰：“楚不在诸侯矣！其仅自完也，以持其世而已[2]。”

① 阴县，今属南乡郡。 ② 迁阴城郏，皆欲以自完守。○ 郏，古洽切。仅，音觐。持，如字；本或作恃怙之字，非也。

楚子之在蔡也[①]，郹阳封人之女奔之，生大子建[②]。及即位，使伍奢为之师[③]。费无极为少师，无宠焉，欲谮诸王，曰："建可室矣[④]。"王为之聘于秦，无极与逆，劝王取之。正月，楚夫人嬴氏至自秦[⑤]。

① 盖为大夫时往聘蔡。 ② 郹阳，蔡邑。〇 郹，古阒切。 ③ 伍奢，伍举之子，伍员之父。〇 员，音云。 ④ 室，妻也。〇 少，诗照切。 ⑤ 王自取之，故称夫人至，为下拜夫人起。〇 为，于伪切。与，音预。嬴，音盈。

郳夫人，宋向戌之女也，故向宁请师[①]。二月，宋公伐邾，围虫。三月，取之[②]。乃尽归郳俘。

① 宁，向戌子也，请于宋公伐邾。〇 向，伤亮切。戌，音恤。 ② 虫，邾邑。不书围取，不以告。〇 虫，直忠切。

夏，许悼公疟。五月戊辰，饮大子止之药，卒[①]。大子奔晋。书曰："弑其君。"君子曰："尽心力以事君，舍药物可也[②]。"

① 止独进药，不由医。〇 疟，鱼略切，病也。 ② 药物有毒，当由医，非凡人所知。讥止不舍药物，所以加弑君之名。〇 舍，音捨，下《注》舍子同。

邾人、郳人、徐人会宋公。乙亥，同盟于虫[①]。

① 终宋公伐邾事。○ 郳,五兮切。

楚子为舟师以伐濮[①]。费无极言于楚子曰:"晋之伯也,迩于诸夏,而楚辟陋,故弗能与争。若大城城父而寘大子焉[②],以通北方,王收南方,是得天下也。"王说,从之。故大子建居于城父。令尹子瑕聘于秦,拜夫人也[③]。

① 濮,南夷也。○ 濮,音卜。 ② 城父,今襄城城父县。○ 伯,音霸。夏,户雅切。辟,匹亦切。父,音甫。寘,之豉切。 ③ 为明年谮大子张本。改以为夫人,遣谢秦。○ 说,音悦。

秋,齐高发帅师伐莒[①]。莒子奔纪鄣[②]。使孙书伐之[③]。

初,莒有妇人,莒子杀其夫,已为嫠妇[④]。及老,託于纪鄣,纺焉以度而去之[⑤]。及师至,则投诸外[⑥]。或献诸子占。子占使师夜缒而登[⑦]。登者六十人,缒绝,师鼓噪。城上之人亦噪。莒共公惧,启西门而出。七月丙子,齐师入纪[⑧]。

① 莒不事齐故。 ② 纪鄣,莒邑也。东海赣榆县东北有纪城。○ 鄣,音章,《注》及下同。赣,古弄切;如淳,一音耿弇切。榆,音俞。③ 孙书,陈无宇之子子占也。 ④ 寡妇为嫠。○ 嫠,力之切;本又作釐。⑤ 因纺纑,连所纺以度城而藏之,以待外攻者,欲报仇。○ 纺,芳往切。度,待洛切。去,起吕切。裴松之注《魏志》云,古人谓藏为去。案今关中犹有此音。纑,力吴切,麻缕也。 ⑥ 投绳城外,随之而出。 ⑦ 缘绳登城。○ 缒,直伪切,下同。 ⑧《传》言怨不在大。○ 噪,素报切。城上之人亦噪,一本作上之人亦噪。共,音恭。

是岁也,郑驷偃卒。子游娶于晋大夫,生丝,弱[①]。其父兄立子瑕[②]。子产憎其为人也[③],且以为不顺[④],弗许,亦弗止[⑤]。驷氏耸[⑥]。

他日,丝以告其舅。冬,晋人使以币如郑,问驷乞之立故。驷氏惧,驷乞欲逃。子产弗遣。请龟以卜,亦弗予。大夫谋对。子产不待而对客曰:"郑国不天[⑦],寡君之二三臣,札瘥夭昏[⑧]。今又丧我先大夫偃,其子幼弱,其一二父兄,惧队宗主,私族于谋而立长亲[⑨]。寡君与其二三老曰:'抑天实剥乱是,吾何知焉[⑩]?'谚曰:'无过乱门。'民有兵乱,犹惮过之,而况敢知天之所乱。今大夫将问其故,抑寡君实不敢知,其谁实知之。平丘之会[⑪],君寻旧盟曰:'无或失职。'若寡君之二三臣,其即世者,晋大夫而专制其位,是晋之县鄙也,何国之为?"辞客币而报其使。晋人舍之[⑫]。

① 子游,驷偃也。弱,幼少。○ 少,诗照切。 ② 子瑕,子游叔父驷乞。 ③ 憎子瑕。 ④ 舍子立叔,不顺礼也。 ⑤ 许之为违礼,止之为违众,故中立。 ⑥ 耸,惧也。○ 耸,息勇切,《注》同。 ⑦ 不获天福。 ⑧ 大死曰札,小疫曰瘥,短折曰夭,未名曰昏。○ 札,侧八切,一音截;《字林》作殏,壮列切,云,夭死也。瘥,才何切;《字林》作瘥,《注》同。夭,於表切,《注》同。昏,如字。疫,音役。 ⑨ 于私族之谋,宜立亲之长者。○ 丧,息浪切。队,直类切。长,丁丈切。 ⑩ 言天自欲乱驷氏,非国所知。○ 剥,邦角切。 ⑪ 在十三年。○ 谚,音彦。过,古禾切,又古卧切。惮,待旦切。 ⑫ 遣人报晋使。○ 使,所吏切。

楚人城州来。沈尹戌曰:"楚人必败[①]。昔吴灭州来[②],子旗请伐之。王曰:'吾未抚吾民。'今亦如之,而城州来以挑吴，能无败乎？"侍者曰："王施舍不倦，息民五年，可谓抚之矣。"戌曰："吾闻抚民者，节用于内，而树德于外，民乐其性，而无寇仇。今宫室无量，民人日骇，劳罢死转[3]，忘寝与食，非抚之也[4]。"

① 十三年，吴县州来，今就城而取之。戌，庄王曾孙叶公诸梁父也。○ 戌，音恤。叶，始涉切。 ② 在十三年。 ③ 转，迁徙也。○ 旗，音其。挑，徒了切。乐，音洛。罢，音皮；本或作疲。 ④《传》言平王所以不能霸。

郑大水，龙斗于时门之外洧渊[1]。国人请为禜焉，子产弗许，曰："我斗，龙不我觌也[2]。龙斗，我独何觌焉？禳之，则彼其室也[3]。吾无求于龙，龙亦无求于我。"乃止也[4]。

① 时门，郑城门也。洧水出荥阳密县，东南至颍川长平入颍。○ 洧，于轨切。 ② 觌，见也。○ 禜，为命切。觌，大历切。见，贤遍切。 ③ 渊，龙之室。 ④《传》言子产之知。○ 知，音智。

令尹子瑕言蹶由于楚子[1]曰："彼何罪？谚所谓'室于怒，市于色'者，楚之谓矣[2]。舍前之忿可也。"乃归蹶由[3]。

① 蹶由，吴王弟。五年，灵王执以归。○ 蹶，九卫切。 ② 言灵王怒吴子而执其弟，犹人忿于室家而作色于市人。 ③ 言楚子能用善言。○ 舍，音捨，又音赦。

经

二十年春,王正月。

夏,曹公孙会自鄸出奔宋[①]。

秋,盗杀卫侯之兄絷[②]。

冬十月,宋华亥、向宁、华定出奔陈[③]。

十有一月辛卯,蔡侯庐卒[④]。

① 无《传》。尝有玉帛之使来告,故书。鄸,曹邑。○ 鄸,莫公切,又亡增切;《字林》音梦。案梦字,《字林》,亡忠切。使,所吏切。 ② 齐豹作而不义,故书曰盗,所谓求名而不得。○ 絷,张立切。 ③ 与君争而出,皆书名,恶之。○ 华,户化切。争,争斗之争。恶,乌路切。 ④ 无《传》。未同盟而赴以名。○ 庐,力於切;本又作卢,力乌切。

传

二十年春,王二月己丑,日南至[①]。梓慎望氛[②]曰:"今兹宋有乱,国几亡,三年而后弭。蔡有大丧[③]。"叔孙昭子曰:"然则戴、桓也[④]! 汰侈无礼已甚,乱所在也[⑤]。"

① 是岁朔旦,冬至之岁也。当言正月己丑朔,日南至。时史失闰,闰更在二月后。故《经》因史而书正月,《传》更具于二月,记南至日,以正历也。
② 氛,气也。时鲁侯不行登台之礼,使梓慎望氛。○ 氛,芳云切。
③ 为宋华,向出奔,蔡侯卒《传》。○ 几,音祈,又音机。弭,弥耳切。
④ 戴族,华氏;桓族,向氏。 ⑤《传》言妖由人兴。○ 汰,音泰。

费无极言于楚子曰:"建与伍奢将以方城之外叛。自以为犹宋、郑也,齐、晋又交辅之,将以害楚。其事集矣。"王信之,问伍奢。伍奢对曰:“君一过多矣[1],何信于谗?”王执伍奢[2]。使城父司马奋扬杀大子,未至,而使遣之[3]。三月,大子建奔宋。王召奋扬。奋扬使城父人执己以至。王曰:“言出于余口,入于尔耳,谁告建也?”对曰:“臣告之。君王命臣曰:‘事建如事余。’臣不佞[4],不能苟贰。奉初以还[5],不忍后命,故遣之。既而悔之,亦无及已。”王曰:“而敢来,何也?”对曰:“使而失命,召而不来,是再奸也[6]。逃无所入。”王曰:“归。”从政如他日[7]。

无极曰:“奢之子材,若在吴,必忧楚国,盍以免其父召之。彼仁,必来。不然,将为患。”王使召之,曰:“来,吾免而父。”棠君尚谓其弟员[8]曰:“尔适吴,我将归死。吾知不逮[9],我能死,尔能报。闻免父之命,不可以莫之奔也。亲戚为戮,不可以莫之报也。奔死免父,孝也。度功而行,仁也[10]。择任而往,知也[11]。知死不辟,勇也[12]。父不可弃[13],名不可废[14],尔其勉之,相从为愈[15]。”伍尚归。奢闻员不来,曰:“楚君大夫其旰食乎[16]!”楚人皆杀之。

员如吴,言伐楚之利于州于[17]。公子光曰:“是宗为戮而欲反其仇,不可从也[18]。”员曰:“彼将有他志[19]。余姑为之求士,而鄙以待之[20]。”乃见鱄设诸焉[21],而耕于鄙[22]。

① 一过,纳建妻。 ② 忿奢切言。 ③ 知大子冤,故遣令去。○ 奋,方问切。冤,於元切。令,力呈切。 ④ 佞,才也。 ⑤ 奉初命以周旋。 ⑥ 奸,犯也。○ 使,所吏切,又如字。奸,音干。 ⑦ 善其言,舍使还。○ 还,音环,下还豹同。 ⑧ 棠君,奢之长子尚也,为棠邑大夫。员,尚弟子胥。○ 盍,户臘切。棠君尚,君或作尹。员,音云。长,丁

丈切。　⑨ 自以知不及员。○ 知，音智，《注》及下知也同。又如字。逮，音代，又大计切。　⑩ 仁者贵成功。○ 度，待洛切。　⑪ 员任报仇。○ 任，音壬。　⑫ 尚为勇。　⑬ 俱去为弃父。　⑭ 俱死为废名。　⑮ 愈，差也。○ 差，初卖切。　⑯ 将有吴忧，不得早食。○ 旰，古旦切。　⑰ 州于，吴子僚。○ 僚，力凋切。　⑱ 光，吴公子阖庐也。反，复也。　⑲ 光欲弑僚，不利员用事，故破其议，而员亦知之。⑳ 计未得用，故进勇士以求入于光，退居边鄙。　㉑ 鱄诸，勇士。○ 见，贤遍切。鱄，音专。　㉒ 为二十七年吴弑僚《传》。○ 弑，申志切。

宋元公无信多私，而恶华、向。华定、华亥与向宁谋曰："亡愈于死，先诸①。"华亥伪有疾，以诱群公子。公子问之，则执之。夏六月丙申，杀公子寅、公子御戎、公子朱、公子固、公孙援、公孙丁，拘向胜、向行于其廪②。公如华氏请焉，弗许，遂劫之③。癸卯，取大子栾与母弟辰、公子地以为质④。公亦取华亥之子无慼、向宁之子罗、华定之子启，与华氏盟以为质⑤。

① 恐元公杀己，欲先作乱。○ 恶，乌路切。　② 八子皆公党。○ 御，鱼吕切，又如字。援，于眷切。拘，九于切。廪，力甚切。　③ 劫公。　④ 栾，景公也。辰及地皆元公弟。○ 栾，力官切。质，音致，下同。"辰及地皆元公弟"，案，公子辰是景公之母弟，地是辰兄，皆当为元公之子。今《注》皆作元公弟，误耳。　⑤ 为此冬华、向出奔《传》。○ 慼，千历切。

卫公孟絷狎齐豹①，夺之司寇与鄄②，有役则反之，无则取之③。公孟恶北宫喜、褚师圃，欲去之④。公子朝通于襄夫人宣姜[5]，惧而欲以作乱。故齐豹、北宫喜、褚师圃、公子朝作乱。

初，齐豹见宗鲁于公孟[6]，为骖乘焉[7]。将作乱，而谓之曰："公孟之不善，子所知也。勿与乘，吾将杀之。"对曰："吾由子事公孟，子假吾名焉，故不吾远也[8]。虽其不善，吾亦知之。抑以利故，不能去，是吾过也。今闻难而逃，是僭子也[9]。子行事乎，吾将死之，以周事子[10]，而归死于公孟，其可也。"

丙辰，卫侯在平寿[11]，公孟有事于盖获之门外[12]，齐子氏帷于门外而伏甲焉[13]。使祝鼃寘戈于车薪以当门[14]，使一乘从公孟以出[15]。使华齐御公孟，宗鲁骖乘。及闳中[16]，齐氏用戈击公孟，宗鲁以背蔽之，断肱，以中公孟之肩，皆杀之。

公闻乱，乘驱自阅门入，庆比御公，公南楚骖乘，使华寅乘贰车[17]。及公宫，鸿駵魋驷乘于公[18]，公载宝以出。褚师子申遇公于马路之衢，遂从[19]。过齐氏，使华寅肉袒执盖，以当其阙[20]。齐氏射公，中南楚之背。公遂出。寅闭郭门[21]，踰而从公[22]。公如死鸟[23]，析朱鉏宵从窦出，徒行从公[24]。

齐侯使公孙青聘于卫[25]。既出，闻卫乱，使请所聘。公曰："犹在竟内，则卫君也。"乃将事焉[26]。遂从诸死鸟，请将事。辞曰："亡人不佞，失守社稷，越在草莽。吾子无所辱君命。"宾曰："寡君命下臣于朝，曰，阿下执事[27]。臣不敢贰[28]。"主人曰："君若惠顾先君之好，照临敝邑，镇抚其社稷，则有宗祧在[29]。"乃止[30]。卫侯固请见之[31]，不获命，以其良马见[32]，为未致使故也[33]。卫侯以为乘马[34]。宾将掫[35]，主人辞曰："亡人之忧，不可以及吾子。草莽之中，不足以辱从者。敢辞。"宾曰："寡君之下臣，君之牧圉也。若不获扞外役，是不有寡君也[36]。臣惧不免于戾，请以除死。"亲执铎，终夕与于燎[37]。

齐氏之宰渠子召北宫子[38]。北宫氏之宰不与闻谋，杀渠子，遂伐齐氏，灭之。丁巳晦，公入。与北宫喜盟于彭水之上[39]。秋七月戊午朔，遂盟国人。八月辛亥，公子朝、褚师圃、子玉霄、子高鲂出奔晋[40]。闰月戊辰，杀宣姜[41]。卫侯赐北宫喜谥曰贞子[42]，赐析朱鉏谥曰成子[43]，而以齐氏之墓予之[44]。

卫侯告宁于齐，且言子石[45]。齐侯将饮酒，徧赐大夫曰："二三子之教也[46]。"苑何忌辞曰："与于青之赏，必及于其罚[47]。在《康诰》曰：'父子兄弟，罪不相及[48]。'况在群臣。臣敢贪君赐，以干先王[49]？"

琴张闻宗鲁死[50]，将往吊之。仲尼曰："齐豹之盗，而孟絷之贼，女何吊焉[51]？君子不食奸[52]，不受乱[53]，不为利疚于回[54]，不以回待人[55]，不盖不义[56]，不犯非礼[57]。"

① 公孟，灵公兄也。齐豹，齐恶之子，为卫司寇。狎，轻也。○ 狎，户甲切。　② 鄄，豹邑。○ 鄄，音绢。　③ 絷足不良，故有役则以官邑还豹使行。　④ 喜，贞子。○ 恶，乌路切。褚，中吕切。圃，布五切。去，起吕切。　⑤ 宣姜，灵公嫡母。○ 朝，如字。嫡，丁历切；本又作適。⑥ 荐达也。○ 见，贤遍切。　⑦ 为公孟骖乘。○ 骖，七南切。乘，绳证切，下皆同。　⑧ 言子借我以善名，故公孟亲近我。○ 与，音预，又如字。远，于万切。借，子夜切。近，附近之近。　⑨ 使子言不信也。

○ 难,乃旦切。僭,子念切。 ⑩ 周犹终竟也。 ⑪ 平寿,卫下邑。 ⑫ 有事,祭也。盖获,卫郭门。 ⑬ 齐豹之家。 ⑭ 要其前也。○ 鼋,乌娲切。寘,之豉切。要,一遥切。 ⑮ 亦如前车置戈于薪,寻其后。○ 从,如字,又才用切。 ⑯ 闳,曲门中。○ 华,户化切,下同。闳,音宏。 ⑰ 公副车。○ 断,丁管切。肱,古弘切。中,丁仲切,下中南楚同。乘驱,如字,又绳证切。阅,音悦。比,如字,又毗志切。 ⑱ 鸿骝魋复就公乘,一车四人。○ 骝,音留。魋,徒回切。复,扶又切。 ⑲ 从公出。○ 衢,其俱切。从,才用切。 ⑳ 肉袒,示不敢与齐氏争。执盖,蔽公而去。阙,空也,以盖当侍从空阙之处。○ 袒,徒旱切。争,争斗之争。处,昌虑切。 ㉑ 不欲令追者出。○ 射,食亦切。令,力呈切。 ㉒ 踰郭出。○ 从,才用切,又如字,下从公同。 ㉓ 死鸟,卫地。 ㉔ 朱鉏,成子黑背孙。○ 析,星历切。鉏,仕居切。窦,音豆。 ㉕ 青,顷公之孙。○ 顷,音倾。 ㉖ 将事,行聘事。○ 竟,音境。 ㉗ 阿,比也。命己使比卫臣下。○ 莽,莫荡切。 ㉘ 贰,违命也。 ㉙ 言受聘当在宗庙也。○ 好,呼报切。祧,他彫切。 ㉚ 止,不行聘事。 ㉛ 欲与青相见。 ㉜ 以为相见之礼。○ 见,贤遍切,下注礼见同。 ㉝ 未致使,故不敢以客礼见。○ 为,于伪切。使,所吏切。 ㉞ 喜其敬己,故贵其物。○ 乘,绳证切,又如字。 ㉟ 掫,行夜。○ 掫,侧九切,又祖侯切。行,下孟切。 ㊱ 有,相亲有。○ 从,才用切。圉,鱼吕切。扞,户旦切。 ㊲ 设火燎以备守。○ 铎,待洛切。与,音预,下不与闻谋、与于青同。燎,力召切,又力吊切。一本作终夕与于燎。 ㊳ 北宫喜也。 ㊴ 喜本与齐氏同谋,故公先与喜盟。 ㊵ 皆齐氏党。 ㊶ 与公子朝通谋故。 ㊷ 灭齐氏故。 ㊸ 胥从公故。 ㊹ 皆未死而赐谥及墓田,《传》终而言之。 ㊺ 子石,公孙青,言其有礼。 ㊻ 喜青敬卫侯。○ 偏,音遍。 ㊼ 何忌,齐大夫。言青若有罪,亦当并受其罚。○ 苑,於元切。 ㊽《尚书·康诰》。 ㊾ 言受赐,则犯《康诰》之义。 ㊿ 琴张,孔子弟子,字子开,名牢。○ 牢,力刀切。 ㊿1 言齐豹所以为盗,孟絷所以见贼,皆由宗鲁。○ 女,音汝。 ㊿2 如公孟不善而受其禄，是食奸也。 ㊸ 许豹行事，是受乱也。 ㊹ 疚，病；回，邪也。以利故不能去，是病身于邪。○ 为，于伪切。疚，居又切。邪，似嗟切。 ㊺ 知难不告，是以邪待人。○ 难，乃旦切，下同。 ㊻ 以周事豹，是盖不义。 ㊼ 以二心事絷，是非礼。

宋华、向之乱，公子城①、公孙忌、乐舍②、司马彊、向宜、向郑③、楚建④、郳申⑤出奔郑⑥。其徒与华氏战于鬼阎⑦，败子城。子城适晋⑧。华亥与其妻必盥而食所质公子者而后食。公与夫人每日必适华氏，食公子而后归。华亥患之，欲归公子。向宁曰："唯不信，故质其子。若又归之，死无日矣。"公请于华费遂，将攻华氏⑨。对曰："臣不敢爱死，无乃求去忧而滋长乎⑩？臣是以惧，敢不听命。"公曰："子死亡有命，余不忍其询⑪。"

冬十月，公杀华、向之质而攻之。戊辰，华、向奔陈，华登奔吴⑫。向宁欲杀大子。华亥曰："干君而出，又杀其子，其谁纳我？且归之有庸⑬。"使少司寇轻以归⑭，曰："子之齿长矣，不能事人，以三公子为质，必免⑮。"公子既入，华轻将自门行⑯。公遽见之，执其手曰："余知而无罪也，入复而所⑰。"

① 平公子。 ② 舍，乐喜孙。 ③ 宜、郑皆向戌子。 ④ 楚平王之亡大子。 ⑤ 小邾穆公子。○ 郳，五兮切。 ⑥ 八子，宋大夫。皆公党，辟难出。 ⑦ 八子之徒众也。颍川长平县西北有阎亭。○ 阎，似廉切，又以冉切。 ⑧ 子城为华氏所败，别走至晋。为明年子城为晋师至起本。 ⑨ 费遂，大司马华氏族。○ 盥，古缓切。食，音嗣，下食公子同。质，音致。费，扶未切。 ⑩ 恐杀大子，忧益长。○ 去，起

吕切。长，丁丈切。 ⑪ 询，耻也。○ 询，许候切；本或作诟，同。 ⑫ 登，费遂之子，党华、向者。 ⑬ 可以为功善。 ⑭ 以三公子归公也。轻，华亥庶兄。○ 少，诗照切。轻，苦耕切。 ⑮ 质，信也。送公子归，可以自明不叛之信。○ 质，如字，《注》同。 ⑯ 从公门去。 ⑰ 而，女也。所，所居官。○ 遽，其据切。女，音汝。

齐侯疥，遂痁[①]。期而不瘳，诸侯之宾问疾者多在[②]。梁丘據与裔款[③]言于公曰："吾事鬼神丰，于先君有加矣。今君疾病，为诸侯忧，是祝史之罪也。诸侯不知，其谓我不敬。君盍诛于祝固、史嚚以辞宾[④]？"

公说，告晏子。晏子曰："日宋之盟[⑤]，屈建问范会之德于赵武。赵武曰：'夫子之家事治，言于晋国，竭情无私。其祝史祭祀，陈信不愧。其家事无猜，其祝史不祈[⑥]。'建以语康王[⑦]。康王曰：'神人无怨，宜夫子之光辅五君，以为诸侯主也[⑧]。'"公曰："據与款谓寡人能事鬼神，故欲诛于祝史。子称是语，何故？"对曰："若有德之君，外内不废[⑨]，上下无怨，动无违事，其祝史荐信，无愧心矣[⑩]。是以鬼神用飨，国受其福，祝史与焉[⑪]。其所以蕃祉老寿者，为信君使也，其言忠信于鬼神。其適遇淫君，外内颇邪，上下怨疾，动作辟违，从欲厌私[⑫]。高台深池，撞钟舞女，斩刈民力，输掠其聚[⑬]，以成其违，不恤后人。暴虐淫从，肆行非度，无所还忌[⑭]，不思谤讟，不惮鬼神，神怒民痛，无悛于心。其祝史荐信，是言罪也[⑮]。其盖失数美，是矫诬也[⑯]。进退无辞，则虚以求媚[⑰]。是以鬼神不飨其国以祸之，祝史与焉。所以夭昏孤疾者，为暴君使也，其言僭嫚于鬼神。"公曰："然则若之何？"对曰："不可为也⑱。山林之木，衡鹿守之。泽之萑蒲，舟鲛守之。薮之薪蒸，虞候守之。海之盐蜃，祈望守之⑲。县鄙之人，入从其政。偪介之关，暴征其私⑳。承嗣大夫，强易其贿㉑。布常无艺㉒，征敛无度，宫室日更，淫乐不违㉓。内宠之妾，肆夺于市㉔。外宠之臣，僭令于鄙㉕。私欲养求，不给则应㉖。民人苦病，夫妇皆诅。祝有益也，诅亦有损。聊、摄以东㉗，姑、尤以西㉘，其为人也多矣！虽其善祝，岂能胜亿兆人之诅㉙？君若欲诛于祝史，修德而后可。"公说，使有司宽政，毁关，去禁，薄敛，已责㉚。

① 痁，疟疾。○ 疥，旧音戒；梁元帝音该；依字则当作痎。《说文》云，两日一发之疟也。痎，音皆；后学之徒，佥以疥字为误。案，《传》例因事曰遂，若痎已是疟疾，何为复言遂痁乎？痁，失廉切。　② 多在齐。○ 期，音基。瘳，敕留切。　③ 二子，齐嬖大夫。○ 裔，以制切。嬖，必计切。④ 欲杀嚚、固以辞谢来问疾之宾。○ 盍，户腊切。嚚，鱼巾切。　⑤ 日，往日也。宋盟在襄二十七年。○ 说，音悦。　⑥ 家无猜疑之事，故祝史无求于鬼神。○ 屈，居勿切。治，直吏切。愧，其位切；本又作媿。猜，七才切。　⑦ 楚王。○ 语，鱼据切。　⑧ 五君，文、襄、灵、成、景。⑨ 无废事。　⑩ 君有功德，祝史陈说之，无所愧。　⑪ 与受国福。○ 与，音预，注同，下与焉同。　⑫ 使私情厌足。○ 蕃，音烦。祉，音耻。为，于伪切，又如字，下为暴同。颇，普何切。邪，似嗟切。辟，匹亦切。从，子用切，下淫从同，或音如字。厌，於艳切。　⑬ 掠，夺取也。○ 撞，直江切。刈，本又作艾，鱼废切。掠，音亮。聚，才住切，又如字。　⑭ 还，犹顾也。　⑮ 以实白神，是为言君之罪。○ 讟，徒木切。悛，七全切。⑯ 盖，掩也。○ 数，所主切。矫，居表切。　⑰ 作虚辞以求媚于神。○ 媚，眉记切。　⑱ 言非诛祝史所能治。○ 僭，子念切，下僭令同。嫚，

武谏切。　⑲ 衡鹿、舟鲛、虞候、祈望,皆官名也。言公专守山泽之利,不与民共。○ 萑,音丸。鲛,音交。薮,素口切。蒸,之承切;粗曰薪,细曰蒸。蜃,市轸切。　⑳ 介,隔也。迫近国都之关。言边鄙既入服政役,又为近关所征税枉暴,夺其私物。○ 政,如字,一音征。偪,彼力切。介,音界。近,附近之近。　㉑ 承嗣大夫,世位者。○ 强,其丈切。贿,呼罪切。㉒ 艺,法制也。言布政无法制。　㉓ 违,去也。　㉔ 肆,放也。㉕ 诈为教令于边鄙。　㉖ 养,长也。所求不给,则应之以罪。○ 应,应对之应。长,丁丈切。　㉗ 聊、摄,齐西界也。平原聊城县东北有摄城。○ 诅,庄虑切。祝,之又切,下善祝同。　㉘ 姑、尤,齐东界也。姑水、尤水皆在城阳郡东南入海。　㉙ 万万曰亿,万亿曰兆。　㉚ 除逋责。○ 说,音悦。去,起吕切。敛,力验切。责,本又作债。逋,布胡切。

十二月,齐侯田于沛[①],招虞人以弓,不进[②]。公使执之,辞曰:"昔我先君之田也,旃以招大夫,弓以招士,皮冠以招虞人。臣不见皮冠,故不敢进。"乃舍之。仲尼曰:"守道不如守官[③],君子韪之[④]。"

① 言疾愈行猎。沛,泽名。○ 沛,音贝。　② 虞人,掌山泽之官。③ 君招当往,道之常也。非物不进,官之制也。　④ 韪,是也。○ 韪,于鬼切。

齐侯至自田,晏子侍于遄台。子犹驰而造焉[①]。公曰:"唯据与我和夫。"晏子对曰:"据亦同也,焉得为和?"公曰:"和与同异乎?"对曰:"异。和如羹焉,水火醯醢盐梅以烹鱼肉,燀之以薪[②]。宰夫和之,齐之以味,济其不及,以泄其过[③]。君子食之,以平其心。君臣亦然[④]。君所谓可而有否焉[5]，臣献其否以成其可[6]。君所谓否而有可焉，臣献其可以去其否。是以政平而不干，民无争心。故《诗》曰：'亦有和羹，既戒既平[7]。鬷嘏无言，时靡有争[8]。'先王之济五味[9]，和五声也，以平其心，成其政也。声亦如味，一气[10]，二体[11]，三类[12]，四物[13]，五声[14]，六律[15]，七音[16]，八风[17]，九歌[18]，以相成也[19]。清浊，小大，短长，疾徐，哀乐，刚柔，迟速，高下，出入，周疏，以相济也[20]。君子听之，以平其心。心平德和。故《诗》曰：'德音不瑕[21]。'今據不然。君所谓可，據亦曰可。君所谓否，據亦曰否。若以水济水，谁能食之？若琴瑟之专壹，谁能听之？同之不可也如是。"

饮酒乐。公曰："古而无死，其乐若何？"晏子对曰："古而无死，则古之乐也，君何得焉？昔爽鸠氏始居此地[22]，季荝因之[23]，有逢伯陵因之[24]，蒲姑氏因之[25]，而后大公因之。古若无死，爽鸠氏之乐，非君所愿也[26]。"

① 子犹，梁丘據。○ 田，本亦作佃，音同。遄，市专切。造，七报切。 ② 燀，炊也。○ 夫，音扶。焉，於虔切。羹，音庚，旧音衡。醯，呼兮切。燀，章善切。炊，昌垂切。 ③ 济，益也。泄，减也。○ 齐，才细切，又如字。泄，息列切。 ④ 亦如羹。 ⑤ 否，不可也。 ⑥ 献君之否，以成君可。 ⑦《诗》颂殷中宗。言中宗能与贤者和齐可否，其政如羹，敬戒且平。和羹备五味，异于大羹。○ 争，争斗之争。和、齐并如字；一读上户卧切，下才细切。 ⑧ 鬷，总也。嘏，大也。言总大政能使上下皆如和羹。○ 鬷，子工切。嘏，古雅切。总，音揔。 ⑨ 济，成也。 ⑩ 须气以动。○《释文》：一气，杜解以为人气也。服云，歌气也。 ⑪ 舞者有文武。 ⑫ 风、雅、颂。 ⑬ 杂用四方之物以成器。 ⑭ 宫、商、角、徵、羽。○《释文》：五声，宫为君，商为臣，角为民，徵为事，羽为物。

徵，张里切。　⑮ 黄钟、大簇、姑洗、蕤宾、夷则、无射也。阳声为律，阴声为吕。此十二月气。〇 大，音泰。簇，七豆切。蕤，人谁切。射，音亦。⑯ 周武生伐纣，自午及子凡七日。王因此以数合之，以声昭之，故以七同其数，以律和其声，谓之七音。〇《释文》：七音，宫、商、角、徵、羽、变宫、变徵也。　⑰ 八方之风。〇《释文》：八风，《易纬・通卦验》云，东北曰条风，东方曰明庶风，东南曰清明风，南方曰景风，西南曰凉风，西方曰阊阖风，西北曰不周风，北方曰广莫风。条风又名融风，景风一名凯风。　⑱ 九功之德，皆可歌也。六府、三事谓之九歌。〇《释文》：六府，水、火、金、木、土、穀。三事，正德、利用、厚生也。　⑲ 言此九者合，然后相成为和乐。⑳ 周，密也。〇 乐，音洛。疏，传本皆作流。然此五句皆相对，不应独作周流。古本有作疏者。案《注》训周为密，则与疏相对，宜为疏耳。　㉑《诗・豳风》也。义取心平则德音无瑕阙。〇 豳，彼贫切。　㉒ 爽鸠氏，少皞氏之司寇也。〇 专，如字；董遇，本作抟，音同。　㉓ 季荝，虞、夏诸侯，代爽鸠氏者。〇 荝，仕侧切。夏，户雅切。　㉔ 逢伯陵，殷诸侯，姜姓。㉕ 蒲姑氏，殷周之间代逢公者。　㉖ 齐侯甘于所乐，志于不死。晏子称古以节其情愿。〇 大，音泰。爽鸠氏之乐，一本作乐之。

郑子产有疾，谓子大叔曰："我死，子必为政。唯有德者能以宽服民，其次莫如猛。夫火烈，民望而畏之，故鲜死焉。水懦弱，民狎而玩之[①]，则多死焉。故宽难[②]。"疾数月而卒。大叔为政，不忍猛而宽。郑国多盗，取人于萑苻之泽[③]。大叔悔之曰："吾早从夫子，不及此。"兴徒兵以攻萑苻之盗，尽杀之。盗少止。

仲尼曰："善哉，政宽则民慢，慢则纠之以猛[④]。猛则民残，残则施之以宽。宽以济猛，猛以济宽，政是以和。《诗》曰：'民亦劳止，汔可小康。惠此中国，以绥四方。'施之以宽也[⑤]。'毋从诡随[⑥]，以谨无良[⑦]。式遏寇虐，惨不畏明。'纠之以猛也[⑧]。'柔远能迩，以定我王。'平之以和也[⑨]。又曰：'不竞不絿，不刚不柔[⑩]。布政优优，百禄是遒[⑪]。'和之至也。"及子产卒，仲尼闻之，出涕曰："古之遗爱也[⑫]。"

① 狎，轻也。○ 鲜，息浅切。懦，乃乱切，又乃卧切，又音儒。狎，户甲切。玩，五乱切。　② 难以治。○ 治，直吏切。　③ 萑苻，泽名。于泽中劫人。○ 数，所主切。萑，音丸。苻，音蒲，又如字。　④ 纠，犹摄也。○《释文》：尽杀之，本或作尽之，杀，衍字。纠，居黝切。　⑤《诗·大雅》。汔，其也。康、绥，皆安也。周厉王暴虐，民劳于苛政，故诗人刺之，欲其施之以宽。○ 汔，许乙切。苛，音何。　⑥ 诡人、随人，无正心，不可从。○ 毋，本又作无。从，子用切。诡，九委切。　⑦ 谨，敕慎也。⑧ 式，用也。遏，止也。惨，曾也。言为寇虐，曾不畏明法者，亦当用猛政纠治之。○ 遏，於葛切。惨，七感切。　⑨ 柔，安也。迩，近也。远者怀附，近者各以能进，则王室定。　⑩《诗·殷颂》。言汤政得中和。竞，强也。絿，急也。○ 絿，音求。　⑪ 优优，和也。遒，聚也。○ 遒，在由切，又子由切。　⑫ 子产见爱，有古人之遗风。

经

二十有一年春，王三月，葬蔡平公。

夏，晋侯使士鞅来聘[①]。

宋华亥、向宁、华定自陈入于宋南里以叛[②]。

秋七月壬午朔，日有食之。

八月乙亥，叔辄卒[③]。

冬，蔡侯朱出奔楚[④]。

公如晋，至河乃复[⑤]。

① 晋顷公即位，通嗣君。○ 顷，音倾。 ② 自外至，故曰入。披其邑，故曰叛。南里，宋城内里名。○ 披，普彼切。 ③ 叔弓之子伯张。 ④ 朱为大子则失位，遂微弱，为国人所逐，故以自出为文。 ⑤ 晋人辞公，故还。

传

二十一年春，天王将铸无射[①]。泠州鸠曰："王其以心疾死乎[②]？夫乐，天子之职也[③]。夫音，乐之舆也[④]。而钟，音之器也[⑤]。天子省风以作乐[⑥]，器以钟之[⑦]，舆以行之[⑧]，小者不窕[⑨]，大者不槬[⑩]，则和于物。物和则嘉成[⑪]。故和声入于耳而藏于心，心亿则乐[⑫]。窕则不咸[⑬]，槬则不容[⑭]，心是以感。感实生疾。今钟槬矣，王心弗堪，其能久乎[⑮]？"

① 周景王也。无射，钟名，律中无射。○ 铸，之树切。射，音亦。中，丁仲切。 ② 泠，乐官，州鸠其名也。○ 泠，力丁切；字或作伶。 ③ 职，所主也。 ④ 乐因音而行。 ⑤ 音由器以发。 ⑥ 省风俗作乐以移之。 ⑦ 钟，聚也。以器聚音。 ⑧ 乐须音而行。 ⑨ 窕，细不满。○ 窕，他彫切。 ⑩ 槬，横大不入。○ 槬，户化切。 ⑪ 嘉乐成也。 ⑫ 亿，安也。○ 亿，於力切。乐，音洛。 ⑬ 不充满人心。○ 咸，如字；本或作感，户暗切。 ⑭ 心不堪容。 ⑮ 为明年天王崩《传》。

三月，葬蔡平公。蔡大子朱失位，位在卑[①]。大夫送葬者归，见昭子。昭子问蔡故，以告。昭子叹曰："蔡其亡乎！若不亡，是君也必不终。《诗》曰：'不解于位，民之攸塈[②]。'今蔡侯始即位，而适卑，身将从之[③]。"

① 不在適子位，以长幼齿。○ 適，丁历切。长，丁丈切。 ②《诗·大雅》。塈，息也。○ 解，佳卖切。塈，许器切。 ③ 为蔡侯朱出奔《传》。

夏，晋士鞅来聘，叔孙为政[①]。季孙欲恶诸晋[②]，使有司以齐鲍国归费之礼为士鞅[③]。士鞅怒曰："鲍国之位下，其国小，而使鞅从其牢礼，是卑敝邑也。将复诸寡君。"鲁人恐，加四牢焉，为十一牢[④]。

① 叔孙昭子以三命为国政。 ② 憎叔孙在己上位，欲使得罪于晋。○ 恶，乌路切。 ③ 鲍国归费，在十四年。牢礼各如其命数。鲁人失礼，故为鲍国七牢。○ 费，音祕。为，于伪切。 ④ 言鲁不能以礼事大国，且为哀七年吴征百牢起。○ 恐，丘勇切。

宋华费遂生华貙、华多僚、华登。貙为少司马，多僚为御士[①]，与貙相恶，乃谮诸公曰："貙将纳亡人[②]。"亟言之。公曰："司马以吾故，亡其良子[③]。死亡有命，吾不可以再亡之。"对曰："君若爱司马，则如亡[④]。死如可逃，何远之有[⑤]？"公惧，使侍人召司马之侍人宜僚，饮之酒而使告司马[⑥]。司马叹曰："必多僚也。吾有谗子而弗能杀，吾又不死，抑君有命，可若何？"乃与公谋逐华貙，将使田孟诸而遣之。公饮之酒，厚酬之[⑦]，赐及从者。司马亦如之[⑧]。张匄尤之[⑨]，曰："必有故。"使子皮承宜僚以剑而讯之[⑩]。宜僚尽以告[⑪]。张匄欲杀多僚。子皮曰："司马老矣，登之谓甚[⑫]，吾又重之，不如亡也。"五月丙申，子皮将见司马而行，则遇多僚御司马而朝。张匄不胜其怒，遂与子皮、臼任、郑翩杀多僚⑬，劫司马以叛，而召亡人。壬寅，华、向入。乐大心、豐愆、华轻御诸横⑭。华氏居卢门，以南里叛⑮。六月庚午，宋城旧鄘及桑林之门而守之⑯。

① 公御士。○ 貙，敕俱切。少，诗照切。　② 亡人华亥等。○ 恶，如字，又乌路切。　③ 司马谓费遂，为大司马。良子，谓华登。○ 亟，欺冀切。　④ 言若爱大司马，则当亡走失国。　⑤ 言亡可以逃死，勿虑其远，以恐动公。　⑥ 告司马，使逐貙。○ 饮，於鸩切。　⑦ 酬酒币。⑧ 亦如公赐。○ 从，才用切。　⑨ 张匄，华貙臣。尤，怪赐之厚。○ 匄，古害切；本亦作丐。　⑩ 子皮，华貙。讯，问也。○ 讯，音信。⑪ 告欲因田以遣之。　⑫ 言登亡，伤司马心已甚。　⑬ 任、翩亦貙家臣。○ 重，直用切。见，贤遍切。胜，音升。任，音壬。翩，音篇。⑭ 梁国睢阳县南有横亭。○ 愆，起虔切；本或作衍。睢，音虽。　⑮ 卢门，宋东城南门。　⑯ 旧鄘，故城也。桑林，城门名。○ 鄘，音容，本亦作墉。

秋七月壬午朔，日有食之。公问于梓慎曰："是何物也，祸福何为①？"对曰："二至、二分②，日有食之，不为灾。日月之行也，分，同道也；至，相过也③。其他月则为灾。阳不克也，故常为水④。"于是叔辄哭日食⑤。昭子曰："子叔将死，非所哭也。"八月，叔辄卒。

① 物，事也。　② 二至，冬至、夏至。二分，春分、秋分。　③ 二分日夜等，故言同道。二至长短极，故相过。　④ 阴侵阳，是阳不胜阴。⑤ 意在于忧灾。

冬十月，华登以吴师救华氏[1]。齐乌枝鸣戍宋[2]。厨人濮曰[3]："《军志》有之，先人有夺人之心，后人有待其衰。盍及其劳且未定也，伐诸。若入而固，则华氏众矣，悔无及也。"从之。丙寅，齐师、宋师败吴师于鸿口[4]，获其二帅公子苦雂、偃州员[5]。华登帅其馀[6]以败宋师。公欲出[7]，厨人濮曰："吾小人，可藉死[8]而不能送亡君，请待之[9]。"乃徇曰："扬徽者，公徒也[10]。"众从之。公自扬门见之[11]，下而巡之曰："国亡君死，二三子之耻也，岂专孤之罪也？"齐乌枝鸣曰："用少，莫如齐致死。齐致死，莫如去备[12]。彼多兵矣，请皆用剑。"从之。华氏北，复即之[13]。厨人濮以裳裹首而荷以走，曰："得华登矣！"遂败华氏于新里[14]。

翟偻新居于新里，既战，说甲于公而归[15]。华妵居于公里，亦如之[16]。

十一月癸未，公子城以晋师至[17]。曹翰胡[18]会晋荀吴[19]、齐苑何忌[20]、卫公子朝[21]救宋。丙戌，与华氏战于赭丘[22]。郑翩愿为鹳，其御愿为鹅[23]。子禄御公子城，庄堇为右[24]。干犨御吕封人华豹，张匄为右[25]。相遇，城还。华豹曰："城也！"城怒而反之[26]。将注，豹则关矣[27]。曰："平公之灵尚辅相余[28]。"豹射出其间[29]。将注，则又关矣。曰："不狎，鄙[30]。"抽矢[31]。城射之，殪[32]。张匄抽殳而下[33]，射之，折股。扶伏而击之，折轸[34]。又射之，死[35]。干犨请一矢[36]。城曰："余言女于君[37]。"对曰："不死伍乘，军之大刑也[38]。干刑而从子，君焉用之？子速诸。"乃射之，殪[39]。大败华氏，围诸南里。

华亥搏膺而呼，见华貙曰："吾为栾氏矣[40]。"貙曰："子无我迁,不幸而后亡[41]。"使华登如楚乞师。华貙以车十五乘,徒七十人,犯师而出[42]。食于睢上,哭而送之,乃复入[43]。

楚薳越帅师将逆华氏。大宰犯谏曰:"诸侯唯宋事其君,今又争国,释君而臣是助,无乃不可乎?"王曰:"而告我也后,既许之矣[44]。"

① 登前年奔吴。 ② 乌枝鸣,齐大夫。 ③ 濮,宋厨邑大夫。○ 厨,直诛切。濮,音卜。 ④ 梁国睢阳县东有鸿口亭。○ 先,悉荐切。后,户豆切。盍,户臘切。 ⑤ 二帅,吴大夫。○ 帅,色类切,《注》同。雉,古含切。员,音云,又音圆。 ⑥ 吴馀师。 ⑦ 出奔。 ⑧ 可借使死难。○ 难,乃旦切。 ⑨ 请君待复战,决胜负。○《释文》:而不能送亡君,绝句。复,扶又切,下文复即同。 ⑩ 徽,识也。○ 徇,似俊切。徽,许归切;《说文》作微。识,本又作帜,申志切,又昌志切,一音式。 ⑪ 见国人皆扬徽。睢阳正东门名扬门。 ⑫ 备,长兵也。○ 去,起吕切。 ⑬ 北,败走。 ⑭ 新里,华氏所取邑。○ 裹,音果。荷 ,何可切,又音何。 ⑮ 居华氏地而助公战。○ 偻,力主切。说,他活切,下同。 ⑯ 姓,华氏族,故助华氏,亦如偻新说甲归。《传》言古之为军,不呰小忿。○ 姓,他口切。呰,本又作訾,才斯切,又音紫。 ⑰ 城以前年奔晋,今还救宋。 ⑱ 曹大夫。○ 翰,音寒,又户旦切。 ⑲ 中行穆子。○ 行,户郎切。 ⑳ 齐大夫。 ㉑ 前年出奔晋,今还卫。 ㉒ 赭丘,宋地。○ 赭,音者。丘又作坵,同。 ㉓ 郑翩,华氏党。鹳、鹅皆陈名。○ 鹳,古唤切。鹅,五多切。陈,直觐切。 ㉔ 子禄,向宜。○ 庄堇,音谨;本或作庄堇父。 ㉕ 吕封人华豹,华氏党。○ 犨,尺由切。 ㉖ 怒其呼己,反还战。 ㉗ 注,傅矢。关,引弓。○ 注,之树切。关,乌环切,本又作弯,同。傅,音附。 ㉘ 平公,公子城之父。○ 相,息亮切。 ㉙ 出子城、子禄之间。○ 射,食亦切,又食夜切,下同。 ㉚ 狎,更也。○ 更,音庚。 ㉛ 豹止不射。 ㉜ 豹死。○ 殪,一计

切。 ㉝ 殳长丈二，在车边。○ 殳，音殊。长，直亮切，又如字。 ㉞ 折城车轸。○ 折，之设切，下及《注》同。扶、伏，并如字；上又音蒲，下又蒲北切；本或作匍匐，同。 ㉟ 匄死。 ㊱ 求死。 ㊲ 欲活之。○ 女，音汝。 ㊳ 同乘共伍当皆死。○ 乘，绳证切。 ㊴ 犨又死。○ 焉，於虔切。 ㊵ 晋栾盈还入，作乱而死，事在襄二十三年。○ 搏，音博。呼，好故切。 ㊶ 迋，恐也。○ 迋，求枉切。恐，丘勇切。 ㊷ 犯公师出送华登。 ㊸ 入南里。○ 睢，音虽。复，扶又切。 ㊹ 为明年华向出奔楚《传》。○ 薳，于委切。

蔡侯朱出奔楚。费无极取货于东国[①]，而谓蔡人曰："朱不用命于楚，君王将立东国。若不先从王欲，楚必围蔡。"蔡人惧，出朱而立东国。朱愬于楚，楚子将讨蔡。无极曰："平侯与楚有盟，故封[②]。其子有二心，故废之[③]。灵王杀隐大子，其子与君同恶，德君必甚。又使立之，不亦可乎？且废寘在君，蔡无他矣[④]。"

① 东国，隐大子之子，平侯庐之弟，朱叔父也。 ② 盟于邓，依陈、蔡人以国。○ 愬，音素。 ③ 子谓朱也。 ④ 言权在楚，则蔡无他心。

公如晋，及河。鼓叛晋[①]。晋将伐鲜虞，故辞公[②]。

① 叛晋属鲜虞。 ② 将有军事，无暇于待宾，且惧泄军谋。○ 泄，息列切，又以制切。

经

二十有二年春，齐侯伐莒。

宋华亥、向宁、华定自宋南里出奔楚[1]。

大蒐于昌间[2]。

夏四月乙丑，天王崩。

六月，叔鞅如京师，葬景王[3]。

王室乱[4]。

刘子、单子以王猛居于皇[5]。

秋，刘子、单子以王猛入于王城[6]。

冬十月，王子猛卒[7]。

十有二月癸酉朔，日有食之[8]。

① 言自南里，别从国去。○ 别，彼列切。 ② 无《传》。○ 蒐，所求切。间，如字。 ③ 叔鞅，叔弓子。三月而葬，乱故速。○ 鞅，於丈切。 ④ 承叔鞅言而书之，未知谁是，故但曰乱。 ⑤ 河南巩县西南有黄亭，辟子朝难出居皇。王猛书名，未即位。○ 单，音善。巩，九勇切。难，乃旦切。 ⑥ 王城，郏鄏，今河南县。晋助猛，故得还王都。○ 郏，古洽切。鄏，音辱。 ⑦ 未即位，故不言崩。 ⑧ 无《传》。此月有庚戌。又以《长历》推校前后，当为癸卯朔，书癸酉，误。

传

二十二年春，王二月甲子，齐北郭启帅师伐莒[1]。莒子将战，苑羊牧之谏[2]曰："齐帅贱，其求不多，不如下之。大国不可怒也。"弗听。败齐师于寿馀[3]。齐侯伐莒[4]，莒子行成。司马竈如莒涖盟[5]。莒子如齐涖盟，盟于稷门之外[6]。莒于是乎大恶其君[7]。

① 启，齐大夫北郭佐之后。 ② 牧之，莒大夫。○ 苑，於元切。牧，州牧之牧。 ③ 莒地。○ 帅，所类切。下，遐嫁切。 ④ 怒败。⑤ 竈，齐大夫。 ⑥ 稷门，齐城门也。 ⑦ 为明年莒子来奔《传》。○ 恶，乌路切。

楚薳越使告于宋曰："寡君闻君有不令之臣为君忧，无宁以为宗羞[1]，寡君请受而戮之。"对曰："孤不佞，不能媚于父兄[2]，以为君忧，拜命之辱。抑君臣日战，君曰余必臣是助，亦唯命。人有言曰，'唯乱门之无过'。君若惠保敝邑，无亢不衷，以奖乱人，孤之望也。唯君图之！"楚人患之[3]。诸侯之戍谋曰："若华氏知困而致死，楚耻无功而疾战，非吾利也。不如出之，以为楚功，其亦无能为也已[4]。救宋而除其害，又何求？"乃固请出之。宋人从之。己巳，宋华亥、向宁、华定、华貙、华登、皇奄伤、省臧、士平出奔楚[5]。

宋公使公孙忌为大司马[6]，边卬为大司徒[7]，乐祁为司城[8]，仲幾为左师[9]，乐大心为右师[10]，乐輓为大司寇[11]，以靖国人[12]。

① 无宁，宁也。言华氏为宋宗庙之羞耻。 ② 华、向，公族也，故称父兄。 ③ 患宋以义距之。○ 过，古禾切。亢，苦浪切。衷，音忠。④ 言华氏不能复为宋患。○ 复，扶又切，下复欲同。 ⑤ 华貙已下五子不书，非卿。○ 省，悉井切，又所景切。臧，子郎切。 ⑥ 代华费遂。⑦ 卬，平公曾孙，代华定。○ 卬，五郎切。 ⑧ 祁，子罕孙乐祁犁。○ 犁，力私切，又力兮切。 ⑨ 幾，仲江孙，代向宁。○ 幾，音基。⑩ 代华亥。 ⑪ 輓，子罕孙。○ 輓，音晚。 ⑫ 终梓慎之言，三年而后弭。○ 弭，弥氏切。

王子朝、宾起有宠于景王①。王与宾孟说之,欲主之②。刘献公之庶子伯蚠事单穆公③,恶宾孟之为人也,愿杀之。又恶王子朝之言,以为乱,愿去之④。宾孟适郊,见雄鸡自断其尾。问之,侍者曰:"自惮其牺也⑤。"遽归告王,且曰:"鸡其惮为人用乎,人异于是⑥。牺者,实用人,人牺实难,己牺何害⑦。"王弗应⑧。

夏四月,王田北山,使公卿皆从,将杀单子、刘子⑨。王有心疾,乙丑,崩于荣锜氏⑩。戊辰,刘子挚卒⑪,无子,单子立刘蚠⑫。五月庚辰,见王⑬,遂攻宾起,杀之⑭。盟群王子于单氏⑮。

① 子朝,景王之长庶子。宾起,子朝之傅。○ 朝,如字;凡人名字,皆张遥切;或云,朝错是王子朝之后,此音潮;案,错姓亦有两音。长,丁丈切。② 孟即起也。王语宾孟,欲立子朝为大子。○ 说,如字,又音悦。语,鱼据切。　③ 献公,刘挚。伯蚠,刘狄。穆公,单旗。○ 蚠,扶粉切,又扶云切。挚,音至。　④ 子朝有欲位之言,故刘蚠恶之。○ 恶,乌路切。去,起吕切。有欲位之言,一本位作立。　⑤ 畏其为牺牲奉宗庙,故自残毁。○ 断,丁管切。惮,待旦切。牺,许宜切。　⑥ 鸡牺虽见宠饰,然卒当见杀。若人见宠饰,则当贵盛,故言异于鸡。○ 遽,其据切。　⑦ 言设使宠人如宠牺,则不宜假人以招祸难。使牺在己,则无患害。己喻子朝,欲使王早宠异之。○ 难,乃旦切。　⑧ 十五年大子寿卒,王立子猛。后复欲立子朝而未定,宾孟感鸡,盛称子朝,王心许之,故不应。○ 应,应对之应,《注》同。　⑨ 北山,洛北芒也。王知单、刘不欲立子朝,欲因田猎先杀之。○ 从,才用切。芒,音亡。　⑩ 四月十九日。河南巩县西有荣锜涧。○ 锜,鱼绮切。涧,古晏切。　⑪ 二十二日。　⑫ 蚠事单子故。⑬ 见王猛。○ 见,贤遍切,《注》同。　⑭ 党子朝故。　⑮ 王子猛次

正，故单、刘立之。惧诸王子或党子朝，故盟之。

晋之取鼓也①，既献，而反鼓子焉②，又叛于鲜虞③。六月，荀吴略东阳④，使师伪籴者，负甲以息于昔阳之门外⑤，遂袭鼓灭之。以鼓子䳒鞮归，使涉佗守之⑥。

① 在十五年。　② 献于庙。　③ 叛晋属鲜虞。　④ 略，行也。东阳，晋之山东邑，魏郡广平以北。○ 行，下孟切。　⑤ 昔阳故肥子所都。○ 籴，音狄。　⑥ 守鼓之地。涉佗，晋大夫。○ 䳒，悦全切。鞮，丁兮切。佗，徒多切。守，手又切，又如字。

丁巳，葬景王。王子朝因旧官百工之丧职秩者，与灵、景之族以作乱①。帅郊、要、饯之甲②，以逐刘子③。壬戌，刘子奔扬④。单子逆悼王于庄宫以归⑤。王子还夜取王以如庄宫⑥。癸亥，单子出⑦。王子还与召庄公谋⑧，曰："不杀单旗，不捷⑨。与之重盟，必来。背盟而克者多矣。"从之⑩。樊顷子曰："非言也，必不克⑪。"遂奉王以追单子⑫。及领，大盟而复⑬，杀挚荒以说⑭。刘子如刘⑮。单子亡，乙丑，奔于平畤⑯。群王子追之。单子杀还、姑、发、弱、鬷、延、定、稠⑰，子朝奔京⑱。丙寅，伐之⑲。京人奔山，刘子入于王城⑳。辛未，巩简公败绩于京。乙亥，甘平公亦败焉㉑。叔鞅至自京师㉒，言王室之乱也㉓。闵马父曰："子朝必不克，其所与者，天所废也㉔。"单子欲告急于晋，秋七月戊寅，以王如平畤，遂如圃车，次于皇㉕。刘子如刘。单子使王子处守于王城㉖，盟百工于平宫㉗。辛卯，鄩肸伐皇㉘，大败，获鄩肸。壬辰,焚诸王城之市[29]。八月辛酉,司徒醜以王师败绩于前城[30],百工叛[31]。己巳,伐单氏之宫,败焉[32]。庚午,反伐之[33]。辛未,伐东圉[34]。冬十月丁巳,晋籍谈、荀跞帅九州之戎[35]及焦、瑕、温、原之师[36],以纳王于王城[37]。庚申,单子、刘蚠以王师败绩于郊[38],前城人败陆浑于社[39]。十一月乙酉,王子猛卒[40],不成丧也[41]。己丑,敬王即位[42],馆于子旅氏[43]。十二月庚戌,晋籍谈、荀跞、贾辛、司马督[44]帅师军于阴[45],于侯氏[46],于溪泉[47],次于社[48]。王师军于氾,于解,次于任人[49]。闰月,晋箕遗、乐徵、右行诡济师,取前城[50],军其东南。王师军于京楚。辛丑,伐京,毁其西南[51]。

① 百工,百官也。灵王、景王之子孙。○ 丧,息浪切,下《注》群丧同。② 三邑,周地。○ 要,一遥切。饯,贱浅切。 ③ 逐伯蚠。 ④ 扬,周邑。 ⑤ 悼王,子猛也。 ⑥ 王子还,子朝党也。不欲使单子得王猛,故取之。 ⑦ 失王,故出奔。 ⑧ 庄公,召伯奂,子朝党也。○ 召,上照切。奂,音唤。 ⑨ 旗,单子也。○ 旗,音其。捷,才接切。⑩ 从还谋也。○ 背,音佩。 ⑪ 顷子,樊齐,单、刘党。○ 顷,音倾,本或作须字。 ⑫ 王子还奉王。 ⑬ 领,周地。欲重盟,令单子、刘子复归。○ 令,力呈切。 ⑭ 委罪于荒。○ 说,如字,或音悦。 ⑮ 归其采邑。 ⑯ 平畤,周地。知王子还欲背盟,故亡走。○《释文》:于平畤,一本作奔平畤,音止,又音市;本或作平寿,误。 ⑰ 八子,灵、景之族,因战而杀之。○ 鬷,子工切。稠,直由切。 ⑱ 其党死故。⑲ 单子伐京。 ⑳ 子朝奔京,故得入。 ㉑ 甘、巩二公,周卿士,皆为子朝所败。○ 巩,九勇切。 ㉒ 葬景王还。 ㉓《经》所以书。㉔ 闵马父,闵子马,鲁大夫。天所废,谓群丧职秩者。 ㉕ 出次以示急。戊寅,七月三日,《经》书六月,误。 ㉖ 王子处,子猛党。守王城,距子

朝。 ㉗ 平宫,平王庙。 ㉘ 鄩肸,子朝党。○ 鄩,音寻。肸,许乙切。 ㉙ 焚鄩肸。 ㉚ 醜,悼王司徒。前城,子朝所得邑。 ㉛ 司徒醜败故。 ㉜ 百工伐单氏,为单氏所败。 ㉝ 单氏反伐百工。 ㉞ 百工所在。洛阳东南有圉乡。 ㉟ 九州戎,陆浑戎,十七年灭,属晋。州,乡属也,五州为乡。 ㊱ 焦、瑕、温、原,晋四邑。 ㊲ 丁巳,在十月。《经》书秋,误。 ㊳ 为子朝之党所败。 ㊴ 前城,子朝众。社,周地。○ 社,或作杜。 ㊵ 乙酉在十一月,《经》书十月,误。虽未即位,周人谥曰悼王。 ㊶ 释所以不称王崩。 ㊷ 敬王,王子猛母弟王子匄。○ 匄,古害切。 ㊸ 子旅,周大夫。 ㊹ 司马乌。 ㊺ 籍谈所军。 ㊻ 荀跞所军。 ㊼ 贾辛所军。巩县西南有明溪泉。 ㊽ 司马督所次。 ㊾ 王师分在三邑。洛阳西南有大解、小解。○ 氾,音凡。解,音蟹。 ㊿ 三子,晋大夫。济师,渡伊、洛。○ 行,户郎切。 (51) 京楚,子朝所在。

春秋经传集解第二十五

昭公六

经

二十有三年春，王正月，叔孙婼如晋①。

癸丑，叔鞅卒②。

晋人执我行人叔孙婼③。

晋人围郊④。

夏六月，蔡侯东国卒于楚⑤。

秋七月，莒子庚舆来奔。

戊辰，吴败顿、胡、沈、蔡、陈、许之师于鸡父⑥。

胡子髡、沈子逞灭⑦。

获陈夏啮⑧。

天王居于狄泉⑨。

尹氏立王子朝⑩。

八月乙未，地震。

冬，公如晋，至河，有疾，乃复。

① 谢取邾师。○ 婼，敕略切。　② 无《传》。　③ 称行人，讥晋执使人。○ 使，所吏切。　④ 讨子朝也。郊，周邑。围郊，在叔鞅卒前，《经》书后，从赴。　⑤ 无《传》。未同盟而赴以名。　⑥ 不书楚，楚不战也。鸡父，楚地。安丰县南有鸡备亭。○ 舆，音余。父，音甫。

⑦ 国虽存,君死曰灭。○ 髡,音苦门切。逞,敕郢切。 ⑧ 大夫死生,通曰获。夏齧,徵舒玄孙。○ 夏,户雅切。齧,五结切。 ⑨ 敬王辟子朝也。狄泉,今洛阳城内大仓西南池水也。时在城外。○ 大,音泰。 ⑩ 尹氏,周世卿也。书尹氏立子朝,明非周人所欲立。

传

二十三年春,王正月壬寅朔,二师围郊[①]。癸卯,郊、鄩溃[②]。丁未,晋师在平阴,王师在泽邑[③]。王使告间[④],庚戌,还[⑤]。

① 二师,王师、晋师也。王师不书,不以告。 ② 河南巩县西南有地名鄩中。郊、鄩二邑,皆子朝所得。○ 鄩,音寻。溃,户内切。 ③ 平阴,今河阴县。 ④ 子朝败故。○ 间,音闲。 ⑤ 晋师还。

邾人城翼[①],还将自离姑[②]。公孙鉏曰:"鲁将御我[③]。"欲自武城还,循山而南[④]。徐鉏、丘弱、茅地[⑤]曰:"道下遇雨,将不出,是不归也[⑥]。"遂自离姑[⑦]武城人塞其前[⑧],断其后之木而弗殊。邾师过之,乃推而蹷之。遂取邾师,获鉏、弱、地[⑨]。

邾人诉于晋,晋人来讨[⑩]。叔孙婼如晋,晋人执之。书曰:"晋人执我行人叔孙婼。"言使人也[⑪]。晋人使与邾大夫坐[⑫]。叔孙曰:"列国之卿,当小国之君,固周制也[⑬]。邾又夷也[⑭]。寡君之命介子服回在[⑮],请使当之,不敢废周制故也。"乃不果坐。

韩宣子使邾人聚其众,将以叔孙与之[⑯]。叔孙闻之,去众与兵而朝[17]。士弥牟谓韩宣子[18]曰："子弗良图，而以叔孙与其仇，叔孙必死之。鲁亡叔孙，必亡邾。邾君亡国，将焉归[19]？子虽悔之，何及？所谓盟主，讨违命也。若皆相执，焉用盟主[20]？"乃弗与。使各居一馆[21]。士伯听其辞而诉诸宣子，乃皆执之[22]。

士伯御叔孙，从者四人，过邾馆以如吏[23]。先归邾子。士伯曰："以刍荛之难，从者之病，将馆子于都[24]。"叔孙旦而立，期焉[25]。乃馆诸箕。舍子服昭伯于他邑[26]。范献子求货于叔孙，使请冠焉[27]。取其冠法，而与之两冠，曰："尽矣[28]。"为叔孙故，申丰以货如晋[29]。叔孙曰："见我，吾告女所行货。"见而不出[30]。吏人之与叔孙居于箕者，请其吠狗，弗与。及将归，杀而与之食之[31]。叔孙所馆者，虽一日必葺其墙屋[32]，去之如始至[33]。

①翼，邾邑。 ②离姑，邾邑。从离姑则道径鲁之武城。○径，音经。 ③鉏，邾大夫。○鉏，仕居切。御，鱼吕切。 ④至武城而还，依山南行，不欲过武城。○过，古禾切，下遂过同。 ⑤三子，邾大夫。○茅，亡交切。 ⑥谓此山道下湿。 ⑦遂过武城。 ⑧以兵塞其前道。 ⑨取邾师不书，非公命。○断，丁管切。殊，如字；《说文》云，死也，一曰断也。蹷，其月切，又音厥，又居卫切。 ⑩○诉，音息路切。 ⑪嫌外内异，故重发《传》。○使，所吏切。重，直用切，下重发同。 ⑫坐讼曲直。 ⑬在礼，卿得会伯、子、男，故曰当小国之君。 ⑭邾杂有东夷之风。 ⑮子服回，鲁大夫，为叔孙之介副。○介，音界。 ⑯与邾，使执之。 ⑰示欲以身死。○去，起吕切。 ⑱弥牟，士景伯。○弥，亡支切。牟，亡侯切。 ⑲时邾君在晋，若亡国，无所归，将益晋忧。○焉，於虔切。 ⑳听邾众取叔孙，是为诸侯皆得辄相执。

㉑ 分别叔孙、子服回。○ 别，彼列切。 ㉒ 二子辞不屈，故士伯诉而执之。 ㉓ 欲使邾人见叔孙之屈辱。○ 从，才用切。 ㉔ 都，别都，谓箕也。○ 刍，初俱切。荛，而昭切。 ㉕ 立，待命也。从旦至旦为期。○ 期，本又作朞，同，居其切。 ㉖ 别囚之。 ㉗ 以求冠为辞。㉘ 既送作冠模法，又进二冠以与之，伪若不解其意。○ 模，莫胡切。解，音蟹。 ㉙ 欲行货以免叔孙。○ 为，于伪切。 ㉚ 留申豐不使得出，不欲以货免。○ 女，音汝。 ㉛ 示不爱。○ 吠，扶废切。 ㉜ 葺，补治也。○ 葺，七入切。 ㉝ 不以当去而有所毁坏。○ 坏，音怪。

夏四月乙酉，单子取訾，刘子取墙人、直人[①]。六月壬午，王子朝入于尹[②]。癸未，尹圉诱刘佗杀之[③]。丙戌，单子从阪道，刘子从尹道伐尹。单子先至而败，刘子还[④]。己丑，召伯奂、南宫极以成周人戍尹[⑤]。庚寅，单子、刘子、樊齐以王如刘[⑥]。甲午，王子朝入于王城，次于左巷[⑦]。秋七月戊申，鄩罗纳诸庄宫[⑧]。尹辛败刘师于唐[⑨]。丙辰，又败诸鄩。甲子，尹辛取西闱[⑩]。丙寅，攻蒯，蒯溃[⑪]。

① 三邑属子朝者。訾在河南巩县西南。○ 訾，子斯切。 ② 自京入尹氏之邑。 ③ 尹圉，尹文公也。刘佗，刘蚠族，敬王党。○ 圉，鱼吕切。佗，徒河切。 ④ 单子败故。○ 阪，音反，又扶板切。 ⑤ 二子，周卿士，子朝党。奂，召庄公。 ⑥ 辟子朝，出居刘子邑。 ⑦ 近东城。○ 近，附近之近。 ⑧ 鄩罗，周大夫鄩肸之子。 ⑨ 尹辛，尹氏族。唐，周地。 ⑩ 西闱，周地。○ 闱，音韦，一音晖。 ⑪ 河南县西南蒯乡是也。于是敬王居狄泉，尹氏立子朝。○ 蒯，苦怪切。

莒子庚舆虐而好剑，苟铸剑，必试诸人。国人患之。又将叛齐。乌存帅国人以逐之[①]。庚舆将出，闻乌存执殳而立于道左，惧，将止死[②]。苑羊牧之曰："君过之[③]，乌存以力闻可矣，何必以弑君成名？"遂来奔。齐人纳郊公[④]。

① 乌存，莒大夫。○ 好，呼报切。铸，之树切。　② 殳长丈二而无刃。○ 殳，音殊。　③ 牧之亦莒大夫。　④ 郊公，著丘公之子，十四年奔齐。○ 著，直除切，又直虑切。

吴人伐州来，楚薳越帅师[①]及诸侯之师奔命救州来。吴人御诸钟离。子瑕卒，楚师熸[②]。

吴公子光曰："诸侯从于楚者众，而皆小国也。畏楚而不获已，是以来。吾闻之曰，作事威克其爱，虽小必济[③]。胡、沈之君幼而狂[④]，陈大夫啮壮而顽，顿与许、蔡疾楚政。楚令尹死，其师熸，帅贱多宠，政令不壹[⑤]。七国同役而不同心[⑥]，帅贱而不能整，无大威命，楚可败也。若分师先以犯胡、沈与陈，必先奔。三国败，诸侯之师乃摇心矣。诸侯乖乱，楚必大奔。请先者去备薄威[⑦]，后者敦陈整旅[⑧]。"吴子从之。戊辰晦，战于鸡父[⑨]。吴子以罪人三千，先犯胡、沈与陈[⑩]。三国争之。吴为三军以系于后：中军从王[⑪]，光帅右，掩馀帅左[⑫]。吴之罪人或奔或止，三国乱。吴师击之，三国败，获胡、沈之君及陈大夫。舍胡、沈之囚，使奔许与蔡、顿曰："吾君死矣！"师噪而从之，三国奔[⑬]。楚师大奔。书曰："胡子髡、沈子逞灭，获陈夏啮。"君臣之辞也[⑭]。不言战，楚未陈也[⑮]。

① 令尹以疾从戎，故薳越摄其事。 ② 子瑕即令尹，不起所疾也。吴、楚之间谓火灭为熸。军之重主丧亡，故其军人无复气势。○ 熸，子潜切；《字林》，子兼切。复，扶又切，下《注》复败、复增同。 ③ 克，胜也，军事尚威。 ④ 狂，无常。○ 狂，求匡切。 ⑤ 帅贱，薳越非正卿也。军多宠人，政令不壹于越。○ 帅，所类切，下帅贱同。 ⑥ 七国，楚、顿、胡、沈、蔡、陈、许。 ⑦ 示之以不整以诱之。○ 去，起吕切。 ⑧ 敦，厚也。○ 陈，直觐切，下未陈同。 ⑨ 七月二十九日。违兵忌晦战，击楚所不意。 ⑩ 囚徒不习战，以示不整。 ⑪ 从吴王。 ⑫ 掩馀，吴子寿梦子。 ⑬ 三国，许、蔡、顿。○ 躁，素报切。 ⑭ 国君，社稷之主，与宗庙共其存亡者，故称灭。大夫轻，故曰获。获，得也。 ⑮ 嫌与陈例相涉，故重发之。

八月丁酉，南宫极震①。苌弘谓刘文公曰："君其勉之，先君之力可济也②。周之亡也，其三川震③。今西王之大臣亦震，天弃之矣④。东王必大克⑤。"

①《经》书乙未地动，鲁地也。丁酉，南宫极震，周地亦震也，为屋所压而死。○ 压，本又作厌，同，於甲切。 ② 文公，刘盆也。先君，谓盆之父献公也。献公亦欲立子猛，未及而卒。 ③ 谓幽王时也。三川，泾、渭、洛水也。地动，川岸崩。 ④ 子朝在王城，故谓西王。 ⑤ 敬王居狄泉，在王城之东，故曰东王。

楚大子建之母在郹①，召吴人而启之。冬十月甲申，吴大子诸樊入郹②，取楚夫人与其宝器以归。楚司马薳越追之，不及。将死，众曰："请遂伐吴以徼之③。"薳越曰："再败君师，死且有罪④。亡君夫人，不可以莫之死也。"乃缢于薳澨[5]。

① 郹，郹阳也。平王娶秦女，废大子建，故母归其家。〇 郹，古阒切。 ② 诸樊，吴王僚之大子。〇《释文》："吴大子诸樊"，案，吴子遏，号诸樊，王僚是遏之弟子；先儒又以为遏弟，何容僚子乃取遏号为名，恐传写误耳，未详。 ③ 徼，要其胜负。〇 徼，古尧切。要，一遥切。 ④ 此年秋败于鸡父，设往复败为再败。 ⑤ 薳澨，楚地。〇 缢，一赐切。澨，市制切。

公为叔孙故如晋，及河，有疾而复[1]。

① 此年春，晋为邾人执叔孙，故公如晋谢之。〇 为，于伪切，下《注》为之、相为同。

楚囊瓦为令尹[1]，城郢[2]。沈尹戌曰："子常必亡郢，苟不能卫，城无益也。古者天子守在四夷[3]。天子卑，守在诸侯[4]。诸侯守在四邻[5]。诸侯卑，守在四竟[6]。慎其四竟，结其四援[7]，民狎其野[8]，三务成功[9]，民无内忧，而又无外惧，国焉用城？今吴是惧而城于郢，守已小矣。卑之不获，能无亡乎[10]？昔梁伯沟其公宫而民溃[11]。民弃其上，不亡何待？夫正其疆埸，修其土田，险其走集[12]，亲其民人，明其伍候[13]，信其邻国，慎其官守，守其交礼[14]，不僭不贪，不懦不耆[15]，完其守备，以待不虞，又何畏矣。《诗》曰：'无念尔祖，聿修厥德[16]。'无亦监乎若敖、蚡冒至于武、文[17]，土不过同[18]，慎其四竟，犹不城郢。今土数圻[19]，而郢是城，不亦难乎[20]！"

① 囊瓦，子囊之孙子常也，代阳匄。○ 囊，乃郎切。　② 楚用子囊遗言，已筑郢城矣。今畏吴，复增修以自固。○ 郢，以井切，又馀政切。　③ 德及远。○ 守，手又切，下除守同。　④ 政卑损。　⑤ 邻国为之守。　⑥ 裁自完。○ 竟，音境。　⑦ 结四邻之国为援助。○ 援，于眷切。　⑧ 狎，安习也。○ 狎，户甲切。　⑨ 春夏秋三时之务。　⑩ 不获守四竟。○ 焉，於虔切。　⑪ 在僖十八年。　⑫ 走集，边竟之垒辟。○ 疆，居良切。埸，音亦。垒，力轨切。辟，音壁。　⑬ 使民有部伍，相为候望。　⑭ 交接之礼。　⑮ 懦，弱也。耆，强也。○ 僭，子念切。懦，乃乱切，又乃卧切。耆，巨支切，又直支切。　⑯《诗·大雅》。无念，念也。聿，述也。义取念祖考则述治其德以显之。　⑰ 四君皆楚先君之贤者。○ 蚡，扶粉切。冒，莫报切。　⑱ 方百里为一同，言未满一圻。○ 圻，音祈。　⑲ 方千里为圻。○ 数，所主切。　⑳ 言守若是，难以为安也。为定四年吴入楚《传》。

经

二十有四年春，王二月丙戌，仲孙貜卒①。

婼至自晋②。

夏五月乙未朔，日有食之。

秋八月，大雩。

丁酉，杞伯郁釐卒③。

冬，吴灭巢④。

葬杞平公⑤。

① 无《传》。孟僖子也。○ 貜，俱缚切；徐，俱碧切。　② 喜得赦归，故书至。　③ 无《传》。未同盟而赴以名。丁酉，九月五日，有日无月。○ 郁，於六切。釐，本又作氂，力之切，又音来。　④ 楚邑也，书灭，用大

师。　⑤ 无《传》。

传

二十四年春，王正月辛丑，召简公、南宫嚚以甘桓公见王子朝①。刘子谓苌弘曰："甘氏又往矣。"对曰："何害？同德度义②。《大誓》曰：'纣有亿兆夷人，亦有离德③。余有乱臣十人，同心同德④。'此周所以兴也。君其务德，无患无人。"戊午，王子朝入于邬⑤。

① 简公，召庄公之子召伯盈也。嚚，南宫极之子。桓公，甘平公之子。○ 嚚，鱼巾切。见，贤遍切。　② 度，谋也。言唯同心同德，则能谋义。子朝不能，于我无害。○ 度，待洛切。　③ 言纣众亿兆，兼有四夷，不能同德，终败亡。○ 纣，直九切。亿，於力切。　④ 武王言我有治臣十人，虽少，同心也。今《大誓》无此语。○ 治，直吏切。　⑤ 缑氏西南有邬聚，言子朝稍强。○ 邬，乌户切。缑，古侯切，又苦侯切。聚，才住切。

晋士弥牟逆叔孙于箕①。叔孙使梁其踁待于门内②，曰："余左顾而欬，乃杀之③。右顾而笑，乃止。"叔孙见士伯，士伯曰："寡君以为盟主之故，是以久子④。不腆敝邑之礼，将致诸从者。使弥牟逆吾子。"叔孙受礼而归。二月，婼至自晋，尊晋也⑤。

① 将礼而归之。　② 踁，叔孙家臣。○ 踁，户定切。　③ 疑士伯来杀己，故谋杀之。○ 欬，苦代切。　④ 久执子以谢邾。　⑤ 贬婼族，所以尊晋。婼，行人，故不言罪己。○ 腆，他典切。从，才用切。

三月庚戌，晋侯使士景伯涖问周故[①]。士伯立于乾祭而问于介众[②]。晋人乃辞王子朝，不纳其使[③]。

① 涖，临也。就问子朝、敬王，知谁曲直。○ 涖，音利。 ② 乾祭，王城北门。介，大也。○ 乾，音干。祭，侧界切。介，音界。 ③ 众言子朝曲故。○ 使，所吏切。

夏五月乙未朔，日有食之。梓慎曰："将水[①]。"昭子曰："旱也。日过分而阳犹不克，克必甚，能无旱乎[②]？阳不克莫，将积聚也[③]。"

① 阴胜阳，故曰将水。 ② 过春分，阳气盛时，而不胜阴，阳将猥出，故为旱。○ 猥，乌罪切。 ③ 阳气莫然不动，乃将积聚。○ 阳不克莫，绝句。

六月壬申，王子朝之师攻瑕及杏，皆溃[①]。

① 瑕、杏，敬王邑。○ 瑕，户加切。杏，户孟切。溃，户内切。

郑伯如晋，子大叔相，见范献子。献子曰："若王室何？"对曰："老夫其国家不能恤，敢及王室？抑人亦有言曰：'嫠不恤其纬[①]，而忧宗周之陨，为将及焉[②]。'今王室实蠢蠢焉[③]，吾小国惧矣。然大国之忧也，吾侪何知焉？吾子其早图之！《诗》曰：'缾之罄矣，惟罍之耻[④]。'王室之不宁，晋之耻也。"献子惧，而与宣子图之[⑤]。乃征会于诸侯，期以明年⑥。

① 嫠，寡妇也。织者常苦纬少，寡妇所宜忧。○ 相，息亮切。嫠，本又作厘，力之切。纬，有贵切。　② 恐祸及己。○ 陨，于敏切。　③ 蠢蠢，动扰貌。○ 蠢，昌允切。扰，而小切，本又作动慑。　④《诗·小雅》。罍，大器。缾，小器，常禀于罍者，而所受罄尽，则罍为无馀，故耻之。○ 侪，仕皆切。缾，本又作瓶，步丁切。罍，音雷。　⑤ 宣子，韩起。⑥ 为明年会黄父《传》。○ 父，音甫。

秋八月，大雩，旱也①。

① 终如叔孙之言。

冬十月癸酉，王子朝用成周之宝珪于河①。甲戌，津人得诸河上②。阴不佞以温人南侵③，拘得玉者，取其玉，将卖之，则为石。王定而献之④，与之东訾⑤。

① 祷河求福。○ 珪于河，本或作沈于河。沈，直荫切，又如字。② 珪自出水。　③ 不佞，敬王大夫。晋以温人助敬王南侵子朝。④ 不佞献王。○ 拘，音俱。王定而献之，本或作王定之。　⑤ 喜得玉，故与之邑。巩县西南訾城是也。○ 訾，子斯切。

楚子为舟师以略吴疆①。沈尹戌曰："此行也，楚必亡邑。不抚民而劳之，吴不动而速之②，吴踵楚③，而疆埸无备，邑能无亡乎？"

越大夫胥犴劳王于豫章之汭④，越公子仓归王乘舟⑤。

仓及寿梦帅师从王[6]，王及圉阳而还[7]。

吴人踵楚，而边人不备，遂灭巢及钟离而还[8]。沈尹戌曰："亡郢之始，于此在矣。王壹动而亡二姓之帅[9]，几如是而不及郢？《诗》曰：'谁生厉阶，至今为梗[10]。'其王之谓乎[11]。"

① 略，行也。行吴界，将侵之。○ 疆，居良切。行，下孟切，下同。 ② 速，召也。 ③ 蹑楚踵迹。○ 踵，章勇切。蹑，女辄切。 ④ 汭，水曲。○ 埸，音亦。犴，五旦切。劳，力报切。汭，如锐切。 ⑤ 归，遗也。○ 归，如字，又其愧切。乘，绳证切，又如字。遗，唯季切。 ⑥ 寿梦，越大夫。○ 梦，莫公切。 ⑦ 圉阳，楚地。○ 圉，鱼吕切。 ⑧ 钟离不书，告败略。 ⑨ 二姓之帅，守巢、钟离大夫。○ 帅，所类切。 ⑩《诗·大雅》。厉，恶；阶，道；梗，病也。○ 几，居岂切，又音机。梗，更猛切。 ⑪ 为定四年吴入郢《传》。

经

二十有五年春，叔孙婼如宋。

夏，叔诣会晋赵鞅、宋乐大心、卫北宫喜、郑游吉、曹人、邾人、滕人、薛人、小邾人于黄父[1]。

有鸜鹆来巢[2]。

秋七月上辛，大雩；季辛，又雩[3]。

九月己亥，公孙于齐，次于阳州[4]，齐侯唁公于野井[5]。

冬十月戊辰，叔孙婼卒[6]。

十有一月己亥，宋公佐卒于曲棘[7]。

十有二月，齐侯取郓[8]。

① ○ 诣,五计切。 ② 此鸟穴居,不在鲁界。故曰来巢,非常,故书。○ 鸜,其俱切,嵇康音权;本又作鸲,音劬;《公羊传》作鸛,音权;郭璞注《山海经》云,鸜鹆,鸲鹆也。鹆,音欲。 ③ 季辛,下旬之辛也。言又,重上事。○ 重,直龙切,又直用切。 ④ 讳奔,故曰孙,若自孙让而去位者。阳州,齐、鲁竟上邑。未敢直前,故次于竟。○ 孙,音逊,本亦作逊。竟,音境。 ⑤ 济南祝阿县东有野井亭。齐侯来唁公,公不敢远劳,故逆之,往至野井。○ 唁,音彦,吊失国曰唁。 ⑥ 公不与小敛而书日者,公在外,非无恩。○ 与,音预。敛,力验切。 ⑦ 陈留外黄县城中有曲棘里,宋地。未同盟而赴以名。 ⑧ 取郓以居公也。○ 郓,音运。

传

二十五年春,叔孙婼聘于宋。桐门右师见之[①],语卑宋大夫,而贱司城氏[②]。昭子告其人曰:"右师其亡乎!君子贵其身而后能及人,是以有礼[③]。今夫子卑其大夫而贱其宗,是贱其身也[④]。能有礼乎?无礼必亡[⑤]。"宋公享昭子,赋《新宫》[⑥]。昭子赋《车辖》[⑦]。

明日,宴,饮酒乐。宋公使昭子右坐[⑧],语相泣也。乐祁佐[⑨],退而告人曰:"今兹君与叔孙,其皆死乎?吾闻之,哀乐[⑩]而乐哀[⑪],皆丧心也。心之精爽,是谓魂魄。魂魄去之,何以能久[⑫]?"

① 右师,乐大心,居桐门。 ② 司城,乐氏之大宗也。卑,贱,谓其才德薄。 ③ 唯礼可以贵身,贵身故尚礼。 ④ 贱人,人亦贱己。 ⑤ 为定十年乐大心出奔《传》。 ⑥ 逸《诗》。 ⑦《诗·小雅》。周人思得贤女以配君子。昭子将为季孙迎宋公女,故赋之。○ 辖,本又作舝,胡瞎切。为,于伪切。 ⑧ 坐宋公右以相近,言改礼坐。○ 乐,音洛。近,

附近之近。坐，如字，又才卧切。 ⑨ 助宴礼。 ⑩ 可乐而哀。○ 乐，音洛。 ⑪ 可哀而乐。 ⑫ 为此冬叔孙、宋公卒《传》。○ 丧，息浪切。

季公若之姊为小邾夫人[①]，生宋元夫人[②]，生子以妻季平子。昭子如宋聘，且逆之[③]。公若从[④]，谓曹氏勿与，曹将逐之[⑤]。曹氏告公，公告乐祁。乐祁曰："与之。如是，鲁君必出。政在季氏三世矣[⑥]，鲁君丧政四公矣[⑦]。无民而能逞其志者，未之有也。国君是以镇抚其民。《诗》曰：'人之云亡，心之忧矣[⑧]。'鲁君失民矣，焉得逞其志？靖以待命犹可，动必忧[⑨]。"

① 平子庶姑，与公若同母，故曰公若姊。 ② 宋元夫人，平子之外姊。 ③ 平子人臣，而因卿逆，季氏强横。○ 妻，七计切。横，华孟切。④ 从昭子。○ 从，才用切，又如字。 ⑤ 曹氏，宋元夫人。 ⑥ 文子、武子、平子。 ⑦ 宣、成、襄、昭。 ⑧《诗·大雅》。言无人则忧患至。○ 逞，敕景切。 ⑨ 为下公孙《传》。○ 焉，於虔切。

夏，会于黄父，谋王室也[①]。赵简子令诸侯之大夫[②]，输王粟，具戍人，曰："明年将纳王[③]。"子大叔见赵简子，简子问揖让周旋之礼焉。对曰："是仪也，非礼也。"简子曰："敢问何谓礼？"对曰："吉也闻诸先大夫子产曰：'夫礼，天之经也[④]，地之义也[⑤]，民之行也[⑥]。天地之经，而民实则之。则天之明[⑦]，因地之性[⑧]，生其六气[⑨]，用其五行[⑩]。气为五味[⑪]，发为五色[⑫]，章为五声[⑬]，淫则昏乱，民失其性[⑭]。是故为礼以奉之⑮。为六畜⑯、五牲⑰、三牺⑱，以奉五味。为九文⑲、六采⑳、五章，以奉五色㉑。为九歌、八风、七音、六律，以奉五声㉒。为君臣、上下，以则地义㉓。为夫妇、外内，以经二物㉔。为父子、兄弟、姑姊、甥舅、昏媾、姻亚，以象天明㉕。为政事、庸力、行务，以从四时㉖。为刑罚、威狱，使民畏忌，以类其震曜杀戮㉗。为温慈、惠和，以效天之生殖长育。民有好、恶、喜、怒、哀、乐，生于六气㉘。是故审则宜类，以制六志㉙。哀有哭泣，乐有歌舞，喜有施舍，怒有战斗。喜生于好，怒生于恶。是故审行信令，祸福赏罚，以制死生。生，好物也。死，恶物也。好物，乐也。恶物，哀也。哀乐不失，乃能协于天地之性，是以长久㉚'"简子曰："甚哉，礼之大也。"对曰："礼，上下之纪，天地之经纬也㉛，民之所以生也，是以先王尚之。故人之能自曲直以赴礼者，谓之成人。大，不亦宜乎㉜？"简子曰："鞅也请终身守此言也㉝。"

宋乐大心曰："我不输粟，我于周为客㉞，若之何使客？"晋士伯曰："自践土以来㉟，宋何役之不会，而何盟之不同？曰同恤王室，子焉得辟之？子奉君命，以会大事，而宋背盟，无乃不可乎！"右师不敢对，受牒而退㊱。士伯告简子曰："宋右师必亡。奉君命以使，而欲背盟以干盟主，无不祥大焉㊲。"

① 王室有子朝乱，谋定之。　② 简子，赵鞅。　③ 纳王于王城。　④ 经者，道之常。　⑤ 义者，利之宜。　⑥ 行者，人所履。○ 行，下孟切。　⑦ 日月星辰，天之明也。　⑧ 高下刚柔，地之性也。　⑨ 谓阴、阳、风、雨、晦、明。　⑩ 金、木、水、火、土。　⑪ 酸、咸、辛、苦、甘。　⑫ 青、黄、赤、白、黑。发，见也。○ 见，贤遍切，下解见同。

⑬ 宫、商、角、徵、羽。○ 徵，张里切。　⑭ 滋味声色，过则伤性。⑮ 制礼以奉其性。　⑯ 马、牛、羊、鸡、犬、豕。○ 畜，许又切，又楮六切。⑰ 麋、鹿、麏、狼、兔。○ 麋，亡悲切。麏，九伦切；本亦作麕。　⑱ 祭天地宗庙三者谓之牺。　⑲ 谓山、龙、华、虫、藻、火、粉米、黼、黻也。华若草华。藻，水草。火，画火。粉米若白米。黼若斧。黻若两己相戾。《传》曰：火龙黼黻，昭其文也。○ 黼，音甫。黻音弗。　⑳ 画缋之事，杂用天地四方之色，青与白，赤与黑，玄与黄，皆相次，谓之六色。○ 缋，户对切。㉑ 青与赤谓之文，赤与白谓之章，白与黑谓之黼，黑与青谓之黻，五色备谓之绣。集此五章，以奉成五色之用。　㉒ 解见二十年。　㉓ 君臣有尊卑，法地有高下。　㉔ 夫治外，妇治内，各治其物。　㉕ 六亲和睦，以事严父，若众星之共辰极也。妻父曰昏，重昏曰媾。婿父曰姻，两婿相谓曰亚。○ 媾，古豆切。姻，音因。亚，於嫁切；本亦作娅，同。重，直龙切。㉖ 在君为政，在臣为事，民功曰庸，治功曰力，行其德教，务其时要，礼之本也。○ 治，直吏切。　㉗ 雷震电曜，天之威也。圣人作刑狱，以象类之。㉘ 此六者，皆禀阴阳风雨晦明之气。○ 效，户孝切。长，丁丈切。好，呼报切。恶，乌路切，下于恶同。乐，音洛。　㉙ 为礼以制好恶喜怒哀乐六志，使不过节。　㉚ 协，和也。　㉛ 经纬，错居以相成者。　㉜ 曲直以弼其性。　㉝ 鞅能守此言，故终免于晋阳之难。○ 以赴礼者，赴，或作从。难，乃旦切。　㉞ 二王后为宾客。　㉟ 践土在僖二十八年。㊱ 右师，乐大心。○ 焉，於虔切。背，音佩，下同。　㊲ 言不善无大此者。为定十年宋乐大心出奔《传》。○ 使，所吏切。

有鸜鹆来巢，书所无也。师己曰："异哉！吾闻文、成之世，童谣有之[①]，曰：'鸜之鹆之，公出辱之[②]。鸜鹆之羽，公在外野，往馈之马[③]。鸜鹆跦跦，公在乾侯[④]，征褰与襦[⑤]。鸜鹆之巢，远哉遥遥。稠父丧劳，宋父以骄[⑥]。鸜鹆鸜鹆，往歌来哭[⑦]。'童谣有是，今鸜鹆来巢，其将及乎[⑧]？"

① 师己，鲁大夫。○ 己，音纪，一音祀。谣，音遥。　② 言鸜鹆来则公出辱也。　③ 馈，遗也。○ 馈，求位切。遗，唯季切。　④ 跦跦，跳行貌。○ 跦，张于切，又张留切。跳，直凋切。　⑤ 褰，袴。○ 褰，起虔切；《字林》，己偃切，又音愆。襦，本或作襦，而朱切。袴，苦故切，《说文》作绔。　⑥ 裯父，昭公。死外，故丧劳。宋父，定公。代立，故以骄。○ 裯，直留切。父，音甫。丧，息浪切。　⑦ 昭公生出歌，死还哭。⑧ 将及祸也。

秋，书再雩，旱甚也。

初，季公鸟娶妻于齐鲍文子，生甲[①]。公鸟死，季公亥与公思展与公鸟之臣申夜姑相其室[②]。及季姒与饔人檀通[③]，而惧，乃使其妾抶己，以示秦遄之妻[④]曰："公若欲使余，余不可而抶余。"又诉于公甫[⑤]曰："展与夜姑将要余[⑥]。"秦姬以告公之[⑦]，公之与公甫告平子。平子拘展于卞而执夜姑，将杀之。公若泣而哀之曰："杀是，是杀余也。"将为之请。平子使竖勿内，日中不得请。有司逆命[⑧]，公之使速杀之。故公若怨平子。

季、郈之鸡斗[⑨]。季氏介其鸡[⑩]，郈氏为之金距。平子怒[⑪]，益宫于郈氏[⑫]，且让之[⑬]。故郈昭伯亦怨平子。臧昭伯之从弟会[⑭]，为谗于臧氏，而逃于季氏，臧氏执旃。平子怒，拘臧氏老。将禘于襄公，万者二人，其众万于季氏[⑮]。臧孙曰："此之谓不能庸先君之庙[⑯]。"大夫遂怨平子。公若献弓于公为[⑰]，且与之出射于外，而谋去季氏。公为告公果、公贲[⑱]。公果、公贲使侍人僚柤告公。公寝，将以戈击之，乃走。公曰："执之。"亦无命也[⑲]。惧而不出，数月不见，公不怒。又使言，公执戈以惧之，乃走。又使言，公曰："非小人之所及也[20]。"公果自言，公以告臧孙，臧孙以难[21]。告郈孙，郈孙以可，劝。告子家懿伯[22]，懿伯曰："谗人以君徼幸，事若不克，君受其名[23]，不可为也。舍民数世以求克，事不可必也。且政在焉，其难图也。"公退之[24]。辞曰："臣与闻命矣，言若洩，臣不获死。"乃馆于公[25]。

叔孙昭子如阚[26]，公居于长府[27]。九月戊戌，伐季氏，杀公之于门，遂入之。平子登台而请曰："君不察臣之罪，使有司讨臣以干戈，臣请待于沂上以察罪。"弗许[28]。请囚于费，弗许。请以五乘亡，弗许。子家子曰："君其许之！政自之出久矣，隐民多取食焉[29]。为之徒者众矣，日入慝作，弗可知也[30]。众怒不可蓄也[31]。蓄而弗治，将蕰[32]。蕰畜，民将生心；生心，同求将合[33]。君必悔之。"弗听。郈孙曰："必杀之。"公使郈孙逆孟懿子[34]。叔孙氏之司马鬷戾言于其众曰："若之何？"莫对[35]。又曰："我，家臣也，不敢知国。凡有季氏与无，于我孰利？"皆曰："无季氏，是无叔孙氏也。"鬷戾曰："然则救诸。"帅徒以往，陷西北隅以入[36]。公徒释甲，执冰而踞[37]。遂逐之[38]。孟氏使登西北隅，以望季氏。见叔孙氏之旌，以告。孟氏执郈昭伯，杀之于南门之西，遂伐公徒。子家子曰："诸臣伪劫君者，而负罪以出，君止[39]。意如之事君也，不敢不改[40]。"公曰："余不忍也。"与臧孙如墓谋[41]，遂行。己亥，公孙于齐，次于阳州。齐侯将唁公于平阴，公先至于野井。齐侯曰："寡人之罪也。"使有司待于平阴，为近故也[42]。书曰："公孙于齐，次于阳州，齐侯唁公于野井。"礼也。

将求于人，则先下之，礼之善物也[43]。齐侯曰："自莒疆以西，请致千社[44]，以待君命[45]。寡人将帅敝赋以从执事，唯命是听。君之忧，寡人之忧也。"公喜。子家子曰："天禄不再，天若胙君，不过周公，以鲁足矣。失鲁，而以千社为臣，谁与之立[46]？且齐君无信，不如早之晋。"弗从。臧昭伯率从者将盟，载书曰："戮力壹心，好恶同之。信罪之有无[47]，缱绻从公，无通外内[48]。"以公命示子家子。子家子曰："如此，吾不可以盟。羁也不佞，不能与二三子同心，而以为皆有罪[49]。或欲通外内，且欲去君[50]。二三子好亡而恶定，焉可同也？陷君于难，罪孰大焉？通外内而去君，君将速入，弗通何为？而何守焉？"乃不与盟[51]。

昭子自阚归，见平子。平子稽颡曰："子若我何？"昭子曰："人谁不死？子以逐君成名，子孙不忘，不亦伤乎！将若子何？"平子曰："苟使意如得改事君，所谓生死而肉骨也。"昭子从公于齐，与公言。子家子命适公馆者执之[52]。公与昭子言于幄内，曰："将安众而纳公[53]。"公徒将杀昭子，伏诸道[54]。左师展告公，公使昭子自铸归[55]。平子有异志[56]。冬十月辛酉，昭子齊于其寝，使祝宗祈死，戊辰，卒[57]。左师展将以公乘马而归，公徒执之[58]。

① 公鸟，季公亥之兄，平子庶叔父。○ 娶，七住切。　② 公亥即公若也。展，季氏族。相，治也。○ 夜，本或作射，音夜，又音亦。相，息亮切。③ 季姒，公鸟妻，鲍文子女。饔人，食官。○ 姒，音似。檀，直丹切，人名也。或市战切。　④ 秦遄，鲁大夫。妻，公鸟妹秦姬也。○ 抶，敕乙切。遄，市专切。　⑤ 公甫，平子弟。○ 诉，音素，又作愬。　⑥ 要劫我以

非礼。○ 展与夜姑,并如字,公思展及申夜姑也。与,及也;读或作馀音者,非也。要,一遥切。 ⑦ 公之,亦平子弟。 ⑧ 执夜姑之有司,欲迎受杀生之命。○ 为,于伪切。 ⑨ 季平子、郈昭伯二家相近,故鸡斗。○ 郈,音后;《字林》,下遘切。近,附近之近,又如字。 ⑩ 擣芥子播其毛也。或曰以胶沙播之为介鸡。○ 介又作芥,音界。 ⑪ 怒其不下己。○ 下,遐嫁切。 ⑫ 侵郈氏室以自益。 ⑬ 让,责也。 ⑭ 昭伯,臧为子。○ 从,才用切,后从者皆同。 ⑮ 禘,祭也。万,舞也。于礼,公当三十六人。○ 禘,大计切。 ⑯ 不能用礼也,盖襄公别立庙。⑰ 公为,昭公子务人。 ⑱ 果、贲皆公为弟。○ 去,起吕切。贲,音奔,又扶云切,又彼义切。 ⑲ 独言执之,无敕命。○ 侍人本亦作寺人。柤,侧加切。 ⑳ 谓僚柤为小人。○ 数,所主切,下数世同。见,贤遍切。 ㉑ 言难逐。○ 难,如字。 ㉒ 子家羁,庄公之玄孙。○ 郈孙以可,绝句。劝,劝公逐季氏也。 ㉓ 受恶名。○ 徼,古尧切。㉔ 退使去。○ 舍,音捨。 ㉕ 恐受洩命之罪,故留公宫以自明。○ 与,音预。洩。息列切,又以制切,漏洩也。 ㉖ 阚,鲁邑。○ 阚,口暂切。㉗ 长府,官府名。 ㉘ 鲁城南自有沂水,平子欲出城待罪也。大沂水出盖县南,至下邳入泗。○ 沂,鱼依切。 ㉙ 隐约穷困。○ 乘,绳证切。㉚ 慝,奸恶也。日冥,奸人将起叛君助季氏,不可知。○ 慝,他得切。冥,亡定切 ㉛ 季氏众。○ 蓄,敕六切,本亦作畜。 ㉜ 蕴,积也。○ 蕴,本亦作蕴,纡粉切。 ㉝ 与季氏同求叛君者。 ㉞ 懿子,仲孙何忌。 ㉟ 众疑所助。○ 鬷,子公切。戾,力计切。 ㊱ 陷公围也。○ 陷,陷没之陷。隅,本或作堣,音同。 ㊲ 言无战心也。冰,椟丸盖。或云椟丸是箭筩,其盖可以取饮。○ 踞,音據。椟,音独。丸,胡官切。筩,音童,又音动,一音勇。 ㊳ 逐公徒。 ㊴ 使若非君本意者,君自可止不出。 ㊵ 意如,季平子名。 ㊶ 辞先君,且谋所奔。 ㊷ 齐侯自咎,本不敕有司远诣阳州,而欲近会于平阴,故令鲁侯过共,先至野井,远见迎逆,自咎以谢公。○ 为,于伪切。咎,其九切。令,力呈切。 ㊸ 物,事也。谓先往至野井。○ 下,遐嫁切。 ㊹ 二十五家为社。千社,二万五千家,欲以给公。○ 疆,居良切。　㊺ 待君伐季氏之命。　㊻ 为齐臣。○ 胙,才路切。　㊼ 信,明也。处者有罪,从者无罪。○ 戮,音六,又力彫切。　㊽ 缱绻,不离散。○ 缱,音遣。绻,起阮切。　㊾ 从者陷君,留者逐君,皆有罪也。　㊿ 去君,伪负罪出奔,不必缱绻从公。　(51) 何必守公。○ 好,呼报切。恶,乌路切。焉,於虔切。难,乃旦切。　(52) 恐从者知叔孙谋。○ 稽,音启。颡,息党切。　(53) 昭子请归安众。○ 幄,於角切。　(54) 伏兵。　(55) 辟伏兵。○ 铸,之树切。　(56) 不欲复纳公。○ 复,扶又切。　(57) 耻为平子所欺,因祈而自杀。○ 齊,侧皆切,本又作齋。　(58) 展,鲁大夫,欲与公俱轻归。○ 乘,如字,骑马也。轻,遣政切。

壬申,尹文公涉于巩,焚东訾,弗克[①]。

① 文公,子朝党。于巩县涉洛水也。东訾,敬王邑。

十一月,宋元公将为公故如晋[①]。梦大子栾即位于庙,己与平公服而相之[②]。旦召六卿。公曰:"寡人不佞,不能事父兄[③],以为二三子忧,寡人之罪也。若以群子之灵,获保首领以没,唯是楄柎所以藉幹者[④],请无及先君[⑤]。"仲幾对曰:"君若以社稷之故,私降昵宴,群臣弗敢知[⑥]。若夫宋国之法,死生之度,先君有命矣。群臣以死守之,弗敢失队。臣之失职,常刑不赦。臣不忍其死,君命祇辱[⑦]。"宋公遂行。己亥,卒于曲棘[⑧]。

① 请纳公。○ 为,于伪切。　② 平公,元公父。○ 相,息亮切。③ 父兄谓华、向。　④ 楄柎,棺中笭床也。幹,骸骨也。○ 没,音殁。

楄,蒲田切。柎,步口切,又音附。藉,在夜切。笭,力丁切。骸,户皆切。⑤ 欲自贬损。 ⑥ 昵,近也。降昵宴,谓损亲近声乐饮食之事。○ 昵,女乙切。 ⑦ 言君命必不行。祇,適也。○ 队,直类切。祇,音支。⑧ 为明年梁丘据语起本。

十二月庚辰,齐侯围郓①。

① 欲取以居公,不书围,郓人自服,不成围。

初,臧昭伯如晋,臧会窃其宝龟偻句①。以卜为信与僭,僭吉②。臧氏老将如晋问③,会请往④。昭伯问家故,尽对⑤。及内子与母弟叔孙,则不对⑥。再三问,不对。归及郊,会逆,问,又如初⑦。至,次于外而察之,皆无之。执而戮之,逸奔郈。郈鲂假使为贾正焉⑧。计于季氏⑨。臧氏使五人以戈楯伏诸桐汝之间⑩。会出,逐之。反奔,执诸季氏中门之外。平子怒曰:"何故以兵入吾门?"拘臧氏老。季、臧有恶⑪。及昭伯从公,平子立臧会⑫。会曰:"偻句不余欺也⑬。"

① 偻句,龟所出地名。○ 偻,力主切,又力具切。句,居具切。② 僭,不信也。○ 僭,子念切。 ③ 问昭伯起居。 ④ 代家老行。⑤ 故,事也。 ⑥ 内子,昭伯妻。不对,若有他故。 ⑦ 又不对。⑧ 郈在东平无盐县东南。鲂假,郈邑大夫。贾正,掌货物使有常价,若市吏。○ 鲂,音房。贾,音嫁。 ⑨ 送计簿于季氏。○ 簿,步户切。⑩ 桐汝,里名。○ 楯,食准切,又音允。 ⑪ 相怨恶。 ⑫ 立以为臧氏后。 ⑬《传》言卜筮之验,善恶由人。

楚子使薳射城州屈，复茄人焉[1]。城丘皇，迁訾人焉[2]。使熊相禖郭巢，季然郭卷[3]。子大叔闻之曰："楚王将死矣，使民不安其土，民必忧。忧将及王，弗能久矣[4]。"

① 还复茄人于州屈。○ 屈，居勿切，又其勿切。茄，音加。　② 移訾人于丘皇。　③ 使二大夫为巢、卷筑郭也。卷城在南阳叶县南。○ 相，息亮切。禖，音梅。卷，音权，或眷勉切。为，于伪切。　④ 为明年楚子居卒《传》。

经

二十有六年春，王正月，葬宋元公[1]。

三月，公至自齐，居于郓。

夏，公围成[2]。

秋，公会齐侯、莒子、邾子、杞伯，盟于鄟陵[3]。

公至自会，居于郓[4]。

九月庚申，楚子居卒[5]。

冬十月，天王入于成周[6]。

尹氏、召伯、毛伯以王子朝奔楚[7]。

① 三月而葬，速。　② 成，孟氏邑。不书齐师，帅贱众少，重在公。○ 帅，所类切。　③ 鄟陵，地阙。○ 鄟，音专，又市转切，又徒丸切。　④ 无《传》。　⑤ 未同盟，而赴以名。　⑥《传》言王入在子朝奔后。《经》在前者，子朝来告晚。　⑦ 召伯当言召氏，《经》误也。尹、召族奔，非一人，故言氏。书奔在王入下者，王入乃告诸侯。

传

二十六年春，王正月庚申，齐侯取郓①。

① 前年已取郓，至是乃发《传》者，为公处郓起。

葬宋元公，如先君，礼也①。

① 善宋人违命以合礼。

三月，公至自齐，处于郓，言鲁地也①。夏，齐侯将纳公，命无受鲁货。申丰从女贾②，以币锦二两③，缚一如瑱④，適齐师。谓子犹之人高齮⑤："能货子犹，为高氏后，粟五千庾⑥。"高齮以锦示子犹，子犹欲之。齮曰："鲁人买之，百两一布，以道之不通，先入币财⑦。"子犹受之，言于齐侯曰："群臣不尽力于鲁君者，非不能事君也⑧。然據有异焉⑨。宋元公为鲁君如晋，卒于曲棘。叔孙昭子求纳其君，无疾而死。不知天之弃鲁耶，抑鲁君有罪于鬼神，故及此也？君若待于曲棘，使群臣从鲁君以卜焉⑩。若可，师有济也。君则继之，兹无敌矣。若其无成，君无辱焉。"齐侯从之，使公子鉏帅师从公⑪。成大夫公孙朝谓平子曰："有都以卫国也，请我受师。"许之⑫。请纳质⑬，弗许，曰："信女足矣。"告于齐师曰："孟氏，鲁之敝室也⑭。用成已甚，弗能忍也，请息肩于齐⑮。"齐师围成。成人伐齐师之饮马于淄者，曰："将以厌众⑯。"鲁成备而后告曰："不胜众⑰。"师及齐师战于炊鼻⑱。齐子渊捷从洩声子⑲，射之，中楯瓦⑳。繇朐汏辀，匕入者三寸[21]。声子射其马，斩鞅，殪[22]。改驾，人以为鬷戾也而助之[23]。子车曰："齐人也[24]。"将击子车。子车射之，殪。其御曰："又之[25]。"子车曰："众可惧也，而不可怒也。"子囊带从野泄，叱之[26]。泄曰："军无私怒，报乃私也，将亢子[27]。"又叱之[28]。亦叱之[29]。冉竖射陈武子，中手[30]，失弓而骂[31]。以告平子曰："有君子白皙，鬒鬚眉，甚口。"平子曰："必子彊也，无乃亢诸[32]？"对曰："谓之君子，何敢亢之[33]？"林雍羞为颜鸣右，下[34]。苑何忌取其耳[35]。颜鸣去之[36]。苑子之御曰："视下顾[37]。"苑子剕林雍，断其足。鑋而乘于他车以归[38]。颜鸣三入齐师，呼曰："林雍乘。[39]"

① 入鲁竟，故书至，犹在外，故书地。○ 竟，音境。 ② 豐、贾二人，皆季氏家臣。○ 女，音汝。 ③ 二丈为一端，二端为一两，所谓匹也。二两，二匹。 ④ 瑱，充耳。縳，卷也。急卷使如充耳，易怀藏。○ 縳，直转切。瑱，他殿切。易，以豉切。 ⑤ 齮，子犹家臣。子犹，梁丘據。○ 齮，鱼绮切。 ⑥ 言若能为我行货于子犹，当为请，使得为高氏后。又当致粟五千庾。庾，十六斗，凡八千斛。○ 庾，羊主切。为，于伪切，下当为、下为鲁同。 ⑦ 言鲁人买此甚多，布陈之，以百两为数。 ⑧ 欲行其说，故先示欲尽力纳鲁君。○ 说，如字，又始锐切。 ⑨ 异，犹怪也。 ⑩ 卜知可伐否。 ⑪ 鉏，齐大夫。○ 鉏，仕居切。 ⑫ 以成邑御齐师。○ 朝如字。 ⑬ 恐见疑。○ 质，音致。 ⑭ 敝，坏也。○ 女，音汝。 ⑮ 公孙朝诈齐师言欲降，使来取成。○ 降，户江切。 ⑯ 以厌众心，不欲使知已降也。淄水出泰山梁父县西北入汶。○ 饮，於鸩切。淄，则其切。厌，於冉切，又於叶切。汶，音问。 ⑰ 告齐言众不欲降，已不能胜。○ 胜，音升，又始证切。 ⑱ 季氏师距公，非公命则不书。炊鼻，鲁地。 ⑲ 声子，鲁大夫。○ 泄，息列切。 ⑳ 瓦，楯脊。

○ 射，食亦切，下同。中，丁仲切，下中手同。楯，常允切，又音允。脊，子亦切。 ㉑ 入楯瓦也。朐，车轭。辀，车猿。繇，过也。汏，矢激。匕，矢镞也。○ 繇，音由。朐，其俱切，本又作軥，同。汏，他达切。辀，陟留切。匕，必履切。轭，於革切。激，古狄切。镞，子木切，或七木切。 ㉒ 殪，死也。○ 鞅，於丈切。殪，於计切。 ㉓ 人，鲁人也。鬷戾，叔孙氏司马。 ㉔ 子车，即渊捷。 ㉕ 又欲使射馀人。 ㉖ 囊带，齐大夫。野泄，即声子。○ 叱，昌实切。 ㉗ 欲以公战御之，不欲私报其叱。○ 亢，苦浪切。 ㉘ 子囊复叱之。○ 复，扶又切，下复欲同。 ㉙ 野泄亦叱也。言齐无战心，但相叱。 ㉚ 冉竖，季氏臣。 ㉛ 武子骂。○ 骂，马嫁切。 ㉜ 子彊，武子字。○ 晳，星历切。鬒，子忍切，黑也。鬚，本又作须，修于切。 ㉝ 伪言不敢违季氏。 ㉞ 皆鲁人。羞为右，故下车战。 ㉟ 何忌，齐大夫。不欲杀雍，但截其耳以辱之。○ 苑，於阮切。㊱ 其右见获，惧而去之。 ㊲ 复欲使苑子击其足。 ㊳ 鼜，一足行。○ 刜，芳弗切；《说文》云，击也；又父勿切，又忿勿切。断，丁管切。鼜，遣政切，又音罄，又苦顶切；《字林》，丘贞切。 ㊴ 言鲁人皆致力于季氏，不以私怨而相弃。○ 呼，火故切。乘，绳证切。

四月，单子如晋告急。五月戊午，刘人败王城之师于尸氏[1]。戊辰，王城人、刘人战于施穀，刘师败绩[2]。

① 刘人，刘蚠之属。王城，子朝之徒。尸氏在巩县西南偃师城。② 施穀，周地。

秋，盟于鄟陵，谋纳公也[1]。

① 齐侯谋。

七月己巳，刘子以王出[①]。庚午，次于渠[②]。王城人焚刘[③]。丙子，王宿于褚氏[④]。丁丑，王次于萑穀。庚辰，王入于胥靡。辛巳，王次于滑[⑤]。晋知跞、赵鞅帅师纳王，使女宽守阙塞[⑥]。

① 师败，惧而出。　② 渠，周地。　③ 烧刘子邑。　④ 洛阳县南有褚氏亭。○ 褚，张吕切，又敕吕切。　⑤ 萑穀、胥靡、滑，皆周地。胥靡、滑，本郑邑。○ 萑，音丸；本又作萑，古乱切。　⑥ 女宽，晋大夫。阙塞，洛阳西南伊阙口也。守之，备子朝。○ 知，音智。跞，音历。女，音汝。塞，素代切。

九月，楚平王卒。令尹子常欲立子西[①]，曰："大子壬弱，其母非適也[②]，王子建实聘之。子西长而好善，立长则顺，建善则治。王顺国治，可不务乎？"子西怒曰："是乱国而恶君王也[③]。国有外援，不可渎也[④]。王有適嗣，不可乱也。败亲速仇[⑤]，乱嗣不祥，我受其名[⑥]。赂吾以天下，吾滋不从也[⑦]。楚国何为？必杀令尹！"令尹惧，乃立昭王。

① 子西，平王之长庶。○ 长，丁丈切。　② 壬，昭王也。○ 適，丁历切，下同。　③ 言王子建聘之，是章君王之恶。○ 好，呼报切。治，直吏切。　④ 外援，秦也。渎，慢也。○ 慢，武谏切。　⑤ 不立壬，秦将来讨，是速仇也。　⑥ 受恶名。　⑦ 滋，益也。○ 赂，音路。

冬十月丙申，王起师于滑[①]。辛丑，在郊[②]，遂次于尸。十一月辛酉，晋师克巩[③]。召伯盈逐王子朝[④]。王子朝及召氏之族、毛伯得、尹氏固、南宫嚚奉周之典籍以奔楚[⑤]。阴忌奔莒以叛[6]。召伯逆王于尸，及刘子、单子盟[7]。遂军圉泽，次于隄上[8]。癸酉，王入于成周[9]。甲戌，盟于襄宫[10]。晋师使成公般戍周而还[11]。十二月癸未，王入于庄宫[12]。

王子朝使告于诸侯曰："昔武王克殷，成王靖四方，康王息民。并建母弟，以蕃屏周。亦曰，吾无专享文、武之功[13]，且为后人之迷败倾覆，而溺入于难，则振救之。至于夷王，王愆于厥身[14]。诸侯莫不并走其望，以祈王身。至于厉王，王心戾虐，万民弗忍，居王于彘[15]。诸侯释位，以间王政[16]。宣王有志，而后效官[17]。至于幽王，天不吊周，王昏不若，用愆厥位[18]。携王奸命，诸侯替之，而建王嗣，用迁郏鄏[19]。则是兄弟之能用力于王室也。至于惠王，天不靖周，生颓祸心，施于叔带，惠、襄辟难，越去王都[20]。则有晋、郑，咸黜不端[21]，以绥定王家。则是兄弟之能率先王之命也。在定王六年，秦人降妖[22]，曰：'周其有頾王，亦克能修其职。诸侯服享，二世共职[23]。王室其有间王位，诸侯不图，而受其乱灾[24]。'至于灵王，生而有頾[25]。王甚神圣，无恶于诸侯。灵王、景王，克终其世[26]。今王室乱，单旗、刘狄，剥乱天下，壹行不若[27]。谓先王何常之有[28]？唯余心所命，其谁敢讨之？帅群不吊之人[29]，以行乱于王室。侵欲无厌，规求无度，贯渎鬼神[30]，慢弃刑法，倍奸齐盟，傲很威仪，矫诬先王。晋为不道，是摄是赞[31]，思肆其罔极[32]。兹不穀震盪播越，窜在荆蛮[33]，未有攸底[34]。若我一二兄弟甥舅，奖顺天法，无助狡猾，以从先王之命。毋速天罚，赦图不穀[35]，则所愿也。敢尽布其腹心，及先王之经，而诸侯实深图之！昔先王之命曰：

'王后无适，则择立长。年钧以德，德钧以卜[36]。'王不立爱，公卿无私，古之制也。穆后及大子寿早夭即世[37]，单、刘赞私立少，以间先王[38]，亦唯伯仲叔季图之[39]。"

闵马父闻子朝之辞，曰："文辞以行礼也。子朝干景之命，远晋之大，以专其志，无礼甚矣。文辞何为[40]？"

① 起，发也。○ 滑，于八切。 ② 郊，子朝邑。 ③ 知跞、赵鞅之师。 ④ 伯盈本党子朝，晋师克巩，知子朝不成，更逐之而逆敬王。 ⑤ 尹、召二族皆奔，故称氏。重见尹固名者，为后还见杀。○ 重，直用切。见，贤遍切。为，于伪切，下且为同。 ⑥ 阴忌，子朝党。莒，周邑。 ⑦ 召伯新还，故盟。 ⑧ 圉泽、隄上，皆周地。○ 圉，鱼吕切。隄，音低，或音啼。 ⑨ 成周，今洛阳。 ⑩ 襄王之庙。 ⑪ 般，晋大夫。○ 般，音班。 ⑫ 庄宫，在王城。 ⑬ 不敢专，故建母弟。○ 蕃，方元切；亦作藩。 ⑭ 夷王，厉王父也。愆，恶疾也。○ 覆，芳服切。溺，乃历切。难，乃旦切。愆，起虔切。 ⑮ 不忍害王也。厉王之末，周人流王于彘。○ 彘，直例切。 ⑯ 间，犹与也。去其位，与治王之政事。○ 间，间厕之间，又如字。与，音预。 ⑰ 宣王，厉王子。彘之乱，宣王尚少。召公虎取而长之。效，授也。○ 效，户教切。少，诗照切。长，丁丈切。 ⑱ 幽王，宣王子。若，顺也。愆，失也。 ⑲ 携王，幽王少子伯服也。王嗣，宜臼也。幽王后申姜，生大子宜臼。王幸褒姒，生伯服，欲立之而杀大子。大子奔申，申伯与鄫及西戎伐周，战于戏。幽王死，诸侯废伯服而立宜臼，是为平王，东迁郏鄏。○ 携，户圭切。奸，音干。替，他计切。郏，古洽切。鄏，音辱。鄫，才陵切。戏，许宜切。 ⑳ 惠王，平王六世孙。颓，惠王庶叔也。庄十九年作乱，惠王适郑。襄王，惠王子。叔带，襄王弟。僖二十四年，叔带作难，襄王处汜。○ 颓，徒回切。施，以豉切。难，乃旦切。汜，音凡。 ㉑ 黜，去也。晋文杀叔带，郑厉杀子颓，为王室去不端直之人。○ 去，起吕切。为，于伪切。 ㉒ 定王，襄王孙。定王六

年,鲁宣八年。○ 妖,本又作祅,於骄切。《说文》云,衣服歌谣草木之怪谓之妖。 ㉓ 二世,谓灵、景。○ 頿,子斯切。共,音恭。 ㉔ 间王位,谓子朝也。今子朝以为王猛。受乱灾,谓楚也。今子朝以为晋。○ 间,间厕之间,下间先同。 ㉕ 灵王,定王孙。 ㉖ 景王,灵王子。 ㉗ 单旗,穆公也。刘狄,刘蚠也。壹,专也。○ 剥,邦角切。 ㉘ 言先王无常法。 ㉙ 吊,至也。○ 吊,如字;旧丁历切,至也。 ㉚ 贯,习也。渎,易也。○ 厌,本又作猒,於盐切。贯,古患切。易,以豉切。 ㉛ 摄,持也。赞,佐也。先王谓景王。○ 倍,音佩。傲,五报切。很,户恳切。矫,居表切。 ㉜ 肆,放也。 ㉝ 兹,此也。此不穀,子朝自谓。○ 盪,本又作荡,徒党切。窜,七乱切;《字林》,七外切。 ㉞ 底,至也。攸,所也。○ 底,音旨。 ㉟ 赦其忧而图其难。○ 奖,将丈切。狡,古卯切。猾,又作滑,于八切。毋,音无。难,乃旦切。 ㊱ 此所谓先王之经。○ 適,丁历切。 ㊲ 在十五年。 ㊳ 间错先王之制。 ㊴ 伯仲叔季,总谓诸侯。 ㊵《传》终王室乱。○ 远,于万切。

齐有彗星[①],齐侯使禳之[②]。晏子曰:“无益也,祇取诬焉[③]。天道不謟[④],不贰其命,若之何禳之?且天之有彗也,以除秽也。君无秽德,又何禳焉?若德之秽,禳之何损?《诗》曰:‘惟此文王,小心翼翼。昭事上帝,聿怀多福。厥德不回,以受方国[⑤]。’君无违德,方国将至,何患于彗?《诗》曰:‘我无所监,夏后及商。用乱之故,民卒流亡[⑥]。’若德回乱,民将流亡,祝史之为,无能补也。”公说,乃止[⑦]。

① 出齐之分野,不书,鲁不见。○ 彗,似岁切,又息遂切。分,扶问切。② 祭以禳除之。○ 禳,如羊切。 ③ 诬,欺也。○ 祇,音支。④ 謟,疑也。○ 謟,本又作慆,他刀切。 ⑤《诗·大雅》。翼翼,共也。聿,惟也。回,违也。言文王德不违天人,故四方之国归往之。○ 聿,户橘

切。　⑥ 逸《诗》也。言追监夏、商之亡，皆以乱故。○ 夏，户雅切。　⑦ ○ 说，音悦。

齐侯与晏子坐于路寝，公叹曰："美哉室，其谁有此乎[①]？"晏子曰："敢问何谓也？"公曰："吾以为在德。"对曰："如君之言，其陈氏乎！陈氏虽无大德，而有施于民。豆区釜钟之数，其取之公也薄[②]，其施之民也厚[③]。公厚敛焉，陈氏厚施焉，民归之矣。《诗》曰：'虽无德与女，式歌且舞[④]。'陈氏之施，民歌舞之矣。后世若少惰，陈氏而不亡，则国其国也已。"公曰："善哉，是可若何？"对曰："唯礼可以已之。在礼，家施不及国，民不迁，农不移，工贾不变[⑤]，士不滥[⑥]，官不滔[⑦]，大夫不收公利[⑧]。"公曰："善哉，我不能矣。吾今而后知礼之可以为国也。"对曰："礼之可以为国也久矣，与天地并[⑨]。君令臣共，父慈子孝，兄爱弟敬，夫和妻柔，姑慈妇听，礼也。君令而不违，臣共而不贰，父慈而教，子孝而箴[⑩]，兄爱而友，弟敬而顺，夫和而义，妻柔而正，姑慈而从[⑪]，妇听而婉[⑫]，礼之善物也。"公曰："善哉，寡人今而后闻此礼之上也。"对曰："先王所禀于天地，以为其民也，是以先王上之[⑬]。"

① 景公自知德不能久有国，故叹也。　② 谓以公量收。○ 施，式豉切，下同。区，乌侯切。量，音亮。　③ 谓以私量贷。○ 施，如字，又始豉切。　④《诗·小雅》。义取虽无大德，要有喜说之心，欲歌舞之。式，用也。○ 敛，力验切。女，音汝。　⑤ 守常业。○ 惰，徒卧切；本亦作憜，同。贾，音古；本亦作商贾。　⑥ 不失职。　⑦ 滔，慢也。○ 滔，

吐刀切。慢，武谏切；本又作漫，武半切。　⑧ 不作福。　⑨ 有天地则礼义兴。　⑩ 箴，谏也。○ 共，音恭。箴，之林切。　⑪ 从，不自专。　⑫ 婉，顺也。○ 婉，於阮切。　⑬ 禀，受也。

春秋经传集解第二十六

昭公七

经

二十有七年春，公如齐[①]。

公至自齐，居于郓。

夏四月，吴弑其君僚[②]。

楚杀其大夫郤宛[③]。

秋，晋士鞅、宋乐祁犁、卫北宫喜、曹人、邾人、滕人会于扈[④]。

冬十月，曹伯午卒[⑤]。

邾快来奔[⑥]。

公如齐[⑦]。

公至自齐，居于郓[⑧]。

① 自郓行。○ 郓，音运。　② 僚亟战民罢，又伐楚丧，故光乘间而动。称国以弑，罪在僚。○ 弑，申志切。僚，力彫切。亟，欺冀切。罢，音皮。　③ 无极，楚之谗人，宛所明知，而信近之，以取败亡，故书名罪宛。○ 杀，始察切。郤，去逆切。宛，於阮切，又於元切。近，附近之近。

④ ○ 犁，力兮切，又力之切。扈，音户。　⑤ 无《传》。未同盟而赴以名。○ 午，音五。　⑥ 无《传》。快，邾命卿也，故书。○ 快，苦怪切。

⑦ 自郓行。　⑧ 无《传》。

传

二十七年春，公如齐。公至自齐。处于郓，言在外也[①]。

① 在外邑故书地。

吴子欲因楚丧而伐之[①]。使公子掩馀、公子烛庸帅师围潜[②]。使延州来季子聘于上国[③]，遂聘于晋，以观诸侯[④]。楚莠尹然、工尹麇帅师救潜[⑤]。左司马沈尹戌帅都君子与王马之属以济师[⑥]，与吴师遇于穷。令尹子常以舟师及沙汭而还[⑦]。左尹郤宛、工尹寿帅师至于潜，吴师不能退[⑧]。

吴公子光曰："此时也，弗可失也[⑨]。"告鱄设诸曰："上国有言曰，不索何获？我，王嗣也，吾欲求之[⑩]。事若克，季子虽至，不吾废也[⑪]。"鱄设诸曰："王可弑也。母老子弱，是无若我何[⑫]。"光曰："我，尔身也[⑬]。"夏四月，光伏甲于堀室而享王[⑭]。王使甲坐于道，及其门[⑮]。门阶户席，皆王亲也，夹之以铍。羞者献体改服于门外[⑯]。执羞者坐行而入[⑰]，执铍者夹承之[⑱]，及体以相授也[⑲]。光伪足疾，入于堀室[⑳]。鱄设诸置剑于鱼中以进[㉑]。抽剑刺王，铍交于胸[㉒]，遂弑王。阖庐以其子为卿[㉓]。

季子至，曰："苟先君无废祀，民人无废主，社稷有奉，国家无倾，乃吾君也。吾谁敢怨？哀死事生，以待天命。非我生乱，立者从之，先人之道也[㉔]。"复命哭墓[㉕]，复位而待[㉖]。吴公子掩馀奔徐，公子烛庸奔钟吾[㉗]。楚师闻吴乱而还[㉘]。

① 前年楚平王卒。　② 二子，皆王僚母弟。潜，楚邑，在庐江六县

西南。○ 掩，於检切。 ③ 季子本封延陵，后复封州来，故曰延州来。○ 复，扶又切。 ④ 观强弱。 ⑤ 二尹，楚官。然、麇其名。○ 莠，由九切。麇，九伦切。 ⑥ 都君子，在都邑之士有复除者。王马之属，王之养马官属校人也。济，益也。○ 戌，音恤。复，音福。校，胡孝切。 ⑦ 沙，水名。○ 汭，如锐切。 ⑧ 楚师强，故吴不得退去。 ⑨ 欲因其师徒在外，国不堪役，以弑王。○ 弑，申志切。 ⑩ 光，吴王诸樊子也。故曰我王嗣。○ 鱄，音专。上国，贾云，上国与中国同；服云，上古国也。索，所白切。 ⑪ 至谓聘还。 ⑫ 犹言我无若是何，欲以老弱托光。 ⑬ 言我身犹尔身。 ⑭ 掘地为室。○ 堀，本又作窟，同。苦忽切。掘，其勿切，又其月切。 ⑮ 坐道边至光门。 ⑯ 羞，进食也。献体，解衣。○ 夹，古洽切，又古协切。铍，普皮切；《说文》云，剑也。⑰ 坐行，膝行。 ⑱ 承执羞者。 ⑲ 铍及进羞者体，以所食授王。⑳ 恐难作，王党杀己，素辟之。 ㉑ 全鱼炙。○ 炙，章夜切。 ㉒ 交鱄诸胸。○ 刺，七亦切。 ㉓ 阖庐，光也。以鱄诸子为卿。 ㉔ 吴自诸樊以下兄弟相传，而不立適，是乱由先人起也。季子自知力不能讨光，故云尔。○ 適，丁历切。 ㉕ 复使命于僚墓。 ㉖ 复本位待光命。㉗ 钟吾，小国。 ㉘ 言闻吴乱，明郤宛不取赂而还。

郤宛直而和，国人说之①。鄢将师为右领②，与费无极比而恶之③。令尹子常贿而信谗。无极谮郤宛焉，谓子常曰："子恶欲饮子酒④。"又谓子恶："令尹欲饮酒于子氏。"子恶曰："我，贱人也，不足以辱令尹。令尹将必来辱，为惠已甚。吾无以酬之，若何⑤？"无极曰："令尹好甲兵，子出之，吾择焉⑥。"取五甲五兵。曰："寘诸门，令尹至，必观之，而从以酬之⑦。"及飨日，帷诸门左⑧。无极谓令尹曰："吾几祸子。子恶将为子不利，甲在门矣，子必无往。且此役也⑨，吴可以得志，子恶取赂焉而还，又误群帅，使退其师，曰：'乘乱不祥。'吴乘我丧,我乘其乱,不亦可乎?"令尹使视郤氏,则有甲焉。不往,召鄢将师而告之[⑩]。将师退,遂令攻郤氏,且爇之[⑪]。子恶闻之,遂自杀也。国人弗爇。令曰:"不爇郤氏,与之同罪。"或取一编菅焉,或取一秉秆焉[⑫],国人投之,遂弗爇也。令尹炮之[⑬]。尽灭郤氏之族党,杀阳令终与其弟完及佗[⑭]与晋陈及其子弟[⑮]。晋陈之族呼于国曰:"鄢氏、费氏自以为王,专祸楚国,弱寡王室,蒙王与令尹以自利也[⑯]。令尹尽信之矣,国将如何?"令尹病之[⑰]。

① 以直事君,以和接类。 ② 右领,官名。○ 鄢,於晚切,又乌反切。 ③ 恶郤宛。○ 比,毗志切。 ④ 子恶,郤宛。○ 贿,呼罪切。饮,於鸩切。 ⑤ 酬,报献。 ⑥ 择取以进子常。○ 好,呼报切。 ⑦ 曰,无极辞。 ⑧ 张帷,陈甲兵其中。 ⑨ 此春救潜之役。○ 几,音祈。 ⑩ 告子恶门有甲兵,将害己。 ⑪ 爇,烧也。○ 爇,如悦切。 ⑫ 编菅,苫也。秉,把也。秆,稾也。○ 编,必然切,又必千切。菅,古颜切。秆,古但切;《说文》云,禾茎也,或古旦切。苫,式占切;李巡云,编菅茅以覆屋曰苫。把,必马切。稾,古老切。 ⑬ 炮,燔郤宛。○ 炮,步交切,又彭交切。燔,音烦。 ⑭ 令终,阳匄子。○ 佗,徒何切。匄,古害切。 ⑮ 晋陈,楚大夫,皆郤氏党。 ⑯ 蒙,欺也。○ 呼,火故切。 ⑰ 为下杀无极张本。

秋,会于扈,令戍周,且谋纳公也。宋、卫皆利纳公,固请之。范献子取货于季孙,谓司城子梁与北宫贞子[①]曰:"季孙未知其罪,而君伐之,请囚,请亡,于是乎不获。君又弗克,而自出也。夫岂无备而能出君乎?季氏之复,天救之也[②]。休公徒之怒[③],而启叔孙氏之心。不然,岂其伐人而说甲执冰以游？叔孙氏惧祸之滥，而自同于季氏，天之道也。鲁君守齐，三年而无成。季氏甚得其民，淮夷与之④，有十年之备，有齐、楚之援⑤，有天之赞，有民之助，有坚守之心，有列国之权，而弗敢宣也⑥，事君如在国⑦。故鞅以为难。二子皆图国者也，而欲纳鲁君，鞅之愿也。请从二子以围鲁，无成，死之。"二子惧，皆辞。乃辞小国，而以难复⑧。

孟懿子、阳虎伐郓⑨。郓人将战。子家子曰："天命不慆久矣⑩。使君亡者，必此众也⑪。天既祸之，而自福也，不亦难乎？犹有鬼神，此必败也。呜呼！为无望也夫，其死于此乎！"公使子家子如晋。公徒败于且知⑫。

① 子梁，宋乐祁也。贞子，卫北宫喜。　② 复，犹安也。　③ 休，息也。　④ 淮夷，鲁东夷。○ 说，他活切。　⑤ 公虽在齐，言齐不致力。　⑥ 宣，用也。○ 守，手又切。　⑦ 书公行，告公至，是也。⑧ 以难纳白晋君。　⑨ 阳虎，季氏家臣。伐郓，欲夺公。　⑩ 慆，疑也。言弃君不疑。○ 慆，他刀切。　⑪ 言君据郓众以与鲁战，必败亡。⑫ 且知，近郓地。○ 夫，音扶。且，子馀切。近，附近之近。

楚郤宛之难，国言未已，进胙者莫不谤令尹①。沈尹戌言于子常曰："夫左尹与中厩尹莫知其罪，而子杀之，以兴谤讟，至于今不已②。戌也惑之。仁者杀人以掩谤，犹弗为也。今吾子杀人以兴谤而弗图，不亦异乎？夫无极，楚之谗人也，民莫不知。去朝吴③，出蔡侯朱④，丧大子建，杀连尹奢⑤，屏王之耳目，使不聪明。不然，平王之温惠共俭，有过成、庄，无不及焉。所以不获诸侯，迩无极也⑥。今又杀三不辜，以兴大谤[7]，几及子矣。子而不图，将焉用之？夫鄢将师矫子之命，以灭三族，国之良也，而不愆位[8]。吴新有君[9]，疆埸日骇，楚国若有大事，子其危哉！知者除谗以自安也，今子爱谗以自危也，甚矣其惑也！”子常曰：“是瓦之罪，敢不良图。”九月己未，子常杀费无极与鄢将师，尽灭其族，以说于国。谤言乃止。

① 进胙，国中祭祀也。谤，诅也。○ 难，乃旦切，年末同。胙，才故切。诅，侧虑切。　② 左尹，郤宛也。中厩尹，阳令终。○ 厩，九又切。譳，音独。　③ 在十五年。○ 去，起吕切。朝，如字，下朝夕同。　④ 在二十一年。　⑤ 在二十年。○ 丧，息浪切。　⑥ 迩，近也。○ 近，附近之近。　⑦ 三不辜：郤氏、阳氏、晋陈氏。　⑧ 在位无愆过。○ 几，音祈，又音机。焉，於虔切。矫，居表切。愆，起虔切。　⑨ 光新立也。

冬，公如齐，齐侯请飨之[1]。子家子曰：“朝夕立于其朝，又何飨焉？其饮酒也。”乃饮酒，使宰献而请安[2]。子仲之子曰重，为齐侯夫人，曰：“请使重见[3]。”子家子乃以君出[4]。

① 设飨礼。○ 疆，居良切。埸，音亦。知，音智。　② 比公于大夫也。礼，君不敌臣，宴大夫，使宰为主。献，献爵也。请安，齐侯请自安，不在坐也。○ 坐，才卧切。　③ 子仲，鲁公子慭也。十二年，谋逐季氏，不能而奔齐。今行饮酒礼，而欲使重见，从宴媟也。○ 重，直勇切，又直恭切。见，贤遍切。慭，鱼觐切。媟，息列切。　④ 辟齐夫人。

十二月，晋籍秦致诸侯之戍于周，鲁人辞以难[1]。

①《经》所以不书成周。籍秦,籍谈子。

经

二十有八年春,王三月,葬曹悼公[1]。

公如晋,次于乾侯[2]。

夏四月丙戌,郑伯宁卒[3]。

六月,葬郑定公[4]。

秋七月癸巳,滕子宁卒[5]。

冬,葬滕悼公[6]。

① 无《传》。六月而葬,缓。 ② 乾侯在魏郡斥丘县,晋竟内邑。○ 斥,音尺,一音昌夜切。竟,音境,《传》同。 ③ 无《传》。未同盟而赴以名。 ④ 无《传》。三月而葬,速。 ⑤ 无《传》。未同盟而赴以名。⑥ 无《传》。

传

二十八年春,公如晋,将如乾侯[1]。子家子曰:"有求于人,而即其安,人孰矜之?其造于竟[2]。"弗听。使请逆于晋。晋人曰:"天祸鲁国,君淹恤在外。君亦不使一个辱在寡人[3],而即安于甥舅,其亦使逆君[4]。"使公复于竟而后逆之[5]。

① 齐侯卑公,故适晋。 ② 欲使次于竟以待命。○ 造,七报切。③ 一个,单使。○ 个,古贺切。单使,所吏切。 ④ 言自使齐逆君。⑤ 逆著乾侯也。言公不能用子家,所以见辱。○ 著,中略切,又直略切。

晋祁胜与邬臧通室[①]。祁盈将执之[②]，访于司马叔游[③]。叔游曰："《郑书》有之，'恶直丑正，实蕃有徒[④]。'无道立矣，子惧不免[⑤]。《诗》曰：'民之多辟，无自立辟[⑥]。'姑已，若何[⑦]？"盈曰："祁氏私有讨，国何有焉[⑧]。"遂执之。祁胜赂荀跞，荀跞为之言于晋侯。晋侯执祁盈[⑨]。祁盈之臣曰："钧将皆死[⑩]，慭使吾君闻胜与臧之死也以为快[⑪]。"乃杀之。夏六月，晋杀祁盈及杨食我[⑫]。食我，祁盈之党也，而助乱，故杀之。遂灭祁氏、羊舌氏。

初，叔向欲娶于申公巫臣氏[⑬]，其母欲娶其党。叔向曰："吾母多而庶鲜，吾惩舅氏矣[⑭]。"其母曰："子灵之妻杀三夫[⑮]，一君[⑯]，一子[⑰]，而亡一国[⑱]、两卿矣[⑲]。可无惩乎？吾闻之，甚美必有甚恶，是郑穆少妃姚子之子，子貉之妹也[⑳]。子貉早死无后，而天钟美于是[㉑]，将必以是大有败也。昔有仍氏生女，黰黑[㉒]而甚美，光可以鉴[㉓]，名曰玄妻[㉔]。乐正后夔取之[㉕]，生伯封，实有豕心，贪惏无餍，忿纇无期，谓之封豕[㉖]。有穷后羿灭之，夔是以不祀[㉗]。且三代之亡，共子之废，皆是物也[㉘]。女何以为哉？夫有尤物，足以移人。苟非德义，则必有祸[㉙]。"叔向惧，不敢取。平公强使取之，生伯石。伯石始生，子容之母走谒诸姑[㉚]，曰："长叔姒生男[㉛]。"姑视之，及堂，闻其声而还，曰："是豺狼之声也。狼子野心，非是，莫丧羊舌氏矣。"遂弗视。

① 二子祁盈家臣也。通室，易妻。○ 祁，巨之切；《字林》云，太原县，上尸切。邬，旧乌户切，又音偃。案，地名在周者，乌户切；隐十一年，王取邬留是也。在郑者音偃，成十六年战于鄢陵是也。在楚者音於建切，又音

偃；昭十三年，王沿夏将入鄢是也。在晋者音於庶切；《字林》，乙袪切；郭璞《三仓解诂》音瘀，於庶切；阚骃音厌饫之饫。重言之，太原有邬县。唯周地者从乌，馀皆从焉。《字林》亦作隖，音同。《传》云，分祁氏之田以为七县，司马弥牟为邬大夫，即太原县也。邬臧宜以邑为氏，音於庶切，旧音误。② 盈，祁午之子。 ③ 叔游，司马叔侯之子。 ④《郑书》，古书名也。言害正直者，实多徒众。○ 恶，如字，又乌路切。蕃，音烦。 ⑤ 言世乱谗胜。 ⑥《诗·大雅》。○ 多辟，本又作僻，匹亦切。立辟，婢亦切。⑦ 姑，且也。已，止也。 ⑧ 言讨家臣，无与国事。○ 与，音预。⑨ 以其专戮。○ 为，音于伪切。 ⑩ 钧，同也。 ⑪ 慭，发语之音。○ 慭，鱼觐切。 ⑫ 杨，叔向邑。食我，叔向子伯石也。○ 食，音嗣。向，许丈切。 ⑬ 夏姬女也。○ 娶，七住切。夏，户雅切。 ⑭ 言父多妾媵，而庶子鲜少。嫌母氏性不旷。○ 鲜，息浅切。惩，直升切。媵，绳证切，又时证切。 ⑮ 子灵，巫臣。妻，夏姬也。三夫，陈御叔、楚襄老及巫臣也。时巫臣已死。 ⑯ 陈灵公。 ⑰ 夏徵舒。 ⑱ 陈也。⑲ 孔宁、仪行父。 ⑳ 子貉，郑灵公夷。○ 少，诗照切。貉，亡白切。㉑ 是，夏姬也。钟，聚也。子貉死在宣四年。 ㉒ 有仍，古诸侯也。美发为鬒。○ 鬒，之忍切；《说文》作㐱，又作鬒，云：稠发也。 ㉓ 发肤光色，可以照人。○ 鉴，古暂切，镜也。 ㉔ 以发黑故。 ㉕ 夔，舜典乐之君长。○ 夔，求龟切。取，如字，又古住切。 ㉖ 颣，戾也。封，大也。○ 长，丁丈切。惏，力耽切；《方言》云，楚人谓贪为惏。餍，亦作猒，於盐切。颣，又作类，立对切；服作类。 ㉗ 羿，篡夏后者。○ 羿，音诣。篡，初患切。 ㉘ 夏以末喜，殷以妲己，周以褒姒，三代所由亡也。共子，晋申生，以骊姬废。○ 共，音恭；本亦作恭。末喜本或作嬉，音同；《国语》云，桀伐有施，有施氏以末喜女焉；韦昭注《汉书》云，嬉，姓也。妲，丁达切；己，音几；《国语》云，有苏氏之女也；韦昭云，己，姓也。褒姒，音似；龙漦所生，褒人所养者也；《毛诗》云，姒，姓也；《郑笺》云，姒，字也。骊姬，本又作丽，同，力知切；献公伐骊戎所得，而以为夫人；《穀梁传》云，灭虢所得；《庄子》云，艾封人之子。 ㉙ 尤，异也。○ 女，音汝。 ㉚ 子容母，叔向嫂，伯华妻也。姑，叔向母。○ 取，七住切，又如字。强，其丈切。嫂，素早切，兄妻也，依字宜如此。 ㉛ 兄弟之妻相谓姒。○ 长，丁丈切。

秋，晋韩宣子卒，魏献子为政[①]。分祁氏之田以为七县[②]，分羊舌氏之田以为三县[③]。司马弥牟为邬大夫[④]，贾辛为祁大夫[⑤]，司马乌为平陵大夫，魏戊为梗阳大夫[⑥]，知徐吾为涂水大夫[⑦]，韩固为马首大夫[⑧]，孟丙为盂大夫[⑨]，乐霄为铜鞮大夫[⑩]，赵朝为平阳大夫[⑪]，僚安为杨氏大夫[⑫]。谓贾辛、司马乌为有力于王室[⑬]，故举之。谓知徐吾、赵朝、韩固、魏戊，馀子之不失职，能守业者也[⑭]。其四人者，皆受县而后见于魏子，以贤举也[⑮]。

魏子谓成鱄[⑯]："吾与戊也县，人其以我为党乎？"对曰："何也？戊之为人也，远不忘君[⑰]，近不偪同[⑱]，居利思义[⑲]，在约思纯[⑳]，有守心而无淫行。虽与之县，不亦可乎？昔武王克商，光有天下[㉑]。其兄弟之国者十有五人，姬姓之国者四十人，皆举亲也。夫举无他，唯善所在，亲疏一也。《诗》曰：'唯此文王，帝度其心。莫其德音，其德克明。克明克类，克长克君。王此大国，克顺克比。比于文王，其德靡悔。既受帝祉，施于孙子[㉒]。'心能制义曰度[㉓]，德正应和曰莫[㉔]，照临四方曰明，勤施无私曰类[㉕]，教诲不倦曰长[㉖]，赏庆刑威曰君[㉗]，慈和徧服曰顺[㉘]，择善而从之曰比[㉙]，经纬天地曰文[㉚]。九德不愆，作事无悔[㉛]，故袭天禄，子孙赖之[㉜]。主之举也，近文德矣，所及其远哉[㉝]。"

贾辛将适其县，见于魏子。魏子曰："辛来，昔叔向适郑，鬷蔑恶[㉞]，欲观叔向，从使之收器者[㉟]，而往立于堂下。

一言而善。叔向将饮酒，闻之，曰：'必鬷明也[36]。'下，执其手以上，曰：'昔贾大夫恶[37]，娶妻而美，三年不言不笑。御以如皋[38]，射雉，获之，其妻始笑而言。贾大夫曰，才之不可以已，我不能射，女遂不言不笑夫。今子少不飏[39]，子若无言，吾几失子矣。言之不可以已也如是。'遂如故知。今女有力于王室，吾是以举女[40]。行乎，敬之哉！毋堕乃力[41]。"

仲尼闻魏子之举也，以为义，曰："近不失亲[42]，远不失举[43]，可谓义矣。"又闻其命贾辛也，以为忠[44]："《诗》曰，'永言配命，自求多福'，忠也[45]。魏子之举也义，其命也忠，其长有后于晋国乎。"

① 献子，魏舒。○ 豺，本又作犲，同，仕皆切。丧，息浪切。　② 七县，邬、祁、平陵、梗阳、涂水、马首、盂也。○ 梗，古杏切。盂，音于，下文同。　③ 铜鞮、平阳、杨氏。○ 鞮，丁兮切。　④ 太原邬县。⑤ 太原祁县。　⑥ 戊，魏舒庶子。梗阳，在太原晋阳县南。○ 戊，音茂。　⑦ 徐吾，知盈孙。涂水，太原榆次县。○ 知，音智。次，资利切，又如字。　⑧ 固，韩起孙。　⑨ 太原盂县。　⑩ 上党铜鞮县。○ 霄，音消。　⑪ 朝，赵胜曾孙。平阳，平阳县。○ 朝，如字。⑫ 平阳杨氏县。　⑬ 二十二年，辛、乌帅师纳敬王。○ 僚，力彫切。⑭ 卿之庶子为馀子。　⑮ 四人，司马弥牟、孟丙、乐霄、僚安也。受县而后见，言采众而举，不以私也。○ 见，贤遍切，下见魏同。　⑯ 鲋，晋大夫。○ 鲋，音鄅，又市转切，又音附。　⑰ 远，疏远也。　⑱ 不偪同位。○ 偪，彼力切。　⑲ 不苟得。　⑳ 无滥心。　㉑ 光，大也。○ 行，下孟切。　㉒《诗·大雅》。美文王能王大国，受天福，施及子孙。○ 唯此文王，《诗》作唯此王季。度，待洛切。莫，亡白切，又如字；《尔雅》云，貊，莫，安定也。长，丁丈切。王，于况切，《注》能王同。祉，音耻。施，以

豉切。 ㉓ 帝度其心。 ㉔ 莫然清静。〇 应，应对之应。和，如字，又胡卧切。 ㉕ 施而无私，物得其所，无失类也。〇 施，式豉切，下及《注》同。 ㉖ 教诲长人之道。 ㉗ 作威作福，君之职也。 ㉘ 唯顺，故天下徧服。〇 徧，音遍。 ㉙ 比方善事，使相从也。 ㉚ 经纬相错，故织成文。 ㉛ 九德，上九曰也。皆无愆过，则动无悔吝。〇 吝，力刃切。 ㉜ 袭，受也。 ㉝ 举魏戊等，勤施无私也。其四人者，择善而从，故曰近文德，所及远也。〇 近，附近之近。 ㉞ 恶，貌丑。〇 鬷，子工切。 ㉟ 从，随也。随使人应敛俎豆者。 ㊱ 素闻其贤，故闻其言而知之。 ㊲ 贾国之大夫。恶，亦丑也。〇 上，时掌切，下同。 ㊳ 为妻御之皋泽。〇 娶，七住切。为，于伪切。 ㊴ 颜貌不扬显。〇 射，食亦切。女，音汝，下同。夫，音扶。飏，音扬。 ㊵ 因贾辛有功而后举之，言人不可无能。〇 几，音祈。 ㊶ 堕，损也。〇 毋，音无。堕，许规切。 ㊷ 谓举魏戊。 ㊸ 以贤举。 ㊹ 先赏王室之功，故为忠。 ㊺《诗·大雅》。永，长也。言能长配天命致多福者，唯忠。

冬，梗阳人有狱，魏戊不能断，以狱上[①]。其大宗赂以女乐[②]。魏子将受之。魏戊谓阎没、女宽[③]曰："主以不贿闻于诸侯，若受梗阳人，贿莫甚焉。吾子必谏。"皆许诺。退朝，待于庭[④]。馈入，召之[⑤]。比置，三叹。既食，使坐[⑥]。魏子曰："吾闻诸伯叔，谚曰，'唯食忘忧'。吾子置食之间三叹，何也？"同辞而对曰："或赐二小人酒，不夕食[⑦]。馈之始至，恐其不足，是以叹。中置，自咎曰，岂将军食之而有不足？是以再叹[⑧]。及馈之毕，愿以小人之腹为君子之心，属厌而已[⑨]。"献子辞梗阳人[⑩]。

① 上魏子。〇 断，丁乱切。 ② 讼者之大宗。 ③ 二人，魏子

之属大夫。○ 阎，以占切。　④ 魏子朝君退，而待于魏子之庭。○ 闻，如字，又音同。　⑤ 召二大夫食。○ 馈，求位切。　⑥ 更命之令坐。○ 比，必利切。令，力呈切。　⑦ 或，他人也。言饥甚。　⑧ 魏子，中军帅，故谓之将军。○ 咎，其九切。食，音嗣。帅，所类切；本又作率，同。⑨ 属，足也。言小人之腹饱，犹知厌足。君子之心亦宜然。○ 属，之玉切。厌，於盐切，又於艳切。　⑩《传》言魏氏所以兴也。

经

二十有九年春，公至自乾侯，居于郓[①]。

齐侯使高张来唁公[②]。

公如晋，次于乾侯[③]。

夏四月庚子，叔诣卒[④]。

秋七月。

冬十月，郓溃[⑤]。

① 以乾侯至，不得见晋侯故。　② 唁公至晋不见受。高张，高偃子。○ 唁，音彦。　③ 复不见受，往乾侯。○ 复，扶又切。　④ 无《传》。　⑤ 无《传》。民逃其上曰溃，溃散叛公。○ 溃，户对切。

传

二十九年春，公至自乾侯，处于郓。齐侯使高张来唁公，称主君[①]。子家子曰："齐卑君矣，君祇辱焉[②]。"公如乾侯[③]。

① 比公于大夫。　② 言往事齐，适取辱。○ 祇，音支。　③ 为齐所卑，故复适晋，冀见恤。○ 复，扶又切。

三月己卯，京师杀召伯盈、尹氏固及原伯鲁之子[①]。尹固之复也[②]，有妇人遇之周郊，尤之曰："处则劝人为祸，行则数日而反，是夫也，其过三岁乎？"夏五月庚寅，王子赵车入于鄻以叛，阴不佞败之[③]。

① 皆子朝党也。称伯鲁子，终不说学。○ 召，上照切。说，音悦。② 二十六年，尹固与子朝俱奔楚而道还。　③ 赵车，子朝之馀也。见王杀伯盈等，故叛。鄻，周邑。○ 数，所主切。鄻，列勉切。

平子每岁贾马[①]，具从者之衣屦而归之于乾侯。公执归马者卖之[②]，乃不归马。卫侯来献其乘马曰启服[③]，堑而死[④]。公将为之椟[⑤]。子家子曰："从者病矣，请以食之。"乃以帏裹之[⑥]。

① 贾，买也。○ 贾，古买切。　② 卖其马。○ 从，才用切，下同。屦，九具切。　③ 启服，马名。○ 乘，如字，又绳证切。　④ 惰堑死也。○ 堑，七艳切。　⑤ 为作棺也。○ 将为，如字，又于伪切。椟，徒木切。为，于伪切，下同。　⑥ 礼曰，敝帏不弃，为埋马也。○ 食，音似。裹，古火切。

公赐公衍羔裘，使献龙辅于齐侯[①]，遂入羔裘。齐侯喜，与之阳穀[②]。公衍、公为之生也，其母偕出[③]。公衍先生。公为之母曰："相与偕出，请相与偕告[④]。"三日，公为生，其母先以告。公为为兄。公私喜于阳穀而思于鲁，曰："务人为此祸也[⑤]。且后生而为兄，其诬也久矣。"乃黜之，而以公衍为大子。

① 龙辅，玉名。　② 阳穀，齐邑。　③ 出之产舍。　④ 留公衍母，使待己，共白公。　⑤ 务人，公为也。始与公若谋逐季氏。

秋，龙见于绛郊[1]。魏献子问于蔡墨[2]曰："吾闻之，虫莫知于龙，以其不生得也。谓之知，信乎？"对曰："人实不知，非龙实知[3]。古者畜龙，故国有豢龙氏，有御龙氏[4]。"献子曰："是二氏者，吾亦闻之，而不知其故。是何谓也？"对曰："昔有飂叔安[5]，有裔子曰董父[6]，实甚好龙，能求其耆欲以饮食之，龙多归之。乃扰畜龙，以服事帝舜。帝赐之姓曰董[7]，氏曰豢龙[8]。封诸鬷川，鬷夷氏其后也[9]。故帝舜氏世有畜龙。及有夏孔甲，扰于有帝[10]。帝赐之乘龙，河、汉各二[11]，各有雌雄，孔甲不能食，而未获豢龙氏。有陶唐氏既衰，其后有刘累[12]，学扰龙于豢龙氏，以事孔甲，能饮食之。夏后嘉之，赐氏曰御龙[13]，以更豕韦之后[14]。龙一雌死，潜醢以食夏后[15]。夏后飨之，既而使求之[16]。惧而迁于鲁县[17]，范氏其后也[18]。"献子曰："今何故无之？"对曰："夫物物有其官，官修其方[19]，朝夕思之。一日失职，则死及之[20]。失官不食[21]，官宿其业[22]，其物乃至[23]。若泯弃之，物乃坻伏[24]，郁湮不育[25]。故有五行之官，是谓五官。实列受氏姓，封为上公[26]，祀为贵神。社稷五祀，是尊是奉[27]。木正曰句芒[28]，火正曰祝融[29]，金正曰蓐收[30]，水正曰玄冥[31]，土正曰后土[32]。龙，水物也。水官弃矣，故龙不生得[33]。不然，《周易》有之[34]，在《乾》䷀[35]之《姤》䷫[36]，曰：'潜龙勿用[37]。'其《同人》䷌[38]

曰：'见龙在田[39]。'其《大有》䷍[40]曰：'飞龙在天[41]。'其《夬》䷪[42]曰：'亢龙有悔[43]。'其《坤》䷁[44]曰：'见群龙无首，吉[45]。'《坤》之《剥》䷖[46]曰：'龙战于野[47]。'若不朝夕见，谁能物之[48]？"献子曰："社稷五祀，谁氏之五官也[49]？"对曰："少皞氏有四叔[50]，曰重，曰该，曰修，曰熙，实能金木及水[51]。使重为句芒[52]，该为蓐收[53]，修及熙为玄冥[54]。世不失职，遂济穷桑，此其三祀也[55]。颛顼氏有子曰犁，为祝融[56]，共工氏有子曰句龙，为后土[57]，此其二祀也。后土为社[58]，稷，田正也[59]。有烈山氏之子曰柱为稷[60]，自夏以上祀之[61]。周弃亦为稷[62]，自商以来祀之[63]。"

① 绛，晋国都。○ 见，贤遍切，下见龙、夕见同。　② 蔡墨，晋大史。　③ 言龙无知，乃人不知之耳。○ 知，音智，下之知、实知、注无知同。　④ 豢、御，养也。○ 豢，音患。　⑤ 飂。古国也。叔安，其君名。○ 飂，力谬切。　⑥ 裔，远也。玄孙之后为裔。○ 裔，以制切。　⑦ 扰，顺也。○ 好，呼报切。耆，时志切。饮，於鸩切。食，音嗣，下不能食、饮食、食夏同。扰，而小切。　⑧ 豢龙，官名。官有世功，则以官氏。　⑨ 鬷，水上夷，皆董姓。○ 鬷，子工切。　⑩ 孔甲，少康之后九世君也。其德能顺于天。○ 夏，户雅切。少，诗照切。　⑪ 合为四。○ 乘，绳证切。河、汉各二，服云，河、汉各二乘。　⑫ 陶唐，尧所治地。○ 治，直吏切。　⑬ 夏后，孔甲。　⑭ 更，代也。以刘累代彭姓之豕韦。累寻迁鲁县。豕韦复国，至商而灭。累之后世，复承其国为豕韦氏，在襄二十四年。○ 更，音庚。复，扶又切。　⑮ 潜，藏也。藏以为醢，明龙不知。○ 醢，音海。知，音智。　⑯ 求致龙也。　⑰ 不能致龙，故惧；迁鲁县，自贬退也。鲁县，今鲁阳也。　⑱ 晋范氏也。　⑲ 方，法术。　⑳ 失职有罪。○ 朝，如字，下朝夕同。　㉑ 不食禄。　㉒ 宿，犹安也。　㉓ 设水

官修则龙至。 ㉔ 泯，灭也。坻，止也。○ 泯，弥忍切。坻，音旨，又丁礼切。 ㉕ 郁，滞也。湮，塞也。育，生也。○ 湮，音因。 ㉖ 爵上公。 ㉗ 五官之君长能修其业者，死皆配食于五行之神，为王者所尊奉。○ 长，丁丈切，下同。 ㉘ 正，官长也，取木生句曲而有芒角也，其祀重焉。○ 句，古侯切，下同。重，直龙切，下同。 ㉙ 祝融，明貌，其祀犁焉。○ 犁，力兮切。 ㉚ 秋物摧蓐而可收也，其祀该焉。○ 蓐，音辱；本又作辱。摧，徂回切。 ㉛ 水阴而幽冥，其祀修及熙焉。○ 冥，亡丁切。 ㉜ 土为群物主，故称后也，其祀句龙焉。在家则祀中霤，在野则为社。○ 霤，力救切。 ㉝ 弃，废也。 ㉞ 言若不尔，《周易》无缘有龙。 ㉟《乾》下《乾》上，《乾》。○ 乾，其连切；本亦作乹。 ㊱《乾》上《巽》下，《姤》。《乾》初九变。○ 姤，古豆切。 ㊲《乾》初九《爻辞》。○ 爻，户交切。 ㊳《离》下《乾》上，《同人》。《乾》九二变。 ㊴《乾》九二《爻辞》。 ㊵《乾》下《离》上，《大有》。《乾》九五变。 ㊶《乾》九五《爻辞》。 ㊷《乾》下《兑》上，《夬》。《乾》上九变。○ 夬，古快切。兑，徒外切。 ㊸《乾》上九《爻辞》。○ 亢，苦浪切。 ㊹《坤》下《坤》上，《坤》。《乾》六爻皆变。○ 坤，本又作巛，空门切。 ㊺《乾》用九《爻辞》。 ㊻《坤》下《艮》上，《剥》。《坤》上六变。 ㊼《坤》上六《爻辞》。 ㊽ 物，谓上六卦所称龙各不同也。今说《易》者，皆以龙喻阳气，如史墨之言，则为皆是真龙。 ㊾ 问五官之长皆是谁。 ㊿ 少皞，金天氏。 (51) 能治其官。○ 该，古咳切。 (52) 木正。 (53) 金正。 (54) 二子相代为水正。 (55) 穷桑，少皞之号也。四子能治其官，使不失职，济成少皞之功，死皆为民所祀。穷桑地在鲁北。 (56) 犁为火正。○ 颛，音专。项，许玉切。 (57) 共工在大皞后，神农前，以水名官者。其子句龙，能平水土，故死而见祀。○ 共，音恭。大，音泰。 (58) 方答社稷，故明言为社。 (59) 掌播殖也。 (60) 烈山氏，神农世诸侯。○ 烈，如字；《礼记》作厉山。 (61) 祀柱。○ 上，时掌切。 (62) 弃，周之始祖，能播百谷。汤既胜夏，废柱而以弃代之。 (63)《传》言蔡墨之博物。

冬，晋赵鞅、荀寅帅师城汝滨[①]，遂赋晋国一鼓铁，以铸刑鼎[②]，著范宣子所为刑书焉。仲尼曰："晋其亡乎，失其度矣。夫晋国将守唐叔之所受法度，以经纬其民，卿大夫以序守之[③]。民是以能尊其贵，贵是以能守其业。贵贱不愆，所谓度也。文公是以作执秩之官，为被庐之法[④]，以为盟主。今弃是度也，而为刑鼎，民在鼎矣，何以尊贵[⑤]？贵何业之守[⑥]？贵贱无序，何以为国？且夫宣子之刑，夷之蒐也，晋国之乱制也[⑦]，若之何以为法？"蔡史墨曰："范氏、中行氏其亡乎[⑧]。中行寅为下卿，而干上令，擅作刑器，以为国法，是法奸也。又加范氏焉，易之，亡也[⑨]。其及赵氏，赵孟与焉；然不得已，若德可以免[⑩]。"

① 赵鞅，赵武孙也。荀寅，中行荀吴之子。汝滨，晋所取陆浑地。○ 滨，音宾。行，户郎切。 ② 令晋国各出功力，共鼓石为铁。计令一鼓而足，因军役而为之，故言遂。○ 铸，之树切。令，力呈切。 ③ 序，位次也。 ④ 僖二十七年，文公蒐被庐，修唐叔之法。○ 被，皮义切。庐，力居切。蒐，本又作搜，所求切。 ⑤ 弃礼征书，故不尊贵。⑥ 民不奉上，则上失业。 ⑦ 范宣子所用刑，乃夷蒐之法也。夷蒐在文六年，一蒐而三易中军帅，贾季、箕郑之徒遂作乱，故曰乱制。○ 帅，所类切。 ⑧ 蔡史墨即蔡墨。 ⑨ 范宣子刑书中既废矣，今复兴之，是成其咎。○ 擅，市战切。复，扶又切。 ⑩ 铸刑鼎本非赵鞅意，不得已而从之。若能修德，可以免祸。为定十三年荀寅、士吉射入朝歌以叛。○ 与，音预。

经

三十年春，王正月，公在乾侯[①]。

夏六月庚辰，晋侯去疾卒[2]。

秋八月，葬晋顷公[3]。

冬十有二月，吴灭徐，徐子章羽奔楚[4]。

① 释不朝正于庙。 ② 未同盟而赴以名。○ 去，起吕切。 ③ 三月而葬，速。○ 顷，音倾。 ④ 徐子称名，以名告也。

传

三十年春，王正月，公在乾侯，不先书郓与乾侯，非公，且征过也[1]。

① 征，明也。二十七年、二十八年，公在郓，二十九年公在乾侯，而《经》不释朝正之礼者，所以非责公之妄，且明过谬犹可掩，故不显书其所在，使若在国然。自是郓人溃叛，齐、晋卑公，子家忠谋，终不能用。内外弃之，非复过误所当掩塞，故每岁书公所在。○ 征，直升切；或本作惩，误。复，扶又切。

夏六月，晋顷公卒。秋八月，葬。郑游吉吊，且送葬。魏献子使士景伯诘之曰："悼公之丧，子西吊，子蟜送葬[1]。今吾子无贰，何故[2]？"对曰："诸侯所以归晋君，礼也。礼也者，小事大，大字小之谓。事大在共其时命[3]，字小在恤其所无。以敝邑居大国之间，共其职贡，与其备御不虞之患，岂忘共命[4]。先王之制，诸侯之丧，士吊，大夫送葬。唯嘉好聘享三军之事，于是乎使卿。晋之丧事，敝邑之间，先君有所助执绋矣[5]。若其不间，虽士大夫有所不获数矣[6]。大国之惠，亦庆其加[7]，而不讨其乏，明厎其情[8]，取备而已，以为礼也。灵王之丧[9]，我先君简公在楚，我先大夫印段实往，敝邑之少卿也[10]。王吏不讨，恤所无也。今大夫曰，女盍从旧[11]。旧有丰有省，不知所从。从其丰，则寡君幼弱，是以不共。从其省，则吉在此矣。唯大夫图之。"晋人不能诘[12]。

① 在襄十五年。○ 诘，起吉切。蟜，居表切。　② 吊、葬共使。○ 使，所吏切。　③ 随时共所求。○ 共，音恭，下同。　④ 言不敢忘共命，以所备御者多，不及办之。○ 御，鱼吕切。办，皮苋切。　⑤ 绋，輓索也。礼，送葬必执绋。○ 好，呼报切。间，音闲，下同。绋，音弗。輓，本又作挽，音晚。索，悉各切。　⑥ 不得如先王礼数。　⑦ 庆，善也。谓善其君自行。　⑧ 厎，致也。　⑨ 在襄二十九年。　⑩ 少，年少也。○ 印，一刃切。少，诗照切。　⑪ 盍，何不也。○ 女，音汝。盍，胡臘切。　⑫《传》言大叔之敏。○ 省，所景切，下同。

吴子使徐人执掩馀，使钟吾人执烛庸[1]。二公子奔楚，楚子大封而定其徙[2]。使监马尹大心逆吴公子，使居养[3]。莠尹然、左司马沈尹戌城之[4]，取于城父与胡田以与之[5]。将以害吴也。子西谏曰："吴光新得国，而亲其民。视民如子，辛苦同之，将用之也。若好吴边疆，使柔服焉，犹惧其至[6]。吾又疆其仇以重怒之，无乃不可乎[7]。吴，周之胄裔也，而弃在海滨，不与姬通。今而始大，比于诸华。光又甚文，将自同于先王[8]。不知天将以为虐乎，使翦丧吴国而封大异姓乎？其抑亦将卒以祚吴乎？其终不远矣[9]。我盍姑亿吾鬼神[10]，而宁吾族姓，以待其归[11]。将焉用自播扬焉[12]？"

王弗听。吴子怒,冬十一月,吴子执钟吾子,遂伐徐,防山以水之[13]。己卯,灭徐。徐子章禹断其发[14],携其夫人,以逆吴子。吴子唁而送之,使其迩臣从之,遂奔楚[15]。楚沈尹戌帅师救徐,弗及,遂城夷,使徐子处之[16]。

吴子问于伍员曰:"初而言伐楚[17],余知其可也,而恐其使余往也,又恶人之有余之功也。今余将自有之矣,伐楚何如?"对曰:"楚执政众而乖,莫适任患。若为三师以肄焉[18],一师至,彼必皆出。彼出则归,彼归则出,楚必道敝[19]。亟肄以罢之[20],多方以误之,既罢而后以三军继之,必大克之。"阖庐从之。楚于是乎始病[21]。

① 二十七年奔故。 ② 大封与土田,定其所徙之居。 ③ 二子奔楚,楚使逆之于竟也。养,即所封之邑。○ 监,古衔切。竟,音境。 ④ 城养。○ 莠,音诱。 ⑤ 胡田,故胡子之地。 ⑥ 柔服,谓不与吴构怨。○ 好,呼报切;一本作吾好。疆,居良切。 ⑦ 仇,谓二公子。○ 重,直用切。 ⑧ 先王,谓大王、王季,亦自西戎始比诸华。○ 胄,直又切。大,音泰。 ⑨ 言其事行可知不久。○ 丧,息浪切。祚,才故切。 ⑩ 亿,安也。○ 亿,於力切。 ⑪ 善恶之归。 ⑫ 播扬犹劳动也。○ 焉,於虔切。播,彼我切,又波贺切。 ⑬ 防壅山水以灌徐。○ 壅,於勇切。灌,古乱切。 ⑭ 断发自刑,示惧。○ 断,丁缓切。 ⑮ 迩,近也。 ⑯ 夷,城父也。 ⑰ 在二十年。○ 员,音云。 ⑱ 肄,犹劳也。○ 恶,乌路切。适,丁历切。任,音壬。肄,又作肆,以制切。 ⑲ 罢敝于道。○ 罢,音皮,下同。 ⑳ 亟,数也。○ 亟,欺冀切。数,所角切。 ㉑ 为定四年吴入楚《传》。

经

三十有一年春,王正月,公在乾侯。

季孙意如会晋荀跞于適历[1]。

夏四月丁巳，薛伯穀卒[2]。

晋侯使荀跞唁公于乾侯[3]。

秋，葬薛献公[4]。

冬，黑肱以滥来奔[5]。

十有二月辛亥朔，日有食之。

① 適历，晋地。〇 跞，力狄切。適，丁历切。 ② 襄二十五年盟重丘。〇 重，直龙切。 ③ 将使意如迎公，故荀跞来唁。 ④ 无《传》。 ⑤ 黑肱，邾大夫。滥，东海昌虑县。不书邾，史阙文。〇 滥，力甘切，又力蹔切。虑，音闾，又如字。

传

三十一年春，王正月，公在乾侯，言不能外内也[1]。晋侯将以师纳公。范献子曰："若召季孙而不来，则信不臣矣。然后伐之，若何？"晋人召季孙，献子使私焉，曰："子必来，我受其无咎[2]。"季孙意如会晋荀跞于適历。荀跞曰："寡君使跞谓吾子，何故出君？有君不事，周有常刑。子其图之！"季孙练冠麻衣跣行[3]，伏而对曰："事君，臣之所不得也，敢逃刑命[4]？君若以臣为有罪，请囚于费，以待君之察也，亦唯君。若以先臣之故，不绝季氏，而赐之死[5]。若弗杀弗亡，君之惠也，死且不朽。若得从君而归，则固臣之愿也。敢有异心[6]？"夏四月，季孙从知伯如乾侯[7]。子家子曰："君与之归，一惭之不忍，而终身惭乎？"公曰："诺。"众曰："在一言矣，君必逐之[8]。"荀跞以晋侯之命唁公，且曰："寡君使跞以君命讨于意如，意如不敢逃死，君其入也！”公曰：“君惠顾先君之好，施及亡人，将使归粪除宗祧以事君，则不能见夫人。已所能见夫人者，有如河[9]！”荀跞掩耳而走[10]，曰：“寡君其罪之恐，敢与知鲁国之难[11]？臣请复于寡君。”退而谓季孙：“君怒未怠，子姑归祭[12]。”子家子曰：“君以一乘入于鲁师，季孙必与君归。”公欲从之，众从者胁公，不得归[13]。

①公内不容于臣子，外不容于齐、晋，所以久在乾侯。 ②言我为子受无咎之任。○咎，其九切。为，于伪切。 ③示忧慼。○出，如字，又敕律切。跣，素典切。 ④言愿事君，君不肯还，不敢辟罪。⑤虽赐以死，不绝其后。○费，音祕。 ⑥君皆谓鲁侯也。盖季孙探言罪己轻重，以答荀跞。○探，他南切。 ⑦知伯，荀跞。○知，音智。⑧言晋既忧君，君一言使晋，晋必逐之。 ⑨夫人，谓季孙也。言若见季孙，己当受祸，明如河以自誓。○好，呼报切。施，以豉切。祧，他彫切。⑩怪公所言，示不忍听。 ⑪言恐获不纳君之罪，今纳而不入，何敢复知耶？○与，音预。难，乃旦切。复，扶又切。 ⑫归摄君事。⑬《传》言君弱，不得复自在。○乘，绳证切，众从，才用切。

薛伯穀卒，同盟故书[1]。

①谓书名也。入《春秋》来，薛始书名，故发《传》。《经》在荀跞唁公上，《传》在下者，欲鲁事相次。

秋，吴人侵楚，伐夷，侵潜、六[1]。楚沈尹戌帅师救潜，吴师还。楚师迁潜于南冈而还。吴师围弦。左司马戌、右司马稽帅师救弦，及豫章[2]。吴师还。始用子胥之谋也[3]。

① 皆楚邑。 ② 左司马沈尹戌。○ 稽，音启，又古兮切。③ 谋在前年。

冬，邾黑肱以滥来奔。贱而书名，重地故也[①]。君子曰："名之不可不慎也如是[②]。夫有所有名，而不如其已[③]。以地叛，虽贱，必书地，以名其人。终为不义，弗可灭已。是故君子动则思礼，行则思义，不为利回[④]，不为义疚[⑤]。或求名而不得，或欲盖而名章，惩不义也。齐豹为卫司寇，守嗣大夫[⑥]，作而不义，其书为'盗'[⑦]。邾庶其[⑧]、莒牟夷[⑨]、邾黑肱以土地出，求食而已，不求其名，贱而必书[⑩]。此二物者，所以惩肆而去贪也[⑪]。若艰难其身[⑫]，以险危大人[⑬]，而有名章彻[⑭]，攻难之士，将奔走之[⑮]。若窃邑叛君，以徼大利而无名[⑯]，贪冒之民，将寘力焉[⑰]。是以《春秋》书齐豹曰'盗'，三叛人名，以惩不义，数恶无礼，其善志也[⑱]。故曰，《春秋》之称：微而显[⑲]，婉而辨[⑳]。上之人能使昭明[㉑]，善人劝焉，淫人惧焉，是以君子贵之。"

① 黑肱非命卿，故曰贱。 ② 是，黑肱也。 ③ 有所，谓有地也。言虽有名，不如无名。已，止也。 ④ 回正心也。○ 为，于伪切，下亦同。 ⑤ 疚，病也。见义则为之。○ 疚，久又切。 ⑥ 守先人嗣，言其尊。○ 惩，直升切。 ⑦ 求名而不得也。二十年，豹杀卫侯兄，欲求不畏强御之名。 ⑧ 在襄二十一年。 ⑨ 在五年。 ⑩《春秋》叛者多，唯取三人来适鲁者。三人皆小国大夫，故曰贱。 ⑪ 物，事也。肆，放也。齐豹书盗，惩肆也。三叛人名，去贪也。○ 去，起吕切。⑫ 身为艰难。 ⑬ 大人，在位者。 ⑭ 谓得勇名。 ⑮ 攻犹作也。奔走犹赴趣也。○ 难，乃旦切。 ⑯ 谓不书其人名。○ 徼，古尧

切。　⑰ 尽力为之，不顾于见书。○ 冒，亡北切，又亡报切。寘，之豉切。　⑱ 无礼恶逆，皆数而不忘，记事之善者也。○ 数，所主切。⑲ 文微而义著。○ 称，尺证切。　⑳ 辞婉而旨别。○ 婉，於阮切。别，彼列切。　㉑ 上之人，谓在位者。在位者能行其法，非贱人所能。

十二月辛亥朔，日有食之。是夜也，赵简子梦童子羸而转以歌[①]。旦占诸史墨，曰："吾梦如是，今而日食，何也[②]？"对曰："六年及此月也，吴其入郢乎！终亦弗克[③]。入郢，必以庚辰[④]。日月在辰尾[⑤]，庚午之日，日始有谪。火胜金，故弗克[⑥]。"

① 转，婉转也。○ 羸，本又作嬴，力果切。　② 简子梦适与日食会，谓咎在己，故问之。　③ 史墨知梦非日食之应，故释日食之咎，而不释其梦。○ 郢，以井切，又羊政切。应，应对之应。　④ 庚日有变，日在辰尾，故曰以庚辰。定四年十一月庚辰，吴入郢。　⑤ 辰尾，龙尾也。周十二月，今之十月，日月合朔于辰尾而食。　⑥ 谪，变气也。庚午十月十九日，去辛亥朔四十一日。虽食在辛亥，更以始变为占也。午，南方，楚之位也。午，火；庚，金也。日以庚午有变，故灾在楚。楚之仇敌唯吴，故知入郢必吴。火胜金者，金为火妃，食在辛亥，亥，水也。水数六，故六年也。○ 谪，直革切。

经

三十有二年春，王正月，公在乾侯。取阚[①]。

夏，吴伐越。

秋，七月。

冬，仲孙何忌会晋韩不信、齐高张、宋仲幾、卫世叔申、郑国参、曹人、莒人、薛人、杞人、小邾人，城成周[②]。

十有二月己未，公薨于乾侯[3]。

① 无《传》。公别居乾侯，遣人诱阚而取之，不用师徒。○ 阚，口暂切。② 世叔申，世叔仪孙也。国参，子产之子。不书盟，时公在外，未及告公，公已薨。○ 参，七南切。　③ 十五日。

传

三十二年春，王正月，公在乾侯。言不能外内，又不能用其人也[1]。

① 其人，谓子家羁也。言公不能用其人，故于今犹在乾侯。

夏，吴伐越，始用师于越也[1]。史墨曰："不及四十年，越其有吴乎[2]。越得岁而吴伐之，必受其凶[3]。"

① 自此之前，虽疆事小争，未尝用大兵。○ 疆，居良切。争，争斗之争。　② 存亡之数，不过三纪。岁星三周三十六岁，故曰不及四十年。哀二十二年，越灭吴，至此三十八岁。　③ 此年岁在星纪。星纪，吴、越之分也。岁星所在，其国有福。吴先用兵，故反受其殃。○ 分，扶问切。殃，於良切。

秋八月，王使富辛与石张如晋，请城成周[1]。天子曰："天降祸于周，俾我兄弟并有乱心，以为伯父忧[2]。我一二亲昵甥舅，不皇启处，于今十年[3]，勤戍五年[4]。余一人无日忘之[5]，闵闵焉如农夫之望岁，惧以待时[6]。伯父若肆大惠，复二文之业，弛周室之忧[7]，徼文、武之福，以固盟主，宣昭令名，则余一人有大愿矣。昔成王合诸侯，城成周，以为东都，崇文德焉[8]。今我欲徼福假灵于成王，修成周之城，俾戍人无勤，诸侯用宁，蝥贼远屏，晋之力也[9]。其委诸伯父，使伯父实重图之。俾我一人无征怨于百姓[10]，而伯父有荣施，先王庸之[11]。"范献子谓魏献子曰："与其戍周，不如城之，天子实云[12]。虽有后事，晋勿与知可也。从王命以纾诸侯，晋国无忧。是之不务，而又焉从事？"魏献子曰："善。"使伯音对[13]曰："天子有命，敢不奉承，以奔告于诸侯。迟速衰序[14]，于是焉在[15]。"

冬十一月，晋魏舒、韩不信如京师，合诸侯之大夫于狄泉，寻盟，且令城成周[16]。魏子南面[17]。卫彪傒曰："魏子必有大咎，干位以令大事，非其任也[18]。《诗》曰：'敬天之怒，不敢戏豫。敬天之渝，不敢驰驱[19]。'况敢干位以作大事乎？"

己丑，士弥牟营成周，计丈数[20]，揣高卑[21]，度厚薄，仞沟洫[22]，物土方，议远迩[23]，量事期[24]，计徒庸[25]，虑材用[26]，书餱粮[27]，以令役于诸侯，属役赋丈[28]，书以授帅[29]，而效诸刘子[30]。韩简子临之，以为成命[31]。

① 子朝之乱，其馀党多在王城，敬王畏之，徙都成周。成周狭小，故请城之。○ 狭，音洽。　② 俾，使也。兄弟，谓子朝也。伯父，谓晋侯。○ 俾，本又作卑，同，必尔切。　③ 谓二十三年，二师围郊，至于今。○ 昵，女乙切。　④ 谓二十八年，晋籍秦致诸侯之戍，至于今。⑤ 念诸侯劳。　⑥ 闵闵，忧貌。王忧乱，常闵闵冀望安定，如农夫之忧饥，冀望来岁之将熟。　⑦ 肆，展放也。二文，谓文侯仇、文公重耳。弛，犹解也。○ 弛，式氏切。重，直龙切。　⑧ 作成周，迁殷民以为京师之

东都，所以崇文王之德。○ 儌，古尧切。　⑨ 蝥贼，喻灾害。○ 蝥，亡侯切。　⑩ 征，召也。○ 征，张升切。　⑪ 庸，功也。先王之灵，以为大功。○ 施，式豉切。　⑫ 云欲罢戍而城。　⑬ 伯音，韩不信。○ 与，音预。纾，音舒。焉，於虔切。　⑭ 衰，差也。序，次也。○ 衰，初危切。⑮ 在周所命。　⑯ 寻平丘盟。　⑰ 居君位。　⑱ 彪傒，卫大夫。○ 彪，彼蚪切。傒，音兮。咎，其九切。　⑲《诗·大雅》。戒王者言当敬畏天之谴怒，不可游戏逸豫，驱驰自恣。渝，变也。○ 渝，羊朱切。谴，弃战切。　⑳ 计所当城之丈数也。　㉑ 度高曰揣。○ 揣，丁累切，又初委切。度，待洛切，下同。　㉒ 度深曰仞。○ 仞，本又作刃，而慎切。洫，况域切。　㉓ 物，相也。相取土之方面，远近之宜。○ 相，息亮切。㉔ 知事几时毕。○ 几，居岂切，下同。　㉕ 知用几人功。　㉖ 知费几材用。○ 费，芳贵切。　㉗ 知用几粮食。○ 餱，音侯；本亦作糇。粮，音良。　㉘ 付所当城尺丈。○ 属，之欲切。　㉙ 帅诸侯之大夫。○ 帅，所类切。　㉚ 效，致也。○ 效，户孝切。　㉛ 临履其事，以命诸侯。《经》所以不书魏舒。

十二月，公疾，偏赐大夫[①]，大夫不受。赐子家子双琥[②]，一环，一璧，轻服[③]，受之。大夫皆受其赐。己未，公薨。子家子反赐于府人，曰："吾不敢逆君命也。"大夫皆反其赐。书曰："公薨于乾侯。"言失其所也[④]。

赵简子问于史墨曰："季氏出其君，而民服焉，诸侯与之，君死于外，而莫之或罪也。"对曰："物生有两，有三，有五，有陪贰。故天有三辰[⑤]，地有五行[⑥]，体有左右[⑦]，各有妃耦[⑧]。王有公，诸侯有卿，皆有贰也。天生季氏，以贰鲁侯，为日久矣。民之服焉，不亦宜乎？鲁君世从其失，季氏世修其勤，民忘君矣。虽死于外，其谁矜之？社稷无常奉[⑨]，君臣无常位，自古以然[10]。故《诗》曰：'高岸为谷，深谷为陵[11]。'三后之姓，于今为庶，主所知也[12]。在《易》卦，雷乘《乾》曰《大壮》䷡[13]，天之道也[14]。昔成季友，桓之季也，文姜之爱子也，始震而卜，卜人谒之，曰：'生有嘉闻[15]，其名曰友，为公室辅。'及生，如卜人之言，有文在其手曰'友'，遂以名之。既而有大功于鲁[16]，受费以为上卿。至于文子、武子[17]，世增其业，不废旧绩。鲁文公薨，而东门遂杀适立庶，鲁君于是乎失国[18]，政在季氏，于此君也四公矣。民不知君，何以得国？是以为君，慎器与名，不可以假人[19]。"

① 从公者。○ 徧，音遍。从，才用切。　② 琥，玉器。○ 琥，音虎。　③ 细好之服。　④ 不薨路寝为失所。　⑤ 谓有三。○ 陪，蒲回切。　⑥ 谓有五。　⑦ 谓有两。　⑧ 谓陪贰。○ 妃，音配。　⑨ 奉之无常人，言唯德也。○ 从，子用切；本亦作纵。　⑩ 史墨迹古今以实言。　⑪《诗·小雅》。言高下有变易。　⑫ 三后，虞、夏、商。　⑬《乾》下《震》上，《大壮》。《震》在《乾》上，故曰雷乘《乾》。　⑭《乾》为天子，《震》为诸侯，而在《乾》上，君臣易位，犹臣大强壮，若天上有雷。　⑮ 嘉名闻于世。○ 震，如字，一音身。闻，音问。　⑯ 立僖公。○ 名，如字，又武政切。　⑰ 文子，行父；武子，宿。○ 费，音秘。　⑱ 失国权。○ 适，丁历切。　⑲ 器，车服。名，爵号。

春秋经传集解第二十七

定公上

○ 定公名宋，襄公之子，昭公之弟。《谥法》，安民大虑曰定。

经

元年春，王①。

三月，晋人执宋仲幾于京师②。

夏六月癸亥，公之丧至自乾侯③。

戊辰，公即位④。

秋七月癸巳，葬我君昭公⑤。

九月，大雩⑥。

立炀宫⑦。

冬十月，陨霜杀菽⑧。

① 公之始年，而不书正月，公即位在六月故。　② 晋执人于天子之侧，而不以归京师，故但书其执，不书所归。○ 幾，音机。　③ 告于庙，故书至。　④ 定公不得以正月即位，失其时，故详而日之，记事之宜，无义例。　⑤ 公在外薨，故八月乃葬。　⑥ 无《传》，过也。○ 雩，音于。⑦ 炀公，伯禽子也。其庙已毁，季氏祷之而立其宫，书以讥之。○ 炀，羊让切。祷，丁老切。　⑧ 无《传》。周十月，今八月。陨霜杀菽，非常之灾。○ 陨，于敏切。菽，本又作叔，音同。

传

元年春，王正月辛巳，晋魏舒合诸侯之大夫于狄泉，将以城成周。魏子涖政[1]。卫彪傒[2]曰："将建天子[3]，而易位以令，非义也。大事奸义，必有大咎。晋不失诸侯，魏子其不免乎。"是行也，魏献子属役于韩简子及原寿过[4]，而田于大陆，焚焉[5]。还，卒于甯[6]。范献子去其柏椁，以其未复命而田也[7]。

孟懿子会城成周[8]。庚寅，栽[9]。宋仲幾不受功，曰："滕、薛、郳，吾役也[10]。"薛宰曰："宋为无道，绝我小国于周，以我適楚。故我常从宋。晋文公为践土之盟[11]，曰：'凡我同盟，各复旧职。'若从践土，若从宋，亦唯命。"仲幾曰："践土固然[12]。"薛宰曰："薛之皇祖奚仲，居薛以为夏车正[13]。奚仲迁于邳[14]，仲虺居薛，以为汤左相[15]。若复旧职，将承王官，何故以役诸侯[16]？"仲幾曰："三代各异物，薛焉得有旧[17]。为宋役，亦其职也。"士弥牟曰："晋之从政者新[18]，子姑受功。归，吾视诸故府[19]。"仲幾曰："纵子忘之，山川鬼神其忘诸乎[20]？"士伯怒，谓韩简子曰："薛征于人[21]，宋征于鬼[22]，宋罪大矣。且己无辞而抑我以神，诬我也。启宠纳侮，其此之谓矣[23]。必以仲幾为戮。"乃执仲幾以归。三月，归诸京师[24]。

城三旬而毕，乃归诸侯之戍。

齐高张后，不从诸侯[25]。晋女叔宽曰："周苌弘、齐高张皆将不免[26]。苌叔违天，高子违人[27]。天之所坏，不可支也。众之所为，不可奸也[28]。"

① 涖，临也。代天子大夫为政。○ 涖，音利，又音类。　② 卫大夫。③ 立天子之居。　④ 简子。韩起孙不信也。原寿过，周大夫。○ 奸，音干。咎，其九切。属，之欲切。过，古禾切。　⑤《禹贡》，大陆在巨鹿北。嫌绝远，疑此田在汲郡吴泽荒芜之地。火田，并见烧也。《尔雅》，广平曰陆。○ 芜，音无。　⑥ 甯，今修武县，近吴泽。○ 近，附近之近。⑦ 范献子代魏子为政，去其柏椁，示贬之。○ 去，起吕切。椁，音郭。⑧ 不书，公未即位。　⑨ 栽，设板筑。○ 栽，才代切，又音再。⑩ 欲使三国代宋受功役也。○ 郳，五兮切，小邾国。　⑪ 在僖二十八年。　⑫ 固曰从旧，薛旧为宋役。　⑬ 皇，大也。奚仲为夏禹掌车服大夫。○ 夏，户雅切。　⑭ 邳，下邳县。○ 邳，皮悲切。　⑮ 仲虺，奚仲之后。○ 虺，许鬼切。相，息亮切。　⑯ 承，奉也。　⑰ 言居周世，不得以夏、殷为旧。○ 焉，於虔切。　⑱ 言范献子新为政，未习故事。　⑲ 求故事。　⑳ 山川鬼神，盟所告。　㉑ 典籍故事，人所知也。　㉒ 取证于鬼神。　㉓ 开宠过分，则纳受侵侮。○ 侮，亡甫切。分，扶问切。　㉔ 知以归不可，故复归之京师。○ 复，扶又切。㉕ 后期，不及诸侯之役。　㉖ 叔宽，女宽也。○ 苌，直良切。　㉗ 天既厌周德，苌弘欲迁都以延其祚，故曰违天。诸侯相帅以崇天子，而高子后期，故曰违人。○ 厌，於艳切。祚，才故切。　㉘ 为哀三年周人杀苌弘、六年高张来奔起。

夏，叔孙成子逆公之丧于乾侯[①]。季孙曰："子家子亟言于我，未尝不中吾志也。吾欲与之从政，子必止之，且听命焉[②]。"子家子不见叔孙，易几而哭[③]。叔孙请见子家子，子家子辞曰："羁未得见，而从君以出[④]。君不命而薨，羁不敢见[⑤]。"叔孙使告之曰："公衍、公为实使群臣不得事君[⑥]。若公子宋主社稷，则群臣之愿也[⑦]。凡从君出而可以入者，将唯子是听。子家氏未有后，季孙愿与子从政，此皆季孙之愿也，使不敢以告[⑧]。”对曰：“若立君，则有卿士大夫与守龟在，羁弗敢知。若从君者，则貌而出者，入可也[⑨]。寇而出者，行可也[⑩]。若羁也，则君知其出也[⑪]，而未知其入也。羁将逃出。”

丧及坏隤，公子宋先入，从公者皆自坏隤反[⑫]。六月癸亥，公之丧至自乾侯。戊辰，公即位[⑬]。季孙使役如阚，公氏将沟焉[⑭]。荣驾鹅曰：“生不能事，死又离之，以自旌也[⑮]。纵子忍之，后必或耻之。”乃止。

季孙问于荣驾鹅曰：“吾欲为君谥，使子孙知之[⑯]。”对曰：“生弗能事，死又恶之，以自信也。将焉用之？”乃止。秋七月癸巳，葬昭公于墓道南。孔子之为司寇也，沟而合诸墓[⑰]。

① 成子，叔孙婼之子。　② 众事皆谘问子家子。○ 亟，起冀切。中，丁仲切。　③ 几，哭会也。不欲见叔孙，故朝夕哭不同会。○ 朝，如字。　④ 出时，成子未为卿。○ 羁，居宜切，子家子名。见，贤遍切，下同。从，才用切，《注》义从同；又如字，下从君、从公放此。　⑤ 言未受昭公之命，托辞以距叔孙。　⑥ 二子始谋逐季氏。　⑦ 宋，昭公弟定公。　⑧ 不敢，叔孙成子名。　⑨ 貌出，谓以义从公，与季氏无实怨。○ 守，手又切。　⑩ 与季氏为寇仇者，自可去。　⑪ 君，昭公。⑫ 出奔。○ 坏，徐音怀，又户怪切。隤，徒回切。　⑬ 诸侯薨，五日而殡，殡则嗣子即位。癸亥，昭公丧至，五日殡于宫，定公乃即位。　⑭ 阚，鲁群公墓所在也。季孙恶昭公，欲沟绝其兆域，不使与先君同。○ 阚，口暂切。恶，乌路切，又如字。　⑮ 驾鹅，鲁大夫荣成伯也。旌，章也。○ 驾，音加。鹅，五何切。旌，音精。　⑯ 为恶谥。　⑰ 明臣无贬君之义。○ 恶，如字，又乌路切。焉，於虔切。

昭公出，故季平子祷于炀公。九月，立炀宫[①]。

① 平子逐君，惧而请祷于炀公，昭公死于外，自以为获福，故立其宫。

周巩简公弃其子弟，而好用远人[①]。

① 简公，周卿士。远人，异族也。为明年巩氏贼简公张本。○ 巩，九勇切。好，呼报切。

经

二年春，王正月。

夏五月壬辰，雉门及两观灾[①]。

秋，楚人代吴[②]。

冬十月，新作雉门及两观[③]。

① 无《传》。雉门，公宫之南门。两观，阙也。天火曰灾。○ 观，古乱切。 ② 囊瓦称人，见诱以败军。○ 囊，乃郎切。 ③ 无《传》。

传

二年夏四月辛酉，巩氏之群子弟贼简公[①]。

①《传》言弃亲用疏，所以败也。

桐叛楚[①]，吴子使舒鸠氏诱楚人[②]，曰："以师临我[③]，我伐桐，为我使之无忌[④]。"秋，楚囊瓦伐吴师于豫章[⑤]。吴人见舟于豫章[6]，而潜师于巢[7]。冬十月，吴军楚师于豫章，败之[8]。遂围巢，克之，获楚公子繁[9]。

① 桐，小国，庐江舒县西南有桐乡。 ② 舒鸠，楚属国。 ③ 教舒鸠诱楚，使以师临吴。 ④ 吴伐桐也，伪若畏楚师之临己，而为伐其叛国以取媚者也。欲使楚不忌吴，所谓多方以误之。○ 为，于伪切。 ⑤ 从舒鸠言。 ⑥ 伪将为楚伐桐。○ 见，贤遍切。 ⑦ 实欲以击楚。 ⑧ 楚不忌故。 ⑨ 繁，守巢大夫。

邾庄公与夷射姑饮酒，私出[1]。阍乞肉焉，夺之杖以敲之[2]。

① 射姑，邾大夫。出，辟酒。○ 射，音亦，一音夜。 ② 夺阍杖以敲阍头也。为明年邾子卒《传》。○ 阍，音昏，守门人也。敲，苦孝切，又苦学切；《说文》作毃，云，击头也；《字林》同；又一曰击声也，口交切，又口卓切；训此敲云，横擿也；又或作茅，或作楋，口交切。

经

三年春，王正月，公如晋，至河乃复[1]。

二月辛卯，邾子穿卒[2]。

夏四月。

秋，葬邾庄公[3]。

冬，仲孙何忌及邾子盟于拔[4]。

① 无《传》。 ② 再同盟。○ 穿，音川。 ③ 六月乃葬，缓。 ④ 拔，地阙。○ 拔，皮八切。

传

三年春二月辛卯，邾子在门台①，临廷。阍以缾水沃廷。邾子望见之，怒。阍曰："夷射姑旋焉②。"命执之③。弗得，滋怒，自投于床，废于炉炭，烂，遂卒④。先葬以车五乘，殉五人⑤。庄公卞急而好洁，故及是⑥。

① 门上有台。　② 旋，小便。○ 廷，音庭。缾，步丁切；本又作瓶。③ 见其不洁，执射姑。　④ 废，隋也。○ 炉，力具切。炭，他旦切。隋，徒火切。　⑤ 欲藏中之洁，故先内车，及殉，别为便房，盖其遗命。○ 先，悉荐切，又如字。乘，绳证切。殉，辞俊切。藏，才浪切。　⑥ 卞，躁疾也。○ 卞，皮彦切。好，呼报切。躁，早报切。

秋九月，鲜虞人败晋师于平中①，获晋观虎，恃其勇也②。

① 平中，晋地。　② 为五年士鞅围鲜虞张本。

冬，盟于郯①，修邾好也②。

① 郯即拔也。○ 郯，音谈。　② 公即位，故修好。

蔡昭侯为两佩与两裘①以如楚，献一佩一裘于昭王。昭王服之，以享蔡侯。蔡侯亦服其一。子常欲之，弗与。三年止之。唐成公如楚，有两肃爽马，子常欲之②，弗与。亦三年止之。唐人或相与谋，请代先从者，许之。饮先从者酒，醉之，窃马而献之子常。子常归唐侯。自拘于司败[3]，曰："君以弄马之故，隐君身[4]，弃国家群臣。请相夫人以偿马，必如之[5]。"唐侯曰："寡人之过也，二三子无辱。"皆赏之。蔡人闻之，固请而献佩于子常。子常朝，见蔡侯之徒，命有司曰："蔡君之久也，官不共也[6]。明日，礼不毕，将死[7]。"蔡侯归，及汉，执玉而沈，曰："余所有济汉而南者，有若大川[8]！"蔡侯如晋，以其子元与其大夫之子为质焉，而请伐楚[9]。

①佩，佩玉也。　②成公，唐惠侯之后。肃爽，骏马名。○肃，如字，又所六切。爽，音霜。骏，音俊。　③窃马者自拘。○从，才用切。饮，於鸩切。拘，九于切。　④隐，忧约也。○弄，鲁贡切。　⑤相，助也。夫人，谓养马者。○相，息亮切。夫，音扶。偿，市亮切。　⑥言楚所以礼遣蔡侯之物，不共备故。○共，音恭。　⑦遣蔡侯之礼。⑧自誓言，若复渡汉，当受祸，明如大川。○沈，音鸩。复，扶又切。⑨为明年会召陵张本。○质，音致。

经

四年春，王二月癸巳，陈侯吴卒[1]。

三月，公会刘子、晋侯、宋公、蔡侯、卫侯、陈子、郑伯、许男、曹伯、莒子、邾子、顿子、胡子、滕子、薛伯、杞伯、小邾子、齐国夏于召陵，侵楚[2]。

夏四月庚辰，蔡公孙姓帅师灭沈，以沈子嘉归，杀之[3]。

五月，公及诸侯盟于皋鼬[4]。

杞伯成卒于会[5]。

六月，葬陈惠公[6]。

许迁于容城⑦。

秋七月,公至自会⑧。

刘卷卒⑨。

葬杞悼公⑩。

楚人围蔡⑪。

晋士鞅、卫孔圉帅师伐鲜虞⑫。

葬刘文公⑬。

冬十有一月庚午,蔡侯以吴子及楚人战于柏举,楚师败绩⑭。

楚囊瓦出奔郑⑮。

庚辰,吴入郢⑯。

① 无《传》。未同盟而赴以名。癸巳,正月七日,书二月,从赴。 ② 于召陵先行会礼,入楚竟,故书侵。○ 夏,户雅切。召,上照切。竟,音境。 ③ ○ 姓,音生,又作生。 ④ 召陵会刘子诸侯,总言之也。繁昌县东南有城皋亭。复称公者,会盟异处故。○ 鼬,由又切。复,扶又切。处,昌虑切。 ⑤ 无《传》。○ 成,音城。 ⑥ 无《传》。 ⑦ 无《传》。 ⑧ 无《传》。 ⑨ 无《传》。即刘蚠也。刘子奉命出盟召陵,死则天王为告同盟,故不具爵。○ 卷,音权,又眷免切。蚠,扶粉切。为,于伪切,下为蔡同。 ⑩ 无《传》。 ⑪ 不服故也。 ⑫ 无《传》。孔圉,孔羁孙。士鞅即范鞅。○ 圉,鱼吕切。 ⑬ 无《传》。 ⑭ 师能左右之曰以,皆陈曰战,大崩曰败绩。吴为蔡讨楚,从蔡计谋,故书蔡侯以吴子,言能左右之也。囊瓦称人,贪以致败,不能死难,罪贱之。柏举,楚地。昭三十一年《传》曰:六年十二月庚辰,吴其入郢。今以十一月者,并数闰。○ 陈,直觐切。难,乃旦切。数,所主切。 ⑮ 书名,恶之。○ 恶,乌路切。 ⑯ 弗地曰入,吴不称子,史略文。

传

四年春三月，刘文公合诸侯于召陵，谋伐楚也[①]。

① 文公，王官伯也。晋人假王命以讨楚之久留蔡侯，故曰文公合诸侯。

晋荀寅求货于蔡侯，弗得。言于范献子曰："国家方危，诸侯方贰，将以袭敌，不亦难乎。水潦方降，疾疟方起，中山不服[①]，弃盟取怨，无损于楚[②]，而失中山，不如辞蔡侯。吾自方城以来，楚未可以得志[③]，祇取勤焉。"乃辞蔡侯。

晋人假羽旄于郑，郑人与之[④]。明日，或旆以会[⑤]。晋于是乎失诸侯[⑥]。将会，卫子行敬子言于灵公[⑦]曰："会同难[⑧]，啧有烦言，莫之治也[⑨]。其使祝佗从[⑩]。"公曰："善。"乃使子鱼。子鱼辞曰："臣展四体，以率旧职，犹惧不给而烦刑书，若又共二[⑪]，徼大罪也。且夫祝，社稷之常隶也[⑫]。社稷不动，祝不出竟，官之制也[⑬]。君以军行，祓社衅鼓[⑭]，祝奉以从[⑮]，于是乎出竟。若嘉好之事[⑯]，君行师从[⑰]，卿行旅从[⑱]，臣无事焉。"公曰："行也。"及皋鼬[⑲]，将长蔡于卫[⑳]。卫侯使祝佗私于苌弘曰："闻诸道路，不知信否？若闻蔡将先卫，信乎？"苌弘曰："信。蔡叔，康叔之兄也[㉑]，先卫，不亦可乎？"

子鱼曰："以先王观之，则尚德也。昔武王克商，成王定之，选建明德，以藩屏周。故周公相王室，以尹天下[㉒]，于周为睦[㉓]。分鲁公以大路、大旂[㉔]，夏后氏之璜[㉕]，封父之繁弱[㉖]，殷民六族，条氏、徐氏、萧氏、索氏、长勺氏、尾勺氏，使帅其宗氏，辑其分族，将其类醜[㉗]，以法则周公，用即命于周[28]。是使之职事于鲁[29]，以昭周公之明德[30]。分之土田陪敦[31]，祝、宗、卜、史[32]，备物典策[33]，官司彝器[34]。因商奄之民[35]，命以伯禽[36]，而封于少皞之虚[37]。分康叔[38]以大路、少帛、綪茷、旃旌[39]、大吕[40]，殷民七族，陶氏、施氏、繁氏、锜氏、樊氏、饑氏、终葵氏，封畛土略，自武父以南，及圃田之北竟[41]，取于有阎之土，以共王职[42]。取于相土之东都，以会王之东蒐[43]。聃季授土[44]，陶叔授民[45]，命以《康诰》，而封于殷虚[46]，皆启以商政，疆以周索[47]。分唐叔[48]以大路、密须之鼓[49]、阙巩[50]、沽洗[51]，怀姓九宗，职官五正[52]。命以《唐诰》，而封于夏虚[53]，启以夏政[54]，疆以戎索[55]。三者皆叔也，而有令德，故昭之以分物。不然，文、武、成、康之伯犹多，而不获是分也，唯不尚年也。管蔡启商，惎间王室[56]。王于是乎杀管叔而蔡蔡叔[57]，以车七乘，徒七十人[58]。其子蔡仲，改行帅德，周公举之，以为己卿士[59]。见诸王而命之以蔡[60]，其命书云：'王曰，胡，无若尔考之违王命也[61]。'若之何其使蔡先卫也？武王之母弟八人，周公为大宰，康叔为司寇，聃季为司空，五叔无官，岂尚年哉[62]！曹，文之昭也[63]；晋，武之穆也[64]。曹为伯甸，非尚年也[65]。今将尚之，是反先王也。晋文公为践土之盟，卫成公不在，夷叔，其母弟也，犹先蔡[66]。其载书云：'王若曰：晋重[67]、鲁申[68]、卫武[69]、蔡甲午[70]、郑捷[71]、齐潘[72]、宋王臣[73]、莒期[74]。'藏在周府，可覆视也。吾子欲复文、武之略[75]，而不正其德，将如之何？"苌弘说，告刘子，与范献子谋之，乃长卫侯于盟。

① 中山，鲜虞。○ 潦，音老。疟，鱼略切。　② 晋、楚同盟，伐之为取怨。　③ 晋败楚，侵方城，在襄十六年。　④ 析羽为旌，王者游车之所建，郑私有之，因谓之羽旄，借观之。○ 祇，音支。旄，音毛。析，星历切。　⑤ 或，贱者也。继旐曰旆，令贱人施其旆，执以从会，示卑郑。○ 旆，步贝切。旐，音兆。令，力呈切，下令蔡同。　⑥《传》言晋无礼，所以遂弱。　⑦ 子行敬子，卫大夫。　⑧ 难得宜。　⑨ 啧，至也。烦言，忿争。○ 啧，仕责切，一音责。争，争斗之争。　⑩ 祝佗，大祝子鱼。○ 佗，徒河切。从，才用切，下师从、旅从同。大，音泰，下大祝、大卜、大史、大原同。　⑪ 共二职。○ 共，音恭。　⑫ 隶，贱臣也。○ 徼，古尧切。夫，音扶。　⑬ 社稷动，谓国迁。○ 竟，音境。　⑭ 师出，先有事祓祷于社，谓之宜社。于是杀牲，以血涂鼓鼙，为衅鼓。○ 祓，音弗；徐音废。衅，许靳切。鼙，步西切；本又作鞞。　⑮ 奉社主也。○ 从，如字，又才用切。　⑯ 谓朝会。○ 好，呼报切。　⑰ 二千五百人。⑱ 五百人。　⑲ 将盟。　⑳ 欲令蔡先卫歃。○ 长，丁丈切。先，悉荐切，下先卫同。歃，所洽切，又所甲切。　㉑ 蔡叔，周公兄；康叔，周公弟。　㉒ 尹，正也。○ 藩，方元切。相，悉亮切。　㉓ 睦，亲厚也。以盛德见亲厚。　㉔ 鲁公，伯禽也。此大路，金路，锡同姓诸侯车也。交龙为旂，周礼同姓以封。○ 分，扶问切，下并同。路，本亦作辂，音路。旂，其依切。锡，星历切。　㉕ 璜，美玉名。○ 夏，户雅切。璜，音黄。㉖ 封父，古诸侯也。繁弱，大弓名。○ 父，音甫，下武父同。封父，国名。繁，扶元切。　㉗ 醜，众也。○ 索，素洛切。勺，市灼切。辑，音集，又七入切。　㉘ 即，就也。使六族就周，受周公之法制。　㉙ 共鲁公之职事。○ 共，音恭，下共王同。　㉚ 昭，显也。　㉛ 陪，增也。敦，厚也。○ 陪，本亦作培，同步回切。　㉜ 大祝、宗人、大卜、大史，凡四官。㉝ 典策，春秋之制。○ 策，本又作册，亦作筴，或作箣，皆初革切。㉞ 官司，百官也。彝器，常用器。○ 彝，羊之切。　㉟ 商奄，国名也。与四国流言，或迸散在鲁，皆令即属鲁怀柔之。○ 迸，彼诤切。令，徐，力呈切。　㊱ 伯禽，周公世子。时周公唯遣伯禽之国，故皆以付伯禽。

㊲ 少皞虚，曲阜也，在鲁城内。○ 少，诗照切。皞，胡老切。虚，起居切。㊳ 康叔，卫之祖。　㊴ 少帛，杂帛也。绩茷，大赤，取染草名也。通帛为旃，析羽为旌。○ 绩，七见切。茷，步贝切，又音吠。旃，章然切。㊵ 钟名。　㊶ 畛，涂所径也。略，界也。武父，卫北界。圃田，郑薮名。○ 陶，徒刀切。繁，步河切。锜，鱼绮切。畛，之忍切，一音真。圃，布五切；本亦作甫田。涂，音徒。径，音经。薮，素口切。　㊷ 有阎，卫所受朝宿邑，盖近京畿。○ 近，附近之近，下近我同。　㊸ 为汤沐邑，王东巡守，以助祭泰山。○ 相，息亮切。蒐，所求切。守，手又切。　㊹ 聃季，周公弟，司空。○ 聃，乃甘切。　㊺ 陶叔，司徒。　㊻《康诰》，《周书》。殷虚，朝歌也。　㊼ 皆，鲁、卫也。启，开也。居殷故地，因其风俗，开用其政。疆理土地以周法。索，法也。○ 疆，居良切，《注》及下同。　㊽ 唐叔，晋之祖。　㊾ 密须，国名。　㊿ 甲名。○ 巩，九勇切。　(51) 钟名。○ 沽，音孤。洗，息典切。　(52) 怀姓，唐之馀民。九宗，一姓为九族。职官五正，五官之长。○ 长，丁丈切，下长卫同。　(53)《唐诰》，诰命篇名也。夏虚，大夏，今大原晋阳也。　(54) 亦因夏风俗，开用其政。(55) 大原近戎而寒，不与中国同，故自以戎法。　(56) 惎，毒也。周公摄政，管叔、蔡叔开道纣子禄父，以毒乱王室。○ 惎，音忌。间，间厕之间。道，音导。　(57) 周公称王命以讨二叔。蔡，放也。○ 上蔡，素达切；下蔡，如字。　(58) 与蔡叔车徒而放之。○ 乘，绳证切。　(59) 为周公臣。○ 行，下孟切。　(60) 命为蔡侯。○ 见，贤遍切。　(61) 胡，蔡仲名。(62) 五叔：管叔鲜、蔡叔度、成叔武、霍叔处、毛叔聃也。　(63) 文王子，与周公异母。○ 昭，上饶切；《说文》作绍。　(64) 武王子。　(65) 以伯爵居甸服，言小。○ 甸，徒练切。　(66) 践土、召陵二会，《经》书蔡在卫上，霸主以国大小之序也。子鱼所言，盟歃之次。　(67) 文公。○ 重，直龙切。(68) 僖公。　(69) 叔武。　(70) 庄侯。　(71) 文公。○ 捷，在接切。(72) 昭公。○ 潘，普安切。　(73) 成公。○ 宋王臣，如字。王本或作壬，如林切。　(74) 兹丕公也。齐序郑下，周之宗盟，异姓为后。○ 丕，普悲切。(75) 略，道也。○ 覆，芳服切。

反自召陵，郑子大叔未至而卒。晋赵简子为之临，甚哀，曰："黄父之会[①]，夫子语我九言，曰：'无始乱，无怙富，无恃宠，无违同，无敖礼，无骄能[②]，无复怒[③]，无谋非德[④]，无犯非义[⑤]。'"

① 在昭二十五年。○ 说，音悦。为，于伪切，下为沈同。临，力鸩切。父，音甫。 ② 以能骄人。○ 语，鱼据切。怙，音户。敖，五报切。 ③ 复，重也。○ 复，扶又切。 ④ 非所谋也。 ⑤《传》言简子能用善言，所以遂兴。

沈人不会于召陵，晋人使蔡伐之。夏，蔡灭沈。秋，楚为沈故，围蔡。伍员为吴行人以谋楚。楚之杀郤宛也[①]，伯氏之族出[②]。伯州犁之孙嚭，为吴大宰以谋楚。楚自昭王即位，无岁不有吴师。蔡侯因之，以其子乾与其大夫之子为质于吴。

冬，蔡侯、吴子、唐侯伐楚[③]。舍舟于淮汭[④]，自豫章与楚夹汉[⑤]。左司马戌谓子常曰："子沿汉而与之上下[⑥]，我悉方城外以毁其舟[⑦]，还塞大隧、直辕、冥阨[⑧]。子济汉而伐之，我自后击之，必大败之。"既谋而行。武城黑谓子常[⑨]曰："吴用木也，我用革也[⑩]，不可久也。不如速战。"史皇谓子常："楚人恶子而好司马[⑪]，若司马毁吴舟于淮，塞城口而入[⑫]，是独克吴也。子必速战，不然不免。"乃济汉而陈，自小别至于大别[⑬]。三战，子常知不可，欲奔[⑭]。史皇曰："安求其事[⑮]，难而逃之，将何所入？子必死之，初罪必尽说[⑯]。"

十一月庚午，二师陈于柏举[⑰]。阖庐之弟夫概王，晨请于阖庐曰："楚瓦不仁[18]，其臣莫有死志，先伐之，其卒必奔。而后大师继之，必克。"弗许。夫槩王曰："所谓臣义而行，不待命者，其此之谓也。今日我死，楚可入也。"以其属五千，先击子常之卒。子常之卒奔，楚师乱，吴师大败之。子常奔郑。史皇以其乘广死[19]。

吴从楚师，及清发[20]，将击之。夫槩王曰："困兽犹斗，况人乎？若知不免而致死，必败我。若使先济者知免，后者慕之，蔑有鬥心矣。半济而后可击也。"从之。又败之。楚人为食，吴人及之，奔食而从之。败诸雍澨，五战及郢[21]。己卯，楚子取其妹季芈畀我以出，涉雎[22]。鍼尹固与王同舟，王使执燧象以奔吴师[23]。庚辰，吴入郢，以班处宫[24]。子山处令尹之宫[25]，夫槩王欲攻之，惧而去之，夫槩王入之[26]。

左司马戌及息而还[27]，败吴师于雍澨，伤[28]。初，司马臣阖庐，故耻为禽焉[29]。谓其臣曰："谁能免吾首？"吴句卑曰："臣贱，可乎？"司马曰："我实失子，可哉[30]。"三战皆伤，曰："吾不可用也已。"句卑布裳，刭而裹之[31]，藏其身，而以其首免[32]。

楚子涉雎济江，入于云中[33]。王寝，盗攻之，以戈击王。王孙由于以背受之，中肩。王奔郧，钟建负季芈以从[34]，由于徐苏而从[35]。郧公辛之弟怀将弑王，曰："平王杀吾父，我杀其子，不亦可乎[36]！"辛曰："君讨臣，谁敢仇之？君命，天也，若死天命，将谁仇？《诗》曰：'柔亦不茹，刚亦不吐。不侮矜寡，不畏强御。'唯仁者能之[37]。违强陵弱，非勇也。乘人之约，非仁也。灭宗废祀，非孝也[38]。动无令名，非知也。必犯是，余将杀女。”

鬥辛与其弟巢以王奔随。吴人从之，谓随人曰：“周之子孙在汉川者，楚实尽之。天诱其衷，致罚于楚，而君又窜之[39]，周室何罪？君若顾报周室，施及寡人，以奖天衷[40]，君之惠也。汉阳之田，君实有之。”楚子在公宫之北[41]，吴人在其南。子期似王[42]，逃王而已为王，曰：“以我与之，王必免。”随人卜与之，不吉。乃辞吴曰：“以随之辟小而密迩于楚，楚实存之，世有盟誓，至于今未改。若难而弃之，何以事君？执事之患，不唯一人[43]。若鸠楚竟，敢不听命。”吴人乃退[44]。鑪金初宦于子期氏，实与随人要言[45]。王使见[46]，辞曰：“不敢以约为利[47]。”王割子期之心，以与随人盟[48]。

初，伍员与申包胥友[49]。其亡也，谓申包胥曰：“我必复楚国[50]。”申包胥曰：“勉之。子能复之，我必能兴之。”及昭王在随，申包胥如秦乞师，曰：“吴为封豕长蛇，以荐食上国[51]。虐始于楚，寡君失守社稷，越在草莽。使下臣告急曰，夷德无厌，若邻于君，疆埸之患也[52]。逮吴之未定，君其取分焉[53]。若楚之遂亡，君之土也。若以君灵抚之，世以事君[54]。”秦伯使辞焉，曰：“寡人闻命矣，子姑就馆，将图而告。”对曰：“寡君越在草莽，未获所伏[55]。下臣何敢即安？”立依于庭墙而哭，日夜不绝声，勺饮不入口，七日。秦哀公为之赋《无衣》[56]，九顿首而坐[57]。秦师乃出[58]。

① 在昭二十七年。○ 员，音云。　② 郤宛党。　③ 唐侯不书，兵属于吴、蔡。○ 犁，力兮切。嚭，普鄙切。乾，其连切。质，音致。④ 吴乘舟从淮来，过蔡而舍之。○ 舍，音赦，置也；又音捨，弃也。汭，人锐

切。 ⑤ 豫章,汉东江北地名。○ 夹,古洽切。 ⑥ 沿,缘也。缘汉上下,遮使勿渡。○ 沿,悦全切。上,时掌切。遮,正奢切。 ⑦ 以方城外人毁吴所舍舟。 ⑧ 三者,汉东之隘道。○ 隧,音遂。冥,亡丁切;本或作寘,之豉切。阨,於懈切;本或作隘,音同。 ⑨ 黑,楚武城大夫。⑩ 用,军器。 ⑪ 史皇,楚大夫。司马,沈尹戌。○ 恶,乌路切。好,呼报切。 ⑫ 城口,三隘道之总名。 ⑬《禹贡》:汉水至大别南入江。然则此二别在江夏界。○ 陈,直觐切,下同。夏,户雅切。 ⑭ 知吴不可胜。 ⑮ 求知政事。 ⑯ 言致死以克吴,可以免贪贿致寇之罪。○ 难,乃旦切。 ⑰《经》所以书战。二师,吴、楚师。 ⑱ 瓦,子常名。 ⑲ 以战死。○ 卒,子忽切,下同。乘,绳证切。广,古旷切。⑳ 清发,水名。 ㉑ 奔食,食者走不陈,故不在战数。○ 澨,市制切。㉒ 雎水,出新城昌魏县,东南至枝江县入江,是楚王西走。○ 芈,面尔切,楚姓。畀,必利切。《世族谱》,季芈、畀我,皆平王女也;服云,畀我,季芈之字。雎,七余切。 ㉓ 烧火燧系象尾,使赴吴师,惊却之。○ 鍼,之林切。燧,音遂。 ㉔ 以尊卑班次处楚王宫室。 ㉕ 子山,吴王子。㉖ 入令尹宫也。言吴无礼,所以不能遂克。 ㉗ 息,汝南新息也。闻楚败,故还。 ㉘ 司马先败吴师,而身被创。○ 创,初良切。 ㉙ 司马尝在吴为阖庐臣,是以今耻于见禽。 ㉚ 失不知子贤。○ 句,古侯切。㉛ 司马已死,刭取其首。○ 刭,古顶切。裹,音果。 ㉜《传》言司马之忠壮。 ㉝ 入云梦泽中,所谓江南之梦。○ 梦,如字,又音蒙。㉞ 钟建,楚大夫。○ 中,丁仲切。郧,音云。从,才用切,下同,又如字。㉟ 以背受戈,故当时闷绝。 ㊱ 辛,蔓成然之子鬭辛也。昭十四年,楚平王杀成然。○ 杀,或作弑,申志切,下我杀同。蔓,音万。 ㊲《诗·大雅》。言仲山甫不辟强陵弱。○ 茹,音汝。矜,古顽切。 ㊳ 弑君,罪应灭宗。 ㊴ 窜,匿也。○ 知,音智。女,音汝。衷,音忠。窜,七乱切。匿,女力切。 ㊵ 奖,成也。○ 施,以豉切。 ㊶ 随公宫也。㊷ 子期,昭王兄公子结也。 ㊸ 一人,楚王。○ 辟,匹亦切。难,乃旦切。 ㊹ 鸠,安集也。○ 竟,音境。 ㊺ 要言无以楚王与吴,并欲脱子期。○ 鑪,本又作鑢,金名,音虑,氏也。 ㊻ 王喜其意,欲引见之,以比王臣,且欲使盟随人。○ 见,贤遍切,下《注》敢见同。 ㊼ 此约谓要言也。此一时之事,非为德举,故辞不敢见,亦不肯为盟主。○ 约,如字,又於妙切。 ㊽ 当心前割取血以盟,示其至心。 ㊾ 包胥,楚大夫。○ 包,必交切。 ㊿ 复,报也。 (51) 荐,数也。言吴贪害如蛇豕。○ 荐,在薦切。数,所角切。 (52) 吴有楚则与秦邻。○ 草莽,旧作茅,亡交切;今本多作莽,莫荡切,下同。厌,於盐切。疆,居良切。埸,音亦。(53) 与吴共分楚地。○ 逮,音代。分,扶问切。 (54) 抚。存恤也。(55) 伏,犹处也。 (56)《诗·秦风》。取其"王子兴师,修我戈矛,与子同仇,与子偕作,与子偕行"。○ 勺,市灼切,又音灼。为,于伪切。仇,音求。(57)《无衣》三章,章三顿首。 (58) 为明年包胥以秦师至张本。

经

五年春,王三月辛亥朔,日有食之①。

夏,归粟于蔡②。

於越入吴③。

六月丙申,季孙意如卒。

秋七月壬子,叔孙不敢卒④。

冬,晋士鞅帅师围鲜虞。

① 无《传》。 ② 蔡为楚所围,饥乏,故鲁归之粟。 ③ 於,发声也。 ④ 无《传》。

传

五年春,王人杀子朝于楚①。

① 因楚乱也，终闵马父之言。

夏，归粟于蔡，以周亟，矜无资[1]。

① 亟，急也。○ 亟，纪力切。

越入吴，吴在楚也。

六月，季平子行东野[1]，还，未至，丙申，卒于房。阳虎将以玙璠敛[2]，仲梁怀弗与[3]，曰："改步改玉[4]。"阳虎欲逐之，告公山不狃。不狃曰："彼为君也，子何怨焉[5]？"既葬，桓子行东野[6]，及费。子洩为费宰，逆劳于郊，桓子敬之。劳仲梁怀，仲梁怀弗敬[7]。子洩怒，谓阳虎："子行之乎[8]？"

① 东野，季氏邑。○ 行，下孟切，下桓子行同。　② 玙璠，美玉，君所佩。○ 玙，本又作与，音余。璠，音烦，又方烦切。敛，力验切。　③ 怀亦季氏家臣。　④ 昭公之出，季孙行君事，佩玙璠祭宗庙。今定公立，复臣位，改君步，则亦当去玙璠。○ 去，起吕切。　⑤ 不狃，季氏臣费宰子洩也。为君，不欲使僭。○ 狃，女九切。为，于伪切。洩，息列切。僭，子念切。　⑥ 桓子，意如子季孙斯。　⑦ 怀时从桓子行，轻慢子洩。○ 劳，力报切，下从父、从王并同。　⑧ 行，逐怀也。为下阳虎囚桓子起。

申包胥以秦师至，秦子蒲、子虎帅车五百乘以救楚[1]。子蒲曰："吾未知吴道[2]。"使楚人先与吴人战，而自稷会之，大败夫槩王于沂[3]。吴人获薳射于柏举[4]。其子帅奔徒[5]以从子西，败吴师于军祥[6]。秋七月，子期、子蒲灭唐[7]。九月，夫槩王归，自立也，以与王战而败[8]，奔楚，为堂谿氏[9]。

吴师败楚师于雍澨，秦师又败吴师。吴师居麇[10]。子期将焚之，子西曰："父兄亲暴骨焉，不能收，又焚之，不可[11]。"子期曰："国亡矣！死者若有知也，可以歆旧祀[12]，岂惮焚之？"焚之而又战，吴师败。又战于公壻之谿[13]，吴师大败，吴子乃归。囚闉舆罢。闉舆罢请先，遂逃归[14]。叶公诸梁之弟后臧从其母于吴，不待而归[15]。叶公终不正视[16]。

① 五百乘，三万七千五百人。○ 乘，绳证切，《注》同。　② 道，犹法术。　③ 稷、沂皆楚地。○ 沂，鱼依切。　④ 薳射，楚大夫。○ 射，食亦切，又食夜切。　⑤ 奔徒，楚散卒。○ 卒，子忽切。　⑥ 楚地。⑦ 从吴伐楚故。　⑧ 自立为吴王，号夫槩。　⑨《传》终言之。○ 谿，苦兮切。　⑩ 麇，地名。○ 麇，九伦切。　⑪ 前年楚人与吴战，多死麇中，言不可并焚。○ 暴，步卜切。　⑫ 言焚吴复楚，则祭祀不废。○ 歆，许金切。　⑬ 楚地名。　⑭ 舆罢，楚大夫。请先至吴而逃归。言吴唯得楚一大夫，复失之，所以不克。○ 闉，音因。舆，音余；又作与，羊汝切。罢，音皮。复，扶又切。　⑮ 诸梁，司马沈尹戌之子叶公子高也。吴入楚，获后臧之母。楚定，臧弃母而归。○ 叶，舒涉切。从，如字，又才用切。　⑯ 不义之。

乙亥，阳虎囚季桓子及公父文伯[1]，而逐仲梁怀。冬十月丁亥，杀公何藐[2]。己丑，盟桓子于稷门之内[3]。庚寅，大诅，逐公父歜及秦遄，皆奔齐[4]。

① 文伯，季桓子从父昆弟也。阳虎欲为乱，恐二子不从，故囚之。○ 父，音甫。　② 藐，季氏族。○ 藐，亡角切，又弥小切。　③ 鲁南

城门。 ④ 歜，即文伯也。秦遄，平子姑婿也。《传》言季氏之乱。○ 诅，庄虑切。歜，昌欲切。遄，市专切。

楚子入于郢[①]。初，鬥辛闻吴人之争宫也，曰："吾闻之，不让则不和，不和不可以远征。吴争于楚，必有乱。有乱则必归，焉能定楚？"王之奔随也，将涉于成臼[②]，蓝尹亹涉其帑[③]，不与王舟。及宁，王欲杀之[④]。子西曰："子常唯思旧怨以败，君何效焉？"王曰："善。使复其所，吾以志前恶[⑤]。"王赏鬥辛、王孙由于、王孙圉、钟建、鬥巢、申包胥、王孙贾、宋木、鬥怀[⑥]。子西曰："请舍怀也[⑦]。"王曰："大德灭小怨，道也[⑧]。"申包胥曰："吾为君也，非为身也。君既定矣，又何求？且吾尤子旗，其又为诸[⑨]？"遂逃赏。王将嫁季芈，季芈辞曰："所以为女子，远丈夫也。钟建负我矣。"以妻钟建，以为乐尹[⑩]。

王之在随也，子西为王舆服以保路，国于脾泄[⑪]。闻王所在，而后从王。王使由于城麇[⑫]，复命，子西问高厚焉，弗知。子西曰："不能，如辞[⑬]。城不知高厚小大，何知？"对曰："固辞不能，子使余也。人各有能有不能。王遇盗于云中，余受其戈，其所犹在。"袒而视之背，曰："此余所能也。脾泄之事，余亦弗能也[⑭]。"

① 吴师已归。 ② 江夏竟陵县西有臼水，出聊屈山，西南入汉。○ 焉，於虔切。臼，其九切。屈，其勿切，又君勿切。 ③ 亹，楚大夫。○ 蓝，力甘切。亹，亡匪切。帑，音奴。 ④ 宁，安定也。 ⑤ 恶，过也。 ⑥ 九子皆从王有大功者。 ⑦ 以初谋弑王也。○ 舍，音捨，又

音赦。弑，申志切。 ⑧ 终从其兄，免王大难，是大德。○ 难，乃旦切。 ⑨ 子旗，蔓成然也。以有德于平王，求欲无厌，平王杀之。在昭十四年。○ 为，于伪切。厌，於盐切。 ⑩ 司乐大夫。○ 远，于万切。妻，七细切。 ⑪ 脾洩，楚邑也。失王，恐国人溃散，故伪为王车服，立国脾洩，以保安道路人。○ 脾，婢支切。洩，息列切。 ⑫ 于麇筑城。 ⑬ 言自知不能，当辞勿行。 ⑭《传》言昭王所以复国，有贤臣也。○ 袒，音但。

晋士鞅围鲜虞，报观虎之役也[①]。

① 三年，鲜虞获晋观虎。

经

六年春，王正月癸亥，郑游速帅师灭许，以许男斯归[①]。

二月，公侵郑。

公至自侵郑[②]。

夏，季孙斯、仲孙何忌如晋。

秋，晋人执宋行人乐祁犁[③]。

冬，城中城[④]。

季孙斯、仲孙忌帅师围郓[⑤]。

① 游速，大叔子。 ② 无《传》。 ③ 称行人，言非其罪。○ 犁，力兮切，又力之切。 ④ 无《传》。公为晋侵郑，故惧而城之。○ 为，于伪切。 ⑤ 无《传》。何忌不言何，阙文。郓贰于齐，故围之。○ 郓，音运。

传

六年春，郑灭许，因楚败也。

二月，公侵郑取匡，为晋讨郑之伐胥靡也①。往不假道于卫；及还，阳虎使季孟自南门入，出自东门②，舍于豚泽。卫侯怒，使弥子瑕追之③。公叔文子老矣④，辇而如公，曰："尤人而效之，非礼也。昭公之难，君将以文之舒鼎⑤，成之昭兆⑥，定之鞶鉴⑦，苟可以纳之，择用一焉。公子与二三臣之子，诸侯苟忧之，将以为之质⑧。此群臣之所闻也。今将以小忿蒙旧德⑨，无乃不可乎？大姒之子⑩，唯周公、康叔为相睦也。而效小人以弃之，不亦诬乎！天将多阳虎之罪以毙之，君姑待之，若何？"乃止⑪。

① 胥靡，周地也。周儋翩因郑人以作乱，郑为之伐胥靡，故晋使鲁讨之。匡，郑地。取匡不书，归之晋。○ 为，于伪切。儋，丁甘切。翩，音篇。 ② 阳虎将逐三桓，欲使得罪于邻国。 ③ 弥子瑕，卫嬖大夫。○ 豚，杜孙切。嬖，必计切。 ④ 文子，公叔发。 ⑤ 卫文公之鼎。○ 难，乃旦切。 ⑥ 宝龟。 ⑦ 鞶带而以镜为饰也。今西方羌胡犹然，古之遗服。○ 鞶，又作盘，步丹切，又蒲官切。鉴，古暂切。 ⑧ 为质，求纳鲁昭公。○ 质，音致。 ⑨ 蒙，覆也。 ⑩ 大姒，文王妃。○ 大，音泰。姒，音似。 ⑪ 止不伐鲁师。

夏，季桓子如晋，献郑俘也①。阳虎强使孟懿子往报夫人之币②。晋人兼享之③。孟孙立于房外，谓范献子曰："阳虎若不能居鲁，而息肩于晋，所不以为中军司马者，有如先君④。"献子曰："寡君有官，将使其人⑤。鞅何知焉？"献子谓简子曰："鲁人患阳虎矣，孟孙知其衅，以为必适晋，故强为之请，以取入焉[6]。"

① 献此春取匡之俘。○ 俘，芳夫切。　② 虎欲困辱三桓，并求媚于晋，故强使正卿报晋夫人之聘。○ 强，其丈切，下同。　③ 贱鲁，故不复两设礼，明《经》所以不备书。○ 复，扶又切。　④ 称先君以征其言，若欲使晋，必厚待之。　⑤ 择得其人。　⑥ 欲令晋人闻虎当逃走，故强设请托之辞。因此言以入晋，令晋素知之。○ 衅，许靳切。为，于伪切。令，力呈切。

四月己丑，吴大子终累败楚舟师[1]，获潘子臣、小惟子[2]及大夫七人。楚国大惕，惧亡。子期又以陵师败于繁扬[3]。令尹子西喜曰："乃今可为矣[4]。"于是乎迁郢于鄀，而改纪其政，以定楚国[5]。

① 终累，阖庐子，夫差兄。舟师，水战。○ 累，力追切，又力轨切。夫，音扶。差，初佳切。　② 二子，楚舟师之帅。○ 惟，位悲切；本又作帷，亦如字。　③ 陵师，陆军。○ 惕，他历切。　④ 言知惧而后可治。⑤《传》言楚赖子西以安。○ 鄀，音若。

周儋翩率王子朝之徒，因郑人将以作乱于周[1]。郑于是乎伐冯、滑、胥靡、负黍、狐人、阙外[2]。六月，晋阎没戍周，且城胥靡[3]。

① 儋翩，子朝馀党。　② 郑伐周六邑，在鲁伐郑取匡前，于此见者，为成周起也。阳城县西南有负黍亭。○ 见，贤遍切，下见溷同。为，于伪

切，下同。　③ 为下天王出居姑莸起。

秋八月，宋乐祁言于景公曰："诸侯唯我事晋，今使不往，晋其憾矣。"乐祁告其宰陈寅①。陈寅曰："必使子往。"他日，公谓乐祁曰："唯寡人说子之言，子必往。"陈寅曰："子立后而行，吾室亦不亡②。唯君亦以我为知难而行也。"见溷而行③。赵简子逆而饮之酒于绵上，献杨楯六十于简子④。陈寅曰："昔吾主范氏，今子主赵氏，又有纳焉。以杨楯贾祸，弗可为也已⑤。然子死晋国，子孙必得志于宋⑥。"范献子言于晋侯曰："以君命越疆而使，未致使而私饮酒，不敬二君，不可不讨也。"乃执乐祁⑦。

① 以与公言告之。○ 使，所之切。憾，户暗切。　② 寅知晋政多门，往必有难，故使乐祁立后而行。○ 说，音悦。难，乃旦切，下同。　③ 溷，乐祁子也。见于君，立以为后。○ 溷，侯温切，又侯困切。　④ 杨，木名。○ 楯，食允切，又音允。　⑤ 知范氏必怨，将得祸。○ 贾，音古。　⑥ 以其为国死。○ 为，于伪切，下同。　⑦ 献子怨祁比赵氏，《经》所以称行人。○ 疆，居良切。使，所吏切。比，毗志切。

阳虎又盟公及三桓于周社，盟国人于亳社，诅于五父之衢①。

①《传》言三桓微，陪臣专政，为八年阳虎作乱起。○ 亳，步各切。诅，侧虑切。父，音甫。衢，其俱切。

冬十二月，天王处于姑莸①，辟儋翩之乱也②。

① 姑莸，周地。○ 莸，音由，又由旧切。　② 为明年单、刘逆王起。○ 单，音善。

经

七年春，王正月。

夏四月。

秋，齐侯、郑伯盟于鹹[①]。

齐人执卫行人北宫结以侵卫[②]。

齐侯、卫侯盟于沙[③]。

大雩[④]。

齐国夏帅师伐我西鄙[⑤]。

九月，大雩[⑥]。

冬十月。

① 卫地。○ 鹹，音咸。　② 称行人，非使人之罪。○ 使，所吏切。③ 结叛晋也。阳平元城县东南有沙亭。○ 沙，如字，又星和切。　④ 无《传》，过也。　⑤ 夏，国佐孙。　⑥ 无《传》，过也。

传

七年春二月，周儋翩入于仪栗以叛[①]。

① 仪栗，周邑。

齐人归郓、阳关，阳虎居之以为政[①]。

① 郓、阳关皆鲁邑，中贰于齐，齐今归之。不书，虎专之。○ 中，丁仲切。

夏四月，单武公[1]、刘桓公[2]败尹氏于穷穀[3]。

① 穆公子。 ② 文公子。 ③ 尹氏复党儋翩，共为乱也。○ 复，扶又切。

秋，齐侯、郑伯盟于鹹，征会于卫[1]。卫侯欲叛晋[2]，诸大夫不可。使北宫结如齐，而私于齐侯曰："执结以侵我[3]。"齐侯从之，乃盟于琐[4]。

① 征，召也。 ② 属齐、郑也。 ③ 欲以齐师惧诸大夫。④ 琐即沙也。为明年涉佗捘卫侯手起。○ 琐，素果切。佗，徒河切。捘，子对切。

齐国夏伐我[1]。阳虎御季桓子，公敛处父御孟懿子[2]，将宵军齐师。齐师闻之，堕，伏而待之[3]。处父曰："虎不图祸，而必死[4]。"苫夷曰："虎陷二子于难[5]。不待有司，余必杀女。"虎惧，乃还，不败[6]。

① 齐叛晋故。 ② 处父，孟氏家臣成宰公敛阳。○ 敛，力检切，又音廉，或音虑点切。 ③ 堕毁其军以诱敌，而设伏兵。○ 堕，许规切。④ 而，女也。○ 女，音汝，下同。 ⑤ 苫夷，季氏家臣。二子，季、孟。○ 苫，始占切。难，乃旦切。 ⑥《传》言陪臣强，能自相制。季、孟不敢有心。

冬十一月戊午,单子、刘子逆王于庆氏[1]。晋籍秦送王。己巳,王入于王城[2],馆于公族党氏[3],而后朝于庄宫[4]。

① 庆氏,守姑莸大夫。 ② 己巳,十二月五日,有日无月。 ③ 党氏,周大夫。○ 党,音掌。 ④ 庄王庙也。

春秋经传集解第二十八

定公下

经

八年春，王正月，公侵齐[①]。

公至自侵齐[②]。

二月，公侵齐[③]。

三月，公至自侵齐[④]。

曹伯露卒[⑤]。

夏，齐国夏帅师伐我西鄙。

公会晋师于瓦[⑥]。

公至自瓦[⑦]。

秋七月戊辰，陈侯柳卒[⑧]。

晋士鞅帅师侵郑，遂侵卫[⑨]。

葬曹靖公[⑩]。

九月，葬陈怀公[⑪]。

季孙斯、仲孙何忌帅师侵卫。

冬，卫侯、郑伯盟于曲濮[⑫]。

从祀先公[⑬]。

盗窃宝玉、大弓[⑭]。

① 报前年伐我西鄙。 ② 无《传》。 ③ 未得志故。 ④ 无《传》。 ⑤ 无《传》。四年盟皋鼬。○ 鼬，由又切。 ⑥ 瓦，卫地。将来救鲁，公逆会之。东郡燕县东北有瓦亭。○ 夏，户雅切，年末《注》同。瓦，颜寡切。燕，音烟。 ⑦ 无《传》。 ⑧ 无《传》。四年盟皋鼬。○ 柳，力久切，本或作抑。 ⑨ 两事，故曰遂。 ⑩ 无《传》。 ⑪ 无《传》。三月而葬，速。 ⑫ 无《传》。结叛晋。曲濮，卫地。○ 濮，音卜。 ⑬ 从，顺也。先公，闵公、僖公也。将正二公之位次，所顺非一。亲尽，故通言先公。 ⑭ 盗，谓阳虎也。家臣贱，名氏不见，故曰盗。宝玉，夏后氏之璜。大弓，封父之繁弱。○ 见，贤遍切。璜，音黄。父，音甫。

传

八年春，王正月，公侵齐，门于阳州[①]。士皆坐列[②]，曰，颜高之弓六钧[③]，皆取而传观之。阳州人出，颜高夺人弱弓，籍丘子鉏击之，与一人俱毙[④]。偃且射子鉏，中颊，殪[⑤]。颜息射人中眉[⑥]，退曰："我无勇，吾志其目也[⑦]。"师退，冉猛伪伤足而先[⑧]。其兄会乃呼曰："猛也殿[⑨]。"

① 攻其门。 ② 言无斗志。 ③ 颜高，鲁人。三十斤为钧，六钧，百八十斤。古称重，故以为异强。○ 钧，音均。称，尺证切。强，其丈切。 ④ 子鉏，齐人。毙，仆也。○ 传，直专切。鉏，仕居切。与一人俱毙，婢世切；颜高与一人俱为子鉏所击而仆。仆，音赴，又蒲北切；孙炎云：前覆曰仆。 ⑤ 子鉏死。○ 且，如字。射，食亦切，下同。中，丁仲切。颊，古协切。殪，於计切，死也。言颜高虽为子鉏所击偃仆，且射子鉏中颊而死，言其善射也。一读且，音子馀切，云，偃且，人姓名也。检《世族谱》，无此人。一读者非也。 ⑥ 颜息，鲁人。 ⑦ 以自矜。 ⑧ 猛，鲁人。欲先归。○ 先，悉荐切。 ⑨ 会见师退，而猛不在列，乃大呼，诈言猛在后为殿。《传》言鲁无军政。○ 呼，火故切。殿，丁电切，《注》同。

二月己丑，单子伐谷城，刘子伐仪栗[①]。辛卯，单子伐简城，刘子伐盂，以定王室[②]。

① 讨儋翩之党。谷城在河南县西。○ 单，音善。儋，丁甘切。翩，音篇。 ②《传》终王室之乱。○ 盂，音于。

赵鞅[①]言于晋侯曰："诸侯唯宋事晋，好逆其使，犹惧不至。今又执之，是绝诸侯也。"将归乐祁。士鞅曰："三年止之，无故而归之，宋必叛晋[②]。"献子私谓子梁[③]曰："寡君惧不得事宋君，是以止子。子姑使溷代子[④]。"子梁以告陈寅。陈寅曰："宋将叛晋，是弃溷也。不如待之[⑤]。"乐祁归，卒于大行[⑥]。士鞅曰："宋必叛，不如止其尸以求成焉。"乃止诸州[⑦]。

① ○ 鞅，丁掌切。 ② 执乐祁在六年。○ 好，呼报切。使，所吏切。 ③ 献子，范鞅。子梁，乐祁。 ④ 溷，乐祁子。○ 溷，侯温切，又侯困切。 ⑤ 留待，勿以子自代。 ⑥ 大行，晋东南山。○ 大，音泰。行，户郎切，一音衡。 ⑦ 州，晋地。为明年宋公使乐大心如晋张本。

公侵齐，攻廪丘之郛[①]。主人焚冲[②]，或濡马褐以救之[③]，遂毁之[④]。主人出，师奔[⑤]。阳虎伪不见冉猛者，曰："猛在此，必败[⑥]。"猛逐之，顾而无继，伪颠[⑦]。虎曰："尽客气也[⑧]。"苫越生子，将待事而名之[⑨]。阳州之役获焉，名之曰阳州[⑩]。

①郛，郭也。○廪，力甚切。郛，芳夫切。　②冲，战车。○冲，昌容切；《说文》作轈，云，陷阵车也。　③马褐，马衣。○濡，人于切。褐，户葛切。　④毁郛。　⑤攻郛人少，故遣后师走往助之。　⑥阳州之役，猛先归。言若在此，必复败。○复，扶又切。　⑦逐廪丘人。⑧言皆客气，非勇。○客，如字。　⑨苫越，苫夷。○苫，式占切，《注》同。　⑩欲自比侨如。○侨，其骄切。

夏，齐国夏、高张伐我西鄙[①]。晋士鞅、赵鞅、荀寅救我[②]。公会晋师于瓦。范献子执羔，赵简子、中行文子皆执雁。鲁于是始尚羔[③]。

①报上二侵。　②救不书，齐师已去，未入竟。○竟，音境。③献子，士鞅也。简子，赵鞅也。中行文子，荀寅也。礼，卿执羔，大夫执雁。鲁则同之。今始知执羔之尊也。卿不书，礼不敌公，史略之。○行，户郎切。

晋师将盟卫侯于鄟泽[①]。赵简子曰："群臣谁敢盟卫君者[②]？"涉佗、成何曰："我能盟之[③]。"卫人请执牛耳[④]。成何曰："卫，吾温原也，焉得视诸侯[⑤]？"将歃，涉佗捘卫侯之手及捥[⑥]，卫侯怒。王孙贾趋进[⑦]曰："盟以信礼也[⑧]。有如卫君，其敢不唯礼是事，而受此盟也[⑨]？"

卫侯欲叛晋，而患诸大夫。王孙贾使次于郊，大夫问故[⑩]。公以晋诟语之[⑪]，且曰："寡人辱社稷，其改卜嗣，寡人从焉[⑫]。"大夫曰："是卫之祸，岂君之过也？"公曰："又有患焉，谓寡人必以而子与大夫之子为质[⑬]。"大夫曰："苟有益也，公子则往。群臣之子，敢不皆负羁绁以从。"将行，王孙贾曰："苟卫国有难，工商未尝不为患，使皆行而后可[14]。"公以告大夫，乃皆将行之。行有日[15]，公朝国人，使贾问焉，曰："若卫叛晋，晋五伐我，病何如矣？"皆曰："五伐我，犹可以能战。"贾曰："然则如叛之，病而后质焉，何迟之有？"乃叛晋。晋人请改盟，弗许。

① 自瓦还，就卫地盟。〇 郰，音专，又市转切；本亦作剸，音同。 ② 前年卫叛晋属齐，简子意欲摧辱之。 ③ 二子，晋大夫。〇 佗，徒何切。 ④ 盟礼，尊者涖牛耳，主次盟者。卫侯与晋大夫盟，自以当涖牛耳，故请之。 ⑤ 言卫小可比晋县，不得从诸侯礼。〇 焉，於虔切。 ⑥ 捘，挤也。血至捥。〇 歃，所洽切。捘，子对切。捥，乌唤切。挤，子计切，又子礼切；《说文》云，排也。 ⑦ 贾，卫大夫。 ⑧ 信，犹明也。 ⑨ 言晋无礼，不欲受其盟。 ⑩ 问不入故。 ⑪ 诟，耻也。〇 诟，呼豆切。语，鱼据切。 ⑫ 使改卜他公子以嗣先君，我从大夫所立。 ⑬ 为质于晋。〇 质，音致，下同。 ⑭ 欲以激怒国人。〇 絏，息列切。从，才用切，下《注》从弟、下从者同。难，乃旦切。激，古狄切。 ⑮ 有期日。

秋，晋士鞅会成桓公，侵郑，围虫牢，报伊阙也[1]。遂侵卫[2]。

① 桓公，周卿士。不书，监帅不亲侵也。六年，郑伐周阙外，晋为周报之。〇 监，古衔切。为，于伪切，下同。 ② 讨叛。

九月，师侵卫，晋故也[1]。

① 鲁为晋讨卫。

季寤[①]、公鉏极[②]、公山不狃[③]皆不得志于季氏，叔孙辄无宠于叔孙氏[④]，叔仲志不得志于鲁[⑤]。故五人因阳虎。阳虎欲去三桓，以季寤更季氏[⑥]，以叔孙辄更叔孙氏[⑦]，已更孟氏[⑧]。冬十月，顺祀先公而祈焉[⑨]。辛卯，禘于僖公[⑩]。壬辰，将享季氏于蒲圃而杀之，戒都车曰："癸巳至[⑪]。"成宰公敛处父告孟孙曰："季氏戒都车，何故？"孟孙曰："吾弗闻。"处父曰："然则乱也，必及于子，先备诸。"与孟孙以壬辰为期[⑫]。

阳虎前驱，林楚御桓子，虞人以铍盾夹之，阳越殿[⑬]。将如蒲圃，桓子咋谓林楚[⑭]曰："而先皆季氏之良也，尔以是继之[⑮]。"对曰："臣闻命后[⑯]。阳虎为政，鲁国服焉。违之，征死。死无益于主。"桓子曰："何后之有？而能以我适孟氏乎？"对曰："不敢爱死，惧不免主。"桓子曰："往也[⑰]。"孟氏选圉人之壮者三百人，以为公期筑室于门外[⑱]。林楚怒马，及衢而骋[⑲]，阳越射之，不中，筑者阖门[⑳]。有自门间射阳越，杀之。阳虎劫公与武叔[㉑]，以伐孟氏。公敛处父帅成人，自上东门入[㉒]，与阳氏战于南门之内，弗胜。又战于棘下[㉓]，阳氏败。阳虎说甲如公宫，取宝玉大弓以出，舍于五父之衢，寝而为食。其徒曰："追其将至。"虎曰："鲁人闻余出，喜于征死，何暇追余[㉔]？"从者曰："嘻！速驾，公敛阳在[㉕]。"公敛阳请追之，孟孙弗许[㉖]。阳欲杀桓子[㉗]，孟孙惧而归之[㉘]。子言辨舍爵于季氏之庙而出[㉙]。阳虎入于讙、阳关以叛[㉚]。

① 季桓子之弟。○ 寤,五故切。　② 公弥曾孙,桓子族子。　③ 费宰。○ 狃,女九切。　④ 辄,叔孙氏之庶子。　⑤ 志,叔孙带之孙,皆为国人所薄。　⑥ 代桓子。○ 去,起吕切。更,音庚,旧古孟切,下同。　⑦ 代武叔。　⑧ 阳虎自代懿子。　⑨ 将作大事,欲以顺祀取媚。　⑩ 辛卯,十月二日。不于大庙者,顺祀之义,当退僖公,惧于僖神,故于僖庙行顺祀。○ 禘,大计切。　⑪ 都邑之兵车也。阳虎欲以壬辰夜杀季孙,明日癸巳,以都车攻二家。○ 圃,布五切。　⑫ 处父期以兵救孟氏。壬辰,先癸巳一日。○ 先,悉荐切。　⑬ 越,阳虎从弟。○ 铍,普皮切。盾,食允切,又音允。夹,古洽切。殿,丁见切。　⑭ 咋,暂也。○ 咋,仕诈切。　⑮ 欲使林楚免己于难,以继其先人之良。○ 难,乃旦切。　⑯ 后,犹晚也。　⑰ 言必往。　⑱ 实欲以备难,不欲使人知,故伪筑室于门外,因得聚众。公期,孟氏支子。○ 圉,鱼吕切。为,于伪切。　⑲ 骋,驰也。○ 骋,敕领切。　⑳ 季孙既得入,乃闭门。○ 射,食亦切,下同。中,丁仲切。阖,户臘切。　㉑ 武叔,叔孙不敢之子州仇也。○ 劫,居业切。仇,音求。　㉒ 鲁东城之北门。　㉓ 城内地名。　㉔ 征,召也。阳虎召季氏于蒲圃,将杀之,今得脱,必喜。故言喜于召死。○ 说,本又作税,同,他活切。脱,徒活切,或他活切。　㉕ 嘻,惧声。○ 嘻,许其切。　㉖ 畏阳虎。　㉗ 欲因乱讨季氏,以强孟氏。　㉘ 不敢杀。　㉙ 子言,季寤。辨,犹周偏也。偏告庙饮酒,示无惧。○ 言辨,上音遍,《注》偏同;下如字。　㉚ 叛不书,略家臣。○ 讙,音欢。

郑驷歂嗣子大叔为政①。

① 歂,驷乞子子然也。为明年杀邓析张本。○ 歂,市专切。析,星历切。

经

九年春，王正月。

夏四月戊申，郑伯虿卒[1]。

得宝玉、大弓[2]。

六月，葬郑献公[3]。

秋，齐侯、卫侯次于五氏[4]。

秦伯卒[5]。

冬，葬秦哀公[6]。

① 无《传》。四年盟皋鼬。○ 虿，敕迈切。　② 弓、玉，国之分器。得之足以为荣，失之足以为辱，故重而书之。○ 分，扶问切。　③ 无《传》。三月而葬，速。　④ 五氏，晋地。不书伐者，讳伐盟主，以次告。⑤ 无《传》。不书名，未同盟。　⑥ 无《传》。

传

九年春，宋公使乐大心盟于晋，且逆乐祁之尸。辞，伪有疾。乃使向巢如晋盟，且逆子梁之尸[1]。子明谓桐门右师出[2]，曰："吾犹衰绖，而子击钟，何也[3]？"右师曰："丧不在此故也。"既而告人曰："己衰绖而生子，余何故舍钟[4]？"子明闻之怒，言于公曰："右师将不利戴氏[5]，不肯适晋，将作乱也。不然无疾。"乃逐桐门右师[6]。

① 巢，向戌曾孙。○ 向，舒亮切。　② 子明，乐祁之子溷也。右师，乐大心，子明族父也。右师往到子明舍，子明逐使出门去。　③ 忿其不逆父丧，因责其无同族之恩。○ 衰，七雷切。绖，田结切。　④ 己，子明

也。○ 舍,音捨。 ⑤ 乐氏,戴公族。 ⑥ 逐之在明年,终叔孙昭子之言。

郑驷歂杀邓析,而用其竹刑[①]。君子谓:“子然于是不忠。苟有可以加于国家者,弃其邪可也[②]。《静女》之三章,取彤管焉[③]。《竿旄》‘何以告之’,取其忠也[④]。故用其道,不弃其人。《诗》云:‘蔽芾甘棠,勿翦勿伐,召伯所茇[⑤]。’思其人犹爱其树,况用其道而不恤其人乎?子然无以劝能矣[⑥]。”

① 邓析,郑大夫。欲改郑所铸旧制,不受君命,而私造刑法,书之于竹简,故言竹刑。 ② 加,犹益也。弃,不责其邪恶也。○ 邪,似嗟切。 ③《诗·邶风》也。言《静女》三章之诗,虽说美女,义在彤管。彤管,赤管笔。女史记事规诲之所执。○ 彤,徒冬切。邶,音佩。说,音悦。 ④《诗·鄘风》也。录《竿旄》诗者,取其中心愿告人以善道也。言此二诗,皆以一善见采,而邓析不以一善存身。○ 鄘,音容。 ⑤《诗·召南》也。召伯决讼于蔽芾小棠之下,诗人思之,不伐其树。茇,草舍也。○ 芾,方味切。召,音邵。茇,畔末切。 ⑥《传》言子然嗣大叔为政,郑所以衰弱。

夏,阳虎归宝玉、大弓[①]。书曰“得”,器用也。凡获器用曰得[②],得用焉曰获[③]。

① 无益近用,而祇为名,故归之。○ 祇,音支。 ② 器用者,谓物之成器可为人用者也。 ③ 谓用器物以有获,若麟为田获,俘为战获。○ 麟,本又作麐,吕辛切。俘,芳夫切。

六月，伐阳关[1]。阳虎使焚莱门[2]。师惊，犯之而出，奔齐，请师以伐鲁，曰："三加必取之[3]。"齐侯将许之。鲍文子谏曰："臣尝为隶于施氏矣[4]。鲁未可取也。上下犹和，众庶犹睦，能事大国[5]，而无天菑。若之何取之？阳虎欲勤齐师也，齐师罢，大臣必多死亡，己于是乎奋其诈谋。夫阳虎有宠于季氏，而将杀季孙，以不利鲁国，而求容焉[6]。亲富不亲仁，君焉用之？君富于季氏，而大于鲁国，兹阳虎所欲倾覆也。鲁免其疾，而君又收之，无乃害乎？"

齐侯执阳虎，将东之。阳虎愿东[7]，乃囚诸西鄙。尽借邑人之车，锲其轴，麻约而归之[8]。载葱灵，寝于其中而逃[9]。追而得之，囚于齐。又以葱灵逃，奔宋，遂奔晋，适赵氏。仲尼曰："赵氏其世有乱乎[10]。"

① 讨阳虎也。 ② 阳关邑门。 ③ 三加兵于鲁。 ④ 施氏，鲁大夫。文子，鲍国也。成十七年，齐人召而立之，至今七十四岁，于是文子盖九十余矣。 ⑤ 大国，晋也。 ⑥ 求自容。○ 菑，音灾。罢，音皮。 ⑦ 阳虎欲西奔晋，知齐必反己，故诈以东为愿。○ 焉，於虔切。倾，本又作顷，音倾。覆，芳服切。 ⑧ 锲，刻也，欲绝追者。○ 锲，苦结切。轴，音逐。 ⑨ 葱灵，辎车名。○ 葱，初江切，或音忽。辎，侧其切；《说文》云，衣车也。 ⑩ 受乱人故。

秋，齐侯伐晋夷仪[1]。敝无存之父将室之，辞，以与其弟[2]，曰："此役也不死，反必娶于高、国[3]。"先登，求自门出，死于霤下[4]。东郭书让登[5]，犁弥从之，曰："子让而左，我让而右，使登者绝而后下[6]。"书左，弥先下[7]。书与王猛息[8]。

猛曰："我先登。"书敛甲曰："曩者之难，今又难焉[9]。"猛笑曰："吾从子如骖之靳[10]。"

晋车千乘在中牟[11]。卫侯将如五氏[12]，卜过之，龟焦[13]。卫侯曰："可也。卫车当其半，寡人当其半，敌矣[14]。"乃过中牟。中牟人欲伐之，卫褚师圃亡在中牟，曰："卫虽小，其君在焉，未可胜也。齐师克城而骄，其帅又贱[15]，遇，必败之，不如从齐。"乃伐齐师，败之[16]。齐侯致禚、媚、杏于卫[17]。齐侯赏犁弥，犁弥辞曰："有先登者，臣从之。皙帻而衣貍製[18]。"公使视东郭书，曰："乃夫子也，吾贶子[19]。"公赏东郭书，辞曰："彼宾旅也[20]。"乃赏犁弥。

齐师之在夷仪也，齐侯谓夷仪人曰："得敝无存者，以五家免[21]。"乃得其尸。公三襚之[22]；与之犀轩与直盖[23]，而先归之；坐引者，以师哭之[24]，亲推之三[25]。

① 为卫讨也。〇 为，于伪切，下同。 ② 无存，齐人也。室之，为取妇。 ③ 高氏、国氏，齐贵族也。无存欲必有功，还取卿相之女。〇 娶，七住切。相，息亮切。 ④ 既入城，夷仪人不服，故斗死于门屋霤下也。〇 霤，力又切。 ⑤ 登城非人所乐，故让众使后，而己先登。〇 乐，如字，又五孝切。 ⑥ 恐书先下，故又谲以让之。下，入城也。〇 犁，力兮切。谲，古穴切。 ⑦ 书从弥言左行，弥遂自先下，亦让也。 ⑧ 战讫，共止息。 ⑨ 敛甲起欲击猛。〇 曩，乃党切，向也。难，乃旦切。 ⑩ 靳，车中马也。猛不敢与书争，言己从书如骖马之随靳也。《传》言齐师和，所以能克。〇 骖，七南切，騑马也。靳，居觐切；本或作如骖之有靳，非也。争，争斗之争，又如字。 ⑪ 救夷仪也。今荥阳有中牟县，迴远，疑非也。〇 乘，绳证切。 ⑫ 齐侯在五氏，将往助之。 ⑬ 卫至五氏，道过中牟，畏晋，故卜。龟焦，兆不成，不可以行事也。 ⑭ 卫侯怒晋甚，

不复顾卜，欲以身当五百乘。〇复，扶又切。 ⑮城，谓夷仪也。帅谓东郭书。〇褚，中吕切。帅，所类切，注同。 ⑯获齐车五百乘，事见哀十五年。〇见，贤遍切。 ⑰三邑皆齐西界，以答谢卫意。〇禚，诸若切。媚，武冀切。杏，户猛切。 ⑱皙，白也。帻，齿上下相值。製，裘也。〇皙，星历切。帻，音策，又音责；《说文》作齰，音义同。衣，於既切。貍，力之切。製，音制。 ⑲贶，赐也。〇贶，音况。 ⑳言彼与我若宾主相让。旅，俱进退。 ㉑给其五家，令常不共役事。〇令，力呈切。共，音恭。 ㉒襚，衣也。比殡，三加襚，深礼厚之。〇襚，音遂。比，必利切。 ㉓犀轩，卿车。直盖，高盖。 ㉔停丧车以尽哀也。君方为位而哭，故挽丧者不敢立。〇挽，音晚。 ㉕齐侯自推丧车轮三转。〇推，如字，又他回切。

经

十年春，王三月，及齐平[①]。

夏，公会齐侯于夹穀[②]。

公至自夹穀[③]。

晋赵鞅帅师围卫。

齐人来归郓、讙、龟阴田[④]。

叔孙州仇、仲孙何忌帅师围郈[⑤]。

秋，叔孙州仇、仲孙何忌帅师围郈。

宋乐大心出奔曹[⑥]。

宋公子地出奔陈[⑦]。

冬，齐侯、卫侯、郑游速会于安甫[⑧]。

叔孙州仇如齐。

宋公之弟辰暨仲佗、石弫出奔陈[⑨]。

① 平前八年再侵齐之怨。 ② 平故。○ 夹，古洽切，又古协切。二《传》作颊。穀，古木切。 ③ 无《传》。 ④ 三邑皆汶阳田也。泰山博县北有龟山，阴田在其北也。会夹穀，孔子相，齐人服义而归鲁田。○ 郓，音运。讙，火官切。汶，音问。相，息亮切。 ⑤ 郈，叔孙氏邑。○ 郈，音后；《字林》，下遘切。 ⑥《传》在前年春，书名，罪其称疾不適晋。 ⑦ 贪弄马以距君命，书名，罪之也。○ 弄，鲁贡切。 ⑧ 无《传》。安甫，地阙。 ⑨ 暨，与也。宋公宠向魋，不听辰请。辰忿而将大臣出奔，虚请自忿。称弟，示首恶也。仲佗、石彄皆为国卿，不能匡君静难，而为辰所牵帅出奔。称名，亦罪之也。○ 暨，其器切。佗，徒河切。彄，苦侯切。魋，大回切。难，乃旦切。

传

十年春，及齐平。

夏，公会齐侯于祝其，实夹穀[①]。孔丘相[②]。犁弥言于齐侯曰："孔丘知礼而无勇，若使莱人以兵劫鲁侯，必得志焉[③]。"齐侯从之。孔丘以公退，曰："士兵之[④]！两君合好，而裔夷之俘，以兵乱之[⑤]，非齐君所以命诸侯也。裔不谋夏，夷不乱华，俘不干盟，兵不偪好，于神为不祥[⑥]，于德为愆义，于人为失礼，君必不然。"齐侯闻之，遽辟之[⑦]。

将盟，齐人加于载书曰："齐师出竟，而不以甲车三百乘从我者，有如此盟[⑧]。"孔丘使兹无还揖对[⑨]曰："而不反我汶阳之田，吾以共命者，亦如之[⑩]。"齐侯将享公，孔丘谓梁丘據曰："齐、鲁之故，吾子何不闻焉[⑪]？事既成矣[⑫]，而又享之，是勤执事也。且牺象不出门，嘉乐不野合[⑬]。飨而既具，是弃礼也。若其不具，用秕稗也[⑭]。用秕稗君辱，弃礼名恶，子盍图之？夫享，所以昭德也。不昭，不如其已也。"乃不果享[15]。

齐人来归郓、讙、龟阴之田[16]。

① 夹毂，即祝其也。　② 相会仪也。○ 相，息亮切，《注》同。③ 莱人，齐所灭莱夷也。○ 犁，力兮切。劫，居业切。　④ 以兵击莱人。⑤ 裔，远也。○ 好，呼报切，下偪好同。裔，以制切。俘，芳夫切，下同。⑥ 盟将告神，犯之为不善。○ 夏，户雅切。偪，彼力切。　⑦ 辟去莱兵也。○ 愆，去连切。遽，其据切。辟，婢亦切，又音避。去，起吕切。⑧ 如此盟诅之祸。○ 竟，音境。乘，绳证切。诅，侧据切。　⑨ 无还，鲁大夫。○ 还，音旋。　⑩ 须齐归汶阳田，乃当共齐命。于是孔子以公退，贱者终其事。要盟不絜，故略不书。○ 共，音恭。要，一遥切。⑪ 故，旧典。　⑫ 会事成。　⑬ 牺象，酒器；牺尊，象尊也。嘉乐，钟、磬也。○ 牺，许宜切，又息河切。　⑭ 秕，穀不成者。稗，草之似穀者。言享不具礼，秽薄若秕稗。○ 秕，音鄙；《字林》音比，又必履切。稗，皮卖切。　⑮ 孔子知齐侯怀诈，故以礼距之。○ 盍，户臘切。　⑯ 阳虎九年以此奔齐，《经》文倒者，次鲁事。

晋赵鞅围卫，报夷仪也[1]。初，卫侯伐邯郸午于寒氏[2]，城其西北而守之，宵熸[3]。及晋围卫，午以徒七十人门于卫西门，杀人于门中，曰："请报寒氏之役[4]。"涉佗曰："夫子则勇矣，然我往，必不敢启门。"亦以徒七十人，旦门焉，步左右，皆至而立，如植[5]。日中不启门，乃退。反役，晋人讨卫之叛故，曰："由涉佗、成何[6]。"于是执涉佗以求成于卫。卫人不许，晋人遂杀涉佗。成何奔燕。君子曰："此之谓弃礼必不钧[7]。《诗》曰：'人而无礼，胡不遄死。'涉佗亦遄矣哉[8]。"

① 前年齐为卫伐晋夷仪，故伐卫以为报。○ 为，于伪切。 ② 邯郸，广平县也。午，晋邯郸大夫。寒氏即五氏也。前年，卫人助齐伐五氏。○ 邯，音寒。郸，音丹。 ③ 午众宵散。○ 城其西北而守之，一本或作城其西北隅。熸，子潜切。 ④ 卫开门与午斗。 ⑤ 至其门下，步行门左右，然后立待，如立木不动，以示整。○ 佗，徒河切。植，市力切，一音值。 ⑥ 捘卫侯手故。 ⑦ 言必见杀，不得与人等。 ⑧《诗·鄘风》。遄，速也。○ 遄，市专切。

初，叔孙成子欲立武叔，公若藐固谏曰："不可[①]。"成子立之而卒。公南使贼射之，不能杀[②]。公南为马正，使公若为郈宰。武叔既定，使郈马正侯犯杀公若。弗能。其圉人曰[③]："吾以剑过朝，公若必曰，谁之剑也？吾称子以告，必观之。吾伪固，而授之末，则可杀也[④]。"使如之。公若曰："尔欲吴王我乎[⑤]？"遂杀公若。

侯犯以郈叛[⑥]。武叔懿子围郈，弗克。秋，二子及齐师复围郈，弗克。叔孙谓郈工师驷赤[⑦]曰："郈非唯叔孙氏之忧，社稷之患也。将若之何？"对曰："臣之业，在《扬水》卒章之四言矣[⑧]。"叔孙稽首[⑨]。驷赤谓侯犯曰："居齐、鲁之际，而无事，必不可矣[⑩]。子盍求事于齐以临民？不然，将叛。"侯犯从之。齐使至，驷赤与郈人为之宣言于郈中[⑪]曰："侯犯将以郈易于齐，齐人将迁郈民[⑫]。"众兇惧[⑬]。驷赤谓侯犯曰："众言异矣[⑭]，子不如易于齐。与其死也，犹是郈也。而得纾焉，何必此[⑮]？齐人欲以此偪鲁，必倍与子地[⑯]。且盍多舍甲于子之门，以备不虞？"侯犯曰："诺。"乃多舍甲焉。

侯犯请易于齐，齐有司观郈，将至。驷赤使周走呼曰：

"齐师至矣!"郈人大骇,介侯犯之门甲,以围侯犯。驷赤将射之⑰。侯犯止之曰:"谋免我。"侯犯请行,许之⑱。驷赤先如宿⑲,侯犯殿。每出一门,郈人闭之⑳。及郭门,止之曰:"子以叔孙氏之甲出,有司若诛之㉑,群臣惧死。"驷赤曰:"叔孙氏之甲有物,吾未敢以出㉒。"犯谓驷赤曰:"子止而与之数㉓。"驷赤止而纳鲁人。侯犯奔齐,齐人乃致郈㉔。

① 藐,叔孙氏之族。○ 藐,音邈,又亡小切。 ② 公南,叔孙家臣,武叔之党。○ 射,食亦切,下同。 ③ 武叔之圉人。 ④ 伪为固陋不知礼者,以剑锋末授之。○ 锋,芳逢切。 ⑤ 见剑向己,逆呵之。鉏诸杀吴王,亦用剑刺之。○ 向,许亮切;亦作嚮。呵,呼多切。刺,七亦切。⑥ 犯以不能副武叔之命,故叛。叛而以围告庙,故书围。 ⑦ 工师,掌工匠之官。○ 复,扶又切。 ⑧《扬水》,《诗·唐风》。卒章四言曰:"我闻有命。"○ 在《扬水》卒章,本或作《扬之水》卒章。 ⑨ 谢其受己命。⑩ 无所服事。 ⑪ 诈为齐使言也。○ 使,所吏切,《注》同。为,于伪切,下《注》为齐同。 ⑫ 谓易其民人。 ⑬ 不欲迁。○ 兇,音凶,一音凶勇切。 ⑭ 不与始同。 ⑮ 言以郈民易取齐人,与郈无异。胜于守郈为叛人所杀。○ 纾,音舒。 ⑯ 言非徒得民,又将得齐地。○ 偪,彼力切。倍,步罪切。 ⑰ 伪为侯犯射郈人。○ 呼,火故切。介,音界。⑱ 郈人许之。 ⑲ 宿,东平无盐县,故宿国。 ⑳ 闭其后门。○ 殿,丁见切。 ㉑ 诛,责也。 ㉒ 物,识也。赤还救侯犯也。○ 识,申志切,又如字。 ㉓ 数甲以相付。○ 数,色主切。 ㉔ 致其名簿也,为下武叔如齐《传》。○ 簿,步古切。

宋公子地嬖蘧富猎①,十一分其室,而以其五与之②。公子地有白马四。公嬖向魋。魋欲之③。公取而朱其尾鬣以与之④。地怒，使其徒抶魋而夺之。魋惧，将走。公闭门而泣之，目尽肿。母弟辰曰："子分室以与猎也，而独卑魋，亦有颇焉。子为君礼⑤，不过出竟，君必止子。"公子地出奔陈，公弗止。辰为之请，弗听。辰曰："是我迋吾兄也⑥。吾以国人出，君谁与处？"冬，母弟辰暨仲佗、石彄出奔陈⑦。

① 地，宋景公弟，辰之兄也。○ 嬖，必计切。蘧，其居切。猎，力辄切。② 与富猎也。 ③ 向魋，司马桓魋也。 ④ 与魋也。○ 鬣，力辄切；《尔雅》舍人注云，马鬉也。鬉，子工切。 ⑤ 礼，辟君也。○ 抶，敕乙切。肿，章勇切。颇，普多切。 ⑥ 迋，欺也。○ 竟，音境。为，于伪切，《注》犹为同。迋，求往切，又古况切。 ⑦ 佗，仲幾子。彄，褚师段子，皆宋卿。众之所望，故言国人。○ 褚，张吕切。

武叔聘于齐①。齐侯享之，曰："子叔孙！若使郈在君之他竟，寡人何知焉？属与敝邑际，故敢助君忧之②。"对曰："非寡君之望也。所以事君，封疆社稷是以③。敢以家隶勤君之执事。夫不令之臣，天下之所恶也。君岂以为寡君赐④？"

① 谢致郈也。《经》书辰奔在聘后者，从告。 ② 以致郈德叔孙。○ 属，音烛。 ③ 以，犹为也。○ 疆，居良切。 ④ 言义在讨恶，非所以赐寡君。○ 恶，乌路切；十一年《传》、《注》皆同，又如字。

经

十有一年春，宋公之弟辰及仲佗、石彄、公子地自陈入于萧以叛①。

夏四月。

秋，宋乐大心自曹入于萧[2]。

冬，及郑平[3]。

叔还如郑涖盟[4]。

① 萧，宋邑。称弟，例在前年。 ② 入萧从叛人，叛可知，故不书叛。 ③ 平六年侵郑取匡之怨。 ④ 还，叔诣曾孙。○ 还，音旋。还，叔诣曾孙。案《世族谱》，叔还是叔弓曾孙，此云叔诣，误也。

传

十一年春，宋公母弟辰暨仲佗、石彄、公子地入于萧以叛。秋，乐大心从之，大为宋患。宠向魋故也[1]。

① 恶宋公宠不义，以致国患。

冬，及郑平，始叛晋也[1]。

① 鲁自僖公以来，世服于晋，至今而叛，故曰始。

经

十有二年春，薛伯定卒[1]。

夏，葬薛襄公[2]。

叔孙州仇帅师堕郈[3]。

卫公孟彄帅师伐曹[4]。

季孙斯、仲孙何忌帅师堕费[5]。

秋，大雩[⑥]。

冬十月癸亥，公会齐侯，盟于黄[⑦]。

十有一月丙寅朔，日有食之[⑧]。

公至自黄[⑨]。

十有二月，公围成。

公至自围成[⑩]。

① 无《传》。四年，盟皋鼬。　② 无《传》。　③ 堕，毁也。患其险固，故毁坏其城。○ 堕，许规切，下《传》同。坏，音怪，又户怪切。④ 弫，孟絷子。○ 弫，苦侯切。絷，陟立切。　⑤ ○ 费，音祕。⑥ 无《传》，书过。○ 雩，音于。　⑦ 无《传》。结叛晋。　⑧ 无《传》。⑨ 无《传》。　⑩ 无《传》。国内而书至者，成强若列国，兴动大众，故出入皆告庙。

传

十二年夏，卫公孟弫伐曹，克郊[①]。还，滑罗殿[②]。未出，不退于列[③]。其御曰："殿而在列，其为无勇乎？"罗曰："与其素厉，宁为无勇[④]。"

① 郊，曹邑。　② 罗，卫大夫。○ 滑，于八切。殿，丁见切，下同。③ 未出曹竟，罗不退在行列之后。○ 竟，音境。行，户郎切。　④ 素，空也。厉，猛也。言伐小国当如畏者以诱致之。

仲由为季氏宰[①]，将堕三都[②]。于是叔孙氏堕郈。季氏将堕费，公山不狃、叔孙辄帅费人以袭鲁[③]。公与三子入于季氏之宫，登武子之台。费人攻之，弗克。入及公侧[④]。仲尼命申句须、乐颀下伐之[5]，费人北。国人追之，败诸姑蔑。二子奔齐[6]。遂隳费。将隳成，公敛处父谓孟孙："隳成，齐人必至于北门[7]。且成，孟氏之保障也，无成，是无孟氏也。子伪不知[8]，我将不隳。"

冬十二月，公围成，弗克。

① 仲由，子路。　② 三都，费、郈、成也。强盛将为国害，故仲由欲毁之。　③ 不狃，费宰也。辄不得志于叔孙氏。　④ 至台下。⑤ 二子，鲁大夫。仲尼时为司寇。○ 句，音劬。颀，音祈。　⑥ 二子，不狃、叔孙辄。　⑦ 成在鲁北竟故。　⑧ 佯不知。○ 障，之尚切，又音章。子伪不知，并如字；一本伪作为。佯，本亦作阳，音同。

经

十有三年春，齐侯、卫侯次于垂葭[1]。

夏，筑蛇渊囿[2]。

大蒐于比蒲[3]。

卫公孟彄帅师伐曹[4]。

秋，晋赵鞅入于晋阳以叛[5]。

冬，晋荀寅、士吉射入于朝歌以叛[6]。

晋赵鞅归于晋[7]。

薛弑其君比[8]。

① 二君将使师伐晋，次垂葭以为之援。○ 葭，音加。　② 无《传》。书不时也。○ 囿，音又。　③ 无《传》。夏蒐非时。○ 蒐，所求切。比，音毗。　④ 无《传》。　⑤ 书叛，恶可知。　⑥ 吉射，士鞅子。

○ 射，食亦切，又食夜切。朝，如字。 ⑦ 韩、魏请而复之，故曰归。言韩、魏之强，犹列国。 ⑧ 无《传》。称君，君无道。

传

十三年春，齐侯、卫侯次于垂葭，实郹氏[①]。使师伐晋，将济河。诸大夫皆曰："不可。"邴意兹曰[②]："可。锐师伐河内[③]，传必数日而后及绛[④]。绛不三月，不能出河，则我既济水矣。"乃伐河内。齐侯皆敛诸大夫之轩，唯邴意兹乘轩[⑤]。齐侯欲与卫侯乘[⑥]，与之宴，而驾乘广，载甲焉。使告曰："晋师至矣。"齐侯曰："比君之驾也，寡人请摄[⑦]。"乃介而与之乘，驱之。或告曰："无晋师。"乃止[⑧]。

① 垂葭改名郹氏。高平巨野县西南有郹亭。○ 郹，古阒切。 ② 意兹，齐大夫。○ 邴，彼命切，又音丙。 ③ 今河内汲郡。 ④ 传告晋。○ 传，张恋切，又直专切。数，所主切。 ⑤ 以其言当。○ 当，丁浪切。 ⑥ 共载。○ 乘，绳证切，下同。 ⑦ 以己车摄代卫车。○ 广，古旷切。比，必利切。 ⑧《传》言齐侯轻，所以不能成功。○ 介，音界。轻，遣政切。

晋赵鞅谓邯郸午曰："归我卫贡五百家，吾舍诸晋阳。"午许诺[①]。归告其父兄，父兄皆曰："不可。卫是以为邯郸[②]，而寘诸晋阳，绝卫之道也。不如侵齐而谋之[③]。"乃如之，而归之于晋阳[④]。赵孟怒，召午而囚诸晋阳[⑤]。使其从者说剑而入，涉宾不可[⑥]。乃使告邯郸人曰："吾私有讨于午也，二三子唯所欲立[⑦]。"遂杀午。赵稷、涉宾以邯郸叛[⑧]。

夏六月，上军司马籍秦围邯郸。邯郸午，荀寅之甥也；荀寅，范吉射之姻也[9]。而相与睦，故不与围邯郸，将作乱[10]。董安于闻之[11]，告赵孟曰："先备诸。"赵孟曰："晋国有命，始祸者死，为后可也。"安于曰："与其害于民，宁我独死[12]。请以我说。"赵孟不可[13]。

秋七月，范氏、中行氏伐赵氏之宫，赵鞅奔晋阳。晋人围之。范皋夷无宠于范吉射，而欲为乱于范氏[14]。梁婴父嬖于知文子[15]，文子欲以为卿。韩简子与中行文子相恶[16]，魏襄子亦与范昭子相恶[17]。故五子谋[18]，将逐荀寅而以梁婴父代之，逐范吉射而以范皋夷代之。荀跞言于晋侯曰："君命大臣，始祸者死，载书在河[19]。今三臣始祸，而独逐鞅，刑已不钧矣。请皆逐之。"

冬十一月，荀跞、韩不信、魏曼多奉公以伐范氏、中行氏，弗克。二子将伐公，齐高彊曰："三折肱知为良医[20]。唯伐君为不可，民弗与也。我以伐君在此矣。三家未睦[21]，可尽克也。克之，君将谁与？若先伐君，是使睦也。"弗听，遂伐公。国人助公，二子败，从而伐之。丁未，荀寅、士吉射奔朝歌，韩、魏以赵氏为请[22]。十二月辛未，赵鞅入于绛，盟于公宫[23]。

① 十年，赵鞅围卫，卫人惧，贡五百家。鞅置之邯郸，今欲徙著晋阳。晋阳，赵鞅邑。○ 著，丁略切。　② 言卫以五百家在邯郸，常为是故，与邯郸亲。○ 为，于伪切，又如字。　③ 侵齐则齐当来报，欲因惧齐而徙，则卫与邯郸好不绝。○ 寘，之豉切。好，呼报切。　④ 欲如是谋，而后归卫贡。　⑤ 赵鞅不察其谋，谓午不用命，故囚之。　⑥ 涉宾，午家

臣。不肯说剑人,欲谋叛。○ 从,才用切。说,他活切。 ⑦ 午,赵鞅同族,别封邯郸,故使邯郸人更立午宗亲。 ⑧ 稷,赵午子。 ⑨ 婿父曰姻。荀寅子娶吉射女。 ⑩ 作乱,攻赵鞅。○ 与,音预,又如字。⑪ 安于,赵氏臣。 ⑫ 惧见攻,必伤害民。 ⑬ 晋国若讨,可杀我以自解说。 ⑭ 皋夷,范氏侧室子。○ 行,户郎切。 ⑮ 文子,荀跞。○ 知,音智。 ⑯ 简子,韩起孙不信也。中行文子,荀寅也。○ 恶,如字,又乌路切,下同。 ⑰ 襄子,魏舒孙曼多也。昭子,士吉射。○ 曼,音万。 ⑱ 五子:范皋夷、梁婴父、知文子、韩简子、魏襄子。 ⑲ 为盟书沈之河。○ 跞,力狄切。沈,如字,又音鸩。 ⑳ 高彊,齐子尾之子。昭十年奔鲁,遂適晋。○ 三,如字,又息暂切。折,之设切。肱,古弘切。 ㉑ 三家:知、韩、魏。 ㉒《经》所以书赵鞅归。 ㉓《传》录晋衰乱。

初,卫公叔文子朝而请享灵公[①],退,见史鳍而告之[②]。史鳍曰:"子必祸矣,子富而君贪,罪其及子乎。"文子曰:"然。吾不先告子,是吾罪也。君既许我矣,其若之何?"史鳍曰:"无害。子臣,可以免[③]。富而能臣,必免于难,上下同之[④]。戍也骄,其亡乎[⑤]。富而不骄者鲜,吾唯子之见。骄而不亡者,未之有也。戍必与焉[⑥]。"及文子卒,卫侯始恶于公叔戍,以其富也。公叔戍又将去夫人之党[⑦],夫人愬之曰:"戍将为乱[⑧]。"

① 欲令公临其家。○ 令,力呈切。 ② 史鳍,史鱼。○ 鳍,音秋。③ 言能执臣礼。 ④ 言尊卑皆然。○ 难,乃旦切。 ⑤ 戍,文子之子。 ⑥ 与祸难。○ 鲜,息浅切。与,音预。 ⑦ 灵公夫人南子党,宋朝之徒。○ 恶,乌路切。去,起吕切。朝,如字。 ⑧ 为明年戍来奔

《传》。○ 愬，音素。

经

十有四年春，卫公叔戍来奔。

卫赵阳出奔宋[1]。

二月辛巳，楚公子结、陈公孙佗人帅师灭顿，以顿子牂归。

夏，卫北宫结来奔[2]。

五月，於越败吴于檇李[3]。

吴子光卒[4]。

公会齐侯、卫侯于牵[5]。

公至自会[6]。

秋，齐侯、宋公会于洮[7]。

天王使石尚来归脤[8]。

卫世子蒯聩出奔宋[9]。

卫公孟弫出奔郑[10]。

宋公之弟辰自萧来奔[11]。

大蒐于比蒲[12]。

邾子来会公[13]。

城莒父及霄[14]。

① 阳，赵黡孙，书名者，亲富不亲仁。○ 黡，於减切。 ② 亦党公叔戍，皆恶之。○ 佗，吐何切，又徒河切。牂，子郎切。恶，乌路切。③ 於越，越国也。使罪人诈吴乱陈，故从未陈之例书败也。檇李，吴郡嘉兴县南醉李城。○ 檇，音醉，依《说文》从木。陈，直觐切。 ④ 未同盟而

赴以名。 ⑤ 魏郡黎阳县东北有牵城。○ 黎,力兮切。 ⑥ 无《传》。 ⑦ 洮,曹地。○ 洮,吐刀切。 ⑧ 无《传》。石尚,天子之士。石,氏;尚,名。脤,祭社之肉,盛以脤器,以赐同姓诸侯,亲兄弟之国,与之共福。○ 脤,市轸切。盛,音成。 ⑨ ○ 蒯,苦怪切。聩,五怪切。 ⑩ 弦书名,与蒯聩党,罪之。 ⑪ 无《传》。称宋公之弟,例在十年。 ⑫ ○ 比,音毗。 ⑬ 无《传》。会公于比蒲,来而不用朝礼,故曰会。 ⑭ 无《传》。公叛晋助范氏,故惧而城二邑也。此年无冬,史阙文。○ 父,音甫。

传

十四年春,卫侯逐公叔戌与其党,故赵阳奔宋,戌来奔①。

① 终史鱼之言。

梁婴父恶董安于,谓知文子曰:"不杀安于,使终为政于赵氏,赵氏必得晋国。盍以其先发难也,讨于赵氏?"文子使告于赵孟曰:"范、中行氏虽信为乱,安于则发之,是安于与谋乱也。晋国有命,始祸者死。二子既伏其罪矣,敢以告①。"赵孟患之。安于曰:"我死而晋国宁,赵氏定,将焉用生? 人谁不死,吾死莫矣。"乃缢而死。赵孟尸诸市而告于知氏曰:"主命戮罪人,安于既伏其罪矣,敢以告。"知伯从赵孟盟②,而后赵氏定,祀安于于庙③。

① 告使讨安于。○ 盍,户臘切。难,乃旦切。与,音预。 ② 知伯,荀跞。○ 焉,於虔切。莫,音暮。缢,一四切。 ③ 赵氏庙。

顿子牂欲事晋背楚，而绝陈好。二月，楚灭顿[①]。

①《传》言小不事大，所以亡。○ 背，音佩。好，呼报切。

夏，卫北宫结来奔，公叔戌之故也。

吴伐越[①]。越子勾践御之，陈于槜李[②]。勾践患吴之整也，使死士再，禽焉，不动[③]。使罪人三行，属剑于颈[④]，而辞曰："二君有治[⑤]，臣奸旗鼓[⑥]，不敏于君之行前，不敢逃刑，敢归死。"遂自刭也。师属之目，越子因而伐之，大败之。灵姑浮以戈击阖庐[⑦]，阖庐伤将指，取其一屦[⑧]。还卒于陉，去槜李七里[⑨]。夫差使人立于庭[⑩]，苟出入，必谓己曰："夫差，而忘越王之杀而父乎？"则对曰："唯，不敢忘！"三年，乃报越[⑪]。

① 报五年越入吴。 ② 勾践，越王允常子。○ 勾，古侯切。陈，直觐切。 ③ 使敢死之士往，辄为吴所禽。欲使吴师乱取之，而吴不动。④ 以剑注颈。○ 行，户郎切，下同。属，之欲切，下同，又之住切。⑤ 治军旅。 ⑥ 犯军令。 ⑦ 姑浮，越大夫。○ 刭，古顶切；本又作刎。阖，户臘切。 ⑧ 其足大指见斩，遂失屦，姑浮取之。○ 将，子匠切。屦，九具切。 ⑨ 释《经》所以不书灭。○ 陉，音刑。 ⑩ 夫差，阖庐嗣子。○ 夫，音扶。庭，音廷。 ⑪ 后三年，哀元年。○ 唯，惟鬼切，旧以水切。

晋人围朝歌，公会齐侯、卫侯于脾、上梁之间[①]，谋救范、中行氏[②]。析成鲋、小王桃甲率狄师以袭晋[③]，战于绛中，不克而还。士鲋奔周，小王桃甲入于朝歌。秋，齐侯、宋公会于洮，范氏故也[④]。

① 脾、上梁间，即牵。○ 脾，婢支切。　② 齐、鲁叛晋，故助范、中行也。　③ 二子，晋大夫，范、中行氏之党。○ 析，星历切。鲋，音附。桃，如字；本又作姚。　④ 谋救范氏。

卫侯为夫人南子召宋朝[①]，会于洮。大子蒯聩献盂于齐，过宋野[②]。野人歌之曰："既定尔娄豬，盍归吾艾豭[③]。"大子羞之，谓戏阳速曰："从我而朝少君[④]，少君见我，我顾，乃杀之。"速曰："诺。"乃朝夫人。夫人见大子，大子三顾，速不进。夫人见其色，啼而走[⑤]，曰："蒯聩将杀余。"公执其手以登台。大子奔宋，尽逐其党。故公孟彄出奔郑，自郑奔齐。大子告人曰："戏阳速祸余。"戏阳速告人曰："大子则祸余。大子无道，使余杀其母。余不许，将戕于余[⑥]。若杀夫人，将以余说。余是故许而弗为，以纾余死。谚曰：'民保于信。'吾以信义也[⑦]。"

① 南子，宋女也。朝，宋公子，旧通于南子，在宋，呼之。○ 为，于伪切。　② 蒯聩，卫灵公大子。盂，邑名也。就会献之，故自卫行而过宋野。○ 盂，音于。　③ 娄猪，求子猪，以喻南子。艾豭，喻宋朝。艾，老也。○ 娄，力侯切；《字林》作甊，力付切。猪，张鱼切。盍，户臘切。艾，五盖切，《注》同；《字林》作豥，音艾，三毛聚居者。豭，音加，牡豕也。　④ 速，大子家臣。○ 戏，许宜切。少，诗照切；本亦作小。　⑤ 见大子色变，知其欲杀己。　⑥ 戕，残杀也。○ 戕，在良切。　⑦ 使义可信，不必信言。○ 纾，音舒。谚，音彦。

冬十二月，晋人败范、中行氏之师于潞，获籍秦、高彊[①]。又败郑师及范氏之师于百泉[②]。

① 二子，党范氏者。终景王言籍父无后。○ 潞，音路。父，音甫。② 郑助范氏，故并败。

经

十有五年春，王正月，邾子来朝。

鼷鼠食郊牛，牛死，改卜牛①。

二月辛丑，楚子灭胡，以胡子豹归。

夏五月辛亥，郊②。

壬申，公薨于高寝③。

郑罕达帅师伐宋。

齐侯、卫侯次于渠蒢④。

邾子来奔丧⑤。

秋七月壬申，姒氏卒⑥。

八月庚辰朔，日有食之⑦。

九月，滕子来会葬⑧。

丁巳，葬我君定公，雨，不克葬。戊午，日下昃，乃克葬。

辛巳，葬定姒⑨。

冬，城漆⑩。

① 无《传》。不言所食处，举死，重也。改卜，礼也。○ 鼷，音兮。处，昌虑切。　② 无《传》。书过。　③ 高寝，宫名。不于路寝，失其所。④ 不果救，故书次。○ 蒢，直居切。　⑤ 无《传》。诸侯奔丧，非礼。⑥ 定公夫人。　⑦ 无《传》。　⑧ 无《传》。诸侯会葬，非礼也。⑨ 辛巳，十月三日。有日无月。○ 昃，音侧。　⑩ 邾庶其邑。○ 漆，音七。

传

十五年春，郲隐公来朝[①]。子贡观焉。郲子执玉高，其容仰。公受玉卑，其容俯[②]。子贡曰："以礼观之，二君者，皆有死亡焉。夫礼，死生存亡之体也。将左右周旋，进退俯仰，于是乎取之。朝祀丧戎，于是乎观之。今正月相朝，而皆不度[③]，心已亡矣。嘉事不体，何以能久[④]？高仰，骄也；卑俯，替也。骄近乱，替近疾。君为主，其先亡乎[⑤]。"

① 郲子益。　② 玉，朝者之贽。○ 贽，音至。　③ 不合法度。④ 嘉事，朝礼。　⑤ 为此年公薨，哀七年以郲子益归《传》。○ 替，他计切。近，附近之近。

吴之入楚也[①]，胡子尽俘楚邑之近胡者[②]。楚既定，胡子豹又不事楚，曰："存亡有命，事楚何为？多取费焉。"二月，楚灭胡[③]。

① 在四年。　② 俘，取也。　③《传》言小不事大，所以亡。○ 费，芳味切。

夏五月壬申，公薨。仲尼曰："赐不幸言而中，是使赐多言者也[①]。"

① 以微知著，知之难者。子贡言语之士，今言而中，仲尼惧其易言，故抑之。○ 中，丁仲切。微知著，知之难，并如字，又音智。易，以豉切。

郑罕达败宋师于老丘[①]。

① 罕达，子齹之子。老丘，宋地。宋公子地奔郑，郑人为之伐宋，欲取地以处之，事见哀十二年。○ 齹，子何切。为，于伪切。见，贤遍切。

齐侯、卫侯次于蘧挐，谋救宋也[①]。

① ○ 蘧，音渠。挐，女居切，又女加切。

秋七月壬申，姒氏卒。不称夫人，不赴，且不祔也[①]。

① 赴同、祔姑，夫人之礼。二者皆阙，故不曰夫人。○ 祔，音附。

葬定公。雨，不克襄事，礼也[①]。

① 襄，成也。雨而成事，若汲汲于欲葬。○ 襄，息羊切。

葬定姒。不称小君，不成丧也。[①]。

① 公未葬而夫人薨，烦于丧礼，不赴不祔，故不称小君，臣子怠慢也。反哭于寝，故书葬。

冬，城漆。书不时告也[①]。

① 实以秋城，冬乃告庙。鲁知其不时，故缓告，从而书之以示讥。

春秋经传集解第二十九

哀公上

〇 哀公名蒋，定公之子。盖夫人定姒所生，敬王二十八年即位。《谥法》，恭仁短折曰哀。

经

元年春，王正月，公即位①。

楚子、陈侯、随侯、许男围蔡②。

鼷鼠食郊牛，改卜牛。夏四月辛巳，郊③。

秋，齐侯、卫侯伐晋。

冬，仲孙何忌帅师伐邾④。

① 无《传》。　② 随世服于楚，不通中国。吴之入楚，昭王奔随，随人免之，卒复楚国。楚人德之，使列于诸侯，故得见《经》。定六年，郑灭许，此复见者，盖楚封之。〇 见，贤遍切。复，扶又切。　③ 无《传》，书过也。不言所食，所食非一处。〇 处，昌虑切。　④ 无《传》。

传

元年春，楚子围蔡，报伯举也①。里而栽②，广丈高倍③。夫屯昼夜九日④，如子西之素⑤。蔡人男女以辨⑥，使疆于江、汝之间而还⑦。蔡于是乎请迁于吴⑧。

① 在定四年。　② 栽，设板筑为围垒，周币去蔡城一里。○ 栽，才代切，又音再，《注》同；《说文》云，筑墙长版。垒，力轨切。帀，子合切。　③ 垒厚一丈，高二丈。○ 广，古旷切。高倍，并如字；高，又古报切。厚，古豆切。　④ 夫，犹兵也。垒未成，故令人在垒裡屯守蔡。○ 屯，徒门切，《注》同；屯，守也。令，力呈切。　⑤ 子西本计，为垒当用九日而成。　⑥ 辨，别也。男女各别，系累而出降。○ 辨，扶免切，又方免切。别，彼列切。累，力维切。降，户江切。　⑦ 楚欲使蔡徙国在江水之北，汝水之南，求田以自安也。蔡权听命，故楚师还。○ 疆，居良切。　⑧ 楚既还，蔡人更叛楚就吴，为明年蔡迁州来《传》。

吴王夫差败越于夫椒，报檇李也[①]。遂入越。越子以甲楯五千，保于会稽[②]。使大夫种因吴大宰嚭以行成，吴子将许之。伍员曰："不可。臣闻树德莫如滋，去疾莫如尽。昔有过浇杀斟灌以伐斟鄩[③]，灭夏后相[④]。后缗方娠，逃出自窦[⑤]，归于有仍[⑥]，生少康焉，为仍牧正[⑦]。惎浇，能戒之[⑧]。浇使椒求之[⑨]，逃奔有虞，为之庖正，以除其害[⑩]。虞思于是妻之以二姚[⑪]，而邑诸纶[⑫]。有田一成，有众一旅[⑬]，能布其德，而兆其谋[⑭]，以收夏众，抚其官职[⑮]。使女艾谍浇[⑯]，使季杼诱豷[⑰]，遂灭过、戈，复禹之绩[⑱]。祀夏配天，不失旧物[⑲]。今吴不如过，而越大于少康，或将丰之，不亦难乎[⑳]。句践能亲而务施，施不失人[㉑]，亲不弃劳[㉒]，与我同壤而世为仇雠，于是乎克而弗取，将又存之，违天而长寇仇[㉓]，后虽悔之，不可食已[㉔]。姬之衰也，日可俟也[㉕]。介在蛮夷，而长寇仇，以是求伯，必不行矣。"弗听。退而告人曰："越十年生聚，而十年教训[㉖]，二十年之外，吴其为沼乎[㉗]！"三月，越及吴平。吴入越，不书，吴不告庆，越不告败也[㉘]。

① 檇李，在定十四年。夫椒，吴郡吴县西南大湖中椒山。〇 夫，音扶。椒，又作枡，子消切。檇，音醉。大，音泰。　② 上会稽山也。在会稽山阴县南。〇 栖，食允切，又音允。会，古外切。稽，古兮切。上，时掌切。③ 浇，寒浞子，封于过者。二斟，夏同姓诸侯。襄四年《传》曰：浇用师灭斟灌。〇 嚭，普鄙切。员，音云。去，起吕切；一本又作去恶。过，古禾切，国名。浇，五叫切，又五报切。斟，之林切。灌，古乱切。鄩，音寻。浞，仕捉切。夏，户雅切。　④ 夏后相，启孙也。后相失国，依于二斟，复为浇所灭。〇 相，息亮切。复，扶又切。　⑤ 后缗，相妻。娠，怀身也。〇 缗，亡巾切。娠，音震，又音身。窦，音豆。　⑥ 后缗，有仍氏女。　⑦ 牧官之长。〇 少，诗照切。长，丁丈切。　⑧ 惎，毒也。戒，备也。〇 惎，音忌。　⑨ 椒，浇臣。　⑩ 虞舜后诸侯也。梁国有虞县。庖正，掌膳羞之官。赖此以得除己害。〇 庖，步交切。　⑪ 思，有虞君也。虞思自以二女妻少康。姚，虞姓。〇 妻，七计切。姚，羊昭切。　⑫ 纶，虞邑。〇 纶，音伦。　⑬ 方十里为成，五百人为旅。　⑭ 兆，始。　⑮ 襄四年《传》曰：靡自有鬲氏收二国之烬，以灭浞而立少康。〇 鬲，音革。烬，徐刃切，又秦刃切。　⑯ 女艾，少康臣。谍，候也。〇 女，如字，又音汝。艾，五盖切。谍，音牒。　⑰ 豷，浇弟也。季杼，少康子后杼也。〇 杼，直吕切。豷，许器切。　⑱ 过，浇国。戈，豷国。〇 过、戈，并古禾切。绩，一本作迹。　⑲ 物，事也。　⑳ 言与越成，是使越丰大，必为吴难。〇 难，乃旦切。　㉑ 所加惠赐，皆得其人。〇 施，始豉切。㉒ 推亲爱之诚，则不遗小劳。　㉓ 犹言天与不取。〇 长，丁丈切。㉔ 食，消也。已，止也。　㉕ 姬，吴姓。言可计日而待。〇 俟，本又作竢，音仕。　㉖ 生民聚财，富而后教之。〇 介，音界。伯，如字，又音霸。聚，才喻切，又如字。　㉗ 谓吴宫室废坏，当为汙池。为二十二年越入吴起本。〇 沼，之兆切。汙，音乌。　㉘ 嫌夷狄不与华同，故复发《传》。〇 复，扶又切。

夏四月，齐侯、卫侯救邯郸，围五鹿①。

① 赵稷以邯郸叛，范、中行氏之党也。五鹿，晋邑。○ 邯，音寒。郸，音丹。

吴之入楚也[①]，使召陈怀公。怀公朝国人而问焉，曰："欲与楚者右，欲与吴者左。"陈人从田，无田从党[②]。逢滑当公而进[③]，曰："臣闻国之兴也以福，其亡也以祸。今吴未有福，楚未有祸。楚未可弃，吴未可从。而晋，盟主也，若以晋辞吴，若何？"公曰："国胜君亡，非祸而何[④]？"对曰："国之有是多矣，何必不复。小国犹复，况大国乎？臣闻国之兴也，视民如伤，是其福也[⑤]。其亡也，以民为土芥，是其祸也[⑥]。楚虽无德，亦不艾杀其民。吴日敝于兵，暴骨如莽[⑦]，而未见德焉。天其或者正训楚也[⑧]！祸之适吴，其何日之有[⑨]？"陈侯从之。及夫差克越，乃修先君之怨。秋八月，吴侵陈，修旧怨也[⑩]。

① 在定四年。　② 都邑之人无田者，随党而立，不知所与，故直从所居。田在西者居右，在东者居左。　③ 当公，不左不右。○ 滑，于八切。　④ 楚为吴所胜。　⑤ 如伤，恐惊动。　⑥ 芥，草也。○ 芥，古迈切。　⑦ 草之生于广野，莽莽然，故曰草莽。○ 艾，鱼废切。暴，步卜切。莽，亡党切。　⑧ 使惧而改过。　⑨ 言今至。　⑩《传》言吴不修德而修怨，所以亡。

齐侯、卫侯会于乾侯，救范氏也。师及齐师、卫孔圉、鲜虞人伐晋，取棘蒲[①]。

① 鲁师不书,非公命也。孔圉,孔烝鉏曾孙。鲜虞,狄帅贱,故不书。○ 圉,鱼吕切。烝,之承切。鉏,仕居切。

吴师在陈,楚大夫皆惧,曰:"阖庐惟能用其民,以败我于柏举。今闻其嗣又甚焉。将若之何?"子西曰:"二三子恤不相睦,无患吴矣。昔阖庐食不二味,居不重席,室不崇坛①,器不彤镂②,宫室不观③,舟车不饰,衣服财用,择不取费④。在国,天有菑疠⑤,亲巡孤寡,而共其乏困。在军,熟食者分,而后敢食⑥。其所尝者,卒乘与焉⑦。勤恤其民而与之劳逸,是以民不罢劳,死知不旷⑧。吾先大夫子常易之,所以败我也⑨。今闻夫差次有台榭陂池焉⑩,宿有妃嫱嫔御焉⑪。一日之行,所欲必成,玩好必从。珍异是聚,观乐是务,视民如雠,而用之日新。夫先自败也已,安能败我⑫?"

① 平地作室,不起坛也。○ 重,直龙切。坛,徒丹切。 ② 彤,丹也。镂,刻也。○ 彤,徒冬切。镂,鲁豆切。 ③ 观,台榭。○ 观,古乱切。榭,音谢。 ④ 选取坚厚,不尚细靡。○ 费,芳味切。 ⑤ 疠,疾疫也。○ 菑,音灾。本或作天无菑疠,非,《注》同。疫,音役。 ⑥ 必须军士皆分熟食,不敢先食。分,犹徧也。○ 共,音恭。熟食者分,如字;一读以分字连下句。徧,音遍。 ⑦ 所尝甘珍,非常食。○ 卒,子忽切。乘,绳证切。与,音预。 ⑧ 知身死不见旷弃。○ 罢,音皮。 ⑨ 易,犹反也。 ⑩ 积土为高曰台,有木曰榭,过再宿曰次。○ 陂,彼宜切。 ⑪ 妃嫱,贵者。嫔御,贱者。皆内官。○ 嫱,本又作廧,或作嬙,在羊切。嫔,毗人切。 ⑫ 为二十二年越灭吴起本。○ 好,呼报切。夫先自败也已,夫,音扶;本或作夫差先自败者,非。

冬十一月，晋赵鞅伐朝歌[①]。

① 讨范、中行氏。

经

二年春，王二月，季孙斯、叔孙州仇、仲孙何忌帅师伐邾，取漷东田，及沂西田[①]。

癸巳，叔孙州仇、仲孙何忌及邾子盟于句绎[②]。

夏四月丙子，卫侯元卒[③]。

滕子来朝[④]。

晋赵鞅帅师纳卫世子蒯聩于戚。

秋八月甲戌，晋赵鞅帅师及郑罕达帅师战于铁，郑师败绩[⑤]。

冬十月，葬卫灵公[⑥]。

十有一月，蔡迁于州来[⑦]。

蔡杀其大夫公子驷[⑧]。

① 邾人以赂，取之易也。○ 漷，火虢切，又音郭。沂，鱼依切。易，以豉切。 ② 句绎，邾地。取邑，盟以要之。○ 句，古侯切。绎，音亦。要，以遥切。 ③ 定四年盟皋鼬。 ④ 无《传》。 ⑤ 皆陈曰战，大崩曰败绩。铁在戚城南。罕达，子皮孙。○ 铁，天结切。陈，直觐切。 ⑥ 无《传》。七月而葬，缓。 ⑦ 畏楚而请迁，故以自迁为文。 ⑧ 怀土而欺大国，故罪而书名。

传

二年春，伐邾，将伐绞[①]。邾人爱其土，故赂以漷、沂之田而受盟。

① 绞，郲邑。○ 绞，古卯切。

初，卫侯游于郊，子南仆[①]。公曰："余无子，将立女[②]。"不对。他日，又谓之。对曰："郢不足以辱社稷，君其改图。"君夫人在堂，三揖在下[③]。"君命祇辱[④]。"夏，卫灵公卒。夫人曰："命公子郢为大子，君命也。"对曰："郢异于他子[⑤]。且君没于吾手，若有之，郢必闻之[⑥]。且亡人之子辄在[⑦]。"乃立辄。六月乙酉，晋赵鞅纳卫大子于戚。宵迷，阳虎曰："右河而南，必至焉[⑧]。"使大子绻[⑨]，八人衰绖，伪自卫逆者[⑩]。告于门，哭而入，遂居之。

① 子南，灵公子郢也。仆，御也。○ 郢，以井切。　② 蒯聩奔，无大子。○ 女，音汝。　③ 三揖：卿、大夫、士。○ 揖，一入切。　④ 言立適当以礼，与外内同之。今君私命，事必不从，適为辱。○ 祇，音支。適，丁历切，下適孙同。　⑤ 言用意不同。　⑥ 言当以临没为正。⑦ 辄，蒯聩之子出公也，灵公適孙。　⑧ 是时河北流过元城界，戚在河外，晋军已渡河，故欲出河右而南。　⑨ 绻者，始发丧之服。○ 绻，音问。丧，音桑。　⑩ 欲为卫人逆，故衰绖成服。○ 衰，七雷切。绖，田结切。

秋八月，齐人输范氏粟，郑子姚、子般送之[①]。士吉射逆之，赵鞅御之，遇于戚。阳虎曰："吾车少，以兵车之旆，与罕、驷兵车先陈[②]。罕、驷自后随而从之，彼见吾貌，必有惧心[③]。于是乎会之[④]，必大败之。"从之。卜战，龟焦[⑤]。乐丁曰:"《诗》曰:'爰始爰谋,爰契我龟[6]。'谋协以故兆,询可也[7]。"简子誓曰:"范氏、中行氏,反易天明[8],斩艾百姓,欲擅晋国而灭其君。寡君恃郑而保焉。今郑为不道,弃君助臣,二三子顺天明,从君命,经德义,除诟耻,在此行也。克敌者,上大夫受县,下大夫受郡[9],士田十万[10],庶人工商遂[11],人臣隶圉免[12]。志父无罪,君实图之[13]。若其有罪,绞缢以戮[14],桐棺三寸,不设属辟[15],素车朴马[16],无入于兆[17],下卿之罚也[18]。"甲戌,将战,邮无恤御简子,卫大子为右[19]。登铁上[20],望见郑师众,大子惧,自投于车下。子良授大子绥而乘之,曰:"妇人也[21]。"简子巡列曰:"毕万,匹夫也。七战皆获,有马百乘,死于牖下[22]。群子勉之,死不在寇[23]。"繁羽御赵罗,宋勇为右[24],罗无勇,麇之[25]。吏诘之,御对曰:"痁作而伏[26]。"卫大子祷曰:"曾孙蒯聩敢昭告皇祖文王[27],烈祖康叔[28],文祖襄公[29]:郑胜乱从[30],晋午在难[31],不能治乱,使鞅讨之[32]。蒯聩不敢自佚,备持矛焉[33]。敢告无绝筋,无折骨,无面伤,以集大事,无作三祖羞[34]。大命不敢请,佩玉不敢爱[35]。"郑人击简子中肩,毙于车中[36],获其蠭旗[37]。大子救之以戈,郑师北,获温大夫赵罗[38]。大子复伐之,郑师大败,获齐粟千车。赵孟喜曰:"可矣[39]。"傅傁曰:"虽克郑,犹有知在,忧未艾也[40]。"

初,周人与范氏田,公孙尨税焉[41]。赵氏得而献之[42],吏请杀之。赵孟曰:"为其主也,何罪?"止而与之田[43]。及铁之战,以徒五百人宵攻郑师,取蠭旗于子姚之幕下,献曰:"请报主德。"

追郑师。姚、般、公孙林殿而射，前列多死[44]。赵孟曰："国无小[45]。"既战，简子曰："吾伏弢呕血[46]，鼓音不衰，今日我上也[47]。"大子曰："吾救主于车，退敌于下，我右之上也。"邮良曰："我两靷将绝，吾能止之[48]，我御之上也。"驾而乘材，两靷皆绝[49]。

① 子姚，罕达。子般，驷弘。○ 般，音班。　② 旆，先驱车也。以先驱车益以兵车以示众。○ 陈，直觐切。　③ 晋人先陈，郑人随之，不知其虚实，见车多必惧。　④ 会，合战。　⑤ 兆不成。　⑥ 乐丁，晋大夫。《诗·大雅》。言先人事，后卜筮。○ 契，苦计切，又苦结切。⑦ 询，谘询也。故兆，始纳卫大子，卜得吉兆。言今既谋同，可不须更卜。○ 谋协以故兆，绝句。询，思遵切。　⑧ 不事君也。　⑨《周书·作雒篇》。千里百县，县有四郡。○ 艾，鱼废切。檀，市战切。而灭其君，灭或作戕，音残。诟，呼豆切，又音苟。雒，音洛。千里百县，县方百里；县有四郡，郡方五十里。　⑩ 十万亩也。　⑪ 得遂进仕。　⑫ 去厮役。○ 厮役如字，厮又作斯，音同；何休注《公羊》云，艾草为防者曰厮，汲水浆者曰役；苏林注《汉书》云，厮，取薪者；韦昭云，析薪曰厮。　⑬ 志父，赵简子之一名也。言已事济，君当图其赏。○ 父，音甫。服云，赵鞅入晋阳以畔，后得归，改名志父。《春秋》仍旧，犹书赵鞅。　⑭ 绞，所以缢人物。○ 缢，一赐切。戮，音六。　⑮ 属辟，棺之重数。王棺四重，君再重，大夫一重。○《释文》：桐棺三寸，《礼记》云，夫子制于中都，四寸之棺，五寸之椁，以斯知不欲速朽也。郑康成注云，此庶人之制也。案礼，上大夫棺八寸，属六寸，下大夫棺六寸，属四寸。无三寸棺制也。棺用难朽之木，桐木易坏，不堪为棺，故以为罚。墨子尚俭，有桐棺三寸。不设属，音烛，《注》同，次大棺也。辟，步历切，《注》同，亲身棺也。礼，大夫无辟。重，直龙切，下同。王棺四重，《礼记》云，水兕革棺被之，其厚三寸。椸棺一，梓棺二。椸棺，辟也。梓棺二，属与大棺也。被水牛及兕之革为一重，辟为二重，属

为三重，大棺为四重。君再重，君谓侯、伯、子、男，侯、伯已下无革棺，属与辟为一重，大棺为再重。上公则唯无水革耳。兕革与辟为一重，属为再重，大棺为三重。大夫一重，大夫唯属与大棺为一重。今云不设辟者，时僭耳，非正礼也。　⑯ 以载柩。○ 朴，普角切。柩，其又切。　⑰ 兆，葬域。⑱ 为众设赏，自设罚，所以能克敌。○ 为，于伪切。　⑲ 邮无恤，王良也。○ 邮，音尤。　⑳ 铁，丘名。　㉑ 言其怯。○ 怯，去业切。㉒ 毕万，晋献公卿也。皆获，有功。死于牖下，言得寿终。○ 乘，绳证切。牖，羊九切。　㉓ 言有命。　㉔ 三子，晋大夫。　㉕ 麇，束缚也。○ 麇，丘陨切。　㉖ 痁，疟疾也。○ 诘，起吉切。痁，诗占切。疟，鱼略切。　㉗ 周文王。皇，大也。○ 祷，丁老切，又丁报切。　㉘ 烈，显也。　㉙ 继业守文，故曰文祖。蒯聩，襄公之孙。　㉚ 胜，郑声公名。释君助臣，为从于乱。　㉛ 午，晋定公名。○ 难，乃旦切，下《注》为难同。　㉜ 鞅，简子名。　㉝ 戎右持矛。○ 佚，音逸。矛，亡侯切。㉞ 集，成也。○ 筋，居银切。　㉟ 不敢爱，故以祈祷。　㊱ 毙，踣也。○ 中，丁仲切。毙，婢世切，本亦作獘。踣，蒲北切。　㊲ 蠭旗，旗名。○ 蠭，芳恭切。　㊳ 罗无勇，故郑师虽北，犹获罗。　㊴ 赵孟，简子也。喜大子前怯，今更勇。○ 复，扶又切。　㊵ 傅傁，简子属也。言知氏将为难，后竟有晋阳之患。○ 傁，素口切；又作叟。知，音智。艾，鱼废切，又五盖切。　㊶ 龙，范氏臣，为范氏收周人所与田之税。○ 龙，武江切。税，始锐切。为，于伪切，下为其主同。　㊷ 得龙以献简子。㊸ 还其所税。　㊹ 晋前列。○ 幕，音莫。姚、般，子姚、子般。殿，丁电切。射，食亦切。　㊺ 言虽小国，犹有善射者。　㊻ 弢，弓衣。呕，吐也。○ 弢，吐刀切。呕，本又作嗀，乌口切。吐，他路切。　㊼ 功为上。㊽ 止，使不绝。○ 靷，以刃切。　㊾ 材，横木。明细小也。《传》言简子不让下自伐。

吴泄庸如蔡纳聘，而稍纳师。师毕入，众知之①。蔡侯告大夫，杀公子驷以说②，哭而迁墓③。冬，蔡迁于州来。

① 元年，蔡请迁于吴，中悔，故因聘袭之。○ 泄，息列切，又息引切。中，丁仲切。　② 杀驷以说吴，言不时迁，驷之为。　③ 将迁，与先君辞，故哭。

经

三年春，齐国夏、卫石曼姑帅师围戚①。

夏四月甲午，地震②。

五月辛卯，桓宫、僖宫灾③。

季孙斯、叔孙州仇帅师城启阳④。

宋乐髡帅师伐曹⑤。

秋七月丙子，季孙斯卒。

蔡人放其大夫公孙猎于吴⑥。

冬十月癸卯，秦伯卒⑦。

叔孙州仇、仲孙何忌帅师围邾⑧。

① 曼姑为子围父，知其不义，故推齐使为兵首。戚不称卫，非叛人。○ 曼，音万。为，于伪切。　② 无《传》。　③ 天火曰灾。　④ 无《传》。鲁党范氏，故惧晋，比年四城。启阳，今琅邪开阳县。　⑤ 无《传》。○ 髡，苦孙切。　⑥ 无《传》。公子驷之党。　⑦ 无《传》。不书名，未同盟。　⑧ 无《传》。

传

三年春，齐、卫围戚，求援于中山①。

① 中山，鲜虞。

夏五月辛卯，司铎火①。火逾公宫，桓、僖灾②。救火者皆曰：“顾府③。”南宫敬叔至，命周人出御书，俟于宫④，曰：“庀女而不在，死⑤。”子服景伯至，命宰人出礼书⑥，以待命，命不共，有常刑⑦。校人乘马，巾车脂辖⑧。百官官备，府库慎守，官人肃给⑨。济濡帷幕，郁攸从之⑩，蒙葺公屋⑪。自大庙始，外内以悛⑫，助所不给。有不用命，则有常刑，无赦。公父文伯至，命校人驾乘车⑬。季桓子至，御公立于象魏之外⑭。命救火者伤人则止，财可为也。命藏《象魏》⑮，曰：“旧章不可亡也。”富父槐至，曰：“无备而官办者，犹拾渖也⑯。”于是乎去表之槀⑰，道还公宫⑱。孔子在陈，闻火，曰：“其桓、僖乎⑲。”

① 司铎，宫名。○ 铎，待洛切。　② 桓公、僖公庙。　③ 言常人爱财。　④ 敬叔，孔子弟子南宫阅。周人，司周书典籍之官。御书，进于君者也。使待命于宫。○ 阅，音悦。　⑤ 庀，具也。○ 庀，匹婢切。○ 女，音汝。　⑥ 景伯，子服何也。宰人，冢宰之属。　⑦ 待求之命。○ 共，音恭。　⑧ 校人，掌马。巾车，掌车。乘马，使四四相从，为驾之易。○ 校，户教切。乘，绳证切，下同。辖，户瞎切；本又作鎋，同。为，于伪切。易，以豉切。　⑨ 国有火灾，恐有变难，故慎为备。○ 难，乃旦切。⑩ 郁攸，火气也。濡物于水，出用为济。○ 济，子细切，又子礼切。帷，位悲切。幕，音莫。攸，音由。　⑪ 以濡物冒覆公屋。○ 葺，七入切，又子入切。　⑫ 悛，次也。先尊后卑，以次救之。○ 悛，七全切。　⑬ 乘车，公车。　⑭ 象魏，门阙。　⑮《周礼》，正月县教令之法于象魏，使万民观之，故谓其书为《象魏》。○ 县，音玄。　⑯ 槐，富父终生之后。渖，汁也。言不备而责办，不可得。○ 父，音甫。槐，音怀。办，办具之办。拾，音十。渖，尺审切；北土呼汁为渖。　⑰ 表，表火道。风所向者，去其

橐积。○ 去，起吕切。橐，古老切。向，许亮切。积，子赐切。　⑱ 开除道，周帀公宫，使火无相连。○ 还，本又作环，户关切，又音患，同。　⑲ 言桓、僖亲尽而庙不毁，宜为天所灾。

刘氏、范氏世为婚姻①，苌弘事刘文公②，故周与范氏。赵鞅以为讨③。六月癸卯，周人杀苌弘④。

① 刘氏，周卿士。范氏，晋大夫。　② 为之属大夫。　③ 责周与范氏。　④ 终违天之祸。

秋，季孙有疾，命正常曰："无死①。南孺子之子，男也，则以告而立之②。女也，则肥也可③。"季孙卒，康子即位。既葬，康子在朝④。南氏生男，正常载以如朝，告曰："夫子有遗言，命其圉臣曰：'南氏生男，则以告于君与大夫而立之。'今生矣，男也，敢告。"遂奔卫。康子请退⑤。公使共刘视之⑥，则或杀之矣，乃讨之⑦。召正常，正常不反⑧。

① 正常，桓子之宠臣，欲付以后事，故敕令勿从己死。○ 令，力呈切。　② 南孺子，季桓子之妻。言若生男，告公而立之。○ 孺，如住切。　③ 肥，康子也。　④ 在公朝也。　⑤ 退，辟位也。　⑥ 共刘，鲁大夫。○ 共，音恭。　⑦ 讨杀者。　⑧ 畏康子也。《传》备言季氏家事。

冬十月，晋赵鞅围朝歌，师于其南①。荀寅伐其郛②，使其徒自北门入，已犯师而出③。癸丑，奔邯郸。十一月，赵鞅杀士皋夷，恶范氏也④。

① 范、中行所在。　② 伐其北郭围。○ 郛，芳夫切。　③ 荀寅使在外救己之徒击赵氏，围之北门，因外内攻得出。　④ 恶范氏而杀其族，言迁怒。○ 恶，乌路切。

经

四年春，王二月庚戌，盗杀蔡侯申①。

蔡公孙辰出奔吴②。

葬秦惠公③。

宋人执小邾子④。

夏，蔡杀其大夫公孙姓、公孙霍⑤。

晋人执戎蛮子赤，归于楚⑥。

城西郛⑦。

六月辛丑，亳社灾⑧。

秋八月甲寅，滕子结卒⑨。

冬十有二月，葬蔡昭公⑩。

葬滕顷公⑪。

① 贱者故称盗，不言杀其君，贱盗也。○ 杀，申志切。蔡侯申，今本皆如此。案，宣十七年，蔡侯申卒，是文侯也。今昭侯是其玄孙，不容与高祖同名，未详何者误也。　② 弑君贼之党，故书名。　③ 无《传》。　④ 无《传》。邾子无道于其民，故称人以执。　⑤ 皆弑君党。○ 姓，音生，又作生，或音性。　⑥ 晋耻为楚执诸侯，故称人以告。若蛮子，不道于其民也。赤本属楚，故言归。○ 耻为，于伪切。　⑦ 无《传》。鲁西郭，备晋也。　⑧ 无《传》。天火也。亳社，殷社，诸侯有之，所以戒亡国。○ 亳，步各切。　⑨ 无《传》。同盟于皋鼬。　⑩ 无《传》。乱故，是以缓。　⑪ 无《传》。

传

四年春，蔡昭侯将如吴，诸大夫恐其又迁也，承[①]。公孙翩逐而射之，入于家人而卒[②]。以两矢门之，众莫敢进[③]。文之锴后至[④]，曰：“如墙而进，多而杀二人[⑤]。”锴执弓而先，翩射之，中肘。锴遂杀之。故逐公孙辰，而杀公孙姓、公孙盱[⑥]。

① 承，音惩，盖楚言。○ 惩，直升切。 ② 翩，蔡大夫。○ 翩，音篇。射，食亦切，下同。 ③ 翩以矢自守其门。 ④ 锴，蔡大夫。○ 锴，音楷，又音皆，又客骇切。 ⑤ 并行如墙俱进。○ 并，步顶切。 ⑥ 盱，即霍也。○ 中，丁仲切。肘，竹九切。盱，况于切。

夏，楚人既克夷虎[①]，乃谋北方。左司马眅、申公寿馀、叶公诸梁致蔡于负函[②]，致方城之外于缯关[③]，曰：“吴将泝江入郢[④]，将奔命焉。”为一昔之期，袭梁及霍[⑤]。单浮馀围蛮氏，蛮氏溃[⑥]。蛮子赤奔晋阴地[⑦]。司马起豐、析与狄戎[⑧]，以临上雒。左师军于菟和[⑨]，右师军于仓野[⑩]，使谓阴地之命大夫士蔑[⑪]曰：“晋、楚有盟，好恶同之。若将不废，寡君之愿也。不然，将通于少习以听命[⑫]。”士蔑请诸赵孟。赵孟曰：“晋国未宁，安能恶于楚，必速与之[⑬]。”士蔑乃致九州之戎[⑭]，将裂田以与蛮子而城之[⑮]，且将为之卜[⑯]。蛮子听卜，遂执之，与其五大夫，以畀楚师于三户[⑰]。司马致邑，立宗焉，以诱其遗民[⑱]，而尽俘以归。

① 夷虎，蛮夷叛楚者。 ② 三子，楚大夫也。此蔡之故地人民，楚

因以为邑。致之者，会其众也。○ 眅，普版切；《字林》，匹奸切。叶，始涉切。函，音咸。　③ 负函、缯关，皆楚地。○ 缯，才陵切。　④ 逆流曰泝。○ 泝，音素。郢，以井切，又以政切。　⑤ 伪辞当备吴，夜结期，明日便袭梁、霍，使不知之。梁，河南梁县西南故城也。梁南有霍阳山，皆蛮子之邑也。　⑥ 浮馀，楚大夫。○ 单，音善。溃，户内切。　⑦ 阴地，河南山北自上雒以东至陆浑。○ 浑，户门切。　⑧ 楚司马眅也。析县属南乡郡，析南有丰乡，皆楚邑。发此二邑人及戎狄。○ 析，星历切。⑨ 菟和山在上雒东也。○ 菟，音徒。　⑩ 仓野在上雒县。　⑪ 命大夫，别县监尹。○ 监，古衔切。　⑫ 少习，商县武关也。将大开武关道以伐晋。○ 少，诗照切，又如字。　⑬ 未宁，时有范、中行之难。○ 难，乃旦切。　⑭ 九州戎，在晋阴地、陆浑者。　⑮ 以诈蛮子。　⑯ 卜城。○ 为，于伪切。　⑰ 今丹水县北三户亭。○ 畀，必利切。⑱ 楚复诈为蛮子作邑，立其宗主。○ 复，扶又切。

秋七月，齐陈乞、弦施，卫甯跪救范氏①。庚午，围五鹿②。九月，赵鞅围邯郸。冬十一月，邯郸降。荀寅奔鲜虞，赵稷奔临③。十二月，弦施逆之，遂堕临。国夏伐晋，取邢、任、栾、鄗、逆畤、阴人、盂、壶口④。会鲜虞，纳荀寅于柏人⑤。

① 陈乞，僖子。弦施，弦多。○ 跪，其委切。　② 五鹿，晋地。③ 临，晋邑。○ 降，户江切。　④ 八邑，晋地。栾在赵国平棘县西北。鄗即高邑县也，路县东有壶口关。○ 堕，许规切。邢，音刑。任，音壬。栾，力官切。鄗，呼洛切；郭璞《三苍解诂》音膗；《字林》，火沃切；韦昭，呼告切；阚骃云，读硗确，同。畤，音止。盂，音于。　⑤ 晋邑也。今赵国柏人县也。弦施与鲜虞会也。

经

五年春，城毗[1]。

夏，齐侯伐宋[2]。

晋赵鞅帅师伐卫。

秋九月癸酉，齐侯杵臼卒[3]。

冬，叔还如齐。

闰月，葬齐景公[4]。

① 无《传》。备晋也。○ 毗，频夷切。　② 无《传》。　③ 再同盟也。○ 杵，昌吕切。臼，求又切。　④ 无《传》。

传

五年春，晋围柏人，荀寅、士吉射奔齐。初，范氏之臣王生恶张柳朔，言诸昭子，使为柏人[1]。昭子曰："夫非而雠乎？"对曰："私雠不及公[2]，好不废过，恶不去善，义之经也。臣敢违之？"及范氏出[3]，张柳朔谓其子："尔从主，勉之。我将止死，王生授我矣[4]。吾不可以僭之。"遂死于柏人[5]。

① 为柏人宰也。昭子，范吉射也。○ 恶，乌路切，下同。柳，良久切。② 公家之事也。○ 夫，音扶。　③ 出柏人奔齐。○ 好，呼报切。去，起吕切。　④ 授我死节。　⑤ 为吉射距晋战死。○ 僭，子念切，后同。为，于伪切。

夏，赵鞅伐卫，范氏之故也，遂围中牟[1]。

① 卫助范氏故也。

齐燕姬生子，不成而死[①]。诸子，鬻姒之子荼，嬖[②]。诸大夫恐其为大子也，言于公曰："君之齿长矣，未有大子，若之何？"公曰："二三子间于忧虞，则有疾疢。亦姑谋乐，何忧于无君[③]？"公疾，使国惠子、高昭子立荼[④]，置群公子于莱[⑤]。秋，齐景公卒。冬十月，公子嘉、公子驹、公子黔奔卫，公子鉏、公子阳生来奔[⑥]。莱人歌之曰："景公死乎不与埋，三军之事乎不与谋。师乎师乎，何党之乎[⑦]？"

① 燕姬，景公夫人。不成，未冠也。○ 燕，於贤切。冠，古唤切。② 诸子，庶公子也。鬻姒，景公妾。荼，安孺子。○ 鬻，音育。姒，音似。荼，音舒，又音徒，又丈加切。嬖，必计切。　③ 景公意欲立荼而未发，故以此言塞大夫请。○ 长，丁丈切。间，音闲，又音间厕之间，又如字。疢，敕觐切，本或作疹，乃结切。乐，音洛。　④ 惠子，国夏。昭子，高张。⑤ 莱，齐东鄙邑。○ 置，之豉切。群，或作诸。莱，音来。　⑥ 皆景公子在莱者。○ 黔，巨廉切，又音琴。鉏，仕居切。　⑦ 师，众也。党，所也。之，往也。称谥，盖葬后而为此歌，哀群公子失所。○ 与，音预。埋，亡皆切。

郑驷秦富而侈，嬖大夫也，而常陈卿之车服于其庭。郑人恶而杀之。子思曰："《诗》曰：'不解于位，民之攸塈[①]。'不守其位，而能久者鲜矣。《商颂》曰：'不僭不滥，不敢怠皇，命以多福[②]。'"

① 子思，子产子国参也。《诗·大雅》。攸，所也。塈，息也。○ 侈，昌

氏切，又尺氏切。恶，乌路切。解，佳卖切。塈，许器切。　② 僭，差也。滥，溢也。皇，暇也。言驷秦违《诗·商颂》，故受祸。○ 鲜，息浅切。滥，力暂切。溢，音逸。

经

六年春，城邾瑕[①]。

晋赵鞅帅师伐鲜虞。

吴伐陈。

夏，齐国夏及高张来奔[②]。

叔还会吴于柤[③]。

秋七月庚寅，楚子轸卒[④]。

齐阳生入于齐[⑤]。

齐陈乞弑其君荼[⑥]。

冬，仲孙何忌帅师伐邾[⑦]。

宋向巢帅师伐曹[⑧]。

①无《传》。备晋也。任城亢父县北有邾娄城。○ 瑕，音遐。任，音壬。亢，苦浪切，又音刚。父，音甫。　② 二子阿君，废长立少，既受命又不能全，书名，罪之也。○ 长，丁丈切。少，诗照切。　③ 无《传》。○ 柤，庄加切。　④ 未同盟而赴以名。○ 轸，之忍切；《史记》作珍。　⑤ 为陈乞所逆，故书入。　⑥ 弑荼者朱毛与阳生也，而书陈乞，所以明乞立阳生而荼见弑，则祸由乞始也。楚比劫立，陈乞流涕，子家惮老，皆疑于免罪，故《春秋》明而书之，以为弑主。○ 弑，音试，下皆同。　⑦ 无《传》。⑧ 无《传》。

传

六年春，晋伐鲜虞，治范氏之乱也①。

① 四年，鲜虞纳荀寅于柏人。

吴伐陈，复修旧怨也①。楚子曰："吾先君与陈有盟，不可以不救。"乃救陈师于城父②。

① 元年未得志故也。○ 复，扶又切。　② 陈盟在昭十三年。○ 父，音甫。

齐陈乞伪事高、国者①，每朝必骖乘焉。所从必言诸大夫②，曰："彼皆偃蹇，将弃子之命③。皆曰：'高、国得君④，必偪我，盍去诸？'固将谋子，子早图之。图之，莫如尽灭之。需，事之下也⑤。"及朝，则曰："彼虎狼也，见我在子之侧，杀我无日矣。请就之位⑥。"又谓诸大夫曰："二子者祸矣！恃得君而欲谋二三子，曰，国之多难，贵宠之由，尽去之而后君定。既成谋矣，盍及其未作也，先诸？作而后悔，亦无及也。"大夫从之。夏六月戊辰，陈乞、鲍牧⑦及诸大夫，以甲入于公宫。昭子闻之，与惠子乘如公，战于庄，败⑧。国人追之。国夏奔莒，遂及高张、晏圉、弦施来奔⑨。

① 高张、国夏，受命立荼，陈乞欲害之，故先伪事焉。　② 言其罪也。○ 乘，绳证切。　③ 偃蹇，骄敖。○ 偃，约免切。蹇，纪晚切。敖，五报切。　④ 得君宠也。　⑤ 需，疑也。○ 偪，音逼。盍，户臘切。

去，起吕切，下同。需，音须，一音懦，持疑也。　⑥ 欲与诸大夫谋高、国，故求就之。　⑦ 牧，鲍国孙。○ 难，乃旦切。牧，州牧之牧。　⑧ 高、国败也。庄，六轨之道。○ 乘，绳证切。　⑨ 晏圉，婴之子。圉、施不书，非卿。○ 圉，鱼吕切。

秋七月，楚子在城父，将救陈，卜战不吉，卜退不吉。王曰："然则死也！再败楚师，不如死[①]。弃盟逃仇，亦不如死。死一也，其死仇乎！"命公子申为王，不可；则命公子结，亦不可；则命公子启[②]，五辞而后许。将战，王有疾。庚寅，昭王攻大冥，卒于城父[③]。子闾退曰："君王舍其子而让群臣，敢忘君乎？从君之命，顺也[④]。立君之子，亦顺也。二顺不可失也。"与子西、子期谋，潜师闭涂，逆越女之子章，立之而后还[⑤]。

是岁也，有云如众赤鸟，夹日以飞，三日。楚子使问诸周大史。周大史曰："其当王身乎[⑥]。若禜之，可移于令尹、司马[⑦]。"王曰："除腹心之疾，而置诸股肱，何益？不穀不有大过，天其夭诸。有罪受罚，又焉移之？"遂弗禜。

初，昭王有疾。卜曰："河为祟。"王弗祭。大夫请祭诸郊。王曰："三代命祀，祭不越望[⑧]。江、汉、睢、漳，楚之望也[⑨]。祸福之至，不是过也。不穀虽不德，河非所获罪也。"遂弗祭。孔子曰："楚昭王知大道矣！其不失国也，宜哉！《夏书》曰：'惟彼陶唐，帅彼天常[⑩]。有此冀方，今失其行。乱其纪纲，乃灭而亡[⑪]。'又曰：'允出兹在兹，由己率常可矣[⑫]。'"

① 前已败于柏举，今若退还亦是败。　② 申，子西；结，子期；启，子闾。皆昭王兄。　③ 大冥，陈地。吴师所在。○ 辞，本又作辤；《说文》云，辤，不受也，受辛，宜辤也；辝，籀文。冥，亡丁切。　④ 从命，许立。○ 舍，音捨。　⑤ 潜师，密发也。闭涂，不通外使也。越女，昭王妾。章，惠王。　⑥ 日为人君，妖气守之，故以为当王身。云在楚上，唯楚见之，故祸不及他国。○ 夹，古洽切。大，音泰。　⑦ 禜，禳祭。○ 禜，音咏。禳，如羊切。　⑧ 诸侯望祀竟内山川星辰。○ 祟，息遂切。　⑨ 四水在楚界。○ 雎，七余切。　⑩ 逸《书》。言尧循天之常道。○《释文》：楚昭王知大道矣，本或作天道，非。夏，户雅切。此语在《尚书·五子之歌》。《书》无"帅彼天常"一句，下亦微异。　⑪ 灭亡，谓夏桀也。唐虞及夏同都冀州，不易地而亡，由于不知大道故。○ 行，如字，又下孟切；《尚书》作厥道。乃灭而亡，《尚书》作乃底灭亡。　⑫ 又逸《书》。言信出己，则福亦在己。

八月，齐邴意兹来奔[①]。

① 高、国党。

陈僖子使召公子阳生[①]。阳生驾而见南郭且于[②]，曰："尝献马于季孙，不入于上乘，故又献此，请与子乘之[③]。"出莱门而告之故[④]。阚止知之，先待诸外[⑤]。公子曰："事未可知，反与壬也处[⑥]。"戒之，遂行[⑦]。逮夜至于齐，国人知之[⑧]。僖子使子士之母养之[⑨]，与馈者皆入[⑩]。冬十月丁卯，立之。将盟[⑪]，鲍子醉而往。其臣差车鲍点[⑫]曰："此谁之命也？"陈子曰："受命于鲍子。"遂诬鲍子曰："子之命也[⑬]。"鲍子曰："女忘君之为孺子牛而折其齿乎？而背之也[⑭]！"悼公稽首[⑮]

曰："吾子奉义而行者也，若我可，不必亡一大夫⑯。若我不可，不必亡一公子⑰。义则进，否则退，敢不唯子是从。废兴无以乱，则所愿也。"鲍子曰："谁非君之子？"乃受盟⑱。使胡姬以安孺子如赖⑲。去鬻姒⑳，杀王甲，拘江说，囚王豹于句窦之丘㉑。公使朱毛告于陈子㉒曰："微子则不及此。然君异于器，不可以二。器二不匮，君二多难。敢布诸大夫。"僖子不对而泣曰："君举不信群臣乎㉓？以齐国之困，困又有忧㉔。少君不可以访，是以求长君，庶亦能容群臣乎！不然，夫孺子何罪？"毛复命，公悔之㉕。毛曰："君大访于陈子，而图其小可也㉖。"使毛迁孺子于骀，不至，杀诸野幕之下，葬诸殳冒淳㉗。

① 召在七月，今在八月下，记事之次。　② 且于，齐公子鉏，在鲁南郭。○ 且，子余切。　③ 畏在家人闻其言，故欲二人共载，以试马为辞。○ 上乘，绳证切。　④ 鲁郭门也。　⑤ 阚止，阳生家臣子我也。待外，欲俱去。○ 阚，苦暂切。　⑥ 壬，阳生子简公。　⑦ 戒使无洩言。○ 洩，息列切。　⑧ 故以昏至，不欲令人知之。国人知而不言，言陈氏得众。　⑨ 隐于僖子家内。子士母，僖子妾。　⑩ 陈僖子又令阳生随馈食之人入处公宫。○ 馈，其位切。　⑪ 盟诸大夫。　⑫ 点，鲍牧臣也。差车，主车之官。○ 差，所宜切。点，之廉切，又如字。　⑬ 见其醉，故诬之。　⑭ 孺子，荼也。景公尝衔绳为牛，使荼牵之，荼顿地，故折其齿。○ 女，音汝。折，之舌切，又市列切。背，音佩。　⑮ 悼公，阳生。⑯ 言己可为君，必不怨鲍子。　⑰ 公子，自谓也。恐鲍子杀己，故要之。⑱ 言阳生亦君之子，固可立。　⑲ 胡姬，景公妾也。赖，齐邑。安，号也。　⑳ 荼之母。○ 去，起吕切。　㉑ 三子，景公嬖臣，荼之党也。○ 拘，音俱。说，音税。句，音鉤。　㉒ 朱毛，齐大夫。　㉓ 举，皆也。

㉔ 内有饥荒之困，又有兵革之忧。　㉕ 悔失言。○ 少，诗照切。长，丁丈切。夫，音扶。孺，或作穤，同。　㉖ 大谓国政，小谓杀荼。　㉗ 恐骀人不从，故毛驻于野，张帐而杀之。骀，齐邑。殳冒淳，地名。实以冬杀，《经》书秋者，史书秋，记始事，遂连其死，通以冬告鲁。○ 骀，他才切，又徒来切。幕，音莫。殳，音殊。冒，亡报切。淳，音纯。驻，中住切。

经

七年春，宋皇瑗帅师侵郑。

晋魏曼多帅师侵卫。

夏，公会吴于鄫[1]。

秋，公伐邾。

八月己酉，入邾，以邾子益来[2]。

宋人围曹。

冬，郑驷弘帅师救曹。

① 鄫，今琅邪鄫县。○ 瑗，于眷切。鄫，本又作缯，才陵切。　② 他国言归，于鲁言来，内外之辞。

传

七年春，宋师侵郑，郑叛晋故也[1]。

① 定八年，郑始叛。

晋师侵卫，卫不服也[1]。

① 五年，晋伐卫，至今未服。

夏，公会吴于鄫[①]。吴来征百牢，子服景伯对曰："先王未之有也。"吴人曰："宋百牢我[②]，鲁不可以后宋。且鲁牢晋大夫过十[③]，吴王百牢，不亦可乎？"景伯曰："晋范鞅贪而弃礼，以大国惧敝邑，故敝邑十一牢之。君若以礼命于诸侯，则有数矣[④]。若亦弃礼，则有淫者矣[⑤]。周之王也，制礼，上物不过十二[⑥]，以为天之大数也[⑦]。今弃周礼，而曰必百牢，亦唯执事。"吴人弗听。景伯曰："吴将亡矣，弃天而背本[⑧]。不与，必弃疾于我[⑨]。"乃与之。

大宰嚭召季康子[⑩]，康子使子贡辞。大宰嚭曰："国君道长[⑪]，而大夫不出门，此何礼也？"对曰："岂以为礼，畏大国也[⑫]。大国不以礼命于诸侯，苟不以礼，岂可量也？寡君既共命焉，其老岂敢弃其国？大伯端委以治周礼，仲雍嗣之，断发文身，臝以为饰，岂礼也哉？有由然也[⑬]。"反自鄫，以吴为无能为也[⑭]。

① 吴欲霸中国。　② 是时吴过宋，得百牢。○ 牢，力刀切。过，古禾切。　③ 晋大夫，范鞅也。在昭二十一年。○ 后，如字，又户豆切。　④ 有常数。　⑤ 淫，过也。　⑥ 上物，天子之牢。○ 上，如字，又时掌切。　⑦ 天有十二次，故制礼象之。　⑧ 违周为背本。　⑨ 放弃凶疾，来伐击我。　⑩ 嚭，吴大夫。　⑪ 盖言君长大于道路。○ 长，丁丈切。　⑫ 畏大国，不敢虚国尽行。　⑬ 大伯，周大王之长子；仲雍，大伯弟也。大伯、仲雍让其弟季历，俱適荆蛮，遂有民众。大伯卒，无子，仲雍嗣立，不能行礼致化，故效吴俗。言其权时制宜，以辟灾害，非以为礼也。端委，礼衣也。○ 共，音恭。大，音泰。断，丁管切。臝，本又

作倮，力果切。效，户孝切。　⑭ 弃礼，知其不能霸也。

季康子欲伐邾，乃飨大夫以谋之。子服景伯曰："小所以事大，信也。大所以保小，仁也。背大国，不信[1]；伐小国，不仁。民保于城，城保于德，失二德者，危将焉保[2]？"孟孙曰："二三子以为何如[3]？恶贤而逆之[4]？"对曰："禹合诸侯于涂山，执玉帛者万国[5]。今其存者，无数十焉。唯大不字小，小不事大也[6]。知必危，何故不言[7]？""鲁德如邾，而以众加之，可乎[8]？"不乐而出[9]。

秋，伐邾，及范门[10]，犹闻钟声[11]。大夫谏，不听。茅成子请告于吴[12]，不许，曰："鲁击柝闻于邾[13]，吴二千里，不三月不至，何及于我？且国内岂不足[14]？"成子以茅叛[15]。师遂入邾，处其公宫，众师昼掠[16]。邾众保于绎[17]。师宵掠，以邾子益来[18]，献于亳社[19]，囚诸负瑕。负瑕故有绎[20]。邾茅夷鸿以束帛乘韦，自请救于吴[21]，曰："鲁弱晋而远吴，冯恃其众[22]，而背君之盟，辟君之执事[23]，以陵我小国。邾非敢自爱也，惧君威之不立。君威之不立，小国之忧也。若夏盟于鄫衍[24]，秋而背之，成求而不违[25]，四方诸侯，其何以事君？且鲁赋八百乘，君之贰也[26]。邾赋六百乘，君之私也[27]。以私奉贰，唯君图之。"吴子从之[28]。

① 大国，吴也。　② 二德，信与仁也。○ 焉，於虔切。　③ 怪诸大夫不言，故指问之。　④ 孟孙贤景伯，欲使大夫不逆其言。恶，犹安也。○ 恶，音乌。　⑤ 诸大夫对也。诸侯执玉，附庸执帛。涂山，在寿春东北。　⑥ 言诸侯相伐，古来以然。○ 数，所主切。　⑦ 知伐邾必

危，自当言。今不言者，不危故也。大夫以答孟孙所怪，且阿附季孙。⑧ 孟孙忿答大夫，今鲁德无以胜邾，但欲恃众可乎？言不可。 ⑨ 季、孟意异，佞直不同。故詈焥。○ 乐，音岳，又音洛。 ⑩ 邾郭门也。⑪ 邾不御寇。○ 御，鱼吕切。 ⑫ 成子，邾大夫茅夷鸿。 ⑬ 言以近。○ 柝，音托，以两木相击以行夜也。字又作欜，同。闻，音问，又如字。⑭ 言足以距鲁。 ⑮ 高平西南有茅乡亭。 ⑯ 虏掠，取财物也。○ 昼，中救切。掠，音亮。 ⑰ 绎，邾山也，在邹县北。○ 绎，音亦。邹，侧留切。 ⑱ 益，邾隐公也。昼夜掠，《传》言康子无法。 ⑲ 以其亡国与殷同。 ⑳ 负瑕，鲁邑。高平南平阳县西北有瑕丘城。前者鲁得邾之绎民，使在负瑕，故使相就以辱之。 ㉑ 无君命，故言自。○ 乘，绳证切。 ㉒ 冯，依。○ 冯，皮冰切。 ㉓ 辟，陋。○ 辟，匹亦切。㉔ 鄫衍，即鄫也。鄫盟不书，吴行夷礼，礼仪不典，非所以结信义，故不录。㉕ 言鲁成其所求，无违逆也。 ㉖ 贰，敌也。鲁以八百乘之赋贡于吴，言其国大。 ㉗ 为私属。 ㉘ 为明年吴伐我《传》。

宋人围曹。郑桓子思曰："宋人有曹，郑之患也。不可以不救①。"冬，郑师救曹，侵宋。初，曹人或梦众君子立于社宫②，而谋亡曹，曹叔振铎请待公孙彊，许之③。旦而求之曹，无之。戒其子曰："我死，尔闻公孙彊为政，必去之。"及曹伯阳即位，好田弋。曹鄙人公孙彊好弋，获白雁，献之，且言田弋之说。说之。因访政事，大说之。有宠，使为司城以听政。梦者之子乃行。彊言霸说于曹伯，曹伯从之，乃背晋而奸宋。宋人伐之，晋人不救，筑五邑于其郊，曰黍丘、揖丘、大城、钟、邘④。

① 桓，谥。 ② 社宫，社也。 ③ 振铎，曹始祖。○ 铎，待洛切。

彊，其良切。　④ 为明年入曹《传》也。梁国下邑县西南有黍丘亭。〇 好，呼报切。弋，以职切，缴射也。上说如字；下说音悦，大说同；霸说，如字，又始锐切。奸，音干。揖，音集，又於入切。邘，音于。

经

八年春，王正月，宋公入曹，以曹伯阳归[①]。

吴伐我。

夏，齐人取讙及阐[②]。

归邾子益于邾。

秋，七月。

冬，十有二月癸亥，杞伯过卒[③]。

齐人归讙及阐[④]。

① 曹人背晋而奸宋，是以致讨。宋公既还，而不忍褚师之诟，怒而反兵，一举灭曹。灭非本志，故以入告。〇 褚，中吕切。诟，呼豆切。② 不书伐，兵未加而鲁与之邑。阐在东平刚县北。〇 讙，音欢。阐，尺善切。　③ 无《传》。未同盟而赴以名。〇 过，古禾切。　④ 不言来，命归之，无旨使也。〇 使，所吏切。

传

八年春，宋公伐曹，将还，褚师子肥殿[①]。曹人诟之，不行[②]。师待之。公闻之怒，命反之。遂灭曹。执曹伯及司城彊以归，杀之[③]。

① 子肥，宋大夫。〇 殿，丁练切。　② 诟，辱詈也。不行，殿兵止也。〇 诟，本又作詬，呼豆切。詈，力智切。　③ 终曹人之梦。

吴为邾故，将伐鲁，问于叔孙辄[①]。叔孙辄对曰：“鲁有名而无情[②]，伐之必得志焉。”退而告公山不狃[③]。公山不狃曰：“非礼也。君子违，不适仇国[④]，未臣而有伐之，奔命焉，死之可也[⑤]。所托也则隐[⑥]。且夫人之行也，不以所恶废乡[⑦]。今子以小恶而欲覆宗国，不亦难乎[⑧]？若使子率，子必辞，王将使我。”子张病之[⑨]。王问于子泄[⑩]，对曰：“鲁虽无与立[⑪]，必有与毙[⑫]。诸侯将救之，未可以得志焉。晋与齐、楚辅之，是四仇也。[⑬]。夫鲁，齐、晋之唇，唇亡齿寒，君所知也。不救何为？”三月，吴伐我，子泄率，故道险，从武城[⑭]。

初，武城人或有因于吴竟田焉[⑮]，拘鄫人之沤菅者，曰：“何故使吾水滋[⑯]？”及吴师至，拘者道之，以伐武城，克之[⑰]。王犯尝为之宰，澹臺子羽之父好焉。国人惧[⑱]。懿子谓景伯：“若之何？”对曰：“吴师来，斯与之战，何患焉？且召之而至，又何求焉[⑲]？”吴师克东阳而进，舍于五梧，明日舍于蚕室[⑳]。公宾庚、公甲叔子与战于夷，获叔子与析朱鉏[㉑]。献于王，王曰：“此同车，必使能，国未可望也[㉒]。”明日，舍于庚宗，遂次于泗上。微虎欲宵攻王舍[㉓]，私属徒七百人，三踊于幕庭[㉔]。卒三百人，有若与焉[㉕]，及稷门之内[㉖]。或谓季孙曰：“不足以害吴，而多杀国士，不如已也。”乃止之。吴子闻之，一夕三迁[㉗]。吴人行成[㉘]，将盟。景伯曰：“楚人围宋，易子而食，析骸而爨[㉙]，犹无城下之盟。我未及亏，而有城下之盟，是弃国也。吴轻而远，不能久，将归矣。请少待之。”弗从。景伯负载造于莱门[㉚]，乃请释子服何于吴，吴人许之。以王子姑曹当之而后止[㉛]。吴人盟而还[㉜]。

①问可伐不？辄故鲁人。○为，于伪切。　②有大国名，无情实。③不狃，亦故鲁人。○狃，女九切。　④违，奔亡也。　⑤未臣所適之国，若有伐本国者，则可还奔命，死其难。○难，乃旦切。　⑥曾所因托，则为之隐恶。○曾，在增切。　⑦不以其私怨恶，废弃其乡党之好。○夫，音扶。行，下孟切，又如字。恶，乌路切，又如字。好，呼报切，下好焉同。　⑧辄，鲁公族，故谓之宗国。○覆，芳服切。　⑨子张，辄也。⑩子洩，不狃。○洩，息列切，又作泄。　⑪缓时若无能自立。⑫急则人人知惧，皆将同死战。○毙，婢世切。　⑬与鲁而四。⑭故由险道，欲使鲁成备。○《释文》：子洩率，绝句；故道险，绝句。⑮侨田吴界。○竟，音境。侨，其骄切。　⑯鄫人亦侨田吴。滋，浊也。○拘，音俱。沤，乌豆切。菅，古颜切。滋，音玄；本亦作兹，子丝切；《字林》云，黑也。　⑰鄫人教吴必可克。○道，音导。　⑱王犯，吴大夫。故尝奔鲁，为武城宰。澹臺子羽，武城人，孔子弟子也。其父与王犯相善，国人惧其为内应。○澹，待甘切。应，应对之应。　⑲言犯盟伐邾，所以召吴。　⑳三邑，鲁地。　㉑公宾庚、公甲叔子并析朱鉏为三人，皆同车，《传》互言之。○析，星历切。　㉒同车能俱死，是国能使人，故不可望得。　㉓微虎，鲁大夫。○泗，音四。　㉔于帐前设格，令士试跃之。○属，音烛。幕，亡博切。格，更百切。令，力呈切。跃，羊灼切。㉕卒，终也。终得三百人任行。有若，孔子弟子，与在三百人中。○与，音预。任，音壬。　㉖三百人行至稷门。　㉗畏微虎。○三，息暂切。㉘求与鲁成。　㉙在宣十五年。○骸，户皆切，本又作骨。爨，七乱切。㉚以言不见从，故负载书，将欲出盟。○亏，去危切。轻，遣政切。载，如字，或音戴。造，七报切。莱，音来。　㉛释，舍也。鲁人不以盟为了，欲因留景伯为质于吴。既得吴之许，复求吴王之子以交质。吴人不欲留王子，故遂两止。○质，音致。复，扶又切。　㉜不书盟，耻吴夷。

齐悼公之来也[①]，季康子以其妹妻之，即位而逆之，季鲂侯通焉[②]。女言其情，弗敢与也。齐侯怒。夏五月，齐鲍牧帅师伐我，取讙及阐。

① 在五年。 ② 鲂侯，康子叔父。○ 妻，七计切。鲂，音房。

或谮胡姬于齐侯[①]，曰："安孺子之党也。"六月，齐侯杀胡姬[②]。

① 胡姬，景公妾。 ②《传》言齐侯无道，所以不终。

齐侯使如吴请师，将以伐我。乃归邾子[①]。邾子又无道，吴子使大宰子馀讨之[②]，囚诸楼台，栫之以棘[③]。使诸大夫奉大子革以为政[④]。

① 齐未得季姬，故请师也。吴前为邾讨鲁，惧二国同心，故归邾子。○ 为，于伪切。 ② 子馀，大宰嚭。 ③ 栫，雍也。○ 栫，本又作荐，在薦切。雍，於勇切。 ④ 革，邾大子桓公也。为十年邾子来奔《传》。

秋，及齐平。九月，臧宾如如齐涖盟[①]。齐闾丘明来涖盟[②]，且逆季姬以归，嬖[③]。

① 宾如，臧会子。 ② 明，闾丘婴之子也。盟不书，讳略之。③ 季姬，鲂侯所通者。

鲍牧又谓群公子曰："使女有马千乘乎[①]？"公子愬之。公谓鲍子："或谮子，子姑居于潞以察之[②]。若有之，则分室以行。若无之，则反子之所。”出门，使以三分之一行。半道，使以二乘。及潞，麇之以入，遂杀之③。

① 有马千乘，使为君也。鲍牧本不欲立阳生，故讽动群公子。○ 女，音汝。乘，绳证切。讽，方凤切。　② 潞，齐邑。○ 愬，音素。潞，音路。③ 麇，亦束缚。○ 麇，丘陨切。

冬十二月，齐人归讙及阐，季姬嬖故也。

经

九年春，王二月，葬杞僖公①。

宋皇瑗帅师取郑师于雍丘②。

夏，楚人伐陈。

秋，宋公伐郑。

冬，十月。

① 无《传》。三月而葬，速。　② 书取，覆而败之。雍丘县属陈留。○ 雍，於勇切。

传

九年春，齐侯使公孟绰辞师于吴①。吴子曰：“昔岁寡人闻命，今又革之，不知所从，将进受命于君②。”

① 齐与鲁平，故辞吴师。○ 绰，昌灼切；本又作卓，同。　② 为十年吴伐齐《传》。

郑武子賸之嬖许瑕求邑，无以与之[①]。请外取，许之[②]。故围宋雍丘。宋皇瑗围郑师[③]，每日迁舍[④]，垒合，郑师哭。子姚救之，大败[⑤]。二月甲戌，宋取郑师于雍丘，使有能者无死[⑥]，以郏张与郑罗归[⑦]。

① 賸，罕达也。瑕，武子之属。○ 賸，以证切。 ② 瑕请取于他国。 ③ 许瑕师。 ④ 作垒堑成，辄徙舍合其围。○ 垒，力轨切。堑，七艳切。 ⑤ 子姚，武子賸也。 ⑥ 惜其能也。 ⑦ 郑之有能者。○ 郏，古洽切，又音甲。

夏，楚人伐陈，陈即吴故也。

宋公伐郑[①]。

① 报雍丘。

秋，吴城邗沟，通江、淮[①]。

① 于邗江筑城穿沟，东北通射阳湖，西北至宋口入淮，通粮道也。今广陵韩江是。○ 邗，音寒。射，食亦切，又音亦。

晋赵鞅卜救郑，遇水适火[①]，占诸史赵、史墨、史龟[②]。史龟曰："是谓沈阳[③]，可以兴兵[④]。利以伐姜，不利子商[⑤]。伐齐则可，敌宋不吉。"史墨曰："盈，水名也。子，水位也[⑥]。名位敌，不可干也[⑦]。炎帝为火师[⑧]，姜姓其后也。水胜火，伐姜则可。"史赵曰："是谓如川之满，不可游也[⑨]。郑方有罪，不可救也[10]。救郑则不吉，不知其他[11]。”阳虎以《周易》筮之，遇《泰》䷊[12]之《需》䷄[13]，曰：“宋方吉，不可与也[14]。微子启，帝乙之元子也。宋、郑，甥舅也[15]。祉，禄也。若帝乙之元子归妹，而有吉禄，我安得吉焉？”乃止[16]。

① 水火之兆。 ② 皆晋史。 ③ 火阳，得水故沈。 ④ 兵，阴类也，故可以兴兵。 ⑤ 姜，齐姓。子商，谓宋。 ⑥ 赵鞅姓盈，宋姓子。水盈坎乃行，子姓又得北方水位。 ⑦ 二水俱盛，言不可干。 ⑧ 神农有火瑞，以火名官。 ⑨ 既盈而得水位，故为如川之满，不可冯游。言其波流盛。○ 游，音由。冯，皮冰切。 ⑩ 郑以嬖宠伐人，故以为有罪。 ⑪ 救郑则当伐宋，故不吉也。 ⑫《乾》下《坤》上，《泰》。 ⑬《乾》下《坎》上，《需》，《泰》六五变。○ 需，音须。 ⑭ 不可与战。《泰》六五曰：帝乙归妹，以祉元吉。帝乙，纣父。五为天子，故称帝乙。阴而得中，有似王者嫁妹，得如其愿，受福禄而大吉。○ 祉，音耻。 ⑮ 宋、郑为昏姻甥舅之国，宋为微子之后。今卜得帝乙之卦，故以为宋吉。 ⑯ 吉在彼，则我伐之为不吉。

冬，吴子使来儆师伐齐[1]。

① 前年齐与吴谋伐鲁，齐既与鲁成而止，故吴恨之，反与鲁伐齐。○ 儆，音景。

经

十年春，王二月。

邾子益来奔。

公会吴伐齐[1]。

三月戊戌，齐侯阳生卒[②]。

夏，宋人伐郑[③]。

晋赵鞅帅师侵齐。

五月公至自伐齐[④]。

葬齐悼公[⑤]。

卫公孟彄自齐归于卫[⑥]。

薛伯夷卒[⑦]。

秋，葬薛惠公[⑧]。

冬，楚公子结帅师伐陈。

吴救陈[⑨]。

① 书会，从不与谋。○ 与，音预。 ② 以疾赴，故不书弑。○ 弑，申志切。 ③ 无《传》。 ④ 无《传》。 ⑤ 无《传》。 ⑥ 无《传》。书归，齐纳之。○ 彄，苦侯切。 ⑦ 无《传》。赴以名，故书。 ⑧ 无《传》。 ⑨ 季子不书，陈人来告不以名。

传

十年春，邾隐公来奔，齐甥也，故遂奔齐[①]。

① 终子贡之言。

公会吴子、邾子、郯子伐齐南鄙，师于鄎[①]。齐人弑悼公，赴于师[②]。吴子三日哭于军门之外。徐承帅舟师，将自海入齐，齐人败之，吴师乃还[③]。

① 鄎，齐地。邾、郯不书，兵并属吴，不列于诸侯。○ 郯，音谈。鄎，音息，《注》同。并，必政切。　② 以说吴。○ 弑，申志切。　③ 承，吴大夫。

夏，赵鞅帅师伐齐①，大夫请卜之。赵孟曰："吾卜于此起兵②，事不再令③，卜不袭吉④，行也。"于是乎取犁及辕⑤，毁高唐之郭，侵及赖而还。

①《经》书侵，以侵告。　② 谓往岁卜伐宋不吉，利以伐姜，故今兴兵。　③ 再令，渎也。　④ 袭，重也。○ 重，直龙切，又直用切。⑤ 犁一名隰，济南有隰阴县。祝阿县西有辕城。○ 犁，力兮切，又力之切。辕，音袁，又于眷切。隰，音习，本或作濕，音同。

秋，吴子使来复儆师①。

① 伐齐未得志，故为明年吴伐齐《传》。○ 复，扶又切。

冬，楚子期伐陈①。吴延州来季子救陈，谓子期曰："二君不务德②，而力争诸侯，民何罪焉？我请退，以为子名，务德而安民。"乃还③。

① 陈即吴故。　② 二君，吴、楚。　③ 季子，吴王寿梦少子也。寿梦以襄十二年卒，至今七十七岁。寿梦卒，季子已能让国，年当十五六，至今盖九十馀。○ 梦，音蒙。少，诗照切。

经

十有一年春,齐国书帅师伐我。

夏,陈辕颇出奔郑[1]。

五月,公会吴伐齐。

甲戌,齐国书帅师及吴战于艾陵,齐师败绩,获齐国书[2]。

秋七月辛酉,滕子虞母卒[3]。

冬十有一月,葬滕隐公[4]。

卫世叔齐出奔宋[5]。

① 书名,贪也。○ 颇,破可切,又普河切。 ② 公与伐而不与战。艾陵,齐地。○ 艾,五盖切。与,音预。 ③ 无《传》。赴以名,故书之。④ 无《传》。 ⑤ 书名,淫也。

传

十一年春,齐为鄎故[1],国书、高无丕帅师伐我,及清[2]。季孙谓其宰冉求[3]曰:"齐师在清,必鲁故也。若之何?"求曰:"一子守,二子从公禦诸竟。"季孙曰:"不能[4]。"求曰:"居封疆之间[5]。"季孙告二子[6]。二子不可。求曰:"若不可,则君无出。一子帅师,背城而战。不属者,非鲁人也[7]。鲁之群室,众于齐之兵车[8]。一室敌车,优矣。子何患焉?二子之不欲战也宜,政在季氏[9]。当子之身,齐人伐鲁而不能战,子之耻也,大不列于诸侯矣。"季孙使从于朝[10],俟于党氏之沟[11]。武叔呼而问战焉[12]。对曰:"君子有远虑,小人何知?"懿子强问之,对曰:"小人虑材而言,量力而共者也[13]。"武叔曰："是谓我不成丈夫也⑭。"退而蒐乘⑮，孟孺子泄帅右师⑯，颜羽御，邴泄为右⑰。冉求帅左师，管周父御，樊迟为右⑱。季孙曰："须也弱。"有子曰："就用命焉⑲。"季氏之甲七千，冉有以武城人三百为己徒卒⑳。老幼守宫，次于雩门之外㉑。五日，右师从之㉒。公叔务人㉓见保者而泣㉔曰："事充㉕政重㉖，上不能谋，士不能死，何以治民？吾既言之矣，敢不勉乎㉗！"

师及齐师战于郊，齐师自稷曲㉘。师不踰沟。樊迟曰："非不能也，不信子也。请三刻而踰之㉙。"如之，众从之㉚。师入齐军㉛。右师奔，齐人从之㉜，陈瓘、陈庄涉泗㉝。孟之侧后入以为殿㉞，抽矢策其马曰："马不进也㉟。"林不狃之伍曰："走乎㊱！"不狃曰："谁不如㊲？"曰："然则止乎？"不狃曰："恶贤㊳？"徐步而死㊴。师获甲首八十㊵，齐人不能师㊶。宵，谍曰："齐人遁㊷。"冉有请从之三，季孙弗许。孟孺子语人曰："我不如颜羽，而贤于邴泄㊸。子羽锐敏㊹，我不欲战而能默㊺。泄曰：'驱之㊻。'"公为与其嬖僮汪锜乘，皆死，皆殡㊼。孔子曰："能执干戈以卫社稷，可无殇也㊽。"冉有用矛于齐师，故能入其军。孔子曰："义也㊾。"

① 郪在前年。○ 为，于伪切。　② 清，齐地。济北卢县东有清亭。○ 丕，普悲切。　③ 冉求，鲁人，孔子弟子。　④ 自度力不能使二子御诸竟。○ 守，手又切。从，才用切。禦，鱼吕切，亦作御。竟，音境。度，待洛切。　⑤ 封疆，竟内近郊之地。○ 疆，居良切。　⑥ 二子，叔孙、孟孙也。　⑦ 属，臣属也。言不战为不臣。　⑧ 群室，都邑居家。⑨ 言二子恨季氏专政，故不尽力。○《释文》：二子之不欲战也宜，绝句。

⑩ 使冉求随己之公朝。　⑪ 党氏沟，朝中地名。○ 党，音掌。　⑫ 问冉求。　⑬ 言子所问非己材力所及，故不能言。○ 强，其丈切。共，音恭。　⑭ 知冉求非己不欲战，故不对。○ 不成丈夫也，本或作大夫，非。　⑮ 蒐，阅。○ 蒐，所求切。乘，绳证切。阅，音悦。　⑯ 孺子，孟懿子之子武伯彘。○ 孺，而住切。彘，直利切。　⑰ 二子，孟氏臣。○ 邴，音丙，又彼命切。　⑱ 樊迟，鲁人，孔子弟子樊须。○ 父，音甫。　⑲ 虽年少，能用命。有子，冉求也。○ 少，诗照切。　⑳ 步卒，精兵。○ 卒，子忽切。　㉑ 南城门也。○ 雩，音于。　㉒ 五日乃从，言不欲战。　㉓ 务人，公为，昭公子。　㉔ 保，守城者。　㉕ 繇役烦。○ 繇，本亦作徭，同，音遥。　㉖ 赋税多。　㉗ 既言人不能死，己不敢不死。　㉘ 稷曲，郊地名。　㉙ 与众三刻约信。　㉚ 如樊迟言，乃踰沟。　㉛ 冉求之师。　㉜ 逐右师。　㉝ 二陈，齐大夫。○ 瓘，古唤切。泗，音四。　㉞ 之侧，孟氏族也，字反。○ 殿，丁练切。　㉟ 不欲伐善。○ 抽，敕留切。策，初革切，本或作筴。　㊱ 不狃，鲁士。五人为伍。败而欲走。　㊲ 我不如谁而欲走。○ 如，如字，又而庶切。　㊳ 言止战恶足为贤，皆无战志。○ 恶，音乌。　㊴ 徐行而死，言鲁非无壮士，但季孙不能使。　㊵ 冉求所得。　㊶ 不能整其师。　㊷ 谍，间也。○ 谍，音牒。遁，徒困切。间，间厕之间。　㊸ 二子与孟孺子同车。○ 语，鱼据切。　㊹ 子羽，颜羽。锐，精也。敏，疾也。言欲战。　㊺ 心虽不欲，口不言奔。○ 默，本亦作嘿，亡北切。　㊻ 言驱马欲奔。　㊼ 皆，俱也。○ 嬖，必计切。僮，本亦作童，音同。汪，乌黄切。锜，鱼绮切。乘，绳证切。　㊽ 时人疑童子当殇。○ 殇，音商，八岁至十九岁为殇。　㊾ 言能以义勇。不书战，不皆陈也。不书败，胜负不殊。○ 矛，亡侯切。陈，直觐切。

夏，陈辕颇出奔郑。初，辕颇为司徒，赋封田以嫁公女[①]。有馀，以为己大器[②]。国人逐之，故出。道渴，其族辕喧进稻醴、粱糗、腶脯焉[3]。喜曰："何其给也？"对曰："器成而具[4]。"曰："何不吾谏？"对曰："惧先行[5]。"

① 封内之田，悉赋税之。　② 大器，钟鼎之属。　③ 糗，干饭也。○ 喧，况阮切。醴，音礼，以稻米为醴酒。糗，起九切，以粱米为之，又昌绍切。腶，丁乱切；字亦作锻，加薑桂曰脯也。　④ 具此醴糗。　⑤ 恐言不从，先见逐。

为郊战故，公会吴子伐齐[1]。五月克博，壬申，至于嬴[2]。中军从王[3]。胥门巢将上军，王子姑曹将下军，展如将右军[4]。齐国书将中军，高无丕将上军，宗楼将下军。陈僖子谓其弟书："尔死，我必得志[5]。"宗子阳与闾丘明相厉也[6]。桑掩胥御国子[7]。公孙夏曰："二子必死[8]。"将战，公孙夏命其徒歌《虞殡》[9]。陈子行命其徒具含玉[10]。公孙挥命其徒曰："人寻约，吴发短[11]。"东郭书曰："三战必死，于此三矣[12]。"使问弦多以琴[13]，曰："吾不复见子矣[14]。"陈书曰："此行也，吾闻鼓而已，不闻金矣[15]。"

甲戌，战于艾陵，展如败高子[16]，国子败胥门巢[17]。王卒助之，大败齐师。获国书、公孙夏、闾丘明、陈书、东郭书，革车八百乘，甲首三千，以献于公[18]。将战，吴子呼叔孙[19]曰："而事何也[20]？"对曰："从司马[21]。"王赐之甲剑铍，曰："奉尔君事，敬无废命。"叔孙未能对，卫赐进[22]曰："州仇奉甲从君而拜[23]。"公使大史固归国子之元[24]，寘之新箧，褽之以玄纁[25]，加组带焉。寘书于其上曰："天若不识不衷，何以使下国[26]？"

吴将伐齐，越子率其众以朝焉，王及列士，皆有馈赂。吴人皆喜，唯子胥惧，曰："是豢吴也夫㉗！"谏曰："越在我，心腹之疾也。壤地同而有欲于我㉘。夫其柔服，求济其欲也，不如早从事焉㉙。得志于齐，犹获石田也，无所用之㉚。越不为沼，吴其泯矣。使医除疾，而曰'必遗类焉'者，未之有也。《盘庚》之诰曰：'其有颠越不共，则劓殄无遗育，无俾易种于兹邑㉛。'是商所以兴也。今君易之，将以求大，不亦难乎？"弗听。使于齐，属其子于鲍氏，为王孙氏㉜。反役，王闻之，使赐之属镂以死㉝。将死，曰："树吾墓槚，槚可材也，吴其亡乎！三年，其始弱矣。盈必毁，天之道也㉞。"

① 欲以报也。○ 为，于伪切。　② 博、嬴，齐邑也。二县皆属泰山。○ 嬴，音盈。　③ 吴中军。　④ 三将，吴大夫。　⑤ 书，子占也。欲获死事之功。　⑥ 相劝厉致死。子阳，宗楼也。　⑦ 国子，国书。⑧ 亦劝勉之。○ 夏，户雅切。　⑨《虞殡》，送葬歌曲。示必死。○ 殡，必刃切。　⑩ 子行，陈逆也。具含玉，亦示必死。○ 行，如字，又户郎切。含，户暗切，本又作唅。　⑪ 约，绳也。八尺为寻。吴发短，欲以绳贯其首。○ 挥，许韦切。　⑫ 三战，夷仪、五氏与今。　⑬ 弦多，齐人也。六年奔鲁。问，遗也。○ 遗，唯季切。　⑭ 言将死战。　⑮ 鼓以进军，金以退军。不闻金，言将死也。《传》言吴师强，齐人皆自知将败。⑯ 齐上军败。　⑰ 吴上军亦败。　⑱ 公以兵从，故以劳公。○ 卒，子忽切。乘，绳证切。从，才用切，又如字。劳，力报切。　⑲ 叔孙，武叔州仇。　⑳ 问何职。　㉑ 从吴司马所命。　㉒ 赐，子贡，孔子弟子。○ 铍，普悲切。　㉓ 拜受之。　㉔ 归于齐也。元，首也。吴以献鲁。　㉕ 褽，荐也。○ 寘，之豉切。箧，苦协切。褽，音尉；或作褽以玄纁。纁，许云切；本亦作勋。　㉖ 言天识不善，故杀国子。○ 组，音祖。

衷，音忠。　㉗ 豢，养也。若人养牺牲，非爱之，将杀之。○ 馈，其位切；或作餽。赂，音路。豢，音患。夫，音扶。　㉘ 欲得吴。　㉙ 从事，击之。　㉚ 石田，不可耕。　㉛《盘庚》，《商书》也。颠越不共，从横不承命者也。劓，割也。殄，绝也。育，长也。俾，使也。易种，转生种类。○ 沼，之兆切。泯，亡轸切。盘，步干切。诰，古报切。共，音恭，《注》同。劓，鱼器切。殄，大典切。俾，必耳切。种，章勇切。从，子容切。长，丁丈切。　㉜ 私使人至齐属其子，改姓为王孙，欲以辟吴祸。○ 使，所吏切。属，音烛，下同。　㉝ 艾陵役也。属镂，剑名。○ 镂，力俱切，又力侯切。㉞ 越人朝之，伐齐胜之，盈之极也。为十三年越伐吴起。○ 槚，古雅切，木名。

秋，季孙命修守备曰："小胜大，祸也。齐至无日矣[①]。"

① 善有备。○ 守，手又切。

冬，卫大叔疾出奔宋[①]。初，疾娶于宋子朝[②]，其娣嬖[③]。子朝出[④]。孔文子使疾出其妻而妻之。疾使侍人诱其初妻之娣，寘于犁[⑤]，而为之一宫，如二妻。文子怒，欲攻之。仲尼止之，遂夺其妻。或淫于外州，外州人夺之轩以献[⑥]。耻是二者，故出。卫人立遗，使室孔姞[⑦]。疾臣向魋[⑧]纳美珠焉，与之城鉏[⑨]。宋公求珠，魋不与，由是得罪。及桓氏出[⑩]，城鉏人攻大叔疾，卫庄公复之[⑪]。使处巢，死焉。殡于郧，葬于少禘[⑫]。初，晋悼公子慭亡在卫，使其女仆而田[⑬]。大叔懿子止而饮之酒[⑭]，遂聘之，生悼子[⑮]。悼子即位，故夏戊为大夫[⑯]。悼子亡，卫人翦夏戊[⑰]。孔文子之将攻大叔也，访于仲尼。仲尼曰："胡簋之事，则尝学之矣[⑱]。甲兵之事，未之闻也。”退，命驾而行，曰：“鸟则择木，木岂能择鸟[19]？”文子遽止之，曰：“圉岂敢度其私，访卫国之难也[20]。”将止[21]。鲁人以币召之，乃归[22]。

① 疾即齐也。 ② 子朝，宋人，仕卫为大夫。○ 朝，如字。 ③ 娣，所娶女之娣。 ④ 出奔。 ⑤ 犁，卫邑。○ 妻，七计切。犁，力兮切。 ⑥ 外州，卫邑。轩，车也，以献于君。 ⑦ 遗，疾之弟。孔姞，孔文子之女，疾之妻。○ 姞，其乙切，又其吉切。 ⑧ 为宋向魋臣。○ 魋，徒回切。 ⑨ 城鉏，宋邑。 ⑩ 出在十四年。 ⑪ 听使还。 ⑫ 终言疾之失所也。巢、郧、少禘，皆卫地。○ 郧，音云。少，诗照切。禘，大计切。 ⑬ 仆，御。田，猎。○ 慭，鱼觐切；一作整，征领切。 ⑭ 懿子，大叔仪之孙。○ 饮，於鸩切。 ⑮ 悼子，大叔疾。○ 聘，匹政切。 ⑯ 夏戊，悼子之甥。○ 夏，户雅切。戊，音茂。 ⑰ 翦，削其爵邑。 ⑱ 胡簋，礼器名。夏曰胡，周曰簋。○ 簋，音轨。 ⑲ 以鸟自喻。 ⑳ 圉，文子名。度，谋也。○ 遽，其据切。度，待洛切，下同。难，乃旦切。 ㉑ 仲尼止。 ㉒ 于是自卫反鲁，乐正，《雅》、《颂》各得其所。

季孙欲以田赋①，使冉有访诸仲尼。仲尼曰：“丘不识也。”三发②，卒曰③：“子为国老，待子而行，若之何子之不言也？”仲尼不对④。而私于冉有曰：“君子之行也⑤，度于礼，施取其厚，事举其中，敛从其薄，如是则以丘亦足矣⑥。若不度于礼，而贪冒无厌，则虽以田赋，将又不足。且子季孙若欲行而法，则周公之典在。若欲苟而行，又何访焉？”弗听⑦。

① 丘赋之法，因其田财，通出马一疋，牛三头。今欲别其田及家财，各

为一赋,故言田赋。○ 别,如字,又彼列切。 ② 三发问。 ③ 卒,终也。 ④ 不公答。 ⑤ 行政事。 ⑥ 丘,十六井,出戎马一疋,牛三头,是赋之常法。○ 施,尸豉切。敛,力艳切。 ⑦ 为明年用田赋《传》。○ 冒,亡北切,又莫报切。厌,於盐切。

经

十有二年春,用田赋①。

夏五月甲辰,孟子卒②。

公会吴于橐皋③。

秋,公会卫侯、宋皇瑗于郧④。

宋向巢帅师伐郑。

冬十有二月,螽⑤。

① 直书之者,以示改法重赋。 ② 鲁人讳娶同姓,谓之孟子,《春秋》不改,所以顺时。○ 娶,本或作取,七喻切,又如字。 ③ 橐皋在淮南逡遒县东南。○ 橐,章夜切,一音托。逡音峻,又七伦切。遒,音囚,又音巡。 ④ 郧,发阳也。广陵海陵县东南有发繇口。○ 繇,音遥。
⑤ 周十二月,今十月,是岁置闰,而失不置。虽书十二月,实今之九月。司历误一月。九月之初尚温,故得有螽。○ 螽,音终。

传

十二年春,王正月,用田赋①。

① 终前年事。

夏五月,昭夫人孟子卒。昭公娶于吴,故不书姓①。死不赴，故不称夫人[2]。不反哭，故不言葬小君[3]。孔子与吊，适季氏。季氏不绕，放绖而拜[4]。

① 讳娶同姓，故谓之孟子，若宋女。 ② 不称夫人，故不言薨。③ 反哭者，夫人礼也。以同姓故，不成其夫人丧。 ④ 孔子始老，故与吊也。绕，丧冠也。孔子以小君礼往吊，季孙不服丧，故去绖，从主节制。○ 与，音预。绕，音问。绖，大结切。去，起吕切。

公会吴于橐皋。吴子使大宰嚭请寻盟[1]。公不欲，使子贡对曰："盟所以周信也[2]，故心以制之[3]，玉帛以奉之[4]，言以结之[5]，明神以要之[6]。寡君以为苟有盟焉，弗可改也已。若犹可改，日盟何益？今吾子曰，必寻盟。若可寻也，亦可寒也[7]。"乃不寻盟。

① 寻鄫盟。 ② 周，固。 ③ 制其义。 ④ 奉贽明神。○ 贽，音至。 ⑤ 结其信。 ⑥ 要以祸福。○ 要，一遥切。⑦ 寻，重也。寒，歇也。○ 重，直龙切。歇，许谒切。

吴征会于卫。初，卫人杀吴行人且姚而惧，谋于行人子羽[1]。子羽曰："吴方无道，无乃辱吾君，不如止也。"子木曰："吴方无道[2]，国无道，必弃疾于人。吴虽无道，犹足以患卫[3]。往也！长木之毙，无不摽也[4]。国狗之瘈，无不噬也[5]。而况大国乎？"秋，卫侯会吴于郧。公及卫侯、宋皇瑗盟[6]，而卒辞吴盟。吴人藩卫侯之舍[7]。子服景伯谓子贡曰："夫诸侯之会，事既毕矣，侯伯致礼，地主归饩[8]，以相辞也[9]。今吴不行礼于卫，而藩其君舍以难之[10]，子盍见大宰？”乃请束锦以行[11]。语及卫故[12]，大宰嚭曰：“寡君愿事卫君，卫君之来也缓，寡君惧，故将止之[13]。”子贡曰：“卫君之来，必谋于其众。其众或欲或否，是以缓来。其欲来者，子之党也。其不欲来者，子之仇也。若执卫君，是堕党而崇仇也[14]。夫堕子者得其志矣！且合诸侯而执卫君，谁敢不惧？堕党崇仇，而惧诸侯，或者难以霸乎。”大宰嚭说，乃舍卫侯。卫侯归，效夷言。子之尚幼[15]，曰：“君必不免，其死于夷乎！执焉，而又说其言，从之固矣[16]。”

① 子羽，卫大夫。○ 且，子馀切。　② 子木，卫大夫。　③ 为卫患也。　④ 摽，击。○ 毙，婢世切。摽，敷萧切，又普交切。　⑤ 瘈，狂也。噬，齧也。○ 狗，音苟。瘈，吉世切。噬，市制切。齧，五结切；或作啮。　⑥ 盟不书，畏吴窃盟。　⑦ 藩，篱。○ 藩，方元切。篱，力知切。　⑧ 侯伯致礼，以礼宾也。地主，所会主人也。饩，生物。○ 饩，许气切。　⑨ 各以礼相辞让。　⑩ 难，苦困也。○ 难，乃旦切。⑪ 以赂吴。○ 盍，户臘切。　⑫ 若本不为卫请者。○ 为，于伪切。⑬ 止，执。　⑭ 堕，毁也。○ 堕，许规切，下同。　⑮ 子之，公孙弥牟。○ 说，音悦，下同。舍，音捨，释也；又音赦。效，户教切。　⑯ 出公辄后卒死于越。

冬十二月，螽。季孙问诸仲尼，仲尼曰：“丘闻之，火伏而后蛰者毕[1]。今火犹西流，司历过也[2]。”

① 火，心星也。火伏在今十月。○ 蛰，直立切。　② 犹西流，言未尽没。知是九月，历官失一闰，《释例》论之备。

宋郑之间有隙地焉[①]，曰弥作、顷丘、玉畅、嵒、戈、钖[②]。子产与宋人为成，曰："勿有是[③]。"及宋平、元之族自萧奔郑[④]，郑人为之城嵒、戈、钖[⑤]。九月，宋向巢伐郑，取钖，杀元公之孙，遂围嵒。十二月，郑罕达救嵒，丙申，围宋师[⑥]。

① 隙地，间田。○ 隙，去逆切。间，音闲；一本作间地，又如字。② 凡六邑。○ 弥，亡支切，又亡尔切。顷，苦颖切，又音倾。畅，敕亮切；一本作王畅。嵒，五咸切。戈，古禾切。钖，音羊，又星历切。　③ 俱弃之。④ 在定十五年。　⑤ 城以处平、元之族。○ 为，于伪切。　⑥ 此事，《经》在十二月螽上，今倒在下，更具列其月以为别者，丘明本不以为义例，故不皆齐同。○ 别，如字，又彼列切。

经

十有三年春，郑罕达帅师取宋师于嵒[①]。

夏，许男成卒[②]。

公会晋侯及吴子于黄池[③]。

楚公子申帅师伐陈[④]。

於越入吴。

秋，公至自会[⑤]。

晋魏曼多帅师侵卫[⑥]。

葬许元公[⑦]。

九月，螽[⑧]。

冬十有一月，有星孛于东方[⑨]。

盗杀陈夏区夫[⑩]。

十有二月，螽[⑪]。

① 书取，覆而败之。　② 无《传》。○ 成，音城；本或作戍。③ 陈留封丘县南有黄亭，近济水。夫差欲霸中国，尊天子，自去其僭号而称子，以告令诸侯，故史承而书之。○ 近，附近之近。去，起吕切。僭，子念切。　④ 无《传》。　⑤ 无《传》。　⑥ 无《传》。　⑦ 无《传》。⑧ 无《传》。书灾。　⑨ 无《传》。平旦众星皆没，而孛乃见，故不言所在之次。○ 孛，步内切。见，贤遍切。　⑩ 无《传》。称盗，非大夫。○ 夏，户雅切。○ 区，乌侯切。　⑪ 无《传》。前年季孙虽闻仲尼之言，而不正历，失闰至此年，故复十二月螽，实十一月。○ 复，扶又切。

传

十三年春，宋向魋救其师①。郑子賸使徇曰："得桓魋者有赏。"魋也逃归。遂取宋师于嵒，获成讙、郜延②。以六邑为虚③。

① 救前年围嵒师。　② 二子，宋大夫。○ 讙，火官切。郜，古报切，又古毒切。　③ 空虚之，各不有。○ 虚，如字；或音墟，非。

夏，公会单平公、晋定公、吴夫差于黄池①。

① 平公，周卿士也。不书，尊之不与会。○ 单，音善。与，音预。

六月丙子，越子伐吴，为二隧①。畴无馀、讴阳自南方②，先及郊。吴大子友、王子地、王孙弥庸、寿於姚自泓上观之③。弥庸见姑蔑之旗④，曰："吾父之旗也⑤。不可以见仇而弗杀也。"大子曰："战而不克，将亡国。请待之。"弥庸不可，属徒五千⑥，王子地助之。乙酉，战，弥庸获畴无馀，地获讴阳。越子至，王子地守。丙戌，复战，大败吴师。获大子友、王孙弥庸、寿於姚[7]。丁亥，入吴。吴人告败于王，王恶其闻也[8]，自刭七人于幕下[9]。

① 隧，道也。○ 隧，音遂。 ② 二子，越大夫。○ 讴，乌侯切。 ③ 观越师。泓，水名。○ 泓，乌宏切。 ④ 姑蔑，越地。今东阳大末县。○ 蔑，亡结切。旗，音其。大，音泰；孟康云，大，音闼。 ⑤ 弥庸父为越所获，故姑蔑人得其旌旗。 ⑥ 属，会也。○ 属，音烛。 ⑦ 地守，故不获。○ 守，手又切。复，扶又切。 ⑧ 恶诸侯闻之。○ 恶，乌路切。 ⑨ 以绝口。○ 刭，古顶切。

秋七月辛丑，盟，吴、晋争先[1]。吴人曰："于周室，我为长[2]。"晋人曰："于姬姓，我为伯[3]。"赵鞅呼司马寅[4]曰："日旰矣[5]，大事未成，二臣之罪也[6]。建鼓整列，二臣死之，长幼必可知也。"对曰："请姑视之。"反曰："肉食者无墨[7]。今吴王有墨，国胜乎[8]？大子死乎？且夷德轻，不忍久，请少待之[9]。"乃先晋人[10]。吴人将以公见晋侯，子服景伯对使者曰："王合诸侯，则伯帅侯牧以见于王[11]。伯合诸侯，则侯帅子男以见于伯[12]。自王以下，朝聘玉帛不同。故敝邑之职贡于吴，有丰于晋，无不及焉，以为伯也。今诸侯会，而君将以寡君见晋君，则晋成为伯矣，敝邑将改职贡。鲁赋于吴八百乘。若为子男，则将半邾以属于吴[13]，而如邾以事晋[14]。且执事以伯召诸侯，而以侯终之，何利之有焉？"吴人乃止，既而悔之[15]，将囚景伯。景伯曰："何也立后于鲁矣[16]。将以二乘与六人从，迟速唯命。"遂囚以还。及户牖[17]，谓大宰曰：

"鲁将以十月上辛，有事于上帝先王，季辛而毕。何世有职焉⑱，自襄以来，未之改也⑲。若不会，祝宗将曰：'吴实然⑳。'且谓鲁不共，而执其贱者七人，何损焉？"大宰嚭言于王曰："无损于鲁，而祇为名㉑，不如归之。"乃归景伯。吴申叔仪乞粮于公孙有山氏㉒曰："佩玉繠兮，余无所系之㉓。旨酒一盛兮，余与褐之父睨之㉔。"对曰："粱则无矣，麤则有之。若登首山以呼曰，庚癸乎，则诺㉕。"王欲伐宋，杀其丈夫而囚其妇人㉖。大宰嚭曰："可胜也，而弗能居也。"乃归。

① 争歃血先后。○ 歃，所洽切，又所甲切。 ② 吴为大伯后，故为长。○ 长，丁丈切。大，音泰。 ③ 为侯伯。 ④ 寅，晋大夫。⑤ 旰，晚矣。○ 旰，古旦切。 ⑥ 大事，盟也。二臣，鞅与寅。⑦ 墨，气色下。 ⑧ 国为敌所胜。 ⑨ 少待，无与争。○ 轻，遣政切。 ⑩ 盟不书，诸侯耻之，故不录。 ⑪ 伯，王官伯；侯牧，方伯。○ 上见，如字，又贤遍切。使，所吏切。下见，贤遍切。 ⑫ 伯，诸侯长。⑬ 半邾，三百乘。○ 丰，芳中切。乘，绳证切，下同。 ⑭ 如邾六百乘。⑮ 谓景伯欺之。 ⑯ 何，景伯名。 ⑰ 户牖，陈留外黄县西北东昏城是。○ 从，才用切。牖，音酉。 ⑱ 有职于祭事。 ⑲ 鲁襄公。⑳ 言鲁祝宗将告神云：景伯不会，坐为吴所囚。吴人信鬼，故以是恐之。○ 坐，才卧切。恐，丘勇切。 ㉑ 適为恶名。○ 共，音恭。祇，音支。㉒ 申叔仪，吴大夫。公孙有山，鲁大夫，旧相识。 ㉓ 繠然，服饰备也，己独无以系佩。言吴王不恤下。○ 繠，而捶切，又而水切。 ㉔ 一盛，一器也。睨，视也。褐，寒贱之人。言但得视，不得饮。○ 盛，音成，又市政切。褐，户葛切。父，如字，又音甫。睨，五计切。 ㉕ 军中不得出粮，故为私隐。庚，西方，主穀。癸，北方，主水。《传》言吴子不与士共饥渴，所以

亡。○ 麤,七奴切。呼,火故切。 ㉖ 以宋不会黄池故。言吴子悖惑。○ 丈,直两切;本或作大夫,误。悖,补内切。

冬,吴及越平[①]。

① 终伍员之言。

春秋经传集解第三十

哀公下

经

十有四年春，西狩获麟①。

小邾射以句绎来奔②。

夏四月，齐陈恒执其君，寘于舒州③。

庚戌，叔还卒④。

五月庚申朔，日有食之⑤。陈宗竖出奔楚⑥。

宋向魋入于曹以叛⑦。

莒子狂卒⑧。

六月，宋向魋自曹出奔卫。

宋向巢来奔。

齐人弑其君壬于舒州。

秋，晋赵鞅帅师伐卫⑨。

八月辛丑，仲孙何忌卒。

冬，陈宗竖自楚复入于陈，陈人杀之⑩。

陈辕买出奔楚⑪。

有星孛⑫。

饥⑬。

① 麟者，仁兽，圣王之嘉瑞也。时无明王，出而遇获。仲尼伤周道之不兴，感嘉瑞之无应，故因《鲁春秋》而修中兴之教，绝笔于获麟之一句，所感而作，固所以为终也。冬猎曰狩，盖虞人修常职，故不书狩者；大野在鲁西，故言西狩。得用曰获。○ 狩，手又切。麟，吕辛切，又力珍切，瑞兽也。解见《诗音》。瑞，常恚切。应，应对之应。中，丁仲切。 ② 射，小邾大夫。句绎，地名。《春秋》止于获麟，故射不在三叛人之数。自此以下至十六年，皆《鲁史记》之文，弟子欲存孔子卒，故并录以续孔子所修之《经》。○ 射，音亦。句，古侯切。绎，音亦。 ③ ○ 寘，之豉切。 ④ 无《传》。 ⑤ 无《传》。 ⑥ 无《传》。○ 竖，上主切。 ⑦ 曹，宋邑。○ 向，舒亮切。魋，徒回切。 ⑧ 无《传》。○ 狂，其迋切。 ⑨ 无《传》。○ 鞅，於丈切。 ⑩ 无《传》。○ 复，扶又切。 ⑪ 无《传》。 ⑫ 无《传》。不言所在，史失之。○ 孛，步内切。 ⑬ 无《传》。

传

十四年春，西狩于大野，叔孙氏之车子鉏商获麟①，以为不祥，以赐虞人②。仲尼观之，曰："麟也。"然后取之③。

① 大野，在高平巨野县东北大泽是也。车子，微者。鉏商，名。○ 鉏，仕居切。 ② 时所未尝见，故怪之。虞人，掌山泽之官。 ③ 言《鲁史》所以得书获麟。

小邾射以句绎来奔，曰："使季路要我，吾无盟矣①。"使子路，子路辞。季康子使冉有谓之曰："千乘之国，不信其盟，而信子之言，子何辱焉？"对曰："鲁有事于小邾，不敢问故，死其城下可也。彼不臣而济其言，是义之也。由弗能②。"

① 子路信诚，故欲得与相要誓，而不须盟。孔子弟子既续书《鲁策》以系于《经》，丘明亦随而《传》之，终于哀公以卒前事。其异事则皆略而不《传》，故此《经》无《传》者多。○ 要，於妙切，又一遥切。　② 济，成也。○ 乘，绳证切，年内同。

齐简公之在鲁也，阚止有宠焉[①]。及即位，使为政。陈成子惮之，骤顾诸朝[②]。诸御鞅言于公[③]曰："陈、阚不可并也，君其择焉[④]。"弗听。子我夕[⑤]，陈逆杀人，逢之[⑥]，遂执以入[⑦]。陈氏方睦[⑧]，使疾而遗之潘沐，备酒肉焉[⑨]，飨守囚者，醉而杀之而逃。子我盟诸陈于陈宗[⑩]。

初，陈豹欲为子我臣[⑪]，使公孙言己[⑫]，已有丧而止。既而言之[⑬]，曰："有陈豹者，长而上偻[⑭]，望视[⑮]，事君子必得志[⑯]。欲为子臣，吾惮其为人也[⑰]，故缓以告。"子我曰："何害？是其在我也。"使为臣。他日，与之言政，说，遂有宠。谓之曰："我尽逐陈氏，而立女，若何？"对曰："我远于陈氏矣[⑱]。且其违者，不过数人[⑲]，何尽逐焉？"遂告陈氏。子行曰："彼得君，弗先，必祸子。"子行舍于公宫[⑳]。夏五月壬申，成子兄弟四乘如公[㉑]。子我在幄[㉒]，出逆之。遂入，闭门[㉓]。侍人御之[㉔]，子行杀侍人[㉕]。公与妇人饮酒于檀台，成子迁诸寝[㉖]。公执戈将击之[㉗]。大史子馀曰："非不利也，将除害也[㉘]。"

成子出舍于库[㉙]，闻公犹怒，将出，曰："何所无君？"子行抽剑曰："需，事之贼也[㉚]。谁非陈宗[㉛]？所不杀子者，有如陈宗[㉜]！"乃止。子我归，属徒攻闱与大门[㉝]，皆不胜，乃出。陈氏追之，失道于弇中，适豐丘[㉞]。豐丘人执之以告，杀诸郭关㉟。成子将杀大陆子方㊱,陈逆请而免之,以公命取车于道㊲。及郕,众知而东之㊳。出雍门㊴,陈豹与之车,弗受,曰:“逆为余请,豹与余车,余有私焉。事子我而有私于其仇,何以见鲁、卫之士㊵?”东郭贾奔卫㊶。庚辰,陈恒执公于舒州。公曰:“吾早从鞅之言,不及此㊷。”

① 简公,悼公阳生子壬也。阚止,子我也。事在六年。○ 阚,苦暂切。② 成子,陈常。心不安,故数顾之。○ 惮,大旦切。骤,仕救切。数,所角切。③ 鞅,齐大夫。④ 择用一人。⑤ 夕视事。⑥ 陈逆,子行,陈氏宗也。子我逢之。⑦ 执逆至朝。⑧ 欲谋齐国,故宗族和。⑨ 使诈病,因内潘沐,并得内酒肉。潘,米汁,可以沐头。○ 遗,唯季切。潘,芳袁切。沐,音木。汁,之十切。⑩ 失陈逆,惧其反为患,故盟之。⑪ 豹亦陈氏族。⑫ 言己,介达之。○ 介,音界,媒介也,亦因也。⑬ 既,终丧也。⑭ 肩背偻。○ 长,如字,又丁丈切。偻,力主切。⑮ 目望阳。⑯ 得君子意。⑰ 恐多诈。⑱ 言己疏远。○ 说,音悦。女,音汝。远,如字,又于万切。⑲ 违,不从也。○ 数,所主切。⑳ 子行逃而隐于陈氏,今又隐于公宫。㉑ 成子之兄弟,昭子庄、简子齿、宣子夷、穆子安、廪丘子意兹、芒子盈、惠子得,凡八人,一人共一乘。○ 廪,力甚切。芒,音亡。㉒ 幄,帐也,听政之处。○ 幄,於角切。处,昌虑切。㉓ 成子入,反闭门不纳子我。㉔ 子我侍人。○ 御,本亦作御,鱼吕切。㉕ 素在内,故得杀之。㉖ 徙公使居正寝。○ 檀,大丹切。㉗ 疑其欲作乱。㉘ 言将为公除害。○ 大,音泰。为,于伪切,下逆为、下《注》为公同。㉙ 以公怒故。㉚ 言需疑则害事。○ 需,音须。㉛ 言陈氏宗族众多。㉜ 言子若欲出,我必杀子,明如陈宗。㉝ 闱,宫中小门。大门,公门也。○ 属,之欲切。闱,音韦。㉞ 弇中,狭路。豐丘,陈氏邑。○ 弇,於检切,又音淹。狭,音洽。㉟ 齐关名。㊱ 子方,子我臣。

㊲ 子方取道中行人车。 ㊳ 知其矫命，夺车逐使东。○ 彨，音而。矫，本又作桥，居表切。 ㊴ 齐城门也。○ 雍，於用切。 ㊵《传》言陈氏务施。○ 施，式氏切。 ㊶ 贾即子方。 ㊷ 悔不诛陈氏。

宋桓魋之宠害于公[①]。公使夫人骤请享焉，而将讨之[②]。未及，魋先谋公，请以鞌易薄[③]，公曰："不可。薄，宗邑也[④]。"乃益鞌七邑，而请享公焉[⑤]。以日中为期，家备尽往[⑥]。公知之，告皇野曰："余长魋也[⑦]。今将祸余，请即救。"司马子仲曰："有臣不顺，神之所恶也，而况人乎？敢不承命。不得左师不可[⑧]。请以君命召之。"左师每食击钟。闻钟声，公曰："夫子将食。"既食，又奏[⑨]。公曰："可矣。"以乘车往，曰："迹人来告[⑩]曰：'逢泽有介麇焉[⑪]。'公曰：'虽魋未来，得左师，吾与之田，若何[⑫]？'君惮告子[⑬]。野曰：'尝私焉[⑭]。'君欲速，故以乘车逆子。"与之乘，至，公告之故，拜不能起。司马曰："君与之言[⑮]。"公曰："所难子者，上有天，下有先君[⑯]。"对曰："魋之不共，宋之祸也。敢不唯命是听。"司马请瑞焉[⑰]，以命其徒攻桓氏[⑱]。其父兄故臣曰："不可[⑲]。"其新臣曰："从吾君之命。"遂攻之。子颀骋而告桓司马[⑳]。司马欲入[㉑]，子车止之[㉒]，曰："不能事君，而又伐国，民不与也，祇取死焉。"向魋遂入于曹以叛[㉓]。

六月，使左师巢伐之，欲质大夫以入焉[㉔]。不能。亦入于曹取质[㉕]。魋曰："不可。既不能事君，又得罪于民，将若之何？"乃舍之[㉖]。民遂叛之。向魋奔卫。向巢来奔，宋公使止之，曰："寡人与子有言矣，不可以绝向氏之祀。"辞曰："臣之罪大，尽灭桓氏可也。若以先臣之故，而使有后，君之惠也。若臣则不可以入矣。”司马牛致其邑与珪焉，而适齐[27]。向魋出于卫地，公文氏攻之[28]，求夏后氏之璜焉。与之他玉，而奔齐，陈成子使为次卿。司马牛又致其邑焉，而适吴[29]。吴人恶之而反。赵简子召之，陈成子亦召之。卒于鲁郭门之外，阬氏葬诸丘舆[30]。

① 恃宠骄盈。 ② 夫人，景公母也，数请享饮，欲因请讨之。○ 数，所角切。 ③ 鞌，向魋邑。薄，公邑。欲因易邑，为公享宴而作乱。○ 鞌，音安。 ④ 宗庙所在。 ⑤ 伪喜于受赐。 ⑥ 甲兵之备。 ⑦ 少长育之。皇野，司马子仲。○ 长，丁丈切。少，诗照切。 ⑧ 左师，向魋兄向巢也。○ 恶，乌路切。 ⑨ 奏乐。 ⑩ 主迹禽兽者。○ 迹，子亦切。 ⑪《地理志》言逢泽在荥阳开封县东北，远，疑非。介，大也。○ 介，音界。麇，九伦切，獐也；本又作麋，亡悲切。 ⑫ 皇野称公命。 ⑬ 难以游戏烦大臣。○ 难，乃旦切。 ⑭ 尝，试也。 ⑮ 使公与要誓。 ⑯ 言虽诛魋，要不负言，使祸难及子。 ⑰ 瑞，符节，以发兵。 ⑱ 桓氏，向魋。 ⑲ 司马故臣与桓魋无怨者。 ⑳ 子颀，桓魋弟。桓司马即魋也。○ 颀，音祈。骋，敕领切。 ㉑ 入攻君。 ㉒ 车亦魋弟。 ㉓ 八年，宋灭曹以为邑。○ 祗，音支。 ㉔ 巢不能克魋，恐公怒，欲得国内大夫为质，还入国。○ 质，音致，下同。 ㉕ 不能得大夫，故入曹，劫曹人子弟而质之，欲以自固。 ㉖ 舍曹子弟。○ 舍，音赦，又音捨。 ㉗ 牛，桓魋弟也。珪，守邑符信。 ㉘ 公文氏，卫大夫。 ㉙ 示不与魋同。○ 夏，户雅切。璜，音黄。 ㉚ 阬氏，鲁人也。泰山南城县西北有舆城。录其卒葬所在，愍贤者失所。○ 恶，乌路切。阬，苦庚切，或音刚。舆，音余。

甲午，齐陈恒弑其君壬于舒州①。孔丘三日齊，而请伐齐三。公曰：“鲁为齐弱久矣，子之伐之，将若之何？”对曰：

"陈恒弑其君，民之不与者半。以鲁之众，加齐之半，可克也。"公曰："子告季孙。"孔子辞[2]。退而告人曰："吾以从大夫之后也，故不敢不言[3]。"

① 壬，简公也。　② 辞不告。○ 齊，侧皆切；一本又作齋。三，如字，又息暂切。　③ 尝为大夫而去，故言后。

初，孟孺子泄将圉马于成[1]。成宰公孙宿不受，曰："孟孙为成之病，不圉马焉[2]。"孺子怒，袭成。从者不得入，乃反。成有司使，孺子鞭之[3]。秋八月辛丑，孟懿子卒。成人奔丧，弗内。袒免哭于衢。听共，弗许[4]。惧，不归[5]。

① 泄，孟懿子之子孟武伯也。圉，畜养也。成，孟氏邑。○ 泄，息列切。圉，鱼吕切。　② 病，谓民贫困。○ 为，于伪切。　③ 恨恚，故鞭成有司之使人。○ 从，才用切。恚，一瑞切。　④ 请听命共使。○ 内，如字，又音纳。袒，音但。免，音同。衢，其俱切。共，音恭。　⑤ 不敢归成，为明年成叛《传》。

经

十有五年春，王正月，成叛。

夏五月，齐高无丕出奔北燕[1]。

郑伯伐宋[2]。

秋八月，大雩[3]。

晋赵鞅帅师伐卫[4]。

冬，晋侯伐郑[5]。

及齐平[6]。

卫公孟弫出奔齐[7]。

① 无《传》。○ 丕，普悲切。　② 无《传》。　③ 无《传》。○ 雩，音于。　④ 无《传》。　⑤ 无《传》。　⑥ 鲁与齐平。　⑦ 无《传》。○ 弫，苦侯切。

传

十五年春，成叛于齐。武伯伐成，不克，遂城输[1]。

① 以偪成。

夏，楚子西、子期伐吴，及桐汭[1]。陈侯使公孙贞子吊焉[2]，及良而卒[3]，将以尸入[4]。吴子使大宰嚭劳，且辞曰："以水潦之不时，无乃廪然陨大夫之尸[5]，以重寡君之忧。寡君敢辞上介。"芋尹盖对[6]曰："寡君闻楚为不道，荐伐吴国[7]，灭厥民人。寡君使盖备使，吊君之下吏[8]。无禄，使人逢天之慼，大命陨队，绝世于良[9]，废日共积[10]，一日迁次[11]。今君命逆使人曰：'无以尸造于门。'是我寡君之命委于草莽也。且臣闻之曰，事死如生，礼也。于是乎有朝聘而终，以尸将事之礼[12]，又有朝聘而遭丧之礼[13]。若不以尸将命，是遭丧而还也，无乃不可乎！以礼防民，犹或逾之。今大夫曰，死而弃之，是弃礼也。其何以为诸侯主[14]？先民有言曰，无秽虐士[15]。备使奉尸将命，苟我寡君之命达于君所，虽陨于深渊，则天命也。非君与涉人之过也。"吴人内之[16]。

① 宣城广德县西南有桐水出白石山西北，入丹阳湖。○ 汭，如锐切。 ② 吊为楚所伐。 ③ 良，吴地。 ④ 聘礼，若宾死未将命，则既敛于棺，造于朝，介将命。○ 敛，力验切。造，七报切。介，音界。 ⑤ 廪然，倾动貌。○ 劳，力报切，又音老。廪，力甚切。陨，于敏切。 ⑥ 盖，陈大夫。贞子，上介。○ 重，直用切。寡君敢辞上介，绝句。芋，于付切。 ⑦ 荐，重也。○ 荐，在遍切。 ⑧ 备，犹副也。○ 使，所吏切。盖，芋尹盖，辞同。 ⑨ 绝世，犹言弃世。 ⑩ 废行道之日，以共具殡敛所积聚之用。○ 共，音恭。积，子赐切，又如字。殡，必刃切。聚，才喻切，又如字。 ⑪ 一日便迁次，不敢留君命。 ⑫ 朝聘道死，以尸行事。○ 莽，亡党切。 ⑬ 遭所聘之丧。 ⑭ 谓主盟也。 ⑮ 虐士，死者。 ⑯《传》言芋尹盖知礼。○ 内，如字，又音纳。

秋，齐陈瓘如楚[①]。过卫，仲由见之[②]，曰："天或者以陈氏为斧斤，既斫丧公室，而他人有之，不可知也。其使终飨之，亦不可知也[③]。若善鲁以待时，不亦可乎？何必恶焉[④]？"子玉曰："然，吾受命矣，子使告我弟[⑤]。"

① 瓘，陈恒之兄子玉也。○ 瓘，古唤切。 ② 仲由，子路。○ 过，古禾切。 ③ 飨，受也。○ 斫，陟角切。丧，息浪切，下同。 ④ 仲由事孔子，故为鲁言。○ 为，于伪切，下为卫、为请同。 ⑤ 弟，成子也。

冬，及齐平。子服景伯如齐，子赣为介，见公孙成[①]，曰："人皆臣人，而有背人之心。况齐人虽为子役，其有不贰乎[②]？子，周公之孙也。多飨大利，犹思不义。利不可得，而丧宗国，将焉用之[③]？"成曰："善哉，吾不早闻命[④]。"陈成子馆客[⑤]，曰："寡君使恒告曰，寡人愿事君如事卫君[⑥]。"景伯揖子赣而进之。对曰："寡君之愿也。昔晋人伐卫[⑦]，齐为卫故，伐晋冠氏，丧车五百[⑧]，因与卫地，自济以西，禚、媚、杏以南，书社五百[⑨]。吴人加敝邑以乱[⑩]。齐因其病，取讙与阐[⑪]。寡君是以寒心。若得视卫君之事君也，则固所愿也。"成子病之，乃归成[⑫]。公孙宿以其兵甲入于嬴[⑬]。

① 公孙成，成宰公孙宿也。　② 言子叛鲁，齐人亦将叛子。○ 背，音佩。　③ 丧宗国，谓以邑入齐，使鲁有危亡之祸。○ 焉，於虔切。④《传》言仲尼之徒，皆忠于鲁国。　⑤ 使景伯、子赣就馆。　⑥ 言卫与齐同好，而鲁未肯。○ 好，呼报切。　⑦ 在定八年。　⑧ 在定九年。冠氏，阳平馆陶县。○ 冠，如字，又古唤切。　⑨ 二十五家为一社，籍书而致之。○ 济，子礼切。禚，诸若切。　⑩ 在八年。　⑪ 亦在八年。　⑫ 病其言也。　⑬ 嬴，齐邑。○ 嬴，音盈。

卫孔圉取大子蒯聩之姊，生悝[①]。孔氏之竖浑良夫，长而美，孔文子卒，通于内[②]。大子在戚，孔姬使之焉[③]。大子与之言曰："苟使我入获国，服冕乘轩，三死无与[④]。"与之盟。为请于伯姬[⑤]。闰月，良夫与大子入，舍于孔氏之外圃[⑥]。昏，二人蒙衣而乘[⑦]，寺人罗御，如孔氏。孔氏之老栾宁问之，称姻妾以告[⑧]。遂入，适伯姬氏。既食，孔伯姬杖戈而先，大子与五人介，舆豭从之[⑨]。迫孔悝于厕，强盟之[⑩]，遂劫以登台。栾宁将饮酒，炙未熟，闻乱，使告季子[⑪]。召获驾乘车[⑫]，行爵食炙，奉卫侯辄来奔。季子将入，遇子羔将出[⑬]，曰："门已闭矣。"季子曰："吾姑至焉[⑭]。"子羔曰："弗及，不践其难[⑮]。"季子曰："食焉，不辟其难[⑯]。"子羔遂出。

子路入，及门，公孙敢门焉[17]，曰："无入为也[18]。"季子曰："是公孙也，求利焉而逃其难。由不然，利其禄，必救其患。"有使者出，乃入[19]。曰："大子焉用孔悝，虽杀之，必或继之[20]。"且曰："大子无勇，若燔台半，必舍孔叔。"大子闻之惧，下石乞、盂黡敌子路[21]。以戈击之，断缨。子路曰："君子死，冠不免[22]。"结缨而死。孔子闻卫乱，曰："柴也其来，由也死矣。"孔悝立庄公[23]。庄公害故政，欲尽去之[24]。先谓司徒瞒成曰："寡人离病于外久矣，子请亦尝之。"归告褚师比，欲与之伐公，不果[25]。

① 孔圉，孔文子也。蒯聩姊，孔伯姬。○ 圉，鱼吕切。蒯，苦怪切。聩，鱼怪切。悝，苦回切。　② 通伯姬。○ 浑，户门切。长，丁丈切，又如字。　③ 使良夫诣大子所。○ 使，所吏切，又如字。　④ 冕，大夫服。轩，大夫车。三死，死罪三。○ 与，音预。　⑤ 良夫为大子请。⑥ 圃，园。○ 圃，布五切。　⑦ 二人，大子与良夫。蒙衣，为妇人服也。○ 乘，绳证切，下同。　⑧ 自称昏姻家妾。○ 栾，力丸切。姻，音因。⑨ 介，被甲。舆豭豚，欲以盟。○ 杖，直亮切，又音丈。豭，音加。被，皮寄切。　⑩ 孔氏专政，故劫孔悝，欲令逐辄。○ 孔悝，本又作叔悝。厕，初吏切。强，其丈切。劫，居业切。令，力呈切。　⑪ 季子，子路也，为孔氏邑宰。○ 炙，章夜切。　⑫ 召获，卫大夫，驾乘车，言不欲战。○ 召，上照切。　⑬ 子羔，卫大夫高柴，孔子弟子，将出奔。　⑭ 且欲至门。⑮ 言政不及己，可不须践其难。○ 难，乃旦切，下皆同。　⑯ 谓食孔氏禄。　⑰ 守门。　⑱ 言辄已出，无为复入。○ 复，扶又切。⑲ 因门开而入。○ 使，所吏切。　⑳ 言己必继孔悝为难攻大子。○ 焉，於虔切。　㉑ 二子，蒯聩党。敌，当也。○ 燔，音烦。舍，音捨，又如字。盂，音于。黡，於减切。　㉒ 不使冠在地。○ 断，丁管切。

㉓ 庄公，蒯聩也。 ㉔ 故政，辄之臣。○ 去，起吕切。 ㉕ 比，褚师声子，为明年瞒成奔起。○ 瞒，莫干切。褚，中吕切。

经

十有六年春，王正月己卯，卫世子蒯聩自戚入于卫。

卫侯辄来奔[①]。

二月，卫子还成出奔宋[②]。

夏四月己丑，孔丘卒[③]。

① 书此春，皆从告。 ② 即瞒成。○ 还，音旋。 ③ 仲尼既告老去位，犹书卒者，鲁之君臣，宗其圣德，殊而异之。鲁襄二十二年生，至今七十三也。四月十八日乙丑，无己丑。己丑，五月十二日。日月必有误。○《释文》：孔子卒，孔子作《春秋》，终于获麟之一句，《公羊》、《穀梁经》是也。弟子欲记圣师之卒，故采《鲁史记》，以续夫子之《经》，而终于此。丘明因随而作《传》，终于哀公。从此已下，无复《经》矣。鲁襄二十二年生，至今七十三也。本或作鲁襄二十三年生，至今七十二，则与《史记》《孔子世家》异，此本非也。

传

十六年春，瞒成、褚师比出奔宋[①]。

① 欲伐庄公，不果而奔。

卫侯使鄢武子告于周[①]，曰："蒯聩得罪于君父君母，逋窜于晋。晋以王室之故，不弃兄弟，寘诸河上[②]。天诱其衷，获嗣守封焉。使下臣肸敢告执事。"王使单平公对曰："肸以嘉命，来告余一人。往谓叔父，余嘉乃成世，复尔禄次，敬之哉[3]。方天之休[4]，弗敬弗休，悔其可追[5]？”

① 武子，卫大夫肸也。○ 鄍，於虔切。肸，许乙切。 ② 河上，戚也。○ 逋，布吴切。窜，七乱切。寘，之豉切。 ③ 继父之世，还居君之禄次。○ 衷，音忠。单，音善。余嘉乃成世，绝句。 ④ 言天方受尔以休。○ 休，许虬切，美也。 ⑤《传》终蒯聩之事。

夏四月己丑，孔丘卒。公诔之曰：“旻天不吊，不憖遗一老。俾屏余一人以在位[1]，茕茕余在疚。呜呼哀哉！尼父，无自律[2]。”子赣曰：“君其不没于鲁乎。夫子之言曰：‘礼失则昏，名失则愆。’失志为昏，失所为愆。生不能用，死而诔之，非礼也。称一人，非名也[3]。君两失之。”

① 仁覆闵下，故称旻天。吊，至也。憖，且也。俾，使也。屏，蔽也。○ 诔，力轨切；《说文》云，谥也。旻，亡巾切。吊，如字，又音的。憖，鱼觐切。俾，必尔切。屏，必领切。 ② 疚，病也。律，法也。言丧尼父无以自为法。○ 茕，求营切。疚，久又切。父，音甫。丧，息浪切。 ③ 天子称一人，非诸侯之名。○ 愆，起虔切。

六月，卫侯饮孔悝酒于平阳[1]，重酬之，大夫皆有纳焉[2]。醉而送之，夜半而遣之[3]。载伯姬于平阳而行[4]。及西门[5]，使贰车反祏于西圃[6]。子伯季子初为孔氏臣，新登于公[7]。请追之，遇载祏者，杀而乘其车[8]。许公为反祏[9]，遇之，曰：“与不仁人争，明无不胜[10]。”必使先射，射三发，皆远许为。许为射之，殪[11]。或以其车从[12]，得祏于橐中。孔悝出奔宋[13]。

① 东郡燕县东北有平阳亭。○ 饮,於鸩切。　② 纳财贿也。③ 夜遣者,惭负孔悝,不欲令人见。○ 令,力呈切。　④ 载其母俱去。⑤ 平阳门。　⑥ 使副车还取庙主。西圃,孔氏庙所在。祏,藏主石函。○ 祏,音石。圃,布五切。函,音咸。　⑦ 升为大夫。　⑧ 子伯杀载祏者。　⑨ 孔悝怪载祏者久不来,使公为反逆之。○ 许公为,如字,人姓名。反,本亦作返,音同。　⑩ 不仁人,谓子伯季子也。明无不胜,言必胜。○ 争,争斗之争。　⑪《传》言子伯不仁,所以死也。○ 射,食亦切,下同。发,如字,一音废。远,于万切。殪,於计切。　⑫ 从公为。○ 从,才用切,又如字。　⑬ ○ 橐,音托。

楚大子建之遇谗也,自城父奔宋[1]。又辟华氏之乱于郑[2],郑人甚善之。又适晋,与晋人谋袭郑,乃求复焉。郑人复之如初。晋人使谍于子木,请行而期焉[3]。子木暴虐于其私邑,邑人诉之。郑人省之,得晋谍焉。遂杀子木。其子曰胜,在吴。子西欲召之。叶公曰:"吾闻胜也诈而乱,无乃害乎[4]。"子西曰:"吾闻胜也信而勇,不为不利,舍诸边竟,使卫藩焉[5]。"叶公曰:"周仁之谓信[6],率义之谓勇[7]。吾闻胜也好复言[8],而求死士,殆有私乎[9]? 复言,非信也。期死,非勇也[10]。子必悔之。"弗从。召之使处吴竟,为白公[11]。请伐郑。子西曰:"楚未节也[12]。不然,吾不忘也。"他日,又请,许之。未起师。晋人伐郑,楚救之,与之盟。胜怒曰:"郑人在此,仇不远矣[13]。"胜自厉剑,子期之子平见之,曰:"王孙何自厉也?"曰:"胜以直闻,不告女,庸为直乎? 将以杀尔父。"平以告子西。子西曰:"胜如卵,余翼而长之[14]。楚国第[15],我死，令尹、司马，非胜而谁？”胜闻之曰：“令尹之狂也，得死，乃非我[16]。”子西不悛。胜谓石乞[17]曰：“王与二卿士[18]，皆五百人当之，则可矣。”乞曰：“不可得也[19]。”曰：“市南有熊宜僚者，若得之，可以当五百人矣。”乃从白公而见之。与之言，说。告之故，辞[20]。承之以剑，不动[21]。胜曰：“不为利谄，不为威惕，不泄人言以求媚者，去之。”

吴人伐慎，白公败之[22]。请以战备献[23]，许之。遂作乱。秋七月，杀子西、子期于朝，而劫惠王。子西以袂掩面而死[24]。子期曰：“昔者吾以力事君，不可以弗终。”抉豫章以杀人而后死[25]。石乞曰：“焚库弑王，不然不济。”白公曰：“不可。弑王不祥，焚库无聚，将何以守矣？”乞曰：“有楚国而治其民，以敬事神，可以得祥，且有聚矣，何患？”弗从。叶公在蔡[26]，方城之外皆曰：“可以入矣。”子高曰：“吾闻之，以险徼幸者，其求无餍，偏重必离[27]。”闻其杀齐管修也而后入[28]。

白公欲以子闾为王[29]。子闾不可，遂劫以兵。子闾曰：“王孙若安靖楚国，匡正王室，而后庇焉，启之愿也，敢不听从？若将专利以倾王室，不顾楚国，有死不能[30]。”遂杀之，而以王如高府[31]，石乞尹门[32]。圉公阳穴宫，负王以如昭夫人之宫[33]。叶公亦至，及北门，或遇之，曰：“君胡不胄？国人望君如望慈父母焉。盗贼之矢若伤君，是绝民望也。若之何不胄？”乃胄而进。又遇一人曰：“君胡胄？国人望君如望岁焉[34]，日日以几[35]。若见君面，是得艾也[36]。民知不死，其亦夫有奋心。犹将旌君以徇于国[37]，而又掩面以绝民望，不亦甚乎？”乃免胄而进[38]。遇箴尹固，帅其属将与白公[39]。子高曰:“微二子者,楚不国矣[40]。弃德从贼,其可保乎?”乃从叶公。使与国人以攻白公。白公奔山而缢,其徒微之[41]。生拘石乞而问白公之死焉,对曰:“余知其死所,而长者使余勿言[42]。”曰:“不言将烹。”乞曰:“此事克则为卿,不克则烹,固其所也。何害?”乃烹石乞。王孙燕奔頯黄氏[43]。沈诸梁兼二事[44],国宁[45],乃使宁为令尹[46],使宽为司马[47],而老于叶[48]。

① 在昭十九年。○ 父,音甫。 ② 在昭二十年。○ 华,户化切。 ③ 请行袭郑之期。子木,即建也。○ 谍,徒协切。 ④ 叶公子高,沈诸梁也。○ 叶,始涉切。 ⑤ 使为藩屏之卫。○ 竟,音境。藩,方元切。 ⑥ 周,亲也。 ⑦ 率,行也。 ⑧ 言之所许,必欲复行之,不顾道理。○ 好,呼报切。 ⑨ 私谋复仇。 ⑩ 期,必也。 ⑪ 白,楚邑也。汝阴褒信县西南有白亭。 ⑫ 言楚国新复,政令犹未得节制。 ⑬ 比子西于郑人。 ⑭ 以鸟为喻。○ 女,音汝。卵,来管切。长,丁丈切。 ⑮ 用士之次第。○ 第,大细切,注同。 ⑯ 言我必杀之。若得自死,我乃不复成人。○ 复,扶又切。 ⑰ 石乞,胜之徒。○ 悛,七全切。 ⑱ 二卿士,子西、子期。 ⑲ 五百人不可得。 ⑳ 告欲作乱,宜僚辞距之。○ 熊,音雄。宜僚者,本或作熊相宜僚。相,息亮切。说,音悦。 ㉑ 拔剑指其喉。○ 喉,音侯。 ㉒ 汝阴慎县也。○ 为,于伪切。谄,敕检切。惕,他历切。洩,息列切,又以制切。 ㉓ 与吴战之所得铠杖兵器,皆备而献之,欲因以为乱。○ 铠,苦代切。杖,直亮切。 ㉔ 惭于叶公。○ 劫,居业切。袂,弥世切。 ㉕ 以效其多力。豫章,大木。○ 抉,乌穴切。 ㉖ 蔡迁州来,楚并其地。○ 聚,才住切。 ㉗ 险,犹恶也。所求无餍,则不安。譬如物偏重则离败,欲须其毙而讨之。○ 徼,古尧切。餍,於艳切。 ㉘ 管修,楚贤大夫,故齐管仲之后。闻其杀贤,知其可讨。 ㉙ 子闾,平王子启,五辞王者。 ㉚ 不能从。○ 庀,必利切,又音祕。 ㉛ 高府,楚别府。 ㉜ 为门尹。 ㉝ 公

阳，楚大夫。昭夫人，王母，越女。○ 圉，鱼吕切。 ㉞ 岁，年谷也。○ 胄，直又切。 ㉟ 冀君来。○ 几，音冀；本或作冀。 ㊱ 艾，安也。○ 艾，鱼废切，又五盖切。 ㊲ 旌，表也。○ 夫，方于切，或音扶。奋，方问切。旌，音精。徇，似俊切。 ㊳ 言叶公得民心。 ㊴ 欲与白公并。○ 箴，之林切。 ㊵ 二子，子西、子期也。柏举之败，二子功多。㊶ 微，匿也。○ 与，羊汝切。一本作使兴国人，如字，兴谓兴废也。缢，一赐切。微，如字；《尔雅》云，匿，微也。匿，女力切。 ㊷ 长者谓白公也。○ 拘，音俱。长，丁丈切，注同。 ㊸ 燕，胜弟。颡黄，吴地。○ 烹，普庚切。燕，乌贤切，又乌练切。颡，求龟切。旧，求悲切。 ㊹ 二事，令尹、司马。 ㊺ 宁，安也。 ㊻ 子西之子子国也。 ㊼ 子期之子。㊽《传》终言之。○ 叶，始涉切。

卫侯占梦嬖人[①]，求酒于大叔僖子[②]。不得，与卜人比而告公曰："君有大臣在西南隅，弗去，惧害[③]。"乃逐大叔遗。遗奔晋。卫侯谓浑良夫曰："吾继先君而不得其器，若之何[④]？"良夫代执火者而言[⑤]曰："疾与亡君，皆君之子也。召之而择材焉可也[⑥]。若不材，器可得也[⑦]。"竖告大子[⑧]。大子使五人舆豭从己，劫公而强盟之[⑨]。且请杀良夫。公曰："其盟免三死[⑩]。"曰："请三之后，有罪杀之。"公曰："诺哉！"

① 以能占梦见爱。○ 嬖，必计切。 ② 僖子，大叔遗。○ 大，音泰。 ③ 托占卜梦而言。○ 比，毗志切。去，起吕切。 ④ 国之宝器，辄皆将去。 ⑤ 将密谋，屏左右。 ⑥ 召辄。 ⑦ 辄若不材，可废其身，因得其器。 ⑧ 大子疾。 ⑨ 盟求必立己。○ 豭，音加。强，其丈切。 ⑩ 盟在十五年。

传

十七年春，卫侯为虎幄于藉圃[①]，成，求令名者，而与之始食焉。大子请使良夫[②]。良夫乘衷甸两牡[③]，紫衣狐裘[④]，至，袒裘，不释剑而食[⑤]。大子使牵以退，数之以三罪而杀之[⑥]。

① 于藉田之圃，新造幄幕，皆以虎兽为饰。○ 幄，於角切。幕，武博切。 ② 以良夫应为令名。○《释文》：成，绝句。求令名者，绝句。应，应对之应。 ③ 衷甸，一辕，卿车。○ 甸，时证切；《说文》作佃，云，中也；《春秋》乘中佃，一辕车也。牡，茂后切。 ④ 紫衣，君服。 ⑤ 食而热，故偏袒，亦不敬。○ 袒，音但。 ⑥ 三罪，紫衣、袒裘、带剑。

三月，越子伐吴。吴子御之笠泽，夹水而陈。越子为左右句卒[①]，使夜或左或右，鼓噪而进。吴师分以御之。越子以三军潜涉，当吴中军而鼓之，吴师大乱，遂败之[②]。

① 句卒，鉤伍相著，别为左右屯。○ 御，鱼吕切。笠，音立。夹，居洽切。陈，直觐切。句，古侯切。卒，子忽切。著，直略切。 ② 左右句卒为声势以分吴军，而三军精卒并力击其中军，故得胜也。○ 噪，素报切。并，如字，又必政切。

晋赵鞅使告于卫曰："君之在晋也，志父为主。请君若大子来，以免志父。不然，寡君其曰，志父之为也[①]。"卫侯辞以难。大子又使椓之[②]。夏六月，赵鞅围卫。齐国观、陈瓘救卫[③]，得晋人之致师者。子玉使服而见之[④]，曰："国子实执齐柄，而命瓘曰：'无辟晋师。'岂敢废命[⑤]。子又何辱[⑥]？"

简子曰:“我卜伐卫,未卜与齐战。”乃还[7]。

① 恐晋君谓志父教使不来。　② 椓,诉父,欲速得其处。○ 难,乃旦切。椓,中角切。处,昌虑切。　③ 国观,国书之子。○ 观,工唤切,下陈瓘音同。　④ 释囚服,服其本服。　⑤ 欲必敌晋。○ 柄,彼命切。　⑥ 言不须来致师,自将往战。　⑦ 畏子玉。

楚白公之乱,陈人恃其聚而侵楚[1]。楚既宁,将取陈麦。楚子问帅于大师子穀与叶公诸梁。子穀曰:“右领差车与左史老,皆相令尹、司马以伐陈,其可使也[2]。”子高曰:“率贱,民慢之,惧不用命焉[3]。”子穀曰:“观丁父,鄀俘也,武王以为军率[4],是以克州,蓼,服随、唐,大启群蛮。彭仲爽,申俘也,文王以为令尹,实县申、息[5],朝陈、蔡,封畛于汝[6]。唯其任也,何贱之有?”子高曰:“天命不謟[7]。令尹有憾于陈[8],天若亡之,其必令尹之子是与,君盍舍焉[9]?臣惧右领与左史有二俘之贱,而无其令德也。”王卜之,武城尹吉[10]。使帅师取陈麦。陈人御之,败。遂围陈。秋七月己卯,楚公孙朝帅师灭陈[11]。

① 聚,积聚也。○ 聚,才住切,下《注》邑聚同。积,子赐切。　② 言此二人,皆尝辅相子西、子期伐陈,今复可使。○ 帅,所类切。相,息亮切,下而相同。复,扶又切。　③ 右领、左史,皆楚贱官。○ 率,所类切,本又作帅,下同。　④ 楚武王。○ 鄀,音若。俘,芳夫切。　⑤ 楚文王灭申、息以为县。○ 蓼,本又作鄝,音了。　⑥ 开封畛北至汝水。○ 畛,之忍切,一音真。　⑦ 謟,疑也。○ 謟,本又作滔,佗刀切。　⑧ 十五年,子西伐吴,陈使贞子吊吴,以此为恨。○ 憾,本又作感,户暗切。

⑨ 舍右领与左史。○ 盍，户臘切。舍，音捨，又音赦。　⑩ 武城尹，子西子公孙朝。○ 朝，如字。　⑪ 终郑裨竈言，五及鹑火，陈卒亡。○ 鹑，音纯。

王与叶公枚卜子良以为令尹①。沈尹朱曰："吉，过于其志②。"叶公曰："王子而相国，过将何为③？"他日，改卜子国而使为令尹④。

① 枚卜，不斥言所卜以令龟。子良，惠王弟。○ 枚，亡杯切。② 志，望也。　③ 过相，将为王也。　④ 子国，宁也。

卫侯梦于北宫，见人登昆吾之观①，被发北面而噪曰："登此昆吾之虚，绵绵生之瓜②。余为浑良夫，叫天无辜③。"公亲筮之，胥弥赦占之④，曰："不害。"与之邑，置之，而逃奔宋⑤。卫侯贞卜⑥，其《繇》曰："如鱼竀尾⑦，衡流而方羊裔焉⑧。大国灭之，将亡。阖门塞窦，乃自后逾⑨。"

冬十月，晋复伐卫⑩，入其郛。将入城，简子曰："止。叔向有言曰，怙乱灭国者无后⑪。"卫人出庄公而与晋平，晋立襄公之孙般师而还。十一月，卫侯自鄄入，般师出⑫。

初，公登城以望，见戎州⑬。问之，以告。公曰："我，姬姓也，何戎之有焉⑭？"翦之⑮。公使匠久⑯。公欲逐石圃⑰，未及而难作。辛巳，石圃因匠氏攻公，公阖门而请，弗许。逾于北方而队，折股⑱。戎州人攻之，大子疾、公子青逾从公⑲。戎州人杀之。公入于戎州己氏⑳。初，公自城上见己氏之妻发美，使髡之，以为吕姜髢㉑。既入焉，而示之璧，曰：

"活我，吾与女璧。"己氏曰："杀女，璧其焉往？"遂杀之而取其璧。卫人复公孙般师而立之。十二月，齐人伐卫，卫人请平。立公子起[22]，执般师以归，舍诸潞[23]。

① 卫有观在古昆吾氏之虚。今濮阳城中。○ 观，工唤切，《注》同。虚，去鱼切，下同。濮，音卜。　② 绵绵，瓜初生也。良夫言己有以小成大之功，若瓜之初生，谓使卫侯得国。○ 被，皮义切。瓜，古华切。　③ 本盟当免三死，而并数一时之事为三罪，杀之，故自谓无辜。○ 并，必政切。数，所主切。　④ 赦，卫筮史。　⑤ 言卫侯无道，卜人不敢以实对，惧难而逃。○ 难，乃旦切，下难作同。　⑥ 正卜梦之吉凶。　⑦ 竀，赤色，鱼劳则尾赤。○ 繇，直又切。竀，敕呈切。　⑧ 横流方羊，不能自安。裔，水边。言卫侯将若此鱼。○ 衡，华盲切，又如字。方，蒲郎切。裔，以制切。　⑨ 此皆《繇》辞。○ 阖，户臘切。窦，音豆。　⑩ 春伐未得志故。○ 复，扶又切。　⑪ 不欲乘人之衰。○ 向，许丈切。怙，音户。　⑫ 辟蒯聩也。○ 般，音班。鄄，音绢。　⑬ 戎州，戎邑。　⑭ 言姬姓国何故有戎邑。　⑮ 削坏其邑聚。　⑯ 久不休息。　⑰ 石圃，卫卿，石恶从子。○ 从，才用切。　⑱ 终如卜言，乃自后逾。○ 队，直类切。折，之设切。股，音古。　⑲ 青，疾弟。　⑳ 己氏，戎人姓。○ 己，音纪，又音祀。　㉑ 吕姜，庄公夫人。髢，髲也。○ 髡，苦存切。髢，大计切，又庭计切。髲，皮义切。　㉒ 起，灵公子。○ 女，音汝，下同。焉，於虔切。　㉓ 潞，齐邑。○ 潞，音路。

公会齐侯，盟于蒙[1]，孟武伯相。齐侯稽首，公拜。齐人怒，武伯曰："非天子，寡君无所稽首。"武伯问于高柴曰："诸侯盟，谁执牛耳[2]？"季羔曰："鄫衍之役，吴公子姑曹[3]；发阳之役，卫石魋[4]。"武伯曰："然则彘也[5]。"

① 齐侯，简公弟平公敬也。蒙在东莞蒙阴县西，故蒙阴城也。○ 敬，如字；一本作骜，五报切，又五刀切。莞，音官。 ② 执牛耳尸盟者。○ 相，息亮切。 ③ 季羔，高柴也。鄫衍在七年。○ 衍，以善切。 ④ 发阳，郧也。在十二年。石魋，石曼姑之子。○ 魋，徒回切。郧，音云。 ⑤ 彘，武伯名也。鄫衍则大国执，发阳则小国执。據时，执者无常，故武伯自以为可执。○ 彘，直例切。

宋皇瑗之子麇[①]，有友曰田丙，而夺其兄酁般邑以与之。酁般愠而行，告桓司马之臣子仪克[②]。子仪克适宋，告夫人曰："麇将纳桓氏。"公问诸子仲[③]。初，子仲将以杞姒之子非我为子[④]。麇曰："必立伯也[⑤]，是良材。"子仲怒，弗从。故对曰："右师则老矣，不识麇也[⑥]。"公执之[⑦]。皇瑗奔晋，召之[⑧]。

① 瑗，宋右师。○ 瑗，于眷切。麇，九伦切。 ② 克在下邑，不与魋乱，故在。○ 酁，仕咸切。愠，纡问切，怒也。与，音预。 ③ 子仲，皇野。 ④ 为适子。杞姒，子仲妻。○ 姒，音似。适，丁历切。 ⑤ 伯，非我兄。 ⑥ 言右师老，不能为乱，麇则不可知。 ⑦ 执麇。⑧ 召令还。○ 令，力呈切。

传

十八年春，宋杀皇瑗。公闻其情，复皇氏之族，使皇缓为右师[①]。

① 言宋景公无常也。缓，瑗从子。○ 缓，户管切。从，才用切。

巴人伐楚，围鄾①。初，右司马子国之卜也，观瞻曰："如志②。"故命之③。及巴师至，将卜帅。王曰："宁如志，何卜焉④？"使帅师而行，请承⑤。王曰："寝尹、工尹，勤先君者也⑥。"三月，楚公孙宁、吴由于、薳固败巴师于鄾，故封子国于析。君子曰："惠王知志⑦。《夏书》曰：'官占，唯能蔽志，昆命于元龟⑧。'其是之谓乎？志曰：'圣人不烦卜筮。'惠王其有焉⑨！"

① 鄾，楚邑。○ 鄾，音忧。　② 子国未为令尹时，卜为右司马，得吉兆，如其志。观瞻，楚开卜大夫观从之后。　③ 命以为右司马。　④ 宁，子国也。○ 帅，所类切。　⑤ 承，佐。　⑥ 柏举之役，寝尹吴由于以背受戈，工尹固执燧象奔吴师，皆为先君勤劳。○ 燧，音遂。为，于伪切。　⑦ 知用其意。○ 薳，于委切。析，星历切。　⑧ 逸《书》也。官占，卜筮之官。蔽，断也。昆，后也。言当先断意，后用龟也。○ 蔽，必世切。《尚书》能作克，克亦能也。昆命于元龟，本依《尚书》。断，丁乱切。　⑨ 不疑，故不卜也。

夏，卫石圃逐其君起，起奔齐①。卫侯辄自齐复归，逐石圃而复石魋与大叔遗②。

① 齐所立故。　② 皆蒯聩所逐。

传

十九年春，越人侵楚，以误吴也①。夏，楚公子庆、公孙宽追越师至冥，不及，乃还②。

① 误吴使不为备。 ② 冥，越地。○ 冥，亡丁切。

秋，楚沈诸梁伐东夷①，三夷男女及楚师盟于敖②。

① 报越。 ② 从越之夷三种。敖，东夷地。○ 敖，五刀切。种，章勇切。

冬，叔青如京师，敬王崩故也①。

① 言敬王能终其世，终苌弘言东王必大克。叔青，叔还子。○《释文》："敬王崩故也"，案《传》，敬王崩在此年，《世本》亦尔。《世族谱》云，敬王四十二年崩。敬王子元王十年，《春秋》之《传》终矣。据此，则敬王崩当在哀公十七年。《史记·周本纪》及《十二诸侯年表》，敬王四十二年崩，子元王仁立。则敬王是鲁哀十八年崩也。《六国年表》起自元王，及《本纪》皆云，元王八年崩，子定王介立。定王元年，是鲁哀公之二十七年，与杜预《世族谱》为异。又《世本》云，鲁哀公二十年，是定王介崩，子元王赤立。则定王之崩年，是鲁哀公二十七年也。众说不同，未详其正也。

传

二十年春，齐人来征会。夏，会于廪丘。为郑故，谋伐晋①。郑人辞诸侯，秋，师还②。

① 十五年，晋伐郑。○ 廪，力甚切。为，于伪切，下为降同。 ② 终叔向言晋公室卑。

吴公子庆忌骤谏吴子曰："不改，必亡。"弗听①。出居于艾[2]。遂适楚。闻越将伐吴。冬，请归平越，遂归。欲除不忠者以说于越。吴人杀之[3]。

十一月，越围吴，赵孟降于丧食[4]。楚隆曰："三年之丧，亲暱之极也。主又降之，无乃有故乎[5]？"赵孟曰："黄池之役，先主与吴王有质[6]，曰：'好恶同之。'今越围吴，嗣子不废旧业而敌之[7]，非晋之所能及也，吾是以为降。"楚隆曰："若使吴王知之，若何？"赵孟曰："可乎？"隆曰："请尝之[8]。"乃往。先造于越军，曰："吴犯间上国多矣，闻君亲讨焉，诸夏之人莫不欣喜，唯恐君志之不从。请入视之。"许之。告于吴王曰："寡君之老无恤，使陪臣隆敢展谢其不共[9]。黄池之役，君之先臣志父得承齐盟，曰：'好恶同之。'今君在难，无恤不敢惮劳。非晋国之所能及也，使陪臣敢展布之。"王拜稽首曰："寡人不佞，不能事越，以为大夫忧。拜命之辱。"与之一箪珠[10]，使问赵孟[11]曰："句践将生忧寡人，寡人死之不得矣。"王曰："溺人必笑，吾将有问也[12]。史黯何以得为君子[13]？"对曰："黯也进不见恶[14]，退无谤言[15]。"王曰："宜哉。"

① 吴子弗听。　② 艾，吴邑。豫章有艾县。○ 艾，五盖切。　③ 言其不量力。○ 说，如字，又音悦。　④ 赵孟，襄子无恤，时有父简子之丧。　⑤ 楚隆，襄子家臣。○ 暱，女乙切。　⑥ 黄池在十三年。先主，简子。质，盟信也。○ 质，如字。　⑦ 嗣子，襄子自谓，欲敌越救吴。　⑧ 尝，试也。　⑨ 展，陈也。○ 造，七报切。间，间厕之间。夏，户雅切。共，音恭。　⑩ 箪，小笥。○ 难，乃旦切。箪，音丹。笥，丝嗣切。　⑪ 问，遗也。○ 遗，唯季切。　⑫ 以自喻所问不急，犹溺人不知所为而反笑。○ 句，古侯切。溺，乃历切。　⑬ 晋史黯云："不及四十年，吴当

亡。"吴王感问此也。○ 黯,於减切。 ⑭ 时行则行。 ⑮ 时止则止。○ 谤,博浪切。

传

二十一年夏五月,越人始来①。

① 越既胜吴,欲霸中国,始遣使适鲁。○ 使,所吏切。

秋八月,公及齐侯、邾子盟于顾。齐人责稽首①,因歌之曰:"鲁人之皋,数年不觉,使我高蹈②。唯其儒书,以为二国忧③。"是行也,公先至于阳穀④。齐闾丘息曰:"君辱举玉趾,以在寡君之军⑤。群臣将传遽以告寡君,比其复也,君无乃勤。为仆人之未次⑥,请除馆于舟道⑦。"辞曰:"敢勤仆人⑧?"

① 责十七年齐侯为公稽首,不见答。顾,齐地。○ 为,于伪切,年末及《注》同。 ② 皋,缓也。高蹈,犹远行也。言鲁人皋缓,数年不知答齐稽首,故使我高蹈来为此会。○ 皋,古刀切。数,所主切。觉,音角,又古孝切。蹈,徒报切。 ③ 二国,齐、邾也。言鲁据周礼,不肯答稽首,令齐、邾远至。○ 令,力呈切。 ④ 先期至也。○ 先,悉荐切。 ⑤ 息,闾丘明之后。 ⑥ 次,舍也。○ 传,中恋切。遽,其据切。比,必利切。⑦ 舟道,齐地。 ⑧ 不敢勤齐仆为鲁除馆。

传

二十二年夏四月,邾隐公自齐奔越,曰:"吴为无道,执父立子。"越人归之,大子革奔越①。

① 郲隐公八年为吴所囚，十年奔齐。

冬十一月丁卯，越灭吴，请使吴王居甬东[①]。辞曰：“孤老矣，焉能事君？”乃缢。越人以归[②]。

① 甬东，越地，会稽句章县东海中洲也。○ 甬，音勇。会，古外切。稽，古兮切。句，九具切；如淳音拘，韦昭亦音拘。洲，音州；水中可居曰洲。② 以其尸归，终史墨、子胥之言也。○ 焉，於虔切。缢，一赐切。

传

二十三年春，宋景曹卒[①]。季康子使冉有吊，且送葬，曰：“敝邑有社稷之事，使肥与有职竞焉[②]，是以不得助执绋，使求从舆人[③]。曰，以肥之得备弥甥也[④]，有不腆先人之产马，使求荐诸夫人之宰[⑤]，其可以称旌繁乎[⑥]？”

① 景曹，宋元公夫人，小郲女，季桓子外祖母。　② 肥，康子名。竞，遽也。○ 与，音预。　③ 求，冉有名。舆，众也。○ 绋，音弗。舆，音馀。　④ 弥，远也。康子父之舅氏，故称弥甥。　⑤ 荐，进也。○ 腆，他典切。　⑥ 称，举也。繁，马饰繁缨也。终乐祁之言，政在季氏。○ 繁，步干切。

夏六月，晋荀瑶伐齐[①]。高无丕帅师御之。知伯视齐师，马骇，遂驱之，曰：“齐人知余旗，其谓余畏而反也。”及垒而还。将战，长武子请卜[②]。知伯曰：“君告于天子，而卜之以守龟于宗祧，吉矣。吾又何卜焉？且齐人取我英丘，君命瑶，非敢耀武也，治英丘也[③]。以辞伐罪足矣，何必卜？”壬辰，战于犁丘[4]。齐师败绩，知伯亲禽颜庚[5]。

① 荀瑶，荀跞之孙知伯襄子。○ 知，音智。　② 武子，晋大夫。○ 御，鱼吕切。垒，力轨切。　③ 治齐取英丘。○ 守，手又切。祧，他彫切。　④ 犁丘，隰也。○ 犁，力兮切。隰，音习，本亦作湿。　⑤ 颜庚，齐大夫颜涿聚。○ 涿，丁角切。

秋八月，叔青如越，始使越也。越诸鞅来聘，报叔青也[1]。

① ○ 使，所吏切。

传

二十四年夏四月，晋侯将伐齐，使来乞师曰："昔臧文仲以楚师伐齐，取穀[1]。宣叔以晋师伐齐，取汶阳[2]。寡君欲徼福于周公，愿乞灵于臧氏[3]。"臧石帅师会之，取廪丘[4]。军吏令缮，将进[5]。莱章曰："君卑政暴[6]，往岁克敌[7]，今又胜都[8]。天奉多矣，又焉能进，是躗言也[9]。役将班矣！"晋师乃还，饩臧石牛[10]。大史谢之曰[11]："以寡君之在行[12]，牢礼不度[13]，敢展谢之[14]。"

① 在僖二十六年。　② 在成二年。○ 汶，音问。　③ 以臧氏世胜齐，故欲乞其威灵。○ 徼，古尧切。　④ 石，臧宾如之子。　⑤ 晋军吏也。缮，治战备。○ 缮，市战切。　⑥ 莱章，齐大夫。○ 莱，音来。⑦ 禽颜庚。　⑧ 取廪丘。　⑨ 躗，过也。○ 奉，扶用切。焉，於虔切。躗，户快切，谓过谬之言；服云，伪不信言也；《字林》作讆，云，梦言，意

不慧也，音于例切。　⑩ 生曰饩。○ 饩，许器切。　⑪ 晋大史。○ 大，音泰。　⑫ 在军行。　⑬ 不如礼度。　⑭ 终臧氏有后于鲁。

郲子又无道，越人执之以归[①]，而立公子何。何亦无道[②]。

① 终子赣之言。　② 何，大子革弟。

公子荆之母嬖[①]，将以为夫人，使宗人衅夏献其礼[②]。对曰："无之。"公怒曰："女为宗司，立夫人，国之大礼也，何故无之？"对曰："周公及武公娶于薛[③]，孝、惠娶于商[④]，自桓以下娶于齐[⑤]，此礼也则有。若以妾为夫人，则固无其礼也。"公卒立之，而以荆为大子。国人始恶之[⑥]。

① 荆，哀公庶子。○ 嬖，必计切。　② 宗人，礼官也。○ 衅，许靳切。夏，户雅切。　③ 武公，敖也。○ 女，音汝。娶，七住切。　④ 孝公，称；惠公，弗皇。商，宋也。○《释文》：孝、惠娶于商，定公名宋，是哀公之父，故衅夏为讳而称商也。称，尺证切，又如字。　⑤ 桓公始娶文姜。⑥ 恶公。○ 恶，乌路切。

闰月，公如越，得大子適郢[①]，将妻公，而多与之地。公孙有山使告于季孙。季孙惧，使因大宰嚭而纳赂焉，乃止[②]。

① 適郢，越王大子。得，相亲说也。○ 郢，以井切。適郢，越王句践之大子名。说，音悦。　② 嚭故吴臣也。季孙恐公因越讨己，故惧。

○ 妻，七计切。嚭，普美切。赂，音路。

传

二十五年夏五月庚辰，卫侯出奔宋[①]。卫侯为灵台于藉圃，与诸大夫饮酒焉。褚师声子袜而登席[②]。公怒。辞曰："臣有疾，异于人[③]。若见之，君将嗀之[④]。是以不敢[⑤]。"公愈怒。大夫辞之，不可[⑥]。褚师出，公戟其手[⑦]曰："必断而足。"闻之，褚师与司寇亥乘曰："今日幸而后亡[⑧]。"公之入也，夺南氏邑[⑨]，而夺司寇亥政。公使侍人纳公文懿子之车于池[⑩]。

初，卫人翦夏丁氏[⑪]，以其帑赐彭封弥子[⑫]。弥子饮公酒，纳夏戊之女，嬖，以为夫人。其弟期，大叔疾之从孙甥也[⑬]，少畜于公，以为司徒。夫人宠衰，期得罪。公使三匠久。公使优狡盟拳弥[⑭]，而甚近信之。故褚师比[⑮]、公孙弥牟[⑯]、公文要[⑰]、司寇亥[⑱]、司徒期因三匠与拳弥以作乱，皆执利兵，无者执斤[⑲]。使拳弥入于公宫[⑳]，而自大子疾之宫噪以攻公。鄄子士请御之[㉑]。弥援其手曰："子则勇矣，将若君何[㉒]？不见先君乎？君何所不逞欲[㉓]？且君尝在外矣，岂必不反。当今不可，众怒难犯，休而易间也。"乃出。将适蒲[㉔]，弥曰："晋无信，不可。"将适鄄[㉕]，弥曰："齐、晋争我，不可。"将适泠[㉖]，弥曰："鲁不足与，请适城鉏[㉗]以鉤越，越有君[㉘]。"乃适城鉏。弥曰："卫盗不可知也，请速，自我始。"乃载宝以归[㉙]。公为支离之卒[㉚]，因祝史挥以侵卫[㉛]。卫人病之。懿子知之[㉜]，见子之[㉝]，请逐挥。文子曰："无罪。"懿子曰："彼好专利而妄[㉞]。夫见君之入也，将先道焉[㉟]。若逐之，必出于南门而适君所[36]。夫越新得诸侯，将必请师焉。”挥在朝，使吏遣诸其室[37]。挥出信，弗内[38]。五日，乃馆诸外里[39]。遂有宠，使如越请师[40]。

①卫侯辄也。　②古者见君解袜。○圃，布五切。褚，张吕切。袜，亡伐切。足衣也。见，贤遍切。　③足有创疾。○创，初羊切。④彀，呕吐也。○彀，许角切，又许各切。呕，於口切。吐，他故切。⑤不敢解袜。　⑥共辞谢公，公不可解。　⑦抵徒手屈肘如戟形。○抵，音纸。肘，竹九切。　⑧恐死，以得亡为幸。○断，丁管切。乘，时证切。　⑨南氏，子南之子公孙弥牟。　⑩懿子，公文要。公有忿，使人投其车于池水中。○要，一遥切。　⑪在十一年。○夏，户雅切。　⑫彭封弥子，弥子瑕。○帑，音奴。　⑬期，夏戊之子。姊妹之孙为从孙，甥与孙同列。○饮，於鸩切。大，音泰。从，如字，又才用切。⑭优狡，俳优也。拳弥，卫大夫，使俳优盟之，欲耻辱也。○少，诗照切。优，音忧。狡，古卯切。拳，音权。俳，皮皆切。　⑮袜登席者。○近，附近之近。　⑯丧邑者。○丧，息浪切。　⑰失车者。　⑱夺政者。　⑲斤，工匠所执。　⑳信近之，故得入。　㉑鄄子士，卫大夫。○噪，素报切。鄄，音绢。御，鱼吕切。　㉒言不可救。○援，音袁。　㉓先君，蒯聩也。乱不速奔，故为戎州所杀，欲令早去。○令，力呈切。　㉔蒲，近晋邑。○易，以豉切。间，间厕之间，下《注》内间、君间同。　㉕鄄，齐、晋界上邑。弥诈不知谋，故公信之。　㉖泠，近鲁邑。○泠，力丁切。　㉗城鉏，近宋邑。○鉏，仕居切。　㉘宋南近越，转相鉤牵。○鉤，古侯切；本或作拘，同。　㉙欺卫君，言君以宝自随，将致卫盗，请速行。已为先发，而因载宝归卫也。　㉚支离，陈名。○卒，子忽切。陈，直觐切。　㉛挥，卫祝史。○挥，音晖。　㉜知挥为内间。　㉝子之，公孙弥牟文子也。　㉞妄，不法。○好，呼报切。　㉟若见君有入势，必道助之。○道，音导。　㊱虽知其为君

间，不审察，私共评之。○ 评，音平，又音病。 ㊲ 难面逐之，先逐其家。○ 难，乃旦切。 ㊳ 再宿为信。○ 内，如字，又音纳。 ㊴ 外里，公所在。 ㊵ 请师伐卫，求入。

六月，公至自越[1]。季康子、孟武伯逆于五梧[2]。郭重仆[3]，见二子曰："恶言多矣，君请尽之[4]。"公宴于五梧。武伯为祝[5]，恶郭重，曰："何肥也[6]！"季孙曰："请饮彘也[7]。以鲁国之密迩仇雠，臣是以不获从君，克免于大行，又谓重也肥[8]。"公曰："是食言多矣，能无肥乎[9]？"饮酒不乐，公与大夫始有恶[10]。

① 前年行，今还。 ② 鲁南鄙也。○ 梧，音吾。 ③ 为公仆。○ 重，直龙切，又直用切。 ④ 二子不臣之言甚多，欲使公尽极以观之。⑤ 祝，上寿酒。○ 祝，之六切，又之又切。上，时掌切。寿，音授，又音受。⑥ 訾毁其貌。○ 恶，乌路切。訾，音紫。 ⑦ 饮，罚也。○ 饮，於鸩切。⑧ 言重随君远行劬劳，不宜称肥。○ 从，才用切，又如字。劬，其居切。⑨ 以激三桓之数食言。○ 激，古历切。数，所角切。 ⑩ 为二十七年公孙邾起。○ 乐，音洛。孙，音逊；本又作逊。

传

二十六年夏五月，叔孙舒帅师会越皋如、后庸、宋乐茷，纳卫侯[1]。文子欲纳之。懿子曰："君愎而虐，少待之，必毒于民[2]，乃睦于子矣[3]。"师侵外州，大获[4]。出御之，大败[5]。掘褚师定子之墓，焚之于平庄之上[6]。文子使王孙齐私于皋如[7]曰："子将大灭卫乎，抑纳君而已乎？"皋如曰："寡君之命无他，纳卫君而已。"文子致众而问焉，曰："君以蛮夷伐国，国几亡矣。请纳之。"众曰:"勿纳。"曰:"弥牟亡而有益,请自北门出[8]。"众曰:"勿出。"重赂越人,申开守陴而纳公[9],公不敢入。师还。立悼公[10],南氏相之。以城鉏与越人。公曰:"期则为此[11]。"令苟有怨于夫人者,报之[12]。司徒期聘于越[13],公攻而夺之币。期告王[14],王命取之。期以众取之。公怒,杀期之甥之为大子者[15]。遂卒于越[16]。

① 舒,武叔之子文子也。皋如、后庸,越大夫。乐茷,宋司城子潞。卫侯,辄也。○ 茷,扶废切。 ② 愎,很也。○ 愎,皮逼切。很,胡恳切。 ③ 民睦。 ④ 越纳辄之师。 ⑤ 卫师败。 ⑥ 定子,褚师比之父也。平庄,陵名也。○ 掘,其勿切,又其月切;本或作猾,胡忽切。 ⑦ 齐,卫大夫王孙贾之子昭子也。 ⑧ 欲以观众心。○ 几,音祈,又音机。 ⑨ 申,重也。开重门而严设守备,欲以恐公,故不敢入。○ 陴,毗支切。重,直龙切。守,手又切。恐,丘勇切。 ⑩ 悼公,蒯聩庶弟公子黚也。○ 黚,起廉切。 ⑪ 司徒期也。○ 相,息亮切。 ⑫ 夫人,期姊也。怒期而不得加戮,故敕宫女令苦困期姊。○ 令,力呈切。 ⑬ 为悼公聘。○ 为,于伪切。 ⑭ 越王也。 ⑮ 忿期而及其姊为夫人者,遂复及夫人之子。○ 复,扶又切。 ⑯ 终言之也。终效夷言,死于夷。

宋景公无子,取公孙周之子得与启,畜诸公宫[1],未有立焉。于是皇缓为右师,皇非我为大司马,皇怀为司徒[2],灵不缓为左师[3],乐茷为司城[4],乐朱鉏为大司寇[5]。六卿三族降听政[6],因大尹以达[7]。大尹常不告,而以其欲称君命以令[8]。国人恶之。司城欲去大尹,左师曰:"纵之使盈其罪[9]。重而无基,能无敝乎[10]?"

冬十月,公游于空泽[11]。辛巳,卒于连中[12]。大尹兴空泽之士千甲[13]，奉公自空桐入，如沃宫[14]。使召六子曰："闻下有师，君请六子画[15]。"六子至，以甲劫之，曰："君有疾病，请二三子盟。"乃盟于少寝之庭，曰："无为公室不利。"大尹立启，奉丧殡于大宫。三日，而后国人知之。司城茷使宣言于国曰："大尹惑蛊其君而专其利，今君无疾而死，死又匿之，是无他矣，大尹之罪也[16]。"得梦启北首而寝于卢门之外[17]，己为乌而集于其上，咮加于南门，尾加于桐门。曰："余梦美，必立[18]。"大尹谋曰："我不在盟[19]，无乃逐我复盟之乎？"使祝为载书，六子在唐盂[20]。将盟之。祝襄以载书告皇非我[21]。皇非我因子潞[22]、门尹得[23]、左师谋曰："民与我，逐之乎？"皆归授甲，使徇于国曰："大尹惑蛊其君，以陵虐公室。与我者，救君者也。"众曰："与之。"大尹徇曰："戴氏、皇氏将不利公室[24]，与我者无忧不富。"众曰："无别[25]。"戴氏、皇氏欲伐公[26]。乐得曰："不可。彼以陵公有罪，我伐公则甚焉。"使国人施于大尹[27]。大尹奉启以奔楚，乃立得。司城为上卿，盟曰："三族共政，无相害也。"

① 周，元公孙子高也。得，昭公也。启，得弟。畜，养也。　② 皇怀，非我从昆弟。○ 从，才用切。　③ 不缓，子灵围龟之后。　④ 茷，乐溷之子。○ 溷，户门切，又户困切。　⑤ 未鉏，乐輓之子。○ 鉏，仕居切。輓，音晚。　⑥ 三族，皇、灵、乐也。降，和同也。　⑦ 大尹，近官有宠者。六卿因之以自通达于君。　⑧ 不告君也。　⑨ 盈，满也。○ 恶，乌路切，下《注》恶其同。去，起吕切。　⑩ 言势重而无德以为基，必败也。　⑪ 空泽，宋邑。　⑫ 连中，馆名。○ 连，如字，又音辇。⑬ 甲士千人。○ 兴，如字，兴，发也；或作与，非。　⑭ 奉公尸也。梁国

虞县东南有地名空桐。沃宫，宋都内宫名。○ 沃，乌毒切。 ⑮ 画，计策。○ 画，音获。 ⑯ 言大尹所弑。○ 劫，居业切。少，诗照切。大，音泰。蛊，音古。匿，女力切。弑，申志切。 ⑰ 卢门，宋东门。北首，死象。在门外，失国也。○ 首，手又切。 ⑱ 桐门，北门。○ 咮，张又切，鸟口。 ⑲ 少寝盟，但以君命盟六卿，大尹不盟。 ⑳ 地名。○ 复，扶又切。盂，音于。 ㉑ 褰，祝名。 ㉒ 子潞，乐茷。○ 潞，音路。 ㉓ 乐得。 ㉔ 戴氏即乐氏。○ 徇，似俊切。 ㉕ 恶其号令与君无别。○ 别，彼列切。 ㉖ 公，谓启。 ㉗ 施罪于大尹。

卫出公自城鉏使以弓问子赣，且曰："吾其入乎？"子赣稽首受弓，对曰："臣不识也。"私于使者曰："昔成公孙于陈[①]，甯武子、孙庄子为宛濮之盟而君入[②]；献公孙于齐[③]，子鲜、子展为夷仪之盟而君入[④]。今君再在孙矣[⑤]，内不闻献之亲，外不闻成之卿，则赐不识所由入也。《诗》曰：'无竞惟人，四方其顺之[⑥]。'若得其人，四方以为主[⑦]，而国于何有？"

① 僖二十八年，卫成公奔楚，遂適陈。○ 使，所吏切。孙，音逊，本亦作逊，除孙庄子皆同。 ② 盟在僖二十八年。○ 甯，乃定切。宛，於阮切。濮，音卜。 ③ 在襄十四年。 ④ 在襄二十六年。 ⑤ 谓十五年孙鲁，今又孙宋。 ⑥《诗·周颂》。言无强惟得人也。 ⑦ 为主，主四方。

传

二十七年春，越子使后庸来聘，且言邾田，封于骀上[①]。二月，盟于平阳[②]。三子皆从[③]。康子病之[④]，言及子赣[⑤]，曰："若在此，吾不及此夫[⑥]。"武伯曰："然。何不召？"曰："固将召之。”文子曰：“他日请念[⑦]。”

① 欲使鲁还郑田，封竟至骀上。○ 骀，他来切，又音台。竟，音境。　② 西平阳。　③ 季康子、叔孙文子、孟武伯皆从后庸盟。○ 从，如字；或才用切，非也。　④ 耻从蛮夷盟。　⑤ 思子赣。　⑥ 不及与越盟。○ 夫，音扶。　⑦ 言季孙不能用子赣，临难而思之。○ 难，乃旦切。

夏四月己亥，季康子卒。公吊焉，降礼[①]。

① 礼不备也，言公之多妄。○ 妄，亡亮切，本又作忘，下放此。

晋荀瑶帅师伐郑，次于桐丘。郑驷弘请救于齐[①]。齐师将兴，陈成子属孤子，三日朝[②]。设乘车两马，系五邑焉[③]。召颜涿聚之子晋，曰：“隰之役，而父死焉[④]。以国之多难，未女恤也。今君命女以是邑也，服车而朝，毋废前劳。”乃救郑。及留舒，违穀七里，穀人不知[⑤]。及濮，雨，不涉[⑥]。子思曰：“大国在敝邑之宇下，是以告急。今师不行，恐无及也[⑦]。”成子衣製，杖戈[⑧]，立于阪上，马不出者，助之鞭之。知伯闻之，乃还[⑨]，曰：“我卜伐郑，不卜敌齐。”使谓成子曰：“大夫陈子，陈之自出。陈之不祀，郑之罪也[⑩]。故寡君使瑶察陈衷焉[⑪]。谓大夫其恤陈乎？若利本之颠，瑶何有焉[⑫]？”成子怒曰：“多陵人者皆不在，知伯其能久乎？”中行文子告成子[⑬]曰：“有自晋师告寅者，将为轻车千乘，以厌齐师之门，则可尽也。”成子曰：“寡君命恒曰：‘无及寡，无畏众。’虽过千乘，敢辟之乎？将以子之命告寡君[⑭]。”文子曰：“吾乃今知所以亡⑮。君子之谋也,始衷终皆举之,而后入焉⑯。今我三不知而入之,不亦难乎⑰?”

① 弘,驷歂子。○ 歂,市专切。 ② 属会死事者之子,使朝三日以礼之。○ 属,音烛。 ③ 乘车两马,大夫服。又加之五邑。○ 乘,绳证切,下同。 ④ 隰役在二十三年。○ 涿,中角切。隰,音习。 ⑤ 言其整也。留舒,齐地。违,去也。○ 难,乃旦切。女,音汝,下同。毋,音无。⑥ 濮水自陈留酸枣县傍河东北经济阴至高平入济。○ 傍,蒲浪切。济,子礼切。 ⑦ 子思,国参。○ 参,七南切。 ⑧ 製,雨衣也。○ 衣,於既切。製,音制。杖,直亮切,又音丈。 ⑨ 畏其得众心。○ 阪,音反,又扶版切。 ⑩ 十七年,楚独灭陈,非郑之罪。盖知伯诬陈子,故陈子怒,谓其多陵人。 ⑪ 衷,善也。○ 衷,音忠。 ⑫ 言陈灭于己无伤。⑬ 文子,荀寅,此时奔在齐。○ 行。户郎切。 ⑭ 成子疑其有为晋之心。○ 轻,遣政切。厌,於甲切,又於辄切。为,于伪切,下为郑同。⑮ 自恨己无知。 ⑯ 谋一事,则当虑此三变,然后入而行之,所谓君子三思。○ 三,息暂切,又如字。 ⑰ 悔其言不可复。

公患三桓之侈也,欲以诸侯去之①。三桓亦患公之妄也,故君臣多间②。公游于陵阪,遇孟武伯于孟氏之衢,曰:“请有问于子,余及死乎③?”对曰:“臣无由知之。”三问,卒辞不对。公欲以越伐鲁,而去三桓。秋八月甲戌,公如公孙有陉氏④,因孙于邾,乃遂如越。国人施公孙有山氏⑤。

① 欲求诸侯师,以逐三桓。○ 侈,昌氏切,又尺氏切。去,起吕切,下而去同。 ② 间,隙也。 ③ 问己可得以寿死不。 ④ 有陉氏即有山氏。○ 衢,其俱切。陉,音刑。 ⑤ 以公从其家出故也。终子赣之

言，君不没于鲁。○ 因孙，音逊，下同。

悼之四年，晋荀瑶帅师围郑[1]。未至，郑驷弘曰："知伯愎而好胜，早下之，则可行也[2]。"乃先保南里以待之[3]。知伯入南里，门于桔柣之门。郑人俘酅魁垒[4]，赂之以知政[5]，闭其口而死。将门[6]，知伯谓赵孟："入之。"对曰："主在此[7]。"知伯曰："恶而无勇，何以为子[8]？"对曰："以能忍耻，庶无害赵宗乎。"知伯不悛，赵襄子由是惎知伯[9]，遂丧之。知伯贪而愎，故韩、魏反而丧之[10]。

① 悼公，哀公之子宁也。哀公出孙，鲁人立悼公。 ② 行，去也。○ 好，呼报切。早，一本作卑。下，户嫁切。 ③ 保，守也。南里在城外。 ④ 酅魁垒，晋士。○ 桔，户结切。柣，大结切。俘，芳夫切。酅，户圭切。魁，苦回切。垒，力轨切。 ⑤ 欲使反为郑。 ⑥ 攻郑门。 ⑦ 主谓知伯也。言主在此，何不自入。 ⑧ 恶，貌丑也。简子废嫡子伯鲁，而立襄子，故知伯言其丑且无勇，何故立以为子。○ 嫡，丁历切。 ⑨ 惎，毒也。○ 悛，七全切。惎，其冀切。 ⑩《史记》，晋懿公之四年，鲁悼公之十四年，知伯帅韩、魏围赵襄子于晋阳。韩、魏反与赵氏谋，杀知伯于晋阳之下，在《春秋》后二十七年。○ 丧，息浪切。

春秋二十国年表

公元前			周		鲁	蔡	曹	卫	滕	晋	郑	齐	秦	楚	宋	杞	陈	吴	邾	莒	薛	许	小邾
722	己未	平王四十九年	平王自四十九年入《春秋》。	隐公元年	隐公息，惠公长庶子。	自宣侯二十八年入《春秋》。名考父，戴侯子。	自桓公三十五年入《春秋》。穆公之子终生。	自桓公十三年入《春秋》。庄公太子。十六年二月卒。宣公晋立，桓公弟。	至鲁隐七年见滕侯卒。	自鄂侯二年入《春秋》。孝侯子，郤，都于鄂，曰鄂侯。	自庄公寤生二十二年入《春秋》。武公之子。	自僖公禄父九年入《春秋》。庄公子。	至穆公见于《春秋》。僖五年。	自武王十九年入《春秋》。名熊通，蚡冒弟。	自穆公八年入《春秋》。八月卒，兄宣公子殇公立。	自武公十一年入《春秋》。	自桓公二十三年入《春秋》。文公长子鲍。	自太伯十九世至寿梦入《春秋》。成六年。	仪父克，后为子。	至鲁文公十八年见。莒纪公名庶其。	鲁隐公十一年见其来朝。庄三十一年见卒。其后至昭三十一年见献公卒。	至鲁隐十一年见庄公及许叔立。至桓十五年入许，即穆公新臣。	至鲁僖七年见，来朝。
—721		五十年		二年																			
—720		五十一年		三年																			
—719		桓王元年	平王太子洩父之子。	四年																			
—718		二年		五年																			
—717	甲子	三年		六年						哀侯光立，鄂侯子。曲沃武公称立，庄伯子。													
—716		四年		七年					三月卒。														
—715		五年		八年		六月卒。桓侯封人立，宣公子。																	
—714		六年		九年																			
—713		七年		十年																			

续表

			周		鲁	蔡	曹	卫	滕	晋	郑	齐	秦	楚	宋	杞	陈	吴	邾	莒	薛	许	小邾
−712		八年		十一年																	来朝。		
−711		九年		桓公元年	桓公允，惠公子。																		
−710		十年		二年											正月弑穆公。庄公冯立。								
−709		十一年		三年						晋小子侯立，哀侯子。													
−708		十二年		四年																			
−707	甲戌	十三年		五年													正月卒。弟厉公佗杀太子免立，踰年弑。免弟跃立，亦为厉公。						
−706		十四年		六年						晋哀侯弟缗立。													
−705		十五年		七年																			
−704		十六年		八年																			
−703		十七年		九年																			
−702		十八年		十年			正月卒。																
−701		十九年		十一年			曹庄公射				五月卒。郑												

续 表

			周		鲁	蔡	曹	卫	滕	晋	郑	齐	秦	楚	宋	杞	陈	吴	邾	莒	薛	许	小邾
−700		二十年		十二年			姑立，桓公世子。	十二月卒。			厉公突立。突出奔。						八月卒。太子免三弟：长曰跃，中曰林，少曰杵臼。林立为庄公。						
−699		二十一年		十三年				卫惠公朔立，宣公太子。															
−698		二十二年		十四年								十二月卒。子襄公诸儿立。											
−697	甲申	二十三年		十五年							立忽。突出。											入许。	
−696		庄王元年	庄王，桓王太子。	十六年				出奔齐。卫黔牟立。			郑昭公忽立。弑昭公，立子亹。秋，杀子亹，立子仪。												
−695		二年		十七年		六月卒。																	
−694		三年		十八年		哀侯献舞立，桓侯弟。																	
−693		四年		庄公元年	庄公同，桓公子。												十月卒。宣公杵臼立。						
−692		五年		二年											十二月卒。子闵公捷立。								
−691		六年		三年										三月卒。子文王熊赀立。									
−690		七年		四年																			
−689		八年		五年				齐立惠公。黔牟奔周，惠公															郳犁来来朝。
−688		九年		六年																			

续表

			周		鲁	蔡	曹	卫	滕	晋	郑	齐	秦	楚	宋	杞	陈	吴	邾	莒	薛	许	小邾
—687	甲午	十年		七年				复入。															
—686		十一年		八年								十一月弒。											
—685		十二年		九年								桓公小白立，襄公弟。											
—684		十三年		十年																			
—683		十四年		十一年																			
—682		十五年		十二年											八月弒。弟桓公御说立。								
—681		僖王元年	僖王，庄王子。	十三年																			
—680		二年		十四年							纳厉公，杀子仪。												
—679		三年		十五年						晋灭。													
—678		四年		十六年					同盟于幽。	晋武公三十九年卒。									十二月卒。郳子琐立。			盟于幽。	
—677	甲辰	五年		十七年																			

续表

			周		鲁	蔡	曹	卫	滕	晋	郑	齐	秦	楚	宋	杞	陈	吴	邾	莒	薛	许	小邾
−676		惠王元年	惠王，僖王孙。	十八年						晋献公诡诸立，武公子。													
−675		二年		十九年		卒。								六月卒。子成王頵立。									
−674		三年		二十年		蔡穆侯肸立，哀侯子。																	
−673		四年		二十一年							五月卒。郑文公捷立，厉公子。												
−672		五年		二十二年																			
−671		六年		二十三年			十一月卒。																
−670		七年		二十四年			僖公夷立，庄公子。																
−669		八年		二十五年				五月卒。															
−668		九年		二十六年				卫懿公赤立。惠公子。															
−667	甲寅	十年		二十七年																			
−666		十一年		二十八年															四月卒。文公蘧蒢立。				
−665		十二年		二十九年																			

续表

			周		鲁	蔡	曹	卫	滕	晋	郑	齐	秦	楚	宋	杞	陈	吴	邾	莒	薛	许	小邾
—664		十三年		三十年																			
—663		十四年		三十一年																	四月，薛伯卒。		
—662		十五年		三十二年			卒。																
—661		十六年		闵公元年	闵公开，庄公子。		昭公班立，僖公子。																
—660		十七年		二年				狄灭卫。戴公申立，黔牟弟。卫文公燬立，戴公弟。															
—659		十八年		僖公元年	僖公申，闵公庶兄。																		
—658		十九年		二年																			
—657	甲子	二十年		三年																			
—656		二十一年		四年																			
—655		二十二年		五年									媵秦穆姬。									夏卒。僖公业立。	
—654		二十三年		六年																			
—653		二十四年		七年			七月卒。																来朝。

续 表

			周		鲁	蔡	曹	卫	滕	晋	郑	齐	秦	楚	宋	杞	陈	吴	邾	莒	薛	许	小邾
−652		二十五年		八年			曹共公襄立,昭公子。																
−651		襄王元年	襄王,惠王太子郑。	九年						九月卒。立奚齐、卓子。晋惠公夷吾立。					正月卒。太子襄公兹父立。								
−650		二年		十年																			
−649		三年		十一年																			
−648		四年		十二年													十二月卒。子穆公款立。						
−647	甲戌	五年		十三年																			
−646		六年		十四年		冬卒。																	
−645		七年		十五年		蔡庄公甲午立,穆侯子。				秦获晋侯归。													
−644		八年		十六年																			
−643		九年		十七年								十二月卒。子无亏杀。立孝公昭,											
−642		十年		十八年																			
−641		十一年		十九年																			

续表

			周		鲁	蔡	曹	卫	滕	晋	郑	齐	秦	楚	宋	杞	陈	吴	邾	莒	薛	许	小邾
−640		十二年		二十年								桓公子。											
−639		十三年		二十一年																			
−638		十四年		二十二年																			
−637	甲申	十五年		二十三年						卒。晋怀公子圉立。文公重耳立,献公子。杀怀公。					五月卒。子成公王臣立。	十一月卒。弟桓公姑容立。							
−636		十六年		二十四年																			
−635		十七年		二十五年				四月卒。															
−634		十八年		二十六年				卫成公郑立,文公子。出奔楚,复归位。晋人执卫侯,卫立公子瑕。															
−633		十九年		二十七年								六月卒。弟昭公潘立。				来朝。							
−632		二十年		二十八年														六月卒。子共公朔立。					
−631		二十一年		二十九年																			
−630		二十二年		三十年																			
−629		二十三年		三十一年																			

续 表

			周		鲁	蔡	曹	卫	滕	晋	郑	齐	秦	楚	宋	杞	陈	吴	邾	莒	薛	许	小邾
—628		二十四年		三十二年				卫侯归于位。		冬卒。	四月卒。郑穆公兰立，文公子。												
—627	甲午	二十五年		三十三年						晋襄公驩立，文公子。													
—626		二十六年		文公元年	文公兴，僖公子。									十月弑。子穆王商臣立。									
—625		二十七年		二年																			
—624		二十八年		三年																			
—623		二十九年		四年																			
—622		三十年		五年																		十月卒。昭公锡成立。	
—621		三十一年		六年						八月卒。灵公夷皋立，襄公子。			夏卒。康公罃立，穆公子。										
—620		三十二年		七年																			
—619		三十三年		八年																			
—618		顷王元年	顷王，襄王子。	九年			八月卒。																
—617	甲辰	二年		十年			曹文公寿立，共公子。																
—616		三年		十一年																			

续表

			周		鲁	蔡	曹	卫	滕	晋	郑	齐	秦	楚	宋	杞	陈	吴	邾	莒	薛	许	小邾
−615		四年		十二年					滕昭公来朝。							来朝。							
−614		五年		十三年										卒。			五月卒。子灵公平国立。		五月卒。子定公貜且立。				
−613		六年		十四年								五月卒。子舍立，弑。立懿公商人，即昭公弟，五月弑。兄惠公元立。		子庄王旅立。									
−612		正王元年	正王，顷王子。	十五年		卒。																	
−611		二年		十六年		蔡文公申立，穆侯孙，庄侯子。									十二月弑。弟文公鲍立。								
−610		三年		十七年																			
−609		四年		十八年									二月卒。共公稻立，康公子。							十月，纪公庶其弑。子季佗立。			
−608		五年		宣公元年	宣公倭，文公子。																		
−607	甲寅	六年		二年						九月杀。晋成公黑臀立，襄公弟。													
−606		定王元年	定王，正王之弟。	三年							十月卒。灵公夷立。郑襄公坚立，灵公庶弟。												
−605		二年		四年									正月卒，桓公立，共公子。										
−604		三年		五年																			
−603		四年		六年																			

续表

公元前			周		鲁	蔡	曹	卫	滕	晋	郑	齐	秦	楚	宋	杞	陈	吴	邾	莒	薛	许	小邾
—602		五年		七年																			
—601		六年		八年																			
—600		七年		九年				十月卒。	八月卒。	九月卒。													
—599		八年		十年				卫穆公遫立，成公子。	滕文公立。	晋景公獳立，成公子。		四月卒。顷公无野立，惠公子。					五月弑。楚子入陈，太子成公午立。						
—598		九年		十一年																			
—597	甲子	十年		十二年																			
—596		十一年		十三年																			
—595		十二年		十四年			五月卒。																
—594		十三年		十五年			曹宣公庐立，文公子。																
—593		十四年		十六年																			
—592		十五年		十七年		三月卒。																正月卒。灵公甯立。	
—591		十六年		十八年		蔡景侯固立。								七月卒。共王审立。									
—590		十七年		成公元年	成公黑肱，																		

续表

			周		鲁	蔡	曹	卫	滕	晋	郑	齐	秦	楚	宋	杞	陈	吴	邾	莒	薛	许	小邾
−589		十八年		二年	宣公子。			八月卒。							八月卒。子共公固立。								
−588		十九年		三年				卫定公臧立，穆公子。															
−587	甲戌	二十年		四年							三月卒。悼公费立。												
−586		二十一年		五年																			
−585		简王元年	简王，定王子。	六年							六月卒。成公睔立，悼公弟。							吴寿梦立。寿梦，一曰乘。					
−584		二年		七年																			
−583		三年		八年																			
−582		四年		九年								七月卒。灵公环立，顷公子。											
−581		五年		十年						五月卒。厉公州蒲立，景公太子。													
−580		六年		十一年																			
−579		七年		十二年																			
−578		八年		十三年			五月卒。																

续表

			周		鲁	蔡	曹	卫	滕	晋	郑	齐	秦	楚	宋	杞	陈	吴	邾	莒	薛	许	小邾
−577	甲申	九年		十四年			曹成公负刍立，宣公弟。	十月卒。					十月卒。景公立，桓公子。							莒子朱卒，一名渠丘公。			
−576		十年		十五年				卫献公衎立，定公子。							六月卒。少子平公成立。							迁于叶。	
−575		十一年		十六年					四月卒。滕成公原立。											犁比公密州立，又名买朱鉏。			
−574		十二年		十七年															十二月卒。宣公牼立，来朝。				
−573		十三年		十八年						正月杀。悼公周立，景公子。													
−572		十四年		襄公元年	襄公午，成公子。																		
−571		灵王元年	灵王，简王子。	二年							六月卒。僖公髠顽立，成公子。												
−570		二年		三年																			
−569		三年		四年													三月卒。子哀公溺立。						
−568		四年		五年																			
−567	甲午	五年		六年												三月卒。子孝公匄立。							
−566		六年		七年																			穆公来朝。

续表

			周		鲁	蔡	曹	卫	滕	晋	郑	齐	秦	楚	宋	杞	陈	吴	邾	莒	薛	许	小邾
—565		七年		八年							十二月卒。简公嘉立，成公子。												
—564		八年		九年																			
—563		九年		十年																			
—562		十年		十一年																			
—561		十一年		十二年														九月卒。					
—560		十二年		十三年										九月卒。子康王昭立。				吴诸樊立。诸樊，寿梦长子。诸樊，一曰遏。					
—559		十三年		十四年				出奔齐。															
—558		十四年		十五年				卫殇公剽立，定公弟。		冬卒。													
—557	甲辰	十五年		十六年						晋平公彪立，悼公子。									晋执宣公。悼公华立。	晋执犁比公。			
—556		十六年		十七年																			
—555		十七年		十八年			十月卒。																
—554		十八年		十九年			曹武公滕立，成公子。					七月卒。庄公光立，灵公											
—553		十九年		二十年																			

续表

			周		鲁	蔡	曹	卫	滕	晋	郑	齐	秦	楚	宋	杞	陈	吴	邾	莒	薛	许	小邾
−552		二十年		二十一年								子。											
−551		二十一年		二十二年																			
−550		二十二年		二十三年												三月卒。弟文公益姑立。							
−549		二十三年		二十四年																			
−548		二十四年		二十五年								五月弑。景公杵臼立，庄公异母弟。						十二月卒。					
−547	甲寅	二十五年		二十六年				二月杀。衎归。										吴馀祭立。馀祭一名戴，诸樊弟。				八月卒，悼公买立。	
−546		二十六年		二十七年																			
−545		二十七年		二十八年										二月卒。子郏敖麇立。									
−544		景王元年	景王，灵王子。	二十九年				五月卒。										五月卒。					
−543		二年		三十年		四月杀。		卫襄公恶立，献公子。										夷昧立，夷昧一曰馀昧，馀祭弟。					
−542		三年		三十一年		蔡灵侯般立，景侯子。														十一月弑。			
−541		四年		昭公元年	昭公稠，襄									十一月卒。					六月卒。庄	子展舆立。			

续表

			周		鲁	蔡	曹	卫	滕	晋	郑	齐	秦	楚	宋	杞	陈	吴	邾	莒	薛	许	小邾
−540		五年		二年	公子。									灵王虔立，康王弟。					公穿立。	太子著丘公去疾立，又名郊公。			
−539		六年		三年					正月卒。														穆公来朝。
−538		七年		四年					悼公宁立。														
−537	甲子	八年		五年									七月卒。哀公立，景公子。										
−536		九年		六年												正月卒。弟平公郁釐立。							
−535		十年		七年				八月卒。															
−534		十一年		八年				卫灵公元立，襄公子。									四月卒。楚灭陈。封其大夫穿封戌为陈公。楚平王即						
−533		十二年		九年																		迁于夷。	
−532		十三年		十年						七月卒。					十二月卒。子元公佐立。								
−531		十四年		十一年		楚灭蔡。				晋昭公夷立，平公子。													
−530		十五年		十二年		蔡平侯庐					三月卒。												

续 表

			周		鲁	蔡	曹	卫	滕	晋	郑	齐	秦	楚	宋	杞	陈	吴	邾	莒	薛	许	小邾
−529		十六年		十三年		立，景侯子。					定公宁立，简公子。			四月卒。平王居立，即弃疾，灵王弟。			位，哀公太子偃师子惠公吴立。						
−528		十七年		十四年			三月卒。													八月卒。展舆复立。			
−527	甲戌	十八年		十五年			曹平公须立，武公子。											正月卒。					
−526		十九年		十六年						八月卒。								吴僚立，夷昧子。					
−525		二十年		十七年						晋顷公去疾立，昭公子。													穆公来朝。
−524		二十一年		十八年			三月卒。															迁于白羽。	
−523		二十二年		十九年			曹悼公午立，平公子。													奔纪障。		五月卒。斯立。	
−522		二十三年		二十年		十一月卒。																	
−521		二十四年		二十一年		蔡悼侯东国立，庐弟。																	
−520		二十五年		二十二年																			
−519		钦王元年	王猛之弟。	二十三年		六月卒。														来奔。复纳郊公。			
−518		二年		二十四年		蔡昭侯申立，悼侯弟。										八月卒。子悼公成立。							
−517	甲申	三年		二十五年											十一月卒。								

续表

			周		鲁	蔡	曹	卫	滕	晋	郑	齐	秦	楚	宋	杞	陈	吴	邾	莒	薛	许	小邾
−516		四年		二十六年										九月卒。昭王轸立，平王子。	子景公头曼立。								
−515		五年		二十七年			十月卒。											四月杀。					
−514		六年		二十八年			曹声公野立。声公，悼公弟。		七月卒。		四月卒。献公虿立，定公子。							吴阖庐立。阖庐一名光，诸樊子。					
−513		七年		二十九年					滕顷公结立。														
−512		八年		三十年						六月卒。													
−511		九年		三十一年						晋定公午立，顷公子。											四月，献公縠立。子襄公定立。		
−510		十年		三十二年			声公杀。隐公通立，平公弟。																
−509		十一年		定公元年	定公宋，昭公弟。																		
−508		十二年		二年																			
−507	甲午	十三年		三年															二月卒。隐公益立。				
−506		十四年		四年			隐公杀。靖公露立，									五月卒。子隐公乞卒。	二月卒。子怀公柳立。						
−505		十五年		五年																			

续 表

			周		鲁	蔡	曹	卫	滕	晋	郑	齐	秦	楚	宋	杞	陈	吴	邾	莒	薛	许	小邾
−504		十六年		六年			声公弟。									弟僖公过立。					郑灭许。以斯归。元公成立。		
−503		十七年		七年																			
−502		十八年		八年			三月卒。										七月卒。子闵公越立。						
−501		十九年		九年			曹伯阳立，靖公子。				四月卒。声公胜立，献公子。		秋卒。惠公立，哀公太子之子。										
−500		二十年		十年																			
−499		二十一年		十一年																			
−498		二十二年		十二年																	春卒。比立，弑。惠公夷立，一名寅。		
−497	甲辰	二十三年		十三年																			
−496		二十四年		十四年														五月卒。					
−495		二十五年		十五年														吴夫差立。	来朝。				
−494		二十六年		哀公元年	哀公将，定公子。																		
−493		二十七年		二年				四月卒。															

续表

			周		鲁	蔡	曹	卫	滕	晋	郑	齐	秦	楚	宋	杞	陈	吴	邾	莒	薛	许	小邾
−492		二十八年		三年				卫出公辄立,灵公太子蒯聩子。					十月卒。悼公立,惠公子。										
−491		二十九年		四年		二月杀。蔡成侯立,昭侯子。			八月卒。														晋执小邾子。
−490		三十年		五年					隐公虞母立。			九月卒。晏孺子荼立,杀悼公阳生,立,景公子。											
−489		三十一年		六年										七月卒。子惠王章立。									
−488		三十二年		七年															来。				
−487	甲寅	三十三年		八年			宋灭曹。虏伯阳。									十二月卒。子闵公维立。			归。				
−486		三十四年		九年																			
−485		三十五年		十年								三月卒。简公任立,悼公子。							来奔。		五月卒。		
−484		三十六年		十一年																			
−483		三十七年		十二年																			
−482		三十八年		十三年																		夏卒。	
−481		三十九年		十四年																			